KB040760

제 4 판

Rechtsprechung Strafverfahrensrecht

판 례 교 재
형사소송법

신양균
조기영

박영사

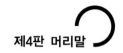

판례교재 형사소송법 제4판을 박영사에서 출간하게 된 것은 기쁜 일이 아닐 수 없다. 2011년 초판 발행을 시작으로 2014년 제2판, 2019년 제3판을 출간하였고, 2024년 제4판부터는 박영사에서 출간하게 되었다. 2022년 판례교재 형법총론과 판례교재 형법각론을 출간한 데 이어 판례교재 형사소송법을 출간하게 됨으로써 형사법 교육을 위한 기본교재를 마련하게 되었다는 보람도 있다.

판례교재 형사소송법은 판례를 통해 형사소송법을 이해하는 것을 목적으로 한다. 판례교재를 활용할 때에는 쟁점과 관련하여 해석 대상이 되는 형사소송법 조문을 항상 염두에 두어야 하며, 판례만을 읽으면서 이해가 되지 않는 부분은 교과서나 주석서 등을 확인하여야 한다. 한국의 법학도는 우리나라 대법원 판례의 입장을 체계적으로 이해할 것이 기본적으로 요구된다. 변호사시험은 물론 각종 국가시험에서 판례에 대한 정확한 이해 여부를 평가하는 것은 어쩌면 당연한 일이다. 한때 일본판례를 많이 외우고 있는 법률가가 우대받던 어처구니없는 때도 있었다. 우리나라 법원의 판례가 충분히 축적되지 않았던 상황과 일제강점기로 인한 식민지법학의 유산이 결합된 결과로 생각된다. 그러나 특히 최근 대법원이 형사소송법 전 영역에 걸쳐 이론적 깊이 있는 판례 법리를 활발히 전개하고 있는 상황은 외국에 비하여 짧은 사법역사를 감안한다면 놀랄 만한 일이다. 형사소송상 다양한 쟁점에 대하여 치밀한 논증을 시도하는 대법관과 대법원 재판연구관에게 경의를 표한다.

판례교재 형사소송법은 2023년 9월까지 선고된 주요 판례들을 교과서(신양균/조기영, 형사소송법(제2판), 박영사, 2020)의 목차에 따라 소개하고 있다. 방대한 양의 판례 중 형사소송법 이해에 필수적인 판례들을 선별하고자 주의를 기울였다. 아울러 2023년 법학전문대학원협의회에서 발간된 「변호사시험의 자격시험을 위한 형사소송법 표준판례연구」에 소개된 판례들을 수록하였고, 판결 옆에 <표준>으로 표시하였다. 판례는 '본문판례', '참고판례', '요지판례'로 분류하였다. '본문판례'는 당해 형사절차의 체계와 본질을 이해하는 데 기본이 되는 판례이다. 대법원 전원합의체 판결은 물론 실무에서 대법원판례해설의 대상이 된 판례,

학계에서 다수의 평석이 이루어진 판례, 변호사시험 등 각종 국가시험에 선택형이나 사례형으로 출제되었거나 출제 가능하다고 생각되는 판례이다. 강의 시에는 학생들이 수강 전에 미리 읽어보고 숙고를 해 보면 유익한 판례이기도 하다. '참고판례'는 본문판례의 이해를 심화시키기 위한 판례로 본문판례 아래에 삽입형태로 배치되어 있다. 본문판례를 구체화하거나 본문판례와 비교하여 이해하는 것이 필요한 판례들이다. 한편 '요지판례'는 본문판례에 대한 이해를 전제로 판결의 요지만을 이해해도 무방하다고 생각되는 쟁점에 대한 판례들이다.

어려운 출판 환경에서도 본서가 출간되도록 도움을 주신 박영사의 안종만 회장님, 안상준 대표님께 감사의 말씀을 드린다. 또한 본서의 기획과 출간에 애써주신 최동인 대리님, 그리고 바쁘신 중에도 본서의 편집과 교정에 헌신적인 노력을 기울여 주신 윤혜경 대리님께 이 자리를 빌려 감사의 말씀을 드리고자 한다.

2024. 2.

전북대학교 법학전문대학원 연구실에서

조기영

PART 01 형사소송법의 기본이론

PART 02 수사

CHAPTER
06 대물적 강제수사 ──────────────────────────── 160

PART 03 공소의 제기

PART 04 공판

PART 05　상소·비상구제절차·특별형사절차

형사소송법의
기본이론

01

PART

형사소송법의 법원 및 적용범위

헌법재판소 1991. 7. 8. 선고 91헌마42 결정 「재기수사의 명령이 있는 사건에 관하여 지방검찰청검사가 다시 불기소처분을 하고자하는 경우에는 미리 그 명령청의 장의 승인을 얻도록 한 <u>검찰사건사무규칙의 위 조항</u>은 검찰청 내부의 사무처리지침에 불과한 것일 뿐 법규적 효력을 가진 것이 아니기 때문에 비록 피청구인이 미리 그 명령청의 장인 검찰총장의 승인을 얻어 불기소처분하였다고 하여 청구인이 검찰청법에 정한 항고·재항고절차를 거치는데 어떠한 제한을 받거나, 고등검찰청 검사장이나 검찰총장이 청구인의 항고·재항고에 대한 결정을 함에 있어서 미리 승인한 내용에 구속을 받는 등의 법적인 구속력이 발생하는 것도 아니고, 객관적으로 보아 그 구제절차에 따른 권리구제가 거의 불가능한 것으로 볼 수도 없는 것이므로 청구인의 이 사건 심판청구는 결국 검찰청법에 규정된 항고·재항고 등 그 구제절차를 모두 거치지 아니한 채 청구한 것이어서 부적법함을 면할 수 없다.」

대법원 2007. 10. 25. 선고 2007도4961 판결 <표준> 「<u>검찰사건사무규칙은 구 검찰청법 제11조의 규정에 따라 각급 검찰청의 사건의 수리·수사처리 및 공판수행 등에 관한 사항을 정함으로써 사건사무의 적정한 운영을 기함을 목적으로 하여 제정된 것으로서 그 실질은 검찰 내부의 업무처리지침으로서의 성격을 가지는 것이므로 이를 형사소송법 제57조의 적용을 배제하기 위한 '법률의 다른 규정'으로 볼 수 없다.</u>」

대법원 2002. 12. 24. 선고 2002도5296 판결 「특별검사법이 제2조에 규정한 사건의 진상규명을 위한 것이고(제1조), 이해관계 충돌의 측면에서 일반 검찰제도로 다루기에 부적절한 사건에 대하여 일반 검사가 아닌 임시적이고 특별한 지위에 있는 검사를 임명하여 사건에 대한 수사와 기소를 담당하게 함으로써 공정성과 객관성을 담보하기 위하여 사건의 의혹 단계에서 입법된 점에 비추어 보면, <u>구체적인 사건의 특별검사의 수사대상이나 이에 기한 특별검사의 직무범위에 포함되는지 여부는 헌법상의 적법절차원리나 형사절차의 법정주의 원칙에서 벗어나지 않는 한도 내에서 특별검사법의 입법 배경과 목적 및 법의 특수성 등을 감안하여 제2조가 규정하는 '공소외 2의 주가조작·횡령사건'과 사이에 합리적인 관련성이 있는지 여부에 따라 판단하여야 하고, 이러한 합리적인 관련성이 인정되는 경우라면, 제2조에 열거되지 않은 사람이라도 특별검사의 수사 및 기소의 대상이 되는 것이며, 제2조가 규정하는 '정·관계로비 의혹사건'이라는 것도 로비활동의 직접적이고 최종적인 대상이 정·관계 인사인 경우에 한정되는 것이 아니다.」

대법원 2011. 5. 13. 선고 2009도14442 판결 「피고인이 국회 법제사법위원회에서 발언할 내용이 담긴 이 사건 보도자료를 사전에 배포한 행위는 국회의원의 면책특권의 대상이 되는 직무부수행위에 해당한다고 할 것이다. 따라서 이 사건 공소사실 중 보도자료 배포에 의한 허위사실적시 명예훼손 및 통신비밀보호법 위반의 점에 대한 부분은 형사소송법 제327조 제2호의 "공소제기의 절차가 법률의 규정에 위반하여 무효인 때"에 해당되어 그 공소를 기각하여야 한다.」

헌법재판소 1995. 1. 20. 선고 94헌마246 결정 「우리 헌법이 채택하고 있는 국민주권주의(제1조 제2항)와 법 앞의 평등(제11조 제1항), 특수계급제도의 부인(제11조 제2항), 영전에 따른 특권의 부인(제11조 제3항) 등의 기본적 이념에 비추어 볼 때, 대통령의 불소추특권에 관한 헌법의 규정(헌법 제84조)이 대통령이라는 특수한 신분에 따라 일반국민과는 달리 대통령 개인에게 특권을 부여한 것으로 볼 것이 아니라 단지 국가의 원수로서 외국에 대하여 국가를 대표하는 지위에 있는 대통령이라는 특수한 직책의 원활한 수행을 보장하고, 그 권위를 확보하여 국가의 체면과 권위를 유지하여야 할 실제상의 필요 때문에 대통령으로 재직중인 동안만 형사상 특권을 부여하고 있음에 지나지 않는 것으로 보아야 할 것이다. 위와 같은 헌법 제84조의 규정취지와 함께 공소시효제도나 공소시효정지제도의 본질에 비추어 보면, 비록 헌법 제84조에는 "대통령은 내란 또는 외환의 죄를 범한 경우를 제외하고는 재직중 형사상의 소추를 받지 아니한다"고만 규정되어 있을 뿐 헌법이나 형사소송법 등의 법률에 대통령의 재직중 공소시효의 진행이 정지된다고 명백히 규정되어 있지는 않다고 하더라도, 위 헌법규정은 바로 공소시효진행의 소극적 사유가 되는 국가의 소추권행사의 법률상 장애사유에 해당하므로, 대통령의 재직중에는 공소시효의 진행이 당연히 정지되는 것으로 보아야 한다.」

대법원 2006. 5. 11. 선고 2005도798 판결 〈표준〉 「대한민국과 아메리카합중국 간의 상호방위조약 제4조에 의한 시설과 구역 및 대한민국에서의 합중국 군대의 지위에 관한 협정 제1조(정의) (가)항 전문, (나)항 전문, 제22조(형사재판권) 제4항에 의하면, 미합중국 군대의 군속 중 통상적으로 대한민국에 거주하고 있는 자는 협정이 적용되는 군속의 개념에서 배제되므로, 그에 대하여는 대한민국의 형사재판권 등에 관하여 협정에서 정한 조항이 적용될 여지가 없다. 미합중국 국적을 가진 미합중국 군대의 군속인 피고인은 이 사건 교통사고 범행 당시 10년 넘게 대한민국에 머물면서 한국인 아내와 결혼하여 가정을 마련하고 직장생활을 하는 등 생활근거지를 대한민국에 두고 있었던 사실이 인정되므로, 피고인은 협정에서 말하는 통상적으로 대한민국에 거주하는 자에 해당한다고 볼 것인바, 결국 피고인에게는 협정에서 정한 미합중국 군대의 군속에 관한 형사재판권 관련 조항이 적용될 수 없다. … 따라서 원심이 미합중국 군대의 군속인 피고인이 대한민국 영역 안인 파주시에서 공무집행 중 저지른 이 사건 교통사고처리특례법 위반 등 범행에 대하여 대한민국이 바로 형사재판권을 행사할 수 있다고 본 것은 정당하다.」

대법원 1986. 6. 24. 선고 86도403 판결 「재판권의 장소적 효력에 관하여 형법 제2조는 "본법은 대한민국의 영역내에서 죄를 범한 내국인과 외국인에게 적용한다"고 규정하여 속지주의를 채택하는 한편 같은법 제3조에 "본법은 대한민국의 영역외에서 죄를 범한 내국인에게 적용한다"고 규정하므로써 속인주의도 아울러 채택하고 있다. 따라서 설사 논지가 주장하는 바와 같이 국제협정이나 관행에 의하여 서울에 있는 미국문화원이 치외법권지역이고 그곳을 미국영토의 연장으로 본다 하더라도 그곳에서 죄를 범한 피고인들에 대하여 우리 법원에 먼저 공소가 제기되고 미국이 자국의 재판권을 지금까지도 주장하지 않고 있는 바에야 속인주의를 함께 채택하고 있는 우리나라의 재판권은 피고인들에게도 당연히 미친다 할 것이다. 또 미국문화원측이 피고인들에 대한 처벌을 바라지 않았다고 하여 그 재판권이 배제되는 것도 아니다.」

헌법재판소 1999. 7. 22. 선고 97헌바76 등 결정 「소급입법은 새로운 입법으로 이미 종료된 사실관계 또는 법률관계에 작용케 하는 진정소급입법과 현재 진행중인 사실관계 또는 법률관계에 작용케 하는 부진정소급입법으로 나눌 수 있는바, 부진정소급입법은 원칙적으로 허용되지만 소급효를 요구하는 공익상의 사유와 신뢰보호의 요청 사이의 교량과정에서 신뢰보호의 관점이 입법자의 형성권에 제한을 가하게 되는데 반하여, 기존의 법에 의하여 형성되어 이미 굳어진 개인의 법적 지위를 사후입법을 통하여 박탈하는 것 등을 내용으로 하는 진정소급입법은 개인의 신뢰보호와 법적 안정성을 내용으로 하는 법치국가원리에 의하여 특단의 사정이 없는 한 헌법적으로 허용되지 아니하는 것이 원칙이고, 다만 일반적으로 국민이 소급입법을 예상할 수 있었거나 법적 상태가 불확실하고 혼란스러워 보호할 만한 신뢰이익이 적은 경우와 소급입법에 의한 당사자의 손실이 없거나 아주 경미한 경우 그리고 신뢰보호의 요청에 우선하는 심히 중대한 공익상의 사유가 소급입법을 정당화하는 경우 등에는 예외적으로 진정소급입법이 허용된다.」

CHAPTER

02.

형사소송법의 이념과 구조

제1절 형사소송법의 이념

Ⅰ. 실체적 진실주의

1. 의의 및 내용

〈소극적 실체진실주의〉

헌법재판소 1996. 12. 26. 선고 94헌바1 결정 〈표준〉

우리 헌법 제12조 제1항 후문은 "누구든지 법률에 의하지 아니하고는 체포·구속·압수·수색 또는 심문을 받지 아니하며, 법률과 적법한 절차에 의하지 아니하고는 처벌·보안처분 또는 강제노역을 받지 아니한다"고 규정하여 적법절차의 원칙을 헌법원리로 수용하고 있는바, 이 적법절차의 원칙은 법률이 정한 형식적 절차와 실체적 내용이 모두 합리성과 정당성을 갖춘 적정한 것이어야 한다는 실질적 의미를 지니고 있는 것으로서 특히 형사소송절차와 관련시켜 적용함에 있어서는 형사소송절차의 전반을 기본권 보장의 측면에서 규율하여야 한다는 기본원리를 천명하고 있는 것으로 이해하여야 한다(헌법재판소 1992. 12. 24. 선고, 92헌가8 결정 참조). 또한 헌법은 제27조 제1항에서 "모든 국민은 헌법과 법률이 정한 법관에 의하여 법률에 의한 재판을 받을 권리를 가진다."라고 규정하고 같은 조 제3항에서 "모든 국민은 신속한 재판을 받을 권리를 가진다. 형사피고인은 상당한 이유가 없는 한 지체없이 공개재판을 받을 권리를 가진다"라고 규정하여 공정하고 신속한 공개재판을 받을 권리를 보장하고 있는바, 이 재판청구권은 재판절차를 규율하는 법률과 재판에서 적용될 실체적 법률이 모두 합헌적이어야 한다는 의미에서의 법률에 의한 재판을 받을 권리뿐만 아니라, 비밀재판을 배제하고 일반 국민의 감시하에서 심리와 판결을 받음으로써 공정한 재판을 받을 수 있는 권리를 포함하고 있다. 이 공정한 재판을 받을 권리 속에는 신속하고 공개된 법정의 법관의 면전에서 모든 증거자료가 조사·진술되고 이에 대하여 피고인이 공격·방어할 수 있는 기회가 보장되는 재판, 즉 원칙적으로 당사자주의와 구두변론주의가 보장되어 당사자가 공소사실에 대한 답변과 입증 및 반증하는 등 공격·방어권이 충분히 보장되는 재판을 받을 권리가 포함되어 있다(헌법재판소 1996. 1. 25. 선고 95헌가5 결정; 1994. 4. 28. 선고 93헌바26 결정 등 참조). 그렇다면 형사재판의 증거법칙과 관련하여서는 소극적 진실주의가 헌법적으로 보장되어 있다 할 것이다. 즉 형사피고인으로서는 형사소송절차에서 단순한 처벌대상이 아니라 절차를 형성·유지하는 절차의 당사자로서의 지위를 향유하며 형사소송절차에서는 검사에 대하여 "무기대등의 원칙"이 보장되는 절차를 향유할 헌법적 권리를 가진다 할 것이다. 그런데 헌법이 공정한 재판을 받을 권리의 구체적인 내용까지 모두 규정하고 있다고는 볼 수 없다. 헌법이 보장하는 공정한 재판절차를 어떠한 내용으로 구체화 할 것인가의 문제는 우선적으로 입법자의 과제이기 때문이다. 다만 입법자는 형사소송절차를 규율함에 있어서 형사피고인인 국민을 단순한 처벌대상으로 전락시키는 결과를 초래하는 등 헌법적으로 포기할 수 없는 요소를 무시한 재판절차를 형성할 수 없다는 입법형성의 한계를 가진다 할 것이다. 따라서 형사소송에 관한 절차법에서 소극적 진실주의의 요구를 외면한 채 범인필벌의 요구만을 앞세워 합리성과 정당성을 갖추지 못한 방법이나 절차에 의한 증거수집과 증거조사를 허용하는 것은 적법절차의 원칙 및 공정한 재판을 받을 권리에 위배되는 것으로서 헌법상 용인될 수 없다.

대법원 2022. 3. 31. 선고 2018도19472 판결 「사실인정의 전제로 이루어지는 증거의 취사선택과 증명력에 대한 판단은 자유심증주의의 한계를 벗어나지 않는 한 사실심 법원의 재량에 속한다(형사소송법 제308조). 인접한 시기에 같은 피해자를 상대로 저질러진 동종 범죄라도 각각의 범죄에 따라 범행의 구체적인 경위, 피해자와 피고인 사이의 관계, 피해자를 비롯한 관련 당사자의 진술 등이 다를 수 있다. 따라서 사실심 법원은 인접한 시기에 같은 피해자를 상대로 저질러진 동종 범죄에 대해서도 각각의 범죄에 따라 피해자 진술의 신빙성이나 그 신빙성 유무를 기초로 한 범죄 성립 여부를 달리 판단할 수 있고, 이것이 실체적 진실발견과 인권보장이라는 형사소송의 이념에 부합한다.」

2. 실체적 진실발견의 한계

대법원 1983. 3. 8. 선고 82도3248 판결 「형사소송에 있어서 그 추구하는 두가지 이상 즉 기본적 인권의 보장과 실체적 진실의 발견이라는 과업은 관념상의 이상이 아니라 이론적으로나 또는 실무상으로 끊임없이 탐구 추구하여야 할 과제이며, 그러한 까닭에 헌법은 그 제11조에 신체의 자유를 선언하는 한편, 법률에 의하지 아니하고 체포, 구금, 압수, 수색, 심문, 처벌과 보안처분을 받지 아니하고 형의 선고에 의하지 아니하고는 강제노역을 당하지 아니하며, 모든 국민은 고문을 받지 아니하고 형사상 자기에게 불리한 진술을 강요당하지 아니하고 체포, 구금, 압수, 수색은 법관의 영장에 의하여야 하며, 누구든지 체포, 구금을 당할 때에는 변호인의 조력을 받을 수 있고, 구속의 적법여부의 심사를 법원에 청구할 수 있으며, 고문, 폭행, 협박, 구속의 부당한 장기화 또는 기망 기타의 방법으로 된 자백 및 그 자백이 그에게 불리한 유일한 증거일 때는 이를 증거로 할 수 없다고 규정하고 있으며, 형사소송법은 당사자주의 직접 심리주의를 골격으로 하여 자유심증주의를 표방하는 한편 전문법칙에 관한 상세한 규정을 두어 실체적 진실의 발견과 기본적 인권의 보장의 조화를 기하고 있는 것이다. 이와 같은 여러 규정은 형사소송에 있어서 실체적 진실의 발견이라는 과제가 기본적 인권을 침해함이 없이 합법적으로 이루어져야 한다는 다시 말하여 실체적 진실의 발견은 어디까지나 공정한 재판에 의하여 실현되어야 한다는 것이며, 형사재판에 있어서의 그 절차의 엄정은 재판의 공정을 기하기 위하여 절대불가결한 것이고 재판의 공정이 이루어지지 않는 한 기본적 인권의 보장 또한 성취될 수 없는 것임은 당연한 이유이며, 논지가 드는 수집절차가 위법한 증거의 증거능력에 관한 문제가 바로 이 재판의 공정, 절차의 엄정에 관한 과제의 하나인 것이다.」

Ⅱ. 적법절차의 원칙

1. 의의

〈적법절차 원칙의 의의〉

헌법재판소 1992. 12. 24. 선고 92헌가8 결정

현행 헌법 제12조 제1항 후문과 제3항은 위에서 본 바와 같이 적법절차의 원칙을 헌법상 명문규정으로 두고 있는데 이는 개정전의 헌법 제11조 제1항의 "누구든지 법률에 의하지 아니하고는 체포·구금·압수·수색·처벌·보안처분 또는 강제노역을 당하지 아니한다."라는 규정을 1987.10.29. 제9차 개정한 현행헌법에서 처음으로 영미법계의 국가에서 국민의 인권을 보장하기 위한 기본원리의 하나로 발달되어 온 적법절차의 원칙을 도입하여 헌법에 명문화한 것이며, 이 적법절차의 원칙은 역사적으로 볼 때 영국의 마그나 카르타(대헌장) 제39조, 1335년의 에드워드 3세 제정법률, 1628년 권리청원 제4조를 거쳐 1791년 미국 수정헌법 제5조 제3문과 1868년 미국 수정헌법 제14조에 명문화되어 미국헌법의 기본원리의 하나로 자리잡고 모든 국가작용을 지배하는 일반원리로 해석·적용되는 중요한 원칙으로서, 오늘날에는 독일 등 대륙법계의 국가에서도 이에 상응하여 일반적인 법치국가원리 또는 기본제한의 법률유보원리로 정립되게 되었다.

우리 현행 헌법에서는 제12조 제1항의 처벌, 보안처분, 강제노역 등 및 제12조 제3항의 영장주의와 관련하여 각각 적법절차의 원칙을 규정하고 있지만 이는 그 대상을 한정적으로 열거하고 있는 것이 아니라 그 적용대상을 예시한 것에 불과하다고 해석하는 것이 우리의 통설적 견해이다. 다만 현행 헌법상 규정된 적법절차의 원칙을 어떻게 해석할 것인가에 대하여 표현의 차이는 있지만 대체적으로 적법절차의 원칙이 독자적인 헌법원리의 하나로 수용되고 있으며 이는 형식적인 절차 뿐만 아니라 실체적 법률내용이 합리성과 정당성을 갖춘 것이어야 한다는 실질적 의미로 확대 해석하고 있으며, 우리 헌법재판소의 판례에서도 이 적법절차의 원칙은 법률의 위헌여부에 관한 심사기준으로서 그 적용대상을 형사소송절차에 국한하지 않고 모든 국가작용 특히 입법작용 전반에 대하여 문제된 법률의 실체적 내용이 합리성과 정당성을 갖추고 있는지 여부를 판단하는 기준으로 적용되고 있음을 보여주고 있다(당 헌법재판소 1989. 9. 8. 선고, 88헌가6 결정; 1990. 11. 19. 선고, 90헌가48 결정 등 참조), 현행 헌법상 적법절차의 원칙을 위와 같이 법률이 정한 절차와 그 실체적인 내용이 합리성과 정당성을 갖춘 적정한 것이어야 한다는 것으로 이해한다면, 그 법률이 기본권의 제한입법에 해당하는 한 헌법 제37조 제2항의 일반적 법률유보조항의 해석상 요구되는 기본권제한법률의 정당성 요건과 개념상 중복되는 것으로 볼 수도 있을 것이나, 현행 헌법이 명문화하고 있는 적법절차의 원칙은 단순히 입법권의 유보제한이라는 한정적인 의미에 그치는 것이 아니라 모든 국가작용을 지배하는 독자적인 헌법의 기본원리로서 해석되어야 할 원칙이라는 점에서 입법권의 유보적 한계를 선언하는 과잉입법금지의 원칙과는 구별된다고 할 것이다. 따라서 적법절차의 원칙은 헌법조항에 규정된 형사절차상의 제한된 범위내에서만 적용되는 것이 아니라 국가작용으로서 기본권제한과 관련되든 관련되지 않든 모든 입법작용 및 행정작용에도 광범위하게 적용된다고 해석하여야 할 것이고 나아가 형사소송절차와 관련시켜 적용함에 있어서는 형벌권의 실행절차인 형사소송의 전반을 규율하는 기본원리로 이해하여야 하는 것이다. 더구나 형사소송절차에 있어서 신체의 자유를 제한하는 법률과 관련시켜 적용함에 있어서는 법률에 따른 형벌권의 행사라고 할지라도 신체의 자유의 본질적인 내용을 침해하지 않아야 할 뿐 아니라 비례의 원칙이나 과잉입법금지의 원칙에 반하지 아니하는 한도내에서만 그 적정성과 합헌성이 인정될 수 있음을 특히 강조하고 있는 것으로 해석하여야 할 것이다.

대법원 1988. 11. 16. 선고 88초60 판결 「헌법 제12조 제1항 후문이 규정하고 있는 <u>적법절차란 법률이 정한 절차 및 그 실체적 내용이 모두 적정하여야 함을 말하는 것으로서 적정하다고 함은 공정하고 합리적이며 상당성이 있어 정의관념에 합치되는 것을 뜻한다.</u>」

2. 공정한 재판의 원칙

〈공정한 재판의 의의〉

헌법재판소 2001. 8. 30. 선고 99헌마496 결정

우리 헌법은 명문으로 '공정한 재판'이라는 문구를 두고 있지는 않으나, 학자들 사이에는 우리 헌법 제27조 제1항 또는 제3항이 "공정한 재판을 받을 권리"를 보장하고 있다고 하는 점에 이견이 없으며, 헌법재판소도 "헌법 제12조 제1항·제4항, 헌법 제27조 제1항·제3항·제4항을 종합하면, 우리 헌법이 '공정한 재판'을 받을 권리를 보장하고 있음이 명백하다(헌재 1996. 12. 26. 94헌바1 판례집 8−2, 808, 816)"라고 판시하는 등, '공정한 재판'을 받을 권리가 국민의 기본권임을 분명히 하고 있다(헌재 1994. 4. 28. 93헌바26, 판례집 6−1, 348, 355−364; 1996. 1. 25. 95헌가5, 판례집 8−1, 1, 14 등 각 참조).

여기서 '공정한 재판'이란 <u>헌법과 법률이 정한 자격이 있고, 헌법 제104조 내지 헌법 제106조에 정한 절차에 의하여 임명되고 신분이 보장되어 독립하여 심판하는 법관으로부터 헌법과 법률에 의하여 그 양심에 따라 적법절차에 의하여 이루어지는 재판을 의미하며, 공개된 법정의 법관의 면전에서 모든 증거자료가 조사·진술되고, 이에 대하여 검사와 피고인이 서로 공격·방어할 수 있는 공평한 기회가 보장되는 재판을 받을 권리</u>도 그로부터 파생되어 나온다(위 95헌가5 판례 참조).

> **[사안의 개요]** 검사가 법원의 증인으로 채택된 수감자를 그 증언에 이르기까지 거의 매일 검사실로 하루 종일 소환하여 피고인측 변호인이 접근하는 것을 차단하고, 검찰에서의 진술을 번복하는 증언을 하지 않도록 회유·압박하는 한편, 때로는 검사실에서 그에게 편의를 제공하기도 한 행위가 피고인의 공정한 재판을 받을 권리를 침해한다고 판단한 사안

3. 비례의 원칙

대법원 2004. 3. 23.자 2003모126 결정 「형사소송법 제215조에 의하면 검사나 사법경찰관이 범죄수사에 필요한 때에는 영장에 의하여 압수를 할 수 있으나, 여기서 '범죄수사에 필요한 때'라 함은 단지 수사를 위해 필요할 뿐만 아니라 강제처분으로서 압수를 행하지 않으면 수사의 목적을 달성할 수 없는 경우를 말하고, 그 필요성이 인정되는 경우에도 무제한적으로 허용되는 것은 아니며, 압수물이 증거물 내지 몰수하여야 할 물건으로 보이는 것이라 하더라도, 범죄의 형태나 경중, 압수물의 증거가치 및 중요성, 증거인멸의 우려 유무, 압수로 인하여 피압수자가 받을 불이익의 정도 등 제반 사정을 종합적으로 고려하여 판단해야 할 것이다. … 검사가 이 사건 준항고인들의 폐수무단방류 혐의가 인정된다는 이유로 준항고인들의 공장부지, 건물, 기계류 일체 및 폐수운반차량 7대에 대하여 한 압수처분은 수사상의 필요에서 행하는 압수의 본래의 취지를 넘는 것으로 상당성이 없을 뿐만 아니라, 수사상의 필요와 그로 인한 개인의 재산권 침해의 정도를 비교형량해 보면 비례성의 원칙에 위배되어 위법하다.」

Ⅲ. 신속한 재판의 원칙

1. 의의

헌법재판소 1995. 11. 30. 선고 92헌마44 결정 「신속한 재판을 받을 권리는 주로 피고인의 이익을 보호하기 위하여 인정된 기본권이지만 동시에 실체적 진실발견, 소송경제, 재판에 대한 국민의 신뢰와 형벌목적의 달성과 같은 공공의 이익에도 근거가 있기 때문에 어느 면에서는 이중적인 성격을 갖고 있다고 할 수 있어, 형사사법체제 자체를 위하여서도 아주 중요한 의미를 갖는 기본권이다. 그런데, 이 사건 법률조항은 제1심법원과 항소법원간에 직접 기록송부가 이루어지는 경우에 비하여 기록송부가 늦게 되어 피고인의 신속한 재판을 받을 권리를 제한하는 것이 분명하다.」

2. 내용

대법원 1972. 5. 23. 선고 72도840 판결 「검사와 피고인이 제1심 판결에 대하여 항소제기를 하고 있는 이 사건에 있어서 제1심판결 선고형이 그대로 유지된다고 단정할 수 없을뿐만 아니라, 제1심이 통산한 미결 구금일수가 그대로 통산된다고 단정할 수도 없으니 제1심 선고형기를 경과한 후에 제2심 공판이 개정되었다고 하여 반드시 이를 위법이라고 할 수 없고, 또 신속한 재판을 받을 권리를 박탈한 것이라고 단정할 수도 없다.」

대법원 1990. 6. 12. 선고 90도672 판결 「구속사건에 대해서는 법원이 구속기간내에 재판을 하면 되는 것이고 구속만기 25일을 앞두고 제1회 공판이 있었다 하여 헌법에 정한 신속한 재판을 받을 권리를 침해하였다 할 수 없(다).」

제2절 형사소송법의 구조

Ⅰ. 규문주의와 탄핵주의

헌법재판소 2001. 11. 29.자 2001헌바41 전원합의체 결정 「청구인은, 경찰 공무원이 소추기관의 구성원이므로 탄핵주의적 형사절차에서 이러한 경찰 공무원을 증인으로 신문하는 것은 사실상 공판단계에서 유죄추정의 원칙이 지배하는 결과가 된다고 주장한다. 근세 초기의 규문주의적 형사절차에서는 재판기관이 수사기관, 소추기관, 재판기관으로서의 역할을 모두 하였으므로 소송의 구조를 갖추지 못하였다고 할 수 있으나, 프랑스혁명 이후 자유민권사상이 대두되면서 도입된 탄핵주의적 형사소송제도하에 있어서는 재판기관이 수사기관 및 소추기관과 명확히 분리되었다고 본다. 그러나, 우선 경찰 공무원은 소추기관의 구성원이 아니라 수사기관에 속하는 것이고, 그렇다면, 재판기관이 수사기관과 완전히 분리된 탄핵주의적 형사소송제도하에서 공소사실과 관련된 수사기관의 구성원을 증인으로 신문하는 것은 오히려 논리적으로 모순이 되지 않는다.」

Ⅱ. 직권주의와 당사자주의

〈소송구조론〉

헌법재판소 1995. 11. 30. 선고 92헌마44 결정 <표준>

1) 형사소송구조는 당사자주의적 구조와 직권주의적 구조로 나뉘는바, 당사자주의적 구조는 당사자, 즉 검사와 피고인에게 소송의 주도적 지위를 인정하여 당사자 사이의 공격과 방어에 의하여 심리가 진행되고 법원은 제3자의 입장에서 당사자의 주장과 입증을 판단하는 소송구조를 말하고, 직권주의적 구조란 소송에서의 주도적 지위를 법원에게 인정하는 소송구조를 말한다.

형사소송의 구조를 당사자주의와 직권주의 중 어느 것으로 할 것인가의 문제는 입법정책의 문제라고 보아야 할 것인바, 헌법 제11조 제1항의 평등권규정, 헌법 제12조 제1항의 적법절차규정, 헌법 제27조 제1항의 공정한 재판을 받을 권리규정 등을 근거로 형사소송에 있어서 완벽한 당사자주의가 요구된다고 보기는 어렵고, 또한 형사재판의 특수성에 비추어 헌법 제11조 제1항의 평등권규정을 근거로 하여 검사와 피고인 사이에 완벽한 당사자대등주의 내지 무기평등의 원칙이 적용되도록 요구할 수도 없는 것이므로 <u>우리 현행형사소송법이 어떤 구조를 취하고 있는지는 형사소송법의 해석에 의하여 결정될 것이다.</u>

2) 우리나라 현행 형사소송법은 직권주의를 취한 구 형사소송법과는 달리 당사자주의를 대폭 도입하였는바, 현행 형사소송의 기본구조가 무엇인가에 관하여는 학설상 ① 순수한 당사자주의라는 견해, ② 당사자주의를 기본구조로 하고 직권주의는 보충적 성격을 가진다고 보는 견해, ③ 직권주의를 기본구조 내지 기초로 하면서도 형식적으로는 당사자주의구조를 취하여 당사자주의와 직권주의를 조화한 것이라는 견해, ④ 직권주의가 기본구조이고 당사자주의는 직권주의에 대한 수정적인 의미를 가질 뿐이라는 견해의 대립이 있으나, 현행 형사소송법은 공소장에 공소사실을 특정하여 기재하도록 하고(제254조 제4항), 공소사실과 동일성이 인정되는 사실이라 할지라도 원칙적으로 공소장변경절차를 거치지 아니하면 심판의 대상이 될 수 없도록 하였으며(제298조), 피고인에 대한 공소장부본의 송달(제266조), 제1회 공판기일의 유예기간(제269조), 당사자의 공판기일변경신청권(제270조), 당사자의 출석권(제275조, 제276조), 검사의 모두진술에 의한 공판의 개시(제285조), 피고인 신문의 방식 및 진술거부권(제287조, 제289조), 당사자의 신청에 의한 증거조사(제294조), 증거조사 참여권 및 이의신청권(제163조, 제176조, 제296조), 교호신문방식에 의한 증인신문(제161조의2), 전문증거법칙의 채택(제310조의2) 등 규정을 두어 <u>소송절차의 전반에 걸쳐 기본적으로 당사자주의 소송구조를 취하고 있는 것으로 이해되고, 또한 재판실무도 그와 같은 전제하에 운용되고 있다. 이와 같은 제도 아래에서는 검사가 비록 공익의 대표자적 지위에 있다고는 하나, 기본적으로 피고인과 대등한 당사자의 지위에 있는 것이므로, 검사와 피고인에게 공정한 공격 방어의 기회를 주어야 할 것이고, 검사를 지나치게 유리하게 하는 것은 당사자주의의 기본취지에 반하게 된다. 이러한 의미에서 당사자주의는 당사자대등주의 내지 무기평등의 원칙을 그 전제로 하고 있는바,</u> 이 사건의 경우를 보면, <u>당사자주의 내지 당사자대등주의에 충실하려면 제1심법원에서 직접 항소법원으로 소송기록을 송부함이 옳을 것이다.</u> 외국의 입법례를 보더라도 2차대전 후 형사소송법 개정시 미국의 당사자주의를 도입한 일본이나 미국은 제1심법원이 직접

항소법원에 소송기록을 송부하도록 하고 있으며, 독일은 검사에게 기록을 송부하도록 하고 있지만 독일은 직권주의적 소송구조를 취하고 있으므로 그 소송구조론에 크게 반하지 않는다.

Q

수사

02

PART

판례교재 형사소송법

CHAPTER

01

수사의 기초

제1절 수사의 기본개념

Ⅰ. 수사의 개념

〈수사의 개념 요소〉

대법원 1999. 12. 7. 선고 98도3329 판결 〈표준〉

수사, 즉 범죄혐의의 유무를 명백히 하여 공소를 제기·유지할 것인가의 여부를 결정하기 위하여 범인을 발견·확보하고 증거를 수집·보전하는 수사기관의 활동은 수사 목적을 달성함에 필요한 경우에 한하여 사회통념상 상당하다고 인정되는 방법 등에 의하여 수행되어야 하는 것인바, 무인장비에 의한 제한속도 위반차량 단속은 이러한 수사활동의 일환으로서 도로에서의 위험을 방지하고 교통의 안전과 원활한 소통을 확보하기 위하여 도로교통법령에 따라 정해진 제한속도를 위반하여 차량을 주행하는 범죄가 현재 행하여지고 있고, 그 범죄의 성질·태양으로 보아 긴급하게 증거보전을 할 필요가 있는 상태에서 일반적으로 허용되는 한도를 넘지 않는 상당한 방법에 의한 것이라고 판단되므로, 이를 통하여 피고인 운전 차량의 차량번호 등을 촬영한 이 사건 사진을 두고 위법하게 수집된 증거로서 증거능력이 없다고 말할 수도 없다.

Ⅱ. 내사

〈수사와 내사의 구별: 실질설〉

대법원 2001. 10. 26. 선고 2000도2968 판결 <표준>

검찰사건사무규칙 제2조 내지 제4조에 의하면, 검사가 범죄를 인지하는 경우에는 범죄인지서를 작성하여 사건을 수리하는 절차를 거치도록 되어 있으므로, 특별한 사정이 없는 한 수사기관이 그와 같은 절차를 거친 때에 범죄인지가 된 것으로 볼 것이나, 범죄의 인지는 실질적인 개념이고, 이 규칙의 규정은 검찰행정의 편의를 위한 사무처리절차 규정이므로, 검사가 그와 같은 절차를 거치기 전에 범죄의 혐의가 있다고 보아 수사를 개시하는 행위를 한 때에는 이 때에 범죄를 인지한 것으로 보아야 하고, 그 뒤 범죄인지서를 작성하여 사건수리 절차를 밟은 때에 비로소 범죄를 인지하였다고 볼 것이 아니며(대법원 1989. 6. 20. 선고 89도648 판결 참조), 이러한 인지절차를 밟기 전에 수사를 하였다고 하더라도, 그 수사가 장차 인지의 가능성이 전혀 없는 상태하에서 행해졌다는 등의 특별한 사정이 없는 한, 인지절차가 이루어지기 전에 수사를 하였다는 이유만으로 그 수사가 위법하다고 볼 수는 없고, 따라서 그 수사과정에서 작성된 피의자신문조서나 진술조서 등의 증거능력도 이를 부인할 수 없다(대법원 1995. 2. 24. 선고 94도252 판결 참조).

대법원 2015. 10. 29. 선고 2014도5939 판결
피의자의 진술을 기재한 서류 또는 문서가 수사기관에서의 조사 과정에서 작성된 것이라면, 그것이 '진술조서, 진술서, 자술서'라는 형식을 취하였다고 하더라도 피의자신문조서와 달리 볼 수 없고, 수사기관에 의한 진술거부권 고지의 대상이 되는 피의자의 지위는 수사기관이 범죄인지서를 작성하는 등의 형식적인 사건수리 절차를 거치기 전이라도 조사대상자에 대하여 범죄의 혐의가 있다고 보아 실질적으로 수사를 개시하는 행위를 한 때에 인정되는 것으로 봄이 상당하다. 특히 조사대상자의 진술내용이 단순히 제3자의 범죄에 관한 경우가 아니라 자신과 제3자에게 공동으로 관련된 범죄에 관한 것이거나 제3자의 피의사실뿐만 아니라 자신의 피의사실에 관한 것이기도 하여 그 실질이 피의자신문조서의 성격을 가지는 경우에 수사기관은 그 진술을 듣기 전에 미리 진술거부권을 고지하여야 한다(대법원 2013. 7. 25. 선고 2012도8698 판결 등 참조).

대법원 1991. 11. 5.자 91모68 결정 「원심은 서울지방검찰청 동부지청 검사가 1991.2.2. 대통령비서실로부터 재항고인이 대통령에게 제출한 청원서를 이관받아 진정사건으로 내사한 후 1991.4.27.공소권 없음 등을 이유로 내사종결처리를 하자 이에 대하여 재항고인이 같은 해 5.8. 재정신청을 한 이 사건에 있어서 형사소송법 제260조 제1항의 규정에 의하면 형법 제123조 내지 제125조의 죄에 대한 고소 또는 고발사건에 대한 검사의 불기소처분의 통지를 받은 때에 한하여 재정신청을 할 수 있는 것인데 검사의 위 내사종결 처리는 고소 또는 고발사건에 대한 불기소처분이라고 볼 수 없고 또 재항고인의 위 진정내용은 재정신청의 대상이 되는 죄라고도 할 수 없다고 하여 형사소송법 제262조 제1항 제1호에 의하여 재항고인의 재정신청을 기각 하였는 바 기록에 의하여 살펴보면 원심의 위와 같은 조치는 정당하(다).」

헌법재판소 1990. 12. 26. 선고 89헌마277 결정「내사의 대상으로 되는 진정이라 하더라도 진정(陳情) 그 자체가 법률의 규정에 의하여 법률상의 권리행사로서 인정되는 것은 아니고, 진정을 기초로 하여 수사소추기관의 적의 처리를 요망하는 의사표시에 지나지 아니한 것인 만큼 진정에 기하여 이루어진 내사사건의 종결처리라는 것은 구속력이 없는 진정사건에 대한 수사기관의 내부적 사건처리방식에 지나지 아니한 것이고, 따라서 그 처리결과에 대하여 불만이 있으면 진정인은 따로 고소나 고발을 할 수 있는 것으로서 진정인의 권리 행사에 아무런 영향을 미치는 것이 아니므로 이는 헌법소원심판의 대상이 되는 공권력의 행사라고는 할 수 없는 것이다.」

대법원 1996. 6. 3.자 96모18 결정「변호인의 조력을 받을 권리를 실질적으로 보장하기 위하여는 변호인과의 접견교통권의 인정이 당연한 전제가 된다고 할 것이므로, 임의동행의 형식으로 수사기관에 연행된 피의자에게도 변호인 또는 변호인이 되려는 자와의 접견교통권은 당연히 인정된다고 보아야 할 것이고, 임의동행의 형식으로 연행된 피내사자의 경우에도 마찬가지라 할 것이다. 형사소송법 제34조는 변호인 또는 변호인이 되려는 자에게 구속을 당한 피고인 또는 피의자에 대하여까지 접견교통권을 보장하는 취지의 규정이므로 위 접견교통권을 위와 달리 해석할 법령상의 근거가 될 수 없다. 이와 같은 접견교통권은 피고인 또는 피의자나 피내사자의 인권보장과 방어준비를 위하여 필수불가결한 권리이므로 법령에 의한 제한이 없는 한 수사기관의 처분은 물론 법원의 결정으로도 이를 제한할 수 없다고 할 것이다.」

제 2 절 수사기관

<사법경찰관리 또는 특별사법경찰관리의 의의>

대법원 2022. 12. 15. 선고 2022도8824 판결

사법경찰관리 또는 특별사법경찰관리에 대하여는 헌법과 형사소송법 등 법령에 따라 국민의 생명·신체·재산 등을 보호하기 위하여 광범위한 기본권 제한조치를 할 수 있는 권한이 부여되어 있으므로, 소관 업무의 성질이 수사업무와 유사하거나 이에 준하는 경우에도 명문의 규정이 없는 한 함부로 그 업무를 담당하는 공무원을 사법경찰관리 또는 특별사법경찰관리에 해당한다고 해석할 수 없다.

구 형사소송법(2020. 2. 4. 법률 제16924호로 개정되기 전의 것) 제197조는 세무 분야에 관하여 특별사법경찰관리의 직무를 행할 자와 그 직무의 범위를 법률로써 정한다고 규정하였고, 이에 따라 구 「사법경찰관리의 직무를 수행할 자와 그 직무범위에 관한 법률」(2021. 3. 16. 법률 제17929호로 개정되기 전의 것, 이하 '구 사법경찰직무법'이라 한다)은 특별사법경찰관리를 구체적으로 열거하면서 '관세법에 따라 관세범의 조사 업무에 종사하는 세관공무원'만 명시하였을 뿐 '조세범칙조사를 담당하는 세무공무원'을 포함시키지 않았다(구 사법경찰직무법 제5조 제17호). 뿐만 아니라 현행 법령상 조세범칙조사의 법적 성질은 기본적으로 행정절차에 해당하므로, 「조세범 처벌절차법」 등 관련 법령에 조세범칙조사를 담당하는 세무공무원에게 압수·수색 및 혐의자 또는 참고인에 대한 심문권한이 부여되어 있어 그 업무의 내용과 실질이 수사절차와 유사한 점이 있고, 이를 기초로 수사기관에 고발하는 경우에는 형사절차로 이행되는 측면이 있다 하여도, 달리 특별한 사정이 없는 한 이를 형사절차의 일환으로 볼 수는 없다. 그러므로 조세범칙조사를 담당하는 세무공무원이 피고인이 된 혐의자 또는 참고인에 대하여 심문한 내용을 기재한 조서는 검사·사법경찰관 등 수사기관이 작성한 조서와 동일하게 볼 수 없으므로 형사소송법 제312조에 따라 증거능력의 존부를 판단할 수는 없고, 피고인 또는 피고인이 아닌 자가 작성한 진술서나 그 진술을 기재한 서류에 해당하므로 형사소송법 제313조에 따라 공판준비 또는 공판기일에서 작성자·진술자의 진술에 따라 성립의 진정함이 증명되고 나아가 그 진술이 특히 신빙할 수 있는 상태 아래에서 행하여진 때에 한하여 증거능력이 인정된다. 이때 '특히 신빙할 수 있는 상태'란 조서 작성 당시 그 진술내용이나 조서 또는 서류의 작성에 허위 개입의 여지가 거의 없고, 그 진술내용의 신빙성과 임의성을 담보

할 구체적이고 외부적인 정황이 있는 경우를 의미하는데, 「조세범 처벌절차법」 및 이에 근거한 시행령·시행규칙·훈령(조사사무처리규정) 등의 조세범칙조사 관련 법령에서 구체적으로 명시한 진술거부권 등 고지, 변호사 등의 조력을 받을 권리 보장, 열람·이의제기 및 의견진술권 등 심문조서의 작성에 관한 절차규정의 본질적인 내용의 침해·위반 등도 '특히 신빙할 수 있는 상태' 여부의 판단에 있어 고려되어야 한다.

> **대법원 2022. 1. 13. 선고 2015도6326 판결**
>
> 라) 위와 같은 규정들을 종합하여 보면, 중대재해가 발생하여 근로감독관이 그 발생원인 등을 조사하는 것은 산업안전보건법 및 그 하위법령에 따른 절차이고, 근로감독관이 근로기준법 제104조 제1항에서 정한 근로자의 통보에 따라 현장조사 등을 하는 것은 근로기준법 및 그 하위법령에 따른 절차라고 할 것이나, 근로감독관이 특별사법경찰관으로서 중대재해와 관련한 산업안전보건법 위반 내지 근로기준법 위반을 수사하는 경우에는 산업안전보건법, 근로기준법 등에 특별한 근거가 없는 이상, 그 수사절차는 형사소송법, 사법경찰직무법, 구 「특별사법경찰관리 집무규칙」에 따른 절차라고 보는 것이 타당하다.
>
> 마) 구 공인노무사법(2020. 1. 29. 법률 제16895호로 개정되기 전의 것, 이하 같다) 제2조 제1항 제3호는 공인노무사가 의뢰인에게 노동 관계 법령에 관한 상담을 할 수 있다고 규정하고 있다. 여기서 노동 관계 법령이란 근로기준법, 산업안전보건법, 「노동조합 및 노동관계조정법」 등 구 공인노무사법 시행령(2020. 7. 28. 대통령령 제30873호로 개정되기 전의 것) 제2조 [별표 1]에 열거된 법률과 그 법률에 근거한 하위법령을 의미하므로, 그에 규정되지 아니한 형사소송법 등은 노동 관계 법령에 해당하지 아니한다. 따라서 공인노무사가 의뢰인에게 노동 관계 법령에 관한 내용을 넘어서 수사절차에 적용되는 형사소송법 등에 관한 내용까지 상담을 하는 것은 노동 관계 법령에 관한 상담을 하는 과정에서 불가피하게 이루어졌다는 등의 특별한 사정이 없는 한 구 공인노무사법에서 정한 직무의 범위를 벗어난 것으로 보아야 한다.

〈고위공직자범죄수사처의 기능 및 합헌성〉

헌법재판소 2021. 1. 28. 선고 2020헌마264, 681(병합) 결정

[결정요지]

나. (1) 헌법 제66조 제4항은 "행정권은 대통령을 수반으로 하는 정부에 속한다."고 규정하고 있는데, 여기서의 '정부'란 입법부와 사법부에 대응하는 넓은 개념으로서의 집행부를 일컫는다 할 것이다. 그리고 헌법 제86조 제2항은 대통령의 명을 받은 국무총리가 행정각부를

통합하도록 규정하고 있는데, 대통령과 행정부, 국무총리에 관한 헌법 규정의 해석상 국무총리의 통할을 받는 '행정각부'에 모든 행정기관이 포함된다고 볼 수 없다. 즉 정부의 구성단위로서 그 권한에 속하는 사항을 집행하는 중앙행정기관을 반드시 국무총리의 통할을 받는 '행정각부'의 형태로 설치하거나 '행정각부'에 속하는 기관으로 두어야 하는 것이 헌법상 강제되는 것은 아니므로, 법률로써 '행정각부'에 속하지 않는 독립된 형태의 행정기관을 설치하는 것이 헌법상 금지된다고 할 수 없다.

수사처가 수행하는 수사와 공소제기 및 유지는 우리 헌법상 본질적으로 행정에 속하는 사무에 해당하는 점, 수사처의 구성에 대통령의 실질적인 인사권이 인정되고, 수사처장은 소관 사무와 관련된 안건이 상정될 경우 국무회의에 출석하여 발언할 수 있으며 그 소관 사무에 관하여 독자적으로 의안을 제출할 권한이 있는 것이 아니라 법무부장관에게 의안의 제출을 건의할 수 있는 점 등을 종합하면, 수사처는 직제상 대통령 또는 국무총리 직속기관 내지 국무총리의 통할을 받는 행정각부에 속하지 않는다고 하더라도 대통령을 수반으로 하는 행정부에 소속되고 그 관할권의 범위가 전국에 미치는 중앙행정기관으로 보는 것이 타당하다.

(2) 수사처가 중앙행정기관임에도 불구하고 기존의 행정조직에 소속되지 않고 대통령과 기존행정조직으로부터 구체적인 지휘·감독을 받지 않는 형태로 설치된 것은 수사처 업무의 특수성에서 기인한 것인바, 수사처의 설치 취지가 고위공직자 등의 범죄를 척결하여 국가의 투명성과 공직사회의 신뢰성을 높이는 한편 검찰의 기소독점주의 및 기소편의주의에 대한 제도적 견제장치를 마련하려는 데에 있는 점, 수사처가 행정부 소속 공무원도 그 수사대상으로 하여 기존의 행정조직의 위계질서에 포함시켜서는 객관성이나 신뢰성을 담보하기 쉽지 않은 점, 수사처가 대부분의 고위공직자들을 대상으로 수사 등을 담당하므로 정치적 중립성과 직무의 독립성이 매우 중요한 점 등을 고려한 것이다.

(3) 수사처의 권한 행사에 대해서는 여러 기관으로부터의 통제가 이루어질 수 있으므로, 단순히 수사처가 독립된 형태로 설치되었다는 이유만으로 권력분립원칙에 위반된다고 볼 수 없다. 수사처는 '고위공직자범죄수사처 설치 및 운영에 관한 법률'이라는 입법을 통해 도입되었으므로 의회는 법률의 개폐를 통하여 수사처에 대한 시원적인 통제권을 가지고, 수사처 구성에 있어 입법부, 행정부, 사법부를 비롯한 다양한 기관이 그 권한을 나누어 가지므로 기관 간 견제와 균형이 이루어질 수 있으며, 국회, 법원, 헌법재판소에 의한 통제가 가능할 뿐 아니라 행정부 내부적 통제를 위한 여러 장치도 마련되어 있다.

(4) 법률에 근거하여 수사처라는 행정기관을 설치하는 것이 헌법상 금지되지 않는바, 검찰의

기소독점주의 및 기소편의주의를 견제할 별도의 수사기관을 설치할지 여부는 국민을 대표하는 국회가 검찰 기소독점주의의 적절성, 검찰권 행사의 통제 필요성, 별도의 수사기관 설치의 장단점, 고위공직자범죄 수사 등에 대한 국민적 관심과 요구 등 제반 사정을 고려하여 결정할 문제로서, 그 판단에는 본질적으로 국회의 폭넓은 재량이 인정된다. 또한 수사처의 설치로 말미암아 수사처와 기존의 다른 수사기관과의 관계가 문제된다 하더라도 동일하게 행정부 소속인 수사처와 다른 수사기관 사이의 권한 배분의 문제는 헌법상 권력분립원칙의 문제라고 볼 수 없다.

(5) 이상과 같이 <u>공수처법이 수사처의 소속을 명시적으로 규정하지 않은 것은 수사처의 업무의 특성을 고려하여 정치적 중립성과 직무상 독립성을 보장하기 위한 것이고, 수사처에 대하여는 행정부 내부에서뿐만 아니라 외부에서도 다양한 방법으로 통제를 하고 있으며, 수사처가 다른 국가기관에 대하여 일방적 우위를 점하고 있다고 보기도 어려우므로, 구 공수처법 제2조 및 공수처법 제3조 제1항은 권력분립원칙에 반하여 청구인들의 평등권, 신체의 자유 등을 침해하지 않는다.</u>

다. (1) 헌법은 수사나 공소제기의 주체, 방법, 절차 등에 관하여 직접적인 규정을 두고 있지 않다. 기존의 행정조직에 소속되지 않은 독립된 위치에서 수사 등에 관한 사무를 수행할 기관을 설치·운영할 것인지 여부, 해당 기관에 의한 수사나 기소의 대상을 어느 범위로 정할 것인지는 독립된 기관의 설치 필요성, 공직사회의 신뢰성 제고에 대한 국민적 관심과 요구 등 모든 사정을 고려하여 결정할 문제이므로, 이에 대한 입법자의 결정은 명백히 자의적이거나 현저히 부당하다고 볼 수 없는 한 존중되어야 한다.

(2) 고위공직자는 권력형 부정 사건을 범할 가능성이 비고위공직자에 비하여 높고 그 범죄로 인한 부정적인 파급효과가 크며 높은 수준의 청렴성이 요구되고, 그 가족의 경우 고위공직자와 생활공동체를 형성하는 밀접·긴밀한 관계에 있으므로, 고위공직자나 그 가족 등에 한하여 수사처의 수사나 기소의 대상으로 하고 그 대상이 되는 범죄를 한정하여 규정한 것에는 합리적인 이유가 있다. 수사처에 의한 수사 등의 대상에는 퇴직한 사람도 포함되나, 이는 범죄에 연루된 현직 고위공직자가 사직을 통해 수사처의 수사 등을 회피하는 행태를 방지하고 국가의 투명성과 공직사회의 신뢰성 제고라는 수사처의 설치 목적에 기여하기 위한 것이므로, 불합리하다고 할 수 없다.

(3) <u>수사처에 의한 수사 등에 적용되는 절차나 내용, 방법 등은 일반 형사소송절차와 같으므로, 수사처의 수사 등의 대상이 된다고 하여 대상자에게 실질적인 불이익이 발생한다거나</u>

대상자의 법적 지위가 불안정해진다고 볼 수 없다. 수사처가 고위공직자에 대한 수사 등의 주체가 됨으로써 부실·축소 수사 또는 표적수사가 이루어지거나 무리한 기소가 있을 수 있다는 우려를 뒷받침할 객관적·실증적인 근거가 없다. 따라서 구 공수처법 제2조 및 공수처법 제3조 제1항이 청구인들을 합리적 이유 없이 차별하여 청구인들의 평등권을 침해한다고 할 수 없다.

라. (1) 헌법에서 수사단계에서의 영장신청권자를 검사로 한정한 것은 다른 수사기관에 대한 수사지휘권을 확립시켜 인권유린의 폐해를 방지하고, 법률전문가인 검사를 거치도록 함으로써 기본권침해가능성을 줄이고자 한 것이다. 헌법에 규정된 영장신청권자로서의 검사는 검찰권을 행사하는 국가기관인 검사로서 공익의 대표자이자 수사단계에서의 인권옹호기관으로서의 지위에서 그에 부합하는 직무를 수행하는 자를 의미하는 것이지, 검찰청법상 검사만을 지칭하는 것으로 보기 어렵다.

(2) 검찰청법 제4조에 따른 검사의 직무 및 군사법원법 제37조에 따른 군검사의 직무를 수행하는 수사처검사는 공익의 대표자로서 다른 수사기관인 수사처수사관을 지휘·감독하고, 단지 소추권자로서 처벌을 구하는 데에 그치는 것이 아니라 피고인의 이익도 함께 고려하는 인권옹호기관으로서의 역할을 한다. 또한 수사처검사는 변호사 자격을 일정 기간 보유한 사람 중에서 임명하도록 되어 있으므로, 법률전문가로서의 자격도 충분히 갖추었다. 따라서 공수처법 제8조 제4항은 영장주의원칙을 위반하여 청구인들의 신체의 자유 등을 침해하지 않는다.

제 3 절 수사의 조건

Ⅰ. 수사의 필요성

〈수사와 소송조건〉

대법원 2011. 3. 10. 선고 2008도7724 판결 〈표준〉

일반사법경찰관리가 출입국사범에 대한 사무소장 등의 고발이 있기 전에 수사를 하였다고 하더라도 달리 위에서 본 특단의 사정이 없는 한 그 사유만으로 수사가 소급하여 위법하게 되는 것은 아니다. 법 제101조는 제1항에서 사무소장 등의 전속적 고발권을 규정함과 아울러 제2항에서 일반사법경찰관리가 출입국사범을 입건한 때에는 지체없이 사무소장 등에게 인계하도록 규정하고 있고, 이는 그 규정의 취지에 비추어 제1항에서 정한 사무소장 등의 전속적 고발권 행사의 편의 등을 위한 것이라고 봄이 상당하므로 일반사법경찰관리와의 관계에서 존중되어야 할 것이지만, 앞서 본 바와 같이 이를 출입국관리공무원의 수사 전담권에 관한 규정이라고까지 볼 수는 없는 이상 이를 위반한 일반사법경찰관리의 수사가 소급하여 위법하게 되지 아니하는 것은 마찬가지이다.

원심은 그 판시와 같이 이 사건 고발 경위를 인정한 다음 이 사건에 관하여 수원출입국관리사무소장이 통고처분 없이 한 고발은 이 사건에 대한 구체적인 검토에 따라 그 재량에 좇아 행하여진 것이어서 무효라고 볼 수 없고, 경기지방경찰청에서 법 제101조 제2항의 규정을 위반하였다는 것만으로 경기지방경찰청 및 검찰의 수사가 위법하다거나 공소제기의 절차가 법률의 규정에 위반되어 무효인 때에 해당한다고 볼 수 없다고 판단하였다. 앞서 본 법리에 비추어 보면 이러한 원심의 판단은 정당하고, 거기에 출입국사범의 고발 및 수사 등에 관한 법리를 오해한 위법이 없다.

Ⅱ. 수사의 상당성: 함정수사

1. 함정수사의 의의

〈함정수사의 개념〉

대법원 2004. 5. 14. 선고 2004도1066 판결

1. 피고인 2의 히로뽕 매수, 교부 및 피고인 1의 히로뽕 수수, 밀수입의 각 범행에 관하여

가. 이 부분 공소사실의 요지는, (1) 피고인 2는 (가) 2003. 2. 하순경 중국 심양시 이하 불상지에서 피고인 1로부터 "히로뽕 100g을 구해달라."는 부탁을 받고 이를 승낙한 뒤 그 시경 피고인 1로부터 대금 360만 원을 교부받고, 자신의 돈 180만 원을 합하여 합계 540만 원을 준비한 다음, 같은 해 3. 중순 일자불상 20:00경 중국 북경시 이하 불상지에서 조선족인 김 명불상자(남, 38세)로부터 마약류인 메스암페타민(일명 '히로뽕', 이하 '히로뽕'이라 한다) 약 87.03g을 540만 원에 매수하고, (나) 같은 해 3. 중순 일자불상 20:00경 중국 북경시 건통호텔 505호실에서 피고인 1에게 위와 같이 구입한 히로뽕 87.03g을 건네주어 이를 교부하고, (2) 피고인 1은, (가) 위 (1)의 (나)항과 같이 피고인 2로부터 히로뽕 약 87.03g을 교부받아 이를 수수하고, (나) 같은 달 30. 08:00경 중국 북경시 북경공항 화장실에서 위와 같이 교부받은 히로뽕 중 약 87g을 콘돔 속에 넣어 자신의 음부 속에 삽입·은닉한 다음 같은 날 09:00경 위 공항을 출발하는 한국행 중국 국제항공(CA) 123편에 탑승하여 같은 날 12:00경 인천국제공항 출입국 및 세관검색대를 통과하여 이를 밀수입하였다는 것인바, 원심은 피고인들이 수사기관의 함정수사에 의하여 비로소 이 사건 범의를 일으켜 중국에서 히로뽕을 매수하여 밀수입하게 되었다는 피고인들의 주장을 배척하고 위 각 공소사실을 유죄로 인정한 제1심판결을 유지하였다.

나. 함정수사라 함은 본래 범의를 가지지 아니한 자에 대하여 수사기관이 사술이나 계략 등을 써서 범죄를 유발케 하여 범죄인을 검거하는 수사방법을 말하는 것이므로, 범의를 가진 자에 대하여 범행의 기회를 주거나 범행을 용이하게 한 것에 불과한 경우에는 함정수사라고 할 수 없다(대법원 1998. 11. 24. 선고 98도2753 판결 참조).

기록에 의하면, 피고인들은 자신들이 히로뽕을 매수하거나 밀수입할 의사가 전혀 없었는데, 피고인 1의 애인이었던 공소외 1이 "서울지검 마약1반의 정보원인 공소외 2가 마약반에서 많은 역할을 하던 중 또 다른 정보원의 배신으로 구속되게 되었다. 마약반의 계장 공소외 3

과 계장 공소외 4 가 공소외 2의 공적(다른 마약범죄에 대한 정보를 제공하여 수사기관의 수사를 도운 공적)을 만들어 공소외 2를 빼내려 한다. 그렇게 하기 위하여는 수사기관이 수사에 사용할 히로뽕을 구해야 하니, 수사기관을 돕기 위하여 히로뽕을 좀 구해 달라. 히로뽕을 구입하여 오면 검찰에서 피고인들의 안전을 보장한다고 하였다."고 이야기할 뿐만 아니라 심지어 히로뽕을 구입할 자금까지 교부하면서 피고인 1에게 집요하게 부탁을 하여 비로소 피고인 1이 공소외 1 및 검찰을 돕기로 마음먹고 피고인 2에게 그와 같은 사정을 다 이야기하면서 히로뽕의 매입을 의뢰하였고, 피고인 2도 그에 따라 비로소 히로뽕을 매입하여 피고인 1에게 교부하기로 마음먹고 이 사건 범행에 이르게 되었다고 주장하고 있고, 피고인들이 위 마약을 밀수입하는 순간 마약정보원인 공소외 1의 제보에 의하여 인천국제공항에서 체포되었음에도 위 검찰계장 공소외 3은 위 공소외 2의 제보에 의하여 피고인들이 체포된 것으로 공적사항 수사보고서를 작성하여 보고하였으며, 위 공소외 3이 피고인들의 이 사건 범행 직전인 2003. 3. 6. 공소외 1에게 1,000만 원을 송금하고, 공소외 1은 그 즈음 피고인 1에게 580만 원을 송금 등의 방법으로 교부하였음에도 위 공소외 3은 공소외 1에게 돈을 준 적이 절대 없다고 진술서를 작성하여 제출하고 있고, 위 공소외 1이 피고인들이 선처받을 수 있도록 또 다른 작업(피고인들의 공적사항을 만들기 위하여 다른 사람을 상대로 마약범죄를 저지르도록 유도하여 수사기관이 체포할 수 있게 도와주는 것)을 준비하고 있으며 검사실의 확답을 기다리고 있다는 취지로 피고인 2의 친구 공소외 5와 통화한 내용의 녹취서가 이 사건 재판 과정에 제출된 사정을 알 수 있는바, 이와 같은 사정하에서라면 원래 중국까지 가서 히로뽕을 매입하여 밀수입할 의도가 없었던 피고인들이 수사기관의 사술이나 계략에 의하여 범의를 일으켜 이 사건 범행을 결행하게 되었을 가능성을 완전히 배제할 수 없다 할 것이고, 따라서 원심법원으로서는 위 녹취서 기재 내용의 진위 여부, 위 공소외 1 및 공소외 3이 그와 같은 각 금원을 송금 및 교부한 경위, 피고인들이 공소외 1의 부탁에 의해 위와 같이 히로뽕을 매수하여 밀수입한 것이 아니라면 어떤 경위로 공소외 1이 피고인들의 히로뽕 밀수입 시간 및 방법까지 소상히 알게 되었는지, 피고인들을 체포한 것이 공소외 1의 제보에 의한 것임에도 공소외 3은 왜 공소외 2의 제보에 의한 것이라고 공적보고서를 작성한 것인지, 검찰이 공소외 2를 도와 주려하고 있으니 그 재료를 구해 달라는 이야기를 공소외 1로부터 듣지 않았다면 피고인들이 그와 같은 내용을 어떤 경위로 알게 된 것인지 등에 대하여 위 녹취서의 기본이 되는 녹음테이프에 대한 증거조사, 위 공소외 3, 공소외 1, 공소외 5에 대한 증인신문, 검찰에 대한 석명 등을 통하여 확인하여 과연 피고인들이 수사기관의 사술에 의하여 이 사건 범행을 할 범의를 일으켰는지에 관하여 판단을 하였어야 할 것임에도 이러한 점들에 대하여 심리가 미진하다.

그럼에도 불구하고 원심은 그 인정과 같은 사정에만 기초하여 이 부분 범죄사실에 관한 피고인들의 범의가 수사기관의 함정수사에 의하여 비로소 유발된 것으로 볼 수 없다고 단정지어 피고인들의 함정수사 주장을 배척하였는바, 이와 같은 원심의 조치에는 심리를 다하지 아니하였거나 함정수사에 관한 법리를 오해한 위법이 있다고 하지 않을 수 없다.

2. 함정수사의 위법성

〈함정수사의 위법성 판단기준〉

대법원 2007. 7. 12. 선고 2006도2339 판결 〈표준〉

1. 본래 범의를 가지지 아니한 자에 대하여 수사기관이 사술이나 계략 등을 써서 범의를 유발케 하여 범죄인을 검거하는 함정수사는 위법하다 할 것인바(대법원 2005. 10. 28. 선고 2005도1247 판결 등 참조), 구체적인 사건에 있어서 위법한 함정수사에 해당하는지 여부는 해당 범죄의 종류와 성질, 유인자의 지위와 역할, 유인의 경위와 방법, 유인에 따른 피유인자의 반응, 피유인자의 처벌 전력 및 유인행위 자체의 위법성 등을 종합하여 판단하여야 한다. 따라서 수사기관과 직접 관련이 있는 유인자가 피유인자와의 개인적인 친밀관계를 이용하여 피유인자의 동정심이나 감정에 호소하거나, 금전적·심리적 압박이나 위협 등을 가하거나, 거절하기 힘든 유혹을 하거나, 또는 범행방법을 구체적으로 제시하고 범행에 사용될 금전까지 제공하는 등으로 과도하게 개입함으로써 피유인자로 하여금 범의를 일으키게 하는 것은 위법한 함정수사에 해당하여 허용되지 아니한다 할 것이지만, 유인자가 수사기관과 직접적인 관련을 맺지 아니한 상태에서 피유인자를 상대로 단순히 수차례 반복적으로 범행을 부탁하였을 뿐, 수사기관이 사술이나 계략 등을 사용하였다고 볼 수 없는 경우는, 설령 그로 인하여 피유인자의 범의가 유발되었다 하더라도 위법한 함정수사에 해당하지 아니한다.

2. 원심은 그 설시 증거들을 종합하여, 공소외 1은 청송보호감호소에서 출소한 후 공소외 2와 함께 거주하여 왔는데, 공소외 2는 서울중앙지방검찰청의 정보원으로 활동하여 오면서 5차례 가량 마약수사에 협조하여 마약사범을 검거한 대가로 포상금을 수령하였던 사실, 청송교도소에서 복역할 당시 피고인을 알게 된 공소외 1은 2005. 2. 초순경부터 10여 차례에 걸

처 피고인에게 "아는 여자가 메스암페타민(이하 '필로폰'이라 한다)을 구입하려고 하니 구해 달라"고 부탁한 사실, 피고인은 공소외 1의 부탁을 거절하여 오다가 2005. 2. 22. 청송보호 감호소에서 만나 알고 지내던 공소외 3에게 필로폰을 매수할 수 있는지 여부를 문의하여 공소외 3으로부터 "필로폰 20g을 6~700만 원에 판매하겠다는 사람이 있다"는 연락을 받고 공소외 1에게 그 사실을 알려 준 사실, 공소외 2는 공소외 1로부터 그 사실을 전해 듣고 서울중앙지방검찰청 마약수사관에게 전달하였는데, 당시 마약수사관이 필로폰을 위장매수할 자금을 마련하지 못하였다고 하자 공소외 1을 시켜 필로폰 거래를 연기하게 한 사실, 그 후 필로폰을 위장매수할 자금이 마련되자, 공소외 1은 2005. 2. 23. 피고인과 다음날 만나 필로폰 거래를 하기로 약속한 다음 공소외 2에게 그 사실을 알려주었고, 공소외 2는 마약수사관에게 이를 제보한 사실, 이에 마약수사관이 위장매수자금을 소지하고 동행자로 위장한 가운데 피고인과 공소외 2가 공소외 3을 만나게 된 사실, 공소외 3은 피고인이 먼저 돌아간 상태에서 2005. 2. 24. 18:00경 공소외 4로 하여금 공소외 2에게 필로폰을 판매하도록 하던 중 현장에 잠복 중인 마약수사관에게 검거된 사실, 공소외 1은 공소외 2를 도와 필로폰 매매에 관한 정보를 제공하였다는 이유로 입건되지 아니하였고, 공소외 2는 위 필로폰 매매에 관한 정보를 제공하여 마약사범을 검거한 대가로 포상금 100만 원을 지급받은 사실 등 판시사실을 인정한 다음, 그에 따르면 공소외 1은 수사기관의 정보원으로서 또는 적어도 수사기관의 정보원인 공소외 2와의 의사연락하에 포상금을 지급받는 등의 목적으로 의도적으로 피고인에게 접근하여 필로폰 매매의 알선을 부탁한 것으로 볼 여지가 충분하고, 피고인은 이 사건 범행 당시 이미 그 범행에 대한 범의를 가지고 있었던 것이 아니라, 수사기관 또는 수사기관의 정보원의 사주에 의하여 비로소 마약범행에 대한 범의가 유발된 것으로 보인다고 판단하여, 피고인에게 유죄를 선고한 제1심판결을 파기하고, 공소기각의 판결을 선고하였다.

3. 그러나 원심의 이러한 판단은 위의 법리와 기록에 비추어 수긍하기 어렵다.

즉, 원심이 인정한 사실관계에 의하더라도 **수사기관은 피고인이 공소외 1의 부탁을 받고 범행을 승낙한 이후에야 비로소 공소외 2를 통하여 그 사실을 알게 되었다**는 것이고, **공소외 1이 피고인에게 필로폰을 구해달라는 부탁을 할 당시에는 아직 그 사실을 알지 못하였던 것**으로 보이는바, <u>이러한 사정에 비추어 이 사건은 수사기관이 공소외 2 또는 공소외 1로 하여금 피고인을 유인하도록 한 것이라기보다는 공소외 2 또는 공소외 1이 포상금 획득 등 사적인 동기에 기하여 수사기관과 관련 없이 독자적으로 피고인을 유인한 것이라고 보아야 할 것이다.</u> 또한, 공소외 1은 피고인에게 단순히 10여 차례에 걸쳐 "아는 여자가 필로폰을 구입하려고 하니 구해 달라"는 부탁을 하였을 뿐 그 과정에서 피고인과의 개인적인 친밀관계를 이용하여 피고인의 동정심이나 감정에 호소하거나, 금전적·심리적 압박이나 위협 등을 가하거나, 거절하기 힘든 유혹을 하거나, 또는 범행방법을 구체적으로 제시하고 범행에 사용될 금전을 제공하는 등의 방법을 사용하지 아니하였는바, 사정이 이러하다면 <u>이 사건은 수사기관이 사술이나 계략 등을 사용한 경우에 해당한다고 볼 수도 없다. 따라서 설령 피고인이 공소외 1의 부탁을 받고 비로소 범의가 유발된 것이라 하더라도, 이를 위법한 함정수사라고 보기는 어렵다. 그리고 이러한 판단은 공소외 2 또는 공소외 1이 피고인을 유인한 목적이 수사기관으로부터 포상금을 지급받으려는 데에 있었다거나 피고인이 공소외 1의 부탁을 받고 몇 차례 거절한 사실이 있었다고 하여 달라지는 것은 아니다.</u>

대법원 2007. 5. 31. 선고 2007도1903 판결 「위 경찰관들은 지하철경찰대 소속으로서 사당역 인근에서 만취한 취객을 상대로 한 이른바 부축빼기 수법의 범죄가 빈발한다는 첩보를 입수하고 지하철 막차 근무를 마친 후 함께 범행장소인 까치공원으로 갔는데, 그곳 공원 옆 인도에 만취한 피해자가 누워 자고 있는 것을 보고서 "그 장소에서 사건이 계속 발생하다 보니 잡아야겠다는 생각"으로 일부러 잠복을 하기로 결심하고, 차량을 피해자로부터 약 10m거리인 길 옆 모퉁이에 주차하고 머리를 숙이고 있던 중 피고인(51세)이 접근하는 것을 발견하였고, 이어 피고인이 위와 같은 범행에 이르자 즉석에서 피고인을 현행범으로 체포하기에 이른 사실을 알 수 있다. … <u>위 경찰관들의 행위는 단지 피해자 근처에 숨어서 지켜보고 있었던 것에 불과하고, 피고인은 피해자를 발견하고 스스로 범의를 일으켜 이 사건 범행에 나아간 것이어서, 앞서 본 법리에 의할 때 잘못된 수사방법에 관여한 경찰관에 대한 책임은 별론으로 하고, 스스로 범행을 결심하고 실행행위에 나아간 피고인에 대한 이 사건 기소 자체가 위법하다고 볼 것은 아니라 할 것이다.</u>」

〈함정수사의 허용범위?〉

대법원 2008. 10. 23. 선고 2008도7362 판결

원심판결 이유에 의하면 원심은, 이 사건의 경우 **경찰관들이 단속 실적을 올리기 위하여 손님을 가장하고 들어가 도우미를 불러 줄 것을 요구하였던 점**, 피고인측은 평소 자신들이 손님들에게 도우미를 불러 준 적도 없으며, 더군다나 이 사건 당일 도우미를 불러달라는 다른 손님들이 있었으나 응하지 않고 모두 돌려보낸 바 있다고 주장하는데, 위 노래방이 평소 손님들에게 도우미 알선 영업을 해 왔다는 아무런 자료도 없는 점, 위 경찰관들도 그와 같은 제보나 첩보를 가지고 이 사건 노래방에 대한 단속을 한 것이 아닌 점, 위 경찰관들이 피고인측으로부터 한 차례 거절당하였으면서도 다시 위 노래방에 찾아가 도우미를 불러 줄 것을 요구하여 도우미가 오게 된 점 등 여러 사정들을 종합해 보면, 이 사건 단속은 수사기관이 사술이나 계략 등을 써서 피고인의 범의를 유발케 한 것으로서 위법하고, 이러한 함정수사에 기한 이 사건 공소제기 또한 그 절차가 법률의 규정에 위반하여 무효인 때에 해당한다고 하여 이 사건 공소를 기각한 제1심판결을 유지하였다.

위 법리와 기록에 비추어 살펴보면, 원심의 위와 같은 사실인정과 판단은 수긍이 가고 거기에 주장과 같은 함정수사에 관한 법리오해의 위법이 없다.

3. 위법한 함정수사의 법적 효과

〈위법한 함정수사의 법적 효과〉

대법원 2005. 10. 28. 선고 2005도1247 판결 <표준>

범의를 가진 자에 대하여 단순히 범행의 기회를 제공하거나 범행을 용이하게 하는 것에 불과한 수사방법이 경우에 따라 허용될 수 있음은 별론으로 하고, 본래 범의를 가지지 아니한 자에 대하여 수사기관이 사술이나 계략 등을 써서 범의를 유발케 하여 범죄인을 검거하는 함정수사는 위법함을 면할 수 없고, 이러한 함정수사에 기한 공소제기는 그 절차가 법률의 규정에 위반하여 무효인 때에 해당한다고 볼 것이다.

원심판결 이유에 의하면, 원심은, 피고인 2의 메스암페타민 매수, 교부 공소사실 및 피고인 1의 메스암페타민 수수, 수입 공소사실과 관련하여 그 채용 증거들에 의하여 판시와 같은 사실을 인정한 다음, 이에 의하면 이미 범의를 가지고 있던 피고인들의 범행에 관한 정보를 알아내어 검거하였을 뿐이라는 취지의 검찰 마약수사주사 공소외 1과 제보자 공소외 2의 각 진술은 믿기 어렵고, 오히려 원래 중국까지 가서 메스암페타민을 구해 올 생각이 없었는데 공소외 1과 공소외 2의 함정수사를 위한 이른바 '작업'에 의하여 비로소 이 사건 범행에 대한 범의를 일으켰다고 하는 피고인들의 진술이 더 신빙성이 있을 뿐 아니라, 공소외 2의 유발행위 이전부터 피고인들에게 메스암페타민을 중국으로부터 수입하려는 구체적인 범의가 있었다거나 피고인 1이 예정했던 것보다 하루 일찍 인천공항을 통해 귀국한 것만으로 공소외 1, 공소외 2와 같이 계획했던 것과는 별개의 범의를 일으켜 메스암페타민 수입 범행을 감행하였다고 볼 수 없다고 판단하여, 결국 이 부분 공소는 범의를 가지지 아니한 사람에 대하여 수사기관이 범행을 적극 권유하여 범의를 유발케 하고 범죄를 행하도록 한 뒤 범행을 저지른 사람에 대하여 바로 그 범죄행위를 문제 삼아 공소를 제기하는 것으로서 적법한 소추권의 행사로 볼 수 없으므로, 형사소송법 제327조 제2호에 규정된 공소제기의 절차가 법률의 규정에 위반하여 무효인 때에 해당한다는 이유로 공소기각 판결을 선고하였다.

위에서 본 법리와 기록에 의하여 살펴보면, 원심의 위와 같은 사실인정과 판단은 모두 정당하여 수긍이 (간다).

CHAPTER

수사의 단서

대법원 1989. 6. 20. 선고 89도648 판결 「피의사실은 수사기관이 어떤 자에 대하여 내심으로 혐의를 품고 있는 정도의 상태만으로는 존재한다고 할 수 없고, 고소, 고발 또는 자수를 받거나 또는 수사기관 스스로 범죄의 혐의가 있다고 보아 수사를 개시하는 등 수사의 대상으로 삼고 있음을 외부적으로 표현한 때에 비로소 피의사실의 존재를 인정할 수 있게 (된다).」

제 1 절 변사자 검시

대법원 1970. 2. 24. 선고 69도2272 판결 「형법 제163조에 변사자라함은 부자연한 사망으로서 그 사인이 분명하지 않은 자를 의미하고 질병으로 의사의 치료를 받아오다가 그 약효없이 사망하여 그 사인이 명백한 것은 변사자라고 할 수 없는 것이므로 망 소외인은 1967.1.29. 10:00경 자궁외 임신으로 피고인 경영의 병원에 입원하여 같은날 22:00에 피고인으로부터 수술을 받고 입원치료를 받고 있던중 같은 해 2.8 폐동맥 천색증이 발생하여 그 치료를 하였으나 결국 사망하게 되어 그 남편의 요구로 그 사채를 인도한 본건에 있어서 원심이 적법한 증거에 의하여 위 설시와 같이 소외인이 폐동맥천색증으로 인하여 사망한 것이라는 사실을 인정하고 그 사인이 명백한 것이므로 그 사체를 검시 받기전에 그 가족에게 인도한 피고인의 소위는 형법 제163조의 검시 방해죄가 되지 않는다고 하여 피고인에게 무죄를 선고한 제1심 판결을 유지한 것은 정당하다.」

제 2 절 고소

I. 의의

〈고소의 개념〉

대법원 2022. 1. 13. 선고 2015도6329 판결

고소는 범죄로 인한 피해자나 그와 일정한 관계에 있는 사람이 수사기관에 대하여 범죄사실을 신고하여 범인의 처벌을 구하는 의사표시이고(형사소송법 제223조 등), 고발은 고소권자와 범인 이외의 사람이 수사기관에 대하여 범죄사실을 신고하여 범인의 처벌을 구하는 의사표시로서(형사소송법 제234조), 범인에 대한 형사처벌을 요구하지 않는 단순한 피해신고는 고소·고발에 포함되지 않는다. 고소·고발은 서면 또는 구술로써 검사 또는 사법경찰관에게 하여야 하고(형사소송법 제237조 제1항), 사법경찰관이 고소 또는 고발을 받은 때에는 신속히 조사하여 관계서류와 증거물을 검사에게 송부하여야 하며(형사소송법 제238조), 고소는 친고죄와 반의사불벌죄의 소추조건이 된다(형사소송법 제327조 제5호, 제6호). 타인으로 하여금 형사처분을 받게 할 목적으로 허위사실을 고소·고발한 사람은 무고죄로 처벌을 받는다(형법 제156조).

이와 같이 고소·고발은 형사사건에 관한 사법작용의 시발이 되는 행위로서 단순한 법령위반사실의 신고와 구분되고, 고소·고발장의 작성업무는 변호사 외에 형사소송절차에 관한 법률소양을 갖춘 법무사에게 허용되나 일반 행정사에게는 허용되지 않는다(헌법재판소 2000. 7. 20. 선고 98헌마52 전원재판부 결정 참조).

〈범죄사실의 특정〉

대법원 2003. 10. 23. 선고 2002도446 판결

고소는 고소인이 일정한 범죄사실을 수사기관에 신고하여 범인의 처벌을 구하는 의사표시이므로 그 고소한 범죄사실이 특정되어야 할 것이나 그 특정의 정도는 고소인의 의사가 구체적으로 어떤 범죄사실을 지정하여 범인의 처벌을 구하고 있는 것인가를 확정할 수만 있으면 되는 것이다(대법원 1988. 10. 25. 선고 87도1114 판결, 1999. 3. 26. 선고 97도1769 판결 등 참조).

… 버니(Bunny)는 토끼를 의미하는 영어 단어인 점, 검사가 토끼 모습을 새긴 원단을 제작한 행위가 상표법 및 부정경쟁방지및영업비밀보호에관한법률을 위반되는 것으로 보아 위 피고인들을 같은 죄명으로 기소한 후에 피해자의 대리인이 검찰에 고소장 및 고소보충진술서를 제출한 점, 피해자의 대리인은 고소보충진술서에 "버니 캐릭터"라고만 기재하였을 뿐 위 "버니 캐릭터"의 종류를 구체적으로 특정하지 아니한 점 등에 비추어 볼 때, 피해자의 대리인은 위 피고인들이 제작한 원단에 표시된 토끼 그림은 피해자의 저작물인 토끼 모습을 한 여러 종류의 저작물 중 하나에 해당한다는 의미에서 토끼 모습을 한 저작물을 총칭하는 "버니 캐릭터"라는 용어를 고소보충진술서에 기재한 것으로 볼 것이므로, 피해자의 대리인의 고소에는 위 피고인들이 뱁스 버니 및 버스터 버니에 대한 피해자의 저작재산권을 침해하였다는 취지가 포함되어 있었다고 봄이 상당하다.

〈처벌희망의사〉

대법원 2012. 2. 23. 선고 2010도9524 판결

피해자가 경찰청 인터넷 홈페이지에 민원을 접수하는 형태로 피고인에 대한 조사를 촉구하는 의사표시를 한 경우에 형사소송법의 고소에 해당하는지 여부를 판단함에 있어서는, 고소라 함은 범죄의 피해자 기타의 고소권자가 수사기관에 단순히 피해사실을 신고하거나 수사 및 조사를 촉구하는 것에 그치지 않고 범죄사실을 신고하여 범인의 소추·처벌을 요구하는 의사표시인 점, 특히 친고죄에 있어서의 고소는 고소요건의 충족, 고소기간의 경과, 고소 효력의 범위 등과 관련하여 중요한 의미가 있어 절차의 확실성이 요구되는 점, 현재 형사소송법 제237조 제1항은 고소의 형식으로 서면과 구술로 한정하고 있는 점 등을 고려하여야 한다. 원심이 이와 같은 취지에서 **피해자가 경찰청 인터넷 홈페이지를 통해 이 사건 신고민원을 접수한 것은 형사소송법에 따른 적법한 고소가 아니라고 판단**하여 이 사건 공소제기의 절차가 법률의 규정에 위반하여 무효인 때에 해당한다고 보아 이 사건 공소사실에 대하여 공소기각을 선고한 것은 정당하고, 거기에 상고이유로 주장하는 것과 같이 친고죄에 있어서 고소에 관한 법리를 오해한 등의 위법이 없다.

〈고소능력의 존재〉

대법원 1999. 2. 9. 선고 98도2074 판결

가. 고소를 함에는 소송행위능력, 즉 고소능력이 있어야 하는바, 고소능력은 피해를 받은 사실을 이해하고 고소에 따른 사회생활상의 이해관계를 알아차릴 수 있는 사실상의 의사능력으로 충분하므로 민법상의 행위능력이 없는 자라도 위와 같은 능력을 갖춘 자에게는 고소능력이 인정된다고 할 것이고, 고소위임을 위한 능력도 위와 마찬가지라고 할 것이다.

기록에 의하면, 피해자 공소외 1은 (생년월일 생략)으로서 **공소외 2에게 고소를 위임한 1996. 10. 16. 및 공소외 3에게 고소를 위임한 1996. 11. 5. 당시 만 19세 남짓되었으므로 위와 같은 고소를 위임할 능력이 있다고 보아야 할 것이다.** 위 공소외 1이 당시 미성년자이므로 그 고소위임은 법정대리인인 후견인만이 할 수 있다는 논지는 이유 없다.

나. 피해자 공소외 1, 공소외 4가 1996. 10. 16.자로 공소외 2에게 고소를 위임한 위임장(수사기록 12쪽)에 의하면, "······ 한국유선방송사의 모든 민, 형사 및 권리를 위임한다."라고 기재되어 있고, 피해자 공소외 1이 1996. 11. 5.자로 공소외 3에게 고소를 위임한 위임장(수사기록 25쪽)에 의하면, "피고소인 피고인에 대한 배임 등 사건의 모든 민, 형사상의 권한을 위임합니다."라고 기재되어 있는바, 이상을 종합하면, 피해자들이 이 사건 배임죄에 대한 고소를 위임한 것으로 보기에 충분하다.

> ### 대법원 2007. 10. 11. 선고 2007도4962 판결
> 범행 당시 피해자에게 고소능력이 없었다가 그 후에 비로소 고소능력이 생겼다면 그 고소기간은 고소능력이 생긴 때로부터 기산하여야 한다(대법원 1987. 9. 22. 선고 87도1707 판결, 대법원 1995. 5. 9. 선고 95도696 판결 참조).

Ⅱ. 친고죄와 반의사불벌죄

〈친고죄와 반의사불벌죄의 차이 및 처벌불원의사의 표시 방법〉

대법원 2001. 6. 15. 선고 2001도1809 판결

형법 제312조 제2항에 의하면, 형법 제309조의 출판물등에의한명예훼손죄는 피해자의 고소가 있어야 공소를 제기할 수 있는 이른바 친고죄가 아니라 피해자의 명시한 의사에 반하여

공소를 제기할 수 없는 이른바 반의사불벌죄이므로, 피해자 1이 피고인을 고소한 일이 없다고 하더라도 이 사건 공소제기의 효력에는 아무런 영향이 없다 할 것이다.

또한, 반의사불벌죄에 있어서 피해자가 처벌을 희망하지 아니하는 의사표시나 처벌을 희망하는 의사표시의 철회를 하였다고 인정하기 위해서는 피해자의 진실한 의사가 명백하고 믿을 수 있는 방법으로 표현되어야 할 것인바, 기록에 의하면 피해자 2는 1999. 1. 27. 피고인을 고소한 다음, 제1심법원으로부터 2000. 8. 26.에 2000. 9. 27. 14:00에 증인으로 출석하라는 소환장을 송달받고서 "수출무역 상담차 약 1개월간 미국을 방문할 예정이니 증인소환을 연기하여 주기 바랍니다."라는 내용의 2000. 9. 13.자 서면을 제출하고 불출석하였고, 2000. 9. 30.에 2000. 11. 22. 14:00에 증인으로 출석하라는 소환장을 송달받고서 "업무출장 관계로 출석할 수 없으니 기일을 변경하여 주시기 바랍니다. **공소외 1(피고인과 함께 피해자 2으로부터 고소된 사람임)은 90회 이상 증인을 고소, 고발하여 괴롭히고 있습니다. 공소외 2를 고소 취하하였는데 무엇 때문에 또 증인을 부르시나요? 제발 생업에 종사할 수 있도록 선처하여 주시기 바랍니다.**"라는 내용의 2000. 11. 13.자 서면을 제출하고 불출석하였고, 2000. 11. 27.에 2000. 12. 13. 14:00에 증인으로 출석하라는 소환장을 송달받고서 "수출 협의차 외국 출장중이니 기일을 변경하여 주시기 바랍니다. 공소외 1은 증인을 90회 이상 고소, 고발하였고, 증인도 공소외 1을 20회 이상 고소, 고발하여 그동안 제대로 업무를 할 수가 없었습니다. 이번 수출 건은 꼭 상담해야 하니 선처하여 주시기 바랍니다."라는 내용의 2000. 12. 2.자 서면을 제출하고 불출석하였으며, 제1심판결 선고시까지도 고소취하장 등을 제출한 일이 없는 사실을 인정할 수 있고, 그렇다면 위 2000. 11. 13.자 서면만으로는 피고인에 대한 처벌을 희망하지 아니하거나 처벌을 희망하는 의사표시를 철회하는 피해자 2의 진정한 의사가 명백하고 믿을 수 있는 방법으로 표시되었다고 볼 수 없을 것이다.

따라서 이 사건 공소를 기각하지 않은 원심판결에는 주장과 같은 위법이 없다.

〈처벌불원의사의 표시를 위한 소송능력의 존재〉

대법원 2009. 11. 19. 선고 2009도6058 전원합의체 판결

반의사불벌죄에서 피해자가 피고인 또는 피의자에 대하여 처벌을 희망하지 않는다는 의사를 표시하거나 처벌을 희망하는 의사표시를 철회하는 것은 형사소송절차에서 소극적 소송조건으로서 법원 또는 수사기관에 대한 피해자의 소송행위에 해당하므로, 피해자에게 소송능력이 있어야 형사소송법상 그 효과가 인정된다.

형사소송법상 소송능력이라 함은 소송당사자가 유효하게 소송행위를 할 수 있는 능력, 즉 피고인 또는 피의자가 자기의 소송상의 지위와 이해관계를 이해하고 이에 따라 방어행위를 할 수 있는 의사능력을 의미한다. 형사소송법이 제26조에서 "형법 제9조 내지 제11조의 규정의 적용을 받지 아니하는 범죄사건에 관하여 피고인 또는 피의자가 의사능력이 없는 때에는 그 법정대리인이 소송행위를 대리한다"고, 제306조 제1항에서 "피고인이 사물의 변별 또는 의사의 결정을 할 능력이 없는 상태에 있는 때에는 법원은 검사와 변호인의 의견을 들어서 결정으로 그 상태가 계속하는 기간 공판절차를 정지하여야 한다"고 각 규정하고 있는 것도 형사소송절차에서의 소송능력을 위와 같이 파악하고 있기 때문이다. 이는 민사소송법이 소송능력에 관하여 특별한 규정이 없으면 민법상의 행위능력에 의하도록 하는 것(민사소송법 제51조, 제55조)과는 대비되는데, 형사벌과 관련한 자기책임의 원칙상 피고인 또는 피의자에게 의사능력이 있으면 직접 소송행위를 하는 것이 원칙이라는 데에 근거한 것이다. <u>의사능력이 있으면 소송능력이 있다는 위 원칙은 피해자 등 제3자가 소송행위를 하는 경우에도 마찬가지라고 보아야 한다.</u> 종래 대법원도 "고소를 함에는 소송행위능력, 즉 고소능력이 있어야 하는바, 고소능력은 피해를 받은 사실을 이해하고 고소에 따른 사회생활상의 이해관계를 알아차릴 수 있는 사실상의 의사능력으로 충분하므로, 민법상의 행위능력이 없는 자라도 위와 같은 능력을 갖춘 자에게는 고소능력이 인정된다"고 하여 이러한 입장을 분명히 하고 있다(대법원 1999. 2. 9. 선고 98도2074 판결, 대법원 2004. 4. 9. 선고 2004도664 판결, 대법원 2007. 10. 11. 선고 2007도4962 판결 등 참조).

<u>따라서 반의사불벌죄에 있어서 피해자의 피고인 또는 피의자에 대한 처벌을 희망하지 않는다는 의사표시 또는 처벌을 희망하는 의사표시의 철회는, 위와 같은 형사소송절차에 있어서의 소송능력에 관한 일반원칙에 따라, 의사능력이 있는 피해자가 단독으로 이를 할 수 있고, 거기에 법정대리인의 동의가 있어야 한다거나 법정대리인에 의해 대리되어야만 한다고 볼 것은 아니다.</u> 나아가 청소년성보호법에 형사소송법과 다른 특별한 규정을 두고 있지 않는 한 위와 같은 반의사불벌죄에 관한 해석론은 청소년성보호법의 경우에도 그대로 적용되어야 한다.

[사안의 개요] 피해자가 피고인들에 대한 처벌희망 의사표시를 철회할 당시에 비록 14세 10개월 정도의 어린 나이였다고 하더라도 이 사건 범행의 의미와 본인이 피해를 당한 정황 및 자신이 하는 처벌희망 의사표시의 철회의 의미와 효과 등을 충분히 이해하고 분별할 수 있

어 의사능력이 있는 상태에서 위와 같은 의사표시를 한 것이고, 따라서 그 의사표시에 법정
대리인의 동의가 없었더라도 그 의사표시는 유효하다고 판단한 사안

〈성년후견인이 의사무능력인 피해자를 대리하여 처벌불원의사를 결정할 수 있는지
여부〉

대법원 2023. 7. 17. 선고 2021도11126 전원합의체 판결

[다수의견] 반의사불벌죄에서 성년후견인은 명문의 규정이 없는 한 의사무능력자인 피해자
를 대리하여 피고인 또는 피의자에 대하여 처벌을 희망하지 않는다는 의사를 결정하거나 처
벌을 희망하는 의사표시를 철회하는 행위를 할 수 없다. 이는 성년후견인의 법정대리권 범
위에 통상적인 소송행위가 포함되어 있거나 성년후견개시심판에서 정하는 바에 따라 성년후
견인이 소송행위를 할 때 가정법원의 허가를 얻었더라도 마찬가지이다. 구체적인 이유는 아
래와 같다.

(가) 형사소송절차 규정을 해석·적용할 때에는 절차적 안정성과 명확성이 무엇보다 중요하
므로 문언의 객관적인 의미에 충실한 해석이 필수적이다. 특히 반의사불벌죄에서 처벌불원
의사와 같이 소송조건과 관련된 규정은 국가소추권·형벌권 발동의 기본 전제가 되므로, 형
사소송절차의 명확성과 안정성, 예측가능성을 확보하기 위해서 법문에 충실한 해석의 필요
성이 무엇보다 크다.
교통사고처리 특례법 제3조 제2항에 따르면, 차의 운전자가 교통사고로 인하여 범한 형법
제268조의 업무상과실치상죄는 '피해자의 명시적인 의사'에 반하여 공소를 제기할 수 없도
록 규정하므로, 문언상 그 처벌 여부가 '피해자'의 '명시적'인 의사에 달려 있음이 명백하다.
따라서 제3자가 피해자를 대신하여 처벌불원의사를 형성하거나 결정할 수 있다고 해석하는
것은 법의 문언에 반한다. …

(나) 형사사법의 목적과 보호적 기능, 국가소추주의 내지 국가형벌독점주의에 대한 예외로서
반의사불벌죄의 지위 등을 감안하면, 반의사불벌죄에서 피고인 또는 피의자에 대하여 처벌
을 원하지 않거나 처벌희망의 의사표시를 철회하는 의사결정 그 자체는 특별한 규정이 없는
한 피해자 본인이 하여야 한다. … 반의사불벌죄는 피해자의 일방적 의사표시만으로 이미
개시된 국가의 형사사법절차가 일방적으로 중단·소멸되는 강력한 법률효과가 발생한다는
점에서도 처벌불원의사는 피해자의 진실한 의사에 기한 것이어야 한다. …

(다) 형사소송법은 친고죄의 고소 및 고소취소와 반의사불벌죄의 처벌불원의사를 달리 규정하였으므로, 반의사불벌죄의 처벌불원의사는 친고죄의 고소 또는 고소취소와 동일하게 취급할 수 없다. ⋯ 친고죄와 반의사불벌죄는 피해자의 의사가 소추조건이 된다는 점에서는 비슷하지만 소추조건으로 하는 이유·방법·효과는 같다고 할 수 없다. 피고인 또는 피의자의 처벌 여부에 관한 피해자의 의사표시가 없는 경우 친고죄는 불처벌을, 반의사불벌죄는 처벌을 원칙으로 하도록 형사소송법이 달리 취급하는 것도 그 때문이라고 할 수 있다. ⋯

(라) 민법상 성년후견인이 형사소송절차에서 반의사불벌죄의 처벌불원 의사표시를 대리할 수 있다고 보는 것은 피해자 본인을 위한 후견적 역할에 부합한다고 볼 수도 없다. ⋯

(마) 반의사불벌죄는 피해자에 대한 피해회복 등 당사자 사이에 사적인 분쟁해결을 촉진하고 존중하려는 취지도 포함되어 있다. 그러나 피해자의 처벌불원의사의 존부에 지나치게 무게중심을 두는 형사사법절차는 현실적으로 피해자에 대한 2차 가해와 같은 사회적 갈등이나 추가적인 법적 분쟁을 일으키는 주요한 원인이 될 수도 있다. ⋯ 이러한 제도적 변화까지 고려하면, 양형기준을 포함한 현행 형사사법 체계 아래에서 성년후견인이 의사무능력자인 피해자를 대리하여 피고인 또는 피의자와 합의를 한 경우에는 이를 소극적인 소추조건이 아니라 양형인자로서 고려하면 충분하다.

[사안의 개요] 피고인이 자전거도로에서 자전거를 운행하던 중 전방주시의무를 게을리하여 보행인인 피해자 갑을 들이받아 중상해를 입게 하였다는 교통사고처리 특례법 위반(치상)의 공소사실로 기소되었고, 위 사고로 의식불명이 된 피해자에 대하여 성년후견이 개시되어 성년후견인으로 피해자의 법률상 배우자가 선임되었는데, 피해자의 배우자가 피고인 측으로부터 합의금을 수령한 후 제1심 판결선고 전에 피해자를 대리하여 "피해자는 4,000만 원을 지급받고 피고인의 형사처벌을 원하지 않는다."라는 내용의 서면을 제출하여 처벌불원의사를 표시한 사안

[대법관 박정화, 대법관 민유숙, 대법관 이동원, 대법관 이흥구, 대법관 오경미의 반대의견]
(가) 형사소송법은 반의사불벌죄에서 피해자의 의사능력이 결여된 경우 처벌불원 의사표시에 관하여 명시적인 규정을 두고 있지 않은 법률 흠결상태이다. 피해자가 의사무능력인 경우에도 피해자의 자기결정권을 구현하고 피해자의 복리·보호를 위하여 제3자가 피해자의 의사를 지원·보완하는 방법을 통해 처벌불원 의사표시를 하는 것이 필요하므로 피고인에게 유리한 방향으로 형사소송법의 관련 규정들을 유추적용할 필요성이 매우 크다. ⋯

(나) 형사소송법이 피해자의 의사무능력에 관하여 그 대리에 관한 아무런 규정을 두지 않은 것은 보충이 필요한 법률의 흠결에 해당한다. 성년후견인에 의한 처벌불원 의사표시의 허용은 피고인에게 불리하지 않으므로 유추해석을 허용하더라도 죄형법정주의에 반하지 않는

다. …

(다) 성년후견인에 의한 피후견인의 자기결정권에의 지원·보완은 관련 민법 규정들과 성년후견제도에 의하여 허용된다. …

(라) … 피해자의 처벌불원의사는 '피해자 본인의 진정한 의사'에 기하여 '상대방을 용서'하는 것이다. 다수의견이 가해자를 용서하고 그의 처벌을 원하지 않는다는 의사의 결정은 의사능력을 갖춘 피해자 본인에 의하여만 할 수 있다고 하면서도 처벌불원서를 양형참작사정으로서 적법유효한 처벌불원의사로 취급하는 것은 수긍하기 어렵다. 이러한 시각은 <u>소극적 소송조건으로서의 처벌불원의사와 양형요소로서 기능할 수 있는 처벌불원의사의 의미를 이원적으로 파악하는 것인데 그와 같은 이원적 취급의 근거를 알기 어렵다.</u>

Ⅲ. 고소권자

대법원 1995. 9. 26. 선고 94도2196 판결 「원심판결 이유에 의하면 원심은 상표권을 양도받은 자는 그 이전등록을 한 때로 부터 그 권리를 가지는데, 이 사건 공소사실은 고소인이 이 사건 상표에 대한 이전등록을 하기 이전의 행위인바, 그 당시로서는 고소인은 이 사건 상표의 권리자가 아니므로 피고인은 고소인의 상표권을 침해한 것이 아니라는 취지에서 피고인에 대하여 무죄를 선고하였다. 그러나 <u>상표권을 이전등록받은 승계인은 그 이전등록 이전에 발생한 침해에 대하여도 상표권의 성질상 그 권리의 주체로서 피해자인 지위를 승계한다고 할 것인바,</u> 이와 상반되는 견해를 취한 원심판결에는 상표권 승계인의 지위에 관한 법리를 오해한 위법이 있고, 이러한 위법은 판결에 영향을 미쳤음이 명백(하다).」

대법원 1999. 12. 24. 선고 99도3784 판결 〈표준〉「<u>형사소송법 제225조 제1항이 규정한 법정대리인의 고소권은 무능력자의 보호를 위하여 법정대리인에게 주어진 고유권이므로, 법정대리인은 피해자의 고소권 소멸 여부에 관계없이 고소할 수 있고, 이러한 고소권은 피해자의 명시한 의사에 반하여도 행사할 수 있는 것인바,</u> 이러한 취지에서 이 사건 강간 피해자는 미성년자로서 이 사건 공소제기 이전인 1995. 7. 26. 피고인에 대한 고소를 취소하였지만 피해자의 법정대리인인 아버지 공소외 1이 이 사건 공소제기 이전인 같은 해 8. 3. 피고인을 독립하여 고소한 이상 이 사건 강간 부분의 공소는 그 제기의 절차가 법률의 규정에 위반된 것으로 볼 수 없다고 판단한 원심판결에는 상고이유의 주장과 같은 법리 오해의 위법이 있다고 할 수 없다.」

〈법원이 선임한 부재자 재산관리인〉

대법원 2022. 5. 26. 선고 2021도2488 판결

가. 법원이 선임한 부재자 재산관리인이 그 관리대상인 부재자의 재산에 대한 범죄행위에

관하여 법원으로부터 고소권 행사에 관한 허가를 얻은 경우 부재자 재산관리인은 형사소송법 제225조 제1항에서 정한 법정대리인으로서 적법한 고소권자에 해당한다고 보아야 한다. 그 이유는 다음과 같다.

(1) 형사소송법은 "피해자의 법정대리인은 독립하여 고소할 수 있다."라고 정하고 있다(제225조 제1항 참조). 법정대리인이 갖는 대리권의 범위는 법률과 선임 심판의 내용 등을 통해 정해지므로 독립하여 고소권을 가지는 법정대리인의 의미도 법률과 선임 심판의 내용 등을 통해 정해진다.

법원이 선임한 부재자 재산관리인은 법률에 규정된 사람의 청구에 따라 선임된 부재자의 법정대리인에 해당한다. 부재자 재산관리인의 권한은 원칙적으로 부재자의 재산에 대한 관리행위에 한정되나, 부재자 재산관리인은 재산관리를 위하여 필요한 경우 법원의 허가를 받아 관리행위의 범위를 넘는 행위를 하는 것도 가능하고, 여기에는 관리대상 재산에 관한 범죄행위에 대한 형사고소도 포함된다. 따라서 부재자 재산관리인은 관리대상이 아닌 사항에 관해서는 고소권이 없겠지만, 관리대상 재산에 관한 범죄행위에 대하여 법원으로부터 고소권 행사 허가를 받은 경우에는 독립하여 고소권을 가지는 법정대리인에 해당한다.

(2) 고소권은 일신전속적인 권리로서 피해자가 이를 행사하는 것이 원칙이나, 형사소송법이 예외적으로 법정대리인으로 하여금 독립하여 고소권을 행사할 수 있도록 한 이유는 피해자가 고소권을 행사할 것을 기대하기 어려운 경우 피해자와 독립하여 고소권을 행사할 사람을 정하여 피해자를 보호하려는 데 있다.

부재자 재산관리제도의 취지는 부재자 재산관리인으로 하여금 부재자의 잔류재산을 본인의 이익과 더불어 사회경제적 이익을 기하고 나아가 잔존배우자와 상속인의 이익을 위하여 관리하게 하고 돌아올 부재자 본인 또는 그 상속인에게 관리해 온 재산 전부를 인계하도록 하는 데 있다(대법원 1976. 12. 21. 자 75마551 결정 참조). 부재자는 자신의 재산을 침해하는 범죄에 대하여 처벌을 구하는 의사표시를 하기 어려운 상태에 있다. 따라서 부재자 재산관리인에게 법정대리인으로서 관리대상 재산에 관한 범죄행위에 대하여 고소권을 행사할 수 있도록 하는 것이 형사소송법 제225조 제1항과 부재자 재산관리제도의 취지에 부합한다.

Ⅳ. 고소의 절차

대법원 2011. 6. 24. 선고 2011도4451 판결 <표준> 「친고죄에 있어서의 고소는 고소권 있는 자가 수사기관에 대하여 범죄사실을 신고하고 범인의 처벌을 구하는 의사표시로서 서면뿐만 아니라 구술로도 할 수 있는 것이고, 다만 구술에 의한 고소를 받은 검사 또는 사법경찰관은 조서를 작성하여야 하지만 그 조서가 독립된 조서일 필요는 없으며 수사기관이 고소권자를 증인 또는 피해자로서 신문한 경우에 그 진술에 범인의 처벌을 요구하는 의사표시가 포함되어 있고 그 의사표시가 조서에 기재되면 고소는 적법하게 이루어진 것이다.」

대법원 2001. 9. 4. 선고 2001도3081 판결 「형사소송법 제236조의 대리인에 의한 고소의 경우, 대리권이 정당한 고소권자에 의하여 수여되었음이 실질적으로 증명되면 충분하고, 그 방식에 특별한 제한은 없으므로, 고소를 할 때 반드시 위임장을 제출한다거나 '대리'라는 표시를 하여야 하는 것은 아니고, 또 고소기간은 대리고소인이 아니라 정당한 고소권자를 기준으로 고소권자가 범인을 알게 된 날부터 기산한다.」

대법원 2010. 11. 11. 선고 2010도11550 판결 「형사소송법상의 소송능력이 있는 미성년의 피해자를 대리하여 법정대리인인 부모가 처벌 불원의 의사결정 자체를 할 수 있다는 원심의 판시는 적절하지 아니하나, 위 공소사실에 대한 공소제기 후 제1심판결 선고 전에 피해자의 피고인에 대한 처벌 희망의 의사표시가 유효하게 철회되었다고 보아 위 공소사실에 대한 공소를 기각한 결론은 정당하다.」

<고소기간의 기산점>

대법원 2001. 10. 9. 선고 2001도3106 판결 <표준>

형사소송법 제230조 제1항 본문은 "친고죄에 대하여는 범인을 알게 된 날로부터 6월을 경과하면 고소하지 못한다."고 규정하고 있는바, 여기서 범인을 알게 된다 함은 통상인의 입장에서 보아 고소권자가 고소를 할 수 있을 정도로 범죄사실과 범인을 아는 것을 의미하고, 범죄사실을 안다는 것은 고소권자가 친고죄에 해당하는 범죄의 피해가 있었다는 사실관계에 관하여 확정적인 인식이 있음을 말한다고 할 것이다.

기록 및 원심이 인정한 사실관계에 의하면, 고소인은 피고인들 사이에 이 사건 성관계가 있은 당시 외국에 있다가 1996. 9. 23. 귀국한 후 처인 피고인 1의 신변에 이상이 있음을 알고 1996. 10. 31. 집 전화의 통화내역을 조사하는 등으로 증거를 수집하고 1996. 11. 11. 및 같은 달 12일 피고인들을 추궁하여 피고인들 사이에 성관계가 있었다는 취지의 말을 들었으나, 피고인 1이 위 성관계는 피고인 2의 강간에 의한 것이라고 주장하며 1996. 12. 30. 피고인 2를 강간죄 등으로 고소하자 그에 대하여 검찰에서 1997. 4. 1.자로 무혐의결정이 이루어진 후인 1997. 4. 7. 피고인들을 간통죄로 고소하였음을 알 수 있는바, 그렇다면 고소인으로서는 피고인 1의 피고인 2에 대한 강간 고소사건에 대하여 검찰의 무혐의결정이 있은 1997. 4. 1. 비로소 피고인들의 간통사실을 알았다고 봄이 상당하고, 그로부터 6월 내인 1997. 4. 7. 이루어진 이 사건 고소는 적법하다 할 것이다.

> **대법원 2004. 10. 28. 선고 2004도5014 판결**
> 형사소송법 제230조 제1항에서 말하는 '범인을 알게 된 날'이란 범죄행위가 종료된 후에 범인을 알게 된 날을 가리키는 것으로서, 고소권자가 범죄행위가 계속되는 도중에 범인을 알았다 하여도, 그 날부터 곧바로 위 조항에서 정한 친고죄의 고소기간이 진행된다고는 볼 수 없고, 이러한 경우 고소기간은 범죄행위가 종료된 때부터 계산하여야 하며, 동종행위의 반복이 당연히 예상되는 영업범 등 포괄일죄의 경우에는 최후의 범죄행위가 종료한 때에 전체 범죄행위가 종료된 것으로 보아야 한다.

V. 고소의 효력

〈친고죄에서의 주관적 불가분의 원칙〉

대법원 2009. 1. 30. 선고 2008도7462 판결 〈표준〉

고소불가분의 원칙상 공범 중 일부에 대하여만 처벌을 구하고 나머지에 대하여는 처벌을 원하지 않는 내용의 고소는 적법한 고소라고 할 수 없고, 공범 중 1인에 대한 고소취소는 고소인의 의사와 상관없이 다른 공범에 대하여도 효력이 있다(대법원 1994. 4. 26. 선고 93도1689 판결 참조). 한편, 구 저작권법(2006. 12. 28. 법률 제8101호로 전문 개정되기 전의 것, 이하 '구 저작권법'이라고 한다) 제97조의5 위반죄와 같은 친고죄에서 공소제기 전에 고소의 취소가 있었다면 법원은 직권으로 이를 심리하여 공소기각의 판결을 선고하여야 한다(형사소송법 제327조 제2호).

그런데 기록에 의하면, 고소인 회사는 이 사건 공소사실 중 구 저작권법 제97조의5 위반의 점에 관하여 피고인들만을 피고소인으로 하여 고소를 제기하였다가 수사과정에서 공소외 1이 공범으로 밝혀지자 이 사건 공소가 제기되기 전인 2007. 1. 22. 공소외 1에게 " 공소외 1이 본인의 잘못을 깊이 반성하고 이와 동일 또는 유사한 행위를 반복하지 않을 것을 약속하는 각서를 제출하고, 그 각서의 내용을 성실히 이행할 경우 고소 사건과 관련하여 공소외 1에게 향후 민·형사상 책임을 묻지 않기로 한다"는 내용의 합의서를 작성하여 주었으며, 고소인 회사의 고소대리인은 공소외 1로부터 위 합의서를 제출받은 검찰 수사관과의 전화통화에서 "고소인은 공소외 1을 고소할 의사가 처음부터 없어 고소한 사실이 없는데, 공소외 1이 경찰에서 조사를 받으며 피의자로 입건되어 공소외 1에 대한 합의서를 작성해준 것으로, 만약 이건을 고소취소하게 되면 피고인을 고소취소하는 결과가 되기 때문에 부득이 합의서를 작성해주었다"고 진술하였음을 알 수 있는바, 위와 같은 고소과정과 합의서의 내용 및 고소대리인의 진술내용에 원심이 인용하고 있는 제1심이 적법하게 채택하여 조사한 증거들에 나타난 제반 사정 등을 종합하여 보면, 고소인 회사는 처음부터 피고인들에 대하여만 고소하였을 뿐 공소외 1에 대하여는 고소할 의사가 없었던 것이거나, 피고인들에 대한 고소로 인하여 고소불가분의 원칙상 공소외 1을 고소한 것이 되더라도 더 이상 공소외 1에 대하여는 처벌을 원하지 아니한다는 의사를 수사기관에 표시한 것으로서, 공소외 1에 대하여 고소취소장이 아닌 합의서를 작성해준 이유는 고소인 회사가 피고인들에 대하여 고소하였을 뿐 공소외 1에 대하여는 고소한 바 없었기에, 만약 기왕에 한 고소를 취소하게 될 경우 그것은 피고인들에 대한 고소취소를 의미하는 것이 된다고 여기고 공소외 1만에 대한 처벌불원의사만을 명확히 표시하기 위해서라고 볼 여지가 있다. 만약, 사정이 그러하다면 고소인 회사의 고소는 처음부터 공범 중 일부만의 처벌을 원하는 것이므로 부적법한 것으로서 무효이거나, 위 처벌불원 의사의 표시를 통하여 공소외 1에 대한 고소를 취소한 것으로 볼 수 있고, 위 고소취소의 효력은 고소불가분의 원칙상 고소인 회사의 의사와 상관없이 공범인 피고인들에게도 미친다고 할 것이므로, 원심으로서는 실체에 관한 판단에 앞서 직권으로 고소인 회사가 공범 중 일부에 대한 처벌만을 위하여 고소한 경우에 해당하는지 또는 공소외 1에 대하여 합의서를 작성해주고 위와 같은 내용의 전화통화를 한 것이 그에 대하여 고소를 취소한 경우에 해당하는지에 관하여 심리하였어야 할 것이다.

<친고죄에 대한 양벌규정에 의하여 처벌받는 자에 대하여 별도의 고소를 요하는지 여부>

대법원 1996. 3. 12. 선고 94도2423 판결

원심은 피고인 2 회계법인에 대한 이 사건 범죄는 저작권법 제102조에 의하여 고소가 있어야 논할 수 있는 친고죄로서 이 경우 고소는 범인을 알게 된 날로부터 6월 이내에 제기하여야 하는바, 이 사건 기록에 의하면 고소인 공소외 1은 1991. 8. 6. 피고인 2 회계법인의 대표사원인 피고인 1과 위 피고인의 직원인 원심 공동피고인이 "안건회계법인" 법인세법편을 저술하면서 고소인이 공소외 2 회계법인으로부터 양수받은 ○○○○의 저작권을 침해하였다는 이유로 위 피고인 1과 원심 공동피고인을 서울지방검찰청에 고소한 사실, 그 후 위 공소외 1은 위 피고인 1과 원심 공동피고인이 위 범죄를 저질렀다는 이유로 이 법원에 공소가 제기된 후인 1992. 9. 30.경 피고인 2 회계법인의 사용인인 위 피고인 1과 원심 공동피고인이 위 법인의 업무에 관하여 위와 같은 범행을 하였다는 이유로 피고인 2 회계법인을 서울지방검찰청에 고소한 사실을 인정할 수 있는바, 위 인정사실에 의하면 고소인 공소외 1은 피고인 1과 원심 공동피고인을 고소할 당시인 1991. 8. 6. 이미 원심 공동피고인이 자신의 저작권을 침해하여 " △△△△△△" 법인세법편을 저술하였고, 위 원심 공동피고인이 피고인 2 회계법인에 소속된 자임을 알고 있었다 할 것이므로 그 후에 피고인 2 회계법인을 피고소인으로 하여 제기한 1992. 9. 30.자 고소는 범인을 알게 된 날로부터 6월이 훨씬 경과하여 제기된 것으로서 효력이 없다고 할 것이고, 따라서 피고인 2 회계법인에 대한 이 사건 공소는 친고죄에서 고소 없이 공소제기된 것으로 되어 공소제기의 절차가 법률의 규정에 위반하여 무효인 때에 해당하므로 공소를 기각하여야 할 것이라고 판시하였다.

그러나 <u>고소는 범죄의 피해자 또는 그와 일정한 관계가 있는 고소권자가 수사기관에 대하여 범죄사실을 신고하여 범인의 처벌을 구하는 의사표시이므로, 고소인은 범죄사실을 특정하여 신고하면 족하고 범인이 누구인지 나아가 범인 중 처벌을 구하는 자가 누구인지를 적시할 필요도 없는바, 위 법 제103조의 양벌규정은 직접 위법행위를 한 자 이외에 아무런 조건이나 면책조항 없이 그 업무의 주체 등을 당연하게 처벌하도록 되어 있는 규정으로서 당해 위법행위와 별개의 범죄를 규정한 것이라고는 할 수 없으므로, 친고죄의 경우에 있어서도 행위자의 범죄에 대한 고소가 있으면 족하고, 나아가 양벌규정에 의하여 처벌받는 자에 대하여 별도의 고소를 요한다고 할 수는 없다.</u>

대법원 1962. 1. 11. 선고 4293형상883 판결

조세범 처벌법 제3조에 법인의 대표자를 처벌하는 외에 그 법인에 대하여도 처벌하나 단 행위자에 대하여는 정상에 의하여 그 형을 감면 할 수 있다 라고 규정하였음은 조세에 의하여서의 국고 수입을 확보한다는 견지에서 그 법인을 벌금형으로서 처벌할 수 있다는 것이요 법인을 처벌하는 경우에 반드시 법인 대표자를 처벌하여야 한다는 취지가 아니며 <u>친고죄에 있어서 그 공범자 중의 일인에 대한 고소의 효력이 다른 공범자에게 미친다는 소위 고</u>

소 불가분의 원칙은 고소 고발은 범죄 사실을 수사기관에 고하여 그 소추를 촉구하는 것으로서 범인을 지적할 필요가 없기 때문이다. 그러므로 공범자 중의 일인을 지적하였음에 불과하다 하더라도 다른 공범자에게도 그 고소 고발의 효력이 미치게 되는 것이나 조세범에 있어서는 원칙적으로 일정한 기일내에 조세를 납부하라는 통고처분을 하고 그 기간내에 납부가 없는 경우에 비로소 고발을 하게되는 것이요 다만 조세범 처벌 절차법 제8조 제1호 내지 제3호 및 동제9조 제2항 제3항 동 제12조 등에 규정한 특별한 사유가 있고 또는 있다고 인정되는 경우에 한하여 통고 처분 없이 즉시 고발을 할 수 있는 것이므로 즉 고발의 경우에는 특별한 즉 고발 요건을 필요로 하며 그 즉 고발요건 구비여부는 범인 개개인에 대하여 개별적으로 논하여야 할 것이요 따라서 법인에 대하여서만 즉 고발을 하고 대표자 자연인에 대하여서는 즉 고발 요건이 없다고 인정하여 즉 고발을 하지 아니하는 경우도 있다 할 것이요(더욱 납세 의무자가 개인의 경우에는 그 구별이 명확할 것이다) 이와 같은 경우에는 소위 고소 고발 불가분의 원칙은 적용될 수 없다 할 것인 바 본건에 있어서의 고발서에 의하면「피고인 1주식회사 취체역 사장 피고인 2」이라고 표시되어 있을 뿐으로서 여사한 표시를 사장인 자연인 피고인 2 개인까지를 피고발자로 표시한 것이라고는 해석할 수 없으므로 제 1심 법원이 피고인 2 개인에 대한 고발이 없다하여 공소를 기각하였고 이를 인용한 원판결은 정당하다고 아니할 수 없다.

〈고소불가분의 원칙이 반의사불벌죄에 준용되는지 여부〉

대법원 1994. 4. 26. 선고 93도1689 판결 〈표준〉

가. 제1심은, 피고인은 제1심 공동피고인 1, 2와 공모하여 공연히 허위의 사실을 적시하여 사자인 망 김동영의 명예를 훼손하고 동시에 사람을 비방할 목적으로 허위의 사실을 적시하여 위 김동영의 전 보좌관 최태현과 남경옥의 명예를 훼손하였다고 공소가 제기된 이 사건에서, 공소사실중 망 김동영의 명예를 훼손한 점은 고소가 있어야 죄를 논할 수 있는 죄이고, 피해자 최태현과 남경옥의 명예를 훼손한 점은 피해자의 명시한 의사에 반하여 죄를 논할 수 없는 죄인데, 고소인 차길자(김동영의 처), 김동균(김동영의 동생), 최태현은 고소를 취소하였고, 고소인 남경옥은 처벌을 희망하는 의사표시를 철회하였다는 이유로 공소를 기각하였고,

나. 원심은, 위 고소인들은 제1심 공동피고인 1, 2에 대하여서만 고소를 취소하였거나 처벌을 희망하는 의사표시를 철회하였을 뿐 피고인에 대하여는 고소를 취소하거나 처벌을 희망하는 의사표시를 철회한 바 없고, 또 형사소송법 제233조 소정의 고소불가분의 원칙은 친고

죄에 대하여만 그 적용이 있고 반의사불벌죄에는 적용 또는 준용되지 아니한다고 할 것임에
도, 제1심이 반의사불벌죄인 출판물에 의한 명예훼손의 점에 대하여 공소기각의 판결을 한
것은 위법하다는 검사의 항소이유에 대하여는, 같은 법 제232조 제3항의 규정에 의하면 반
의사불벌죄에 있어서도 제1심판결 선고 전까지 고소를 취소할 수 있고 고소를 취소한 자는
다시 고소하지 못한다는 같은조 제1, 2항의 규정을 준용한다고 명문으로 규정하고 있으면서
도 같은 법 제233조는 친고죄에 대하여만 고소와 고소취소의 불가분에 관한 규정을 함으로
써 반의사불벌죄에 대하여는 고소불가분에 관한 위의 규정을 적용할 것인지 또는 준용할 것
인지의 여부에 관하여 이를 명문으로 규정하고 있지는 아니하고, 피해자 최태현, 남경옥은
피고인을 제외한 나머지 공범인 제1심 공동피고인 1, 2에 대하여만 처벌을 희망하는 의사를
철회한 것은 사실이나, 형법이 규정한 친고죄와 반의사불벌죄는 다같이 피해자의 의사표시
로써 소송법상의 일정한 법적효과를 지향하고 있는 점에서 그 공통점이 있고, 비록 "고소"는
수사 또는 소송을 개시, 진행시키고자 하는 적극적 효과의사를 가진 행위인데 반하여, "명시
한 의사"는 일단 개시되고 성립한 수사 또는 소송의 진행 발전을 저지하려고 하는 소극적
효과의사를 가진 행위로써 그 지향하는 법적효과가 다소 상반된 것이기는 하나, 반의사불벌
죄에 있어서의 처벌을 희망하지 아니하는 의사표시 또는 처벌을 희망하는 의사표시의 철회
를 의미하는 "명시한 의사"가 지향하는 법적효과는 친고죄의 "고소취소"와 같으며, 법률의
규정을 보더라도 같은 법 제232조 제3항이 처벌을 희망하는 의사표시의 철회에 관하여는 고
소취소에 관한 규정을 준용하도록 규정함으로써 처벌을 희망하는 의사표시의 철회와 고소취
소의 소송법적 성질이 동일한 것으로 규정하고 있고, 아울러 같은법 제327조는 반의사불벌
죄에 있어서의 "명시한 의사"와 친고죄에 있어서의 "고소의 부존재 또는 고소취소"를 소송
법적 효과면에서도 공통적인 것으로 규정하고 있어, 친고죄의 "고소"와 반의사불벌죄의 "명
시한 의사"는 모두 실체적 심판의 조건이 되는 소송조건으로서, 단지 전자는 고소의 존재가
소송조건이 되나 후자는 처벌을 희망하지 아니하는 의사표시의 부존재가 소송조건으로 되는
것으로 구별되는 이외에는 그 법적성질 및 소송법적 효과면에서도 공통점이 있고, 반의사불
벌죄가 종래 친고죄의 운영상 결함을 보완하고자 하는 취지에서 새로운 유형의 범죄로 창설
된 것으로 여겨지는 점 등에 비추어 반의사불벌죄는, 친고죄의 일종 또는 이에 준하는 범죄
유형이라고 봄이 상당하고, 고소권자가 지정한 범인만을 처벌할 경우 고소인의 자의에 의하
여 국가형벌권이 행사되는 불공평한 결과가 발생할 우려가 있으므로 이를 방지하고 국가소
추권 및 국가형벌권의 행사에 적정을 기하고자 하는 취지에서 같은 법 제233조가 고소와 고

소취소 불가분의 원칙을 규정하고 있는데, 반의사불벌죄에 있어서 이 원칙이 배제된다면 국가형벌권의 적정한 행사라는 형사소송의 목적을 달성할 수 없고, 이는 결국 같은 법 제233조의 입법취지에도 배치된다 할 것이므로, 반의사불벌죄에 있어서의 "피해자의 명시한 의사"에 관하여도 친고죄의 고소불가분의 원칙에 관한 같은법 제233조의 규정이 준용된다고 해석함이 상당하다고 판단하고, 나아가 제1심은 고소불가분의 원칙에 관한 같은법 제233조의 적용 또는 준용을 전제로 한 것이라는 이유로 이를 배척하였다.

2. 형사소송법이 반의사불벌죄에 관하여 고소취소의 시한과 재고소금지에 관한 제232조 제1, 2항의 규정을 준용하도록 규정하면서도 고소의 불가분에 관한 제233조를 준용하는 규정을 두지 아니한 것은, 반의사불벌죄에 대하여는 이 원칙을 적용하지 아니하고자 함에 있는 것인지, 아니면 입법의 불비인지는 일단 논의의 여지가 있다고 할 것이다.

가. 법이 친고죄를 인정하는 이유는 두가지 유형이 있다고 볼 수 있다. 그 하나는 범죄를 소추해서 그 사실을 일반에게 알리는 것이 도리어 피해자에게 불이익을 줄 우려가 있기 때문에 이와 같은 경우에는 피해자의 처벌희망의 의사표시가 있어야 비로소 소추해서 처벌할 수 있게 하는 것이고, 또 하나는 비교적 경미하고 주로 피해자 개인의 법익을 침해하는 범죄에 관하여 구태여 피해자의 의사나 감정을 무시하면서까지 처벌할 필요가 없기 때문에 이와 같은 경우에는 피해자로 부터 아무런 말이 없으면 소추하지 아니하고 피해자가 처벌을 희망하여 올 경우에 그때에 논하게 하겠다는 것이다.

반의사불벌죄는 1953. 9. 18. 형법 개정시 구 형법에 없던 새로운 유형의 범죄를 창설한 것으로서, 위의 이유중 첫째의 것은 없고, 친고죄중 두번째 이유에 해당하는 유형의 경우중 상대적으로 덜 경미하여 처벌의 필요성이 적지 않는데도 이를 친고죄로 하는 경우 피해자가 심리적 압박감이나 후환이 두려워 고소를 주저하여 법이 그 기능을 다하기 어려울 것에 대비한 것이며, 이와 같은 경우에는 다른 일반의 범죄와 마찬가지로 수사, 소추, 처벌을 할 것이나 피해자가 명시적으로 처벌을 희망하지 아니할 의사를 밝힌 경우에 한하여는 구태여 소추해서 처벌하지 않겠다는 것이다.

그러므로 친고죄와 반의사불벌죄는 피해자의 의사가 소추조건이 된다는 점에 있어서는 같다고 할 것이나, 피해자의 의사를 조건으로 하는 이유나 방법에 있어서는 같다고 할 수 없고, 반의사불벌죄는 피해자에 대한 배상이나 당사자 사이의 개인적 차원에서 이루어지는 분쟁해결을 촉진하고 존중하려는 취지도 포함되어 있다고 볼 수 있어서, 이점에서는 친고죄와는 다른 의미가 있다고 할 것이다.

나. 친고죄는 위에서 본 첫째의 이유에서 인정하는 유형이 주로 있는 것이므로, 그 고소는 피해자가 범죄사실이 알려지는 것을 감수하고 수사기관에 대하여 범죄사실을 신고하여 그 범인의 처벌을 희망하면 되는 것이고, 고소의 대상인 범죄사실이 특정되기만 하면 원칙적으로 범인을 특정하거나 범인이 누구인가를 적시할 필요는 없는 것이며, 친고죄에 고소나 고소취소 불가분의 원칙이 적용되어야 함은 친고죄의 이러한 특질에서 연유된다고 볼 수도 있다. 그러나 반의사불벌죄에는 위의 첫째의 이유는 없는 것이므로 그 처벌을 희망하지 아니하는 의사표시는 반드시 위와 같은 불가분의 원칙에 따라야 한다고 할 수는 없고, 그 의사표시는 범죄사실에 대하여 하게 할 수도 있고 범인에 대하여 하게 할 수도 있다고 볼 것이며, 경미한 범죄에 대하여 피해자의 의사에 따라 처벌여부에 차등을 둔다고 하여 형사소송의 목적에 배치된다고 하기는 어려울 것이므로, 그 어느 경우로 할 것인가는 입법정책에 속하는 것이라고 보아야 할 것이다.

다. 그런데 형사소송법이 고소와 고소취소에 관한 규정을 하면서 그 제232조 제1, 2항에서 고소취소의 시한과 재고소의 금지를 규정하고 그 제3항에서는 반의사불벌죄에 위 제1, 2항의 규정을 준용하는 규정을 두면서도, 그 제233조에서 고소와 고소취소의 불가분에 관한 규정을 함에 있어서는 반의사불벌죄에 이를 준용하는 규정을 두지 아니한 것은 처벌을 희망하지 아니하는 의사표시나 처벌을 희망하는 의사표시의 철회에 관하여는 친고죄와는 달리 그 공범자간에 불가분의 원칙을 적용하지 아니하고자 함에 있다고 볼 것이지, 입법의 불비로 볼 것은 아니다.

Ⅵ. 고소의 취소

대법원 1969. 4. 29. 선고 69도376 판결 「본건의 피해자인 망 공소외 1은 본건 사건당시 23세의 성년 여자이며, 위 피해자가 1968.6.26 고소를 하였다가 본건이 제1심 공판에 계속중인 1968.8.1 사망 하였음은 일건 기록과 소론에 의하여 명백한 바, 소론과 같이 위 피해자의 부친인 공소외 2가 피해자 공소외 1가 사망한 후인 1968.8.26 사망한 위 피해자를 대신하여 이미 하였던 고소를 취소하였다 하더라도 이는 적법한 고소 취소라 할 수 없은 즉(본건과 같은 경우에 있어서의 소론의 고소대리 취소 운운은 형사소송법 제236조에 해당된다 할 수 없다)고소가 적법히 취소되었음을 전제로 한 논지는 이유없다.」

대법원 1983. 9. 27. 선고 83도516 판결 「형사소송법 제239조, 제237조에 의하면, 고소의 취소는 서면 또는 구술로서 검사 또는 사법경찰관에게 하여야 하도록 규정되어 있으므로 원심이 판시 모욕죄의 고소인 이 소론과 같은 내용의 합의서를 피고인에게 작성하여준 것만으로는 고소가 적법히 취소된 것으로는 볼 수 없다 고 한 판단은 정당하(다).」

대법원 2012. 2. 23. 선고 2011도17264 판결 「형사소송법 제232조 제1항, 제3항에 의하면 친고죄에 있어서의 고소의 취소 및 반의사불벌죄에 있어서 처벌을 희망하는 의사표시의 철회는 제1심판결 선고 전까지만 할 수 있다. 따라서 제1심판결 선고 후에 고소가 취소되거나 처벌을 희망하는 의사표시가 철회된 경우에는 그 효력이 없으므로 형사소송법 제327조 제5호 내지 제6호의 공소기각의 재판을 할 수 없다. 그리고 고소의 취소나 처벌을 희망하는 의사표시의 철회는 수사기관 또는 법원에 대한 법률행위적 소송행위이므로 공소제기 전에는 고소사건을 담당하는 수사기관에, 공소제기 후에는 고소사건의 수소법원에 대하여 이루어져야 한다. … 이 사건 합의서가 제1심판결 선고 전에 제1심법원에 제출되었다고 볼 아무런 자료가 없고, 그 밖에 공소외인이 제1심판결 선고 전에 제1심법원에 이 사건 공소사실에 관한 고소를 취소하고 처벌의사를 철회하였다고 볼 만한 자료도 없다. 오히려 공소외인은 제1심법정에 증인으로 출석하여 2011. 4. 27.자 합의건을 거론하면서 그것은 이 사건과는 별도의 문제이고 이 사건에 대하여는 피고인의 처벌을 희망한다는 취지로 증언하였고, 원심법정에 증인으로 출석하여 피고인이 더 이상 행패를 부리지 않는다면 그간의 일을 용서해 주겠다는 의미로 합의서를 작성한 것인데 피고인이 합의서 작성 후에도 달라지지 않았으므로 이 사건에 관한 피고인의 처벌을 원한다는 의사를 명백히 한 점을 고려하면 이 사건 공소사실에 관한 고소취소 및 처벌의사의 철회가 있었다고 할 수 없다.」

대법원 2011. 8. 25. 선고 2009도9112 판결 <표준> 「형사소송법 제232조 제1항은 고소를 제1심판결 선고 전까지 취소할 수 있도록 규정함으로써 친고죄에서 고소취소의 시한을 한정하고 있다. 그런데 상소심에서 형사소송법 제366조 또는 제393조 등에 의하여 제1심의 공소기각판결이 법률에 위배됨을 이유로 이를 파기하고 사건을 제1심법원에 환송함에 따라 다시 제1심 절차가 진행된 경우, 종전의 제1심판결은 이미 파기되어 그 효력을 상실하였으므로, 환송 후의 제1심판결 선고 전에는 고소취소의 제한사유가 되는 제1심판결 선고가 없는 경우에 해당한다.」

〈항소권회복청구에 의하여 개시된 항소심 절차에서 처벌희망의사표시의 철회: 무효〉

대법원 2016. 11. 25. 선고 2016도9470 판결 <표준>

1. 형사소송법 제232조 제1항 및 제3항은 반의사불벌죄에 있어 처벌을 희망하는 의사표시는 제1심 판결 선고 전까지 철회할 수 있다고 규정하고 있다. 반의사불벌죄에 있어 처벌을 희망하는 의사표시의 철회를 어느 시점까지로 제한할 것인지는 형사소송절차 운영에 관한 입법정책의 문제로, 위 규정은 국가형벌권의 행사가 피해자의 의사에 의하여 좌우되는 현상을 장기간 방치하지 않으려는 목적에서 그 철회 시한을 획일적으로 제1심 판결 선고 시까지로 제한한 것으로 볼 수 있다(대법원 1999. 4. 15. 선고 96도1922 전원합의체 판결 참조).

제1심 법원이 반의사불벌죄로 기소된 피고인에 대하여 소송촉진 등에 관한 특례법(이하 '소송촉진법'이라고 한다) 제23조에 따라 피고인의 진술 없이 유죄를 선고하여 판결이 확정된 경우, 만일 피고인이 책임을 질 수 없는 사유로 공판절차에 출석할 수 없었음을 이유로 소송촉진법 제23조의2에 따라 제1심 법원에 재심을 청구하여 재심개시결정이 내려졌다면 피해자는 그 재심의 제1심 판결 선고 전까지 처벌을 희망하는 의사표시를 철회할 수 있다(대법원 2002. 10. 11. 선고 2002도1228 판결 참조). 그러나 피고인이 제1심 법원에 소송촉진법 제23조의2에 따른 재심을 청구하는 대신 항소권회복청구를 함으로써 항소심 재판을 받게 되었다면 항소심을 제1심이라고 할 수 없는 이상 그 항소심 절차에서는 처벌을 희망하는 의사표시를 철회할 수 없다고 보아야 한다.

2. 기록에 의하면, 피고인은 반의사불벌죄인 근로기준법 위반죄로 기소되었고, 제1심 법원은 소송촉진법 제23조에 따라 공시송달의 방법으로 공소장 부본과 피고인 소환장 등을 송달한 다음 피고인이 불출석 상태에서 심리를 진행하여 유죄를 선고한 사실, 이후 피고인은 확정된 제1심 판결에 대하여 항소권회복청구를 하였고 위 청구가 인용됨에 따라 진행된 항소심 절차에서 피해자들이 더 이상 피고인에 대한 처벌을 원하지 않는다는 취지의 처벌불원서를 제출한 사실 등을 알 수 있다.

이러한 사실관계를 앞서 본 법리에 비추어 살펴보면, 피해자들이 한 처벌을 희망하는 의사표시의 철회는 제1심 판결 선고 후에 이루어진 것임이 분명하므로, 반의사불벌죄에 있어 처벌희망의사의 철회로서의 효력을 인정할 수 없다.

대법원 1985. 11. 12. 선고 85도1940 판결 <표준>「형사소송법 제233조는 친고죄의 공범중 그 1인 또는 수인에 대한 고소 또는 그 취소는 다른 공범자에 대하여도 효력이 있다라고 하고 동법 제232조 제1항은 고소는 제1심판결선고전까지 취소할 수 있다라고 규정하고 있으므로 친고죄의 공범중 그 일부에 대하여 제1심판결이 선고된 후에는 제1심판결선고전의 다른 공범자에 대하여는 그 고소를 취소할 수 없고 그 고소의 취소가 있다 하더라도 그 효력을 발생할 수 없다 할 것인데, 이러한 법리는 필요적 공범이나 임의적 공범이냐를 구별함이 없이 모두 다 적용된다.」

〈항소심에서 비친고죄가 친고죄로 변경된 경우 고소취소의 가능 여부〉

대법원 1999. 4. 15. 선고 96도1922 전원합의체 판결 <표준>

형사소송법 제232조 제1항은 "고소는 제1심판결 선고 전까지 취소할 수 있다."라고 규정한다. 원래 고소의 대상이 된 피고소인의 행위가 친고죄에 해당할 경우 소송요건인 그 친고죄의 고소를 취소할 수 있는 시기를 언제까지로 한정하는가는 형사소송절차운영에 관한 입법정책상의 문제이기에 형사소송법의 그 규정은 국가형벌권의 행사가 피해자의 의사에 의하여 좌우되는 현상을 장기간 방치하지 않으려는 목적에서 고소취소의 시한을 획일적으로 제1심 판결 선고시까지로 한정한 것이다. 따라서 그 규정을 현실적 심판의 대상이 된 공소사실이 친고죄로 된 당해심급의 판결 선고시까지 고소인이 고소를 취소할 수 있다는 의미로 볼 수는 없다 할 것이어서, 항소심에서 공소장의 변경에 의하여 또는 공소장변경절차를 거치지 아니하고 법원 직권에 의하여 친고죄가 아닌 범죄를 친고죄로 인정하였더라도 항소심을 제1심이라 할 수는 없는 것이므로(대법원 1988. 3. 8. 선고 85도2518 판결 참조), 항소심에 이르러 비로소 고소인이 고소를 취소하였다면 이는 친고죄에 대한 고소취소로서의 효력은 없다고 할 것이다(대법원 1985. 2. 8. 선고 84도2682 판결 참조).

원심이 강제추행치상죄로 공소제기된 피고인에 대하여 공소장변경절차 없이 강제추행죄를 인정하면서 고소취소의 의사표시가 담긴 합의서가 제1심판결 후에 제출되었으므로 고소취소로서의 효력이 없다고 판단한 것에는 친고죄에 있어 고소취소의 시기에 관한 법리오해의 위법이 없다.

> **[반대의견]** 형사소송법 제232조 제1항 소정의 고소는 친고죄의 고소를 의미하고, 친고죄에 있어서 고소나 고소취소와 같은 소송조건의 구비 여부는 현실적 심판대상이 된 공소사실을 기준으로 판단하여야 하므로, 위 조항은 친고죄에 있어 고소는 현실적 심판대상이 된 친고죄에 대한 제1심판결의 선고 전까지 취소할 수 있다는 의미로 해석하여야 할 것이고, 따라서 친고죄가 아닌 죄로 공소가 제기되어 제1심에서 친고죄가 아닌 죄의 유죄판결을 선고받은 경우, 제1심에서 친고죄의 범죄사실은 현실적 심판대상이 되지 아니하였으므로 그 판결을 친고죄에 대한 제1심판결로 볼 수는 없고, 따라서 친고죄에 대한 제1심판결은 없었다고 할 것이므로 그 사건의 항소심에서도 고소를 취소할 수 있는 것으로 보아야 한다.

대법원 2007. 4. 13. 선고 2007도425 판결 「고소취소는 범인의 처벌을 구하는 의사를 철회하는 수사기관 또는 법원에 대한 고소권자의 의사표시로서 형사소송법 제239조, 제237조에 의하여 서면 또는 구술로써 하면 족한 것이므로, 고소권자가 서면 또는 구술로써 수사기관 또는 법원에 고소를 취소하는 의사표시를 하였다고 보여지는 이상 그 고소는 적법하게 취소되었다고 할 것이고, 그 후 고소취소를 철회하는 의사표시를 다시 하였다고 하여도 그것은 효력이 없다 할 것이다.」

Ⅶ. 고소권의 포기

〈고소권의 포기의 인정 여부 : 소극〉

대법원 1967. 5. 23. 선고 67도471 판결 〈표준〉

피해자의 고소권은 형사소송법상 부여된 권리로서, 친고죄에 있어서는 고소의 존재는 공소의 제기를 유효하게 하는 것이며 공법상의 권리라고 할 것이므로 그 권리의 성질상 법이 특히 명문으로 인정하는 경우를 제외하고는 자유처분을 할 수 없다고 함이 상당할 것이다. 그런데 형사소송법 제232조에 의하면, 일단 한 고소는 취소할 수 있도록 규정하였으나, 고소권의 포기에 관하여서는 아무러한 규정이 없으므로 고소전에 고소권을 포기할 수는 없다고 함이 상당할 것인바, 기록에 의하면, 피해자는 군검찰관에게 대하여 피고인들의 본건 범행을 진술하고, 그 처벌을 희망하는 의사를 표명하였고, 그 후에 고소를 취소한 바가 없으므로, 고소전에 피해자가 군 사법경찰관으로 부터 조사를 받을 때에 소론과 같이 피고인들의 처벌을 희망하지 않은 듯이 진술하였다 하더라도 그 후에 한 피해자의 본건 고소는 유효하다고 할 것이므로, 반대의 견해로 원판결을 비난하는 논지는 이유없다.

Ⅷ. 고소의 추완

〈고소의 추완 인정 여부 : 소극〉

대법원 1982. 9. 14. 선고 82도1504 판결

검사는 1981.6.16 이 사건 공소사실 중 강간과 살인의 점에 관하여 강간치사죄의 상상적 경합범으로 기소하였다가 1심공판이 진행중인 같은 해 10.21 강간치사죄를 강간으로 변경하였고(원심에서는 강간과 살인의 실체적 경합범으로 변경할 것으로 인정) 피해자의 부인 공소외 3은 같은 해 10.27에 이르러 비로소 고소장을 제출한 사실을 알아볼 수 있는바, 강간죄는 친고죄로서 피고자의 고소가 있어야 죄를 논할 수 있고 기소 이후의 고소의 추완은 허용되지 아니한다 할 것이며 이는 비친고죄인 강간치사죄로 기소되었다가 친고죄인 강간죄로 공소장이 변경되는 경우에도 마찬가지라 할 것이니 이 건의 강간의 점은 형사소송법 제372조 제2호의 공소제기의 절차가 법률의 규정에 위반하여 무효인 때에 해당되므로 공소기각의 판결을 하여야 할 것이다.

제 3 절 고발

〈고발의 의의〉

대법원 1994. 5. 13. 선고 94도458 판결

고발이란 범죄사실을 수사기관에 고하여 그 소추를 촉구하는 것으로서 범인을 지적할 필요가 없는 것이고 또한 고발에서 지정한 범인이 진범인이 아니더라도 고발의 효력에는 영향이 없는 것이므로(당원 1962.1.11. 선고 4293형상883 판결 참조), 당진군수가 이 사건 농지전용행위를 한 사람을 위 공소외 2로 잘못 알고 위 공소외 2를 피고발인으로 하여 고발하였다고 하더라도 이 사건 농지전용행위를 피고인이 한 이상 피고인에 대하여도 위 고발의 효력이 미치는 것이다.

〈국회증언감정법상 '고발'의 법적 성격 및 적법 요건〉

대법원 2018. 5. 17. 선고 2017도14749 전원합의체 판결

[다수의견]

[1] 국회에서의 증언·감정 등에 관한 법률(이하 '국회증언감정법'이라 한다)은 제1조에서 국회에서의 안건심의 또는 국정감사나 국정조사와 관련하여 행하는 보고와 서류제출의 요구, 증언·감정 등에 관한 절차를 규정하는 것을 그 목적으로 밝히고 있다. 국회증언감정법 제14조 제1항 본문은 같은 법에 의하여 선서한 증인이 허위의 진술을 한 때에는 1년 이상 10년 이하의 징역에 처한다고 규정하고, 제15조 제1항 본문은 본회의 또는 위원회는 증인이 제14조 제1항 본문의 죄를 범하였다고 인정한 때에는 고발하여야 한다고 규정하며, 제15조 제2항은 제1항의 규정에 불구하고 범죄가 발각되기 전에 자백한 때에는 고발하지 아니할 수 있다고 규정하고 있다.

위와 같은 국회증언감정법의 목적과 위증죄 관련 규정들의 내용에 비추어 보면, 국회증언감정법은 국정감사나 국정조사에 관한 국회 내부의 절차를 규정한 것으로서 국회에서의 위증죄에 관한 고발 여부를 국회의 자율권에 맡기고 있고, 위증을 자백한 경우에는 고발하지 않을 수 있게 하여 자백을 권장하고 있으므로 국회증언감정법 제14조 제1항 본문에서 정한 위증죄는 같은 법 제15조의 고발을 소추요건으로 한다고 봄이 타당하다.

[2] [다수의견] 국회에서의 증언·감정 등에 관한 법률(이하 '국회증언감정법'이라 한다) 제15조 제1항 본문은 "본회의 또는 위원회는 증인·감정인 등이 제12조·제13조 또는 제14조 제1항 본문의 죄를 범하였다고 인정한 때에는 고발하여야 한다."라고 규정하고 있다. 제15조 제1항 본문에 따른 고발은 증인을 조사한 본회의 또는 위원회의 의장 또는 위원장의 명의로 한다(제15조 제3항). 따라서 그 위원회가 고발에 관한 의결을 하여야 하므로 제15조 제1항 본문의 고발은 위원회가 존속하고 있을 것을 전제로 한다.

한편 국회증언감정법 제15조 제1항 단서는 위와 같은 본문에 이어서 "다만 청문회의 경우에는 재적위원 3분의 1 이상의 연서에 따라 그 위원의 이름으로 고발할 수 있다."라고 규정하고 있다.

아래와 같은 이유로, 국회증언감정법 제15조 제1항 단서에 의한 고발도 위원회가 존속하는 동안에 이루어져야 한다고 해석하는 것이 타당하다.

① 국회증언감정법 제15조 제1항 단서에 규정된 재적위원은 위원회가 존속하고 있는 상태에서의 재적위원을 의미한다고 해석하는 것이 문언의 통상적인 용법에 부합한다. 재적의 사전적 의미는 명부에 이름이 올라 있음을 뜻한다. 국회법은 여러 조항에서 재적위원이라는 용어를 사용하고 있다. 국회법이 규정하고 있는 재적위원은 모두 위원회가 존속하고 있는 것을 전제로 하여 현재 위원회에 적을 두고 있는 위원을 의미하고 있고, 위원회가 소멸하여 더 이상 존속하지 않는 경우를 상정하고 있다고 보기는 어렵다. 따라서 국회증언감정법 제15조 제1항 단서에서 특별히 '재적위원이었던 자'를 포함한다고 볼 만한 문언을 사용하지 않고 단순히 '재적위원'이라고만 규정하고 있는 이상 이는 국회법의 여러 규정에서 사용하고 있는 재적위원과 동일한 의미로 해석하는 것이 타당하다.

② 청문회를 개최한 특별위원회가 활동기한의 종료로 존속하지 않게 되었다면 그 후에는 청문회에서 증언한 증인을 위증죄로 고발할 수 없다고 해석하는 것이 특별위원회의 활동기간을 정한 취지에 부합한다. 국회증언감정법 제15조 제1항 단서의 문언과 입법 취지 및 목적, 특별위원회의 활동기간을 정한 취지 등을 고려하여 볼 때, 특별위원회가 존속하지 않게 되어 더 이상 국회증언감정법 제15조 제1항 본문에 의한 고발을 할 수 없게 되었다면 같은 항

단서에 의한 고발도 할 수 없다고 해석하는 것이 타당하다.

③ 특별위원회가 존속하지 않게 된 이후에도 과거 특별위원회가 존속할 당시 재적위원이었던 사람이 연서로 고발할 수 있다고 해석하는 것은 유추해석금지의 원칙에 위배된다. 국회증언감정법 제15조 제1항 단서의 문언 및 입법 취지, 다른 법률 규정과의 관계 등에 비추어 보면, 국회증언감정법 제15조 제1항 단서의 재적위원은 존속하고 있는 위원회에 적을 두고 있는 위원을 의미하고, 특별위원회가 존속하지 않게 된 경우 그 재적위원이었던 사람을 의미하는 것은 아니라고 해석하는 것이 타당하다. 이와 달리 특별위원회가 소멸하였음에도 과거 특별위원회가 존속할 당시 재적위원이었던 사람이 연서로 고발할 수 있다고 해석하는 것은 소추요건인 고발의 주체와 시기에 관하여 그 범위를 행위자에게 불리하게 확대하는 것이다. 이는 가능한 문언의 의미를 벗어나므로 유추해석금지의 원칙에 반한다.

대법원 2009. 10. 29. 선고 2009도6614 판결 「검사의 불기소처분에는 확정재판에 있어서의 확정력과 같은 효력이 없어 일단 불기소처분을 한 후에도 공소시효가 완성되기 전이면 언제라도 공소를 제기할 수 있으므로, 세무공무원 등의 고발이 있어야 공소를 제기할 수 있는 조세범처벌법 위반죄에 관하여 일단 불기소처분이 있었더라도 세무공무원 등이 종전에 한 고발은 여전히 유효하고, 따라서 나중에 공소를 제기함에 있어 세무공무원 등의 새로운 고발이 있어야 하는 것은 아니다. 원심판결 이유와 기록에 의하면, 서초세무서장이 수사기관에 피고인의 2002년도 및 2003년도 국세체납 부분에 관하여 고발하였으나 불기소처분된 사실, 그 후 서초세무서장이 다시 피고인의 2004년도 국세체납 부분에 관하여 고발하자, 검사는 2004년도 국세체납 부분과 함께 종전에 불기소처분하였던 2002년도 및 2003년도 국세체납 부분도 공소를 제기한 사실을 알 수 있는바, 이를 앞서 본 법리에 비추어 살펴보면, 이 사건 공소사실 중 2002년도 및 2003년도 국세체납 부분에 관한 고발은 검사의 불기소처분 후에도 여전히 유효하므로, 이 부분 공소사실이 조세범처벌법 제6조에 의한 고발 없이 공소제기되었다고 볼 수는 없다.」

대법원 2008. 3. 27. 선고 2008도680 판결 「이 사건 공소사실 중 2007년 부가가치세 포탈의 점[판시 제3 중 별지 범죄일람표(3) 순번 3, 4의 죄]은 2006년도 제2기분 부가가치세 합계 4,079,587,585원을 포탈하였다는 내용으로 포탈세액이 연간 10억 원 이상인 때에 적용되는 특정범죄가중처벌 등에 관한 법률 제8조 제1항 제1호 위반으로 기소되었으나, 원심은 동일한 공소사실 범위 내에서 판시와 같이 포탈세액을 479,296,510원으로 감축하여 인정한 다음 조세범처벌법 제9조 제1항 제3호 위반으로 의율하였다. 그런데 특정범죄가중처벌 등에 관한 법률 제8조 제1항 제1호 위반죄는 같은 법 제16조에 의하여 기소함에 있어서 고발을 요하지 아니 한다고 할 것이나, 조세범처벌법 제9조 제1항 제3호 위반죄는 같은 법 제6조에 의하여 국세청장 등의 고발을 기다려 논할 수 있는 죄인바, 기록상 위 2007년 부가가치세 포탈의 점(2006년도 제2기분 부가가치세 포탈)에 대하여 국세청장 등의 고발이 없음에도 불구하고 이를 조세범처벌법 제9조 제1항 제3호 위반죄로 인정한 원심의 조치에는 조세범처벌법상 고발에 관한 법리를 오해하여 판결 결과에 영향을 미친 위법이 있다고 할 것이다.」

〈전속고발의 객관적 불가분의 효력〉

대법원 2014. 10. 15. 선고 2013도5650 판결 <표준>

고발은 범죄사실에 대한 소추를 요구하는 의사표시로서 그 효력은 고발장에 기재된 범죄사실과 동일성이 인정되는 사실 모두에 미치므로, 조세범 처벌절차법에 따라 범칙사건에 대한 고발이 있는 경우 그 고발의 효력은 범칙사건에 관련된 범칙사실의 전부에 미치고 한 개의 범칙사실의 일부에 대한 고발은 그 전부에 대하여 효력이 생긴다(대법원 2009. 7. 23. 선고 2009도3282 판결 참조). 그러나 수 개의 범칙사실 중 일부만을 범칙사건으로 하는 고발이 있는 경우 고발장에 기재된 범칙사실과 동일성이 인정되지 않는 다른 범칙사실에 대해서까지 그 고발의 효력이 미칠 수는 없다.

기록과 관련 법령 등에 의하면, ① 구 조세범 처벌법 제11조의2 제2항의 범죄는 부가가치세법의 규정에 의하여 세금계산서를 교부받아야 할 자와 매입처별세금계산서합계표를 정부에 제출하여야 할 자가 폭행·협박·선동·교사 또는 통정에 의하여 세금계산서를 교부받지 아니하거나 '허위기재의 세금계산서를 교부받은 때' 또는 '허위기재한 매입처별세금계산서합계표를 제출한 때'에 성립하는데, 이 사건 공소사실에는 피고인이 공소외 3 회사로부터 10억 3,000만 원, 공소외 4 회사로부터 4억 원 상당의 용역을 공급받은 것처럼 '세금계산서를 교부받고', 위와 같은 내용으로 '매입처별세금계산서합계표를 허위기재하여 그 서류를 위 세무서 담당공무원에게 제출하였다'고 기재되어 있기는 하나, 피고인이 성남세무서에 2007년 제1기 부가가치세 확정신고를 한 2007. 7. 25.경이 범행일로 적혀 있을 뿐이고, 피고인이 공소외 3 회사나 공소외 4 회사로부터 세금계산서를 교부받은 날은 따로 범행일이 적혀 있지 않은 데다가, 피고인에 대한 공소장 적용법조에 형법상의 경합범 규정이 기재되어 있지도 않은 점, ②공소외 1 회사에 대한 공소사실에도 피고인이 '허위기재한 매입처별세금계산서합계표를 성남세무서 담당공무원에게 제출한 행위'만이 기재되어 있는 점 등을 알 수 있다. 위와 같은 사정을 종합하면, 검사는 피고인을 '허위기재한 매입처별세금계산서합계표를 성남세무서 담당공무원에게 제출한 행위'로만 기소한 것으로 봄이 옳다.

그런데 이 사건 고발서의 기재에 의하면 중부지방국세청장은 '허위 세금계산서 수취행위'를 범칙사실로 하여 피고인을 고발하였음이 분명하고, 달리 '허위기재한 매입처별세금계산서합계표를 성남세무서 담당공무원에게 제출한 행위'를 범칙사실로 하여 고발하였음을 인정할 만한 자료가 없다. 따라서 위 고발된 범칙사실과 이 사건 공소사실은 동일성이 인정되지 않으므로 위 범칙사실에 대한 고발의 효력은 이 사건 공소사실에 미칠 수 없고, 결국 이 사건 공소는 중부지방국세청장의 고발 없이 제기된 것으로서 공소제기의 절차가 법률의 규정에 위반되어 무효라고 볼 수밖에 없다(대법원 2014. 7. 24. 선고 2014도1381 판결 참조).

〈전속고발의 주관적 불가분의 효력 여부: 소극〉

대법원 2011. 7. 28. 선고 2008도5757 판결

공정거래법은 제71조 제1항에서 '제66조 제1항 제9호 소정의 부당한 공동행위를 한 죄는 공정거래위원회의 고발이 있어야 공소를 제기할 수 있다'고 규정함으로써 그 소추조건을 명시하고 있는데, 이와 관련하여 공정거래위원회가 공정거래법 위반행위자 중 일부에 대하여만 고발을 한 경우에 그 고발의 효력이 나머지 위반행위자에게도 미치는지 여부, 즉 고발의 주관적 불가분 원칙의 적용 여부에 관하여는 아무런 명시적 규정을 두지 않고 있고, 친고죄에 관한 고소의 주관적 불가분 원칙을 규정한 형사소송법 제233조도 공정거래법 제71조 제1항의 고발에 준용된다고 볼 아무런 명문의 근거가 없으며, 죄형법정주의의 원칙에 비추어 그 유추적용을 통하여 공정거래위원회의 고발이 없는 위반행위자에 대해서까지 형사처벌의 범위를 확장하는 것도 허용될 수 없으므로, 위반행위자 중 일부에 대하여 공정거래위원회의 고발이 있다고 하여 나머지 위반행위자에 대하여도 위 고발의 효력이 미친다고 볼 수 없고(대법원 2010. 9. 30. 선고 2008도4762 판결 참조), 나아가 공정거래법 제70조의 양벌규정에 따라 처벌되는 법인이나 개인에 대한 고발의 효력이 그 대표자나 대리인, 사용인 등으로서 행위자인 사람에게까지 미친다고 볼 수도 없다.

같은 취지에서 원심이 공정거래위원회의 고발 대상에서 제외된 피고인 씨제이 주식회사, 피고인 4, 5, 6에 대한 이 사건 공소사실에 관하여 소추요건의 결여로 그 공소의 제기가 법률의 규정에 위반하여 무효인 경우에 해당한다는 이유로 공소기각판결을 선고한 제1심을 그대로 유지한 조치는 정당하(다).

대법원 2004. 9. 24. 선고 2004도4066 판결

조세범처벌법 제6조는 조세에 관한 범칙행위에 대하여는 원칙적으로 국세청장 등의 고발을 기다려 논하도록 규정하고 있는바, 같은 법에 의하여 하는 고발에 있어서는 이른바 고소·

고발 불가분의 원칙이 적용되지 아니하므로, 고발의 구비 여부는 양벌규정에 의하여 처벌받는 자연인인 행위자와 법인에 대하여 개별적으로 논하여야 한다(대법원 1962. 1. 11. 선고 4293형상883 판결, 대법원 1973. 9. 25. 선고 72도1610 판결 등 참조).

원심이 적법하게 확정한 사실관계 및 기록에 의하면, 이 사건 고발장에는 피고발인을 공소외 주식회사라고 명시한 다음, 이어서 위 법인의 등록번호와 대표자인 피고인의 성명·주민등록번호·주소를 기재하고 있을 뿐임을 알 수 있는바, 이와 같은 고발장의 표시를 자연인인 피고인 개인까지를 피고발자로 표시한 것이라고 볼 수는 없으므로(대법원 1962. 1. 11. 선고 4293형상883 판결 참조), 원심이, 같은 취지에서 이 사건 공소는 피고인 개인에 대한 고발 없이 제기된 것으로서 그 절차가 법률의 규정에 위반하여 무효인 때에 해당한다는 이유로, 공소사실을 유죄로 인정한 제1심판결을 파기하고 이 사건 공소를 기각한 조치는 정당하(다).

대법원 2015. 9. 10. 선고 2015도3926 판결 「공정거래위원회가 사업자에게 독점규제 및 공정거래에 관한 법률의 규정을 위반한 혐의가 있다고 인정하여 공정거래법 제71조에 따라 사업자를 고발하였다면 이로써 소추의 요건은 충족되며 공소가 제기된 후에는 고발을 취소하지 못함에 비추어 보면, 법원이 본안에 대하여 심판한 결과 공정거래법의 규정에 위반되는 혐의 사실이 인정되지 아니하거나 그 위반 혐의에 관한 공정거래위원회의 처분이 위법하여 행정소송에서 취소된다 하더라도 이러한 사정만으로는 그 고발을 기초로 이루어진 공소제기 등 형사절차의 효력에 영향을 미치지 아니한다.」

제 4 절 자수

〈자수의 의의〉

대법원 2011. 12. 22. 선고 2011도12041 판결

형법 제52조 제1항에서 말하는 '자수'란 범인이 자발적으로 자신의 범죄사실을 수사기관에 신고하여 그 소추를 구하는 의사표시를 함으로써 성립하는 것으로서, 범행이 발각된 후에 수사기관에 자진 출석하여 범죄사실을 자백한 경우도 포함하며, 일단 자수가 성립한 이상 자수의 효력은 확정적으로 발생하고 그 후에 범인이 번복하여 수사기관이나 법정에서 범행을 부인한다고 하여 일단 발생한 자수의 효력이 소멸하는 것은 아니라고 할 것이다. 그러나 수사기관에의 신고가 자발적이라고 하더라도 그 신고의 내용이 자기의 범행을 명백히 부인하는 등의 내용으로 자기의 범행으로서 범죄성립요건을 갖추지 아니한 사실일 경우에는 자수는 성립하지 아니하고, 일단 자수가 성립하지 아니한 이상 그 이후의 수사과정이나 재판 과정에서 범행을 시인하였다고 하더라도 새롭게 자수가 성립할 여지는 없다. 또한 '자수'란 위에서 본 바와 같이 범인이 스스로 수사책임이 있는 관서에 자기의 범행을 자발적으로 신고하고 그 처분을 구하는 의사표시이므로, 수사기관의 직무상의 질문 또는 조사에 응하여 범죄사실을 진술하는 것은 자백일 뿐 자수로는 되지 아니하고, 나아가 자수는 범인이 수사기관에 의사표시를 함으로써 성립하는 것이므로 내심적 의사만으로는 부족하고 외부로 표시되어야 이를 인정할 수 있는 것이다(대법원 2004. 10. 14. 선고 2003도3133 판결 참조). 또한 피고인이 자수하였다 하더라도 자수한 이에 대하여는 법원이 임의로 형을 감경할 수 있음에 불과한 것으로서 원심이 자수감경을 하지 아니하였다거나 자수감경 주장에 대하여 판단을 하지 아니하였다 하여 위법하다고 할 수 없다(대법원 2004. 6. 11. 선고 2004도2018 판결 참조). 기록에 의하면, 피고인 3은 수사기관에 자진 출석하여 처음 조사를 받으면서 금융기관의 직원인 자신의 업무와 관련하여 금품을 수수한 것이 아니라 공소외 14로부터 2억 원을 연 5% 정도의 이자를 주기로 하고 차용하였을 뿐이라며 범죄사실을 부인하다가 제2회 조사를 받으면서 비로소 금융기관의 직원인 자신의 업무와 관련하여 2억 원을 수수하였다고 자백하였음을 알 수 있으므로, 이를 자수라고 할 수 없다.

제 5 절 직무질문

I. 의의

〈직무질문과 체포의 구별〉

대법원 1972. 10. 31. 선고 72도2005 판결

경찰관 공소외 1은 피고인이 피해자 공소외 2를 구타하고 있다는 신고를 받고 현장에 갔었는데 싸움은 이미 끝나고 피해자는 없고하여 피고인에게 불심검문을 하고 경찰관서까지 임

의 동행을 요구하였으나 피고인이 거절하므로 피고인을 잡아 끄는 등 강제로 인치하려 하므로 서로 밀치다가 피고인이 폭행을 가하기에 이른 것이고 경찰관 공소외 1이 당시 피고인을 현행범으로 취급할 요건도 인정되지 아니한다고 한 원판시 사실인정을 그대로 인정할 수 있다 할 것이고 채증법칙을 위배하여 사실을 오인한 잘못있다 할 수 없다. 그렇다면 경찰관 공소외 1은 본건에 있어 피고인에 대하여 임의 동행을 요구하다가 거절당하자 무리하게도 피고인을 잡아 끄는 등 강제로 인치하려고만 하였을 뿐 피고인을 현행범으로 체포할 요건도 갖추어 지지 않았거니와 현행범으로 체포하려 한 것도 아닌 것이니 적법한 공무집행 행위가 있었다고 볼 수 없고 따라서 피고인이 공소외 1의 현행범 체포의 공무집행을 방해하였다는 공소사실은 그 증명이 없음에 귀착된다.

Ⅱ. 직무질문의 대상

〈직무질문 대상자의 판단 기준〉

대법원 2014. 2. 27. 선고 2011도13999 판결 <표준>

1. 경찰관직무집행법(이하 '법'이라고 한다) 제1조는 제1항에서 "이 법은 국민의 자유와 권리의 보호 및 사회공공의 질서유지를 위한 경찰관(국가경찰공무원에 한한다. 이하 같다)의 직무수행에 필요한 사항을 규정함을 목적으로 한다."고 규정하고, 제2항에서 "이 법에 규정된 경찰관의 직권은 그 직무수행에 필요한 최소한도 내에서 행사되어야 하며 이를 남용하여서는 아니된다."고 규정하고 있고, 법 제3조는 제1항에서 "경찰관은 수상한 거동 기타 주위의 사정을 합리적으로 판단하여 어떠한 죄를 범하였거나 범하려 하고 있다고 의심할 만한 상당한 이유가 있는 자 또는 이미 행하여진 범죄나 행하여지려고 하는 범죄행위에 관하여 그 사실을 안다고 인정되는 자를 정지시켜 질문할 수 있다."고 규정하고, 제2항에서 "그 장소에서 제1항의 질문을 하는 것이 당해인에게 불리하거나 교통의 방해가 된다고 인정되는 때에는 질문하기 위하여 부근의 경찰서·지구대·파출소 또는 출장소(이하 "경찰관서"라 하되, 지방해양경찰관서를 포함한다)에 동행할 것을 요구할 수 있다. 이 경우 당해인은 경찰관의 동행요구를 거절할 수 있다."고 규정하며, 제3항에서 "경찰관은 제1항에 규정된 자에 대하여 질문을 할 때에 흉기의 소지 여부를 조사할 수 있다."고 규정하고, 제7항에서 "제1항 내지 제3항의 경

우에 당해인은 형사소송에 관한 법률에 의하지 아니하고는 신체를 구속당하지 아니하며, 그 의사에 반하여 답변을 강요당하지 아니한다."고 규정하고 있다.

위와 같은 법의 목적, 규정 내용 및 체계 등을 종합하면, 경찰관이 법 제3조 제1항에 규정된 대상자(이하 '불심검문 대상자'라 한다) 해당 여부를 판단함에 있어서는 불심검문 당시의 구체적 상황은 물론 사전에 얻은 정보나 전문적 지식 등에 기초하여 불심검문 대상자인지 여부를 객관적·합리적인 기준에 따라 판단하여야 할 것이나, 반드시 불심검문 대상자에게 형사소송법상 체포나 구속에 이를 정도의 혐의가 있을 것을 요한다고 할 수는 없다. 그리고 경찰관은 불심검문 대상자에게 질문을 하기 위하여 범행의 경중, 범행과의 관련성, 상황의 긴박성, 혐의의 정도, 질문의 필요성 등에 비추어 그 목적 달성에 필요한 최소한의 범위 내에서 사회통념상 용인될 수 있는 상당한 방법으로 그 대상자를 정지시킬 수 있고 질문에 수반하여 흉기의 소지 여부도 조사할 수 있다(대법원 2012. 9. 13. 선고 2010도6203 판결 참조). …

원심판결 이유 및 원심이 적법하게 채택한 증거들에 의하면, **이 사건 당시 경찰관들이 피고인을 불심검문하려던 장소는 이 사건 발생 하루 및 이틀 전에 각 발생한 강도강간미수 사건이 발생한 지역이었고, 시간대도 위 강도강간미수 사건이 발생하였던 시각과 비슷한 무렵이었던 사실, 위 강도강간미수 사건의 용의자에 관하여 '20~30대 남자, 신장 170cm 가량, 뚱뚱한 체격, 긴 머리, 둥근 얼굴, 상의 흰색 티셔츠, 하의 검정색 바지, 검정색 신발 착용' 및 '키 175cm 가량, 마른 체형, 안경 착용'이라는 등으로 그 인상착의가 대략적으로 신고되었던 사실, 경찰관들은 위 강도강간미수 사건의 피의자와 관련된 사전 정보를 지득하고 있었는데, 피고인의 인상착의가 경찰관들이 지득하고 있던 사전 정보와 상당 부분 일치하였던 사실**을 알 수 있다.

이를 앞서 본 법리에 비추어 살펴보면, 경찰관들이 피고인을 불심검문 대상자로 삼은 조치는 피고인에 대한 불심검문 당시의 구체적 상황과 자신들의 사전 지식 및 경험칙에 기초하여 객관적·합리적 판단과정을 거쳐 이루어진 것으로서, 가사 피고인의 인상착의가 미리 입수된 용의자에 대한 인상착의와 일부 일치하지 않는 부분이 있다고 하더라도 그것만으로 경찰관들이 피고인을 불심검문 대상자로 삼은 조치가 위법하다고 볼 수는 없다.

Ⅲ. 직무질문의 방법

1. 정지 및 질문

〈정지를 위한 유형력 행사의 적법성〉

대법원 2012. 9. 13. 선고 2010도6203 판결 〈표준〉

1. 경찰관직무집행법(이하 '법'이라고만 한다) … 목적, 규정 내용 및 체계 등을 종합하면, 경찰관은 법 제3조 제1항에 규정된 대상자에게 질문을 하기 위하여 범행의 경중, 범행과의 관련성, 상황의 긴박성, 혐의의 정도, 질문의 필요성 등에 비추어 그 목적 달성에 필요한 최소한의 범위 내에서 사회통념상 용인될 수 있는 상당한 방법으로 그 대상자를 정지시킬 수 있고 질문에 수반하여 흉기의 소지 여부도 조사할 수 있다 할 것이다.

2. 원심은 그 채택 증거를 종합하여, 부평경찰서 역전지구대 소속 경위 공소외 1, 경사 공소외 2, 순경 공소외 3이 2009. 2. 15. 01:00경 인천 부평구 부평동 소재 ○○○ 앞길에서 경찰관 정복 차림으로 검문을 하던 중, '01:00경 자전거를 이용한 핸드백 날치기 사건발생 및 자전거에 대한 검문검색 지령'이 01:14경 무전으로 전파되면서, 범인의 인상착의가 '30대 남자, 찢어진 눈, 짧은 머리, 회색바지, 검정잠바 착용'이라고 알려진 사실, 위 경찰관들은 무전을 청취한 직후인 01:20경 자전거를 타고 검문 장소로 다가오는 피고인을 발견한 사실, 공소외 2가 피고인에게 다가가 정지를 요구하였으나, 피고인은 자전거를 멈추지 않은 채 공소외 2를 지나쳤고, 이에 공소외 3이 경찰봉으로 피고인의 앞을 가로막고 자전거를 세워 줄 것을 요구하면서 소속과 성명을 고지하고, "인근 경찰서에서 자전거를 이용한 날치기가 있었는데 인상착의가 비슷하니 검문에 협조해 달라."는 취지로 말하였음에도 피고인은 평상시 그곳에서 한 번도 검문을 받은 바 없다고 하면서 검문에 불응하고 그대로 전진한 사실, 이에 공소외 3은 피고인을 따라가서 피고인이 가지 못하게 앞을 막고 검문에 응할 것을 요구한 사실, 이와 같은 제지행위로 더 이상 자전거를 진행할 수 없게 된 피고인은 경찰관들이 자신을 범인 취급한다고 느껴 공소외 3의 멱살을 잡아 밀치고 공소외 1, 2에게 욕설을 하는 등 거세게 항의한 사실, 이에 위 경찰관들은 피고인을 공무집행방해죄와 모욕죄의 현행범인으로 체포한 사실을 인정한 다음, 불심검문은 상대방의 임의에 맡겨져 있는 이상 질문에 대한 답변을 거부할 의사를 밝힌 상대방에 대하여 유형력을 사용하여 그 진행을 막는 등의 방법은 사실상 답변을 강요하는 것이어서 허용되지 않고, 따라서 공소외 3의 위 제지행위는 불심검문의

한계를 벗어나 위법하므로 직무집행의 적법성을 전제로 하는 공무집행방해죄는 성립하지 않고, 위법한 공무집행방해죄에 대한 저항행위로 행하여진 상해 및 모욕도 정당방위로서 위법성이 조각된다고 판단하여, 이 사건 공소사실에 대하여 모두 무죄를 선고하였다.

그러나 원심이 인정한 사실관계를 앞서 본 법리에 비추어 살펴보면, 이 사건 범행 장소 인근에서 자전거를 이용한 날치기 사건이 발생한 직후 검문을 실시 중이던 경찰관들이 위 날치기 사건의 범인과 흡사한 인상착의의 피고인을 발견하고 앞을 가로막으며 진행을 제지한 행위는 그 범행의 경중, 범행과의 관련성, 상황의 긴박성, 혐의의 정도, 질문의 필요성 등에 비추어 그 목적 달성에 필요한 최소한의 범위 내에서 사회통념상 용인될 수 있는 상당한 방법으로 법 제3조 제1항에 규정된 자에 대하여 의심되는 사항에 관한 질문을 하기 위하여 정지시킨 것으로 보아야 한다.

> **대법원 2014. 2. 27. 선고 2011도13999 판결**
>
> 원심판결 이유를 앞서 본 법리에 비추어 살펴보면, 경찰관들이 피고인을 정지시켜 질문을 하기 위하여 추적하는 행위도 그것이 범행의 경중, 범행과의 관련성, 상황의 긴박성, 혐의의 정도, 질문의 필요성 등에 비추어 그 목적 달성에 필요한 최소한의 범위 내에서 사회통념상 용인될 수 있는 상당한 방법으로 이루어진 것이라면 허용된다 할 것인데, 이 사건 불심검문은 강도강간미수 사건의 용의자를 탐문하기 위한 것으로서 피고인의 인상착의가 위 용의자의 인상착의와 상당 부분 일치하고 있었을 뿐만 아니라 피고인은 경찰관이 질문하려고 하자 막바로 도망하기 시작하였다는 것이므로, 이러한 경우 원심으로서는 경찰관들이 피고인을 추적할 당시의 구체적인 상황, 즉 경찰관들이 피고인에게 무엇이라고 말하면서 쫓아갔는지, 그 차량에 경찰관이 탑승하고 있음을 알 수 있는 표식이 있었는지, 피고인으로부터 어느 정도 거리에서 어떤 방향으로 가로막으면서 차량을 세운 것인지, 차량의 운행속도 및 차량 제동의 방법, 피고인이 그 차량을 피해 진행해 나갈 수 있는 가능성, 피고인이 넘어지게 된 경위 및 넘어진 피고인에 대하여 경찰관들이 취한 행동을 면밀히 심리하여 경찰관들의 이 사건 추적행위가 사회통념상 용인될 수 있는 상당한 방법으로 이루어진 것인지 여부를 판단하였어야 할 것이다.

헌법재판소 2004. 1. 29. 선고 2002헌마293 결정 「가. 도로교통법 제41조 제2항 전단에 규정된 "교통안전과 위험방지의 필요성"이란, 음주 측정을 요구할 대상자인 당해 운전자의 운전으로 인하여 야기된 개별적·구체적인 위험방지를 위하여 필요한 경우뿐만 아니라, 잠재적 음주운전자의 계속적인 음주운전을 차단함으로써 그렇지 않았을 경우 음주운전의 피해자가 되었을지도 모를 잠재적인 교통관련자의 위해를 방지할 가능성이 있다면 그 필요성이 충족되는 것으로 넓게 해석하여야 하고, 이러한 음주측정을 위하여, 검문지점을 설치하고 그곳을 통행하는 불특정 다수의 자동차를 정지시켜 운전자의 음주 여부를 점검해 볼 수 있는 권한도 여기에 내포되어 있다고 보아야 한다. … 따라서 도로를 차단하고 불특정 다수인을 상대로 실시하는 일제단속식 음주단속은 그 자체로는 도로교통법 제41조 제2항 전단에 근거를 둔 적법한 경찰작용이다.
다. 그러나 그 경우에도 과잉금지원칙은 준수되어야 하므로, 음주단속의 필요성이 큰, 즉 음주운전이 빈발할 것으로 예상되는 시간과 장소를 선정하여야 할 것이고, 운전자 등 관련국민의 불편이 극심한 단속은 가급적 자제하여야 하며, 전방지점에서의 사전 예고나 단시간내의 신속한 실시 등과 같은 방법상의 한계도 지켜야 할 것이다.」

〈직무질문의 절차〉

대법원 2014. 12. 11. 선고 2014도7976 판결 <표준>

법 제3조 제4항은 경찰관이 불심검문을 하고자 할 때에는 자신의 신분을 표시하는 증표를 제시하여야 한다고 규정하고, 법 시행령 제5조는 위 법 소정의 신분을 표시하는 증표는 경찰관의 공무원증이라고 규정하고 있는바, 불심검문을 하게 된 경위, 불심검문 당시의 현장상황과 검문을 하는 경찰관들의 복장, 피고인이 공무원증 제시나 신분 확인을 요구하였는지 여부 등을 종합적으로 고려하여, 검문하는 사람이 경찰관이고 검문하는 이유가 범죄행위에 관한 것임을 피고인이 충분히 알고 있었다고 보이는 경우에는 신분증을 제시하지 않았다고 하여 그 불심검문이 위법한 공무집행이라고 할 수 없다(대법원 2004. 10. 14. 선고 2004도4029 판결 참조).

(2) 원심판결 이유 및 원심이 유지한 제1심이 적법하게 채택한 증거들에 의하면, ① 112신고를 받고 현장에 출동한 순경 공소외 1, 경사 공소외 2는 그곳 여종업원과 여사장으로부터 피고인이 술값을 내지 않고 가려다 여종업원과 실랑이가 있었다고 들었고 여종업원이 피묻은 휴지를 얼굴에 대고 있는 것을 보게 되자, 공소외 1이 피고인에게 확인하려고 질문을 시도하였으나, 피고인은 질문에 응하지 않고 계산대 쪽으로 피했다가 재차 질문을 받자 출입문 쪽으로 나가려 한 사실, ② 공소외 1이 피고인의 앞을 막아선 다음 다시 상황을 설명해 달라고 하자 피고인이 욕설하며 공소외 1의 멱살을 잡은 사실, ③ 그때 공소외 2가 피고인을 제지하기 위해 뒤쪽에서 피고인의 어깨를 잡자 피고인이 '넌 뭐야'라고 말하고 머리와 몸을 돌리면서 오른쪽 팔꿈치로 공소외 2의 턱을 1회 때렸고, 이에 위 경찰관들은 피고인에게 피의사실의 요지 및 현행범인 체포의 이유와 변호인을 선임할 수 있음을 고지하고 변명의 기회를 제공한 다음 피고인을 공무집행방해죄 현행범으로 체포한 사실을 인정할 수 있는바,

이러한 사실관계를 위 법리에 비추어 보면, 위 경찰관들로서는 참고인들에 대한 확인절차를 거쳐 피고인이 범인이라고 의심할 만한 상당한 이유가 있었으므로 위 경찰관들의 검문에 불응하고 막무가내로 밖으로 나가려고 하는 피고인을 막아선 정도로 유형력을 행사한 것은 그 목적 달성에 필요한 최소한의 범위에서 사회통념상 용인될 수 있는 방법으로 이루어진 것으로 봄이 상당하다.

나아가, 같은 증거들에 의하면, **당시 출동한 공소외 1, 2는 경찰 정복차림이었고, 피고인이 위 경찰관들에게 신분증 제시 등을 요구한 적도 없으며, 욕설을 하며 바깥으로 나가려고 하다가 제지하는 위 경찰관들을 폭행한 사실을 알 수 있는바**, 이러한 사정을 앞서 본 법리에 비추어 보면, 당시 피고인은 위 공소외 1 등이 경찰관이고 검문하는 이유가 자신에 관한 범죄행위 때문임을 모두 알고 있었다고 보이므로, 이러한 상황에서 위 경찰관들이 피고인에게 신분증을 제시하거나 그 소속 등을 밝히지 않았다고 하여 그 불심검문이 위법한 공무집행이라고 볼 수 없다.

2. 동행요구

〈동행요구의 제한〉

대법원 1997. 8. 22. 선고 97도1240 판결

임의동행은 상대방의 동의 또는 승낙을 그 요건으로 하는 것이므로 경찰관으로부터 임의동행 요구를 받은 경우 상대방은 이를 거절할 수 있을 뿐만 아니라 임의동행 후 언제든지 경찰관서에서 퇴거할 자유가 있다 할 것이고, 경찰관직무집행법 제3조 제6항이 임의동행한 경우 당해인을 6시간을 초과하여 경찰관서에 머물게 할 수 없다고 규정하고 있다고 하여 그 규정이 임의동행한 자를 6시간 동안 경찰관서에 구금하는 것을 허용하는 것은 아니라고 할 것이다.

원심이 이와 같은 견해를 전제로 하여, 관계 증거들에 의하여 **피고인이 ○○파출소까지 임의동행한 후 조사받기를 거부하고 파출소에서 나가려고 하다가 경찰관이 이를 제지하자 이에 항거하여 그 경찰관을 폭행한 사실**을 인정한 다음, 경찰관이 임의동행한 피고인을 파출소에서 나가지 못하게 한 것은 적법한 공무집행행위라고 볼 수 없고, 따라서 피고인이 그 경찰관을 폭행한 행위는 공무집행방해죄가 성립하지 않는다고 판단하였는바, 기록에 비추어

살펴보면 위와 같은 원심의 조치는 정당하(다).

〈경직법상 임의동행과 형소법상 임의동행의 구분〉

대법원 2020. 5. 14. 선고 2020도398 판결

가. 원심은, 피고인에 대한 임의동행은 경찰관 직무집행법 제3조 제2항에 의한 것인데 같은 법 제3조 제6항을 위반하여 불법구금 상태에서 제출된 피고인의 소변과 모발은 위법하게 수집된 증거라고 판단하였다.

그러나 임의동행은 경찰관 직무집행법 제3조 제2항에 따른 행정경찰 목적의 경찰활동으로 행하여지는 것 외에도 형사소송법 제199조 제1항에 따라 범죄 수사를 위하여 수사관이 동행에 앞서 피의자에게 동행을 거부할 수 있음을 알려 주었거나 동행한 피의자가 언제든지 자유로이 동행과정에서 이탈 또는 동행장소로부터 퇴거할 수 있었음이 인정되는 등 오로지 피의자의 자발적인 의사에 의하여 이루어진 경우에도 가능하다(대법원 2006. 7. 6. 선고 2005도6810 판결 등 참조).

기록에 의하면, 경찰관은 당시 피고인의 정신 상태, 신체에 있는 주사바늘 자국, 알콜솜 휴대, 전과 등을 근거로 피고인의 마약류 투약 혐의가 상당하다고 판단하여 경찰서로 임의동행을 요구하였고, 동행장소인 경찰서에서 피고인에게 마약류 투약 혐의를 밝힐 수 있는 소변과 모발의 임의제출을 요구하였음을 알 수 있다. 그렇다면 이 사건 임의동행은 마약류 투약 혐의에 대한 수사를 위한 것이어서 형사소송법 제199조 제1항에 따른 임의동행에 해당한다. 그런데도 원심이 이 사건 임의동행을 경찰관 직무집행법 제3조 제2항에 따른 것으로 속단하여 위와 같이 판단한 데에는 임의동행에 관한 법리를 오해한 잘못이 있다.

> [사안의 개요] 피고인은 2018. 3. 13. 09:40 택시 무임승차 혐의로 △△△경찰서 ㅁㅁ지구대에 임의동행되었다가 필로폰 투약 혐의로 △△△경찰서로 다시 임의동행되었다. 피고인의 모 공소외인은 경찰관의 연락을 받고 같은 날 12:00 조금 넘은 시각에 △△△경찰서에 도착하였다. 그 후 피고인이 △△△경찰서 형사과 강력2팀 사무실에서 자신의 소변과 모발을 경찰관에게 제출한 시각이 같은 날 22:00이다. 피고인은 ㅁㅁ지구대에 임의동행된 09:40으로부터 12시간 넘게 경찰서에 있다가 소변과 모발을 제출하였다.

CHAPTER

03

수사의 방법

제 1 절 수사방법 일반

〈수사방법의 구별〉

대법원 2013. 3. 14. 선고 2012도13611 판결 <표준>

형사소송법 제199조 제1항은 "수사에 관하여 그 목적을 달성하기 위하여 필요한 조사를 할 수 있다. 다만, 강제처분은 이 법률에 특별한 규정이 있는 경우에 한하며, 필요한 최소한도의 범위 안에서만 하여야 한다."고 정하여 **임의수사의 원칙**을 밝히고 있다. 수사관이 수사과정에서 당사자의 동의를 받는 형식으로 피의자를 수사관서 등에 동행하는 것은 그 신체의 자유가 영장에 의하지 아니하고 현실적으로 제한되어 실질적으로 체포와 유사한 상태에 놓이게 됨에도, 사실상 강제성을 띤 동행을 억제할 수 있는 방법이 없어서 제도적으로는 물론 현실적으로도 임의성이 보장되지 아니할 우려가 적지 아니하다. 따라서 수사관이 동행에 앞서 피의자에게 동행을 거부할 수 있음을 알려 주었거나 동행한 피의자가 언제든지 자유로이 동행과정에서 이탈 또는 동행 장소에서 퇴거할 수 있었음이 인정되는 등 **오로지 피의자의 자발적인 의사에 의하여** 수사관서 등에의 동행이 이루어졌음이 객관적인 사정에 의하여 명백하게 입증된 경우에 한하여 그 적법성이 인정되는 것으로 봄이 타당하다(대법원 2006. 7. 6. 선고 2005도6810 판결 등 참조). 나아가 피의자가 동행을 거부하는 의사를 표시하였음에도 불구하고 경찰관들이 영장에 의하지 아니하고 피의자를 강제로 연행한 행위는 수사상의 강제처분에 관한 형사소송법상의 절차를 무시한 채 이루어진 것으로 위법한 체포에 해당하고, 이와 같이 위법한 체포상태에서 마약 투약 혐의를 확인하기 위한 채뇨 요구가 이루어진 경우, 채뇨 요구를 위한 위법한 체포와 그에 이은 채뇨 요구는 마약 투약이라는 범죄행위에 대한 증거 수집을 위하여 연속하여 이루어진 것으로서 개별적으로 그 적법 여부를 평가하는 것은 적절하지 아니하므로 그 일련의 과정을 전체적으로 보아 위법한 채뇨 요구가 있었던 것으로 볼 수밖에 없다(대법원 2006. 11. 9. 선고 2004도8404 판결 참조).

헌법재판소 2012. 8. 23. 선고 2010헌마439 결정

이 사건 통신자료 취득행위의 근거가 된 이 사건 법률조항은 전기통신사업자에게 이용자에 관한 통신자료를 수사관서의 장의 요청에 응하여 합법적으로 제공할 수 있는 권한을 부여하고 있을 뿐이지 어떠한 의무도 부과하고 있지 않으므로, 전기통신사업자는 수사관서의 장의 요청이 있더라도 이에 응하지 아니할 수 있고, 이 경우 아무런 제재도 받지 아니한다. 그러므로 이 사건 통신자료 취득행위는 강제력이 개입되지 아니한 임의수사에 해당하는 것이어서 헌법재판소법 제68조 제1항에 의한 헌법소원의 대상이 되는 공권력의 행사에 해당하지 아니한다고 할 것이므로 이에 대한 심판청구는 부적법하다.

제 2 절 임의수사의 한계영역

Ⅰ. 승낙수사

〈승낙에 의한 수사의 요건〉

대법원 2015. 7. 9. 선고 2014도16051 판결 〈표준〉

이와 같은 도로교통법 규정들의 입법연혁과 그 규정 내용 등에 비추어 보면, 구 도로교통법 제44조 제2항, 제3항은 음주운전 혐의가 있는 운전자에게 수사를 위한 호흡측정에도 응할 것을 간접적으로 강제하는 한편 혈액 채취 등의 방법에 의한 재측정을 통하여 호흡측정의 오류로 인한 불이익을 구제받을 수 있는 기회를 보장하는 데 그 취지가 있다고 할 것이므로, 이 규정들이 음주운전에 대한 수사방법으로서의 혈액 채취에 의한 측정의 방법을 운전자가 호흡측정 결과에 불복하는 경우에만 한정하여 허용하려는 취지의 규정이라고 해석할 수는 없다.

한편 수사기관은 수사의 목적을 달성하기 위하여 필요한 조사를 할 수 있으나(형사소송법 제199조 제1항 본문 참조), 수사는 그 목적을 달성함에 필요한 최소한도의 범위 내에서 사회통념상 상당하다고 인정되는 방법과 절차에 따라 수행되어야 하는 것이다(대법원 1999. 12. 7. 선고 98도3329 판결 참조). 음주운전에 대한 수사 과정에서 음주운전 혐의가 있는 운전자에 대하여 구 도로교통법 제44조 제2항에 따른 호흡측정이 이루어진 경우에는 그에 따라 과학적이고 중립적인 호흡측정 수치가 도출된 이상 다시 음주측정을 할 필요성은 사라졌다고 할 것이므로 운전자의 불복이 없는 한 다시 음주측정을 하는 것은 원칙적으로 허용되지 아니한다고 할 것이다. 그러나 운전자의 태도와 외관, 운전 행태 등에서 드러나는 주취 정도, 운전자가 마신 술의 종류와 양, 운전자가 사고를 야기하였다면 그 경위와 피해의 정도, 목격자들의 진술 등 호흡측정 당시의 구체적 상황에 비추어 호흡측정기의 오작동 등으로 인하여 호흡측정 결과에 오류가 있다고 인정할 만한 객관적이고 합리적인 사정이 있는 경우라면 그러한 호흡측정 수치를 얻은 것만으로는 수사의 목적을 달성하였다고 할 수 없어 추가로 음주측정을 할 필요성이 있다고 할 것이므로, 경찰관이 음주운전 혐의를 제대로 밝히기 위하여 운전자의 자발적인 동의를 얻어 혈액 채취에 의한 측정의 방법으로 다시 음주측정을 하는 것을 위법하다고 볼 수는 없다. 이 경우 운전자가 일단 호흡측정에 응한 이상 재차 음주측정에 응할 의무까지 당연히 있다고 할 수는 없으므로, 운전자의 혈액 채취에 대한 동의의 임의성을 담보하기 위하여 경찰관이 미리 운전자에게 혈액 채취를 거부할 수 있음을 알려주었거나 운전자가 언제든지 자유로이 혈액 채취에 응하지 아니할 수 있었음이 인정되는 등 운전자의 자발적인 의사에 의하여 혈액 채취가 이루어졌다는 것이 객관적인 사정에 의하여 명백한 경우에 한하여 혈액 채취에 의한 측정의 적법성이 인정된다고 보아야 한다.

2. 원심이 적법하게 채택한 증거들에 의하면, 피고인은 2013. 6. 2. 00:05경 그랜저XG 승용차량을 운전하고 이 사건 사고 장소인 편도 4차로 도로의 1차로를 진행하다가 전방에서 신호대기 중이던 레이 승용차량 뒷부분을 세게 들이받아 그 차량이 앞으로 밀리면서 다른 차량 2대를 충격하게 한 사실, 피고인은 곧바로 그 자리에서 1, 2m 후진한 후 중앙선을 넘어 다시 진행하면서 왼쪽으로 원을 그리듯 회전하여 중앙선을 또다시 넘은 다음 당초 진행방향의 차로 쪽으로 돌진하였고, 그곳 2, 3, 4차로에서 신호대기 중이던 다른 차량 3대를 잇달아 들이받고 나서 보도 경계석에 부딪혀 멈춰선 사실, 이 사고로 인하여 피해차량들에 승차하고 있던 피해자들 중 3명은 각 3주간의 치료가 필요한 상해를, 7명은 각 2주간의 치료가 필요한 상해를 입은 사실, 인천삼산경찰서 교통조사계 소속 경사 공소외인은 사고 직후 현장

에 출동하여 사고 경위를 파악한 다음 피고인과 함께 경찰서로 이동하였고, 그곳에서 호흡측정기로 음주측정을 한 결과 혈중알코올농도 0.024%로 측정된 사실, 그런데 당시 피고인은 얼굴색이 붉고 혀가 꼬부라진 발음을 하며 걸음을 제대로 걷지 못한 채 비틀거리는 등 술에 상당히 취한 모습을 보였고, 공소외인이 경찰서 내에 대기하던 피해자들에게 호흡측정 결과를 알려주자, 일부 피해자들은 측정 결과를 믿을 수 없다며 공소외인에게 혈액 채취에 의한 측정을 요구한 사실, 이에 공소외인은 피고인에게 호흡측정 수치를 알려주고 '피해자들이 처벌수치 미달로 나온 것을 납득하지 못하니 정확한 조사를 위하여 채혈에 동의하겠느냐. 채혈 결과가 최종 음주수치가 된다'고 말하며 혈액 채취에 의한 음주측정에 응하도록 설득하였고, 이에 피고인이 순순히 응하여 '음주량이 어느 정도인지 확인하고자 혈액 채취를 승낙한다'는 내용의 혈액 채취 동의서에 서명·무인한 다음 공소외인과 인근 병원에 동행하여 그곳 의료진의 조치에 따라 혈액을 채취한 사실, 공소외인은 이와 같이 채취된 혈액을 제출받아 국립과학수사연구원에 송부하여 그에 대한 감정을 의뢰하였는데, 혈중알코올농도가 0.239%로 측정된 사실을 알 수 있다.

이러한 사실관계를 앞서 본 법리에 비추어 살펴보면, 피고인에 대한 호흡측정 결과 처벌기준치에 미달하는 수치로 측정되기는 하였으나, 당시 피고인의 태도나 외관 등에서 정상적인 보행이 어려울 정도로 술에 상당히 취한 상태임이 분명히 드러났던 점, 피고인이 1차로 추돌 사고를 낸 후 곧바로 중앙선을 넘어 왼쪽으로 회전하다가 중앙선을 또다시 넘은 다음 다른 피해차량 여러 대를 들이받는 사고를 추가로 내고서야 멈춰서는 등 비정상적인 운전 행태를 보인 점, 이 사건 사고로 인하여 상해를 입은 피해자들이 10명에 이르렀고, 그중 경찰서에 대기하며 피고인의 모습을 목격한 일부 피해자들이 호흡측정 결과를 믿을 수 없다며 경찰관에게 혈액측정을 요구한 점 등 호흡측정 당시의 여러 구체적 상황으로 보아 처벌기준치에 미달한 호흡측정 결과에 오류가 있다고 인정할 만한 객관적이고 합리적인 사정이 있었다고 할 것이다. 나아가 피고인이 처벌기준치 미달로 나온 호흡측정 결과를 알면서도 경찰관의 설득에 따라 혈액 채취에 순순히 응하여 혈액 채취 동의서에 서명·무인하였고, 그 과정에서 경찰관이나 피해자들의 강요를 받았다는 정황은 없는 점, 피고인이 경찰서에서 병원으로 이동하여 혈액을 채취할 때까지 이를 거부하는 의사를 표시하였다는 사정도 없는 점 등에 비추어 보면 피고인에 대한 혈액 채취는 피고인의 자발적인 의사에 따라 이루어졌다고 볼 수 있다. 그렇다면 이 사건 사고 조사를 담당한 경찰관이 피고인의 음주운전 혐의를 제대로 밝히기 위하여 피고인의 자발적인 동의를 얻어 혈액 채취에 의한 측정방법으로 다시 음주측정을 한 조치를 위법하다고 할 수 없고, 이를 통하여 획득한 혈액측정 결과 또한 위법한 절차에 따라 수집한 증거라고 할 수 없으므로 그 증거능력을 부정할 수 없다고 할 것이다.

Ⅱ. 임의동행과 승낙유치

〈임의동행의 법적 성격 및 허용 한계〉

대법원 2006. 7. 6. 선고 2005도6810 판결 〈표준〉

1. 형사소송법 제199조 제1항은 "수사에 관하여 그 목적을 달성하기 위하여 필요한 조사를 할 수 있다. 다만, 강제처분은 이 법률에 특별한 규정이 있는 경우에 한하며, 필요한 최소한 도의 범위 안에서만 하여야 한다."고 규정하여 임의수사의 원칙을 명시하고 있는바, 수사관이 수사과정에서 당사자의 동의를 받는 형식으로 피의자를 수사관서 등에 동행하는 것은, 상대방의 신체의 자유가 현실적으로 제한되어 실질적으로 체포와 유사한 상태에 놓이게 됨에도, 영장에 의하지 아니하고 그 밖에 강제성을 띤 동행을 억제할 방법도 없어서 제도적으로는 물론 현실적으로도 임의성이 보장되지 않을 뿐만 아니라, 아직 정식의 체포·구속단계 이전이라는 이유로 상대방에게 헌법 및 형사소송법이 체포·구속된 피의자에게 부여하는 각종의 권리보장 장치가 제공되지 않는 등 형사소송법의 원리에 반하는 결과를 초래할 가능성이 크므로, 수사관이 동행에 앞서 피의자에게 동행을 거부할 수 있음을 알려 주었거나 동행한 피의자가 언제든지 자유로이 동행과정에서 이탈 또는 동행장소로부터 퇴거할 수 있었음이 인정되는 등 오로지 피의자의 자발적인 의사에 의하여 수사관서 등에의 동행이 이루어졌음이 객관적인 사정에 의하여 명백하게 입증된 경우에 한하여, 그 적법성이 인정되는 것으로 봄이 상당하다. 형사소송법 제200조 제1항에 의하여 검사 또는 사법경찰관이 피의자에 대하여 임의적 출석을 요구할 수는 있겠으나, 그 경우에도 수사관이 단순히 출석을 요구함에 그치지 않고 일정 장소로의 동행을 요구하여 실행한다면 위에서 본 법리가 적용되어야 할 것이고, 한편 행정경찰 목적의 경찰활동으로 행하여지는 경찰관직무집행법 제3조 제2항 소정의 질문을 위한 동행요구도 형사소송법의 규율을 받는 수사로 이어지는 경우에는 역시 위에서 본 법리가 적용되어야 할 것이다.

2. 원심이 적법하게 인정한 다음과 같은 사정, 즉 ① 경찰관들이 피고인을 동행한 시각이 동

틀 무렵인 새벽 06:00경이었고, 그 장소는 피고인의 집 앞이었으며, 그 동행의 방법도 **4명의 경찰관들이 피고인의 집 부근에서 약 10시간 동안 잠복근무를 한 끝에 새벽에 집으로 귀가하는 피고인을 발견하고 4명이 한꺼번에 차에서 내려 피고인에게 다가가 피의사실을 부인하는 피고인을 동행한 것인 점,** ② 피고인을 동행한 경찰관 공소외인이 1회 검찰진술에서 "원심상피고인 1(피고인의 누나로서 도난당한 수표를 피고인으로부터 건네받았다고 진술하였다)은 임의동행 형식으로 화천경찰서로 데리고 온 사실이 있고, 원심상피고인 1의 진술을 확인하고 피의자 피고인을 검거하기 위하여 춘천시 퇴계동 소재 피고인의 집에 출장을 가서 피의자 피고인을 긴급체포하면서 검거하게 되었다."라고 진술하여 원심상피고인 1에 대해서는 임의동행하였다고 하면서 피고인의 경우는 긴급체포하였다는 식으로 양자를 구별하였고, 2회 검찰진술에서는 "원심상피고인 1의 진술서와 진술조서를 근거로 하여 현장에서 긴급체포하려고 하였으나 피고인이 혐의사실을 완강히 부인하고, 원심상피고인 1의 진술 외에 확실한 증거가 없었기 때문에 현장에서 바로 피고인을 긴급체포하면 보강증거를 찾기에는 시간이 너무 부족한 것 같아 피고인의 동의를 얻은 후 임의동행하려고 하였던 것입니다."라고 진술하는 등 **애당초 피고인을 긴급체포할 의사로 피고인의 집으로 간 것으로 보이는 점,** ③ 공소외인은 동행을 요구할 당시 피고인에게 원심상피고인 1이 이야기한 절도 사실에 대하여 고지하니 피고인이 혐의내용을 완강히 부인하여 경찰서에 가서 확인을 해 보고 피고인의 이야기가 맞으면 그냥 돌아가도 좋다고 설득하였다고 진술하면서도 피고인에게 동행 요구에 응하지 않아도 된다는 점을 고지하였음을 인정할 만한 진술은 하고 있지 않는 반면에, 피고인은 원심법정에서 당시 경찰관들로부터 동행 요구에 대해 거부할 수 있다는 것을 사전에 고지받은 적이 없다고 진술하는 등, **경찰관들이 동행을 요구할 당시 피고인에게 그 요구를 거부할 수 있음을 말해주지 않은 것으로 보이는 점,** ④ **피고인이 원심 법정에서 경찰서에서 화장실에 갈 때도 경찰관 1명이 따라와 감시했다고 진술한 점** 등에 비추어 피고인이 경찰서에 도착한 이후의 상황도 피고인이 임의로 퇴거할 수 있는 상황은 아니었던 것으로 보이는 점 등 제반 사정에 비추어 보면, <u>비록 사법경찰관이 피고인을 동행할 당시에 물리력을 행사한 바가 없고, 피고인이 명시적으로 거부의사를 표명한 적이 없다고 하더라도, 사법경찰관이 피고인을 수사관서까지 동행한 것은 위에서 본 적법요건이 갖추어지지 아니한 채 사법경찰관의 동행 요구를 거절할 수 없는 심리적 압박 아래 행하여진 사실상의 강제연행, 즉 불법 체포에 해당한다고 보아야 할 것이고, 사법경찰관이 그로부터 6시간 상당이 경과한 이후에 비로소 피고인에 대하여 긴급체포의 절차를 밟았다고 하더라도 이는 동행의 형식 아래 행해진</u>

불법 체포에 기하여 사후적으로 취해진 것에 불과하므로, 그와 같은 긴급체포 또한 위법하다고 아니할 수 없다.

따라서 피고인은 불법체포된 자로서 형법 제145조 제1항 소정의 '법률에 의하여 체포 또는 구금된 자'가 아니어서 도주죄의 주체가 될 수 없다.

> **대법원 1993. 11. 23. 선고 93다35155 판결**
> 이른바 임의동행에 있어서의 임의성의 판단은 동행의 시간과 장소, 동행의 방법과 동행거부의사의 유무, 동행 이후의 조사방법과 퇴거의사의 유무 등 여러 사정을 종합하여 객관적인 상황을 기준으로 하여야 할 것이다.

〈임의동행의 적법 요건 및 위법한 임의동행의 법적 효과〉

대법원 2011. 6. 30. 선고 2009도6717 판결 〈표준〉

1. 형사소송법 제199조 제1항은 "수사에 관하여 그 목적을 달성하기 위하여 필요한 조사를 할 수 있다. 다만, 강제처분은 이 법률에 특별한 규정이 있는 경우에 한하며, 필요한 최소한도의 범위 안에서만 하여야 한다."고 규정하여 임의수사의 원칙을 명시하고 있는바, 수사관이 수사과정에서 당사자의 동의를 받는 형식으로 피의자를 수사관서 등에 동행하는 것은, 상대방의 신체의 자유가 현실적으로 제한되어 실질적으로 체포와 유사한 상태에 놓이게 됨에도, 영장에 의하지 아니하고 그 밖에 강제성을 띤 동행을 억제할 방법도 없어서 제도적으로는 물론 현실적으로도 임의성이 보장되지 않을 뿐만 아니라, 아직 정식의 체포·구속단계 이전이라는 이유로 상대방에게 헌법 및 형사소송법이 체포·구속된 피의자에게 부여하는 각종의 권리보장 장치가 제공되지 않는 등 형사소송법의 원리에 반하는 결과를 초래할 가능성이 크므로, 수사관이 동행에 앞서 피의자에게 동행을 거부할 수 있음을 알려 주었거나 동행한 피의자가 언제든지 자유로이 동행과정에서 이탈 또는 동행장소로부터 퇴거할 수 있었음이 인정되는 등 오로지 피의자의 자발적인 의사에 의하여 수사관서 등에의 동행이 이루어졌음이 객관적인 사정에 의하여 명백하게 입증된 경우에 한하여, 그 적법성이 인정되는 것으로 봄이 상당하다(대법원 2006. 7. 6. 선고 2005도6810 판결 참조).

또한 형사소송법 제308조의2는 "적법한 절차에 따르지 아니하고 수집한 증거는 증거로 할 수 없다."고 규정하고 있는바, 수사기관이 헌법과 형사소송법이 정한 절차에 따르지 아니하고 수집한 증거는 유죄 인정의 증거로 삼을 수 없는 것이 원칙이므로(대법원 2007. 11. 15. 선고 2007도3061 전원합의체 판결 등 참조), <u>수사기관이 피고인이 아닌 자를 상대로 적법한 절차에 따르지 아니하고 수집한 증거는 원칙적으로 피고인에 대한 유죄 인정의 증거로 삼을 수 없다</u>(대법원 1992. 6. 23. 선고 92도682 판결, 대법원 2009. 8. 20. 선고 2008도8213 판결 참조).

원심이 적법하게 인정한 사실관계와 기록에 의하면, 경찰관 4명이 이 사건 ○○유흥주점에서 성매매가 이루어진다는 제보를 받고 2008. 1. 30. 21:30경부터 위 유흥주점 앞에서 잠복근무를 하다가 같은 날 22:24경 위 유흥주점에서 공소외 1과 위 유흥주점 종업원인 공소외 2가 나와 인근의 △△△ 여관으로 들어가는 것을 확인하고 여관 업주의 협조를 얻어 같은 날 22:54경 공소외 1과 공소외 2가 투숙한 여관 방문을 열고 들어간 사실, 당시 위 두 사람은 침대에 옷을 벗은 채로 약간 떨어져 누워 있었는데 경찰관들이 위 두 사람에게 '성매매로 현행범 체포한다'고 고지하였으나, 위 두 사람이 성행위를 하고 있는 상태도 아니었고 방 내부 및 화장실 등에서 성관계를 가졌음을 증명할 수 있는 화장지나 콘돔 등도 발견되지 아니하자 경찰관들은 **위 두 사람을 성매매로 현행범 체포를 하지는 못하고 수사관서로 동행해줄 것을 요구하면서 그 중 경찰관 공소외 3은 위 두 사람에게 "동행을 거부할 수도 있으나 거부하더라도 강제로 연행할 수 있다."고 말한 사실, 수사관서로 동행과정에서 공소외 2가 화장실에 가자 여자 경찰관이 공소외 2를 따라가 감시하기도 한 사실, 공소외 1과 공소외 2는 경찰관들과 괴산경찰서 □□지구대에 도착하여 같은 날 23:40경 각각 자술서를 작성하였고, 곧 이어 사법경찰리가 2008. 1. 31. 00:00경부터 01:50경까지 사이에 공소외 1과 공소외 2에 대하여 각각 제1회 진술조서를 작성한 사실** 등을 알 수 있는바, 당시 경찰관들이 위 두 사람을 수사관서로 동행할 당시 동행을 거부하더라도 강제로 연행할 수 있다고 말한 점, 당초 경찰관들은 위 두 사람을 성매매로 현행범 체포하려 하였으나 성매매행위에 대한 증거가 없자 현행범 체포를 하지 못하고 위 두 사람이 성매매를 하려고 한 것이 범죄가 되거나 혹은 위 유흥업소의 영업자를 처벌하기 위하여 위 두 사람에 대한 조사가 필요하다고 보아 수사관서로의 동행을 요구한 것으로 보이는 점, 공소외 1과 공소외 2는 여관방 침대에 옷을 벗은 채로 누워 있다가 여관방 문을 열고 들어온 경찰관 4명으로부터 성매매 여부를 추궁당한 후에 임의동행을 요구받았고 '동행을 거부하더라도 강제로 연행할 수 있다'는 말까지 들었으므로 그러한 상황에서 동행을 거부하기는 어려웠을 것이라 보이는 점, 동행과정에서 공소외 2가 화장실에 가자 여자 경찰관이 공소외 2를 따라가 감시하기도 한 점 등에 비추어 보면, <u>비록 사법경찰관이 공소외 1과 공소외 2를 동행할 당시에 물리력을 행사한 바가 없고, 이들이 명시적으로 거부의사를 표명한 적이 없다고 하더라도, 사법경찰관이 이들을 수사관</u>

서까지 동행한 것은 위에서 본 적법요건이 갖추어지지 아니한 채 사법경찰관의 동행 요구를 거절할 수 없는 심리적 압박 아래 행하여진 사실상의 강제연행, 즉 불법체포에 해당한다고 보아야 할 것이다. 따라서 위와 같은 불법체포에 의한 유치 중에 공소외 1과 공소외 2가 작성한 위 각 자술서와 사법경찰리가 작성한 공소외 1, 공소외 2에 대한 각 제1회 진술조서는 헌법 제12조 제1항, 제3항과 형사소송법 제200조의2, 제201조 등이 규정한 체포·구속에 관한 영장주의 원칙에 위배하여 수집된 증거로서 수사기관이 피고인이 아닌 자를 상대로 적법한 절차에 따르지 아니하고 수집한 증거로 형사소송법 제308조의2에 의하여 그 증거능력이 부정되므로 피고인들에 대한 유죄 인정의 증거로 삼을 수 없다.

〈임의동행과 관련된 보호조치의 한계〉

대법원 2012. 12. 13. 선고 2012도11162 판결

경찰관직무집행법 제4조 제1항 제1호(이하 '이 사건 조항'이라 한다)에서 규정하는 술에 취한 상태로 인하여 자기 또는 타인의 생명·신체와 재산에 위해를 미칠 우려가 있는 피구호자에 대한 보호조치는 경찰 행정상 즉시강제에 해당하므로, 그 조치가 불가피한 최소한도 내에서만 행사되도록 그 발동·행사 요건을 신중하고 엄격하게 해석하여야 한다(대법원 2008. 11. 13. 선고 2007도9794 판결 등 참조). 따라서 이 사건 조항의 술에 취한 상태라 함은 피구호자가 술에 만취하여 정상적인 판단능력이나 의사능력을 상실할 정도에 이른 것을 말하고, 이 사건 조항에 따른 보호조치를 필요로 하는 피구호자에 해당하는지는 구체적인 상황을 고려하여 경찰관 평균인을 기준으로 판단하되, 그 판단은 보호조치의 취지와 목적에 비추어 현저하게 불합리하여서는 아니 되며, 피구호자의 가족 등에게 피구호자를 인계할 수 있다면 특별한 사정이 없는 한 경찰관서에서 피구호자를 보호하는 것은 허용되지 않는다. 한편 이 사건 조항의 보호조치 요건이 갖추어지지 않았음에도, 경찰관이 실제로는 범죄수사를 목적으로 피의자에 해당하는 사람을 이 사건 조항의 피구호자로 삼아 그의 의사에 반하여 경찰관서에 데려간 행위는, 달리 현행범체포나 임의동행 등의 적법 요건을 갖추었다고 볼 사정이 없다면, 위법한 체포에 해당한다고 보아야 한다.
교통안전과 위험방지를 위한 필요가 없음에도 주취운전을 하였다고 인정할 만한 상당한 이유가 있다는 이유만으로 이루어지는 음주측정은 이미 행하여진 주취운전이라는 범죄행위에 대한 증거 수집을 위한 수사절차로서의 의미를 가지는 것인데, 도로교통법상의 규정들이 음주측정을 위한 강제처분의 근거가 될 수 없으므로 위와 같은 <u>음주측정을 위하여 당해 운전</u><u>자를 강제로 연행하기 위해서는 수사상의 강제처분에 관한 형사소송법상의 절차에 따라야</u><u>하고, 이러한 절차를 무시한 채 이루어진 강제연행은 위법한 체포에 해당한다.</u> 이와 같은 위법한 체포 상태에서 음주측정요구가 이루어진 경우, 음주측정요구를 위한 위법한 체포와 그에 이은 음주측정요구는 주취운전이라는 범죄행위에 대한 증거 수집을 위하여 연속하여 이루어진 것으로서 개별적으로 그 적법 여부를 평가하는 것은 적절하지 않으므로 그 일련의 과정을 전체적으로 보아 위법한 음주측정요구가 있었던 것으로 볼 수밖에 없고, 운전자가 주취운전을 하였다고 인정할 만한 상당한 이유가 있다 하더라도 그 운전자에게 경찰공무원의 이와 같은 위법한 음주측정요구에 대해서까지 그에 응할 의무가 있다고 보아 이를 강제하는 것은 부당하므로 그에 불응하였다고 하여 음주측정거부에 관한 도로교통법 위반죄로 처벌할 수 없다(대법원 2006. 11. 9. 선고 2004도8404 판결 등 참조). …

원심은, 이 사건 공소사실 중 도로교통법 위반(음주측정거부), 공무집행방해의 점에 대하여, 채택 증거들을 종합하여 인정되는 그 판시 사실 및 그 증거들에 의하여 추인되는 다음의 사정, 즉 ① 경찰관 공소외 1을 비롯한 음주단속 경찰관들은 피고인이 술에 취한 상태에서 간판에 머리를 부딪치고 도로로 뛰어들어 자해하려고 하자 이를 제지하기 위해 피고인을 제압하여 순찰차에 태운 다음 봉담지구대로 데려갔던 점, ② 순찰차 안에서도 피고인은 술에 취해 자해를 하려 하였고, 봉담지구대에 도착한 다음에도 난동을 부리며 경찰관에게 상해를 가하였던 점, ③ 이 사건 바로 다음날 작성된 수사보고에도 '피고인의 검거 및 자해를 방지하기 위해 피고인을 제압하고 봉담지구대로 동행하였다'고 기재되어 있는 점 등에 비추어 보면, 당시 피고인은 술에 취하여 자기 또는 타인의 생명·신체와 재산에 위해를 미칠 우려가 있는 자에 해당함이 명백하고 또한 응급의 구호를 요한다고 믿을 만한 상당한 이유가 있는 자에 해당하여 이러한 피고인을 봉담지구대로 데려간 경찰관들의 행위는 경찰관직무집행법 제4조에 따른 보호조치로서 적법하고, 같은 조 제4항에 따른 가족 등에 대한 통지절차도 거쳤으며 보호시간이 24시간을 초과하지도 않았으므로, 경찰관 공소외 2가 봉담지구대로 적법하게 보호조치된 피고인에게 입에서 술 냄새가 나는 등 술에 취한 상태에서 운전하였다고 인정할 만한 상당한 이유가 있어 음주측정을 요구한 것은 적법하고, 그러한 음주측정요구에 불응하고 공소외 2에게 폭행을 가하여 경찰관의 직무집행을 방해한 행위는 도로교통법 위반(음주측정불응)죄, 공무집행방해죄를 구성한다는 이유로, 이 부분 공소사실을 모두 유죄로 인정하였다.

그러나 원심의 판단은 다음과 같은 이유로 이를 수긍하기 어렵다.

원심판결 이유와 원심이 채용한 증거들에 의하여 인정되는 다음의 사정, 즉 ① 피고인은 화물차를 운전하여 가다가 음주단속을 당하게 되자 공소외 3이 들고 있던 경찰용 불봉을 충격하고 그대로 도주하여 그 단속 현장에서 약 3㎞ 떨어진 지점을 진행하던 중 다른 차량에 막혀 더 이상 진행하지 못하게 되자 차량을 세운 후 운전석에서 내려 도주하려 하였는데, 그와 같이 운전하는 동안 교통사고를 내지는 않았고 스스로 정차하여 차량에서 내린 사실 등에 비추어 보면, 당시 피고인이 술에 취한 상태이기는 하였으나 차량을 운전할 정도의 의사능력과 음주단속에 따른 처벌을 회피하기 위하여 도주하려 할 정도의 판단능력은 가지고 있었다고 볼 것이어서, 술에 만취하여 정상적인 판단능력이나 의사능력을 상실할 정도에 이른 것을 뜻하는 이 사건 조항의 술에 취한 상태에 있었다고 보기는 어려운 점, ② 경찰관 공소외 1이 음주단속 현장에서부터 피고인을 추적하여 검거하였고, 피고인은 그와 같이 검거된 후에도 계속 도주하려 하였으며, 피고인의 처가 피고인을 잡고 있는 경찰관 공소외 1을 잡아서 피고인의 도주를 도와주자 피고인이 실제로 차도 방향으로 도주하려다가 넘어져서 경찰관 공소외 1에게 제압당한 상황이라면, 평균적인 경찰관으로서는 피고인이 이 사건 조항의 보호조치를 필요로 하는 상태에 있었다고 판단하지는 않을 것으로 보이는 점, ③ 경찰관 공소외 1이 피고인에 대하여 이 사건 조항에 따른 보호조치를 하고자 하였다면, 당시 피고인의 처가 옆에 있었으므로 피고인을 제압한 이후에는 가족인 피고인의 처에게 피고인을 인계하였어야 하는데도, 피고인의 처에게 봉담지구대로 데려간다고 말한 다음 피고인 처의 의사에 반하여 그대로 봉담지구대로 데려간 점, ④ 또한 경찰관 공소외 1 등은 화성서부경찰서 교통관리계 소속이었으므로, 피고인에 대하여 이 사건 조항에 따른 보호조치를 하고자 하였다면, 자신들의 근무지로서 주취자안정실이 설치되어 있을 것으로 보이는 '화성서부경찰서'로 피고인을 데려갔어야 하고[주취자안정실 운영규칙(2009. 7. 31. 경찰청 훈령 제551호) 제1조에 의하면, 주취자안정실은 '경찰서'에 설치하도록 되어 있다], 그것이 여의치 않아서 피고인을 '봉담지구대'에 데려갔다고 하더라도 경찰서의 주취자안정실에 상응하는 장소에 피고인을 입실시키는 등의 보호조치를 하였어야 할 것인데 그러한 절차를 전혀 취하지 않았으며, 주취자안정실 운영규칙 제6조에 따른 보호조치보고서를 작성하여 보고하지도 않은 점, ⑤ 오히려 경찰관 공소외 1은 검거 현장에서도 음주측정을 하려 하였고, 음주측정을 할 의도로 경찰관 공소외 2 등에게 피고인을 가까운 봉담지구대로 데려가라고 말하였으며, 경찰관 공소외 2는 경찰용 불봉이 부서진 것을 확인시켜 주기 위하여 피고인을 순찰차에 태워서 음주단속 현장에 들렀다가 봉담지구대로 데려갔고, 봉담지구대에 도착하여서도 계속 음주측정을 요구한 점, ⑥ 원심이 판시한 '자해'는 피고인이 음주단속 현장에서 도주하였다가 검거되자 이를 회피할 목적으로 시도한 것으로 보이는 점 등을 종합하여 보면, 경찰관 공소외 1 등이 피고인을 봉담지구대로 데려갈 당시 피고인에 대하여는 이 사건 조항의 보호조치 요건이 갖추어지지 않았다고 볼 것이므로, 경찰관 공소외 1 등이 위와 같이 피고인 및 피고인 처의 의사에 반하여 피고인을 봉담지구대로 데려간 행위를 이 사건 조항에 의한 적법한 보호조치라고 할 수는 없다. 나아가 경찰관 공소외 1 등이 이미 행하여진 주취운전이라는 범죄행위에 대한 증거 수집을 위한 수사절차로서의 의미를 가지는 음주측정 등의 수사목적으로 피고인을 봉담지구대로 데려가면서, 달리 피고인을 현행범으로 체포하였다거나 임의동행에 관한 동의를 얻는 등의 적법 요건을 갖추었다고 볼 자료가 없는 이상, 경찰관 공소외 1 등이 피고인을 봉담지구대로 데려간 행위는 위법한 체포에 해당한다고 보아야 한다. 따라서 그와 같이 위법한 체포 상태에서 이루어진 경찰관 공소외 2의 음주측정요구 또한 위법하다고 볼 수밖에 없고, 피고인에게 그와 같은 위법한 음주측정요구에 대해서까지 응할 의무가 있다고 보아 이를 강제하는 것은 부당하므로 그에 불응하였다고 하여 피고인을 음주측정거부에 관한 도로교통법 위반죄로 처벌할 수는 없으며, 위법한 음주측정요구가 있었던 것으로 볼 수밖에 없다면 그 위법한 음주측정요구라는 공무집행행위 역시 위법하므로, 피고인이 음주측정을 요구하는 경찰관 공소외 2를 폭행하였다고 하여 공무집행방해죄가 성립한다고 볼 수도 없다.

대법원 2012. 2. 9. 선고 2011도4328 판결

경찰공무원은 교통의 안전과 위험방지를 위하여 필요하다고 인정하거나 운전자가 술에 취한 상태에서 자동차 등을 운전하였다고 인정할 만한 상당한 이유가 있고 운전자의 음주운전 여부를 확인하기 위하여 필요한 경우에는 사후의 음주측정에 의하여 음주운전 여부를 확인할 수 없음이 명백하지 않는 한 당해 운전자에 대하여 구 도로교통법(2011. 6. 8. 법률 제10790호로 개정되기 전의 것, 이하 같다) 제44조 제2항에 의하여 음주측정을 요구할 수 있고, 당해 운전자가 이에 불응한 경우에는 같은 법 제148조의2 제2호 소정의 음주측정불응죄가 성립한다(대법원 1997. 6. 13. 선고 96도3069 판결, 대법원 2007. 9. 7. 선고 2007도5928 판결 등 참조). 이와 같은 법리는 당해 운전자가 경찰관직무집행법 제4조에 따라 보호조치된 사람이라고 하여 달리 볼 것이 아니므로, 경찰공무원이 보호조치된 운전자에 대하여 음주측정을 요구하였다는 이유만으로 그 음주측정 요구가 당연히 위법하다거나 그 보호조치가 당연히 종료된 것으로 볼 수는 없다.

원심판결 이유와 기록에 의하면, 피고인은 2009. 11. 3. 00:30경 고양시 일산서구 탄현동 439에 있는 맥도널드 앞 도로의 편도 2차로 중 1차로에서 자신의 차량에 시동을 켠 채로 그대로 정차하여 운전석에 잠들어 있다가 신고를 받고 출동하여 자신을 깨우는 경찰관 공소외인에게 욕설을 하며 그를 폭행하였고, 공소외인은 피고인이 술냄새가 나고, 혈색이 붉으며, 말을 할 때 혀가 심하게 꼬이고 비틀거리며 걷는 등 술에 취한 것으로 보이자 피고인을 경찰관직무집행법 제4조 제1항에 따른 보호조치 대상자로 보아 순찰차 뒷자리에 태운 뒤 일산경찰서 탄현지구대로 데려왔으며, 경찰관들은 피고인이 지구대에 도착한 직후인 2009. 11. 3. 00:47부터 같은 날 01:09까지 피고인에게 3회에 걸쳐 음주측정을 요구하였으나 피고인은 이에 불응한 사실을 알 수 있고, 위 음주측정 요구 당시 피고인에 대한 보호조치가 종료된 상태였다거나 사후의 음주측정에 의하여 음주운전 여부를 확인할 수 없음이 명백하다고 볼 만한 자료는 없다.

이를 앞서 본 법리에 비추어 살펴보면, 경찰관이 탄현지구대로 보호조치된 피고인에게 음주측정을 요구한 것은 구 도로교통법 제44조 제2항에 따른 것이라고 할 것이므로, 그러한 음주측정 요구에 불응한 피고인의 행위는, 피고인에 대한 보호조치가 경찰관직무집행법을 위반한 것으로서 위법함에도 불구하고 그러한 위법한 보호조치 상태를 이용하여 음주측정 요구가 이루어졌다는 등의 특별한 사정이 없는 한, 음주측정불응죄에 해당한다고 보아야 한다.

대법원 1976. 3. 9. 선고 75도3779 판결 「공무방해죄는 직무를 집행하는 공무원에 대하여 폭행 또는 협박하는 것을 요하는 바 위 판시사실과 같이 경찰관 공소외인 등이 피고인에게 임의동행을 요구하자 피고인이 자기집 안방으로 피하여 문을 잠구었다면 이는 임의동행 요구를 거절하였다고 볼 것이고 피요구자의 승낙을 조건으로 하는 임의동행하려는 직무행위는 끝났다고 할 것이니 그 다음 경찰관들이 임의동행 외에 어떤 직무집행 행위를 하였거나 하려하였는지를 "수사업무를 방해하였다"는 위 판시에서는 알 길이 없으며 피고인이 문을 잠근 방안에서 면도칼로 앞가슴 등을 그어 피를 보이면서 자신이 죽어버리겠다고 불온한 언사를 농하였다 하여도 이는 자해자학행위는 될지언정 위 경찰관들에 대한 유형력의 행사나 해악의 고지 표시가 되는 폭행 또는 협박으로는 볼 수 없다.」

대법원 2020. 8. 20. 선고 2020도7193 판결 「음주운전 신고를 받고 출동한 경찰관이 만취한 상태로 시동이 걸린 차량 운전석에 앉아있는 피고인을 발견하고 음주측정을 위해 하차를 요구함으로써 도로교통법 제44조 제2항이 정한 음주측정에 관한 직무에 착수하였다고 할 것이고, 피고인이 차량을 운전하지 않았다고 다투자 경찰관이 지구대로 가서 차량 블랙박스를 확인하자고 한 것은 음주측정에 관한 직무 중 '운전' 여부 확인을 위한 임의동행 요구에 해당하고, 피고인이 차량에서 내리자마자 도주한 것을 임의동행 요구에 대한 거부로 보더라도, 경찰관이 음주측정에 관한 직무를 계속하기 위하여 피고인을 추격하여 도주를 제지한 것은 앞서 본 바와 같이 도로교통법상 음주측정에 관한 일련의 직무집행 과정에서 이루어진 행위로써 정당한 직무집행에 해당한다.」

대법원 2010. 10. 14. 선고 2010도8591 판결 「벌금형에 따르는 노역장 유치는 실질적으로 자유형과 동일하므로, 그 집행에 대하여는 자유형의 집행에 관한 규정이 준용된다(형사소송법 제492조). 따라서 구금되지 아니한 당사자에 대하여 형의 집행기관인 검사는 그 형의 집행을 위하여 이를 소환할 수 있으나, 당사자가 소환에 응하지 아니한 때에는 형집행장을 발부하여 이를 구인할 수 있는데(같은 법 제473조), 이 경우의 형집행장의 집행에 관하여는 형사소송법 제1편 제9장(제68조 이하)에서 정하는 피고인의 구속에 관한 규정이 준용된다(같은 법 제475조). 그리하여 사법경찰관리가 벌금형을 받은 이를 그에 따르는 노역장 유치의 집행을 위하여 구인하려면, 검사로부터 발부받은 형집행장을 그 상대방에게 제시하여야 할 것이다(같은 법 제85조 제1항). 그런데 이 사건에서 경찰관 공소외 1 등이 형집행장을 소지하지도 아니한 채 피고인을 구인할 목적으로 피고인의 주거지를 방문하여 임의동행의 형식으로 피고인을 데리고 가다가 피고인이 이 사건 아파트 1층에서 임의동행을 거부하면서 다른 곳으로 가려는 것을 제지하면서 체포·구인하려고 한 것은 노역장 유치의 집행에 관한 법규정에 반하는 것으로서 적법한 공무집행행위라고 할 수 없다. 또한 그 경우에 형집행장의 제시 없이 구인할 수 있는 "급속을 요하는 경우"(같은 법 제85조 제3항)라고 함은 애초 사법경찰관리가 적법하게 발부된 형집행장을 소지할 여유가 없이 형 집행의 상대방에 조우한 경우 등을 가리키는 것이고, 위와 같이 피고인의 주거로 찾아가 그를 만난 사법경찰관리가 임의동행을 요구하였다가 피고인이 이를 거부하고 그 장소를 이탈하려고 한 것을 두고 위의 "급속을 요하는 경우"에 해당한다고 할 수 없다. 이는 피고인이 벌금미납자로 지명수배되었다고 하더라도 달리 볼 것이 아니다.」

〈보호실유치의 위법성〉

대법원 1994. 3. 11. 선고 93도958 판결

원심은 이 사건 공소사실 중 피고인이 경찰서 보호실에 대기 중 밖으로 나오자 이를 제지하던 피해자 순경 공소외 2를 구타하여 상해를 가하고, 이를 말리던 순경 공소외 3을 구타하여 폭행을 가함과 동시에 그들의 공무집행을 방해하였다는 부분에 대하여, 피고인이 위 피해자들에 대한 폭력행위등처벌에관한법률위반죄의 죄책은 인정되나 공무집행방해죄에 대하여는 경찰서에서 설치, 운영하는 보호실의 시설 및 구조로 보아 피의자를 보호실 안에 유치하는 것은 사실상 구금하는 것과 동일한 효과를 수반하는 조치라는 점을 들어 피고인을 보호실에 유치하는 행위가 적법한 공무집행이 될 수 없다고 보아, 이를 항의하면서 보호실에서 나오려고 하는 석을 위 순경 공소외 2 등이 제지할 적법한 권한이 있다고 볼 수 없을 뿐만 아니라 달리 피고인을 현행범체포에 따르는 긴급구속을 하였다든지 경찰관직무집행법상의 보호조치를 하였다고 인정할 아무런 자료가 없다는 이유로, 결국 그 범죄의 증명이 없다고 하여 무죄를 선고하였다.

경찰서에 설치되어 있는 보호실은 영장대기자나 즉결대기자 등의 도주방지와 경찰업무의 편의 등을 위한 수용시설로서 사실상 설치, 운영되고 있으나 현행법상 그 설치근거나 운영 및 규제에 관한 법령의 규정이 없고, 이러한 보호실은 그 시설 및 구조에 있어 통상 철창으로 된 방으로 되어 있어 그 안에 대기하고 있는 사람들이나 그 가족들의 출입이 제한되는등 일단 그 장소에 유치되는 사람은 그 의사에 기하지 아니하고 일정장소에 구금되는 결과가 되므로(당원 1971. 3. 9. 선고 70도2406 판결; 1985. 7. 29. 고지 85모16 결정 등 참조), 경찰관직무집행법상 정신착란자, 주취자, 자살기도자 등 응급의 구호를 요하는 자를 24시간을 초과하지 아니하는 범위 내에서 경찰관서에 보호조치할 수 있는 시설로 제한적으로 운영되는 경우(경찰관직무집행법 제4조 제1항, 제7항)를 제외하고는 구속영장을 발부받음이 없이 피의자를 보호실에 유치함은 영장주의에 위배되는 위법한 구금으로서 적법한 공무수행이라고 볼 수 없다 할 것이다.

Ⅲ. 사진촬영

〈사진촬영의 적법요건〉

대법원 1999. 9. 3. 선고 99도2317 판결 〈표준〉

누구든지 자기의 얼굴 기타 모습을 함부로 촬영당하지 않을 자유를 가지나 이러한 자유도 국가권력의 행사로부터 무제한으로 보호되는 것은 아니고 국가의 안전보장·질서유지·공공복리를 위하여 필요한 경우에는 상당한 제한이 따르는 것이고, 수사기관이 범죄를 수사함에 있어 현재 범행이 행하여지고 있거나 행하여진 직후이고, 증거보전의 필요성 및 긴급성이 있으며, 일반적으로 허용되는 상당한 방법에 의하여 촬영을 한 경우라면 위 촬영이 영장 없이 이루어졌다 하여 이를 위법하다고 단정할 수 없다.

기록에 의하면, 이 사건 비디오촬영은 피고인들에 대한 범죄의 혐의가 상당히 포착된 상태에서 그 회합의 증거를 보전하기 위한 필요에서 이루어진 것이고 공소외 2의 주거지 외부에서 담장 밖 및 2층 계단을 통하여 공소외 2의 집에 출입하는 피고인들의 모습을 촬영한 것으로 그 촬영방법 또한 반드시 상당성이 결여된 것이라고는 할 수 없다 할 것인바, 위와 같은 사정 아래서 원심이 이 사건 비디오 촬영행위가 위법하지 않다고 판단하고 그로 인하여 취득한 비디오테이프의 증거능력을 인정한 것은 정당하고 거기에 영장 없이 촬영한 비디오테이프의 증거능력에 관한 해석을 그르친 잘못이 있다고 할 수 없다{다만, 위 비디오테이프 만으로 피고인들에 대한 공소사실을 유죄로 인정할 수 있는가(증명력이 있는가)는 별개의 문제이다}.

〈수사기관의 비밀촬영의 적법요건〉

대법원 2023. 4. 27. 선고 2018도8161 판결

나. 원심의 판단

원심은, 경찰관들이 이 사건 나이트클럽에 손님으로 가장하고 출입하여 피고인 1의 공연을 촬영한 행위는 강제수사에 해당함에도 사전 또는 사후에 영장을 발부받은 사실이 없으므로, 그 촬영물이 수록된 CD 및 그 촬영물을 캡처한 영상사진은 위법수집증거로서 증거능력이 없다는 등의 이유로 제1심판결을 파기하고 피고인들에 대한 공소사실을 무죄로 판단하였다.

2. 대법원의 판단

그러나 원심의 판단은 다음과 같은 이유로 받아들이기 어렵다.

가. 수사기관이 범죄를 수사하면서 현재 범행이 행하여지고 있거나 행하여진 직후이고, 증거보전의 필요성 및 긴급성이 있으며, 일반적으로 허용되는 상당한 방법으로 촬영한 경우라면 위 촬영이 영장 없이 이루어졌다 하여 이를 위법하다고 할 수 없다(대법원 1999. 9. 3. 선고 99도2317 판결 등 참조). 다만 촬영으로 인하여 초상권, 사생활의 비밀과 자유, 주거의 자유 등이 침해될 수 있으므로 수사기관이 일반적으로 허용되는 상당한 방법으로 촬영하였는지 여부는 수사기관이 촬영장소에 통상적인 방법으로 출입하였는지 또 촬영장소와 대상이 사생활의 비밀과 자유 등에 대한 보호가 합리적으로 기대되는 영역에 속하는지 등을 종합적으로 고려하여 신중하게 판단하여야 한다.

나. 원심판결 이유 및 원심과 제1심이 적법하게 채택하여 조사한 증거들을 종합하면 다음의 사실을 알 수 있다.

1) 제주서부경찰서 소속 경찰관들은 국민신문고 인터넷사이트에 '이 사건 나이트클럽에서 남성무용수의 음란한 나체쇼가 계속되고 있다.'는 민원이 제기되자 그에 관한 증거수집을 목적으로 이 사건 나이트클럽에 출입하였다.

2) 이 사건 나이트클럽은 영업시간 중에는 출입자격 등의 제한 없이 성인이라면 누구나 출입이 가능한 일반적으로 개방되어 있는 장소이다.

3) 경찰관들은 이 사건 나이트클럽의 영업시간 중에 손님들이 이용하는 출입문을 통과하여 이 사건 나이트클럽에 출입하였고, 그 출입 과정에서 보안요원 등에게 제지를 받거나 보안요원이 자리를 비운 때를 노려 몰래 들어가는 등 특별한 사정이 발견되지 않는다.

4) 피고인 1은 이 사건 나이트클럽 내 무대에서 성행위를 묘사하는 장면이 포함된 공연을 하였고, 경찰관들은 다른 손님들과 함께 객석에 앉아 그 공연을 보면서 불특정 다수의 손님들에게 공개된 피고인 1의 모습을 촬영하였다.

다. 사실관계가 위와 같다면, 이 사건 촬영물은 경찰관들이 피고인들에 대한 범죄의 혐의가 포착된 상태에서 이 사건 나이트클럽 내에서의 음란행위 영업에 관한 증거를 보전하기 위한 필요에 의하여, 불특정 다수에게 공개된 장소인 이 사건 나이트클럽에 통상적인 방법으로 출입하여 손님들에게 공개된 모습을 촬영한 것이다. 따라서 영장 없이 촬영이 이루어졌다 하여 이를 위법하다고 할 수 없어 이 사건 촬영물과 그 촬영물을 캡처한 영상사진은 그 증거능력이 인정된다.

대법원 2017. 11. 29. 선고 2017도9747 판결

수사기관이 2013. 11. 2. 네트워크 카메라 등을 설치·이용하여 피고인의 행동과 피고인이 본 태블릿 개인용 컴퓨터(PC) 화면내용을 촬영한 것이 수사의 비례성·상당성 원칙과 영장주의 등을 위반한 것이므로 그로 인해 취득한 영상물 등의 증거는 증거능력이 없다고 보아, 이 부분 공소사실을 인정할 증거가 없어 무죄라고 판단하였다. 그리고 원심은 위 촬영이 일반적으로 허용되는 상당한 방법에 의한 것이 아니므로 영장 없이 이루어져 위법하다는 등의 판시와 같은 이유를 들어 위와 같은 제1심의 판단이 정당하다고 인정하고, 이에 관한 검사의 사실오인 및 법리오해 항소이유 주장을 받아들이지 아니하였다.

원심판결 이유를 원심 판시 관련 법리와 기록에 비추어 살펴보면, 위와 같은 원심의 판단에 상고이유 주장과 같이 범죄 수사의 긴급성과 증거보전의 필요성, 영장주의와 그 예외, 증거능력 등에 관한 법리를 오해하거나 논리와 경험의 법칙에 반하여 자유심증주의의 한계를 벗어난 잘못이 없다. …

제1심은 판시 관련 법리 등에 기초하여, 국가정보원 수사관이 피씨(PC)방과 △△대학교 측으로부터 해당 폐쇄회로 텔레비전(CCTV) 영상녹화물과 개인용 컴퓨터(PC) 사용정보를 임의제출받았고, 그중 폐쇄회로 텔레비전(CCTV) 영상녹화물은 개인정보 보호법상 개인정보에 해당하나 그 임의제출로 인한 피고인의 사생활이나 개인의 권익에 대한 침해정도와 피고인이 행한 범죄의 중대성 등을 비롯한 공익을 비교형량하면 위와 같은 임의제출로 취득한 폐쇄회로 텔레비전(CCTV) 영상녹화물 등이 위법수집증거여서 증거능력이 부정된다고 할 수 없다는 취지로 판단하였다. 그리고 원심은 판시와 같은 이유를 들어, 이러한 제1심의 판단이 정당하다고 인정하여, 이에 관한 피고인의 항소이유 주장을 받아들이지 아니하였다. 상고이유 중 이러한 원심의 판단에 기초가 된 사실인정을 다투는 취지의 주장은 실질적으로 사실심 법원의 자유판단에 속하는 원심의 증거의 선택과 증명력에 관한 판단을 탓하는 것에 불과하다. 또한 원심판결 이유를 앞에서 본 법리와 제1심 판시 관련 법리 및 적법하게 채택된 증거들에 비추어 살펴보아도 위와 같은 원심의 판단에 상고이유 주장과 같이 개인정보의 수집에 대한 영장주의 등에 관한 법리를 오해하거나 자유심증주의의 한계를 벗어난 잘못이 없다.

임의수사

제 1 절 피의자신문

Ⅰ. 출석요구

〈사법경찰관사무취급의 피의자신문〉

대법원 1969. 12. 9. 선고 69도1884 판결

원심이 지지한 제1심 판결에 의하면, 그 판결이 본건 범행의 증거로서 채택한 조서 중에는 사법경찰관 사무취급이 작성한 피의자신문조서, 참고인 진술조서, 검증조서, 압수조서가 끼어 있다 하여도 이러한 조서는 형사소송법 196조 2항과 이에 근거를 둔 사법경찰관리 집무규정 2조에 의하여 사법경찰리가 검사 등의 지휘를 받고 수사사무를 보조하기 위하여 작성한 서류라 할 것이므로 이를 권한없는 자가 작성한 조서라 할 수 없고, 이러한 조서는 형사소송법 312조, 313조, 314조에 의하여 원칙적으로 그 내용 또는 그 성립과 내용이 인정된 때에 한하여 증거로 삼을 수 있게 되어 있으므로 이 조서의 성립과 내용을 피고인이 인정한 경우에 이를 증거로 삼았다 하여 피고인의 인권을 유린하는 것이 된다고는 할 수 없다. 따라서 피고인이 전기 조서의 성립과 기재 내용을 인정한 이상 그를 종합증거로 채택한 1심판결을 지지한 원심판결에는 소론과 같이 형사소송법상의 증거법리나, 헌법 10조를 위반한 허물이 있지 않으므로 논지는 이유 없다.

⟨체포·구속된 피의자에 대한 출석요구와 진술거부권⟩

대법원 2013. 7. 1.자 2013모160 결정 ⟨표준⟩

1. 형사소송법(이하 '법'이라고만 한다) 제199조 제1항은 "수사에 관하여는 그 목적을 달성하기 위하여 필요한 조사를 할 수 있다. 다만 강제처분은 이 법률에 특별한 규정이 있는 경우에 한하며, 필요한 최소한도의 범위 안에서만 하여야 한다."고 하고, 법 제200조는 "검사 또는 사법경찰관은 수사에 필요한 때에는 피의자의 출석을 요구하여 진술을 들을 수 있다."고 하여, 수사의 목적을 달성하기 위하여 임의수사의 한 방법으로 피의자신문을 할 수 있음을 규정하고 있다. 나아가 법 제200조의2 제1항은 '피의자가 죄를 범하였다고 의심할 만한 상당한 이유가 있고, 정당한 이유 없이 제200조의 규정에 의한 출석요구에 응하지 아니하거나 응하지 아니할 우려'가 있는 때에는 체포영장을 발부받아 피의자를 체포할 수 있다는 취지로 규정하고 있으므로, 수사기관은 그와 같은 경우 체포영장을 청구하여 피의자를 체포한 후 피의자를 상대로 법 제200조, 제241조 내지 제244조의5에 규정된 피의자신문을 할 수 있다. 한편 법 제201조 제1항은 "피의자가 죄를 범하였다고 의심할 만한 상당한 이유가 있고 제70조 제1항 각 호의 1에 해당하는 사유가 있을 때에는 검사는 관할 지방법원 판사에게 청구하여 구속영장을 받아 피의자를 구속할 수 있고 사법경찰관은 검사에게 신청하여 검사의 청구로 관할 지방법원 판사의 구속영장을 받아 피의자를 구속할 수 있다."고 하여 검사나 사법경찰관이 피의자를 구속하려면 구속영장에 의하여야 한다는 점을 분명히 하고 있고, 법 제70조 제1항은 '구속의 사유'를 "피고인이 일정한 주거가 없는 때(제1호), 피고인이 증거를 인멸할 염려가 있는 때(제2호), 피고인이 도망하거나 도망할 염려가 있는 때(제3호)"로 규정하고 있다.

위와 같은 규정들의 취지와 내용에 비추어 보면, 수사기관이 관할 지방법원 판사가 발부한 구속영장에 의하여 피의자를 구속하는 경우, 그 구속영장은 기본적으로 장차 공판정에의 출석이나 형의 집행을 담보하기 위한 것이지만, 이와 함께 법 제202조, 제203조에서 정하는 구속기간의 범위 내에서 수사기관이 법 제200조, 제241조 내지 제244조의5에 규정된 피의자신문의 방식으로 구속된 피의자를 조사하는 등 적정한 방법으로 범죄를 수사하는 것도 예정하고 있다고 할 것이다. 따라서 구속영장 발부에 의하여 적법하게 구금된 피의자가 피의자신문을 위한 출석요구에 응하지 아니하면서 수사기관 조사실에의 출석을 거부한다면 수사기관은 그 구속영장의 효력에 의하여 피의자를 조사실로 구인할 수 있다고 보아야 할 것이다.

다만 이러한 경우에도 그 피의자신문 절차는 어디까지나 법 제199조 제1항 본문, 제200조의 규정에 따른 임의수사의 한 방법으로 진행되어야 할 것이므로, 피의자는 헌법 제12조 제2항과 법 제244조의3에 따라 일체의 진술을 하지 아니하거나 개개의 질문에 대하여 진술을 거부할 수 있고, 수사기관은 피의자를 신문하기 전에 그와 같은 권리를 알려주어야 한다.

2. 원심결정 이유와 기록에 의하면, 준항고인들은 국가보안법 위반의 혐의사실로 서울중앙지방법원이 2011. 7. 19. 발부한 구속영장에 의하여 2011. 7. 20. 서울구치소에 구금되었던 사실, 수사기관인 국가정보원은 2011. 7. 20. 피의자신문을 하기 위하여 준항고인들에게 국가정보원 조사실로 이동할 것을 요구하였는데, 준항고인들은 수사기관에서 어떠한 조사도 받지 않겠다며 이를 거부하였던 사실, 이에 검사가 서울구치소장에게 준항고인들이 국가정보원에서 피의자 조사를 받을 수 있도록 인치하여 달라는 내용의 협조요청 공문을 발송하였고, 서울구치소 교도관들은 2011. 7. 21. 및 2011. 7. 22. 위 공문에 기하여 준항고인들을 국가정보원 조사실로 구인하였던 사실 등을 알 수 있다.

이를 앞서 본 법리에 비추어 살펴보면, 준항고인들에 대하여 적법한 구속영장이 발부된 이상 수사기관으로서는 피의자신문을 위하여 준항고인들을 조사실로 구인할 수 있다고 할 것이고, 그 피의자신문 과정에서 진술거부권이 고지되지 않았다거나 준항고인들의 진술을 강제하였다고 볼 만한 별다른 자료를 찾아볼 수 없는 이상, 피의자신문을 위하여 준항고인들을 인치 내지 구인한 수사기관의 조치에 어떠한 위법이 있다고 할 수 없다.

Ⅱ. 진술거부권 등의 고지

1. 고지의 의무와 대상

〈실질적인 피의자에 대한 진술거부권의 고지〉

대법원 2013. 7. 25. 선고 2012도8698 판결

1. 피의자의 진술을 기재한 서류 또는 문서가 수사기관에서의 조사과정에서 작성된 것이라면, 그것이 '진술조서, 진술서, 자술서'라는 형식을 취하였다고 하더라도 피의자신문조서와 달리 볼 수 없고, 한편 형사소송법이 보장하는 피의자의 진술거부권은 헌법이 보장하는 형사상 자기에 불리한 진술을 강요당하지 않는 자기부죄거부의 권리에 터 잡은 것이므로, 수

사기관이 피의자를 신문하면서 피의자에게 미리 진술거부권을 고지하지 않은 때에는 그 피의자의 진술은 위법하게 수집된 증거로서 진술의 임의성이 인정되는 경우라도 증거능력이 부인되어야 한다(대법원 2009. 8. 20. 선고 2008도8213 판결 등 참조). 그리고 수사기관에 의한 진술거부권 고지의 대상이 되는 피의자의 지위는 수사기관이 범죄인지서를 작성하는 등의 형식적인 사건수리 절차를 거치기 전이라도 조사대상자에 대하여 범죄의 혐의가 있다고 보아 실질적으로 수사를 개시하는 행위를 한 때에 인정되는 것으로 봄이 상당하다(대법원 2001. 10. 26. 선고 2000도2968 판결, 대법원 2011. 11. 10. 선고 2010도8294 판결 등 참조). 특히 조사대상자의 진술내용이 단순히 제3자의 범죄에 관한 경우가 아니라 자신과 제3자에게 공동으로 관련된 범죄에 관한 것이거나 제3자의 피의사실 뿐만 아니라 자신의 피의사실에 관한 것이기도 하여 그 실질이 피의자신문조서의 성격을 가지는 경우에 수사기관은 그 진술을 듣기 전에 미리 진술거부권을 고지하여야 한다(대법원 2009. 5. 28. 선고 2008도7098 판결, 대법원 2011. 3. 10. 선고 2010도9127 판결 등 참조).

2. 원심은 그 판시와 같은 사정들을 인정한 다음, ① 피고인은 검사로부터 피의자 신분으로 조사를 받기 전까지 피의자로 입건된 사실이 없고, 오히려 원심 공동피고인 B(이하 'B'라 한다)에 대한 피해자로 조사를 받았으며, ② B와 피고인이 필수적인 공범관계에 있을 가능성만으로 피고인이 참고인으로 조사를 받을 당시에 검찰수사관이 피고인에 대한 범죄혐의를 인정하고 수사를 개시하여 피의자의 지위에 있게 되었다고 단정할 수 없으며, ③ 검찰수사관이 피고인에 대한 수사를 개시할 수 있는 상태이었는데도 진술거부권 고지를 잠탈할 의도로 피의자 신문이 아닌 참고인 조사의 형식을 취한 것으로 볼 만한 사정도 없다는 이유로, 피고인이 피의자로서의 지위가 아닌 참고인으로서 조사를 받으며 수사기관으로부터 진술거부권을 고지받지 않았다 하더라도 그 이유만으로 피고인 작성의 진술서 및 각 진술조서가 위법수집증거로서 증거능력이 없다고 할 수는 없다고 판단하였다.

… 이 사건 공소사실에 관한 검사의 내사 지휘 이후 작성된 피고인의 진술서 및 피고인에 대한 각 진술조서에 기재된 내용은 내사 대상 범죄로서 이 사건 공소사실인 피고인이 B에게 승진 청탁을 하면서 돈을 주었다는 것과 이를 받은 B가 승진을 시켜주지 않았다는 것과 관련된 사실들로서, 뇌물공여와 알선뇌물수수는 서로 필수적으로 수반되는 행위일 뿐 아니라 뇌물공여는 알선뇌물수수보다 법정형이 더 무거운 죄이므로, B에 대한 알선뇌물수수 피의사실 및 그에 대한 조사·수사는 피고인에 대한 뇌물공여 피의사실 및 그에 대한 조사·수사에 관한 것이라 할 것이다. 당시 수사기관이 피고인을 소환하여 청탁 관련 뇌물 공여·수수

사실을 확인하고 이에 관하여 구체적인 내용을 진술하도록 함으로써 조사한 것은 B의 피의 사실에 대한 조사임과 동시에 이미 피고인에 대하여도 뇌물공여의 범죄혐의가 있다고 보아 수사하는 행위를 한 것이어서, 당시 피고인은 이미 피의자의 지위에 있었다고 봄이 상당하다. 따라서 비록 피고인이 수사기관에서 한 진술들이 위와 같이 참고인의 진술서 및 진술조서의 형식을 취하여 작성되었다고 하더라도, 실질적으로는 그 작성 당시 피의자의 지위에 있었다고 볼 피고인의 진술을 기재한 서류로서 피의자가 작성한 진술서 및 피의자신문조서의 성격을 가지므로, 진술거부권을 고지하지 아니하고 작성된 위 진술서 및 진술조서에 기재된 피고인에 대한 이 사건 공소사실에 관한 피고인의 진술들은 위법하게 수집된 증거로서 그 증거능력이 부인되어야 한다.

〈공소제기 후의 피의자신문과 진술거부권의 고지〉

대법원 2009. 8. 20. 선고 2008도8213 판결

피의자의 진술을 녹취 내지 기재한 서류 또는 문서가 수사기관에서의 조사과정에서 작성된 것이라면, 그것이 '진술조서, 진술서, 자술서'라는 형식을 취하였다고 하더라도 피의자신문 조서와 달리 볼 수 없고(대법원 2004. 9. 3. 선고 2004도3588 판결 등 참조), 한편 형사소송법이 보장하는 피의자의 진술거부권은 헌법이 보장하는 형사상 자기에 불리한 진술을 강요당하지 않는 자기부죄거부의 권리에 터잡은 것이므로 수사기관이 피의자를 신문함에 있어서 피의자에게 미리 진술거부권을 고지하지 않은 때에는 그 피의자의 진술은 위법하게 수집된 증거로서 진술의 임의성이 인정되는 경우라도 증거능력이 부인되어야 한다(대법원 1992. 6. 23. 선고 92도682 판결 등 참조).

원심은, 검사가 2006. 8. 16. 공소외 1에 대하여 국가보안법위반죄로 구속영장을 청구하여 2006. 8. 18. 서울중앙지방법원으로부터 구속영장을 발부받았는데, 그 구속영장의 범죄사실에는 공소외 1이 연계된 공범들과 공모하여 국가보안법을 위반하였다는 등의 내용이 포함되어 있었던 사실, 그 후 검사는 공소외 1에 대한 피의자신문을 하면서 공범들과의 조직구성 및 활동 등에 관하여 신문을 하였으나, 공소외 1이 진술을 거부한 사실, 검사는 2006. 9. 12. 공소외 1을 국가보안법위반죄 등으로 구속 기소한 이후, 2006. 9. 19. 공소외 1을 재차 소환하여 피고인 등 공범들과의 조직구성 및 활동 등에 관한 신문을 하면서 피의자신문조서의 형식이 아니라 일반적인 진술조서의 형식으로 위 진술조서를 작성한 사실을 인정한 다음,

위공소외 1에 대한 진술조서가 진술조서의 형식을 취하였다고 하더라도 그 내용은 피의자의 진술을 기재한 피의자신문조서와 실질적으로 같고, 그런데도 기록상 검사가 공소외 1의 진술을 들음에 있어 공소외 1에게 미리 진술거부권이 있음을 고지한 사실을 인정할 만한 아무런 자료가 없으므로, 진술의 임의성이 인정되는 경우라도 위법하게 수집된 증거로서 증거능력이 없어 피고인에 대한 유죄의 증거로 쓸 수 없으며, 나아가 검사가 제출한 나머지 증거들만으로 피고인이 공소외 2, 공소외 1 등과 공모하여 2005. 11.경 대학가에 주체사상을 유포시키고 주사파 양성을 위한 전국적 단일 조직의 중앙지도부를 결성하고, 이를 위하여 대학가에 주체사상 학습CD 등을 조직적으로 제작·배포하는 한편 이를 학습·토론함으로서 이적활동을 찬양·동조하였다는 위 공소사실을 인정하기에는 부족하고, 달리 이를 인정할 만한 아무런 증거가 없다고 판단하였다.

위 법리와 기록에 비추어 살펴보면, 위와 같은 원심의 사실인정과 판단은 정당하여 수긍할 수 있고, 거기에 증거능력에 관한 법리오해 등의 위법이 없다.

〈행정조사와 진술거부권의 고지〉

대법원 2014. 1. 16. 선고 2013도5441 판결 〈표준〉

헌법 제12조는 제1항에서 적법절차의 원칙을 선언하고 제2항에서 "모든 국민은 고문을 받지 아니하며, 형사상 자기에게 불리한 진술을 강요당하지 아니한다."고 규정하여 진술거부권을 국민의 기본적 권리로 보장하고 있다. 이는 형사책임과 관련하여 비인간적인 자백의 강요와 고문을 근절하고 인간의 존엄성과 가치를 보장하려는 데에 그 취지가 있다. 그러나 진술거부권이 보장되는 절차에서 진술거부권을 고지받을 권리가 헌법 제12조 제2항에 의하여 바로 도출된다고 할 수는 없고, 이를 인정하기 위해서는 입법적 뒷받침이 필요하다. 구 공직선거법(2013. 8. 13. 법률 제12111호로 개정되기 전의 것, 이하 같다)은 제272조의2에서 선거범죄 조사와 관련하여 선거관리위원회 위원·직원이 관계자에게 질문·조사를 할 수 있다고 규정하면서도 진술거부권의 고지에 관하여는 별도의 규정을 두지 않았고, 수사기관의 피의자에 대한 진술거부권 고지를 규정한 형사소송법 제244조의3 제1항이 구 공직선거법상 선거관리위원회 위원·직원의 조사절차에 당연히 유추적용된다고 볼 수도 없다. 한편, 2013. 8. 13. 법률 제12111호로 개정된 공직선거법은 제272조의2 제7항을 신설하여 선거관리위원회의 조사절차에서 피조사자에게 진술거부권을 고지하도록 하는 규정을 마련하였으나, 그 부칙 제1조는 "이 법은 공포한 날부터 시행한다."고 규정하고 있어 그 시행 전에 이루어진 선거관리위원회의 조사절차에 대하여는 구 공직선거법이 적용된다. 결국, <u>구 공직선거법 시행 당시 선거관리위원회 위원·직원이 선거범죄 조사와 관련하여 관계자에게 질문을 하면서 미리 진술거부권을 고지하지 않았다고 하여 단지 그러한 이유만으로 그 조사절차가 위법하다거나 그 과정에서 작성·수집된 선거관리위원회 문답서의 증거능력이 당연히 부정된다고 할 수는 없다.</u>

원심판결 이유에 의하면, 원심은 그 판시와 같은 이유를 들어 **경기도선거관리위원회 직원인 공소외 2, 3 등이 구 공직선거법에 따라 공소외 1을 조사하면서 작성한 선거관리위원회 문답서의 증거능력을 다투는 피고인의 주장을 모두 배척하고 그 증거능력을 인정한** 제1심의 판단을 그대로 유지하였는바, 이러한 원심의 판단은 앞서 본 법리에 따른 것일 뿐만 아니라, 기록에 의하더라도 경기도선거관리위원회 직원 등이 공소외 1로 하여금 피고인에게 선거운동의 대가로 금품을 요구하도록 교사하고 이 사건 공소사실에 부합하는 내용으로 허위 진술을 하도록 유도하거나, 공소외 1의 진술을 선별적으로 발췌하여 문답서에 기재하는 등으로 공소외 1에 대한 선거관리위원회 문답서를 조작 내지 왜곡하였다고 볼 아무런 자료를 찾아볼 수 없는 이상, 원심의 위와 같은 판단은 정당하고, 거기에 상고이유 주장과 같이 위법수집증거의 증거능력에 관한 법리를 오해하거나 판단을 누락하는 등의 위법이 없다.

대법원 2011. 11. 10. 선고 2011도8125 판결 〈표준〉 「이 사건 필로폰이 중국에서 국내로 반입되어 피고인들에게 전달되는 과정에서 공소외 3이 인천국제여객터미널에서 공소외 2로부터 필로폰이 은닉된 곡물포대를 건네받아 이를 피고인들에게 전달하는 역할을 하였다는 것이므로, 그에 의하면 <u>공소외 3이 피고인들과 이 사건 필로폰의 수입 내지 매수에 관한 공범관계에 있을 가능성을 배제할 수는 없지만, 공소외 3이 피고인들과 공범관계에 있을 가능성만으로 공소외 3이 이 사건의 참고인으로서 검찰 조사를 받을 당시 또는 그 후라도 검사가 공소외 3에 대한 범죄혐의를 인정하고 수사를 개시하여 공소외 3이 피의자의 지위에 있게 되었다고 단정할 수 없고 그와 같이 볼 만한 아무런 객관적인 자료가 없으며, 검사가 공소외 3에 대한 수사를 개시할 수 있는 상태이었는데도 진술거부권 고지를 잠탈할 의도로 피의자 신문이 아닌 참고인 조사의 형식을 취한 것으로 볼 만한 사정도 기록상 찾을 수 없다.</u> 오히려 피고인들이 이 사건 수사과정에서 이 사건 필로폰이 중국으로부터 수입되는 것인지 몰랐다는 취지로 변소하였기 때문에 피고인들의 수입에 관한 범의를 명백하게 하기 위하여 검사가 이 사건 필로폰이 은닉된 곡물포대를 받아 피고인들에게 전달한 공소외 3을 참고인으로 조사한 것이라면, <u>공소외 3이 수사기관에 의해 범죄혐의를 인정받아 수사가 개시된 피의자의 지위에 있었다고 할 수 없고, 공소외 3이 피의자로서의 지위가 아닌 참고인으로서 조사를 받으면서 수사기관으로부터 진술거부권을 고지받지 않았다 하더라도 그 이유만으로 그 진술조서가 위법수집증거로서 증거능력이 없다고 할 수 없다.</u>」

2. 불고지의 효과

〈진술거부권 불고지의 효과〉

대법원 1992. 6. 23. 선고 92도682 판결 〈표준〉

형사소송법 제200조 제2항은 검사 또는 사법경찰관이 출석한 피의자의 진술을 들을 때에는 미리 피의자에 대하여 진술을 거부할 수 있음을 알려야 한다고 규정하고 있는바, 이러한 피의자의 진술거부권은 헌법이 보장하는 형사상 자기에 불리한 진술을 강요당하지 않는 자기부죄거부의 권리에 터잡은 것이므로 수사기관이 피의자를 신문함에 있어서 피의자에게 미리 진술거부권을 고지하지 않은 때에는 그 피의자의 진술은 위법하게 수립된 증거로서 진술의 임의성이 인정되는 경우라도 증거능력이 부인되어야 한다.

원심이 인용한 1심판결 채용증거 중 부산지방법원 90고합1410호 사건의 비디오검증조서(공판기록 1284정 이하)는 이 사건 범죄단체조직죄에 관한 공범으로서 별도로 공소제기된 위 사건의 위 사건(90고합1410호) 피고인에 대한 수사과정에서 담당검사가 위 사건(90고합1410호) 피고인와 위 사건에 관하여 대화하는 내용과 장면을 녹화한 것으로 보이는 비디오테프에 대한 검증조서인바, 이러한 비디오테프의 녹화내용은 피의자의 진술을 기재한 피의자신문조서와 실질적으로 같다고 볼 것이므로 피의자신문조서에 준하여 그 증거능력을 가려야 할 것이다. 그런데 기록을 살펴보아도 검사가 위 사건(90고합1410호) 피고인의 진술을 들음에 있어 동인에게 미리 진술거부권이 있음을 고지한 사실을 인정할 자료가 없으므로 위 녹화내용은 위법하게 수집된 증거로서 증거능력이 없는 것으로 볼 수밖에 없고, 따라서 이러한 녹화내용에 대한 검증조서기재는 유죄증거로 삼을 수 없는데도 원심이 위 검증조서를 유죄증거로 채용한 것은 채증법칙에 위반한 위법한 처사로서 이 점에 관한 논지는 이유 있다.

〈진술거부권을 고지하지 않은 상태에 임의로 이루어진 피의자의 자백을 기초로 수집한 2차적 증거들의 증거능력〉

대법원 2009. 3. 12. 선고 2008도11437 판결 〈표준〉

나. 수사기관이 진술거부권을 고지하지 않은 상태에서 임의로 이루어진 피의자의 자백을 기초로 수집한 2차적 증거들, 예컨대 반복된 자백, 물적 증거나 증인의 증언 등이 유죄 인정의 증거로 사용될 수 있는지 역시 위와 같은 법리에 따라 판단되어야 할 것이다. 구체적인 사안

에서 위와 같은 2차적 증거들의 증거능력 인정 여부는 제반 사정을 전체적·종합적으로 고려하여 판단하여야 할 것인데, 예컨대 진술거부권을 고지하지 않은 것이 단지 수사기관의 실수일 뿐 피의자의 자백을 이끌어내기 위한 의도적이고 기술적인 증거확보의 방법으로 이용되지 않았고, 그 이후 이루어진 신문에서는 진술거부권을 고지하여 잘못이 시정되는 등 수사 절차가 적법하게 진행되었다는 사정, 최초 자백 이후 구금되었던 피고인이 석방되었다거나 변호인으로부터 충분한 조력을 받은 가운데 상당한 시간이 경과하였음에도 다시 자발적으로 계속하여 동일한 내용의 자백을 하였다는 사정, 최초 자백 외에도 다른 독립된 제3자의 행위나 자료 등도 물적 증거나 증인의 증언 등 2차적 증거 수집의 기초가 되었다는 사정, 증인이 그의 독립적인 판단에 의해 형사소송법이 정한 절차에 따라 소환을 받고 임의로 출석하여 증언하였다는 사정 등은 **통상 2차적 증거의 증거능력을 인정할만한 정황**에 속한다고 볼 수 있을 것이다.

다. 원심판결 및 원심이 적법하게 채택한 증거들에 의하면, 피고인은 2008. 3. 12. 03:00경 원심 판시와 같이 은평경찰서 연신내지구대 소속 경장공소외 1 등에 의하여 공소외 2에 대한 강도 현행범으로 체포된 사실, 은평경찰서 형사과 소속 경장공소외 3은 같은 날 05:00경 위 경찰서에서 피고인을 인계받아 진술거부권을 고지하지 아니한 채 같은 날 06:00경까지 조사를 하면서 위 강도 범행에 대한 자백을 받은 사실, 공소외 3은 피고인의 또 다른 범행을 의심하여 같은 날 06:00경 피고인의 주거지로 향하는 차 안에서 진술거부권을 고지하지 아니한 채 피고인에게 "이 사건 전의 범행이 있으면 경찰관이 찾기 전에 먼저 이야기하라, 그렇게 해야 너에게 도움이 된다"는 취지로 이야기하여 피고인으로부터 같은 해 2월 초, 중순경 새벽에 응암시장 부근에서 어떤 아주머니 가방을 날치기한 적이 있고, 그 가방을 피고인의 집에 보관하고 있다는 진술을 듣게 된 사실, 공소외 3은 같은 날 09:00경 피고인의 집에서 가방 등을 발견하여 임의 제출받아 압수하였고, 그 직후인 10:20경 피고인에 대하여 최초로 진술거부권을 고지한 후 피고인으로부터 가방을 빼앗았다는 자백을 받은 사실, 그 후 이루어진 경찰 및 검찰의 피고인에 대한 신문 전에 모두 진술거부권 고지가 이루어졌고, 피고인은 일관하여 임의로 자백한 사실, 한편 압수된 가방 내용물을 기초로 그 피해자가 공소외 4인 점이 확인된 후 공소외 4를 상대로 피해 사실에 관한 진술을 받는 등 공소외 4에 대한 조사가 이루어진 사실, 그 후 2008. 4. 23. 열린 제1심 제1회 공판기일에서 피고인은 변호인과 함께 출석하여 인정신문에 앞서 진술을 하지 아니하거나 각개의 물음에 대하여 진술을 거부할 수 있고 이익되는 사실을 진술할 수 있음을 고지받은 후, 검사가 공소장에 의하여 공소사실, 죄명, 적용법조를 낭독하자 '공소사실을 인정하나 피해자들에게 강압적이고 의도적으로 심하게 하면서 가방을 빼앗은 것은 아니다'라고 진술하였고, 변호인 역시 피고인은 이 사건 공소사실 중 피해자공소외 4에 대한 강도 부분에 대하여 자백하고 있으나 제출된 증거들이 위법한 절차에 의해서 수집된 것들이기 때문에 비록 피고인이 자백하고는 있지만 위 증거들의 증거능력에 대하여 다툼이 있다고 진술한 사실, 그 후에도 피고인은 원심에 이르기까지 계속 공소외 4에 대한 범행을 시인하고 있는 사실, 원심에서 검찰은 공소외 4를 증인으로 신청하였고, 2008. 10. 16. 열린 원심 제3회 공판기일에 출석한 공소외 4(2008. 9. 19. 증인소환장을 본인이 송달받았으나 2008. 9. 25. 원심 제2회 공판기일에 출석하지 않았고, 2008. 9. 30. 증인소환장을 재차 본인이 송달받은 후 원심 제3회 공판기일에 출석하였다)는 **이 부분 공소사실에 부합하는 증언을 한 사실**을 인정할 수 있다.

이와 같은 사정을 앞서 본 법리에 비추어 살펴보면, 비록 피고인의 제1심 법정에서의 자백은 진술거부권을 고지받지 않은 상태에서 이루어진 피고인의 최초 자백과 같은 내용이기는 하나, 피고인의 제1심 법정에서의 자백에 이르게 되기까지의 앞서 본 바와 같은 모든 사정들, 특히 최초 자백이 이루어진 이후 몇 시간 뒤 바로 수사기관의 진술거부권 고지가 이루어졌을 뿐 아니라 그 후 신문시마다 진술거부권 고지가 모두 적법하게 이루어졌고, 제1심 법정 자백은 최초 자백 이후 약 40여 일이 지난 후 공개된 법정에서 변호인의 충분한 조력을 받으면서 진술거부권을 고지받는 등 적법한 절차를 통해 임의로 이루어진 사정 등을 전체적·종합적으로 고려해 볼 때, 이를 유죄 인정의 증거로 사용할 수 있는 경우에 해당한다고 할 것이다.

나아가 공소외 4의 원심 법정에서의 진술 또한 그 진술에 이르게 되기까지의 앞서 본 바와 같은 모든 사정들, 특히 공소외 4가 피해자로서 범행일로부터 무려 7개월 이상 지난 시점에서 법원의 적법한 소환에 따라 자발적으로 공개된 법정에 출석하여 위증의 벌을 경고받고 선서한 후 자신이 직접 경험한 사실을 임의로 진술한 사정 등을 고려해 볼 때, 이 역시 유죄 인정의 증거로 사용할 수 있는 경우에 해당한다고 할 것이다.

3. 진술거부권 행사와 양형

대법원 2001. 3. 9. 선고 2001도192 판결 〈표준〉「형법 제51조 제4호에서 양형의 조건의 하나로 정하고 있는 범행 후의 정황 가운데에는 형사소송절차에서의 피고인의 태도나 행위를 들 수 있는데, 모든 국민은 형사상 자기에게 불리한 진술을 강요당하지 아니할 권리가 보장되어 있으므로(헌법 제12조 제2항), 형사소송절차에서 피고인은 방어권에 기하여 범죄사실에 대하여 진술을 거부하거나 거짓 진술을 할 수 있고, 이 경우 <u>범죄사실을 단순히 부인하고 있는 것이 죄를 반성하거나 후회하고 있지 않다는 인격적 비난요소로 보아 가중적 양형의 조건으로 삼는 것은 결과적으로 피고인에게 자백을 강요하는 것이 되어 허용될 수 없다고 할 것이나, 그러한 태도나 행위가 피고인에게 보장된 방어권 행사의 범위를 넘어 객관적이고 명백한 증거가 있음에도 진실의 발견을 적극적으로 숨기거나 법원을 오도하려는 시도에 기인한 경우에는 가중적 양형의 조건으로 참작될 수 있다.</u>」(甲이 乙, 丙, 丁과 강도살인죄로 제1심과 제2심에서 유죄판결을 받고 상고한 후 파기환송심이 강도치사죄로 공소장이 변경된 후 "甲이 시종 범행의 죄책을 회피하는 태도로 일관하는 등(다른 공범자들은 범행을 인정하였음) 반성의 빛을 찾아볼 수 없다"면서 제1심판결을 직권으로 파기하고 甲에게 다른 공범들보다 중한 형을 선고하자 甲의 태도를 양형에 고려한 것은 헌법 제12조 제1항이 규정하고 있는 '형사상 자기에게 불리한 진술을 강요받지 않을 권리'를 침해한 위법이 있고 이는 판결 결과에 영향을 미쳤다고 상고한 사안)

Ⅲ. 변호인의 피의자신문참여권

1. 의의 및 취지

대법원 2003. 11. 11.자 2003모402 결정「형사소송법이 아직은 구금된 피의자의 피의자신문에 변호인이 참여할 수 있다는 명문규정을 두고 있지는 아니하지만, 위와 같은 내용의 접견교통권이 헌법과 법률에 의하여 보장되고 있을 뿐 아니라 누구든지 체포 또는 구속을 당한 때에는 즉시 변호인의 조력을 받을 권리를 가진다고 선언한 헌법규정에 비추어, <u>구금된 피의자는 형사소송법의 위 규정을 유추·적용하여 피의자신문을 받음에 있어 변호인의 참여를 요구할 수 있고 그러한 경우 수사기관은 이를 거절할 수 없는 것으로 해석하여야 하고,</u> 이렇게 해석하는 것은 인신구속과 처벌에 관하여 "적법절차주의"를 선언한 헌법의 정신에도 부합한다 할 것이다. 그러나 구금된 피의자가 피의자신문시 변호인의 참여를 요구할 수 있는 권리가 형사소송법 제209조, 제89조 등의 유추적용에 의하여 보호되는 권리라 하더라도 헌법상 보장된 다른 기본권과 사이에 조화를 이루어야 하며, 구금된 피의자에 대한 신문시 무제한적으로 변호인의 참여를 허용하는 것 또한, 헌법이 선언한 적법절차의 정신에 맞지 아니하므로 <u>신문을 방해하거나 수사기밀을 누설하는 등의 염려가 있다고 의심할 만한 상당한 이유가 있는 특별한 사정이 있</u>

음이 객관적으로 명백하여 변호인의 참여를 제한하여야 할 필요가 있다고 인정되는 경우에는 변호인의 참여를 제한할 수 있음은 당연하다고 할 것이다.」

헌법재판소 2004. 9. 23. 선고 2000헌마138 결정 「우리 헌법은 변호인의 조력을 받을 권리가 불구속 피의자·피고인 모두에게 포괄적으로 인정되는지 여부에 관하여 명시적으로 규율하고 있지는 않지만, 불구속 피의자의 경우에도 변호인의 조력을 받을 권리는 우리 헌법에 나타난 법치국가원리, 적법절차원칙에서 인정되는 당연한 내용이고, 헌법 제12조 제4항도 이를 전제로 특히 신체구속을 당한 사람에 대하여 변호인의 조력을 받을 권리의 중요성을 강조하기 위하여 별도로 명시하고 있다. 피의자·피고인의 구속 여부를 불문하고 조언과 상담을 통하여 이루어지는 변호인의 조력자로서의 역할은 변호인선임권과 마찬가지로 변호인의 조력을 받을 권리의 내용 중 가장 핵심적인 것이고, 변호인과 상담하고 조언을 구할 권리는 변호인의 조력을 받을 권리의 내용 중 구체적인 입법형성이 필요한 다른 절차적 권리의 필수적인 전제요건으로서 변호인의 조력을 받을 권리 그 자체에서 막바로 도출되는 것이다.」

2. 참여권의 내용 및 침해에 대한 구제

〈제243조의2 제1항의 '정당한 사유'의 의미〉

대법원 2008. 9. 12.자 2008모793 결정

형사소송법 제243조의2 제1항에 의하면, 검사 또는 사법경찰관은 피의자 또는 변호인 등이 신청할 경우 정당한 사유가 없는 한 변호인을 피의자신문에 참여하게 하여야 한다고 규정하고 있는바, 여기에서 '정당한 사유'라 함은 변호인이 피의자신문을 방해하거나 수사기밀을 누설할 염려가 있음이 객관적으로 명백한 경우 등을 말하는 것이므로, 수사기관이 피의자신문을 하면서 위와 같은 정당한 사유가 없음에도 불구하고, 변호인에 대하여 피의자로부터 떨어진 곳으로 옮겨 앉으라고 지시를 한 다음 이러한 지시에 따르지 않았음을 이유로 변호인의 피의자신문 참여권을 제한하는 것은 허용될 수 없다.

기록에 의하면, **인천지방검찰청 소속 사법경찰관인 재항고인은 변호인 참여 아래 피의자 신문을 하면서 피의자 옆에 나란히 앉아 있는 변호인에게 피의자로부터 떨어진 곳으로 옮겨 앉을 것을 요구한 사실, 변호인이 피의자 옆에 계속 앉아 있겠다면서 위 요구에 불응하자 변호인에게 퇴실을 명한 사실, 당시 변호인이 피의자신문을 방해하거나 수사기밀을 누설할 염려가 있었다는 등의 특별한 사정은 발견할 수 없는 사실**을 알 수 있다.

앞서 본 법리에 비추어 보면, 재항고인이 위와 같이 변호인에게 퇴실을 명한 행위는 변호인의 피의자신문 참여권을 침해한 처분에 해당한다고 할 것이므로, 이를 이유로 이 사건 준항고를 받아들여 재항고인의 위 처분을 취소한 원심의 조치는 옳(다).

> **[사안의 개요]** 검찰청 소속 사법경찰관이 조사관실에서 변호인이 참여한 상태에서 피의자를 신문하면서, 변호인이 이미 피의자신문진술의 녹취·녹화를 신청하였음에도 그 철회를 요청하면서 피의자측이 이에 응하지 않자, 수사기관의 녹음·녹화에 갈음하여 피의자 측에서 스스로 신문내용을 녹취하도록 한 다음, 갑자기 변호인에게 피의자로부터 떨어진 곳으로 옮겨 앉을 것을 요구하였고, 이어서 피의자 옆에 앉아 있을 것을 주장하는 변호인에게 조사관실에서의 퇴실을 명한 사안

〈피의자신문시 검사의 보호장비 해제 요청의무 및 변호인참여권의 침해〉

대법원 2020. 3. 17.자 2015모2357 결정

1. 준항고인 1에 대한 재항고이유에 관하여

가. '구금에 관한 처분'에 해당하는지 여부

1) 형사소송법 제198조에 의하면, 피의자에 대한 수사는 불구속 상태에서 함을 원칙으로 하고(제1항), 검사는 피의자의 인권을 존중하여야 한다(제2항).「형의 집행 및 수용자의 처우에 관한 법률」(이하 '형집행법'이라 한다)에 의하면, 수용자의 인권은 최대한 존중되어야 하고(제4조), 미결수용자는 무죄의 추정을 받으며 그에 합당한 처우를 받아야 하며(제79조), 교도관은 '이송·출정, 그 밖에 교정시설 밖의 장소로 수용자를 호송하는 때', 수용자가 '도주·자살·자해 또는 다른 사람에 대한 위해의 우려가 큰 때', '위력으로 교도관 등의 정당한 직무집행을 방해하는 때', '교정시설의 설비·기구 등을 손괴하거나 그 밖에 시설의 안전 또는 질서를 해칠 우려가 큰 때' 중 어느 하나에 해당하는 경우에만 보호장비를 사용할 수 있고(제97조 제1항), 그 경우에도 교도관은 필요한 최소한의 범위에서 보호장비를 사용하여야 하며, 그 사유가 소멸하면 사용을 지체 없이 중단하여야 한다(제99조 제1항).

인간의 존엄성 존중을 궁극의 목표로 하고 있는 우리 헌법이 제27조 제4항에서 무죄추정의 원칙을 선언하고, 제12조에서 신체의 자유와 적법절차의 보장을 강조하고 있음을 염두에 두고 앞서 본 규정들의 내용과 취지를 종합하여 보면, 검사가 조사실에서 피의자를 신문할 때 피의자가 신체적으로나 심리적으로 위축되지 않은 상태에서 자기의 방어권을 충분히 행사할 수 있도록 피의자에게 보호장비를 사용하지 말아야 하는 것이 원칙이고, 다만 도주, 자해, 다른 사람에 대한 위해 등 형집행법 제97조 제1항 각호에 규정된 위험이 분명하고 구체적으

로 드러나는 경우에만 예외적으로 보호장비를 사용하여야 한다(대법원 2003. 11. 11.자 2003모402 결정, 헌법재판소 2005. 5. 26. 선고 2004헌마49 전원재판부 결정 참조).

따라서 구금된 피의자는 형집행법 제97조 제1항 각호에 규정된 사유에 해당하지 않는 이상 보호장비 착용을 강제당하지 않을 권리를 가진다. 검사는 조사실에서 피의자를 신문할 때 해당 피의자에게 그러한 특별한 사정이 없는 이상 교도관에게 보호장비의 해제를 요청할 의무가 있고, 교도관은 이에 응하여야 한다.

2) 형사소송법 제417조는 검사 또는 사법경찰관의 '구금에 관한 처분'에 불복이 있으면 법원에 그 처분의 취소 또는 변경을 청구할 수 있다고 규정하고 있다. 검사 또는 사법경찰관이 보호장비 사용을 정당화할 위와 같은 예외적 사정이 존재하지 않음에도 구금된 피의자에 대한 교도관의 보호장비 사용을 용인한 채 그 해제를 요청하지 않는 경우에, 검사 및 사법경찰관의 이러한 조치를 형사소송법 제417조에서 정한 '구금에 관한 처분'으로 보지 않는다면 구금된 피의자로서는 이에 대하여 불복하여 침해된 권리를 구제받을 방법이 없게 된다. 따라서 검사 또는 사법경찰관이 구금된 피의자를 신문할 때 피의자 또는 변호인으로부터 보호장비를 해제해 달라는 요구를 받고도 거부한 조치는 형사소송법 제417조에서 정한 '구금에 관한 처분'에 해당한다고 보아야 한다(대법원 2003. 11. 11.자 2003모402 결정 참조).

3) 같은 취지에서 원심은, 준항고인 1의 변호인이 피의자신문 절차에 참여하여 검사에게 인정신문을 시작하기 전에 수갑을 해제하여 달라고 요구하였음에도, 검사가 교도관에게 수갑을 해제하여 달라고 요청하지 않은 조치(이하 '이 사건 거부처분'이라 한다)는 준항고의 대상이 되는 '구금에 관한 처분'에 해당한다고 판단하였다. 이러한 원심판단은 정당하고, 거기에 재판에 영향을 미친 헌법·법률·명령 또는 규칙의 위반이 없다.

나. 이 사건 거부처분의 위법 여부

1) 검사 또는 사법경찰관이 피의자 또는 변호인의 요구를 거부할 정당한 사유가 있는지 여부는 준항고절차의 본안에서 심리·판단하여야 할 사항이다.

2) 원심결정의 이유를 앞서 본 법리와 기록에 비추어 살펴보면, 검사는 피의자신문 절차에서 인정신문을 진행하기 전에 변호인으로부터 15분에 걸쳐 준항고인 1의 수갑을 해제하여 달라는 명시적이고 거듭된 요구를 받고도 교도관에게 수갑을 해제하여 달라고 요청하지 않았으나, 당시 준항고인 1에게 도주, 자해, 다른 사람에 대한 위해 등 형집행법 제97조 제1항 각호에 규정된 위험이 분명하고 구체적으로 드러나는 등 특별한 사정이 있었다고 볼 만한 아무런 자료가 없다. 특히 검사가 인정신문을 마친 후 곧바로 교도관에게 수갑 해제를 요청한

점에 비추어 보면, 인정신문 전에 수갑을 착용하도록 강제할 사유가 있었다고 보기는 더욱 어렵다.

3) 원심결정의 이유에 일부 적절하지 않은 부분이 있으나, 이 사건 거부처분이 위법하다고 보아 이를 취소한 원심의 결론은 정당하고, 거기에 재판에 영향을 미친 헌법·법률·명령 또는 규칙의 위반이 없다.

2. 준항고인 2에 대한 재항고이유에 관하여

가. 형사소송법 제243조의2 제1항은 검사 또는 사법경찰관은 피의자 또는 변호인 등이 신청할 경우 정당한 사유가 없는 한 변호인을 피의자신문에 참여하게 하여야 한다고 규정하고 있다. 여기에서 '정당한 사유'란 변호인이 피의자신문을 방해하거나 수사기밀을 누설할 염려가 있음이 객관적으로 명백한 경우 등을 말한다(대법원 2008. 9. 12.자 2008모793 결정 참조). 형사소송법 제243조의2 제3항 단서는 피의자신문에 참여한 변호인은 신문 중이라도 부당한 신문방법에 대하여 이의를 제기할 수 있다고 규정하고 있으므로, 검사 또는 사법경찰관의 부당한 신문방법에 대한 이의제기는 고성, 폭언 등 그 방식이 부적절하거나 또는 합리적 근거 없이 반복적으로 이루어지는 등의 특별한 사정이 없는 한, 원칙적으로 변호인에게 인정된 권리의 행사에 해당하며, 신문을 방해하는 행위로는 볼 수 없다. 따라서 검사 또는 사법경찰관이 그러한 특별한 사정 없이, 단지 변호인이 피의자신문 중에 부당한 신문방법에 대한 이의제기를 하였다는 이유만으로 변호인을 조사실에서 퇴거시키는 조치는 정당한 사유 없이 변호인의 피의자신문 참여권을 제한하는 것으로서 허용될 수 없다.

나. 원심은, 준항고인 1의 변호인인 준항고인 2가 인정신문을 시작하기 전 검사에게 준항고인 1의 수갑을 해제하여 달라고 계속 요구하자, 검사가 수사에 현저한 지장을 초래한다는 이유로 준항고인 2를 퇴실시킨 것이 변호인의 피의자신문 참여권을 침해하여 위법하다고 판단하였다. 준항고인 2의 수갑 해제 요구가 정당하며, 이 요구를 거부한 검사의 조치가 위법하다는 점은 앞서 살펴본 바와 같다. 따라서 검사가 준항고인 2의 수갑 해제 요구가 부당하다는 전제에서 피의자신문 방해에 해당한다고 보아 준항고인 2를 퇴거시킨 조치도 마찬가지로 위법하다.

〈변호인의 참여권 침해의 법적 효과〉

대법원 2013. 3. 28. 선고 2010도3359 판결 <표준>

가. 헌법 제12조 제1항에 의하면 누구든지 법률과 적법한 절차에 의하지 아니하고는 처벌·보안처분 또는 강제노역을 받지 아니하고, 같은 조 제4항 본문에 의하면 누구든지 체포 또는 구속을 당한 때에는 즉시 변호인의 조력을 받을 권리를 가진다. 한편 2007. 6. 1. 법률 제8496호로 개정된 형사소송법 제243조의2 제1항은 "검사 또는 사법경찰관은 피의자 또는 그 변호인·법정대리인·배우자·직계친족·형제자매의 신청에 따라 변호인을 피의자와 접견하게 하거나 정당한 사유가 없는 한 피의자에 대한 신문에 참여하게 하여야 한다."고 규정하고 있다. 형사소송법 제243조의2 제1항은 피의자신문에 있어 수사기관과 피의자 사이의 당사자 대등을 확보함으로써 헌법상 적법절차의 원칙과 변호인의 조력을 받을 권리를 실질적으로 보장하기 위한 것이므로 그 절차는 엄격히 준수되어야 할 것이다.

위와 같은 헌법, 형사소송법의 규정 및 그 입법 목적 등에 비추어 보면, 피의자가 변호인의 참여를 원한다는 의사를 명백하게 표시하였음에도 수사기관이 정당한 사유 없이 변호인을 참여하게 하지 아니한 채 피의자를 신문하여 작성한 피의자신문조서는 형사소송법 제312조에 정한 '적법한 절차와 방식'에 위반된 증거일 뿐만 아니라, 형사소송법 제308조의2에서 정한 "적법한 절차에 따르지 아니하고 수집한 증거"에 해당하므로 이를 증거로 할 수 없다고 할 것이다.

나. 제2조서에 의하면, **피고인 5가 "피의자는 변호인의 조력을 받을 권리를 행사할 것인가요"라는 사법경찰관의 물음에 "예"라고 답변하였음에도 사법경찰관은 변호인이 참여하지 아니한 상태에서 계속하여 피고인 5를 상대로 혐의사실에 대한 신문을 행한 것**으로 보인다.

사실관계가 이와 같다면, 피고인 5가 경찰 조사 당시 변호인의 참여를 원하는 의사를 명확히 표시하였음에도 사법경찰관이 변호인의 참여를 제한하여야 할 정당한 사유 없이 변호인의 참여에 관한 조치를 취하지 않은 채 계속하여 피의자신문을 행한 조치는 위법하다고 할 것이고, 그 신문 결과에 터 잡아 작성된 제2조서는 '적법한 절차와 방식'에 위반된 조서일 뿐만 아니라 적법한 절차에 따르지 아니하고 수집한 증거에 해당하여 이를 증거로 할 수 없다고 할 것이다.

헌법재판소 2017. 11. 30. 선고 2016헌마503 결정 「변호인이 피의자신문에 자유롭게 참여할 수 있는 권리는 피의자가 가지는 변호인의 조력을 받을 권리를 실현하는 수단이므로 헌법상 기본권인 변호인의 변호권으로서 보호되어야 한다. 피의자신문에 참여한 변호인이 피의자 옆에 앉는다고 하여 피의자 뒤에 앉는 경우보다 수사를 방해할 가능성이 높아진다거나 수사기밀을 유출할 가능성이 높아진다고 볼 수 없으므로, 이 사건 후방착석요구행위의 목적의 정당성과 수단의 적절성을 인정할 수 없다. 이 사건 후방착석요구행위로 인하여 위축된 피의자가 변호인에게 적극적으로 조언과 상담을 요청할 것을 기대하기 어렵고, 변호인이 피의자의 뒤에 앉게 되면 피의자의 상태를 즉각적으로 파악하거나 수사기관이 피의자에게 제시한 서류 등의 내용을 정확하게 파악하기 어려우므로, 이 사건 후방착석요구행위는 변호인인 청구인의 피의자신문참여권을 과도하게 제한한다. 그런데 이 사건에서 변호인의 수사방해나 수사기밀의 유출에 대한 우려가 없고, 조사실의 장소적 제약 등과 같이 이 사건 후방착석요구행위를 정당화할 그 외의 특별한 사정도 없으므로, 이 사건 후방착석요구행위는 침해의 최소성 요건을 충족하지 못한다. 이 사건 후방착석요구행위로 얻어질 공익보다는 변호인의 피의자신문참여권 제한에 따른 불이익의 정도가 크므로, 법익의 균형성 요건도 충족하지 못한다. 따라서 이 사건 후방착석요구행위는 변호인인 청구인의 변호권을 침해한다.」

Ⅳ. 피의자신문의 절차 및 신문 내용

대법원 1988. 5. 10. 선고 87도2716 판결「수사기관이 피의자신문조서를 작성함에 있어서는 그것을 열람하게 하거나 읽어 들려야 하는 것은 형사소송법 제244조의 규정에 비추어 명백하나 그 절차가 비록 행해지지 안했다 하더라도 그것만으로 그 피의자신문조서가 증거능력이 없게 된다고는 할 수 없고 같은 법 제312조 소정의 요건을 갖추게 되면 그것을 증거로 할 수 있는 것(이다).」

대법원 2001. 9. 28. 선고 2001도4091 판결「형사소송법 제57조 제1항은 공무원이 작성하는 서류에는 법률에 다른 규정이 없는 때에는 작성년월일과 소속공무소를 기재하고 서명날인하여야 한다고 규정하고 있는바, 그 서명날인은 공무원이 작성하는 서류에 관하여 그 기재 내용의 정확성과 완전성을 담보하는 것이므로 검사 작성의 피의자신문조서에 작성자인 검사의 서명날인이 되어 있지 아니한 경우 그 피의자신문조서는 공무원이 작성하는 서류로서의 요건을 갖추지 못한 것으로서 위 법규정에 위반되어 무효이고 따라서 이에 대하여 증거능력을 인정할 수 없다고 보아야 할 것이며, 그 피의자신문조서에 진술자인 피고인의 서명날인이 되어 있다거나, 피고인이 법정에서 그 피의자신문조서에 대하여 진정성립과 임의성을 인정하였다고 하여 달리 볼 것은 아니라고 할 것이다.」

대법원 2015. 4. 23. 선고 2013도3790 판결「이 사건 진술서는 공소외 1이 검찰청에 소환된 상태에서 검사의 요구에 의하여 작성된 것으로서 비록 검사가 이 사건 진술서의 구체적인 내용에 관여하지 아니하였다고 하더라도 그 작성 과정에서 공소외 2와의 대화 기회를 제공하는 등 공소외 1의 피고인에 대한 금품 교부 관련 사실에 대한 수사과정의 일부로서 이 사건 진술서가 작성되었다고 보이므로, 형사소송법 제312조 제5항에서 정한 '피고인이 아닌 자가 수사과정에서 작성한 진술서'에 해당한다고 할 것이다. 따라서 이 사건 진술서 작성을 비롯하여 그날 이루어진 공소외 1에 대한 조사에 관하여는 형사소송법 제244조의4 제3항, 제1항에 따라 공소외 1이 조사장소에 도착한 시각, 조사를 시작하고 마친 시각, 그 밖에 조사과정의 진행경과를 확인하기 위하여 필요한 사항을 진술서에 기록하거나 별도의 서면에 기록한 후 수사기록에 편철하였어야 하는데, 이러한 조사과정을 기록한 자료가 없는 이상, 이 사건 진술서는 적법한 절차와 방식에 따라 작성되었다 할 수 없으므로 앞서 본 법리에 따라 그 증거능력이 인정될 수 없다.」

대법원 2022. 10. 27. 선고 2022도9510 판결 「검사 또는 사법경찰관이 피의자가 아닌 자의 출석을 요구하여 조사하는 경우에는 피의자를 조사하는 경우와 마찬가지로 조사장소에 도착한 시각, 조사를 시작하고 마친 시각, 그 밖에 조사과정의 진행경과를 확인하기 위하여 필요한 사항을 조서에 기록하거나 별도의 서면에 기록한 후 수사기록에 편철하도록 하는 등 조사과정을 기록하게 한 형사소송법 제221조 제1항, 제244조의4 제1항, 제3항의 취지는 수사기관이 조사과정에서 피조사자로부터 진술증거를 취득하는 과정을 투명하게 함으로써 그 과정에서의 절차적 적법성을 제도적으로 보장하려는 것이다. 따라서 수사기관이 수사에 필요하여 피의자가 아닌 자로부터 진술서를 작성·제출받는 경우에도 그 절차는 준수되어야 하므로, 피고인이 아닌 자가 수사과정에서 진술서를 작성하였지만 수사기관이 조사과정의 진행경과를 확인하기 위하여 필요한 사항을 그 진술서에 기록하거나 별도의 서면에 기록한 후 수사기록에 편철하는 등 적절한 조치를 취하지 아니하여 형사소송법 제244조의4 제1항, 제3항에서 정한 절차를 위반한 경우에는, 그 진술증거 취득과정의 절차적 적법성의 제도적 보장이 침해되지 않았다고 볼 만한 특별한 사정이 없는 한 '적법한 절차와 방식'에 따라 수사과정에서 진술서가 작성되었다고 할 수 없어 증거능력을 인정할 수 없다.」

대법원 2007. 11. 30. 선고 2005다40907 판결 「형사소송법 제199조에서는 "수사에 관하여는 그 목적을 달성하기 위하여 필요한 조사를 할 수 있다."고 규정하고, 같은 법 제200조에서는 "검사 또는 사법경찰관은 수사에 필요한 때에는 피의자의 출석을 요구하여 진술을 들을 수 있다."라고 규정하고 있는바, 위와 같은 규정들에 비추어 보면 수사는 수사의 목적을 달성함에 필요한 경우에 한하여 상당하다고 인정되는 방법에 의하여 이루어져야 할 것이다. 한편, 같은 법 제242조에서는 "검사 또는 사법경찰관은 피의자에 대하여 범죄사실과 정상에 관한 필요사항을 신문하여야 하며 그 이익되는 사실을 진술할 기회를 주어야 한다."고 규정하고 있는데, 검사는 피의자를 신문함에 있어서 범죄사실에 관한 사항으로 범행의 일시, 장소, 수단과 방법, 객체, 결과뿐만 아니라, 그 동기와 공범관계, 범행에 이르게 된 경과 등 범행 전후의 여러 정황도 함께 신문하여야 할 것이고, 위와 같은 사항들에 대한 신문은 당해 범죄에 대한 수사로서 그와 관계없는 별개의 범죄에 대한 수사는 아니라고 할 것이다. 위 법리와 기록에 비추어 살펴보면, 피고 4, 피고 5, 피고 6이 원고를 신문함에 있어서 한나라당과의 연계 여부 등에 대하여 조사한 것은 원고의 범인은닉 혐의와 관련하여 그 동기 내지 공범관계 또는 범행에 이르게 된 경과 등에 관한 조사로서 정당한 수사활동의 범위 내의 것이라고 할 것이므로 위와 같은 수사가 필요성이나 상당성이 없는 수사라고 할 수 없다.」 (검사가 은행 불법대출 사건과 관련하여 청와대 수석이 개입했다고 허위 폭로한 신용보증지검장을 도피시켜준 혐의를 받고 있는 국사모(전직 국정원 간부 모임) 부회장에 대해 범인은닉 혐의로 피의자신문을 하면서 그 동기 내지 공범관계 또는 범행에 이르게 된 경과 등을 파악하기 위해 한나라당과의 연계 여부 등에 대하여 조사한 것이 정당한 수사활동의 범위 내의 것인지가 문제된 사안)

제 2 절 피의자 이외의 자에 대한 수사방법

Ⅰ. 참고인조사

대법원 2014. 7. 10. 선고 2012도5041 판결 「수사기관에 의한 참고인 진술의 영상녹화를 새로 정하면서 그 용도를 참고인에 대한 진술조서의 실질적 진정성립을 증명하거나 참고인의 기억을 환기시키기 위한 것으로 한정하고 있는 현행 형사소송법의 규정 내용을 영상물에 수록된 성범죄 피해자의 진술에 대하여 독립적인 증거능력을 인정하고 있는 성폭법 제30조 제6항 또는 아청법 제26조 제6항의 규정과 대비하여 보면, 수사기관이 참고인을 조사하는 과정에서 형사소송법 제221조 제1항에 따라 작성한 영상녹화물은, 다른 법률에서 달리 규정하고 있는 등의 특별한 사정이 없는 한, 공소사실을 직접 증명할 수 있는 독립적인 증거로 사용될 수는 없다고 해석함이 타당하다.」

서울고등법원 2022. 7. 22. 선고 2021노2521 판결 「검사는 위 진술서는 경찰관이 참고인들을 경찰서로 소환요구하여 경찰서에서 작성한 것이 아니라 참고인들이 원하는 장소를 방문하여 진술서를 받은 것이므로 형사소송법 제244조의4가 적용되지 않는다고 주장한다. … 형사소송법 제244조의4는 수사기관이 조사과정에서 피조사자로부터 진술증거를 취득하는 과정을 투명하게 함으로써 그 과정에서의 절차적 적법성을 제도적으로 보장하기 위한 규정으로, 그 진술서가 어디에서 작성되었는지에 따라 위 규정의 적용 여부를 달리 할 아무런 이유가 없다.」

〈범인식별절차의 근본적인 문제점〉

대법원 2001. 2. 9. 선고 2000도4946 판결

피고인은 경찰이래 원심법정에 이르기까지, 자신은 이 사건 전날 중노동을 하고 저녁에 술에 상당히 취한 채 집에서 잠을 자다가 이 사건 당일 새벽 5시경 공소외 1의 전화를 받고

그를 만나러 간 사실이 있을 뿐이지 신흥사에 들어가 이 사건 강도상해 범행을 저지른 적이 없다고 일관되게 부인하고 있다.

제1심과 원심이 피고인에 대한 유죄의 직접적 증거로 내세운 것은 피해자들의 수사기관 및 법정에서의 진술뿐이므로 이 사건의 핵심은 피해자들 진술의 신빙성 유무이다.

이 사건에서와 같이 야간에 짧은 시간 동안 강도의 범행을 당한 피해자가 어떤 용의자의 인상착의 등에 의하여 그를 범인으로 진술하는 경우에, 그 용의자가 종전에 피해자와 안면이 있는 사람이라든가 피해자의 진술 외에도 그 용의자를 범인으로 의심할 만한 다른 정황이 존재한다든가 아니면 피해자가 아무런 선입견이 없는 상태에서 그 용의자를 포함하여 인상착의가 비슷한 여러 사람을 동시에 대면하고 그 중에서 범인을 식별하였다든가 하는 부가적인 사정이 있다면, 직접 목격자인 피해자의 진술은 특별히 허위진술을 할 동기나 이유가 없는 한 그 증명력이 상당히 높은 것이라 하겠으나, 피해자가 범행 전에 용의자를 한번도 본일이 없고 피해자의 진술 외에는 그 용의자를 범인으로 의심할 만한 객관적인 사정이 존재하지 않는 상태에서, 수사기관이 잘못된 단서에 의하여 범인으로 지목하고 신병을 확보한 용의자를 일대일로 대면하고 그가 범인임을 확인하였을 뿐이라면, **사람의 기억력의 한계 및 부정확성**과 위와 같은 상황에서 **피해자에게 주어질 수 있는 무의식적인 암시의 가능성**에 비추어 그 피해자의 진술에 높은 정도의 신빙성을 부여하기는 곤란하다고 할 것이다.

〈1:1 대면으로도 신빙성을 인정할 수 있는 경우〉

대법원 2009. 6. 11. 선고 2008도12111 판결

범죄 발생 직후 목격자의 기억이 생생하게 살아있는 상황에서 현장이나 그 부근에서 범인식별 절차를 실시하는 경우에는, 목격자에 의한 생생하고 정확한 식별의 가능성이 열려 있고 범죄의 신속한 해결을 위한 즉각적인 대면의 필요성도 인정할 수 있으므로, 용의자와 목격자의 일대일 대면도 허용된다고 할 것이다.

원심판결 이유에 의하면, 피해자가 2007. 11. 4. 04:30경 부산 남구(이하 생략)에 있는 집으로 귀가하기 위하여 ○○동 소재 ○○동 주민자치센터(동사무소) 앞길을 혼자 걸어가고 있던 중, 뒤편에서 범인이 피해자의 겨드랑이 사이로 두 손을 넣어 가슴을 움켜쥐었다가 피해자가 놀라 비명을 지르자 피해자를 밀쳐 땅바닥에 넘어뜨리고 몸 위에 올라타 피해자의 어깨와 가슴 부위를 주먹으로 2회 정도 때린 뒤 일어나 태연히 걸어간 사실, 피해자는 범인을 뒤쫓아가다가 때마침 순찰활동 중이던 경찰차에 탑승하여 경찰관들과 함께 범인을 추적하게 된 사실, 경찰관들은 곧바로 도주하는 범인을 발견하고 경찰차로 추격하였는데, 범인이 오른쪽으로 나 있는 작은 골목길 쪽으로 사라지는 바람에 약 20m의 거리를 두고 시야에서 놓쳐 버렸으며, 그로부터 약 3초 만에 위 골목길 입구에 이르러 경찰차에서 내린 다음 골목길 주변을 둘러보았으나 범인은 발견되지 않은 사실, 위 골목길은 입구에서 우측으로 두 채, 좌측으로 한 채의 주택이 면하여 있는 길로서, 끝 부분에는 약 1.5m 높이의 담장이 가로막고 있고 그 위로는 쇠창살이 설치되어 있는 사실, 경찰관들은 위 골목길에 면해 있는 주택을 탐문하여 우측 입구 주택 2층에 부부가 젊은 아들 및 딸과 함께 거주한다는 내용의 진술을 들은 사실, 경찰관은 위 주택 2층에 거주한다는 젊은 남자가 범인인지 여부를 확인하기 위하여 피고인의 아버지 승낙을 받아 위 주택 2층의 피고인 방에 들어가게 된 사실, 경찰관들은 집 앞에서 기다리고 있던 피해자를 데려와 피고인과 대면을 시킨 다음 범인이 맞는지 물어보아 **맞다는 대답을 듣고는, 피고인을 체포한 사실**을 알 수 있다.

앞서 본 법리에 비추어 보면, <u>이 사건과 같이 피해자가 경찰관과 함께 범행 현장에서 범인을 추적하다 골목길에서 범인을 놓친 직후 골목길에 면한 집을 탐문하여 용의자를 확정한 경우에는 그 현장에서 용의자와 피해자의 일대일 대면이 허용된다</u>고 할 것이다.

나아가 원심판결 및 원심이 적법하게 조사한 증거 등에 의하면, 피해자는 4회에 걸쳐 범인의 얼굴을 보았다고 진술하고 있는데 그 중 적어도 범인이 피해자의 뒤에서 겨드랑이 사이에 두 손을 넣어 가슴을 움켜쥐는 순간 뒤돌아보았을 때와 범인이 피해자를 밀쳐 땅바닥에 넘어뜨리고 몸 위에 올라타 폭행을 가할 때에는 이 사건 범인의 얼굴과 인상착의를 제대로 확인할 수 있었을 것으로 판단되는 점, 피해자의 진술에 의하면 범인은 소매 없는 검은색 패딩잠바를 입고 챙 있는 야구모자와 안경을 쓰고 있었다는 것인데, 앞서 본 바와 같은 경위로 피고인의 방에 들어갔을 때 피고인은 소매 없는 검은색 패딩잠바와 안경을 벗어 놓고 두터운 후드 상의와 청바지를 입고 양말도 신은 채로 잠을 자고 있었다고 말하였던 점, 당시 범인이 쓰고 있던 모자의 색상에 관해서는 피해자와 함께 범인을 추격하던 경찰관들 사이에서도 인지한 색상이 일치하지 아니하고 당시 야간이어서 어두웠던 사정을 고려하면 모자의 색상에 관한 진술로 피해자 진술의 전체적인 신빙성을 판단하는 것은 적절하지 않다고 보이는 점, 피해자는 이 사건 범행 직후 피고인과 일대일 대면을 한 순간 자신을 추행한 남자가 틀림없다고 진술하였고 이러한 진술은 수사기관 이래 원심법정에 이르기까지 일관되어 있는바, 피해자는 원심법정에서 '경찰관이 재차 범인이 맞느냐고 물어보아 맞는 것 같다고 대답을 하였다. 피고인과 대면하고 범인이 맞느냐고 물어보았을 때 곧바로 대답을 하였는지 여부는 기억이 없다'고 진술하면서도 '지금 생각해 볼 때도 당시의 범인이 피고인이 분명하다고 생각한다'고 진술하고 있는 점 등을 모아 보면 피해자 진술을 쉽사리 배척할 것은 아니라고 할 것이다.

〈성추행 피해 아동의 진술에 관한 신빙성 판단 방법〉

대법원 2008. 7. 10. 선고 2006도2520 판결

증거로 제출된 성추행 피해 아동의 검찰에서의 진술에 관한 신빙성을 판단함에 있어서는, 아동의 경우 질문자에 의한 피암시성이 강하고, 상상과 현실을 혼동하거나 기억내용에 대한 출처를 제대로 인식하지 못할 가능성이 있는 점 등을 고려하여, 아동의 나이가 얼마나 어린지, 위 진술이 사건 발생시로부터 얼마나 지난 후에 이루어진 것인지, 사건 발생 후 위 진술이 이루어지기까지의 과정에서 최초로 아동의 피해 사실을 청취한 보호자나 수사관들이 편파적인 예단을 가지고 아동에게 사실이 아닌 정보를 주거나 반복적인 신문 등을 통하여 특정한 답변을 유도하는 등으로 아동 기억에 변형을 가져 올 여지는 없었는지, 위 진술 당시 질문자에 의하여 오도될 수 있는 암시적인 질문이 반복된 것은 아닌지, 같이 신문을 받은 또래 아동의 진술에 영향을 받은 것은 아닌지, 면담자로부터 영향을 받지 않은 아동 자신의 진술이 이루어진 것인지, 법정에서는 피해사실에 대하여 어떠한 진술을 하고 있는지 등을 살펴보아야 하며, 또한 위 검찰에서의 진술내용에 있어서도 일관성이 있고 명확한지, 세부내용의 묘사가 풍부한지, 사건·사물·가해자에 대한 특징적인 부분에 관한 묘사가 있는지, 정형화된 사건 이상의 정보를 포함하고 있는지 등도 종합적으로 검토되어야 한다(민사사건에 관한 대법원 2006. 10. 26. 선고 2005다61027 판결 참조).

또한, 범인식별 절차에 있어 피해자 진술의 신빙성을 높게 평가할 수 있게 하려면, 범인의 인상착의 등에 관한 목격자의 진술 내지 묘사를 사전에 상세히 기록화한 다음, 용의자를 포함하여 그와 인상착의가 비슷한 여러 사람을 동시에 목격자와 대면시켜 범인을 지목하도록 하여야 하고, 용의자와 목격자 및 비교대상자들이 상호 사전에 접촉하지 못하도록 하여야 하며, 사후에 증거가치를 평가할 수 있도록 대질 과정과 결과를 문자와 사진 등으로 서면화하는 등의 조치를 취하여야 할 것이고, 사진제시에 의한 범인식별 절차에 있어서도 기본적으로 이러한 원칙에 따라야 한다(대법원 2008. 1. 17. 선고 2007도5201 판결 참조).

원심판결 이유에 의하면, 이 사건 원심은 이 사건 **공소사실에 대한 직접적인 증거인 피해자들의 검찰에서의 진술에 관하여 피해자들이 가해자의 인상착의에 대한 정확한 기억을 갖고 있지 못한 상태에서 피고인이 가해자인지 여부를 묻는 공소외인 등의 반복된 질문에 의한 암시를 받아 피고인을 가해자로 지목하였을 가능성을 완전히 배제할 수 없어 그 신빙성에 대한 의심을 거두기 어렵다**고 판단하였는바, 이와 같은 원심의 판단은 위의 법리에 따른 것이라고 수긍할 수 있(다).

대법원 2015. 8. 27. 선고 2015도5381 판결 「일반적으로 용의자의 인상착의 등에 의한 범인식별 절차에서 용의자 한 사람을 단독으로 목격자와 대질시키거나 용의자의 사진 한 장만을 목격자에게 제시하여 범인 여부를 확인하게 하는 것은, 사람의 기억력의 한계 및 부정확성과 구체적인 상황하에서 그 용의자가 범인으로 의심받고 있다는 무의식적 암시를 목격자에게 줄 수 있는 가능성으로 인하여 그 신빙성이 낮다고 보아야 하나, 피해자의 진술 외에도 그 용의자를 범인으로 의심할 만한 다른 정황이 존재한다든가 하는 등의 부가적인 사정이 있는 경우에는 그와 달리 평가할 수 있다(대법원 2009. 6. 11. 선고 2008도12111 판결 참조). 원심판결 이유 및 제1심과 원심이 적법하게 채택한 증거들에 의하여 알 수 있는 ① 이 사건 당일 피고인의 주거지 CCTV와 편의점 CCTV에 나타난 피고인의 실제 각 인상착의와 피해자·목격자가 이 사건 절도 범행 당시 목격한 범인의 구체적 인상착의에 관한 수사기관, 법정에서의 각 진술 내용, ② 이 사건 절도 범행의 시각·장소와 피고인이 주거지와 편의점을 출입한 시각 및 각 장소 사이의 거리, ③ 범행 시각 무렵의 피고인의 행적과 구체적 상황에 관한 피고인의 진술 내용 등 피고인을 절도 범행의 범인으로 의심할 만한 그 밖의 정황들에 비추어 보면, 원심이 목격자의 범인 지목 진술에 신빙성이 있다고 판단하고 '피고인이 피해자의 주거지에 침입하여 지갑과 신용카드 등을 절취하였다'는 공소사실 부분을 유죄로 인정한 것은 정당한 것으로 수긍할 수 있고, 거기에 상고이유 주장과 같이 목격자 진술의 신빙성에 관한 법리를 오해하거나 자유심증주의의 한계를 벗어난 위법이 없다.」

대법원 2008. 6. 12. 선고 2007다64365 판결 「경찰관은 그 직무를 수행함에 있어 헌법과 법률에 따라 국민의 자유와 권리를 존중하고 범죄피해자의 명예와 사생활의 평온을 보호할 법규상 또는 조리상의 의무가 있고, 특히 이 사건과 같이 성폭력범죄의 피해자가 나이 어린 학생인 경우에는 수사과정에서 또 다른 심리적·신체적 고통으로 인한 가중된 피해를 입지 않도록 더욱 세심하게 배려할 직무상 의무가 있다. 그런데 원심이 적법하게 인정한 사실에 의하면 이 사건 성폭력범죄의 담당 경찰관은 그 경찰서에 설치되어 있는 범인식별실을 사용하지 않은 채 공개된 장소인 형사과 사무실에서 피의자 41명을 한꺼번에 세워 놓고 피해자인 원고 1, 원고 2로 하여금 범행일시와 장소 별로 범인을 지목하게 하였다는 것인바, 경찰관의 이와 같은 행위는 위에서 본 직무상 의무를 소홀히 하여 위 원고들에게 불필요한 수치심과 심리적 고통을 느끼도록 하는 행위로서 법규상 또는 조리상의 한계를 위반한 것임이 분명하고, 수사상의 편의라는 동기나 목적에 의해 정당화될 수 없으며, 달리 위 행위가 부득이한 것으로서 정당하다고 볼 만한 사유도 찾아볼 수 없다.」

II. 사실조회

헌법재판소 2012. 12. 27. 선고 2010헌마153 결정 「이 사건 제공행위에 의하여 제공된 접견녹음파일로 특정개인을 식별할 수 있고, 그 대화내용 등은 인격주체성을 특징짓는 사항으로 그 개인의 동일성을 식별할 수 있게 하는 정보이므로, 정보주체인 청구인의 동의 없이 접견녹음파일을 관계기관에 제공하는 것은 청구인의 개인정보자기결정권을 제한하는 것이다. 그런데 <u>이 사건 제공행위는 형사사법의 실체적 진실을 발견하고 이를 통해 형사사법의 적정한 수행을 도모하기 위한 것으로 그 목적이 정당하고, 수단 역시 적합하다.</u> 또한, <u>접견기록물의 제공은 제한적으로 이루어지고, 제공된 접견내용은 수사와 공소제기 등에 필요한 범위 내에서만 사용하도록 제도적 장치가 마련되어 있으며, 사적 대화내용을 분리하여 제공하는 것은 그 구분이 실질적으로 불가능하고, 범죄와 관련 있는 대화내용을 쉽게 파악하기 어려워 전체제공이 불가피한 점 등을 고려할 때 침해의 최소성 요건도 갖추고 있다. 나아가 접견내용이 기록된다는 사실이 미리 고지되어 그에 대한 보호가치가 그리 크다고 볼 수 없는 점 등을 고려할 때, 법익의 불균형을 인정하기도 어려우므로, 과잉금지원칙에 위반하여 청구인의 개인정보자기결정권을 침해하였다고 볼 수 없다.</u> … 이 사건 제공행위는 수사기관이 범죄의 수사와 공소의 제기 및 유지에 필요한 경우 소장에게 접견기록물을 제공할 수 있도록 규정한 관계 법령에 근거한 것으로, <u>직접적으로 물리적 강제력을 행사하는 등 강제처분을 수반하는 것이 아니기 때문에 영장주의가 적용되지 않는다.</u>」 (피청구인인 부산구치소장이 청구인이 2009. 5. 7. 부산구치소에 수용된 이후 청구인과 배우자 사이에 이루어진 접견내용을 녹음하고, 2009. 6. 9. 부산지방검찰청 검사상의 요구에 따라 청구인에 대한 접견녹음파일을 제공하였는데, 이것이 2009. 11. 26. 추가로 공소 제기된 위 부산지방법원 2009고합742 사건에서 범죄사실 인정의 증거로 사용된 사안)

헌법재판소 2018. 8. 30. 선고 2014헌마368 결정 「이 사건 정보제공행위에 의하여 제공된 청구인 김○환의 약 2년 동안의 총 44회 요양급여내역 및 청구인 박○만의 약 3년 동안의 총 38회 요양급여내역은 건강에 관한 정보로서 '개인정보 보호법' 제23조 제1항이 규정한 민감정보에 해당한다. '개인정보 보호법'상 공공기관에 해당하는 국민건강보험공단은 이 사건 정보제공조항, '개인정보 보호법' 제23조 제1항 제2호, '경찰관 직무집행법 시행령' 제8조 등에 따라 범죄의 수사를 위하여 불가피한 경우 정보주체 또는 제3자의 이익을 부당하게 침해할 우려가 있을 때를 제외하고 민감정보를 서울용산경찰서장에게 제공할 수 있다. 서울용산경찰서장은 청구인들을 검거하기 위해서 국민건강보험공단에게 청구인들의 요양급여내역을 요청한 것인데, <u>서울용산경찰서장은 그와 같은 요청을 할 당시 전기통신사업자로부터 위치추적자료를 제공받는 등으로 청구인들의 위치를 확인하였거나 확인할 수 있는 상태였다. 따라서 서울용산경찰서장이 청구인들을 검거하기 위하여 청구인들의 약 2년 또는 3년이라는 장기간의 요양급여내역을 제공받는 것이 불가피하였다고 보기 어렵다.</u> 한편 급여일자와 요양기관명은 피의자의 현재 위치를 곧바로 파악할 수 있는 정보는 아니므로, 이 사건 정보제공행위로 얻을 수 있는 수사상의 이익은 없었거나 미약한 정도였다. 반면 서울용산경찰서장에게 제공된 요양기관명에는 전문의의 병원도 포함되어 있어 청구인들의 질병의 종류를 예측할 수 있는 점, 2년 내지 3년 동안의 요양급여정보는 청구인들의 건강 상태에 대한 총체적인 정보를 구성할 수 있는 점 등에 비추어 볼 때, 이 사건 정보제공행위로 인한 청구인들의 개인정보자기결정권에 대한 침해는 매우 중대하다. 그렇다면 이 사건 정보제공행위는 이 사건 정보제공조항 등이 정한 요건을 충족한 것으로 볼 수 없고, 침해의 최소성 및 법익의 균형성에 위배되어 청구인들의 개인정보자기결정권을 침해하였다.」(경찰서장이 피의자들의 소재파악을 위해 2~3년간의 요양급여내역의 제공을 요청하여 국민건강보험공단이 이를 제공한 사안)

CHAPTER

대인적 강제수사

제 1 절   체포

Ⅰ. 영장에 의한 체포

〈영장주의의 의미〉

헌법재판소 1997. 3. 27. 선고 96헌바28, 31, 32 결정

헌법 제12조 제1항은 "모든 국민은 신체의 자유를 가진다. 누구든지 법률에 의하지 아니하고는 체포·구속·압수·수색 또는 심문을 받지 아니하며, 법률과 적법한 절차에 의하지 아니하고는 처벌·보안처분 또는 강제노역을 받지 아니한다"라고 규정하고 있는바, 위 조항의 전문은 신체의 자유를 선언한 부분이고 후문은 신체의 자유를 침해하는 경우에는 적법절차의 원칙에 따라야 함을 정한 부분이다.

신체의 자유는 정신적 자유와 함께 모든 기본권의 기초가 되는 것임에도 역사적으로 국가에 의하여 특히 형벌권의 발동형식으로 침해되어 온 예가 많으므로 헌법은 제12조 제1항에서 적법절차의 원칙을 선언한 후 같은 조 제2항 내지 제7항에서 적법절차의 원칙으로부터 도출될 수 있는 내용 가운데 특히 중요한 몇가지 원칙을 열거하고 있는바, 이 사건 관련 조항인 헌법 제12조 제3항은 "체포·구속·압수 또는 수색을 할 때에는 적법한 절차에 따라 검사의 신청에 의하여 법관이 발부한 영장을 제시하여야 한다.……"라고 규정함으로써 영장주의를 천명하고 있다.

<u>영장주의란 형사절차와 관련하여 체포·구속·압수 등의 강제처분을 함에 있어서는 사법권</u>

독립에 의하여 그 신분이 보장되는 법관이 발부한 영장에 의하지 않으면 아니된다는 원칙이고, 따라서 영장주의의 본질은 신체의 자유를 침해하는 강제처분을 함에 있어서는 중립적인 법관이 구체적 판단을 거쳐 발부한 영장에 의하여야만 한다는 데에 있다고 할 수 있다.

수사단계이든 공판단계이든 수사나 재판의 필요상 구속 등 강제처분을 하지 않을 수 없는 경우는 있게 마련이지만 강제처분을 받는 피의자나 피고인의 입장에서 보면 심각한 기본권의 침해를 받게 되므로 헌법은 강제처분의 남용으로부터 국민의 기본권을 보장하기 위한 수단으로 영장주의를 천명한 것이다. 특히 강제처분 중에서도 중립적인 심판자로서의 지위를 갖는 법원(우리나라 형사소송의 구조는 원칙적으로 당사자주의 구조이다. 헌법재판소 1995. 11. 30. 선고, 92헌마44 결정 참조)에 의한 강제처분에 비하여 수사기관에 의한 강제처분의 경우에는 범인을 색출하고 증거를 확보한다는 수사의 목적상 적나라하게 공권력이 행사됨으로써 국민의 기본권을 침해할 가능성이 큰 만큼 수사기관의 인권침해에 대한 법관의 사전적·사법적 억제를 통하여 수사기관의 강제처분 남용을 방지하고 인권보장을 도모한다는 면에서 영장주의의 의미가 크다고 할 것이다(이러한 면에서 법원이 직권으로 발부하는 영장과 수사기관의 청구에 의하여 발부하는 구속영장의 법적 성격은 갖지 않다. 즉, 전자는 명령장으로서의 성질을 갖지만 후자는 허가장으로서의 성질을 갖는 것으로 이해되고 있다).

〈체포이유와 피의사실 등의 고지〉

대법원 2008. 2. 14. 선고 2007도10006 판결

사법경찰관 등이 체포영장을 소지하고 피의자를 체포하기 위하여는 체포 당시에 피의자에게 체포영장을 제시하고 피의자에 대한 범죄사실의 요지, 구속의 이유와 변호인을 선임할 수 있음을 말하고 변명할 기회를 주어야 하는데 형사소송법(2007. 6. 1. 법률 제8496호로 개정되기 전의 것 제200조의5, 제72조, 제85조 제1항), 이와 같은 체포영장의 제시나 고지 등은 체포를 위한 실력행사에 들어가기 이전에 미리 하여야 하는 것이 원칙이나, 달아나는 피의자를 쫓아가 붙들거나 폭력으로 대항하는 피의자를 실력으로 제압하는 경우에는 붙들거나 제압하는 과정에서 하거나, 그것이 여의치 않은 경우에라도 일단 붙들거나 제압한 후에 지체없이 행하여야 한다. … 공소외 2 등은 피고인에 대한 체포영장을 집행하기 전 피고인에게 필로폰 투약혐의로 체포영장이 발부되었다는 사실과 범죄사실의 요지 및 변호인선임권 등을 고지하였고, 이어 공소외 3이 소지하고 있던 체포영장을 꺼내어 피고인에게 제시하려고 하였으나,

피고인이 팔을 휘두르면서 도망가려고 저항하고, 이어 깨진 유리를 들어 공소외 2의 오른쪽 팔을 찌르고 공소외 3에게도 깨진 유리를 휘두르면서 완강히 대항하여 결국 공소외 2 등이 힘에 부쳐 피고인을 검거하지 못한 채 현장에서 이탈함에 따라 피고인에게 체포영장을 제시하지 못한 것이므로, 피고인에게 체포영장이 실제로 제시되지는 않았다 하더라도 공소외 2 등의 위와 같은 체포행위는 적법한 공무집행으로 보아야 한다.

> **대법원 2017. 9. 21. 선고 2017도10866 판결 〈표준〉**
> 피고인이 경찰관들과 마주하자마자 도망가려는 태도를 보이거나 먼저 폭력을 행사하며 대항한 바 없는 등 경찰관들이 체포를 위한 실력행사에 나아가기 전에 체포영장을 제시하고 미란다 원칙을 고지할 여유가 있었음에도 애초부터 미란다 원칙을 체포 후에 고지할 생각으로 먼저 체포행위에 나선 경찰관들의 행위가 적법한 공무집행이라고 보기 어렵다.

〈체포영장의 제시〉

대법원 2021. 6. 24. 선고 2021도4648 판결

1. 검사 또는 사법경찰관이 체포영장을 집행할 때에는 피의자에게 반드시 체포영장을 제시하여야 한다. 다만 체포영장을 소지하지 아니한 경우에 급속을 요하는 때에는 피의자에게 범죄사실의 요지와 영장이 발부되었음을 고하고 체포영장을 집행할 수 있다. 이 경우 집행을 완료한 후에는 신속히 체포영장을 제시하여야 한다(형사소송법 제200조의6, 제85조 제1항, 제3항, 제4항).

2. 가. 원심은, ① 피고인에 대해「성폭력범죄의 처벌 등에 관한 특례법」(이하 '성폭력처벌법'이라고 한다) 위반(비밀준수등) 범행으로 체포영장이 발부되어 있었던 사실, ② '피고인의 차량이 30분 정도 따라온다'는 내용의 112신고를 받고 현장에 출동한 경찰관들이 승용차에 타고 있던 피고인의 주민등록번호를 조회하여 피고인에 대한 체포영장이 발부된 것을 확인한 사실, ③ 경찰관들이 피고인에게 '성폭력처벌법위반으로 수배가 되어 있는바, 변호인을 선임할 수 있고 묵비권을 행사할 수 있으며, 체포적부심을 청구할 수 있고 변명의 기회가 있다'고 고지하며 하차를 요구한 사실을 인정한 후, 이 사건 당시 경찰관들이 체포영장을 소지할 여유 없이 우연히 그 상대방을 만난 경우로서 체포영장의 제시 없이 체포영장을 집행할 수 있는 '급속을 요하는 때'에 해당하므로, 경찰관들이 체포영장의 제시 없이 피고인을 체포하려고 시도한 행위는 적법한 공무집행이라고 판단하였다.

나아가 원심은, 위와 같이 **경찰관들이 체포영장을 근거로 체포절차에 착수하였으나 피고인이 흥분하며 타고 있던 승용차를 출발시켜 경찰관들에게 상해를 입히는 범죄를 추가로 저지르자, 경찰관들이 위 승용차를 멈춘 후 저항하는 피고인을 별도 범죄인 특수공무집행방해치상의 현행범으로 체포한 사실을** 인정한 후, 이와 같이 경찰관이 체포영장에 기재된 범죄사실이 아닌 새로운 피의사실인 특수공무집행방해치상을 이유로 피고인을 현행범으로 체포하였고, 현행범 체포에 관한 제반 절차도 준수하였던 이상 피고인에 대한 체포 및 그 이후 절차에 위법이 없다고 판단한 후, 이 사건 공소사실을 유죄로 판단한 제1심판결을 그대로 유지하였다.

나. 원심이 든 위 사정들과 함께 이 사건 당시 체포영장에 의한 체포절차가 착수된 단계에 불과하였고, 피고인에 대한 체포가 체포영장과 관련 없는 새로운 피의사실인 특수공무집행방해치상을 이유로 별도의 현행범 체포 절차에 따라 진행된 이상, 집행 완료에 이르지 못한 체포영장을 사후에 피고인에게 제시할 필요는 없는 점까지 더하여 보면, 피고인에 대한 체포절차가 적법하다는 원심의 판단이 타당하다.

Ⅱ. 긴급체포

1. 긴급체포의 요건

〈긴급체포 요건 및 적법성의 판단기준〉

대법원 2002. 6. 11. 선고 2000도5701 판결

긴급체포는 영장주의원칙에 대한 예외인 만큼 형사소송법 제200조의3 제1항의 요건을 모두 갖춘 경우에 한하여 예외적으로 허용되어야 하고, 요건을 갖추지 못한 긴급체포는 법적근거에 의하지 아니한 영장 없는 체포로서 위법한 체포에 해당하는 것이다. 여기서 긴급체포의 요건을 갖추었는지 여부는 사후에 밝혀진 사정을 기초로 판단하는 것이 아니라 체포 당시의 상황을 기초로 판단하여야 하고, 이에 관한 검사나 사법경찰관 등 수사주체의 판단에는 상당한 재량의 여지가 있다고 할 것이나, 긴급체포 당시의 상황으로 보아서도 그 요건의 충족 여부에 관한 검사나 사법경찰관의 판단이 경험칙에 비추어 현저히 합리성을 잃은 경우에는 그 체포는 위법한 체포라 할 것이고, 이러한 위법은 영장주의에 위배되는 중대한 것이니 그

체포에 의한 유치중에 작성된 피의자신문조서는 위법하게 수집된 증거로서 특별한 사정이 없는 한 이를 유죄의 증거로 할 수 없는 것이다.

기록에 의하면, 수사검사는 1999. 11. 29. 피고인 1에게 뇌물을 주었다는 피고인 3 및 관련 참고인들의 진술을 먼저 확보한 다음, 현직 군수인 피고인 1을 소환·조사하기 위하여 검사의 명을 받은 검찰주사보 서진학이 1999. 12. 8. 16:40경 경기 광주읍 소재 광주군청 군수실에 도착하였으나 위 피고인이 군수실에 없어 도시행정계장인 박종인에게 군수의 행방을 확인하였더니, 위 피고인이 검사가 자신을 소환하려 한다는 사실을 미리 알고 자택 옆에 있는 초야농장 농막에서 기다리고 있을 것이니 수사관이 오거든 그 곳으로 오라고 하였다고 하므로, 같은 날 17:30경 서진학이 위 박종인과 같이 위 초야농장으로 가서 그 곳에서 수사관을 기다리고 있던 위 피고인을 긴급체포하고, 그 후 같은 달 11. 구속영장을 발부받을 때까지 위 피고인을 유치하면서 검사가 같은 달 9.과 10.에 이 사건 각 피의자신문조서를 작성한 사실을 알 수 있는바(이 사건 긴급체포서에는 긴급체포의 사유로서 '긴급체포치 않으면 증거인멸 및 도주우려 있음'이라고만 기재되어 있을 뿐, 왜 그러한 결론에 이르게 되었는지에 대하여는 아무런 설명이 없다), 사정이 그와 같다면, <u>위 피고인은 현직 군수직에 종사하고 있어 검사로서도 위 피고인의 소재를 쉽게 알 수 있었고, 1999. 11. 29. 피고인 3의 위 진술 이후 시간적 여유도 있었으며, 위 피고인도 도망이나 증거인멸의 의도가 없었음은 물론, 언제든지 검사의 소환조사에 응할 태세를 갖추고 있었고, 그 사정을 위 서진학으로서도 충분히 알 수 있었다 할 것이어서, 위 긴급체포는 그 당시로 보아서도 형사소송법 제200조의3 제1항의 요건을 갖추지 못한 것으로 쉽게 보여져 이를 실행한 검사 등의 판단이 현저히 합리성을 잃었다고 할 것이므로, 이러한 위법한 긴급체포에 의한 유치중에 작성된 이 사건 각 피의자신문조서는 이를 유죄의 증거로 하지 못한다고 할 것이다.</u>

〈긴급성의 요건을 갖추지 못한 경우〉

대법원 2016. 10. 13. 선고 2016도5814 판결 <표준>

<u>긴급체포는 긴급을 요하여 체포영장을 받을 수 없는 때에 할 수 있는 것이고, 이 경우 긴급을 요한다 함은 '피의자를 우연히 발견한 경우 등과 같이 체포영장을 받을 시간적 여유가 없는 때'를 말한다</u>(형사소송법 제200조의3).

원심은, 피고인이 자기 집에서 마약을 투약한다는 제보를 받은 경찰관이 피고인을 집 밖으

로 유인하여 불러내려 하였으나 실패하자 피고인의 주거지 문의 잠금장치를 해제하여 강제로 문을 열고 들어가 수색한 끝에 침대 밑에 숨어 있던 피고인을 긴급체포한 사실을 인정한 다음, 당시 피고인을 우연히 맞닥뜨려 긴급히 체포해야 할 상황이었다고 볼 수 없다는 등 그 판시와 같은 이유로 긴급체포가 위법하다고 판단하였다.

원심판결 이유와 기록에 의하면, **피고인이 필로폰을 투약하고 동네를 활보하고 다닌다는 제보를 받은 경찰관이 실제 제보된 주거지에 피고인이 살고 있는지 등 제보의 정확성을 사전에 확인한 후에 제보자를 불러 조사하기 위하여 피고인의 주거지를 방문하였다가, 현관에서 담배를 피우고 있는 피고인을 발견하고 사진을 찍어 제보자에게 전송하여 그 사진에 있는 사람이 제보한 대상자가 맞는다는 확인을 한 후, 가지고 있던 피고인의 전화번호로 전화를 하여 차량 접촉사고가 났으니 나오라고 하였으나 나오지 않고, 또한 경찰관임을 밝히고 만나자고 하는데도 현재 집에 있지 않다는 취지로 거짓말을 하자 원심판시와 같이 피고인의 집 문을 강제로 열고 들어가 피고인을 긴급체포한 사실을 알 수 있다.**

위와 같은 체포의 경위 등을 앞서 본 법리에 비추어 보면, <u>설령 피고인이 마약에 관한 죄를 범하였다고 의심할 만한 상당한 이유가 있었다고 하더라도, 경찰관이 이미 피고인의 신원과 주거지 및 전화번호 등을 모두 파악하고 있었고, 당시 마약 투약의 범죄 증거가 급속하게 소멸될 상황도 아니었다고 보이는 점 등의 사정을 감안하면, 원심이 피고인에 대한 긴급체포가 미리 체포영장을 받을 시간적 여유가 없었던 경우에 해당하지 아니한다고 본 것은 수긍</u>이 된다.

〈자진출석한 피의자 또는 참고인에 대한 긴급체포 가능 여부〉

대법원 2006. 9. 8. 선고 2006도148 판결 〈표준〉

<u>긴급체포는 영장주의원칙에 대한 예외인 만큼 형사소송법 제200조의3 제1항의 요건을 모두 갖춘 경우에 한하여 예외적으로 허용되어야 하고, 요건을 갖추지 못한 긴급체포는 법적 근거에 의하지 아니한 영장 없는 체포로서 위법한 체포에 해당하는 것이고, 여기서 긴급체포의 요건을 갖추었는지 여부는 사후에 밝혀진 사정을 기초로 판단하는 것이 아니라 체포 당시의 상황을 기초로 판단하여야 하고, 이에 관한 검사나 사법경찰관 등 수사주체의 판단에는 상당한 재량의 여지가 있다고 할 것이나, 긴급체포 당시의 상황으로 보아서도 그 요건의 충족 여부에 관한 검사나 사법경찰관의 판단이 경험칙에 비추어 현저히 합리성을 잃은 경우</u>

에는 그 체포는 위법한 체포라 할 것이다(대법원 2002. 6. 11. 선고 2000도5701 판결 참조). …
기록에 의하면, 2002. 11. 25. 인천지방법원 부천지원((사건번호 생략) 사건)에서 위증교사, 위
조증거사용죄로 기소된 피고인 1에 대하여 무죄가 선고되었고, 당시 공판검사이던 공소외 1
은 이에 불복하여 항소한 후 위 무죄가 선고된 공소사실에 대한 보완수사를 한다며 피고인
1의 변호사사무실 사무장이던 피고인 2에게 2003. 1. 3. 인천지방검찰청 부천지청 408호 검
사실로 출석하라고 요구한 사실, 공소외 1 검사는 2003. 1. 3. 피고인 1의 위증교사 사건과
관련하여 "피고인 2가 공소외 2에 대한 증인신문사항을 작성할 당시 공소외 2가 허위 증언
할 것이라는 것을 알고 있었을 것이라고 생각한다"는 취지로 진술한 공소외 3(이미 위 인천지
방법원 부천지원 (사건번호 생략) 사건의 판결에서 그 진술의 신빙성이 배척되었다)와 피고인 2를 대
질조사하기 위하여 공소외 3을 소환한 상태에서 자진출석한 피고인 2에 대하여 참고인 조사
를 하지 아니한 채 곧바로 위증 및 위증교사 혐의로 피의자신문조서를 받기 시작하였고, 이
에 피고인 2는 인적사항만을 진술한 후 공소외 1 검사의 승낙하에 피고인 1에게 전화를 하
여 "검사가 자신에 대하여 위증 및 위증교사 혐의로 피의자신문조서를 받고 있으니 여기서
데리고 나가 달라"고 하였으며, 더 이상의 조사가 이루어지지 아니하는 사이 피고인 1이 위
408호 검사실로 찾아와서 공소외 1 검사에게 "참고인 조사만을 한다고 하여 임의수사에 응
한 것인데 피고인 2를 피의자로 조사하는 데 대해서는 협조를 하지 않겠다"는 취지로 말하
며 피고인 2에게 여기서 나가라고 지시한 사실, 피고인 2가 일어서서 검사실을 나가려 하자
공소외 1 검사는 피고인 2에게 "지금부터 긴급체포하겠다"고 말하면서 피고인 2의 퇴거를
제지하려 하였고, 피고인 1은 피고인 2에게 계속 나가라고 지시하면서 피고인 2를 붙잡으려
는 공소외 1 검사를 몸으로 밀어 이를 제지한 사실을 알 수 있다.

사정이 그와 같다면, 피고인 2는 참고인 조사를 받는 줄 알고 검찰청에 자진출석하였는데
예상과는 달리 갑자기 피의자로 조사한다고 하므로 임의수사에 의한 협조를 거부하면서 그
에 대한 위증 및 위증교사 혐의에 대하여 조사를 시작하기도 전에 귀가를 요구한 것이므로,
공소외 1 검사가 피고인 2를 긴급체포하려고 할 당시 피고인 2가 위증 및 위증교사의 범행
을 범하였다고 의심할 만한 상당한 이유가 있었다고 볼 수 없고(위 공소외 3의 진술은 이미 위
인천지방법원 부천지원 (사건번호 생략) 사건의 판결에서 그 신빙성이 배척되었으므로 위 공소
외 3의 진술만으로 피고인 2가 위증 및 위증교사의 범행을 범하였다고 의심할 만한 상당한
이유가 있다고 볼 수 없다), 기록에 나타난 피고인 2의 소환 경위, 피고인 2의 직업 및 혐의
사실의 정도, 피고인 1의 위증교사죄에 대한 무죄선고, 피고인 1의 위증교사 사건과 관련한

피고인 2의 종전 진술 등에 비추어 보면 피고인 2가 임의수사에 대한 협조를 거부하고 자신의 혐의사실에 대한 조사가 이루어지기 전에 퇴거를 요구하면서 검사의 제지에도 불구하고, 퇴거하였다고 하여 도망할 우려가 있다거나 증거를 인멸할 우려가 있다고 보기도 어려우므로, 위와 같이 긴급체포를 하려고 한 것은 그 당시 상황에 비추어 보아 형사소송법 제200조의3 제1항의 요건을 갖추지 못한 것으로 쉽게 보여져 이를 실행한 검사 등의 판단이 현저히 합리성을 잃었다고 할 것이다. 따라서 검사가 위와 같이 검찰청에 자진출석한 피고인 2를 체포하려고 한 행위를 적법한 공무집행이라고 할 수 없다.

대법원 2003. 3. 27.자 2002모81 결정 「이 사건 긴급체포 당시 재항고인은 담당검사인 피의자가 위와 같이 종결된 도로교통법위반 피의사건을 재기함으로써 다시 수사의 대상자인 입장에 놓이게 되었지만, 그것은 어디까지나 재항고인이 무혐의라는 취지의 주장과 함께 수사담당 경찰관을 상대로 진정을 제기함에 따라 이루어진 것이었던 점, 검찰은 재항고인에 대한 위 도로교통법위반 피의사건에 관하여 나름대로의 증거수집이 마쳐졌다고 판단하고 제반 정상을 참작하여 재항고인에 대하여 기소유예의 종국처분을 한 다음, 재항고인의 진정에 따라 이를 재기하여 그 피해자인 공소외 2에 대한 확인 조사까지 마쳤던 점, 또한 재항고인은 이 사건 긴급체포 당시 수사대상자인 동시에 진정인의 지위도 아울러 가지고 있었는데, 위와 같은 일련의 수사 과정에서 수사대상자로서 경찰과 검찰의 출석요구에 순순히 응하였을 뿐만 아니라, 진정인의 지위에서 철저한 수사를 요구하는 능동적인 입장에 있었고, 다만 최초 진정일인 1998. 2. 9.부터 1년 가까이 지난 1999. 1. 14. 이후에야 비로소 담당검사의 교체를 요구하는 태도를 취하였을 뿐인 점, 특히 이 사건 긴급체포 당시 재항고인은 진정인의 입장에서 담당검사인 피의자의 상관인 형사 제2부장검사를 면담하기 위하여 스스로 검찰청을 방문하여 대기하고 있었던 점 등의 여러 사정을 종합하여 볼 때, 이 사건 긴급체포는 체포영장을 발부받을 수 없을 정도로 긴급을 요하는 경우에 해당한다고 도저히 볼 수 없어 긴급성의 요건을 갖추지 못하였을 뿐만 아니라, 위와 같은 입장의 재항고인이 도망할 염려나 증거를 인멸할 염려가 있다고 볼 수도 없는 만큼 형사소송법 제70조 제1항 제2호나 제3호의 요건 또한 갖추지 못한 것으로서, 이를 실행한 피의자의 판단은 당시의 상황과 경험칙에 비추어 현저히 합리성을 잃은 경우에 해당하므로, 이 사건 긴급체포는 위법한 체포에 해당한다고 보아야 할 것이다.」

2. 긴급체포의 절차

〈사법경찰리가 긴급체포의 주체가 될 수 있는지 여부〉

대법원 2000. 7. 4. 선고 99도4341 판결 〈표준〉

헌법 제12조 제5항 전문은 '누구든지 체포 또는 구속의 이유와 변호인의 조력을 받을 권리가 있음을 고지받지 아니하고는 체포 또는 구속을 당하지 아니한다.'는 원칙을 천명하고 있고, 형사소송법 제72조는 '피고인에 대하여 범죄사실의 요지, 구속의 이유와 변호인을 선임할 수 있음을 말하고 변명할 기회를 준 후가 아니면 구속할 수 없다.'고 규정하는 한편, 의 규정은 같은 법 제213조의2에 의하여 검사 또는 사법경찰관리가 현행범인을 체포하거나 일반인이 체포한 현행범인을 인도받는 경우에 준용되므로, 이 사건과 같이 사법경찰리가 피고인을 현행범인으로 체포하는 경우에 반드시 피고인에게 범죄사실의 요지, 구속의 이유와 변호인을 선임할 수 있음을 말하고 변명할 기회를 주어야 할 것임은 명백하다.

이러한 법리는 비단 현행범인을 체포하는 경우뿐만 아니라 긴급체포의 경우에도 마찬가지로 적용되는 것이고(대법원 1994. 3. 11. 선고 93도958 판결, 대법원 1995. 5. 26. 선고 94다37226 판결 등 참조), 이와 같은 고지는 체포를 위한 실력행사에 들어가기 이전에 미리 하여야 하는 것이 원칙이나, 달아나는 피의자를 쫓아가 붙들거나 폭력으로 대항하는 피의자를 실력으로 제압하는 경우에는 붙들거나 제압하는 과정에서 하거나, 그것이 여의치 않은 경우에라도 일단 붙들거나 제압한 후에는 지체 없이 행하여야 할 것이다.

> **대법원 1965. 1. 19. 선고 64도740 판결**
> 사법경찰리의 직무를 행하는 공소외 1, 공소외 2, 공소외 3 등이 사법경찰관 직무 취급인 공소외 4의 지시에 의하여 피고인 1의 체포에 나서게 되었던 것이고 피고인 1을 긴급구속할 사유가 있는 이상 형사소송법 제196조 제2항에 의하여 위 공소외 1 등에게도 피고인 1을 긴급 구속할 권한이 있다.

〈긴급체포시의 미란다 고지 시기〉

대법원 2007. 11. 29. 선고 2007도7961 판결 「경찰관들이 피고인이 처와 함께 모텔에 투숙하였음을 확인한 후 도주나 자해우려를 이유로 방안으로 검거하러 들어가서 피고인의 이름을 부른 다음, 그 지명수배사실 및 범죄사실을 말하고 신분증 제시를 요구하였는데, 피고인이 자신이 동생인 공소외 2라고 주장하면서 공소외 2 명의의 운전면허증을 제시하는 경우라면, 경찰관으로서는 체포하려는 상대방이 피고인 본인이 맞는지를 먼저 확인한 후에 이른바 미란다 원칙을 고지하여야 하는 것이지, 그 상대방이 피고인인지 공소외 2인지를 확인하지 아니한 채로 일단 체포하면서 미란다 원칙을 고지할 것은 아니라고 보아야 한다. 만약 상대방을 확인하지도 않은 채로 먼저 체포하고 미란다 원칙을 고지한다면, 때로는 실제 피의자가 아닌 사람을 체포하는 경우도 생길 수 있고, 이런 경우에는 일반적으로 미란다 원칙의 고지가 앞당겨짐에서 얻어지는 인권보호보다도 훨씬 더 큰 인권침해가 생길 수도 있다. 따라서 이 사건 경찰관들이 미란다 원칙의 고지사항을 전부 고지하지 않은 채로 신원확인절차에 나아갔다고 해서, 그 행위가 부적법하다고 볼 수는 없다. … 피고인은 경찰관들이 지문을 확인하려 하자 태도를 돌변하여 욕설을 하면서 주먹으로 유리창을 깨뜨리고 유리조각을 쥐고 경찰관들이 다가오지 못하도록 앞으로 휘둘렀으며, 이에 경찰관들은 피고인을 제압하기 위하여 피고인과 엉켜서 20분간의 몸싸움을 하기에 이르렀는바, 이와 같이 폭력으로 대항하는 피의자를 실력으로 제압하는 단계에 이르면, 경찰관들로서는 그 제압 과정 또는 그것이 여의치 않으면 제압한 후에 지체 없이 미란다 원칙을 고지하면 되는 것이라고 보아야 할 것이며, 따라서 이 사건 경찰관들의 긴급체포행위를 적법한 공무집행이라고 보기 어렵다고 할 수는 없고, 경찰관들이 피고인에게 달려들어 피고인을 제압하는 과정에서 경찰관들이 피고인이 휘두른 유리조각에 찔리거나 손가락 부위 등에 상해를 입게 되었다면, 이는 경찰관들의 긴급체포업무에 관한 정당한 직무집행이 방해된 경우라고 볼 수 있다.」

3. 긴급체포에 따른 조치

〈사경이 긴급체포한 피의자에 대한 검사의 대면조사〉

대법원 2010. 10. 28. 선고 2008도11999 판결 <표준>

사법경찰관이 검사에게 긴급체포된 피의자에 대한 긴급체포 승인 건의와 함께 구속영장을 신청한 경우, 검사는 긴급체포의 승인 및 구속영장의 청구가 피의자의 인권에 대한 부당한 침해를 초래하지 않도록 긴급체포의 적법성 여부를 심사하면서 수사서류 뿐만 아니라 피의자를 검찰청으로 출석시켜 직접 대면조사할 수 있는 권한을 가진다고 보아야 한다. 따라서 이와 같은 목적과 절차의 일환으로 검사가 구속영장 청구 전에 피의자를 대면조사하기 위하여 사법경찰관리에게 피의자를 검찰청으로 인치할 것을 명하는 것은 적법하고 타당한 수사 지휘 활동에 해당하고, 수사지휘를 전달받은 사법경찰관리는 이를 준수할 의무를 부담한다. 다만 체포된 피의자의 구금 장소가 임의적으로 변경되는 점, 법원에 의한 영장실질심사 제도를 도입하고 있는 현행 형사소송법하에서 체포된 피의자의 신속한 법관 대면권 보장이 지연될 우려가 있는 점 등을 고려하면, 위와 같은 검사의 구속영장 청구 전 피의자 대면조사는 긴급체포의 적법성을 의심할 만한 사유가 기록 기타 객관적 자료에 나타나고 피의자의 대면조사를 통해 그 여부의 판단이 가능할 것으로 보이는 예외적인 경우에 한하여 허용될 뿐, 긴급체포의 합당성이나 구속영장 청구에 필요한 사유를 보강하기 위한 목적으로 실시되어서는 아니 된다. 나아가 검사의 구속영장 청구 전 피의자 대면조사는 강제수사가 아니므로 피의자는 검사의 출석 요구에 응할 의무가 없고, 피의자가 검사의 출석 요구에 동의한 때에 한하여 사법경찰관리는 피의자를 검찰청으로 호송하여야 한다.

[사안의 개요] 지방경찰청 수사팀장 P가 A를 상습사기혐의로 긴급체포한 후 검사에게 긴급체포 승인 건의와 함께 구속영장을 신청하였으나, 검사는 수사과정의 적법성 및 적정성에 의문을 갖고 긴급체포 승인 여부와 구속영장 청구 여부를 결정하기 전에 A를 직접 신문함이 상당하다고 판단하여 P에게 2회에 걸쳐 A를 직접 검사실로 인치할 것을 명하였고, P가 이를 이행하지 않아 인권옹호직무명령불준수죄와 직무유기죄의 상상적 경합범으로 기소된 사안

4. 긴급체포 후의 조치

대법원 2014. 8. 26. 선고 2011도6035 판결 「공소외 7이 2009. 11. 2. 22:00경 긴급체포되어 조사를 받고 구속영장이 청구되지 아니하여 2009. 11. 4. 20:10경 석방되었음에도 검사가 그로부터 30일 이내에 법 제200조의4에 따른 석방통지를 법원에 하지 아니한 사실을 알 수 있으나, 공소외 7에 대한 <u>긴급체포 당시의 상황과 경위, 긴급체포 후 조사 과정 등에 특별한 위법이 있다고 볼 수 없는 이상, 단지 사후에 석방통지가 법에 따라 이루어지지 않았다는 사정만으로 그 긴급체포에 의한 유치 중에 작성된 공소외 7에 대한 피의자신문조서들의 작성이 소급하여 위법하게 된다고 볼 수는 없다.</u>」

대법원 2001. 9. 28. 선고 2001도4291 판결 〈표준〉 「형사소송법 제200조의4 제3항은 영장 없이는 긴급체포 후 석방된 피의자를 동일한 범죄사실에 관하여 체포하지 못한다는 규정으로, 위와 같이 석방된 피의자라도 법원으로부터 구속영장을 발부받아 구속할 수 있음은 물론이고, 같은 법 제208조 소정의 '구속되었다가 석방된 자'라 함은 구속영장에 의하여 구속되었다가 석방된 경우를 말하는 것이지, 긴급체포나 현행범으로 체포되었다가 사후영장발부 전에 석방된 경우는 포함되지 않는다 할 것이므로, <u>피고인이 이 사건의 수사 당시 긴급체포되었다가 수사기관의 조치로 석방된 사실이 있음을 이유로 하여 그후 법원이 발부한 구속영장에 의하여 이루어진 구속을 앞서 본 법조에 위배되는 위법한 구속이라고 논란하는 상고이유의 주장은 받아들일 수 없다.</u>」

Ⅲ. 현행범인 체포

1. 현행범인의 의의

〈현행범인의 개념 및 영장 없는 현행범인 체포의 근거〉

대법원 1991. 9. 24. 선고 91도1314 판결 〈표준〉

형사소송법 제211조가 현행범인으로 규정한 "범죄의 실행의 즉후인 자"라고 함은, 범죄의 실행행위를 종료한 직후의 범인이라는 것이 **체포하는 자의 입장에서 볼 때 명백한 경우를** 일컫는 것으로서, 위 법조가 제1항에서 본래의 의미의 현행범인에 관하여 규정하면서 "범죄의 실행의 즉후인 자"를 "범죄의 실행 중인 자"와 마찬가지로 현행범인으로 보고 있고, 제2항에서는 현행범인으로 간주되는 준현행범인에 관하여 별도로 규정하고 있는 점 등으로 미루어 볼 때, "범죄의 실행행위를 종료한 직후"라고 함은, 범죄행위를 실행하여 끝마친 순간 또는 이에 아주 접착된 시간적 단계를 의미하는 것으로 해석되므로, 시간적으로나 장소적으로 보아 체포를 당하는 자가 방금 범죄를 실행한 범인이라는 점에 관한 죄증이 명백히 존재하는 것으로 인정되는 경우에만 현행범인으로 볼 수 있는 것이다. … 공소외 1이 교장실에 들어가 불과 약 5분동안 식칼을 휘두르며 교장을 협박하는 등의 소란을 피웠는데, 신고를 받고 출동한 경찰관들이 공소외 1을 체포하려고 한 것은, 위와 같은 범죄의 실행행위가 종료된 때로부터 무려 40여분 정도가 지난후일 뿐더러, 경찰관들이 공소외 1을 체포한 장소도 범죄가 실행된 교장실이 아닌 서무실로서, 출동한 경찰관들이 그 학교 교감과 서무주임을 만난 다음 서무실에 앉아 있던 공소외 1을 연행하려고 하자 공소외 1이 구속영장의 제시를 요구하면서 동행을 거부하였음을 알 수 있는바, 사실관계가 이와 같다면 경찰관들이 공소외 1을 체포할 당시 그 학교의 교사로서 서무실에 앉아 있던 공소외 1이 방금 범죄를 실행한 범인이라는 죄증이 체포자인 경찰관들에게 명백히 인식될 만한 상황이었다고 단정하기 어렵다. 물론 공소외 1이 형사소송법 제211조 제2항 각호의 1에 해당하는 요건을 갖추고 있어서, 그를 준현행범인으로 볼 수 있었던 것인지의 여부는 따로 판단될 문제이다.

> 대법원 2006. 2. 10. 선고 2005도7158 판결
> 술에 취한 피고인이 이 사건 당일 09:10경 위 목욕탕 탈의실에서 공소외 2를 구타하고 약 1분여 동안 피해자의 목을 잡고 있다가 그 곳에 있던 다른 사람들이 말리자 잡고 있던 공소외 2의 목을 놓은 후 위 목욕탕 탈의실 의자에 앉아 있었는데, 공소외 2가 와서 탈의실 내

평상을 뒤집었고 이에 다른 사람들이 그 평상을 원위치시켜 놓았으며, 그 무렵 위 목욕탕에서 이발소를 운영하고 있는 공소외 3이 피고인에게 옷을 입고 가라고 하여 피고인이 옷을 입고 있었던 사실, 한편 다른 사람들이 피고인이 공소외 2를 구타하는 것을 말린 후 위 목욕탕 주인이 경찰에 112 신고를 하여 **경찰관 공소외 1, 공소외 4가 바로 출동하였는데, 경찰관들이 현장에 출동하였을 때 피고인은 위와 같이 탈의실에서 옷을 입고 있었던 사실, 위 공소외 1이 피해자, 피고인, 신고자 등을 상대로 신고내용을 들은 후 탈의실에 있는 피고인을 상해죄의 현행범인으로 체포한다고 하면서 미란다 원칙을 고지하고 피고인을 강제로 연행하려고 하자**, 피고인이 잘못한 일이 없다고 하면서 탈의실 바닥에 누워 한동안 체포에 불응한 사실, 이에 위 공소외 1이 피고인에게 목욕탕 영업에 지장이 있으니 누워있지 말고 나오라고 하였음에도 피고인이 계속 누워서 저항하자 같은 날 09:35 내지 09:40경 위 공소외 1은 위 공소외 4, 공소외 3 등과 힘을 합하여 피고인을 들고 위 목욕탕 밖으로 나와 112 순찰차량의 뒷좌석에 태운 사실, 그런데 피고인이 갑자기 차 밖으로 뛰쳐나와 양손으로 경찰관 공소외 1의 멱살을 붙잡은 후 양 주먹으로 얼굴 부위를 수회 때려 공소외 1에게 2주간의 치료를 요하는 안면부 좌상을 가한 사실 등이 인정된다.

이러한 사실관계와 체포 전후의 정황에 비추어 본다면, <u>위 공소외 1이 피고인을 현행범인으로 체포한 시기는 피고인이 공소외 2에 대한 상해행위를 종료한 순간과 아주 접착된 시간적 단계에 있다고 볼 수 있을 뿐만 아니라 피고인을 체포한 장소도 피고인이 위 상해범행을 저지른 바로 위 목욕탕 탈의실이어서, 위 공소외 1이 피고인을 체포할 당시는 피고인이 방금 범죄를 실행한 범인이라고 볼 죄증이 명백히 존재하는 것으로 인정할 수 있는 상황이었다고 할 것이므로, 피고인을 현행범인으로 볼 수 있다.</u>

대법원 2020. 6. 11. 선고 2016도3048 판결 「이 사건의 쟁점은 피고인들이 ♡♡화학 ●●●공장에서 대체근로 중이던 피해자를 붙잡으려고 하다가 피해자를 다치게 한 행위가 현행범 체포로서 법령에 의한 행위에 해당하여 위법성이 조각되는지 여부이다. <u>피해자는 ◎◎◎◎ 소속 근로자들의 쟁의행위로 중단된 업무를 수행하기 위하여 ◎◎◎◎에 채용된 근로자에 불과하므로, 대향범 관계에 있는 행위 중 '사용자'만 처벌하는 노동조합법 제91조, 제43조 제1항 위반죄의 단독정범이 될 수 없고, 형법 총칙상 공범 규정을 적용하여 공동정범 또는 방조범으로 처벌할 수도 없다. 결국 피해자는 노동조합법 제91조, 제43조 제1항 위반에 따른 현행범인이 아니고, 피고인들이 피해자를 체포하려던 당시 상황을 기초로 보더라도 현행범인 체포의 요건을 갖추고 있었다고 할 수 없다.」</u>

〈준현행범인의 개념〉

대법원 2000. 7. 4. 선고 99도4341 판결

원심판결 이유에 의하면, 원심은, 형사소송법 제211조가 현행범인으로 규정한 '범죄실행의 즉후인 자'란 체포하는 자가 볼 때 범죄의 실행행위를 종료한 직후의 범인이라는 것이 명백한 경우를 일컫는 것으로서, 시간이나 장소로 보아 체포당하는 자를 방금 범죄를 실행한 범인이라고 볼 증거가 명백히 존재하는 것으로 인정되는 경우에만 그를 현행범인으로 볼 수 있는 것인데, **이 사건 교통사고가 발생한 지점과 피고인이 체포된 지점은 거리상으로 약 1 km 떨어져 있고 시간상으로도 10분 정도의 차이가 있으며, 경찰관들이 피고인의 차량을 사고현장에서부터 추적하여 따라간 것도 아니고 순찰 중 경찰서로부터 무전연락을 받고 도주차량 용의자를 수색하다가 그 용의자로 보이는 피고인을 발견하고 검문을 하게 된 사정에** 비추어 보면, 피고인을 현행범인으로 보기 어렵다고 판단하였다.

사실관계가 위와 같다면, 피고인을 형사소송법 제211조 제1항이 규정하고 있는 현행범인에 해당한다고 보기는 어려울 것이나, 원심이 확정한 사실관계에 의하면, **인천중부경찰서 신흥파출소에 근무하는 경장 공소외 1과 순경 공소외 2가 112차량을 타고 순찰 근무를 하던 중** 이 사건 교통사고가 발생한 지 4분만에 경찰서 지령실로부터 교통사고를 일으킨 검정색 그랜져 승용차가 경찰서 방면으로 도주하였다는 무전연락을 받고 인천 중구 신흥동 2가 54 소재 삼익아파트 쪽으로 진행하고 있었는데, 다시 도보 순찰자인 공소외 3 순경으로부터 검정색 그랜져 승용차가 펑크가 난 상태로 삼익아파트 뒷골목으로 도주하였다는 무전연락을 받고 그 주변을 수색하던 중 삼익아파트 뒤편 철로 옆에 세워져 있던 검정색 그랜져 승용차에서 피고인이 내리는 것을 발견하였고, 그 승용차의 운전석 범퍼 및 펜더 부분이 파손된 상태였다는 것인바, 사정이 이와 같다면, <u>피고인으로서는 형사소송법 제211조 제2항 제2호의 '장물이나 범죄에 사용되었다고 인정함에 충분한 흉기 기타의 물건을 소지하고 있는 때'에 해당한다고 볼 수 있으므로, 준현행범인으로서 영장 없이 체포할 수 있는 경우에는 해당한다</u>고 봄이 상당하다.

2. 현행범인 체포의 요건

〈현행범인 체포의 요건 및 적법성의 판단기준〉

대법원 2011. 5. 26. 선고 2011도3682 판결 〈표준〉

<u>현행범인은 누구든지 영장 없이 체포할 수 있다</u>(형사소송법 제212조). <u>현행범인으로 체포하기 위하여는 행위의 가벌성, 범죄의 현행성·시간적 접착성, 범인·범죄의 명백성 이외에 체포의</u>

필요성 즉, 도망 또는 증거인멸의 염려가 있어야 하고, 이러한 요건을 갖추지 못한 현행범인 체포는 법적 근거에 의하지 아니한 영장 없는 체포로서 위법한 체포에 해당한다(대법원 1999. 1. 26. 선고 98도3029 판결 등 참조). 여기서 현행범인 체포의 요건을 갖추었는지 여부는 체포 당시의 상황을 기초로 판단하여야 하고, 이에 관한 검사나 사법경찰관 등 수사주체의 판단 에는 상당한 재량의 여지가 있다고 할 것이나, 체포 당시의 상황으로 보아서도 그 요건의 충 족 여부에 관한 검사나 사법경찰관 등의 판단이 경험칙에 비추어 현저히 합리성을 잃은 경 우에는 그 체포는 위법하다고 보아야 한다(대법원 2002. 6. 11. 선고 2000도5701 판결, 대법원 2002. 12. 10. 선고 2002도4227 판결 등 참조). … 원심판결 이유 및 기록에 의하면, 피고인은 2009. 9. 6. 01:45경 서울 마포구 서교동 (이하 생략) 빌라 주차장에서 술에 취한 상태에서 전 화를 걸다가 인근 지역을 순찰하던 경찰관인공소외 1,2로부터 불심검문을 받게 되자 공소외 2에게 자신의 운전면허증을 교부한 사실, 공소외 2가 피고인의 신분조회를 위하여 순찰차로 걸어간 사이에, 피고인은 위 불심검문에 항의하면서 공소외 1에게 큰 소리로 욕설을 한 사 실, 이에 공소외 1은 피고인에게 모욕죄의 현행범으로 체포하겠다고 고지한 후 피고인의 오 른쪽 어깨를 붙잡았고, 피고인은 이에 강하게 반항하면서 공소사실 기재와 같이 공소외 1에 게 상해를 가한 사실 등을 알 수 있다.

위 사실관계에 의하면, 공소외 1이 피고인을 현행범인으로 체포할 당시 피고인이 이 사건 모욕 범행을 실행 중이거나 실행행위를 종료한 직후에 있었다고 하더라도, 피고인은 공소외 1,2의 불심검문에 응하여 이미 운전면허증을 교부한 상태이고, 공소외 1뿐 아니라 인근 주민 도 피고인의 욕설을 직접 들었으므로, 피고인이 도망하거나 증거를 인멸할 염려가 있다고 보기는 어려울 것이다. 또한 피고인의 이 사건 모욕 범행은 불심검문에 항의하는 과정에서 저지른 일시적, 우발적인 행위로서 사안 자체가 경미할 뿐 아니라, 고소를 통하여 검사 등 수사 주체의 객관적 판단을 받지도 아니한 채 피해자인 경찰관이 범행현장에서 즉시 범인을 체포할 급박한 사정이 있다고 보기도 어렵다.

대법원 2013. 8. 23. 선고 2011도4763 판결 「현행범 체포의 적법성은 체포 당시의 구체적 상황을 기초 로 객관적으로 판단하여야 하고, 사후에 범인으로 인정되었는지에 의할 것은 아니다. … 비록 피고인 이 식당 안에서 소리를 지르거나 양은그릇을 부딪치는 등의 소란행위가 업무방해죄의 구성요건에 해 당하지 않아 사후적으로 무죄로 판단된다고 하더라도, 피고인이 상황을 설명해 달라거나 밖에서 얘기 하자는 경찰관의 요구를 거부하고 경찰관 앞에서 소리를 지르고 양은그릇을 두드리면서 소란을 피운 당시 상황에서는 객관적으로 보아 피고인이 업무방해죄의 현행범이라고 인정할 만한 충분한 이유가 있으므로, 경찰관들이 피고인을 체포하려고 한 행위는 적법한 공무집행이라고 보아야 하고, 그 과정에서 피고인이 체포에 저항하며 피해자들을 폭행하거나 상해를 가한 것은 공무집행방해죄 등을 구성한다.」

〈현행범인 체포의 요건을 갖추지 못한 경우〉

대법원 2017. 4. 7. 선고 2016도19907 판결

1. 현행범인은 누구든지 영장 없이 체포할 수 있다(형사소송법 제212조). 현행범인으로 체포하기 위하여는 행위의 가벌성, 범죄의 현행성과 시간적 접착성, 범인·범죄의 명백성 이외에 체포의 필요성, 즉 도망 또는 증거인멸의 염려가 있어야 한다. 이러한 요건을 갖추지 못한 현행범인 체포는 법적 근거에 의하지 아니한 영장 없는 체포로서 위법한 체포에 해당한다(대법원 1999. 1. 26. 선고 98도3029 판결 등 참조). 여기서 현행범인 체포의 요건을 갖추었는지 여부는 체포 당시의 상황을 기초로 판단하여야 하고, 이에 관한 검사나 사법경찰관 등 수사주체의 판단에는 상당한 재량의 여지가 있지만, 체포 당시의 상황으로 볼 때 그 요건의 충족 여부에 관한 검사나 사법경찰관 등의 판단이 경험칙에 비추어 현저히 합리성을 잃은 경우에는 그 체포는 위법하다고 보아야 한다(대법원 2002. 6. 11. 선고 2000도5701 판결, 대법원 2002. 12. 10. 선고 2002도4227 판결 등 참조).

2. 이 사건 공소사실은, 피고인이 2015. 6. 30. 09:25경 제주시 (주소 생략) ○○빌라 주차장에서 술 냄새가 나고 눈이 빨갛게 충혈되어 있는 상태에서 (차량번호 생략) 스타렉스 승합차를 약 2m 운전하여 술에 취한 상태에서 운전하였다고 인정할 만한 상당한 이유가 있어, 제주서부경찰서 △△지구대에서 같은 날 09:50경, 10:00경, 10:19경 3회에 걸쳐 경위 공소외인으로부터 음주측정기에 입김을 불어 넣는 방법으로 음주측정에 응할 것을 요구받았으나, 정당한 사유 없이 경찰공무원의 음주측정요구에 응하지 아니하였다는 것이다. … 공소외인 등이 피고인을 현행범으로 체포한 것은 그 요건을 갖추지 못한 것이어서 위법하고, 그와 같이 위법한 체포상태에서 이루어진 공소외인의 음주측정요구 또한 위법하다고 보지 않을 수 없다. 즉, 피고인이 전날 늦은 밤 시간까지 마신 술 때문에 미처 덜 깬 상태였던 것으로 보이기는 하나, 술을 마신 때로부터 이미 상당한 시간이 경과한 뒤에 운전을 하였으므로 도로교통법위반(음주운전)죄를 저지른 범인임이 명백하다고 쉽게 속단하기는 어려워 보인다. 더군다나 피고인은 위 지구대로부터 차량을 이동하라는 전화를 받고 위 빌라 주차장까지 가 차량을 2m 가량 운전하였을 뿐 피고인 스스로 운전할 의도를 가졌다거나 차량을 이동시킨 후에도

계속하여 운전할 태도를 보인 것도 아니어서 사안 자체가 경미하다. 그런데 당시는 아침 시간이었던 데다가 위 주차장에서 피고인에게 차량을 이동시키라는 등 시비를 하는 과정에서 경찰관 등도 피고인이 전날 밤에 술을 마셨다는 얘기를 들었으므로, 당시는 술을 마신 때로부터 상당한 시간이 지난 후라는 것을 충분히 알 수 있었다. 나아가 피고인이 음주감지기에 의한 확인 자체를 거부한 사정이 있기는 하나, 공소외인 등 경찰관들로서는 음주운전 신고를 받고 현장에 출동하였으므로 음주감지기 외에 음주측정기를 소지하였더라면 임의동행이나 현행범 체포 없이도 현장에서 곧바로 음주측정을 시도할 수 있었을 것으로 보인다. 이러한 사정을 앞에서 든 정황들과 함께 종합적으로 살펴보면, 피고인이 현장에서 도망하거나 증거를 인멸하려 하였다고 단정하기는 어렵다고 할 것이다.

대법원 2017. 6. 8. 선고 2016도16121 판결 「경찰공무원이 음주감지기에 의한 시험을 요구하였을 당시 피고인은 이미 운전을 종료한 지 약 2시간이 경과하였던 점, 피고인은 자신의 차량을 운전하여 이 사건 현장에 도착한 이후 일행들과 40분 이상 편의점 앞 탁자에 앉아 있었고 그 위에는 술병들이 놓여 있었으므로, 피고인이 운전을 마친 이후 이 사건 현장에서 비로소 술을 마셨을 가능성도 없지 않았던 점 등을 종합적으로 고려하여 보면, 피고인이 술에 취한 상태에서 자동차를 운전하였다고 인정할 만한 상당한 이유가 있다고 하기에 부족하다.」(현행범인 체포의 명백성을 부정한 사안)

〈현행범인 체포의 요건이 갖추어진 경우〉

대법원 2018. 3. 29. 선고 2017도21537 판결

1. 가. 이 사건 공소사실의 요지는, 피고인이 2016. 10. 13. 09:55경 전주시 완산구 (주소 생략)에 있는 ○○아파트 △△△동 지하주차장에서 공소외 1과 주차문제로 언쟁을 벌이던 중, 112 신고를 받고 출동한 전주완산경찰서 ㅁㅁ파출소 소속 경사 공소외 2가 공소외 1을 때리려는 피고인을 제지하자 자신만 제지를 당한 데 화가 나서, 손으로 공소외 2의 가슴을 1회 밀치고, 계속하여 욕설을 하면서 피고인을 현행범으로 체포하며 순찰차 뒷좌석에 태우려고 하는 공소외 2의 정강이 부분을 양발로 2회 걷어차는 등 폭행함으로써 경찰관의 112 신고처리에 관한 정당한 직무집행을 방해하였다는 것이다. … 범죄를 실행 중이거나 실행 직후의 현행범인은 누구든지 영장없이 체포할 수 있다(형사소송법 제212조). 현행범인으로 체포하려면 행위의 가벌성, 범죄의 현행성·시간적 접착성, 범인·범죄의 명백성 외에 체포의 필요성, 즉 도망 또는 증거인멸의 염려가 있어야 하는데(대법원 1999. 1. 26. 선고 98도3029 판결 등 참

조), 이러한 현행범인 체포의 요건을 갖추었는지는 체포 당시의 상황을 기초로 판단하여야 하고, 이에 관한 수사주체의 판단에는 상당한 재량의 여지가 있다고 할 것이다. 따라서 체포 당시의 상황에서 보아 그 요건에 관한 수사주체의 판단이 경험칙에 비추어 현저히 합리성이 없다고 인정되지 않는 한 수사주체의 현행범인 체포를 위법하다고 단정할 것은 아니다(대법원 2012. 11. 29. 선고 2012도8184 판결 등 참조).

(2) 제1심과 원심이 적법하게 채택한 증거에 의하면 다음과 같은 사실을 알 수 있다.

① 공소외 1은 2016. 10. 13. 09:00 무렵 ○○아파트 △△△동 지하주차장에서 주차문제와 접촉사고 등으로 피고인과 시비가 붙었고, 다툼이 커지자 112에 전화로 신고를 하였다.

② □□파출소 소속 경찰관 공소외 2는 2016. 10. 13. 07:30부터 같은 날 12:00까지 경찰관 공소외 3과 2인 1조가 되어 19호 순찰차를 타고 순찰근무 중에 있었는데, 위 112 신고를 전달받고 같은 날 09:48 무렵 ○○아파트 △△△동 지하주차장으로 출동을 하였다.

③ 공소외 2와 공소외 3이 같은 날 09:55경 위 지하주차장에 도착하였을 당시 피고인은 감정이 격하게 흥분된 상태에서 공소외 1에게 욕을 하는 등 심하게 언쟁을 하고 있었다. 현장에 출동한 공소외 2는 피고인을 제지하는 한편 피고인으로부터 접촉사고의 경위에 관한 진술을 듣게 되었다.

④ 그런데 피고인이 그 사고경위를 말하는 과정에서 공소외 2에게 반말을 하였고, 이로 인하여 공소외 2와 시비가 붙자, 공소외 2에게 욕을 하면서 손으로 공소외 2의 가슴을 세게 밀쳤다. 그러자 공소외 2와 공소외 3은 피고인이 경찰관의 공무를 방해하였다고 판단하여 피고인을 공무집행방해죄의 현행범으로 체포하였다.

⑤ 현행범으로 체포되어 □□파출소에 도착한 피고인은 경찰관 공소외 3 등으로부터 신분증 제시를 요구받았으나, 인적 사항을 밝힐 수 없다고 거절하다가 약 20분 경과해서야 비로소 자신의 인적 사항을 알려주었다.

(3) 위와 같은 사실관계를 앞에서 본 법리에 비추어 살펴보면 아래와 같이 판단된다.

① 공소외 2는 2016. 10. 13. 오전 순찰근무 중 위 지하주차장으로 출동하였고, 이러한 출동은 같은 날 12:00 무렵까지 예정된 순찰근무의 일환이었다. 나아가 공소외 2가 피고인과 시비가 붙은 것은 피고인으로부터 사고경위에 관한 진술을 청취하는 과정에서 발생한 일이므로, 피고인과 시비가 붙었다는 사정만으로 공소외 2의 직무수행이 종료되었다고 볼 수 없다.

② 공소외 2가 위 지하주차장에 도착하였을 당시 피고인과 공소외 1의 언쟁으로 분위기가 험악한 상태였고, 피고인이 손으로 공소외 2의 가슴을 세게 밀치기 직전 공소외 2에게 욕을

하기도 하였다. 이러한 행위 당시의 정황과 태양 등을 고려하면 폭행의 정도가 경미하다고 볼 여지가 없다.

③ 112에 신고한 것은 피고인이 아닌 공소외 1이고, 피고인이 현행범으로 체포되어 □□파출소에 도착한 이후에도 경찰관의 신분증 제시 요구에 응하지 아니하면서 인적 사항을 밝히지 아니한 점 등을 고려하면, 현행범 체포 당시 피고인에게 도망 또는 증거인멸의 염려가 없었다고 할 수 없다.

(4) 따라서 피고인이 손으로 공소외 2의 가슴을 밀칠 당시 공소외 2는 112 신고처리에 관한 직무 내지 순찰근무를 수행하고 있었고, 이와 같이 공무를 집행하고 있는 공소외 2의 가슴을 밀치는 행위는 공무원에 대한 유형력의 행사로서 공무집행방해죄에서 정한 폭행에 해당한다고 볼 수 있다. 나아가 피고인이 체포될 당시 도망 또는 증거인멸의 염려가 없었다고 할 수도 없는 이상, 체포의 필요성 또한 인정된다.

대법원 1999. 1. 26. 선고 98도3029 판결 「원심은, 이 사건 공소사실 중 폭력행위등처벌에관한법률위반의 점, 즉, 피고인이 1997. 4. 2. 22:40경 평택시 팽성읍 (주소 생략) 소재 피해자 공소외인(영문명 생략)의 집 앞 노상에서 피해자가 그 곳에 주차하여 둔 피고인의 차를 열쇠 꾸러미로 긁어 손괴하는 것을 보고 이에 격분하여 피해자의 멱살을 수회 잡아 흔들어 피해자에게 약 14일간의 치료를 요하는 흉부찰과상을 가하였다는 점에 대하여, 검사가 제출한 증거들에 의하더라도 피고인이 피고인의 차를 손괴하고 도망하려는 피해자를 도망하지 못하게 멱살을 잡은 결과 피해자의 목부분이 빨갛게 되었다는 사실은 인정되나, 나아가 피고인이 상해의 고의로 피해자의 멱살을 잡아 흔들었다는 사실을 인정할 아무런 증거가 없다고 판시하였는바, 기록에 비추어 살펴보면, 원심의 위와 같은 사실인정은 수긍이 가고, … 이 사건에서 피해자가 재물손괴죄의 현행범인에 해당함은 명백하고, 피해자는 당시 열쇠로 피고인의 차를 긁고 있다가 피고인이 나타나자 부인하면서 도망하려고 하였다는 것이므로 위에서 말하는 체포의 필요성의 요건도 갖추었다고 할 것이다.」

대법원 2007. 4. 13. 선고 2007도1249 판결 「신고를 받고 출동한 제천경찰서 청전지구대 소속 경장 공소외인이 피고인이 음주운전을 종료한 후 40분 이상이 경과한 시점에서 길가에 앉아 있던 피고인에게서 술냄새가 난다는 점만을 근거로 피고인을 음주운전의 현행범으로 체포한 것은 피고인이 '방금 음주운전을 실행한 범인이라는 점에 관한 죄증이 명백하다고 할 수 없는 상태'에서 이루어진 것으로서 적법한 공무집행이라고 볼 수 없(다).」

대법원 2022. 2. 11. 선고 2021도12213 판결 「경찰관들이 출동하였을 당시는 피고인이 공소외 1에 대한 폭행 이후에도 계속하여 공소외 1에게 욕설을 하면서 시비를 거는 등으로 피고인의 폭행범행이 실행 중이거나 실행 직후였다고 볼 수 있고, 술에 취한 상태에서 늦은 밤에 식당에서 전혀 알지 못하는 사람에게 시비를 걸어 일방적으로 폭행에 이른 범행경위에 비추어 볼 때 사안 자체가 경미하다고 보기 어렵다. 또한 피고인은 경찰관이 출동한 이후 CCTV 영상으로 확인되는 폭행상황과는 달리 자신의 범행은 부인하면서 피해자로부터 폭행을 당하였다고 주장하였고, 피고인이 제시한 신분증의 주소지는 거제시로서 사건 현장인 안양시와는 멀리 떨어져 있는 곳이어서 위와 같은 폭행에 이르게 된 범행경위를 고려할 때 추가적인 거소 확인이 필요하다고 보이는 등으로 <u>피고인에게 도망 또는 증거인멸의 염려가 없다고 단정하기 어렵다.</u> 이러한 사정을 앞서 본 법리에 비추어 볼 때, 위와 같은 상황에서 피고인을 현행범인으로 체포한 경찰관의 행위가 경험칙에 비추어 현저히 합리성을 잃은 경우에 해당하는 위법한 체포라고 볼 수는 없다.」

3. 현행범인 체포의 절차

대법원 2017. 3. 15. 선고 2013도2168 판결 「○○자동차 주식회사 △△공장을 점거하여 농성 중이던 ㅁㅁㅁㅁ노동조합 ○○자동차지부 조합원인 공소외 1 등이 2009. 6. 26. 경찰과 부식 반입 문제를 협의하거나 기자회견장 촬영을 위해 공장 밖으로 나오자, 전투경찰대원들은 '고착관리'라는 명목으로 위 공소외 1 등 6명의 조합원을 방패로 에워싸 이동하지 못하게 하였다. <u>위 조합원들이 어떠한 범죄행위를 목전에서 저지르려고 하거나 이들의 행위로 인하여 인명·신체에 위해를 미치거나 재산에 중대한 손해를 끼칠 우려 등 긴급한 사정이 있는 경우가 아닌데도 방패를 든 전투경찰대원들이 위 조합원들을 둘러싸고 이동하지 못하게 가둔 행위는 구 경찰관 직무집행법 제6조 제1항에 근거한 제지 조치라고 볼 수 없고, 이는 형사소송법상 체포에 해당한다. 전투경찰대원들이 위 조합원들을 체포하는 과정에서 체포의 이유 등을 제대로 고지하지 않다가 30~40분이 지난 후 피고인 등의 항의를 받고 나서야 비로소 체포의 이유 등을 고지한 것은 형사소송법상 현행범인 체포의 적법한 절차를 준수한 것이 아니므로 적법한 공무집행이라고 볼 수 없다.</u> 피고인이 위와 같은 위법한 공무집행에 항의하면서 공소사실과 같이 전투경찰대원들의 방패를 손으로 잡아당기거나 전투경찰대원들을 발로 차고 몸으로 밀었다고 하더라도 공무집행방해죄가 성립할 수 없다.」

4. 현행범인 체포 후의 절차

〈현행범인 체포와 영장주의〉

헌법재판소 2012. 5. 31. 선고 2010헌마672 결정

나. 이 사건 현행범인체포조항의 위헌 여부

이 사건 현행범인체포조항은, 현행범인을 "영장 없이" 체포할 수 있도록 규정하고 있다. 그런데 헌법 제12조 제3항은 "체포 … 할 때에는 … 영장을 제시하여야 한다. 다만 현행범인

인 경우 … 에는 사후에 영장을 청구할 수 있다."라고 규정하여, 현행범인 체포에 있어서는 헌법에서 직접 사전영장원칙의 예외를 인정하고 있으므로, 위 현행범인체포조항은 헌법상 영장주의에 위반되지 않는다.

다. 이 사건 영장청구조항의 위헌 여부

(1) 사후 체포영장의 미비 문제

(가) 수사기관이 현행범인 체포를 통해 영장 없이 피의자를 체포하였다가 구속영장을 청구하지 않고 석방하는 경우, 그 체포 및 이에 따른 단기간의 구금의 정당성 여부에 대하여 법관의 심사와 통제가 이루어지지 못하는데, 그것이 헌법에 위반되는지 문제된다.

(나) 헌법 제12조 제3항 단서가 "다만 현행범인인 경우 … 에는 사후에 영장을 청구할 수 있다."라고 규정할 뿐 사후 영장의 청구 방식에 대해 특별한 규정을 두지 않고 있는 이상, 이 사건 영장청구조항이 체포한 피의자를 구속하고자 할 때에는 48시간 이내에 구속영장을 청구하되, 그렇지 않은 경우 체포에 대한 사후 통제절차없이 피의자를 즉시 석방하도록 규정하였다고 하여, 위 영장청구조항이 헌법상 영장주의에 위반된다고 단정할 수는 없다. 현행범인인 피의자를 체포하여 조사한 결과 구금을 계속할 필요가 없다고 판단하여 48시간 이내에 석방하는 경우까지도 반드시 체포영장발부절차를 밟게 한다면, 이는 실무상 피의자, 수사기관 및 법원 모두에게 시간과 노력의 비경제적인 소모를 초래할 가능성이 있고, 미국, 영국, 독일, 일본 등의 입법에도 현행범인에 대한 사후체포영장제도는 없다.

(다) 특히 현행범인은 그 개념 자체에 의하여 범행과의 시간적·장소적 접착성 및 범행의 명백성이라는 요건을 요구하고 있을 뿐만 아니라 여기에서의 '범인과 범증의 명백성'은 누구든지 알 수 있을 정도로 외부적으로 명백한 경우를 의미하므로(대법원 2002. 5. 10. 선고 2001도300 판결 등 참조) 현행범인을 체포할 때에 수사기관의 주관적인 판단이 개입할 여지는 적어 체포의 부당성에 대한 법원의 사후 통제 필요성도 크지 않다고 할 것이다.

(라) 따라서 이 사건 영장청구조항이 현행범인 체포에 대한 사후 체포영장제도를 규정하지 않았다고 해서 헌법상 영장주의에 위반된다고 볼 수 없다.

헌법재판소 2010. 9. 30. 선고 2008헌마628 결정 「결정요지」 체포에 대하여는 헌법과 형사소송법이 정한 체포적부심사라는 구제절차가 존재함에도 불구하고, 체포적부심사절차를 거치지 않고 제기된 헌법소원심판청구는 법률이 정한 구제절차를 거치지 않고 제기된 것으로서 보충성의 원칙에 반하여 부적법하다. …

[재판관 조대현, 재판관 송두환의 반대의견] 이 사건의 경우는, 수사기관이 청구인들을 각 체포한 후

체포의 법정 시한인 48시간 가까이 계속 구금하다가 석방한 일련의 처분들을 전체적, 종합적으로 볼 때, 형사소송법 소정의 체포 시한 규정을 사실상의 징벌 수단, 또는 집회참가 방해 수단으로 악용한 공권력 행사에 해당한다고 주장하는 사안인바, 이러한 쟁점에 대하여는 각 개별적 체포 자체의 적법 여부를 다루는 절차로서 설계된 현행 체포적부심사 제도가 적절한 구제절차가 될 수 없음이 명백하다. 또한 48시간이라는 단기간에 종료하는 체포의 성질상 체포에 따른 구금이 처벌 수단으로 악용되거나 집회 참가의 방해 수단으로 악용되더라도 피의자가 적시에 체포적부심사를 청구할 수 있기를 기대하기 어렵고, 체포의 적부에 대한 법원의 결정은 피의자가 체포된 때부터 48시간을 경과하여 내려질 가능성이 커서 피의자로서는 구금 기간이 연장될 위험성을 감수할 각오를 하지 않는 한 체포적부심사 청구를 망설일 수밖에 없다. 이러한 청구인들에 대하여, 먼저 법원에 체포적부심사를 청구하여 각하 또는 기각 결정을 받은 후에 헌법소원심판을 청구하도록 요구하는 것은 권리구제의 가능성이 없는 우회 절차를 거치도록 강요하는 것에 불과하다.

[재판관 이동흡의 반대의견] 형사소송법 제213조의2, 제200조의2 제5항은 현행범인을 "체포한 때부터 48시간 이내"에 구속영장을 청구하도록 규정하고 있는바, 이는 48시간 이내의 구금행위에 대하여는 영장주의 원칙 위반으로 보지 않으려는 입법자의 정책적 판단에 따른 것이며, 그 시간적 범위가 지나치게 길다고 보기 어려우므로, 입법재량을 현저히 일탈하여 국민의 기본권을 침해하는 것이라고 볼 수 없다. 이처럼 체포한 때부터 48시간 이내라는 시간적 범위를 사후영장청구를 허용하는 기준으로 삼는 우리나라의 경우에는 48시간을 초과한 구금행위에 대하여만 영장주의 원칙에 위반된다고 해석함이 타당하다. 따라서 체포한 때부터 38시간 내지 46시간 30분 동안 이루어진 이 사건 구금행위는 헌법상 영장주의 원칙에 위반되지 아니하고, 달리 이 사건 구금행위에 의해 청구인들의 기본권이 침해되었다는 사정도 보이지 아니하므로, 이 사건 구금행위는 헌법에 위반되지 아니한다.」

대법원 2011. 12. 22. 선고 2011도12927 판결 <표준> 「검사 또는 사법경찰관리 아닌 이가 현행범인을 체포한 때에는 즉시 검사 등에게 인도하여야 한다(형사소송법 제213조 제1항). 여기서 '즉시'라고 함은 반드시 체포시점과 시간적으로 밀착된 시점이어야 하는 것은 아니고, '정당한 이유 없이 인도를 지연하거나 체포를 계속하는 등으로 불필요한 지체를 함이 없이'라는 뜻으로 볼 것이다. 또한 검사 등이 현행범인을 체포하거나 현행범인을 인도받은 후 현행범인을 구속하고자 하는 경우 48시간 이내에 구속영장을 청구하여야 하고 그 기간 내에 구속영장을 청구하지 아니하는 때에는 즉시 석방하여야 한다(형사소송법 제213조의2, 제200조의2 제5항). 위와 같이 체포된 현행범인에 대하여 일정 시간 내에 구속영장 청구 여부를 결정하도록 하고 그 기간 내에 구속영장을 청구하지 아니하는 때에는 즉시 석방하도록 한 것은 영장에 의하지 아니한 체포 상태가 부당하게 장기화되어서는 안 된다는 인권보호의 요청과 함께 수사기관에서 구속영장 청구 여부를 결정하기 위한 합리적이고 충분한 시간을 보장해 주려는 데에도 그 입법취지가 있다고 할 것이다. 따라서 검사 등이 아닌 이에 의하여 현행범인이 체포된 후 불필요한 지체 없이 검사 등에게 인도된 경우 위 48시간의 기산점은 체포시가 아니라 검사 등이 현행범인을 인도받은 때라고 할 것이다. … 청해부대 소속 군인들이 피고인들을 현행범인으로 체포한 것은 검사 등이 아닌 이에 의한 현행범인 체포에 해당하고, 피고인들 체포 이후 국내로 이송하는 데에 약 9일이 소요된 것은 공간적·물리적 제약상 불가피한 것으로 정당한 이유 없이 인도를 지연하거나 체포를 계속한 경우로 볼 수 없다. 구속영장 청구기간인 48시간의 기산점은 경찰관들이 피고인들의 신병을 인수한 2011. 1. 30. 04:30경부터 진행된다 … 그로부터 48시간 이내에 청구되어 발부된 구속영장에 의하여 피고인들이 구속되었으므로, 피고인들은 적법한 체포, 즉시 인도 및 적법한 구속에 의하여 공소제기 당시 부산구치소에 구금되어 있다 할 것이어서 제1심법원에 토지관할이 있다.」

대법원 2022. 4. 28. 선고 2021도17103 판결 「<u>영사관계에 관한 비엔나협약</u>(Vienna Convention on Consular Relations, 1977. 4. 6. 대한민국에 대하여 발효된 조약 제594호) <u>제36조 제1항 (b)호, 경찰수사규칙 제91조 제2항, 제3항이 외국인을 체포·구속하는 경우 지체 없이 외국인에게 영사통보권 등이 있음을 고지하고, 외국인의 요청이 있는 경우 영사기관에 체포·구금 사실을 통보하도록 정한 것은 외국인의 본국이 자국민의 보호를 위한 조치를 취할 수 있도록 협조하기 위한 것이다. 따라서 수사기관이 외국인을 체포하거나 구속하면서 지체 없이 영사통보권 등이 있음을 고지하지 않았다면 체포나 구속 절차는 국내법과 같은 효력을 가지는 협약 제36조 제1항 (b)호를 위반한 것으로 위법하다.</u> 기록에 따르면, 사법경찰관이 2021. 5. 31. 19:19경 피고인을 현행범인으로 체포할 당시 피고인이 인도네시아 국적의 외국인이라는 사실이 명백했는데도 피고인에게 영사통보권 등을 고지하였다고 인정할 자료가 없다. 따라서 이 사건 체포나 구속 절차는 협약 제36조 제1항 (b)호를 위반하여 피고인에게 영사통보권 등을 지체 없이 고지하지 않아 위법하다. … 피고인은 경찰 수사 단계에서 피고인에 관한 체포 통지를 피고인이 근무하는 회사 사장에게 한 것에 대해서 방어권 보장에 문제가 없다고 하였고, 검찰 수사 단계에서는 자신의 구금 사실을 영사관에 통보할 수 있음을 알게 되었는데도 통보를 요청하지 않았다. 이러한 사실에 비추어 보면 피고인이 영사통보권 등을 고지받았더라도 영사의 조력을 구하였으리라고 보기 어렵다. 피고인은 체포 당시 인도네시아어로 체포의 사유, 변명의 기회, 변호인 선임권 등을 고지받았다. 수사절차에서 소변검사 결과 등 객관적인 증거를 제시받고 통역인의 조력을 받으면서 범행을 자백하였다. 그 후 제1심과 원심에서 통역인과 국선변호인의 조력을 받은 상태에서 자백을 하면서 이 사건 수사나 공판절차의 위법을 주장하지 않았다. 이러한 사정에 비추어 보면 수사기관이 피고인에게 영사통보권 등을 고지하지 않았더라도 그로 인해 피고인에게 실질적인 불이익이 초래되었다고 볼 수 없다. 요컨대 <u>피고인에게 영사통보권 등을 고지하지 않은 사정이 수사기관의 증거 수집이나 이후 공판절차에 상당한 영향을 미쳤다고 보기 어렵다. 이 사건 체포나 구속 절차에 협약 제36조 제1항 (b)호를 위반한 위법이 있더라도 절차 위반의 내용과 정도가 중대하거나 절차 조항이 보호하고자 하는 외국인 피고인의 권리나 법익을 본질적으로 침해하였다고 볼 수 없다. 따라서 이 사건 체포나 구속 이후 수집된 증거와 이에 기초한 증거들은 유죄 인정의 증거로 사용할 수 있다.</u>」

제 2 절 　 구속

Ⅰ. 의의 및 요건

〈구속사유 및 구속사유 심사시 고려사항의 관계〉

헌법재판소 2010. 11. 25. 선고 2009헌바8 결정

가. 법 제70조 제2항의 연혁과 의의

(1) 신설배경

… 법 제70조 제2항 신설의 일차적인 계기는 사회적 영향력이 있는 피의자가 법률 외적인 이유로 방면되는 것을 막으려는 데에 있었지만, 이러한 표면상의 이유 외에도 기존에 명문의 규정이 없음에도 불구하고 범죄의 중대성, 재범의 위험성, 사회적 파급효과 등의 실체적 요소 및 형사정책적 요소를 구속사유 판단의 보조요소로 고려해 왔던 영장실무를 형사소송법에 반영토록 하여 법과 현실과의 간격을 해소하려는 것 또한 배경이 되었다.

(2) 법 제70조 제2항과 기존 구속사유와의 관계

법 제70조 제1항에서는 주거부정, 증거인멸의 우려, 도주우려 등의 구속사유를 규정하고 있는데, 법 제70조 제2항은 여기에 새로운 '구속사유'를 신설하거나 추가한 것이 아니라, 이러한 '구속사유를 심사할 때 고려해야 할 사항'을 명시한 것이다. 범죄의 중대성, 재범의 위험성이나 피해자·중요 참고인 등에 대한 위해우려는 구속사유를 판단함에 있어 고려하여야 할 구체적이고 전형적인 사례를 거시한 것이다.

따라서 구속사유가 없거나 구속의 필요성이 적은데도 이 같은 의무적 고려사항만을 고려하여 구속하는 것은 허용되지 않으며, 반면에 구속사유가 존재한다고 하여 바로 구속이 결정되는 것이 아니라 거기에 더하여 의무적 고려사항인 범죄의 중대성, 재범의 위험성, 중요 참고인 등에 대한 위해우려를 종합적으로 판단하여 구속 여부를 결정하여야 한다.

(3) 법 제70조 제2항의 의의

위 조항의 신설배경만으로 보면 범죄의 중대성이라든가 재범의 위험성 같은 실체적인 사유를 고려해서 영장발부 여부를 결정해 오던 기존의 영장실무를 형사소송법 규정에 반영하여 실무와 법률 사이의 간격을 줄이려는 노력의 산물이라고 평가할 수 있을 것이다. 한편, 적극

적인 측면에서 위 조항은 법 제70조 제1항의 구속사유를 심사할 때 고려하여야 할 사항을 거시함으로써 구속사유 판단의 구체적인 지침을 제시함과 동시에 구속 여부 판단에서의 비례의 원칙을 확인하는 의미를 가진다. 도망할 염려를 판단할 때는 범죄의 중대성과 재범의 위험성이 고려되어야 할 것이며, 증거인멸의 우려 판단에서는 피해자 및 중요참고인 등에 대한 위해우려가 구체적 기준으로 작용할 수 있다.

법 제70조 제1항의 구속사유 심사에서는 명문의 규정이 없더라도 당연히 비례의 원칙에 의한 판단이 이루어져야 한다. 법 제70조 제2항은 범죄의 중대성 등을 종합적으로 참작해서 신중하게 구속 여부를 결정할 것을 촉구함으로써 구속에 있어서 비례의 원칙이 관철되어야 함을 재확인하고 있다. 원래의 개정안에서는 일정한 중죄에 해당하는 경우는 무조건적인 구속사유로 하자는 것이었지만, 사안의 중대성만을 이유로 구속하는 것이 헌법상 무죄추정의 원칙이나 불구속재판·수사의 원칙에 역행할 수 있다는 우려 때문에 구속사유를 확대하지 않고 구속사유 판단시의 일반적 고려사항을 규정하는 식으로 입법된 경위를 보더라도, 위 조항이 헌법상의 원칙을 완화하려는 입장에서 제정된 것이 아님을 알 수 있다.

법 제70조 제2항을 준용하는 이 사건 법률조항의 위헌 여부를 판단함에 있어서는 위 조항의 의의에 대한 위와 같은 해명이 바탕이 되어야 한다.

나. 이 사건 법률조항의 위헌 여부

(1) 명확성원칙의 위반 여부

… 요컨대, 이 사건 법률조항의 내용은 보통의 상식을 가진 일반인이라면 위와 같은 의미를 충분히 알 수 있고 특히 이 사건 법률조항의 수범자가 판사인 점을 감안한다면 법관의 보충적인 가치판단을 통해서 그 의미내용을 구체화하여 확인할 수 있다. 그렇다면 이 사건 법률조항에서 사용한 '범죄의 중대성'이나 '재범의 위험성', '피해자 및 중요참고인에 대한 위해우려'라는 용어가 명확성의 원칙에 위반된다고 볼 수 없다.

(2) 무죄추정의 원칙, 불구속 수사·재판 원칙 및 구속제도의 목적

… 이 사건 법률조항은 형사피의자를 일단 유죄라고 추정한 위에 사안의 중대성 등의 실체적 사유를 고려하여 구속 여부를 결정하도록 하려는 입법이 아니라, 범죄의 상당한 소명을 전제로 형사절차 확보를 위한 구속에 있어서 고려하여야 할 사유를 객관화하여 구체적으로 거시하고 이 기준을 통해 비례의 원칙을 확인한 규범이므로 오히려 헌법상 무죄추정의 원칙에 충실한 조항이며, 인신구속제도의 객관화, 실질화라는 목적에 부합하는 규정으로 보아야 한다. 또한, 이 사건 법률조항은 구속에 있어서의 비례의 원칙을 재확인하여 구속판단의 신

중을 기하려는 데에 입법취지가 있으므로 이로 인하여 도주 또는 증거인멸의 가능성 내지 개연성이 없는 피의자까지도 구속될 위험이 높아져 불구속 수사·재판 원칙에 반하게 되는 결과를 초래하는 것도 아니다.

II. 구속의 절차

〈구속영장의 발부기준〉

대법원 2001. 5. 25.자 2001모85 결정

구속영장의 효력은 구속영장에 기재된 범죄사실 및 그 사실의 기초가 되는 사회적 사실관계가 기본적인 점에서 동일한 공소사실에 미친다고 할 것이고, 이러한 기본적 사실관계의 동일성을 판단함에 있어서는 그 사실의 동일성이 갖는 기능을 염두에 두고 피고인의 행위와 그 사회적인 사실관계를 기본으로 하되 규범적 요소도 아울러 고려하여야 한다고 할 것이다 (대법원 1983. 7. 6.자 83모30 결정, 1999. 5. 14. 선고 98도1438 판결 등 참조).

… 이 사건 구속영장에 기재된 횡령죄의 범죄사실과 공소장에 기재된 사기죄의 공소사실은 범행일시 및 장소가 같고, 매도금액이 일부 증가되었을 뿐 범행의 목적물과 그 행위의 내용인 사실도 각각 같은데, 다만 피고인이 한 영득행위에 대한 법적인 평가만이 다를 뿐이어서 그 기본적인 사실관계가 동일하다고 할 것이므로 이 사건 구속영장의 효력은 이 사건 공소사실에 미친다고 판단하여 재항고인의 주장을 배척하였는바, 앞서 본 법리와 기록에 비추어 살펴보면, 원심의 위와 같은 조치는 수긍이 (간다).

〈구속영장 기각결정에 대한 불복 가능 여부 : 소극〉

대법원 2006. 12. 18.자 2006모646 결정 〈표준〉

1. 헌법과 법률이 정한 법관에 의하여 법률에 의한 신속한 재판을 받을 권리를 국민의 기본권의 하나로 보장하고 있는 헌법 제27조의 규정과 대법원을 최고법원으로 규정한 헌법 제101조 제2항, 명령·규칙 또는 처분에 대한 대법원의 최종심사권을 규정한 헌법 제107조 제2항의 규정 등에 비추어, 대법원 이외의 각급법원에서 잘못된 재판을 하였을 경우에는 상급

심으로 하여금 이를 바로 잡게 하는 것이 국민의 재판청구권을 실질적으로 보장하는 방법이 된다는 의미에서 심급제도는 재판청구권을 보장하기 위한 하나의 수단이 되는 것이지만, 심급제도는 사법에 의한 권리보호에 관하여 한정된 법 발견자원의 합리적인 분배의 문제인 동시에 재판의 적정과 신속이라는 서로 상반되는 두 가지 요청을 어떻게 조화시키느냐의 문제에 귀착되므로 어느 재판에 대하여 심급제도를 통한 불복을 허용할 것인지의 여부 또는 어떤 불복방법을 허용할 것인지 등은 원칙적으로 입법자의 형성의 자유에 속하는 사항이라고 할 것이고 (헌법재판소 1995. 1. 20. 선고 90헌바1 결정 등 참조), 특히 형사사법절차에서 수사 또는 공소제기 및 유지를 담당하는 주체로서 피의자 또는 피고인과 대립적 지위에 있는 검사에게 어떤 재판에 대하여 어떤 절차를 통하여 어느 범위 내에서 불복방법을 허용할 것인가 하는 점은 더욱 더 입법정책에 달린 문제라고 할 것이다.

2. 헌법 제12조는 국민의 신체의 자유와 관련하여, 제1항에서 "모든 국민은 신체의 자유를 가진다. 누구든지 법률에 의하지 아니하고는 체포·구속·압수·수색 또는 심문을 받지 아니"한다고 규정하고, 제3항 본문에서 "체포·구속·압수 또는 수색을 할 때에는 적법한 절차에 따라 검사의 신청에 의하여 법관이 발부한 영장을 제시하여야 한다."라고 규정하여 영장주의의 대원칙을 천명하고, 제6항에서는 "누구든지 체포 또는 구속을 당한 때에는 적부의 심사를 법원에 청구할 권리를 가진다."라고 규정하여 체포 또는 구속의 적부심사를 적법하게 발부된 영장에 의하여 구속된 사람의 구제 내지 불복방법의 하나로 보장하면서도, 검사가 신청한 체포 또는 구속영장 등의 발부가 법관에 의하여 거부된 때의 불복방법에 관하여는 아무런 규정도 두지 않은 채 침묵하고 있다.

이를 받은 형사소송법은 제200조의2 및 제201조에서 수사단계에서의 피의자의 체포 또는 구속은 검사의 청구에 의하여 지방법원판사가 발부한 체포영장 또는 구속영장에 의하여 할 수 있고, 그 청구를 받은 지방법원판사는 상당하다고 인정하는 때에는 체포영장 또는 구속영장을 발부하되, 이를 발부하지 아니할 때에는 청구서에 그 취지 및 이유를 기재하고 서명날인하여 청구한 검사에게 교부한다고 규정하면서, 검사가 체포영장 또는 구속영장을 청구함에 있어서 동일한 범죄사실에 관하여 그 피의자에 대하여 전에 체포영장 또는 구속영장을 청구하거나 발부받은 사실이 있을 때에는 다시 체포영장 또는 구속영장을 청구하는 취지 및 이유를 기재하여야 한다고 규정하여 검사가 체포영장 또는 구속영장의 발부를 재청구할 수 있다는 것을 전제로 하고 있으나, 지방법원판사가 체포영장 또는 구속영장을 발부하지 아니한 데 대하여 따로 불복할 수 있다는 규정은 두고 있지 아니한 반면에, 제214조의2에서는 체포영장 또는 구속영장에 의하여 체포 또는 구속된 피의자 등이 관할법원에 체포 또는 구속의 적부심사를 청구할 수 있다고 규정하는 한편, 체포 또는 구속적부심사의 청구를 인용하거나 기각하는 재판에 대하여는 항고하지 못한다고 규정하고 있다.

3. 한편, 형사소송법 제402조 본문은 "법원의 결정에 대하여 불복이 있으면 항고를 할 수 있다."라고 규정하고, 제416조 제1항은 '준항고'라는 제명 아래, "재판장 또는 수명법관'이 다음 각 호의 1에 해당하는 재판을 고지한 경우에 불복이 있으면 그 법관 소속의 법원에 재판의 취소 또는 변경을 청구할 수 있다."라고 규정하면서 그 제2호에서 '구금에 관한 재판'을 규정하고 있다.

그런데 형사소송법은 제37조에서 재판의 종류를 '판결', '결정', '명령'으로 나누어서 규정하는 한편, 재판의 종류와 성질에 따라 이를 담당할 주체를 '법원', '법원합의부', '단독판사', '재판장', '수명법관', '수탁판사', '판사 또는 지방법원판사', '법관' 등으로 엄격히 구분하여 규정하면서, 앞에서 적시한 바와 같이, 검사의 체포영장 또는 구속영장의 청구에 대하여는 '지방법원판사'가 그 발부 여부에 대한 재판을 하도록 규정하고 있다.

이들 규정을 종합하여 볼 때, 검사의 체포영장 또는 구속영장 청구에 대한 지방법원판사의 재판은 형사소송법 제402조의 규정에 의하여 항고의 대상이 되는 '법원의 결정'에 해당되지 아니하고, 제416조 제1항의 규정에 의하여 준항고의 대상이 되는 '재판장 또는 수명법관의 구금 등에 관한 재판'에도 해당되지 아니함이 분명하다고 할 것이다(대법원 1958. 3. 14.자 4290형재항9 결정, 대법원 2005. 3. 31.자 2004모517 결정 등 참조).

4. 헌법과 형사소송법의 이러한 규정들은, 신체의 자유와 관련한 기본권의 침해는 부당한 구속 등에 의하여 비로소 생길 수 있고 검사의 영장청구가 기각된 경우에는 이로 인한 직접적인 기본권침해가 발생할 여지가 없다는 점 및 피의자에 대한 체포영장 또는 구속영장의 청구에 관한 재판 자체에 대하여 항고 또는 준항고를 통한 불복을 허용하게 되면 그 재판의 효력이 장기간 유동적인 상태에 놓여 피의자의 지위가 불안하게 될 우려가 있으므로 그와 관련된 법률관계를 가급적 조속히 확정시키는 것이 바람직하다는 점 등을 고려하여, 체포영장 또는 구속영장에 관한 재판 그 자체에 대하여 직접 항고 또는 준항고를 하는 방법으로 불복하는 것은 이를 허용하지 아니하는 대신에, 체포영장 또는 구속영장이 발부된 경우에는 피의자에게 체포 또는 구속의 적부심사를 청구할 수 있도록 하고 그 영장청구가 기각된 경우에는 검사로 하여금 그 영장의 발부를 재청구할 수 있도록 허용함으로써, 간접적인 방법으로 불복할 수 있는 길을 열어 놓고 있는 데에 그 취지가 있다고 할 것이고, 이는 앞에서

본 법리에 비추어 볼 때 헌법이 법률에 유보한 바에 따라 입법자의 형성의 자유의 범위 내에서 이루어진 합리적인 정책적 선택의 결과일 뿐, 헌법에 위반되는 것이라고는 할 수 없다.

〈피고인에 대한 구속영장 발부에 있어 사전 청문절차〉

대법원 2000. 11. 10.자 2000모134 결정 〈표준〉

형사소송법 제72조는 "피고인에 대하여 범죄사실의 요지, 구속의 이유와 변호인을 선임할 수 있음을 말하고 변명할 기회를 준 후가 아니면 구속할 수 없다."고 규정하고 있는바, 이는 피고인을 구속함에 있어 법관에 의한 사전 청문절차를 규정한 것으로서, 구속영장을 집행함에 있어 집행기관이 취하여야 하는 절차가 아니라 구속영장 발부함에 있어 수소법원 등 법관이 취하여야 하는 절차라 할 것이므로, 법원이 피고인에 대하여 구속영장을 발부함에 있어 사전에 위 규정에 따른 절차를 거치지 아니한 채 구속영장을 발부하였다면 그 발부결정은 위법하다고 할 것이다.

그러나 위 규정은 피고인의 절차적 권리를 보장하기 위한 규정이므로 이미 변호인을 선정하여 공판절차에서 변명과 증거의 제출을 다하고 그의 변호 아래 판결을 선고받은 경우 등과 같이 위 규정에서 정한 절차적 권리가 실질적으로 보장되었다고 볼 수 있는 경우에는, 이에 해당하는 절차의 전부 또는 일부를 거치지 아니한 채 구속영장을 발부하였다 하더라도 이러한 점만으로 그 발부결정이 위법하다고 볼 것은 아니라 할 것이다(대법원 1985. 7. 23.자 85모12 결정 참조).

그런데 기록에 의하면, 피고인은 1993. 7. 7. 서울형사지방법원에서 93고합174 특정범죄가중처벌등에관한법률(특수강간) 등의 사건으로 징역 7년을 선고받고 그 형의 집행을 받고 있었던 관계로, 이 사건에 관하여는 불구속으로 재판을 받아 오던 중 제1심에서 징역 7년 및 2년을 선고받고 이에 대하여 항소를 제기하였고, 원심은 이 사건에 관하여 심리하던 중 집행 중인 형기가 만료하게 되자 이 사건 1차 구속영장을 발부하였는데, 그 후 이 사건 1차 구속영장에 의한 구속기간이 만료하게 되자 2000. 7. 7. 재항고인에 대하여 형사소송법 제72조에서 규정한 절차를 거치지 아니한 채 이 사건 2차 구속영장을 발부한 후, 위 구속영장이 집행되기 전인 2000. 7. 19. 재항고인에 대하여 위 규정에 따른 청문절차를 거쳐 법원 사무관으로 하여금 구속통지를 하게 한 다음, 그 다음날 재항고인에 대하여 이 사건 2차 구속영장을 집행하게 하였음을 알 수 있다.

위와 같이 재항고인은 이 사건 2차 구속영장의 범죄사실에 대하여 이미 제1심에서 유죄판결을 받고 그 판결에 대하여 항소를 함으로써 범죄사실의 요지 등에 관하여 잘 알고 있었고, 피고인으로서 할 수 있는 변명의 기회가 충분히 주어졌던 점, 이 사건 2차 구속영장은 이미 별개의 범죄사실로 구속되어 있는 재항고인에 대하여 이와 병합 심리되고 있는 다른 범죄사실에 관하여 재항고인을 재구속하는 것인 점 등에 비추어 보면, 원심이 이 사건 2차 구속영장을 발부하기 전에 위 규정에 따른 절차를 거치지 아니하였다 하더라도 재항고인에 대하여는 위 규정에 따른 절차적 권리가 실질적으로 보장되었다고 볼 것이므로, 원심이 형사소송법 제72조에서 규정한 절차를 거치지 아니한 채 이 사건 2차 구속영장을 발부하였다 하더라도 그 발부결정이 위법하다고 볼 것은 아니고, 따라서 이 점에 관한 재항고이유의 주장도 받아들일 수 없다.

대법원 2016. 6. 14.자 2015모1032 결정 〈표준〉

위와 같이 사전 청문절차의 흠결에도 불구하고 구속영장 발부를 적법하다고 보는 이유는 공판절차에서 증거의 제출과 조사 및 변론 등을 거치면서 판결이 선고될 수 있을 정도로 범죄사실에 대한 충분한 소명과 공방이 이루어지고 그 과정에서 피고인에게 자신의 범죄사실 및 구속사유에 관하여 변명을 할 기회가 충분히 부여되기 때문이므로, 이와 동일시할 수 있을 정도의 사유가 아닌 이상 함부로 청문절차 흠결의 위법이 치유된다고 해석하여서는 아니 된다.

기록에 의하면, 서울중앙지방법원 2014고단6923 일반교통방해 등 사건(이하 '제1 사건'이라 한다)에서 피고인은 제1 사건의 범죄사실에 관하여 2014. 9. 19. 발부된 구속영장(이하 '제1차 구속영장'이라 한다)에 의하여 구속된 상태에서 2014. 9. 26. 기소되어 재판을 받았는데, 그 재판 진행 중 피고인에 대한 2014고단9364 일반교통방해 사건(이하 '제2 사건'이라 한다)이 2014. 12. 15. 추가 기소되자 제1심법원은 2014. 12. 22. 제2 사건을 제1 사건에 병합하여 심리한다는 결정을 한 사실, 병합된 사건의 2015. 1. 20. 제4회 공판기일에서 검사가 제2 사건의 공소장에 의하여 공소사실, 죄명, 적용법조를 낭독하고 이에 대하여 변호인의 변호 아래 피고인은 공소사실을 일부 부인하는 취지의 진술을 한 사실, **그 후 제2 사건에 관하여 어떠한 증거제출이나 증거조사 등 추가심리가 진행되지 않은 상태에서 제1심법원은 제1차 구속영장에 의한 구속기간이 곧 만료하게 되자 2015. 3. 24. 법정 외에서 별도의 사전 청문절차 없이 피고인에 대하여 제2 사건의 범죄사실에 관하여 구속영장**(이하 '제2차 구속영장'이라 한다)을 발부하였고 2015. 3. 26. 위 구속영장이 집행된 사실을 알 수 있다.

위 사실관계를 앞서 본 법리에 비추어 살펴보면, 제1심법원은 제2차 구속영장을 발부하기 전에 형사소송법 제72조에 따른 절차를 따로 거치지 아니하였는데, 그 전 공판기일에서 검사가 모두진술에 의하여 공소사실 등을 낭독하고 피고인과 변호인이 모두진술에 의하여 공소사실의 인정 여부 및 이익이 되는 사실 등을 진술하였다는 점만으로는 위 규정에서 정한 절차적 권리가 실질적으로 보장되었다고 보기는 어렵다고 할 것이다.

1. 구속영장의 집행

〈구속영장의 신속한 집행의 원칙〉

대법원 2021. 4. 29. 선고 2020도16438 판결

위와 같은 헌법이 정한 적법절차와 영장주의 원칙, 형사소송법이 정한 체포된 피의자의 구금을 위한 구속영장의 청구, 발부, 집행절차에 관한 규정을 종합하면, 법관이 검사의 청구에 의하여 체포된 피의자의 구금을 위한 구속영장을 발부하면 검사와 사법경찰관리는 지체 없이 신속하게 구속영장을 집행하여야 한다. 피의자에 대한 구속영장의 제시와 집행이 그 발부 시로부터 정당한 사유 없이 시간이 지체되어 이루어졌다면, 구속영장이 그 유효기간 내에 집행되었다고 하더라도 위 기간 동안의 체포 내지 구금 상태는 위법하다.

4) 이 사건 기록에 의하면, 아래의 사실을 알 수 있다. … 피고인에 대한 구속영장이 2020. 2. 8. 발부되고 피고인에 대한 구속영장 청구 사건의 수사관계 서류와 증거물이 같은 날 17:00경 검찰청에 반환되어 그 무렵 검사의 집행지휘가 있었는데도, 사법경찰리는 그로부터 만 3일 가까이 경과한 2020. 2. 11. 14:10경 구속영장을 집행하였으므로 사법경찰리의 피고인에 대한 구속영장 집행은 지체 없이 이루어졌다고 볼 수 없고, 위 '구속영장 집행에 관한 수사보고'상의 사정은 구속영장 집행절차 지연에 대한 정당한 사유에 해당한다고 보기도 어려우므로 정당한 사유 없이 지체된 기간 동안의 피고인에 대한 체포 내지 구금 상태는 위법하다고 할 것이다.

> 구속영장 발부 다음 날 구속영장이 집행된 사안에서 '구속영장에 기재된 유효기간 내에 구속영장의 집행이 이루어졌으므로 적법하다'는 취지로 판단한 판례로는, 대법원 2007. 3. 16. 선고 2007도118 판결 참조.

서울지방법원 1996. 8. 8. 선고 95나54753 판결 「사법경찰인 소외 4 등이 같은 달 15. 구속영장 정본의 제시 없이 급속하게 원고를 연행하여야 할 필요가 있음을 인정할 아무런 증거가 없는 이 사건에 있어서 피의사실 요지의 고지 및 구속영장 정본의 제시 없이 원고를 강제연행한 것은 형사소송법 소정의 절차를 거치지 아니한 불법연행으로서 모두 위법을 면할 수 없다.」

2. 구속기간

대법원 1997. 6. 16.자 97모1 결정 「형사소송법 제402조, 제403조에서 말하는 법원은 형사소송법상의 수소법원만을 가리킨다고 할 것이므로, 같은 법 제205조 제1항 소정의 <u>구속기간의 연장을 허가하지 아니하는 지방법원 판사의 결정에 대하여는 같은 법 제402조, 제403조가 정하는 항고의 방법으로는 불복할 수 없다고 보아야 할 것이다. 나아가 그 지방법원 판사는 수소법원으로서의 재판장 또는 수명법관도 아니므로 그가 한 재판은 같은 법 제416조가 정하는 준항고의 대상이 되지도 않는다</u> 할 것이다.」

헌법재판소 1997. 6. 26. 선고 96헌가8, 9, 10 결정 「1991. 5. 31. 개정 전후의 국가보안법 제3조, 제5조, 제8조, 제9조에 해당하는 범죄에 대한 수사에 있어서는 그 피의자들에 대한 구속기간을 최소한의 범위 내에서 연장할 상당한 이유가 있으며, 또 그 구속기간의 연장에는 지방법원 판사의 허가를 받도록 되어 있어서 수사기관의 부당한 장기구속에 대한 법적 방지장치도 마련되어 있으므로 <u>국가보안법 제19조 중 위 각 죄에 관한 구속기간의 연장부분은 헌법에 규정된 평등의 원칙, 신체의 자유, 무죄추정의 원칙 및 신속한 재판을 받을 권리 등을 침해하는 위헌법률조항이라고 할 수 없다.</u>」

3. 재구속의 제한

대법원 1969. 5. 27. 선고 69도509 판결 「형사소송법 제208조의 규정은 검사 또는 사법경찰관이 피의자를 구속함을 규률하는 것일 뿐 법원이 피고인을 구속하는 것까지를 제한하는 것이었다고는 할 수 없는 바이니, <u>피고인이 본건의 수사당시 구속되었다가 그 구속의 적법여부에 관한 심사의 결과 석방된 사실이 있었음을 이유로 하여 원판결 선고 후 원심법원의 재판장이 발부한 구속영장에 의하여 피고인이 구속되었음을 위 법조에 위배되는 재구속이었다고 논란하는 소론의 논지도 이유없다.</u>」

대법원 2001. 9. 28. 선고 2001도4291 판결 「형사소송법 제200조의4 제3항은 영장 없이는 긴급체포 후 석방된 피의자를 동일한 범죄사실에 관하여 체포하지 못한다는 규정으로, 위와 같이 석방된 피의자라도 법원으로부터 구속영장을 발부받아 구속할 수 있음은 물론이고, 같은 법 제208조 소정의 '구속되었다가 석방된 자'라 함은 구속영장에 의하여 구속되었다가 석방된 경우를 말하는 것이지, 긴급체포나 현행범으로 체포되었다가 사후영장발부 전에 석방된 경우는 포함되지 않는다 할 것이므로, <u>피고인이 이 사건의 수사 당시 긴급체포되었다가 수사기관의 조치로 석방된 사실이 있음을 이유로 하여 그 후 법원이 발부한 구속영장에 의하여 이루어진 구속을 앞서 본 법조에 위배되는 위법한 구속이라고 논란하는 상고이유의 주장은 받아들일 수 없다.</u>」

4. 구속영장의 효력

〈이중구속의 허용 여부 : 적극〉

대법원 1996. 8. 12.자 96모46 결정

기록에 의하면, 재항고인에 대하여 1995. 11. 15. **구속영장이 발부되어 구속 기소된 후 형사소송법 제92조 소정의 구속기간이 만료될 무렵인 1996. 5. 10. 서울지방법원 제30형사부 재판장이 위 종전의 구속영장에 기재된 범죄사실과는 다른 범죄사실로 이 사건 구속영장을 발부하여 같은 해 5. 16. 재항고인을 구속한 사실을 알 수 있는바**, <u>구속의 효력은 원칙적으로 구속영장에 기재된 범죄사실에만 미친다고 할 것이므로, 위 종전의 구속영장에 의한 구속의 효력은 이 사건 구속영장에 기재된 별개의 범죄사실에는 미치지 아니한다 할 것이고, 따라서 이 사건 구속영장에 의하여 재항고인을 구속한 것이 종전의 구속영장에 의한 구속의 효력이 미치는 범죄사실로 구속한 것으로 볼 수는 없다</u> 할 것이다.

그리고 구속의 효력은 원칙적으로 구속영장에 기재된 범죄사실에만 미친다는 점, 기록에 의하면, 재항고인과 함께 병합심리되고 있는 공동피고인이 상당수에 이를 뿐만 아니라 재항고인과 공동피고인들에 대한 공소사실이 방대하고 복잡하여 그 심리에 상당한 시일이 요구될 것으로 예상된다는 점 등에 비추어 보면, 위에서 본 바와 같이 구속기간이 만료될 무렵에 종전 구속영장에 기재된 범죄사실과는 다른 범죄사실로 재항고인을 구속하였다는 사정만으로는 재항고인에 대한 구속이 위법하다고 단정할 수는 없다 할 것이다.

〈별건구속과 여죄수사의 한계〉

대법원 1990. 12. 11. 선고 90도2337 판결

논지는 피고인이 신용카드업법위반등 피의사건으로 구속되었던 기간에 연이어 이 사건 사기 등 범행으로 구속되었으므로 전에 구속되었던 기간을 이 사건 본형에 산입하지 아니한 것은 위법하다는 것이다.

기록에 의하여 살펴보면 **피고인은 이 사건 사기 등 범행으로 기소되기 전에**(이 사건으로는 1990.3.27. 구속영장이 발부되어 그날 집행되었다.) **기소중지처분된 신용카드사업법위반 등 피의사실로 1990.3.1.부터 같은 달 27.까지 구속된 사실을 알 수 있는바**, <u>결과적으로 위 구속기간이 이 사건 사기 등 범행사실의 수사에 실질상 이용되었다 하더라도 위 구금일수를 이 사건 사기죄의 본</u>

형에 산입할 수는 없다 할 것이므로 같은 취지의 원심판단은 정당하고 소론과 같은 위법이 없다.

제3절 체포·구속상태의 해제

I. 체포·구속의 집행정지

〈구속집행정지와 영장주의 및 적법절차의 원칙〉

헌법재판소 2012. 6. 27. 선고 2011헌가36 결정

가. 법원이 피고인의 구속 또는 그 유지 여부의 필요성에 관하여 한 재판의 효력이 검사나 다른 기관의 이견이나 불복이 있다 하여 좌우되거나 제한받는다면 이는 영장주의에 위반된다고 할 것인바, 구속집행정지결정에 대한 검사의 즉시항고를 인정하는 이 사건 법률조항은 검사의 불복을 그 피고인에 대한 구속집행을 정지할 필요가 있다는 법원의 판단보다 우선시킬 뿐만 아니라, 사실상 법원의 구속집행정지결정을 무의미하게 할 수 있는 권한을 검사에게 부여한 것이라는 점에서 헌법 제12조 제3항의 영장주의원칙에 위배된다.

또한 헌법 제12조 제3항의 영장주의는 헌법 제12조 제1항의 적법절차원칙의 특별규정이므로, 헌법상 영장주의원칙에 위배되는 이 사건 법률조항은 헌법 제12조 제1항의 적법절차원칙에도 위배된다.

나. 이 사건 법률조항은 부당한 구속집행정지결정으로 피고인이 출소한 후 도망가거나 증거를 인멸함으로써 공정한 재판 진행이나 형의 집행에 차질을 가져오는 것을 예방하기 위한 것으로서 입법목적의 정당성 및 수단의 적절성이 인정된다.

그러나 피고인에 대한 신병확보의 필요성은 피고인의 출석을 보장할 만한 조건의 부가에 의하여 그 목적을 달성할 수 있으며, 법원의 구속집행정지결정에 대하여 검사가 불복할 수 있도록 하더라도, 보통항고를 하고 집행정지를 청구하거나, 즉시항고를 인정하되 즉시항고에 재판의 집행을 정지하는 효력을 인정하지 않는 방법도 있으므로, 구속집행정지결정 자체를 무력화시키는 방법보다 덜 침해적인 방법에 의해서는 그 목적을 전혀 달성할 수 없다고 보

기 어렵다는 점을 고려할 때 구속집행정지결정에 대하여 즉시항고권을 인정하는 것은 피해의 최소성을 갖춘 것이라고 할 수 없다.

또한 법원이 일정한 조건 하에 구속의 집행을 정지하는 경우 도주와 증거인멸의 우려 등은 이미 법원의 결정 단계에서 고려되었다는 점, 구속의 집행정지 사유들은 한시적인 경우가 많아 그 시기를 놓치게 되면 피고인에게 집행정지의 의미가 없어지게 되는 점 등을 종합해 보면, 이 사건 법률조항이 법익의 균형성을 갖춘 것이라고 보기도 어렵다.

> **[사안의 개요]** 원심법원이 2011. 9. 19. 피고인에 대하여 피고인의 모친상을 이유로 2011. 9. 20. 까지 구속의 집행을 정지한다는 결정을 하였으나, 같은 날 검사가 형사소송법 제101조 제3항에 따라 위 구속집행정지결정에 불복하여 즉시항고를 제기함으로써 그 결정의 집행이 정지된 채 제청법원에 이르게 되자, 2011. 10. 26. 직권으로 형사소송법 제101조 제3항에 대하여 위헌법률심판을 제청한 사안

〈구속집행정지와 조건의 부가〉

대법원 2022. 11. 22.자 2022모1799 결정

1. 구속집행정지와 조건의 부가

군사법원법 제141조 제2항은 피고인에 대한 구속집행정지에 관하여 '피고인이 영내 거주자이면 그 소속 부대장에게 부탁하고 영내거주사가 아니면 친족 · 보호단체 그 밖의 적당한 사람에게 부탁하거나 피고인의 주거를 제한'하도록 규정한다. 이때 구속집행정지 제도의 취지에 부합한다면 피고인의 도주 방지 및 출석을 확보하기 위하여 예컨대, 전자장치의 부착을 구속집행정지의 조건으로 부가할 수도 있다. 이하에서 더 구체적으로 살펴본다.

가. 군사법원법 제141조 제1항에 근거한 피고인에 대한 구속집행정지는 상당한 이유가 있을 때 군사법원이 직권으로 제반사정을 고려하여 피고인의 구속 상태를 잠정적으로 해제하는 것이다. 가장 중한 기본권 제한인 구속을 예외적으로 해제하면서 다시 구속될 것을 담보하기 위해 일정한 조건을 부가하는 것은 구속집행정지의 성질상 당연히 허용된다고 보아야 한다. 구속의 목적을 달성하는 데 지장이 없다면 일정한 조건을 부가하더라도 구속집행을 정지하는 것이 피고인에게 더 유리하기 때문이다.

나. 군사법원법 제141조 제2항에서 규정한 구속집행정지 조건의 내용은 예시로 볼 수 있고 반드시 이에 한정되지 않는다. 물론 이때에도 그 내용은 피고인의 도주 예방과 출석에 대한

담보라는 구속집행정지 제도의 취지에 들어맞는 것이어야 하고, 그 구체적인 조건은 보석의 조건(군사법원법 제139조)이 성질에 반하지 않는 한 적용될 수 있다. 구속집행정지 제도는 불구속재판의 원칙과 무죄추정의 원칙을 구현하기 위한 보석 제도를 보충하는 기능을 하므로(헌법재판소 2012. 6. 27. 선고 2011헌가36 결정 참조) 본질적으로 보석과 같은 성격을 띠고 있고, 군사법원법 제142조 제2항에서는 보석과 구속집행정지의 취소사유에 관하여 동일한 내용을 규정하고 있기 때문이다.

다. 군사법원법, 「전자장치 부착 등에 관한 법률」(이하 '전자장치부착법'이라 한다) 등에서 구속집행정지의 조건으로 전자장치의 부착을 부가할 수 있는지에 관하여 별도의 규정을 두고 있지는 않다. 그러나 전자장치 부착으로 인해 제한되는 피부착자의 자유는 자신의 위치가 24시간 국가에 노출됨으로 인하여 행동의 자유가 심리적으로 위축된다는 것일 뿐 행동 자체가 금지되거나 물리적으로 제한되는 것은 아니다(헌법재판소 2012. 12. 27. 선고 2011헌바89 결정 등 참고). 전자장치의 부착은 피고인의 기본권을 제한하는 성격을 갖고 있지만 구속보다 가벼운 처분을 통하여 피고인의 도주를 방지하여 가장 중한 기본권 제한인 구속의 목적을 달성할 수 있다는 점에서 불구속재판의 원칙의 실현에 기여하면서 비례의 원칙에도 어긋나지 않는다. 또한 전자장치 부착은 전자장치부착법상 보석의 조건으로도 허용되고 있다. 따라서 전자장치 부착은 구속집행정지 조건으로도 허용된다고 보아야 한다.

Ⅱ. 체포·구속의 취소

〈피고인 구속의 취소〉

대법원 1999. 9. 7.자 99초355, 99도3454 결정

1. 형사소송법 제93조에 의한 구속의 취소는 구속영장에 의하여 구속된 피고인에 대하여 구속의 사유가 없거나 소멸된 때에 법원이 직권 또는 피고인 등의 청구에 의하여 결정으로 구속을 취소하는 것으로서, 그 결정에 의하여 구속영장이 실효되므로, 구속영장의 효력이 존속하고 있음을 전제로 하는 것이고, 다른 사유로 이미 구속영장이 실효된 경우에는 피고인이 계속 구금되어 있더라도 위 규정에 의한 구속의 취소 결정을 할 수 없다.

그리고 형법 제37조 전단의 경합범 중 일부에 대하여 무죄, 일부에 대하여 유죄를 선고한 항소심 판결에 대하여 검사만이 무죄 부분에 대하여 상고한 경우, 피고인과 검사가 상고하지 아니한 유죄판결 부분은 상고심에 이심되지 아니하고 따로 확정되며(대법원 1992. 1. 21. 선고 91도1402 판결 참조), 한편 구속 중인 피고인에 대하여 자유형(실형)의 판결이 확정된 때에는 구속영장은 실효되므로, 위 경우 자유형이 선고된 유죄 부분이 확정되면 그 때에 구속영장은 실효되고(따라서 피고인을 계속 구금하기 위하여는 확정된 유죄 부분에 대한 형집행의 절차를 취하여야 한다), 구속영장이 이미 실효된 이상 법원이 형사소송법 제93조에 의한 구속의 취소 결정을 할 수는 없다.

2. 기록에 의하면, 청구인은 사문서변조, 변조사문서행사, 사기미수죄의 경합범으로 불구속 기소되어 제1심법원은 1999. 4. 28. 사문서변조, 변조사문서행사죄에 대하여는 징역 6월, 사기미수죄에 대하여는 무죄를 선고하면서 직권으로 구속영장을 발부하여 청구인을 구속하였고, 이에 청구인은 유죄 부분에 대하여, 검사는 무죄 부분에 대하여 각 항소하여 항소심 법원은 1999. 7. 14. 유죄 부분을 파기하여 청구인을 징역 4월에 처하고, 무죄 부분에 대한 검사의 항소를 기각하는 판결을 선고하였으며, 청구인은 같은 날 상고를 포기하고 검사는 1999. 7. 20. 무죄 부분에 대하여 상고하였는데, **청구인은 1999. 8. 25. 형기만료일이 1999. 8. 27.이라는 이유로 이 사건 구속취소 청구를 하였음**을 알 수 있는바, 위 사실관계에 의하면, **검사는 무죄 부분에 대하여만 상고하고, 유죄 부분은 청구인이 1999. 7. 14. 상고를 포기하여 징역 4월의 판결이 확정되었고, 이로써 위 구속영장은 실효되었다**고 할 것이므로 법원으로서는 형사소송법 제93조에 의한 구속의 취소 결정을 할 수 없다.

〈구속 사유의 소멸〉

대법원 1983. 8. 18.자 83모42 결정

피고인은 폭력행위등처벌에관한법률위반의 죄로 원심에서 징역 6월의 형을 선고받고 상고중에 있으나 제1심 판결선고전의 구금일수중 50일을 본형에 산입받았고, 또 형사소송법 제482조의 규정에 의하여 그 전부가 형기에 산입될 항소제기 후 원심판결 선고전의 구금 일수가 126일이나 되어 피고인에 대한 형이 그대로 확정된다 하더라도 구속을 필요로 하는 잔여형기는 8일 이내가 될 것이 명백한 바, 피고인의 주거가 일정할 뿐더러 증거인멸이나 도망의 염려도 없어 보인다.

그렇다면 피고인을 구속할 사유는 소멸하였다고 보아야 할 것이니 원심이 그 구속취소 신청을 이유없다 하여 기각한 조치에는 형사소송법 제93조의 법리오해가 있다 않을 수 없다.

대법원 1991. 4. 11.자 91모25 결정 〈표준〉

피고인은 1990.2.9. 구속되어 같은해 6.18. 제1심에서 징역 1년(판결선고 전 구금일수 중 125일을 본형에 산입)의 선고를 받았으나 같은 해 6.20. 피고인과 검사가 모두 항소한 결과 같은 해 11.22. 항소심에서 제1심판결 파기, 징역 1년(제1심판결 선고 전 구금일수 중 125일 본형에 산입), 공소사실 중 일부 무죄의 선고를 받고 피고인은 같은 해 11.22. 검사는 같은 해 11.29. 각 상고하였으며, 1991.1.29. 당원에서 원심이 유죄로 판시한 부분과 무죄로 판시한 부분 중 일부가 파기 환송됨에 따라 그 부분 사건을 환송받은 항소심에서 1991.3.25. 환송취지대로 제1심판결 파기, 징역 1년(제1심판결 선고 전 구금일수 중 125일을 본형에 산입), 공소사실 중 일부 무죄가 선고되고 이에 대하여 피고인과 검사가 다시 상고하였음이 분명한 바, 이와 같은 사정하에서는 <u>검사의 상고가 받아들여지리라고 보기 어렵다 할 것이고</u>, 한편 피고인에 대하여는 제1심판결 선고 전의 구금일수 125일이 산입되고 형사소송법 제482조의 규정에 의하여 항소제기 후의 항소심구금일수전부가 산입되게 되어 있어 <u>피고인의 상고가 기각되더라도 제1심과 항소심판결선고 전 구금일수만으로도 구속을 필요로 하는 본형 형기를 초과할 것이 명백하다.</u>

기록에 의하면 <u>피고인이 1989.6.5. 징역 1년 6월에 집행유예 2년을 선고받고 1990.1.31.경 확정됨에 따라 현재 집행유예 기간 중에 있음을 알 수 있지만 그것이 피고인의 구속을 계속하여야 할 사유가 된다고 할 수는 없으며 달리 피고인을 계속 구속할 사유가 있어 보이지 않는다.</u>

그렇다면 <u>피고인을 구속할 사유는 소멸되었다고 할 것이므로</u> 원심이 같은 견해에서 피고인에 대한 구속을 취소한 것은 옳게 수긍이 된다.

대법원 1991. 12. 30.자 91모76 결정 「재항고인이 체포, 구금 당시에 헌법 및 형사소송법에 규정된 사항(체포, 구금의 이유 및 변호인의 조력을 받을 권리) 등을 고지받지 못하였고, 그 후의 구금기간 중 면회거부 등의 처분을 받았다 하더라도 <u>이와 같은 사유는 형사소송법 제93조 소정의 구속취소사유에는 해당하지 아니한다.</u>」

제 4 절 체포·구속된 피의자의 권리

Ⅰ. 체포·구속된 피의자(피고인)의 접견교통권

1. 변호인과의 접견교통권

〈변호인과의 접견교통권의 의의와 취지 및 주체〉

대법원 1996. 6. 3.자 96모18 결정

헌법 제10조는 "모든 국민은 인간으로서의 존엄과 가치를 가지며 행복을 추구할 권리를 가진다"고 규정하고 있고, 같은 법 제12조 제1항 후문은 "누구든지 법률에 의하지 아니하고는 체포·구속·압수·수색 또는 신문을 받지 아니하며, 법률과 적법한 절차에 의하지 아니하고는 처벌·보안처분 또는 강제노역을 받지 아니한다"고 규정하여 형사소송에 있어서 적법절차주의를 선언하고 있으며 이를 구체화하기 위하여 같은 조 제4항은 "누구든지 체포 또는 구속을 당한 때에는 즉시 변호인의 조력을 받을 권리를 가진다"고 규정하고 있으며, 형사소송법 제30조 제1항은 피고인 또는 피의자는 변호인을 선임할 수 있다고 규정하여 변호인의 조력을 받을 권리를 불구속 피고인 또는 피의자에게까지 확대하고 있는바 이와 같은 <u>변호인의 조력을 받을 권리를 실질적으로 보장하기 위하여는 변호인과의 접견교통권의 인정이 당연한 전제가 된다고 할 것이므로, 임의동행의 형식으로 수사기관에 연행된 피의자에게도 변호인 또는 변호인이 되려는 자와의 접견교통권은 당연히 인정된다고 보아야 할 것이고, 임의동행의 형식으로 연행된 피내사자의 경우에도 마찬가지라 할 것이다.</u> 형사소송법 제34조는 변호인 또는 변호인이 되려는 자에게 구속을 당한 피고인 또는 피의자에 대하여까지 접견교통권을 보장하는 취지의 규정이므로 위 접견교통권을 위와 달리 해석할 법령상의 근거가 될 수 없다. 이와 같은 <u>접견교통권은 피고인 또는 피의자나 피내사자의 인권보장과 방어준비를 위하여 필수불가결한 권리이므로 법령에 의한 제한이 없는 한 수사기관의 처분은 물론 법원의 결정으로도 이를 제한할 수 없다</u>고 할 것이다(당원 1991. 3. 28.자 91모24 결정 참조).

〈피의자의 자발적 접견포기에 대한 증명 소재〉

대법원 2018. 12. 27. 선고 2016다266736 판결

2. 변호인 접견교통권 침해를 이유로 한 손해배상책임

피의자의 지위는 수사기관이 범죄인지서를 작성하는 등 형식적인 사건수리 절차를 밟기 전이라도 조사대상자에 대하여 범죄의 혐의가 있다고 보아 실질적으로 수사를 개시하는 행위를 한 때에 인정된다(대법원 2001. 10. 26. 선고 2000도2968 판결, 대법원 2015. 10. 29. 선고 2014도5939 판결 등 참조).

헌법 제12조 제4항 본문은 "누구든지 체포 또는 구속을 당한 때에는 즉시 변호인의 조력을 받을 권리를 가진다."라고 정하고 있다. 형사소송법 제89조는 "구속된 피고인은 법률의 범위 내에서 타인과 접견할 수 있다."라고 정하고, 이 규정은 체포 또는 구속된 피의자에 관하여도 준용된다(제209조). 형사소송법 제34조는 "변호인 또는 변호인이 되려는 자는 신체구속을 당한 피고인 또는 피의자(이하 '피의자 등'이라 한다)와 접견하고 서류 또는 물건을 수수할 수 있다."라고 정하고 있다.

이러한 형사소송법 규정은 헌법상 변호인의 조력을 받을 권리를 기본적 인권의 하나로 보장한 취지를 실현하기 위하여 피의자 등의 헌법상 기본권을 구체화함과 동시에 변호인 또는 변호인이 되려는 자(이하 '변호인'이라 한다)에게 피의자 등과 자유롭게 접견교통을 할 수 있는 법률상 권리를 인정한 것이다. 변호인의 접견교통권은 피의자 등의 인권보장과 방어준비를 위하여 필수불가결한 권리이므로, 수사기관의 처분 등으로 이를 제한할 수 없고, 다만 법령에 의해서만 제한할 수 있다(대법원 2002. 5. 6.자 2000모112 결정, 대법원 2007. 1. 31.자 2006모656 결정 등 참조).

수사기관이 법령에 의하지 않고는 변호인의 접견교통권을 제한할 수 없다는 것은 대법원이 오래전부터 선언해 온 확고한 법리로서 변호인의 접견신청에 대하여 그 허용 여부를 결정하는 수사기관으로서는 마땅히 이를 숙지해야 한다. 이러한 법리에 반하여 변호인의 접견신청을 허용하지 않고 변호인의 접견교통권을 침해한 경우에는 접견 불허결정을 한 공무원에게 고의나 과실이 있다고 볼 수 있다.

변호인의 접견교통권은 피의자 등이 변호인의 조력을 받을 권리를 실현하기 위한 것으로서, 피의자 등이 헌법 제12조 제4항에서 보장한 기본권의 의미와 범위를 정확히 이해하면서도 이성적 판단에 따라 자발적으로 그 권리를 포기한 경우까지 피의자 등의 의사에 반하여 변호인의 접견이 강제될 수 있는 것은 아니다.

그러나 변호인이 피의자 등에 대한 접견신청을 하였을 때 위와 같은 요건이 갖추어지지 않았는데도 수사기관이 접견을 허용하지 않는 것은 변호인의 접견교통권을 침해하는 것이고, 이 경우 국가는 변호인이 입은 정신적 고통을 배상할 책임이 있다(대법원 2003. 1. 10. 선고 2002다56628 판결 등 참조). 이때 변호인의 조력을 받을 권리의 중요성, 수사기관에 이러한 권리를 침해할 동기와 유인이 있는 점, 피의자 등이 접견교통을 거부하는 것은 이례적이라는 점을 고려하면, 피의자 등이 헌법 제12조 제4항에서 보장한 기본권의 의미와 범위를 정확히 이해하면서도 이성적 판단에 따라 자발적으로 그 권리를 포기하였다는 것에 대해서는 이를 주장하는 사람이 증명할 책임이 있다고 보아야 한다.

3. 원심판단의 당부

가. 원심은 다음과 같은 이유로 국가정보원장이나 국가정보원 수사관이 변호인인 원고들의 소외 2에 대한 접견교통신청을 허용하지 않은 것은 변호인의 접견교통권을 침해한 위법한 직무행위에 해당하므로 피고는 국가배상법 제2조 제1항에 따라 위법한 직무집행으로 원고들이 입은 정신적 손해를 배상할 책임이 있다고 판단하였다.

(1) 국가정보원은 이미 소외 2가 중국 국적자로서 북한이탈주민법상 보호대상자가 될 수 없다는 의심을 하고 있었고 실제 소외 2를 중앙합동신문센터에 수용한 직후 소외 2로부터 그 사실을 확인하였다. 그런데도 국가정보원 등 수사기관은 약 3개월 동안 계속하여 소외 2가 오빠인 소외 1을 도와 대한민국에서 탈북자 정보를 수집하여 북한 당국에 전달할 목적으로 입국한 것이라는 점을 확인하기 위한 조사를 하였다. 이는 소외 1의 범죄혐의에 대한 수사이자 공범관계에 있는 소외 2의 범죄혐의에 대한 수사임이 명백하다. 원고들이 소외 2에 대한 접견을 신청하였을 당시 소외 2는 국가보안법위반(간첩) 등의 혐의로 수사를 받는 피의자의 지위에 있었다.

(2) 원고들이 처음 접견을 신청하였을 당시 소외 2는 국가정보원 수사관에게 접견을 신청한 변호사를 만나고 싶지 않다고 진술하고 2차례 진술서를 작성하였으며 국가정보원 수사관이 그 과정을 녹화하였다.

그러나 소외 2는 북한에서 자라 처음 대한민국에 입국하여 곧바로 중앙합동신문센터에 수용되었고 누구와도 접촉이 금지되어 변호인 접견교통권의 의미를 제대로 이해하고 있었다고 보기 어렵다. 국가정보원 수사관은 소외 2로 하여금 '회령 화교 소외 2'라는 표찰을 몸에 부착하여 수용자들이 다니는 통로에 서 있게 하고 CCTV가 설치된 독방에 수용하는 등 조치를 취하였고, 그로 인하여 소외 2는 심리적으로 위축되어 있었던 것으로 보인다. 소외 2는 관련 형사재판에 증인으로 출석하여 조사받는 과정에서 자살을 시도하기도 하였고 진술서 등을 작성하거나 녹화할 때 수사관이 미리 준비한 서류를 기초로 답변을 연습하거나 베껴 써서 진술서를 작성하기도 하였다고 진술하였다. 이러한 사정에 비추어 보면, 변호인과의 접견을 원하지 않는다는 소외 2의 진술은 접견교통권 등 변호인의 조력을 받을 권리의 의미와 범위에 대하여 제대로 인식한 상태에서 자발적이고 진정한 의사로 이루어졌다고 보기 어렵다. 따라서 소외 2가 국가정보원 수사관에게 변호인과의 접견을 원하지 않는다고 진술하고 진술서를 작성한 것만으로 국가정보원장이 원고들의 접견신청을 허용하지 않은 것이 정당한 직무집행이 될 수 없다.

(3) 국가정보원 수사관은 소외 2가 변호인과의 접견을 원하지 않는다는 진술서를 작성하는 과정을 녹화하면서 변호인의 조력을 받을 권리가 있다는 사실을 반복적으로 설명하기도 하였다. 이러한 사정에 비추어 국가정보원장이나 국가정보원 수사관은 소외 2가 변호인 접견교통권의 대상이 되는 피의자라는 사실을 인식한 것으로 볼 수 있다. 나아가 국가정보원 수사관은 변호인을 만나고 싶지 않다는 소외 2의 진술이 심리적으로 억압된 상태에서 이루어진 것으로서 그 진의가 의심된다는 점을 쉽게 인식할 수 있었다. 이러한 경우 변호인과 소외 2의 접견을 잠시라도 허용함으로써 소외 2의 진의와 진술의 임의성에 대한 의구심을 쉽게 해소할 수 있었을 것인데도 그러한 조치를 하지 않았다. 이러한 국가정보원장이나 국가정보원 수사관의 직무집행에는 주의의무를 다하지 못한 과실이 있다.

2. 변호인 아닌 자와의 접견교통권

〈헌법상 기본권으로서의 변호인 아닌 자와의 접견교통권〉

헌법재판소 2003. 11. 27. 선고 2002헌마193 결정

[결정요지]

구속된 피의자 또는 피고인이 갖는 변호인 아닌 자와의 접견교통권은 가족 등 타인과 교류하는 인간으로서의 기본적인 생활관계가 인신의 구속으로 인하여 완전히 단절되어 파멸에 이르는 것을 방지하고, 또한 피의자 또는 피고인의 방어를 준비하기 위해서도 반드시 보장되지 않으면 안되는 인간으로서의 기본적인 권리에 해당하므로 이는 성질상 헌법상의 기본

권에 속한다고 보아야 할 것이다.

미결수용자의 접견교통권은 헌법재판소가 헌법 제10조의 행복추구권에 포함되는 기본권의 하나로 인정하고 있는 일반적 행동자유권으로부터 나온다고 보아야 할 것이고, 무죄추정의 원칙을 규정한 헌법 제27조 제4항도 그 보장의 한 근거가 될 것이다.

헌법 제37조 제2항에 의하면 기본권은 원칙적으로 법률로써만 이를 제한할 수 있다고 할 것이지만, 헌법 제75조에 의하여 법률의 위임이 있고 그 위임이 구체적으로 범위를 정하여 하는 것이라면 대통령령에 의한 기본권의 제한도 가능하다.

그런데 군행형법 제15조는 제2항에서 수용자의 면회는 교화 또는 처우상 특히 부적당하다고 인정되는 사유가 없는 한 이를 허가하여야 한다고 규정하여 면회의 횟수를 제한하지 않는 자유로운 면회를 전제로 하면서, 제6항에서 "면회에의 참여……에 관하여 필요한 사항은 대통령령으로 정한다."라고 규정함으로써, 면회에의 참여에 관한 사항만을 대통령령으로 정하도록 위임하고 있고 면회의 횟수에 관하여는 전혀 위임한 바가 없다. 따라서 이 사건 시행령 규정이 미결수용자의 면회횟수를 매주 2회로 제한하고 있는 것은 법률의 위임 없이 접견교통권을 제한하는 것으로서, 헌법 제37조 제2항 및 제75조에 위반된다.

대법원 1992. 5. 8. 선고 91누7552 판결

원래 만나고 싶은 사람을 만날 수 있다는 것은 인간이 가지는 가장 기본적인 자유 중 하나로서, 이는 헌법 제10조가 보장하고 있는 인간으로서의 존엄과 가치 및 행복추구권 가운데 포함되는 헌법상의 기본권이라고 할 것이다. 그리고 구속된 피고인이나 피의자도 이러한 기본권의 주체가 됨은 물론이다. 오히려 구속에 의하여 외부와 격리된 피고인이나 피의자의 경우에는 다른 사람과 만남으로써 외부와의 접촉을 유지할 수 있다는 것이 더욱 큰 의미를 가지게 되는 것이다. 또한 무죄추정의 원칙을 규정한 헌법 제27조 제4항의 규정도 구속된 피고인이나 피의자가 위와 같은 헌법상의 기본권을 가진다는 것을 뒷받침하는 규정이라 할 수 있다. 그러므로 형사소송법 제89조 및 제213조의2가 규정하고 있는 구속된 피고인 또는 피의자의 타인과의 접견권은 위와 같은 헌법상의 기본권을 확인하는 것일 뿐 형사소송법의 규정에 의하여 비로소 피고인 또는 피의자의 접견권이 창설되는 것으로는 볼 수 없다.

다만 구속된 피고인 또는 피의자의 타인과의 접견권이 헌법상의 기본권이라 하더라도 국가안전보장, 질서유지 또는 공공복리를 위하여 필요한 경우에는 법률로 제한할 수 있음은 헌법 제37조 제2항의 규정에 의하여 명백하다. 구체적으로는 접견을 허용함으로써 도주나 증거인멸의 우려 방지라는 구속의 목적에 위배되거나 또는 구금시설의 질서유지를 해칠 현저한 위험성이 있을 때와 같은 경우에는 구속된 피고인 또는 피의자의 접견권을 제한할 수 있을 것이다.

그러나 그와 같은 제한의 필요가 없는데도 접견권을 제한하거나 또는 제한의 필요가 있더라도 필요한 정도를 지나친 과도한 제한을 하는 것은 헌법상 보장된 기본권의 침해로서 위헌이라고 하지 않을 수 없다.

이제 행형법의 규정을 본다면, 수형자의 접견 등에 관한 위 법 제18조의 규정이 같은 법 제62조에 의하여 미결수용자에게도 준용됨은 원심의 판단과 같다. 그런데 행형법 제18조 제2항은 수형자의 친족 이외의 자와의 접견은 필요한 용무가 있는 때에 한하는 것으로 규정하고 있어 위 조항이 미결수용자에게 준용되는 경우에도 위 "필요한 용무"의 개념을 원심과 같이 제한적으로 해석한다면 이는 미결수용자의 친족 이외의 자와의 접견을 원칙적으로 허용하지 아니하고 예외적으로만 허용하는 것이 된다. 그러나 앞에서 살펴본 것처럼 미결수용자의 타인과의 접견권은 헌법상 보장되는 기본권으로서 그 행사는 원칙적으로 보장되어야 하고 예외적으로만 이를 제한할 수 있음에 비추어 볼 때 적어도 행형법 제18조 제2항의 규정이 미결수용자에게 준용되는 경우에는 "필요한 용무"의 개념을 넓게 해석하여 접견의 목적이 구금의 목적에 반하거나 구금시설의 질서유지를 해칠 현저한 위험성을 내포하고 있다는 등 접견을 허용하여서는 안 될 특별한 사정이 없는 한 원칙적으로 "필요한 용무"가 있는 것으로 보아야 할 것이다.

Ⅱ. 체포 · 구속적부심사제도

〈체포 · 구속심사제도의 의의 및 취지〉

헌법재판소 2004. 3. 25. 선고 2002헌바104 결정

[결정요지]

헌법 제12조 제6항은 '누구든지 체포 또는 구속을 당한 때에는 적부의 심사를 법원에 청구할 권리를 가진다'고 규정하고 있는 바, 위 규정은 '체포 · 구속을 당한 때'라고 하는 매우 구체적인 상황에 관련하여 헌법적 차원에서 '적부의 심사를 법원에 청구할 권리'라는 구체적인 절차적 권리를 보장하고 있지만, 입법자의 형성적 법률이 존재하지 아니하는 경우 현실적으로 법원에서 당사자의 '체포 · 구속적부심사청구권'에 대하여 심리할 방법이 없기 때문에, 입법자가 법률로써 구체적인 내용을 형성하여야만 권리주체가 실질적으로 이를 행사할 수 있는 경우에 해당하는 것으로서, 이른바 헌법의 개별규정에 의한 헌법위임(Verfassungsauftrag)이 존재한다고 볼 수 있다. 나아가 이러한 체포 · 구속적부심사청구권의 경우 헌법적 차원에서

독자적인 지위를 가지고 있기 때문에 입법자가 전반적인 법체계를 통하여 관련자에게 그 구체적인 절차적 권리를 제대로 행사할 수 있는 기회를 최소한 1회 이상 제공하여야 할 의무가 있다고 보아야 한다.

영미법상 인신보호영장제도(the Writ of Habeas Corpus)를 연원으로 하여, 체포·구속적부심사제도를 규정하고 있는 현행 헌법 제12조 제6항에 이른 것이다. 위 연혁적인 배경 등을 바탕으로 하여 현행 헌법 제12조 제6항의 본질적 내용은 당사자가 체포·구속된 원인관계 등에 대한 최종적인 사법적 판단절차와는 별도로 **체포·구속 자체에 대한 적부 여부를 법원에 심사 청구할 수 있는 절차를 헌법적 차원에서 보장하는 규정**으로 봄이 상당하다.

우리 형사소송법은 피의자에 대하여는 제214조의2에서 구속적부심사제도를, 피고인에 대하여는 제93조에서 구속취소제도를 두어 당해 구속의 근거인, 검사가 수사단계에서 판사로부터 발부 받은 구속영장의 헌법적 정당성에 대하여 법원이 다시 심사할 수 있도록 하면서, 만일 그 구속영장 자체에서 명백한 하자 등이 발견되는 경우 법원이 당사자를 즉시 석방할 수 있도록 규정하고 있기 때문에, 입법자는 헌법 제12조 제3항 및 형사소송법 제201조의 적용영역에 관하여 그 입법형성의무 중 대부분을 일단 이행하였다고 보아야 한다.

다만, 우리 형사소송법상 구속적부심사의 청구인적격을 피의자 등으로 한정하고 있어서 청구인이 구속적부심사청구권을 행사한 다음 검사가 법원의 결정이 있기 전에 기소하는 경우(이른바 전격기소), 영장에 근거한 구속의 헌법적 정당성에 대하여 법원이 실질적인 판단을 하지 못하고 그 청구를 기각할 수밖에 없다. 그러나 구속된 피의자가 적부심사청구권을 행사한 경우 검사는 그 적부심사절차에서 피구속자와 대립하는 반대 당사자의 지위만을 가지게 됨에도 불구하고 헌법상 독립된 법관으로부터 심사를 받고자 하는 청구인의 '절차적 기회'가 반대 당사자의 '전격기소'라고 하는 일방적 행위에 의하여 제한되어야 할 합리적인 이유가 없고, 검사가 전격기소를 한 이후 청구인에게 '구속취소'라는 후속절차가 보장되어 있다고 하더라도 그에 따르는 적지 않은 시간적, 정신적, 경제적인 부담을 청구인에게 지워야 할 이유도 없으며, 기소이전단계에서 이미 행사된 적부심사청구권의 당부에 대하여 법원으로부터 실질적인 심사를 받을 수 있는 청구인의 절차적 기회를 완전히 박탈하여야 하는 합리적인 근거도 없기 때문에, 입법자는 그 한도 내에서 적부심사청구권의 본질적 내용을 제대로 구현하지 아니하였다고 보아야 한다.

헌법의 개별규정에 근거한 헌법위임에 따라서 일정한 형태로 절차적 청구권을 적극적으로 형성하고 있는 형사소송법 제214조의2 제1항에 대하여 단순위헌결정을 선고하게 되면, 피의자가 적부심사청구권을 행사한 이후 전격기소가 행해진 사안에 대한 권리구제의 효과는 발생하지 않고 오히려 통상적인 피의자의 구속적부심사청구권의 행사에 관한 근거규정이 전면적으로 효력을 상실하는 결과가 야기되므로, 입법자에게 다양한 개선입법중 하나를 선택하여 현행제도를 적극적으로 보완해야 할 의무가 입법자에게 부과된다는 취지로 헌법불합치결정을 하면서, 이러한 개선입법이 이루어질 때까지 이 사건 법률조항을 계속 적용하도록 명한다.

〈보증금납입조건부 석방결정의 적용영역 및 이에 대한 불복 여부〉

대법원 1997. 8. 27.자 97모21 결정 〈표준〉

2. 체포적부심사절차에서 피의자를 보증금 납입을 조건으로 석방할 수 있는지의 여부

형사소송법은 수사단계에서의 체포와 구속을 명백히 구별하고 있고 이에 따라 체포와 구속의 적부심사를 규정한 같은 법 제214조의2에서 체포와 구속을 서로 구별되는 개념으로 사용하고 있는바, 같은 조 제4항(현행 제5항 : 편자 주)에 기소 전 보증금 납입을 조건으로 한 석방의 대상자가 '구속된 피의자'라고 명시되어 있다. 그런데 체포 또는 구속의 적부심사와는 달리 기소 전 보증금 납입을 조건으로 한 석방은 헌법상 그에 관한 권리가 규정되어 있지 아니하며, 체포의 적부심사권이 인정되고 체포한 때부터 48시간 이내에 구속영장을 청구하지 아니하는 때에는 피의자를 즉시 석방하여야 하며 구속의 사유를 판단하기 위하여 필요하다고 인정하는 때에는 피의자의 심문이 이루어지는 점 등을 고려하면 체포의 단계에서 보증금 납입을 조건으로 한 석방을 허용하지 아니하더라도 피의자의 신체의 자유에 대한 절차적 보장이 미흡하다고 볼 수는 없고, 한편 기소 전 보증금 납입을 조건으로 석방된 피의자의 재체포 및 재구속의 제한에 관하여 규정하고 있는 같은 법 제214조의3 제2항의 취지를 체포된 피의자에 대하여도 보증금 납입을 조건으로 한 석방이 허용되어야 한다는 근거로 보기는 어렵다고 할 것이다. 그러므로 현행법상 체포된 피의자에 대하여는 보증금 납입을 조건으로 한 석방이 허용되지 않는다고 보아야 할 것이다.

그럼에도 불구하고 긴급체포되어 적부심사를 청구한 이 사건 피의자에 대하여 형사소송법 제214조의2 제4항의 규정에 의하여 보증금 납입을 조건으로 한 석방이 가능하다고 판단한 원심결정에는 위 법조항의 법리를 오해한 위법이 있다고 할 것이다. 이 점을 지적하는 논지는 이유가 있다.

3. 보증금 납입을 조건으로 한 피의자 석방결정에 대하여 항고할 수 있는지의 여부

형사소송법 제402조의 규정에 의하면, 법원의 결정에 대하여 불복이 있으면 항고를 할 수 있으나 다만 같은 법에 특별한 규정이 있는 경우에는 예외로 하도록 되어 있는바, 체포 또는 구속적부심사절차에서의 법원의 결정에 대한 항고의 허용 여부에 관하여 같은 법 제214조의 2 제7항(현행 제8항 : 편자 주)은 제2항(현행 제3항 : 편자 주)과 제3항(현행 제4항 : 편자 주)의 기각결정 및 석방결정에 대하여 항고하지 못하는 것으로 규정하고 있을 뿐이고 제4항(현행 제5항 : 편자 주)에 의한 석방결정에 대하여 항고하지 못한다는 규정을 두고 있지 않다. 그런데 같은 법 제214조의2 제3항(현행 제4항 : 편자 주)의 석방결정은 체포 또는 구속이 불법이거나 이를 계속할 사유가 없는 등 부적법한 경우에 피의자의 석방을 명하는 것임에 비하여, 같은 법 제214조의2 제4항(현행 제5항 : 편자 주)의 석방결정은 구속의 적법을 전제로 하면서 그 단서에서 정한 제한사유가 없는 경우에 한하여 출석을 담보할 만한 보증금의 납입을 조건으로 하여 피의자의 석방을 명하는 것이어서 같은 법 제214조의2 제3항(현행 제4항 : 편자 주)의 석방결정과 제4항(현행 제5항 : 편자 주)의 석방결정은 원래 그 실질적인 취지와 내용을 달리 하는 것이고, 이에 따라 같은 법 제214조의3은 같은 법 제214조의2 제3항(현행 제4항 : 편자 주)의 규정에 의한 결정에 의하여 석방된 피의자와 제4항(현행 제5항 : 편자 주)의 규정에 의하여 석방된 피의자의 각 재체포 및 재구속의 제한에 관하여도 달리 취급하고 있으므로, 그 각 석방결정에 대한 항고의 허용 여부에 관하여 달리 취급하는 것이 체포 또는 구속적부심사제도에 관한 법의 취지에 어긋난다고 단정할 수 없고, 또 기소 후 보석결정에 대하여 항고가 인정되는 점에 비추어 그 보석결정과 성질 및 내용이 유사한 기소 전 보증금 납입 조건부 석방결정에 대하여도 항고할 수 있도록 하는 것이 균형에 맞는 측면도 있다 할 것이다. 그렇다면 같은 법 제214조의2 제4항(현행 제5항 : 편자 주)의 석방결정에 대하여는 피의자나 검사가 그 취소의 실익이 있는 한 같은 법 제402조에 의하여 항고할 수 있다고 보아야 할 것이다.

헌법재판소 2003. 3. 27. 선고 2000헌마474 결정 「고소로 시작된 형사피의사건의 구속적부심절차에서 피구속자의 변호를 맡은 변호인으로서는 피구속자에 대한 고소장과 경찰의 피의자신문조서를 열람하여 그 내용을 제대로 파악하지 못한다면 피구속자가 무슨 혐의로 고소인의 공격을 받고 있는 것인지 그리고 이와 관련하여 피구속자가 수사기관에서 무엇이라고 진술하였는지 그리고 어느 점에서 수사기관 등이 구속사유가 있다고 보았는지 등을 제대로 파악할 수 없게 되고 그 결과 구속적부심절차에서 피구속자를 충분히 조력할 수 없음이 사리상 명백하므로 위 서류들의 열람은 피구속자를 충분히 조력하기

위하여 변호인에게 반드시 보장되지 않으면 안되는 핵심적 권리이다. 고소로 시작된 형사피의사건의 구속적부심절차에서 피구속자의 변호를 맡은 변호인으로서는 피구속자가 무슨 혐의로 고소인의 공격을 받고 있는 것인지 그리고 이와 관련하여 피구속자가 수사기관에서 무엇이라고 진술하였는지 그리고 어느 점에서 수사기관 등이 구속사유가 있다고 보았는지 등을 제대로 파악하지 않고서는 피구속자의 방어를 충분히 조력할 수 없다는 것은 사리상 너무도 명백하므로 이 사건에서 변호인은 고소장과 피의자신문조서의 내용을 알 권리가 있다. 이 사건에서는 고소사실이 사인 사이의 금전수수와 관련된 사기에 관한 것이고 증거자료를 별첨하고 있기 때문에 특별한 사정이 없는 한 고소장이나 피의자신문조서를 변호인에게 열람시켜도 이로 인하여 국가안전보장·질서유지 또는 공공복리에 위험을 가져올 우려라든지 또는 사생활침해를 초래할 우려가 있다고 인정할 아무런 자료가 없다. … 결국 변호인에게 고소장과 피의자신문조서에 대한 열람 및 등사를 거부한 경찰서장의 정보비공개결정은 변호인의 피구속자를 조력할 권리 및 알 권리를 침해하여 헌법에 위반된다.」

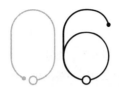

대물적 강제수사

제 1 절 압수·수색

I. 의의

〈압수수색의 의의 및 대상〉

대법원 1997. 1. 9.자 96모34 결정 〈표준〉

형사소송법 제215조, 제219조, 제106조 제1항의 규정을 종합하여 보면, <u>검사는 범죄수사에 필요한 때에는 증거물 또는 몰수할 것으로 사료하는 물건을 법원으로부터 영장을 발부받아서 압수할 수 있는 것이고, 합리적인 의심의 여지가 없을 정도로 범죄사실이 인정되는 경우에만 압수할 수 있는 것은 아니라 할 것이며, 한편 범인으로부터 압수한 물품에 대하여 몰수의 선고가 없어 그 압수가 해제된 것으로 간주된다고 하더라도 공범자에 대한 범죄수사를 위하여 여전히 그 물품의 압수가 필요하다거나 공범자에 대한 재판에서 그 물품이 몰수될 가능성이 있다면 검사는 그 압수해제된 물품을 다시 압수할 수도 있다고 할 것이다.</u>

따라서, 비록 준항고인에 대한 종전의 형사재판에서 이 사건 압수물에 대한 몰수의 선고를 하지 아니하여 압수가 해제된 것으로 간주되었다고 하더라도, 검사가 이 사건 압수물을 준항고인과 공범관계의 혐의가 있는 사건외인으로부터 다시 압수하였다고 하여 반드시 위법하다고 할 수는 없다.

이러한 이치는 검사가 이 사건 압수물 중 일화 1000만 엔 부분에 대하여 종전에 준항고인이 위 사건외인과 공범관계에 있지 아니하다는 판단하에 준항고인을 외국환관리법위반죄의 단독범행으로 기소하였고, 법원도 이를 그대로 받아들여 판결이 확정되었다고 하더라도 달라질 것이 없다.

그리고 준항고인을 피의자 및 피압수자로 하여 행하여진 이 사건 압수물에 대한 종전의 압수가 몰수의 선고가 없어서 해제된 것으로 간주됨으로써 처음부터 압수되지 아니한 것과 같은 상태가 된 이상, 위 사건외인을 피의자로 하여 다시 이 사건 압수처분을 한 것이 2중의 압수라고 할 수 없으며, 이는 이 사건 압수 당시 압수물이 사실상 아직 수사기관에 보관되어 있었다고 하더라도 마찬가지이다.

〈압수·수색과 행정조사의 구별〉

대법원 2017. 7. 18. 선고 2014도8719 판결

수사기관에 의한 압수·수색의 경우 헌법과 형사소송법이 정한 적법절차와 영장주의 원칙은 법률에 따라 허용된 예외사유에 해당하지 않는 한 관철되어야 한다. 세관공무원이 수출입물품을 검사하는 과정에서 마약류가 감추어져 있다고 밝혀지거나 그러한 의심이 드는 경우, 검사는 그 마약류의 분산을 방지하기 위하여 충분한 감시체제를 확보하고 있어 수사를 위하여 이를 외국으로 반출하거나 대한민국으로 반입할 필요가 있다는 요청을 세관장에게 할 수 있고, 세관장은 그 요청에 응하기 위하여 필요한 조치를 할 수 있다(마약류 불법거래 방지에 관한 특례법 제4조 제1항). 그러나 이러한 조치가 수사기관에 의한 압수·수색에 해당하는 경우에는 영장주의 원칙이 적용된다.

물론 수출입물품 통관검사절차에서 이루어지는 물품의 개봉, 시료채취, 성분분석 등의 검사는 수출입물품에 대한 적정한 통관 등을 목적으로 조사를 하는 것으로서 이를 수사기관의 강제처분이라고 할 수 없으므로, 세관공무원은 압수·수색영장 없이 이러한 검사를 진행할 수 있다. 세관공무원이 통관검사를 위하여 직무상 소지하거나 보관하는 물품을 수사기관에 임의로 제출한 경우에는 비록 소유자의 동의를 받지 않았다고 하더라도 수사기관이 강제로 점유를 취득하지 않은 이상 해당 물품을 압수하였다고 할 수 없다(대법원 2013. 9. 26. 선고 2013도7718 판결 참조). 그러나 위 마약류 불법거래 방지에 관한 특례법 제4조 제1항에 따른 조치의 일환으로 특정한 수출입물품을 개봉하여 검사하고 그 내용물의 점유를 취득한 행위는 위에서 본 수출입물품에 대한 적정한 통관 등을 목적으로 조사를 하는 경우와는 달리, 범죄수사인 압수 또는 수색에 해당하여 사전 또는 사후에 영장을 받아야 한다고 봄이 타당하다.

나. 원심판결 이유와 적법하게 채택된 증거에 의하면, 다음과 같은 사실을 알 수 있다.

(1) 검사는 피고인이 멕시코에서 미국을 경유하는 항공특송화물 편으로 필로폰을 수입하려고 한다는 정보를 입수하고, 미국 수사당국과 인천공항세관의 협조를 받아 위 특송화물을 감시하에 국내로 반입하여 배달하고[이를 '통제배달(Controlled delivery)'이라 한다], 피고인이 이를 수령하면 범인으로 검거하려고 하였다.

(2) 인천공항세관 마약조사과 소속 세관공무원은 인천공항에 도달한 특송화물을 통상적인 통관절차를 거치지 않은 채 자신의 사무실로 가져왔다.

(3) 검찰수사관은 위 특송화물 속에서 필로폰이 발견되자 세관공무원으로부터 필로폰이 든 특송화물을 임의로 제출받는 형식으로 영장 없이 압수한 다음 대체 화물로 통제배달을 하였다.

(4) 검찰수사관은, 위 화물이 운송장에 기재된 주소지에서 수취인불명으로 배달되지 않자, 운송업자들의 협조를 받아 화물을 보관하는 곳에서 수령자를 기다렸는데 수령자가 나타나지 않아서 배달에 실패하였다.

다. 원심은 다음과 같은 이유로 이 부분 공소사실을 무죄로 판단한 제1심판결을 그대로 유지하였다. ① 위와 같은 활동은 수사기관이 처음부터 구체적인 범죄사실에 대한 증거수집을 목적으로 한 압수·수색인데도 사전 또는 사후에 영장을 발부받지 않았으므로 영장주의를 위반하였다. ② 위법한 압수·수색으로 취득한 증거인 압수물, 압수조서와 압수물에 대한 감정서 등은 모두 증거능력이 없고 나머지 증거만으로는 공소사실을 인정하기 부족하다.

원심판결 이유를 적법하게 채택한 증거들에 비추어 살펴보면, 원심판결 이유 중에는 세관공무원의 역할에 관하여 불충분하게 판단한 부분이 있지만, 원심의 판단은 앞에서 본 법리에 기초한 것으로서 정당하다. 원심의 판단에 압수물의 증거능력에 관한 법리를 오해한 잘못이 없다.

대법원 2013. 9. 26. 선고 2013도7718 판결[마약류관리에관한법률위반(향정)]

1. 관세법 제246조 제1항은 세관공무원은 수출·수입 또는 반송하려는 물품에 대하여 검사를 할 수 있다고 규정하고 있고, 제2항은 관세청장은 검사의 효율을 거두기 위하여 검사대상, 검사범위, 검사방법 등에 관하여 필요한 기준을 정할 수 있다고 규정하고 있으며, 관세법 제257조는 통관우체국의 장이 수출·수입 또는 반송하려는 우편물(서신은 제외한다)을 접수하였을 때에는 세관장에게 우편물목록을 제출하고 해당 우편물에 대한 검사를 받아야 한다고 규정하고 있다.

관세법 규정에 따른 국제우편물의 신고와 통관에 관하여 필요한 사항을 정하고 있는 '국제우편물 수입통관 사무처리'에 관한 관세청고시에서는, 국제우편물에 대한 X-ray검사 및 현품검사 등의 심사 절차와 아울러 그 검사 결과 사회안전, 국민보건 등과 관련하여 통관관리가 필요한 물품에 대한 관리 절차 등에 관하여 정하는 한편(제1-3조, 제3-6조), 위 고시 외에 다른 특별한 규정이 있는 경우에는 해당 규정을 적용하도록 하고 있다(제1-2조 제2항).

그리고 수출입물품 등의 분석사무 처리에 관한 시행세칙(2013. 1. 4. 관세청훈령 제1507호로 개정되기 전의 것)은 수출입물품의 품명·규격·성분·용도 등의 정확성 여부를 확인하기 위해서 물리적·화학적 실험 및 기타 감정분석 등이 필요하다고 인정되는 경우의 세관 분석실 등에 대한 분석의뢰 절차, 분석기준 및 시험방법 등에 관하여 규정하고 있다.

이러한 규정들과 관세법이 관세의 부과·징수와 아울러 수출입물품의 통관을 적정하게 함을 목적으로 한다는 점(관세법 제1조)에 비추어 보면, 우편물 통관검사절차에서 이루어지는 우편물의 개봉, 시료채취, 성분분석 등의 검사는 수출입물품에 대한 적정한 통관 등을 목적으로 한 행정조사의 성격을 가지는 것으로서 수사기관의 강제처분이라고 할 수 없으므로, 압수·수색영장 없이 우편물의 개봉, 시료채취, 성분분석 등의 검사가 진행되었다 하더라도 특별한 사정이 없는 한 위법하다고 볼 수 없다.

한편 형사소송법 제218조는 검사 또는 사법경찰관은 피의자, 기타인의 유류한 물건이나 소유자, 소지자 또는 보관자가 임의로 제출한 물건을 영장 없이 압수할 수 있다고 규정하고 있고, 압수는 증거물 또는 몰수할 것으로 사료되는 물건의 점유를 취득하는 강제처분으로서, 세관공무원이 통관검사를 위하여 직무상 소지 또는 보관하는 우편물을 수사기관에 임의로 제출한 경우에는 비록 소유자의 동의를 받지 않았다 하더라도 수사기관이 강제로 점유를 취득하지 않은 이상 해당 우편물을 압수하였다고 할 수 없다(대법원 2008. 5. 15. 선고 2008도1097 판결 참조).

2. 원심은 판시와 같은 이유를 들어, (1) 인천공항세관 우편검사과에서 이 사건 우편물 중에서 시료를 채취하고, 인천공항세관 분석실에서 성분분석을 하는 데에는 검사의 청구에 의하여 법관이 발부한 압수·수색영장이 필요하지 않다고 봄이 상당하고, (2) 수사기관에서 이 사건 우편물을 수취한 피고인으로부터 임의제출 받아 영장 없이 압수한 것은 적법하고, 이 사건 우편물에 대한 통제배달의 과정에서 수사관이 사실상 해당 우편물에 대한 점유를 확보하고 있더라도 이는 수취인을 특정하기 위한 특별한 배달방법으로 봄이 상당하고 이를 해당 우편물의 수취인이 특정되지도 아니한 상태에서 강제로 점유를 취득하고자 하는 강제처분으로서의 압수라고 할 수는 없다고 판단하는 한편, (3) 제1심이 검사 작성의 수사착수보고 등 일부 증거들을 증거능력이 없는 것으로 보아 증거로 채택하지 아니한 조치는 잘못이지만, 제1심이 그 채택 증거들만을 종합하여 이 사건 공소사실을 유죄로 인정한 것은 정당하다고 보아, 사실오인 또는 법리오해에 관한 항소이유를 받아들이지 아니하였다.

3. 원심판결 이유를 적법하게 채택된 증거들에 비추어 살펴보면, 원심의 위와 같은 판단은 앞에서 본 법리에 기초한 것으로 보이고, 거기에 상고이유에서 주장하는 바와 같이 영장주

의, 증거능력에 관한 법리를 오해하거나 논리와 경험의 법칙을 위반하고 자유심증주의의 한계를 벗어나 판결에 영향을 미친 위법이 없다.

[사실관계] 인천공항 세관공무원이 국제특급우편물에 대한 통상적인 X-ray 검사를 하다가 이상음영이 있는 우편물을 발견하고 우편물의 개장검사 및 성분분석을 한 결과 마약성분을 검출하여 인천공항세관 마약조사관이 적발보고서를 작성하여 인천지방검찰청 검사에게 보고하고, 인천지방검찰청 수사관들과 인천공항세관 소속 특별사법경찰관들로 구성된 합동수사반원이 통제배달을 실시하여 피의자를 현행범으로 체포한 사안

Ⅱ. 압수·수색의 대상

〈이메일에 대한 역외압수수색〉

대법원 2017. 11. 29. 선고 2017도9747 판결 〈표준〉

(1) 압수·수색은 대상물의 소유자 또는 소지자를 상대로 할 수 있고, 이는 해당 소유자 또는 소지자가 피고인이나 피의자인 경우에도 마찬가지이다(형사소송법 제106조 제1항, 제2항, 제107조 제1항, 제108조, 제109조 제1항, 제219조 참조). 또한 정보저장매체에 저장된 전자정보에 대한 압수·수색은 영장 발부의 사유로 된 범죄 혐의사실과 관련된 부분만을 출력하거나 복제하는 방법으로 하여야 하고, 다만 범위를 정하여 출력 또는 복제하는 방법이 불가능하거나 압수의 목적을 달성하기에 현저히 곤란하다고 인정되는 때에는 정보저장매체 자체를 압수할 수 있다(형사소송법 제106조 제3항, 제219조 참조).

인터넷서비스이용자는 인터넷서비스제공자와 체결한 서비스이용계약에 따라 그 인터넷서비스를 이용하여 개설한 이메일 계정과 관련 서버에 대한 접속권한을 가지고, 해당 이메일 계정에서 생성한 이메일 등 전자정보에 관한 작성·수정·열람·관리 등의 처분권한을 가지며, 전자정보의 내용에 관하여 사생활의 비밀과 자유 등의 권리보호이익을 가지는 주체로서 해당 전자정보의 소유자 내지 소지자라고 할 수 있다. 또한 인터넷서비스제공자는 서비스이용약관에 따라 전자정보가 저장된 서버의 유지·관리책임을 부담하고, 해당 서버 접속을 위해 입력된 아이디와 비밀번호 등이 인터넷서비스이용자가 등록한 것과 일치하면 접속하려는 자가 인터넷서비스이용자인지 여부를 확인하지 아니하고 접속을 허용하여 해당 전자정보를 정보통신망으로 연결되어 있는 컴퓨터 등 다른 정보처리장치로 이전, 복제 등을 할 수 있도록 하는 것이 일반적이다.

따라서 수사기관이 인터넷서비스이용자인 피의자를 상대로 피의자의 컴퓨터 등 정보처리장치 내에 저장되어 있는 이메일 등 전자정보를 압수·수색하는 것은 전자정보의 소유자 내지 소지자를 상대로 해당 전자정보를 압수·수색하는 대물적 강제처분으로 형사소송법의 해석상 허용된다.

나아가 압수·수색할 전자정보가 압수·수색영장에 기재된 수색장소에 있는 컴퓨터 등 정보처리장치 내에 있지 아니하고 그 정보처리장치와 정보통신망으로 연결되어 제3자가 관리하는 원격지의 서버 등 저장매체에 저장되어 있는 경우에도, 수사기관이 피의자의 이메일 계정에 대한 접근권한에 갈음하여 발부받은 영장에 따라 영장 기재 수색장소에 있는 컴퓨터 등 정보처리장치를 이용하여 적법하게 취득한 피의자의 이메일 계정 아이디와 비밀번호를 입력하는 등 피의자가 접근하는 통상적인 방법에 따라 그 원격지의 저장매체에 접속하고 그곳에 저장되어 있는 피의자의 이메일 관련 전자정보를 수색장소의 정보처리장치로 내려받거나 그 화면에 현출시키는 것 역시 피의자의 소유에 속하거나 소지하는 전자정보를 대상으로 이루어지는 것이므로 그 전자정보에 대한 압수·수색을 위와 달리 볼 필요가 없다.

비록 수사기관이 위와 같이 원격지의 저장매체에 접속하여 그 저장된 전자정보를 수색장소의 정보처리장치로 내려받거나 그 화면에 현출시킨다 하더라도, 이는 인터넷서비스제공자가 허용한 피의자의 전자정보에 대한 접근 및 처분권한과 일반적 접속 절차에 기초한 것으로서, 특별한 사정이 없는 한 인터넷서비스제공자의 의사에 반하는 것이라고 단정할 수 없다. 또한 형사소송법 제109조 제1항, 제114조 제1항에서 영장에 수색할 장소를 특정하도록 한 취지와 정보통신망으로 연결되어 있는 한 정보처리장치 또는 저장매체 간 이전, 복제가 용이한 전자정보의 특성 등에 비추어 보면, 수색장소에 있는 정보처리장치를 이용하여 정보통신망으로 연결된 원격지의 저장매체에 접속하는 것이 위와 같은 형사소송법의 규정에 위반하여 압수·수색영장에서 허용한 집행의 장소적 범위를 확대하는 것이라고 볼 수 없다. 수색행위는 정보통신망을 통해 원격지의 저장매체에서 수색장소에 있는 정보처리장치로 내려받거나 현출된 전자정보에 대하여 위 정보처리장치를 이용하여 이루어지고, 압수행위는 위 정보처리장치에 존재하는 전자정보를 대상으로 그 범위를 정하여 이를 출력 또는 복제하는 방법으로 이루어지므로, 수색에서 압수에 이르는 일련의 과정이 모두 압수·수색영장에 기재된 장소에서 행해지기 때문이다.

위와 같은 사정들을 종합하여 보면, 피의자의 이메일 계정에 대한 접근권한에 갈음하여 발부받은 압수·수색영장에 따라 원격지의 저장매체에 적법하게 접속하여 내려받거나 현출된 전자정보를 대상으로 하여 범죄 혐의사실과 관련된 부분에 대하여 압수·수색하는 것은, 압수·수색영장의 집행을 원활하고 적정하게 행하기 위하여 필요한 최소한도의 범위 내에서 이루어지며 그 수단과 목적에 비추어 사회통념상 타당하다고 인정되는 대물적 강제처분 행위로서 허용되며, 형사소송법 제120조 제1항에서 정한 압수·수색영장의 집행에 필요한 처분에 해당한다고 할 것이다. 그리고 이러한 법리는 원격지의 저장매체가 국외에 있는 경우라 하더라도 그 사정만으로 달리 볼 것은 아니다. …

(4) (가) 그러나 위에서 본 사실관계를 앞에서 본 법리에 비추어 살펴보면, 이 사건 압수·수색은 적법하게 발부된 이 사건 압수·수색영장에 따라 그 영장 기재 수색장소에 있는 컴퓨터에서 수사기관이 사전에 적법하게 취득한 피의자의 이메일 계정에 관한 아이디와 비밀번호 정보를 이용하여 피의자가 접근하는 통상적인 방법으로 그 컴퓨터와 정보통신망으로 연결된 원격지의 서버에 접속하여 그곳에 저장되어 있는 이메일 등의 전자정보를 위 컴퓨터로 현출시켜 범죄와 관련된 전자정보에 대한 선별 압수·수색을 한 것으로서, 형사소송법의 해석상 허용될 수 있는 인터넷서비스이용자인 피의자를 피압수·수색당사자로 한 전자정보의 압수·수색에 해당한다. 그리고 이 사건 압수·수색은 그에 앞서 피의자와 변호인에게 영장을 제시하여 참여의 기회를 부여하고 또한 영장을 제시한 후 한국인터넷진흥원 소속 연구원 등이 참여한 가운데 이 사건 압수·수색영장에서 정한 내용에 따라 범죄와 관련된 전자정보를 출력, 복제하는 등의 절차로 이루어졌으므로, 이는 형사소송법 제106조, 제118조, 제121조, 제122조, 제123조 제2항에서 정한 절차에 따른 것으로 적법하다고 인정된다.

이와 달리 이 사건 압수·수색이 위법하고 이를 통해 취득한 증거물의 증거능력이 없다는 원심의 위 판단 부분은 앞에서 본 법리에 배치되는 전제에서 판단한 것으로서 잘못이다.

〈금융거래정보〉

대법원 2013. 3. 28. 선고 2012도13607 판결

1. 금융실명거래 및 비밀보장에 관한 법률(이하 '금융실명법'이라 한다) 제4조 제1항은 "금융회사 등에 종사하는 자는 명의인(신탁의 경우에는 위탁자 또는 수익자를 말한다)의 서면상의 요구나 동의를 받지 아니하고는 그 금융거래의 내용에 대한 정보 또는 자료(이하 '거래정보 등'이라 한다)를 타인에게 제공하거나 누설하여서는 아니 되며, 누구든지 금융회사 등에 종사하는 자에게 거래정보 등의 제공을 요구하여서는 아니 된다. 다만 다음 각 호의 어느 하나에 해당

하는 경우로서 그 사용 목적에 필요한 최소한의 범위에서 거래정보 등을 제공하거나 그 제공을 요구하는 경우에는 그러하지 아니하다."고 규정하면서, "법원의 제출명령 또는 법관이 발부한 영장에 따른 거래정보 등의 제공"(제1호) 등을 열거하고 있고, 수사기관이 거래정보 등을 요구하는 경우 그 예외를 인정하고 있지 아니하다. 이에 의하면 수사기관이 범죄의 수사를 목적으로 '거래정보 등'을 획득하기 위해서는 법관의 영장이 필요하다고 할 것이고, 신용카드에 의하여 물품을 거래할 때 '금융회사 등'이 발행하는 매출전표의 거래명의자에 관한 정보 또한 금융실명법에서 정하는 '거래정보 등'에 해당한다고 할 것이므로, 수사기관이 금융회사 등에 그와 같은 정보를 요구하는 경우에도 법관이 발부한 영장에 의하여야 할 것이다. 그럼에도 수사기관이 영장에 의하지 아니하고 매출전표의 거래명의자에 관한 정보를 획득하였다면, 그와 같이 수집된 증거는 원칙적으로 형사소송법 제308조의2에서 정하는 '적법한 절차에 따르지 아니하고 수집한 증거'에 해당하여 유죄의 증거로 삼을 수 없다. … 원심판결 이유에 의하면, 원심은 피고인의 제1심 법정에서의 진술과 제1, 2, 3 범행에 관한 피해자들의 진술서를 증거로 채택하여 이 사건 공소사실을 유죄로 인정한 제1심판결을 그대로 유지하였다.

그런데 원심이 유지한 제1심의 채택 증거들에 의하면, 2012. 2. 1.경 피해자 공소외 1로부터 절도 범행 신고를 받은 **대구중부경찰서 소속 경찰관들이 범행 현장인 대구 중구 (주소 1 생략) 대구백화점 내 ○○○ 매장에서 범인이 벗어 놓고 간 점퍼와 그 안에 있는 공소외 2 주식회사(금융실명법 제4조에 정한 '금융회사 등'에 해당하는 신용카드회사로서, 이하 '이 사건 카드회사' 라 한다) 발행의 매출전표를 발견한 사실, 위 경찰관들은 이 사건 카드회사에 공문을 발송하는 방법으로 이 사건 카드회사로부터 위 매출전표의 거래명의자가 누구인지 그 인적 사항을 알아내었고 이를 기초로 하여 피고인을 범행의 용의자로 특정한 사실, 경찰관들은 2012. 3. 2. 피고인의 주거에서 위와 같은 절도 혐의로 피고인을 긴급체포한 사실, 긴급체포 당시 피**고인의 집안에 있는 신발장 등에서 새것으로 보이는 구두 등이 발견되었는데, 그 이후 구금 상태에서 이루어진 2차례의 경찰 피의자신문에서 피고인은 위와 같은 절도 범행(이하 '제1범행'이라 한다) 이외에도 위 구두는 2012. 1. 초 대구백화점 △△△△ 매장에서 절취한 것(이하 '제2범행'이라 한다)이라는 취지로 자백한 사실, 수사기관은 피고인에 대하여 구속영장을 청구하였으나 2012. 3. 4. 대구지방법원이 피고인에 대한 구속영장을 기각하여 같은 날 피고인이 석방된 사실, 2012. 3. 9. 피고인은 위 경찰서에 다시 출석하여 제3회 피의자신문에서 2011. 4.경 대구 중구 (주소 2 생략)에 있는 동아쇼핑 지하 1층 ▽▽▽ 매장에서 구두 1켤레를 절취하였다(이하 '제3범행'이라 한다)고 자백하였고, 피해품인 위 구두를 경찰에 임의로 제출하였던 사실, 한편 위와 같은 자백 등을 기초로 제2, 3범행의 피해자가 확인된 후 2012. 3. 18.경 그 피해자들이 피해 사실에 관한 각 진술서를 제출한 사실, 그 후 2012. 6. 20. 열린 제1심 제2회 공판기일에서 피고인은 제1 내지 3 범행에 대하여 전부 자백하였던 사실을 알 수 있다.

이를 앞서 본 법리에 비추어 살펴보면, 이 사건에서 수사기관이 법관의 영장도 없이 위와 같이 매출전표의 거래명의자에 관한 정보를 획득한 조치는 위법하다고 할 것이므로, 그러한 위법한 절차에 터 잡아 수집된 증거의 증거능력은 원칙적으로 부정되어야 할 것이고, 따라서 이와 같은 과정을 통해 수집된 증거들의 증거능력 인정 여부에 관하여 특별한 심리·판단도 없이 곧바로 위 증거들의 증거능력을 인정한 제1심의 판단을 그대로 유지한 원심의 조치는 적절하다고 할 수 없다.

〈전자정보〉

대법원 2007. 12. 13. 선고 2007도7257 판결 <표준>

(1) 압수물인 디지털 저장매체로부터 출력된 문건이 증거로 사용되기 위해서는 디지털 저장매체 원본에 저장된 내용과 출력된 문건의 동일성이 인정되어야 할 것인데, 그 동일성을 인정하기 위해서는 디지털 저장매체 원본이 압수된 이후 문건 출력에 이르기까지 변경되지 않았음이 담보되어야 하고 특히 디지털 저장매체 원본에 변화가 일어나는 것을 방지하기 위해 디지털 저장매체 원본을 대신하여 디지털 저장매체에 저장된 자료를 '하드카피'·'이미징'한 매체로부터 문건이 출력된 경우에는 디지털 저장매체 원본과 '하드카피'·'이미징'한 매체 사이에 자료의 동일성도 인정되어야 한다. 나아가 법원 감정을 통해 디지털 저장매체 원본 혹은 '하드카피'·'이미징'한 매체에 저장된 내용과 출력된 문건의 동일성을 확인하는 과정에서 이용된 컴퓨터의 기계적 정확성, 프로그램의 신뢰성, 입력·처리·출력의 각 단계에서 조작자의 전문적인 기술능력과 정확성이 담보되어야 한다.

그리고 압수된 디지털 저장매체로부터 출력된 문건이 진술증거로 사용되는 경우에는 그 기재 내용의 진실성에 관하여 전문법칙이 적용되므로, 형사소송법 제313조 제1항에 의하여 그 작성자 또는 진술자의 진술에 의하여 그 성립의 진정함이 증명된 때에 한하여 이를 증거로 사용할 수 있다(대법원 1999. 9. 3. 선고 99도2317 판결 참조).

(2) 기록에 의하여 살펴보면, 국가정보원에서 피고인들 혹은 가족, 직원이 입회한 상태에서 원심 판시 각 디지털 저장매체를 압수한 다음 입회자의 서명을 받아 봉인하였고, 국가정보원에서 각 디지털 저장매체에 저장된 자료를 조사할 때 피고인들 입회하에 피고인들의 서명 무인을 받아 봉인 상태 확인, 봉인 해제, 재봉인하였으며, 이러한 전 과정을 모두 녹화한 사실, 각 디지털 저장매체가 봉인된 상태에서 서울중앙지방검찰청에 송치된 후 피고인들이 입회한 상태에서 봉인을 풀고 세계적으로 인정받는 프로그램을 이용하여 이미징 작업을 하였는데, 디지털 저장매체 원본의 해쉬(Hash) 값과 이미징 작업을 통해 생성된 파일의 해쉬 값이 동일한 사실, 제1심법원은 피고인들 및 검사, 변호인이 모두 참여한 가운데 검증을 실시하여 이미징 작업을 통해 생성된 파일의 내용과 출력된 문건에 기재된 내용이 동일함을 확인한 사실을 알 수 있는바, 그렇다면 출력된 문건은 압수된 디지털 저장매체 원본에 저장되었던 내용과 동일한 것으로 인정할 수 있어 증거로 사용할 수 있고, 같은 취지의 원심의 판단은 정당하다.

그리고 원심은, 판시와 같은 이유로 국가정보원에서 피고인들에게 진술거부권을 고지하지 않은 상태에서 강압적인 방법을 사용하여 디지털 저장매체의 암호를 획득하였다는 피고인들의 주장을 배척하였는바, 기록에 의하여 살펴보면 원심의 이러한 판단은 정당하다.

Ⅲ. 압수·수색의 제한

〈공무상 비밀〉

서울고등법원 2015. 2. 9. 선고 2014노2820 판결

1) 공소외 1로부터 압수한 휴대전화로부터 취득한 증거의 증거능력

□ 원심의 판단

원심은 국정원 직원인 공소외 1의 이 사건 휴대전화는 국정원의 조직·편제 및 인원 등을 확인할 수 있는 정보가 저장되어 있어 형사소송법 제111조 제1항의 직무상 비밀에 관한 물건에 해당한다고 보면서, 국정원이 위 휴대전화가 직무상 비밀에 관한 것임을 적법하게 신고하고 압수의 승낙을 거부하였음을 인정하였다. 다만 원심은 ① '부서 간 차단의 원칙'에 비추어 위 휴대전화에 저장된 내용만으로 국정원 전체의 조직이나 편제 등이 공개될 우려는

극히 적은 점, ② 정확한 사실관계 파악에 관한 국민적 요구가 매우 높았던 이 사건에서 실체적 진실의 발견이라는 형사소송법적 이익이 직무상 비밀을 보호함으로 인하여 얻는 국가적 이익보다 결코 작지 않은 점, ③ 언론매체 등을 통하여 심리전단의 조직, 편제, 업무 및 일부 직원의 실명이나 인터넷 사이트상 계정명까지도 공개된 상황이었으므로 직무상 비밀을 유지함으로 인하여 얻는 이익이 그리 크지 않았던 점, ④ 국정원의 신고 이전에 이미 이 사건 휴대전화에 대한 디지털증거분석이 이루어지고 있었던 이상 정보의 비밀성이 상당히 훼손되어 비밀성을 유지함으로 인하여 얻는 이익이 상당 부분 감소하였던 점 등에 비추어 보면 공소외 1의 이 사건 휴대전화에 저장된 정보들은 수사기관에 의하여 압수됨으로 인하여 국가의 중대한 이익을 해하는 정도에 이른다고 보이지 아니하므로 국정원은 이 사건 휴대전화의 압수에 관하여 승낙을 거부할 수 없다고 판단하였다.

□ 당심의 판단

원심이 든 위와 같은 판단 근거에 원심 및 당심이 적법하게 채택하여 조사한 증거들에 의하여 인정되는 다음과 같은 사정까지 더하여 보면 원심의 판단은 정당하므로, 피고인들의 이 부분 주장은 이유 없다.

⑤ 이 사건 휴대전화는 공소외 1이 평상시 국정원 외에서도 자유롭게 소지하며 가족, 친구들과 연락하는 등 사적인 용도로도 사용하였던 것으로, 실제로 위 휴대전화에 대한 증거분석 결과 국정원의 정보 업무에 관련된 자료 등은 저장되어 있지 않았다. 또한, 2013년 1월 이전의 통화 내역 및 문자메시지(SMS) 내역도 대부분 삭제되어 위 증거분석 결과에 나타나지 아니하였다.

⑥ 다만 위 휴대전화에는 '선배님', '과장님' 등의 호칭과 함께 이름이 입력되어 있거나 '회사', '직장', '팀원' 등의 그룹에 저장되어있는 연락처들이 있어, 이를 국정원 직원의 이름·연락처로 추단할 수 있다. 그러나 부서 간 차단원칙이 있고 보안유지를 중시하는 국정원의 특성상 위와 같은 단편적인 수준의 정보만으로 국정원의 전체적인 조직이나 해당 직원의 소속 부서 등 편제까지 알기는 어려울 것인 데다 이 사건 사이버 활동이 드러난 후 심리전단의 조직 개편이 있었던 것으로 보이는 점까지 고려하면, 위 휴대전화에 저장된 일부 국정원 직원들의 이름 및 연락처가 가지는 비밀의 가치는 실체적 진실발견이라는 형사소송법적 이익에 비하여 크지 않다고 평가함이 타당하다.

⑦ 위 휴대전화의 압수 당시 공소외 1에 대하여 조사가 진행되고 있던 혐의사실은 공소외 1이 심리전단 차원에서 지시를 받아 조직적으로 인터넷에서 게시글 작성 등의 활동을 하였다는

것이었으므로, 공소외 1과 함께 활동하였던 심리전단 소속 직원들의 조직·편제·인원 등은 이 사건의 정확한 사실관계를 파악하는 데 매우 밀접한 관련이 있는 사항이었다. 따라서 위 휴대전화의 압수를 통하여 얻을 수 있는 실체적 진실의 발견이라는 이익을 직무상 비밀을 보호함으로 인하여 얻는 국가적 이익과 비교함에 있어 이러한 사정 역시 고려되어야 한다.

상고심인 대법원도 휴대전화의 압수가 국가의 중대한 이익을 해하는 경우에 해당하지 않는다고 하여 그 증거능력을 긍정하였으나(대판 2015. 7. 16. 2015도2625 전합), 파기환송심인 서울고법은 다시 휴대전화의 반환거부가 위법하고 따라서 휴대전화 및 이를 분석하여 취득한 증거의 증거능력이 부정된다고 판시하였음(서울고등법원 2017. 8. 30. 선고 2015노1998 판결).

대법원 1991. 2. 26.자 91모1 결정 「출판에 대한 사전검열이 헌법상 금지된 것으로서 어떤 이유로도 행정적인 규제방법으로 사전검열을 하는 것은 허용되지 않으나 출판내용에 형벌법규에 저촉되어 범죄를 구성하는 혐의가 있는 경우에 그 증거물 또는 몰수할 물건으로서 압수하는 것은 재판절차라는 사법적 규제와 관련된 것이어서 행정적인 규제로서의 사전검열과 같이 볼 수 없다. 다만 출판 직전에 그 내용을 문제 삼아 출판물을 압수하는 것은 실질적으로 출판의 사전검열과 같은 효과를 가져올 수도 있는 것이므로 범죄혐의와 강제수사의 요건을 엄격히 해석하여야 할 것인 바, 이러한 관점에서 보더라도 이 사건 압수수색영장의 발부를 정당하다고 본 원심판단에 수긍이 가고 이 사건 압수의 허용이 소론과 같이 언론자유의 본질을 침해하는 것이라고는 해석되지 않으므로 이 점 논지도 이유없다.」

헌법재판소 1999. 2. 25. 선고 98헌마108 결정 「이 사건의 경우 피청구인은 이 사건 보도 당시의 한국방송공사(KBS) 법조취재팀장 김○태를 조사하였으나 위 기사를 취재한 기자가 누구인지 확인이 불가능하다고 진술하고 달리 신원이나 소재를 밝힐 자료가 없다는 이유로 기소중지처분을 하였다. 그러나, 기록에 의하면 위 기사는 1995. 5. 8. 검찰청출입기자실 또는 법원출입기자실에서 취재한 것임이 명백하여 범행 일시, 장소의 특정이 어렵지 아니하고 당시의 한국방송공사 법조출입기자는 모두 7−8명에 불과하다는 것이므로 취재기자가 누구였는지를 밝히려고 한다면 별다른 어려움이 없었을 것이다. 즉 당시의 법조출입기자 명단을 입수하여 일일이 조사하여 보거나 당시 피고소인과 같이 취재하여 보도한 행위로 조사를 받은 바 있는 다른 언론사 기자 등을 조사하는 과정에서 한국방송공사의 취재기자가 누구였는지 확인을 하는 방법 또는 한국방송공사에 보관된 당시의 취재파일이나 방송녹화기록 또는 컴퓨터보존자료 등을 압수수색하여 보거나 보도책임자를 소환조사하는 등의 방법으로 용이하게 취재기자인 피고소인 성명불상자를 특정할 수 있었을 것임에도 이러한 조사를 전혀 하지 아니한 채 위 김○태 한사람만 만연히 형식적으로 조사한 후 피고소인을 밝힐 수 없다며 기소중지처분하였다. 더구나 피고소인과 동일한 기회에 같은 내용의 기사를 취재하여 보도한 조선일보사 기자와 잡지 퀸의 기자에 대하여는 출판물에의한명예훼손죄 등으로 공소제기하면서 피고소인에 대하여는 기소중지처분을 하고 있어 이는 사건처리의 형평성도 잃고 있다. 그렇다면 이 사건 기소중지처분은 검사가 검찰권을 행사함에 있어 청구인의 평등권과 재판절차진술권을 침해한 것이라고 아니 할 수 없어 검사로 하여금 성명불상자를 조사한 후 종국결정을 하도록 하기 위하여 피고소인에 대한 기소중지처분을 취소하기로 한다.」

Ⅳ. 압수·수색의 요건

1. 필요성

〈압수의 필요성 및 비례의 원칙〉

대법원 2004. 3. 23.자 2003모126 결정

형사소송법 제215조에 의하면 검사나 사법경찰관이 범죄수사에 필요한 때에는 영장에 의하여 압수를 할 수 있으나, 여기서 '범죄수사에 필요한 때'라 함은 단지 수사를 위해 필요할 뿐만 아니라 **강제처분으로서 압수를 행하지 않으면 수사의 목적을 달성할 수 없는 경우를** 말하고, 그 필요성이 인정되는 경우에도 무제한적으로 허용되는 것은 아니며, 압수물이 증거물 내지 몰수하여야 할 물건으로 보이는 것이라 하더라도, 범죄의 형태나 경중, 압수물의 증거가치 및 중요성, 증거인멸의 우려 유무, 압수로 인하여 피압수자가 받을 불이익의 정도 등 제반 사정을 종합적으로 고려하여 판단해야 할 것이다.

원심결정 이유에 의하면 원심은, 검사가 이 사건 준항고인들의 **폐수무단방류 혐의가 인정된** 다는 이유로 준항고인들의 공장부지, 건물, 기계류 일체 및 폐수운반차량 7대에 대하여 한 **압수처분**은 수사상의 필요에서 행하는 압수의 본래의 취지를 넘는 것으로 상당성이 없을 뿐만 아니라, 수사상의 필요와 그로 인한 개인의 재산권 침해의 정도를 비교형량해 보면 비례성의 원칙에 위배되어 위법하다고 판단하였는바, 기록과 위의 법리에 비추어 살펴보면, 원심의 위와 같은 판단은 정당한 것으로 수긍이 가고, 거기에 주장과 같은 압수의 요건에 관한 법리오해의 위법이 없다.

> **대법원 2022. 7. 14.자 2019모2584 결정 〈표준〉**
> 1) 이 사건 압수처분은 사실상 수사기관이 영장청구권 및 영장의 집행권한을 남용한 것으로 임의수사의 원칙과 비례성의 원칙에 위반된다.
> 가) 담당검사 등은 준항고인에게 수사자료를 유출한 사정이 알려짐에 따른 위험을 피하기 위하여 유출한 자료를 신속하게 회수하여 이를 폐기함으로써 수사자료 유출사실을 은폐하기 위한 목적이었음에도 이러한 실질적인 목적을 숨긴 채 이 사건 영장을 청구하여 발부받

은 것으로 볼 수 있다.

나) 이는 범죄수사라는 적법한 목적이 아니라 담당검사 등에 불리한 증거를 수거한 후 이를 파쇄하기 위한 부당한 목적으로 형식상 압수·수색절차의 기회를 이용한 것이자 이 사건 영장의 청구·발부·집행절차를 악용한 경우에 해당하고, 나아가 영장의 집행 역시 수사자료 유출행위의 은폐라는 목적을 달성하기 위하여 매우 광범위한 범위 내에서 사실상 아무런 제한 없이 위법하게 이루어진 것으로 볼 수 있다.

〈압수의 필요성의 판단 기준〉

대법원 2008. 7. 10. 선고 2008도2245 판결 〈표준〉

구 형사소송법(2007. 6. 1. 법률 제8496호로 개정되기 전의 것, 이하 같다) 제217조 제1항 등에 의하면 검사 또는 사법경찰관은 피의자를 긴급체포한 경우 체포한 때부터 48시간 이내에 한하여 영장 없이, 긴급체포의 사유가 된 범죄사실 수사에 필요한 최소한의 범위 내에서 당해 범죄사실과 관련된 증거물 또는 몰수할 것으로 판단되는 피의자의 소유, 소지 또는 보관하는 물건을 압수할 수 있다. 이때, 어떤 물건이 긴급체포의 사유가 된 범죄사실 수사에 필요한 최소한의 범위 내의 것으로서 압수의 대상이 되는 것인지는 당해 범죄사실의 구체적인 내용과 성질, 압수하고자 하는 물건의 형상, 성질, 당해 범죄사실과의 관련 정도와 증거가치, 인멸의 우려는 물론 압수로 인하여 발생하는 불이익의 정도 등 압수 당시의 여러 사정을 종합적으로 고려하여 객관적으로 판단하여야 한다.

위 법리와 기록에 비추어 살펴보면, 이 사건 증 제1호 내지 제4호는 **피고인이 보관하던 다른 사람의 주민등록증, 운전면허증 및 그것이 들어있던 지갑으로서, 피고인이 이른바 전화사기죄의 범행을 저질렀다는 범죄사실 등으로 긴급체포된 직후 압수**되었는바, 그 압수 당시 위 범죄사실의 수사에 필요한 범위 내의 것으로서 전화사기범행과 관련된다고 의심할 만한 상당한 이유가 있었다고 보이므로, 적법하게 압수되었다고 할 것이다.

2. 범죄의 혐의

대법원 2017. 12. 5. 선고 2017도13458 판결 「형사소송법 제215조 제1항은 "검사는 범죄수사에 필요한 때에는 피의자가 죄를 범하였다고 의심할 만한 정황이 있고 해당 사건과 관계가 있다고 인정할 수 있는 것에 한정하여 지방법원판사에게 청구하여 발부받은 영장에 의하여 압수, 수색 또는 검증을 할 수 있다."라고 정하고 있다. 따라서 영장 발부의 사유로 된 범죄 혐의사실과 무관한 별개의 증거를 압수하였을 경우 이는 원칙적으로 유죄 인정의 증거로 사용할 수 없다. 그러나 압수·수색의 목적이 된 범죄나 이와 관련된 범죄의 경우에는 그 압수·수색의 결과를 유죄의 증거로 사용할 수 있다.」

3. 피의사실과의 관련성

〈범죄혐의와 무관한 별개의 증거물을 압수한 경우 : 증거능력의 원칙적 부정〉

대법원 2016. 3. 10. 선고 2013도11233 판결 〈표준〉

(1) 검사 또는 사법경찰관은 범죄수사에 필요한 때에는 피의자가 죄를 범하였다고 의심할 만한 정황이 있는 경우에 판사로부터 발부받은 영장에 의하여 압수·수색을 할 수 있으나, 압수·수색은 영장 발부의 사유로 된 범죄 혐의사실과 관련된 증거에 한하여 할 수 있는 것이므로, 영장 발부의 사유로 된 범죄 혐의사실과 무관한 별개의 증거를 압수하였을 경우 이는 원칙적으로 유죄 인정의 증거로 사용할 수 없다.

다만 수사기관이 그 별개의 증거를 피압수자 등에게 환부하고 후에 이를 임의제출받아 다시 압수하였다면 그 증거를 압수한 최초의 절차 위반행위와 최종적인 증거수집 사이의 인과관계가 단절되었다고 평가할 수 있는 사정이 될 수 있으나, 환부 후 다시 제출하는 과정에서 수사기관의 우월적 지위에 의하여 임의제출의 명목으로 실질적으로 강제적인 압수가 행하여질 수 있으므로, 그 제출에 임의성이 있다는 점에 관하여는 검사가 합리적 의심을 배제할 수 있을 정도로 증명하여야 하고, 임의로 제출된 것이라고 볼 수 없는 경우에는 그 증거능력을 인정할 수 없다.

(2) 원심은 피고인 1에 대한 조세포탈의 점과 관련하여, 서울남부지방검찰청 수사관이 서울 강남구 개포동 (주소 생략) 주식회사 △△△△△△, 주식회사 □□□ 사무실에서 공소외 4로부터 ◇◇축협 유통사업단의 영업실적표 등이 저장된 USB를 압수하였고, 담당 검사는 2009. 5. 1. 공소외 4로부터 압수한 물품 중 2009. 2. 6.자 압수·수색영장(이하 '이 사건 영장'이라 한다)에 기재된 혐의사실과 관련 없는 물품을 환부할 때 위 USB도 박스에 넣어 같이 환부하였는데, 피고인 1의 동생인 공소외 5가 같은 날 동석한 서울지방국세청 세무공무원 공소외 6의 피고인 1에 대한 세무조사 협조를 명목으로 한 제출 요구에 따라 이를 임의제출

하였다고 인정한 다음, ① 이 사건 영장 집행 당시 피고인 2로부터 압수한 '피고인 1 실질운영 법인관련 서류철(◇◇축협 중부유통사업단 계약서 등)' 중 축산물 가공 위탁 운영계약서, 까르푸 계약서 주요사항, 까르푸 거래계약서, 직매입 거래계약서 등 조세포탈 증거들은 영장에 기재된 압수대상물이 아님에도 수사기관이 위 증거에 대하여 별도의 압수·수색영장을 발부받지 않은 점, 피압수자인 피고인 2에게 위 증거에 대한 압수목록 교부가 이루어지지 않은 점 등을 종합하면, 이 사건 영장에 의하여 압수된 위 조세포탈 증거들은 형사소송법 제308조의2에 의하여 증거능력이 없으나, ② 영업실적표가 저장된 USB는 앞서 본 바와 같이 공소외 5가 이를 세무공무원인 공소외 6에게 임의제출하였고, 공소외 6은 피고인 1의 조세포탈 혐의에 관하여 세무조사를 하던 중 위 USB에서 피고인 2가 작성한 영업실적표를 발견하였으므로, 영업실적표는 적법하게 수집된 증거로서 증거능력이 있고, 그에 기초하여 수집된 원심판시 증거들 및 피고인 1이 제1심 및 원심 법정에서 한 진술 역시 유죄 인정의 증거로 사용할 수 있다고 판단하였다.

(3) 그러나 원심판결 이유와 기록에 의하면, ① 서울남부지방검찰청 수사관은 이 사건 영장으로 위 개포동 사무실에서 공소외 4로부터 'PC 1대', '□□□ 관련 서류 23박스', '△△△△ △△, □□□ 매입·매출 등 전산자료 저장 USB 1개' 등을 압수하였는데, 위와 같이 압수된 증거들은 그 영장에 기재된 혐의사실과 무관한 증거인 사실, ② 수사기관은 위 개포동 사무실을 압수·수색함에 있어 상세 압수목록을 피압수자 등에게 교부하지 않았을 뿐만 아니라 위 개포동 사무실에서 압수한 증거들에 대하여 압수조서조차 작성하지 아니한 사실, ③ 검사는 위 개포동 사무실에서 압수한 증거들을 피압수자에게 반환하는 등의 조치를 취하지 않고 보유하고 있다가, 2009. 5. 1.에 이르러 피고인 1의 동생인 공소외 5를 검사실로 불러 '일시 보관 서류 등의 목록', 압수물건 수령서 및 승낙서를 작성하게 한 다음, 당시 검사실로 오게 한 세무공무원 공소외 6에게 이를 제출하도록 한 사실, ④ 공소외 5가 그때 작성한 압수물건 수령서 및 승낙서에 첨부된 '일시 보관 서류 등의 목록'에 위 USB는 기재되어 있지 않은 사실, ⑤ 공소외 5가 위와 같이 압수물건 수령서 및 승낙서를 작성할 당시 피고인 1은 구속상태에서 배임수재 등 혐의로 재판을 받고 있었던 사실, ⑥ 공소외 5는 제1심에서부터 '당시 검사가 자료 인계를 요청하면서 이에 응하지 않을 경우 형인 피고인 1 및 자신의 사업에 대하여도 불이익이 있을 것이라고 위협하였다'는 취지의 진술을 하였던 사실 등을 알 수 있다.

이러한 사실관계에 의하여 알 수 있는 위 USB의 압수 경위, 수사기관이 위 USB를 보유하고 있던 기간, 공소외 5가 압수물건 수령서 및 승낙서를 제출할 당시의 객관적 상황과 그 경위,

공소외 5가 작성한 '일시 보관 서류 등의 목록'의 내용 등을 위 법리에 비추어 보면, 과연 공소외 5가 수사기관으로부터 위 USB를 돌려받았다가 다시 세무공무원에게 제출한 것인지 의심스러울 뿐만 아니라, 설령 공소외 5가 위 USB를 세무공무원에게 제출하였다고 하더라도 그 제출에 임의성이 있는지가 합리적인 의심을 배제할 정도로 증명되었다고 할 수 없으므로, 공소외 5가 위와 같이 압수물건 수령서 및 승낙서를 제출하였다는 사정만으로 이 사건 영장에 기재된 범죄 혐의사실과 무관한 증거인 위 USB가 압수되었다는 절차 위반행위와 최종적인 증거수집 사이의 인과관계가 단절되었다고 보기 어렵다. 따라서 위 USB 및 그에 저장되어 있던 영업실적표는 증거능력이 없다고 할 것이다.

〈피의사실과의 객관적·인적 관련성〉

대법원 2017. 12. 5. 선고 2017도13458 판결 <표준>

가. 형사소송법 제215조 제1항은 "검사는 범죄수사에 필요한 때에는 피의자가 죄를 범하였다고 의심할 만한 정황이 있고 해당 사건과 관계가 있다고 인정할 수 있는 것에 한정하여 지방법원판사에게 청구하여 발부받은 영장에 의하여 압수, 수색 또는 검증을 할 수 있다."라고 정하고 있다. 따라서 영장 발부의 사유로 된 범죄 혐의사실과 무관한 별개의 증거를 압수하였을 경우 이는 원칙적으로 유죄 인정의 증거로 사용할 수 없다. 그러나 압수·수색의 목적이 된 범죄나 이와 관련된 범죄의 경우에는 그 압수·수색의 결과를 유죄의 증거로 사용할 수 있다(대법원 2016. 3. 10. 선고 2013도11233 판결 등 참조).
압수·수색영장의 범죄 혐의사실과 관계있는 범죄라는 것은 압수·수색영장에 기재한 혐의사실과 객관적 관련성이 있고 압수·수색영장 대상자와 피의자 사이에 인적 관련성이 있는 범죄를 의미한다. 그중 혐의사실과의 객관적 관련성은 압수·수색영장에 기재된 혐의사실 자체 또는 그와 기본적 사실관계가 동일한 범행과 직접 관련되어 있는 경우는 물론 범행 동기와 경위, 범행 수단과 방법, 범행 시간과 장소 등을 증명하기 위한 간접증거나 정황증거 등으로 사용될 수 있는 경우에도 인정될 수 있다. 그 관련성은 압수·수색영장에 기재된 혐의사실의 내용과 수사의 대상, 수사 경위 등을 종합하여 구체적·개별적 연관관계가 있는 경우에만 인정된다고 보아야 하고, 혐의사실과 단순히 동종 또는 유사 범행이라는 사유만으로 관련성이 있다고 할 것은 아니다. 그리고 피의자와 사이의 인적 관련성은 압수·수색영장에 기재된 대상자의 공동정범이나 교사범 등 공범이나 간접정범은 물론 필요적 공범 등에 대한 피고사건에 대해서도 인정될 수 있다(대법원 2017. 1. 25. 선고 2016도13489 판결 등 참조).

나. 원심은 아래와 같은 이유로 2016. 9. 9.자 압수·수색영장(이하 '1차 압수·수색영장'이라 한 다)에 기초하여 압수한 공소외 1의 휴대전화에 대한 분석 결과와 이에 근거하여 얻은 증거는 위법하게 수집된 증거에 해당하지 않는다고 판단하였다.

(1) 1차 압수·수색영장에 기재된 허위사실공표 사건의 혐의사실은 피고인이 2016. 4. 11. 선거운동과 관련하여 자신의 페이스북에 허위의 글을 게시하였다는 것이다. 이 사건 공소사 실은 피고인이 2016. 3. 30.경 선거운동과 관련하여 자신의 페이스북에 선거홍보물 게재 등 을 부탁하면서 공소외 1에게 금품을 제공하였다는 것이다.

이 사건 공소사실은 1차 압수·수색영장 기재 혐의사실에 대한 범행의 동기와 경위, 범행 수 단과 방법, 범행 시간과 장소 등을 증명하기 위한 간접증거나 정황증거 등으로 사용될 수 있 는 경우에 해당하므로, 1차 압수·수색영장 기재 혐의사실과 객관적 관련성이 있다. 또한 이 사건 공소사실과 1차 압수·수색영장 기재 혐의사실은 모두 피고인이 범행 주체가 되어 페이 스북을 통한 선거운동과 관련된 내용이므로 인적 관련성 역시 인정된다.

(2) 검찰은 1차 압수·수색영장의 집행 과정에서 압수목록 교부서를 작성하여 공소외 1에게 교부하였고, 공소외 1은 이미징(imaging) 등 참관 여부 확인서와 임의제출 동의서를 작성하 여 교부하는 등 공소외 1의 참여권이 충분히 보장되었다. 또한 압수·수색영장의 집행 과정 에서 피압수자의 지위가 참고인에서 피의자로 전환될 수 있는 증거가 발견되었더라도 그 증 거가 압수·수색영장에 기재된 범죄사실과 객관적으로 관련되어 있다면 이는 압수·수색영장 의 집행 범위 내에 있다. 따라서 다시 공소외 1에 대하여 영장을 발부받고 헌법상 변호인의 조력을 받을 권리를 고지하거나 압수·수색과정에 참여할 의사를 확인해야 한다고 보기 어 렵다.

〈피의사실과의 인적·주관적 관련성이 부정된 사례〉

대법원 2021. 7. 29. 선고 2020도14654 판결

1. 쟁점 공소사실의 요지

피고인은, ① 2018. 1. 2.경부터 2018. 12. 10.경까지 원심판결 별지 '변경된 범죄일람표Ⅰ' 중 아동·청소년인 피해자 14명에게 각 성적 수치심을 주는 성희롱 등 성적 학대행위를 함과 동시에 이들을 이용하여 각 음란물을 제작하고, ② 2019. 3. 1. 피해자의 성기 부위 등을 촬

영한 사진을 전송하는 방법으로 아동·청소년을 이용한 음란물을 배포하고, ③ 2018. 6. 14.
경부터 2019. 1. 5.경까지 아동·청소년을 이용한 음란물 총 229건을 소지하였다.

2. 이 사건 영장에 의한 압수에 관한 판단

가. 원심의 판단

원심은 그 판시와 같은 이유를 들어 이 사건 영장에 따라 피고인의 주거지에서 피고인 소유
의 이 사건 휴대전화 등을 압수한 절차가 영장주의에 위반된다거나 피고인의 압수·수색 절
차에서의 참여권을 침해하는 등의 위법이 있다고 볼 수 없다고 판단하였다.

나. 대법원의 판단

(1) 형사소송법 제215조 제1항은 "검사는 범죄수사에 필요한 때에는 피의자가 죄를 범하였
다고 의심할 만한 정황이 있고 해당 사건과 관계가 있다고 인정할 수 있는 것에 한정하여
지방법원판사에게 청구하여 발부받은 영장에 의하여 압수·수색 또는 검증을 할 수 있다."라
고 정하고 있다. 따라서 영장 발부의 사유로 된 범죄 혐의사실과 무관한 별개의 증거를 압수
하였을 경우 이는 원칙적으로 유죄 인정의 증거로 사용할 수 없다. 그러나 압수·수색의 목
적이 된 범죄나 이와 관련된 범죄의 경우에는 그 압수·수색의 결과를 유죄의 증거로 사용할
수 있다. 압수·수색영장의 범죄 혐의사실과 관계있는 범죄라는 것은 압수·수색영장에 기재
한 혐의사실과 객관적 관련성이 있고 압수·수색영장 대상자와 피의자 사이에 인적 관련성
이 있는 범죄를 의미한다. 그중 혐의사실과의 객관적 관련성은 압수·수색영장에 기재된 혐
의사실 자체 또는 그와 기본적 사실관계가 동일한 범행과 직접 관련되어 있는 경우를 의미
하는 것이나, 범행 동기와 경위, 범행 수단과 방법, 범행 시간과 장소 등을 증명하기 위한
간접증거나 정황증거 등으로 사용될 수 있는 경우에도 인정될 수 있다. 이때 객관적 관련성
은 압수·수색영장에 기재된 혐의사실의 내용과 수사의 대상, 수사 경위 등을 종합하여 구체
적·개별적 연관관계가 있는 경우에만 인정된다고 보아야 하고, 혐의사실과 단순히 동종 또
는 유사 범행이라는 사유만으로 그 관련성이 있다고 할 것은 아니다. 그리고 피의자와 사이
의 인적 관련성은 압수·수색영장에 기재된 대상자의 범죄를 의미하는 것이나, 그의 공동정
범이나 교사범 등 공범이나 간접정범은 물론 필요적 공범 등에 대한 피고사건에 대해서도
인정될 수 있다(대법원 2017. 1. 25. 선고 2016도13489 판결, 대법원 2017. 12. 5. 선고 2017도13458
판결 등 참조).

(2) 원심판결 이유와 기록에 의하면 다음의 사실을 알 수 있다.

(가) 경찰은 피해자가 연락을 주고받은 피고인의 페이스북 계정에 관한 압수·수색 결과를

바탕으로 범인이 피해자와 페이스북 메신저를 통해 대화한 계정의 접속 IP 가입자가 공소외 1(피고인의 모친)임을 확인하였다. 그리고 공소외 1의 주민등록표상 공소외 2(피고인의 부친)와 공소외 3(피고인의 남동생)이 함께 거주하고 있음을 확인하였다. 당시 피고인은 위 페이스북 접속지에서 거주하고 있었으나 주민등록상 거주지가 달라 공소외 1의 주민등록표에는 나타나지 않았다. 경찰은 공소외 3을 피의자로 특정한 뒤 압수·수색영장을 신청하였고, 지방법원판사는 경찰이 신청한 대로 이 사건 영장을 발부하였다.

(나) 이 사건 영장에는 범죄혐의 피의자로 피고인의 동생인 '공소외 3'이, 수색·검증할 장소, 신체, 물건으로 '가. 전라북도 전주시 (주소 생략), 나. 피의자 공소외 3의 신체 및 피의자가 소지·소유·보관하는 물건'이, 압수할 물건으로 '피의자 공소외 3이 소유·소지 또는 보관·관리·사용하고 있는 스마트폰 등 디지털기기 및 저장매체'가 각각 특정되어 기재되어 있다.

(다) 경찰이 이 사건 영장을 집행하기 위하여 피고인의 주거지에 도착하였을 때 피고인은 출근을 하여 부재중이었고, 경찰은 공소외 1과 공소외 3으로부터 이 사건 피의사실을 저지른 사람은 공소외 3이 아닌 피고인이라는 취지의 말을 들었다.

(라) 이에 경찰은 공소외 1에게 이 사건 영장을 제시하고 이 사건 영장에 의하여 위 주거지를 수색하여 피고인 소유의 이 사건 휴대전화 등을 압수하였다. 경찰은 그 자리에서 위 각 압수물에 대한 압수조서를 작성하였는데, 그 '압수경위'란에 "페이스북 접속 IP 설치장소에 거주하는 공소외 3을 피의자로 특정하였으나 현장 방문한바, 형 피고인이 세대 분리된 상태로 같이 거주하고 있었고 모친 및 공소외 3 진술을 청취한바 실제 피의자는 피고인으로 확인됨. 그러나 영장 집행 당시 출근하여 부재중이므로 모친 공소외 1 참여하에 이 사건 영장을 집행함."이라고 기재하였다.

(3) 위와 같은 사실관계를 앞서 본 법리에 다음과 같은 사정을 더하여 살펴보면, <u>피고인이 아닌 사람을 피의자로 하여 발부된 이 사건 영장을 집행하면서 피고인 소유의 이 사건 휴대전화 등을 압수한 것은 위법</u>하다.

(가) <u>헌법과 형사소송법이 구현하고자 하는 적법절차와 영장주의의 정신에 비추어 볼 때, 법관이 압수·수색영장을 발부하면서 '압수할 물건'을 특정하기 위하여 기재한 문언은 엄격하게 해석하여야 하고, 함부로 피압수자 등에게 불리한 내용으로 확장 또는 유추 해석하여서는 안 된다</u>(대법원 2009. 3. 12. 선고 2008도763 판결 등 참조).

(나) <u>경찰은 이 사건 범행의 피의자로 공소외 3을 특정하여 공소외 3이 소유·소지하는 물건을 압수하기 위해 이 사건 영장을 신청하였고, 판사는 그 신청취지에 따라 공소외 3이 소유·소</u>

지하는 물건의 압수를 허가하는 취지의 이 사건 영장을 발부하였으므로, 이 사건 영장의 문언상 압수·수색의 상대방은 공소외 3이고, 압수할 물건은 공소외 3이 소유·소지·보관·관리·사용하는 물건에 한정된다.

(다) 비록 경찰이 압수·수색 현장에서 다른 사람으로부터 이 사건 범행의 진범이 피고인이라는 이야기를 들었다고 하더라도 이 사건 영장에 기재된 문언에 반하여 피고인 소유의 물건을 압수할 수는 없다. 대물적 강제처분은 대인적 강제처분과 비교하여 범죄사실 소명의 정도 등에서 그 차이를 인정할 수 있다고 하더라도, 일단 피의자와 피압수자를 특정하여 영장이 발부된 이상 다른 사람을 피압수자로 선해하여 영장을 집행하는 것이 적법·유효하다고 볼 수는 없기 때문이다.

V. 압수·수색의 절차

1. 영장의 청구 및 발부

⟨판사의 서명만 있고 날인이 없는 압수수색영장에 의하여 수집한 증거의 증거능력⟩

대법원 2019. 7. 11. 선고 2018도20504 판결 ⟨표준⟩

(1) 압수·수색영장에는 피의자의 성명, 죄명, 압수할 물건, 수색할 장소, 신체, 물건, 발부연월일, 유효기간과 그 기간을 경과하면 집행에 착수하지 못하며 영장을 반환하여야 한다는 취지, 그 밖에 대법원규칙으로 정한 사항을 기재하고 영장을 발부하는 법관이 서명날인하여야 한다(형사소송법 제219조, 제114조 제1항 본문). 이 사건 영장은 법관의 서명날인란에 서명만 있고 날인이 없으므로, 형사소송법이 정한 요건을 갖추지 못하여 적법하게 발부되었다고 볼 수 없다.

그런데도 원심이 이와 달리 이 사건 영장이 법관의 진정한 의사에 따라 발부되었다는 등의 이유만으로 이 사건 영장이 유효라고 판단한 것은 잘못이다.

(2) 그러나 위에서 본 법리와 적법하게 채택된 증거에 비추어 알 수 있는 아래와 같은 사정을 전체적·종합적으로 고려하면, 이 사건 영장에 따라 압수한 이 사건 파일 출력물과 이에 기초하여 획득한 2차적 증거인 검사 작성의 피고인 1에 대한 피의자신문조서, 경찰 작성의 공소외 2에 대한 피의자신문조서, 공소외 3 등의 각 법정진술은 유죄 인정의 증거로 사용할

수 있는 경우에 해당한다.

(가) 이 사건 영장에는 야간집행을 허가하는 판사의 수기와 날인, 그 아래 서명날인란에 판사 서명, 영장 앞면과 별지 사이에 판사의 간인이 있으므로, 판사의 의사에 기초하여 진정하게 영장이 발부되었다는 점은 외관상 분명하다. 당시 수사기관으로서는 영장이 적법하게 발부되었다고 신뢰할 만한 합리적인 근거가 있었고, 의도적으로 적법절차의 실질적인 내용을 침해한다거나 영장주의를 회피할 의도를 가지고 이 사건 영장에 따른 압수·수색을 하였다고 보기 어렵다.

(나) 위 2. 가.에서 보았듯이 수사기관이 위법한 압수·수색을 통하여 수집한 증거와 이를 기초로 하여 획득한 2차적 증거의 증거능력을 부정하는 것은 그것이 수사기관의 위법한 압수·수색을 억제하고 권한남용과 재발을 방지하기 위한 가장 효과적이고 확실한 대응책이기 때문이다. 그런데 이 사건 영장의 내용과 형식, 발부 경위와 수사기관의 압수·수색 경위 등에 비추어 보면, 수사기관이 이 사건 영장을 발부받아 그에 기초하여 이 사건 파일 출력물을 압수한 것이 위법수집증거의 증거능력을 부정함으로써 달성하려는 목적을 실질적으로 침해한다고 보기도 어렵다.

(다) 피고인 1은 위와 같은 노트북, SD카드에 대한 복제 현장에 직접 참여하여 이미지 복제된 파일의 해쉬값을 확인하였고, 그 복제본을 탐색·출력하는 과정에서 피고인 1의 참여권이 보장되지 않았다거나 이 사건 영장 기재 혐의사실과 무관한 전자정보가 탐색·출력되었다고 볼 수도 없다.

(라) 이 사건 파일 출력물이 위와 같이 적법하지 않은 영장에 기초하여 수집되었다는 절차상의 결함이 있지만, 이는 법관이 공소사실과 관련성이 있다고 판단하여 발부한 영장에 기초하여 취득된 것이고, 위와 같은 결함은 피고인 1의 기본적 인권보장 등 법익 침해 방지와 관련성이 적다. 이 사건 파일 출력물의 취득 과정에서 절차 조항 위반의 내용과 정도가 중대하지 않고 절차 조항이 보호하고자 하는 권리나 법익을 본질적으로 침해하였다고 볼 수 없다. 오히려 이러한 경우에까지 공소사실과 관련성이 높은 이 사건 파일 출력물의 증거능력을 배제하는 것은 적법절차의 원칙과 실체적 진실 규명의 조화를 도모하고 이를 통하여 형사 사법 정의를 실현하려는 취지에 반하는 결과를 초래할 수 있다.

요컨대, 이 사건 영장이 형사소송법이 정한 요건을 갖추지 못하여 적법하게 발부되지 못하였다고 하더라도, 그 영장에 따라 수집한 이 사건 파일 출력물의 증거능력을 인정할 수 있다. 이에 기초하여 획득한 2차적 증거인 위 각 증거 역시 증거능력을 인정할 수 있다.

대법원 2001. 10. 12. 선고 2001다47290 판결 「원심이 압수수색 대상물의 기재가 없는 이 사건 압수수색영장에 기하여 판시 물건을 압수하고, 일부 압수물에 대하여는 압수조서, 압수목록을 작성하지 아니하고 보관한 일련의 조치가 위법하여 불법행위를 구성한다고 한 판단은 정당하고, 거기에 상고이유로 주장하는 바와 같은 법리오해의 위법은 없다고 할 것이다. 다만, 원심의 판단 중에는 이 사건 압수수색영장의 발부행위가 위법하다는 부분이 있으나, 법관의 재판에 법령의 규정을 따르지 아니한 잘못이 있다 하더라도 이로써 바로 그 재판상 직무행위가 국가배상법 제2조 제1항에서 말하는 위법한 행위로 되어 국가의 손해배상책임이 발생하는 것은 아니고, 당해 법관이 위법 또는 부당한 목적을 가지고 재판을 하는 등 법관이 그에게 부여된 권한의 취지에 명백히 어긋나게 이를 행사하였다고 인정할 만한 특별한 사정이 있어야 위법한 행위가 되어 국가배상책임이 인정된다고 할 것인데, 이 사건 압수수색영장을 발부한 법관이 위법·부당한 목적을 가지고 있었다거나 법이 직무수행상 준수할 것을 요구하고 있는 기준을 현저히 위반하였다는 등의 자료를 찾아볼 수 없는 이 사건에서, 원심이 압수할 물건의 기재가 없는 이 사건 압수수색영장의 발부행위가 위법하여 불법행위를 구성한다는 취지로 판단한 것은 잘못이라 할 것이다.」

대법원 2021. 2. 4. 선고 2020도11559 판결 「이 사건 전자정보와 그 출력물(원심 판시 별지 [표 1])은 이 사건 제1 영장의 장소적 효력범위에 위반하여 집행되었을 뿐만 아니라 영장 제시의무를 위반하는 등 영장주의 원칙 및 헌법과 형사소송법이 정한 적법절차의 실질적인 내용을 침해하여 취득한 증거이고, 예외적으로 증거능력이 인정되는 경우에 해당한다고 할 수도 없으며, 이 사건 전자정보 출력물을 제시받거나 그 내용에 기초하여 진술한 증거(원심 판시 별지 [표 2]) 역시 위법하게 수집된 이 사건 전자정보를 기초로 획득한 2차적 증거로서 증거수집 과정에서의 절차적 위법과 사이에 직접적인 인과관계가 인정된다.」

대법원 1999. 12. 1.자 99모161 결정 〈표준〉 「형사소송법 제215조에 의한 압수·수색영장은 수사기관의 압수·수색에 대한 허가장으로서 거기에 기재되는 유효기간은 집행에 착수할 수 있는 종기를 의미하는 것일 뿐이므로, 수사기관이 압수·수색영장을 제시하고 집행에 착수하여 압수·수색을 실시하고 그 집행을 종료하였다면 이미 그 영장은 목적을 달성하여 효력이 상실되는 것이고, 원심이 설시한 바와 같은 사유가 있어 동일한 장소 또는 목적물에 대하여 다시 압수·수색할 필요가 있는 경우라면 그 필요성을 소명하여 법원으로부터 새로운 압수·수색영장을 발부 받아야 하는 것이지, 앞서 발부 받은 압수·수색영장의 유효기간이 남아있다고 하여 이를 제시하고 다시 압수·수색을 할 수는 없는 것이다. 따라서 국가정보원 소속 사법경찰관이 1999. 8. 27. 재항고인의 주거지에서 실시한 압수·수색은 결국 적법한 영장 없이 이루어진 것으로서 위법하다 할 것이고, 그 중 원상회복이 가능한 별지목록 기재 물건에 대한 압수처분은 마땅히 취소되어야 할 것이다.」

2. 영장의 집행

〈압수수색영장의 제시 방법〉

대법원 2020. 4. 16.자 2019모3526 결정

1. 원심은, "수사기관이 재항고인의 휴대전화 등을 압수할 당시 재항고인에게 영장을 제시하였는데 재항고인은 영장의 구체적인 확인을 요구하였던 점, 이후 재항고인의 변호인은 재항고인에 대한 조사에 참여하면서 영장을 확인하였던 점을 인정할 수 있다. 수사기관이 이 사건 압수처분을 함에 있어 재항고인에게 영장의 범죄사실 기재 부분을 보여주지 않았다고 하더라도 압수·수색영장을 제시하지 않았다고 보기 어렵다."라고 판단하여 이 사건 준항고 청구를 기각하였다. … 압수·수색영장을 집행하는 수사기관은 피압수자로 하여금 법관이 발부한 영장에 의한 압수·수색이라는 사실을 확인함과 동시에 형사소송법이 압수·수색영장에 필요적으로 기재하도록 정한 사항이나 그와 일체를 이루는 사항을 충분히 알 수 있도록 압수·수색영장을 제시하여야 한다(대법원 2017. 9. 21. 선고 2015도12400 판결 등 참조).

나. 원심의 사실인정에 따르더라도 수사기관이 이 사건 압수처분 당시 재항고인으로부터 영장 내용의 구체적인 확인을 요구받았음에도 압수·수색영장의 내용을 보여주지 않았다고 보여진다. 그렇다면 위 법리에 비추어 형사소송법 제219조, 제118조에 따른 적법한 압수·수색영장의 제시를 인정하기 어렵고, 따라서 원심으로서는 이 사건 압수처분 당시 수사기관이 위 요건을 갖추어 재항고인에게 압수·수색영장을 제시하였는지 여부를 판단하여야 할 것이다.

〈팩스영장의 위법성〉

대법원 2022. 1. 27. 선고 2021도11170 판결

수사기관의 압수·수색은 법관이 발부한 압수·수색영장에 의하여야 하는 것이 원칙이고, 영장의 원본은 처분을 받는 자에게 반드시 제시되어야 하므로(대법원 2017. 9. 7. 선고 2015도10648 판결, 대법원 2019. 3. 14. 선고 2018도2841 판결 등 참조), 금융계좌추적용 압수·수색영장의 집행에 있어서도 수사기관이 금융기관으로부터 금융거래자료를 수신하기에 앞서 금융기관에 영장 원본을 사전에 제시하지 않았다면 원칙적으로 적법한 집행 방법이라고 볼 수는 없다.

다만 수사기관이 금융기관에 「금융실명거래 및 비밀보장에 관한 법률」(이하 '금융실명법'이라 한다) 제4조 제2항에 따라서 금융거래정보에 대하여 영장 사본을 첨부하여 그 제공을 요구한 결과 금융기관으로부터 회신받은 금융거래자료가 해당 영장의 집행 대상과 범위에 포함되어 있고, 이러한 모사전송 내지 전자적 송수신 방식의 금융거래정보 제공요구 및 자료 회신의 전 과정이 해당 금융기관의 자발적 협조의사에 따른 것이며, 그 자료 중 범죄혐의사실과 관련된 금융거래를 선별하는 절차를 거친 후 최종적으로 영장 원본을 제시하고 위와 같이 선별된 금융거래자료에 대한 압수절차가 집행된 경우로서, 그 과정이 금융실명법에서 정한 방식에 따라 이루어지고 달리 적법절차와 영장주의 원칙을 잠탈하기 위한 의도에서 이루어진 것이라고 볼 만한 사정이 없어, 이러한 일련의 과정을 전체적으로 '하나의 영장에 기하여 적시에 원본을 제시하고 이를 토대로 압수·수색하는 것'으로 평가할 수 있는 경우에 한하여, 예외적으로 영장의 적법한 집행 방법에 해당한다고 볼 수 있다.

다) 이러한 법리에 비추어 이 사건 각 금융계좌추적용 압수·수색영장의 집행 과정을 살펴보면, 수사기관이 금융기관으로부터 금융거래자료를 수신하기에 앞서 영장 원본을 사전에 제시하지 않았다고 하더라도 그 후 범죄혐의사실과 관련된 자료의 선별절차를 거친 후 최종적으로 영장 원본을 제시하고 그 선별된 자료를 직접 압수하는 일련의 과정이 전체적으로 하나의 영장에 기하여 적시에 원본을 제시하고 이를 토대로 영장의 당초 집행 대상과 범위 내에서 이를 압수·수색한 것으로 평가할 수 있는 경우에 해당하고, 수사기관이 적법절차와 영장주의 원칙을 잠탈하려는 의도에서 위와 같은 방법으로 집행하였다고 인정할 만한 사정도 보이지 아니한다.

따라서 이 사건 각 금융계좌추적용 압수·수색영장의 집행 과정에서 확보된 금융거래자료의 증거능력이 인정된다고 한 원심의 결론은 정당(하다).

대법원 2020. 11. 26. 선고 2020도10729 판결 「형사소송법 제219조, 제121조가 규정한 변호인의 참여권은 피압수자의 보호를 위하여 변호인에게 주어진 고유권이다. 따라서 설령 피압수자가 수사기관에 압수·수색영장의 집행에 참여하지 않는다는 의사를 명시하였다고 하더라도, 특별한 사정이 없는 한 그 변호인에게는 형사소송법 제219조, 제122조에 따라 미리 집행의 일시와 장소를 통지하는 등으로 압수·수색영장의 집행에 참여할 기회를 별도로 보장하여야 한다.」

대법원 2012. 10. 11. 선고 2012도7455 판결 <표준> 「피의자 또는 변호인은 압수·수색영장의 집행에 참여할 수 있고(형사소송법 제219조, 제121조), 압수·수색영장을 집행함에는 원칙적으로 미리 집행의 일시와 장소를 피의자 등에게 통지하여야 하나(형사소송법 제122조 본문), '급속을 요하는 때'에는 위와 같은 통지를 생략할 수 있다(형사소송법 제122조 단서). 여기서 '급속을 요하는 때'라고 함은 압수·수색영장 집행 사실을 미리 알려주면 증거물을 은닉할 염려 등이 있어 압수·수색의 실효를 거두기 어려울 경우라고 해석함이 옳고, 그와 같이 합리적인 해석이 가능하므로 형사소송법 제122조 단서가 명확성의 원칙 등에 반하여 위헌이라고 볼 수 없다.」

대법원 2015. 1. 22. 선고 2014도10978 전원합의체 판결 <표준> 「형사소송법 제219조가 준용하는 제118조는 "압수·수색영장은 처분을 받는 자에게 반드시 제시하여야 한다"고 규정하고 있으나, 이는 영장제시가 현실적으로 가능한 상황을 전제로 한 규정으로 보아야 하고, 피처분자가 현장에 없거나 현장에서 그를 발견할 수 없는 경우 등 영장제시가 현실적으로 불가능한 경우에는 영장을 제시하지 아니한 채 압수·수색을 하더라도 위법하다고 볼 수 없다. 피고인 4의 주소지와 거소지에 대한 압수·수색 당시 피고인 4가 현장에 없었던 사실, 피고인 7과 관련한 ○○평생교육원에 대한 압수·수색 당시 ○○평생교육원 원장 공소외 3은 현장에 없었고 이사장 공소외 4도 수사관들에게 자신의 신분을 밝히지 않은 채 건물 밖에서 지켜보기만 한 사실 등을 인정한 다음, 수사관들이 위 각 압수·수색 당시 피고인 4와 ○○평생교육원 원장 또는 이사장 등에게 영장을 제시하지 않았다고 하여 이를 위법하다고 볼 수 없다.」

대법원 2013. 9. 26. 선고 2013도5214 판결 「검사, 수사관 등이 원심 판시 건물 고층에 위치한 경영기획실 등에 대한 압수·수색영장을 집행할 목적으로 위 건물 1층 로비에서 위 집행장소로 이동하기 위하여 경비원들의 방해를 제지하고 엘리베이터에 탑승하는 과정에서 발생한 일련의 행위는 형사소송법 제120조 제1항의 압수·수색영장의 집행에 필요한 처분으로서 집행의 목적을 달성하기 위한 필요 최소한도의 범위 내에서 그 수단과 목적에 비추어 사회통념상 상당하다고 인정되고, 이 사건 압수·수색영장의 집행 과정을 보면 위 건물 1층 로비에서 위 건물의 경비원들에게 영장이 제시된 후 그 영장에 기재된 실제 압수·수색장소에 도달하기도 전에 경비원들의 방해로 압수·수색영장의 집행이 중단된 이상 실제 압수·수색장소인 경영기획실 등의 직원이 영장 제시 당시 참여하지 아니하였다고 하여 이를 가리켜 간수자의 참여권이 침해된 것으로 볼 수 없으며, 설령 위 건물 1층 로비에서 이 사건 압수·수색영장의 집행이 이루어진 것으로 볼 수 있다 하더라도 이 사건 압수·수색영장의 집행 당시 위 건물의 간수자인 경비원들에게 영장의 제시가 이루어진 이상 영장의 집행에 간수자의 참여가 이루어졌다고 보아야 할 것이므로, 결국 위 압수·수색영장의 집행에 관한 공무집행이 적법함을 전제로 이 부분 공소사실을 모두 유죄로 인정한 원심의 판단은 정당하(다).」

대법원 2018. 7. 12. 선고 2018도6219 판결 「압수·수색의 방법으로 소변을 채취하는 경우 압수대상물인 피의자의 소변을 확보하기 위한 수사기관의 노력에도 불구하고, 피의자가 인근 병원 응급실 등 소변 채취에 적합한 장소로 이동하는 것에 동의하지 않거나 저항하는 등 임의동행을 기대할 수 없는 사정이 있는 때에는 수사기관으로서는 소변 채취에 적합한 장소로 피의자를 데려가기 위해서 필요 최소한의 유형력을 행사하는 것이 허용된다. 이는 형사소송법 제219조, 제120조 제1항에서 정한 '압수·수색영장의 집행에 필요한 처분'에 해당한다고 보아야 한다. 그렇지 않으면 피의자의 신체와 건강을 해칠 위험이 적고 피의자의 굴욕감을 최소화하기 위하여 마련된 절차에 따른 강제 채뇨가 불가능하여 압수영장의 목적을 달성할 방법이 없기 때문이다.」

대법원 2012. 11. 15. 선고 2011도15258 판결 「수사기관이 범죄 증거를 수집할 목적으로 피의자의 동의 없이 피의자의 혈액을 취득·보관하는 행위는 법원으로부터 감정처분허가장을 받아 형사소송법 제221조의4 제1항, 제173조 제1항에 의한 '감정에 필요한 처분'으로도 할 수 있지만, 형사소송법 제219조, 제106조 제1항에 정한 압수의 방법으로도 할 수 있고, <u>압수의 방법에 의하는 경우 혈액의 취득을 위하여 피의자의 신체로부터 혈액을 채취하는 행위는 그 혈액의 압수를 위한 것으로서 형사소송법 제219조, 제120조 제1항에 정한 '압수영장의 집행에 있어 필요한 처분'에 해당한다고 할 것이다.」

3. 집행 후의 절차

〈피의자에 대하여만 전기통신에 대한 압수수색의 집행사실을 통지하고 피의자의 대화 상대방에 대하여는 통지하지 않도록 한 것이 위헌인지 여부: 소극〉

헌법재판소 2018. 4. 26. 선고 2014헌마1178 결정

(가) 송·수신이 완료된 전기통신에 대한 압수·수색은 전기통신 서비스를 제공하는 사업자를 피압수자로 하여 이루어지는바, 과거에는 그 전기통신의 주체가 되는 수사대상이 된 가입자에 대해서도 압수·수색영장 집행 사실이 통지되지 않았다. 피의자는 형사소송법 제219조, 제122조 본문에 의하여 사전에 압수·수색영장 집행 일시 등을 통지받을 수 있도록 되어 있었으나, 제122조 단서가 급속을 요하는 때에는 통지를 생략할 수 있도록 함에 따라, 제122조 단서에 따라 통지가 생략된 경우에는 피의자로서는 자신이 공소제기되어 그 공판절차에서 압수·수색영장 및 그 집행물이 증거물로 제출되지 않는 한 자신에 관한 송·수신이 완료된 전기통신이 압수·수색 되었는지조차 알 방법이 없었다. <u>심판대상조항은 송·수신이 완료된 전기통신에 대한 압수·수색영장 집행에 있어서 피의자로 하여금 그 집행사실을 사후에라도 알 수 있도록 함으로써, 피의자의 방어권을 보장하기 위하여 도입된 것이다.</u> 다만 심판대상조항은 수사의 밀행성을 확보하기 위하여 송·수신이 완료된 전기통신에 대한 압수·수색영장 집행 사실을 수사대상이 된 가입자, 즉 피의자에게만 통지하도록 하고, <u>그 상대방에 대해서는 통지하지 않도록 하였다.</u>

이처럼 <u>심판대상조항이 압수·수색영장 집행 사실을 수사대상이 된 가입자에게만 통지하도록 한 것은 위 가입자의 피의자로서의 방어권을 보장하는 한편, 수사의 밀행성을 확보하려는 데 목적이 있다.</u>

(나) 한편, 송·수신이 완료된 전기통신에 대한 압수·수색영장 집행으로 인하여 피의자뿐 아

니라 그 상대방이 피의자와 송·수신한 전기통신도 수사기관이 수집하게 되므로, 이러한 압수·수색영장의 집행이 피의자에 대한 증거를 수집·보전하는 데 목적이 있다고 하더라도, 이로 인하여 피의자의 상대방의 기본권이 제한되는 것을 최소화하기 위한 제도적 장치의 필요성을 부인하기는 어렵다.

그런데 송·수신이 완료된 전기통신에 대한 압수·수색의 특성상 그 범위가 광범위할 수 있으나, 형사소송법 제219조, 제106조 제1항은 압수의 요건을 '피의사건과 관련이 있는 때'로 정하고 있고, 실제 영장실무도 송·수신이 완료된 전기통신에 대한 압수·수색영장을 발부하면서 그 효력범위를 피의사실(혐의사실)에 관련된 부분으로 한정하고 있다. 나아가 형사소송법 제114조 제1항 단서는 법관이 전기통신에 관한 압수·수색영장을 발부할 때에는 작성기간을 기재하도록 하고 있어, 압수·수색의 대상이 되는 송·수신이 완료된 전기통신의 시간적 범위도 한정하고 있다. 이처럼 송·수신이 완료된 전기통신에 대한 압수·수색은 피의사실에 관한 증거를 수집하려는 데 목적이 있는 점, 압수·수색영장의 효력범위 자체가 피의사실에 관련된 부분으로 한정되는 점, 또한 압수·수색영장을 발부할 때에 법관으로 하여금 영장에 전기통신의 작성기간을 기재하도록 함으로써 압수·수색영장의 시간적 효력 범위를 제한하고 그 기간 내에 송·수신된 전기통신에 대해서만 압수·수색할 수 있도록 하고 있는 점 등을 종합하면, 송·수신이 완료된 전기통신에 대한 압수·수색에서 발생할 수 있는 수사대상이 된 가입자의 상대방에 대한 기본권 침해를 최소화하는 장치는 어느 정도 마련되어 있다고 볼 수 있다.

(다) 나아가, 전기통신은 '전화·전자우편·회원제정보서비스·모사전송·무선호출 등과 같이 유선·무선·광선 및 기타의 전자적 방식에 의하여 모든 종류의 음향·문언·부호 또는 영상을 송신하거나 수신하는 것'을 의미하는데(통신비밀보호법 제2조 제3호), 전기통신의 특성상 피의자와 전기통신을 송·수신한 상대방이 다수일 수 있다. 그럼에도 피의자에 관한 송·수신이 완료된 전기통신의 압수·수색이 있었다는 사실을 그 상대방 모두에게 통지하도록 한다면, 그 상대방 모두에 대하여 피의자가 수사기관으로부터 수사를 받고 있다는 사실을 알리게 되는 것이어서, 오히려 피의자에게 예측하지 못한 피해를 줄 수 있다. 또한, 수사기관은 송·수신이 완료된 전기통신을 압수·수색함에 있어 피의자의 상대방의 인적사항을 원칙적으로 파악하기 어려운데, 이들에게 압수·수색영장 집행사실을 통지하여야 한다면, 이들에 대한 개인정보를 수집할 수 밖에 없게 되므로, 이는 그 상대방에 대하여 또 다른 개인정보자기결정권의 침해를 야기할 위험마저 있다.

(라) 이상과 같이 형사소송법이 이미 송·수신이 완료된 전기통신에 대한 압수·수색에 관하여 엄격한 제한을 가하고 있다고 평가되는 점, 수사대상이 된 가입자와 달리 그 상대방은 수사대상이 아니므로 피의자와 달리 방어권을 보장해야 할 필요성이 적은 점, 피의자의 상대방에 대한 통지가 자칫 피의자의 명예를 훼손할 수 있고, 피의자의 상대방에 대한 통지를 위하여 그 상대방에 대한 또 다른 개인정보를 수집함으로써 오히려 그 상대방의 개인정보자기결정권을 침해할 가능성도 있다는 점 등을 종합하면, 심판대상조항이 압수·수색영장의 집행사실을 피의자의 상대방에게는 통지하지 않도록 하고 있다고 하더라도 적법절차원칙에 위배된다고 볼 수 없다.

(마) 따라서 심판대상조항은 적법절차원칙에 위배되어 청구인들의 개인정보자기결정권을 침해한다고 볼 수 없다.

(3) 향후 개선 방향

앞서 본 바와 같이 심판대상조항이 적법절차의 원칙에 위배되어 청구인들의 개인정보자기결정권을 침해한다고 볼 수는 없다고 하더라도, 압수된 송·수신이 완료된 전기통신의 내용에 관련자들의 중대한, 또는 민감한 개인정보가 포함된 경우 등과 같이 관련자가 이러한 내용의 개인정보가 수집되었음을 알 수 있도록 해야 할 이유가 인정되는 경우에는 수사대상이 된 가입자뿐만 아니라 그 상대방도 압수·수색영장의 집행사실 등을 알 수 있도록 하는 절차를 둘 것인지 여부에 관하여 숙고할 필요성이 있다. 수사의 밀행성이 유지될 필요성이 있다는 점을 부인할 수 없다고 하더라도 수사대상이 된 가입자와 전기통신을 송·수신하였다는 이유만으로 자신에 대한 정보가 알지 못하는 사이에 수사기관에 의하여 수집되고, 나아가 그러한 정보가 장래 이용될 우려도 배제할 수 없다는 점에서, 압수·수색이 있었다는 그 자체만으로도 당사자는 불리한 지위에 놓일 가능성이 크다. 그러므로 개인정보의 수집 자체를 최소화할 수 있도록 제도를 개선·운영하는 한편, 부득이하게 정보가 수집될 경우에는 수사가 종료되는 시점에서라도 이를 적절히 알려주는 제도를 둘 필요도 있을 것이다.

나아가, 입법자로서는 송·수신이 완료된 전기통신에 대한 압수·수색영장의 집행으로 수집된 개인정보에 관하여 필요성이 소멸한 경우나 일정한 기간이 경과한 경우 등에는 그에 관한 자료를 삭제·폐기하도록 하는 등의 제도를 마련할 것인지에 관하여 검토할 필요가 있다.

대법원 2018. 2. 8. 선고 2017도13263 판결 <표준>「형사소송법 제219조, 제129조에 의하면, 압수한 경우에는 목록을 작성하여 소유자, 소지자, 보관자 기타 이에 준할 자에게 교부하여야 한다. 그리고 법원은 압수·수색영장의 집행에 관하여 범죄 혐의사실과 관련 있는 정보의 탐색·복제·출력이 완료된 때에는 지체 없이 압수된 정보의 상세목록을 피의자 등에게 교부할 것을 정할 수 있다. 압수물 목록은 피압수자 등이 압수처분에 대한 준항고를 하는 등 권리행사절차를 밟는 가장 기초적인 자료가 되므로, 수사기관은 이러한 권리행사에 지장이 없도록 압수 직후 현장에서 압수물 목록을 바로 작성하여 교부해야 하는 것이 원칙이다. 이러한 압수물 목록 교부 취지에 비추어 볼 때, 압수된 정보의 상세목록에는 정보의 파일 명세가 특정되어 있어야 하고, 수사기관은 이를 출력한 서면을 교부하거나 전자파일 형태로 복사해 주거나 이메일을 전송하는 등의 방식으로도 할 수 있다.」

VI. 전자정보에 대한 압수·수색

1. 전자정보 압수수색의 원칙 : 선별압수 및 참여권의 보장

〈전자정보의 압수 방법 : 선별압수, 저장매체 반출, 이미징 및 참여권〉

대법원 2011. 5. 26. 자 2009모1190 결정 〈표준〉

전자정보에 대한 압수·수색영장의 집행에 있어서는 원칙적으로 영장 발부의 사유로 된 혐의사실과 관련된 부분만을 문서 출력물로 수집하거나 수사기관이 휴대한 저장매체에 해당 파일을 복사하는 방식으로 이루어져야 하고, 집행현장의 사정상 위와 같은 방식에 의한 집행이 불가능하거나 현저히 곤란한 부득이한 사정이 존재하더라도 그와 같은 경우에 그 저장매체 자체를 직접 혹은 하드카피나 이미징 등 형태로 수사기관 사무실 등 외부로 반출하여 해당 파일을 압수·수색할 수 있도록 영장에 기재되어 있고 실제 그와 같은 사정이 발생한 때에 한하여 예외적으로 허용될 수 있을 뿐이다. 나아가 이처럼 저장매체 자체를 수사기관 사무실 등으로 옮긴 후 영장에 기재된 범죄 혐의 관련 전자정보를 탐색하여 해당 전자정보를 문서로 출력하거나 파일을 복사하는 과정 역시 전체적으로 압수·수색영장 집행의 일환에 포함된다고 보아야 한다. 따라서 그러한 경우의 문서출력 또는 파일복사의 대상 역시 혐의사실과 관련된 부분으로 한정되어야 함은 헌법 제12조 제1항, 제3항, 형사소송법 제114조, 제215조의 적법절차 및 영장주의의 원칙상 당연하다. 그러므로 수사기관 사무실 등으로 옮긴 저장매체에서 범죄 혐의와의 관련성에 대한 구분 없이 저장된 전자정보 중 임의로 문서출력 혹은 파일복사를 하는 행위는 특별한 사정이 없는 한 영장주의 등 원칙에 반하는 위법한 집행이 된다.

한편 검사나 사법경찰관이 압수·수색영장을 집행함에 있어서는 자물쇠를 열거나 개봉 기타 필요한 처분을 할 수 있지만 그와 아울러 압수물의 상실 또는 파손 등의 방지를 위하여 상당한 조치를 하여야 하므로(형사소송법 제219조, 제120조, 제131조 등), 혐의사실과 관련된 정보는 물론 그와 무관한 다양하고 방대한 내용의 사생활 정보가 들어 있는 저장매체에 대한 압수·수색영장을 집행함에 있어서 그 영장이 명시적으로 규정한 위 예외적인 사정이 인정되어 그 전자정보가 담긴 저장매체 자체를 수사기관 사무실 등으로 옮겨 이를 열람 혹은 복사하게 되는 경우에도, 그 전체 과정을 통하여 피압수·수색 당사자나 그 변호인의 계속적인 참여권 보장, 피압수·수색 당사자가 배제된 상태에서의 저장매체에 대한 열람·복사 금지, 복사대상 전자정보 목록의 작성·교부 등 압수·수색의 대상인 저장매체 내 전자정보의 왜곡이나 훼손과 오·남용 및 임의적인 복제나 복사 등을 막기 위한 적절한 조치가 이루어져야만 그 집행절차가 적법한 것으로 될 것이다.

원심결정 이유를 기록에 비추어 살펴보면, **수사기관이 이 사건 압수·수색영장을 집행함에 있어 그 영장이 허용한 바와 같은 사유로 이 사건 저장매체 자체를 영장 기재 집행장소에서 수사기관 사무실로 가져가 그곳에서 저장매체 내 전자정보파일을 다른 저장매체로 복사하였는데, 그 과정 내내 피압수·수색 당사자의 직원들과 변호인들의 참여가 허용된 사실, 위 당사자 측의 참여하에 이루어진 이 사건 전자정보파일의 복사에 있어 그 대상을 영장에 기재된 혐의사실의 일시로부터 소급하여 일정 시점 이후에 열람된 파일들로 제한한 사실, 이러한 압수·수색영장의 집행방법과 관련하여 당사자 측은 위 소급 복사하는 파일 열람시점에 관한 의견만 제시하였을 뿐, 범죄 혐의와의 관련성에 관한 별도의 이의나 저장매체의 봉인 요구 등 절차상 이의를 제기하지 않고 오히려 위와 같은 방법으로 수사기관이 대상 전자정보파일을 복사하여 담아 둔 저장매체 2개 중 하나를 수령하였을 뿐만 아니라 위 영장의 집행일인 2009. 7. 3. 당일이 아닌 2009. 7. 6.에야 비로소 이 사건 준항고를 제기한 사실** 등을 알 수 있다.

앞서 본 법리와 위 인정 사실에 의하면, 수사기관이 이 사건 저장매체 내 전자정보에 대한 압수·수색영장을 집행함에 있어 저장매체 자체를 수사기관 사무실로 옮긴 것은 영장이 예외적으로 허용한 부득이한 사유의 발생에 따른 것으로 볼 수 있고, 나아가 당사자 측의 참여권 보장 등 압수·수색 대상물건의 훼손이나 임의적 열람 등을 막기 위해 법령상 요구되는 상당한 조치가 이루어진 것으로 볼 수 있으므로 이 점에 있어 절차상 위법이 있다고는 할 수 없다. 다만 수사기관 사무실에서 저장매체 내 전자정보를 파일복사함에 있어서 당사자 측의 동의 등 특별한 사정이 없는 이상 관련 파일의 검색 등 적절한 작업을 통해 그 대상을 이 사건 범죄 혐의와 관련 있는 부분에 한정하고 나머지는 대상에서 제외하여야 할 것이므로, 영장의 명시적 근거가 없음에도 수사기관이 임의로 정한 시점 이후의 접근 파일 일체를 복사하는 방식으로 8,000여 개나 되는 파일을 복사한 이 사건 영장집행은 원칙적으로 압수·수색영장이 허용한 범위를 벗어난 것으로서 위법하다고 볼 여지가 있다.

그런데 범죄사실 관련성에 관하여 명시적인 이의를 제기하지 아니한 이 사건의 경우, 당사자 측의 참여하에 이루어진 위 압수·수색의 전 과정에 비추어 볼 때, 수사기관이 영장에 기재된 혐의사실의 일시로부터 소급하여 일정 시점 이후의 파일들만 복사한 것은 나름대로 혐의사실과 관련 있는 부분으로 대상을 제한하려고 노력을 한 것으로 보이고, 당사자 측도 그 조치의 적합성에 대하여 묵시적으로 동의한 것으로 봄이 상당하므로, 결국 이 사건 범죄 혐의와 관련 있는 압수·수색의 대상을 보다 구체적으로 제한하기 위한 수사기관의 추가적인 조치가 없었다 하여 그 영장의 집행이 위법하다고 볼 수는 없다.

이와 같은 취지에서 이 사건 준항고를 기각한 원심의 조치는 수긍할 수 있고 거기에 재판 결과에 영향을 미치는 위법이 있다고 할 수 없다.

〈전자정보의 압수 방법 및 별건 전자정보 압수의 방법〉

대법원 2015. 7. 16.자 2011모1839 전원합의체 결정 <표준>

1. 2011. 4. 25.자 압수·수색영장에 기한 압수·수색 부분에 대하여

가. (1) 오늘날 기업 또는 개인의 업무는 컴퓨터나 서버 등 정보처리시스템 없이 유지되기 어려우며, 전자정보가 저장된 저장매체는 대부분 대용량이어서 압수·수색영장 발부의 사유로 된 범죄혐의와 관련이 없는 개인의 일상생활이나 기업경영에 관한 정보가 광범위하게 포함되어 있다. 이러한 전자정보에 대한 압수·수색은 사생활의 비밀과 자유, 정보에 대한 자기결정권, 재산권 등을 침해할 우려가 크므로 포괄적으로 이루어져서는 아니 되고 비례의 원칙에 따라 필요한 최소한의 범위 내에서 이루어져야 한다.

따라서 수사기관의 전자정보에 대한 압수·수색은 원칙적으로 영장 발부의 사유로 된 범죄혐의사실과 관련된 부분만을 문서 출력물로 수집하거나 수사기관이 휴대한 저장매체에 해당 파일을 복제하는 방식으로 이루어져야 하고, 저장매체 자체를 직접 반출하거나 그 저장매체에 들어 있는 전자파일 전부를 하드카피나 이미징 등 형태(이하 '복제본'이라 한다)로 수사기관 사무실 등 외부로 반출하는 방식으로 압수·수색하는 것은 현장의 사정이나 전자정보의

대량성으로 인하여 관련 정보 획득에 긴 시간이 소요되거나 전문 인력에 의한 기술적 조치가 필요한 경우 등 범위를 정하여 출력 또는 복제하는 방법이 불가능하거나 압수의 목적을 달성하기에 현저히 곤란하다고 인정되는 때에 한하여 예외적으로 허용될 수 있을 뿐이다.

이처럼 저장매체 자체 또는 적법하게 획득한 복제본을 탐색하여 혐의사실과 관련된 전자정보를 문서로 출력하거나 파일로 복제하는 일련의 과정 역시 전체적으로 하나의 영장에 기한 압수·수색의 일환에 해당한다 할 것이므로, 그러한 경우의 문서출력 또는 파일복제의 대상 역시 저장매체 소재지에서의 압수·수색과 마찬가지로 혐의사실과 관련된 부분으로 한정되어야 함은 헌법 제12조 제1항, 제3항과 형사소송법 제114조, 제215조의 적법절차 및 영장주의 원칙이나 앞서 본 비례의 원칙에 비추어 당연하다. 따라서 수사기관 사무실 등으로 반출된 저장매체 또는 복제본에서 혐의사실 관련성에 대한 구분 없이 임의로 저장된 전자정보를 문서로 출력하거나 파일로 복제하는 행위는 원칙적으로 영장주의 원칙에 반하는 위법한 압수가 된다.

(2) 전자정보는 복제가 용이하여 전자정보가 수록된 저장매체 또는 복제본이 압수·수색 과정에서 외부로 반출되면 압수·수색이 종료한 후에도 복제본이 남아있을 가능성을 배제할 수 없고, 그 경우 혐의사실과 무관한 전자정보가 수사기관에 의해 다른 범죄의 수사의 단서 내지 증거로 위법하게 사용되는 등 새로운 법익침해를 초래할 가능성이 있으므로, 혐의사실 관련성에 대한 구분 없이 이루어지는 복제·탐색·출력을 막는 절차적 조치가 중요성을 가지게 된다.

따라서 저장매체에 대한 압수·수색 과정에서 범위를 정하여 출력 또는 복제하는 방법이 불가능하거나 압수의 목적을 달성하기에 현저히 곤란한 예외적인 사정이 인정되어 전자정보가 담긴 저장매체 또는 복제본을 수사기관 사무실 등으로 옮겨 이를 복제·탐색·출력하는 경우에도, 그와 같은 일련의 과정에서 형사소송법 제219조, 제121조에서 규정하는 피압수·수색 당사자(이하 '피압수자'라 한다)나 그 변호인에게 참여의 기회를 보장하고 혐의사실과 무관한 전자정보의 임의적인 복제 등을 막기 위한 적절한 조치를 취하는 등 영장주의 원칙과 적법절차를 준수하여야 한다. 만약 그러한 조치가 취해지지 않았다면 피압수자 측이 참여하지 아니한다는 의사를 명시적으로 표시하였거나 절차 위반행위가 이루어진 과정의 성질과 내용 등에 비추어 피압수자 측에 절차 참여를 보장한 취지가 실질적으로 침해되었다고 볼 수 없을 정도에 해당한다는 등의 특별한 사정이 없는 이상 압수·수색이 적법하다고 평가할 수 없고(대법원 2011. 5. 26.자 2009모1190 결정 등 참조), 비록 수사기관이 저장매체 또는 복제본에서 혐의사실과 관련된 전자정보만을 복제·출력하였다 하더라도 달리 볼 것은 아니다.

(3) 전자정보에 대한 압수·수색 과정에서 이루어진 현장에서의 저장매체 압수·이미징·탐색·복제 및 출력행위 등 수사기관의 처분은 하나의 영장에 의한 압수·수색 과정에서 이루어지는 것이다. 그러한 일련의 행위가 모두 진행되어 압수·수색이 종료된 이후에는 특정단계의 처분만을 취소하더라도 그 이후의 압수·수색을 저지한다는 것을 상정할 수 없고 수사기관으로 하여금 압수·수색의 결과물을 보유하도록 할 것인지가 문제 될 뿐이다. 그러므로 이 경우에는 준항고인이 전체 압수·수색 과정을 단계적·개별적으로 구분하여 각 단계의 개별 처분의 취소를 구하더라도 준항고법원으로서는 특별한 사정이 없는 한 그 구분된 개별 처분의 위법이나 취소 여부를 판단할 것이 아니라 당해 압수·수색 과정 전체를 하나의 절차로 파악하여 그 과정에서 나타난 위법이 압수·수색 절차 전체를 위법하게 할 정도로 중대한지 여부에 따라 전체적으로 그 압수·수색 처분을 취소할 것인지를 가려야 할 것이다. 여기서 위법의 중대성은 위반한 절차조항의 취지, 전체과정 중에서 위반행위가 발생한 과정의 중요도, 그 위반사항에 의한 법익침해 가능성의 경중 등을 종합하여 판단하여야 한다.

나. (1) 원심은, 수원지방검찰청 강력부 검사가 2011. 4. 25. 준항고인 1의 배임 혐의와 관련된 압수·수색영장(이하 '제1 영장'이라 한다)을 발부받아 압수·수색을 진행함에 있어 준항고인 1 측의 참여가 이루어지지 않은 가운데 제1 영장의 혐의사실과 무관한 전자정보에 대하여까지 무차별적으로 복제·출력하였다는 등의 이유로 이 부분 각 압수처분을 취소하였다.

(2) 원심결정 이유 및 기록에 의하면, 제1 영장에는 압수의 방법으로 "컴퓨터 전자장치에 저장된 정보 중 범죄사실과 직접 관련된 전자정보와 직접 관련되지 않은 전자정보가 혼재된 전자정보장치는 피의자나 그 소유자, 소지자 또는 간수자가 동의하지 않는 한 그 전부를 사본하거나 이미징하여 압수할 수 없고, 이 경우 범죄사실과 관련된 전자정보는 피압수자 또는 형사소송법 제123조에 정한 참여인의 확인을 받아 수사기관이 휴대한 저장장치에 하드카피·이미징하거나, 문서로 출력할 수 있는 경우 그 출력물을 수집하는 방법으로 압수함. 다만, 해당 컴퓨터 저장장치가 몰수 대상물이거나 하드카피·이미징 또는 문서의 출력을 할 수 없거나 상당히 곤란한 경우에는 컴퓨터 저장장치 자체를 압수할 수 있고, 이 경우에는 수사에 필요한 상당한 기간이 경과한 후 지체 없이 반환하여야 함."이라고 기재되어 있는 사실, **강력부 검사는 2011. 4. 25. 수원지방법원으로부터 제1 영장을 발부받은 당일 준항고인 2(이하 '준항고인 2'라 한다) 빌딩 내 준항고인 1의 사무실에 임하여 압수·수색을 개시하였는데, 그곳에서의 압수 당시 제1 영장에 기재된 바와 같이 이 사건 저장매체에 혐의사실과 관련된**

정보와 관련되지 않은 전자정보가 혼재된 것으로 판단하여 준항고인 2의 동의를 받아 이 사건 저장매체 자체를 봉인하여 영장 기재 집행 장소에서 자신의 사무실로 반출한 사실, 강력부 검사는 2011. 4. 26.경 이 사건 저장매체를 대검찰청 디지털포렌식센터에 인계하여 그곳에서 저장매체에 저장되어 있는 전자정보파일 전부를 '이미징'의 방법으로 다른 저장매체로 복제(이하 '제1 처분'이라 한다)하도록 하였는데, 준항고인 1 측은 검사의 통보에 따라 2011. 4. 27. 위 저장매체의 봉인이 해제되고 위 전자정보파일이 대검찰청 디지털포렌식센터의 원격 디지털공조시스템에 복제되는 과정을 참관하다가 임의로 그곳에서 퇴거하였던 사실, 강력부 검사는 제1 처분이 완료된 후 이 사건 저장매체를 준항고인 2에게 반환한 다음, 위와 같이 이미징한 복제본을 2011. 5. 3.부터 같은 달 6일까지 자신이 소지한 외장 하드디스크에 재복제(이하 '제2 처분'이라 한다)하고, 같은 달 9일부터 같은 달 20일까지 외장 하드디스크를 통하여 제1 영장 기재 범죄혐의와 관련된 전자정보를 탐색하였는데, 그 과정에서 준항고인 2의 약사법 위반·조세범처벌법 위반 혐의와 관련된 전자정보 등 제1 영장에 기재된 혐의사실과 무관한 정보들도 함께 출력(이하 '제3 처분'이라 한다)하였던 사실, 제2·3 처분 당시에는 준항고인 1 측이 그 절차에 참여할 기회를 부여받지 못하였고, 실제로 참여하지도 않았던 사실 등을 알 수 있다.

위와 같은 사실관계를 앞서 본 법리에 비추어 보면, 강력부 검사가 이 사건 저장매체에 저장되어 있는 전자정보를 압수·수색함에 있어 저장매체 자체를 자신의 사무실로 반출한 조치는 제1 영장이 예외적으로 허용한 부득이한 사유의 발생에 따른 것이고, 제1 처분 또한 준항고인들에게 저장매체 원본을 가능한 한 조속히 반환하기 위한 목적에서 이루어진 조치로서 준항고인들이 묵시적으로나마 이에 동의하였다고 볼 수 있을 뿐만 아니라 그 복제 과정에도 참여하였다고 평가할 수 있으므로 <u>제1 처분은 위법하다고 볼 수 없다.</u>

그러나 <u>제2·3 처분은 제1 처분 후 피압수자에게 계속적인 참여권을 보장하는 등의 조치가 이루어지지 아니한 채 제1 영장 기재 혐의사실과 관련된 정보는 물론 그와 무관한 정보까지 재복제·출력한 것으로서 영장이 허용한 범위를 벗어나고 적법절차를 위반한 위법한 처분이라 하지 않을 수 없다.</u>

(3) 기록에 의하면 제1 영장에 기한 압수·수색이 이미 종료되었음을 알 수 있으므로, 원심이 제1 영장에 기한 압수·수색의 적법성을 전체적으로 판단하지 아니하고 이를 단계별로 구분하여 취소한 것은 앞서 본 법리에 비추어 적절하다고 할 수 없다.

그러나 제2·3 처분에 해당하는 전자정보의 복제·출력 과정은 증거물을 획득하는 행위로서 압수·수색의 목적에 해당하는 중요한 과정인 점, 이 과정에서 혐의사실과 무관한 정보가 수사기관에 남겨지게 되면 피압수자의 다른 법익이 침해될 가능성이 한층 커지게 되므로 피압수자에게 참여권을 보장하는 것이 그러한 위험을 방지하기 위한 핵심절차인데도 그 과정에 참여권을 보장하지 않은 점, 더구나 혐의사실과 무관한 정보까지 출력한 점 등 위법의 중대성에 비추어 볼 때, 비록 제1 처분까지의 압수·수색 과정이 적법하다고 하더라도 전체적으로 제1 영장에 기한 압수·수색은 취소되어야 할 것인바, 그 단계별 처분을 모두 취소한 원심의 판단은 결국 준항고인들이 신청한 범위 내에서 제1 영장에 기한 압수·수색을 전체적으로 취소한 것과 동일한 결과이어서 정당한 것으로 수긍할 수 있다. 따라서 원심의 판단에 압수·수색 방법의 적법성이나 영장주의의 적용 범위에 관한 법리를 오해한 위법이 있다는 재항고인의 주장은 이유 없다.

2. 2011. 5. 26.자 압수·수색영장에 기한 압수·수색 부분에 대하여

가. 전자정보에 대한 압수·수색에 있어 그 저장매체 자체를 외부로 반출하거나 하드카피·이미징 등의 형태로 복제본을 만들어 외부에서 그 저장매체나 복제본에 대하여 압수·수색이 허용되는 예외적인 경우에도 혐의사실과 관련된 전자정보 이외에 이와 무관한 전자정보를 탐색·복제·출력하는 것은 원칙적으로 위법한 압수·수색에 해당하므로 허용될 수 없다. 그러나 **전자정보에 대한 압수·수색이 종료되기 전에 혐의사실과 관련된 전자정보를 적법하게 탐색하는 과정에서 별도의 범죄혐의와 관련된 전자정보를 우연히 발견한 경우**라면, 수사기관으로서는 더 이상의 추가 탐색을 중단하고 법원으로부터 별도의 범죄혐의에 대한 압수·수색영장을 발부받은 경우에 한하여 그러한 정보에 대하여도 적법하게 압수·수색을 할 수 있다고 할 것이다.

나아가 이러한 경우에도 별도의 압수·수색 절차는 최초의 압수·수색 절차와 구별되는 별개의 절차이고, 별도 범죄혐의와 관련된 전자정보는 최초의 압수·수색영장에 의한 압수·수색의 대상이 아니어서 저장매체의 원래 소재지에서 별도의 압수·수색영장에 기해 압수·수색을 진행하는 경우와 마찬가지로 피압수자는 최초의 압수·수색 이전부터 해당 전자정보를 관리하고 있던 자라 할 것이므로, 특별한 사정이 없는 한 그 피압수자에게 형사소송법 제219조, 제121조, 제129조에 따라 참여권을 보장하고 압수한 전자정보 목록을 교부하는 등 피압수자의 이익을 보호하기 위한 적절한 조치가 이루어져야 할 것이다.

나. 원심결정 이유와 기록에 의하면, 강력부 검사는 앞서 본 바와 같이 **자신이 임의로 이미징 복제본을 재복제해 둔 외장 하드디스크에서 제1 영장 기재 혐의사실인 준항고인 1의 배**

임 혐의와 관련된 전자정보를 탐색하던 중 우연히 준항고인 1 등의 약사법 위반·조세범처벌법 위반 혐의에 관련된 전자정보(이하 '별건 정보'라 한다)를 발견하고 이를 문서로 출력하였던 사실, 강력부 검사는 이 사실을 수원지방검찰청 특별수사부에 통보하여 특별수사부 검사가 2011. 5. 26.경 별건 정보를 소명자료로 제출하면서 다시 압수·수색영장을 청구하여 수원지방법원으로부터 별도의 압수·수색영장(이하 '제2 영장'이라 한다)을 발부받아 외장 하드디스크에서 별건 정보를 탐색·출력하는 방식으로 압수·수색을 한 사실, 이때 특별수사부 검사는 준항고인 측에 압수·수색 과정에 참여할 수 있는 기회를 부여하지 않았을 뿐만 아니라 압수한 전자정보 목록을 교부하지도 않은 사실 등을 알 수 있다.

위와 같은 사실관계를 앞서 본 법리에 비추어 살펴보면, 제1 영장에서 예외적으로나마 저장매체 자체의 반출이나 그 전자정보 전부의 복제가 허용되어 있으나, 제2 영장 청구 당시 압수할 물건으로 삼은 정보는 제1 영장의 피압수자에게 참여의 기회를 부여하지 않은 상태에서 임의로 재복제한 외장 하드디스크에 저장된 정보로서 그 자체가 위법한 압수물이어서 앞서 본 별건 정보에 대한 영장청구 요건을 충족하지 못한 것이므로, 비록 제2 영장이 발부되었다고 하더라도 그 압수·수색은 영장주의의 원칙에 반하는 것으로서 위법하다고 하지 않을 수 없다.

나아가 제2 영장에 기한 압수·수색 당시 준항고인 1 등에게 압수·수색 과정에 참여할 기회를 전혀 보장하지 않았으므로 이 점에 비추어 보더라도 제2 영장에 기한 압수·수색은 전체적으로 위법하다고 평가함이 상당하다.

〈임의제출에 따른 전자정보 압수〉

대법원 2021. 11. 18. 선고 2016도348 전원합의체 판결 <표준>

가. 관련 법리

1) 임의제출에 따른 전자정보 압수의 방법

오늘날 개인 또는 기업의 업무는 컴퓨터나 서버, 저장매체가 탑재된 정보처리장치 없이 유지되기 어려운데, 전자정보가 저장된 각종 저장매체(이하 '정보저장매체'라 한다)는 대부분 대용량이어서 수사의 대상이 된 범죄혐의와 관련이 없는 개인의 일상생활이나 기업경영에 관한 정보가 광범위하게 포함되어 있다. 이러한 전자정보에 대한 수사기관의 압수·수색은 사생활의 비밀과 자유, 정보에 대한 자기결정권, 재산권 등을 침해할 우려가 크므로 포괄적으로 이루어져서는 안 되고, 비례의 원칙에 따라 수사의 목적상 필요한 최소한의 범위 내에서 이루어져야 한다. 수사기관의 전자정보에 대한 압수·수색은 원칙적으로 영장 발부의 사유로 된 범죄혐의사실과 관련된 부분만을 문서 출력물로 수집하거나 수사기관이 휴대한 정보저장매체에 해당 파일을 복제하는 방식으로 이루어져야 하고, 정보저장매체 자체를 직접 반출하거나 저장매체에 들어 있는 전자파일 전부를 하드카피나 이미징 등 형태(이하 '복제본'이라 한다)로 수사기관 사무실 등 외부로 반출하는 방식으로 압수·수색하는 것은 현장의 사정이나 전자정보의 대량성으로 인하여 관련 정보 획득에 긴 시간이 소요되거나 전문 인력에 의한 기술적 조치가 필요한 경우 등 범위를 정하여 출력 또는 복제하는 방법이 불가능하거나 압수의 목적을 달성하기에 현저히 곤란하다고 인정되는 때에 한하여 예외적으로 허용될 수 있을 뿐이다(대법원 2015. 7. 16. 자 2011모1839 전원합의체 결정 등 참조).

위와 같은 법리는 정보저장매체에 해당하는 임의제출물의 압수(형사소송법 제218조)에도 마찬가지로 적용된다. 임의제출물의 압수는 압수물에 대한 수사기관의 점유 취득이 제출자의 의사에 따라 이루어진다는 점에서 차이가 있을 뿐 범죄혐의를 전제로 한 수사 목적이나 압수의 효력은 영장에 의한 경우와 동일하기 때문이다. 따라서 수사기관은 특정 범죄혐의와 관련하여 전자정보가 수록된 정보저장매체를 임의제출받아 그 안에 저장된 전자정보를 압수하는 경우 그 동기가 된 범죄혐의사실과 관련된 전자정보의 출력물 등을 임의제출받아 압수하는 것이 원칙이다. 다만 현장의 사정이나 전자정보의 대량성과 탐색의 어려움 등의 이유로 범위를 정하여 출력 또는 복제하는 방법이 불가능하거나 압수의 목적을 달성하기에 현저히 곤란하다고 인정되는 때에 한하여 예외적으로 정보저장매체 자체나 복제본을 임의제출받아 압수할 수 있다.

2) 임의제출에 따른 전자정보 압수의 대상과 범위

가) 임의제출자의 의사

정보저장매체와 그 안에 저장된 전자정보는 개념적으로나 기능적으로나 별도의 독자적 가치와 효용을 지닌 것으로 상호 구별될 뿐만 아니라 임의제출된 전자정보의 압수가 적법한 것은 어디까지나 제출자의 자유로운 제출 의사에 근거한 것인 이상, 범죄혐의사실과 관련된 전자정보와 그렇지 않은 전자정보가 혼재되어 있는 정보저장매체나 복제본을 수사기관에 임의제출하는 경우 제출자는 제출 및 압수의 대상이 되는 전자정보를 개별적으로 지정하거나 그 범위를 한정할 수 있다. 이처럼 정보저장매체 내 전자정보의 임의제출 범위는 제출자의 의사에 따라 달라질 수 있는 만큼 이러한 정보저장매체를 임의제출받는 수사기관은 제출자로부터 임의제출의 대상이 되는 전자정보의 범위를 확인함으로써 압수의 범위를 명확히 특정하여야 한다. 나아가 헌법과 형사소송법이 구현하고자 하는 적법절차, 영장주의, 비례의 원칙은 물론, 사생활의 비밀과 자유, 정보에 대한 자기결정권 및 재산권의 보호라는 관점에서 정보저장매체 내 전자정보가 가지는 중요성에 비추어 볼 때, 정보저장매체를 임의제출하는 사람이 거기에 담긴 전자정보를 지정하거나 제출 범위를 한정하는 취지로 한 의사표시는 엄격하게 해석하여야 하고, 확인되지 않은 제출자의 의사를 수사기관이 함부로 추단하는 것은 허용될 수 없다.

따라서 수사기관이 제출자의 의사를 쉽게 확인할 수 있음에도 이를 확인하지 않은 채 특정 범죄혐의사실과 관련된 전자정보와 그렇지 않은 전자정보가 혼재된 정보저장매체를 임의제출받은 경우, 그 정보저장매체에 저장된 전자정보 전부가 임의제출되어 압수된 것으로 취급할 수는 없다. 이 경우 제출자의 임의제출 의사에 따라 압수의 대상이 되는 전자정보의 범위를 어떻게 특정할 것인지가 문제 된다.

나) 임의제출에 따른 압수의 동기가 된 범죄혐의사실과 관련된 전자정보

수사기관은 피의사실과 관계가 있다고 인정할 수 있는 것에 한정하여 증거물 또는 몰수할 것으로 사료하는 물건을 압수할 수 있다(형사소송법 제219조, 제106조).

따라서 전자정보를 압수하고자 하는 수사기관이 정보저장매체와 거기에 저장된 전자정보를 임의제출의 방식으로 압수할 때, 제출자의 구체적인 제출 범위에 관한 의사를 제대로 확인하지 않는 등의 사유로 인해 임의제출자의 의사에 따른 전자정보 압수의 대상과 범위가 명확하지 않거나 이를 알 수 없는 경우에는 임의제출에 따른 압수의 동기가 된 범죄혐의사실과 관련되고 이를 증명할 수 있는 최소한의 가치가 있는 전자정보에 한하여 압수의 대상이 된다. 이때 범죄혐의사실과 관련된 전자정보에는 범죄혐의사실 그 자체 또는 그와 기본적 사실관계가 동일한 범행과 직접 관련되어 있는 것은 물론 범행 동기와 경위, 범행 수단과 방법, 범행 시간과 장소 등을 증명하기 위한 간접증거나 정황증거 등으로 사용될 수 있는 것도 포함될 수 있다. 다만 그 관련성은 임의제출에 따른 압수의 동기가 된 범죄혐의사실의 내용과 수사의 대상, 수사의 경위, 임의제출의 과정 등을 종합하여 구체적·개별적 연관관계가 있는 경우에만 인정되고, 범죄혐의사실과 단순히 동종 또는 유사 범행이라는 사유만으로 관련성이 있다고 할 것은 아니다(대법원 2021. 8. 26. 선고 2021도2205 판결 등 참조).

다) 불법촬영 범죄 등의 경우 임의제출된 전자정보 압수의 범위

범죄혐의사실과 관련된 전자정보인지를 판단할 때는 범죄혐의사실의 내용과 성격, 임의제출

의 과정 등을 토대로 구체적·개별적 연관관계를 살펴볼 필요가 있다. 특히 카메라의 기능과 정보저장매체의 기능을 함께 갖춘 휴대전화인 스마트폰을 이용한 불법촬영 범죄와 같이 범죄의 속성상 해당 범행의 상습성이 의심되거나 성적 기호 내지 경향성의 발현에 따른 일련의 범행의 일환으로 이루어진 것으로 의심되고, 범행의 직접증거가 스마트폰 안에 이미지 파일이나 동영상 파일의 형태로 남아 있을 개연성이 있는 경우에는 그 안에 저장되어 있는 같은 유형의 전자정보에서 그와 관련한 유력한 간접증거나 정황증거가 발견될 가능성이 높다는 점에서 이러한 간접증거나 정황증거는 범죄혐의사실과 구체적·개별적 연관관계를 인정할 수 있다. 이처럼 범죄의 대상이 된 피해자의 인격권을 현저히 침해하는 성격의 전자정보를 담고 있는 불법촬영물은 범죄행위로 인해 생성된 것으로서 몰수의 대상이기도 하므로 임의제출된 휴대전화에서 해당 전자정보를 신속히 압수·수색하여 불법촬영물의 유통 가능성을 적시에 차단함으로써 피해자를 보호할 필요성이 크다. 나아가 이와 같은 경우에는 간접증거나 정황증거이면서 몰수의 대상이자 압수·수색의 대상인 전자정보의 유형이 이미지 파일 내지 동영상 파일 등으로 비교적 명확하게 특정되어 그와 무관한 사적 전자정보 전반의 압수·수색으로 이어질 가능성이 적어 상대적으로 폭넓게 관련성을 인정할 여지가 많다는 점에서도 그러하다.

라) 피의자 아닌 사람이 피의자가 소유·관리하는 정보저장매체를 임의제출한 경우 전자정보 압수의 범위

피의자가 소유·관리하는 정보저장매체를 피의자 아닌 피해자 등 제3자가 임의제출하는 경우에는, 그 임의제출 및 그에 따른 수사기관의 압수가 적법하더라도 임의제출의 동기가 된 범죄혐의사실과 구체적·개별적 연관관계가 있는 전자정보에 한하여 압수의 대상이 되는 것으로 더욱 제한적으로 해석하여야 한다. 임의제출의 주체가 소유자 아닌 소지자·보관자이고 그 제출행위로 소유자의 사생활의 비밀 기타 인격적 법익이 현저히 침해될 우려가 있는 경우에는 임의제출에 따른 압수·수색의 필요성과 함께 임의제출에 동의하지 않은 소유자의 법익에 대한 특별한 배려도 필요한바(대법원 1999. 9. 3. 선고 98도968 판결, 대법원 2008. 5. 15. 선고 2008도1097 판결, 대법원 2013. 9. 26. 선고 2013도7718 판결 등 참조), 피의자 개인이 소유·관리하는 정보저장매체에는 그의 사생활의 비밀과 자유, 정보에 대한 자기결정권 등 인격적 법익에 관한 모든 것이 저장되어 있어 제한 없이 압수·수색이 허용될 경우 피의자의 인격적 법익이 현저히 침해될 우려가 있기 때문이다. 그러므로 임의제출자인 제3자가 제출의 동기가 된 범죄혐의사실과 구체적·개별적 연관관계가 인정되는 범위를 넘는 전자정보까지 일괄

하여 임의제출한다는 의사를 밝혔더라도, 그 정보저장매체 내 전자정보 전반에 관한 처분권이 그 제3자에게 있거나 그에 관한 피의자의 동의 의사를 추단할 수 있는 등의 특별한 사정이 없는 한, 그 임의제출을 통해 수사기관이 영장 없이 적법하게 압수할 수 있는 전자정보의 범위는 범죄혐의사실과 관련된 전자정보에 한정된다고 보아야 한다.

3) 전자정보 탐색·복제·출력 시 피의자의 참여권 보장 및 전자정보 압수목록 교부

압수의 대상이 되는 전자정보와 그렇지 않은 전자정보가 혼재된 정보저장매체나 그 복제본을 임의제출받은 수사기관이 그 정보저장매체 등을 수사기관 사무실 등으로 옮겨 이를 탐색·복제·출력하는 경우, 그와 같은 일련의 과정에서 형사소송법 제219조, 제121조에서 규정하는 피압수·수색 당사자(이하 '피압수자'라 한다)나 그 변호인에게 참여의 기회를 보장하고 압수된 전자정보의 파일 명세가 특정된 압수목록을 작성·교부하여야 하며 범죄혐의사실과 무관한 전자정보의 임의적인 복제 등을 막기 위한 적절한 조치를 취하는 등 영장주의 원칙과 적법절차를 준수하여야 한다. 만약 그러한 조치가 취해지지 않았다면 피압수자 측이 참여하지 아니한다는 의사를 명시적으로 표시하였거나 임의제출의 취지와 경과 또는 그 절차 위반 행위가 이루어진 과정의 성질과 내용 등에 비추어 피압수자 측에 절차 참여를 보장한 취지가 실질적으로 침해되었다고 볼 수 없을 정도에 해당한다는 등의 특별한 사정이 없는 이상 압수·수색이 적법하다고 평가할 수 없고, 비록 수사기관이 정보저장매체 또는 복제본에서 범죄혐의사실과 관련된 전자정보만을 복제·출력하였다 하더라도 달리 볼 것은 아니다(위 대법원 2011모1839 전원합의체 결정, 대법원 2020. 11. 17. 자 2019모291 결정 등 참조). 나아가 피해자 등 제3자가 피의자의 소유·관리에 속하는 정보저장매체를 영장에 의하지 않고 임의제출한 경우에는 실질적 피압수자인 피의자가 수사기관으로 하여금 그 전자정보 전부를 무제한 탐색하는 데 동의한 것으로 보기 어려울 뿐만 아니라 피의자 스스로 임의제출한 경우 피의자의 참여권 등이 보장되어야 하는 것과 견주어 보더라도 특별한 사정이 없는 한 형사소송법 제219조, 제121조, 제129조에 따라 피의자에게 참여권을 보장하고 압수한 전자정보 목록을 교부하는 등 피의자의 절차적 권리를 보장하기 위한 적절한 조치가 이루어져야 한다.

4) 임의제출된 정보저장매체 탐색 과정에서 무관정보 발견 시 필요한 조치·절차

앞서 본 바와 같이 임의제출된 정보저장매체에서 압수의 대상이 되는 전자정보의 범위를 초과하여 수사기관이 임의로 전자정보를 탐색·복제·출력하는 것은 원칙적으로 위법한 압수·수색에 해당하므로 허용될 수 없다. 만약 전자정보에 대한 압수·수색이 종료되기 전에 범죄혐의사실과 관련된 전자정보를 적법하게 탐색하는 과정에서 별도의 범죄혐의와 관련된 전자

정보를 우연히 발견한 경우라면, 수사기관은 더 이상의 추가 탐색을 중단하고 법원으로부터 별도의 범죄혐의에 대한 압수·수색영장을 발부받은 경우에 한하여 그러한 정보에 대하여도 적법하게 압수·수색을 할 수 있다. 따라서 임의제출된 정보저장매체에서 압수의 대상이 되는 전자정보의 범위를 넘어서는 전자정보에 대해 수사기관이 영장 없이 압수·수색하여 취득한 증거는 위법수집증거에 해당하고, 사후에 법원으로부터 영장이 발부되었다거나 피고인이나 변호인이 이를 증거로 함에 동의하였다고 하여 그 위법성이 치유되는 것도 아니다.

나. 판단

1) 원심판결 이유 및 적법하게 채택된 증거에 의하면 다음의 사실을 알 수 있다.

가) 피고인은 원심이 인정한 것과 같이 2014. 12. 11. 자기 집에서 피해자 공소외 1의 의사에 반해 성기를 촬영한 범행(이하 '2014년 범행'이라 한다)을 저질렀다. **피해자 공소외 1은 즉시 피해 사실을 경찰에 신고하면서, 피고인의 집에서 가지고 나온 피고인 소유의 휴대전화 2대(아이폰 및 삼성휴대폰)에 피고인이 촬영한 동영상과 사진이 저장되어 있다는 취지로 말하고 이를 범행의 증거물로 임의제출하였다.**

나) 경찰관들은 위 휴대전화 2대를 영장 없이 압수하면서, 피해자 공소외 1에게 위 휴대전화에 저장된 동영상과 사진 등 전자정보 전부를 제출하는 취지인지 등 제출 범위에 관한 의사를 따로 확인하지는 않았다.

다) 피고인은 경찰에 휴대전화 1대(아이폰)에 대한 비밀번호를 제공하고 그 파일 이미징 과정에 참여한 반면, 다른 휴대전화 1대(삼성휴대폰)에 대해서는 사실상 비밀번호 제공을 거부하고, 저장된 동영상 파일의 복원·추출 과정에 참여하지 않았다. 경찰은 전자의 휴대전화(아이폰)에 저장된 동영상 파일을 통해 피해자 공소외 1에 대한 2014년 범행을 확인한 다음, 후자의 휴대전화(삼성휴대폰)에서 2014년 범행의 증거 영상을 추가로 찾던 중, 피해자 공소외 1이 아닌 다른 남성 2인이 침대 위에서 잠든 모습, 누군가가 손으로 그들의 성기를 잡고 있는 모습 등이 촬영된 동영상 30개와 사진 등을 발견하고, 그 내용을 확인한 후 이를 시디(CD)에 복제하였다.

라) 경찰은 피해자 공소외 1을 소환하여 위 동영상에 등장하는 남성 2인의 인적 사항 등에 대해 조사하여 그들이 피해자 공소외 2, 공소외 3이라는 사실을 알게 되고, **추가 수사를 통해 피고인이 2013. 12.경 피해자 공소외 2, 공소외 3이 술에 취해 잠든 사이 성기를 만지고 위 동영상을 촬영한 범행(이하 '2013년 범행'이라 한다)을 저지른 사실을 인지하였다.**

마) 그 후 경찰은 압수·수색영장을 발부받아 2013년 범행 영상의 전자정보를 복제한 시디를

증거물로 압수하였다.

2) 위와 같은 사실관계를 앞서 본 법리에 비추어 살펴보면, 피해자 공소외 1은 경찰에 피고인의 휴대전화를 증거물로 제출할 당시 그 안에 수록된 전자정보의 제출 범위를 명확히 밝히지 않았고, 담당 경찰관들도 제출자로부터 그에 관한 확인절차를 거치지 않은 이상 위 휴대전화에 담긴 전자정보의 제출 범위에 관한 제출자의 의사가 명확하지 않거나 이를 알 수 없는 경우에 해당한다. 따라서 위 휴대전화에 담긴 전자정보 중 임의제출을 통해 적법하게 압수된 범위는 임의제출 및 압수의 동기가 된 피고인의 2014년 범행 자체와 구체적·개별적 연관관계가 있는 전자정보로 제한적으로 해석하는 것이 타당하다. 이에 비추어 볼 때 범죄발생 시점 사이에 상당한 간격이 있고 피해자 및 범행에 이용한 휴대전화도 전혀 다른 피고인의 2013년 범행에 관한 동영상은 앞서 살펴본 간접증거와 정황증거를 포함하는 구체적·개별적 연관관계 있는 관련 증거의 법리에 의하더라도 임의제출에 따른 압수의 동기가 된 범죄혐의사실(2014년 범행)과 구체적·개별적 연관관계 있는 전자정보로 보기 어려우므로 수사기관이 사전영장 없이 이를 취득한 이상 증거능력이 없고, 사후에 압수·수색영장을 받아 압수절차가 진행되었더라도 달리 볼 수 없다.

대법원 2023. 6. 1. 선고 2020도2550 판결 「피고인이 이 사건 동영상을 임의제출할 당시에는 제출 범위를 명확히 밝히지 않았으므로, 임의제출에 따른 압수의 동기가 된 범죄혐의사실과 관련되고 이를 증명할 수 있는 최소한의 가치가 있는 전자정보에 한하여 압수의 대상이 된다. 그런데 이 사건 동영상은 2018. 9. 21.부터 2019. 1. 13.까지 촬영된 것으로 피해자 공소외 2에 대한 불법촬영 범행일시인 2018. 12. 26.과 시간적으로 근접하고, 카메라의 기능과 정보저장매체의 기능을 함께 갖춘 이 사건 휴대전화기로 자신과 성관계를 맺은 피해 여성들의 음부를 촬영하였다는 점에서 이 사건 임의제출에 따른 압수의 동기가 된 범죄혐의사실과 범행 장소, 수단, 방법 등이 유사하다. 따라서 피해자 공소외 2에 대한 범행은 범죄의 속성상 상습성이 의심되거나 성적 기호 내지 경향성의 발현에 따른 일련의 행위의 일환으로 이루어진 것으로 의심할 여지가 많아 이 사건 동영상은 범행 동기와 경위, 범행 수단과 방법, 범행 시간과 장소 등을 증명하기 위한 간접증거나 정황증거 등으로 사용될 수 있는 관계에 있다고 볼 수 있다. 결국 이 사건 동영상은 임의제출에 따른 압수의 동기가 된 범죄혐의사실인 피해자 공소외 2에 대한 불법촬영 범행과 구체적·개별적 연관관계가 있는 전자정보로서 관련성이 인정된다.」

〈피의자에게 참여권이 보장되어야 하는 '피의자의 소유·관리에 속하는 정보저장매체'〉

대법원 2022. 1. 27. 선고 2021도11170 판결 〈표준〉

정보저장매체를 임의제출한 피압수자에 더하여 임의제출자 아닌 피의자에게도 참여권이 보장되어야 하는 '피의자의 소유·관리에 속하는 정보저장매체'라 함은, 피의자가 압수·수색 당시 또는 이와 시간적으로 근접한 시기까지 해당 정보저장매체를 현실적으로 지배·관리하면서 그 정보저장매체 내 전자정보 전반에 관한 전속적인 관리처분권을 보유·행사하고, 달리 이를 자신의 의사에 따라 제3자에게 양도하거나 포기하지 아니한 경우로써, 피의자를 그 정보저장매체에 저장된 전자정보에 대하여 실질적인 피압수자로 평가할 수 있는 경우를 말하는 것이다. 이에 해당하는지 여부는 민사법상 권리의 귀속에 따른 법률적·사후적 판단이 아니라 압수·수색 당시 외형적·객관적으로 인식 가능한 사실상의 상태를 기준으로 판단하여야 한다. 이러한 정보저장매체의 외형적·객관적 지배·관리 등 상태와 별도로 단지 피의자나 그 밖의 제3자가 과거 그 정보저장매체의 이용 내지 개별 전자정보의 생성·이용 등에 관여한 사실이 있다거나 그 과정에서 생성된 전자정보에 의해 식별되는 정보주체에 해당한다는 사정만으로 그들을 실질적으로 압수·수색을 받는 당사자로 취급하여야 하는 것은 아니다. …

다) 판단

(1) 이 사건 각 PC의 임의제출

앞서 본 법리에 비추어 위 인정 사실을 살펴보면, 이 사건 각 PC는 2019. 9. 10. 당시 특정인이 이를 특정 용도로 전속적으로 사용하고 있던 것이 아니라, ○○대 관계자가 ○○대에서 공용PC로 사용하거나 기타 방법으로 임의처리할 것을 전제로 3년 가까이 강사휴게실 내에 보관하면서 ○○대 ☆☆학부 조교가 이 사건 각 PC에 대한 보관·관리 업무를 수행하고 있던 것으로, 당시 위 보관·관리 업무의 담당자인 조교 공소외 2와 ○○대 물품 관리를 총괄하는 행정지원처장 공소외 4가 ○○대 측의 입장을 반영한 임의적인 의사에 따라 이 사건 각 PC를 검찰에 제출한 것이라고 인정된다. …

(3) 이 사건 각 PC에 저장된 전자정보에 대한 탐색 및 추출 등 과정에서의 참여권 보장

(가) 앞서 본 법리에 비추어 보면, 원심이 정보저장매체 및 저장된 전자정보를 임의제출받아 압수하는 경우에는 그 전자정보 탐색 등의 과정에서 원칙적으로 피압수자 측이나 피의자 측에게 참여권을 인정할 여지가 없다는 취지로 설시한 것은 잘못이다.

이 사건 각 PC는 피고인에 대한 범죄혐의사실과 관련된 전자정보와 그렇지 않은 전자정보가 혼재된 정보저장매체로서, 검찰이 이를 공소외 2, 공소외 4로부터 임의제출받아 압수한 후 대검찰청 국가디지털포렌식센터로 옮겨 거기에 저장된 전자정보를 탐색하고 추출하는 등의 과정에서 원칙적으로 피압수자인 ○○대 측에 참여의 기회를 보장하여야 하기 때문이다.

(나) 그런데 위 인정 사실에서 살펴본 바와 같이 이 사건 각 PC에서 범죄혐의사실과 관련된 전자정보를 탐색하고 추출하는 일련의 경과에 비추어 검찰이 피압수자 측인 공소외 2, 공소외 4에게 참여 의사를 확인하고 기회를 부여하였으나 피압수자 측이 이를 포기하였다고 인정되므로, 이 사건 각 PC에서 추출된 전자정보의 압수·수색절차에 피압수자 측의 참여권을 보장하지 아니한 하자가 있다고 할 수는 없다.

나아가 압수·수색 대상인 정보저장매체 내 전자정보의 왜곡이나 혐의사실과 무관한 전자정보의 임의적인 복제 등을 막기 위한 적절한 조치의 일환으로 피압수자 측에 절차 참여를 보장한 취지(대법원 2011. 5. 26. 자 2009모1190 결정, 대법원 2015. 7. 16. 자 2011모1839 전원합의체 결정 등 참조)에 비추어 이 사건 압수·수색의 전체 과정을 살펴볼 때, 공소외 2에게 이 사건 각 PC의 임의제출에 따른 압수 당시 범죄혐의사실에 대한 상세한 고지 등의 추가적 조치가 이루어지지 않았다는 등 피고인이 주장하는 사유만으로는 피압수자 측에 절차 참여를 보장한 취지가 실질적으로 침해되었다고 볼 수도 없다.

(다) 또한 앞서 본 법리를 토대로 위 인정 사실을 살펴보면, 이 사건 각 PC의 임의제출에 따른 압수·수색 당시 외형적·객관적으로 인식 가능한 사실상의 상태를 기준으로 볼 때, 이 사건 각 PC나 거기에 저장된 전자정보가 피고인의 소유·관리에 속한 경우에 해당한다고 인정되지 않는다. 오히려 ○○대 측이 이 사건 각 PC를 2016. 12.경 이후 3년 가까이 강사휴게실 내에 보관하면서 현실적으로 지배·관리하는 한편, 이를 공용PC로 사용하거나 임의처리 등의 조치를 할 수 있었던 것으로 보이는 등의 객관적인 사정에 비추어 이 사건 각 PC에 저장된 전자정보 전반에 관하여 당시 ○○대 측이 포괄적인 관리처분권을 사실상 보유·행사하고 있는 상태에 있었다고 인정된다.

피고인이 2016. 12.경 이전에 이 사건 각 PC를 피고인의 주거지 등으로 가져가 전속적으로 이용한 바 있다거나, 2016. 12.경 이후 이 사건 각 PC가 보관된 장소인 강사휴게실이 피고인의 교수연구실 주변에 있었다는 점 등 피고인이 주장하는 모든 사정들을 고려해 보더라도, 피고인의 이 사건 각 PC에 대한 현실적 지배·관리 상태와 이에 저장된 전자정보 전반에 관한 관리처분권이 이 사건 압수·수색 당시까지 유지되고 있었다고 볼 수 없으므로, 피고인을 이 사건 압수·수색에 관하여 실질적인 피압수자로 평가할 수 있는 경우에 해당하지 아니한다.

따라서 이 사건 각 PC에 저장된 전자정보의 압수·수색은 위 대법원 2016도348 전원합의체 판결이 설시한 법리에 따르더라도 피의자에게 참여권을 보장하여야 하는 경우에는 해당하지 아니한다.

(라) 한편 피고인은 이 사건 각 PC에 저장된 전자정보의 압수·수색 과정에서 피고인 측을 전자정보의 '정보주체'라고 하면서 이를 근거로 피고인 측에게 참여권이 보장되었어야 한다는 취지의 주장도 한다. 앞서 본 바와 같이, 피의자의 관여 없이 임의제출된 정보저장매체 내의 전자정보 탐색 등 과정에서 피의자가 참여권을 주장하기 위해서는 정보저장매체에 대한 현실적인 지배·관리 상태와 그 내부 전자정보 전반에 관한 전속적인 관리처분권의 보유가 전제되어야 한다. 따라서 이러한 지배·관리 등의 상태와 무관하게 개별 전자정보의 생성·이용 등에 관여한 자들 혹은 그 과정에서 생성된 전자정보에 의해 식별되는 사람으로서 그 정보의 주체가 되는 사람들에게까지 모두 참여권을 인정하는 취지가 아니므로, 위 주장은 받아들이기 어렵다.

(마) 결국 이 사건 각 PC에 저장된 전자정보에 대한 탐색 및 추출 등 과정에서 피압수자 측에게는 참여권이 보장되었고, 이에 더하여 피고인 측의 참여권까지 보장되어야 하는 경우에는 해당하지 아니하므로, 원심판단의 이 부분 잘못 역시 판결 결과에 영향이 없다.

〈'실질적 피압수자인 피의자'에 대한 참여권의 보장〉

대법원 2022. 5. 31.자 2016모587 결정

가. 서울중앙지방법원 판사는 2014. 5. 24. 검사의 청구에 따라 준항고인을 피의자로 한 압수·수색영장(이하 '이 사건 압수·수색영장'이라 한다)을 발부하였다. 서울중앙지방법원 판사는 이 사건 압수·수색영장의 '압수할 물건'으로 '1) 준항고인 명의로 개통된 휴대전화 단말기, 2) 준항고인의 휴대전화의 카카오톡과 관련된 준항고인의 카카오톡 아이디 및 대화명, 준항고인과 대화를 하였던 상대방 카카오톡 아이디의 계정정보, 대상기간(2014. 5. 12.부터 2014. 5. 21.까지) 동안 준항고인과 대화한 카카오톡 사용자들과 주고받은 대화내용 및 사진 정보, 동영상 정보 일체'라 기재하였고, '수색·검증할 장소, 신체 또는 물건'으로 '1) 준항고인의 신체(영장집행 시 제출을 거부할 경우에 한함), 휴대전화를 보관, 소지하고 있을 것으로 판단되

는 가방, 의류, 2) 주식회사 카카오(이하 '카카오'라 한다) 본사 또는 압수할 물건을 보관하고 있는 데이터센터'로 기재하였으며, '범죄사실의 요지'로 준항고인의「집회 및 시위에 관한 법률」위반(주최자 준수사항 위반) 등 혐의사실을 적시하였고, 압수대상 및 방법의 제한을 별지로 첨부하였다.

나. 수사기관은 2014. 5. 26. 11:55경 카카오를 상대로 이 사건 압수·수색영장에 기하여 피의자인 준항고인의 카카오톡 대화내용 등이 포함된 위 '압수할 물건'에 대한 압수·수색(이하 '이 사건 압수·수색'이라 한다)을 실시하였다.

다. 수사기관은 이 사건 압수·수색영장을 집행할 때 처분의 상대방인 카카오에 영장을 팩스로 송부하였을 뿐 영장 원본을 제시하지는 않았다.

라. 카카오 담당자는 2014. 5. 26. 수사기관의 이 사건 압수·수색영장 집행에 응하여 준항고인의 카카오톡 대화내용이 저장되어 있는 서버에서 2014. 5. 20. 00:00부터 2014. 5. 21. 23:59까지 준항고인의 대화내용(이하 '이 사건 전자정보'라 한다)을 모두 추출하여 수사기관에 이메일로 전달하였다. 카카오 담당자는 이 사건 전자정보 중에서 압수·수색영장의 범죄사실과 관련된 정보만을 분리하여 추출할 수 없었으므로 위 기간의 모든 대화내용을 수사기관에 전달하였는데, 이 사건 전자정보에는 준항고인이 자신의 부모, 친구 등과 나눈 일상적 대화 등 혐의사실과 관련 없는 내용이 포함되어 있다.

마. 수사기관은 이 사건 압수·수색 과정에서 준항고인에게 미리 집행의 일시와 장소를 통지하지 않았고, 결과적으로 준항고인이 2014. 5. 26. 자 이 사건 압수·수색 과정에 참여하지 못하였다. 그리고 수사기관은 카카오로부터 이 사건 전자정보를 취득한 뒤 전자정보를 탐색·출력하는 과정에서도 준항고인에게 참여 기회를 부여하지 않았으며, 혐의사실과 관련된 부분을 선별하지 않고 그 일체를 출력하여 증거물로 압수하였다.

바. 수사기관은 이 사건 압수·수색영장의 집행 이후 카카오와 준항고인에게 압수한 전자정보 목록을 교부하지 않았다.

2. 원심의 판단

원심은, 판시 사실을 인정한 후 이 사건 압수·수색은 형사소송법 제122조 단서의 '급속을 요하는 때'에 해당하지 않으므로, 수사기관이 피의자인 준항고인 등에게 이 사건 압수·수색의 집행일시·장소를 통지하지 않아 준항고인 등의 참여권을 보장하지 않은 행위는 위법하고, 판시 사정을 고려하면 이 사건 압수·수색영장 원본 제시, 압수물 목록 교부, 피의사실과의 관련성 등 준항고인의 나머지 주장에 관하여 나아가 살펴볼 필요 없이 이 사건 압수·수색은 취소를 면할 수 없다고 판단하였다.

3. 대법원의 판단

원심이 인터넷서비스업체인 카카오 본사 서버에 보관된 이 사건 전자정보에 대한 이 사건 압수·수색영장의 집행에 의하여 전자정보를 취득하는 것이 참여권자에게 통지하지 않을 수 있는 형사소송법 제122조 단서의 '급속을 요하는 때'에 해당하지 않는다고 판단한 것은 잘못이나, 그 과정에서 압수·수색영장의 원본을 제시하지 않은 위법, 수사기관이 카카오로부터 입수한 전자정보에서 범죄 혐의사실과 관련된 부분의 선별 없이 그 일체를 출력하여 증거물로 압수한 위법, 그 과정에서 서비스이용자로서 실질적 피압수자이자 피의자인 준항고인에게 참여권을 보장하지 않은 위법과 압수한 전자정보 목록을 교부하지 않은 위법을 종합하면, 이 사건 압수·수색에서 나타난 위법이 압수·수색절차 전체를 위법하게 할 정도로 중대하다는 원심의 결론을 수긍할 수 있다.

대법원 2023. 9. 18. 선고 2022도7453 전원합의체 판결 [대법관 민유숙, 대법관 이흥구, 대법관 오경미의 반대의견]

(가) 다수의견은 참여권을 보장받는 주체인 '실질적 피압수자'를 압수·수색의 원인이 된 범죄혐의사실의 피의자를 중심으로 협소하게 파악하는 것으로서 선례의 취지와 방향에 부합하지 않는다. 또 다수의견에 의하면 현대사회의 개인과 기업에게 갈수록 중요한 의미를 갖는 전자정보에 관한 수사기관의 강제처분에서 적법절차와 영장주의를 구현해야 하는 헌법적 요청을 외면함으로써 실질적 피압수자인 전자정보 관리처분권자의 사생활의 비밀과 자유 등에 관한 기본권이 침해되는 반헌법적 결과를 용인하게 된다.

(나) 대법원 2021. 11. 18. 선고 2016도348 전원합의체 판결 및 대법원 2022. 1. 27. 선고 2021도11170 판결 등에서 대법원은 전자정보의 압수·수색에서 참여권이 보장되는 주체인 실질적 피압수자는 해당 정보저장매체를 현실적으로 지배·관리하면서 그 정보저장매체 내 전자정보 전반에 관한 전속적인 관리처분권을 보유·행사하는 자로서 그에 대한 실질적인 압수·수색의 당사자로 평가할 수 있는 사람이라고 하였다. 이러한 선례의 법리와 취지에 따르면, 강제처분의 직접 당사자이자 형식적 피압수자인 정보저장매체의 현실적 소지·보관자 외에 소유·관리자가 별도로 존재하고, 강제처분에 의하여 그의 전자정보에 대한 사생활의 비밀과 자유, 정보에 대한 자기결정권, 재산권 등을 침해받을 우려가 있는 경우, 그 소유·관리자는 참여권의 보장 대상인 실질적 피압수자라고 보아야 한다. 이때 실질적 피압수자가 압수·수색의 원인이 된 범죄혐의사실의 피의자일 것을 요하는 것은 아니다.

따라서 증거은닉범이 본범으로부터 증거은닉을 교사받아 소지·보관하고 있던 본범 소유·관리의 정보저장매체를 피의자의 지위에서 수사기관에 임의제출하였고, 본범이 그 정보저장매체에 저장된 전자정보의 탐색·복제·출력 시 사생활의 비밀과 자유 등을 침해받지 않을 실질적인 이익을 갖는다고 평가될 수 있는 경우, 임의제출자이자 피의자인 증거은닉범과 함께 그러한 실질적 이익을 갖는 본범에게도 참여권이 보장되어야 한다.

2. 구체적 적용

가. 전자정보 압수수색의 방법

〈압수영장에 의한 '원격지 서버 저장 전자정보'의 특정〉

대법원 2022. 6. 30.자 2020모735 결정

헌법과 형사소송법이 구현하고자 하는 적법절차와 영장주의의 정신에 비추어 볼 때, 법관이 압수·수색영장을 발부하면서 '압수할 물건'을 특정하기 위하여 기재한 문언은 엄격하게 해석해야 하고, 함부로 피압수자 등에게 불리한 내용으로 확장해석 또는 유추해석을 하는 것은 허용될 수 없다(대법원 2009. 3. 12. 선고 2008도763 판결 참조).

압수할 전자정보가 저장된 저장매체로서 압수·수색영장에 기재된 수색장소에 있는 컴퓨터, 하드디스크, 휴대전화와 같은 컴퓨터 등 정보처리장치와 수색장소에 있지는 않으나 컴퓨터 등 정보처리장치와 정보통신망으로 연결된 원격지의 서버 등 저장매체(이하 '원격지 서버'라 한다)는 소재지, 관리자, 저장 공간의 용량 측면에서 서로 구별된다. 원격지 서버에 저장된 전자정보를 압수·수색하기 위해서는 컴퓨터 등 정보처리장치를 이용하여 정보통신망을 통해 원격지 서버에 접속하고 그곳에 저장되어 있는 전자정보를 컴퓨터 등 정보처리장치로 내려 받거나 화면에 현출시키는 절차가 필요하므로, 컴퓨터 등 정보처리장치 자체에 저장된 전자정보와 비교하여 압수·수색의 방식에 차이가 있다. 원격지 서버에 저장되어 있는 전자정보와 컴퓨터 등 정보처리장치에 저장되어 있는 전자정보는 그 내용이나 질이 다르므로 압수·수색으로 얻을 수 있는 전자정보의 범위와 그로 인한 기본권 침해 정도도 다르다.

따라서 수사기관이 압수·수색영장에 적힌 '수색할 장소'에 있는 컴퓨터 등 정보처리장치에 저장된 전자정보 외에 원격지 서버에 저장된 전자정보를 압수·수색하기 위해서는 압수·수색영장에 적힌 '압수할 물건'에 별도로 원격지 서버 저장 전자정보가 특정되어 있어야 한다. 압수·수색영장에 적힌 '압수할 물건'에 컴퓨터 등 정보처리장치 저장 전자정보만 기재되어 있다면 컴퓨터 등 정보처리장치를 이용하여 원격지 서버 저장 전자정보를 압수할 수는 없다. …

가. 제1차 압수·수색영장에 적힌 '압수할 물건'에는 하드디스크 저장 전자정보(일부 기각 부분 제외)가 포함되어 있는 반면, 클라우드 저장 전자정보는 제외되어 있다. 제1차 압수·수색영장에 적힌 '압수할 물건'에 클라우드 저장 전자정보가 기재되어 있지 않은 이상 제1차 압수·수색영장에 적힌 '압수할 물건'은 서울 본사 인사 담당 부서나 피의자 공소외 1, 공소외 2, 공소외 6, 공소외 5, 공소외 7의 근무 자리나 차량에 있는 하드디스크 저장 전자정보(일부 기각 부분 제외)에 한정된다.

나. 법원이 제1차 압수·수색영장을 발부하면서 검찰이 청구한 클라우드 저장 전자정보 부분을 기각하였음이 명백하므로 클라우드에 대한 수색도 허용되지 않는다.

다. 따라서 재항고인은 제1차 압수·수색영장을 집행하면서 클라우드에 해당하는 VDI 서버를 수색하여서는 안 된다. 더욱이 재항고인은 준항고인의 직원들로부터 VDI에 대한 설명을 들어 팀룸 폴더가 VDI 서버에 존재한다는 것을 충분히 알았을 것이다. 그런데도 재항고인은 VDI에 접속된 업무용 컴퓨터를 통해 가상 데스크톱의 팀룸 폴더에서 파일을 탐색하여 내용을 확인하고 보존조치를 하였다. 결국 이 사건 수색 등 처분은 영장에서 허용한 수색의 범위를 넘어선 것으로 적법절차와 영장주의 원칙에 반하여 위법하다.

라. 나아가 재항고인은 이 사건 수색 등 처분으로 알게 된 이메일 내용 등을 추가로 압수·수색할 필요를 인정할 수 있는 자료로 삼아 제2차 압수·수색영장을 발부받은 다음 가상 데스크톱의 팀룸 폴더를 압수·수색하여 이 사건 압수 처분을 하였다. 이는 위법한 이 사건 수색 등 처분에 따라 알게 된 사정을 토대로 한 것으로 위법하고, 이 사건 압수 처분이 적법하다는 전제에서 한 이 사건 거부 처분 역시 위법하다.

대법원 2021. 7. 29. 선고 2020도14654 판결 「피의자가 휴대전화를 임의제출하면서 휴대전화에 저장된 전자정보가 아닌 클라우드 등 제3자가 관리하는 원격지에 저장되어 있는 전자정보를 수사기관에 제출한다는 의사로 수사기관에게 클라우드 등에 접속하기 위한 아이디와 비밀번호를 임의로 제공하였다면 위 클라우드 등에 저장된 전자정보를 임의제출하는 것으로 볼 수 있다.」

〈선별압수 후 무관정보를 삭제·폐기·반환하지 않고 그대로 보관한 경우 : 위법〉

대법원 2022. 1. 14.자 2021모1586 결정

법원은 압수·수색영장의 집행에 관하여 범죄 혐의사실과 관련 있는 전자정보의 탐색·복제·

출력이 완료된 때에는 지체 없이 영장 기재 범죄 혐의사실과 관련이 없는 나머지 전자정보에 대해 삭제·폐기 또는 피압수자 등에게 반환할 것을 정할 수 있다. 수사기관이 범죄 혐의사실과 관련 있는 정보를 선별하여 압수한 후에도 그와 관련이 없는 나머지 정보를 삭제·폐기·반환하지 아니한 채 그대로 보관하고 있다면 범죄 혐의사실과 관련이 없는 부분에 대하여는 압수의 대상이 되는 전자정보의 범위를 넘어서는 전자정보를 영장 없이 압수·수색하여 취득한 것이어서 위법하고, 사후에 법원으로부터 압수·수색영장이 발부되었다거나 피고인이나 변호인이 이를 증거로 함에 동의하였다고 하여 그 위법성이 치유된다고 볼 수 없다. 수사기관이 압수·수색영장에 기재된 범죄 혐의사실과의 관련성에 대한 구분 없이 임의로 전체의 전자정보를 복제·출력하여 이를 보관하여 두고, 그와 같이 선별되지 않은 전자정보에 대해 구체적인 개별 파일 명세를 특정하여 상세목록을 작성하지 않고 '….zip'과 같이 그 내용을 파악할 수 없도록 되어 있는 포괄적인 압축파일만을 기재한 후 이를 전자정보 상세목록이라고 하면서 피압수자 등에게 교부함으로써 범죄 혐의사실과 관련성 없는 정보에 대한 삭제·폐기·반환 등의 조치도 취하지 아니하였다면, 이는 결국 수사기관이 압수·수색영장에 기재된 범죄 혐의사실과 관련된 정보 외에 범죄 혐의사실과 관련이 없어 압수의 대상이 아닌 정보까지 영장 없이 취득하는 것일 뿐만 아니라, 범죄혐의와 관련 있는 압수 정보에 대한 상세목록 작성·교부의무와 범죄혐의와 관련 없는 정보에 대한 삭제·폐기·반환의무를 사실상 형해화하는 결과가 되는 것이어서 영장주의와 적법절차의 원칙을 중대하게 위반한 것으로 봄이 상당하다(만약 수사기관이 혐의사실과 관련 있는 정보만을 선별하였으나 기술적인 문제로 정보 전체를 1개의 파일 등으로 복제하여 저장할 수밖에 없다고 하더라도 적어도 압수목록이나 전자정보 상세목록에 압수의 대상이 되는 전자정보 부분을 구체적으로 특정하고, 위와 같이 파일 전체를 보관할 수밖에 없는 사정을 부기하는 등의 방법을 취할 수 있을 것으로 보인다). 따라서 이와 같은 경우에는 영장 기재 범죄 혐의사실과의 관련성 유무와 상관없이 수사기관이 임의로 전자정보를 복제·출력하여 취득한 정보 전체에 대해 그 압수는 위법한 것으로 취소되어야 한다고 봄이 상당하고, 사후에 법원으로부터 그와 같이 수사기관이 취득하여 보관하고 있는 전자정보 자체에 대해 다시 압수·수색영장이 발부되었다고 하여 달리 볼 수 없다.

2) 위와 같은 법리에 비추어 살펴보면, 수사기관이 제1 압수·수색영장을 집행하면서 기술적인 문제를 이유로 혐의사실 관련성에 대한 구분 없이 임의로 이 사건 휴대전화 내의 전자정보 전부를 1개의 압축파일인 이 사건 파일로 생성·복제하고, 이후 이 사건 파일에서 혐의사실과 관련된 전자정보만을 탐색·선별하여 출력 또는 복제하는 절차를 밟지 아니한 채 이 사

건 파일 1개 그대로에 대해 압수조서를 작성하고, 그 1개의 파일만을 기재한 것을 상세목록이라는 이름으로 준항고인에게 교부하였으며, 범죄혐의와 관련 없는 정보를 삭제·폐기·반환하는 등의 조치 역시 취하지 아니하고 오히려 이 사건 파일을 경찰청 내의 저장매체에 복제된 상태 그대로 보관하여 둔 이상, 결국 수사기관은 영장주의와 적법절차의 원칙, 제1 압수·수색영장에 기재된 압수의 대상과 방법의 제한을 중대하게 위반하여 이 사건 파일을 압수·취득한 것이므로, 결국 이 사건 파일 전체에 대한 압수는 취소되어야 한다고 봄이 상당하다.

나. 피의사실과의 관련성

〈피의사실과의 관련성이 인정된 경우〉

대법원 2020. 2. 13. 선고 2019도14341, 2019전도130 판결

1) 형사소송법 제215조 제1항은 "검사는 범죄수사에 필요한 때에는 피의자가 죄를 범하였다고 의심할 만한 정황이 있고 해당 사건과 관계가 있다고 인정할 수 있는 것에 한정하여 지방법원판사에게 청구하여 발부받은 영장에 의하여 압수, 수색 또는 검증을 할 수 있다."라고 정하고 있다. 따라서 영장 발부의 사유로 된 범죄 혐의사실과 무관한 별개의 증거를 압수하였을 경우 이는 원칙적으로 유죄 인정의 증거로 사용할 수 없다. 그러나 압수·수색의 목적이 된 범죄나 이와 관련된 범죄의 경우에는 그 압수·수색의 결과를 유죄의 증거로 사용할 수 있다. 압수·수색영장의 범죄 혐의사실과 관계있는 범죄라는 것은 압수·수색영장에 기재한 혐의사실과 객관적 관련성이 있고 압수·수색영장 대상자와 피의자 사이에 인적 관련성이 있는 범죄를 의미한다. 그중 혐의사실과의 객관적 관련성은 압수·수색영장에 기재된 혐의사실 자체 또는 그와 기본적 사실관계가 동일한 범행과 직접 관련되어 있는 경우는 물론 범행 동기와 경위, 범행 수단과 방법, 범행 시간과 장소 등을 증명하기 위한 간접증거나 정황증거 등으로 사용될 수 있는 경우에도 인정될 수 있다. 이러한 객관적 관련성은 압수·수색영장에 기재된 혐의사실의 내용과 수사의 대상, 수사 경위 등을 종합하여 구체적·개별적 연관관계가 있는 경우에만 인정된다고 보아야 하고, 혐의사실과 단순히 동종 또는 유사 범행이라는 사유만으로 객관적 관련성이 있다고 할 것은 아니다(대법원 2017. 1. 25. 선고 2016도13489 판결, 대법원 2017. 12. 5. 선고 2017도13458 판결 등 참조).

2) 원심판결 이유와 적법하게 채택된 증거에 의하면 다음과 같은 사정을 알 수 있다.

가) 피고인 겸 피부착명령청구자(이하 '피고인'이라고 한다)의 **휴대전화는 피고인이 긴급체포되는 현장에서 적법하게 압수되었고, 형사소송법 제217조 제2항에 의해 발부된 법원의 사후 압수·수색·검증영장**(이하 '이 사건 압수·수색영장'이라고 한다)에 **기하여 이러한 압수 상태는 계속 유지될 수 있었다. 또한 수사기관이 위 휴대전화에서 이 사건 추가 자료들을 확보할 당시 피고인에게 참여권이 보장되었으나 피고인은 스스로 그 절차에 참여하지 않겠다는 의사를 표시하였다.**

나) 이 사건 압수·수색영장에는 범죄사실란에 피해자 공소외 1에 대한 간음유인미수 및 통신매체이용음란의 점만이 명시되었으나, **법원은 위 영장에서 계속 압수·수색·검증이 필요한 사유로서 영장 범죄사실에 관한 혐의의 상당성 외에도 추가 여죄수사의 필요성을 포함시켰다.**

다) 이 사건 압수·수색영장에 기재된 혐의사실은 미성년자인 공소외 1에 대하여 간음행위를 하기 위한 중간 과정 내지 그 수단으로 평가되는 행위에 관한 것이고 나아가 피고인은 형법 제305조의2 등에 따라 상습범으로 처벌될 가능성이 완전히 배제되지 아니한 상태였으므로, 이 사건 추가 자료들로 밝혀지게 된 공소외 2, 공소외 3(가명), 공소외 4에 대한 범행은 이 사건 압수·수색영장에 기재된 혐의사실과 기본적 사실관계가 동일한 범행에 직접 관련되어 있는 경우라고 볼 수 있다. 실제로 2017. 12.경부터 2018. 4.경까지 사이에 저질러진 위 추가 범행들은, **이 사건 압수·수색영장에 기재된 혐의사실의 일시인 2018. 5. 7.과 시간적으로 근접한 것일 뿐만 아니라, 피고인이 자신의 성적 욕망을 해소하기 위하여 미성년자인 피해자들을 대상으로 저지른 일련의 성범죄로서 범행 동기, 범행 대상, 범행의 수단과 방법이 공통된다**는 점에서 그러하다.

라) 이 사건 추가 자료들은 이 사건 압수·수색영장의 범죄사실 중 간음유인죄의 '간음할 목적'이나 성폭력범죄의 처벌 등에 관한 특례법 위반(통신매체이용음란)죄의 '자기 또는 다른 사람의 성적 욕망을 유발하거나 만족시킬 목적'을 뒷받침하는 간접증거로도 사용될 수 있었다. 나아가 이 사건 추가 자료들은 피고인이 위 영장 범죄사실과 같은 범행을 저지른 수법 및 준비과정, 계획 등에 관한 정황증거에 해당할 뿐 아니라, 영장 범죄사실 자체에 대하여 피고인이 하는 진술의 신빙성을 판단할 수 있는 자료로도 사용될 수 있었다.

3) 앞서 본 법리와 위와 같은 사정들을 종합하면, 이 사건 추가 자료들로 인하여 밝혀진 피고인의 공소외 2, 공소외 3(가명), 공소외 4에 대한 범행은 이 사건 압수·수색영장의 범죄사실과 단순히 동종 또는 유사 범행인 것을 넘어서서, 이와 구체적·개별적 연관관계가 있는

경우로서 객관적·인적 관련성을 모두 갖추었다고 봄이 타당하다.

다. 참여권의 보장 및 압수목록의 교부

〈참여권을 보장하지 않아 위법한 경우〉

대법원 2017. 11. 14. 선고 2017도3449 판결

① 검사는 2014. 9. 25. 1차 압수영장에 기하여 이 사건 포럼 사무실에 있던 컴퓨터 4대와 USB 2개에 저장된 파일 합계 8,628개(디렉토리 포함)를 '이미징'의 형태로 추출해 휴대용 저장매체에 복제하는 방식으로 압수하였다. 이때 컴퓨터 등 저장매체에 담긴 파일 가운데 영장의 범죄 혐의사실과 관련된 파일만을 범위를 정하여 복제하는 방식으로 압수하지는 않았다. ② 같은 날 검사는 위 복제본을 검찰 사무실로 옮겨와 전자정보를 탐색하였고 그 과정에서 그것이 1차 압수영장의 혐의사실과 무관한 전자정보(이하 '무관정보'라 한다)임을 확인하였다. ③ 검사는 위 탐색 과정에서 피압수자인 피고인 2 등에게 참여할 기회를 주지 않았고, 무관정보임을 확인한 후에도 탐색을 중단하지 않았다. ④ 검사는 위 파일에 관하여 2014. 10. 2.자로 다시 압수·수색영장(이하 '2차 압수영장'이라 한다)을 발부받아 2014. 10. 8. 같은 이미징 방법으로 압수를 하였는데, 그 무렵까지 무관정보로 확인한 혐의사실에 관하여 수사를 계속하였다. ⑤ 검사는 2차 압수영장으로 압수한 전자정보가 담긴 복제본을 검찰 사무실에서 탐색·복제·출력하면서 피압수자인 위 피고인 2 등에게 참여할 기회를 주지 않았다.

(다) 위와 같은 사실관계에 따르면, 2차 압수영장에 기한 압수·수색은 1차 압수영장으로 획득한 복제본에 담긴 전자파일을 다시 이미징 방법으로 복제한 휴대용 저장매체를 외부로 반출하는 방식으로 이루어졌다. 2차 압수영장으로 압수한 전자정보가 담긴 복제본을 탐색하여 혐의사실과 관련된 전자정보를 출력하거나 파일로 복제하는 일련의 과정은 전체적으로 2차 압수영장에 기한 압수·수색에 해당한다고 볼 수 있다. 그러나 검사는 복제본의 탐색 등의 과정에서 피압수자인 피고인 2 등에게 참여할 기회를 보장하지 않았으므로, 2차 압수영장에 기한 압수·수색은 적법절차를 위반하여 위법하다.

원심판결 이유에 따르면 1·2차 압수영장에 기하여 전자정보를 이미징 형태로 복제하는 과정에서 피고인 2가 참여하여 혐의사실과 직접 연관성이 없는 전자정보가 섞여 있을 수 있다는 것에 동의하였음을 알 수 있다. 그러나 이러한 사정만으로 피압수자 측에 절차 참여를 보장하였다고 볼 수 없다.

따라서 원심이 2차 압수·수색영장에 기하여 취득한 파일 등 전자정보가 위법하게 수집된 증거로서 증거능력이 없다고 판단한 것은 정당하다.

대법원 2022. 7. 28. 선고 2022도2960 판결

가. 수원지방법원 판사는 2021. 4. 2.경 피고인에 대하여 「성매매알선 등 행위의 처벌에 관한 법률」(이하 '성매매처벌법'이라 한다) 위반(성매매알선등) 혐의로 체포영장을 발부하면서, 피고인이 사용·보관 중인 휴대전화(성매매여성 등 정보가 보관되어 있는 저장장치 포함) 등에 대한 사전 압수·수색영장을 함께 발부하였다.

나. 경기남부지방경찰청 소속 경찰관은 2021. 4. 15. 13:25경 피고인을 체포하면서 피고인 소유의 휴대전화(이하 '이 사건 휴대전화'라 한다)를 압수하였다. 피고인은 당일 21:36분경 입감되었다.

다. **경찰관은 2021. 4. 16. 09:00경 이 사건 휴대전화를 탐색하던 중 성매매영업 매출액 등이 기재된 엑셀파일**(이하 '이 사건 엑셀파일'이라 한다)**을 발견하였고, 이를 별도의 저장매체에 복제하여 출력한 후 이 사건 수사기록에 편철하였다.**

라. 그러나 **이 사건 휴대전화 탐색 당시까지도 피고인은 경찰서 유치장에 입감된 상태였던 것으로 보인다**(피고인에 대한 수사과정 확인서에 의하면 피고인은 당일 12:38경에야 수사장소에 도착하여 조사를 진행한 것으로 되어 있다).

마. **경찰관은 2021. 4. 17.경 이 사건 엑셀파일 등에 대하여 사후 압수·수색영장을 발부받았다. 그러나 이 사건 휴대전화 내 전자정보 탐색·복제·출력과 관련하여 사전에 그 일시·장소를 통지하거나 피고인에게 참여의 기회를 보장하거나, 압수한 전자정보 목록을 교부하거나 또는 피고인이 그 과정에 참여하지 아니할 의사를 가지고 있는지 여부를 확인할 수 있는 어떤 객관적인 자료도 존재하지 않는다.**

3. 판단

위와 같은 사실관계를 앞서 본 법리에 비추어 살펴보면, 압수된 이 사건 휴대전화에서 탐색된 이 사건 엑셀파일을 출력한 출력물 및 위 엑셀파일을 복사한 시디(검사는 이를 증거로 제출하였다)는 경찰이 피압수자인 피고인에게 참여의 기회를 부여하지 않은 상태에서 임의로 탐색·복제·출력한 전자정보로서, 피고인에게 압수한 전자정보 목록을 교부하거나 피고인이 그 과정에 참여하지 아니할 의사를 가지고 있는지 여부를 확인한 바가 없으므로, 이는 위법하게 수집된 증거로서 증거능력이 없고, 사후에 압수·수색영장을 발부받아 압수절차가 진행되었더라도 위법성이 치유되지 않는다.

<피의자의 국선변호인에 대한 참여권의 보장>

대법원 2020. 11. 26. 선고 2020도10729 판결

2. 가. 이 사건 쟁점 공소사실의 요지는 다음과 같다.

피고인은 2019년 이하 불상경 의정부시 (주소 생략)에 있는 '○○노래연습장'의 화장실에서 그곳 용변 칸 안에 있는 쓰레기통 바깥쪽에 테이프를 이용하여 비닐로 감싼 소형 카메라를 부착하고, 위 카메라에 연결된 보조배터리를 쓰레기통 안쪽에 부착한 다음 녹화 버튼을 누르는 방법으로, 위 화장실에서 용변을 보는 성명불상 여성의 엉덩이와 음부를 촬영한 것을 비롯하여 2013년경부터 2019년경까지 원심 판시 범죄일람표 순번 1 내지 296 기재와 같이 총 296회에 걸쳐 피해자들이 화장실에서 용변을 보는 모습을 촬영하였다. 이로써 피고인은 카메라나 그 밖에 이와 유사한 기능을 갖춘 기계장치를 이용하여 성적 욕망 또는 수치심을 유발할 수 있는 다른 사람의 신체를 그 의사에 반하여 촬영하였다.

나. 원심은 다음과 같은 이유로 이 부분 공소사실에 대하여 범죄사실의 증명이 없는 때에 해당한다고 보아, 이를 유죄로 인정한 제1심판결을 파기하고 무죄로 판단하였다.

1) 수사기관이 피고인의 국선변호인에게 미리 집행의 일시와 장소를 통지하지 않은 채 2019. 10. 30. 수사기관 사무실에서 저장매체를 탐색·복제·출력하는 방식으로 압수·수색영장을 집행하여 적법절차를 위반하였다.

2) 당시 피고인이 구속상태였던 점과 형사소송법 제219조, 제121조에서 정한 참여절차의 중요성을 고려하면, 위와 같은 적법절차 위반은 그 정도가 무겁다.

3) 따라서 위법한 압수·수색을 통해 수집된 동영상 캡처 출력물 등은 형사소송법 제308조의2에 따라 증거로 사용할 수 없고, 피고인의 자백 또한 위 증거들에 터 잡은 결과물이거나 이 부분 공소사실의 유일한 증거여서 형사소송법 제308조의2 또는 형사소송법 제310조에 따라 유죄의 증거로 사용할 수 없다.

3. 원심의 위와 같은 판단은 다음과 같은 이유에서 그대로 수긍하기 어렵다.

가. 원심판결 이유와 기록에 의하면, 다음과 같은 사실을 알 수 있다.

1) 경기의정부경찰서 소속 사법경찰관 공소외 1 경위는 2019. 10. 25. 09:00경 피고인의 주거지에서 의정부지방법원 판사가 발부한 2019. 10. 24.자 압수·수색·검증영장(이하 '이 사건 영장'이라 한다)에 기초하여 피고인 소유의 컴퓨터 본체 1대(이하 '이 사건 컴퓨터'라 한다), 갤럭시 노트8 휴대전화 1대(이하 '이 사건 휴대전화'라 한다)를 경찰서로 반출하는 방식으로 압수

하였다.

2) 당시 피고인은 이 사건 컴퓨터 및 휴대전화에 대한 각 원본반출확인서 중 '본인은 디지털 기기·저장매체 봉인 과정에 참여하여 봉인에 이상이 없음을 확인하였고, 봉인 해제, 복제본의 획득, 디지털기기·저장매체 또는 복제본에 대한 탐색·복제·출력 과정에 참여할 수 있음을 고지받았으며, 위 과정에 참여하지 않겠습니다'라고 기재된 부분에 자필로 'V' 표시를 하고 서명·무인을 하였다.

3) 그 직후 시행된 제1회 경찰 피의자신문에서, 피고인은 '4~5년 전부터 피시방, 노래방 등 화장실 쓰레기통에 인터넷으로 구매한 몰래카메라를 설치하여 여성의 음부 등을 촬영하였고, 그 영상을 이 사건 컴퓨터 하드디스크에 저장해 두었다'라고 진술하였다.

4) 경기의정부경찰서 소속 공소외 2 경장은 2019. 10. 25. 이 사건 컴퓨터의 하드디스크를 탐색하여 피고인이 몰래카메라로 촬영한 것으로 보이는 다수의 동영상 파일 등을 발견한 후 그 취지 등을 담은 수사보고를 작성하고, 거기에 동영상 파일이 저장된 폴더 화면을 촬영한 사진을 첨부하였다.

5) 한편 **검사는 2019. 10. 25. 피고인에 대한 구속영장을 청구하였고, 의정부지방법원 판사는 2019. 10. 26. 피고인의 국선변호인으로 공소외 3 변호사를 선정한 다음 피고인에 대한 구속 전 피의자 심문을 거쳐 구속영장을 발부하였다.**

6) 피고인은 2019. 10. 29. 제2회 경찰 피의자신문에서 '2011년경부터 2019년경까지 이 사건 쟁점 공소사실 기재 각 범행 장소를 포함하여 피시방, 병원, 노래방 등 총 여섯 곳의 화장실에 몰래카메라를 설치하여 타인의 신체를 촬영하였다'라고 진술하면서 연도별 범행 장소를 특정하였다.

7) **경기의정부경찰서 소속 공소외 1 경위, 공소외 4 경사, 공소외 2 경장은 2019. 10. 30. 그들의 사무실에서 이 사건 컴퓨터에 내장된 세 개의 하드디스크를 한 개씩 맡아 탐색한 후, 각자 자신이 찾은 불법 촬영 동영상의 재생장면**(각 동영상 파일별로 1개의 장면)**을 캡처하여 해당 동영상 파일 정보를 캡처한 이미지와 함께 출력하였다**(위 출력물을 모두 합하여 이하 '이 사건 출력물'이라 한다).

8) **그런데 수사기관은 피고인의 국선변호인에 대하여 위와 같은 이 사건 컴퓨터의 탐색·복제 및 이 사건 출력물의 생성절차에 관한 사전통지를 하지 않았고, 피고인이나 위 국선변호인이 위 절차에 참여하지도 않았다.**

나. 위와 같은 사실관계를 앞서 본 법리에 비추어 살펴보면, 설령 피고인이 수사기관에 이

사건 컴퓨터의 탐색·복제·출력 과정에 참여하지 않겠다는 의사를 표시하였다고 하더라도, 수사기관으로서는 2019. 10. 30. 수사기관 사무실에서 저장매체인 이 사건 컴퓨터를 탐색·복제·출력하기에 앞서 피고인의 국선변호인에게 그 집행의 일시와 장소를 통지하는 등으로 위 절차에 참여할 기회를 제공하였어야 함에도 그러지 않았다. 따라서 원심이 이 사건 영장을 집행한 수사기관이 압수절차를 위반하였다고 판단한 것은 정당하고, 원심의 위와 같은 판단에 논리와 경험의 법칙을 위반하여 자유심증주의의 한계를 벗어나거나 변호인의 참여권의 성질에 관한 법리를 오해한 위법이 없다.

〈통상의 압수절차 외에 피압수자에게 참여의 기회를 보장하지 않고 전자정보 압수목록을 작성·교부하지 않았더라도 증거의 증거능력이 인정될 수 있는 경우〉

대법원 2021. 11. 25. 선고 2019도7342 판결

수사기관이 임의제출받은 정보저장매체가 그 기능과 속성상 임의제출에 따른 적법한 압수의 대상이 되는 전자정보와 그렇지 않은 전자정보가 혼재될 여지가 거의 없어 사실상 대부분 압수의 대상이 되는 전자정보만이 저장되어 있는 경우에는 소지·보관자의 임의제출에 따른 통상의 압수절차 외에 피압수자에게 참여의 기회를 보장하지 않고 전자정보 압수목록을 작성·교부하지 않았다는 점만으로 곧바로 증거능력을 부정할 것은 아니다.

나. 인정 사실

원심판결 이유 및 적법하게 채택한 증거에 의하면, 다음의 사실을 알 수 있다.

1) 이 사건 모텔(호실 2 생략)에 투숙한 공소외 3, 공소외 4는 2018. 9. 22. 13:28경 경찰에 위장형 카메라로 추정되는 물체를 발견했다는 신고를 하였다.

2) 경찰은 이 사건 모텔을 수색하여, 2018. 9. 22. 18:35경 이 사건 모텔의 8개 호실에서 각 1개씩, 총 8개의 위장형 카메라(메모리카드 포함)를 발견하여 영장 없이 압수하고, 압수조서 (임의제출) 및 압수목록을 작성하였다. 압수조서(임의제출)에는 모텔 업주인 공소외 1로부터 임의제출받은 것으로 기재되어 있다. 압수조서(임의제출)에 첨부된 압수목록에는 이 사건 각 위장형 카메라를 포함한 총 8개의 위장형 카메라(메모리카드 포함)에 관한 압수목록 이외에도, 시작시간 2018. 9. 23. 16:01, 종료시간 같은 날 16:27로 기재된 전자정보 상세목록(총 232개의 파일, 파일이름 해시 포함)이 포함되어 있다.

3) 임의제출된 이 사건 각 위장형 카메라는 벽 등에 완전 밀폐형으로 설치 가능한 기기로서

촬영대상 목표물의 동작이 감지되면 영상을 촬영하는 기능을 가지고 있다.

4) 경찰은 이 사건 각 위장형 카메라에 삽입된 메모리카드에 저장된 전자정보를 탐색하여 2018. 9. 22. 이 사건 모텔 (호실 1 생략), (호실 3 생략), (호실 4 생략)에서 불상 남녀의 성관계 모습과 나체가 촬영된 동영상을 발견하고 이를 캡처한 사진을 출력하여 기록에 편철하였다.

다. 판단

1) 경찰이 범죄혐의사실과 관련된 전자정보와 그렇지 않은 전자정보가 혼재되어 있는 정보 저장매체인 휴대전화를 임의제출받는 경우 제출자의 의사를 확인하여야 한다. 모텔 업주인 공소외 1은 총 8개의 위장형 카메라를 임의제출할 당시 이 사건 각 위장형 카메라 및 그 안에 저장된 전자정보의 제출 범위를 명확히 밝히지 않았으므로, 임의제출에 따른 압수의 동기가 된 범죄혐의사실과 관련되고 이를 증명할 수 있는 최소한의 가치가 있는 전자정보에 한하여 압수의 대상이 된다. 그런데 이 사건 각 위장형 카메라에 저장된 (호실 1 생략), (호실 3 생략), (호실 4 생략)에서 촬영된 영상은 (호실 2 생략)에서 촬영된 영상과 범행 일자가 동일하고, 모두 이 사건 모텔에서 촬영되었으며, 범죄의 속성상 해당 범행의 상습성이 의심되거나 피고인의 성적 기호 내지 경향성의 발현에 따른 일련의 범행의 일환으로 이루어진 것으로 의심되어, 범행의 동기와 경위, 범행 수단과 방법 등을 증명하기 위한 간접증거나 정황증거 등으로 사용될 수 있으므로, (호실 2 생략) 촬영에 관한 범죄혐의사실과 구체적·개별적 연관관계를 인정할 수 있다. 결국 (호실 1 생략), (호실 3 생략), (호실 4 생략)에서 촬영된 영상은 임의제출에 따른 압수의 동기가 된 (호실 2 생략) 촬영에 관한 범죄혐의사실과 관련성이 있는 증거로서 관련성이 인정될 수 있다.

2) 피의자가 소유·관리하는 정보저장매체를 피의자 아닌 제3자가 임의제출하는 경우에 그 임의제출 및 그에 따른 수사기관의 압수가 적법하더라도 임의제출의 동기가 된 범죄혐의사실과 구체적·개별적 연관관계가 있는 전자정보에 한하여 압수의 대상이 되는 것으로 더욱 제한적으로 해석하여야 하는 것은, 정보저장매체에는 그의 사생활의 비밀과 자유, 정보에 대한 자기결정권 등 인격적 법익에 관한 모든 것이 저장되어 있어, 임의제출의 주체가 소유자 아닌 소지자·보관자에 불과함에도 아무런 제한 없이 압수·수색이 허용되면 피의자의 인격적 법익이 현저히 침해될 우려가 있음을 고려하여, 그 제출행위로 소유자의 사생활의 비밀 기타 인격적 법익이 현저히 침해될 우려가 있는 경우에는 임의제출에 따른 압수·수색의 필요성과 함께 임의제출에 동의하지 않은 소유자의 법익에 대한 특별한 배려도 필요하기 때문이다(위 대법원 2016도348 전원합의체 판결 등 참조).

반면, 임의제출된 이 사건 각 위장형 카메라 및 그 메모리카드에 저장된 전자정보처럼 오직 불법촬영을 목적으로 방실 내 나체나 성행위 모습을 촬영할 수 있는 벽 등에 은밀히 설치되고, 촬영대상 목표물의 동작이 감지될 때에만 카메라가 작동하여 촬영이 이루어지는 등, 그 설치 목적과 장소, 방법, 기능, 작동원리상 소유자의 사생활의 비밀 기타 인격적 법익의 관점에서 그 소지·보관자의 임의제출에 따른 적법한 압수의 대상이 되는 전자정보와 구별되는 별도의 보호 가치 있는 전자정보의 혼재 가능성을 상정하기 어려운 경우에는 위 소지·보관자의 임의제출에 따른 통상의 압수절차 외에 별도의 조치가 따로 요구된다고 보기는 어렵다. 따라서 피고인 내지 변호인에게 참여의 기회를 보장하지 않고 전자정보 압수목록을 작성·교부하지 않았다는 점만으로 곧바로 증거능력을 부정할 것은 아니다.

대법원 2018. 2. 8. 선고 2017도13263 판결「수사기관이 정보저장매체에 기억된 정보 중에서 키워드 또는 확장자 검색 등을 통해 범죄 혐의사실과 관련 있는 정보를 선별한 다음 정보저장매체와 동일하게 비트열 방식으로 복제하여 생성한 파일(이하 '이미지 파일'이라 한다)을 제출받아 압수하였다면 이로써 압수의 목적물에 대한 압수·수색 절차는 종료된 것이므로, 수사기관이 수사기관 사무실에서 위와 같이 압수된 이미지 파일을 탐색·복제·출력하는 과정에서도 피의자 등에게 참여의 기회를 보장하여야 하는 것은 아니다.」

대법원 2022. 2. 17. 선고 2019도4938 판결「1) 피고인이 이 사건 휴대전화를 임의제출할 당시 그 안에 담긴 전자정보의 제출범위를 명확히 밝히지 않았으므로, 임의제출의 동기가 된 범죄혐의사실과 관련되고 이를 증명할 수 있는 최소한의 가치가 있는 전자정보여야 압수의 대상이 된다. 순번 1~7번 범행에 관한 동영상은 2017. 6. 28.부터 2017. 9. 2.까지 두 달 남짓한 기간에 걸쳐 촬영된 것으로 순번 8번 범행 일시인 2017. 9. 4.과 가깝고, 순번 8번 범행과 마찬가지로 이 사건 휴대전화로 버스정류장, 지하철 역사, 횡단보도 앞 등 공공장소에서 촬영되었다. 위 범행들은 그 속성상 상습성이 의심되거나 성적 기호 내지 경향성의 발현에 따른 일련의 행위라고 의심할 여지가 많아, 각 범행 영상은 상호 간에 범행 동기와 경위, 수단과 방법, 시간과 장소에 관한 증거로 사용될 수 있는 관계에 있다. 순번 1~7번 범행 영상은 임의제출의 동기가 된 순번 8번 범죄혐의사실과 관련성 있는 증거이다. 2) 경찰관은 임의제출 받은 이 사건 휴대전화를 피고인이 있는 자리에서 살펴보고 순번 8번 범행이 아닌 영상을 발견하였으므로, 피고인이 탐색에 참여하였다고 볼 수 있다. 3) 경찰관은 피의자신문 시 순번 1~7번 범행 영상을 제시하였고, 피고인은 그 영상이 언제 어디에서 찍은 것인지 쉽게 알아보고 그에 관해 구체적으로 진술하였다. 비록 피고인에게 압수된 전자정보가 특정된 목록이 교부되지 않았더라도, 절차 위반행위가 이루어진 과정의 성질과 내용 등에 비추어 절차상 권리가 실질적으로 침해되었다고 보기 어렵다. 4) 그러므로 순번 1~7번 범행으로 촬영한 영상의 출력물과 파일 복사본을 담은 시디(CD)는 임의제출에 의해 적법하게 압수된 전자정보에서 생성된 것으로서 증거능력이 인정(된다).」

대법원 2015. 10. 15.자 2013모1969 결정 「저장매체 자체를 수사기관 사무실 등으로 옮긴 후 영장에 기재된 범죄혐의 관련 전자정보를 탐색하여 해당 전자정보를 문서로 출력하거나 파일을 복사하는 과정 역시 전체적으로 압수·수색의 일환으로 이루어지는데, 피준항고인들이 복제본의 복호화 및 파일변환을 하는 행위는 전자정보의 탐색을 위한 준비과정으로 봄이 상당하므로, 피준항고인들은 특별한 사정이 없는 한 원칙적으로 복제본의 복호화 및 파일변환을 할 당시 피의자 또는 변호인 등에게 미리 그 일시·장소를 통지하는 등의 방법으로 참여의 기회를 부여하여야 할 것이다. 그러므로 피준항고인들이 2012. 5. 25.부터 2012. 5. 30.까지 미리 피의자 또는 변호인에게 작업의 일시·장소를 통지하지 아니하고 피압수·수색 당사자, 피의자 또는 변호인의 참여 없이 통합진보당 서버 하드디스크의 복제본에 관하여 파일변환, 복호화 작업을 한 행위는 적법하다고 보기는 어렵다. 그러나 <u>이 사건 압수·수색영장에 기한 압수·수색이 이미 종료한 이상 파일변환, 복호화 작업단계만을 구분하여 취소할 수는 없고, 압수·수색 과정 전체를 하나의 절차로 파악하여 그 과정에서 나타난 위법이 그 절차 전체를 위법하게 할 정도로 중대한지 여부에 따라 전체적으로 그 압수·수색 처분을 취소할 것인지를 가려야 할 것인데,</u> ① 이 사건에서 파일변환, 복호화 작업 단계를 제외한 나머지 압수·수색 과정, 즉 원본서버의 압수, 이미징 복제, 관련정보 출력 등의 과정에서 모두 피의자 또는 변호인이 실제로 참여하였거나 적어도 참여의 기회가 보장되었고, ② 파일변환 및 복호화 작업 시 이미 원본 서버가 반환되었던 만큼 정보의 왜곡이나 훼손 등의 우려가 상대적으로 적었으며, ③ 이 사건 압수·수색영장에는 서버의 봉인과 반출 시 참여권을 보장하여야 한다는 취지의 기재가 있을 뿐 그 이후의 과정에 참여권이 보장되어야 한다는 취지의 기재가 별도로 없었으므로, 피준항고인들이 파일변환, 복호화 작업 시 참여의 기회를 부여하지 않은 것이 피의자 또는 변호인의 참여를 배제하려는 의도에서 이루어진 것으로 보이지 않고, ④ 파일변환 및 복호화 작업은 범죄혐의와 관련된 정보를 탐색하는 과정 그 자체라기보다는 탐색을 위한 준비과정에 불과하여 참여권이 가지는 의미가 상대적으로 크다고 보기 어려운 점 등을 종합하여 볼 때, <u>이 사건 파일변환 및 복호화 작업 시 참여권이 보장되지 않았다고 하더라도 그것이 이 사건 압수·수색영장에 기한 압수·수색 과정 전체를 위법하게 할 정도로 중대하다고 보기는 어렵다고 할 것이다. 결국 이 사건 압수·수색영장에 기한 압수·수색은 전체적으로 보아 위법하다고 보기는 어렵다고 할 것인바,</u> 이와 달리 파일변환 및 복호화 작업 단계만을 분리하여 이를 취소한 원심의 판단에는 압수·수색 방법의 적법성이나 영장주의의 적용범위 등에 관한 법리를 오해하여 재판결과에 영향을 미친 잘못이 있다.」

대법원 2023. 6. 1. 선고 2020도2550 판결 「형사소송법 제106조, 제218조, 제219조, 형사소송규칙 제62조, 제109조, 구 범죄수사규칙 제119조 등 관련 규정들에 의하면, <u>사법경찰관이 임의제출된 증거물을 압수한 경우 압수경위 등을 구체적으로 기재한 압수조서를 작성하도록 하고 있다. 이는 사법경찰관으로 하여금 압수절차의 경위를 기록하도록 함으로써 사후적으로 압수절차의 적법성을 심사·통제하기 위한 것이다.</u> 구 범죄수사규칙 제119조 제3항에 따라 피의자신문조서 등에 압수의 취지를 기재하여 압수조서를 갈음할 수 있도록 하더라도, <u>압수절차의 적법성 심사·통제 기능에 차이가 없으므로, 위와 같은 사정만으로 이 사건 동영상에 관한 압수가 형사소송법이 정한 압수절차를 지키지 않은 것이어서 위법하다는 취지의 원심판단에는 압수절차의 적법성에 관한 법리를 오해하여 판결에 영향을 미친 잘못</u>

이 있다. … 사법경찰관은 피의자신문 시 이 사건 동영상을 재생하여 피고인에게 제시하였고, 피고인은 이 사건 동영상의 촬영 일시, 피해 여성들의 인적사항, 몰래 촬영하였는지 여부, 촬영 동기 등을 구체적으로 진술하였으며 별다른 이의를 제기하지 않았다. 따라서 이 사건 동영상의 압수 당시 실질적으로 피고인에게 해당 전자정보 압수목록이 교부된 것과 다름이 없다고 볼 수 있다. 비록 피고인에게 압수된 전자정보가 특정된 목록이 교부되지 않았더라도, 절차 위반행위가 이루어진 과정의 성질과 내용 등에 비추어 피고인의 절차상 권리가 실질적으로 침해되었다고 보기 어려우므로 이 사건 동영상에 관한 압수는 적법하다고 평가할 수 있다.」

대법원 2023. 6. 1. 선고 2020도12157 판결 「비록 특별사법경찰관은 이 사건 휴대전화의 압수·수색 과정에서 압수조서 및 전자정보 파일명세가 특정된 압수목록을 작성·교부하지는 않았지만, 그에 갈음하여 압수의 취지가 상세히 기재된 '조사보고(압수·수색검증영장 집행결과 보고)'를 작성하였는바, 조사보고의 작성 경위 및 복원된 전자정보의 내용을 감안하면 적법절차의 실질적인 내용을 침해하였다고 보기는 어렵다. 구 「특별사법경찰관리 집무규칙(2021. 1. 1. 법무부령 제995호로 폐지되기 전의 것)」 제4조는 내부적 보고의무 규정에 불과하므로, 특별사법경찰관리가 위 규정에서 정한 보고를 하지 않은 채 관할구역 외에서 수사를 하였다고 하여 적법절차의 실질적인 내용을 침해하는 경우에 해당한다고 볼 수 없다.」

라. 전자정보의 증거능력 인정요건

〈전자정보 출력문건의 동일성·무결성 증명방법〉

대법원 2013. 7. 26. 선고 2013도2511 판결 <표준>

(1) 압수물인 컴퓨터용 디스크 그 밖에 이와 비슷한 정보저장매체(이하 '정보저장매체'라고만 한다)에 입력하여 기억된 문자정보 또는 그 출력물(이하 '출력 문건'이라 한다)을 증거로 사용하기 위해서는 정보저장매체 원본에 저장된 내용과 출력 문건의 동일성이 인정되어야 하고, 이를 위해서는 정보저장매체 원본이 압수 시부터 문건 출력 시까지 변경되지 않았다는 사정, 즉 무결성이 담보되어야 한다. 특히 정보저장매체 원본을 대신하여 저장매체에 저장된 자료를 '하드카피' 또는 '이미징'한 매체로부터 출력한 문건의 경우에는 정보저장매체 원본과 '하드카피' 또는 '이미징'한 매체 사이에 자료의 동일성도 인정되어야 할 뿐만 아니라, 이를 확인하는 과정에서 이용한 컴퓨터의 기계적 정확성, 프로그램의 신뢰성, 입력·처리·출력의 각 단계에서 조작자의 전문적인 기술능력과 정확성이 담보되어야 한다(대법원 2007. 12. 13. 선고 2007도7257 판결 등 참조). 이 경우 출력 문건과 정보저장매체에 저장된 자료가 동일하고 정보저장매체 원본이 문건 출력 시까지 변경되지 않았다는 점은, 피압수·수색 당사자가 정보저

장매체 원본과 '하드카피' 또는 '이미징'한 매체의 해쉬(Hash) 값이 동일하다는 취지로 서명한 확인서면을 교부받아 법원에 제출하는 방법에 의하여 증명하는 것이 원칙이나, 그와 같은 방법에 의한 증명이 불가능하거나 현저히 곤란한 경우에는, 정보저장매체 원본에 대한 압수, 봉인, 봉인해제, '하드카피' 또는 '이미징' 등 일련의 절차에 참여한 수사관이나 전문가 등의 증언에 의해 정보저장매체 원본과 '하드카피' 또는 '이미징'한 매체 사이의 해쉬 값이 동일하다거나 정보저장매체 원본이 최초 압수 시부터 밀봉되어 증거 제출 시까지 전혀 변경되지 않았다는 등의 사정을 증명하는 방법 또는 법원이 그 원본에 저장된 자료와 증거로 제출된 출력 문건을 대조하는 방법 등으로도 그와 같은 무결성·동일성을 인정할 수 있다고 할 것이며, 반드시 압수·수색 과정을 촬영한 영상녹화물 재생 등의 방법으로만 증명하여야 한다고 볼 것은 아니다.

(2) 원심판결 이유에 의하면, 원심은 공소외 1 회사 사무실 또는 피고인들의 주거지에 대한 압수·수색을 집행하였던 국가정보원 수사관들, 국가정보원 사무실에서의 '이미징' 절차에 참여하였던 전문가들의 각 증언 등에 의하여 인정되는 다음과 같은 사정들, 즉 **국가정보원 수사관들은 피고인들 혹은 가족, 직원이 참여한 상태에서 원심 판시 각 정보저장매체를 압수한 다음 참여자의 서명을 받아 봉인하였고, 국가정보원에서 일부 정보저장매체에 저장된 자료를 '이미징' 방식으로 복제할 때 피고인들 또는 위 전문가들로부터 서명을 받아 봉인상태 확인, 봉인 해제, 재봉인하였으며, 이들은 정보저장매체 원본의 해쉬 값과 '이미징' 작업을 통해 생성된 파일의 해쉬 값이 동일하다는 취지로 서명하였던 사정들과 함께, 제1심법원이 피고인들 및 검사, 변호인이 모두 참여한 가운데 검증을 실시하여 그 검증과정에서 산출한 해쉬 값과 압수·수색 당시 쓰기방지장치를 부착하여 '이미징' 작업을 하면서 산출한 해쉬 값을 대조하여 그 해쉬 값이 동일함을 확인하거나, '이미징' 작업을 통해 생성된 파일의 문자 정보와 그 출력 문건이 동일함을 확인하였던 사정, 일부 정보저장매체의 경우 원심에서 시행한 검증결과 부분의 봉인봉투 안에 전자정보에 관한 전문가로서 '이미징' 과정에 참여하였던 전문가가 서명한 것으로 보이는 이전의 봉인해제 봉투가 존재하는 사실을 확인한 사정** 등을 종합하면, 원심 판시와 같이 증거로 제출된 출력 문건들은 압수된 정보저장매체 원본에 저장되었던 내용과 동일한 것일 뿐만 아니라, 정보저장매체 원본이 문건 출력 시까지 변경되지 않았다고 인정할 수 있으므로 그 출력 문건들을 증거로 사용할 수 있다고 판단하였다. 원심판결 이유를 위 법리와 기록에 비추어 살펴보면, 원심의 이러한 판단은 정당한 것으로 수긍할 수 있(다).

〈전자정보의 동일성·무결성이 부정된 사안〉

대법원 2018. 2. 8. 선고 2017도13263 판결 〈표준〉

전자문서를 수록한 파일 등의 경우에는, 그 성질상 작성자의 서명 혹은 날인이 없을 뿐만 아니라 작성자·관리자의 의도나 특정한 기술에 의하여 그 내용이 편집·조작될 위험성이 있음을 고려하여, 원본임이 증명되거나 혹은 원본으로부터 복사한 사본일 경우에는 복사 과정에서 편집되는 등 인위적 개작 없이 원본의 내용 그대로 복사된 사본임이 증명되어야만 하고, 그러한 증명이 없는 경우에는 쉽게 그 증거능력을 인정할 수 없다. 그리고 증거로 제출된 전자문서 파일의 사본이나 출력물이 복사·출력 과정에서 편집되는 등 인위적 개작 없이 원본 내용을 그대로 복사·출력한 것이라는 사실은 전자문서 파일의 사본이나 출력물의 생성과 전달 및 보관 등의 절차에 관여한 사람의 증언이나 진술, 원본이나 사본 파일 생성 직후의 해시값의 비교, 전자문서 파일에 대한 검증·감정 결과 등 제반 사정을 종합하여 판단할 수 있다(대법원 2013. 7. 26. 선고 2013도2511 판결, 대법원 2016. 9. 28. 선고 2014도9903 판결 등 참조). 이러한 원본 동일성은 증거능력의 요건에 해당하므로 검사가 그 존재에 대하여 구체적으로 주장·증명해야 한다(대법원 2001. 9. 4. 선고 2000도1743 판결 등 참조).

3) 원심판결 이유를 살펴본다.

① 이 사건 CD에는 이 사건 판매심사 파일을 포함하여 공소외인이 작성한 것으로 보이는 4,458개의 파일(이하 '이 사건 개별 파일들'이라고 한다)과 DirList[20160407−213826].html 파일(이하 '이 사건 목록 파일')이 저장되어 있다. 원심 감정 결과에 의하면, 이 사건 개별 파일들은 포렌식 이미징 작업을 거친 이미지 파일이 아니어서 이 사건 USB 이미지 파일과 동일한 형태의 파일이 아닌데, 이 사건 USB 이미지 파일이 어떠한 형태의 변환 및 복제 등 과정을 거쳐 이 사건 CD에 일반 파일 형태로 저장된 것인지를 확인할 자료가 전혀 제출된 바 없다. 더욱이 이 사건 목록 파일에는 이 사건 개별 파일들 숫자보다 많은 4,508개의 파일 관련 이름, 생성·수정·접근 시각, 파일 크기, MD5 해시값, 경로 정보가 저장되어 있고, 원심 감정 결과에 의하면, 이 사건 개별 파일들의 해시값과 이 사건 목록 파일상 해당 파일별 해시값을 비교해 보았을 때 20개 파일의 해시값이 동일하지 않다는 것이다.

따라서 이 사건 목록 파일이 생성·저장된 경위에 대하여 아무런 주장·증명이 없는 이 사건에서 이 사건 목록 파일 자체의 파일명 및 그 파일 속성을 통해 알 수 있는 수정 일자 등에 비추어 이 사건 목록 파일이 이 사건 압수 집행 당시가 아닌 그 이후에 생성되었을 가능성을 배제할 수 없다.

② 이 사건 사실확인서에는 이 사건 USB 이미지 파일의 전체 해시값만이 기재되어 있을 뿐 이미징을 한 이 사건 USB 내 개별 파일에 대한 해시값은 기재되어 있지 않으므로, 이 사건 사실확인서를 가지고 이 사건 판매심사 파일과 이 사건 USB 내 원본 파일과의 개별 해시값을 상호 비교할 수도 없다.

③ 공소외인은 제1심에서, 검찰 조사 당시 엑셀 파일로 된 이 사건 판매심사 파일을 보았고 자신이 작성한 것이 맞다는 생각이 들었다고 진술하였다. 그러나 공소외인이 위 조사 당시 이 사건 판매심사 파일 전부를 제시받아 그 판매금액을 확인하였다고 볼 아무런 자료가 없다. 오히려 공소외인은 스스로 정확히 기억은 나지 않지만 원본에서 조금 필요 없는 것을 제하고 파일을 좀 보기 좋게 만들었던 것 같다는 진술을 하기도 하였다.

또한 공소외인은 제1심에서, 검사로부터 이 사건 판매심사 파일 출력물 중 2012. 1. 판매심사 부분만을 제시받은 상태에서 자신이 정리한 판매심사 파일 내용이 맞고, 판매심사 파일 내용에 실제로 판매한 술의 종류별 수량, 매출금액, 서비스한 금액을 입력한 사실이 있다고 진술하였으며, 변호인으로부터 이 사건 판매심사 파일 전체 출력물을 제시받은 후 자신이 그러한 파일을 작성한 사실이 있다고 진술하기도 하였다. 하지만 공소외인이 제시받은 전체 출력물의 양이 적지 않은 반면 이 사건 유흥주점의 2012. 1.부터 2015. 10.까지 영업 기간의 매월 판매금액을 정확히 기억할 수는 없었을 것이라는 점과 이러한 진술 경위, 앞서 본 관련 진술 내용 등을 함께 고려하면, 이러한 진술은 공소외인이 제시된 출력물 형식으로 일일 매출금액 등을 파일 형태로 작성·관리한 적이 있었다는 사실을 확인하는 수준에 불과하다고 볼 여지가 충분하다.

결국 공소외인의 제1심 진술만으로는 이 사건 판매심사 파일이나 그 출력물이 이 사건 USB 내 원본 파일과 동일하다는 내용을 증명한다고 보기에 충분하지 않다.

④ 이 사건 판매심사 파일이 이 사건 USB 내 원본 파일을 내용의 변개 없이 복제한 것이 확인되지 않은 이상, 이 사건 판매심사 파일과 대조한 결과 그 출력물에서 과세표준의 기초가 되는 부분의 변조내용을 찾아볼 수 없었다는 사정이 이 사건 USB 내 원본 파일의 인위적 개작 없이 그 출력물이 복제·출력되었음을 뒷받침한다고 볼 수도 없다.

4) 그럼에도 원심은 이 사건 판매심사 파일과 그 출력물이 이 사건 USB 내 원본 파일 내용과 동일성을 인정할 수 있어 증거능력이 인정된다고 판단하여, 이를 전제로 특정범죄 가중처벌 등에 관한 법률 위반(조세) 부분을 유죄로 인정한 제1심을 그대로 유지하였다. 따라서

이러한 원심판결에는 필요한 심리를 다하지 않은 채 디지털 증거의 증거능력에 관한 법리를 오해한 잘못이 있다.

Ⅶ. 압수물의 처리

1. 압수물의 보관과 폐기

대법원 1968. 4. 16. 선고 68다285 판결 「형사소송법 제219조의 규정에 의하여 수사기관의 압수처분에 준용되는 같은법 제130조의 규정에 의하여 피의자의 물건을 압수하고 적당한 자의 승낙을 얻어 보관하게 하였을 경우에 있어서 수사기관이 피의자의 물건을 압수하는 처분은 원심 판시와 같이 공법상의 권력적 작용에 의한 강제처분이라고 할지라도 이 사건에 있어서와 같이 창고업자들의 승낙을 받아 압수물을 보관시키는 것은 이에 포함되지 않는다고 할 것이니 이 점에 있어서 원심이 압수물건을 보관시킨 처분까지를 포함하여 해석한 것은 잘못이라 할 것이나, 한편 임치계약(보관계약)에 있어서 수치인은 특별한 약정이 없으면 임치인에게 대하여 임치료를 청구할 수 없다함이 민법 제701조에 의하여 준용되는 같은법 제686조 제1항의 규정에 의하여 분명한 바 이 사건에 있어서 당사자 변론의 취지를 보면 앞에서 사실확정한 바와 같이 원고가 각 창고업자에게 보관시켰던 판초자를 범죄수사대가 압수영장에 의하여 압수하고 계속하여 그대로 각 창고업자에게 보관을 명한 것으로서 보관을 명한 범죄수사대나 수치인인 각 창고업자들이 임치료의 수수에 대하여서는 전연 고려한바가 없어 특별한 약정이 없는 경우에 해당하여 피고에게는 임치료 지급 의무가 없어 피고로서는 아무런 이득이 없다고 할 것이고, 피고예하 범죄수사대가 각 창고업자에게 압수한 판초자의 보관을 명하였다고 하여서 피고가 원고와 각 창고업자간의 판초자 보관계약상의 원고의 지위를 승계한 것이라고도 볼 수 없는 만큼 원고의 청구를 배척한 원심 결론은 결론에 있어서 정당하므로 논지는 이유없다.

대법원 1996. 11. 12. 선고 96도2477 판결 「형사소송법 제132조의 규정에 따라 매각된 밀수품의 대가에 대하여 관세법 제198조 제2항을 적용하여 이를 피고인으로부터 몰수하였음이 명백한바, 관세법 제198조 제2항에 따라 몰수하여야 할 압수물이 멸실, 파손 또는 부패의 염려가 있거나 보관하기에 불편하여 이를 형사소송법 제132조의 규정에 따라 매각하여 그 대가를 보관하는 경우에는 몰수와의 관계에서는 그 대가보관금을 몰수 대상인 압수물과 동일시할 수 있으므로 원심의 위와 같은 조치는 정당하(다).

대법원 2022. 1. 14. 선고 2019다282197 판결 「압수물은 검사의 이익을 위해서뿐만 아니라 이에 대한 증거신청을 통하여 무죄를 입증하고자 하는 피고인의 이익을 위해서도 존재하므로 사건종결 시까지 이를 그대로 보존할 필요성이 있다. 다만 형사소송법은 "몰수하여야 할 압수물로서 멸실, 파손, 부패 또는 현저한 가치 감소의 염려가 있거나 보관하기 어려운 압수물은 매각하여 대가를 보관할 수 있다."

라고 규정하면서(제132조 제1항), "법령상 생산·제조·소지·소유 또는 유통이 금지된 압수물로서 부패의 염려가 있거나 보관하기 어려운 압수물은 소유자 등 권한 있는 자의 동의를 받아 폐기할 수 있다."라고 규정하고 있다(제130조 제3항). 따라서 부패의 염려가 있거나 보관하기 어려운 압수물이라 하더라도 법령상 생산·제조·소지·소유 또는 유통이 금지되어 있고, 권한 있는 자의 동의를 받지 못하는 한 이를 폐기할 수 없고, 만약 그러한 요건이 갖추어지지 않았음에도 폐기하였다면 이는 위법하다.

2. 압수물의 환부 및 가환부

〈검사가 압수물의 가환부를 거부할 수 있는 특별한 사정의 판단 기준〉

대법원 2017. 9. 29.자 2017모236 결정 〈표준〉

1. 가. 형사소송법 제218조의2 제1항은 '검사는 사본을 확보한 경우 등 압수를 계속할 필요가 없다고 인정되는 압수물 및 증거에 사용할 압수물에 대하여 공소제기 전이라도 소유자, 소지자, 보관자 또는 제출인의 청구가 있는 때에는 환부 또는 가환부하여야 한다'고 규정하고 있다. 따라서 검사는 증거에 사용할 압수물에 대하여 가환부의 청구가 있는 경우 가환부를 거부할 수 있는 특별한 사정이 없는 한 가환부에 응하여야 한다. 그리고 그러한 특별한 사정이 있는지 여부는 범죄의 태양, 경중, 몰수 대상인지 여부, 압수물의 증거로서의 가치, 압수물의 은닉·인멸·훼손될 위험, 수사나 공판수행상의 지장 유무, 압수에 의하여 받는 피압수자 등의 불이익의 정도 등 여러 사정을 검토하여 종합적으로 판단하여야 한다(대법원 1994. 8. 18.자 94모42 결정, 대법원 1998. 4. 16.자 97모25 결정 등 참조).

나. 관세법 제269조 제3항 제2호는 '수출의 신고를 하였으나 해당 수출물품과 다른 물품으로 신고하여 수출한 자 등은 3년 이하의 징역 등에 처한다'고 규정하고 있고, 제282조 제2항은 '제269조 제3항 등의 경우에는 범인이 소유하거나 점유하는 그 물품을 몰수한다'고 규정하고 있다. 따라서 범인이 직접 또는 간접으로 점유하던 밀수출 대상 물품을 압수한 경우에는 그 물품이 제3자의 소유에 속하더라도 필요적 몰수의 대상이 된다.

한편 피고인 이외의 제3자의 소유에 속하는 물건의 경우, 몰수를 선고한 판결의 효력은 원칙적으로 몰수의 원인이 된 사실에 관하여 유죄의 판결을 받은 피고인에 대한 관계에서 그 물건을 소지하지 못하게 하는 데 그치고, 그 사건에서 재판을 받지 아니한 제3자의 소유권에 어떤 영향을 미치는 것은 아니다(대법원 1999. 5. 11. 선고 99다12161 판결 등 참조).

2. 가. 기록에 의하면 다음과 같은 사실이 인정된다.

인천세관의 특별사법경찰관은 압수수색검증영장에 기해 2016. 3. 31. 부산신항만 소재 청구외 주식회사의 컨테이너 작업장에 있던 이 사건 자동차를 압수하였다. 이 사건 자동차는 피의자들이 밀수출하기 위해 허위의 수출신고 후 부산항에서 선적하려다 미수에 그친 수출물품이다. 이 사건 자동차는 준항고인의 소유로서 렌트차량으로 이용되고 있었다. 준항고인과 밀수출범죄 사이에 아무런 관련성도 발견되지 않았다.

나. 이러한 사실관계를 앞서 본 법리에 비추어 살펴본다.

이 사건 자동차는 범인이 간접으로 점유하는 물품으로서 필요적 몰수의 대상인데 이 사건 밀수출범죄와 무관한 준항고인의 소유에 속하기 때문에 범인에 대한 몰수는 범인으로 하여금 소지를 못하게 함에 그친다. 여기에 이 사건 밀수출범죄의 태양이나 경중, 이 사건 자동차의 증거로서의 가치, 은닉·인멸·훼손될 위험과 그로 인해 수사나 공판수행상의 지장 유무, 압수에 의하여 받는 준항고인의 불이익의 정도 등 여러 사정을 아울러 감안하면, 이 사건은 검사에게 소유자의 가환부 청구를 거부할 수 있는 특별한 사정이 있는 경우라고 보기 어렵다.

대법원 1980. 2. 5.자 80모3 결정 〈표준〉 「법원이 압수물의 가환부결정을 함에는 미리 검사 피해자 피고인 또는 변호인에 통지를 한 연후에 하도록 형사소송법 제135조에 규정하고 있는 바, 이는 그들로 하여금 압수물의 가환부에 대한 의견을 진술할 기회를 주기 위한 조치라 할 것이다. 도리켜 본건에 관하여 살피건대, 신청인의 본건 압수물가환부신청에 대하여 원심은 검사에게는 그에 대한 의견요청을 하였으나 피고인에 대하여는 통지를 하여 의견진술의 기회를 준 흔적을 찾아볼 수 없다. 그렇다면 원심이 피고인(재항고인)에게 의견을 진술할 기회를 부여하지 아니한 채 가환부결정을 하였음은 위 법조에 위배하여 위법하다 아니할 수 없고 이의 위법은 재판의 결과에 영향을 미쳤다 할 것이(다).」

〈피의자가 압수물에 대한 소유권을 포기한 경우 수사기관의 압수물 환부의무가 면제되는지 여부: 소극〉

대법원 1996. 8. 16.자 94모51 전원합의체 결정 〈표준〉

피압수자 등 환부를 받을 자가 압수 후 그 소유권을 포기하는 등에 의하여 실체법상의 권리를 상실하더라도 그 때문에 압수물을 환부하여야 하는 수사기관의 의무에 어떠한 영향을 미칠 수 없고, 또한 수사기관에 대하여 형사소송법상의 환부청구권을 포기한다는 의사표시를 하더라도 그 효력이 없어 그에 의하여 수사기관의 필요적 환부의무가 면제된다고 볼 수는 없으므로, 압수물의 소유권이나 그 환부청구권을 포기하는 의사표시로 인하여 위 환부의무에 대응하는 압수물에 대한 환부청구권이 소멸하는 것은 아니라고 할 것이다.

즉, (1) 압수물의 환부는 환부를 받는 자에게 환부된 물건에 대한 소유권 기타 실체법상의 권리를 부여하거나 그러한 권리를 확정하는 것이 아니라 단지 압수를 해제하여 압수 이전의 상태로 환원시키는 것뿐으로서(대법원 1962. 7. 12. 선고 62다211 판결, 1969. 5. 27. 선고 68다824 판결 등 참조), 이는 실체법상의 권리와 관계없이 압수 당시의 소지인에 대하여 행하는 것이므로, 실체법인 민법(사법)상 권리의 유무나 변동이 압수물의 환부를 받을 자의 절차법인 형사소송법(공법)상 지위에 어떠한 영향을 미친다고는 할 수 없다고 할 것이다. 그리고 형사사법권의 행사절차인 압수물 처분에 관한 준항고절차에서 민사분쟁인 소유권포기의사의 존부나 그 의사표시의 효력 및 하자의 유무를 가리는 것은 적절하지 아니하고 이는 결국 민사소송으로 해결할 문제이므로, 피압수자 등 환부를 받을 자가 압수 후에 그 소유권을 포기하는 등에 의하여 실체법상의 권리를 상실하는 일이 있다고 하더라도, 그로 인하여 압수를 계속할 필요가 없는 압수물을 환부하여야 하는 수사기관의 의무에 어떠한 영향을 미친다고 할 수는 없으니, 그에 대응하는 압수물의 환부를 청구할 수 있는 절차법상의 권리가 소멸하는 것은 아니라고 할 것이다.

따라서 이와 견해를 달리 하여 피압수자가 수사과정에서 압수된 물건에 관한 소유권포기의 의사를 표시하면 그로 인하여 피압수자의 압수물에 대한 환부청구권은 소멸된다는 취지의 견해를 표명한 바 있는 대법원 1968. 2. 27. 자 67모70 결정은 이를 폐기하기로 한다.

(2) 나아가 형사소송법 제219조에 의하여 수사기관의 압수물 환부에 준용되는 같은 법 제133조 제1항 전문은 '압수를 계속할 필요가 없다고 인정되는 압수물은 피고 사건 종결 전이라도 결정으로 환부하여야 한다'고 규정하고 있고, 같은 법 제219조에 의하여 수사기관의 압수물 처분에 준용되는 같은 법 제486조는 압수물의 환부를 받을 자의 소재가 불명하거나 기타 사유로 환부할 수 없는 경우에는 그 압수물은 일정한 절차를 거쳐 국고에 귀속하는 것으로 규정하고 있는바, 위 각 규정의 취지를 종합하여 보면, 압수물에 대하여 더 이상 압수를 계속할 필요가 없어진 때에는 수사기관은 환부가 불가능하여 국고에 귀속시키는 경우를 제외하고는 반드시 그 압수물을 환부하여야 하고, 환부를 받을 자로 하여금 그 환부청구권을 포기하게 하는 등의 방법으로 압수물의 환부의무를 면할 수는 없다고 보아야 할 것이다.

뿐만 아니라 피압수자 등 압수물을 환부받을 자가 수사기관에 대하여 가지는 형사소송법상의 환부청구권은 수사기관의 필요적 환부의무에 대응하는 절차법상의 권리라 할 것인데, 개인이 국가에 대하여 가지는 공법상의 권리(공권), 특히 절차법상의 권리를 포기하게 하는 등의 방법으로 국가로 하여금 개인에 대한 절차법상의 의무를 면하게 하는 것은 법규에 특별한 규정이 있는 경우를 제외하고는 원칙적으로 허용될 수 없다고 할 것이다. 법률은 압수물에 대한 소유권의 박탈을 원칙적으로 몰수재판에 의하여서만 할 수 있도록 규정하는 한편, 압수물을 몰수재판에 의하지 아니하고 국고에 귀속시킬 수 있는 예외 근거규정으로서 형사소송법 제486조와 관세법 제215조, 제229조 및 국가보안법 제15조 제2항 등을 두고 있다. 이와 같이 법률이 압수물을 국고에 귀속시키는 절차와 방법에 관하여 엄격히 규정함과 아울러 압수된 범칙물이 범인에게 복귀되지 아니하도록 필요에 따른 준비를 하여 두고 있는데도, 법률이 정하고 있는 이러한 방법 이외에 피압수자 등으로 하여금 그 압수물에 대한 환부청구권을 포기하게 하는 등의 방법으로 압수물의 환부의무를 면하게 함으로써 압수를 계속할 필요가 없어진 물건을 국고에 귀속시킬 수 있는 길을 허용하는 것은 적법절차에 의한 인권보장 및 재산권 보장의 헌법정신에도 어긋나고, 압수물의 환부를 필요적이고 의무적인 것으로 규정한 형사소송법 제133조를 사문화시키며, 나아가 몰수제도를 잠탈할 수 있는 길을 열어 놓게 되는 것이다.

따라서 피압수자 등 압수물을 환부받을 자가 수사기관에 대하여 형사소송법상의 환부청구권을 포기한다는 의사표시를 한 경우에 있어서도, 그 효력이 없어 그에 의하여 수사기관의 필요적 환부의무가 면제된다고 볼 수는 없으므로, 그 환부의무에 대응하는 압수물의 환부를 청구할 수 있는 절차법상의 권리가 소멸하는 것은 아니라고 할 것이다.

나. 돌이켜 이 사건에 관하여 살피건대, 기록에 의하면 **재항고인은 검거된 직후 서울지방경찰청 강력과에 연행되어 위 다이아몬드의 매매 경위와 출처에 대하여 조사를 받고, 이어 서울세관에 이첩되어 조사를 받았는데, 조사를 받게 된 지 5일 만인 1993. 9. 15.과 같은 해 9. 16.의 2차례에 걸쳐 담당수사관이 서울지방검찰청 검사에게 재항고인 등의 신병에 대한 수사지휘를 품신하자, 위 검사는 '피의자들로부터 소유권포기각서를 제출받은 후 재지휘받으라'고 지시하여, 위 수사관은 재항고인 등으로부터 당시 시가가 금 65,000,000원 상당이던 위 다이아몬드에 대하여 '앞으로 위 다이아몬드에 대한 어떠한 권리나 소유권을 주장하지 않을 것임을 이에 서약한다'는 내용의 '소유권포기서'를 작성받은 다음, 같은 해 9. 20. 다시 수사지휘를 품신하게 되었던바, 이에 위 검사가 불구속 수사를 지시하게 됨에 따라 재항고인 등은 불구속 상태로 검찰에 송치되어, 결국 같은 해 12. 29. 박 명불상자의 소재가 불명하여 관세장물인지 여부를 알 수 없다는 이유로 기소중지 처분을 받기에 이르렀음이 명백하다.** 그런데 외국산 물품을 관세장물의 혐의가 있다고 보아 압수하였다 하더라도 그것이 언제,

누구에 의하여 관세포탈된 물건인지 알 수 없어 기소중지 처분을 한 경우에는 그 압수물은 관세장물이라고 단정할 수 없어 이를 국고에 귀속시킬 수 없을 뿐만 아니라 압수를 더 이상 계속할 필요도 없는 것이므로(대법원 1984. 12. 21. 자 84모61 결정, 1988. 12. 14. 자 88모55 결정, 1991. 4. 22. 자 91모10 결정 등 참조), 위와 같이 이 사건 다이아몬드가 관세장물인지 여부를 판단할 수 없어 재항고인 등을 기소중지 처분한 이상 위 다이아몬드에 대한 압수는 그 계속의 필요가 없어졌다고 할 것이다. 그리고 재항고인이 수사과정에서 위 다이아몬드에 대하여 어떠한 권리나 소유권을 주장하지 아니하기로 한 서약에 그 소유권 등 실체법상의 권리뿐만 아니라 그 환부를 청구할 수 있는 절차법상의 권리까지도 포기한다는 의사표시가 포함되어 있는 것으로 본다고 하더라도, 위에서 본 바와 같이 그러한 포기의 의사표시는 그 효력이 없어 검사의 필요적 환부의무가 면제되는 것은 아니라고 보아야 하므로 그로 인하여 위 환부의무에 대응하는 재항고인의 압수물에 대한 환부청구권이 소멸되었다고 할 수는 없다. 결국 재항고인이 이 사건 다이아몬드에 대한 환부를 구하고 있는 이상 그에게 위 다이아몬드를 환부할 필요가 없다거나 또는 이를 환부하는 것이 불가능한 것으로 볼 수 없는 이 사건에 있어서 검사의 위 압수물에 대한 계속보관 결정은 부적법하여 마땅히 취소되어야 할 것이다.

대법원 1988. 12. 14.자 88모55 결정 「원심은 준항고인이 시계행상을 하는 사람인데 서울세관이 준항고인이 소지하고 있던 원심결정의 별지목록 기재의 외국산 시계에 대하여 관세장물취득의 혐의가 있다고 하여 준항고인을 관세법위반등, 피의사건으로 입건하면서 이를 압수한 사실, 그뒤 검사는 같은 사건에 관하여 위 물건이 관세포탈품인지 여부를 확인할 수 없어 그 물건을 준항고인에게 매도한 자의 소재 발견시까지 소추를 중지한다는 내용의 준항고인에 대한 기소중지결정을 하면서 위 물건에 대하여는 4개월 경과후 국고귀속된다는 내용의 결정을 한 사실, 준항고인은 이에 대하여 서울지방검찰청에 위 압수물건의 환부신청을 하였으나 이를 불허하는 결정을 내린 사실을 각 인정하고, 위 사실관계와 기록상 나타난 제반정황에 비추어 보면 이 사건 압수물에 대하여는 압수를 더 이상 계속할 필요가 없을 뿐 아니라 그 물건들을 밀수입하였다는 사람의 이름조차 모르고 있는 이 사건에 있어 이를 관세장물이라고 볼 자료도 없다 할 것이어서 이를 서울세관에 계속 보관시킬 근거가 없다 하여 검사의 이 사건 압수물에 대한 국고귀속결정 및 이에 터잡은 압수물환부불허결정을 모두 형사소송법 제419조, 제414조 제2항에 따라 취소하고, 같은 법 제133조 제1항에 따라 그 압수물건을 소유자인 준항고인에게 환부하는 결정을 하였는바, 일건 기록에 비추어 보면 원심의 이와 같은 결정은 정당하(다).」

대법원 1969. 5. 27. 선고 68다824 판결 「검사가 수사를 계속하다가 사건을 불기소 처분으로 종결하는 경우에는 당해 사건에 관하여 압수한 압수물은 피압수자나 제출인에게 환부하는 것을 원칙으로 할 것이고 피해자에게 환부할 이유가 명백한 경우를 제외하고는 피압수자나 제출인 외의 누구에게도 이를 환부할 수 없다고 할 것인 바, 본건에 있어서 원심이 확정한 사실에 의하면 소외 1은 1963.8.23 원고를 상대로 동대문경찰서에 사기죄로 고소를 제기하여 그 다음날인 같은 달 24 원고는 위 경찰서에서 신문을 받던 중 본건 약속어음 3매 (총액면액 금 2,500,000원)를 증거물로 임의제출하여 압수되었고 같은 달 30 위 사건이 서울지방검찰청으로 송치되어 위 검찰청 소속 검사 소외 2가 사건을 담당 수사하게 되고 그 경 원고는 압수물 가환부신청을 하였으나 검사는 이를 받아주지 않고 수사를 계속하다가 같은 해 9.11 범죄혐의 없다는 이유로 불기소 결정을 하면서 본건 약속어음 3매를 소유자에게 환부한다 하여 고소인인 소외 1에게 환부하였으므로 원고는 검사의 위 환부처분에 불복하여 서울형사지방법원에 준항고신청을 하게 되었고 위 법원은 같은 해 12.9 검사의 위 환부처분의 취소결정을 하게 되어 위 검찰청은 같은 달 16 위 취소결정에 기하여 다시 위 압수물에 대하여 제출인 환부결정을 하고 소외 1로 부터 위 약속어음을 회수하여 원고에게 환부하려 하였으나 그때는 이미 소외 1이 본건 약속어음 3매를 타인에게 전부 배서양도 한 후 이었으므로 위 환부처분은 집행불능이 되었다는 것이다. 그렇다면 위와 같은 경우 검사 소외 2는 원고에게 사기의 혐의없다 하여 불기소결정을 하는 이상 압수물인 본건 약속어음 3매는 제출인인 원고에게 환부하였어야 할 것이었음에도 불구하고 고소인인 소외 1에게 이를 환부하였음은 위법한 처분임이 명백하고 공무원인 검사 소외 2가 그 직무를 집행함에 당하여 고의나 과실로 위법한 처분을 하였다고 아니할 수 없으며 이와 같은 취지에서 불법행위가 성립된다고 인정한 원판결은 정당하다 할 것이고 검사의 위와 같은 처분에 대하여는 형사소송법 제417조에 의하여 준항고로서 불복할 길이 열려있고 또 민사소송으로서 그 권리관계를 다룰 수가 있다고 하더라도 위와 같은 불법행위의 성립에 소장이 있을 수 없다 할 것이며 이와 견해를 달리하여 위와 같은 검사의 압수물 환부처분에 대하여는 불법행위로서의 요건을 갖추지 못한 것이라는 논지는 받아들일 수 없다.」

대법원 2001. 4. 10. 선고 2000다49343 판결「형사소송법 제332조에 의하면, 압수한 서류 또는 물품에 대하여 몰수의 선고가 없는 때에는 압수를 해제한 것으로 간주한다고 규정되어 있으므로 어떠한 압수물에 대한 몰수의 선고가 포함되지 않은 판결이 선고되어 확정되었다면 검사에게 그 압수물을 제출자나 소유자 기타 권리자에게 환부하여야 할 의무가 당연히 발생하는 것이고, 권리자의 환부신청에 대한 검사의 환부결정 등 어떤 처분에 의하여 비로소 환부의무가 발생하는 것은 아니다. 원심판결 이유에 의하면, 원심은 위 노태우에 대한 형사사건에서 피고로부터 압수한 위 주식에 대한 몰수판결이 선고되지 않고 그 판결이 확정되었으나 원고의 기관인 검사가 그 주식을 계속 보관하고 있는 사실을 인정한 다음, 피고의 환부청구가 없었으므로 위 주식에 대한 환부의무가 발생하지 않았다고 하는 원고의 주장을 배척하였고, 기록에 의하면, 원고가 환부통지를 하였다고 주장하는 이 사건 추심명령에서는 압수물의 환부에 관한 사항이 전혀 언급되어 있지 않음이 명백할 뿐만 아니라, 원고의 이 사건 1998. 11. 17.자 준비서면에서도 단지 피고의 주식환부신청이 있으면 주식을 환부할 것이라고 한 사실만이 인정되는바, 이러한 원고의 의사표시는 피고의 환부신청을 조건으로 한 것이어서 적법한 환부절차의 이행이라고 볼 수 없으므로, 결국 원심의 위와 같은 판단은 정당하고, 거기에 상고이유에서 주장하는 바와 같은 압수물의 환부의무에 관한 법리오해의 위법이 없다고 할 것이다.」

대법원 1984. 7. 16.자 84모38 결정 「형사소송법 제134조에 의하면, 압수한 장물은 피해자에게 환부할 이유가 명백한 때에는 피고사건의 종결 전이라도 결정으로 피해자에게 환부할 수 있다고 규정하고 있고 이 규정은 같은법 제219조에 의하여 검사가 압수한 경우에도 준용이 되는 바, 위 법조에서 "환부할 이유가 명백한 때"라 함은 사법상 피해자가 그 압수된 물건의 인도를 청구할 수 있는 권리 있음이 명백한 경우를 의미하고 위 인도청구권에 관하여 사실상, 법률상 다소라도 의문이 있는 경우에는 환부할 명백한 이유가 있는 경우라고는 할 수 없다 할 것인바, 원심이 확정한 바에 의하면 **재항고외 1**은 1983.12.20 위 재항고외 2에게 대금지급의 의사와 능력없이 이를 매수하겠다고 속여 그로부터 이건 가나리를 인도받아 같은달 하순까지 수차에 걸쳐 재항고인에게 임치하여 재항고인이 보관해 왔는데 그 후 위 재항고외 2의 고소로 재항고외 1 등에 대한 사기피의사건을 수사하던 사법경찰리가 위 가나리를 임의제출받아 압수하고 재항고인으로 하여금 다시 보관케 했는데 그후 검사는 이의 환부청구를 한 위 재항고외 2에게 환부하는 취지의 처분을 했다는 것이고, 따라서 이는 재항고외 1이 사기범행으로 취득한 장물로서 피해자인 재항고외 2에게 환부할 이유가 명백하다 하여 검사의 환부처분을 지지하고 있다. 그러나 위 수사기록에 의하면, 재항고외 1이 위 재항고외 2로부터 위 물건을 매수함에 있어 원심확정사실과 같은 사기행위로 인하여 취득한 사실은 엿보이나 위 재항고외 2가 재항고외 1에게 사기로 인한 매매의 의사표시를 취소한 여부가 분명하지 아니 할 뿐만 아니라 위 물건은 재항고외 1의 위탁을 받은 재항고외 3이 이를 인도받아 재항고외 4의 창고에 임치하여 재항고인이 보관하게 된 사실이 인정되고 달리 재항고인이 위 물건이 장물이라는 정을 알았다고 확단할 자료는 보이지 아니하는 바, 그렇다면 재항고인은 정당한 점유자라 할 것이고 이를 보관시킨 재항고외 1에 대하여는 임치료 청구권이 있고, 그 채권에 의하여 이 사건 물건에 대한 유치권이 있다고 보어시브로 위 재항고외 2는 재항고인에 대하여 위 물건의 반환청구권이 있음이 명백하다고 보기는 어렵다 할 것이므로 이를 피해자에게 환부할 것이 아니라 민사소송에 의한 해결에 맡김이 마땅하다 할 것이다.」

제 2 절   검증

I. 검증과 신체검사

〈검증과 영장주의〉

대법원 1984. 3. 13. 선고 83도3006 판결

수사에 관하여는 그 목적을 달성하기 위하여 필요한 조사를 할 수 있는 것이나 강제처분은 형사소송법에 특별한 규정이 없으면 하지 못한다 할 것이고 (형사소송법 제199조 제1항) 사법경찰관이 범죄수사에 필요한 때에는 검사에게 신청하여 검사의 청구로 지방법원 판사가 발부한 영장에 의하여 압수, 수색 또는 검증을 할 수 있으며 (형사소송법 제215조 제2항) 범행중 또는 범행직후의 범행장소에서 긴급을 요하여 법원판사의 영장을 받을 수 없는 때에는 영장없이 압수, 수색 또는 검증을 할 수 있는 것이나 이 경우에는 사후에 지체없이 영장을 받아야 하는 것인바 (형사소송법 제216조 제3항) <u>이 사건 사법경찰관 사무취급 작성의 검증조서에 의하면 동 검증은 이 사건 발생후 범행장소에서 긴급을 요하여 법원판사의 영장을 받을 수 없으므로 영장없이 시행한다고 기재되어 있으므로</u> (동 검증조서중 검증연월일 1983.1.16은 1983.1.6의 오기로 인정된다) <u>이 검증은 형사소송법 제216조 제3항에 의한 검증이라 할 것임에도 불구하고 기록상 사후 영장을 받은 흔적이 없음은 논지가 지적한 바와 같으니 이러한 검증조서는 피고인에 대한 유죄의 증거로 할 수 없다</u> 할 것이므로 원심이 위 검증조서를 유죄의 증거로 삼았음은 위법이라 할 것이(다).

대법원 1990. 2. 13. 선고 89도2567 판결 「피고인이 경찰에서 한 진술의 임의성을 부인하고 경찰의 검증조서를 증거로 함에 동의하지 않고 있다 하여도 검증이나 압수를 한 경위에 관한 담당경찰관의 진술을 증거로 할 수 없는 것은 아니다.」

헌법재판소 2004. 9. 23. 선고 2002헌가17, 18 결정 「이 사건 법률조항은 수사기관이 직접 물리적 강제력을 행사하여 피의자에게 강제로 지문을 찍도록 하는 것을 허용하는 규정이 아니며 형벌에 의한 불이익을 부과함으로써 심리적·간접적으로 지문채취를 강요하고 있을 뿐이다. 물론 <u>이러한 방식 역시 자유의지에 반하여 일정한 행위가 강요된다는 점에서는 헌법에 규정되어 있는 체포·구속·압수·수색 등과 유사하다고 할 수 있으나, 피의자가 본인의 판단에 따라 수용여부를 결정한다는 점에서 궁극적으로 당사자의 자발적 협조가 필수적임을 전제로 하므로</u> 물리력을 동원하여 강제로 이루어지는 위와 같은 경우와는 질적으로 차이가 있다. … 수사절차에서 발생하는 의무부담 또는 기본권제한의 경우 그 범위가 광범위하여 명확한 기준을 제시해준다고 볼 수 없고, 모든 의무부담 또는 기본권제한을 법관이 발부한 영장에 의하도록 하는 것이 가능하지도 않다. 예를 들면, 음주운전단속을 위하여 이루어지는 호흡측정기에 의한 음주측정을 일일이 사전영장에 의하도록 요구할 수는 없다. 따라서 이 사건 법률조항에 의한 지문채취의 강요는 영장주의에 의하여야 할 강제처분이라 할 수 없다. … 수사상 필요에 의하여 수사기관이 직접강제에 의하여 지문을 채취하려 하는 경우에는 반드시 법관이 발부한 영장에 의하여야 하므로 영장주의원칙은 여전히 유지되고 있다고 할 수 있다. … 게다가 이 사건 법률조항에 의한 처벌은 수사기관에 의하여 직접적으로 이루어지는 것이 아니라 법관에 의한 재판에 의하여 이루어진다. 특히 정당한 이유가 없는 지문채취거부의 경우에만 처벌대상이 되므로 사후에 법관이 지문채취거부의 정당성을 판단하여 당사자를 처벌하지 않을 수도 있고, 이에 따라 수사기관의 지문채취요구의 남용을 억제하는 역할을 하게 된다. … 따라서 이 사건 법률조항이 지문채취거부를 처벌할 수 있도록 하는 것이 비록 피의자에게 지문채취를 강요하는 측면이 있다 하더라도 수사의 편의성만을 위하여 영장주의의 본질을 훼손하고 형해화한다고 할 수는 없다.」

Ⅱ. 신체침해

1. 강제채혈

〈의료인에 의해 진료목적으로 채혈된 혈액의 임의제출〉

대법원 1999. 9. 3. 선고 98도968 판결 <표준>

이 사건 공소사실의 요지는, 피고인이 1995. 7. 19. 17:00경 공주시 우성면 상서리 소재 도로에서 혈중알콜농도 0.09%의 주취 상태로 (차량등록번호 생략) 화물차를 운전하다가 중앙선을 침범하여 반대차선에서 진행중이던 프라이드 및 그랜져 승용차를 충돌하여 위 승용차에 타고 있던 피해자 5명으로 하여금 약 2주 내지 6주간의 치료를 요하는 상해를 입게 하였다는 것이다.

원심판결 이유 및 기록에 의하면, 1심이 국립과학수사연구소의 혈액감정의뢰회보를 증거로 채택하여 피고인의 주취상태를 인정한 데에 대하여 변호인은 경찰이 피고인의 동의를 얻거나 법관의 영장에 의하는 등 적절한 법률상의 절차를 거치지도 아니한 상태로 이 사건 교통사고로 인하여 의식불명 상태에 있던 피고인의 신체에서 임의로 혈액을 채취하여 국립과학수사연구소에 감정을 의뢰하여 얻게 된 혈액감정의뢰회보는 그 수집절차에 중대한 위법이 있어 증거능력이 없을 뿐만 아니라, 감정대상인 혈액이 피고인의 혈액임을 담보할 수 없는데도 불구하고 1심이 위 혈액감정의뢰회보에 의거하여 피고인이 이 사건 교통사고 당시 음주운전한 사실을 인정한 위법이 있다고 주장하였는바, 원심은 원심 증인 공소외인의 증언과 기록에 의하여, **경찰관이 공주의료원에서 호흡으로 음주측정이 어려운 피고인에 대하여 피해자측 요구에 따라 그 음주운전 여부를 수사하기 위하여 혈액을 채취하려 하였으나 당시 이 사건 사고로 후송되어 응급 가료중이던 피고인은 전혀 의식이 없었고 가족들도 현장에 없었는데 마침 위 의료원 간호사가 치료의 목적으로 피고인의 혈액을 채취하자 경찰관이 간호사에게 부탁하여 채혈된 혈액 중 일부를 받은 후 이를 교통사고처리반에 인계하여 혈중알콜농도의 감정용으로 사용한 사실**을 인정하고, 위 인정 사실과 같이 피고인이나 그 가족의 동의를 얻을 수 없는 상황에서 간호사에 의하여 병원에서 치료의 필요에 따라 채취한 피고인의 혈액 중 소량을 사용하여 얻어진 위 감정결과는 모든 절차를 적법하게 준수하여 얻어진 증거라고 할 수는 없다고 하더라도 그 위법의 정도나 그로 인하여 피고인이 입은 신체의 안전과 인간의 존엄성의 각 침해 정도가 위 증거를 배제하여야 할 정도에는 이르지 아니하므로 위 채혈에 따른 감정의뢰회보는 그 증거능력이 있다고 보아야 할 것이라고 판단하여 피고인의 항소를 기각하고 제1심판결을 유지하였다.

위 경찰관이 간호사로부터 진료 목적으로 채혈된 피고인의 혈액 중 일부를 주취 여부에 대한 감정을 목적으로 제출받아 압수한 데에 절차 위반의 위법이 있는지에 관하여 보건대, 형사소송법 제218조는 "검사 또는 사법경찰관은 피의자, 기타인의 유류한 물건이나 소유자, 소지자 또는 보관자가 임의로 제출한 물건을 영장 없이 압수할 수 있다."라고 규정하고 있고, 같은 법 제219조에 의하여 준용되는 제112조 본문은 "변호사, 변리사, 공증인, 공인회계사, 세무사, 대서업자, 의사, 한의사, 치과의사, 약사, 약종상, 조산사, 간호사, 종교의 직에 있는 자 또는 이러한 직에 있던 자가 그 업무상 위탁을 받아 소지 또는 보관하는 물건으로 타인의 비밀에 관한 것은 압수를 거부할 수 있다."라고 규정하고 있을 뿐이고, 달리 형사소송법 및 기타 법령상 의료인이 진료 목적으로 채혈한 혈액을 수사기관이 수사 목적으로 압수하는 절차에 관하여 특별한 절차적 제한을 두고 있지 않으므로, 의료인이 진료 목적으로 채혈한 환자의 혈액을 수사기관에 임의로 제출하였다면 그 혈액의 증거사용에 대하여도 환자의 사생활의 비밀 기타 인격적 법익이 침해되는 등의 특별한 사정이 없는 한 반드시 그 환자의 동의를 받아야 하는 것이 아니다. 따라서 원심이 적법하게 인정한 사실에 의하면, 경찰관이 간호사로부터 진료 목적으로 이미 채혈되어 있던 피고인의 혈액 중 일부를 임의로 제출 받아 이를 압수한 것으로 보이므로 당시 간호사가 위 혈액의 소지자 겸 보관자인 공주의료원 또는 담당의사를 대리하여 혈액을 경찰관에게 임의로 제출할 수 있는 권한이 없었다고 볼 특별한 사정이 없는 이상, 그 압수절차가 피고인 또는 피고인의 가족의 동의 및 영장 없이 행하여졌다고 하더라도 이에 적법절차를 위반한 위법이 있다고 할 수 없다.

〈강제채혈의 법적 성질 및 채혈 방법〉

대법원 2012. 11. 15. 선고 2011도15258 판결

헌법과 형사소송법이 정한 절차에 따르지 아니하고 수집된 증거는 기본적 인권 보장을 위해 마련된 적법한 절차에 따르지 않은 것으로서 원칙적으로 유죄 인정의 증거로 삼을 수 없고, 위와 같은 법리는 이를 기초로 하여 획득한 2차적 증거에도 마찬가지로 적용된다고 할 것이다. 그렇다면 수사기관이 법원으로부터 영장 또는 감정처분허가장을 발부받지 아니한 채 피의자의 동의 없이 피의자의 신체로부터 혈액을 채취하고 사후에도 지체 없이 영장을 발부받지 아니한 채 그 혈액 중 알코올농도에 관한 감정을 의뢰하였다면, 이러한 과정을 거쳐 얻은 감정의뢰회보 등은 형사소송법상 영장주의 원칙을 위반하여 수집하거나 그에 기초하여 획득한 증거로서, 원칙적으로 그 절차위반행위가 적법절차의 실질적인 내용을 침해하여 피고인이나 변호인의 동의가 있더라도 유죄의 증거로 사용할 수 없다고 할 것이다(대법원 2011. 4. 28. 선고 2009도2109 판결 등 참조).

나. 한편 수사기관이 범죄 증거를 수집할 목적으로 피의자의 동의 없이 피의자의 혈액을 취득·보관하는 행위는 법원으로부터 감정처분허가장을 받아 형사소송법 제221조의4 제1항, 제173조 제1항에 의한 '감정에 필요한 처분'으로도 할 수 있지만, 형사소송법 제219조, 제106조 제1항에 정한 압수의 방법으로도 할 수 있고, 압수의 방법에 의하는 경우 혈액의 취득을 위하여 피의자의 신체로부터 혈액을 채취하는 행위는 그 혈액의 압수를 위한 것으로서 형사소송법 제219조, 제120조 제1항에 정한 '압수영장의 집행에 있어 필요한 처분'에 해당한다고 할 것이다.

그런데 음주운전 중 교통사고를 야기한 후 피의자가 의식불명 상태에 빠져 있는 등으로 도로교통법이 음주운전의 제1차적 수사방법으로 규정한 호흡조사에 의한 음주측정이 불가능하고 혈액 채취에 대한 동의를 받을 수도 없을 뿐만 아니라 법원으로부터 혈액 채취에 대한 감정처분허가장이나 사전 압수영장을 발부받을 시간적 여유도 없는 긴급한 상황이 생길 수 있다. 이러한 경우 피의자의 신체 내지 의복류에 주취로 인한 냄새가 강하게 나는 등 형사소송법 제211조 제2항 제3호가 정하는 범죄의 증적이 현저한 준현행범인으로서의 요건이 갖추어져 있고 교통사고 발생 시각으로부터 사회통념상 범행 직후라고 볼 수 있는 시간 내라면, 피의자의 생명·신체를 구조하기 위하여 사고현장으로부터 곧바로 후송된 병원 응급실 등의 장소는 형사소송법 제216조 제3항의 범죄 장소에 준한다 할 것이므로, 검사 또는 사법경찰관은 피의자의 혈중알코올농도 등 증거의 수집을 위하여 의료법상 의료인의 자격이 있는 자로 하여금 의료용 기구로 의학적인 방법에 따라 필요최소한의 한도 내에서 피의자의 혈액을 채취하게 한 후 그 혈액을 영장 없이 압수할 수 있다고 할 것이다. 다만 이 경우에도 형사소송법 제216조 제3항 단서, 형사소송규칙 제58조, 제107조 제1항 제3호에 따라 사후에 지체 없이 강제채혈에 의한 압수의 사유 등을 기재한 영장청구서에 의하여 법원으로부터 압수영장을 받아야 함은 물론이다.

2. 원심은 그 채택 증거에 의하여, **피고인이 2011. 3. 5. 23:45경 판시 장소에서 오토바이를 운전하여 가다가 선행 차량의 뒷부분을 들이받는 교통사고를 야기한 후 의식을 잃은 채 119 구급차량에 의하여 병원 응급실로 후송된 사실, 사고 시각으로부터 약 1시간 후인 2011. 3. 6. 00:50경 사고신고를 받고 병원 응급실로 출동한 경찰관은 법원으로부터 압수·수색 또는 검증 영장을 발부받지 아니한 채 피고인의 아들로부터 동의를 받아 간호사로 하여금 의식을 잃고 응급실에 누워 있는 피고인으로부터 채혈을 하도록 한 사실** 등을 인정하였다. 그리고 나아가 이 사건 채혈은 법관으로부터 영장을 발부받지 않은 상태에서 이루어졌고 사후에 영장을 발부받지도 아니하였으므로 피고인의 혈중알코올농도에 대한 국립과학수사연구소의 감정의뢰회보 및 이에 기초한 주취운전자 적발보고서, 주취운전자 정황보고서 등의 증거는 위법수집증거로서 증거능력이 없으므로, 피고인의 자백 외에 달리 이를 보강할 만한 증거가 없다는 이유로 이 사건 공소사실을 무죄로 판단하였다.

원심판결 이유를 앞서 본 법리와 기록에 비추어 살펴보면, 원심이 적법한 절차에 따르지 아니하고 수집된 피고인의 혈액을 이용한 혈중알코올농도에 관한 감정의뢰회보 등의 증거능력을 부정한 것은 정당하고, 달리 위와 같은 증거의 증거능력을 배제하는 것이 헌법과 형사소송법이 형사소송에 관한 절차 조항을 마련하여 적법절차의 원칙과 실체적 진실 규명의 조화를 도모하고 이를 통하여 형사사법 정의를 실현하려 한 취지에 반하는 결과를 초래하는 것으로 평가되는 예외적인 경우에 해당한다고 볼 사유도 찾아볼 수 없다.

대법원 2014. 11. 13. 선고 2013도1228 판결「형사소송법상 소송능력이라고 함은 소송당사자가 유효하게 소송행위를 할 수 있는 능력, 즉 피고인 또는 피의자가 자기의 소송상의 지위와 이해관계를 이해하고 이에 따라 방어행위를 할 수 있는 의사능력을 의미하는데, 피의자에게 의사능력이 있으면 직접 소송행위를 하는 것이 원칙이고, 피의자에게 의사능력이 없는 경우에는 형법 제9조 내지 제11조의 규정의 적용을 받지 아니하는 범죄사건에 한하여 예외적으로 그 법정대리인이 소송행위를 대리할 수 있다(형사소송법 제26조). 따라서 음주운전과 관련한 도로교통법위반죄의 범죄수사를 위하여 미성년자인 피의자의 혈액채취가 필요한 경우에도 피의자에게 의사능력이 있다면 피의자 본인만이 혈액채취에 관한 유효한 동의를 할 수 있고, 피의자에게 의사능력이 없는 경우에도 명문의 규정이 없는 이상 법정대리인이 피의자를 대리하여 동의할 수는 없다.」

2. 강제채뇨

〈강제채뇨의 허용성 여부 및 적법요건〉

대법원 2018. 7. 12. 선고 2018도6219 판결 〈표준〉

1. 강제 채뇨는 피의자가 임의로 소변을 제출하지 않는 경우 피의자에 대하여 강제력을 사용해서 도뇨관(catheter)을 요도를 통하여 방광에 삽입한 뒤 체내에 있는 소변을 배출시켜 소변을 취득·보관하는 행위이다. 수사기관이 범죄 증거를 수집할 목적으로 하는 강제 채뇨는 피의자의 신체에 직접적인 작용을 수반할 뿐만 아니라 피의자에게 신체적 고통이나 장애를 초래하거나 수치심이나 굴욕감을 줄 수 있다. 따라서 피의자에게 범죄 혐의가 있고 그 범죄가 중대한지, 소변성분 분석을 통해서 범죄 혐의를 밝힐 수 있는지, 범죄 증거를 수집하기 위하여 피의자의 신체에서 소변을 확보하는 것이 필요한 것인지, 채뇨가 아닌 다른 수단으로는 증명이 곤란한지 등을 고려하여 범죄 수사를 위해서 강제 채뇨가 부득이하다고 인정되는 경우에 최후의 수단으로 적법한 절차에 따라 허용된다고 보아야 한다. 이때 의사, 간호사, 그 밖의 숙련된 의료인 등으로 하여금 소변 채취에 적합한 의료장비와 시설을 갖춘 곳에서 피의자의 신체와 건강을 해칠 위험이 적고 피의자의 굴욕감 등을 최소화하는 방법으로 소변을 채취하여야 한다.

수사기관이 범죄 증거를 수집할 목적으로 피의자의 동의 없이 피의자의 소변을 채취하는 것은 법원으로부터 감정허가장을 받아 형사소송법 제221조의4 제1항, 제173조 제1항에서 정한 '감정에 필요한 처분'으로 할 수 있지만(피의자를 병원 등에 유치할 필요가 있는 경우에는 형사소송법 제221조의3에 따라 법원으로부터 감정유치장을 받아야 한다), 형사소송법 제219조, 제106조 제1항, 제109조에 따른 압수·수색의 방법으로도 할 수 있다. 이러한 압수·수색의 경우에도 수사기관은 원칙적으로 형사소송법 제215조에 따라 판사로부터 압수·수색영장을 적법하게 발부받아 집행해야 한다.

압수·수색의 방법으로 소변을 채취하는 경우 압수대상물인 피의자의 소변을 확보하기 위한 수사기관의 노력에도 불구하고, 피의자가 인근 병원 응급실 등 소변 채취에 적합한 장소로 이동하는 것에 동의하지 않거나 저항하는 등 임의동행을 기대할 수 없는 사정이 있는 때에는 수사기관으로서는 소변 채취에 적합한 장소로 피의자를 데려가기 위해서 필요 최소한의 유형력을 행사하는 것이 허용된다. 이는 형사소송법 제219조, 제120조 제1항에서 정한 '압수·수색영장의 집행에 필요한 처분'에 해당한다고 보아야 한다. 그렇지 않으면 피의자의 신체와 건강을 해칠 위험이 적고 피의자의 굴욕감을 최소화하기 위하여 마련된 절차에 따른 강제 채뇨가 불가능하여 압수영장의 목적을 달성할 방법이 없기 때문이다.

2. 원심판결 이유와 적법하게 채택된 증거에 따르면, 다음과 같은 사실을 알 수 있다.

가. 부산지방검찰청 소속 검사는 부산지방경찰청 소속 경찰관의 신청에 따라 피고인이 2017. 8. 초순 메트암페타민(이하 '필로폰'이라 한다)을 투약했다는 제보를 바탕으로 부산지방법원에 압수·수색·검증영장을 청구하여 2017. 8. 10. 영장담당판사로부터 마약류 관리에 관한 법률 위반 혐의에 관하여 압수·수색·검증영장(이하 '이 사건 영장'이라 한다)을 발부받았다. 이 사건 영장의 '압수할 물건'란에는 '피의자의 소변 30cc, 모발 약 80수, 마약류 불법사용에 대한 도구' 등이, '수색·검증할 장소'란에는 '피의자의 실제 주거지[부산 해운대구 (주소 생략)]' 등이 포함되어 있다. 피고인은 필로폰 투약으로 인한 마약류 관리에 관한 법률 위반(향정)죄로 수차례 처벌받은 전력이 있다.

나. 경찰관은 2017. 8. 28. 11:10경 부산 해운대구 (주소 생략)에서 피고인에게 이 사건 영장을 제시하고 주거지를 수색하여 사용 흔적이 있는 주사기 4개를 증거물로 압수하였다.

다. 경찰관이 이 사건 영장에 따라 피고인에게 소변과 모발을 제출하도록 요구하였으나, 피고인은 욕설을 하며 완강하게 거부하였다. 경찰관은 피고인을 3시간가량 설득하였으나, 피고인이 계속 거부하면서 자해를 하자 이를 제압하고 피고인에게 수갑과 포승을 채운 뒤 강제로 ○○의료원 응급실로 데리고 갔다.

라. 피고인이 ○○의료원 응급실에서도 소변의 임의 제출을 거부하자, 경찰관은 같은 날 15:30경 응급구조사로 하여금 피고인의 신체에서 소변 30cc를 채취하도록 하여 이를 압수하

였다. 압수한 소변을 간이시약(MET)으로 검사한 결과 필로폰 양성반응이 나왔다.

3. 위와 같은 사실관계를 위에서 본 법리에 비추어 살펴본다.

피고인에 대한 피의사실이 중대하고 객관적 사실에 근거한 명백한 범죄 혐의가 있었다고 볼 수 있다. 경찰관의 장시간에 걸친 설득에도 불구하고 피고인은 소변의 임의 제출을 거부하면서 판사가 적법하게 발부한 압수영장의 집행에 저항하였다. 경찰관은 다른 방법으로 수사목적을 달성하기 곤란하다고 판단하여 압수대상물인 피고인의 소변을 채취하기 위하여 강제로 피고인을 소변 채취에 적합한 장소인 인근 병원 응급실로 데리고 가 의사의 지시를 받은 응급구조사로 하여금 피고인의 신체에서 소변을 채취하도록 하였고, 그 과정에서 피고인에 대한 강제력의 행사가 필요 최소한도를 벗어나지 않았다. 경찰관의 이러한 조치는 형사소송법 제219조, 제120조 제1항에서 정한 '압수영장의 집행에 필요한 처분'으로서 허용된다고 보는 것이 타당하다.

경찰관 직무집행법 제10조 제1항, 제10조의2 제1항 제2호, 제3호, 제2항 등에 따르면, 경찰관은 직무수행 중 자신이나 다른 사람의 생명·신체의 방어와 보호, 공무집행에 대한 항거제지를 위하여 필요하다고 인정되는 상당한 이유가 있을 때에는 그 사태를 합리적으로 판단하여 필요한 한도에서 수갑, 포승, 경찰봉, 방패 등 경찰장구를 사용할 수 있다. 이 사건에서 경찰관이 압수영장을 집행하기 위하여 피고인을 ○○의료원 응급실로 데리고 가는 과정에서 공무집행에 항거하는 피고인을 제지하고 자해 위험을 방지하기 위해 수갑과 포승을 사용한 것은 경찰관 직무집행법에 따라 허용되는 경찰장구의 사용으로서 적법하다.

제 3 절 압수·수색·검증과 영장주의의 예외

I. 체포·구속을 위한 피의자수색

헌법재판소 2018. 4. 26. 선고 2015헌바370, 2016헌가7(병합) 결정 「심판대상조항은 체포영장을 발부받아 피의자를 체포하는 경우에 필요한 때에는 영장 없이 타인대법원 2021. 5. 27. 선고 2018도13458 판결 [특수공무집행방해치상·특수공무집행방해] 의 주거 등 내에서 피의자 수사를 할 수 있다고 규정함으로써, 앞서 본 바와 같이 별도로 영장을 발부받기 어려운 긴급한 사정이 있는지 여부를 구별하지 아니하고 피의자가 소재할 개연성만 소명되면 영장 없이 타인의 주거 등을 수색할 수 있도록 허용하고 있다. 이는 체포영장이 발부된 피의자가 타인의 주거 등에 소재할 개연성은 소명되나, 수색에 앞서 영장을 발부받기 어려운 긴급한 사정이 인정되지 않는 경우에도 영장 없이 피의자 수색을 할 수 있다는 것이므로, 위에서 본 헌법 제16조의 영장주의 예외 요건을 벗어나는 것으로서 영장주의에 위반된다.」

〈헌법불합치결정의 소급효 및 피의자수색의 적법 요건〉

대법원 2021. 5. 27. 선고 2018도13458 판결

2. 형사소송법의 개정과 헌법불합치결정의 소급효

가. 이 사건 헌법불합치결정에 따라 개정된 형사소송법은 제216조 제1항 제1호 중 '피의자수사'를 '피의자 수색'으로 개정하면서 단서에 "제200조의2 또는 제201조에 따라 피의자를 체포 또는 구속하는 경우의 피의자 수색은 미리 수색영장을 발부받기 어려운 긴급한 사정이 있는 때에 한정한다."라는 부분을 추가하였으나, 부칙은 소급적용에 관하여 아무런 규정을 두고 있지 않다.

나. 어떤 법률조항에 대하여 헌법재판소가 헌법불합치결정을 하여 입법자에게 그 법률조항을 합헌적으로 개정 또는 폐지하는 임무를 입법자의 형성 재량에 맡긴 이상, 개선입법의 소급적용 여부와 소급적용 범위는 원칙적으로 입법자의 재량에 달린 것이다. 그러나 구법 조항에 대한 이 사건 헌법불합치결정의 취지나 위헌심판의 구체적 규범통제 실효성 보장이라는 측면을 고려할 때, 적어도 이 사건 헌법불합치결정을 하게 된 당해 사건 및 이 사건 헌법불합치결정 당시에 구법 조항의 위헌 여부가 쟁점이 되어 법원에 계속 중인 사건에 대하여는 이 사건 헌법불합치결정의 소급효가 미친다고 해야 하므로, 비록 현행 형사소송법 부칙에 소급적용에 관한 경과조치를 두고 있지 않더라도 이들 사건에 대하여는 구법 조항을 그대로 적용할 수는 없고, 위헌성이 제거된 현행 형사소송법의 규정을 적용하여야 한다(대법원 2011. 9. 29. 선고 2008두18885 판결 등 참조).

3. 이 사건에 관한 판단

가. 기록에 의하면, 피고인이 원심법원에 구법 조항에 대하여 위헌법률심판제청을 신청하였고 원심법원이 이를 받아들여 위헌법률심판제청을 하였으며 그 결과 헌법재판소가 이 사건 헌법불합치결정을 한 사실을 알 수 있으므로, 이 사건은 당해 사건으로서 현행 형사소송법의 관련 조항이 적용되어야 한다. 따라서 체포영장에 따라 피의자를 체포하는 경우 타인의

건조물 등에서의 피의자 수색은 미리 수색영장을 발부받기 어려운 긴급한 사정이 있는 때에만 가능하다. … 수사기관으로서는 '수색의 상당성과 필요성에 대한 소명자료'를 보완하여 법원으로부터 수색영장을 발부받을 수 있는 시간적 여유가 충분히 있었음에도 불구하고 2013. 12. 22. 09:39경 이 사건 체포영장을 집행할 때까지 이 사건 건조물의 수색을 위한 수색영장을 청구하지 아니한 사실 등을 고려할 때, 이 사건 체포영장을 집행하기 위하여 이 사건 건조물을 수색하기에 앞서 수색영장을 발부받기 어려운 긴급한 사정이 있었다고 볼 수 없으므로, 경찰관들이 수색영장 없이 이 사건 건조물을 수색한 행위는 적법한 공무집행에 해당하지 않는다는 이유로 이 사건 공소사실을 무죄로 판단하였다.

Ⅱ. 체포현장에서의 압수·수색·검증

〈'체포·구속하는 경우'의 의미: 적법한 체포·구속의 전제〉

대법원 2009. 12. 24. 선고 2009도11401 판결 〈표준〉

형사소송법 제216조 제1항 제2호, 제217조 제2항, 제3항은 사법경찰관은 형사소송법 제200조의3(긴급체포)의 규정에 의하여 피의자를 체포하는 경우에 필요한 때에는 영장 없이 체포현장에서 압수·수색을 할 수 있고, 압수한 물건을 계속 압수할 필요가 있는 경우에는 지체 없이 압수수색영장을 청구하여야 하며, 청구한 압수수색영장을 발부받지 못한 때에는 압수한 물건을 즉시 반환하여야 한다고 규정하고 있는바, 형사소송법 제217조 제2항, 제3항에 위반하여 압수수색영장을 청구하여 이를 발부받지 아니하고도 즉시 반환하지 아니한 압수물은 이를 유죄 인정의 증거로 사용할 수 없는 것이고, 헌법과 형사소송법이 선언한 영장주의의 중요성에 비추어 볼 때 피고인이나 변호인이 이를 증거로 함에 동의하였다고 하더라도 달리 볼 것은 아니다.

원심판결 이유에 의하면, 원심은, 서울지방경찰청 외사과 소속 경사 공소외인이 피고인을 긴급체포할 당시 헌법 제12조 제5항, 형사소송법 제200조의3 제1항, 제200조의5에서 요구하는 긴급체포의 요건을 갖추지 못하였으므로 피고인에 대한 긴급체포는 위법한 체포이고, 검사의 피고인에 대한 피의자신문은 2008. 12. 1. 피고인이 경찰에서 위법하게 긴급체포된 후 검찰로 송치되어 2008. 12. 10. 이루어졌으므로 위법한 긴급체포와 시간적으로 근접하여 이루어진 것인데다가, 당시 피고인이 변호인의 조력을 받은 바도 없으므로 위 피의자신문조서는 그 위법의 정도가 중하여 이를 유죄의 증거로 할 수 없으며, 피고인에 대한 긴급체포가 위법하므로 그에 수반하여 이루어진 각 압수절차 또한 위법임을 면할 수 없고, 가사 위 긴급체포가 적법하여 그에 수반된 압수절차가 허용되는 경우라 하더라도 이후 공소외인 등은 그 영장을 발부받아야 함에도 그러한 조치가 이루어지지 아니하였으므로, 위와 같이 위법한 압수절차에 의하여 압수한 물건은 이 사건 공소사실을 유죄로 인정하는 증거로 사용할 수 없다고 판단하였다.

> **[긴급체포의 적법성 관련]** 긴급체포 전에 서울지방경찰청 외사과 사법경찰관이 미리 판사로부터 체포영장을 받을 시간적 여유가 충분하였고, 긴급체포 당시 체포영장을 받을 수 없을 정도로 긴급한 사정이 있었다고 볼 수 없다고 판단된 사안

〈'체포현장'의 의미 : '착수설'을 취한 것으로 보이는 판례〉

대법원 2017. 11. 29. 선고 2014도16080 판결 <표준>

원심은 판시와 같은 이유를 들어, (1) 이 사건 공소사실 중 공무집행방해 부분 기재 경찰관들의 행위에 대하여, 형사소송법 제216조 제3항이 정한 '긴급을 요하여 법원 판사의 영장을 받을 수 없는 때'의 요건을 갖추지 못하였고 또한 현행범 체포에 착수하지 아니한 상태여서 형사소송법 제216조 제1항 제2호, 제212조가 정하는 '체포현장에서의 압수·수색' 요건을 갖추지 못하였으므로, 영장 없는 압수·수색업무로서의 적법한 직무집행으로 볼 수 없다고 보아, (2) 제1심과 마찬가지로 위 행위에 대항한 피고인의 행위가 공무집행방해죄를 구성하지 아니한다고 판단하고 … 상고이유 주장 사유만으로는 위와 같은 원심의 판단에 논리와 경험의 법칙에 반하여 자유심증주의의 한계를 벗어나거나 영장주의 예외에 관한 법리를 오해한 위법이 있다고 보기 어렵다.

> **[사안의 개요]** 경찰관들이 노래연습장의 주류 판매에 대한 신고를 받고 현장에 출동하여 위반 사실을 확인하기 위해 노래연습장 내부를 수색하자 영업주가 물리력을 행사해 수색을 저지한 행위를 공무집행방해죄로 기소한 사건

〈체포현장의 장소적 접착성〉

대법원 2015. 5. 28. 선고 2015도364 판결

(2) 원심판결 이유 및 적법하게 채택된 증거들을 비롯한 기록에 의하면, 아래와 같은 사실들을 알 수 있다.

① 위 피고인에 대하여 필로폰 매도 등의 혐의로 체포영장이 발부되었다.

② 사법경찰관리인 검찰청 소속 마약수사관들이 2013. 7. 17. 위 피고인의 거주지 부근에서 잠복하는 등 위 피고인을 체포하기 위한 절차에 착수하였다. 위 수사관들은 당시 위 피고인의 거주지에 피고인의 동거녀로 보이는 여성 등이 함께 거주하고 있음을 확인하였다.

③ 위 피고인은 2013. 7. 18. 18:45경 김해체육공원 테니스장 앞 주차장에서 위 수사관들의 체포를 벗어나기 위해 자신의 차량을 몰고 가다 차량을 버리고 도주하는 과정에서 결국 체포되어, 그 직후 수사관으로부터 체포영장의 제시와 함께 형사소송법 제200조의5에 규정된 내용을 고지받고 변명의 기회를 제공받았다.

④ 위 수사관들은 위 피고인을 체포한 직후 별도의 압수·수색영장 없이 위 차량을 수색하여 필로폰과 대마 등을 압수하는 한편, 계속해서 그 장소에서 2킬로미터 정도 떨어져 있는 위 피고인의 주거지를 수색하여 위 피고인이 보관 중이던 도검을 압수하였고, 그 후 2013. 7. 21. 위 압수물들에 대한 압수·수색영장이 발부되었다.

⑤ 위 피고인 및 변호인은 이 사건 제1심 제4회 공판기일에 위 압수물들에 대한 압수조서 (이하 '이 사건 압수조서'라 한다) 및 압수물 사진(이하 '이 사건 압수물 사진'이라 한다)을 증거로 함에 동의하였다.

⑥ 원심은 위 피고인에 대하여 총포·도검·화약류등단속법위반의 공소사실을 비롯한 공소사실 전부를 유죄로 인정하면서 이 사건 압수조서와 압수물 사진 등을 위 피고인의 자백에 대한 보강증거로 삼았다.

(3) 이러한 사실관계를 앞서 본 형사소송법 규정과 법리에 비추어 살펴보면 다음과 같이 판단된다.

(가) 수사관들이 사전에 발부된 체포영장에 의하여 위 피고인을 체포한 직후에 한 체포영장의 제시 및 고지는 적법하다고 보이며, 나아가 수사관들이 위 피고인이 체포과정에서 타고 있었던 차량을 수색하여 필로폰과 대마 등을 압수한 것은 형사소송법 제216조 제1항 제2호에 따른 것으로 적법하다고 볼 수 있다. …

(나) 그러나 수사관들이 별도의 압수·수색영장 없이 위 피고인의 주거지를 수색하여 도검을 압수한 것은 다음과 같은 이유로 적법하다고 보기 어렵다.

1) 수사관들이 위 피고인의 주거지에 대한 수색에 착수할 당시에는 이미 위 피고인에 대한 체포가 완료된 상황이었을 뿐만 아니라, 위 피고인이 체포된 장소와 위 피고인의 주거지가 2킬로미터 정도 떨어져 있었다는 사정을 감안하면 위 피고인의 주거지를 "체포장소"라고 보기는 어렵다.

따라서 위 피고인의 주거지에 대한 압수·수색이 형사소송법 제216조 제1항 제2호에 따른 적법한 압수·수색이라 볼 수 없다.

2) 위 피고인에 대하여 필로폰 매도 등의 혐의로 체포영장이 발부되었고 체포현장에서 마약류가 발견되었던 사정을 고려할 때 수사관들은 위 피고인이 추가로 소지하고 있을지 모를 마약류를 압수하기 위하여 위 피고인의 주거지를 수색한 것으로 보인다. 그러나 위와 같은 사정들만으로 수사관들이 위 압수·수색에 착수할 당시 위 피고인이 주거지에 마약류를 소지하고 있음이 명백하였다고 보기는 어려울 뿐만 아니라 도검에 관하여는 수사관들이 그 소지에 관한 단서조차 가지고 있지 않았던 것으로 보이므로, 위 피고인의 주거지를 마약류 내지 도검의 소지에 관하여 "범행 중 또는 범행 직후"라는 죄증이 명백하게 존재하는 범죄장소로 볼 수는 없다(대법원 2002. 5. 10. 선고 2001도300 판결, 대법원 2012. 2. 9. 선고 2009도14884 판결 참조). 또한 당시 위 피고인의 주거지에 제3자가 동거 중이었으므로 위 피고인의 체포사실이 알려지는 경우 위 주거지에 소지 중이던 마약류가 공범 등에 의하여 은닉될 위험성이 있었다고는 보이나 위 피고인에 대하여 이미 사전에 필로폰 매도 등 혐의로 체포영장이 발부되었던 사정을 고려하면 위 피고인의 주거지에 대한 압수·수색영장을 미리 발부받을 시간적 여유가 없을 정도로 긴급을 요하는 상황이었다고 섣불리 단정하기도 어렵다.

따라서 위 피고인의 주거지에 대한 압수·수색이 형사소송법 제216조 제3항에 따른 적법한 압수·수색이라고 볼 수도 없다.

3) 결국 위 피고인이 주거지에 대한 압수·수색에 관하여 자발적인 의사에 기하여 임의로 동의하였음이 명백하다고 볼만한 사정이 보이지 않는 이 사건에서, 위 도검은 영장 없이 위법하게 압수된 것으로서 증거능력이 없고, 이를 기초로 한 2차 증거인 이 사건 압수조서와 압수물 사진 역시 증거능력이 없다고 봄이 타당하다. 그리고 사후에 위 도검에 대한 압수·수색영장이 발부되었고, 위 피고인이나 변호인이 이 사건 압수조서 및 압수물 사진을 증거로 함에 동의하였다고 하여, 이와 달리 볼 수도 없다.

대법원 2008. 3. 27. 선고 2007도11400 판결

구 형사소송법(2007. 6. 1. 법률 제8496호로 개정되기 전의 것) 제216조 제1항 제2호, 제200조의 3, 제217조 제2항에 의하면, 사법경찰관은 피의자를 긴급체포하는 경우에 필요한 때에는 영장 없이 체포현장에서의 압수, 수색, 검증을 할 수 있고, 위 규정에 의하여 압수한 물건은 구속영장의 발부를 받지 못한 때에는 즉시 환부하여야 한다(단, 압수를 계속할 필요가 있는 때에는 압수수색영장의 발부를 받아야 한다)고 규정하고 있다.

이 사건의 경우 2006. 11. 24. 사법경찰관이 피고인을 긴급체포하면서 체포현장에서 피고인의 차량 내에 있는 피고인 소유의 서류들을 압수한 것은 위와 같은 형사소송법에서 정한 절차에 의한 것으로서(위 긴급체포 후 2006. 11. 27. 피고인에 대하여 구속영장이 발부되었다) 적법하다고 할 것이므로, 위 압수절차가 위법하다는 취지의 피고인의 상고이유의 주장은 받아들일 수 없다.

〈사후 압수·수색영장의 발부 및 압수물의 즉시 반환〉

대법원 2009. 5. 14. 선고 2008도10914 판결 〈표준〉

원심은, 사법경찰리가 2007. 10. 23. 이 사건 구 정보통신망 이용촉진 및 정보보호 등에 관한 법률 위반(음란물유포)의 범죄혐의를 이유로 발부받은 압수·수색영장{수색·검증할 장소, 신체 또는 물건 : (주거지 주소 생략)(주거지), (사업장 소재지 생략)(사업장), 압수할 물건 : 범죄행위에 제공되었거나 범죄행위에 관련된 컴퓨터 및 주변기기, 하드디스크, USB메모리, 플로피 디스크, 시디, 장부, 서류, 수첩, 메모지}에 기하여 피고인의 주거지를 수색하는 과정에서 대마가 발견되자 이에 피고인을 마약류관리에 관한 법률 위반(대마)죄의 현행범으로 체포하면서 위 대마를 압수하였으나, 현행범으로 체포된 피고인이 구속영장에 의하여 구속되지 않고 다음날인 2007. 10. 24. 석방되었음에도 사후 압수·수색영장을 받지 아니한 사실이 인정되므로 위 압수한 대마 및 그 압수조서 중 "위 대마를 피고인에게서 압수하였다"는 취지의 기재 등은 형사소송법상 영장주의를 위반하여 수집한 증거로, 그 절차위반의 정도가 적법절차의 실질적인 내용을 침해하는 것이어서 그 증거능력을 배제하는 것이 형사사법 정의실현의 취지에 합치된다 할 것이고, 따라서 위 각 증거는 증거능력이 없어 위 대마소지의 점에 관한 공소사실의 증거로 사용할 수 없다고 판단하였다.

구 형사소송법(2007. 6. 1. 공포되고 2008. 1. 1.부터 시행된 법률 제8496호 이전의 것) 제216조 제1항 제2호, 제217조 제2항에 의하면 피의자를 체포하는 경우에 필요한 때에는 영장 없이 체포현장에서 압수·수색을 할 수 있고 이때 구속영장의 발부를 받지 못한 때에는 이를 즉시 환부하여야 하지만, 압수한 물건을 계속 압수할 필요가 있는 경우에는 사후에 압수·수색영장을 받아야 한다고 규정하고, 같은 법 제216조 제3항에 의하면 범행 중 또는 범행 직후의 범죄 장소에서 긴급을 요하여 법원판사의 영장을 받을 수 없는 때에는 영장 없이 압수·수색을 하되, 사후에 영장을 받도록 규정하고 있는바, 이러한 형사소송법의 규정과 앞서 본 법리에 비추어 보면, 이 사건 압수물과 압수조서의 기재는 형사소송법상 영장주의 원칙에 위배하여 수집하거나 그에 기초한 증거로서 그 절차위반행위가 적법절차의 실질적인 내용을 침해하는 정도에 해당한다 할 것이니, 원심이 위 각 증거의 증거능력을 부정하고 이 사건 대마소지의 점에 관한 공소사실에 대하여 범죄의 증명이 없다는 이유로 무죄를 선고한 것은 정당하다.

Ⅲ. 범죄장소에서의 압수·수색·검증

〈제216조 제3항에 의한 압수·수색의 적법 요건: 긴급성의 요건을 갖추지 못한 경우〉

대법원 2012. 2. 9. 선고 2009도14884 판결

수사에 관한 강제처분은 형사소송법에 특별한 규정이 없으면 하지 못하고(형사소송법 제199조 제1항 단서), 사법경찰관이 범죄수사에 필요한 때에는 검사에게 신청하여 검사의 청구로 지방법원 판사가 발부한 영장에 의하여 압수·수색 또는 검증을 할 수 있으며(형사소송법 제215조 제2항), 다만 범행 중 또는 범행직후의 범죄 장소에서 긴급을 요하여 법원판사의 영장을 받을 수 없는 때에는 영장 없이 압수, 수색 또는 검증을 할 수 있으나, 이 경우에는 사후에 지체없이 영장을 받아야 한다(형사소송법 제216조 제3항). 형사소송법 제216조 제3항의 요건 중 어느 하나라도 갖추지 못한 경우 그러한 압수·수색 또는 검증은 위법하고, 이에 대하여 사후에 법원으로부터 영장을 발부받았다고 하여 그 위법성이 치유되는 것은 아니다.

2. 원심판결 이유에 의하면, 원심은 그 채용 증거들에 의하여, 인천삼산경찰서 생활질서계는 불법 게임장에 대한 112신고가 접수되면 관할 지구대 소속 경찰관들로 하여금 1차로 단속을 하도록 하고, 단속에 실패한 업소에 대해서는 리스트를 작성하여 위 생활질서계 소속 경찰관들이 리스트에 기재된 업소 주변을 살피거나 잠복하는 등의 방법으로 수사해 온 사실, **이 사건 게임장에 대하여 112신고가 여러 차례 접수되었으나 그때마다 단속에 실패하였고, 이**

에 위 생활질서계 소속 B 경장 등은 평소 이 사건 게임장 주위를 탐문한 결과 폐쇄회로 티브이(CCTV) 및 철문이 설치되어 있으며, 환풍기가 작동되고 있음에도 문을 두드려도 열어주지 않는 등 이 사건 게임장이 112신고 내용처럼 불법 게임장이라는 의심을 하게 되었으나, 사전 압수수색영장을 신청한 바는 없었던 사실, 위 경찰관들은 2008. 9. 8. 차량을 타고 위 리스트에 기재된 업소들을 돌아보던 중 같은 날 17:00경 이 사건 게임장이 있는 건물을 지나가다가, 남자들이 이 사건 게임장 안으로 들어가는 것을 보고 뒤따라 들어가, 게임장 내부를 수색하여, 등급분류를 받지 아니한 바다이야기 게임기 47대가 보관되어 있는 것을 확인 후, 같은 날 18:30경위 게임기 등을 모두 압수한 사실, 이 사건 게임장 업주 C는 유통시킬 목적으로 이 사건 게임기 47대를 진열 · 보관하였다는 범죄사실로 유죄 판결을 선고받은 사실 등 그 판시 사실들을 인정한 다음, 위와 같이 위 경찰관들은 이 사건 당일이나 그에 근접한 일시경에 이 사건 게임장에 대한 112신고 등 첩보를 접수받은 바 없고, 위 경찰관들이 이 사건 게임장을 압수수색할 당시 이 사건 게임장에서 범죄행위가 행해지고 있다는 구체적인 단서를 갖고 있지 않았으며, 단지 위 단속리스트에 기재된 게임장들 주위를 순찰하던 도중 이 사건 게임장에 남자들이 들어가는 것을 우연히 목격한 후 따라 들어가 그 내부를 수색한 점, 불법 게임장 영업은 그 성질상 상당한 기간 동안 계속적으로 이루어지고 불법 게임기는 상당한 부피 및 무게가 나가는 것들로서 은폐나 은닉이 쉽지 아니한 점 등 그 판시와 같은 사정들에 비추어 보면, <u>위 경찰관들의 압수수색은 형사소송법 제216조 제3항 소정의 '긴급성' 요건을 충족시키지 못한 것으로 위법</u>하다고 판단하였다.

3. 앞에서 본 법리에 비추어 살펴보면, 원심의 위와 같은 판단은 정당하고, 위 경찰관들의 이 사건 압수수색에 관하여 사후에 법원으로부터 영장이 발부되었다고 하여 이와 달리 볼 수 없으며, 이 부분 원심판결에 형사소송법 제216조 제3항에 관한 법리를 오해한 위법이 없다.

> **대법원 2012. 11. 15. 선고 2011도15258 판결**
> 음주운전 중 교통사고를 야기한 후 피의자가 의식불명 상태에 빠져 있는 등으로 도로교통법이 음주운전의 제1차적 수사방법으로 규정한 호흡조사에 의한 음주측정이 불가능하고 혈액 채취에 대한 동의를 받을 수도 없을 뿐만 아니라 법원으로부터 혈액 채취에 대한 감정처분허가장이나 사전 압수영장을 발부받을 시간적 여유도 없는 긴급한 상황이 생길 수 있다. 이러한 경우 피의자의 신체 내지 의복류에 주취로 인한 냄새가 강하게 나는 등 형사소송법 제211조 제2항 제3호가 정하는 범죄의 증적이 현저한 준현행범인으로서의 요건이 갖추어져 있고 <u>교통사고 발생 시각으로부터 사회통념상 범행 직후라고 볼 수 있는 시간 내라면,</u> 피의자의 생명·신체를 구조하기 위하여 사고현장으로부터 곧바로 후송된 병원 응급실 등의 장

소는 형사소송법 제216조 제3항의 범죄 장소에 준한다 할 것이므로, 검사 또는 사법경찰관 은 피의자의 혈중알코올농도 등 증거의 수집을 위하여 의료법상 의료인의 자격이 있는 자 로 하여금 의료용 기구로 의학적인 방법에 따라 필요최소한의 한도 내에서 피의자의 혈액 을 채취하게 한 후 그 혈액을 영장 없이 압수할 수 있다고 할 것이다. 다만 이 경우에도 형 사소송법 제216조 제3항 단서, 형사소송규칙 제58조, 제107조 제1항 제3호에 따라 사후에 지체 없이 강제채혈에 의한 압수의 사유 등을 기재한 영장청구서에 의하여 법원으로부터 압수영장을 받아야 함은 물론이다.

대법원 1998. 5. 8. 선고 97다54482 판결 「주취운전이라는 범죄행위로 당해 음주운전자를 구속·체포하 지 아니한 경우에도 필요하다면 그 차량열쇠는 범행 중 또는 범행 직후의 범죄장소에서의 압수로서 형 사소송법 제216조 제3항에 의하여 영장 없이 이를 압수할 수 있다 할 것이다.」

Ⅳ. 긴급체포 후의 압수·수색·검증

〈제217조 제1항의 취지 및 동 조항에 의한 압수·수색의 야간집행의 제한 여부〉

대법원 2017. 9. 12. 선고 2017도10309 판결 <표준>

가. 사법경찰관이 범죄수사에 필요한 때에는 피의자가 죄를 범하였다고 의심할 만한 정황이 있고 해당 사건과 관계가 있다고 인정할 수 있는 것에 한정하여 검사에게 신청하여 검사의 청구로 지방법원판사가 발부한 영장에 의하여 압수, 수색 또는 검증을 할 수 있다(형사소송법 제215조 제2항).

이처럼 범죄수사를 위하여 압수, 수색 또는 검증을 하려면 미리 영장을 발부받아야 한다는 이른바 사전영장주의가 원칙이지만, 형사소송법 제217조는 그 예외를 인정한다. 즉, 검사 또 는 사법경찰관은 긴급체포된 자가 소유·소지 또는 보관하는 물건에 대하여는 긴급히 압수 할 필요가 있는 경우에는 체포한 때부터 24시간 이내에 한하여 영장 없이 압수·수색 또는 검증을 할 수 있고(형사소송법 제217조 제1항), 압수한 물건을 계속 압수할 필요가 있는 경우 에는 지체 없이 압수수색영장을 청구하여야 한다. 이 경우 압수수색영장의 청구는 체포한 때부터 48시간 이내에 하여야 한다(같은 조 제2항).

형사소송법 제217조 제1항은 수사기관이 피의자를 긴급체포한 상황에서 피의자가 체포되었 다는 사실이 공범이나 관련자들에게 알려짐으로써 관련자들이 증거를 파괴하거나 은닉하는 것을 방지하고, 범죄사실과 관련된 증거물을 신속히 확보할 수 있도록 하기 위한 것이다. 이 규정에 따른 압수·수색 또는 검증은 체포현장에서의 압수·수색 또는 검증을 규정하고 있는 형사소송법 제216조 제1항 제2호와 달리, 체포현장이 아닌 장소에서도 긴급체포된 자가 소유·소지 또는 보관하는 물건을 대상으로 할 수 있다.

나. 원심판결 이유와 적법하게 채택된 증거에 의하면, 아래와 같은 사실을 알 수 있다.

(1) 서울지방경찰서 소속 경찰관들은 2016. 10. 5. 20:00경 경기 광주시 (주소 1 생략) 앞 도로에서 위장거래자와 만나서 마약류 거래를 하고 있는 피고인을 긴급체포한 뒤 현장에서 피고인이 위장거래자에게 건네준 메트암페타민 약 9.50g이 들어 있는 비닐팩 1개(증제1호)를 압수하였다.

(2) 위 경찰관들은 같은 날 20:24경 영장 없이 체포현장에서 약 2km 떨어진 경기 광주시 (주소 2 생략)에 있는 피고인의 주거지에 대한 수색을 실시해서 작은 방 서랍장 등에서 메트암페타민 약 4.82g이 들어 있는 비닐팩 1개(증제2호) 등을 추가로 찾아내어 이를 압수하였다.

(3) 이후 사법경찰관은 압수한 위 메트암페타민 약 4.82g이 들어 있는 비닐팩 1개(증제2호)에 대하여 감정의뢰 등 계속 압수의 필요성을 이유로 검사에게 사후 압수수색영장 청구를 신청하였고, 검사의 청구로 서울중앙지방법원 영장전담판사로부터 2016. 10. 7. 사후 압수수색영장을 발부받았다.

다. 위와 같은 피고인에 대한 긴급체포 사유, 압수·수색의 시각과 경위, 사후 영장의 발부 내역 등에 비추어 보면, 수사기관이 피고인의 주거지에서 긴급 압수한 메트암페타민 4.82g은 긴급체포의 사유가 된 범죄사실 수사에 필요한 범위 내의 것으로서 형사소송법 제217조에 따라 적법하게 압수되었다고 할 것이다.

대법원 2008. 7. 10. 선고 2008도2245 판결 「어떤 물건이 긴급체포의 사유가 된 범죄사실 수사에 필요한 최소한의 범위 내의 것으로서 압수의 대상이 되는 것인지는 당해 범죄사실의 구체적인 내용과 성질, 압수하고자 하는 물건의 형상, 성질, 당해 범죄사실과의 관련 정도와 증거가치, 인멸의 우려는 물론 압수로 인하여 발생하는 불이익의 정도 등 압수 당시의 여러 사정을 종합적으로 고려하여 객관적으로 판단하여야 한다. …이 사건 중 제1호 내지 제4호는 피고인이 보관하던 다른 사람의 주민등록증, 운전면허증 및 그것이 들어있던 지갑으로서, 피고인이 이른바 전화사기죄의 범행을 저질렀다는 범죄사실 등으로 긴급체포된 직후 압수되었는바, 그 압수 당시 위 범죄사실의 수사에 필요한 범위 내의 것으로서 전화사기범행과 관련된다고 의심할 만한 상당한 이유가 있었다고 보이므로, 적법하게 압수되었다고 할 것이다.」

V. 임의제출물의 영치

1. 임의제출의 주체

⟨임의제출의 주체 : 권한 없는 자로부터 임의제출을 받아 위법한 경우⟩

대법원 2010. 1. 28. 선고 2009도10092 판결 ⟨표준⟩

형사소송법 제218조는 '사법경찰관은 소유자, 소지자 또는 보관자가 임의로 제출한 물건을 영장없이 압수할 수 있다'고 규정하고 있는바, 위 규정을 위반하여 소유자, 소지자 또는 보관자가 아닌 자로부터 제출받은 물건을 영장없이 압수한 경우 그 압수물 및 압수물을 찍은 사진은 이를 유죄 인정의 증거로 사용할 수 없는 것이고, 헌법과 형사소송법이 선언한 영장주의의 중요성에 비추어 볼 때 피고인이나 변호인이 이를 증거로 함에 동의하였다고 하더라도 달리 볼 것은 아니다.

기록에 의하면, 충청남도 금산경찰서 소속 경사 공소외 1은 피고인 소유의 쇠파이프를 피고인의 주거지 앞 마당에서 발견하였으면서도 그 소유자, 소지자 또는 보관자가 아닌 피해자 공소외 2로부터 임의로 제출받는 형식으로 위 쇠파이프를 압수하였고, 그 후 압수물의 사진을 찍은 사실, 공판조서의 일부인 제1심 증거목록상 피고인이 위 사진(증 제4호의 일부)을 증거로 하는 데 동의한 것으로 기재되어 있는 사실을 알 수 있는바, 앞서 본 법리에 비추어 보면, 이 사건 압수물과 그 사진은 형사소송법상 영장주의 원칙을 위반하여 수집하거나 그에 기초한 증거로서 그 절차 위반행위가 적법절차의 실질적인 내용을 침해하는 정도에 해당한다고 할 것이므로, 피고인의 증거동의에도 불구하고 위 사진은 이 사건 범죄사실을 유죄로 인정하는 증거로 사용할 수 없다고 할 것이다.

⟨보관자에 의한 임의제출의 적법요건⟩

대법원 2008. 5. 15. 선고 2008도1097 판결

형사소송법 제218조는 '검사 또는 사법경찰관은 피의자, 기타인의 유류한 물건이나 소유자, 소지자 또는 보관자가 임의로 제출한 물건을 영장 없이 압수할 수 있다'라고 규정하고 있고, 같은 법 제219조에 의하여 준용되는 제111조 제1항은 '공무원 또는 공무원이었던 자가 소지 또는 보관하는 물건에 관하여는 본인 또는 그 해당공무소가 직무상의 비밀에 관한 것임을 신고한 때에는 그 소속공무소 또는 당해감독관공서의 승낙 없이는 압수하지 못한다'고 규정하고 있으며, 같은 조 제2항은 '소속공무소 또는 당해감독관공서는 국가의 중대한 이익을 해하는 경우를 제외하고는 승낙을 거부하지 못한다'고 규정하고 있을 뿐이고, 달리 형사소송법 및 기타 법령상 교도관이 그 직무상 위탁을 받아 소지 또는 보관하는 물건으로서 재소자가 작성한 비망록을 수사기관이 수사 목적으로 압수하는 절차에 관하여 특별한 절차적 제한을 두고 있지 않으므로, 교도관이 재소자가 맡긴 비망록을 수사기관에 임의로 제출하였다면 그 비망록의 증거사용에 대하여도 재소자의 사생활의 비밀 기타 인격적 법익이 침해되는 등의 특별한 사정이 없는 한 반드시 그 재소자의 동의를 받아야 하는 것은 아니고, 따라서 검사가 교도관으로부터 보관하고 있던 피고인의 비망록을 뇌물수수 등의 증거자료로 임의로 제출받아 이를 압수한 경우, 그 압수절차가 피고인의 승낙 및 영장 없이 행하여졌다고 하더라도 이에 적법절차를 위반한 위법이 있다고 할 수 없다.

또한, 이 사건 비망록에 피고인 2의 사생활의 비밀 기타 인격적 법익이 침해되는 등의 특별한 사정이 있다고 볼만한 자료가 없으므로, 이 점에 관한 상고이유의 주장도 받아들일 수 없다.

대법원 1999. 9. 3. 선고 98도968 판결

경찰관이 간호사로부터 진료 목적으로 채혈된 피고인의 혈액 중 일부를 주취 여부에 대한 감정을 목적으로 제출받아 압수한 데에 절차 위반의 위법이 있는지에 관하여 보건대, 형사소송법 제218조는 "검사 또는 사법경찰관은 피의자, 기타인의 유류한 물건이나 소유자, 소지자 또는 보관자가 임의로 제출한 물건을 영장 없이 압수할 수 있다."라고 규정하고 있고, 같은 법 제219조에 의하여 준용되는 제112조 본문은 "변호사, 변리사, 공증인, 공인회계사, 세무사, 대서업자, 의사, 한의사, 치과의사, 약사, 약종상, 조산사, 간호사, 종교의 직에 있는 자 또는 이러한 직에 있던 자가 그 업무상 위탁을 받아 소지 또는 보관하는 물건으로 타인의 비밀에 관한 것은 압수를 거부할 수 있다."라고 규정하고 있을 뿐이고, 달리 형사소송법 및 기타 법령상 의료인이 진료 목적으로 채혈한 혈액을 수사기관이 수사 목적으로 압수하는 절차에 관하여 특별한 절차적 제한을 두고 있지 않으므로, 의료인이 진료 목적으로 채혈한 환자의 혈액을 수사기관에 임의로 제출하였다면 그 혈액의 증거사용에 대하여도 환자의 사생활의 비밀 기타 인격적 법익이 침해되는 등의 특별한 사정이 없는 한 반드시 그 환자의 동의를 받아야 하는 것이 아니다.

헌법재판소 2012. 12. 27. 선고 2010헌마153 결정 「이 사건 녹음행위는 교정시설 내의 안전과 질서유지에 기여하기 위한 것으로서 그 목적이 정당할 뿐 아니라 수단이 적절하다. 또한, 소장은 미리 접견내용의 녹음 사실 등을 고지하며, 접견기록물의 엄격한 관리를 위한 제도적 장치도 마련되어 있는 점 등을 고려할 때 침해의 최소성 요건도 갖추었고, 이 사건 녹음행위는 미리 고지되어 청구인의 접견내용은 사생활의 비밀로서의 보호가치가 그리 크지 않다고 할 것이므로 법익의 불균형을 인정하기도 어려워, 과잉금지원칙에 위반하여 청구인의 사생활의 비밀과 자유를 침해하였다고 볼 수 없다. 이 사건 제공행위에 의하여 제공된 접견녹음파일로 특정개인을 식별할 수 있고, 그 대화내용 등은 인격주체성을 특징짓는 사항으로 그 개인의 동일성을 식별할 수 있게 하는 정보이므로, 정보주체인 청구인의 동의 없이 접견녹음파일을 관계기관에 제공하는 것은 청구인의 개인정보자기결정권을 제한하는 것이다. 그런데 이 사건 제공행위는 형사사법의 실체적 진실을 발견하고 이를 통해 형사사법의 적정한 수행을 도모하기 위한 것으로 그 목적이 정당하고, 수단 역시 적합하다. 또한, 접견기록물의 제공은 제한적으로 이루어지고, 제공된 접견내용은 수사와 공소제기 등에 필요한 범위 내에서만 사용하도록 제도적 장치가 마련되어 있으며, 사적 대화내용을 분리하여 제공하는 것은 그 구분이 실질적으로 불가능하고, 범죄와 관련 있는 대화내용을 쉽게 파악하기 어려워 전체제공이 불가피한 점 등을 고려할 때 침해의 최소성 요건도 갖추고 있다. 나아가 접견내용이 기록된다는 사실이 미리 고지되어 그에 대한 보호가치가 그리 크다고 볼 수 없는 점 등을 고려할 때, 법익의 불균형을 인정하기도 어려우므로, 과잉금지원칙에 위반하여 청구인의 개인정보자기결정권을 침해하였다고 볼 수 없다.」 (구치소장이 검사의 요청에 따라 청구인과 배우자의 접견녹음파일을 제공한 사안)

대법원 2013. 9. 26. 선고 2013도7718 판결 「형사소송법 제218조는 검사 또는 사법경찰관은 피의자, 기타인의 유류한 물건이나 소유자, 소지자 또는 보관자가 임의로 제출한 물건을 영장 없이 압수할 수 있다고 규정하고 있고, 압수는 증거물 또는 몰수할 것으로 사료되는 물건의 점유를 취득하는 강제처분으로서, 세관공무원이 통관검사를 위하여 직무상 소지 또는 보관하는 우편물을 수사기관에 임의로 제출한 경우에는 비록 소유자의 동의를 받지 않았다 하더라도 수사기관이 강제로 점유를 취득하지 않은 이상 해당 우편물을 압수하였다고 할 수 없다.」

2. 임의성

〈임의성의 입증 소재 및 증명 정도〉

대법원 2016. 3. 10. 선고 2013도11233 판결

수사기관이 그 별개의 증거를 피압수자 등에게 환부하고 후에 이를 임의제출받아 다시 압수하였다면 그 증거를 압수한 최초의 절차 위반행위와 최종적인 증거수집 사이의 인과관계가 단절되었다고 평가할 수 있는 사정이 될 수 있으나, 환부 후 다시 제출하는 과정에서 수사기관의 우월적 지위에 의하여 임의제출의 명목으로 실질적으로 강제적인 압수가 행하여질 수 있으므로, 그 제출에 임의성이 있다는 점에 관하여는 검사가 합리적 의심을 배제할 수 있을 정도로 증명하여야 하고, 임의로 제출된 것이라고 볼 수 없는 경우에는 그 증거능력을 인정할 수 없다. … 위 USB의 압수 경위, 수사기관이 위 USB를 보유하고 있던 기간, 공소외 5가 압수물건 수령서 및 승낙서를 제출할 당시의 객관적 상황과 그 경위, 공소외 5가 작성한 '일시 보관 서류 등의 목록'의 내용 등을 위 법리에 비추어 보면, 과연 공소외 5가 수사기관으로부터 위 USB를 돌려받았다가 다시 세무공무원에게 제출한 것인지 의심스러울 뿐만 아니라, 설령 공소외 5가 위 USB를 세무공무원에게 제출하였다고 하더라도 그 제출에 임의성이 있는지가 합리적인 의심을 배제할 정도로 증명되었다고 할 수 없으므로, 공소외 5가 위와 같이 압수물건 수령서 및 승낙서를 제출하였다는 사정만으로 이 사건 영장에 기재된 범죄 혐의사실과 무관한 증거인 위 USB가 압수되었다는 절차 위반행위와 최종적인 증거수집 사이의 인과관계가 단절되었다고 보기 어렵다. 따라서 위 USB 및 그에 저장되어 있던 영업실적표는 증거능력이 없다고 할 것이다.

〈체포현장에서의 임의제출에 의한 압수의 허용 여부〉

대법원 2016. 2. 18. 선고 2015도13726 판결

검사 또는 사법경찰관은 형사소송법 제212조의 규정에 의하여 피의자를 현행범 체포하는 경우에 필요한 때에는 체포 현장에서 영장 없이 압수·수색·검증을 할 수 있으나, 이와 같이 압수한 물건을 계속 압수할 필요가 있는 경우에는 체포한 때부터 48시간 이내에 지체 없이 압수영장을 청구하여야 한다(제216조 제1항 제2호, 제217조 제2항). 그리고 검사 또는 사법경찰관이 범행 중 또는 범행 직후의 범죄 장소에서 긴급을 요하여 판사의 영장을 받을 수 없는 때에는 영장 없이 압수·수색 또는 검증을 할 수 있으나, 이 경우에는 사후에 지체 없이 영장을 받아야 한다(제216조 제3항). 다만 형사소송법 제218조에 의하면 검사 또는 사법경찰관은 피의자 등이 유류한 물건이나 소유자·소지자 또는 보관자가 임의로 제출한 물건은 영장 없이 압수할 수 있으므로, 현행범 체포 현장이나 범죄 장소에서도 소지자 등이 임의로 제출하는 물건은 위 조항에 의하여 영장 없이 압수할 수 있고, 이 경우에는 검사나 사법경찰관이 사후에 영장을 받을 필요가 없다.

나. 이 사건 공소사실 중 2014. 6. 1.자 마약류 관리에 관한 법률 위반(향정)의 점의 요지는 '피고인은 공소외 1의 제안을 받고 2014. 5. 29.경 중국 ○○항에서 비닐봉지 7개에 나누어 담은 필로폰 약 6.1kg을 자신의 몸에 은닉한 채 바지선에 승선하여 같은 해 6. 1. 16:15경 거제시 △△항에 입항함으로써, 공소외 1 등과 공모하여 필로폰 약 6.1kg을 밀수입하였다'

는 것이다.

원심은, 검찰수사관이 제보받은 바지선 내부를 수색하여 숨어 있던 피고인을 필로폰 밀수입으로 인한 마약류 관리에 관한 법률 위반(향정)죄의 현행범으로 체포한 후 체포 현장을 수색하여 찾아낸 필로폰을 임의로 제출받아 압수하였는데, 체포 당시 필로폰 밀수 범행의 증거인 필로폰이 아직 발견되지 않았고, 필로폰을 밀수한다는 첩보만으로는 현행범 체포 요건 중 범죄의 명백성을 인정하기 부족하며, 설령 현행범 체포로서 적법하다 하더라도 수사기관이 필로폰을 압수하고 사후 압수수색영장을 발부받지도 않음으로써 적법절차를 위반하였고, 피고인이 스스로 필로폰이 있는 곳을 알려주지 않았고 숨어 있던 바로 그 장소에서 필로폰이 발견된 것도 아니므로, 비록 수사기관이 현행범 체포로 이미 제압당한 피고인으로부터 필로폰을 임의제출받는 형식을 취하였다고 하더라도 이를 적법한 임의제출 물건으로 볼 수도 없으므로, 압수된 필로폰 및 그에 기초하여 수집된 감정서 등 이 사건 2차적 증거들은 위법수집증거이거나 위법수집증거의 2차적 증거로서 증거능력이 없고, 검사가 제출한 나머지 증거들만으로는 위 공소사실을 인정할 수 없다는 등 그 판시와 같은 이유를 들어 무죄로 판단하였다.

다. 그러나 원심의 이 부분 판단은 다음과 같은 이유로 수긍할 수 없다.

(1) 원심판결 이유와 원심이 유지한 제1심이 적법하게 채택한 증거들에 의하면 다음의 사실들을 알 수 있다.

(가) 검찰수사관들은 2014. 5. 29.경 피고인이 (선박명 1 생략)가 예인하는 바지선 (선박명 2 생략)를 타고 밀입국하면서 필로폰을 밀수한다는 제보를 받고, 6. 1. 16:15경 △△항에 도착한 위 바지선을 수색하였다.

(나) 검찰수사관 공소외 2는 수색 도중 선용품창고 선반 위에 숨어 있던 피고인을 발견하고 천천히 내려오게 한 후 필로폰을 둔 장소를 물었으나 대답을 듣지 못하였고, 때마침 바지선 내 다른 장소를 수색하던 다른 검찰수사관이 "물건이 여기 있다, 찾았다."라고 외치자, 16:30경 피고인을 필로폰 밀수입 및 밀입국 등의 현행범으로 체포하였다.

(다) 공소외 2는 곧바로 피고인에게 발견된 필로폰 약 6.1kg을 제시하고 "필로폰을 임의제출하면 영장 없이 압수할 수 있고 압수될 경우 임의로 돌려받지 못하며, 임의제출하지 않으면 영장을 발부받아서 압수하여야 한다."라고 설명하면서 필로폰을 임의로 제출할 의사가 있는지를 물었고, 피고인으로부터 "그 정도는 저도 압니다."라는 말과 함께 승낙을 받아 필로폰을 압수하였으며, 같은 날 검찰청에서 임의제출확인서를 작성하여 피고인으로부터 서명·

날인을 받았다. 검사는 압수한 필로폰에 관하여 사후 압수영장을 발부받지는 않고 현재까지 보관하고 있다.

(라) 피고인은 2010. 4. 29. 필로폰 매매 등으로 인한 마약류 관리에 관한 법률 위반(향정)죄로 징역 7월을 선고받아 같은 해 5. 17. 그 형의 집행을 종료한 것을 비롯하여 동종 전과로 총 6회 처벌받았다.

(2) 이러한 사실관계를 앞서 본 법리에 비추어 살펴보면, 피고인이 바지선에 승선하여 밀입국하면서 필로폰을 밀수입하는 범행을 실행 중이거나 실행한 직후에 검찰수사관이 바지선 내 피고인을 발견한 장소 근처에서 필로폰이 발견되자 곧바로 피고인을 체포하였으므로 이는 현행범 체포로서 적법하고, 체포 당시 상황에서 피고인이 밀입국하면서 필로폰을 밀수한 현행범인에 해당하지 않는다거나 그에 관한 검찰수사관의 판단이 경험칙에 비추어 현저히 합리성이 없다고 볼 수는 없다.

그리고 검찰수사관이 필로폰을 압수하기 전에 피고인에게 임의제출의 의미, 효과 등에 관하여 고지하였던 점, 피고인도 필로폰 매매 등 동종 범행으로 여러 차례 형사처벌을 받은 전력이 있어 피압수물인 필로폰을 임의제출할 경우 압수되어 돌려받지 못한다는 사정 등을 충분히 알았을 것으로 보이는 점, 피고인이 체포될 당시 필로폰 관련 범행을 부인하였다고 볼 자료가 없고, 검찰수사관이 필로폰을 임의로 제출받기 위하여 피고인을 기망하거나 협박하였다고 볼 아무런 사정이 없는 점 등에 비추어 보면, 피고인은 필로폰의 소지인으로서 이를 임의로 제출하였다고 할 것이므로 그 필로폰의 압수도 적법하다.

〈체포현장에서의 임의제출에 의한 '휴대전화' 압수의 허용 여부 1〉

대법원 2019. 11. 14. 선고 2019도13290 판결 〈표준〉

가. 이 부분 공소사실의 요지는 다음과 같다.

피고인은 2018. 3. 26. 08:14경 서울 (주소 생략) 지하철 ○호선 △△역 에스컬레이터에서 휴대전화기의 카메라를 이용하여 성명불상의 여성 피해자의 치마 속을 몰래 촬영하였다.

이로써 피고인은 카메라나 그 밖에 이와 유사한 기능을 갖춘 기계장치를 이용하여 성적 욕망 또는 수치심을 유발할 수 있는 다른 사람의 신체를 그 의사에 반하여 촬영하였다.

나. 원심은 그 판시와 같은 이유를 들어, 현행범 체포현장에서 형사소송법 제218조에 따른 임의제출물 압수가 가능하다고 하더라도, 제출의 임의성이 있어야만 압수물에 대한 증거능

력이 인정될 수 있는 것인데, 임의제출에 의한 압수절차와 그 효과에 대한 피고인의 인식 또는 경찰관의 고지가 없었다고 보이는 등 피고인이 현행범으로 체포될 당시 임의제출 방식으로 압수된 피고인 소유의 휴대전화기(증 제1호증, 이하 '이 사건 휴대전화기'라고 한다)에 대하여 경찰관의 강제수사 또는 피고인의 임의적 제출의사 부재가 의심되는 반면 이를 배제할 검사의 증명이 전혀 이루어지지 않았음을 이유로, 이 사건 휴대전화기 자체는 물론 이를 기초로 한 2차 증거에 해당하는 이 사건 휴대전화기에 기억된 저장정보 역시 적법절차로 수집한 증거가 아니어서 유죄의 증거로 삼을 수 없고, 따라서 이 부분 공소사실에 대해서는 피고인의 자백 외에는 이를 보강할 증거가 없다고 판단하여, 이 부분 공소사실을 유죄로 판단한 제1심판결을 파기하고 이에 대하여 무죄를 선고하였다.

다. 그러나 원심의 이러한 판단은 아래와 같은 이유로 받아들이기 어렵다.

1) 기록에 의하면, 아래와 같은 사실을 알 수 있다.

가) 피고인은 제1심 법정에서 이 부분 공소사실에 대해 자백하고 검사가 제출한 모든 서류에 대하여 증거로 함에 동의하였으며, 이는 원심에서도 그대로 유지되었다.

나) 피고인이 위와 같이 증거로 함에 동의한 서류들 중 이 사건 휴대전화기에 대한 압수조서의 '압수경위'란에는, 이 부분 공소사실과 관련하여 "2018. 3. 26. 08:15경 지하철 ○호선 △△역 승강장 및 '가' 게이트 앞에서 경찰관이 소매치기 및 성폭력 등 지하철범죄 예방·검거를 위한 비노출 잠복근무 중 검정 재킷, 검정 바지, 흰색 운동화를 착용한 20대가량 남성이 짧은 치마를 입고 에스컬레이터를 올라가는 여성을 쫓아가 뒤에 밀착하여 치마 속으로 휴대폰을 집어넣는 등 해당 여성의 신체를 몰래 촬영하는 행동을 하였다"는 내용이 포함되어 있고, 그 하단에는 이 부분 공소사실에 관한 피고인의 범행을 직접 목격하면서 위 압수조서를 작성한 사법경찰관 및 사법경찰리의 각 기명날인이 들어가 있다.

다) 피고인의 변호인은 원심에서 이 부분 공소사실에 대하여는 보강증거가 구비되었음을 전제로 유무죄를 다투지 않겠다는 취지의 2019. 7. 25.자 변론요지서를 제출하였다.

2) 위와 같은 사실관계에 의하면, 이 사건 휴대전화기에 대한 압수조서 중 '압수경위'란에 기재된 상기의 내용은, 피고인이 이 부분 공소사실과 같은 범행을 저지르는 현장을 직접 목격한 사람의 진술이 담긴 것으로서 형사소송법 제312조 제5항에서 정한 '피고인이 아닌 자가 수사과정에서 작성한 진술서'에 준하는 것으로 볼 수 있고, 이에 따라 이 사건 휴대전화기에 대한 임의제출절차가 적법하였는지 여부에 영향을 받지 않는 별개의 독립적인 증거에 해당하므로, 피고인이 증거로 함에 동의한 이상 유죄를 인정하기 위한 증거로 사용할 수 있

을 뿐 아니라 이 부분 공소사실에 대한 피고인의 자백을 보강하는 증거가 된다고 볼 여지가 많다.

3) 그럼에도 원심은 그 판시와 같은 이유로 이 부분 공소사실에 대하여까지 피고인의 자백을 뒷받침할 보강증거가 없다고 보아 무죄로 판단하였으니, 이러한 원심의 판단에는 자백의 보강증거 등에 관한 법리를 오해하거나 필요한 심리를 다하지 아니하여 판결에 영향을 미친 잘못이 있다.

2. 이 사건 공소사실 중 나머지 부분에 대하여

가. 원심은 그 판시와 같은 이유로 이 사건 공소사실 중 원심판결 별지 범죄일람표 연번 1번 내지 17번에 관한 각 성폭력처벌법 위반(카메라등이용촬영)의 점에 대하여 범죄의 증명이 없다고 보아, 이를 유죄로 판단한 제1심판결을 파기하고 무죄를 선고하였다.

나. 범죄를 실행 중이거나 실행 직후의 현행범인은 누구든지 영장 없이 체포할 수 있고(형사소송법 제212조), 검사 또는 사법경찰관은 피의자 등이 유류한 물건이나 소유자·소지자 또는 보관자가 임의로 제출한 물건은 영장 없이 압수할 수 있으므로(제218조), 현행범 체포현장이나 범죄 현장에서도 소지자 등이 임의로 제출하는 물건은 형사소송법 제218조에 의하여 영장 없이 압수하는 것이 허용되고, 이 경우 검사나 사법경찰관은 별도로 사후에 영장을 받을 필요가 없다(대법원 2016. 2. 18. 선고 2015도13726 판결 참조).

의정부지방법원 2019. 8. 22. 선고 2018노2757 판결

살피건대, 형사소송법 제218조에 따른 압수물은 제출자가 그 의사를 철회하더라도 반환되지 않기 때문에 강제처분에 해당하고, 점유취득이 강제적이지 않기 때문에 형사소송법이 영장 없는 압수수색을 허용하였다. 그렇기에 강학상 압수가 아니라 영치(領置)라고도 불린다. 그런데 이미 체포되었거나 체포 직전의 피의자에게는 임의적 제출의사를 원칙적으로 기대할 수 없다. 체포 대상자로부터 제출받는 절차가 강제적이지 않다고 판단할 여지가 거의 없다. 특별한 장소(예컨대, 자수현장)가 아니라, 일반적인 현행범 체포현장에서 자신의 죄책을 증명하는 물건을 스스로 제출할 의사가 피의자에게 의사가 있다고 해석하는 것은 국민의 관념에 어긋나, 사법 신뢰를 잃기 쉽다. 설령, 현행범 체포현장에서 피체포자의 임의제출 진술이 있다거나 사후적으로 임의제출서가 징구되었더라도, 계속 구금할 수 있는 구속영장 청구 여부 내지 확대 압수수색을 위한 영장 청구를 판단할 권한이 있는 우월적 지위의 수사기관 영향에 기한 것이라고 봄이 옳다.

체포대상자에 대하여 형사소송법 제218조에 따른 임의제출물 압수수색을 인정할 필요성은 오로지 형사소송법 제217조 소정의 사후 압수수색영장 절차를 생략하는 것 외에는 없다.

따라서 형사소송법 제218조에 따른 영장 없는 압수수색은 현행범 체포현장에서 허용되지 않는다고 해석함이 마땅하다. …

3. 휴대전화 저장정보(영상)에 대한 탐색 내지 복제·출력 절차의 적법성 여부 (소극)

가. 현행범 체포시 형사소송법 제216조 제1항 제2호에 따라 긴급압수한 피의자의 휴대전화에 기억된 저장정보에 대해서까지 영장 없이 탐색할 수 있는지 여부 (예외적 가능)

1) 문제점

최근 수사실무상, 체포현장에서 피의자가 소지하던 휴대전화기에 대하여는 별도의 압수수색영장이 없더라도 형사소송법 제216조 제1항에 따라 검사 또는 사법경찰관이 압수하여 저장정보를 탐색하고 있다. 그런데 스마트폰에 저장된 정보의 양이 막대하고 민감한 정보가 많이 담겨 있다는 점에서 현재의 수사관행은 개인의 자유를 크게 침해할 수 있다. 따라서 형사소송법 제216조에 따라 휴대전화기 자체를 긴급압수할 수 있다고 하더라도, 그 저장정보에 대해서까지 영장 없이 탐색하여 출력·복사할 수 있는지가 문제된다. 이 사건 역시 사법경찰관이 현행범 체포현장에서 피고인의 휴대전화기를 탐색하여 저장된 동영상을 발견하고 압수하게 된 것에 터 잡고 있다.

2) 견해의 대립

이에 관하여 아래와 같은 견해의 성립을 예상할 수 있다.

① 영장주의 예외를 인정한 형사소송법 제216조에 의하여 체포된 피의자로부터 휴대전화를 긴급 압수하였더라고, 휴대전화에 내재된 정보의 양과 질에 비추어 영장 없는 휴대전화 저장정보에 대한 압수수색은 허용되지 않는다는 견해

[미국연방대법원 2014년 DAVID LEON RILEY V. CALIFORNIA 판결 {조기영, "사전영장 없는 휴대전화 압수수색의 허용여부", 동북아법연구 제9권 제3호(2016년 1월), 제227쪽에서 재인용}]

② 특별한 제한규정이 없으므로 형사소송법 제216조 제1항에 따라 일반적으로 허용된다는 견해

③ 원칙적으로 허용되지는 않으나, 예외적으로 예컨대 압수 당시 열려있는 어플리케이션만 수색을 허용할 수 있다는 견해

3) 검토

살피건대, 휴대전화 저장정보에 대하여 긴급히 증거인멸을 막거나 증거를 수집해야 할 필요성이 적고(긴급성의 결여), 막대한 양의 민감한 개인정보가 담겨 있는 휴대전화 저장정보에 대한 제한 없는 압수수색은 개인의 사생활과 비밀의 자유를 침해하므로(비례성 결여), 휴대전화에 저장된 정보에 대한 압수수색에 대하여는 사전영장이 필요하나, 예외적으로 형사소송법 소정의 긴급성이 있는 경우 예컨대 체포된 피의자가 공범에게 폭탄을 폭발시킬 문자를 보내거나, 유괴범이 피해자의 위치에 관한 정보를 보관하고 있는 경우 등에서는 저장정보에 대한 영장 없는 압수수색이 가능하다고 해석함이 마땅하고, 그에 따라 수집된 디지털 정보 역시 증거능력이 있다고 할 것이다[조기영, 위 논문, 238쪽].

<체포현장에서의 임의제출에 의한 '휴대전화' 압수의 허용 여부 2>

대법원 2020. 4. 9. 선고 2019도17142 판결 <표준>

가. 공소사실

피고인은 2018. 3. 7. 18:09경 고양시 ○○○○에 있는 지하철 △호선 □□역에서 ◇◇역 사이 전동차 안에서 카메라 기능이 있는 휴대전화기(이하 '이 사건 휴대전화기'라 한다)로 앞에 앉아 있는 성명불상의 여성 피해자의 치마 속 부위를 몰래 촬영하였다.

피고인은 이를 비롯하여 2018. 3. 7.경부터 2018. 4. 18.경까지 원심판결 별지 범죄일람표 연번 1번 내지 4번 기재와 같이 7회에 걸쳐 같은 방법으로 성적 욕망 또는 수치심을 유발할 수 있는 피해자들의 신체를 그 의사에 반하여 촬영하였다.

나. 원심의 판단

원심은, 다음과 같은 이유로 검사가 제출한 증거 중 **경찰관이 피고인을 현행범 체포할 때 임의제출 방식으로 압수한 이 사건 휴대전화기(증 제1호) 및 여기에 기억된 저장정보를 탐색하여 복제·출력한 복원사진의 증거능력을 인정할 수 없어, 범죄의 증명이 없는 경우에 해당한다는 이유로** 이 부분 공소사실을 유죄로 판단한 제1심판결을 파기하고 무죄로 판단하였다.

1) 형사소송법 제218조에 따른 영장 없는 압수는 현행범 체포현장에서 허용되지 않는다.

2) 설령 현행범 체포현장에서 형사소송법 제218조에 따른 임의제출물 압수가 가능하다고 보더라도 이 사건 휴대전화기에 대한 피고인의 임의적 제출의사 부재를 의심할 수 있으나, 이를 배제할 검사의 증명이 부족하다.

2. 판단

가. 원심판단의 전제인 이 사건 휴대전화기에 대한 형사소송법 제218조에 따른 압수가 위법하다는 부분은 다음과 같은 이유로 수긍할 수 없다.

1) 현행범 체포현장에서 형사소송법 제218조에 따른 압수 가부

범죄를 실행 중이거나 실행 직후의 현행범인은 누구든지 영장 없이 체포할 수 있고(형사소송법 제212조), 검사 또는 사법경찰관은 피의자 등이 유류한 물건이나 소유자·소지자 또는 보관자가 임의로 제출한 물건을 영장 없이 압수할 수 있으므로(제218조), 현행범 체포현장이나 범죄 현장에서도 소지자 등이 임의로 제출하는 물건을 형사소송법 제218조에 의하여 영장 없이 압수하는 것이 허용되고, 이 경우 검사나 사법경찰관은 별도로 사후에 영장을 받을 필요가 없다(대법원 2016. 2. 18. 선고 2015도13726 판결, 대법원 2019. 11. 14. 선고 2019도13290 판

결 참조).

위와 같은 법리에 따르면 <u>현행범 체포현장에서는 임의로 제출하는 물건이라도 형사소송법 제218조에 따라 압수할 수 없고</u>, 형사소송법 제217조 제2항이 정한 사후영장을 받아야 한다는 취지의 원심판단은 잘못되었다.

2) 이 사건 휴대전화기 제출의 임의성 여부

가) 기록에 의하면 다음과 같은 이 사건 공판 진행 경과를 알 수 있다.

(1) 피고인은 이 사건 공소장을 송달받고 제출한 의견서에서 이 사건 공소사실을 모두 인정하고, 양형사유에 관한 주장만을 하였으며, 제1회 공판기일에 출석하여 같은 취지로 변론하였다.

(2) 제1회 공판기일 이후 선임된 국선변호인도 제출한 변론요지서에서 이 사건 공소사실을 모두 인정하고, 양형사유에 관한 주장만을 하면서 그 주장에 부합하는 자료를 제출하였다.

(3) 위와 같이 피고인과 변호인은 이 사건 휴대전화기 제출의 임의성 여부에 대하여 다투지 않았고, 이 사건 공소사실을 모두 유죄로 판단한 제1심판결에 대하여 항소하지 않았다.

(4) 검사가 제1심판결에 대하여 양형부당만을 이유로 항소하였고, 원심은 제1회 공판기일에서 이 사건 휴대전화기 제출의 임의성 여부에 대하여 심리하지 않은 채 변론을 종결한 후 선고한 판결에서 현행범 체포로 인한 심리적 위축, 임의제출에 의한 압수절차와 그 효과에 대한 피고인의 인식 또는 경찰관의 고지가 없었던 것으로 보이는 점을 들어 직권으로 그 임의성을 부정하는 판단을 하였다.

나) 이 사건 공판 진행 경과 및 원심의 판단 근거가 위와 같다면, <u>원심으로서는 전혀 쟁점이 되지 않았던 이 사건 휴대전화기 제출의 임의성 여부를 직권으로 판단하기 전에 추가적인 증거조사를 하거나 그와 같은 임의성에 대하여 증명할 필요성을 느끼지 못하고 있는 검사에게 증명을 촉구하는 등의 방법으로 더 심리하여 본 후 판단하였어야 한다.</u>

나. 그런데도 원심은 판시와 같은 이유만을 들어 이 사건 휴대전화기의 증거능력이 인정되지 않는다고 판단하였으니, 원심의 판단에 현행범 체포현장에서의 임의제출물 압수에 관한 법리를 오해하고, 휴대전화기 제출의 임의성에 관하여 필요한 심리를 다하지 아니함으로써 판결에 영향을 미친 잘못이 있다. 이를 지적하는 취지의 상고이유 주장은 이유 있다.

대법원 2022. 8. 31. 선고 2019도15178 판결

1. 원심판단 요지

원심은 이 사건 공소사실 중 각 「성폭력범죄의 처벌 등에 관한 특례법」위반(카메라등이용

촬영) 부분과 원심판결 별지 범죄일람표2 순번 1~13번 기재 각 전자금융거래법 위반 부분에 대하여 범죄의 증명이 없다고 보아 무죄로 판단하였다. 그 구체적 이유는 다음과 같다.

형사소송법 제218조에 따른 영장 없는 압수수색은 현행범 체포현장에서는 허용되지 않는다. 피고인이 현행범으로 체포될 당시 임의제출 방식으로 압수된 체크카드 13장, 휴대전화, 몰래카메라(이하 '이 사건 압수물'이라 한다)는 실질적으로 형사소송법 제216조 제1항에 따라 압수된 것인데, 형사소송법 제217조 제2항이 정한 48시간 이내에 사후영장을 청구하여 발부받지 못하였다.

설령 현행범 체포현장에서 형사소송법 제218조에 따른 임의제출물 압수가 가능하다고 하더라도 제출의 임의성이 있어야만 압수물에 대한 증거능력이 인정될 수 있다. 그런데 **임의제출에 의한 압수절차와 효과에 대한 피고인의 인식 또는 경찰관의 고지가 없었다고 보이는 등 이 사건 압수물에 대하여 경찰관의 강제수사 또는 피고인의 임의적 제출의사 부재가 의심되는 반면 이를 배제할 검사의 증명이 전혀 이루어지지 않았다.**

따라서 이 사건 압수물은 적법한 절차에 따라 수집된 증거로 인정할 수 없으므로 위법수집증거에 해당하여 증거능력이 없고, 이를 기초로 하여 획득한 2차적 증거 또한 유죄 인정의 증거로 삼을 수 없으며, 피고인의 자백 외에는 이를 보강할 증거가 없다.

2. 대법원 판단

가. 현행범 체포현장에서 형사소송법 제218조에 따른 압수 가부

범죄를 실행 중이거나 실행 직후의 현행범인은 누구든지 영장 없이 체포할 수 있다(형사소송법 제212조). 검사 또는 사법경찰관은 피의자 등이 유류한 물건이나 소유자·소지자 또는 보관자가 임의로 제출한 물건을 영장 없이 압수할 수 있다(형사소송법 제218조). 따라서 현행범 체포현장이나 범죄 현장에서도 소지자 등이 임의로 제출하는 물건을 형사소송법 제218조에 따라 영장 없이 압수하는 것이 허용되고, 이 경우 검사나 사법경찰관은 별도로 사후에 영장을 받을 필요가 없다(대법원 2016. 2. 18. 선고 2015도13726 판결, 대법원 2019. 11. 14. 선고 2019도13290 판결, 대법원 2020. 4. 9. 선고 2019도17142 판결 참조).

원심판결 이유를 위와 같은 법리에 따르면 현행범 체포현장에서는 임의로 제출하는 물건이라도 형사소송법 제218조에 따라 압수할 수 없고 형사소송법 제217조 제2항이 정한 사후영장을 받아야 한다는 원심판결은 잘못되었다.

나. 이 사건 압수물 제출의 임의성 여부

(1) 임의제출물을 압수한 경우 압수물이 형사소송법 제218조에 따라 실제로 임의제출된 것인지에 관하여 다툼이 있을 때에는 임의제출의 임의성을 의심할 만한 합리적이고 구체적인 사실을 피고인이 증명할 것이 아니라 검사가 그 임의성의 의문점을 없애는 증명을 해야 한다(대법원 2006. 11. 23. 선고 2004도7900 판결 참조).

(2) 원심판결 이유를 앞서 본 법리와 기록에 비추어 살펴보면, 이 사건 압수물 제출에 관하여 검사가 임의성의 의문점을 없애는 증명을 다하지 못하였으므로 이 사건 압수물은 위법

수집증거에 해당하여 증거능력이 없다. 그 이유는 다음과 같다.

(가) 수사기관이 임의제출자인 피고인에게 임의제출의 의미, 절차와 임의제출할 경우 피압수물을 임의로 돌려받지는 못한다는 사정 등을 고지하였음을 인정할 자료가 없다.

(나) 피고인은 이 사건 당시 20세의 아무런 범죄전력이 없는 사람으로서, 이 사건 압수물을 임의제출할 경우 나중에 번의하더라도 되돌려 받지 못한다는 사정을 인식하고 있었다고 단정하기 어렵다.

(다) 피고인은 현행범으로 체포된 이후 경찰서로 연행되어 가방 안의 소지품 전부를 꺼내도록 요구받았고 일부 범행에 대하여 부인하고 있는 상황이었으므로, 피고인이 자발적으로 이 사건 압수물을 수사기관에 제출하였는지 여부를 엄격히 심사해야 한다.

다. 원심판결 가운데 현행범 체포현장에서는 임의로 제출하는 물건이라도 압수할 수 없다는 부분은 잘못되었지만, 이 사건 압수물에 관하여 검사가 임의성의 의문점을 없애는 증명을 다하지 못하여 이 사건 압수물은 증거능력이 없으므로, 이 부분 공소사실에 대하여 범죄의 증명이 없다고 본 원심의 결론은 옳다. 원심판결에 논리와 경험의 법칙에 반하여 자유심증주의의 한계를 벗어나거나 압수절차의 적법성에 관한 법리를 오해하여 판결에 영향을 미친 잘못이 없다.

〈임의제출의 대상·범위 및 관련성〉

대법원 2022. 1. 13. 선고 2016도9596 판결

2) 인정 사실

원심판결 이유 및 적법하게 채택된 증거에 의하면, 다음의 사실을 알 수 있다.

가) 경찰은 2015. 6. 7. 피해자 공소외인 남자친구의 신고를 받고 현장에 출동하여 피고인으로부터 이 사건 휴대전화를 임의제출받아 이를 영장 없이 압수하였다. 당시 작성된 압수조서(임의제출)의 압수경위란에는 "경찰이 2015. 6. 7. 09:48경 '△△휴게소에서 여자친구를 몰래 도촬하여 성추행을 당했다.'는 112신고를 받고 현장에 출동하여 촬영사진을 확인하기 위해 피고인이 소지하고 있던 이 사건 휴대전화를 임의제출받아 확인한바, 피해자 공소외인의 다리 부위 사진과 불특정 다수의 특정 신체부위 사진이 여러 장 확인되어 법관의 영장 없이 피고인에게 휴대전화를 임의제출받아 압수한 것임"이라고 기재되어 있다.

나) 경찰은 같은 날 13:15 피고인에 대한 1회 피의자신문을 진행하면서 피고인의 면전에서 이 사건 휴대전화를 탐색하여 발견된 피해자 공소외인의 영상 및 불특정 다수 여성의 영상을 제시하였다. 피고인은 피해자 공소외인의 영상을 포함한 영상들을 몰래 촬영하였음을 자

백하였다.

다) 경찰은 같은 날 이 사건 휴대전화에 저장된 2013. 9.경부터 2015. 6. 7.까지 촬영된 여성 사진 2,091장을 출력하여 '피의자 핸드폰에 저장된 여성 사진 분석'이라는 내사보고 형식으로 수사기록에 편철하였는데, 거기에 2015년 범행에 관한 사진 2장 및 2014년 범행에 관한 사진 5장(이하 '이 사건 사진'이라 한다)도 포함되었다.

라) 경찰은 같은 날 16:45 피고인에 대한 2회 피의자신문에서, 다시 피고인에게 출력된 위 2,000여 장의 여성 사진을 제시하면서 그중 2014년 범행에 관한 영상의 촬영경위를 질문하였고, 피고인은 서울 강남구 ○○동에 있는 안마시술소에서 여종업원인 피해자 성명불상자의 나체를 몰래 촬영한 것이라고 자백하였다.

3) 판단

가) 위와 같은 사실관계를 앞서 본 법리에 비추어 살펴보면, 2014년 범행에 관한 영상은 임의제출에 의해 적법하게 압수된 전자정보로서 그 증거능력을 인정할 수 있다. 구체적인 이유는 다음과 같다.

(1) 피고인이 이 사건 휴대전화를 임의제출할 당시 2015년 범행에 관한 영상에 대하여만 제출 의사를 밝혔는지, 아니면 2014년 범행에 관한 영상을 포함하여 제출 의사를 밝혔는지 명확하지 않다. 따라서 임의제출에 따른 압수의 동기가 된 범죄혐의사실인 2015년 범행에 관한 영상과 관련되고 이를 증명할 수 있는 최소한의 가치가 있는 전자정보에 한하여 압수의 대상이 된다. 그런데 2014년 범행에 관한 영상을 비롯한 이 사건 휴대전화에서 발견된 약 2,000개의 영상은 2년여에 걸쳐 지속적으로 카메라의 기능과 정보저장매체의 기능을 함께 갖춘 이 사건 휴대전화로 촬영된 것으로, 범죄의 속성상 해당 범행의 상습성이 의심되거나 피고인의 성적 기호 내지 경향성의 발현에 따른 일련의 범행의 일환으로 이루어진 것으로 의심되어, 2015년 범행의 동기와 경위, 범행 수단과 방법 등을 증명하기 위한 간접증거나 정황증거 등으로 사용될 수 있어 2015년 범죄혐의사실과 구체적·개별적 연관관계를 인정할 수 있다. 결국 2014년 범행에 관한 영상은 임의제출에 따른 압수의 동기가 된 2015년 범죄혐의사실과 관련성이 인정될 수 있다.

(2) 경찰은 1차 피의자신문 시 이 사건 휴대전화를 피고인과 함께 탐색하는 과정에서 2014년 범행에 관한 영상을 발견하였으므로, 피고인은 이 사건 휴대전화의 탐색 과정에 참여하였다고 볼 수 있다.

(3) 경찰은 같은 날 곧바로 진행된 2회 피의자신문에서 이 사건 사진을 피고인에게 제시하

였고, 5장에 불과한 이 사건 사진은 모두 동일한 일시, 장소에서 촬영된 2014년 범행에 관한 영상을 출력한 것임을 육안으로 쉽게 알 수 있다. 따라서 비록 피고인에게 전자정보의 파일 명세가 특정된 압수목록이 작성·교부되지 않았더라도 절차 위반행위가 이루어진 과정의 성질과 내용 등에 비추어 피고인의 절차상 권리가 실질적으로 침해되었다고 보기도 어렵다.

대법원 2021. 7. 29. 선고 2020도14654 판결 「피의자가 휴대전화를 임의제출하면서 휴대전화에 저장된 전자정보가 아닌 클라우드 등 제3자가 관리하는 원격지에 저장되어 있는 전자정보를 수사기관에 제출한다는 의사로 수사기관에게 클라우드 등에 접속하기 위한 아이디와 비밀번호를 임의로 제공하였다면 위 클라우드 등에 저장된 전자정보를 임의제출하는 것으로 볼 수 있다.」

제 4 절   통신제한조치

I. 의의 및 성격

〈전기통신 감청의 의의〉

대법원 2003. 11. 13. 선고 2001도6213 판결

통신비밀보호법에서는 그 규율의 대상을 통신과 대화로 분류하고 그 중 통신을 다시 우편물과 전기통신으로 나눈 다음, 그 제2조 제3호로 "전기통신"이라 함은 유선·무선·광선 및 기타의 전자적 방식에 의하여 모든 종류의 음향·문언·부호 또는 영상을 송신하거나 수신하는 것을 말한다고 규정하고 있는바, 이 사건 무전기와 같은 무선전화기를 이용한 통화가 위 법에서 규정하고 있는 전기통신에 해당함은 전화통화의 성질 및 위 규정 내용에 비추어 명백하므로 이를 같은 법 제3조 제1항 소정의 '타인간의 대화'에 포함된다고 할 수 없는데 (대법원 2002. 10. 8. 선고 2002도123 판결 참조), 이 사건의 경우 검사는 위 피고인들에 대한 이 부분 공소사실을 적시함에 있어 이 사건 무전기를 설치하여 한국도로공사 ○○지사의 순찰차, 상황실 등간의 무선통화내역을 청취하여 타인간의 대화를 청취하였다라고 하고 있지만, 위 공소사실은 전체적으로 보아 **이 사건 무전기를 이용하여 한국도로공사 ○○지사의 상황실과 순찰차간의 전기통신에 해당하는 무선전화통화를 감청한 사실을 기소하고 있다고 보는 것이**

타당하다고 할 것이다.

그런데 원심이 인정한 사실관계에 의하더라도 한국도로공사가 마련한 위 '고속도로 구난(견인)차량 고정배치 운영지침' 및 '고속도로 구난(견인)차량 등록업체 준수사항'의 내용은 등록업체의 비용으로 등록업체의 렉카나 등록차량에 단말기(무선기) 또는 무선설비를 설치하여 한국도로공사와 등록업체간의 통신에 이용하도록 하는 것에 불과하고, 한국도로공사 ○○지사의 상황실과 순찰차량간의 무선전화통화에 제공하기 위한 한국도로공사 소유의 이 사건 무전기와 같은 무선설비를 등록업체에 설치하는 것을 뜻하는 것이 아님은 명백하며, 한편 한국도로공사 ○○지사 통신장인 피고인 2의 검찰에서의 진술에 의하면, 피고인 3으로부터 무전기 설치 협조요청을 받고는 별다른 문제가 없을 것으로 생각하고 임의로 이 사건 무전기를 건네주었으며 이 사건 무전기의 교부가 상부의 방침은 아니었다는 것이고(수사기록 31쪽, 51쪽), 원심이 배척하지 아니한 한국도로공사 ○○지사 교통안전과장인 제1심증인 공소외인의 증언에 의하면, 한국도로공사 순찰대원들과 피고인 4 주식회사 관계자들로부터 무전기 설치를 건의받고 정식절차를 밟으면 가능할 수 있다는 정도의 대답만을 하였을 뿐이고 이 사건 무전기를 설치하는 것에 대하여 사전보고받은 바 없고 다만 설치된 이후 피고인 2로부터 그 사실을 들었으나 이 사건 무전기에서 마이크를 제거했다고 하여 대수롭지 않게 생각하고 이를 상사에게 보고하지 않았다는 것인바(공판기록 261-262쪽), 이와 같이 <u>이 사건 무전기를 위 피고인 4 주식회사 기사대기용 컨테이너박스 안에 설치함에 있어 한국도로공사 ○○지사의 정당한 계통을 밟은 결재가 있었던 것이 아닌 이상 전기통신의 당사자인 한국도로공사 ○○지사의 동의가 있었다고는 볼 수 없으므로 위 피고인들이 이 사건 무전기를 이용하여 한국도로공사 ○○지사의 상황실과 순찰차간의 무선전화통화를 청취한 것은 통신비밀보호법상의 감청에 해당한다고 할 것이다.</u>

대법원 2012. 10. 25. 선고 2012도4644 판결 〈표준〉 「통신비밀보호법 제2조 제3호 및 제7호에 의하면 같은 법상의 "감청"은 전자적 방식에 의하여 모든 종류의 음향·문언·부호 또는 영상을 송신하거나 수신하는 전기통신에 대하여 당사자의 동의 없이 전자장치·기계장치 등을 사용하여 통신의 음향·문언·부호·영상을 청취·공독하여 그 내용을 지득 또는 채록하거나 전기통신의 송·수신을 방해하는 것을 말하는 것이다. 그런데 해당 규정의 문언이 송신하거나 수신하는 전기통신 행위를 감청의 대상으로 규정하고 있을 뿐 송·수신이 완료되어 보관 중인 전기통신 내용은 그 대상으로 규정하지 않은 점, 일반적으로 감청은 다른 사람의 대화나 통신 내용을 몰래 엿듣는 행위를 의미하는 점 등을 고려하여 보면, 통신비밀보호법상의 "감청"이란 그 대상이 되는 전기통신의 송·수신과 동시에 이루어지는 경우만을 의미하고, 이미 수신이 완료된 전기통신의 내용을 지득하는 등의 행위는 포함되지 않는다.」

대법원 2008. 10. 23. 선고 2008도1237 판결 「통신비밀보호법 제3조 제1항이 금지하고 있는 '전기통신의 감청'이란 전기통신에 대하여 그 당사자인 송신인과 수신인이 아닌 제3자가 당사자의 동의를 받지 않고 전자장치 등을 이용하여 통신의 음향·문언·부호·영상을 청취·공독하여 그 내용을 지득 또는 채록하는 등의 행위를 하는 것을 의미하므로, 전기통신에 해당하는 전화통화의 당사자 일방이 상대방과의 통화내용을 녹음하는 것은 위 법조에 정한 '감청' 자체에 해당하지 아니한다. … 이 사건 녹취시스템에 의하여 골프장 예약에 관한 통화내용을 녹취한 것은 예약업무를 수행하는 직원이 고객과 통화를 하면서 직접 녹취하는 경우와 다를 바 없고, 이는 결국 강원랜드가 이 사건 전화통화의 당사자로서 통화내용을 녹음한 때에 해당한다고 볼 것이므로, 같은 취지에서 이 사건 공소사실을 통신비밀보호법 제3조 제1항에 위반되지 아니(한다).」

대법원 2019. 3. 14. 선고 2015도1900 판결 「전기통신의 감청은 제3자가 전기통신의 당사자인 송신인과 수신인의 동의를 받지 아니하고 전기통신 내용을 녹음하는 등의 행위를 하는 것만을 말한다고 해석함이 타당하므로, 전기통신에 해당하는 전화통화 당사자의 일방이 상대방 모르게 통화 내용을 녹음하는 것은 여기의 감청에 해당하지 않는다. 그러나 제3자의 경우는 설령 전화통화 당사자 일방의 동의를 받고 그 통화 내용을 녹음하였다 하더라도 그 상대방의 동의가 없었던 이상, 이는 여기의 감청에 해당하여 통신비밀보호법 제3조 제1항 위반이 되고, 이와 같이 제3조 제1항을 위반한 불법감청에 의하여 녹음된 전화통화의 내용은 제4조에 의하여 증거능력이 없다. 그리고 사생활 및 통신의 불가침을 국민의 기본권의 하나로 선언하고 있는 헌법규정과 통신비밀의 보호와 통신의 자유 신장을 목적으로 제정된 통신비밀보호법의 취지에 비추어 볼 때 피고인이나 변호인이 이를 증거로 함에 동의하였다고 하더라도 달리 볼 것은 아니다.」

〈비공개조치된 인터넷개인방송의 무단 시청·녹화〉

대법원 2022. 10. 27. 선고 2022도9877 판결

방송자가 인터넷을 도관 삼아 인터넷서비스제공업체 또는 온라인서비스제공자인 인터넷개인방송 플랫폼업체의 서버를 이용하여 실시간 또는 녹화된 형태로 음성, 영상물을 방송함으로써 불특정 혹은 다수인이 이를 수신·시청할 수 있게 하는 인터넷개인방송은 그 성격이나 통신비밀보호법의 위와 같은 규정에 비추어 전기통신에 해당함은 명백하다.

인터넷개인방송의 방송자가 비밀번호를 설정하는 등 그 수신 범위를 한정하는 비공개 조치를 취하지 않고 방송을 송출하는 경우, 누구든지 시청하는 것을 포괄적으로 허용하는 의사라고 볼 수 있으므로, 그 시청자는 인터넷개인방송의 당사자인 수신인에 해당하고, 이러한 시청자가 방송 내용을 지득·채록하는 것은 통신비밀보호법에서 정한 감청에 해당하지 않는다. 그러나 인터넷개인방송의 방송자가 비밀번호를 설정하는 등으로 비공개 조치를 취한 후 방송을 송출하는 경우에는, 방송자로부터 허가를 받지 못한 사람은 당해 인터넷개인방송의 당사자가 아닌 '제3자'에 해당하고, 이러한 제3자가 비공개 조치가 된 인터넷개인방송을 비 정상적인 방법으로 시청·녹화하는 것은 통신비밀보호법상의 감청에 해당할 수 있다. 다만 방송자가 이와 같은 제3자의 시청·녹화 사실을 알거나 알 수 있었음에도 방송을 중단하거나 그 제3자를 배제하지 않은 채 방송을 계속 진행하는 등 허가받지 아니한 제3자의 시청·녹화 를 사실상 승낙·용인한 것으로 볼 수 있는 경우에는 불특정인 혹은 다수인을 직간접적인 대 상으로 하는 인터넷개인방송의 일반적 특성상 그 제3자 역시 인터넷개인방송의 당사자에 포 함될 수 있으므로, 이러한 제3자가 방송 내용을 지득·채록하는 것은 통신비밀보호법에서 정 한 감청에 해당하지 않는다.

4) 기록에 따르면, 피해자가 수사기관에 제출한 방송녹음파일 중 2021. 6. 6. 자 방송과 2021. 6. 17. 23:17경부터 시작된 방송은 피고인이 비공개 조치를 하지 않은 상태에서 한 방 송이거나, 피고인이 비공개 조치를 한 후 방송을 하는 과정에서 피고인과 잘 아는 사이인 피 해자가 불상의 방법으로 접속하거나 시청하고 있다는 사정을 알면서도 방송을 중단하거나 피해자를 배제하는 조치를 취하지 아니하고, 오히려 피해자의 시청 사실을 전제로 피해자를 상대로 한 발언을 하기도 하는 등 계속 진행한 방송임을 알 수 있다. 이러한 경위에 비추어 피해사는 위 긱 방송의 당사자에 포함될 뿐 당사자가 아닌 제3자에 해당한다고 볼 수는 없 으므로, 피해자가 위 각 방송을 시청하면서 음향·영상 등을 청취하거나 녹음하였더라도 통 신비밀보호법 제3조를 위반한 불법감청에 해당하지 않는다.

〈전기통신 감청의 현재성(동시성) 요건 및 감청 집행의 방식〉

대법원 2016. 10. 13. 선고 2016도8137 판결

1) 헌법 제18조는 '모든 국민은 통신의 비밀을 침해받지 아니한다'고 규정하여 통신의 비밀 보호를 그 핵심내용으로 하는 통신의 자유를 기본권으로 보장하고 있다. 이러한 헌법정신을 구현하기 위해 제정된 통신비밀보호법은 통신 및 대화의 비밀과 자유에 대한 제한은 그 대 상을 한정하고 엄격한 법적 절차를 거치도록 함으로써 통신의 비밀을 보호하고 통신의 자유 를 신장함을 목적으로 한다(제1조).

통신비밀보호법에 규정된 '통신제한조치'는 '우편물의 검열 또는 전기통신의 감청'을 말하는 것으로(제3조 제2항), 여기서 '전기통신'은 전화·전자우편·모사전송 등과 같이 유선·무선·광선 및 기타의 전자적 방식에 의하여 모든 종류의 음향·문언·부호 또는 영상을 송신하거나 수신하는 것을 말하고(제2조 제3호), '감청'은 전기통신에 대하여 당사자의 동의 없이 전자장치·기계장치 등을 사용하여 통신의 음향·문언·부호·영상을 청취·공독하여 그 내용을 지득 또는 채록하거나 전기통신의 송·수신을 방해하는 것을 말한다고 규정되어 있다(제2조 제7호). 따라서 '전기통신의 감청'은 위 '감청'의 개념 규정에 비추어 전기통신이 이루어지고 있는 상황에서 실시간으로 그 전기통신의 내용을 지득·채록하는 경우와 통신의 송·수신을 직접적으로 방해하는 경우를 의미하는 것이지 이미 수신이 완료된 전기통신에 관하여 남아 있는 기록이나 내용을 열어보는 등의 행위는 포함하지 않는다 할 것이다.

그리고 통신제한조치허가서에는 통신제한조치의 종류·그 목적·대상·범위·기간 및 집행장소와 방법을 특정하여 기재하여야 하고(통신비밀보호법 제6조 제6항), 수사기관은 그 허가서에 기재된 허가의 내용과 범위 및 집행방법 등을 준수하여 통신제한조치를 집행하여야 한다. 이때 수사기관은 통신기관 등에 통신제한조치허가서의 사본을 교부하고 그 집행을 위탁할 수 있으나(통신비밀보호법 제9조 제1항, 제2항), 그 경우에도 집행의 위탁을 받은 통신기관 등은 수사기관이 직접 집행할 경우와 마찬가지로 허가서에 기재된 집행방법 등을 준수하여야 함은 당연하다. 따라서 허가된 통신제한조치의 종류가 전기통신의 '감청'인 경우, 수사기관 또는 수사기관으로부터 통신제한조치의 집행을 위탁받은 통신기관 등은 통신비밀보호법이 정한 감청의 방식으로 집행하여야 하고 그와 다른 방식으로 집행하여서는 아니 된다. 한편 수사기관이 통신기관 등에 통신제한조치의 집행을 위탁하는 경우에는 그 집행에 필요한 설비를 제공하여야 한다(통신비밀보호법 시행령 제21조 제3항).

그러므로 수사기관으로부터 통신제한조치의 집행을 위탁받은 통신기관 등이 그 집행에 필요한 설비가 없을 때에는 수사기관에 그 설비의 제공을 요청하여야 하고, 그러한 요청 없이 통신제한조치허가서에 기재된 사항을 준수하지 아니한 채 통신제한조치를 집행하였다면, 그러한 집행으로 인하여 취득한 전기통신의 내용 등은 헌법과 통신비밀보호법이 국민의 기본권인 통신의 비밀을 보장하기 위해 마련한 적법한 절차를 따르지 아니하고 수집한 증거에 해당하므로(형사소송법 제308조의2), 이는 유죄 인정의 증거로 할 수 없다. …

이 사건 통신제한조치허가서에 기재된 통신제한조치의 종류는 전기통신의 '감청'이므로, 수사기관으로부터 집행위탁을 받은 카카오는 통신비밀보호법이 정한 감청의 방식, 즉 전자장치 등을 사용하여 실시간으로 이 사건 대상자들이 카카오톡에서 송·수신하는 음향·문언·부호·영상을 청취·공독하여 그 내용을 지득 또는 채록하는 방식으로 통신제한조치를 집행하여야 하고 임의로 선택한 다른 방식으로 집행하여서는 안 된다고 할 것이다. 그런데도 카카오는 이 사건 통신제한조치허가서에 기재된 기간 동안, 이미 수신이 완료되어 전자정보의 형태로 서버에 저장되어 있던 것을 3~7일마다 정기적으로 추출하여 수사기관에 제공하는 방식으로 통신제한조치를 집행하였다.

이러한 카카오의 집행은 동시성 또는 현재성 요건을 충족하지 못해 통신비밀보호법이 정한 감청이라고 볼 수 없으므로 이 사건 통신제한조치허가서에 기재된 방식을 따르지 않은 것으로서 위법하다고 할 것이다. 따라서 이 사건 카카오톡 대화내용은 적법절차의 실질적 내용을 침해하는 것으로 위법하게 수집된 증거라 할 것이므로 유죄 인정의 증거로 삼을 수 없다.

〈패킷감청(인터넷감청)의 허용성 : 적극〉

대법원 2012. 10. 11. 선고 2012도7455 판결

아. '패킷 감청'이 위법하다는 주장에 대하여

인터넷 통신망을 통한 송·수신은 같은 법 제2조 제3호에서 정한 '전기통신'에 해당하므로 인터넷 통신망을 통하여 흐르는 전기신호 형태의 패킷(packet)을 중간에 확보하여 그 내용을 지득하는 이른바 '패킷 감청'도 같은 법 제5조 제1항에서 정한 요건을 갖추는 경우 다른 특별한 사정이 없는 한 허용된다고 할 것이고, 이는 패킷 감청의 특성상 수사목적과 무관한 통신내용이나 제3자의 통신내용도 감청될 우려가 있다는 것만으로 달리 볼 것이 아니다.

(2) 원심이 같은 취지에서 이 사건 패킷 감청이 법원으로부터 통신제한조치 허가서를 발부받아 적법하게 집행되었으므로 위법한 것으로 볼 수 없다고 판단한 것은 정당하다. 나아가 이 사건 패킷 감청을 통하여 수집된 자료가 증거로 제출된 바 없음은 피고인들도 인정하고 있는 바와 같고, 원심판결 이유 및 기록에 의하면 이 사건 패킷 감청을 통하여 파생된 자료가 증거로 제출되거나 원심의 유죄 인정의 증거로 채택되었다고 볼 수도 없으므로, 그것이 위법수집증거로서 증거능력이 배제되어야 한다는 이 부분 상고이유는 어느 모로 보나 받아들일 수 없다.

Ⅱ. 통신제한조치

〈인터넷 감청에 대한 헌법재판소의 불합치결정 : 2020년 개정 통비법 제12조의2 신설〉

헌법재판소 2018. 8. 30. 선고 2016헌마263 결정

인터넷회선감청은, 인터넷회선을 통하여 흐르는 전기신호 형태의 '패킷'을 중간에 확보한 다음 재조합 기술을 거쳐 그 내용을 파악하는 이른바 '패킷감청'의 방식으로 이루어진다. 따라서 이를 통해 개인의 통신뿐만 아니라 사생활의 비밀과 자유가 제한된다.

오늘날 인터넷 사용이 일상화됨에 따라 국가 및 공공의 안전, 국민의 재산이나 생명·신체의 안전을 위협하는 범행의 저지나 이미 저질러진 범죄수사에 필요한 경우 인터넷 통신망을 이용하는 전기통신에 대한 감청을 허용할 필요가 있으므로 이 사건 법률조항은 입법목적의 정당성과 수단의 적합성이 인정된다.

인터넷회선 감청으로 수사기관은 타인 간 통신 및 개인의 내밀한 사생활의 영역에 해당하는 통신자료까지 취득할 수 있게 된다. 따라서 통신제한조치에 대한 법원의 허가 단계에서는 물론이고, 집행이나 집행 이후 단계에서도 수사기관의 권한 남용을 방지하고 관련 기본권 제한이 최소화될 수 있도록 입법적 조치가 제대로 마련되어 있어야 한다.

법은 "범죄를 계획 또는 실행하고 있거나 실행하였다고 의심할만한 충분한 이유가 있는 경우" 보충적 수사 방법으로 통신제한조치가 활용하도록 요건을 정하고 있고, 법원의 허가 단계에서 특정 피의자 내지 피내사자의 범죄수사를 위해 그 대상자가 사용하는 특정 인터넷회선에 한하여 필요한 범위 내에서만 감청이 이루어지도록 제한이 되어 있다(법 제5조, 제6조).

그러나 '패킷감청'의 방식으로 이루어지는 인터넷회선 감청은 수사기관이 실제 감청 집행을 하는 단계에서는 해당 인터넷회선을 통하여 흐르는 불특정 다수인의 모든 정보가 패킷 형태로 수집되어 일단 수사기관에 그대로 전송되므로, 다른 통신제한조치에 비하여 감청 집행을 통해 수사기관이 취득하는 자료가 비교할 수 없을 정도로 매우 방대하다는 점에 주목할 필요가 있다.

불특정 다수가 하나의 인터넷회선을 공유하여 사용하는 경우가 대부분이므로, 실제 집행 단계에서는 법원이 허가한 범위를 넘어 피의자 내지 피내사자의 통신자료뿐만 아니라 동일한 인터넷회선을 이용하는 불특정 다수인의 통신자료까지 수사기관에 모두 수집·저장된다. 따라서 인터넷회선 감청을 통해 수사기관이 취득하는 개인의 통신자료의 양을 전화감청 등 다른 통신제한조치와 비교할 바는 아니다.

따라서 인터넷회선 감청은 집행 및 그 이후에 제3자의 정보나 범죄수사와 무관한 정보까지 수사기관에 의해 수집·보관되고 있지는 않는지, 수사기관이 원래 허가받은 목적, 범위 내에서 자료를 이용·처리하고 있는지 등을 감독 내지 통제할 법적 장치가 강하게 요구된다.

그런데 현행법은 관련 공무원 등에게 비밀준수의무를 부과하고(법 제11조), 통신제한조치로 취득한 자료의 사용제한(법 제12조)을 규정하고 있는 것 외에 수사기관이 감청 집행으로 취득하는 막대한 양의 자료의 처리 절차에 대해서 아무런 규정을 두고 있지 않다.

현행법상 전기통신 가입자에게 집행 통지는 하게 되어 있으나 집행 사유는 알려주지 않아야 되고, 수사가 장기화되거나 기소중지 처리되는 경우에는 감청이 집행된 사실조차 알 수 있는 길이 없도록 되어 있어(법 제9조의2), 더욱 객관적이고 사후적인 통제가 어렵다. 또한 현행법상 감청 집행으로 인하여 취득된 전기통신의 내용은 법원으로부터 허가를 받은 범죄와 관련되는 범죄를 수사·소추하거나 그 범죄를 예방하기 위하여도 사용이 가능하므로(법 제12조 제1호) 특정인의 동향 파악이나 정보수집을 위한 목적으로 수사기관에 의해 남용될 가능성도 배제하기 어렵다.

인터넷회선 감청과 동일하거나 유사한 감청을 수사상 필요에 의해 허용하면서도, 관련 기본권 침해를 최소화하기 위하여 집행 이후에도 주기적으로 경과보고서를 법원에 제출하도록 하거나, 감청을 허가한 판사에게 감청 자료를 봉인하여 제출하도록 하거나, 감청자료의 보관 내지 파기 여부를 판사가 결정하도록 하는 등 수사기관이 감청 집행으로 취득한 자료에 대한 처리 등을 객관적으로 통제할 수 있는 절차를 마련하고 있는 입법례가 상당수 있다.

이상을 종합하면, 이 사건 법률조항은 인터넷회선 감청의 특성을 고려하여 그 집행 단계나 집행 이후에 수사기관의 권한 남용을 통제하고 관련 기본권의 침해를 최소화하기 위한 제도적 조치가 제대로 마련되어 있지 않은 상태에서, 범죄수사 목적을 이유로 인터넷회선 감청을 통신제한조치 허가 대상 중 하나로 정하고 있으므로 침해의 최소성 요건을 충족한다고 할 수 없다.

이러한 여건 하에서 인터넷회선의 감청을 허용하는 것은 개인의 통신 및 사생활의 비밀과 자유에 심각한 위협을 초래하게 되므로 이 사건 법률조항으로 인하여 달성하려는 공익과 제한되는 사익 사이의 법익 균형성도 인정되지 아니한다.

그러므로 이 사건 법률조항은 과잉금지원칙에 위반하는 것으로 청구인의 기본권을 침해한다.

[사안의 개요] 국가정보원장이 청구외 김○윤의 국가보안법위반 범죄수사를 위하여 김○윤이 사용하는 휴대폰, 인터넷회선 등 전기통신의 감청 등을 목적으로, 2008년경부터 2015년경까지 법원으로부터 총 35차례의 통신제한조치를 허가받아 집행하였다. 위 통신제한조치 중에는 '○○연구소'에서 청구인 명의로 가입된 주식회사 에스케이브로드밴드 인터넷회선 (서비스번호: ○○○○, ID : ○○○)에 대한 2013. 10. 9.부터 2015. 4. 28.까지 사이에 6차례에 걸쳐 행해진 통신제한조치가 포함되어 있었다. 이는 인터넷 통신망에서 정보 전송을 위해 쪼개어진 단위인 전기신호 형태의 '패킷'(packet)을 수사기관이 중간에 확보하여 그 내용을 지득하는 이른바 '패킷감청'이었다.

〈통신제한조치 연장에 관한 헌법재판소의 불합치결정 : 2019년 통비법 제6조 제8항 개정〉

헌법재판소 2010. 12. 28. 선고 2009헌가30 결정

통신제한조치기간의 연장을 허가함에 있어 총연장기간 또는 총연장횟수의 제한을 두고 그 최소한의 연장기간동안 범죄혐의를 입증하지 못하는 경우 통신제한조치를 중단하게 한다고 하여도, 여전히 통신제한조치를 해야 할 필요가 있으면 법원에 새로운 통신제한조치의 허가를 청구할 수 있으므로 이로써 수사목적을 달성하는데 충분하다. 또한 법원이 실제 통신제한조치의 기간연장절차의 남용을 통제하는데 한계가 있는 이상 통신제한조치 기간연장에 사법적 통제절차가 있다는 사정만으로는 그 남용으로 인하여 개인의 통신의 비밀이 과도하게 제한되는 것을 막을 수 없다. 그럼에도 <u>통신제한조치기간을 연장함에 있어 법운용자의 남용을 막을 수 있는 최소한의 한계를 설정하지 않은 이 사건 법률조항은 침해의 최소성원칙에 위반한다. 나아가 통신제한조치가 내려진 피의자나 피내사자는 자신이 감청을 당하고 있다는 사실을 모르는 기본권제한의 특성상 방어권을 행사하기 어려운 상태에 있으므로 통신제한조치기간의 연장을 허가함에 있어 총연장기간 또는 총연장횟수의 제한이 없을 경우 수사와 전혀 관계없는 개인의 내밀한 사생활의 비밀이 침해당할 우려도 심히 크기 때문에 기본권 제한의 법익균형성 요건도 갖추지 못하였다.</u> 따라서 이 사건 법률조항은 헌법에 위반된다 할 것이다.

[사안의 개요] 당해 사건의 피고인인 제청신청인들은 북한 노동당내 대남공작사업 담당기구인 '통일전선부' 산하 조국평화통일위원회가 1990. 11. 20. 독일 베를린에서 남한 및 해외 친북세력을 결집시켜 출범시킨 단체인 통일범민족연합의 남측본부 의장, 사무처장, 정책위

원장 등의 직책을 수행하면서 2009. 6. 24. 국가보안법상 잠입·탈출(제6조), 찬양·고무죄 (제7조) 등으로 구속기소되어, 현재 서울중앙지방법원(2009고합731호)에 재판계속중이었다. 검사는 제청법원에 피고인들의 유죄를 입증하기 위한 증거로 수사기관이 통신제한조치의 허가 및 그 연장허가를 통하여 수집한 이메일, 녹취자료(전화녹음), 팩스자료 등을 신청하고 있는데, 위 증거자료들 대부분이 총 14회(총 30개월)에 걸쳐 연장된 통신제한조치를 통하여 수집된 것이다.

〈증거능력의 제한〉

대법원 2010. 10. 14. 선고 2010도9016 판결 〈표준〉

법 제3조 제1항에 위반한 불법감청에 의하여 녹음된 전화통화의 내용은 법 제4조에 의하여 증거능력이 없다(대법원 2001. 10. 9. 선고 2001도3106 판결 등 참조). 그리고 사생활 및 통신의 불가침을 국민의 기본권의 하나로 선언하고 있는 헌법규정과 통신비밀의 보호와 통신의 자유 신장을 목적으로 제정된 통신비밀보호법의 취지에 비추어 볼 때 피고인이나 변호인이 이를 증거로 함에 동의하였다고 하더라도 달리 볼 것은 아니다(대법원 2009. 12. 24. 선고 2009도11401 판결 참조).

기록에 의하면, 공소외인은 2009. 9. 21.경 검찰에서 피고인의 이 사건 공소사실 범행을 진술하는 등 다른 마약사범에 대한 수사에 협조해 오던 중, 같은 달 29일경 필로폰을 투약한 혐의 등으로 구속되었는데, 구치소에 수감되어 있던 같은 해 11. 3.경 피고인의 이 사건 공소사실에 관한 증거를 확보할 목적으로 검찰로부터 자신의 압수된 휴대전화를 제공받아 구속수감 상황 등을 숨긴 채 피고인과 통화하고 그 내용을 녹음한 다음 그 휴대전화를 검찰에 제출한 사실, 이에 따라 작성된 이 사건 수사보고는 '공소외인이 2009. 11. 3. 오전 10:00경 피고인으로부터 걸려오는 전화를 자신이 직접 녹음한 후 이를 수사기관에 임의제출하였고, 이에 필로폰 관련 대화 내용을 붙임과 같이 녹취하였으며, 휴대전화에 내장된 녹음파일을 mp3파일로 변환시켜 붙임과 같이 첨부하였음을 보고한다'는 내용으로, 첨부된 녹취록에는 피고인이 이전에 공소외인에게 준 필로폰의 품질에는 아무런 문제가 없다는 피고인의 통화 내용이 포함되어 있는 사실을 알 수 있다.

위 인정 사실을 앞서 본 법리에 비추어 보면, 위와 같은 녹음행위는 수사기관이 공소외인으로부터 피고인의 이 사건 공소사실 범행에 대한 진술을 들은 다음 추가적인 증거를 확보할 목적으로 구속수감되어 있던 공소외인에게 그의 압수된 휴대전화를 제공하여 그로 하여금 피고인과 통화하고 피고인의 이 사건 공소사실 범행에 관한 통화 내용을 녹음하게 한 것이라 할 것이고, 이와 같이 수사기관이 구속수감된 자로 하여금 피고인의 범행에 관한 통화 내용을 녹음하게 한 행위는 수사기관 스스로가 주체가 되어 구속수감된 자의 동의만을 받고 상대방인 피고인의 동의가 없는 상태에서 그들의 통화 내용을 녹음한 것으로서 범죄수사를 위한 통신제한조치의 허가 등을 받지 아니한 불법감청에 해당한다고 보아야 할 것이므로, 그 녹음 자체는 물론이고 이를 근거로 작성된 이 사건 수사보고의 기재 내용과 첨부 녹취록 및 첨부 mp3파일도 모두 피고인과 변호인의 증거동의에 상관없이 증거능력이 없다.

Ⅲ. 통신사실확인자료의 제공

〈헌법재판소의 불합치결정에 따른 2019년 개정 통비법의 제13조 2항 신설 및 제13조의3 개정〉

헌법재판소 2018. 6. 28. 선고 2012헌마191 등 결정

(나) 침해의 최소성

1) 수사기관은 실체적 진실발견과 국가형벌권의 적정한 행사를 위해 제3자인 전기통신사업자에게 정보주체인 전기통신가입자에 대한 위치정보 추적자료의 제공을 요청할 수 있다. 위치정보 추적자료는 시간의 경과와 함께 계속적으로 변화하는 동적 정보이자 전자적으로 저장되는 정보라는 특성을 가지고 있으므로, 피의자·피내사자 등 범죄관련자의 행적을 용이하게 추적할 수 있게 한다. 수사기관은 위치정보 추적자료를 활용하여 신속하고 효과적으로 범인을 발견·확보하고, 증거를 수집·보전하며, 범죄관련자 진술의 진위 여부를 확인함으로써, 실체적 진실발견과 국가형벌권의 적정한 행사를 도모할 수 있다.

그런데, 비록 수사기관이 전기통신사업자에게 전기통신가입자에 관한 위치정보 추적자료의 제공을 요청하는 것이 그 가입자에 대한 직접적이고 물리적인 강제력을 행사하는 것은 아니라고 하더라도, 이러한 수사기관의 위치정보 추적자료 제공요청은 통신비밀보호법이 정하는 강제처분에 해당하는 것이므로 필요한 최소한도의 범위 내에서만 하여야 한다(형사소송법 제199조 제1항 단서 참조).

2) 위치정보 추적자료는 정보주체인 전기통신가입자가 이동전화 등을 사용하는 때에 필연적

으로 생성되는 것으로, 정보주체가 특정한 시간에 존재하거나 존재하였던 장소에 관한 정보를 제공한다. 이러한 정보는 개인의 사적 생활의 비밀과 자유에 관한 것이 될 수 있으므로, 수사기관에 제공될 경우 정보주체에 대한 통신의 자유 및 개인정보자기결정권의 침해로 연결될 수 있다.

수사기관은 위치정보 추적자료의 분석을 통하여 특정 시간대 정보주체의 위치 및 이동상황에 대한 정보를 취득할 수 있고 정보주체의 예상경로 및 이동목적지 등을 유추하는 것도 가능하다. 특히, 실시간 위치정보 추적자료는 정보주체의 현재 위치와 이동상황을 제공한다는 점에서, 비록 내용적 정보가 아니지만 충분한 보호가 필요한 민감한 정보에 해당할 수 있다. 그럼에도 불구하고, 이 사건 요청조항은 '수사를 위하여 필요한 경우'만을 요건으로 하면서 전기통신사업자에게 특정 피의자·피내사자뿐만 아니라 관련자들에 대한 위치정보 추적자료의 제공요청도 가능하도록 규정하고 있다. 즉, 이 사건 요청조항은 수사기관이 범인의 발견이나 범죄사실의 입증에 기여할 개연성만 있다면, 모든 범죄에 대하여, 수사의 필요성만 있고 보충성이 없는 경우에도, 피의자·피내사자뿐만 아니라 관련자들에 대한 위치정보 추적자료 제공요청도 가능하도록 하고 있다.

따라서, 이 사건 요청조항은 입법목적 달성을 위해 필요한 범위를 벗어나 광범위하게 수사기관의 위치정보 추적자료 제공요청을 허용함으로써, 정보주체의 기본권을 과도하게 제한하고 있다. …

수사절차에서 요건이 엄격한 통신제한조치의 활용은 점차 줄어드는 대신 상대적으로 요건이 완화된 통신사실 확인자료의 활용이 빈번해지고 있는 실정이고, 통신제한조치 허가신청에 대한 법원의 기각률은 약 4%인데 반해 통신사실 확인자료 제공요청 허가신청에 대한 법원의 기각률은 약 1%에 불과한데, 이는 이 사건 요청조항이 보충성 등을 요구하지 않은 채 수사의 필요성만을 요건으로 규정하고 있음에도 그 원인이 있다. 따라서 현재와 같이 통신사실 확인자료 제공요청에 대한 요건이 완화되어 있는 상태에서는 법원이 허가를 담당한다는 사정만으로 수사기관의 위치정보 추적자료 제공요청 남용에 대한 통제가 충분히 이루어지고 있다고 할 수 없다.

한편, 통신비밀보호법 제2조 제11호 바목에 해당하는 발신기지국의 위치추적자료의 경우에는 기지국의 통신범위가 최소 수백 미터에서 최대 수천 미터에 이르는 등 그 폭이 상당히 넓기 때문에 보다 정확한 위치를 파악하기 어려워 정보주체에 대한 기본권 제한의 정도가 심하지 않다고 볼 여지도 있다.

그러나 오늘날 정보통신기술의 발달과 함께 위치정보를 정확하게 측량하여 이용할 수 있는 기술들도 급속히 발전하고 있고, 오차범위와 기지국 주변의 건물 상황 등 여러 조건을 종합하여 수사대상자 등의 위치정보를 상당히 정확한 수준으로 파악하는 것이 가능하게 되어, 정보주체의 기본권에 중대한 침해가 될 수 있다. …

위치정보 추적자료 제공요청과 관련하여, 사전에 정보주체인 피의자 등에게 이를 통지하는 것은 수사의 밀행성 확보를 위하여 허용될 수 없다 하더라도, 수사기관이 전기통신사업자로부터 위치정보 추적자료를 제공받은 다음에는 수사에 지장이 되지 아니하는 한 그 제공사실 등을 정보주체인 피의자 등에게 통지해야 한다. 이와 같이 수사기관이 피의자 등에게 위치정보 추적자료 제공사실을 통지함으로써, 피의자 등은 위치정보 추적자료의 제공이 적법한 절차에 따라 이루어졌는지, 위치정보 추적자료가 제공 목적에 부합하게 사용되었는지 또는 제공된 위치정보 추적자료가 개인정보 보호법 등에 규정된 적법한 절차에 따라 폐기되었는지 등을 확인할 수 있게 된다. 정보주체인 피의자 등은 이를 통하여 수사기관의 불법 또는 부당한 행위가 확인되는 경우에 수사기관이나 법원에 그 시정을 요구하는 등으로 실효성 있게 권리구제를 받을 수 있게 된다.

(다) 그럼에도 이 사건 통지조항은 수사기관이 전기통신사업자로부터 위치정보 추적자료를 제공받은 사실에 대해, 그 제공과 관련된 사건에 대하여 수사가 계속 진행되거나 기소중지 결정이 있는 경우에는 정보주체에게 통지할 의무를 규정하지 않고 있다.

이에 따라, 통신사실 확인자료를 제공받은 사건에 관하여 기소중지결정이 있거나 수사·내사가 장기간 계속되는 경우에는, 정보주체는 그 기간이 아무리 길다 하여도 자신의 위치정보가 범죄수사에 활용되었거나 활용되고 있다는 사실을 알 수 있는 방법이 없다. 또한 이 사건 통지조항은 수사기관이 정보주체에게 위치정보 추적자료의 제공을 통지하는 경우에도 그 사유에 대해서는 통지하지 아니할 수 있도록 함으로써 정보주체는 수사기관으로부터 통신사실 확인자료 제공사실 등에 대해 사후통지를 받더라도 자신의 위치정보 추적자료가 어떠한 사유로 수사기관에게 제공되었는지 전혀 짐작할 수도 없다. 그 결과, 정보주체는 위치정보 추적자료와 관련된 수사기관의 권한남용에 대해 적절한 대응을 할 수 없게 된다.

따라서, 이 사건 통지조항은 정보주체의 절차적 권리와 개인정보자기결정권을 충분히 보장하기에 미흡하다고 할 수 있다.

대법원 2014. 10. 27. 선고 2014도2121 판결 「통신사실확인자료의 사용제한에 관하여 통신비밀보호법 제12조 제1호를 준용하도록 한 같은 법 제13조의5에 의하면, 통신사실확인자료 제공요청에 의하여 취득한 통신사실확인자료를 범죄의 수사·소추 또는 예방을 위하여 사용하는 경우 그 대상범죄는 통신사실확인자료 제공요청의 목적이 된 범죄나 이와 관련된 범죄에 한정된다고 할 것이다. 이 사건 통화내역은 공소외 1과 공소외 2에 대한 공직선거법위반 사건의 수사과정에서 에스케이텔레콤 주식회사가 강원정선경찰서장에게 제공한 것으로서, 검사가 이를 취득하는 과정에서 통신비밀보호법 제13조 제2항 또는 제3항에 의한 지방법원 또는 지원의 허가를 받았더라도 피고인에 대한 이 사건 공소사실은 공소외 1과 공소외 2의 공직선거법위반죄와는 아무 관련이 없으므로 이를 이 사건 공소사실에 대한 증거로 사용할 수 없다.」

대법원 2017. 1. 25. 선고 2016도13489 판결 〈표준〉 「통신비밀보호법은 통신제한조치의 집행으로 인하여 취득된 전기통신의 내용은 통신제한조치의 목적이 된 범죄나 이와 관련되는 범죄를 수사·소추하거나 그 범죄를 예방하기 위한 경우 등에 한정하여 사용할 수 있도록 규정하고(제12조 제1호), 통신사실확인자료의 사용제한에 관하여 이 규정을 준용하도록 하고 있다(제13조의5). 따라서 통신사실확인자료 제공요청에 의하여 취득한 통화내역 등 통신사실확인자료를 범죄의 수사·소추를 위하여 사용하는 경우 그 대상 범죄는 통신사실확인자료 제공요청의 목적이 된 범죄 및 이와 관련된 범죄에 한정되어야 한다. 여기서 통신사실확인자료 제공요청의 목적이 된 범죄와 관련된 범죄라 함은 통신사실 확인자료 제공요청 허가서에 기재한 혐의사실과 객관적 관련성이 있고 자료제공 요청대상자와 피의자 사이에 인적 관련성이 있는 범죄를 의미한다고 할 것이다.」

Ⅳ. 대화비밀의 침해

〈통비법상 타인 간의 '대화'의 의미 및 사인 수집 증거에 대한 비교형량〉

대법원 2017. 3. 15. 선고 2016도19843 판결 〈표준〉

통신비밀보호법의 위 규정들의 문언, 내용, 체계와 입법 취지 등에 비추어 보면, 통신비밀보호법에서 보호하는 타인 간의 '대화'는 원칙적으로 현장에 있는 당사자들이 육성으로 말을 주고받는 의사소통행위를 가리킨다. 따라서 사람의 육성이 아닌 사물에서 발생하는 음향은 타인 간의 '대화'에 해당하지 않는다. 또한 사람의 목소리라고 하더라도 상대방에게 의사를 전달하는 말이 아닌 단순한 비명소리나 탄식 등은 타인과 의사소통을 하기 위한 것이 아니라면 특별한 사정이 없는 한 타인 간의 '대화'에 해당한다고 볼 수 없다.

한편 국민의 인간으로서의 존엄과 가치를 보장하는 것은 국가기관의 기본적인 의무에 속하는 것이고 이는 형사절차에서도 구현되어야 한다. 위와 같은 소리가 비록 통신비밀보호법에서 말하는 타인 간의 '대화'에는 해당하지 않더라도, 형사절차에서 그러한 증거를 사용할 수 있는지 여부는 개별적인 사안에서 효과적인 형사소추와 형사절차상 진실발견이라는 공익과 개인의 인격적 이익 등의 보호이익을 비교형량하여 결정하여야 한다(대법원 2013. 11. 28. 선고 2010도12244 판결 등 참조). 대화에 속하지 않는 사람의 목소리를 녹음하거나 청취하는 행위가 개인의 사생활의 비밀과 자유 또는 인격권을 중대하게 침해하여 사회통념상 허용되는 한도를 벗어난 것이라면, 단지 형사소추에 필요한 증거라는 사정만을 들어 곧바로 형사소송에서 진실발견이라는 공익이 개인의 인격적 이익 등 보호이익보다 우월한 것으로 섣불리 단정해서는 안 된다. 그러나 그러한 한도를 벗어난 것이 아니라면 위와 같은 목소리를 들었다는 진술을 형사절차에서 증거로 사용할 수 있다.

나. 피고인은 이 사건 공소사실 중 상해 부분과 관련하여 공소외인의 진술 중 일부에 대하여 통신비밀보호법 제14조 제2항, 제1항, 제4조에 따라 재판에서 증거로 사용할 수 없는 위법수집증거에 해당한다고 주장하였다. 그러나 원심은 공소외인이 피해자와 통화를 마친 후 전화가 끊기지 않은 상태에서 휴대전화를 통하여 들은 '악' 하는 소리와 '우당탕' 소리가 통신비밀보호법 제14조 제1항에서 말하는 '공개되지 아니한 타인 간의 대화'에 해당하지 않는다는 이유로 그 증거능력을 인정하여 피고인의 위 주장을 받아들이지 않았다.

다. 기록에 의하면, **공소외인은 평소 친분이 있던 피해자와 휴대전화로 통화를 마친 후 전화가 끊기지 않은 상태에서 1~2분간 위와 같은 소리를 들었다고 진술하였음을 알 수 있고, 통화를 마칠 무렵 몸싸움을 연상시키는 소리가 들려 전화를 끊지 않았던 것으로 보인다.**

위에서 본 법리에 비추어 보면, 공소외인이 들었다는 '우당탕' 소리는 사물에서 발생하는 음향일 뿐 사람의 목소리가 아니므로 통신비밀보호법에서 말하는 타인 간의 '대화'에 해당하지 않는다. '악' 소리도 사람의 목소리이기는 하나 단순한 비명소리에 지나지 않아 그것만으로 상대방에게 의사를 전달하는 말이라고 보기는 어려워 특별한 사정이 없는 한 타인 간의 '대화'에 해당한다고 볼 수 없다. 나아가 위와 같은 소리는 막연히 몸싸움이 있었다는 것 외에 사생활에 관한 다른 정보는 제공하지 않는 점, 공소외인이 소리를 들은 시간이 길지 않은 점, 소리를 듣게 된 동기와 상황, 공소외인과 피해자의 관계 등 기록에 나타난 여러 사정에 비추어 볼 때, 통신비밀보호법에서 보호하는 타인 간의 '대화'에 준하는 것으로 보아 증거능력을 부정할 만한 특별한 사정이 있다고 보기도 어렵다.

그리고 공소외인의 청취행위가 피해자 등의 사생활의 영역에 관계된 것이라 하더라도, 위와 같은 청취 내용과 시간, 경위 등에 비추어 개인의 인격적 이익 등을 형사절차상의 공익과 비교형량하여 보면, 공소외인의 위 진술을 상해 부분에 관한 증거로 사용하는 것이 피해자 등의 사생활의 비밀과 자유 또는 인격권을 위법하게 침해한다고 볼 수 없어 그 증거의 제출은 허용된다고 판단된다.

〈공개되지 아니한 타인간의 대화를 녹음 또는 청취하지 못하도록 한 취지〉

대법원 2016. 5. 12. 선고 2013도15616 판결 〈표준〉

구 통신비밀보호법 제3조 제1항이 공개되지 아니한 타인간의 대화를 녹음 또는 청취하지 못하도록 한 것은, 대화에 원래부터 참여하지 않는 제3자가 그 대화를 하는 타인간의 발언을 녹음 또는 청취해서는 아니 된다는 취지이다(대법원 2006. 10. 12. 선고 2006도4981 판결, 대법원 2014. 5. 16. 선고 2013도16404 판결 등 참조). 따라서 대화에 원래부터 참여하지 않는 제3자가 일반 공중이 알 수 있도록 공개되지 아니한 타인간의 발언을 녹음하거나 전자장치 또는 기계적 수단을 이용하여 청취하는 것은 특별한 사정이 없는 한 같은 법 제3조 제1항에 위반된다.

한편 어떠한 범죄가 적극적 작위에 의하여 이루어질 수 있음은 물론 결과의 발생을 방지하지 아니하는 소극적 부작위에 의하여도 실현될 수 있는 경우에, 행위자가 자신의 신체적 활동이나 물리적·화학적 작용을 통하여 적극적으로 타인의 법익 상황을 악화시킴으로써 결국 그 타인의 법익을 침해하기에 이르렀다면, 이는 작위에 의한 범죄로 봄이 원칙이다(대법원 2004. 6. 24. 선고 2002도995 판결 참조).

나. 원심은 그 판시와 같은 이유를 들어, 피고인이 ○○○신문사 빌딩에서 휴대폰의 녹음기능을 작동시킨 상태로 공소외 1 재단법인(이하 '공소외 1 법인'이라고 한다)의 이사장실에서 집무 중이던 공소외 1 법인 이사장인 공소외 2의 휴대폰으로 전화를 걸어 공소외 2와 약 8분간의 전화통화를 마친 후 상대방에 대한 예우 차원에서 바로 전화통화를 끊지 않고 공소외 2가 전화를 먼저 끊기를 기다리던 중, 평소 친분이 있는 △△방송 기획홍보본부장 공소외 3이 공소외 2와 인사를 나누면서 △△방송 전략기획부장 공소외 4를 소개하는 목소리가 피고인의 휴대폰을 통해 들려오고, 때마침 공소외 2가 실수로 휴대폰의 통화종료 버튼을 누르지 아니한 채 이를 이사장실 내의 탁자 위에 놓아두자, 공소외 2의 휴대폰과 통화연결상태에 있는 자신의 휴대폰 수신 및 녹음기능을 이용하여 이 사건 대화를 몰래 청취하면서 녹음한 사실을 인정한 다음, 피고인은 이 사건 대화에 원래부터 참여하지 아니한 제3자이므로, 통화연결상태에 있는 휴대폰을 이용하여 이 사건 대화를 청취·녹음하는 행위는 작위에 의

한 구 통신비밀보호법 제3조의 위반행위로서 같은 법 제16조 제1항 제1호에 의하여 처벌된다고 판단하였다.

원심판결 이유를 앞서 본 법리와 적법하게 채택된 증거들에 비추어 살펴보면, 원심의 위와 같은 판단은 정당하고, 거기에 상고이유 주장과 같이 구 통신비밀보호법 제3조 제1항에 정한 '공개되지 아니한 타인간의 대화'의 의미와 같은 법 제16조 제1항 제1호의 처벌대상 및 형법상 작위와 부작위의 구별에 관한 법리를 오해하는 등의 잘못이 없다.

〈통비법 제14조 제1항의 입법 취지 및 적용〉

대법원 2022. 8. 31. 선고 2020도1007 판결

통신비밀보호법은 공개되지 않은 타인 간의 대화에 관하여 다음과 같이 정하고 있다. 누구든지 이 법과 형사소송법 또는 군사법원법의 규정에 의하지 않고는 공개되지 않은 타인 간의 대화를 녹음하거나 청취하지 못하고(제3조 제1항), 위와 같이 금지하는 청취행위는 전자장치 또는 기계적 수단을 이용한 경우로 제한된다(제14조 제1항). 그리고 제3조의 규정을 위반하여 공개되지 않은 타인 간의 대화를 녹음 또는 청취한 자(제1호)와 제1호에 의하여 지득한 대화의 내용을 공개하거나 누설한 자(제2호)는 제16조 제1항에 따라 처벌받는다.

위와 같은 통신비밀보호법의 내용과 형식, 통신비밀보호법이 공개되지 않은 타인 간의 대화에 관한 녹음 또는 청취에 대하여 제3조 제1항에서 일반적으로 이를 금지하고 있는데도 제14조 제1항에서 구체화하여 금지되는 행위를 제한하고 있는 입법 취지와 체계 등에 비추어 보면, 통신비밀보호법 제14조 제1항의 금지를 위반하는 행위는 통신비밀보호법과 형사소송법 또는 군사법원법의 규정에 따른 것이라는 등의 특별한 사정이 없는 한, 제3조 제1항 위반행위에 해당하여 제16조 제1항 제1호의 처벌대상이 된다고 해석해야 한다.

통신비밀보호법 제3조 제1항이 공개되지 않은 타인 간의 대화를 녹음 또는 청취하지 못하도록 한 것은, 대화에 원래부터 참여하지 않는 제3자가 대화를 하는 타인 간의 발언을 녹음하거나 청취해서는 안 된다는 취지이다(대법원 2006. 10. 12. 선고 2006도4981 판결, 대법원 2014. 5. 16. 선고 2013도16404 판결 등 참조). 따라서 대화에 원래부터 참여하지 않는 제3자가 일반 공중이 알 수 있도록 공개되지 않은 타인 간의 발언을 녹음하거나 전자장치 또는 기계적 수단을 이용하여 청취하는 것은 특별한 사정이 없는 한 제3조 제1항에 위반된다(대법원 2016. 5. 12. 선고 2013도15616 판결).

'공개되지 않았다.'는 것은 반드시 비밀과 동일한 의미는 아니고, 구체적으로 공개된 것인지는 발언자의 의사와 기대, 대화의 내용과 목적, 상대방의 수, 장소의 성격과 규모, 출입의 통제 정도, 청중의 자격 제한 등 객관적인 상황을 종합적으로 고려하여 판단해야 한다.

> [공소사실의 요지] 피고인은 2017. 9. 말 부산에 있는 부산○○교회 사무실에서 공소외 1, 공소외 2, 공소외 3이 게임을 진행하면서 한 대화 내용을 휴대전화로 녹음하여 교회 장로 공소외 4에게 카카오톡으로 전송하였다. 이로써 공개되지 않은 타인 간의 대화를 녹음하고, 위와 같은 방법으로 알게 된 대화의 내용을 누설하였다.

대법원 2011. 3. 17. 선고 2006도8839 전원합의체 판결 「통신비밀보호법이 통신비밀의 공개·누설행위를 불법 감청·녹음 등의 행위와 똑같이 처벌대상으로 하고 그 법정형도 동일하게 규정하고 있는 것은, 통신비밀의 침해로 수집된 정보의 내용에 관계없이 그 정보 자체의 사용을 금지함으로써 당초 존재하지 아니하였어야 할 불법의 결과를 용인하지 않겠다는 취지이고, 이는 불법의 결과를 이용하여 이익을 얻는 것을 금지함과 아울러 그러한 행위의 유인마저 없애겠다는 정책적 고려에 기인한 것이라고 할 것이다.」

대법원 2007. 12. 27. 선고 2007도9053 판결 「통신비밀보호법 제3조 제1항이 "공개되지 아니한 타인간의 대화를 녹음 또는 청취하지 못한다"라고 정한 것은, 대화에 원래부터 참여하지 않는 제3자가 그 대화를 하는 타인들 간의 발언을 녹음 또는 청취해서는 아니 된다는 취지이다. 이 사건에서 피해자 및 공소외 2 등의 대화는 위 법률 제3조 제1항의 공개되지 아니한 타인간의 대화에 해당한(다).」 (**공소사실**: 피고인이 2005. 2. 하순경 피해자 공소외 1 운영의 유황오리식당 내부 천장에 감시용 CCTV 카메라 3대 및 계산대 위 천장 틈새에 도청마이크 1개를 은닉하여 설치하고 피고인의 개인 사무실에 CCTV 녹화기 및 녹음기를 설치한 다음, 2005. 5. 초순경부터 같은 해 9. 29.경까지 위 식당 내에서 행하여지는 피해자 및 공소외 2 등의 대화에 관하여 위 마이크를 통하여 녹음을 시도하거나, 청취함으로써 공개되지 아니한 타인간의 대화를 녹음하려다 그 뜻을 이루지 못하고 미수에 그치거나, 이를 청취하였다.).

대법원 2006. 10. 12. 선고 2006도4981 판결 <표준> 「피고인은 대화의 일방 당사자로서 위 3인이 상호 대화하는 내용을 녹음한 것일 뿐 피고인이 제3자로서 위 공소외 1, 공소외 2 사이의 대화를 녹음한 것이 아니어서 대화 당사자 일방이 상대방 모르게 대화내용을 녹음한 경우에 해당하여 통신비밀보호법 제3조 제1항에 위반되지 아니한다.」 (**공소사실** : "피고인은 2005. 7. 9. 12:30경 '(업체명 생략)' 사무실에서 공소외 1, 공소외 2가 함께 한 자리에서 소형녹음기를 이용하여 위 공소외 1, 공소외 2 사이의 공개되지 아니한 타인간의 대화를 녹음하였다.").

대법원 2015. 1. 22. 선고 2014도10978 전원합의체 판결 「이 사건에서 증거로 채택된 녹음파일들은 모두 통신제한조치 허가서에 의해 취득된 것들로서, 국가정보원 수사관이 공소외 5에게 허가서가 발부된 사실을 알려주고 이를 보여주면서 기간과 범위를 설명한 다음 각 대상자의 대화를 녹음해 달라고 요청하여 공소외 5가 그 대상자의 대화를 녹음한 후 수사관에게 제출한 사실, 위 각 허가서에는 통신제한조치의 집행방법으로 '전자·기계장치를 사용한 지득 또는 채록'이라고 기재되어 있을 뿐 집행과 관련하여 다른 특별한 제한을 두고 있지 않은 사실 등을 인정한 다음, 위 각 허가서의 혐의사실은 이적단체 내지 반국가단체 활동 등 국가보안법위반 범죄로서 은밀히 행해지는 조직범죄의 성격을 띠고 있고, 공소외 5도 지하혁명조직 RO가 보안수칙을 정하여 조직원에게 엄수시키고 있다고 진술하고 있어 당시 수사기관으로서는 해당 대화를 직접 녹음·청취하는 것이 쉽지 않았을 것으로 보이는 점, 그리고 대화 당사자인 공소외 5로 하여금 해당 대화를 녹음하도록 하는 것이 수사기관이 직접 해당 대화를 녹음하는 것보다 대화 당사자들의 법익을 더 침해할 것으로 보이지 않는 점 등의 사정을 종합하여 볼 때, 수사기관이 공소외 5의 협조를 얻어 그로 하여금 허가서에 따라 해당 대화를 녹음하도록 한 것은 집행방법의 하나로 적법하고, 나아가 공소외 5가 집행위탁이나 협조요청과 관련한 대장을 작성하지 아니하였다고 하더라도 이를 위법하다고 볼 수 없다.」

대법원 2018. 12. 27. 선고 2017도15226 판결 「정보통신망법 제49조의 '타인의 비밀 침해 또는 누설'에서 요구되는 '정보통신망에 침입하는 등 부정한 수단 또는 방법'에는 부정하게 취득한 타인의 식별부호(아이디와 비밀번호)를 직접 입력하거나 보호조치에 따른 제한을 면할 수 있게 하는 부정한 명령을 입력하는 등의 행위에 한정되지 않는다. 이러한 행위가 없더라도 사용자가 식별부호를 입력하여 정보통신망에 접속된 상태에 있는 것을 기화로 정당한 접근권한 없는 사람이 사용자 몰래 정보통신망의 장치나 기능을 이용하는 등의 방법으로 타인의 비밀을 취득·누설하는 행위도 포함된다.」 (피고인이 피해자가 자신의 계정을 이용해 메신저 프로그램을 실행시킨 채 잠시 자리를 비운 사이에 위 피해자 몰래 메신저 프로그램을 사용하여 보관함에 접속한 다음 저장되어 있던 이 사건 대화내용을 열람·복사하여 제3의 컴퓨터에 전송한 사안)

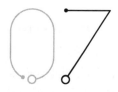
판사에 대한 강제처분의 청구

제 1 절 감정유치

대법원 2018. 7. 12. 선고 2018도6219 판결 「수사기관이 범죄 증거를 수집할 목적으로 피의자의 동의 없이 피의자의 소변을 채취하는 것은 법원으로부터 감정허가장을 받아 형사소송법 제221조의4 제1항, 제173조 제1항에서 정한 '감정에 필요한 처분'으로 할 수 있지만(<u>피의자를 병원 등에 유치할 필요가 있는 경우에는 형사소송법 제221조의3에 따라 법원으로부터 감정유치장을 받아야 한다</u>), 형사소송법 제219조, 제106조 제1항, 제109조에 따른 압수·수색의 방법으로도 할 수 있다.」

대법원 1985. 7. 23. 선고 85도1003 판결 「<u>소론 논지는 피고인 1에 대한 감정유치가 구속기간연장의 수단으로 변칙 운영되었고</u> 원심의 1985.4.12과 같은달 19의 각 공판기일에 피고인에 대한 적법한 기일통지없이 공개법정이 아닌 ○○대학교 의과대학 부속 △△병원에서 공판절차를 진행하고, 판결을 신고함으로써 피고인의 방어권, 변호권을 침해하고 그로 인하여 판결에 영향을 미쳤다는 것이나, 기록에 의하면 원심의 위 두차례 공판기일은 1985.3.18 종결하였던 변론을 재개하여 지정한 기일이고, 그 각 기일에 피고인과 변호인들이 출석하여 진술과 변론을 하였음이 명백하므로 <u>설사 위 감정유치와 공판절차에 다소의 흠이 있다고 하더라도 그로 인하여 피고인측의 방어권, 변호권의 본질이 침해되어 판결에 영향을 미쳤다고는 볼 수 없으니 이는 적법한 상고이유가 되지 못한다.</u>」

제 2 절 증거보전

대법원 1984. 3. 29.자 84모15 결정 〈표준〉 「<u>증거보전이란 장차공판에 있어 사용하여야 할 증거가 멸실</u>되거나 또는 사용하기 곤란한 사정이 있을 경우에 당사자의 청구에 의하여 공판전에 미리 그 증거를 수집 보전하여 두는 제도로서 제1심 제1회 공판기일전에 한하여 허용되는 것이다(형사소송법 제184조 참조). 그러므로 재심청구를 한 사건에 이런 증거보전절차는 허용되지 아니하는 것으로 해석된다. 그리고 증거보전청구를 기각하는 결정에 대하여는 즉시항고로써 불복할 수 없다.」 재심청구사건에 관하여 현장검증 및 증인신문을 하여 달라는 증거보전청구를 청구한 사안

대법원 1979. 6. 12. 선고 79도792 판결 <표준> 「형사소송법 184조에 의한 증거보전은 피고인 또는 피의자가 형사입건도 되기 전에 청구할 수는 없고 또 피의자신문에 해당하는 사항을 증거보전의 방법으로 청구할 수 없다고 함이 상당하다 할 것인 바 이 사건의 기록에 의하면 증거보전 신청은 원심 공동피고인이 피의자로 있던 때에 대한 것인데 그 신문내용을 보면 같은 피고인을 증인신문한 것으로 기재되어 있다. 이는 피의자를 그 스스로의 피의 사실에 대한 증인으로 바로 신문한 것으로 위법하여 같은 피고인에 대한 증거능력이 없음은 물론 그 신문내용 가운데 다른 공범에 관한 부분의 진술이 있다 하더라도 그 공범이 또한 그 신문당시 형사입건되어 있지 않았다면 그 공범에 관한 증거보전의 효력도 인정할 수 없는 것이다.」

대법원 1972. 11. 28. 선고 72도2104 판결 「형사소송법 제184조 제1항의 규정에 의하면 검사, 피고인, 피의자 또는 변호인은 미리 증거를 보전하지 아니하면 그 증거를 사용하기 곤란한 사정이 있는 때에는 제1회 공판기일전이라도 판사에게 압수, 수색, 검증, 증인신문 또는 감정을 청구할 수 있다고 되어 있어서, 피고인 신문을 증거보전 방법으로 청구할 수 없다고 할 것인바 원심이 유지한 제1심 판결에서 증거보전기록 중 판시사실에 부합되는 피고인의 진술기재를 증거로 채택한 것은 증거능력이 없는 서류를 증거로 한 채증법칙 위배의 위법이 있(다).」

대법원 1988. 11. 8. 선고 86도1646 판결 <표준> 「원심공동피고인과 피고인이 뇌물을 주고받은 사이로 필요적 공범관계에 있다고 하더라도, 검사는 수사단계에서 피고인에 대한 증거를 미리 보전하기 위하여 필요한 경우에는 판사에게 원심공동피고인을 증인으로 신문할 것을 청구할 수 있는 것인바, 기록에 의하면 서울형사지방법원 판사가 피고인에 대한 증거를 미리 보전하기 위하여 원심공동피고인을 증인으로 신문할 필요가 있다고 판단하여 검사의 청구에 따라 원심공동피고인을 증인으로 신문한 것은 정당한 것으로 수긍이 간다. 다만 판사가 형사소송법 제184조에 의한 증거보전절차로 증인신문을 하는 경우에는 같은 법 제221조의2에 의한 증인신문의 경우와는 달라 같은 법 제163조에 따라 검사, 피의자 또는 변호인에게 증인신문의 시일과 장소를 미리 통지하여 증인신문에 참여할 수 있는 기회를 주지 않으면 안된다고 보아야 할 터인데, 기록에 의하면 서울형사지방법원 판사가 원심공동피고인을 증인으로 신문함에 있어서 피고인에게 증인신문에 참여할 기회를 주지 아니하였음은 피고인이 주장하는 바와 같지만, 피고인과 변호인이 제1심공판정(제4회 공판기일)에서 원심공동피고인에 대한 위 증인신문조서를 증거로 할 수 있음에 동의하여 별다른 이의없이 적법하게 증거조사를 거쳤음이 분명하므로, 위 증인신문조서는 증인신문절차가 위법하였는지의 여부에 관계없이 증거능력이 부여되었다고 할 것이다.」

대법원 1992. 2. 28. 선고 91도2337 판결 「제1회 공판기일 전의 증인 공소외인에 대한 증인신문조서는 이 사건 증거보전기록에 의하면 판사가 형사소송법 제184조에 의한 증거보전절차에서 증인신문을 하

여 작성된 것임에도, <u>위 증인신문시 그 일시와 장소를 피의자 및 변호인에게 미리 통지하지 아니하여</u>
<u>증인신문에 참여할 수 있는 기회를 주지 아니하였고, 또 변호인이 제1심 공판기일에 위 증인신문조서</u>
<u>의 증거조사에 관하여 이의신청을 하였으므로, 위 증인신문조서는 증거능력이 없다 할 것이고, 그 증</u>
<u>인이 후에 법정에서 그 조서의 진정성립을 인정한다 하여 다시 그 증거능력을 취득 한다고 볼 수도 없</u>
<u>다 할 것임에도</u> 원심이 이를 증거로 거시한 것은 위법하다.」

대법원 2015. 10. 29. 선고 2014도5939 판결 「헌법 제109조, 법원조직법 제57조 제1항이 정한 공개금지
사유가 없음에도 불구하고 재판의 심리에 관한 공개를 금지하기로 결정하였다면 그러한 공개금지결정
은 피고인의 공개재판을 받을 권리를 침해한 것으로서 그 절차에 의하여 이루어진 증인의 증언은 증거능
력이 없다고 할 것이고, 변호인의 반대신문권이 보장되었더라도 달리 볼 수 없으며, 이러한 법리는 공개
금지결정의 선고가 없는 등으로 공개금지결정의 사유를 알 수 없는 경우에도 마찬가지라 할 것이다. 수
<u>원지방법원 안산지원 2013초기170 증거보전절차의 제1회 기일에서 이루어진 공소외 1에 대한 증인신</u>
<u>문은 비공개로 진행되었다고 봄이 상당한데, 증거보전기일에서 비공개결정의 선고가 되지 않아 비공개</u>
<u>사유를 알 수 없으므로,</u> 이 부분 증거는 공개재판을 받을 권리를 침해한 것으로 증거능력이 없다.」

대법원 1980. 4. 8. 선고 79도2125 판결 「비록 증거보전절차에서의 진술이 법원의 관여하에 행하여지는
것으로서 수사기관에서의 진술보다 임의성이 더 보장되는 것이기는 하나 <u>보전된 증거가 항상 진실이</u>
<u>라고 단정지울 수는 없는 것이므로 법원이 그것을 믿지 않을만한 사유가 있어서 믿지 않은 것에 자유</u>
<u>심증주의의 남용이 있다는 논지 이유없다.</u>」

제 3 절 참고인에 대한 증인신문

〈참고인에 대한 증인신문청구의 요건〉

대법원 1989. 6. 20. 선고 89도648 판결 〈표준〉

<u>형사소송법 제21조의2 제2항의 규정에 의한 검사의 증인신문 청구는 수사단계에서의 피의자</u>
<u>이외의 자의 진술이 범죄의 증명에 없어서는 안될 것으로 인정되는 경우에 공소유지를 위하</u>
<u>여 이를 보전하려는 데에 그 목적이 있으므로, 이 증인신문 청구를 하려면 증인의 진술로서</u>
<u>증명할 대상인 피의사실이 존재하여야 한다.</u> …
이 사건 수사기록에 의하면, 검사는 피고인들에 대한 범죄인지서를 1988.4.28.자로 작성하였
으나, 위 범죄인지서작성 전에 이미 1988.4.9. 공동피의자인 피고인 2를 소환하여 피고인들

사이의 뇌물수수내용을 조사하면서 진술서를 작성 제출케 하였고 또 1988.4.26.에는 뇌물의 중간전달자인 공소외 1을 소환하여 피고인들 사이의 뇌물전달내용을 조사하면서 진술서를 작성 제출케 함과 동시에 참고인 진술조서를 작성하였으며, 그 다음날인 1988.4.27 피고인 1을 피의자로 표시하여 서울형사지방법원에 공소외 1에 대한 형사소송법 제221조의2 제2항에 의한 증인신문청구를 한 사실이 인정된다.

위와 같은 사실관계에 비추어 보면, 검사는 공소외 1에 대한 증인신문청구를 하기 전에 이미 피고인들에 대한 수뢰 및 증뢰의 범죄혐의가 있다고 보아 공동피의자 중 1인과 참고인을 소환하여 조사를 시행함으로써 피고인들에 대한 수사를 개시하였음이 명백하므로 위 증인신문청구 전에 피고인들에 대한 피의사실이 존재하였음을 인정하기에 충분하다.

대법원 1997. 12. 26. 선고 97도2249 판결 「기록에 의하면 위 각 공판기일 전 증인신문절차마다 피고인 1이 피의자로서 참석하였으나 그에게 공격·방어할 수 있는 기회가 충분히 보장되었다고 보기 어려운 점이 엿보이므로, 위 각 증인신문조서는 비록 그 신문이 법관의 면전에서 행하여졌지만 결과적으로 헌법 제27조가 보장하는 공정하고 신속한 공개재판을 받을 권리를 침해하여 수집된 증거로서 증거능력이 없다.」

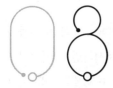

CHAPTER

08

수사의 종결

제1절 종결처분

대법원 2011. 4. 28. 선고 2009도10412 판결 「공소가 제기된 후에는 그 피고사건에 관한 형사절차의 모든 권한이 사건을 주재하는 수소법원의 권한에 속하게 되며, 수사의 대상이던 피의자는 검사와 대등한 당사자인 피고인으로서의 지위에서 방어권을 행사하게 되므로, 공소제기 후 구속·압수·수색 등 피고인의 기본적 인권에 직접 영향을 미치는 강제처분은 원칙적으로 수소법원의 판단에 의하여 이루어지지 않으면 안 된다.」

대법원 2009. 10. 29. 선고 2009도6614 판결 <표준> 「검사의 불기소처분에는 확정재판에 있어서의 확정력과 같은 효력이 없어 일단 불기소처분을 한 후에도 공소시효가 완성되기 전이면 언제라도 공소를 제기할 수 있으므로, 세무공무원 등의 고발이 있어야 공소를 제기할 수 있는 조세범처벌법 위반죄에 관하여 일단 불기소처분이 있었더라도 세무공무원 등이 종전에 한 고발은 여전히 유효하고, 따라서 나중에 공소를 제기함에 있어 세무공무원 등의 새로운 고발이 있어야 하는 것은 아니다.」

대법원 1995. 3. 3. 선고 94다37097 판결 「원고의 직원인 소외인(○○○○)이 원고의 소유인 이 사건 일화 금 1,300만 엔을 원고의 지시에 따라 일본국으로 반출하려다가 이를 압수당하고 원고와의 공범으로 재판을 받아 특정경제범죄가중처벌등에관한법률위반죄(재산국외도피)로 징역형의 선고유예 및 이 사건 일화에 대한 몰수의 확정판결을 받았고, 한편 원고는 소외인과 공동피의자로 입건되고서도 조사에 응하지 아니하여 기소중지처분이 되어 지금까지 그 피의사건이 완결되지 아니하고 있다면, 이 사건 일화에 대한 압수의 효력은 원고에 대한 관계에 있어서는 여전히 남아 있다고 할 것이므로, 원고가 그 압수물에 대한 소유권에 의하여 인도를 구하고 있음이 명백한 이 사건 청구는 배척될 수밖에 없다.」

제 2 절 불기소처분에 대한 불복방법

대법원 1989. 10. 10. 선고 89누2271 판결 「검사의 불기소처분에 대하여는 검찰청법에 의한 항고와 재항고 및 형사소송법에 의한 재판상 준기소절차에 의해서만 불복할 수 있는 것이므로 검사의 불기소처분이나 그에 대한 항고 또는 재항고 결정에 대하여는 행정소송을 제기할 수 없는 것이라 할 것이다. 검사의 불기소처분에 대한 재항고기각결정의 무효확인과 취소를 구하는 이 사건 소는 행정소송의 대상이 아닌 사항에 대하여 행정소송을 제기한 것으로서 부적법하다.」

서울중앙지방법원 2008. 12. 4. 선고 2008나12155 판결 「검사의 적정한 수사 및 공소권의 행사가 결과적으로 피해자의 재산적, 정신적 피해의 회복과 관련되는 경우가 있고, 국민이 통상 그에 대한 강한 기대를 가지고 있음을 부정할 수는 없으나, 수사권 및 공소제기의 목적은 본질적으로 국가 및 사회의 질서유지라는 공익을 실현하기 위한 것이지 피해자의 개인적 이익을 보호하거나 피해자 개인이 입은 손해의 전보를 목적으로 하는 것이 아니라는 점에서, 검사의 불기소처분으로 인하여 피해자의 가해자의 형사처벌에 대한 기대가 충족되지 아니하였고 또한 그로 인하여 피해자가 정신적 고통을 호소한다고 하더라도 그것은 검찰권 행사에 수반하는 부수적이고 반사적인 결과라고 밖에 볼 수 없다. 더구나 검사의 불기소처분에 대해서는 법이 항고 및 재항고, 재정신청, 헌법소원 등의 불복절차를 마련해 두고 있고 또한 피해자가 가해자를 상대로 직접 손해배상을 청구하는 방법으로 재산상, 정신상 손해를 전보받을 수도 있다. 이 사건에 있어서 원고는 항고 및 재항고, 헌법소원 등의 모든 불복절차를 밟은 바 있고 또한 가해자를 상대로 손해배상청구소송을 제기하여 일부 승소판결을 받기도 하였는바, 비록 가해자가 기소처분이 되지 아니함으로써 피해자인 원고가 정신적인 고통을 받았다고 하더라도, 앞서 살핀 검찰권 행사의 성격, 피해자의 불복 또는 구제수단에 대한 관련 법규와 그 보호목적의 범위, 원고가 실제 민사소송을 통해 손해를 전보받게 된 사정 등을 고려할 때, 특단의 사정이 없는 한 원고가 주장하는 정신적 고통은 불기소처분과 상당인과관계가 있는 손해라고 보기 어렵다.」

I. 검찰항고

〈검찰항고의 의미 및 항고권자〉

헌법재판소 2012. 7. 26. 선고 2010헌마642 결정

검찰청법상 항고제도는 기소독점주의와 기소편의주의에 의한 폐해를 방지하고 소추권행사의 공정성을 확보하며, 검찰 내부에 의한 신속하고 효율적인 자체 시정을 구하는 제도이다. 헌법은 공소제기의 주체, 방법, 절차나 사후통제, 검사의 자의적인 불기소처분에 대한 통제방법 등에 관하여 직접적인 규정을 두고 있지 아니하므로, 검찰청법상 항고제도의 인정 여부는 입법정책에 속하는 문제이고, 그 주체, 대상의 범위나 방법을 제한하는 경우에도 그 제한이 현저히 불합리하게 설정되지 않는 한 헌법에 위반되는 것이라고 할 수 없다. …

또한 재정신청(형사소송법 제260조)의 대상범죄가 2008. 1. 1. 부터 모든 범죄로 확대됨에 따라 재정신청제도 남용의 폐해를 줄이고 그 효율성을 도모하기 위하여 검찰 항고전치주의가 채택되었는데, 피의자는 재정신청권자의 범위에서 제외되었다. 이와 같이 피의자에게 항고권을 부여하지 아니한 것은 항고를 거쳐 재정신청에 이르는 일련의 제도의 성격과 취지를 고려한 것이라 볼 수 있으며, 이를 자의적 차별에 의한 결과라 할 수 없다.

한편, 피의자는 비록 검찰청법상의 항고를 제기할 수는 없지만 헌법재판소에 헌법소원심판을 청구함으로써 부당한 기소유예처분을 시정받을 기회가 있다는 점에서, 이 사건 법률조항이 피의자로 하여금 기소유예처분으로 인한 불이익을 제거할 기회를 원천적으로 봉쇄하거나 피의자에게 일방적으로 불리하게 작용하여 고소인·고발인과의 사이에서 형평성을 상실하고 있다고 볼 수는 없다.

즉, 이 사건 법률조항은 고소인 또는 고발인이 기소독점주의와 기소편의주의 체제 하에서 검사의 부당한 불기소처분에 불복할 수 있는 절차와 기회를 부여하는 데에 목적이 있고, 이 사건 법률조항이 기소유예처분을 받은 피의자를 항고권의 주체에서 배제함으로써 결과적으로 고소인과 고발인만이 검찰 내부기관에 대하여 불기소처분을 다툴 수 있게 된다 하더라도, 이를 가리켜 수인할 수 없을 정도로 합리적 이유 없이 기소유예처분을 받은 피의자의 평등권을 침해한다고는 할 수 없다.

헌법재판소 2009. 11. 26. 선고 2009헌마47 결정 「형사소송법 제260조 제1항은 고소권자로서 고소를 한 자나 형법 제123조 내지 제125조(직권남용, 불법체포감금, 폭행가혹행위)의 죄에 대하여 고발을 한 자를 재정신청권자로 한정하고 있다. 여기에서 '고소권자'라 함은 범죄로 인한 피해자나 피해자의 법정대리인 등(형사소송법 제223조, 제225조)을 의미한다. 한편, 검찰청법 제10조 제3항은 형사소송법 제260조에 따라 재정신청을 할 수 있는 자를 제외한 항고를 한 자는 항고를 기각하는 처분에 불복할 경우에는 그 검사가 속하는 고등검찰청을 거쳐 서면으로 검찰총장에게 재항고할 수 있다고 규정하고 있다. 따라서 고소권자가 아닌 고발인의 경우에는 형법 제123조 내지 제125조의 죄에 대한 고발을 제외하고는 항고기각결정에 불복하여 재항고를 할 수 있다고 할 것이다.」

Ⅱ. 재정신청

1. 의의 및 대상

〈재정신청제도의 취지〉

대법원 1988. 1. 29.자 86모58 결정

(나) 기소편의주의를 채택하고 있는 우리 법제하에서, 검사는 범죄의 혐의가 충분하고 소송 조건이 구비되어 있는 경우에도 개개의 구체적 사안에 따라 형법 제51조에 정한 사항을 참작하여 불기소처분(기소유예)을 할 수 있는 재량을 갖고 있기는 하나 그 재량에도 스스로 합리적인 한계가 있는 것으로서 이 한계를 초월하여, 기소를 하여야 할 극히 상당한 이유가 있는 사안을 불기소처분한 경우, 이는 기소편의주의의 법리에 어긋나는 부당한 조처라 하지 않을 수 없고, 이러한 부당한 처분을 시정하기 위한 방법의 하나로 우리 형사소송법은 재정신청제도를 두고있는 것이다.

(다) 헌법 제9조는 모든 국민은 인간으로서의 존엄과 가치를 가지며 행복을 추구할 권리를 가진다. 국가는 개인이 가지는 불가침의 기본적 인권을 확인하고 이를 보장할 의무를 진다. 국가는 개인이 가지는 불가침의 기본적 인권을 확인하고 이를 보장할 의무를 진다고 규정하고 있고, 헌법 제11조 제2항은, 모든 국민은 고문을 받지 아니하며 형사상 자기에게 불리한 진술을 강요당하지 아니한다고 하여, 특히 형사절차에서의 인권보장 규정도 두고 있는 바, 이러한 헌법 정신에 비추어 볼 때에 원심이 인정하고 있는 동 피의자의 피의사실에서 보는 바와 같이, 경찰관이 그 직무를 행함에 당하여 형사피의자에 대하여 폭행 및 가혹행위를 하고, 특히 여성으로서의 성적 수치심을 자극하는 방법으로 신체적, 정신적 고통을 가하는 것과 같은 인권침해행위는 용납할 수 없는 범죄행위로서, 원심판시와 같은 정상을 참작한다 할지라도 그 기소를 유예할 만한 사안으로는 도저히 볼 수 없는 것이다.

대법원 1991. 11. 5.자 91모68 결정「검사의 위 내사종결 처리는 고소 또는 고발사건에 대한 불기소처분이라고 볼 수 없(다).」

2. 재정신청의 절차

〈검찰항고전치주의, 재정신청사유의 기재 등의 취지〉

헌법재판소 2009. 12. 29. 선고 2008헌마414 결정

(2) 재판청구권의 침해 여부

(가) 형사소송법과 검찰청법에서 재정신청이 가능한 사건의 경우 검찰 재항고를 불허하고(검찰청법 제10조 제3항), 재정법원의 심리기간을 3개월로 제한하며(형사소송법 제262조 제2항), 재정법원의 재정신청기각결정에 대하여 불복을 불허하는(같은 법 제262조 제4항) 등의 제한을 두고 있는 것은 모두 피고소인 또는 피고발인의 지위가 장기간 불안정해지는 것을 방지하고자 한 것으로, 이 사건 법률조항에서 재정신청서에 재정신청이유를 기재하도록 규정하고 있는 것도 재정신청서에 재정신청의 근거를 명시하게 함으로써 법원으로 하여금 재정신청의 범위를 신속하게 확정하고, 재정신청에 대한 결정을 신속하게 내릴 수 있도록 하며, 재정신청의 남발을 방지하려는 취지와 재정신청으로 인하여 이미 검사의 불기소처분을 받은 피고소인 또는 피고발인의 지위가 계속 불안정하게 되는 불이익을 고려하여 입법자가 정당한 이익형량을 한 결과라고 할 것이다. 따라서 재정신청서에 재정신청이유를 기재하도록 한 것은 재정신청제도를 형성하는 입법재량에 속하는 것으로서 합리적인 이유가 있다.

(나) 형사소송법 제260조 제2항 본문은 재정신청을 하려면 반드시 검찰 항고를 거치도록 하고 있는바, 고소인이나 고발인이 재정신청을 하게 되는 때에는 이미 불기소처분의 통지를 받은 날부터 30일의 제기기간이 주어지는 검찰항고절차를 통하여 당해 사건의 범죄사실이나 증거 등에 관련된 검토를 어느 정도 마친 이후라고 할 것이다. 또한, 재정신청을 하는 신청인에게 재정신청이유를 기재하도록 하는 것은 사법제도의 본질상 당연하다고 할 것이고, 이 사건 법률조항에서 재정신청서에 재정신청이유를 기재하도록 규정하고 있으나, 이것이 법률전문가에게 기대하는 것과 같이 법리적으로 정확하고 치밀한 이유의 기재를 요구하는 것이라고 볼 수도 없다. 따라서 이 사건 법률조항에서 고소인 또는 고발인에게 재정신청서에 재정신청의 이유를 기재하도록 하는 것이 재판청구권을 형해화할 정도에 이른다고 볼 수도 없다.

> 대법원 2003. 12. 12. 선고 2003도2219 판결
>
> 공직선거및선거부정방지법 제273조 제2항에 의하여 제1항에 규정된 죄에 대한 재정신청에 적용되는 형사소송법 제260조 제2항은 재정신청은 서면으로 하여야 한다는 취지를 규정하고 있고, 이를 받은 형사소송규칙 제119조는 "재정신청서에는 재정신청의 대상이 되는 사

건의 범죄사실과 증거 등 재정신청을 이유 있게 하는 사유를 기재하여야 한다."라고 규정하여 법원심판의 범위를 한정하고 신청의 근거를 밝힐 것을 요구하고 있으므로 그 형사소송규칙조항은 공직선거및선거부정방지법 제273조 제1항에 규정된 죄에 대한 재정신청에도 적용되는 것이라고 할 것인데, 그 형사소송규칙조항은 헌법 제108조에 규정된 대법원의 규칙제정권에 근거하여 형사소송절차를 규율하는 것으로서 형사소송법에 저촉되는 것이라거나 형사소송법의 효력을 부당하게 변경, 제한하는 것이라거나 또는 재정신청권을 부당하게 제한하는 것이라고는 할 수 없다.

3. 고등법원의 심리와 결정

대법원 1990. 11. 2.자 90모44 결정 「형사소송법 제18조 제2호의 "불공평한 재판을 할 염려가 있는 때"라 함은 당사자가 불공평한 재판이 될지도 모른다고 추측할 만한 주관적인 사정이 있는 때를 말하는 것이 아니라, 통상인의 판단으로서 법관과 사건과의 관계상 불공평한 재판을 할 것이라는 의혹을 갖는 것이 합리적이라고 인정할 만한 객관적인 사정이 있는 때를 말하는 것이므로, 원심이 같은 취지에서 재판부가 당사자의 증거신청을 채택하지 아니하였다 하더라도 그러한 사유만으로 재판의 공평을 기대하기 어려운 객관적인 사정이 있다할 수 없다고 판단한 것은 정당하다. 그리고 형사소송법 제262조에 정한 기간 내에 재정신청사건의 결정을 하지 아니하였다 하여 곧바로 재판부가 불공평한 재판을 할 염려가 있다고 볼 수도 없다. 따라서 이 사건 법관기피신청을 기각한 원심의 조치는 옳(다).」

대법원 1965. 5. 12.자 64모38 전원합의체 결정 「검찰관은 사건에 대하여 직접 수사를 하지 아니 하더라도 사법경찰관리의 수사결과만으로 사안의 내용을 파악할 수 있을 때에는 불기소 처분을 할 수 있는 것이고 또 재정신청을 수리한 고등법원은 사안에 대한 수사기관의 수사가 불충분하다는 이유로 형사소송법 제262조 제1항 제2호의 결정을 할 수 없는 것이며 원심이 「일건 기록을 검토하건대 혐의 없으므로 불기소처분한다는 검사의 처분은 상당한 이유가 있다고 인정됨」이라고 판시한 것이 형사소송법 제308조 위배라고 보아야 할 아무런 이유도 찾아볼 수 없고 또 같은법 제307조에서 말한 「사실」은 「공소범죄사실」을 말하는 것이므로 원심이 공소범죄사실이 아닌 불기소처분의 적법여부를 판단함에 있어서 엄격한 증거에 의하지 아니하였다 하여 위법이라고는 할 수 없는 것이며 또 원심이 형사소송법 제262조 제1항 소정의 기간내에 결정을 하지 아니하였다 하여 헌법 제24조에 위반하였다고 볼 수도 없으므로 논지는 모두 독자적 견해로 채용할 수 없다.」

대법원 1997. 4. 22.자 97모30 결정 「공소를 제기하지 아니하는 검사의 처분의 당부에 관한 재정신청이 있는 경우에 법원은 검사의 무혐의 불기소처분이 위법하다 하더라도 기록에 나타난 여러 가지 사정을 고려하여 기소유예의 불기소처분을 할 만한 사건이라고 인정되는 경우에는 재정신청을 기각할 수 있다.」

헌법재판소 2011. 11. 24. 선고 2008헌마578, 2009헌마41, 98(병합) 「재정법원의 심리는 기소 여부 결정을 위하여 행하여지는 수사에 준하는 성격을 일부 가지고 있으며, 검찰이 불기소 판단을 내린 사건에 대한 재심리 절차인 점을 고려할 때 비밀을 보장하고 피의자를 더욱 보호할 필요가 있다. 그런데 재정신청사건의 관련 서류 및 증거물에 대한 열람·등사를 제한 없이 허용한다면 피의자의 사생활이 침해되고, 수사의 비밀을 해칠 우려가 있으며, 민사사건에 악용하기 위하여 재정신청을 남발하는 문제 등이 발생할 수 있다. 기록열람 금지조항은 이를 방지하기 위한 것으로 그 입법목적의 합리성이 인정된다. 뿐만 아니라 형사소송법 제262조의2 단서는 재정신청사건을 심리하는 법원이 그 증거조사과정에서 작성된 서류의 전부 또는 일부의 열람 또는 등사를 허가할 수 있도록 규정하고 있다. 따라서 기록열람 금지조항은 합리적인 입법재량의 한계를 벗어나지 않았으므로 이로 인하여 재정신청인인 청구인의 재판청구권이 침해된다고 볼 수 없다.」

4. 재정결정에 대한 불복

〈공소제기결정에 하자가 있는 경우의 소송법적 효과〉

대법원 2010. 11. 11. 선고 2009도224 판결

형사소송법(이하 '법'이라고 한다) 제260조 제4항은 "재정신청서에는 재정신청의 대상이 되는 사건의 범죄사실, 증거 등 재정신청을 이유 있게 하는 사유를 기재하여야 한다."고 정하고 있고, 법 제262조 제2항 제1호는 재정신청이 "법률상의 방식에 위배"된 때에는 그 신청을 기각한다고 정하고 있으며, 법 제262조 제4항은 "제2항의 결정에 대하여는 불복할 수 없다."고 정하고 있다. 따라서 법원은 재정신청서에 재정신청을 이유 있게 하는 사유가 기재되어 있지 않은 경우에는 그 재정신청을 기각하여야 한다.

그런데 법원이 재정신청서에 재정신청을 이유 있게 하는 사유가 기재되어 있지 않음에도 이를 간과한 채 법 제262조 제2항 제2호 소정의 공소제기결정을 한 관계로 그에 따른 공소가 제기되어 본안사건의 절차가 개시된 후에는, 다른 특별한 사정이 없는 한 이제 그 본안사건에서 위와 같은 잘못을 다툴 수 없다고 할 것이다. 그렇지 아니하고 위와 같은 잘못을 본안사건에서 다툴 수 있다고 한다면 이는 재정신청에 대한 결정에 대하여 그것이 기각결정이든 인용결정이든 불복할 수 없도록 한 법 제262조 제4항의 규정취지에 위배하여 형사소송절차의 안정성을 해칠 우려가 있기 때문이다. 또한 위와 같은 잘못은 본안사건에서 공소사실 자체에 대하여 무죄, 면소, 공소기각 등을 할 사유에 해당하는지를 살펴 무죄 등의 판결을 함으로써 그 잘못을 바로잡을 수 있는 것이다. 뿐만 아니라 본안사건에서 심리한 결과 범죄사실이 유죄로 인정되는 때에는 이를 처벌하는 것이 오히려 형사소송의 이념인 실체적 정의를 구현하는 데 보다 충실하다는 점도 고려하여야 한다.

그리하여 이러한 법리에 비추어 기록을 살펴보면, 비록 이 사건 재정신청서에 법 제260조 제4항에 정한 사항의 기재가 없어서 법원으로서는 그 재정신청이 법률상의 방식에 위배된 것으로서 이를 기각하여야 함에도 이 사건 심판대상인 사기 부분을 포함한 고소사실 전부에 관하여 이 사건 공소제기결정을 한 잘못이 있고 나아가 그 결정에 따라 공소제기가 이루어 졌다 하더라도, 공소사실에 대한 실체판단에 나아간 제1심의 판결을 유지한 원심의 조치는 정당하다.

대법원 2017. 3. 9. 선고 2013도16162 판결
법원이 재정신청서를 송부받았음에도 송부받은 날부터 형사소송법 제262조 제1항에서 정한 기간 안에 피의자에게 그 사실을 통지하지 아니한 채 형사소송법 제262조 제2항 제2호에서 정한 공소제기결정을 하였다고 하더라도, 그에 따른 공소가 제기되어 본안사건의 절차가 개 시된 후에는 다른 특별한 사정이 없는 한 본안사건에서 위와 같은 잘못을 다툴 수 없다.

〈기각결정에 하자가 있는 경우의 소송법적 효과〉

대법원 2011. 2. 1.자 2009모407 결정

「형사소송법」제262조 제2항, 제4항은 검사의 불기소처분에 따른 재정신청에 대한 법원의 재 정신청기각 또는 공소제기의 결정에 불복할 수 없다고 규정하고 있으나, 위 규정은 그 취지 에 비추어 재정신청이 법률상의 방식을 준수하였음에도 법원이 방식위배의 신청이라고 잘못 보아 그 신청이유에 대한 실체 판단 없이 형식적인 사유로 기각한 경우에는 그 적용이 없다 할 것이다.

원심결정 이유를 기록에 비추어 살펴보면, 원심은 이 사건 재정신청이 검찰항고기각결정의 통지일인 2008. 12. 3.부터 재정신청기간인 10일이 지난 2008. 12. 15. 제기되었으므로 법률 상의 방식에 위배되어 부적법하다는 이유로 이 사건 재정신청을 기각하였다.

그런데 이 사건 재정신청기간의 말일인 2008. 12. 13.은 토요일, 그 다음날은 일요일임은 공 지의 사실에 해당하고, 따라서 **법 제66조 제3항에 의하여 위 신청기간에 산입되지 아니하는 관계로 그 신청기간의 말일은 2008. 12. 15.이 되므로 같은 날 제기된 이 사건 재정신청은 적법한 것**이다.

그럼에도 불구하고 원심은 재정신청기간의 계산에 관한 법리를 오해하여 이 사건 재정신청이 법률상의 방식에 위배되었다는 형식적인 사유로 이 사건 재정신청을 기각함으로써 더 나아가 그 신청이유에 대한 실체 판단을 하지 아니한 잘못을 저질렀고, 이러한 원심결정에는 적법한 재정신청에 대하여 법이 정하는 바에 따른 재판을 하지 아니한 위법이 있다.

헌법재판소 2011. 11. 24. 선고 2008헌마578 등 결정 「재정신청 기각결정에 대하여 형사소송법 제415조의 재항고를 금지하는 것은 대법원에 명령·규칙 또는 처분의 위헌·위법 심사권한을 부여하여 법령해석의 통일성을 기하고자 하는 헌법 제107조 제2항의 취지에 반할 뿐 아니라, 헌법재판소법에 의하여 법원의 재판이 헌법소원의 대상에서 제외되어 있는 상황에서 재정신청인의 재판청구권을 지나치게 제약하는 것이 된다. 그리고 법 제415조는 법 제402조와 달리 아무런 예외를 두지 않은 채 이른바 법령위반을 이유로 즉시항고할 수 있다고 규정하고 있고, 소액사건심판법 제3조 제1호, '상고심절차에 관한 특례법' 제4조 제1항에서 처분이나 원심판결의 헌법위반이나 법률위반 여부가 문제되는 경우 대법원의 판단을 받도록 규정하고 있는 것과 비교할 때, 처분(불기소처분)의 헌법위반 여부나 위법·부당 여부에 관한 법원의 결정인 재정신청 기각결정에 대하여 이른바 법령위반을 이유로 한 재항고를 허용하지 아니하는 것은 재정신청 기각결정의 법적 성격에도 부합하지 않으며, 민사소송법은 재항고(제442조)뿐만 아니라 불복할 수 없는 결정이나 명령에 대하여 이른바 법령위반을 이유로 대법원에 특별항고를 할 수 있도록 하고 있다(제449조). 비교법적으로도 일본 형사소송법은 항고재판소의 결정에 대하여는 항고할 수 없지만, 항고재판소의 결정에 대하여 헌법위반이나 헌법해석의 잘못을 이유로 하여 특별항고를 할 수 있도록 규정하고 있다. 이러한 사정들을 고려할 때, 법 제262조 제4항의 "불복할 수 없다."는 부분은, 재정신청 기각결정에 대한 '불복'에 법 제415조의 '재항고'가 포함되는 것으로 해석하는 한, 재정신청인인 청구인들의 재판청구권을 침해하고, 또 법 제415조의 재항고가 허용되는 고등법원의 여타 결정을 받은 사람에 비하여 합리적 이유 없이 재정신청인을 차별취급함으로써 청구인들의 평등권을 침해한다.」

〈재정신청 기각결정에 대한 재항고에 재소자특칙의 적용되는지 여부〉

대법원 2015. 7. 16. 자 2013모2347 전원합의체 결정

1. 형사소송절차에서 법원에 제출하는 서류는 법원에 도달하여야 제출의 효과가 발생하며, 각종 서류의 제출에 관하여 법정기간의 준수 여부를 판단할 때에도 당연히 해당 서류가 법원에 도달한 시점을 기준으로 하여야 한다.

한편 형사소송법은 이러한 도달주의 원칙에 대한 예외로서, 교도소 또는 구치소에 있는 피고인(이하 '재소자 피고인'이라 한다)이 제출하는 상소장에 대하여 상소의 제기기간 내에 교도소장이나 구치소장 또는 그 직무를 대리하는 사람에게 이를 제출한 때에 상소의 제기기간 내에 상소한 것으로 간주하는 재소자 피고인에 대한 특칙(제344조 제1항, 이하 '재소자 피고인 특칙'이라 한다)을 두고 있다. 그런데 형사소송법은 상소장 외에 재소자가 제출하는 다른 서류에 대하여는 재소자 피고인 특칙을 일반적으로 적용하거나 준용하지 아니하고, 상소권회복의 청구 또는 상소의 포기나 취하(제355조), 항소이유서 및 상고이유서 제출(제361조의3 제1항, 제379조 제1항), 재심의 청구와 그 취하(제430조), 소송비용의 집행면제의 신청, 재판의 해석에 대한 의의(疑義)신청과 재판의 집행에 대한 이의신청 및 그 취하(제490조 제2항) 등의 경우에 개별적으로 재소자 피고인 특칙을 준용하는 규정을 두고 있으며, 재정신청절차에 대하여는 재소자 피고인 특칙의 준용 규정을 두고 있지 아니하다. 이와 같이 형사소송법이 법정기간의 준수에 대하여 도달주의 원칙을 정하고 그에 대한 예외로서 재소자 피고인 특칙을 제한적으로 인정하는 취지는 소송절차의 명확성, 안정성과 신속성을 도모하기 위한 것이며, 재정신청절차에 대하여 재소자 피고인 특칙의 준용 규정을 두지 아니한 것도 마찬가지라 할 것이다.

그리고 재정신청절차는 고소·고발인이 검찰의 불기소처분에 불복하여 법원에 그 당부에 관한 판단을 구하는 절차로서 검사가 공소를 제기하여 공판절차가 진행되는 형사재판절차와는 다르며, 또한 고소·고발인인 재정신청인은 검사에 의하여 공소가 제기되어 형사재판을 받는 피고인과는 그 지위가 본질적으로 다르다. 재정신청 기각결정에 대하여 재항고가 허용된다고 해석되기는 하지만, 형사소송법 제262조 제4항이 재정신청에 관한 법원의 결정에 대하여는 불복할 수 없다는 규정을 별도로 두고 있는 것도 재정신청절차가 위와 같이 형사재판절차와는 다른 제도적 목적에 기반을 두고 있기 때문이다. 따라서 형사소송법이 피고인을 위하여 상소 등에 관하여 재소자 피고인 특칙을 두면서도 재정신청절차에서는 그 준용 규정을 두지 아니한 것은, 재정신청절차와 피고사건에 대한 형사재판절차의 목적이 서로 다르며 재정신청인과 피고인의 지위에 본질적인 차이가 있음을 고려한 것으로 해석된다. 그동안 대법원은 교도소 또는 구치소에 있는 재정신청인이 구 형사소송법(2007. 6. 1. 법률 제8496호로 개정되기 전의 것)에 의한 재정신청을 하는 경우에 그 재정신청서의 제출에 대하여 재소자 피고인 특칙의 준용 규정을 두고 있지 아니하므로 그 신청기간의 준수 여부는 도달주의 원칙에 따라 판단하여야 한다고 판시하였는데(대법원 1998. 12. 14.자 98모127 결정, 대법원 2003. 3. 6.자 2003모13 결정 등 참조), 이 역시 이와 같은 차이를 반영한 것이다.

또한 재정신청인이 교도소 또는 구치소에 있는 경우에도 제3자에게 제출권한을 위임하여 재정신청 기각결정에 대한 재항고장을 제출할 수 있고, 게다가 특급우편제도를 이용할 경우에는 발송 다음 날까지 재항고장이 도달할 수도 있다. 또한 형사소송법 제67조 및 형사소송규칙 제44조에 의하여 재정신청인이 있는 교도소 등의 소재지와 법원과의 거리, 교통통신의 불편 정도에 따라 일정한 기간이 재항고 제기기간에 부가되며 나아가 법원에 의하여 그 기간이 더 연장될 수 있다. 그뿐 아니라 재정신청인이 자기 또는 그 대리인이 책임질 수 없는 사유로 인하여 재정신청 기각결정에 대한 재항고 제기기간을 준수하지 못한 경우에는 형사소송법 제345조에 따라 재항고권 회복을 청구할 수도 있다.

위와 같이 법정기간 준수에 대하여 도달주의 원칙을 정하고 재소자 피고인 특칙의 예외를 개별적으로 인정한 형사소송법의 규정 내용과 입법 취지, 재정신청절차가 형사재판절차와 구별되는 특수성, 법정기간 내의 도달주의를 보완할 수 있는 여러 형사소송법상의 제도 및 신속한 특급우편제도의 이용 가능성 등을 종합하여 보면, 재정신청 기각결정에 대한 재항고나 그 재항고 기각결정에 대한 즉시항고로서의 재항고에 대한 법정기간의 준수 여부는 도달주의 원칙에 따라 재항고장이나 즉시항고장이 법원에 도달한 시점을 기준으로 판단하여야 하고, 거기에 재소자 피고인 특칙은 준용되지 아니한다고 해석함이 타당하다.

이와 달리 재정신청인의 재정신청 기각결정에 대한 재항고장 제출에 대하여 재소자 피고인 특칙이 준용된다는 취지의 대법원 2011. 12. 20.자 2011모1925 결정, 대법원 2012. 3. 15.자 2011모1899 결정 등은 이 결정에 배치되는 범위 내에서 변경하기로 한다.

2. 기록에 의하면, (1) **원심법원의 재정신청 기각결정이 2013. 9. 30. 재정신청인에게 송달되었고, 재정신청인이 그 기각결정에 대한 재항고장을 같은 날 전주교도소장에게 제출하여 일반우편으로 발송하였으며, 위 재항고장이 2013. 10. 14. 원심법원에 도달하자 원심법원은 2013. 10. 15. 재항고권 소멸 후에 위 재항고를 제기하였다고 인정하여 재항고 기각결정을 한 사실, (2) 이에 대하여 재정신청인은 2013. 10. 18. 위 재항고 기각결정을 송달받은 후 2013. 10. 21. 전주교도소장에게 그 기각결정에 대한 이 사건 즉시항고장을 제출하여 일반우편으로 발송하였으며, 이 사건 즉시항고장이 2013. 10. 29. 원심법원에 도달한 사실을 알 수 있다.**

3. 위와 같은 사실관계를 앞서 본 법리에 비추어 보면, (1) 위 재정신청 기각결정에 대하여 2013. 10. 14. 제기된 재항고는 형사소송법 제415조, 제405조에 의한 즉시항고로서의 재항고 법정기간 3일과 형사소송법 제67조 및 형사소송규칙 제44조 제1항 본문에서 정한 부가기간을 포함한 재항고 제기기간이 훨씬 지나 재항고권이 소멸한 후에 제기되었고, 또한 재정

신청인이 책임질 수 없는 사유로 인하여 불복기간을 준수하지 못한 경우에 해당된다고 보기도 어려우므로, 그에 대하여 원심법원이 재항고 기각결정을 한 것은 수긍할 수 있고, (2) 또한 그 재항고 기각결정에 대하여 제기된 이 사건 즉시항고장에 의한 이 사건 재항고 역시 위 법정기간과 부가기간을 포함한 재항고 제기기간이 훨씬 지나 재항고권이 소멸한 후에 제기되었으므로 재항고기각 사유에 해당한다.

[대법관 민일영, 대법관 이인복, 대법관 박보영, 대법관 김소영, 대법관 권순일의 반대의견]

원래 형사소송법이 재소자에 대한 특칙을 두어 상소장 법원 도달주의의 예외를 인정한 취지는, 재소자로서 교도소나 구치소에 구금되어 행동의 자유가 박탈되어 있는 사람이 상소심 재판을 받기 위한 상소장 제출을 위하여 할 수 있는 행위는 구금당하고 있는 교도소 등의 책임자나 그 직무대리자에게 상소장을 제출하여 그들에게 직무상 해당 법원에 전달케 하는 것이 통상적인 방법이라는 점을 고려하여 재소자에게 상소 제기에 관한 편의를 제공하자는 데 있다. 이와 같은 <u>재소자에 대한 특칙의 규정 취지에 비추어 보면, 재소자의 문서 제출에 대하여 법원 도달주의 원칙을 고수할 경우 재소자의 상소권을 현저히 침해하는 결과를 초래하게 된다면 명문의 규정이 없더라도 예외적으로 위 특칙이 준용된다고 해석하는 것이 위 특칙 규정을 둔 형사소송법의 입법 취지에 부합한다.</u>

엄격한 의미에서의 형사소송은 법원에서 진행되는 형사재판절차를 의미하지만, 형사소송법은 범죄의 수사, 공소의 제기, 공판절차, 상소의 제기, 재판의 집행 등을 포함하여 피고인의 유·무죄를 확인하여 형벌을 부과함으로써 국가의 형벌권을 실현하는 넓은 의미의 형사절차를 규율하고 있고, 형사소송법 제490조 제2항은 재소자에 대한 특칙을 형사재판이 확정된 후에도 소송비용의 집행면제 신청, 집행에 관하여 재판의 해석에 대한 의의신청, 집행에 관한 검사의 처분에 대한 이의신청에 준용하고 있다. 이런 측면에서 볼 때 <u>형사소송법상 재소자에 대한 특칙은 피고인이라는 법적 지위에서 비롯된 것이라기보다는 교도소나 구치소에 구금되어 있는 재소자라는 처지가 형사소송법상 권리행사를 심각하게 제약하는 현실적인 측면을 중시하여 마련된 것이라고 보는 것이 타당하므로 재소자가 피고인의 지위에 있지 않다고 하여 특칙을 준용할 수 없다고 볼 것은 아니다.</u>

재정신청 기각결정에 대한 재항고는 즉시항고로서 형사소송법 제415조, 제405조에 의하여 불복기간이 3일로 제한되는데, 이는 재정신청 기각결정을 받은 재소자가 재항고장을 법원에 도달하도록 하기에는 너무나 짧은 기간이다. 결국 <u>법원 도달주의를 고수하게 되면, 재소자인 재정신청인은 교도소장 등에게서 기각결정을 전달받은 직후 재항고를 결심하고 곧바로 재항고장을 작성하여 특급우편으로 발송하여야만 재항고 기간을 준수할 수 있게 되고,</u> 어느 한 단계에서 조그마한 지체가 발생하여도 재항고가 사실상 불가능하게 된다. 이러한 점에서 <u>재정신청 기각결정에 대한 재항고에 재소자에 대한 특칙이 준용되지 않는 이상 형식적으로는 재항고권이 부여되어 있다고 하더라도 실질적으로는 재항고권이 침해되고 있다.</u>

따라서 재소자인 재정신청인이 재항고를 제기하는 경우에도 형사소송법이 규정한 위 기간 만큼은 실질적으로 보장되어야만 위와 같이 초단기로 규정한 불복기간이 정당화될 수 있는 것이므로, 재소자에 대한 특칙은 재소자인 재정신청인의 재항고장 제출에도 준용되어야 한다.

〈기각결정에 대한 소추제한 : 제262조 제4항 후문의 취지 및 적용범위〉

대법원 2015. 9. 10. 선고 2012도14755 판결

1. 재소추제한의 효력이 미치는 범위에 관한 법리오해 주장에 대하여

형사소송법 제262조 제2항은 "법원은 재정신청서를 송부받은 날부터 3개월 이내에 항고의 절차에 준하여 다음 각 호의 구분에 따라 결정한다. 이 경우 필요한 때에는 증거를 조사할 수 있다. 1. 신청이 법률상의 방식에 위배되거나 이유 없는 때에는 신청을 기각한다. 2. 신청이 이유 있는 때에는 사건에 대한 공소제기를 결정한다."고 규정하고 있고, 같은 조 제4항은 "제2항의 결정에 대하여는 불복할 수 없다. 제2항 제1호의 결정이 확정된 사건에 대하여는 다른 중요한 증거를 발견한 경우를 제외하고는 소추할 수 없다."고 규정하고 있다.

이와 같이 형사소송법 제262조 제4항 후문에서 재정신청 기각결정이 확정된 사건에 대하여 다른 중요한 증거를 발견한 경우를 제외하고는 소추할 수 없도록 규정하고 있는 것은, 한편 으로 법원의 판단에 의하여 재정신청 기각결정이 확정되었음에도 불구하고 검사의 공소제기 를 제한 없이 허용할 경우 피의자를 지나치게 장기간 불안정한 상태에 두게 되고 유죄판결 이 선고될 가능성이 낮은 사건에 사법인력과 예산을 낭비하게 되는 결과로 이어질 수 있음 을 감안하여 재정신청 기각결정이 확정된 사건에 대한 검사의 공소제기를 제한하면서, 다른 한편으로 재정신청사건에 대한 법원의 결정에는 일사부재리의 효력이 인정되지 않는 만큼 피의사실을 유죄로 인정할 명백한 증거가 발견된 경우에도 재정신청 기각결정이 확정되었다 는 이유만으로 검사의 공소제기를 전적으로 금지하는 것은 사법정의에 반하는 결과가 된다 는 점을 고려한 것이다.

위와 같은 형사소송법의 규정과 입법 취지 등에 비추어 보면, 형사소송법 제262조 제4항 후 문에서 말하는 '제2항 제1호의 결정이 확정된 사건'은 재정신청사건을 담당하는 법원에서 공소제기의 가능성과 필요성 등에 관한 심리와 판단이 현실적으로 이루어져 재정신청 기각 결정의 대상이 된 사건만을 의미한다고 해석함이 타당하다.

따라서 재정신청 기각결정의 대상이 되지 않은 사건은 형사소송법 제262조 제4항 후문에서

말하는 '제2항 제1호의 결정이 확정된 사건'이라고 할 수 없고, 설령 재정신청 기각결정의 대상이 되지 않은 사건이 고소인의 고소내용에 포함되어 있었다 하더라도 이와 달리 볼 수 없다.

원심은, 이 사건 재정신청 기각결정의 심리와 판단의 대상이 된 창원지방검찰청 2010. 6. 10.자 2010형제6745 불기소결정의 피의사실에 창원지방법원 2011고단2541 사건의 판시 일람표(1) 순번 1 내지 23 기재 각 범죄사실이 포함되어 있지 않다는 이유로, '위 각 범죄사실에 관하여 고소인 공소외인의 재정신청을 기각하는 결정이 확정되었음에도 다른 중요한 증거 없이 제기된 이 부분 공소가 부적법하다'는 피고인의 주장을 받아들이지 아니하였다.

원심판결 이유를 앞서 본 법리와 기록에 따라 살펴보면, 원심의 위와 같은 판단은 정당하다.

〈기각결정이 확정된 사건에 대한 '다른 중요한 증거를 발견한 경우'의 의미〉

대법원 2018. 12. 28. 선고 2014도17182 판결

1. 형사소송법 제262조 제4항 후문은 재정신청 기각결정이 확정된 사건에 대하여는 다른 중요한 증거를 발견한 경우를 제외하고는 소추할 수 없다고 규정하고 있다. 여기에서 '다른 중요한 증거를 발견한 경우'란 재정신청 기각결정 당시에 제출된 증거에 새로 발견된 증거를 추가하면 충분히 유죄의 확신을 가지게 될 정도의 증거가 있는 경우를 말하고, 단순히 재정신청 기각결정의 정당성에 의문이 제기되거나 범죄피해자의 권리를 보호하기 위하여 형사재판절차를 진행할 필요가 있는 정도의 증거가 있는 경우는 여기에 해당하지 않는다.

그리고 관련 민사판결에서의 사실인정 및 판단은, 그러한 사실인정 및 판단의 근거가 된 증거자료가 새로 발견된 증거에 해당할 수 있음은 별론으로 하고, 그 자체가 새로 발견된 증거라고 할 수는 없다.

2. 원심판결 이유와 기록에 의하면, 다음과 같은 사실을 알 수 있다.

가. 고소인은 2007. 4.경 피고인이 고소인 소유의 아파트 10세대에 관한 매매계약(이하 '이 사건 매매계약'이라 한다)에서 정한 잔금지급의무 등을 이행할 의사나 능력이 없었음에도 고소인을 기망하여 위 아파트를 매수한 후 소유권이전등기를 마침으로써 잔금 등 합계 총 45억 6,230만 원 상당의 재산상 이익을 취득하였다는 피의사실로 피고인을 검찰에 고소하였다.

나. 검찰은 2007. 10. 31. 편취범의를 인정하기 어렵다는 이유로 혐의 없음의 불기소처분을 하였고, 이후 고소인이 제기한 항고를 기각하였다. 이에 고소인은 서울고등법원에 재정신청

을 하였으나 서울고등법원은 2008. 4. 4. 재정신청을 기각하는 결정을 하였고(이하 '이 사건 재정신청 기각결정'이라 한다), 위 결정은 그 무렵 확정되었다.

다. 고소인은 2012. 3.경 피고인 등을 위 가.항 기재 피의사실을 포함한 내용으로 다시 고소하였고, 검사는 피고인을 위 가.항 기재 피의사실을 공소사실로 삼아 이 사건 공소를 제기하였다.

라. 이 사건 재정신청 기각결정 이후 제출된 증거로는 서울고등법원 2008나17207 판결, 피해자(고소인)의 진술, 공소외 1, 공소외 2, 공소외 3, 공소외 4, 공소외 5의 각 진술 등이 있다.

3. 위와 같은 사실관계를 바탕으로 이 사건 재정신청 기각결정 이후 제출된 증거가 형사소송법 제262조 제4항 후문에서 말하는 '다른 중요한 증거를 발견한 경우'에 해당하는지 여부를 앞서 본 법리에 비추어 살펴본다.

가. 서울고등법원 2008나17207 판결은, 민사적 법률관계의 측면에서 이 사건 매매계약의 해석, 피고인의 계약위반 및 해제의 효력에 관하여 판단한 것으로서, 제1심인 서울서부지방법원 2007가합422 판결과 사실인정 및 판단을 달리하여, 피고인의 채무불이행으로 인한 고소인의 계약 해제로 이 사건 매매계약이 적법하게 해제되었다고 인정하였으나, 위 항소심 판결 그 자체는 새로 발견된 증거라고 할 수 없고, 나아가 위 항소심 판결에서도 피고인의 기망행위나 편취의사 등에 관한 내용이 포함되어 있지 않다.

따라서 서울고등법원 2008나17207 판결 또는 그 판결의 기초가 된 증거는, 이 사건 매매계약 당시 피고인에게 기망행위 및 편취의사가 있었다고 인정할 수 있을 정도로 충분히 유죄의 확신을 갖게 하는 새로운 증거에 해당한다고 할 수 없다.

나. 피해자의 진술은 이 사건 재정신청 기각결정 이전의 진술과 동일한 취지에 불과할 뿐만 아니라 이 사건 공소사실을 추가로 뒷받침할 새로운 내용을 포함하고 있지도 않으므로, 이 사건 매매계약 당시 피고인에게 기망행위 및 편취의사가 있었다고 인정할 수 있을 정도로 충분히 유죄의 확신을 갖게 하는 새로운 증거에 해당한다고 할 수 없다.

다. 공소외 1, 공소외 2, 공소외 3, 공소외 4, 공소외 5 등의 진술 역시 이 사건 매매계약 당시 피고인의 기망행위 및 편취의사가 있었다고 단정하기에 부족하거나 이 사건 공소사실과 직접적인 관련성이 없는 진술증거에 불과하고, 이들의 진술이 객관적으로 신빙성이 있다고 볼 만한 특별한 사정도 없으므로, 이 사건 매매계약 당시 피고인에게 기망행위 및 편취의사가 있었다고 인정할 수 있을 정도로 충분히 유죄의 확신을 갖게 하는 새로운 증거에 해당한다고 할 수 없다.

4. 그렇다면 이 사건 재정신청 기각결정이 확정된 후 검사가 새로 제출한 증거들은 기존의 증거들과 종합하여 보더라도 이 사건 공소사실에 관하여 충분히 유죄의 확신을 가지게 될 정도라고 볼 수 없다. 따라서 이 사건 공소제기는 형사소송법 제262조 제4항 후문에서 말하는 '재정신청 기각결정이 확정된 후 다른 중요한 증거를 발견한 경우'에 해당하지 아니하여 부적법하다고 보아야 한다.

Ⅲ. 헌법소원

헌법재판소 1989. 12. 22. 선고 89헌마145 결정 「범죄 피해자가 아닌 고발인에게는 개인적 주관적인 권리나 재판절차에서의 진술권 따위의 기본권이 허용될 수 없으므로 검사가 자의적으로 불기소처분을 하였다고 하여 달리 특별한 사정이 없으면 헌법소원심판청구의 요건인 자기관련성이 없다.」

헌법재판소 1998. 8. 27. 선고 97헌마79 결정 「불기소처분에 대하여 인정되는 검찰청법 제10조 제1항 및 제3항에 의한 항고 및 재항고의 구제절차는 고소인 또는 고발인이 청구할 수 있도록 규정되어 있으므로, 범죄피해자로서 고소한 사실이 없는 청구인은 검찰청법에 의한 항고 및 재항고의 구제절차를 거칠 필요없이 불기소처분에 대하여 바로 헌법소원심판을 청구할 수 있다.」

헌법재판소 2010. 6. 24. 선고 2008헌마716 결정 「피해자의 고소가 아닌 수사기관의 인지 등에 의해 수사가 개시된 피의사건에서 검사의 불기소처분이 이루어진 경우, 고소하지 아니한 피해자로 하여금 별도의 고소 및 이에 수반되는 권리구제절차를 거치게 하는 방법으로는 종래의 불기소처분 자체의 취소를 구할 수 없고 당해 수사처분 자체의 위법성도 치유될 수 없다는 점에서 이를 본래 의미의 사전 권리구제절차라고 볼 수 없고, 고소하지 아니한 피해자는 검사의 불기소처분을 다툴 수 있는 통상의 권리구제수단도 경유할 수 없으므로, 그 불기소처분의 취소를 구하는 헌법소원의 사전 권리구제절차라는 것은 형식적·실질적 측면에서 모두 존재하지 않을 뿐만 아니라, 별도의 고소 등은 그에 수반되는 비용과 권리구제가능성 등 현실적인 측면에서 볼 때에도 불필요한 우회절차를 강요함으로써 피해자에게 지나치게 가혹할 수 있으므로, 고소하지 아니한 피해자는 예외적으로 불기소처분의 취소를 구하는 헌법소원심판을 곧바로 청구할 수 있다.」

헌법재판소 2017. 11. 27. 선고 2017헌마1212 결정 「재정신청이 허용되는 검사의 불기소처분에 대하여는 검찰청법 제10조에 따른 항고를 거쳐 관할 고등법원에 재정신청을 하는 방법으로 권리구제를 받아야 하고(형사소송법 제260조 제1항, 제2항), 그와 같은 구제절차를 거치지 않고 불기소처분에 대하여 헌법소원심판청구를 하는 것은 헌법재판소법 제68조 제1항 단서가 정한 보충성 요건을 흠결하여 부적법하다.」

헌법재판소 2017. 12. 28. 선고 2017헌마619 결정 「이와 같은 사실에 대해 더 수사하여 밝히지 않고 휴대전화의 전원이 꺼져 있었던 점과 주점 관리인 등에게 바로 신고하지 않은 사정만으로 청구인에게 불법영득의 의사가 있었다고 추단한 것은 성급한 판단이 아닐 수 없다. 결국, <u>이 사건 기소유예처분은 그 결정에 영향을 미친 중대한 법리오해 내지 수사미진의 잘못이 있는 자의적 검찰권의 행사로서 청구인의 평등권과 행복추구권을 침해하였다고 인정된다.</u>」

제 3 절 공소제기 후의 수사

Ⅰ. 공소제기 후의 임의수사

〈피고인신문의 허용 여부 : 적극〉

대법원 1982. 6. 8. 선고 82도754 판결

검사가 작성한 피의자신문조서는 그 피의자였던 피고인이 공판정에서 그 서명날인을 시인하여 진정성립을 인정하는 경우에는 검찰에서의 진술이 특히 임의로 되지 아니하여 신빙할 수 없는 상태하에서 된 것이라고 의심할만한 사유가 없으면 증거능력이 있다고 할 것이다.(당원 1980. 12. 23. 선고 80도2570 판결 참조) 기록에 의하면 제1심 공판정에서 소론 검사의 피의자신문조서 또는 진술조서를 제시하고 내용을 고지하자 피고인들이 그 성립과 임의성을 인정하고 있는 위 각 조서가 임의성이 없는 진술로서 그 내용이 신빙할 수 없는 것이라고 의심할만한 자료를 발견할 수 없고, <u>검사의 피고인에 대한 진술조서가 기소 후에 작성된 것이라는 이유만으로 곧 그 증거능력이 없는 것이라고도 할 수 없으므로 피고인들에 대한 검사작성의 각 피의자신문조서 또는 진술조서를 증거로 채택한 제1심이나 원심의 조치에 증거법칙을 어긴 위법이 있다고 할 수 없으니</u> 논지도 채용할 수 없다.

> #### 대법원 1984. 9. 25. 선고 84도1646 판결
> 검사작성의 상피고인 1에 대한 진술조서가 공소제기 후에 작성된 것이라는 이유만으로 곧 그 증거능력이 없다고 할 수는 없으므로 원심이 <u>이를 증거로 채택하였다고 하여 공판중심주의 내지 재판공개의 원칙에 위배된 것이라고도 할 수 없다.</u>

부산고등법원 2014. 12. 10. 선고 2014노374 판결 「공소의 유지에 필요할 경우 임의수사는 공소가 제기된 이후에도 할 수 있고, 참고인조사는 전형적인 임의수사라 할 것인바, 기록에 의하면 검사가 임의로 출석한 공소외 8(가명), 공소외 9(가명), 공소외 10(가명)을 상대로 칠성파 사건에 대한 참고인으로 조사하면서 진술조서를 작성한 사실을 인정할 수 있고, 달리 검사가 공소외 8(가명), 공소외 9(가명), 공소외 10(가명)에 대하여 강제수사를 하였다는 점을 인정할 아무런 자료가 없으므로, 검사가 작성한 공소외 8(가명), 공소외 9(가명), 공소외 10(가명)에 대한 각 진술조서가 피고인 1에 대한 공소가 제기된 이후에 작성되었다는 사정만으로 위법하다고 볼 수 없다.」

〈참고인에 대한 '증인진술번복 진술조서'의 증거능력〉

대법원 2000. 6. 15. 선고 99도1108 전원합의체 판결 〈표준〉

검사가 공소외인에 대하여 작성한 1998. 10. 9.자 진술조서(이하 '이 사건 진술조서'라고 한다)는 공소외인이 1998. 8. 25. 제1심의 제4회 공판기일에 증인으로 출석하여 검사의 주신문과 피고인측의 반대신문을 거쳐 피고인의 변소 내용에 일부 부합하는 취지의 증언을 마친 다음 검사의 소환에 따라 검찰청에 다시 출두하여 작성된 것으로서, 검사는 공소외인을 별도의 위증 사건 피의자로 입건하여 신문하는 절차 없이 단순히 법정에서의 증언 내용을 다시 추궁하여 공소외인으로부터 그 증언 내용 중 피고인의 변소에 일부 부합하는 부분이 진실이 아니라는 취지의 번복 진술을 받아낸 사실, 검사가 이 사건 진술조서를 유죄의 증거로 제출하자 피고인은 이를 증거로 할 수 있음에 동의하지 아니하였고, 그 후 검사의 신청으로 출석한 증인 공소외인이 1998. 10. 27. 제1심의 제8회 공판기일에 다시 증언을 하면서 이 사건 진술조서의 성립의 진정함을 인정하고 피고인측의 반대신문이 이루어진 사실, 이에 제1심은 이 사건 진술조서의 증거능력을 인정하여 유죄 증거의 하나로 명시하고, 원심이 이를 인용한 사실을 알 수 있다.

그러나 공판준비 또는 공판기일에서 이미 증언을 마친 증인을 검사가 소환한 후 피고인에게 유리한 그 증언 내용을 추궁하여 이를 일방적으로 번복시키는 방식으로 작성한 진술조서를 유죄의 증거로 삼는 것은 당사자주의·공판중심주의·직접주의를 지향하는 현행 형사소송법의 소송구조에 어긋나는 것일 뿐만 아니라, 헌법 제27조가 보장하는 기본권, 즉 법관의 면전에서 모든 증거자료가 조사·진술되고 이에 대하여 피고인이 공격·방어할 수 있는 기회가 실질적으로 부여되는 재판을 받을 권리를 침해하는 것이므로, 이러한 진술조서는 피고인이 증거로 할 수 있음에 동의하지 아니하는 한 그 증거능력이 없다고 하여야 할 것이고, 그 후 원진술자인 종전 증인이 다시 법정에 출석하여 증언을 하면서 그 진술조서의 성립의 진정함을 인정하고 피고인측에 반대신문의 기회가 부여되었다고 하더라도 그 증언 자체를 유죄의 증거로 할 수 있음은 별론으로 하고 위와 같은 진술조서의 증거능력이 없다는 결론은 달리할 것이 아니다.

이와는 달리 그 후의 공판기일에서 원진술자인 종전 증인이 다시 증언을 함에 있어서 피고인측에 반대신문의 기회가 부여되었다면 위와 같은 진술조서를 유죄의 증거로 쓸 수 있다는 취지의 대법원 1992. 8. 18. 선고 92도1555 판결 및 위와 같은 진술조서도 증거능력이 있음을 전제로 한 대법원 1983. 8. 23. 선고 83도1632 판결, 1984. 11. 27. 선고 84도1376 판결, 1993. 4. 27. 선고 92도2171 판결의 각 견해는 이와 저촉되는 한도에서 이를 변경하기로 한다.

따라서 이 사건 진술조서의 증거능력을 인정하여 유죄의 증거의 하나로 삼은 원심판결에는 증언 번복 진술조서의 증거능력에 관한 법리를 오해한 위법이 있다고 할 것이지만, 다른 한편, 뒤에서 살펴보는 바와 같이 이 사건에 있어서는 위 진술조서를 제외한 나머지 증거들만에 의하더라도 피고인을 유죄로 인정하는 데에 아무런 지장이 없으므로, 원심이 저지른 위와 같은 위법은 판결 결과에 영향을 미친 바 없고, 결국 이 부분 상고이유의 주장은 이유 없음에 귀착한다고 할 것이다.

[보충의견] (1) 헌법은 제12조 제1항에서 적법절차에 의하지 아니하고는 처벌을 받지 않을 권리를, 제27조 제1항 및 제3항에서 법관의 법률에 의한 공정하고 신속한 공개재판을 받을 권리를 각 명문으로 규정하고 있고, 이러한 기본권을 실현하기 위하여 형사소송법은 제161조의2에서 피고인의 반대신문권을 포함한 교호신문제도를 규정함과 동시에, 제310조의2에서 법관의 면전에서 진술되지 아니하고 피고인에 대한 반대신문의 기회가 부여되지 아니한 진술에 대하여는 원칙적으로 증거능력을 부여하지 아니함으로써, 형사재판에 있어서 모든 증거는 법관의 면전에서 진술·심리되어야 한다는 직접주의와 피고인에게 불리한 증거에 대하여는 반대신문할 수 있는 권리를 원칙적으로 보장하고 있으므로 형사소송법 제310조의2에서 정한 예외 규정인 제312조와 제313조가 엄격하게 해석·적용되어야 하고, (2) 형사소송법은 ① 공소제기 이전 단계에서 검사가 피의자나 피의자 아닌 자에 대하여 작성한 조서는 법 제312조에서, ② 제1회 공판기일 이전 단계에서 수소법원이 아닌 판사가 행한 증거보전절차 등에 따라 작성된 증인신문조서는 법 제311조 후문에서, ③ 제1회 공판기일 이후에 수소법원에 의하여 작성된 증인신문조서는 법 제311조 전문에서 각 그 증거능력을 규정하고 있음을 알 수 있으므로, 공판준비 또는 공판기일에서 이미 증언을 마친 증인을 검사가 소환한 후 피고인에게 유리한 그 증언 내용을 추궁하여 이를 일방적으로 번복시키는 방식으로 작성한 진술조서는 공소제기에 따라 피의자가 피고인이 됨으로써 피의자라는 개념이

없어진 이후에 작성된 것으로서 형사소송법 제312조가 예정하는 '피의자 아닌 자'의 진술을 기재한 조서에 해당하지 아니하고, 같은 법 제313조도 같은 법 제311조와 제312조 이외의 진술서 등 서류를 규정한 것으로서 역시 위 진술조서와 같은 것을 예정하고 있는 것이라고 볼 수 없어 위 진술조서는 같은 법 제312조의 조서나 제313조의 진술서 등에 해당하지 아니하며, (3) 형사소송법 제312조나 제313조가 규정하는 조서나 서류는 수사기관이 수사 업무를 수행하면서 작성하거나 수집한 증거를 말하는 것인데, 증인을 위증 혐의로 입건·수사한 바 없이 위와 같은 진술조서를 작성하는 행위는 그 실질에 있어서 증인의 종전 증언을 탄핵할 목적으로 증인을 상대로 재신문을 행하되, 법정이 아닌 자기의 사무실에서 증인신문절차가 아닌 임의의 방법을 취한 것에 불과하다고 봄이 상당하므로, 결국 이러한 검사의 행위는 수사기관이 행하는 수사라기보다는 공소유지기관인 당사자가 행하는 재신문이라는 소송행위의 연장선상에 있는 것으로 봄이 마땅하고, 그 결과 작성된 진술조서는 형사소송법 제312조나 제313조가 규정하는 조서나 서류에 해당한다고 볼 수도 없다 할 것이며, (4) 참고인이 증인으로 소환되어 법관의 면전에서 자기가 경험한 사실을 직접 진술한 바 있고 그 후에도 재차 증언이 가능한 경우, 수소법원으로서는 그 증인의 종전 증언 내용에 의문이 있다고 판단되면 직권이나 당사자의 신청에 따라 그를 다시 소환하여 증언을 직접 들으면 되고 또한 그것으로 충분한 것이며, 그럼에도 불구하고 검사가 종전 증인을 상대로 진술조서를 작성하여 유죄의 증거로 제출하였다면, 그것은 법원의 직접 심리가 얼마든지 가능한 상황에서 의도적으로 만들어진 전문증거로서 직접주의에 역행하는 산물임이 분명하므로, 여기에 제312조나 제313조를 내세워 증거능력을 부여할 수 없는 것이다.

[반대의견] 증언 이후의 진술조서 작성과정에서 위법함이 개재되지 아니한 진술조서는 형사소송법 제312조 제1항에 의하여 원진술자에 의한 성립의 진정함이 인정되고 반대신문권이 보장되면 그의 증거능력을 인정하되 그의 증거가치에 관하여는 재판부의 자유심증에 따라 판단되게 할 이치로서, 이 사건에 있어서 한번 증언을 한 증인의 최초의 진술조서의 내용과 그 후의 증언의 내용, 검사가 그에 대한 재차의 진술조서를 받게 된 이유와 그 절차 경위, 그 진술조서의 내용 등을 조사하여 거기서 증거능력을 부정할 수 있는 위법사유가 있는지의 여부가 판단되어야 할 것이기에, 다수의견이 한번 증언한 자에 대한 진술조서라는 한 가지 이유만으로 그의 증거능력을 부정한다는 데는 찬성할 수 없다.

〈변경 전 판례의 태도〉 대법원 1983. 8. 23. 선고 83도1632 판결
공소가 제기된 이후 수사관에 의하여 수집된 증거가 위법한 절차에 의하여 수집된 증거라고 할 수도 없고 증거금지의 관념이나 증거배제의 원칙상 반드시 이를 위법이라고 단정할 수는 없다고 하더라도 결코 바람직스러운 것이 아닐 뿐더러 그에 의하여 수집된 증거의 신빙성에는 적지 않은 의혹이 있다고 하지 않을 수 없다. 형사소송에 있어서의 실체적 진실주의와 자유심증주의를 관철할 때 어떠한 경로나 어떠한 방법에 의하여 수집된 증거라도 증거가 될 수 있다고 할 것이나 반면 인권의 보장과 당사자주의라는 입장에서 볼 때 법률이

증거방법에 관하여 설정한 제한범위에는 속하지 않는다고 하더라도 공소가 제기된 이후 수사관에 의하여 일방적으로 수집된 증거에는 스스로 어떤 제약이 있다고 하지 않을 수 없다. 물론 공익기관으로서의 수사관이 공소의 유지를 위하여 공소가 제기된 이후에 있어서도 계속하여 증거의 수집 등 수사활동을 전개함을 결코 나무랄 수만은 없으나 그러나 이와 같은 소박한 생각은 형사소송이 추구하는 이상의 양면성과 현행 형사소송법의 소송구조로 볼 때 결코 바람직스러운 것이 되지 못함은 재론의 여지가 없는 것이다. 하물며 실체적 진실의 발견을 외면한 채 송치, 기소된 피고인이 진범인이라는 아집에 집착한 나머지 이 사건의 경우와 같이 피고인에 유리한 증언을 한 증인을 법정외에서 추궁하여 법정에서의 증언을 번복하게 하는 따위의 증거의 수집은 공정한 수사권의 행사라고는 할 수가 없을 뿐만 아니라 그와 같은 경로에 의하여 수집된 증거는 신빙성 또한 상대적으로 희박하다고 할 수 밖에 없다.

대법원 2012. 6. 14. 선고 2012도534 판결 「공판준비 또는 공판기일에서 이미 증언을 마친 증인을 검사가 소환한 후 피고인에게 유리한 그 증언 내용을 추궁하여 이를 일방적으로 번복시키는 방식으로 작성한 진술조서를 유죄의 증거로 삼는 것은 당사자주의·공판중심주의·직접주의를 지향하는 현행 형사소송법의 소송구조에 어긋나는 것일 뿐만 아니라, 헌법 제27조가 보장하는 기본권, 즉 법관의 면전에서 모든 증거자료가 조사·진술되고 이에 대하여 피고인이 공격·방어할 수 있는 기회가 실질적으로 부여되는 재판을 받을 권리를 침해하는 것이므로, 이러한 진술조서는 피고인이 증거로 할 수 있음에 동의하지 아니하는 한 그 증거능력이 없다고 할 것이고, 이러한 법리는 검사가 공판준비기일 또는 공판기일에서 이미 증언을 마친 증인을 소환하여 피고인에게 유리한 그 증언 내용을 추궁한 다음 진술조서를 작성하는 대신 그로 하여금 본인의 증언 내용을 번복하는 내용의 진술서를 작성하도록 하여 법원에 제출한 경우에도 마찬가지로 적용된다. … 공소외 1 작성의 진술서는 공소외 1이 제1심 공판기일에서의 증언 직후에 검사의 소환을 받고 그 증언 내용을 추궁받은 다음 2008. 9. 5.경 ○○호텔까지 운전해 간 경로에 대한 제1심 법정에서의 증언 내용 중 일부를 번복하는 취지로 작성하여 제출한 것으로서, 그 진술서의 내용과 작성경위 등에 비추어 볼 때 이는 공판기일에서 피고인에게 유리한 내용의 증언을 한 증인을 검사가 추궁하여 종전의 증언 내용을 번복하는 내용으로 진술서를 작성하게 한 것과 다를 바 없으므로, 피고인이 이를 증거로 삼는 데 동의하지 아니한 이상 그 증거능력이 없다고 할 것이다.」

대법원 2013. 8. 14. 선고 2012도13665 판결 〈표준〉 「공판준비 또는 공판기일에서 이미 증언을 마친 증인을 검사가 소환한 후 피고인에게 유리한 그 증언 내용을 추궁하여 이를 일방적으로 번복시키는 방식으로 작성한 진술조서를 유죄의 증거로 삼는 것은 당사자주의·공판중심주의·직접주의를 지향하는 현행 형사소송법의 소송구조에 어긋나는 것일 뿐만 아니라, 헌법 제27조가 보장하는 기본권, 즉 법관의 면전에서 모든 증거자료가 조사·진술되고 이에 대하여 피고인이 공격·방어할 수 있는 기회가 실질적으로 부여되는 재판을 받을 권리를 침해하는 것이므로, 이러한 진술조서는 피고인이 증거로 할 수 있음에 동의하지 아니하는 한 증거능력이 없다고 할 것이고, 그 후 원진술자인 종전 증인이 다시 법정에 출석하여 증언을 하면서 그 진술조서의 성립의 진정함을 인정하고 피고인 측에 반대신문의 기회가 부여되었다고 하더라도 그 증언 자체를 유죄의 증거로 할 수 있음은 별론으로 하고 위와 같은 진술조서의 증거능력이 없다는 결론은 달리할 것이 아니다(대법원 2000. 6. 15. 선고 99도1108 전원합의체 판결, 대법원 2012. 6. 14. 선고 2012도534 판결 등 참조). 이는 검사가 공판준비 또는 공판기일에서 이미 증언을 마친 증인에게 수사기관에 출석할 것을 요구하여 그 증인을 상대로 위증의 혐의를 조사한 내용을 담은 피의자신문조서의 경우도 마찬가지이다. 공소외 2에 대한 각 검찰 피의자신문조서 사본은 공소외 2가 제1심 공판기일에서 증언을 마친 후 검사가 공소외 2를 소환하여 위증죄의 피의자로 조사하면서 작성한 것으로서, 이는 피고인이 이 사건 지게차를 가져간 경위에 관한 공소외 2의 법정에서의 증언 내용을 검사가 추궁하여 공소외 2로부터 그 중 일부가 진실이 아니라는 취지의 번복 진술을 받아낸 것인 사실, 검사가 공소외 2에 대한 각 검찰 피의자신문조서 사본을 원심법원에 유죄의 증거로 제출하자 피고인은 이를 증거로 함에 동의하지 아니하였고, 이에 검사의 신청에 따라 공소외 2가 증인으로 채택되었으나 소환이 되지 아니하여 공소외 2에 대한 증인신문이 이루어지지 못하자 원심은 공소외 2를 증인으로 채택한 결정을 취소한 다음 그에 대한 각 검찰 피의자신문조서 사본을 증거로 채택한 사실을 알 수 있다. 이러한 사실관계를 앞서 본 법리에 비추어 살펴보면, 공소외 2에 대한 각 검찰 피의자신문조서 사본 역시 이 사건에서 증거능력이 없다고 할 것이다.」

대법원 2017. 5. 31. 선고 2017도1660 판결「공판준비 또는 공판기일에서 이미 증언을 마친 증인을 검사가 소환한 후 피고인에게 유리한 그 증언 내용을 추궁하여 이를 일방적으로 번복시키는 방식으로 작성한 진술조서 또는 그 증인을 상대로 위증의 혐의를 조사한 내용을 담은 피의자신문조서는 피고인이 증거로 할 수 있음에 동의하지 아니하는 한 그 증거능력이 없다고 할 것이나, 그 후 원진술자인 종전 증인이 다시 법정에 출석하여 증언을 하였다면 그 증언 자체는 유죄의 증거로 할 수 있으므로, 원심이 공소외인의 원심 증언 등을 증거로 채택한 것은 정당하다.」

〈검사가 항소 후 작성한 진술조서의 증거능력 및 그 참고인의 법정진술의 신빙성 판단〉

대법원 2019. 11. 28. 선고 2013도6825 판결 <표준>

1. 헌법은 제12조 제1항 후문에서 적법절차의 원칙을 천명하고, 제27조에서 재판받을 권리를 보장하고 있다. 형사소송법은 이를 실질적으로 구현하기 위하여, 피고사건에 대한 실체심리가 공개된 법정에서 검사와 피고인 양 당사자의 공격·방어활동에 의하여 행해져야 한다는 당사자주의와 공판중심주의 원칙, 공소사실의 인정은 법관의 면전에서 직접 조사한 증거만을 기초로 해야 한다는 직접심리주의와 증거재판주의 원칙을 기본원칙으로 채택하고 있다. 이에 따라 공소가 제기된 후에는 그 사건에 관한 형사절차의 모든 권한이 사건을 주재하

는 수소법원에 속하게 되며, 수사의 대상이던 피의자는 검사와 대등한 당사자인 피고인의 지위에서 방어권을 행사하게 된다(대법원 2009. 10. 22. 선고 2009도7436 전원합의체 판결, 대법원 2011. 4. 28. 선고 2009도10412 판결 참조). 형사소송법상 법관의 면전에서 당사자의 모든 주장과 증거조사가 실질적으로 이루어지는 제1심법정에서의 절차가 실질적 직접심리주의와 공판중심주의를 구현하는 원칙적인 것이지만, 제1심의 공판절차에 관한 규정은 특별한 규정이 없으면 항소심의 심판절차에도 준용되는 만큼 항소심도 제한적인 범위 내에서 이러한 원칙에 따른 절차로 볼 수 있다(대법원 2019. 3. 21. 선고 2017도16593-1 전원합의체 판결 참조).

이러한 형사소송법의 기본원칙에 따라 살펴보면, 제1심에서 피고인에 대하여 무죄판결이 선고되어 검사가 항소한 후, 수사기관이 항소심 공판기일에 증인으로 신청하여 신문할 수 있는 사람을 특별한 사정 없이 미리 수사기관에 소환하여 작성한 진술조서는 피고인이 증거로 할 수 있음에 동의하지 않는 한 증거능력이 없다고 할 것이다. 검사가 공소를 제기한 후 참고인을 소환하여 피고인에게 불리한 진술을 기재한 진술조서를 작성하여 이를 공판절차에 증거로 제출할 수 있게 한다면, 피고인과 대등한 당사자의 지위에 있는 검사가 수사기관으로서의 권한을 이용하여 일방적으로 법정 밖에서 유리한 증거를 만들 수 있게 하는 것이므로 당사자주의·공판중심주의·직접심리주의에 반하고 피고인의 공정한 재판을 받을 권리를 침해하기 때문이다.

위 참고인이 나중에 법정에 증인으로 출석하여 위 진술조서의 성립의 진정을 인정하고 피고인 측에 반대신문의 기회가 부여된다 하더라도 위 진술조서의 증거능력을 인정할 수 없음은 마찬가지이다.

위 참고인이 법정에서 위와 같이 증거능력이 없는 진술조서와 같은 취지로 피고인에게 불리한 내용의 진술을 한 경우, 그 진술에 신빙성을 인정하여 유죄의 증거로 삼을 것인지는 증인신문 전 수사기관에서 진술조서가 작성된 경위와 그것이 법정진술에 영향을 미쳤을 가능성 등을 종합적으로 고려하여 신중하게 판단하여야 한다. …

(5) 검찰은 항소하고 2012. 10. 31. 항소이유서에서 '피고인이 2007. 12.경 대선 이후에는 이 사건 사업 인허가에 필요한 경비로 금원을 교부받았다.'는 취지의 주장을 하는 한편, 공소외 3이 검찰에서 피고인을 통해 공소외 4에게 돈을 주었다고 진술한 부분의 의미를 확인할 필요가 있다는 이유로 공소외 3을 증인으로 신청할 예정이라고 주장하였다.

(6) 검사는 원심 제1회 공판기일이 열리기 하루 전인 2012. 11. 15. 공소외 3을 불러 참고인으로 조사하여 제5회 검찰 진술조서(이하 '이 사건 진술조서'라 한다)를 작성하였다. 검사는 이

사건 진술조서를 작성할 당시 공소외 3에게 제1심 무죄판결과 변호인 의견서를 보여 주고 알고 있는 내용과 다른 부분을 알려 달라고 하였으나, 곧 있을 항소심에서 증인신문을 신청할 예정이라고 알려주지는 않았다. 검사는 2012. 11. 16. 원심 제1회 공판기일에서 이미 공소제기 전에 작성되었으나 제1심에 제출하지 않았던 공소외 3에 대한 제4회 검찰 진술조서 및 항소심 진행 중 작성된 이 사건 진술조서를 증거로 제출하였으나 피고인이 부동의하자 공소외 3을 증인으로 신청하였다.

(7) 공소외 3은 2012. 12. 14. 원심 제2회 공판기일에서 이 사건 진술조서와 같은 취지의 법정진술을 하고 이 사건 진술조서를 제시받아 열람한 후 진술한 대로 조서에 기재되어 있고 서명·날인하였음을 확인하였다. 공소외 3에 대한 반대신문은 2013. 4. 5. 원심 제4회 공판기일에서 이루어졌다.

(8) 공소외 3은 공소외 2 회사 및 그 관계회사의 자금 운영과 관련한 거액의 배임과 횡령 등을 포함한 형사사건으로 제1심인 서울중앙지방법원에서 2013. 2. 28. 징역 6년과 2014. 12. 19. 징역 5년을 선고받았다가 항소심인 서울고등법원에서 위 두 사건이 병합되어 2017. 3. 22. 징역 8년을 선고받아 확정되었다. 공소외 3에 대하여 이 사건 진술조서를 작성할 당시에는 위 형사사건 중 일부는 수사가 진행 중이었으며 일부는 보석 상태로 공소가 제기되어 공판절차가 진행 중이었고 변호인의 반대신문이 이루어질 당시에는 먼저 공소가 제기된 사건과 관련하여 제1심에서 징역 6년을 선고받고 구속된 상태였다.

나. 위와 같은 사실관계를 기초로 앞서 본 법리에 따라 이 사건 진술조서의 증거능력을 살펴본다. 제1심에서 피고인에 대하여 무죄판결이 선고되자 검사가 항소를 한 후 항소심 공판기일에서 증인으로 신문할 수 있는 사람을 미리 수사기관에 소환하여 일방적으로 이 사건 진술조서를 작성하였고, 그 내용 또한 피고인에게 불리한 내용이며, 이 사건 진술조서를 작성해야만 하는 특별한 사정이 있었다고 보이지도 않는다. 피고인이 이 사건 진술조서를 증거로 할 수 있음에 동의하지 않은 이 사건에서 이를 증거로 허용하면 당사자주의·공판중심주의·직접심리주의에 반하고 피고인의 공정한 재판을 받을 권리를 침해하게 되므로 증거능력이 없다고 할 것이다.

다. 공소외 3의 원심 법정진술을 비롯하여 공소외 3의 검찰 제4회 진술조서, 피고인의 검찰 자백진술 등 원심이 유죄로 판단하는 데 근거가 된 증거들은 다음과 같은 이유로 신빙성을 인정하기 어렵다.

(1) 공소외 3의 원심 법정진술은 위에서 본 것과 같은 경위로 이루어졌으므로 그 신빙성을

신중하게 판단하여야 한다. 우선, 공소외 3의 원심 법정진술과 공소외 3의 검찰 제4회 진술조서, 피고인의 검찰 자백진술은 상호 간에 내용이 일치하지 않고 모순된다. 즉, 공소외 3은 검찰 제4회 진술에서 "피고인이 대선 이후 이제는 자기도 독자적으로 사람도 만나고 이 사건 사업의 성공을 위해 알아서 돈을 쓸 테니 '현금'으로 지원해 달라고 하면서 '현금' 2,000만 원 내지 3,000만 원을 가져갔다."라고 진술하였다. 반면 공소외 3은 원심 법정에서 "피고인은 공인이 아니므로 대선 이후 피고인에게 지급할 때에는 굳이 어렵게 현금으로 마련할 필요가 없었기 때문에 '계좌로 송금'하였다."라고 진술하였다. 피고인에게 독자적 로비자금을 현금으로 주었다고 진술했다가 계좌로 송금하였다고 진술이 변경되었고, 각각의 진술 내용이 구체적이어서 단순한 착오로 보기도 어렵다.

위와 같이 진술이 변경된 사이에 이 사건 공소제기가 있었고, 이 사건 공소사실은 계좌로 송금하였다는 내용이다. 검사가 공소외 3의 검찰 제4회 진술조서를 제1심에 증거로 제출하지 않은 이유가 위와 같이 계좌로 송금하였다는 이 사건 공소사실과 현금으로 주었다는 공소외 3의 진술 내용이 불일치하기 때문이 아닌지 의심이 든다.

공소외 3에 대하여 이 사건 진술조서가 작성될 당시와 법정진술이 이루어질 당시에는 공소외 3에 대한 매우 중한 형사사건으로 일부 범죄에 대해서는 수사가 진행 중이있고 일부 범죄에 대해서는 공소가 제기되어 징역형이 선고되었다. 검사는 이 사건 진술조서를 작성할 당시 공소외 3에게 제1심판결과 변호인의 의견서를 보여 주고 그가 알고 있는 내용과 다른 부분을 알려 달라고 하였으나, 곧 있을 항소심에서 증인신문을 신청할 예정이라고 알려주지는 않았다. 공소외 3의 원심 법정진술은 이 사건 진술조서 작성 바로 다음 날 열린 원심 제1회 공판기일에서 검사의 신청에 따라 증인으로 채택되어 이 사건 진술조서 작성일부터 대략 1개월 후인 원심 제2회 공판기일에 이 사건 진술조서를 제시하며 이루어졌다. 위와 같이 증인신문 전 수사기관에서 조사를 하고 이 사건 진술조서를 작성한 경위와 법정진술의 과정 및 내용에 비추어 보면, 공소외 3이 원심 법정에서 진술하기 전 검찰에 소환되어 조사를 받고 진술조서가 작성되는 과정에서 수사기관의 영향을 받아 이 사건 공소사실에 맞추기 위하여 진술을 변경하였을 가능성을 배제하기 어렵다.

(2) 피고인의 검찰 자백진술은 "공소외 3으로부터 현금으로 받은 돈은 대부분 공소외 4, 공소외 5 등에게 주기 위한 돈이지만 계좌로 받은 돈은 이 사건 사업의 인허가 문제를 해결하기 위해 서울특별시 관련 공무원 등을 통해 알아본다고 하면서 그 비용으로 받은 돈이 맞다."라는 것이므로 이 사건 금원 전부가 알선 명목이라는 취지이고, 대선 전후로 그 명목이

다르다는 내용이 아니다. 이는 공소외 3의 위 각 진술과도 모순된다. 또한 제1심이 인정한 것처럼 피고인이 공소외 4에게 전달한다는 명목으로 공소외 3으로부터 이 사건 금원을 교부받아 실제로 공소외 4에게 전달하지 않았고 그 사실이 드러나는 것을 피하기 위해서나 공소외 4에게 전달된 돈의 액수를 줄이기 위하여 사실과 다르게 진술했을 가능성도 배제하기 어렵다.

(3) 결국 원심이 제1심과 달리 유죄로 판단한 근거가 된 위 증거들은 상호 간에도 불일치하고 모순되며 증인신문 전 수사기관에서 조사를 하고 이 사건 진술조서를 작성한 경위와 그것이 법정진술에 영향을 미쳤을 사정 등에 비추어 보아 신빙성을 인정하기 어렵다.

대법원 2020. 1. 30. 선고 2018도2236 전원합의체 판결

형사소송법은 피고사건에 대한 실체심리가 공개된 법정에서 검사와 피고인 양 당사자의 공격·방어활동에 의하여 행해져야 한다는 당사자주의와 공판중심주의 원칙, 공소사실의 인정은 법관의 면전에서 직접 조사한 증거만을 기초로 해야 한다는 직접심리주의와 증거재판주의 원칙을 기본 원칙으로 채택하고 있다. 이에 따라 공소가 제기된 후에는 그 사건에 관한 형사절차의 모든 권한이 사건을 주재하는 수소법원에 속하게 되며, 수사의 대상이던 피의자는 검사와 대등한 당사자인 피고인의 지위에서 방어권을 행사하게 된다(대법원 2009. 10. 22. 선고 2009도7436 전원합의체 판결, 대법원 2011. 4. 28. 선고 2009도10412 판결 등 참조). 이러한 형사소송법의 기본 원칙에 따라 살펴보면, 제1심에서 피고인에 대하여 무죄판결이 선고되어 검사가 항소한 후, 수사기관이 항소심 공판기일에 증인으로 신청하여 신문할 수 있는 사람을 특별한 사정 없이 미리 수사기관에 소환하여 작성한 진술조서나 피의자신문조서는 피고인이 증거로 삼는 데 동의하지 않는 한 증거능력이 없다. 참고인 등이 나중에 법정에 증인으로 출석하여 위 진술조서 등의 진정성립을 인정하고 피고인 측에 반대신문의 기회가 부여된다 하더라도 위 진술조서 등의 증거능력을 인정할 수 없음은 마찬가지이다. 참고인 등이 법정에서 위와 같이 증거능력이 없는 진술조서 등과 같은 취지로 피고인에게 불리한 내용의 진술을 한 경우, 그 진술에 신빙성을 인정하여 유죄의 증거로 삼을 것인지는 증인신문 전 수사기관에서 진술조서 등이 작성된 경위와 그것이 법정진술에 영향을 미쳤을 가능성 등을 종합적으로 고려하여 신중하게 판단하여야 한다(대법원 2019. 11. 28. 선고 2013도6825 판결 등 참조).

특별검사가 원심에서 증거로 제출한 검사 작성의 공소외 3에 대한 진술조서와 피의자신문조서는 이 사건 제1심판결이 선고된 후 특별검사가 피고인들에 대한 무죄 부분을 다투는 취지로 항소하여 원심 재판이 계속 중인 상태에서 검사가 다른 사건의 수사과정에서 공소외 3을 참고인 또는 피의자로 소환하여 작성한 것이고, 이 사건 공소사실에 관하여 피고인 1에게 불리한 내용이 포함되어 있다. 위에서 본 법리에 따르면, 피고인 1이 위 진술조서와

피의자신문조서를 증거로 삼는 데 동의하지 않았으므로 이 사건에서 위 진술조서와 피의자신문조서는 증거능력이 없다.

Ⅱ. 공소제기 후의 강제수사

〈공소제기 후 수사기관에 의한 압수·수색의 허용 여부 : 소극〉

대법원 2011. 4. 28. 선고 2009도10412 판결 〈표준〉

가. 헌법 제12조 제1항 후문에서 규정한 적법절차의 원칙, 그리고 헌법 제27조가 보장하는 기본권, 즉 법관의 면전에서 모든 증거자료가 조사·진술되고 이에 대하여 피고인이 공격·방어할 수 있는 기회가 실질적으로 부여되는 재판을 받을 권리 등을 구현하기 위하여 현행 형사소송법 (이하 '법'이라고만 한다)은 당사자주의·공판중심주의·직접주의를 그 기본원칙으로 하고 있다.

이에 따라 공소가 제기된 후에는 그 피고사건에 관한 형사절차의 모든 권한이 사건을 주재하는 수소법원의 권한에 속하게 되며, 수사의 대상이던 피의자는 검사와 대등한 당사자인 피고인으로서의 지위에서 방어권을 행사하게 되므로, 공소제기 후 구속·압수·수색 등 피고인의 기본적 인권에 직접 영향을 미치는 강제처분은 원칙적으로 수소법원의 판단에 의하여 이루어지지 않으면 안 된다.

법 또한 강제처분에 관하여, 먼저 공판절차에서 수소법원이 행하는 강제처분을 규율하는 상세한 규정을 두고(법 제68조 이하), 수사절차상 강제처분, 특히 이 사건에서 문제된 압수·수색에 대하여는 법 제215조에서 '검사는 범죄수사에 필요한 때에는 지방법원 판사에게 청구하여 발부받은 영장에 의하여 압수·수색 또는 검증을 할 수 있다'고 규정한 다음 그 구체적인 요건, 대상, 절차 등은 수소법원이 행하는 압수·수색에 관한 규정들을 준용하는 형식을 취함으로써(법 제219조), 수사절차에서의 강제처분과 공판절차에서의 그것을 준별하고 있다. 나아가 법 제215조에 의한 압수·수색 영장 청구의 절차를 구체적으로 규정한 형사소송규칙(이하 '규칙'이라고만 한다)은 압수·수색 영장 청구서의 기재사항으로 '피의자'의 성명 등 그 인적 사항과 그 범죄사실 즉, '피의사실'의 요지를 기재하도록 되어 있고, '피의자'에게 범죄의 혐의가 있다고 인정되는 자료와 압수·수색의 필요를 인정할 수 있는 자료를 제출하여야 한다고 되어 있을 뿐(규칙 제107조 제1항, 제108조 제1항), '피고인'의 인적 사항이나 '공소사실'의 요지를 기재할 수 있도록 규정하고 있지 않으며, 위 규정들이 공소제기 후 압수·수색 영장을 청구함에 있어서 준용된다고 볼 여지도 없다. 이처럼 우리 법 및 규칙은 공소제기 후 수사기관의 압수·수색 영장 청구에 관하여 정식의 구체적 절차를 전혀 마련하지 않고 있다. 결국 법은 제215조에서 검사가 압수·수색 영장을 청구할 수 있는 시기를 공소제기 전으로 명시적으로 한정하고 있지는 아니하나, 위에서 본 바와 같은 헌법 상 보장된 적법절차의 원칙과 재판받을 권리, 공판중심주의·당사자주의·직접주의를 지향하는 현행 형사소송법의 소송구조, 관련 법규의 체계, 문언 형식, 내용 등을 종합하여 보면, 일단 공소가 제기된 후에는 그 피고사건에 관하여 검사로서는 법 제215조에 의하여 압수·수색을 할 수 없다고 보아야 하며, 그럼에도 검사가 공소제기 후 법 제215조에 따라 수소법원 이외의 지방법원 판사에게 청구하여 발부받은 영장에 의하여 압수·수색을 하였다면, 그와 같이 수집된 증거는 기본적 인권 보장을 위해 마련된 적법한 절차에 따르지 않은 것으로서 원칙적으로 유죄의 증거로 삼을 수 없다.

나. 한편 헌법과 형사소송법이 정한 절차에 따르지 아니하고 수집된 증거라고 할지라도 수사기관의 증거 수집 과정에서 이루어진 절차 위반행위와 관련된 모든 사정을 전체적·종합적으로 살펴볼 때, 수사기관의 절차 위반행위가 적법절차의 실질적인 내용을 침해하는 경우에 해당하지 아니하고, 오히려 그 증거의 증거능력을 배제하는 것이 헌법과 형사소송법이 형사소송에 관한 절차 조항을 마련하여 적법절차의 원칙과 실체적 진실 규명의 조화를 도모하고 이를 통하여 형사사법 정의를 실현하려 한 취지에 반하는 결과를 초래하는 것으로 평가되는 예외적인 경우라면, 법원은 그 증거를 유죄 인정의 증거로 사용할 수 있다(대법원 2007. 11. 15. 선고 2007도3061 전원합의체 판결 참조).

그러나 이러한 예외적인 경우를 함부로 인정하게 되면 결과적으로 앞서 본 원칙을 훼손하는 결과를 초래할 위험이 있으므로, 법원은 구체적인 사안이 이러한 예외적인 경우에 해당하는지를 판단하는 과정에서 원칙을 훼손하는 결과가 초래되지 않도록 유념하여야 한다. 나아가 법원이 수사기관의 절차 위반행위에도 불구하고, 그 수집된 증거를 유죄 인정의 증거로 사용할 수 있는 예외적인 경우에 해당한다고 볼 수 있으려면, 그러한 예외적인 경우에 해당한다고 볼 만한 구체적이고 특별한 사정이 존재한다는 것을 검사가 증명하여야 한다(대법원 2009. 3. 12. 선고 2008도763 판결 등 참조).

다. 원심판결 이유에 의하면, 원심은 '피고인이 2002년 3월 하순경 과천시에 있는 상호불상의 식당에서, 피고인 2로부터 향후 동일한 취지의 불공정거래행위 신고나 관련 업무처리 등을 할 경우 잘 봐달라는 취지로 건네주는 액면 금 100만 원권 자기앞수표 1매 (수표번호 3 생략)를 교부받아 그 직무에 관하여 뇌물을 수수하였다'는 공소사실에 대하여, 이에 부합하는 증거로 제출된 것은 검사가 이 사건 공소가 제기되고 공판절차가 진행 중이던 2007. 12. 7.경 법 제215조에 의하여 수소법원이 아닌 지방법원 판사로부터 피고인 2에 대한 압수·수색영장을 발부받아 그 집행을 통하여 확보한 자립예탁금 거래내역표 1부, 해당거래청구 및 수표발행전표 사본 각 1부, 지급필수표 조회내용 1부, 자기앞수표 사본 3부와 이를 기초로 작성된 2008. 1. 17.자 수사보고뿐인데, 위 증거들은 모두 공소제기 후 검사가 적법한 절차에 따르지 아니하고 수집한 증거들이거나 이를 기초로 하여 획득된 2차적 증거에 불과하여 원칙적으로 유죄 인정의 증거로 삼을 수 없으며, 나아가 검사로서는 이 사건에서 수소법원에 압수·수색에 관한 직권발동을 촉구하거나 법 제272조에 의한 사실조회를 신청하여 절차를 위반하지 않고서도 소정의 증명 목적을 달성할 수 있었던 점 등 그 판시와 같은 사정들에 비추어 볼 때, 위 증거들이 유죄 인정의 증거로 사용할 수 있는 예외적인 경우에 해당하지 않는다는 이유로 이 부분 공소사실을 무죄라고 판단하였다.

앞서 본 법리와 기록에 비추어 볼 때, 원심의 위와 같은 사실인정 및 판단은 정당하다.

원심판결에는 상고이유에서 주장하는 바와 같이 공소제기 후 수사기관에 의한 강제처분의 허용 여부에 관한 법리 등을 오해함으로써 판결에 영향을 미친 위법이 없다.

〈공소제기 후의 압수·수색의 예외적 허용〉

서울중앙지방법원 2014. 9. 11. 선고 2013고합577 등 판결

1) 이러한 법리에 비추어 이 사건에 관하여 살피건대, 이 사건 증거들에 의하면 **검사가 2013. 6. 14. 이 사건 공소를 제기한 이후인 2013. 6. 24.경부터 수차례에 걸쳐 수소법원이 아닌 서울중앙지방법원 영장전담판사로부터 국가정보원 직원들의 트위터상 사이버 활동과 관련한 압수·수색검증영장을 발부받아 이를 집행하여 증거를 수집한 사실**, 또한 검사가 2013. 10. 16.경 위 판사로부터 국가정보원 심리전단 직원으로 추정되는 공소외 4, 공소외 21, 공소외 15에 대한 체포영장을 발부받아 2013. 10. 17. 이들을 체포하고 조사를 하였던 사실이 인정된다.

2) 그런데 범죄사실의 일부에 대한 공소는 그 효력이 전부에 미치는 것인바(형사소송법 제248조 제2항), 검사는 기존에 공소를 제기하였던 국가정보원 심리전단 직원들의 인터넷 사이트,

커뮤니티 등에서의 사이버 활동 부분과 트위터상에서의 사이버 활동이 모두 피고인들의 단일한 범의 아래 이루어진 포괄일죄의 관계에 있다고 판단하고, 이를 기초로 제1차 내지 제3차 각 공소장변경신청을 하였으므로, 위와 같은 검사의 판단에 따를 경우 검사의 최초 공소제기 행위의 효력은 포괄일죄의 일부분에 해당하는 트위터상에서의 사이버 활동 부분에까지도 미치는 것이어서, 결국 위 체포 및 압수·수색 등 강제수사는 공소제기 이후 수소법원이 아닌 지방법원 판사로부터 발부받은 영장에 의하여 이루어진 강제수사에 해당하는 것이라는 피고인들 및 변호인들의 주장이 논리적으로 일응 수긍이 가는 면이 있고, 이러한 주장을 검사가 주장하는 수사의 밀행성 등의 사유만으로 쉽게 배척할 것은 아니다.

3) 그러나 이 사건의 경우 다음과 같은 구체적이고 특별한 사정들을 종합하여 볼 때, <u>검사가 이 사건 공소를 제기한 이후 기존의 범죄사실과는 별개의 범죄사실에 대한 수사를 진행하는 과정에서 형사소송법 제215조에 의하여 수소법원이 아닌 지방법원 판사로부터 영장을 발부받아 집행한 강제수사 행위를 반드시 위법한 증거수집행위로 평가할 수는 없다고 보이고, 설령 이를 위법한 행위에 해당하는 것으로 보더라도 그 절차 위반행위가 적법절차의 실질적인 내용을 침해하는 경우에 해당하지 아니하고, 오히려 그 증거의 증거능력을 배제하는 것이 실체적 진실 규명을 통한 형사사법 정의 실현에 반하는 결과를 초래한다고 판단되므로, 위와 같은 강제수사를 통하여 수집한 증거들의 증거능력을 배척할 것은 아니라고 판단된다.</u>

① 범죄사실의 일부에 대한 공소제기의 효력이 그 범죄사실 전부에 미친다고 하더라도 법원은 형사법의 대원칙인 불고불리의 원칙에 따라 현실적으로 검사가 공소장에 적시한 범죄사실에 한하여 판단할 수 있는 것이므로 법원의 현실적인 심판대상인 범죄사실과 공소제기의 효력이 미치는 범죄사실이 반드시 항상 일치하는 것은 아니다. 그런데 이 사건의 경우 국가정보원 직원들의 트위터상 사이버 활동 부분에 관한 범죄사실은 검사가 2013. 6. 14. 제출한 공소장에 기재된 법원의 현실적인 심판대상에는 포함되지 않은 잠재적 심판대상에 불과하여 이에 관한 어떠한 증거도 신청된 바가 없으므로, 검사가 수소법원으로부터 위 부분에 관한 영장을 발부받기 위해서는 그 범죄사실의 소명을 위하여 증거로 제출되지 아니한 수사기록 중 일부를 수소법원에 제출해야만 할 것으로 보이는바, 이는 결국 예단 또는 편견이 발생할 수 있는 자료나 증거채택이 이루어지지 아니한 증거를 제출받는 결과가 되어 현행 형사소송법이 채택한 공소장일본주의나 증거분리제출제도의 취지에 반할 우려가 있다.

② 특히 이 사건에서 피고인들은 공소사실을 완강히 부인하며 전면적으로 다투었는바, 이러한 경우 잠재적 심판대상에 불과한 트위터에서의 정치관여 및 선거운동 혐의에 관하여 수사

기관이 추가적인 수사를 진행하고 있다는 사실을 수소법원이 인식하는 것 자체가 피고인들에게 불리한 심증을 형성하는 요인이 될 여지도 충분하다고 보이고, 이는 오히려 피고인들의 방어권을 침해하는 결과가 된다.

③ 또한 이 사건의 경우 비록 검사가 인터넷 사이트 등에서의 사이버 활동과 트위터상에서의 사이버 활동을 포괄일죄로 판단하여 공소제기 및 공소장변경신청허가를 하기는 하였으나, 죄수의 판단은 법원의 전권에 속하는 것이므로 법원은 이러한 검사의 판단에 기속되지 아니한 채 그 죄수를 판단해야 할 것이다. 그런데 이 사건에 있어서 만일 법원이 각 범죄사실이 포괄일죄가 아니라 경합범의 관계에 있다고 판단을 한다면 위 영장에 의한 집행은 기존의 공소제기의 효력이 미치지 아니하는 별개의 범죄사실에 대한 수사행위이므로 공소제기 후 강제수사에 해당하지 않아 적법하게 되는 반면, 법원이 이를 포괄일죄로 판단한다면 공소제기 후 강제수사에 해당하여 형사소송법 제215조에 의한 영장의 집행이 위법하게 되는 바, 이는 수사기관의 증거수집행위와 그에 의하여 수집된 증거의 증거능력이 법원의 사후적인 죄수 판단 내용에 따라 결정되는 결과가 되어 형사사법절차의 안정성에도 반하는 측면이 있다.

④ 우리 헌법 및 형사소송법이 채택하고 지향하고 있는 당사자주의, 공판중심주의, 직접주의의 기본원칙상 검사가 기소하여 법원의 심판대상이 된 범죄사실은 당연히 법관의 면전에서 그에 관한 모든 증거조사가 이루어져야 하고 이에 대하여 피고인의 방어기회가 실질적으로 부여되어야 한다. 그런데 검사가 공소사실을 추가한 트위터상에서의 사이버 활동 부분은 검사의 제1차 공소장변경신청과 이에 따른 법원의 공소장변경허가를 통하여 비로소 법원의 현실적 심판대상에 포함된 것이어서 그 이전에는 법정에서 증거를 현출하여 이에 관한 조사를 실시하는 것 자체가 불가능한 상황이었고, 한편 위 공소장변경허가 이후 이어진 공판과정에서 위와 같은 기본원칙에 따라 모든 증거가 법정에 현출되어 증거조사 되었으므로 당사자주의, 공판중심주의, 직접주의의 원칙이 직접적으로 훼손되었다고 보기는 어렵다.

⑤ 또한 이와 같은 포괄일죄의 잠재적 심판대상에 해당하는 범죄사실의 경우 강제처분을 위한 영장의 발부 주체가 수소법원인지 지방법원 판사인지에 관하여 법률 등에서 명확히 정한 바가 없고, 기존의 실무례 역시 이에 관하여 명확한 기준은 없는 것으로 보인다. 이러한 상황에서 설령 검사가 형사소송법 제215조에 의하여 영장을 발부받은 것이 위법한 절차에 해당한다고 하더라도 검사에게 적법절차를 위반하여 증거를 수집한다는 명확한 인식이 있었다고 보기도 어려울 뿐만 아니라 그 위법의 정도도 적법절차의 실질을 침해하는 정도로 중하

다고는 보이지 아니하므로, 이러한 경우라면 다른 사안에 비하여 실체적 진실 규명을 통한 사법 정의의 실현이라는 형사소송법적 이익을 보다 중시할 필요가 있다고 봄이 타당하다.

공소의 제기

03

PART

CHAPTER 01

공소 일반

제1절 공소의 의의

대법원 2002. 2. 22. 선고 2001다23447 판결 「검사는 수사기관으로서 피의사건을 조사하여 진상을 명백히 하고, 죄를 범하였다고 의심할 만한 상당한 이유가 있는 피의자에게 증거 인멸 및 도주의 염려 등이 있을 때에는 법관으로부터 영장을 발부받아 피의자를 구속할 수 있으며, 나아가 <u>수집·조사된 증거를 종합하여 객관적으로 볼 때, 피의자가 유죄판결을 받을 가능성이 있는 정도의 혐의를 가지게 된 데에 합리적인 이유가 있다고 판단될 때에는</u> 피의자에 대하여 공소를 제기할 수 있으므로 그 후 형사재판 과정에서 범죄사실의 존재를 증명함에 충분한 증거가 없다는 이유로 무죄판결이 확정되었다고 하더라도 그러한 사정만으로 바로 검사의 구속 및 공소제기가 위법하다고 할 수 없고, 그 구속 및 공소제기에 관한 검사의 판단이 그 당시의 자료에 비추어 경험칙이나 논리칙상 도저히 합리성을 긍정할 수 없는 정도에 이른 경우에만 그 위법성을 인정할 수 있는 것이다.」

제2절 공소권남용론

Ⅰ. 의의

〈공소권남용의 의의 및 인정요건〉

대법원 2019. 2. 14. 선고 2018도14295 판결

검사는 범죄의 구성요건에 해당하여 형사적 제재를 함이 상당하다고 판단되는 경우에는 공

소를 제기할 수 있고, 또 형법 제51조의 사항을 참작하여 공소를 제기하지 아니할 수 있다(형사소송법 제246조, 제247조). 검사가 자의적으로 공소권을 행사하여 피고인에게 실질적인 불이익을 줌으로써 소추재량권을 현저히 일탈하였다고 보이는 경우에는 이를 공소권의 남용으로 보아 공소제기의 효력을 부인할 수 있고, 여기서 자의적인 공소권의 행사란 단순히 직무상의 과실에 의한 것만으로는 부족하고 적어도 미필적이나마 어떤 의도가 있어야 한다(대법원 2008. 2. 14. 선고 2007도9737 판결, 대법원 2012. 7. 12. 선고 2010도9349 판결 등 참조). … 이 사건 **공소사실 중 일부를 먼저 기소하고, 약 3개월 후 나머지를 추가로 기소**한 검사의 이 사건 공소제기가 소추재량권을 현저히 일탈한 것이라고 보기 어렵다.

대법원 1995. 9. 15. 선고 94도3336 판결 「이 사건 범죄사실에 관하여 검사가 공소를 제기한 후 공소장을 2회에 걸쳐 변경한 것이 피고인의 방어권 행사에 불이익이나 곤란을 주기 위한 것이 아니라고 판단한 것은 정당하고, 거기에 공소권남용에 관한 법리를 오해한 잘못이 없다.」

Ⅱ. 공소권남용의 유형

1. 혐의 없는 기소

대법원 2017. 8. 23. 선고 2016도5423 판결 <표준>

검사는 범죄의 구성요건에 해당하여 형사적 제재를 함이 상당하다고 판단되는 경우에는 공소를 제기할 수 있고 또 형법 제51조의 사항을 참작하여 공소를 제기하지 아니할 수 있는 재량이 있다(형사소송법 제246조, 제247조). 위와 같은 검사의 소추재량은 공익의 대표자인 검사로 하여금 객관적 입장에서 공소의 제기 및 유지 활동을 하게 하는 것이 형사소추의 적정성 및 합리성을 기할 수 있다고 보기 때문이므로 그 스스로 내재적인 한계를 가지는 것이고, 따라서 검사가 자의적으로 공소권을 행사하여 피고인에게 실질적인 불이익을 가함으로써 소추재량을 현저히 일탈하였다고 판단되는 경우에는 이를 공소권의 남용으로 보아 그 공소제기의 효력을 부인할 수 있다(대법원 1996. 2. 13. 선고 94도2658 판결, 대법원 2001. 10. 9. 선고 2001도3106 판결, 대법원 2004. 4. 27. 선고 2004도482 판결 등 참조).
이 사건에서 피고인의 주장과 같이, 종전 가정보호사건의 확정된 불처분결정의 효력을 뒤집을 특별한 사정이 없음에도 불구하고 이 사건 공소제기가 단지 고소인의 개인적 감정에 영합하거나 이혼소송에서 유리한 결과를 얻게 할 의도만으로 이루어진 것이라면 이러한 조치는 공소권의 남용으로서 위법한 것으로 볼 수 있다. 그러나 기록에 나타난 이 사건 공소제기에 이르게 된 경위, 이 사건 범죄사실의 내용 및 피고인과 고소인의 관계 등을 비롯한 제반 사정에 비추어 보면, 이 사건 공소는 검사가 이 사건 제2차 고소의 범죄 혐의에 대한 수사 결과와 종전 가정보호사건의 기록 검토 결과 등에 근거하여 이 사건 범죄사실에 대하여 국가 형벌권의 실행이 필요하다고 판단하여 제기한 것임을 알 수 있다.

따라서 이 사건 공소의 제기 및 원심의 판단이 사법판단의 기저가 되는 정의의 관점에서 보아 명백히 잘못된 것이라는 피고인의 상고이유 주장은 받아들이지 않는다.

대법원 2017. 1. 25. 선고 2016도15526 판결 〈표준〉「검사는 1997. 4. 26. 이 사건 범행과 관련하여 공소외 1을 '살인'으로, 피고인을 '폭력행위 등 처벌에 관한 법률 위반(우범자)'과 '증거인멸'(이하 이 둘을 합하여 '증거인멸죄 등'이라고 한다)로 기소하였음을 알 수 있다(이를 '선행사건'이라고 한다). 선행사건에서 피고인에 대해서는 유죄로 인정되었으나(서울고등법원 1998. 1. 26. 선고 97노2396 판결), 공소외 1에 대해서는 무죄로 판단되었다(대법원 1998. 4. 24. 선고 98도421 판결). 제1심은, 선행사건에서 피고인에 대한 공소사실에 관하여 다수의 증거가 수집되어 있었고, 선행사건에서 공소외 1에 대한 무죄판결이 확정된 다음 보강 수사를 하여 새로운 증거가 추가로 수집된 사정에 비추어 보면, 검사가 피고인에 대한 유죄의 증거가 충분하지 않은데도 공소권을 남용하여 이 사건 공소를 제기한 것이 아니라고 판단하였다. 원심도 제1심의 판단이 정당하다고 인정하여 이에 관한 피고인의 항소이유 주장을 받아들이지 않았다. 원심의 판단은 공소권 남용에 관한 법리에 비추어 정당하고, 상고이유 주장과 같이 법리를 오해한 잘못이 없다.」

대법원 1995. 3. 10. 선고 94도2598 판결「검사는 형사소송법 제246조, 제247조의 규정에 따라 범죄의 구성요건에 해당하여 형사적 제재를 가함이 상당하다고 판단되는 경우에는 공소를 제기할 수 있고, 또 형법 제51조 소정의 제반사항을 참작하여 공소를 제기하지 아니할 수 있는 재량권이 있는 것이고, 한편으로 검사가 일단 범죄의 혐의가 없다고 보아 불기소결정을 한 경우에도 나중에 새로운 증거의 발견에 의하여 그 범죄혐의를 인정할 수 있다고 판단하는 경우에는 무혐의처분한 당해 사건에 대하여 적법하게 공소를 제기할 수 있는 것임은 물론이다. … 비록 이 사건 공소제기된 피고인의 범죄사실 중 일부에 대하여 검사의 일차 무혐의결정이 있었고, 이에 대하여 그 고소인인 위 공소외인이 항고 등 아무런 이의를 제기하지 않고 있다가 그로부터 약 3년이 지난 뒤에야 뒤늦게 다시 피고인을 동일한 혐의로 고소함에 따라, 검사가 새로이 수사를 재기하게 된 것이라 하더라도, 검사가 그 수사결과에 터잡아 재량권을 행사하여 이 사건 공소를 제기한 것은 적법하다고 아니할 수 없으며, 이를 가리켜 공소권을 남용한 경우로서 그 공소제기의 절차가 무효인 때에 해당한다고 볼 수는 없다.」

2. 소추재량을 일탈한 기소

〈소추재량권 일탈이 긍정된 사례〉

서울고등법원 2016. 9. 1. 선고 2015노2312 판결

① 종전 사건에 대한 기소유예 처분이 있었던 2010. 3. 29.으로부터 만 4년이나 지난 2014. 5. 9. 현재 사건이 기소된 점, ② 그 사이에 국가정보원 직원들이 조작한 증거가 2013. 9. 공판 관여 검사들에 의하여 국가보안법위반 등 사건의 항소심 법원에 제출되었고, 이에 피고인이 2014. 1.경 서울중앙지방검찰청에 '국정원 직원들과 수사검사, 수사관들이 공모하여 국가보안법위반 등 사건의 항소심 재판부에 허위로 날조된 피고인에 대한 출입경 기록 등을 증거로 제출하였다'는 이유로 국가보안법위반(무고·날조)죄로 이들을 고소하였으며, 2014. 2. 위 증거 위조가 밝혀지고, 그로 인해 위 직원들이 2014. 3. 31. 모해증거위조 등으로 구속되었으며, 그 후 국가보안법위반 등 사건의 항소심 법원이 2014. 4. 25. 국가보안법위반 관련 혐의를 모두 무죄로 판단하였고, 위 사건의 공판 관여 검사들이 2014. 5. 1.경 위 증거 위조와 관련하여 징계를 받는 일련의 사건들이 발생하였는바, 현재 사건이 그 직후인 2014. 5. 9. 기소된 점, ③ 종전 사건의 피의사실과 현재 사건의 공소사실 사이에 기소유예 처분을 번복하고 공소제기해야 할 만한 의미 있는 사정변경은 없는 점, ④ 재수사의 단서가 된 U의 고발은 검찰사건사무규칙에 따라 각하되었어야 할 것인 점, ⑤ 현재 사건에 대한 공소제기를 적정한 소추재량권 행사로 평가할 수 있는 사정이 존재한다면 국가보안법위반 등 사건의 공소제기 당시 함께 기소하였을 것으로 보이는 점 등 앞서 인정한 사정들을 모두 종합해 보면, 검사가 현재 사건을 기소한 것은 통상적이거나 적정한 소추재량권 행사라고 보기 어려운바, 어떠한 의도가 있다고 보여지므로 공소권을 자의적으로 행사한 것으로 위법하다고 평가함이 상당하다. 또한 이로 인하여 피고인이 실질적인 불이익을 받았음이 명백하므로 현재 사건에 대한 기소는 소추재량권을 현저히 일탈한 경우에 해당한다고 인정된다. 따라서 이 사건 공소사실 중 외국환거래법위반의 점에 대한 공소는 그 공소제기의 절차가 법률의 규정에 위반하여 무효인 때에 해당한다.

> **대법원 2013. 4. 11. 선고 2012도6292 판결**
> 원심은 이 사건 수사가 시작된 배경과 기소에 이르게 된 과정에 관한 사정을 비롯한 판시와 같은 이유를 들어, 이 사건 수사 및 기소가 현 정권에 대한 비판적 의견을 제시한 피고인을 흠집 내려는 악의적인 목적 또는 민간인 사찰의 불법성을 희석시킨다는 의도를 갖고 이루

어진 것이라고 추단할 수 없으며, 또한 <u>유사사건의 수사과정과 비교해 볼 때 이 사건에서</u>
<u>피고인 및 그 주변인들을 압박하거나 불필요하게 소환하는 등 무리한 수사가 이루어졌다고</u>
<u>보이지도 않는다</u>고 보아, 피고인의 공소권 남용 주장을 배척하였다.

원심판결 이유를 적법하게 채택된 증거들에 비추어 살펴보면, 이와 같은 원심의 판단은 위
에서 본 법리에 기초한 것으로 보이고, 거기에 상고이유로 주장하는 바와 같이 공소권 남용
에 관한 법리를 오해한 위법이 있다고 할 수 없다.

3. 차별기소

대법원 1987. 10. 26. 선고 87도1909 판결 「범인에 대한 처벌은 특별예방 및 일반예방의 요청에 의하여
각 범죄, 각 범인마다 그 범인의 성격, 연령, 범죄의정상 범죄후의 정황 등을 심사하여 이루어지는 것
이므로 <u>다수의 동종의 뇌물수수자 중 피고인들만이 기소되어 유죄의 판결이 선고되었다 하여도 그것</u>
<u>이 위에서 본 바와 같은 피고인들의 주관적, 객관적 일체의 사정에 의한 것이고 헌법 제10조에서 규정</u>
<u>하는 성별, 종교, 사회적 신분의 차별에 의한 것이 아닌 이상 이를 가리켜 헌법 제10조에서 규정하는</u>
<u>평등권에 위반된다거나 기소 자체가 위법하다고 할 수는 없는 것이다.」</u>

대법원 2009. 10. 15. 선고 2009도6446 판결 「검사가 싸움의 일방에 대하여 정당행위로 불기소하였다는
사유만으로 나머지 일방에 대한 검사의 공소제기가 공소권을 남용한 것이라고 볼 수는 없다.」

대법원 2012. 7. 12. 선고 2010도9349 판결 <표준> 「검사에게는 범죄의 구성요건에 해당하는 경우에 피
의자의 연령, 성행, 지능과 환경, 피해자에 대한 관계, 범행의 동기, 수단과 결과, 범행 후의 정황 등의
사항을 참작하여 공소를 제기할 것인지의 여부를 결정할 수 있는 재량권이 부여되어 있는바, 위와 같
은 재량권의 행사에 따른 공소의 제기는 소추재량권을 현저히 일탈하였다고 인정되지 않는 이상 공소
권을 남용한 경우에 해당한다고 할 수 없다. 따라서 <u>어떤 사람에 대하여 공소가 제기된 경우 그 공소</u>
<u>가 제기된 사람과 동일하거나 다소 중한 범죄구성요건에 해당하는 행위를 하였음에도 불기소된 사람</u>
<u>이 있다는 사유만으로는 그 공소의 제기가 평등권 내지 조리에 반하는 것으로서 공소권 남용에 해당한</u>
<u>다고 할 수 없다.</u> … ① 수사기관이 아닌 국회 경위들이 국회의장의 미디어 관련법 등 쟁점법안 직권
상정 유보 방침 표명 이후에도 농성을 계속하면서 3차에 걸친 퇴거요구에 불응한 피고인들을 포함한
19명을 현행범인으로 체포하여 경찰에 인도함으로써 이 사건 수사가 개시된 것이므로 수사기관이 자
의적으로 민주노동당 소속 보좌관인 피고인들만을 수사대상으로 선정한 것으로 보기는 어려운 점, ②
경찰이 위와 같이 현행범인으로 체포되어 인도된 민주당 국회의원 보좌관 공소외인과 피고인들을 포
함한 19명 전원을 조사한 후 입건하여 검찰에 송치하였고, 검사는 그 혐의 여부, 전과관계 및 국회사
무총장의 처벌불원의사 등 정상을 참작하여 위 19명 모두를 혐의없음 또는 기소유예의 불기소처분을
하거나 약식 기소한 점, ③ 민주당 측은 국회의장의 미디어 관련법 등 쟁점법안 직권상정 유보 방침

표명 이후 농성을 해제하고 로텐더 홀에서 자진 퇴거한 반면 민주노동당 측은 그 후에도 농성을 계속하면서 퇴거요구에 불응하다 강제퇴거조치를 당하였다는 점에서 농성에 참가한 민주당 및 민주노동당 측 관계자들의 기소 여부 판단을 위한 요소인 죄질 및 정상 등이 서로 다른 점, ④ 다른 국회 관련 폭력사건에 대한 기소 현황 등을 살펴보더라도 굳이 검사가 같은 입장에서 여당과 대립하고 있는 2개의 야당 중 민주노동당 측만 차별적으로 취급할 이유는 없는 점 등을 종합하여 보면, 검사의 이 사건 공소제기가 미필적이나마 민주노동당 소속인 피고인들을 차별취급할 의도로 소추재량권을 현저히 일탈하여 자의적으로 공소권을 행사한 것으로 볼 수는 없다.」

헌법재판소 2015. 4. 21. 선고 2015헌마330 결정 「청구인은 검사가 자신과 같이 단 한건의 댓글을 게시한 사람은 모욕죄 법정형의 벌금 상한액인 벌금 200만 원에 약식기소한 반면, 위와 같이 수회에 걸쳐 반복적으로 성적비하 등의 내용이 담긴 댓글을 게시한 대학생들에 대하여 기소유예처분을 한 것은 특혜성 불기소처분으로서, 검사가 위와 같이 임의로 불기소처분을 한 것은 헌법에 위반된다는 취지로 주장하며 2015. 4. 1. 이 사건 헌법소원심판을 청구하였다. … 청구인의 주장과 같이 <u>검사가 청구인과 무관한 별개의 사건에서 제3자에 대하여 기소유예처분을 하였다고 하더라도 이로 인하여 청구인 자신의 기본권이 현재, 직접적으로 침해되었다고 보기 어렵다</u> 할 것이므로, 청구인에게는 기본권침해의 법적 관련성이 인정되지 아니한다.」

4. 누락(분리)기소

〈누락(분리)기소가 문제된 최초 사안〉

대법원 1996. 2. 13. 선고 94도2658 판결

<u>형사소송법 제246조와 제247조가 검사에게 자의적으로 무제한적인 소추권을 부여한 것은 아니라고 할지라도 검사는 범죄의 구성요건에 해당하여 형사적 제재를 함이 상당하다고 판단되는 경우에는 공소를 제기할 수 있고 또 형법 제51조의 사항을 참작하여 공소를 제기하지 아니할 수 있는 재량권이 부여되어 있는 것이다</u>(당원 1990. 9. 25. 선고 90도1613 판결, 1994. 10. 21. 선고 94도2048 판결 등 참조).

기록에 나타난 이 사건 소추경위와 공소사실 등 제반 사정에 비추어 보면, 이 사건 공소는 피고인이 징역 1년의 형을 선고받고 확정된 사건(이하 관련사건이라 한다)과 함께 입건되지 아니한 이 사건 범죄사실에 대하여 관할동장으로부터 고발조치가 있자 위 관련사건이 법원에 계류 중 이에 대하여 경찰 및 검찰이 별도로 수사를 진행하여 그 결과 제기된 것으로서, 비록 <u>검사가 관련사건을 수사할 당시 이 사건 범죄사실이 확인된 경우 이를 입건하여 관련사</u>

건과 함께 기소하는 것이 상당하기는 하나 이를 간과하였다고 하여 검사가 자의적으로 공소권을 행사하여 소추재량권을 현저히 일탈한 위법이 있다고 보여지지 아니할 뿐 아니라, 이 사건 공소가 관련사건의 항소심판결 선고 이전에 행하여지지 아니하여(원심은 이 사건 공소가 관련사건의 항소심 선고일인 1993. 7. 29. 행하여진 것으로 인정하고 있으나 공소장을 법원에 제출하여 공소를 제기한 일자는 같은 달 30. 이다) 피고인이 관련사건과 병합하여 재판을 받지 못하게 되는 불이익을 받게 되었다고는 하나, 검사가 위 항소심판결 선고 이후에 이 사건 공소를 제기한 것이 검사의 태만 내지 위법한 부작위에 의한 것으로 인정되지 아니하며, 피고인으로서는 관련사건이 법원에 계류 중 이와 별도로 이 사건 범죄사실에 대하여 수사를 받고 있느니 만큼 관련사건의 재판과정에서 이 사건 범죄사실에 대하여 추후 기소되는 경우 관련사건과 병합하여 재판을 받을 수 있도록 변론기일의 속행 내지 선고기일의 연기를 신청할 수도 있었을 터인데 아무런 조치를 취하지 아니한 채 관련사건에 대하여 확정판결을 선고받았으므로 이 사건 공소에 대하여 별도로 재판을 받는데 대하여 피고인에게 아무런 책임이 없다고도 볼 수 없다. 그러함에도 불구하고 원심은 피고인이 관련사건의 재판 때 이 사건 범죄사실에 대하여 병합하여 재판을 받지 못하였다는 점에만 주목하여 이 사건 공소제기가 공소권의 남용에 해당한다고 만연히 인정하고 말았으니, 원심의 이러한 조치에는 필경 기소편의주의와 공소권 남용에 관한 법리를 오해한 위법이 있다고 하지 아니할 수 없다.

[사안의 개요] 검사가 1993. 3. 11. 공문서위조, 동 행사, 사기, 점유이탈물횡령죄로 피고인을 기소하였는데, 그 당시 위 공소외 1, 공소외 2 명의의 인감증명서 위조사실만 기소대상에서 누락이 되었고, 그 후 부산지방법원은 위 공소사실을 모두 유죄로 인정하여 1993. 5. 7. 피고인에 대하여 징역 1년 6월을 선고하고, 이에 대하여 피고인이 양형부당을 이유로 항소한 결과 부산고등법원은 같은 해 7. 29. 원심판결을 파기하고 피고인에 대하여 징역 1년을 선고하였으며, 이 판결은 그대로 확정되었는데 그 사이 (동 생략) 동장이 같은 해 2. 18. 경 피고인의 위 인감증명서 위조사실을 뒤늦게 알고 이를 경찰에 고발하는 바람에 피고인은 그 사실에 대하여 다시 경찰 및 검찰의 조사를 받았고, 그 후 같은 해 7. 29. 검사에 의하여 이 사건 공소가 제기되기에 이른 사안

〈분리기소가 공소권남용의 의심이 드는 경우〉

대법원 2001. 9. 7. 선고 2001도3026 판결 〈표준〉

가. 형사소송법 제246조와 제247조에 의하여 검사는 범죄의 구성요건에 해당하여 형사적 제

재를 함이 상당하다고 판단되는 경우에는 공소를 제기할 수 있고 또 형법 제51조의 사항을 참작하여 공소를 제기하지 아니할 수 있는 재량권이 부여되어 있다. 그러나 검사가 자의적으로 공소권을 행사하여 피고인에게 실질적인 불이익을 줌으로써 소추재량권을 현저히 일탈하였다고 보여지는 경우에 이를 공소권의 남용으로 보아 공소제기의 효력을 부인할 수 있는 것이고, 여기서 자의적인 공소권의 행사라 함은 단순히 직무상의 과실에 의한 것만으로는 부족하고 적어도 미필적이나마 어떤 의도가 있어야 한다(대법원 1996. 2. 13. 선고 94도2658 판결, 1998. 7. 10. 선고 98도1273 판결, 1999. 12. 10. 선고 99도577 판결 등 참조).

나. 기록에 의하여 인정되는 이 사건과 종전 사건의 사실관계 및 공소제기의 경위는 다음과 같다.

(1) 간판업을 영위하던 피해자 박문빈은 종업원으로 근무하던 피고인이 앞서 본 바와 같이 그 소유의 화물차를 훔쳐가자 1999. 7. 29. 고양경찰서 주엽2파출소에 피고인의 차량절취 장면이 녹화된 테이프를 제출하며 도난신고를 하였고, 이에 고양경찰서는 피해자에 대한 진술조서를 작성하고 위 화물차를 도난차량으로 수배하는 한편 피고인의 소재를 파악하였으나 소재불명으로 밝혀지자 1999. 10. 18. 피고인에 대하여 절도죄로 지명수배하고 1999. 11. 18. 서울지방검찰청 의정부지청에 사건을 송치하였으며, 위 지청의 검사는 1999. 11. 25. 위 사건을 기소중지하였다.

(2) 피고인은 위 화물차를 운전하고 다니다가 1999. 12. 2.경 안산경찰서 목감경찰초소에 설치된 차량자동판독기에 위 화물차가 도난차량으로 확인되어 그 곳에 근무하던 경찰관들에게 이 사건 절도 범행의 기소중지자로서 검거되었다.

(3) 그런데 안산경찰서 경찰관은, 피고인이 이 사건 절도 범행뿐만이 아니라 종전 사건의 도로교통법위반 범행도 저지른 사실이 밝혀지자, 피고인의 신병을 수배관서인 고양경찰서에 인계하지 아니한 채, 종전 사건의 범인으로 피고인을 구속하여 종전사건만을 조사한 다음 수원지방검찰청에 송치하였고, 위 화물차도 압수하지 않고 있다가 1999. 12. 6. 피해자에게 반환하였다.

(4) 수원지방검찰청 검사 또한 송치받은 종전 사건을 조사하여 1999. 12. 13. 수원지방법원에 종전 사건의 도로교통법위반 범행만을 기소하였다.

(5) 피고인은 2000. 1. 27. 수원지방법원에서 도로교통법위반죄로 징역 6월의 형을 선고받고 같은 날 항소 포기로 그 판결이 확정되어 수원교도소에서 그 징역형을 복역하다가 2000. 5. 10. 가석방으로 출소하던 중 수원경찰서 경찰관들에게 이 사건 절도 범행의 기소중지자로

긴급체포되어 고양경찰서로 인계되었다.

(6) 고양경찰서 경찰관은 같은 날 이 사건 절도 범행의 피의자로서 조사를 받은 피고인으로부터 종전 사건의 내용과 긴급체포된 경위에 관한 진술을 받았고 그 범죄경력 조회서에도 종전 사건의 전과 내용이 기재되어 있음에도, 피고인이 이 사건 절도 범행을 자백하면서 그 범행의 경위로서 평소에도 운전면허 없이 위 화물차를 운전하였다고 진술하자, 종전 사건의 내용을 확인하지 않은 채, 이 사건 도로교통법위반죄를 추가로 인지한 다음, 서울지방검찰청 의정부지청에 기소중지자 소재발견보고를 하고 그 수사지휘에 따라 2000. 5. 11. 피고인에 대하여 이 사건 절도죄와 도로교통법위반죄로 구속영장을 청구하였다.

(7) 위 영장청구를 받은 서울지방법원 의정부지원의 담당판사는 수사기관이 이 사건 절도 범행으로 인하여 피고인에 대하여 1999. 10. 18. 지명수배조치가 취하여진 사실을 알고 있었음에도 불구하고 1999년 12월경 피고인을 별개의 도로교통법위반(무면허운전)죄로 구속 기소하면서 이 사건 절도 범행에 대하여는 아무런 조치를 취하지 않다가 위 도로교통법위반죄로 인한 징역형을 복역하고 출소하는 날 피고인을 이 사건 절도 범행을 들어 긴급체포한 것은 피고인에게 가혹하고 수사권남용의 여지가 있다는 이유로 구속영장을 발부하지 아니하였다.

(8) 이어 **서울지방검찰청 의정부지청의 검사는 2000. 7. 21. 피고인에 대한 피의자 심문에서 피고인으로부터 화물차를 절취한 후 6개월간 무면허로 운전하다가 1999. 12. 2. 안산시 목감 검문소에서 검거되었다는 진술을 받았고 그 검찰서기의 수사보고를 통하여 피고인이 2000. 1. 27. 종전 도로교통법위반죄로 징역 6월의 형을 선고받고 그 형을 복역하다가 2000. 5. 10. 가석방된 사실도 알고 있었음에도, 종전 사건의 내용을 확인하지 아니한 채, 2000. 7. 28. 이 사건 절도죄와 아울러 이미 처벌받은 도로교통법위반죄도 기소하였다.**

다. 위에서 인정한 사실관계에 비추어 보면, 종전 사건만을 송치받아 수사한 검사로서는 그 수사기록과 피고인에 대한 심문을 통하여 피고인이 이 사건 절도 범행으로 기소중지된 사정을 알고 있었을 것이므로 서울지방검찰청 의정부지청으로 하여금 이 사건을 재기하여 이송하도록 하거나 종전 사건을 위 지청에 이송하여 관련 사건인 이 사건과 종전 사건이 함께 기소되도록 하여야 함에도 그러한 조치를 취하지 아니한 채 종전 사건만을 기소한 것으로 보이고, 이 사건을 수사한 검사로서도, 기소중지자체포업무처리지침(대검예규)상 기소중지자를 체포한 경찰관서는 수배 경찰관서를 통하여 기소중지한 검찰청에 보고하게 되어 있음에 비추어 기소중지된 피고인이 종전 사건으로 구속되었다는 보고를 받았을 것으로 보이며, 따라서 피고인의 소재가 파악되었을 뿐만 아니라 종전 사건이 구속 사건으로서 그 기소와 재판이 곧 이루어질 것으로 예상되므로 이 사건을 신속히 재기하여 종전 사건을 관할하는 수원지방검찰청에 이송하는 등의 조치를 취하여야 함에도 피고인이 종전 사건으로 재판을 받고 그 형을 복역하고 출소하기까지 별다른 이유 없이 이 사건을 재기하지도 아니한 채 내버려 둔 것이 아닌가하는 의심이 드는데다가, 이 사건과 종전 사건은 동일한 기회에 저질러진 경합범이고 종전 사건은 피고인이 이 사건 절도 범행의 기소중지자로 체포되면서 비로소 입건된 범행이며 종전 사건에 대한 기소 당시 피고인이 이 사건 절도 범행을 모두 자백하고 그 보강증거도 충분히 확보되어 이를 분리하여 기소할 필요도 이유도 없었으며, 종전 사건의 수사과정에서 피고인이 절취한 화물차가 피해자에게 반환되고 그 수사기록 등에서 피고인이 운전한 차량이 이 사건 절도 범행으로 취득한 화물차임이 나타나 종전 사건의 재판에서 그러한 사정이 양형의 요소로 참작되었다고 보여지고, 나아가 종전 사건의 공소사실 가운데 피고인이 무면허로 운전한 화물차가 이 사건 절도 범행으로 취득한 것임이 적시되어 그 공판과정에서 심리되었다면 피고인으로서는 종전 사건으로 처벌받음으로써 이 사건 절도 범행도 아울러 처벌받은 것으로 믿어 그에 대한 추가 기소와 처벌은 없을 것으로 기대함이 상당하다 할 것이다.

사정이 이러하다면 <u>종전 사건의 판결이 확정되고 나아가 피고인이 그 형을 복역하고 출소한 다음에서야 이미 처벌받은 종전 사건의 일부 범죄사실까지 포함하는 이 사건 공소를 제기하여 다시 피고인에 대한 재판과 처벌을 반복하는 것은 관련 사건을 함께 재판받을 이익을 박탈함으로써 현저하게 피고인의 권리나 이익을 침해한다 할 것이어서 공소권을 자의적으로 행사한 것이 아닌가 하는 의심이 든다.</u>

그렇다면 원심으로서는, 안산경찰서 경찰관들이 이 사건 절도 범행의 기소중지자인 피고인을 체포하고도 그 수배관서에 인계하지 않은 채 종전 사건으로 구속하였을 뿐만 아니라 그 체포 과정에서 확보된 화물차를 압수하지 않고 피해자에게 반환한 경위, 이 사건 절도 범행을 기소중지 한 서울지방검찰청 의정부지청의 검사가 종전 사건을 수사한 안산경찰서나 수원지방검찰청으로부터 피고인이 종전 사건으로 구속되었다는 통지를 받았는지 여부 및 그러한 통지를 받았다면 기소중지 한 피고인의 소재가 밝혀졌음에도 이 사건을 재기하지 않고 있다가 종전 사건의 형을 복역하고 출소하는 피고인이 기소중지자로 긴급 체포된 다음에야 이 사건을 재기한 이유와 경위 및 종전 사건의 공소사실에 무면허 운전에 이용된 화물차가 이 사건 절도 범행으로 취득한 사정이 적시되어 공판과정에서 그에 대하여 심리되었는지 여부 등을 상세히 조사하여, 검사의 이 사건 공소제기가 형사절차의 적정성의 원칙에 위반하는 자의적인 공소권의 행사로서 피고인의 적정하고도 신속한 재판을 받을 권리를 침해하는 등으로 그 소추재량권을 현저히 일탈하여 공소권을 남용한 것인지 여부를 따져 보았어야 할 것이다.

대법원 1999. 12. 10. 선고 99도577 판결

이 사건에서 기록에 의하면, 검사가 위 구속영장기재의 범죄사실(이하 선행사건이라 부른 다)로 피고인을 신문할 당시(1998. 1. 5.), 여죄로 이 사건 가스분사기의 소지사실(이하 후 행사건이라 부른다)도 자백하였고 압수물까지 있었음에도 후행사건은 포함시키지 않은 채 선행사건만을 먼저 기소하였고(1998. 1. 8.), 곧이어 후행사건이 검찰에 송치되어 같은 검사 에게 배당이 되었음에도(1998. 1. 12.) 후행사건의 기소를 서두르지 않고 있다가 선행사건 의 판결이 확정(1998. 3. 11.)된 후에야 비로소 후행사건에 대한 피의자신문(1998. 3. 20.) 을 한 후 따로이 기소(1998. 4. 29.)함으로써 피고인으로 하여금 선행사건과 후행사건을 함 께 재판받을 수 없게 한 사실은 인정이 되나, 한편 기록에 의하면 이와 같이 된 데에는 후 행사건에 8건의 절도죄 여죄가 병합되어 있어 경찰에서 그 여죄 부분의 수사관계로 선행사 건과 분리하여 뒤늦게 따로이 송치하게 되었던 것이어서, 선행사건의 기소당시(1998. 1. 8.) 에는 후행사건은 비록 선행사건 신문시에 그 일부를 함께 자백하기는 하였으나 아직 검찰 에 송치(1998. 1. 12.)되기 전이었고, 불구속사건으로 송치된 후행사건 및 절도 여죄에 대하 여 검사가 제1회 피의자신문을 할 때에는(1998. 3. 20.) 선행사건에 대하여 피고인의 자백 과 항소포기로 의외로 빨리 유죄판결이 확정(1998. 3. 11.경)된 후여서 그 판결의 기판력이 미치는 후행사건의 절도 여죄 8건은 소추할 수 없게 되어버린 사정 등이 엿보이므로, 이를 종합하여 보면 검사의 후행사건에 대한 별도의 기소가 자의적인 것으로서 위에서 본 공소 권의 남용에까지 이르렀다고 판단하기에는 부족한 것으로 보여진다.

대법원 2017. 12. 13. 선고 2017도16223 판결 「피고인에 대하여 판결이 확정된 종전 사건의 범죄는 상습사기죄가 아니라 기본 구성요건 범죄로서의 특정경제범죄 가중처벌 등에 관한 법률 위반(사기)죄, 사기죄에 불과하여, 종전 확정판결의 기판력은 이 사건 공소사실 중 특정경제범죄 가중처벌 등에 관한 법률 위반(사기)의 점에 미치지 아니하고, 검사의 이 사건 공소제기가 소추재량권을 현저히 일탈하였다고 볼 수 없다.」

5. 위법수사에 따른 기소

대법원 1996. 5. 14. 선고 96도561 판결 「공소기각의 판결을 할 경우 중 형사소송법 제327조 제2호에 규정된 공소제기의 절차가 법률의 규정에 의하여 무효인 때라 함은 무권한자에 의하여 공소가 제기되거나 공소제기의 소송조건이 결여되거나 또는 공소장의 현저한 방식위반이 있는 경우를 가리키는 것인바, 소론이 주장하는 <u>불법구금, 구금장소의 임의적 변경 등의 위법사유가 있다고 하더라도 그 위법한 절차에 의하여 수집된 증거를 배제할 이유는 될지언정 공소제기의 절차 자체가 위법하여 무효인 경우에 해당한다고 볼 수 없(다).」</u>

대법원 2005. 10. 28. 선고 2005도1247 판결 「범의를 가진 자에 대하여 단순히 범행의 기회를 제공하거나 범행을 용이하게 하는 것에 불과한 수사방법이 경우에 따라 허용될 수 있음은 별론으로 하고, <u>본래 범의를 가지지 아니한 자에 대하여 수사기관이 사술이나 계략 등을 써서 범의를 유발케 하여 범죄인을 검거하는 함정수사는 위법함을 면할 수 없고, 이러한 함정수사에 기한 공소제기는 그 절차가 법률의 규정에 위반하여 무효인 때에 해당한다.」</u>

CHAPTER

02

공소의 제기

제1절 공소제기의 기본원칙

〈기소독점주의 및 기소편의주의〉

헌법재판소 1995. 1. 20. 선고 94헌마246 결정

(1) 우리 형사소송법 제247조 제1항은 사인의 소추를 허용하지 아니하고, 공소는 오로지 공익의 대표자인 검사만이 제기하여 수행하도록 공소권자를 검사로 한정함과 아울러 원칙적으로 검사는 형법 제51조의 사항을 참작하여 공소를 제기하지 아니할 수 있도록 규정하고 있다. "기소유예"처분은 위와 같이 검사가 위 법조항에 규정된 기소편의주의에 근거하여 공소를 제기하지 아니하는 처분으로서, 공소를 제기하고 유지하기에 충분한 범죄의 혐의가 있고 소추요건이 모두 갖추어져 있음에도 불구하고 공소권자인 검사가 형사정책적인 재량에 의하여 행하는 불기소처분이라는 점에서, 범죄의 혐의가 불충분하거나 소추요건을 갖추지 못하는 등의 객관적인 소추장애사유 때문에 하는 그 밖의 불기소처분과는 근본적으로 성격이 다르다.

(2) 기소편의주의를 규정한 형사소송법 제247조 제1항은 "검사는 형법 제51조의 사항을 참작하여 공소를 제기하지 아니할 수 있다"고만 규정하고 있을 뿐 다른 제한은 가하지 않고 있으므로, 공소를 제기할 것인지의 여부는 기본적으로 검사의 "재량"에 속하는 것으로 판단된다.

그러나 모든 국민의 법률 앞에서의 평등권(헌법 제11조 제1항), 형사피해자의 재판절차에서의 진술권(헌법 제27조 제5항), 범죄피해 국민의 구조청구권(헌법 제30조) 등을 보장하고 있는 헌법정신과, 검사의 불편부당한 공소권행사에 대한 국민적 신뢰를 기본적 전제로 하는 기소편의주의제도 자체의 취지와 목적에 비추어 보면, 위와 같은 검사의 소추재량권은 그 운용에 있어 자의가 허용되는 무제한의 자유재량이 아니라 그 스스로 내재적인 한계를 가지는 합목적적 자유재량으로 이해함이 마땅하다.

대법원 1983. 12. 27. 선고 83도2686, 83감도456 판결「검사가 절도죄에 관하여 일단 기소유예의 처분을 한 것을 그 후 다시 재기하여 기소하였다 하여도 기소의 효력에 아무런 영향이 없는 것이고 법원이 그 기소사실에 대하여 유죄판결을 선고하였다 하여 그것이 일사부재리의 원칙에 반하는 것이라 할 수 없(다).」

대법원 2010. 5. 13. 선고 2010도336 판결「형사소송법 제329조는 공소취소에 의한 공소기각의 결정이 확정된 때에는 공소취소 후 그 범죄사실에 대한 다른 중요한 증거를 발견한 경우에 한하여 다시 공소를 제기할 수 있다고 규정하고 있는바, 이는 단순일죄인 범죄사실에 대하여 공소가 제기되었다가 공소취소에 의한 공소기각결정이 확정된 후 다시 종전 범죄사실 그대로 재기소하는 경우뿐만 아니라 범죄의 태양, 수단, 피해의 정도, 범죄로 얻은 이익 등 범죄사실의 내용을 추가 변경하여 재기소하는 경우에도 마찬가지로 적용된다고 할 것이다. 따라서 단순일죄인 범죄사실에 대하여 공소취소로 인한 공소기각결정이 확정된 후에 종전의 범죄사실을 변경하여 재기소하기 위하여는 변경된 범죄사실에 대한 다른 중요한 증거가 발견되어야 할 것이다.」

제 2 절　공소제기의 방식

Ⅰ. 공소장의 제출

〈서면주의〉

대법원 2016. 12. 15. 선고 2015도3682 판결

가. 공소제기는 검사가 법원에 대하여 특정한 형사사건의 심판을 구하는 소송행위로서 형사소송법 제254조 제1항은 "공소를 제기함에는 공소장을 관할법원에 제출하여야 한다."라고 규정하고 있고, 같은 조 제3항은 공소장에는 피고인의 성명 기타 피고인을 특정할 수 있는 사항, 죄명, 공소사실, 적용법조를 기재하도록 하고 있으며, 형사소송법 제266조는 공소제기가 있는 때에는 지체 없이 공소장의 부본을 피고인 또는 변호인에게 송달하여야 한다고 규

정하고 있다.

한편 형사소송법 제57조 제1항은 "공무원이 작성하는 서류에는 법률에 다른 규정이 없는 때에는 작성 연월일과 소속 공무소를 기재하고 기명날인 또는 서명하여야 한다."라고 규정하고 있고, 검사가 작성하는 공소장은 '공무원이 작성하는 서류'에 속하므로 위 규정에 따라 공소장에는 검사의 기명날인 또는 서명이 있어야 한다.

이처럼 형사소송법이 공소제기에 관하여 서면주의와 엄격한 요식행위를 채용한 것은 앞으로 진행될 심판의 대상을 서면에 명확하게 기재하여 둠으로써 법원의 심판 대상을 명백하게 하고 피고인의 방어권을 충분히 보장하기 위한 것이므로, 서면인 공소장의 제출은 공소제기라는 소송행위가 성립하기 위한 본질적 요소라고 보아야 한다. 또한 이와 같은 절차법이 정한 절차에 따라 재판을 받을 권리는 헌법 제27조 제1항이 규정하는 '법률에 의한 재판을 받을 권리'에 해당한다. 따라서 서면인 공소장의 제출 없이 공소를 제기한 경우에는 이를 허용하는 특별한 규정이 없는 한 공소제기에 요구되는 소송법상의 정형을 갖추었다고 할 수 없어 소송행위로서의 공소제기가 성립되었다고 볼 수 없다.

그러므로 검사가 공소사실의 일부가 되는 범죄일람표를 컴퓨터 프로그램을 통하여 열어보거나 출력할 수 있는 전자적 형태의 문서로 작성한 후, 종이문서로 출력하여 제출하지 아니하고 위 전자적 형태의 문서가 저장된 저장매체 자체를 서면인 공소장에 첨부하여 제출한 경우에는, 서면인 공소장에 기재된 부분에 한하여 공소가 제기된 것으로 볼 수 있을 뿐이고, 위 저장매체에 저장된 전자적 형태의 문서 부분까지 공소가 제기된 것이라고 할 수는 없다. 이러한 형태의 공소제기를 허용하는 별도의 규정이 없을 뿐만 아니라, 위 저장매체나 전자적 형태의 문서를 공소장의 일부로서의 '서면'으로 볼 수도 없기 때문이다. 이는 위 전자적 형태의 문서의 양이 방대하여 그와 같은 방식의 공소제기를 허용해야 할 현실적인 필요가 있다거나 피고인과 변호인이 이의를 제기하지 않고 변론에 응하였다고 하여 달리 볼 것도 아니다.

그리고 형사소송규칙 제142조에 따르면 검사가 공소장을 변경하고자 하는 때에는 그 취지를 기재한 서면인 공소장변경허가신청서를 법원에 제출함이 원칙이고, 피고인이 재정하는 공판정에서 피고인에게 이익이 되거나 피고인이 동의하는 예외적인 경우에 구술에 의한 신청이 허용될 뿐이므로, 앞서 본 법리는 검사가 공소장변경허가신청서에 의한 공소장변경허가를 구하면서 변경하려는 공소사실을 전자적 형태의 문서로 작성하여 그 문서가 저장된 저장매체를 첨부한 경우에도 마찬가지로 적용된다.

나아가 검사가 위와 같은 방식으로 공소를 제기하거나 공소장변경허가신청서를 제출한 경우, 법원은 저장매체에 저장된 전자적 형태의 문서 부분을 고려함이 없이 서면인 공소장이나 공소장변경신청서에 기재된 부분만을 가지고 공소사실 특정 여부를 판단하여야 한다. 만일 공소사실이 특정되지 아니한 부분이 있다면, 검사에게 석명을 구하여 특정을 요구하여야 하고, 그럼에도 검사가 이를 특정하지 않는다면 그 부분에 대해서는 공소를 기각할 수밖에 없을 것이다.

나. 이 사건 기록에 의하면, 다음과 같은 사실을 알 수 있다.

(1) 제1심법원에 제출된 공소장에 기재된 공소사실의 요지는, 피고인 1과 피고인 2는 2010. 6. 23.경부터 2011. 6. 16.경까지 공소장 별지 범죄일람표 1 기재와 같이 피고인 4와 공모하여 총 32,065건의 영화나 드라마 등을, 공소장 별지 범죄일람표 2, 3 기재와 같이 공소외인 등과 공모하여 438,024건과 179,458건의 영화나 드라마 등을 웹하드 사이트에 업로드하고 다른 회원들로 하여금 이를 다운로드받도록 하여 저작권자들의 저작재산권을 침해하고, 피고인 3 주식회사(이하 '피고인 회사'라 한다)는 그 대표이사인 피고인 2 등이 피고인 회사의 업무에 관하여 위와 같이 각 저작권자들의 저작재산권을 침해하였다는 것이다.

(2) 공소장의 본문 및 별지로 첨부된 범죄일람표 1, 2, 3에는 전체 업로드 건 중 일부에 대해서만 업로드한 파일의 제목과 크기, 업로드 일시, 업로더의 아이디 등이 기재되어 있을 뿐, 나머지 업로드 건에 대해서는 그와 같은 구체적인 내용이 기재되어 있지 않다.

(3) **다만 위 각 범죄일람표 말미에 '종이문서로 출력할 경우 그 분량이 방대한 관계로 CD로 제출한다'는 취지의 기재가 있고, 검사가 공소장에 첨부한 CD에는 전체 업로드 건을 대상으로 각 업로드한 파일의 제목과 크기, 업로드 일시, 업로더의 아이디 등이 기재된 엑셀파일이 저장되어 있다.**

(4) 검사는 원심에서 범죄일람표 2, 3의 업로드 건 중 일부를 삭제하고 그중 일부를 범죄일람표 1의 업로드 건으로 추가하는 내용의 공소장변경허가신청서를 제출하면서, 범죄일람표 1로 추가되는 업로드 건에 대하여는 업로드한 파일의 제목과 크기, 업로드 일시, 업로더 아이디 등을 기재한 추가 일람표를 첨부하는 한편, 변경된 전체 업로드 건을 대상으로 각 업로드한 파일의 제목과 크기, 업로드 일시, 업로더의 아이디 등을 기재한 엑셀파일이 저장된 **CD를 제출하였고, 원심 제7회 공판기일에서 그와 같은 내용으로 공소장변경이 이루어졌다.**

다. 위와 같은 사실관계를 앞서 본 법리에 비추어 보면, <u>공소장이나 공소장변경허가신청서에 첨부된 CD나 거기에 저장된 엑셀파일은 공소장의 일부로서의 '서면'이라고 할 수 없으므로,</u>

위 엑셀파일에 기재된 부분까지 공소가 제기된 것으로 볼 수는 없다. 다만 서면인 공소장이나 공소장변경허가신청서(그에 첨부된 범죄일람표나 추가 일람표를 포함한다. 이하 같다)에 기재된 부분에 한하여 공소가 제기된 것으로 볼 수 있을 뿐이다.

한편 저작권법위반죄에서 수개의 저작물에 대한 침해행위는 원칙적으로 각 별개의 죄를 구성하므로, 이 사건 공소사실 중에 업로드한 파일의 제목과 크기, 업로드한 일시, 업로더의 아이디 등이 공소장이나 공소장변경허가신청서에 기재되어 있는 일부 업로드 건은 공소사실이 구체적으로 특정되었다고 할 수 있으나, 나머지 업로드 건은 전체 횟수 정도만이 기재되어 있을 뿐이고 업로드한 일시는 물론 업로드한 파일이 무엇인지가 전혀 기재되어 있지 않아 공소사실이 특정되었다고 할 수 없다.

그렇다면 원심으로서는 검사에게 석명을 구하여 위 나머지 업로드 건에 대한 공소사실을 특정하도록 요구하고, 만약 이를 특정하지 아니하면 이 부분에 대한 공소를 기각하였어야 하는데, 원심은 이러한 조치를 취하지 아니한 채 이 부분에 대해서도 실체 판단을 하였다. 이러한 원심의 조치에는 공소제기 방식과 공소사실 특정에 관한 법리를 오해하여 판결에 영향을 미친 잘못이 있다.

〈공소장의 제출이 없는 경우 공소제기의 성립 여부와 추후 공소장이 제출된 경우에 법원이 취하여야 할 조치〉

대법원 2003. 11. 14. 선고 2003도2735 판결

1. 원심의 판단

원심판결 이유에 의하면, 원심은 서울 성북경찰서장이 2002. 9. 4. 도로교통법 제44조 위반을 이유로 서울지방법원에 피고인에 대한 즉결심판을 청구하였으나, 위 법원은 같은 날 위 사건이 즉결심판절차에 의하여 심판함이 적당하지 아니하다고 인정하여 즉결심판에관한절차법 제5조 제1항에 따라 결정으로 그 즉결심판청구를 기각한 사실, 이에 서울 성북경찰서장은 사건기록을 서울지방검찰청 검사장에게 송부하였는데 이 사건을 담당한 검사는 2002. 11. 16. 이 사건에 관하여 피고인으로부터 정식재판청구가 있다고 오인하여 그대로 사건기록을 제1심법원에 송부한 사실을 인정한 다음, 일단 검사가 피고인의 정식재판청구가 있다는 이유로 기록을 법원에 송부하였다면, 이는 검사가 경찰서장의 즉결심판청구를 공소의 제기와 같이 보아 그 심판을 구하는 의사표시를 한 것으로 보아야 한다고 전제하고, 그러나 이 사건은 즉결심판청구가 기각된 사건이어서 검사만이 이 사건을 공소제기할 수 있고, 이 경우 검사는 형사소송법의 규정에 따라 공소장을 작성하여 법원에 제출하여야 할 것임에도, 검사가 제출한 공소장이 아닌 경찰서장의 즉결심판청구서에 의하여 공소제기의 소송행위가 이루어졌으므로, 이 사건은 결국 공소제기의 절차가 법률의 규정에 위반하여 무효인 때에 해당한다고 판단하고, 검사가 사후에 공소장을 추송하였다 하더라도 그 하자가 치유된다고 볼 수도 없다고 하여, 형사소송법 제327조 제2호에 의하여 공소를 기각한 제1심판결을 그대로 유지하였다.

2. 이 법원의 판단

그러나 원심의 판단은 다음과 같은 점에서 수긍할 수 없다.

소송행위가 성립하기 위하여는 소송행위에 요구되는 소송법상의 정형을 충족하기 위한 본질적 개념요소를 구비하여야 할 것이고, 공소제기는 법원에 대하여 특정한 형사사건의 심판을 요구하는 검사의 법률행위적 소송행위로서 형사소송법 제254조 제1항은 공소를 제기함에는 공소장을 관할법원에 제출하여야 하도록 규정하고, 같은 조 제3항은 위 공소장에는 피고인의 성명 기타 피고인을 특정할 수 있는 사항, 죄명, 공소사실, 적용법조 등 일정한 사항을 기재하도록 하고 있는바, 형사소송법이 공소의 제기에 관하여 위와 같은 서면주의와 엄격한 요식행위를 채용한 것은 공소의 제기에 의해서 법원의 심판이 개시되므로, 심판을 구하는 대상(공소사실 및 피고인)을 명확하게 하고 피고인의 방어권을 보장하기 위한 것이라 할 것이다. 따라서 검사에 의한 공소장의 제출은 공소제기라는 소송행위가 성립하기 위한 본질적 요소라고 보아야 할 것이므로, 이러한 공소장의 제출이 없는 경우에는 소송행위로서의 공소제기가 성립되었다고 할 수 없다.

이 사건의 경우와 같은 즉결심판 청구기각의 결정이 있어 경찰서장이 관할 지방검찰청 또는 지청의 장에게 송치한 사건의 경우에는 검사만이 공소를 제기할 수 있고, 공소를 제기할 경우에는 검사는 형사소송법 제254조에 따른 공소장을 작성하여 법원에 제출하여야 할 것임에도, 검사가 이를 즉결심판에 대한 피고인의 정식재판청구가 있은 사건으로 오인하여 그 사건기록을 법원에 송부한 경우에는 이러한 검사의 사건기록 송부행위는 외관상 즉결심판에 대한 피고인의 정식재판청구가 있는 사건의 사건기록 송부행위와 차이가 없다고 할지라도, 공소제기의 본질적 요소라고 할 수 있는 검사에 의한 공소장의 제출이 없는 이상 기록을 법원에 송부한 사실만으로 공소제기가 성립되었다고 볼 수 없다 할 것이고, 따라서 이러한 경우에는 소송행위로서의 공소제기가 있었으나 공소제기의 절차가 법률의 규정에 위반하여 무효인 경우에 해당한다고 할 수 없다.

그리고 이와 같이 <u>소송행위로서 요구되는 본질적인 개념요소가 결여되어 소송행위로 성립되</u>
<u>지 아니한 경우에는 소송행위가 성립되었으나 무효인 경우와는 달리 하자의 치유문제는 발</u>
<u>생하지 않으나, 추후 당해 소송행위가 적법하게 이루어진 경우에는 그 때부터 위 소송행위</u>
<u>가 성립된 것으로 볼 수 있다 할 것이어서 이에 따른 조치를 취하여야 할 것이다.</u>

기록에 의하면, 제1심법원은 이 사건에 대하여 공소제기가 있는 것으로 보고 사건번호를 부
여하고 2002. 12. 27.을 제1회 공판기일로 정한 다음 피고인을 소환하였고, 제1회 공판기일
에서 피고인에 대하여 인정심문을 한 다음 공소제기 절차상의 문제점을 검토하기 위하여 공
판기일을 연기한 사실, 검사는 2003. 1. 21. 피고인에 대하여 벌금 50,000원의 형을 구하는
약식명령을 청구하는 공소장을 제출하였고, 이에 따라 제1심법원은 2002. 1. 22.에 실시된
제2회 공판기일에서 피고인에 대하여 인정심문을 다시 실시하고, 피고인에게 진술거부권을
고지한 다음 검사가 제출한 위 공소장에 의하여 피고인 신문절차를 진행하였으며, 피고인이
공소사실을 부인하자, 검사로부터 증거를 제출받아 증거조사를 거치는 등 공판기일을 진행
한 사실이 인정된다.

그렇다면 <u>이 사건은 원래 공소제기가 없었음에도 피고인의 소환이 이루어지는 등 사실상의</u>
<u>소송계속이 발생한 상태에서 검사가 약식명령을 청구하는 공소장을 제1심법원에 제출하여</u>
<u>이때 비로소 적법한 공소제기가 있게 되었다고 할 수 있고,</u> 한편, <u>법원은 약식명령의 청구가</u>
<u>있는 경우에 그 사건이 약식명령을 할 수 없거나 약식명령으로 하는 것이 부적당하다고 인</u>
<u>정한 때에는 공판절차에 의하여 심판하여야 하고</u>(형사소송법 제450조), <u>법원이 약식명령 청구</u>
<u>사건을 공판절차에 의하여 심판하기로 함에 있어서는 사실상 공판절차를 진행하면 되고, 특</u>
<u>별한 형식상의 결정을 할 필요는 없으며,</u> 제1심법원이 앞서 본 바와 같이 피고인에 대하여
다시 인정신문을 하고 위 공소장에 기하여 피고인 신문을 하는 등 제2회 공판기일을 진행한
<u>것은 위 약식명령 청구에 대하여 공판절차회부를 하여 그 공판절차를 진행한 것으로 볼 수</u>
<u>있다</u> 할 것이다{형사소송규칙에 의하면, 공판절차회부를 한 때에는 법원사무관 등은 즉시
검사에게 그 취지를 통지하여야 하고(형사소송규칙 제172조 제1항), 그 통지서를 받은 검사는
5일 이내에 피고인 수에 상응하는 공소장부본을 법원에 제출하여야 하며(위 규칙 제172조 제
2항), 법원은 공소장부본이 제출되면 제1회 공판기일 전 5일까지 이를 피고인에게 송달하여
야 하도록 규정하고 있고(위 규칙 제172조 제3항), 이 사건의 경우 기록상 공소장 부본을 피고
인에게 송달하였음을 인정할 자료가 없으나, 검사와 피고인이 공판기일에 출석하여 피고인

을 신문하고 피고인도 이에 대하여 이의를 제기하지 아니하고 신문에 응하고 변론을 한 이상 이러한 하자는 모두 치유되었다고 할 것이다}.

따라서 제1심법원으로서는 추후 제출된 공소장에 의한 적법한 공소제기에 기하여 실체심리를 진행하였으므로 이에 기하여 유·무죄의 실체판단을 하였어야 할 것임에도 불구하고, 검사의 착오에 의한 최초의 기록송부에 공소제기의 의사가 있다고 보아 공소제기가 성립하였으나 검사의 공소장 제출이 없으므로 이는 공소제기로서 무효라는 이유로 공소기각의 판결을 선고하였고, 원심도 같은 이유로 공소제기의 절차가 법률의 규정에 위반하여 무효인 때에 해당한다고 보고, 추후 공소장의 제출로서 이러한 하자가 치유되지 않는다는 이유로 제1심을 그대로 유지한 것은 공소제기에 관한 법리를 오해한 위법이 있고 이는 판결 결과에 영향을 미쳤다고 할 것이다.

〈공소제기의 방식이 위배된 경우 및 하자의 치유 여부〉

대법원 2009. 2. 26. 선고 2008도11813 판결

1. 공소의 제기는 법원에 대하여 특정한 형사사건의 심판을 요구하는 검사의 법률행위적 소송행위로서 형사소송법(이하 '법'이라고 한다) 제254조 제1항은 공소를 제기함에는 공소장을 관할법원에 제출하여야 한다고 규정하고, 같은 조 제3항은 위 공소장에는 피고인의 성명 기타 피고인을 특정할 수 있는 사항, 죄명, 공소사실, 적용법조 등 일정한 사항을 기재하도록 하고 있으며, 법 제266조는 공소의 제기가 있는 때에는 지체없이 공소장의 부본을 피고인 또는 변호인에게 송달하여야 한다고 규정하고 있는바, 형사소송법이 공소의 제기에 관하여 위와 같은 서면주의와 엄격한 요식행위를 채용한 것은 공소의 제기에 의해서 법원의 심판이 개시되므로 심판을 구하는 대상을 명확하게 하고 피고인의 방어권을 보장하기 위한 것이다. 따라서 위와 같은 엄격한 형식과 절차에 따른 공소장의 제출은 공소제기라는 소송행위가 성립하기 위한 본질적 요소라고 할 것이므로, 공소의 제기에 있어서 현저한 방식위반이 있는 경우에는 공소제기의 절차가 법률의 규정에 위반하여 무효인 경우에 해당된다고 할 것이고, 위와 같은 절차위배의 공소제기에 대하여 피고인과 변호인이 이의를 제기하지 아니하고 변론에 응하였다고 하여 그 하자가 치유되지는 않는다.

2. 원심판결 이유 및 이 사건 기록에 의하면, 애초 피고인에 대하여 제1심판시 1, 2, 4항의 범죄사실과 2007. 8. 26.자 필로폰 판매행위(이하 '이 사건 판매행위'라고 한다)에 대하여 공소

가 제기되었던 사실, 검사는 제1심 계속중이던 2008. 5. 9. 이 사건 판매행위에 대한 공소사실에 대하여 2007. 8. 30.자 필로폰 매매알선행위(이하 '이 사건 알선행위'라고 한다)를 예비적으로 추가하는 내용의 공소장변경 허가신청서(이하 '이 사건 변경신청서'라고 한다)를 제출한 사실, 제1심법원은 이 사건 변경신청을 허가하였다가 2008. 6. 13. 제13회 공판기일에서 이 사건 판매행위와 이 사건 알선행위 사이에 동일성이 없다는 이유로 이 사건 변경신청에 대한 허가결정을 취소한 사실, 그러자 **검사는 그 자리에서 이 사건 변경신청서로 이 사건 알선행위에 대한 공소장을 갈음한다고 하면서 이 사건 변경신청서에 의하여 기소유지 진술을 하였고, 이에 피고인과 변호인은 이의 없다고 진술한 사실**, 2008. 8. 13. 제1심판결이 선고되면서 이 사건 판매행위에 대하여는 무죄가 선고되었고, 이 사건 알선행위를 포함하여 나머지 범죄사실에 대하여는 유죄가 인정된 사실, 피고인은 원심에서 이 사건 알선행위에 대하여 사실오인 주장을 하였으나 그 주장이 받아들여지지 않아 피고인의 항소가 기각되었고, 위 무죄 부분에 대한 검사의 항소도 기각된 사실, **이 사건 변경신청서에는 이 사건 알선행위에 대한 공소사실과 이 사건 변경신청을 허가하여 달라는 취지의 문구만이 기재되어 있을 뿐 피고인의 성명 기타 피고인을 특정할 수 있는 사항, 적용법조 등이 기재되어 있지 않고, 이 사건 변경신청서가 피고인 또는 변호인에게 송달되지는 않았으며, 새로운 공소의 제기에 대한 사건번호의 부여 및 사건배당절차도 거치지 않은 사실**이 각 인정된다.

3. 위 법리에 비추어 보면, <u>이 사건 알선행위에 대한 공소의 제기는 법 제254조에 규정된 형식적 요건을 갖추지 못한 이 사건 변경신청서에 기하여 이루어졌을 뿐만 아니라, 공소장부본 송달 등의 절차 없이 공판기일에서 이 사건 변경신청서로 공소장을 갈음한다는 검사의 구두진술에 의한 것이라서, 그 공소제기의 절차에는 법률의 규정에 위반하여 무효라고 볼 정도의 현저한 방식위반이 있다고 봄이 상당하고, 피고인과 변호인이 그에 대하여 이의를 제기하지 않았다고 하여 그 하자가 치유된다고 볼 수는 없으므로, 이 사건 알선행위 부분에 대한 공소사실에 대하여는 판결로써 공소기각의 선고를 하여야 한다.</u>

〈서명 또는 날인이 없는 공소장에 의한 공소제기의 효력〉

대법원 2021. 12. 16. 선고 2019도17150 판결 <표준>

공소를 제기하려면 공소장을 관할법원에 제출하여야 한다(형사소송법 제254조 제1항). <u>공무원이 작성하는 서류에는 법률에 다른 규정이 없는 때에는 작성 연월일과 소속공무소를 기재하</u>

고 기명날인 또는 서명하여야 한다(형사소송법 제57조 제1항). 여기서 '공무원이 작성하는 서류'에는 검사가 작성하는 공소장이 포함되므로, 검사가 기명날인 또는 서명이 없는 상태로 공소장을 관할법원에 제출하는 것은 형사소송법 제57조 제1항에 위반된다. 이와 같이 법률이 정한 형식을 갖추지 못한 채 공소장을 제출한 경우에는 특별한 사정이 없는 한 공소제기의 절차가 법률의 규정을 위반하여 무효인 때(형사소송법 제327조 제2호)에 해당한다. 다만 이 경우 공소를 제기한 검사가 공소장에 기명날인 또는 서명을 추후 보완하는 등의 방법으로 공소제기가 유효하게 될 수 있다(대법원 2007. 10. 25. 선고 2007도4961 판결, 대법원 2012. 9. 27. 선고 2010도17052 판결 참조).

대법원 2006. 4. 28. 선고 2005도4085 판결 「공소장에 적용법조를 기재하는 이유는 공소사실의 법률적 평가를 명확히 하여 피고인의 방어권을 보장하고자 함에 있는 것이므로, 적용법조의 기재에 오기나 누락이 있는 경우라 할지라도 이로 인하여 피고인의 방어에 실질적인 불이익을 주지 않는 한 공소제기의 효력에는 영향이 없고, 법원으로서도 공소장 변경의 절차를 거침이 없이 곧바로 공소장에 기재되어 있지 않은 법조를 적용할 수 있다.」

Ⅱ. 공소사실의 특정

〈공소사실의 특정의 방법〉

대법원 1975. 11. 25. 선고 75도2946 판결

원래 공소사실이라는 것은 범죄의 특별구성요건을 충족하는 구체적 사실을 의미한다 할 것이며, 공소장에서의 공소사실의 기재는 공소의 원인된 사실을 다른 사실과 구별할 수 있는 정도로 이를 특정하도록 형사소송법의 요구하고 있는 바이다.

그런데 피고인에 대한 이 사건 공소장에 의하면 제1공소사실로서 "피고인은 공소외 성명불상 3명과 합동하여 1975.4.2.20:00경 부산 중구 충무동 2가 58 소재 충남상회 앞길에서 자신 및 성명불상 1명은 통행중인 성명불상 여자의 양편에 붙어서서 바람을 잡고, 다른 성명불상 2명은 어깨에 맨 그 여자 소유의 가방에서 품명불상의 재물을 소매치기 하여서 이를 절취하고"라고 기재되고 있는 바, 재산죄인 이 사건 절도죄에 관하여 피고인이 절취하였다는 물품이 "품명불상의 재물"이라고만 표현되었음은 그것이 과연 재물성을 가진 것인지 조차 알길이 없어 위에서 말한 범죄의 특별구성요건을 충족하는 구체적 사실이라고 할 수 없고, 또 위와 같이 피고인이 "성명불상자들과 합동하여 통행중인 성명불상 여자로부터 품명불상의 재물을 절취하였다"고 함은 이 공소의 원인사실이 다른 사실과 구별될 수 있도록 특정된 것이라고 볼 수도 없다.

대법원 1984. 8. 14. 선고 84도1139 판결 「공소사실의 기재는 범죄의 일시, 장소, 방법 등 소인을 명시하여 사실을 특정할 수 있도록 하여야 함은 공소의 제기는 법원에 대하여 심판의 대상을 한정하고 피고인에게 방어의 범위를 특정하여 그 방어권행사를 용이하게 하기 위하여 요구되는 것이므로 형사소송법의 해석상 가능한 한 범죄의 일시, 장소, 방법은 명확하게 이를 특정할 수 있도록 기재하는 것이 바람직하다고 할 것이나 이와 같은 요구는 비록 소인의 특정에 필요한 것이 아니라고 하더라도 심리의 편의와 피고인의 방어를 위하여 그 최소한의 기재를 요구하고 있는 것이라고 풀이할 수 있을 뿐만 아니라 사실상 필요이상의 엄격한 요구로 공소의 제기와 그 유지에 불필요한 장애를 초래할 수 있으므로 범죄사실을 특정할 수 있는 한도 즉 일시는 이중기소나 시효에 저촉되지 않는 정도 장소는 토지관할을 가름할 수 있는 정도, 그리고 그 방법에 있어서는 범죄구성요건을 밝히는 정도 등으로 기재하면 족하다.」

대법원 1989. 6. 13. 선고 89도112 판결 「공소사실의 특정방법을 규정한 형사소송법 제254조 제4항에서 말하는 범죄의 "시일"은 이중기소나 시효에 저촉되지 않는 정도의 기재를 요하고 "장소"는 토지관할을 가름할 수 있는 정도의 기재를 필요로 하며 "방법"은 범죄의 구성요건을 밝히는 정도의 기재를 요하는 것이고 이와 같은 공소범죄사실의 세가지 특정요소를 갖출 것을 요구하고 있는 법의 취지는 결국 피고인의 방어의 범위를 한정시켜 방어권행사를 쉽게 해주게 하기 위한데 있는 것이므로 공소사실은 위 세가지의 특정요소를 종합하여 범죄구성요건에 해당하는 구체적 사실을 다른 사실과 판별할수 있는 정도로 기재하여야 한다고 보아야 할 것이다.」

〈개괄적 표시가 부득이한 경우〉

대법원 1989. 12. 12. 선고 89도2020 판결

공소사실의 특정방법을 규정한 형사소송법 제254조 제4항에서 말하는 범죄의 "시일"은 이중기소나 시효에 저촉되지 않는 정도의 기재를 요하고 "장소"는 토지관할을 가름할 수 있는 정도의 기재를 필요로 하며 "방법"은 범죄의 구성요건을 밝히는 정도의 기재를 요하는 것이고 이와 같은 공소사실의 세가지 특정요소를 갖출 것을 요구하고 있는 법의 취지는 결국 피고인의 방어의 범위를 한정시켜 방어권행사를 쉽게 해 주게 하기 위한 데에 있는 것이므로 공소사실은 위 세가지 특정요소를 종합하여 범죄구성요건에 해당하는 구체적 사실을 다른 사실과 판별할 수 있는 정도로 기재하여야 만 한다(당원 1989. 6. 3. 선고 89도112 판결 참조). 법리가 위와 같은 것이므로 공소장에 범죄의 시일, 장소, 방법 등이 구체적으로 적시안된 경우가 있다 하더라도 위에서 본 "시일" "장소" "방법"의 기재를 필요로 한 정도에 반하지 아니하고 더구나 공소범죄의 성격에 비추어 위 세가지 요소의 개괄적 표시가 부득이하며 또한 그에 대한 피고인의 방어권 행사에 지장이 없다고 보여지는 경우에는 당해 공소내용을 공소제기절차위반으로 무효라고 판단해서는 안된다.

이 사건에서 원심판결 이유에 의하면, 원심은 피고인 1이 1988.1. 초순 일자불상경부터 같은 해 12. 하순 일자불상경까지 사이에 1회용 주사기로써 암페타민을 팔에 주사하는 방법으로 수십회에 걸쳐 향정신성의약품을 투입하였다는 점과 피고인 2가 1988.7. 중순 일자불상경부터 1989.2. 중순 일자불상경까지 사이에 1회용 주사기로써 암페타민을 팔에 주사하는 방법으로 모두 4회에 걸쳐 향정신성의 약품을 투약하였다는 점 및 피고인 3이 1988.6.중순 일자불상경부터 1989.2. 일자불상경까지 사이에 수회에 걸쳐 향정신성의약품인 메스암페타민을 투약하였다는 점 등은 향정신성의약품관리법 제42조 제1항 제1호, 제4조 제1항 위반의 경합범으로 기소된 것이라 할 것인데 위와 같은 범죄사실적시는 모두 추상적인 범죄구성요건 문구만이 적시되었을 뿐 그 개개의 범죄행위의 내용을 이루는 구체적 범죄사실의 기재가 없으니 적법한 공소사실의 기재라고 할 수 없다고 판단하고 있으므로 보건대, 원심이 피고인 1과 3의 경합범 공소범죄사실이 "수십회 또는 수회"라고 된 점을 경합범가중의 처벌요건 불비로 보아 무효라고 판단한 것은 이를 수긍할 수밖에 없으나 피고인 2에 대한 위와 같은 판단은 공소사실특정의 정도에 관한 위에서 밝힌 법리에 비추어 옳지 못한 판단이라 할 것이므로 상고논지 가운데 피고인 2에 대한 부분은 이유있고 나머지 피고인들에 대한 부분은 이유없다.

〈소변감정결과에 기한 투약범행일시 특정〉

대법원 2010. 8. 26. 선고 2010도4671 판결 <표준>

공소사실의 기재는 범죄의 시일, 장소와 방법을 명시하여 사실을 특정할 수 있도록 하여야 하는데(형사소송법 제254조 제4항), 이처럼 공소사실의 특정을 요구하는 법의 취지는 피고인의 방어권 행사를 쉽게 해 주기 위한 데에 있으므로, 공소사실은 이러한 요소를 종합하여 구성요건 해당사실을 다른 사실과 식별할 수 있는 정도로 기재하면 족하고, 공소장에 범죄의 일시, 장소, 방법 등이 구체적으로 적시되지 않았더라도 공소사실을 특정하도록 한 법의 취지에 반하지 아니하고, 공소범죄의 성격에 비추어 그 개괄적 표시가 부득이하며 그에 대한 피고인의 방어권 행사에 지장이 없다면 그 공소내용이 특정되지 않았다고 볼 수 없다(대법원 2007. 6. 14. 선고 2007도2694 판결, 대법원 2008. 7. 24. 선고 2008도4854 판결 등 참조).

원심은, 투약시기가 피고인의 소변감정결과만에 기초하여 소변에서 필로폰이 검출되자 소변 채취일로부터 그 투약 가능한 기간을 역으로 추산한 것이고, 투약장소도 범위가 광범위하여 구체적이라고 보기 어려우며, 투약량이나 투약방법도 불상으로 기재하고 횟수도 기재하지 않아서 그 정도의 기재만으로는 심판대상이 한정되었다고 보기 어려워, 피고인의 방어권 행사에 지장을 초래할 위험이 크다고 할 것이므로 공소사실이 특정되었다고 할 수 없다는 이유로 이 부분 공소를 기각하였다.

그러나 기록에 의하면, **검사는 향정신성의약품인 메스암페타민의 양성반응이 나온 소변의 채취일시, 메스암페타민의 투약 후 소변으로 배출되는 기간에 관한 자료와 피고인이 체포될 당시까지 거주 또는 왕래한 장소에 대한 피고인의 진술 등 기소 당시의 증거들에 의하여 범죄일시를 '2009. 8. 10.부터 2009. 8. 19.까지 사이'로 열흘의 기간 내로 표시하고, 장소를 '서울 또는 부산 이하 불상'으로 표시하여 가능한 한 이를 구체적으로 특정하였으며, 나아가 피고인이 자신의 체내에 메스암페타민이 투약된 사실을 인정하면서도 위 투약은 공소외인이 위 범죄일시로 기재된 기간에 해당하는 2009. 8. 19. 피고인 몰래 피고인의 음료에 메스암페타민을 넣어서 생긴 것이므로 위 투약에 관한 정을 몰랐다는 취지로 변소하자 이에 대응하여 위 공소외인에 대한 수사기관의 수사와 제1심의 증거조사까지 이루어졌음**을 알 수 있다.

위와 같은 이 부분 공소사실 기재의 경위 및 피고인의 변소와 그에 대한 증거조사 내용에다가 앞서 본 향정신성의약품투약 범죄의 특성 등에 비추어 볼 때 이 부분 공소사실은 피고인의 방어권을 침해하지 않는 범위 내에서 범죄의 특성을 고려하여 합리적인 정도로 특정된 것으로 볼 수 있다.

대법원 2005. 5. 13. 선고 2005도1765 판결

형사소송법 제254조 제4항이 범죄의 일시·장소와 방법을 명시하여 공소사실을 특정하도록 한 취지는 법원에 대하여 심판의 대상을 한정하고 피고인에게 방어의 범위를 특정하여 그 방어권 행사를 용이하게 하기 위한 데 있는 것이므로, 비록 공소가 제기된 범죄의 성격에 비추어 범죄의 일시·장소 등에 관한 개괄적인 표시가 부득이한 경우가 있다 하더라도, 검사는 기소 당시의 증거에 의하여 가능한 한 이를 특정하여야 할 것이고, 이에 이르지 아니함으로써 사실상 피고인의 방어권행사에 지장을 가져오는 경우에는 형사소송법 제254조 제4항에서 정하고 있는 구체적인 범죄사실의 기재가 있는 공소장이라고 할 수 없다 할 것이나(대법원 2000. 10. 27. 선고 2000도3082 판결, 2000. 11. 24. 선고 2000도2119 판결 등 참조), 향정신성의약품 관련 범죄의 특성상, 피고인의 모발에서 메스암페타민 성분이 검출되었다는 감정서가 증거로 제출되어 있고 피고인이 그 투약사실을 부인하는 경우에는, 검사가 모발을 성장기간 별로 구분하여 투약시기를 세분하여 감정한 모발감정 결과에 기초하거나 피고인의 행적 등 다른 증거들에 의하여 모발감정에서 성분이 검출될 수 있는 기간의 범위 내에서 투약시기를 가능한 한 최단기간으로 특정하고, 장소도 토지관할의 구분이 가능할 정도로 특정하고 있다면, 그 시기·장소·방법·투약량 등을 불상으로 기재하더라도 공소사실이 특정되었다고 보아야 할 것이다(대법원 2000. 11. 14. 선고 2000도3798 판결, 2001. 1. 30. 선고 2000도3111 판결, 2003. 6. 27. 선고 2003도866 판결 등 참조).

기록에 의하면, 검사는 수사기관에서 2004. 6. 24. 채취한 피고인의 음모(길이 4~5㎝) 30수, 모발(길이 15~20㎝) 60수 가량을 가스크로마토그라프 질량분석법에 의하여 시험한 결과 모두 메스암페타민 성분이 검출되었고, 특히 모발이 한 달에 약 1㎝ 자란다는 사실에 기초하여 피고인의 모발을 모근에서 3㎝ 간격으로 4등분하여 검사를 하였는데, **이와 같은 모발의 길이와 채취방식에 비추어 모발 채취일로부터 3개월씩 역산하여 각 투약시기를 3개월간의 기간으로 추정할 수 있다는 국립과학수사연구소의 감정 결과**에 기초하고, 그 동안 피고인이 거주지 대구에서 생활하여 온 점 등 기소 당시의 증거에 의하여 범죄일시를 위와 같이 특정하고 장소도 대구 일원으로 특정한 사실이 인정되므로, 이 부분 공소사실은 그 시기나 장소 등이 특정되었다고 보아야 할 것이다.

대법원 2007. 1. 11. 선고 2005도7422 판결

1. 형사소송법 제254조 제4항이 "공소사실의 기재는 범죄의 시일, 장소와 방법을 명시하여 사실을 특정할 수 있도록 하여야 한다."라고 규정한 취지는, 심판의 대상을 한정함으로써 심판의 능률과 신속을 꾀함과 동시에 방어의 범위를 특정하여 피고인의 방어권 행사를 쉽게 해주기 위한 것이므로, 검사로서는 위 세 가지 특정요소를 종합하여 다른 사실과의 식별이 가능하도록 범죄 구성요건에 해당하는 구체적 사실을 기재하여야 하는바 (대법원 2000. 10. 27. 선고 2000도3082 판결, 2005. 12. 9. 선고 2005도7465 판결 등 참조), 이는 마약류 취급자가 아니면서도 마약류를 투약하였음을 내용으로 하는 마약류관리에 관한 법률 위반죄의 공소사실에 관한 기재에 있어서도 마찬가지라고 할 것이다.

2. 원심판결 중 마약류관리에 관한 법률 위반(향정)의 점에 관한 공소사실은 **"피고인은 마약류 취급자가 아님에도 2004. 9.경에서 10.경 사이 대구 달성군 등지에서, 메스암페타민 약 0.03g을 1회용 주사기에 넣고 물과 희석한 다음 피고인의 팔에 주사하는 방법으로 이를 투약하였다"**는 것인바, 메스암페타민 투약시기에 관한 위와 같은 기재만으로는 피고인의 방어권 행사에 지장을 초래할 위험성이 크고, 단기간 내에 반복되는 공소 범죄사실의 특성에 비추어 볼 때 위 투약시기로 기재된 위 기간 내에 복수의 투약 가능성이 농후하여 심판대상이 한정되었다고 보기도 어렵다고 할 것이니, 이러한 공소사실의 기재는 특정한 구체적 사실의 기재에 해당한다고 볼 수 없어 형사소송법 제254조 제4항에 정해진 요건을 갖추

지 못한 것이므로, 이 부분 공소는 공소제기의 절차가 법률의 규정에 위반하여 무효라고 할 것이다.

대법원 1994. 12. 9. 선고 94도1680 판결 「모발에 대한 감정을 실시한 결과 모발에서 메스암페타민 성분이 검출되어 피고인이 메스암페타민을 투약한 사실이 판명된 경우에도 피고인이 그 투약사실을 부인하는 경우, 검사로서는 그 투약의 시기 및 장소를 구체적으로 밝힐 증거를 확보하기란 용이하지 않은 점을 고려할 때, 검사가 기소 당시의 증거에 의하여 가능한 한 특정한 것이라면, 위와 같이 시일을 일정 범위의 기간내로 기재하고 장소를 '인천 또는 불상지'라고 기재하였다고 하더라도, 범죄의 특성상 공소사실이 특정되어 있다고 보아야 할 것이다.」

대법원 1999. 6. 11. 선고 98도3293 판결 「이 사건 공소사실은 "피고인은 1996. 7. 내지 10. 일자 불상경 장소 불상에서 불상의 방법으로 메스암페타민 불상량을 투약하였다."라는 것인바, 여기서 '불상…' 부분은 내용이 공허한, 아무런 의미가 없는 기재이므로 이를 빼고 공소사실을 다시 적으면, 단순히 "피고인은 1996. 7.에서 1996. 10. 사이에 메스암페타민을 투약하였다."라는 것으로 된다. 위와 같은 기재만으로 "범죄의 시일, 장소와 방법을 명시하여 사실을 특정할 수 있도록 하여야 한다."는 형사소송법 제254조 제4항의 요건에 맞는 구체적인 사실의 기재라고 볼 수 없다. 따라서 이 사건 공소는 공소사실이 특정되었다고 볼 수 없으므로 공소제기의 절차가 법률의 규정에 위반하여 무효라고 할 것이다.」

대법원 2005. 12. 9. 선고 2005도7465 판결 「이 사건에서 문제가 된 공소사실은 "피고인은 마약류취급자가 아님에도 불구하고, 2004. 11. 14.경부터 2005. 2. 4.경까지 사이에 군산시 이하 번지 불상지에서 향정신성의약품인 메스암페타민(속칭 '필로폰') 약 0.05g 내지 0.1g을 1회용 주사기에 넣고 생수에 희석한 뒤 왼쪽 팔뚝에 주사하거나 맥주 등 음료에 따서 마시는 방법으로 투약하였다."는 것인바, 위 공소사실에 기재된 범행일시는 피고인의 모발을 대상으로 실험을 한 결과 필로폰 양성반응이 나왔다는 감정 결과만에 기초하여 그 정도 길이의 모발에서 필로폰이 검출된 경우 그 투약가능한 기간을 역으로 추산한 것이고, 투약량이나 투약방법 역시 마약복용자들의 일반적인 통례이거나 피고인의 종전 전과에 나타난 투약량과 투약방법을 근거로 한 것에 불과하며, 그 투약의 장소마저 위와 같이 기재한 것만으로는 형사소송법 제254조 제4항의 요건에 맞는 구체적 사실의 기재라고 볼 수 없으므로, 이 사건 공소는 그 공소사실이 특정되었다고 할 수 없다.」

대법원 2011. 2. 10. 선고 2010도16361 판결 「원심은 "피고인은 마약류취급자가 아님에도 2010년 2월경 부산, 양산 등 경남 지역 일원에서, 향정신성의약품인 메스암페타민(일명 '필로폰', 이하 '필로폰'이라고 한다) 약 0.03g을 액체에 용해시킨 다음 일회용 주사기로 주사하는 방법 또는 음료에 타마시는 방법으로 이를 투약하였다."라는 공소사실에 대하여, 그 판시와 같은 이유로 이와 같은 기재만으로는 공소사실이 「형사소송법」 제254조 제4항의 요건에 맞게 구체적으로 특정되었다고 볼 수 없다고 판단하여 이 사건 공소를 기각한 제1심판결을 유지하였다. 이 사건의 경우 피고인이 위 공소사실을 부인하고 있고, 소변감정 결과 메스암페타민 반응이 음성으로 검출된 데다가 위 공소사실과 같은 범죄행위의 성격상 일정기간 동안 동일 유형의 투약행위가 얼마든지 반복적으로 행하여질 수 있다는 사정을 고려해 볼 때, 위 공소사실과 같이 투약의 시점을 2010년 2월경이라고만 기재하여 그 일시가 상당한 기간에 걸쳐 있고 투약의 장소도 구체적이지 않은 막연한 내용으로 되어 있다면, 그러한 기재만으로는 피고인이 적정한 방어권을 행사하는 데 커다란 지장을 받을 수 있다고 보이므로, 앞서 본 법리와 기록에 비추어 원심의 위와 같은 판단은 정당한 것으로 수긍할 수 있다.」

〈저작재산권 침해행위에 관한 공소사실의 특정 정도〉

대법원 2016. 12. 15. 선고 2014도1196 판결

가. 형사소송법 제254조 제4항이 공소사실의 기재는 범죄의 일시·장소·방법을 명시하여 사실을 특정할 수 있도록 하여야 한다고 한 취지는, 법원에 대하여 심판의 대상을 한정하고 피고인에게 방어의 범위를 특정하여 그 방어권 행사를 쉽게 해 주기 위한 데에 있다. 따라서 공소사실의 특정은 공소 제기된 범죄의 성격에 비추어 공소의 원인이 된 구성요건 해당사실이 다른 사실과 구별될 수 있을 정도로 기재되어 있으면 족하고, 그 일부가 다소 불명확하더라도 함께 적시된 다른 사항들에 의하여 공소사실이 특정될 수 있어서 피고인의 방어권 행사에 지장이 없다면 공소제기의 효력에는 영향이 없다(대법원 2002. 6. 20. 선고 2002도807 전원합의체 판결 등 참조).

구 저작권법(2011. 12. 2. 법률 제11110호로 개정되기 전의 것, 이하 같다) 제136조 제1항은 '저작재산권을 복제·공연·공중송신·전시·배포·대여·2차적 저작물 작성의 방법으로 침해'한 행위를 처벌대상으로 규정하고 있다. 그런데 저작재산권은 특허권 등과 달리 권리의 발생에 반드시 등록을 필요로 하지 않기 때문에 등록번호 등으로 특정할 수 없는 경우가 많고, 저작재산권자가 같더라도 저작물별로 각 별개의 죄가 성립하는 점, 그리고 2006. 12. 28. 법률 제8101호로 전부 개정된 구 저작권법이 영리를 위하여 상습적으로 한 저작재산권 침해행위를 비친고죄로 개정한 점 등을 고려해 보면, 저작재산권 침해행위에 관한 공소사실의 특정은 침해 대상인 저작물 및 침해 방법의 종류, 형태 등 침해행위의 내용이 명확하게 기재되어 있어 피고인의 방어권 행사에 지장이 없는 정도이면 된다 할 것이고, 각 저작물의 저작재산권자가 누구인지 특정되어 있지 않다고 하여 공소사실이 특정되지 않았다고 볼 것은 아니다.

나. 이 사건 예비적 공소사실의 요지는, 피고인 1이 파일 공유 사이트인 'ㅇㅇㅇㅇㅇㅇ' 사이트를 운영하면서 원심판결 별지 채증리스트 기재와 같이 성명불상의 이용자들로 하여금 피해자 성명불상자가 저작권을 가지고 있는 영상저작물을 업로드하게 한 후 불특정 다수의

이용자들로 하여금 이를 언제든지 쉽게 복제·전송받아 사용할 수 있게 하여 저작권 침해행위를 방조하였고, 피고인 2 주식회사는 그 대표이사인 피고인 1이 위와 같이 피고인 2 주식회사의 업무에 관하여 저작권 침해행위를 방조하였다는 것이다.

앞에서 본 법리에 비추어 이 사건 예비적 공소사실의 특정 여부를 살펴보면, <u>비록 이 부분 공소사실에는 피해자인 저작재산권자의 성명 등이 특정되어 있지 않으나, 정범의 범죄 구성요건적 행위에 해당하는 '○○○○○○' 사이트 이용자들의 영상저작물 업로드 행위에 관하여 그 행위자의 아이디, 업로드 파일의 파일명, 저작권침해 확인일시, 검색어 등이 기재되어 있어서 침해 대상 저작물과 침해 방법을 특정할 수 있으므로, 구성요건 해당사실을 다른 사실과 구별할 수 있을 정도로 공소사실이 특정되었다고 볼 수 있다.</u>

대법원 2019. 12. 24. 선고 2019도10086 판결

(1) 공소사실의 기재는 범죄의 일시, 장소와 방법을 명시하여 사실을 특정할 수 있도록 하여야 하며(형사소송법 제254조 제4항), 이와 같이 공소사실의 특정을 요구하는 법의 취지는 피고인의 방어권 행사를 쉽게 해주기 위한 데에 있다.

(2) 저작권법 제136조 제1항은 저작재산권 등을 복제 등의 방법으로 침해하는 자를 처벌하는 한편, 제124조 제1항 제3호에서는 '프로그램의 저작권을 침해하여 만들어진 프로그램의 복제물을 그 사실을 알면서 취득한 자가 이를 업무상 이용하는 행위'를 프로그램저작권을 침해하는 행위로 보면서 제136조 제2항 제4호에서 이를 처벌하는 규정을 별도로 두고 있다. 저작권법 제124조 제1항 제3호는, 프로그램의 사용행위 자체는 본래 프로그램저작권에 대한 침해행위 태양에 포함되지 않지만, 침해행위에 의하여 만들어져 유통되는 프로그램의 복제물을 그러한 사정을 알면서 취득하여 업무상 사용하는 것을 침해행위로 간주함으로써 프로그램저작권 보호의 실효성을 확보하기 위하여 마련된 규정이다(대법원 2017. 8. 18. 선고 2015도1877 판결 참조).

이러한 저작권법 제124조 제1항 제3호의 입법 취지와 문언에 비추어 보면, 컴퓨터프로그램을 컴퓨터 하드디스크 등에 복제하는 방법으로 프로그램저작권을 침해한 사람은 위 조항이 규정하고 있는 침해행위에 의하여 만들어진 프로그램의 복제물(컴퓨터 하드디스크 등)을 취득한 사람에 해당한다고 볼 수 없다. 따라서 그에 대하여 저작권법 제136조 제1항 위반죄만이 성립하고, 제136조 제2항 제4호 위반죄가 성립하는 것은 아니다.

(3) 공소사실이 특정되지 아니한 부분이 있다면, 법원은 검사에게 석명을 구하여 특정을 요구하여야 하고, 그럼에도 검사가 이를 특정하지 않는다면 그 부분에 대해서는 공소를 기각할 수밖에 없다(대법원 2016. 12. 15. 선고 2015도3682 판결 참조).

(4) 위와 같은 법리에 따라 이 사건을 살펴보면, <u>위 공소사실 자체에 종업원들이 컴퓨터프로그램을 '무단 복제하여 취득한 것'으로만 기재되어 있어 '침해행위에 의하여 만들어진 프</u>

로그램의 복제물'을 취득한 것인지, 그 복제물이 무엇인지가 분명하지 않고, 그 취득 방법 또한 명확하지 않아 피고인들의 방어권 행사에 지장을 초래하고 있고, 행위자인 종업원들이 성명불상자로만 기재되어 있고 누구인지 전혀 특정되어 있지 아니하여 피고인들로서는 그 종업원이 해당 컴퓨터프로그램을 컴퓨터 하드디스크 등에 직접 복제한 사람인지, '침해행위에 의하여 만들어진 프로그램의 복제물'이라는 사실을 인식하고 이를 취득하였는지 등에 관하여 전혀 방어권을 행사할 수 없다.

(5) 따라서 피고인들에 대한 예비적 공소사실은 공소사실이 구체적으로 특정되었다고 할 수 없다.

〈개괄적 표시로 피고인의 방어권 행사에 지장을 가져오는 경우〉

대법원 2021. 11. 11. 선고 2021도11454 판결

1. 공소사실의 기재는 범죄의 일시, 장소와 방법을 명시하여 사실을 특정할 수 있도록 하여야 하고(형사소송법 제254조 제4항), 이와 같이 공소사실의 특정을 요구하는 법의 취지는 심판의 대상을 한정함으로써 심판의 능률과 신속을 꾀함과 동시에 방어의 범위를 특정하여 피고인의 방어권 행사를 쉽게 해주기 위한 데에 있다. 공소범죄의 성격 및 관련 증거의 내용에 비추어 범죄의 일시·장소 등에 관한 개괄적 표시가 부득이한 경우가 있을 수 있으나, 검사는 가능한 한 기소나 공소장 변경 당시의 증거에 의하여 이를 특정함으로써 피고인의 정당한 방어권 행사에 지장을 초래하지 않도록 하여야 할 것이다. 범죄의 일시·장소 등을 특정 일시나 상당한 범위 내로 특정할 수 없는 부득이한 사정이 존재하지 아니함에도 공소의 제기 혹은 유지의 편의를 위하여 범죄의 일시·장소 등을 지나치게 개괄적으로 표시함으로써 사실상 피고인의 방어권 행사에 지장을 가져오는 경우에는 형사소송법 제254조 제4항에서 정하고 있는 구체적인 범죄사실의 기재가 있는 공소장이라고 할 수 없다. 공소사실이 특정되지 아니한 부분이 있다면 그 부분에 대해서는 공소를 기각할 수밖에 없다(대법원 2005. 12. 9. 선고 2005도7465 판결, 대법원 2016. 12. 15. 선고 2015도3682 판결, 대법원 2019. 12. 24. 선고 2019도10086 판결 등 참조).

2. 원심판결 이유를 기록에 비추어 살펴보면 다음과 같은 사실을 알 수 있다.

가. 검사는 '피고인은 2019. 10. 18. 16:00경 또는 2019. 10. 22. 16:00경 아파트 경비실에서 13세 미만의 피해자를 강제로 추행하였다.'며 공소를 제기하였다.

나. 그러나 피해자가 제1심 법원에 출석하여 '피해일시에 날씨가 맑았다.'는 취지로 진술하

자, 검사는 비가 내렸던 2019. 10. 18. 16:00경을 범행일시에서 제외하는 것으로 공소사실을 변경하였다.

다. 제1심 법원은, 변경된 공소사실의 범행일시인 '2019. 10. 22. 16:00경에는 아파트 경비실이 아니라 지하주차장에서 청소를 하고 있었다.'는 피고인의 변소에 부합하는 증거가 있다는 등의 이유로 피고인에 대하여 무죄를 선고하였다.

라. 검사는 제1심판결에 불복하여 항소하였고, 이후 원심 법원에서 공소사실의 범행일시를 '2019. 10. 일자일시불상경'으로 변경하였다.

3. 원심은, 위와 같은 이 사건 당초 공소사실과 변경된 공소사실 및 그 경과를 토대로, <u>수사과정 및 공판에서의 증거조사 등을 통하여 범행일시가 특정됨에도 검사가 피고인의 알리바이 주장을 무력화시키기 위하여 기존 공소장의 특정된 범행일자를 폭이 넓은 기간의 불특정 시간대로 변경한 것으로 볼 수 있고, 이는 피고인의 방어권을 심각하게 침해하는 것이므로, 원심에서 변경된 공소사실은 피고인의 방어권 행사에 지장이 없을 정도로 충분히 특정되었다고 보기 어렵다</u>는 이유로 공소기각 판결을 선고하였다.

4. 앞서 본 법리와 원심에서의 공소장 변경의 경위에 비추어 살펴보면, 위와 같은 원심의 판단에 공소사실 특정 및 피고인의 방어권 보장에 관한 법리오해의 위법이 있다고 볼 수 없다.

〈공모공동정범에서의 공소사실의 특정〉

대법원 2016. 4. 29. 선고 2016도2696 판결

가. 형사소송법 제254조 제4항에서 범죄의 일시·장소와 방법을 명시하여 공소사실을 특정하도록 한 취지는, 법원에 대하여는 심판의 대상을 한정하고 피고인에게는 방어의 범위를 특정하여 방어권 행사를 용이하게 하기 위한 데 있으므로, <u>공소 제기된 범죄의 성격에 비추어 그 공소의 원인이 된 사실을 다른 사실과 구별할 수 있을 정도로 그 일시·장소·방법·목적 등을 적시하여 특정하면 충분하고, 공모의 시간·장소·내용 등을 구체적으로 명시하지 아니하였다거나 그 일부가 다소 불명확하더라도 그와 함께 적시된 다른 사항들에 의하여 공소사실을 특정할 수 있고 피고인의 방어권 행사에 지장이 없다면, 공소사실이 특정되지 아니하였다고 할 수 없다</u>(대법원 2009. 6. 11. 선고 2009도2337 판결 참조). 그러나 <u>공모가 공모공동정범에 있어서의 '범죄 될 사실'인 이상, 범죄에 공동가공하여 범죄를 실현하려는 의사결합이 있었다는 것은, 실행행위에 직접 관여하지 아니한 자에게 다른 공범자의 행위에 대하</u>

여 공동정범으로서의 형사책임을 지울 수 있을 정도로 특정되어야 한다(대법원 1988. 9. 13. 선고 88도1114 판결 참조).

나. 검사는 **피고인 2에 대한 공소사실에 피고인 2의 다른 공동피고인들과의 관계를 피고인 1의 부인이고 피고인 3 주식회사의 경리 담당 직원이라고 특정한 다음, 피고인 1과 '공모하여' 공소사실 기재와 같이 관세법위반의 범행을 저질렀다고 기재하였고,** 원심은 피고인 2에 대한 위 공소사실을 유죄로 판단하였다.

다. 그러나 피고인 2가 피고인 1의 부인이고 피고인 3 주식회사의 경리 담당 직원이라는 사정만으로 피고인 1과 공모하여 위 회사를 운영하면서 관세법위반의 범행을 저질렀다는 사실이 특정되었다고 본 원심판단은 수긍할 수 없다.

피고인 2가 공소장 기재와 같이 피고인 1과 공모하였다고 판단할 수 있으려면, 피고인 2에 대한 공소사실에 피고인 1과 범죄를 실현하려는 의사의 합치가 있었던 시간·장소·내용 등이 구체적으로 명시되어 있거나, 공소사실에 적시된 다른 사항들에 의하여 피고인 2가 범죄에 공동가공하였다는 점이 특정되어야 하고, 그와 같이 특정된 공소사실만이 법원의 심판대상과 피고인 2의 방어범위가 된다. 그런데 피고인 2에 대한 공소사실에 피고인 1과 범죄를 실현하려는 의사의 합치가 있었다는 사실이 시간·장소·내용 등으로 구체적으로 명시되어 있지 않다. 또한, 피고인 1에 대한 공소사실이 실제 대표이사로서 피고인 3 주식회사를 운영하면서 관세법위반행위를 하였다는 취지로 특정된 것과 달리, 피고인 2에 대한 공소사실은 피고인 1의 부인으로서 또는 경리 담당 직원으로서 피고인 3 주식회사를 실제 대표이사와 같이 독자적인 권한을 가지고 운영하였다는 취지로 보이지 않고, 피고인 2가 범죄에 공동가담한 내용이 개별적으로 특정되어 있지도 아니하다.

결국 검사가 공소장에 피고인 2의 공동피고인들과의 관계, 피고인 2가 피고인 1과 '공모'하였다는 법률적 평가를 기재한 것을 두고, 피고인 2가 실행행위에 직접 관여하지 아니하고도 피고인 1의 행위에 대하여 공동정범으로서의 형사책임을 지게 되는 공모를 하였음이 다른 사실과 구별할 수 있을 정도로 특정되었고, 법원의 심판대상과 피고인의 방어범위가 명확하게 한정되었다고 볼 수 없다.

라. 따라서 피고인 2에 대한 공소는 그 공소제기의 절차가 법률의 규정에 위반하여 효력이 없다. 그런데도 피고인 2에 대한 공소사실이 특정되었음을 전제로 그 공소사실에 대하여 유죄로 판단한 원심판결에는 공소사실의 특정에 관한 법리를 오해하여 판결에 영향을 미친 위법이 있다.

대법원 1982. 5. 25. 선고 82도715 판결 「방조범의 공소사실을 기재함에 있어서는 그 전제요건이 되는 정범의 범죄구성을 충족하는 구체적 사실을 기재하여야 공소사실의 기재가 있다고 볼 것이다. … 그와 같은 휘발유를 공소외인들이 언제 누구를 어떻게 속여 누구에게 처분하므로써 어떠한 재산상 이득이 있었는지에 관하여도 아무런 기재를 함이 없이 막연히 공소외인들이 휘발유 대금을 편취하는 것을 용이하게 하여 이를 방조하였다고만 기재하고 있어서 정범인 공소외인들이 석유사업법위반의 죄나 사기죄의 실행의 착수나 실행행위가 있었는지 여부에 관하여 아무런 기재가 없으니, 결국 이 사건 공소장에는 정범의 범죄의 특별구성요건을 충족하는 구체적 사실이 기재되어 있지 아니하였거나 이를 특정할 수 없어서이건 공소는 형소법 제254조 소정의 공소제기의 절차를 제대로 갖추지 못하여 부적법한 것이거나 무효라 할 것이(다).」

대법원 1996. 2. 13. 선고 95도2121 판결 「사기죄에 있어서 수인의 피해자에 대하여 각별로 기망행위를 하여 각각 재물을 편취한 경우에 그 범의가 단일하고 범행방법이 동일하다고 하더라도 포괄1죄가 되는 것이 아니라 피해자별로 1개씩의 죄가 성립하는 것으로 보아야 할 것이고, 이러한 경우 그 공소사실은 각 피해자와 피해자별 피해액을 특정할 수 있도록 기재하여야 할 것인바, 따라서 '일정한 기간 사이에 성명불상의 고객들에게 1일 평균 매상액 상당을 판매하여 그 대금 상당액을 편취하였다'는 내용은 피해자나 피해액이 특정되었다고 할 수 없을 것이다. 이 사건 공소사실 중 '피고인이 1994. 7. 7. 12:13경 피해자 공소외 2를 기망하여 소천엽 1개를 대금 2,440원에, 소양 1개를 대금 1,201원에 판매하여 그 대금 상당액을 편취하였다'는 부분에 관하여는 범죄의 일시와 장소, 범행의 방법이 구체적으로 특정되어 있다고 할 것이나, 이를 제외한 나머지 공소사실인 '피고인이 1992. 9. 1.경부터 1994. 7. 11.까지 사이에 성명불상의 고객들에게 위와 같은 방법으로 가공일을 변작한 소양, 소천엽, 닭다리, 닭가슴살, 닭어깨살, 닭날개 등 소부산물 및 계육 등 1일 평균 10개, 대금 합계 25,000원 상당을 판매하여 그 대금 상당액을 편취하였다'는 부분에 관하여는 피해자의 숫자조차 특정되어 있지 않는 등 공소장에 구체적인 범죄사실의 기재가 없어 그 공소제기의 절차가 법률의 규정에 위반하여 무효인 경우에 해당한다.」

대법원 1982. 10. 26. 선고 81도1409 판결 「피고인은 성동등기소 조사계장으로 재임 중이던 1977.4.15경 동 등기소 사무실에서 원심 공동피고인 1로부터 ○○아파트 보존등기 신청사건을 접수처리함에 있어서 신속히 처리하여 달라는 부탁조로 1건당 금1,000원씩 도합 금 111,000원을 속칭 급행료라는 명목으로 교부받은 것을 비롯하여 같은해 9.10경까지 사이에 전후 7회에 걸쳐 각종 등기사건을 접수처리하면서 위 원심 공동피고인 1로부터 같은 명목으로 도합 금828,000원을 교부받아 그 직무에 관하여 뇌물을 수수하였다는 것으로서 이는 피고인이 뇌물수수의 단일한 범의의 계속하에 일정한 기간 동종행위를 같은 장소에서 반복한 것이 분명하므로 피고인이 이 사건 수회에 걸친 뇌물수수행위는 포괄 1죄를 구성한다고 해석함이 상당하며 이 사건 범행과 같은 포괄 1죄에 있어서는 1죄의 1부를 구성하는 개개의 행위에 대하여 구체적으로 사실을 특정하지 아니하더라도 위 공소장의 기재와 같이 범행의 시기와 종기, 범행장소, 범행방법 등을 기재하면 공소사실은 특정된다.」

대법원 1983. 6. 14. 선고 82도293 판결 「위 공소장의 기재사실에 의하면 피고인이 1979.4.7. 조직하여 계주가 된 낙찰계는 20구좌 300만 원짜리이고 위 계는 13회째인 1980.4.7.에 끝났으며 계원들에게 분배하여야 할 계금은 150만 원이라고 특정되어 있고 다만 피해자인 계원들의 성명과 피해자별 피해액이 명확하지 아니한 흠은 있으나 이와 같이 <u>공소장의 기재사실 중 일부가 명확하지 아니한 경우에는 법원은 검사에게 석명을 구하여 만약 이를 명확하게 하지 아니한 때에 공소사실의 불특정을 이유로 공소를 기각함이 상당하다 할 것이므로</u> 원심이 이에 이르지 아니하고 위와 같이 공소사실의 불특정을 이유로 공소기각의 판결을 하였음은 심리미진의 위법이 있다.」

Ⅲ. 임의적 기재사항 : 예비적·택일적 기재

〈공소사실의 예비적·택일적 기재의 허용범위〉

대법원 1966. 3. 24. 선고 65도114 전원합의체 판결 〈표준〉

<u>형사소송법 254조 5항에 수개의 범죄사실과 적용법조를 예비적 또는 택일적으로 기재할 수 있다라 규정하고 있는바 이는 검사가 공소를 제기함에 있어 수개의 범죄사실과 적용법조를 예비적 또는 택일적으로 기재하여 그중 어느 하나의 범죄사실만의 처벌을 구할 수 있다는 것이며 그들 수개의 범죄사실간의 범죄사실의 동일성이 인정되는 범위내에서 예비적 또는 택일적으로 기세할 수 있음은 물론이나 그들 범죄사실 상호간에 범죄의 일시, 장소, 수단, 및 객체등이 달라서 수개의 범죄사실로 인정되는 경우에도 이들 수개의 범죄사실을 예비적 또는 택일적으로 기재할 수 있다고 해석할 것이며</u> 이렇게 본다하여도 공소장에 수개의 범죄사실을 특정하여 기재하고 있느니만큼 피고인의 방어권행사에 경합범으로 기소된 경우에 비하여 더 지장이나 불이익을 준다고 볼 수 없을 것일 뿐만 아니라 위와 같은 택일적 또는 예비적 기소는 검사의 기소편의주의의 입장에서도 법률상 용인될 것임이 명백할 것이며, <u>검사가 수개의 범죄사실을 택일적으로 기소한 경우에는 법원으로서는 수개의 범죄사실중 어느 하나만에 대하여 심리하여 유죄로 인정하면 이에 대한 유죄판결을 할 것이고, 만일 유죄로 인정되지 않는다면 다른 공소사실을 심리하여 이에대한 재판을 할 것이다. 다만, 검사가 수개의 범죄사실을 예비적으로 기소한 경우에는 검사의 청구에 따라 심리순서가 제한될 것뿐이다.</u> 그리고 당원이 일찍이 이점에 관하여 형사소송법 254조 5항에 수개의 범죄사실과 적용법조를 예비적 또는 택일적으로 기재할 수 있다함은 범죄 사실 상호간에 동일성을 인정할 수 있는 범위내에서 가능하며 동일성의 범위를 벗어나서 전연 별개의 범죄사실을 예비적 또

는 택일적으로 기재할 수 있다는 취지는 아닐 것이라는 견해(1962. 6. 28. 선고 62도66 판결 국가보안법위반)를 표명한 바 있으나 이와 같은 종전의 당원의 견해는 이를 폐기하는 바이다. 그러므로 원심은 **피고인 1에게 대한 뇌물수수, 업무상횡령, 피고인 2에게 대한 뇌물공여, 업무상횡령의 범죄사실에 대한 검사의 택일적 기소**의 취지를 살려 위에 설시한 방법에 따라 심리재판 하여야 함에도 불구하고 형사소송법 254조 5항에 수개의 범죄 사실과 적용법조를 예비적 또는 택일적으로 기재할 수 있다고 규정한 것은 어디까지나 범죄사실의 동일성이 인정되는 범위내에서만 가능한 것이며 동일성없는 수개의 범죄사실은 예비적 또는 택일적으로 기재할 수 없는 것이라고 해석하는 입장에서 본건은 공소사실의 동일성을 인정할 수 없는 두개의 범죄사실을 택일적으로 기소한 것으로 볼 수 있으므로 본건 공소의 제기절차가 법률의 규정에 위반된 것이라 하여 공소를 기각하였는바 이와같은 원심의 조처는 형사소송법 254조 5항의 법의를 잘못 이해하므로서 공소를 기각하여 심판청구를 받은 사항에 대하여 실체적 재판을 하지 아니한 위법이 있다. 그러므로 이점에 관한 검사의 상고논지는 이유있다. 따라서 형사소송법 제390조, 제391조, 제393조를 적용하여 원심판결을 파기하기로 하고 원심법원으로 하여금 다시 심판하게 하기 위하여 대법원판사 양회경, 최윤모, 나항윤의 다음과 같은 반대의견을 제외하고는 관여법관의 일치된 의견으로 주문과 같이 판결한다.

대법원판사 양회경, 최윤모, 나항윤의 반대의견은 다음과 같다.

다수의견은 형사소송법 제254조 제5항에 수개의 범죄사실을 예비적 또는 택일적으로 기재할 수 있다는 규정을 글자 그대로 해석하여 전연 별개의 범죄사실로 경합범이 되는 경우에도 이를 예비적 또는 택일적으로 기소할 수 있다고 단정하고 있다.

그러나 법의 해석은 법문에 충실하여야 함은 물론이나 법체계 전체와의 관련에 있어서 통일적이고 모순이 없는 것이라야 할것인바 다수의견이 취하는 해석은 형사법전체의 체계와 통일성이 없고 모순을 내포하고 있는 것이라 아니할 수 없다.

첫째로, 형사소송법 제298조에는 검사는 법원의 허가를 얻어 공소장에 기재한 공소사실의 추가, 철회 또는 변경을 할 수 있으되 법원은 공소사실의 동일성을 해하지 아니하는 한도에서 허가하여야 한다고 규정되어 있어 공소제기후에 있어서는 검사는 공소사실의 동일성이 없는 한 공소사실의 추가, 변경을 할 수 없음이 명백한바 <u>제1심의 심판에 관한 공소제기시와 공소제기후를 구별하여 규정할 실질적 이유가 없는데 공소제기후에는 불가능한 일이 공소제기시에는 가능하다고 해석하는 다수의견은 법의 통일적 해석에 대한 고려가 부족하다</u> 할 것이다.

둘째로, 일사부재리의 효력은 공소가 제기되고 심판의 대상이 된 사건전체에 대하여 미친다 할 것인바 다수의견과 같이 경범죄, 살인죄, 강도죄, 방화죄등 전연 별개의 범죄사실도 예비적 또는 택일적으로 기소할 수 있다 할 것 같으면 경범죄가 제1위적 공소사실이었거나 법원이 경범죄를 택일하여 처벌하였을 경우에는 여타의 살인죄, 강도죄, 방화죄에도 일사부재리의 효력이 미치는 것이라 아니할 수 없어 경범죄의 처벌로 여타의 중죄에 대한 처벌을 면할 수 있게 된다는 결론이 되어 그 부당함은 명약관화한 바라 할 것이다.

셋째로, 형법 제38조는 경합범을 동시에 판결할 때의 처벌례를 규정하고 있는바 검사가 경합범을 예비적 또는 택일적으로 기소하므로서 위 형법의 규정을 무의미하게 만들 수 있다는 것이 과연 형사법의 통일적 해석이라 할 수 있는가 의문이다.

다수의견이 그 입론의 근거로 들고 있는 검사의 기소편의주의도 범죄의 혐의가 있는 경우라도 형법 제51조 소정의 양형의 조건을 참작하여 공소를 제기하지 아니할 수 있다는 것에 불과한 것이지 처벌의 가치가 있다하여 수개의 범죄사실에 관하여 공소를 제기하면서도 어느 범죄사실에 대하여 처벌하고 아니하고를 법원에 예비적·택일적으로 맡기는 권한을 포함하고 있는 것이라고는 할 수 없다할 것이다.

넷째로, 현행 형사소송법은 종전의 직권주의를 수정하여 당사자주의를 가미하고 피고인의 형사책임을 추구하는 원고인 검사에게 사실면, 법률적 구성면에서 심판의 대상을 명확히 할 의무를 부하하고 있고, 법원이 심판의 대상에 대하여 직권을 발동할 여지를 줄이고 있는 것인바 이러한 법의 정신에 비추어 보더라도 검사가 전연 별개의 범죄사실을 예비적·택일적으로 기소하므로서 심판의 범위, 기판력 즉 일사부재리의 효력이 미치는 범위를 흐리게 하고 법원이 유죄로 인정되는 수개의 범죄사실중에서 재량으로 택일하여 처벌할 수 있다는 법해석은 형사소송법 전체의 정신과도 조화가 되지 않는 것이라 아니할 수 없다.

그러므로 형사소송법 제254조 제5항에 수개의 범죄사실과 적용법조를 예비적 또는 택일적으로 기재할 수 있다함은 검사가 특정한 범죄사실을 기재함에 있어 그 범죄사실과 동일성을 잃지 않는 범위내에서 범죄의 일시, 장소, 방법, 객체등의 사실면의 어느 점에 있어 상위한 사실을 예비적 또는 택일적으로 기재하거나 또는 법률적 구성에 있어 동일사실을 이중으로 평가할 수 있을 경우에 이를 예비적 또는 택일적으로 기재할 수 있음을 규정한 것이라 할 것이고, 다수의견과 같이 범죄사실의 동일성의 범위를 벗어나서 전연 별개의 경합범에 해당하는 사실을 예비적 또는 택일적으로 기재하는 것을 허용하는 규정으로는 볼 수 없다할 것이며, 따라서 종전의 판례는 변경의 필요가 없는 것이라 할 것이다.

대법원 2006. 5. 25. 선고 2006도1146 판결 「원래 주위적·예비적 공소사실의 일부에 대한 상소제기의 효력은 나머지 공소사실 부분에 대하여도 미치는 것이고, 동일한 사실관계에 대하여 서로 양립할 수 없는 적용법조의 적용을 주위적·예비적으로 구하는 경우에는 예비적 공소사실만 유죄로 인정되고 그 부분에 대하여 피고인만 상소하였다고 하더라도 주위적 공소사실까지 함께 상소심의 심판대상에 포함된다고 볼 것이다.」

대법원 1975. 6. 24. 선고 70도2660 판결 「공소사실과 적용법조가 택일적으로 기재되어 공소가 제기된 경우에 그중 어느 하나의 범죄사실만에 관하여 유죄의 선고가 있은 제1심 판결에 대하여 항소가 제기되었을 때 항소심에서 항소이유 있다고 인정하여 제1심판결을 파기하고 자판을 하는 경우에는 다시 사건 자체에 대하여 판결을 하는 것이어서 택일적으로 공소제기된 범죄사실 가운데 제1심판결에서 유죄로 인정된 이외의 다른 범죄사실이라도 그것이 철회되지 아니하는 한 당연히 항소심의 심판의 대상이 된다.」

대법원 1981. 6. 9. 선고 81도1269 판결 「1심에서 검사는 법원의 허가를 얻어 본래의 강도살인죄에 택일적으로 살인 및 절도죄를 추가하는 공소장변경을 하였음이 분명하므로 원심이 유지한 1심이 위와 같이 택일적으로 공소제기된 살인 및 절도죄에 대하여 유죄로 인정한 이상 검사로서는 소론과 같은 이유를 들어 불복할 수는 없는 것이다.」

Ⅳ. 공소장일본주의

〈공소장일본주의 위배 여부 판단 기준 및 법적 효과〉

대법원 2009. 10. 22. 선고 2009도7436 전원합의체 판결 〈표준〉

1. 공소장일본주의 위배의 점에 대하여

가. 공소장일본주의는 검사가 공소를 제기할 때에는 원칙적으로 공소장 하나만을 제출하여야 하고 그밖에 사건에 관하여 법원에 예단을 생기게 할 수 있는 서류 기타 물건을 첨부하거나 그 내용을 인용하여서는 아니 된다는 원칙이다(형사소송규칙 제118조 제2항). 공소장에 법령이 요구하는 사항 이외의 사실로서 법원에 예단이 생기게 할 수 있는 사유를 나열하는 것이 허용되지 않는다는 것도 이른바 '기타 사실의 기재 금지'로서 공소장일본주의의 내용에 포함된다(대법원 1994. 3. 11. 선고 93도3145 판결 참조).

종래 우리나라의 형사재판 실무는 검사가 제1회 공판기일 이전에 수사기록 일체를 법원에 제출하는 것이 관행이었다. 그리하여 법원에 따라서는 제1회 공판기일에 들어가기 이전에 검사로부터 제출받은 수사기록을 살펴보고 사안을 미리 파악하기도 하는 등 실무상 혼란이 없지 않았고, 이에 대해서는 예단배제를 위한 공소장일본주의의 취지에 반한 것이라는 비판이 있었다.

이러한 실무관행은 2006. 4. 1. 개정된 대법원 재판예규에 의하여 전국적으로 증거분리제출제도가 시행됨으로써 획기적인 변화가 이루어지게 되었다. 이 제도의 시행으로 검사는 피고인이 자백하든 부인하든 제1회 공판기일 이후 증거조사에 들어가서야 비로소 증거서류를 법정에서 제출하게 된 것이다. 또한, 2007. 6. 1. 법률 제8495호 국민의 형사재판 참여에 관한 법률의 제정으로 국민참여재판제도가 도입되어 직업법관이 아닌 배심원이 국민참여재판을 하는 사건에 관하여 사실의 인정, 법령의 적용 및 형의 양정에 관한 의견을 제시할 권한을 가지게 됨으로써 공판절차에서 법관이나 배심원이 공평한 제3자의 입장에서 심리에 관여할 수 있도록 제도적 장치를 보완할 필요가 생겼다. 이러한 사정을 반영하여 2007. 6. 1. 법률 제8496호로 개정된 형사소송법은 공판절차에 관한 규정을 개정하여, 재판장은 증거조사를 하기에 앞서 검사 및 변호인으로 하여금 공소사실 등의 증명과 관련된 주장 및 입증계획 등을 진술하게 할 수 있으나, 다만 증거로 할 수 없거나 증거로 신청할 의사가 없는 자료에 기초하여 법원에 사건에 대한 예단 또는 편견을 발생하게 할 염려가 있는 사항은 진술할 수 없도록 하였고(법 제287조 제2항), 공판절차의 순서를 바꾸어 증거조사를 피고인신문에 앞서서 실시하도록 규정하는(법 제290조, 제296조의2) 등 당사자주의 소송구조를 강화하였다.

위와 같은 형사소송 법령의 내용과 그 개정 경위에 더하여, 형사피고인은 유죄의 판결이 확정될 때까지는 무죄로 추정된다는 헌법 제27조 제4항의 규정상 형사피고인에 대하여 법관이 가질 수 있는 유죄의 예단을 차단할 필요가 있다는 공소장일본주의의 기본취지, 우리나라 형사소송법은 피고사건에 대한 실체심리가 공개된 법정에서 검사와 피고인 양 당사자의 공격·방어활동에 의하여 행해질 것을 요구하는 당사자주의와 공판중심주의 원칙 및 공소사실의 인정은 법관의 면전에서 직접 조사한 증거만을 기초로 이루어져야 한다는 직접심리주의와 증거재판주의 원칙 등을 채택하고 있다는 점 등을 아울러 살펴보면, <u>공소장일본주의는 위와 같은 형사소송절차의 원칙을 공소제기의 단계에서부터 실현할 것을 목적으로 하는 제도적 장치로서 우리나라 형사소송구조의 한 축을 이루고 있다고 보아야 한다</u>. 공소장일본주의에 관한 형사소송규칙 제118조 제2항은 바로 이러한 법리를 명문화한 것인 이상, 법원은 물론 소추기관인 검사 역시 형사재판의 운용에 있어서 그 취지가 충분하게 기능을 발휘할 수 있도록 최대한 노력을 기울일 의무가 있다고 할 것이다.

나. 우리나라의 형사소송구조상 공소장일본주의가 인정된다고 하더라도, 형사소송법은 과연 어떤 경우에 검사의 공소제기가 공소장일본주의에 위배되었다고 볼 것인지 그리고 그 법적 효과가 무엇인지, 특히 어떤 경우에 공소장일본주의의 위배가 형사소송법 제327조 제2호에 정한 "공소제기의 절차가 법률의 규정에 위반하여 무효인 때"에 해당한다고 볼 것인지 등에 관하여 아무런 규정을 두고 있지 않다. 형사소송법은 국가형벌권의 구체적 실현을 위하여 필요한 법적 절차를 규율하는 법률로서 법공동체가 추구하는 이상과 좌절의 역사적 체험을 담은 그 시대 사회적·문화적 상황의 산물이므로 여기에는 필연적으로 상충되는 법원칙이 혼재하여 있게 마련이다. 공소장일본주의 역시 우리나라 형사절차에 있어서 당사자주의적 요소를 반영하는 원칙의 하나인데, 형사소송법에는 그와 상호충돌 관계에 있는 직권주의적 요소에 관한 여러 규정들이 있으므로 이러한 규정들과 조화를 이루도록 해석할 필요가 있고 나아가 공소장일본주의가 형사재판의 운용 전반에 미치는 영향 등도 고려하여야 할 것이므로 이러한 제반 사정을 감안하여 공소범죄사건에서 실체적 진실발견과 적법절차보장이라는 형사소송이념을 실현할 수 있도록 그 구체적인 기준을 설정하지 않으면 안 된다.

(1) 먼저, 형사소송법 제254조 제4항은 "공소사실의 기재는 범죄의 시일, 장소와 방법을 명시하여 사실을 특정할 수 있도록 하여야 한다"고 규정하여 공소사실을 구체적으로 특정할 것을 요구하고 있다. 이는 법원에 대하여 심판의 대상을 한정함으로써 심판의 능률과 신속을 꾀함과 동시에 방어의 범위를 특정하여 피고인의 방어권 행사를 쉽게 해 주려는 데 그 취지가 있다. 그러므로 공소사실은 가능한 한 명확하게 이를 특정할 수 있도록 기재하는 것이 바람직하고 이러한 필요성은 공소장일본주의 원칙과 비교하더라도 가볍게 다룰 것이 아니다. 한편, 공소사실의 기재는 본질적으로 역사적으로 이미 발생한 사실을 그에 관한 자료를 기초로 범죄사실로 재구성하여 표현하는 것이어서 그 정도의 차이가 있을 뿐 필연적으로 장차 증거로 제출될 서류 기타 물건에 담긴 정보를 기술하는 형식에 의하게 되고, 특히 명예 훼손·모욕·협박 등과 같이 특정한 표현의 구체적인 내용에 따라 범죄의 성부가 판가름되는 경우나 특허권·상표권 침해사범처럼 사안의 성질상 도면 등에 의한 특정이 필요한 경우 등에는 서류 기타 물건의 내용을 직접 인용하거나 요약 또는 사본하여 첨부할 수밖에 없다. 결국, 공소장일본주의는 공소사실 특정의 필요성이라는 또 다른 요청에 의하여 필연적으로 제약을 받을 수밖에 없는 것이므로, 양자의 취지와 정신이 조화를 이룰 수 있는 선에서 공소사실 기재 또는 표현의 허용범위와 한계가 설정되어야 한다.

또한, 형사소송법은 형사피고사건의 효율적이고 집중적인 심리를 위하여 재판장은 사건을 공판준비절차에 부칠 수 있고(법 제266조의5 제1항), 법원은 공판준비절차에서 공소사실 등을 명확하게 하는 행위, 공소사실의 추가·철회 또는 변경을 허가하는 행위, 공소사실과 관련하여 주장할 내용을 명확히 하여 사건의 쟁점을 정리하는 행위, 계산이 어렵거나 그밖에 복잡한 내용에 관하여 설명하도록 하는 행위 등을 할 수 있다고 규정하고 있다(법 제266조의9 제1항). 공판준비절차는 공판중심주의와 집중심리의 원칙(법 제267조의2)을 실현하려는 데 그 주된 목적이 있으므로, 공소장일본주의 위배를 포함한 공소제기 절차상의 하자는 이 단계에서 점검함으로써 위법한 공소제기에 기초한 소송절차가 계속 진행되지 않도록 하는 것이 바람직하다.

뿐만 아니라, 형사소송법은 공소장변경제도를 인정하여, 검사는 법원의 허가를 얻어 공소사실의 동일성을 해하지 아니하는 한도에서 공소장에 기재한 공소사실 또는 적용법조의 추가·철회 또는 변경을 할 수 있고, 법원 역시 심리의 경과에 비추어 상당하다고 인정할 때에는 공소사실 또는 적용법조의 추가 또는 변경을 요구하여야 한다고 규정하고 있다(법 제298조 제1항, 제2항). 이러한 공소장변경제도는 실체적 진실발견이라는 형사소송이념을 실현하기 위한 직권주의적 요소로서 형사소송법이 절차법으로서 가지는 소송절차의 발전적·동적 성격과 소송경제의 이념 등을 반영하고 있는 것이므로, 이러한 점에서도 공소장일본주의의 적용은 공소제기 이후 공판절차가 진행된 단계에서는 필연적으로 일정한 한계를 가질 수밖에 없다.
(2) 대법원은 종래, ① 공소장의 공소사실 첫머리에 소년부송치처분 등 범죄전력을 기재하였다 하더라도 이는 피고인의 특정에 관한 사항으로서 그와 같은 내용의 기재가 있다 하여 공소제기의 절차가 법률의 규정에 위반된 것이라고 할 수 없고(대법원 1990. 10. 16. 선고 90도1813 판결 참조), ② 공소장에는 법령이 요구하는 사항만 기재할 것이고 공소사실의 첫머리에 공소사실과 관계없이 법원의 예단만 생기게 할 사유를 불필요하게 나열하는 것은 옳다고 할 수 없으며, 공소사실과 관련이 있는 것도 원칙적으로 범죄의 구성요건에 적어야 할 것이고, 이를 첫머리 사실로서 불필요하게 길고 장황하게 나열하는 것을 적절하다고 할 수 없으나, 공소장에 기재된 첫머리 사실이 공소사실의 범의나 공모관계, 공소범행에 이르게 된 동기나 경위 등을 명확히 나타내기 위하여 적시한 것으로 보이는 때에는 공소제기의 방식이 공소장일본주의에 위배되어 위법하다고 할 수 없으며(대법원 1992. 9. 22. 선고 92도1751 판결, 대법원 1994. 3. 11. 선고 93도3145 판결, 대법원 1999. 5. 14. 선고 99도202 판결 등 참조), ③ 설사 범죄의 직접적인 동기가 아닌 경우에도 동기의 기재는 공소장의 효력에 영향을 미치지 아니한다고(대법원 2007. 5. 11. 선고 2007도748 판결 참조) 판시하여 왔는바, 이러한 판결들은 모두 공소장

일본주의의 위배 여부는 형사소송법상 공소장일본주의에 관한 규정과 형사재판의 적정한 운용에 관한 그 밖의 다른 규정들이 합리적으로 조화를 이루도록 판단하여야 한다는 취지라고 볼 수 있다.

(3) 위에서 살펴본 여러 사정들을 종합하여 보면, 공소장일본주의의 위배 여부는 공소사실로 기재된 범죄의 유형과 내용 등에 비추어 볼 때에 공소장에 첨부 또는 인용된 서류 기타 물건의 내용, 그리고 법령이 요구하는 사항 이외에 공소장에 기재된 사실이 법관 또는 배심원에게 예단을 생기게 하여 법관 또는 배심원이 범죄사실의 실체를 파악하는 데 장애가 될 수 있는지 여부를 기준으로 당해 사건에서 구체적으로 판단하여야 한다. 이러한 기준에 비추어 공소장일본주의에 위배된 공소제기라고 인정되는 때에는 그 절차가 법률의 규정에 위반하여 무효인 때에 해당하는 것으로 보아 공소기각의 판결을 선고하는 것이 원칙이다(법 제327조 제2호). 그러나 공소장 기재의 방식에 관하여 피고인 측으로부터 아무런 이의가 제기되지 아니하였고 법원 역시 범죄사실의 실체를 파악하는 데 지장이 없다고 판단하여 그대로 공판절차를 진행한 결과 증거조사절차가 마무리되어 법관의 심증형성이 이루어진 단계에서는 소송절차의 동적 안정성 및 소송경제의 이념 등에 비추어 볼 때 이제는 더 이상 공소장일본주의 위배를 주장하여 이미 진행된 소송절차의 효력을 다툴 수는 없다고 보아야 한다.

다. 이러한 법리에 비추어 원심판결을 살펴보면, 원심이 판시한 바와 같은 사정, 특히 당초 이 사건 공소가 제기되었던 주위적 공소사실은 정당이 후보자 추천과 관련하여 당대표 등이 금품 등을 수수하여 공직을 매수하는 범행에 관한 것으로서, 이러한 범죄는 당 내부적으로도 일부 핵심 인사만 알 수 있도록 은밀하고도 계획적으로 행하여지는 성격을 가지기 때문에 검사로서는 그 범의나 공모관계, 범행의 동기나 경위 등을 명확히 하기 위하여 구체적인 사정을 적시할 필요도 어느 정도 있다는 점, 이와 관련하여 제1심 공판절차에서 피고인 측이 이 점에 관하여 아무런 이의를 제기하지 않은 상태에서 공판절차가 진행되어 위와 같이 공소사실에 인용된 증거들을 포함하여 검사가 제출한 증거들에 대한 증거조사가 모두 마쳐진 점 등을 종합하여, 이 사건 공소제기의 절차가 법률의 규정에 위반하여 무효인 경우에 해당하므로 공소기각 하여야 한다는 피고인의 주장을 받아들이지 않은 것은 정당한 것으로 수긍할 수 있고, 여기에 공소장일본주의에 관한 법리오해의 위법은 없다.

　　[대법관 이홍훈의 별개의견] 다수의견을 따르면 공소장일본주의 위배의 정도가 중대하여 법
　　관이나 배심원의 공정하고 중립적인 심증형성에 심각한 장애를 초래하는 정도에 이른 경우
　　라도, 피고인이나 변호인이 초기에 적절하게 대응하지 못한 상태에서 제1심 증거조사절차

를 마치게 되면 그 구제방법을 박탈함으로써 공소장일본주의의 취지를 상당부분 무력화시킬 수 있다. 한편, 뒤에 나오는 반대의견을 따르면 공소장일본주의라는 원칙만을 지나치게 강조한 나머지 우리 형사소송절차가 추구하는 다른 원칙이나 가치들과 조화를 이루지 못하고 부적절한 결과를 초래할 수 있다. 따라서 <u>무죄추정의 권리를 향유하는 피고인에 대하여 법관이 가질 수 있는 유죄의 예단을 최대한 효율적으로 차단하면서도 실체적 진실발견과 적절한 형벌권의 행사를 함께 도모하기 위하여는, 공소장일본주의 위배의 효과를 모든 사안에 있어서 일률적으로 확정할 수는 없고, 그 위배의 정도가 중대하여 법관이나 배심원의 공정하고 중립적인 심증형성에 심각한 장애를 초래하는 정도에 해당하는 경우에는 형사소송절차의 진행 정도에 관계없이 공소기각의 판결을 선고하는 것이 합당하다.</u> 다만, 이러한 경우에 해당하는지 여부는 공소장일본주의 위배의 내용과 태양 및 정도, 위배 경위와 회피가능성, 공소제기의 주체인 검사의 인식과 의도, 피고인과 변호인의 방어권 행사에 미친 영향, 사건의 경중과 특성, 공판절차가 국민참여재판으로 이루어졌는지 여부 등 여러 사정을 종합적으로 고려하여 판단할 수 있다.

[대법관 김영란, 대법관 박시환, 대법관 김지형, 대법관 전수안의 반대의견] 공소장일본주의는 재판제도의 생명이라 할 수 있는 재판의 공정성을 보장하기 위한 필수적인 원칙으로서 그 원칙에 위배된 재판은 이미 생명을 잃어버린 것이나 다름없다. 한편, 우리 형사소송법이 당사자주의의 기본구조에 직권주의적 요소를 가미한 것도 실체적 진실발견에 도움이 되고자 하는 것이므로 직권주의적 요소가 가미되어 있다는 점이 공소장일본주의가 추구하고자 하는 재판의 공정과 상충되는 요인이 될 수 없고, 그것이 공소장일본주의에 일정한 한계를 두어야 하는 근거로 될 수 없다. 즉, 공소장일본주의가 추구하는 재판의 공정이라는 가치가 실체적 진실발견보다는 더 우선하는 의미를 가지는 것이므로 재판의 공정과 관련된 공소장일본주의의 기능 발휘를 위해서는 실체적 진실발견의 요청은 일부 양보할 수밖에 없다고 보아야 한다. 또한 재판의 공정은 재판을 시작하는 첫 단계에서부터 마지막까지 시종일관 보장되어야 하는 중요한 원칙이므로, 재판의 공정성과 직결되는 공소장일본주의는 공판절차가 어느 단계에 가 있든 항상 문제가 될 수 있으며, 공소장일본주의가 추구하는 재판의 공정 이념은 우선적 가치를 가진 근본이념으로서, 재판의 신속·경제를 위해 재판의 공정을 희생시킬 수는 없다. 이러한 공소장일본주의의 의미와 기능을 생각해 볼 때에, <u>법관이 예단을 가진 채로 불공정한 공판절차를 진행하게 된다는 심각하고도 치유될 수 없는 흠을 초래하게 되는 공소장일본주의 위반은 그 자체로 이미 중대한 위법상태에 해당하는 것으로서, 그 위반의 정도나 경중을 가릴 것 없이 모두 위법한 공소제기라고 보는 것이 타당하다.</u> 결론적으로 공소장일본주의의 취지와 의미를 고려한다면 그 위반의 효과에 대하여는 엄격한 기준이 적용되어야 한다. 공소장일본주의를 위반하는 것은 소송절차의 생명이라 할 수 있는 공정한 재판의 원칙에 치명적인 손상을 가하는 것이고, <u>이를 위반한 공소제기는 법률의 규정에 위배된 것으로 치유될 수 없는 것이므로 시기 및 위반의 정도와 무관하게 항상</u>

<u>공소기각의 판결을 하는 것이 타당하다.</u>

〈공소장일본주의에 위배된 경우〉

대법원 2015. 1. 29. 선고 2012도2957 판결 <표준>

가. 이 사건 공소장에 기재된 죄명과 적용법조에 비추어, 이 부분 공소사실을 범죄 구성요건 사실의 특정에 필요한 정도로 적절히 기재한다면 공소장에 기재된 [범죄사실] 이하 1항, 2항 부분이 될 것인데, 이 사건 공소장의 모두 사실에 ['ㅇㅇ역전식구' 세력화 이전 ㅇㅇ지역 폭력배의 이합집산], ['ㅇㅇ역전식구'의 세력화 배경], [운영자금 조달], [조직적 지휘, 통솔체계 확립 시도], [조직의 단합과 결속 도모] 등을 장황하게 기재하고 있다.

나. 이러한 공소사실 기재는 폭력행위 등 처벌에 관한 법률(이하 '폭력행위처벌법'이라 한다) 위반(단체 등의 구성·활동)죄, 폭력행위처벌법 위반(단체 등의 업무방해)죄, 폭력행위처벌법 위반(단체 등의 집단·흉기 등 협박)죄, 폭력행위처벌법 위반(단체 등의 공동협박)죄를 염두에 둔 것으로서, 그 범죄들이 피고인에게 기소된 폭력행위처벌법 위반(집단·흉기 등 협박)죄, 폭력행위처벌법 위반(공동협박)죄, 업무방해죄보다 법정형이 훨씬 무겁거나 가중처벌되는 사정에 비추어, 피고인이 충분히 그 기소된 범죄들을 저지를 수 있는 자라는 강한 유죄의 심증을 불러일으키게 한다.

다. 이 부분 공소사실이 피고인의 범죄전력이나 피고인이 속한 조직의 위세를 이용한 협박 및 업무방해를 그 내용으로 하고 있어 공소사실의 특정을 위하여 피고인의 범죄전력, 범죄의 동기나 경위, 범행의 배경이 되는 정황 등을 기재할 필요가 있다고는 하지만, 모두 사실의 ['ㅇㅇ역전식구' 세력화 이전 ㅇㅇ지역 폭력배의 이합집산] 부분은 피고인과 관계가 없는 한강로동 지역에 과거 존재하였던 폭력단체들의 악행을 기재하였을 뿐이고, 이는 그 다음의 ['ㅇㅇ역전식구'의 세력화 배경] 부분과 함께 피고인이 속하였다고 기재된 단체가 과거 존재하였던 폭력단체들의 계보를 이어 악행을 일삼는 또 다른 폭력단체라는 점을 암시하는 기능을 함에 그친다.

그리고 검사가 ['ㅇㅇ역전식구'의 세력화 배경] 이하 [조직의 단합과 결속 도모]까지 부분을 공소사실의 특정에 필요한 정황으로 기재하였다면 이는 요증사실에 해당함에도, ['ㅇㅇ역전식구'의 세력화 배경] 가운데 △△식구파의 와해과정, 공소외인의 살인미수 범행, 비상대책위원회 방해과정 등을 비롯하여 위 부분 중 원심이 적시한 행위들에 대하여 제대로 증거가 제출되지 아니하였다.

라. 피고인의 변호인이 제1심 제1회 공판기일 전에 제출한 의견서에서 이 사건 공소장이 공소장일본주의에 위배된다고 기재하였고 제1심 제1회 공판기일에서 공소사실 낭독 후에 그 의견서를 진술하여 공소장 기재 방식에 대하여 이의를 한 이상, 공소장일본주의 위배 여부는 공소장에 기재된 사실이 법관에게 예단을 생기게 하여 법관이 범죄사실의 실체를 파악하는 데 장애가 될 수 있는지 여부를 기준으로 판단하여야 하며, 비록 제1심 법원이 공판절차 초기 쟁점정리 과정에서 이 사건 공소장 중 모두 사실은 범죄의 구성요건과 상관이 없어 심리하지 않겠다고 고지하고 증거조사 등의 공판절차를 진행하였다 하더라도 공소장 기재 방식의 하자가 치유된다고 볼 수 없다.

마. 따라서 이 부분 공소사실은 법관에게 예단을 생기게 하여 법관이 범죄사실의 실체를 파악하는 데 장애가 될 수 있도록 기재되어 있어 공소장일본주의에 위배된다.

〈공소장일본주의의 적용 배제〉

대법원 2007. 7. 26. 선고 2007도3906 판결 〈표준〉「검사가 약식명령을 청구하는 때에는 약식명령의 청구와 동시에 약식명령을 하는 데 필요한 증거서류 및 증거물을 법원에 제출하여야 하는바(형사소송규칙 제170조), 이는 약식절차가 서면심리에 의한 재판이어서 공소장일본주의의 예외를 인정한 것이므로 약식명령의 청구와 동시에 증거서류 및 증거물이 법원에 제출되었다 하여 공소장일본주의를 위반하였다 할 수 없고, 그 후 약식명령에 대한 정식재판청구가 제기되었음에도 법원이 증거서류 및 증거물을 검사에게 반환하지 않고 보관하고 있다고 하여 그 이전에 이미 적법하게 제기된 공소제기의 절차가 위법하게 된다고 할 수도 없다.」

대법원 2011. 1. 27. 선고 2008도7375 판결「즉결심판에 관한 절차법에 의하면, 즉결심판은 관할 경찰서장 또는 관할 해양경찰서장(이하 '경찰서장'이라고 한다)이 청구하고(제3조 제1항), 경찰서장은 즉결심판의 청구와 동시에 즉결심판을 함에 필요한 서류 또는 증거물을 판사에게 제출하여야 한다(제4조). 또한 즉결심판의 청구가 있는 때에는 판사는 사건이 즉결심판을 할 수 없거나 즉결심판절차에 의하여 심판함이 적당하지 아니하다고 인정되어 결정으로 즉결심판의 청구를 기각하는 경우를 제외하고 즉시 심판을 하여야 한다(같은 법 제6조). 이와 같이 즉결심판에 관한 절차법이 즉결심판의 청구와 동시에 판사에게 증거서류 및 증거물을 제출하도록 한 것은 즉결심판이 범증이 명백하고 죄질이 경미한 범죄사건을 신속·적정하게 심판하기 위한 입법적 고려에서 공소장일본주의가 배제되도록 한 것이라고 보아야 한다. … 정식재판청구에 의한 제1회 공판기일 전에 사건기록 및 증거물이 경찰서장, 관할 지방검찰청 또는 지청의 장을 거쳐 관할 법원에 송부된다고 하여 그 이전에 이미 적법하게 제기된 경찰서장의 즉결심판청구의 절차가 위법하게 된다고 볼 수 없고, 그 과정에서 정식재판이 청구된 이후에 작성된 피해자에 대한 진술조서 등이 사건기록에 편철되어 송부되었다고 하더라도 달리 볼 것은 아니다.」

V. 공소시효

1. 공소시효의 본질

헌법재판소 1993. 9. 27. 선고 92헌마284 결정 「형사소송법은 그 제262조의2에 "제260조의 규정에 의한 재정신청이 있을 때에는 전조의 재정결정이 있을 때까지 공소시효의 진행을 정지한다."라고 규정하여 재정신청으로 공소시효가 정지됨을 명문으로 규정하였다. … 생각건대 공소시효제도는 시간의 경과에 의한 범죄의 사회적 영향이 약화되어 가벌성이 소멸되었다는 주된 실체적 이유에서 일정한 기간의 경과로 국가가 형벌권을 포기함으로써 결과적으로 국가형벌권의 소멸과 공소권의 소멸로 범죄인으로 하여금 소추와 처벌을 면하게 함으로써 형사피의자의 법적 지위의 안정을 법률로서 보장하는 형사소송조건에 관한 제도이다. 비록 절차법인 형사소송법에 규정되어 있으나 그 실질은 국가형벌권의 소멸이라는 점에서 형의 시효와 마찬가지로 실체법적 성격을 갖고 있는 것이다. 그러므로 그 예외로서 시효가 정지되는 경우는 특별히 법률로서 명문의 규정을 둔 경우에 한하여야 할 것이다. 법률에 명문으로 규정되어 있지 아니한 경우 다른 제도인 재정신청에 관한 위 법조의 규정을 피의자에게 불리하게 유추적용하여 공소시효의 정지를 인정하는 것은 유추적용이 허용되는 범위를 일탈하여 법률이 보장한 피의자의 법적 지위의 안정을 법률상의 근거 없이 침해하는 것이 되고 나아가서는 헌법 제12조 제1항, 제13조 제1항이 정하는 적법절차주의, 죄형법정주의에 반하여 기소되고 처벌받는 결과도 생길 수 있을 것이다.」

헌법재판소 1996. 2. 16. 선고 96헌가2, 96헌바7, 96헌바13 결정 「우리 헌법이 규정한 형벌불소급의 원칙은 형사소추가 "언제부터 어떠한 조건하에서" 가능한가의 문제에 관한 것이고, "얼마동안" 가능한가의 문제에 관한 것은 아니다. 다시 말하면 헌법의 규정은 "행위의 가벌성"에 관한 것이기 때문에 소추가능성에만 연관될 뿐, 가벌성에는 영향을 미치지 않는 공소시효에 관한 규정은 원칙적으로 그 효력범위에 포함되지 않는다. 행위의 가벌성은 행위에 대한 소추가능성의 전제조건이지만 소추가능성은 가벌성의 조건이 아니므로 공소시효의 정지규정을 과거에 이미 행한 범죄에 대하여 적용하도록 하는 법률이라 하더라도 그 사유만으로 헌법 제12조 제1항 및 제13조 제1항에 규정한 죄형법정주의의 파생원칙인 형벌불소급의 원칙에 언제나 위배되는 것으로 단정할 수는 없다.」

2. 공소시효의 기간

〈공소장이 변경된 경우 공소시효 완성 여부의 기준시점 및 공소시효기간의 기준이 되는 법정형〉

대법원 2001. 8. 24. 선고 2001도2902 판결 〈표준〉

공소장 변경이 있는 경우에 공소시효의 완성 여부는 당초의 공소제기가 있었던 시점을 기준으로 판단할 것이고 공소장 변경시를 기준으로 삼을 것은 아니지만(대법원 1982. 5. 25. 선고 82도535 판결, 1992. 4. 24. 선고 91도3105 판결 등 참조), 공소장변경절차에 의하여 공소사실이 변경됨에 따라 그 법정형에 차이가 있는 경우에는 변경된 공소사실에 대한 법정형이 공소시효기간의 기준이 된다고 보아야 하므로 공소제기 당시의 공소사실에 대한 법정형을 기준으로 하면 공소제기 당시 아직 공소시효가 완성되지 않았으나 변경된 공소사실에 대한 법정형을 기준으로 하면 공소제기 당시 이미 공소시효가 완성된 경우에는 공소시효의 완성을 이유로 면소판결을 선고하여야 한다.

기록에 의하니, 검사가 2000. 2. 20. 피고인에 대하여 피고인이 1995년 7월 하순 무렵 한병원 지하문서고에 들어가 병록지 22매를 절취하였다는 내용을 공소사실로 하여 절도죄로 공소를 제기하였다가 2001. 3. 21.에 이르러 피고인에 대한 공소사실을 종전의 절도죄에서 피고인이 1995년 7월 하순 무렵 한병원 지하문서고에 들어가 건조물에 침입하였다는 내용의 건조물침입죄로 변경하는 공소장변경신청을 하자, 원심 법원은 2001. 3. 22.에 열린 제4회 변론기일에서 검사의 공소장변경신청을 허가한 후 공소장 변경을 이유로 피고인에 대한 제1심판결을 파기한 다음 변경된 공소사실에 대한 범죄의 증명이 있다고 보아 피고인을 유죄로 인정하여 징역 6월에 집행유예 1년의 형을 선고하였음을 알 수 있다.

한편, 피고인에 대한 변경된 공소사실인 건조물침입죄의 법정형은 3년 이하의 징역 또는 벌금이어서 범죄행위의 종료일로부터 3년의 기간이 경과하면 그 공소시효가 완성됨이 명백한 바(형사소송법 제249조 제1항 제5호), 피고인에 대하여 건조물침입의 범죄행위가 종료된 때로부터 3년이 훨씬 지난 2000. 2. 20. 이 사건 공소가 제기되었으므로 이 사건 공소 제기 당시 변경된 공소사실인 건조물침입죄에 대하여는 이미 공소시효가 완성된 것이다.

대법원 1973. 3. 13. 선고 72도2976 판결 「형사소송법 제251조는 "형법에 의하여 형을 가중 감경할 때"에 관한 규정이므로 그 규정이 형법 이외의 형사법에서 형을 가중하는 경우를 규율한다고는 볼 수 없고, 밀항단속법 제5조 중 동법 제34조의 죄를 2회 이상 범한 때에는 그 형을 2배까지 가중한다라고 되어있는 제1항은 위 법3, 4조에 대한 형의 가중만을 규정한 것으로 볼 것이 아니라 그 법 3, 4조의 행위와 2번 이상 반복한 범정을 합쳐 하나의 범죄유형의 구성요건과 법정형을 규정하였다고 보아야 상당할 것이므로 위 법 제5조 제1항의 죄의 공소시효기간은 그 조규의 법정형을 기준삼아 산정하여야 할 것이니, 원심이 위와 같은 이유를 따라 설시 죄의 공소시효는 본건 기소당시에 소멸되지 않았다고 판단한 조치는 정당(하다).」

대법원 2006. 12. 8. 선고 2006도6356 판결 〈표준〉 「1개의 행위가 여러 개의 죄에 해당하는 경우 형법 제40조는 이를 과형상 일죄로 처벌한다는 것에 지나지 아니하고, 공소시효를 적용함에 있어서는 각 죄마다 따로 따져야 할 것인바, 공무원이 취급하는 사건에 관하여 청탁 또는 알선을 할 의사와 능력이 없음에도 청탁 또는 알선을 한다고 기망하여 금품을 교부받은 경우에 성립하는 사기죄와 변호사법 위반죄는 상상적 경합의 관계에 있으므로, 변호사법 위반죄의 공소시효가 완성되었다고 하여 그 죄와 상상적 경합관계에 있는 사기죄의 공소시효까지 완성되는 것은 아니다.」

대법원 2004. 7. 22. 선고 2003도8153 판결 「공소장변경이 있는 경우 공소시효의 완성 여부는 당초의 공소제기가 있었던 시점을 기준으로 판단할 것이고 공소장변경시를 기준으로 삼을 것이 아니다. 피고인들에 대한 변경 후 공소사실인 재하도급금지규정 위반으로 인한 건설산업기본법위반죄의 법정형은 1년 이하의 징역 또는 벌금이어서 범죄행위의 종료일로부터 3년의 기간이 경과하면 그 공소시효가 완성되는바, 기록에 의하면, 그 범행종료일이 공소외인과 하도급계약을 체결한 1998. 11. 1.이라고 할 것이므로, 범죄행위가 종료된 때로부터 3년이 경과하기 전인 2000. 10. 28. 최초로 피고인들에 대한 공소가 제기되었음이 역수상 명백한 이 사건의 경우 공소제기 당시 변경 후 공소사실인 재하도급금지규정 위반으로 인한 건설산업기본법위반죄에 대한 공소시효가 완성되지 않았다고 할 것이어서, 피고인들에 대한 변경 후 공소사실을 유죄로 인정한 원심판결에 공소시효가 완성되었음을 간과하여 면소의 판결을 하지 않은 위법이 있다고 할 수 없다.」

대법원 2008. 12. 11. 선고 2008도4376 판결 「범죄 후 법률의 개정에 의하여 법정형이 가벼워진 경우에는 형법 제1조 제2항에 의하여 당해 범죄사실에 적용될 가벼운 법정형(신법의 법정형)이 공소시효기간의 기준으로 된다.」

3. 공소시효의 기산점

대법원 1994. 3. 22. 선고 94도35 판결 「공소시효의 기산점에 관하여 규정한 형사소송법 제252조 제1항 소정의 "범죄행위"에는 당해 범죄의 결과까지도 포함되는 취지로 해석함이 상당하므로, 이 사건 업무상과실치사상죄의 공소시효는 피해자들이 사상에 이른 결과가 발생함으로써 그 범죄행위가 종료한 때로부터 진행한다.」

대법원 2017. 7. 11. 선고 2016도14820 판결 <표준>「공소시효는 범죄행위가 종료한 때부터 진행한다(형사소송법 제252조 제1항). 미수범은 범죄의 실행에 착수하여 행위를 종료하지 못하였거나 결과가 발생하지 아니한 때에 처벌받게 되므로(형법 제25조 제1항), <u>미수범의 범죄행위는 행위를 종료하지 못하였거나 결과가 발생하지 아니하여 더 이상 범죄가 진행될 수 없는 때에 종료하고, 그때부터 미수범의 공소시효가 진행한다.</u>」

대법원 1993. 6. 8. 선고 93도999 판결「폭력행위등처벌에관한법률(1990.12.31. 법률 제4294호로서 개정되기 전의 것) 제4조 소정의 <u>단체 등의 조직죄는 같은 법에 규정된 범죄를 목적으로 한 단체 또는 집단을 구성함으로써 즉시 성립하고 그와 동시에 완성되는 즉시범이어서, 피고인이 그와 같은 범죄단체에 가입한 시일은 범죄사실을 특정하는 중요한 요건일 뿐만 아니라 그 범죄에 대한 공소의 시효가 완성되었는지의 여부를 결정짓는 요소이기도 하므로,</u> 피고인이 위와 같은 범죄단체의 구성원으로 활동한 사실이 인정된다고 하더라도 그렇다고 하여 그 이전의 어느 시일(공소장에 기재된 범죄의 시일이 아닌)을 피고인이 범죄단체에 가입한 시일로 인정하여 유죄로 처벌하는 것은 허용될 수 없다.」

대법원 2012. 9. 13. 선고 2010도16001 판결「<u>포괄일죄의 공소시효는 최종의 범죄행위가 종료한 때로부터 진행한다.</u> 한편 공정거래법 제19조 제1항 제1호 소정의 가격결정 등의 합의 및 그에 기한 실행행위가 있었던 경우 부당한 공동행위가 종료한 날은 그 합의가 있었던 날이 아니라 그 합의에 기한 실행행위가 종료한 날을 의미한다. 따라서 공정거래법 제19조 제1항 제1호 소정의 가격결정 등의 합의에 따른 실행행위가 있는 경우 공정거래법 제66조 제1항 제9호 위반죄의 공소시효는 그 실행행위가 종료한 날부터 진행한다.」

4. 공소시효의 정지

<'범인이 형사처분을 면할 목적으로 국외에 있는 경우'의 의미>

대법원 2003. 1. 24. 선고 2002도4994 판결

<u>형사소송법 제253조 제3항은 범인이 형사처분을 면할 목적으로 국외에 있는 경우 그 기간 동안 공소시효는 정지된다고 규정하고 있는데, 이 때 범인의 국외체류의 목적은 오로지 형사처분을 면할 목적만으로 국외체류하는 것에 한정되는 것은 아니고 범인이 가지는 여러 국외체류 목적 중 형사처분을 면할 목적이 포함되어 있으면 족하다고 할 것인바,</u> 피고인이 1994. 9. 14.부터 같은 해 11. 27.경까지 사이에 피해자 공소외 1로부터 임야매수대금 명목으로 6억 2,500만 원을 교부받아 이를 보관하던 중 그 때쯤 그 중 4억 원을 임의로 소비하여 횡령하였다는 이 사건 횡령 공소사실에 대하여, 그에 관한 공소가 공소사실에서 적시하

고 있는 **최종 횡령행위가 종료한 1994. 11. 27.부터 약 6년 1개월이 경과한 2001. 1. 5.에
제기되기는 하였으나**, 한편 기록에 의하면, **피고인은 1999. 8. 26.부터 2000. 12. 11.까지 약
1년 3개월 간 국외에 체류**한 일이 있는데, 피고인은 이 사건 횡령 등 문제 때문에 채권자들
로부터 이미 1995. 12. 22. 가압류를 당하는 등 출국 직전에 이르기까지 피고인은 여러 채권
자들로부터 빚 독촉에 시달리고 있었고 중국으로 출국하기 이틀 전인 1999. 8. 24.에는 캐나
다로 출국하려다가 채권자들에게 붙잡혀 부도난 어음을 돌려주고 풀려나기도 하였으며 같은
날 이 사건 횡령 피해자 공소외 1을 대리한 공소외 2 등으로부터 형사고소를 당하기도 하였
던 사실이 인정되고, 여기에 피고인 스스로 수사기관에서 중국으로 출국한 이유에 관하여
이 사건 관련 법적 분쟁에 견디기 힘들어 당시 진행되던 소송의 추이를 보아가며 수사기관
에 출두하려고 하였다고 설명하고 있는 점을 더하여 볼 때, <u>피고인의 위 국외체류 목적 중에
는 이 사건 횡령의 점에 관한 형사처분을 면할 목적도 포함되어 있었음</u>을 넉넉히 인정할 수
있으므로, 위 국외체류기간 동안 그에 관한 공소시효는 형사소송법 제253조 제3항의 규정에
따라 정지되어 있었다고 볼 것이(다).

대법원 2008. 12. 11. 선고 2008도4101 판결 〈표준〉

국외에 체류중인 범인에게 '형사처분을 면할 목적'이 계속 존재하였는지가 의심스러운 사정
이 발생한 경우, 그 기간 동안 '형사처분을 면할 목적'이 있었는지 여부는 당해 범죄의 공소
시효의 기간, 범인이 귀국할 수 없는 사정이 초래된 경위, 그러한 사정이 존속한 기간이 당
해 범죄의 공소시효의 기간과 비교하여 도피 의사가 인정되지 않는다고 보기에 충분할 만
큼 연속적인 장기의 기간인지, 귀국 의사가 수사기관이나 영사관에 통보되었는지, 피고인의
생활근거지가 어느 곳인지 등의 제반 사정을 참작하여 판단하여야 한다. 이러한 기준에 의
하여 볼 때, <u>통상 범인이 외국에서 다른 범죄로 외국의 수감시설에 수감된 경우, 그 범행에
대한 법정형이 당해 범죄의 법정형보다 월등하게 높고, 실제 그 범죄로 인한 수감기간이 당
해 범죄의 공소시효 기간보다도 현저하게 길어서 범인이 수감기간 중에 생활근거지가 있는
우리나라로 돌아오려고 했을 것으로 넉넉잡아 인정할 수 있는 사정이 있다면 그 수감기간
에는 '형사처분을 면할 목적'이 유지되지 않았다고 볼 여지가 있고, 그럼에도 그러한 목적
의 유지되고 있었다는 점은 검사가 입증하여야 할 것이다.</u>
이 사건 공소사실과 원심이 인정한 사실 등에 의하면, 피고인은 1995. 6.부터 같은 해 11.경
까지 이 사건 부정수표단속법 위반죄를 범하고 1996. 6. 22.경 우리나라에 가족을 그대로
둔 채 중국으로 출국하여 그곳에서 사업을 하던 중 범한 죄로 징역 14년의 형을 선고받고
1998. 3. 13.경부터 그 약 8년 10개월 동안 중국의 수감시설에 수감되어 있다가 2007. 1.
13. 우리나라로 추방되어 2007. 9. 19. 이 사건 공소가 제기되었음을 알 수 있는바, 이 사건

부정수표단속법 위반죄의 법정형은 최고 징역 5년으로서 그 공소시효의 기간이 5년에 불과한 반면, 이 사건 공소제기는 범행종료일로부터 약 12년이 경과한 시점에 제기되고, 그 사이 피고인이 중국에 체류하면서 그곳 교도소에 수감되어 있었던 기간이 무려 8년 10개월이나 되는 점에 비추어 보면 피고인이 그 수감기간 중에 가족이 있는 우리나라로 돌아오려고 하였을 것이라고 충분히 짐작되는 점을 고려하면, 피고인이 귀국하려는 의사가 수사기관 등에 통보되는 등 객관적으로 표출된 사정이 없다고 하더라도 중국의 교도소에 수감되어 있었던 기간 동안에도 이 사건 범죄에 대한 '형사처분을 면할 목적'이 있었다고 볼 다른 자료가 없는 상태에서는 이 사건 범죄에 대한 '형사처분을 면할 목적'이 있다고 쉽게 단정할 수 없다.

결국, 원심이 피고인이 중국에서 수감된 기간 동안 이 사건 부정수표단속법 위반죄에 대한 공소시효가 진행되어 이 사건 공소제기 당시에는 그 공소시효가 완성되었다는 이유로 피고인에게 면소를 선고한 제1심판결을 그대로 유지한 조치는 정당하(다).

대법원 2014. 4. 24. 선고 2013도9162 판결 「피고인이 당해 사건으로 처벌받을 가능성이 있음을 인지하였다고 보기 어려운 경우라면 피고인이 다른 고소사건과 관련하여 형사처분을 면할 목적으로 국외에 있은 경우라고 하더라도 당해 사건의 형사 처분을 면할 목적으로 국외에 있었다고 볼 수 없다.」

대법원 2022. 12. 1. 선고 2019도5925 판결 「'형사처분을 면할 목적'은 국외 체류의 유일한 목적으로 되는 것에 한정되지 않고 범인이 가지는 여러 국외 체류 목적 중에 포함되어 있으면 족하다. 범인이 국외에 있는 것이 형사처분을 면하기 위한 방편이었다면 '형사처분을 면할 목적'이 있었다고 볼 수 있고, 위 '형사처분을 면할 목적'과 양립할 수 없는 범인의 주관적 의사가 명백히 드러나는 객관적 사정이 존재하지 않는 한 국외 체류기간 동안 '형사처분을 면할 목적'은 계속 유지된다. … 가) 피고인은 14세에 미국으로 출국하여 체류하던 중 18세가 되어 제1국민역에 편입됨에 따라 당시 시행 중이던 병역법에 의하여 병무청장으로부터 국외여행허가를 받은 다음 4차례에 걸쳐 기간연장허가를 받아왔다. 이러한 사정에 비추어 피고인은 국외에 계속 체류하기 위해서는 병무청장으로부터 기간연장허가를 받아야 한다는 사정을 알았을 것으로 보이는데도 최종 국외여행허가기간 만료일인 2002. 12. 31. 이후 기간연장허가를 받지 않고 미국에 계속 체류하였다. 나) 광주·전남지방병무청장은 피고인에 대한 국외여행허가기간 만료 후인 2003. 1. 10.과 같은 해 2. 10.에 피고인에 대한 귀국보증인들(피고인의 외조부와 외조부의 지인)에게 각 국외여행 미귀국통지서를 송부하였다. 다) 피고인은 2005년경 비자기간이 만료된 후 학업을 중단하여 비자기간연장을 받지 못하게 되자 불법체류 상태로 입영의무 등이 면제되는 연령인 36세에 이르는 날(2012. 11. 15.)을 넘어 2017. 4. 18. 귀국할 때까지 장기간 미국에서 체류하였다. 3) 그런데도 원심은 피고인이 형사처분을 면할 목적으로 국외에 있었다는 점에 관한 아무런 증명이 없다고 보아 이 사건 범행의 공소시효가 정지되지 않았다고 판단하였다. 이러한 원심판단에는 공소시효 정지에 관한 법리를 오해하여 필요한 심리를 다하지 않은 잘못이 있다.」

〈공범 중 1인이 범죄의 증명이 없다는 이유로 무죄의 확정판결을 선고받은 경우 진 범에 대한 공소시효정지의 효력이 발생하는지 여부 : 소극〉

대법원 1999. 3. 9. 선고 98도4621 판결

형사소송법 제253조 제1항, 제2항에 의하면 공소시효는 공소의 제기로 진행이 정지되고, 공 범의 1인에 대한 공소시효의 정지는 다른 공범자에 대하여 효력이 미치고 당해 사건의 재판 이 확정된 때로부터 진행한다고 규정하고 있는바, 위 제2항 소정의 공범관계의 존부는 현재 시효가 문제되어 있는 사건을 심판하는 법원이 판단하는 것으로서 법원조직법 제8조의 경우 를 제외하고는 다른 법원의 판단에 구속되는 것은 아니라고 할 것이고, 위 형사소송법 제 253조 제2항 소정의 재판이라 함은 종국재판이면 그 종류를 묻지 않는다고 할 것이나(대법원 1998. 5. 15. 선고 97도3065 판결 참조), 공범의 1인으로 기소된 자가 구성요건에 해당하는 위법 행위를 공동으로 하였다고 인정되기는 하나 책임조각을 이유로 무죄로 되는 경우와는 달리 범죄의 증명이 없다는 이유로 공범 중 1인이 무죄의 확정판결을 선고받은 경우에는 그를 공 범이라고 할 수 없어 그에 대하여 제기된 공소로써는 진범에 대한 공소시효정지의 효력이 없다고 해석함이 상당하다 할 것이다.

원심판결 이유에 의하면 원심은 그 판시와 같은 이유로 피고인과 위 공소외인이 공범관계에 있다고 볼 수 없고, 따라서 위 공소외인에 대한 공소제기로 인한 공소시효정지의 효력이 피 고인에게 미칠 수 없으므로 원심이 제1심 판시 제2항 각 범죄사실에 대하여 공소시효가 완 성되었다는 이유로 면소를 선고하였는바, 위 법리와 기록에 비추어 보면 원심의 위와 같은 사실인정 및 판단은 정당하(다).

〈형사소송법 제253조 제2항의 '공범'에 대향범 관계에 있는 자가 포함되는지 여부: 소극〉

대법원 2015. 2. 12. 선고 98도4621 판결 <표준>

1. 형사소송법은 제248조 제1항에서 "공소는 검사가 피고인으로 지정한 사람 외의 다른 사 람에게는 그 효력이 미치지 아니한다."고 규정하고, 제253조 제1항에서 "시효는 공소의 제기 로 진행이 정지되고 공소기각 또는 관할위반의 재판이 확정된 때로부터 진행한다."고 규정 하고 있으며, 같은 조 제2항에서 "공범의 1인에 대한 전항의 시효정지는 다른 공범자에 대

하여 효력이 미치고 당해 사건의 재판이 확정된 때로부터 진행한다."고 규정하고 있다.

이와 같이 형사소송법은 공범 사이의 처벌에 형평을 기하기 위하여 공범 중 1인에 대한 공소의 제기로 다른 공범자에 대하여도 공소시효가 정지되도록 규정하고 있는데, 위 공범의 개념이나 유형에 관하여는 아무런 규정을 두고 있지 아니하다. 따라서 형사소송법 제253조 제2항의 공범을 해석함에 있어서는 공범 사이의 처벌의 형평이라는 위 조항의 입법 취지, 국가형벌권의 적정한 실현이라는 형사소송법의 기본이념, 국가형벌권 행사의 대상을 규정한 형법 등 실체법과의 체계적 조화 등의 관점을 종합적으로 고려하여야 할 것이고, 특히 위 조항이 공소제기 효력의 인적 범위를 확장하는 예외를 마련하여 놓은 것이므로 원칙적으로 엄격하게 해석하여야 하고 피고인에게 불리한 방향으로 확장하여 해석해서는 아니 된다(대법원 2012. 3. 29. 선고 2011도15137 판결 참조).

뇌물공여죄와 뇌물수수죄 사이와 같은 이른바 대향범 관계에 있는 자는 강학상으로는 필요적 공범이라고 불리고 있으나, 서로 대향된 행위의 존재를 필요로 할 뿐 각자 자신의 구성요건을 실현하고 별도의 형벌규정에 따라 처벌되는 것이어서, 2인 이상이 가공하여 공동의 구성요건을 실현하는 공범관계에 있는 자와는 본질적으로 다르며, 대향범 관계에 있는 자 사이에서는 각자 상대방의 범행에 대하여 형법 총칙의 공범규정이 적용되지 아니한다(대법원 2014. 1. 16. 선고 2013도6969 판결 참조).

이러한 점들에 미추어 보면 형사소송법 제253조 제2항에서 말하는 '공범'에는 뇌물공여죄와 뇌물수수죄 사이와 같은 대향범 관계에 있는 자는 포함되지 않는다고 해석할 것이다.

2. 원심판결 이유와 기록에 의하면, 검사는 2011. 6. 29. 피고인에 대하여 "피고인이 공소외 1과 공모하여 2005. 2. 3. 공소외 2에게, 이 사건 체비지를 싸게 매입할 수 있도록 부천시청 체비지 담당공무원 공소외 3에게 전달해 달라며 6,000만 원을 교부하였다."는 사실로 공소를 제기하였고, 한편 공소외 1과 공소외 2 및 공소외 3에 대하여는 2006. 1. 10. 각각 제3자 뇌물교부죄, 제3자 뇌물취득죄, 특정범죄 가중처벌 등에 관한 법률 위반(뇌물)죄로 공소가 제기되어, 2007. 4. 20. 서울고등법원에서 공소외 1에게는 징역 1년, 공소외 2에게는 징역 1년 6월, 공소외 3에게는 징역 3년의 유죄판결이 선고되었으며, 공소외 1에 대한 유죄판결은 2007. 4. 27. 상고기간 경과로, 공소외 2와 공소외 3에 대한 유죄판결은 2007. 7. 27. 이들의 상고가 기각됨으로써 각각 확정되었음을 알 수 있다.

이러한 사실관계에 따르면, 이 사건 공소는 피고인의 범행이 종료된 때부터 6년 147일 만에 제기된 것이어서 피고인과 공범 관계인 공소외 1에 대한 유죄판결 확정일을 기준으로 계산한 공소시효 정지기간인 1년 107일을 제외하더라도 이 사건 범죄의 공소시효 기간인 5년이 지나서 제기된 것이 된다.

〈공범 중 1인에 대해 약식명령이 확정된 후 정식재판청구권회복결정이 있는 경우, 그 사이의 기간 동안 다른 공범자에 대한 공소시효 진행이 정지되는지 여부 : 소극〉

대법원 2012. 3. 29. 선고 2011도15137 판결

1. 형사소송법 제253조 제1항은 '시효는 공소의 제기로 진행이 정지되고 공소기각 또는 관할위반의 재판이 확정된 때로부터 진행한다'고 규정하고 있고, 그 제2항은 '공범의 1인에 대한 전항의 시효정지는 다른 공범자에게 대하여 효력이 미치고 당해 사건의 재판이 확정된 때로부터 진행한다'고 규정하고 있다. 위와 같이 형사소송법 제253조 제2항은 공범 중 1인에 대한 공소의 제기로 다른 공범자에 대한 공소시효까지 정지한다고 규정하면서도 다시 공소시효가 진행하는 시점에 관해서는 위 제253조 제1항과 달리 공소가 제기된 당해 사건의 재판이 확정된 때라고만 하고 있을 뿐 그 판결이 공소기각 또는 관할위반의 재판인 경우로 한정하고 있지 않다. 따라서 공범 중 1인에 대한 공소의 제기로 다른 공범자에 대한 공소시효의 진행이 정지되더라도 공소가 제기된 공범 중 1인에 대한 재판이 확정되면, 그 재판의 결과가 형사소송법 제253조 제1항이 규정한 공소기각 또는 관할위반인 경우뿐 아니라 유죄, 무죄, 면소인 경우에도 그 재판이 확정된 때로부터 다시 공소시효가 진행된다고 볼 것이고, 이는 약식명령이 확정된 때에도 마찬가지라고 할 것이다.

그리고 공범 중 1인에 대해 약식명령이 확정되고 그 후 정식재판청구권이 회복되었다고 하는 것만으로는, 그 사이에 검사가 다른 공범자에 대한 공소를 제기하지 못할 법률상 장애사유가 있다고 볼 수 없을 뿐만 아니라, 그 기간 동안 다른 공범자에 대한 공소시효가 정지된다고 볼 아무런 근거도 찾을 수 없다. 더욱이 정식재판청구권이 회복되었다는 사정이 약식명령의 확정으로 인해 다시 진행된 공소시효기간을 소급하여 무효로 만드는 사유가 된다고 볼 수도 없다.

또한 형사소송법이 공범 중 1인에 대한 공소의 제기로 다른 공범자에 대하여도 공소시효가 정지되도록 한 것은 공소제기 효력의 인적 범위를 확장하는 예외를 마련하여 놓은 것이므로, 이는 엄격하게 해석하여야 하고 피고인에게 불리한 방향으로 확장하거나 축소하여 해석해서는 아니 된다.

그렇다면 공범 중 1인에 대해 약식명령이 확정된 후 그에 대한 정식재판청구권회복결정이 있었다고 하더라도 그 사이의 기간 동안에는, 특별한 사정이 없는 한, 다른 공범자에 대한 공소시효는 정지함이 없이 계속 진행한다고 보아야 할 것이다.

2. 원심판결 이유 및 기록에 의하면, **피고인에 대한 이 사건 공소사실은 피고인이 공소외 1과 함께 매수한 이 사건 임야에 관하여 위 공소외 1과 공모하여 명의수탁자인 공소외 2 명의로 2005. 7. 12. 소유권이전등기를 하였다는 것으로 그 공소시효기간이 5년인 사실, 공범인 공소외 1에 대하여는 2010. 6. 24. 약식명령이 청구되어 2010. 10. 8. 벌금 500만 원의 약식명령이 확정되었다가 2010. 11. 17. 그에 대한 정식재판청구권회복결정이 내려진 사실, 이 사건 공소는 2011. 2. 16. 제기된 사실을 알 수 있다.**

이러한 사실관계를 앞서 본 법리에 비추어 보면, 피고인에 대한 공소시효는 공범인 공소외 1에 대하여 약식명령이 청구된 2010. 6. 24. 일단 정지되었다가 벌금 500만 원의 약식명령이 확정된 때인 2010. 10. 8.부터 다시 진행하여 그에 대한 정식재판청구권회복결정이 내려진 2010. 11. 17. 이전에 공소시효기간 5년이 이미 경과하였음이 역수상 분명하므로, 피고인에 대한 이 사건 공소는 공소시효가 완성된 다음에 제기되었다고 할 것이다.

대법원 1995. 1. 20. 선고 94도2752 판결 「폭력행위등처벌에관한법률(1990.12.31. 법률 제4294호로 개정되기 전의 것) 제4조 소정의 단체 등의 조직죄는 같은 법에 규정된 범죄를 목적으로 한 단체 또는 집단을 구성함으로써 즉시 성립하고 그와 동시에 완성되는 즉시범이므로, 범죄성립과 동시에 공소시효가 진행되는 것이고, 이 사건 공소제기는 범죄의 성립시기인 1983.8. 중순으로부터 10년이 경과한 후인 1993.12.23.에 이루어졌음은 소론과 같으나, 형사소송법 제253조 제2항의 규정에 의하면, 공범의 1인에 대한 시효의 정지는 다른 공범자에 대하여 효력이 미치고 당해 사건의 재판이 확정된 때로부터 다시 진행하도록 되어 있는바, 이 사건 수사기록에 의하면, 피고인과 공범관계에 있는 공소외인이 1991.6.14.(당해사건의 제1심판결 선고일) 이전에 이 사건과 같은 범죄사실로 공소제기가 된 후 1992.11.27. 당원에서 상고기각됨으로써 유죄판결이 확정된 사실이 명백하므로, 공범자인 피고인에 대하여도 적어도 위 1991.6.14.부터 그 재판이 확정된 1992.11.27.까지의 기간 동안은 공소시효의 진행이 정지되었음이 명백하다.」

대법원 2021. 2. 25. 선고 2020도3694 판결 「공소시효를 정지·연장·배제하는 특례조항을 신설하면서 소급적용에 관한 명시적인 경과규정을 두지 않은 경우 그 조항을 소급하여 적용할 수 있는지에 관해서는 보편타당한 일반원칙이 존재하지 않고, 적법절차원칙과 소급금지원칙을 천명한 헌법 제12조 제1항과 제13조 제1항의 정신을 바탕으로 하여 법적 안정성과 신뢰보호원칙을 포함한 법치주의 이념을 훼손하지 않는 범위에서 신중히 판단해야 한다. … 제34조는 '공소시효의 정지와 효력'이라는 제목으로 제1항에서 "아동학대범죄의 공소시효는 형사소송법 제252조에도 불구하고 해당 아동학대범죄의 피해

아동이 성년에 달한 날부터 진행한다."라고 정하고, 부칙은 "이 법은 공포 후 8개월이 경과한 날부터 시행한다."라고 정하고 있다. 아동학대처벌법은 신체적 학대행위를 비롯한 아동학대범죄로부터 피해아동을 보호하기 위한 것으로서, 제34조는 아동학대범죄가 피해아동의 성년에 이르기 전에 공소시효가 완성되어 처벌대상에서 벗어나는 것을 방지하고자 그 진행을 정지시킴으로써 피해를 입은 18세 미만 아동(아동학대처벌법 제2조 제1호, 아동복지법 제3조 제1호)을 실질적으로 보호하려는 데 그 취지가 있다. 아동학대처벌법은 제34조 제1항의 소급적용에 관하여 명시적인 경과규정을 두고 있지는 않다. 그러나 이 규정의 문언과 취지, 아동학대처벌법의 입법 목적, 공소시효를 정지하는 특례조항의 신설·소급에 관한 법리에 비추어 보면, 이 규정은 완성되지 않은 공소시효의 진행을 일정한 요건에서 장래를 향하여 정지시키는 것으로서, 그 시행일인 2014. 9. 29. 당시 범죄행위가 종료되었으나 아직 공소시효가 완성되지 않은 아동학대범죄에 대해서도 적용된다고 봄이 타당하다. 한편 대법원 2015. 5. 28. 선고 2015도1362, 2015전도19 판결은 공소시효의 배제를 규정한 구 「성폭력범죄의 처벌 등에 관한 특례법」(2012. 12. 18. 법률 제11556호로 전부 개정되기 전의 것) 제20조 제3항에 대한 것으로, 공소시효의 적용을 영구적으로 배제하는 것이 아니고 공소시효의 진행을 장래에 향하여 정지시키는 데 불과한 아동학대처벌법 제34조 제1항의 위와 같은 해석·적용에 방해가 되지 않는다.」

5. 공소시효의 완성

대법원 1986. 11. 25. 선고 86도2106 판결 「공소가 제기된 범죄는 판결의 확정이 없이 공소를 제기한 때로부터 15년(현행법 : 25년)을 경과하면 공소시효가 완성된 것으로 간주한다 할 것인바(형사소송법 제249조 제2항), 기록에 의하면 피고인에 대한 이 사건 공소가 1970.11.11 제기되어 소송촉진등에 관한 특례법 제23조 본문에 의하여 피고인의 진술없이 심리되어 제1심 판결이 선고되고, 일응 그 항소제기 기간이 도과하였으나 그후 피고인의 상소권회복청구가 받아들여져 결국 위 판결이 확정되지 아니한채 1986.9.9 원심판결이 선고된 사실을 알 수 있는 바, 원심판결선고 당시에는 이미 위 공소제기일로부터 15년이 경과하였음이 역수상 분명하고 그렇다면 이 사건 공소제기 각 범죄는 그 공소시효가 완성된 것으로 간주됨으로써 형사소송법 제326조 제3호에 의하여 피고인에게 면소의 판결을 하였어야 함에도 불구하고 원심이 이를 간과하고 실체에 관하여 심리한 끝에 피고인에게 유죄판결을 선고하였음은 위법하다.」

대법원 2022. 9. 29. 선고 2020도13547 판결 「구 형사소송법(2007. 12. 21. 법률 제8730호로 개정되기 전의 것, 이하 '구 형사소송법'이라고 한다) 규정에 따르면, 공소시효는 범죄행위가 종료한 때로부터 진행하여 법정형에 따라 정해진 일정 기간의 경과로 완성한다(제252조 제1항, 제249조 제1항). 공소시효는 공소의 제기로 진행이 정지되지만(제253조 제1항 전단), 판결의 확정이 없이 공소를 제기한 때로부터 15년이 경과되면 공소시효가 완성한 것으로 간주된다(제249조 제2항). 형사소송법 제253조 제3

항은 "범인이 형사처분을 면할 목적으로 국외에 있는 경우 그 기간 동안 공소시효는 정지된다."라고 규정하고 있다. 위 조항의 입법 취지는 범인이 우리나라의 사법권이 실질적으로 미치지 못하는 국외에 체류한 것이 도피의 수단으로 이용된 경우에 그 체류기간 동안은 공소시효가 진행되는 것을 저지하여 범인을 처벌할 수 있도록 하여 형벌권을 적정하게 실현하고자 하는 데 있다(대법원 2008. 12. 11. 선고 2008도4101 판결 참조). 위와 같은 법 문언과 취지 등을 종합하면, 형사소송법 제253조 제3항에서 정지의 대상으로 규정한 '공소시효'는 범죄행위가 종료한 때로부터 진행하고 공소의 제기로 정지되는 구 형사소송법 제249조 제1항의 시효를 뜻하고, 그 시효와 별개로 공소를 제기한 때부터 일정 기간이 경과하면 공소시효가 완성된 것으로 간주된다고 규정한 구 형사소송법 제249조 제2항에서 말하는 '공소시효'는 여기에 포함되지 않는다고 봄이 타당하다. 따라서 공소제기 후 피고인이 처벌을 면할 목적으로 국외에 있는 경우에도, 그 기간 동안 구 형사소송법 제249조 제2항에서 정한 기간의 진행이 정지되지는 않는다.」

제 3 절   공소제기의 효과

I. 소송계속

〈공소제기의 소극적 효과 : 이중기소 금지의 원칙〉

대법원 2001. 12. 24. 선고 2001도4506 판결

피고인은 이 사건과 별도로 1999. 4. 29. 울산지방법원 99고약8869호로 '1999. 1. 4.부터 1999. 3. 10.경까지 사이에 기업사 작업장에서 일일 평균 1,500kg의 사업장 동물성잔재·폐기물(돼지기름 등)을 배출하여 폐기물처리업체에 위탁처리하면서 이를 신고하지 아니하였다.' 는 공소사실로 기소되었고, 이 사건은 1999. 7. 31. 창원지방법원 99고약17379호로 '피고인이 공소외인과 공모하여 1997년 9월경부터 1999년 5월말경까지 기업사 작업장에서 사업장 일반폐기물인 동물성잔재물(돼지기름)이 일일 평균 300kg 이상 배출됨에도 관계 당국에 사업장폐기물배출자신고를 하지 아니하였다.'는 공소사실로 기소되었음을 알 수 있는바, 위 각 공소사실은 결국 동일한 신고의무위반에 대한 공소이므로 원심으로서는 먼저 공소제기된 위 사건의 결과가 어떻게 되었는지를 따져 보아 피고인에 대한 이 사건 공소사실 중 사업장폐기물배출자미신고의 점에 대하여 실체판단에 들어갈 것인지 여부를 결정하였어야 할 것이다. 그럼에도 불구하고 먼저 공소제기된 사건의 결과를 따져 보지 아니한 채 위 공소사실에 대하여 실체판단에 들어가 유죄로 판단한 원심판결에는 심리를 다하지 아니하여 소송조건에 관한 판단을 그르침으로써 판결 결과에 영향을 미친 위법이 있다 할 것이다.

대법원 2004. 8. 20. 선고 2004도3331 판결 이중기소의 경우 공소기각판결을 하도록 규정한 형사소송법 제327조 제3호의 취지는 동일 사건에 대하여 피고인으로 하여금 이중위험을 받지 아니하게 하고 법원이 2개의 실체판결을 하지 아니하도록 함에 있는 것이고, 상습범에 있어서 공소제기의 효력은 공소가 제기된 범죄사실과 동일성이 인정되는 범죄사실 전체에 미치는 것이며, 또한 공소제기의 효력이 미치는 시적 범위는 사실심리의 가능성이 있는 최후의 시점인 판결 선고시를 기준으로 삼아야 할 것이므로, 검사가 일단 상습사기죄로 공소제기한 후 그 공소의 효력이 미치는 위 기준시까지의 사기행위 일부를 별개의 독립된 상습사기죄로 공소제기를 하는 것은 비록 그 공소사실이 먼저 공소제기를 한 상습사기의 범행 이후에 이루어진 사기 범행을 내용으로 한 것일지라도 공소가 제기된 동일사건에 대한 이중기소에 해당되어 허용될 수 없는 것이다.

Ⅱ. 심판범위의 한정

〈불고불리의 원칙〉

대법원 2020. 3. 12. 선고 2019도15117 판결

검사는 공소장에 범죄의 일시, 장소와 방법을 명시하여 사실을 특정할 수 있도록 하여야 한다(형사소송법 제254조 제4항). 이는 법원의 심판대상을 한정하고 피고인의 방어의 범위를 특정하여 그 방어권 행사를 용이하게 하기 위한 데에 있으므로(대법원 2011. 11. 24. 선고 2009도7166 판결 참조), 법원은 검사가 공소제기한 범위 내에서만 심판하여야 한다. 그러나 관할위반, 소송요건의 존부 등 직권조사사유에 관하여는 공소장에 기재되지 않았거나 공소장변경이 없다고 하더라도 법원이 반드시 심판하여야 한다.

1. 인적 효력범위

〈공소제기의 인적(주관적) 효력범위〉

대법원 1997. 11. 28. 선고 97도2215 판결

형사소송법 제248조에 의하여 공소는 검사가 피고인으로 지정한 이외의 다른 사람에게 그 효력이 미치지 아니하는 것이므로 공소제기의 효력은 검사가 피고인으로 지정한 자에 대하여만 미치는 것이고, 따라서 피의자가 다른 사람의 성명을 모용한 탓으로 공소장에 피모용자가 피고인으로 표시되었다 하더라도 이는 당사자의 표시상의 착오일 뿐이고, 검사는 모용자에 대하여 공소를 제기한 것이므로 모용자가 피고인이 되고 피모용자에게 공소의 효력이 미친다고는 할 수 없다.

따라서 검사가 공소장의 피고인표시를 정정하여 바로 잡은 경우에는 처음부터 모용자에 대한 공소의 제기가 있었고, 피모용자에 대한 공소의 제기가 있었던 것은 아니므로 법원은 모용자에 대하여 심리하고 재판을 하면 될 것이지, 원칙적으로는 피모용자에 대하여 심판할 것은 아니다. 다만 이와 같은 경우라도 피모용자가 약식명령을 송달받고 이에 대하여 정식재판의 청구를 하여 피모용자를 상대로 심리를 하는 과정에서 성명모용 사실이 발각되고 검사가 공소장을 정정하는 등 사실상의 소송계속이 발생하고 형식상 또는 외관상 피고인의 지위를 갖게 된 경우에는 법원으로서는 피모용사에게 적법한 공소의 제기가 없었음을 밝혀주는 의미에서 형사소송법 제327조 제2호를 유추적용하여 공소기각의 판결을 함으로써 피모용자의 불안정한 지위를 명확히 해소해 주어야 할 것이지만(대법원 1993. 1. 19. 선고 92도2554 판결, 1991. 9. 10. 선고 91도1689 판결, 1981. 7. 7. 선고 81도182 판결 등 참조), 진정한 피고인인 모용자에게는 아직 약식명령의 송달이 없었다고 할 것이므로 검사는 공소장에 기재된 피고인 표시를 정정하고 법원은 이에 따라 약식명령의 피고인 표시를 정정하여 본래의 약식명령과 함께 이 경정결정을 모용자인 피고인에게 송달하면 이때야 비로소 위 약식명령은 적법한 송달이 있다고 볼 것이고, 이에 대하여 소정의 기간 내에 정식재판의 청구가 없으면 이 약식명령은 확정된다고 볼 것이다.

2. 물적 효력범위

〈일죄의 일부 기소〉

대법원 1999. 11. 26. 선고 99도1904 판결

1. 피고인의 국선변호인의 상고이유 및 피고인의 상고이유 제1, 3점에 대하여

직무유기죄는 구체적으로 그 직무를 수행하여야 할 작위의무가 있는데도 불구하고 이러한 직무를 버린다는 인식하에 그 작위의무를 수행하지 아니하면 성립하는 것이다(대법원 1997. 4. 22. 선고 95도748 판결 등 참조).

원심판결 이유를 위와 같은 법리와 기록에 비추어 살펴보면, 원심이 **피고인이 국방부 합동 조사단장으로부터 공소외 1의 병무비리사건과 관련하여 뇌물수수 등의 혐의로 수배 중인 공소외 2을 체포하도록 구체적인 임무를 부여받아 그 직무를 수행함에 있어 공소외 2과 여러 차례에 걸쳐 전화통화를 하고, 나아가 공소외 2을 위하여 서류를 전달해주는 한편 그의 예금통장까지 개설해 주고서도 그와 같은 사실을 보고조차 하지 아니하여 직무를 유기하였다**는 이 사건 범죄사실을 유죄로 인정하여 처벌한 조치는 수긍이 가고, 거기에 상고이유에서 지적하는 바와 같은 채증법칙 위배, 직무유기죄에 관한 법리오해, 기대가능성에 관한 법리오해 등의 위법이 없다. 이 점에 관한 피고인 및 국선 변호인의 상고이유는 모두 받아들일 수 없다.

2. 피고인의 상고이유 제2점에 대하여

하나의 행위가 부작위범인 직무유기죄와 작위범인 범인도피죄의 구성요건을 동시에 충족하는 경우 공소제기권자는 재량에 의하여 작위범인 범인도피죄로 공소를 제기하지 않고 부작위범인 직무유기죄로만 공소를 제기할 수도 있으므로, 군검찰관이 피고인의 행위를 범인도피죄로 공소를 제기하지 않고 직무유기죄로만 공소를 제기한 이 사건에서 원심이 그 공소범위 내에서 피고인을 직무유기죄로 인정하여 처벌한 조치는 수긍이 가고, 거기에 상고이유에서 지적하는 바와 같은 죄수에 관한 법리오해의 위법이 없다.

> ### 대법원 2008. 2. 14. 선고 2005도4202 판결 〈표준〉
> 하나의 행위가 부작위범인 직무유기죄와 작위범인 허위공문서작성·행사죄의 구성요건을 동시에 충족하는 경우 공소제기권자는 재량에 의하여 작위범인 허위공문서작성·행사죄로 공소를 제기하지 않고 부작위범인 직무유기죄로만 공소를 제기할 수도 있는 것이므로(위 대법원 1999. 11. 26. 선고 99도1904 판결 참조), 검사가 위 피고인의 행위를 허위공문서작

성·행사죄로 기소하지 않고 직무유기죄로만 공소를 제기한 이 사건에서 원심이 그 공소범위 내에서 위 피고인을 직무유기죄로 인정하여 처벌한 조치 역시 정당하다.

대법원 2017. 12. 5. 선고 2017도13458 판결 「공직선거법 제230조 제1항 제4호와 같은 항 제5호를 비교하면, 제4호는 공직선거법에서 정한 일정한 경우를 제외하고 선거운동과 관련하여 금품 기타 이익을 제공하는 등의 행위를 처벌하기 위한 규정이고, 제5호는 선거에 영향을 미치게 하기 위해 탈법 방법에 의한 문자 전송이나 인터넷 홈페이지의 게시판 게시 등의 행위에 대한 대가로 금품 기타 이익을 제공하는 등의 행위를 처벌하기 위한 규정이다. 위 두 규정은 위반행위의 대상, 대가 관계 유무, 선거에 영향을 미칠 목적의 유무 등 구성요건과 규제대상에 차이가 있다. 따라서 후자가 전자에 대하여 특별법 관계에 있는 것이 아니고, 1개의 행위가 각각의 구성요건을 충족하는 경우에는 두 죄가 상상적 경합의 관계에 있다고 보아야 한다. 하나의 행위가 여러 범죄의 구성요건을 동시에 충족하는 경우 공소제기권자는 자의적으로 공소권을 행사하여 소추 재량을 현저히 벗어났다는 등의 특별한 사정이 없는 한 증명의 난이 등 여러 사정을 고려하여 그중 일부 범죄에 관해서만 공소를 제기할 수도 있다. 이 사건에서 검사는 피고인의 행위에 대하여 공직선거법 제230조 제1항 제5호 위반죄로 공소를 제기하지 않고 같은 항 제4호, 제135조 제3항 위반죄로만 공소를 제기하였다. 이는 검사가 위 두 규정에 따른 구성요건의 충족 여부와 증명의 난이 등 여러 사정을 고려하여 위와 같이 공소를 제기한 것으로 볼 수 있고, 공소권을 자의적으로 행사하거나 소추 재량을 현저히 벗어났다고 보기 어렵다.」

대법원 2016. 1. 14. 선고 2013도8118 판결 「검사는 법원의 허가를 받아 공소장에 기재된 공소사실 또는 적용법조의 추가, 철회 또는 변경을 할 수 있고, 이 경우에 법원은 공소사실의 동일성을 해하지 아니하는 한도에서 이를 허가하도록 되어 있다(형사소송법 제298조). 따라서 일죄의 관계에 있는 여러 범죄사실 중 일부에 대한 기판력은 현실적으로 심판대상이 되지 아니한 다른 부분에도 미치므로, 그 일부의 범죄사실에 대하여 공소가 제기된 뒤에 항소심에서 나머지 부분을 추가하였다고 하여 공소사실의 동일성을 해하는 것이라고 볼 수 없으므로 법원은 이를 허가하여야 한다.」

〈구법하에서의 친고죄의 일부기소〉

대법원 2002. 5. 16. 선고 2002도51 전원합의체 판결

폭행 또는 협박으로 부녀를 강간한 경우에는 강간죄만 성립하고, 그것과 별도로 강간의 수단으로 사용된 폭행·협박이 형법상의 폭행죄나 협박죄 또는 폭력행위등처벌에관한법률위반의 죄를 구성한다고는 볼 수 없으며, 강간죄와 이들 각 죄는 이른바 법조경합의 관계일 뿐이다(대법원 1974. 6. 11. 선고 73도2817 판결 참조).

성폭력범죄의처벌및피해자보호등에관한법률이 시행된 이후에도 여전히 친고죄로 남아 있는 강간죄의 경우, 고소가 없거나 고소가 취소된 경우 또는 강간죄의 고소기간이 경과된 후에 고소가 있는 때에는 강간죄로 공소를 제기할 수 없음은 물론, 나아가 그 강간범행의 수단으로 또는 그에 수반하여 저질러진 폭행·협박의 점 또한 강간죄의 구성요소로서 그에 흡수되는 법조경합의 관계에 있는 만큼 이를 따로 떼어내어 폭행죄·협박죄 또는 폭력행위등처벌에관한법률위반의 죄로 공소제기할 수 없다고 해야 마땅하다. 이러한 공소제기를 허용한다면, 강간죄를 친고죄로 규정한 취지에 반하기 때문이다.

결국, 그와 같은 공소는 공소제기의 절차가 법률에 위반되어 무효인 경우로서 형사소송법 제327조 제2호에 따라 공소기각의 판결을 하여야 할 것이다.

그러므로 강간죄에 대하여 고소취소가 있는 경우에 그 수단인 폭행만을 분리하여 공소제기하였다면 이는 범죄로 되지 아니하는 경우에 해당하므로, 무죄를 선고하여야 한다고 본 대법원 1976. 4. 27. 선고 75도3365 판결의 견해는 이와 저촉되는 한도 내에서 변경하기로 한다.

〈공소제기의 하자의 치유〉

대법원 1996. 9. 24. 선고 96도2151 판결

공갈죄의 수단으로서 한 협박은 공갈죄에 흡수될 뿐 별도로 협박죄를 구성하지 않으므로, 이 사건 범죄사실에 대한 피해자의 고소는 결국 공갈죄에 대한 것이라 할 것이어서, 그 후 고소가 취소되었다 하여 공갈죄로 처벌하는 데에 아무런 장애가 되지 아니하며, 공소를 제기할 당시에는 이 사건 범죄사실을 협박죄로 구성하여 기소하였다 하더라도 그 후 공판 중에 기본적 사실관계가 동일하여 공소사실을 공갈미수로 공소장 변경이 허용된 이상 그 공소제기의 하자는 치유된다고 할 것이고, 그와 같은 공소장의 변경은 허용되어서는 아니된다는 주장은 독자적인 견해로서 받아들일 수 없다.

대법원 1989. 2. 14. 선고 85도1435 판결

법원은 공소장에 기재된 공소사실과 적용법조를 기초로 하여 이에 대하여 형식적 또는 실체적 심판을 행하는 것이나 반드시 공소제기 당시의 공소사실과 적용법조에 구속되는 것이 아니라 소송의 진행을 거쳐 사실심리의 가능성 있는 최종 시점인 판결선고시를 기준으로 하여 이때 특정된 공소사실과 적용법조가 현실적인 심판의 대상이 된다고 할 것이다. 한편 검사는 법원의 허가를 얻어 공소사실 또는 적용법조를 변경할 수 있고 법원은 동일성을 해하지 아니하는 한도에서 허가하도록 되어 있어 검사의 공소장변경은 동일성의 범위 내에서 법원의 허가를 받으면 족하고 그밖에 이를 변경하는데 아무런 제한이 없는 바, 이 사건의 경우 검사가 1984.5.22. 위 84고합103 사건의 공소사실을 장물알선 사실로 변경허가신청을 하고 제1심의 피고인에 대한 최초의 심리기일의 기소요지 진술단계에서 법원이 그 변경을 허가하였으므로 위 사건의 공소사실은 상습절도 사실로부터 장물알선 사실로 적법하게 변경되어 이 사건 제1심판결 선고시에는 장물알선 사실만이 심판의 대상이 되고 당초의 공소사실이었던 상습절도 사실은 심판의 대상에서 제외되며 법원은 변경된 장물알선 사실에 대하여서만 형식적 또는 실체적 판단을 하여야 하는 것이다. 그런데 변경된 장물알선 사실은 최초에 기소된 대전지방법원 84고합136 사건의 상습절도 사실과는 포괄일죄의 관계에 있지도 아니하고 또 범죄의 일시, 장소, 피해자 등이 모두 서로 달라 위 두 사건의 공소사실간에는 동일성이 없음이 명백하므로 위 84고합103 사건은 제1심판결선고시에는 이미 위 84고합136 상습절도사건과 이중기소된 관계에 있지 아니하게 되었다 할 것이며 기소당시에 이중기소된 위법이 있었다 하여도 그 후 공소사실 및 적용법조가 적법하게 변경되어 새로운 사실의 소송계속상태가 있게 된 때에까지 그 이중기소된 위법상태가 계속 존재하게 된다고 볼 것은 아니라 할 것이다.

공판

04

PART

공판절차의 기본이론

제1절 소송의 주체

Ⅰ. 법원

1. 사법권의 독립과 공평한 법원의 구성

헌법재판소 2000. 6. 1. 선고 98헌바8 결정 「헌법 제101조는 "사법권은 법관으로 구성된 법원에 속한다"고 규정하고 있고, 헌법 제103조는 "법관은 헌법과 법률에 의하여 그 양심에 따라 독립하여 심판한다"고 규정하고 있으며, <u>사법의 본질은 법 또는 권리에 관한 다툼이 있는 경우에 독립적인 법원이 법을 해석·적용하여 유권적인 판단을 내린다는 데 있다.</u> 따라서 법원이 사법권을 행사하여 분쟁을 해결하는 절차가 가장 대표적인 사법절차라 할 수 있을 것이고, 그렇다면 사법절차를 특징지우는 요소로는 판단기관의 독립성·공정성, 대심적(對審的) 심리구조, 당사자의 절차적 권리보장 등을 들 수 있을 것이다.」

헌법재판소 1993. 12. 23. 선고 93헌가2 결정 「영장주의는 이 적법절차원리에서 나온 것으로서 체포·구속 그리고 압수·수색까지도 헌법 제103조에 의하여 헌법과 법률에 의하여 양심에 따라 재판하고 또 사법권독립의 원칙에 의하여 신분이 보장된 법관의 판단에 의하여만 결정되어야 하고, <u>구속개시의 시점에 있어서 이 신체의 자유에 대한 박탈의 허용만이 아니라 그 구속영장의 효력을 계속 유지할 것인지 아니면 정지 또는 실효시킬 것인지의 여부의 결정도 오직 이러한 법관의 판단에 의하여만 결정되어야 한다는 것을 의미한다.</u> 따라서 이러한 구속여부에 관한 전권을 갖는 법관 또는 법관으로 구성된 법원이 피의자나 피고인을 구속 또는 그 유지 여부의 필요성이 있는 유무에 관하여 한 재판의 효력이 검사나 그 밖의 어느 다른 기관의 이견이나 불복이 있다 하여 좌우된다거나 제한받는다면 이는 위 영장주의에 반하고 따라서 적법절차의 원칙에도 위배된다고 할 것이다.」

2. 제척·기피·회피

가. 제척

〈'전심재판에 관여한 때'의 의미〉

대법원 1985. 4. 23. 선고 85도281 판결 〈표준〉

약식명령을 발부한 법관이 그 정식재판절차의 항소심판결에 관여함은 형사소송법 제17조 제7호, 제18조 제1항 제1호 소정의 법관이 사건에 관하여 전심재판 또는 그 기초가 되는 조사 심리에 관여한 때에 해당하여 제척, 기피의 원인이 됨은 과연 소론과 같으나 <u>제척 또는 기피되는 재판은 불복이 신청된 당해 사건의 판결절차를 말하는 것이므로 이 사건 피고인에 대하여 약식명령을 발부한 서울형사지방법원 판사 ○○○는 그 정식재판절차의 항소심인 원심 제4차 공판에는 관여한 바 있으나 같은 판사는 원심 제5차 공판에서 경질되어 원심판결에는 관여하지 아니하였음이 기록상 명백한 이 사건에 있어서 전심재판에 관하여 법관이 불복이 신청된 당해 사건의 재판에 관여하였다고 할 수 없(다)</u>.

> ### 대법원 2011. 4. 28. 선고 2011도17 판결
> 약식명령을 한 판사가 그 정식재판 절차의 항소심판결에 관여함은 형사소송법 제17조 제7호 소정의 "법관이 사건에 관하여 전심재판 또는 그 기초되는 조사, 심리에 관여한 때"에 해당하여 제척의 원인이 된다.

〈전심재판의 기초가 되는 조사·심리에 관여한 때〉

대법원 1999. 10. 22. 선고 99도3534 판결

상고이유에서 지적하는 판사는 당초 이 사건 제1심 제1회 공판기일에서 피고인에 대한 이 사건 공소사실의 증거로 제출된 동인에 대한 피의자신문조서, 공소외 1, 공소외 2, 공소외 3, 공소외 4에 대한 진술조서 등에 대하여 증거조사를 하였고, 이후 위 증거들은 모두 이 사건 제1심판결에서 피고인에 대한 유죄의 증거로 사용되었음을 알 수 있다(판결은 이후 경질된 다른 판사가 선고하였다).

사정이 그러하다면 동 판사는 형사소송법 제17조 제7호 소정의 전심재판의 기초가 되는 조사, 심리에 관여하였다 할 것이고, 그와 같이 전심재판의 기초가 되는 조사, 심리에 관여한 판사는 직무집행에서 제척되어 이 사건의 항소심 재판에 관여할 수는 없다 할 것이다.

그러함에도 동 판사는 이 사건 항소심의 재판장으로 관여하여 원심판결을 선고하였으니 이는 위법하다 할 것이고, 이는 판결에 영향을 미쳤음이 명백하다 할 것이다

대법원 1979. 2. 27. 선고 78도3204 판결 「환송판결전의 원심에 관여한 재판관이 환송후의 원심재판관으로 관여하였다고 하여도, 군법회의법 제48조나, 형사소송법 제17조에 위배된다고 볼 수 없다.」

대법원 1982. 11. 15.자 82모11 결정 「형사소송법 제18조 제1항 제1호 및 같은법 제17조 제7호의 규정에 의하여 법관이 기피 또는 제척의 원인이 되는 '법관이 사건에 관하여 전심재판 또는 그 기초되는 조사 심리에 관여한 때'의 사건에 관한 전심이라 함은 불복 신청을 한 당해 사건의 전심을 말하는 것으로서 재심청구사건에 있어서 재심대상이 되는 사건은 이에 해당이 되지 않으므로 소론 원심재판장 판사 이원배가 재항고인에 대한 재심대상이 되는 확정판결의 제1심에 관여하였다고 하더라도 이는 이 사건 재심청구사건에서 제척 또는 기피의 원인이 되는 것이 아니므로 이점 논지 또한 이유가 없다.」

대법원 2002. 4. 12. 선고 2002도944 판결 〈표준〉 「약식절차와 피고인 또는 검사의 정식재판청구에 의하여 개시된 제1심공판절차는 동일한 심급 내에서 서로 절차만 달리할 뿐이므로, 약식명령이 제1심공판절차의 전심재판에 해당하는 것은 아니고, 따라서 약식명령을 발부한 법관이 정식재판절차의 제1심판결에 관여하였다고 하여 형사소송법 제17조 제7호에 정한 '법관이 사건에 관하여 전심재판 또는 그 기초되는 조사, 심리에 관여한 때'에 해당하여 제척의 원인이 된다고 볼 수는 없다.」

대법원 1971. 7. 6. 선고 71도974 판결 〈표준〉 「공소제기 전에 검사의 청구에 의하여 형사소송법 제184조에 의한 증인신문을 한 법관은 형사소송법 제17조 제7호에 이른바 전심재판 또는 그 기초되는 조사, 심리에 관여한 법관이라고 할 수 없으므로, 이 사건에 있어서 형사소송법 제184조에 의한 검사의 증거보전신청에 의하여 증인 공소외인을 신문한 정광진 판사가 원심법관으로 관여하였다 하여 제척원인 있는 법관이 원판결에 관여하였다고 할 수 없(다).」

대법원 1999. 4. 13. 선고 99도155 판결 〈표준〉 「선거관리위원장은 형사소송법 제197조나 사법경찰관리의직무를행할자와그직무범위에관한법률에 사법경찰관의 직무를 행할 자로 규정되어 있지 아니하고 그 밖에 달리 사법경찰관에 해당한다고 볼 근거가 없으므로 선거관리위원장으로서 공직선거및선거부정방지법위반혐의사실에 대하여 수사기관에 수사의뢰를 한 법관이 당해 형사피고사건의 재판을 하는 경우 그것이 적절하다고는 볼 수 없으나 형사소송법 제17조 제6호의 제척원인인 '법관이 사건에 관하여 사법경찰관의 직무를 행한 때'에 해당한다고 할 수 없다. 또 형사소송법 제17조 제7호의 제척원인인 '법관이 사건에 관하여 그 기초되는 조사에 관여한 때'라 함은 전심재판의 내용 형성에 사용될 자료의 수집·조사에 관여하여 그 결과가 전심재판의 사실인정 자료로 쓰여진 경우를 말하므로 법관이 선거관리

위원장으로서 공직선거및선거부정방지법위반혐의사실에 대하여 수사기관에 수사의뢰를 하고, 그 후 당해 형사피고사건의 항소심 재판을 하는 경우 역시 적절하지는 않으나 위 제척원인인 법관이 사건에 관하여 그 기초되는 조사에 관여한 때에 해당한다고 볼 수는 없다고 할 것이다.」

대법원 1989. 9. 12. 선고 89도612 판결「법관이 수사단계에서 피고인에 대하여 구속영장을 발부한 경우는 형사소송법 제17조 제7호 소정의 "법관이 사건에 관하여 전심재판 또는 그 기초되는 조사, 심리에 관여한 때에" 해당된다고 볼 수 없(다).」

대법원 2010. 12. 9. 선고 2007도10121 판결「원심 합의부원인 법관이 원심 재판장에 대한 기피신청 사건의 심리와 기각결정에 관여한 사실이 있다고 하더라도, 이를 형사소송법 제17조 제7호 소정의 '법관이 사건에 관하여 그 기초되는 조사, 심리에 관여한 때'에 해당한다고 볼 수는 없(다).」

나. 기피

〈'불공평한 재판을 할 염려가 있는 때'의 의미〉

대법원 1990. 11. 2.자 90모44 결정

형사소송법 제18조 제2호의 "불공평한 재판을 할 염려가 있는 때"라 함은 당사자가 불공평한 재판이 될지도 모른다고 추측할 만한 주관적인 사정이 있는 때를 말하는 것이 아니라, 통상인의 판단으로서 법관과 사건과의 관계상 불공평한 재판을 할 것이라는 의혹을 갖는 것이 합리적이라고 인정할 만한 객관적인 사정이 있는 때를 말하는 것이므로(당원 1987. 10. 21. 자 87두10 결정 참조), 원심이 같은 취지에서 **재판부가 당사자의 증거신청을 채택하지 아니하였다** 하더라도 그러한 사유만으로 재판의 공평을 기대하기 어려운 객관적인 사정이 있다할 수 없다고 판단한 것은 정당하다.

그리고 **형사소송법 제262조에 정한 기간 내에 재정신청사건의 결정을 하지 아니하였다** 하여 곧바로 재판부가 불공평한 재판을 할 염려가 있다고 볼 수도 없다.

> #### 대법원 1994. 11. 3. 선고 94모73 판결
> 원심은, 이 사건 피고사건의 담당재판부의 재판장이 변호인에 대하여 그 신청의 3인이 증인에 대한 증인신문사항의 제출을 명한 것은 형사소송법 제279조, 형사소송규칙 제66조에 따른 적법한 소송지휘권의 행사이고, 재판부가 그 신문사항의 미제출을 이유로 위 3인의 증인채택결정을 취소한 것도 위 규칙 제67조에 의한 적법한 조치이므로 이를 위법 또는 부당하다고 할 수 없고, 달리 재판부가 증거취소결정을 한 것이 실체적 진실발견을 추구할 의사가 없음에 기인하는 것이라고 볼 자료가 없다고 하여 이 사건 기피신청을 기각한 제1심결정이

정당하다고 판단한 다음, 특히 재판장이 검찰과의 협의를 거쳐 증인신문사항의 제출을 명하였음을 들어 위와 같은 재판부의 조치가 적정한 소송지휘권의 행사라고 할 수 없다는 이 사건 신청인측의 주장에 대하여는, 재판장이 증인신문사항의 제출을 명함에 앞서 검찰과의 협의를 거쳤다고 알아볼 만한 자료가 없다고 하여 이를 배척하였다.

관계법령의 규정내용을 기록과 대조하여 검토하여 보면, 원심의 위 인정판단은 정당한 것으로 수긍이 가고, 거기에 재판에 영향을 미친 법령의 위반이 있다고 볼 수 없다.

대법원 1974. 10. 16.자 74모68 결정 「원심은 위선 재판장의 발언이 재판부의 의견서 기재와 같이 "집권공약을 연설하는 내용의 녹음이 있는 사실"을 참여한 법원주사로 하여금 조서에 작성토록 명한 데 그친 것이었는지 또는 더 나아가서 기피신청서 기재와 같이 "집권공약을 연설하였으니 사전 선거운동을 한 점을 인정한다"고 말하여 법률판단까지 가하였는지에 관하여 사실여부를 확정하여야 할 것이고 그 연후 만약 재판장이 기피신청서 기재와 같은 말을 하였다고 하면 무슨 의도 내지 이유에서 그와 같은 말을 하였는지 등에 관하여 좀 더 밝혀 본 다음 불공평한 재판을 할 염려가 있는 경우에 해당되는 여부를 가려내야 할 것이다.」

대법원 1996. 2. 9.자 95모93 결정 「원심은, 기피원인에 관한 형사소송법 제18조 제1항 제2호 소정의 '불공평한 재판을 할 염려가 있는 때'라 함은 당사자가 불공평한 재판이 될지도 모른다고 추측할 만한 주관적인 사정이 있는 때를 말하는 것이 아니라, 통상인의 판단으로서 법관과 사건과의 관계상 불공평한 재판을 할 것이라는 의혹을 갖는 것이 합리적이라고 인정할 만한 객관적인 사정이 있는 때를 말하는 것 인데, 이 사건의 경우 재판부가 당사자의 증거신청을 채택하지 아니하였다는 사정만으로는 재판의 공평을 기대하기 어려운 객관적인 사정이 있다고 할 수 없고, 또 재항고인의 소송기록열람신청에 대하여 국선변호인이 선임되어 있으니 국선변호인을 통하여 소송기록의 열람 및 등사신청을 하도록 알려준 것을 가리켜 재판장의 부당한 소송지휘라고 볼 수 없고, 국선변호인이 불성실한 변론을 하였다고 볼 만한 아무런 자료가 없으므로 재판장이 국선변호인에게 성실한 변론을 하도록 촉구하지 아니한 잘못을 범하였다고도 볼 수 없으며, 그 밖에 기피신청된 법관들이 자의적이고 부당한 증거채부의 결정을 하였다거나 재항고인의 방어권행사를 저지하였다고 볼 만한 아무런 소명자료가 없어서, 불공평한 재판을 할 것이라는 의혹을 갖는 것이 합리적이라고 인정할 만한 객관적인 사정이 인정되지 않는다는 이유로 재항고인의 기피신청을 기각하는 결정을 하였는바, 기록에 비추어 살펴보면 원심의 위와 같은 판단은 정당하(다).」

〈소송의 지연만을 목적으로 하는 기피신청〉

대법원 1985. 7. 8. 선고 85초29(84도253) 판결

이 사건 법관기피 신청이유의 요지는 요컨대, 신청인이 피고인으로 되어 있는 당원 84도253

무고 피고사건의 담당재판부인 당원 형사 제3부 법관 전원이 불공정한 재판을 할 염려가 있다고 함에 있다.

위 신청이유를 판단하기에 앞서 이 사건 신청에 이르게 된 경위등을 살펴건대 당원으로부터 위 형사사건의 선고기일을 1984.7.10로 지정 고지받은 신청인은 위 사건의 담당재판부 법관 전원과 위 재판부의 법원사무관에 대하여 기피신청(당원 84초43)을 하므로 당원은 위 지정된 선고기일을 변경하였는데 위 기피신청 사건이 같은해 9.29 기각결정됨에 따라 당원은 위 형사사건의 선고기일을 같은해 10.23로 새로이 지정 고지하자 신청인은 다시 위 담당재판부법관 전원에 대하여 기피신청(당원 84초61)을 하므로써 위 선고기일은 다시 변경되었으며 위 2번째 기피신청 사건도 같은해 11.13 기각결정된 후 위 형사사건의 선고기일이 1985.5.28로 다시 지정되었음을 고지받은 신청인은 또 다시 위 재판부 법관전원에 대한 기피신청(당원 85초20)을 하였고, 위 3번째 기피신청도 같은해 6.14 기각결정되므로 당원은 위 형사사건의 선고기일을 같은해 6.25로 지정 고지하자 같은 해 6.22 위 재판부 법관전원에 대하여 4번째로 이사건 법관기피신청을 또 다시 당원에 한 사실, **신청인은 위 형사사건에 관하여 당원으로부터 선고기일의 각 변경지정고지를 받을 때마다 앞에서 본바와 같은 기피신청을 함과 동시에 선고연기 및 변론재개도 아울러 당원에 신청한 사실** 등은 당원에 현저한 사실이다.

이러한 이 사건 신청경위등에 비추어 보면, 이 사건 법관기피신청은 신청인이 기피권을 남용하여 위 형사사건의 진행을 저지함으로써 소송의 지연만을 그 목적으로 하여 신청한 것이 명백하다고 보여지며 이러한 소송지연만을 목적으로 한 기피신청은 그 신청 자체가 부적법한 것으로 되고, 따라서 그러한 부적법한 기피신청에 대하여는 기피당한 법관에 의하여 구성된 재판부가 스스로 그것을 각하할 수 있다고 해석함이 상당하다 할 것이다.

대법원 2001. 3. 21.자 2001모2 결정 〈표준〉

나. 기피신청이 소송의 지연을 목적으로 함이 명백한 경우에는 그 신청 자체가 부적법한 것이므로 신청을 받은 법원 또는 법관은 이를 결정으로 기각할 수 있는 것이고, 소송지연을 목적으로 함이 명백한 기피신청인지의 여부는 기피신청인이 제출한 소명방법만에 의하여 판단할 것은 아니고, 당해 법원에 현저한 사실이거나 당해 사건기록에 나타나 있는 제반 사정들을 종합하여 판단할 수 있다고 할 것인바, 기록에 의하면, 이 사건에 관하여 항소심인 원심에서 1999. 11. 17. 제1회 공판기일이 개시된 이래 이 사건 기피신청이 행해진 2000. 12. 21. 제11회 공판기일에 이르기까지 변호인의 신청에 의하여 전후 6회에 걸쳐 공판기일이 변경되었거나 연기되었으며 증인도 그 동안 도합 9명이 채택되어 신문을 마친 사실 및 위 제11회 공판기일에서 원심법원이 검사의 공소장변경신청을 불허하고 이미 증거로

채택하지 않기로 결정한 공소외인에 대한 변호인의 증인신청을 기각하자 변호인이 구두로
이 사건 기피신청을 한 사실을 각 알 수 있는바, 위 형사피고사건을 담당하여 진행해 오던
원심법원이 위와 같은 재판진행 경과와 상황 등을 종합하여, 이 사건 기피신청은 소송지연
을 목적으로 한 것이라는 이유로 기각한 것은 수긍할 수 있고, 원심법원이 기피신청인의 소
명자료 제출을 기다리지 아니하고 이를 기각하였다 하여 거기에 형사소송법 제20조 제1항
에 관한 법리오해의 위법이 있다고 할 수 없다.

2. 제2점에 대하여

기피원인에 관한 형사소송법 제18조 제1항 제2호 소정의 '불공정한 재판을 할 염려가 있는
때'라고 함은 당사자가 불공평한 재판이 될지도 모른다고 추측할 만한 주관적인 사정이 있
는 때를 말하는 것이 아니라, 통상인의 판단으로서 법관과 사건과의 관계상 불공평한 재판
을 할 것이라는 의혹을 갖는 것이 합리적이라고 인정할 만한 객관적인 사정이 있는 때를 말
하는 것이다(대법원 1996. 2. 9.자 95모93 결정 참조).

검사가 한 공소장변경허가신청이 공소사실의 동일성을 해하지 아니하는 한 법원은 이를 허
가하여야 함은 재항고이유에서 지적하는 바와 같으나, 그 동일성 여부에 대한 판단은 여전
히 법원에 맡겨져 있을 뿐만 아니라, <u>원심법원이 검사의 피고인에 관한 공소장변경허가신청
에 대하여 불허 결정을 하였다고 하더라도 그러한 사유만으로 재판의 공평을 기대하기
어려운 객관적인 사정이 있다고 보기 어려우며</u>, 기록을 살펴보아도 재판장이 피고인에 대하
여 중한 죄의 유죄예단을 가지고 있다고 볼 만한 뚜렷한 자료도 없으므로 결국 원심결정에
재항고이유의 주장과 같은 법리오해 등의 위법이 있다고 할 수 없다.

대법원 1985. 7. 23.자 85모19 결정 「법관 또는 법원사무관에 대한 기피신청이 소송의 지연만을 목적으
로 한 때에는 그 신청자체가 부적법한 것으로 되고 그러한 부적법한 기피신청에 대하여는 기피당한 자
의 소속법원이 이를 각하할 수 있다고 함이 상당하다 할 것인바(당원 1985. 7. 8자 선고 85초29 결정
참조), … 서울형사지방법원 85노335 재항고인에 대한 무고 피고사건의 판결선고절차가 시작되어 그
사건의 재판장이 이유의 요지중 1심판결에 사실오인이나 법리오해의 위법이 없다고 설명하는 도중 재
항고인이 동 공판에 참여한 법원사무관에 대한 기피신청과 동시에 선고절차의 정지를 요구한 사실을
인정한 다음 판결선고절차가 상당부분 진행된 단계에까지 나아간 이상 기피신청을 하기에는 너무 늦
었고 선고절차의 중단을 목적으로 한 이 사건 기피신청을 소송지연만을 목적으로 한 것으로 보아 이를
각하한 1심결정은 정당하다.」

대법원 1995. 1. 9.자 94모77 결정 「법관에 대한 기피신청이 있는 경우에 형사소송법 제22조에 의하여
정지될 소송진행에는 판결 선고는 포함되지 아니하는 것이고 그와 같이 <u>이미 종국판결이 선고되어 버
리면 그 담당 재판부를 사건 심리에서 배제하고자 하는 기피신청은 그 목적의 소멸로 재판을 할 이익
이 상실되어 부적법하게 된다.</u>」

대법원 1986. 9. 24.자 86모48 결정 「형사소송절차에서 피고인에게 법관의 기피를 신청할 수 있도록 규정하고 있는 이유는 구체적 사건을 담당한 법관에게 제척의 원인이 될 사유가 있거나 불공평한 재판을 할 염려가 있는 경우에 그러한 사유가 있는 법관을 당해 사건의 직무집행으로부터 배제시켜 피고인이 공정한 재판을 받을 수 있도록 보장하려는데 있는 것이므로 어떠한 사유에 의했건 기피의 대상으로 하고 있는 법관이 이미 당해 구체적 사건의 직무집행으로부터 배제되어 있다면 그 법관에 대한 피고인의 기피신청은 부적법하다 할 것이다.」

대법원 1987. 5. 28.자 87모10 결정 「형사소송법 제19조 제2항 소정의 소명이라고 함은 기피신청인의 주장이 진실이라고 추정할 수 있는 자료를 말하며 기피신청서에 기재된 기피이유만으로는 소명자료가 될 수 없다고 할 것인바, 일건 기록상 재항고인이 그가 주장한 이 사건 기피사유에 대한 소명자료를 제출한 흔적을 발견할 수 없으므로 이 사건 기피신청에 관하여 법정기간 내에 서면에 의한 소명자료의 제출이 없다는 이유로 이를 기각한 원심결정은 정당하고 또한 법관에게 불공평한 재판을 할 염려가 있다고 하여 기피신청이 있는 경우에 형사소송법 제22조에 의하여 정지될 소송진행은 그 피고사건의 실체적 재판에의 도달을 목적으로 하는 본안의 소송절차를 말하고 판결의 선고는 이에 해당하지 않는다고 할 것이므로 (민사소송법 제44조 단서는 이를 명시하고 있다) 이 사건과 같이 기피신청이 제출된 후에 판결이 선고되었다 하여(기록에 의하면 판결 선고기일은 1987.2.13. 09:30이고 이 사건 기피신청서는 그 전날인 같은 달 12. 16:00경 제출된 것임을 알 수 있다) 위 법조에 위반된 것이라고 할 수 없으므로 논지는 모두 이유 없다.」

〈기피신청을 받은 법관이 소송진행을 정지하지 않고 한 소송행위의 효력 : 무효〉

대법원 2012. 10. 11. 선고 2012도8544 판결

기피신청을 받은 법관이 형사소송법 제22조에 위반하여 본안의 소송절차를 정지하지 않은 채 그대로 소송을 진행하여서 한 소송행위는 그 효력이 없고, 이는 그 후 그 기피신청에 대한 기각결정이 확정되었다고 하더라도 마찬가지이다.

이 사건 기록에 의하면, 피고인이 2011. 11. 15. 제1심법원에 기피신청서를 제출한 사실, 제1심법원은 위와 같이 기피신청이 있었는데도 2011. 11. 29. 제6회 공판기일을 열어서 검사가 신청한 증거인 공소외인에 대한 진술조서, 통화내역, 계좌거래내역 등을 증거로 채택하는 증거결정을 하고, 종전에 채택한 증거들을 포함하여 검사가 신청한 모든 증거에 대하여 증거조사를 실시한 사실, 위 기피신청은 2011. 12. 8. 기각되었고, 2011. 12. 26. 그 기각결정에 대한 항고가 기각되었으며, 2012. 2. 2. 그 항고기각결정에 대한 재항고가 기각된 사실, 한편 원심은 제1심법원의 증거조사가 유효함을 전제로 하여 제1심법원이 조사한 증거들을 근거로 이 사건 공소사실이 유죄로 인정된다고 판단한 사실 등을 알 수 있다. … 소송진행 정지의 예외로서 급속을 요하는 경우라고 볼 아무런 사정이 없는 이 사건에 있어서, 제1심법원이 제6회 공판기일에 한 증거결정 및 증거조사는 기피신청을 받은 법관이 형사소송법 제22조에 위반하여 본안의 소송절차를 정지하지 않은 채 그대로 소송을 진행하여서 한 소송행위로서 모두 그 효력이 없고, 이는 그 후 위 기피신청에 대한 기각결정이 확정되었다고 하더라도 마찬가지이다. 따라서 제1심법원은 적법한 증거조사를 거치지 않은 증거들을 이 사건 공소사실을 인정하는 증거로 삼아 유죄의 판단을 하였고, 원심은 별도로 증거조사절차를 거치는 등의 조치를 취하지 아니한 채 제1심법원이 실시한 증거조사 결과를 원용하여 이 사건 공소사실이 유죄로 인정된다는 이유로 제1심판결을 그대로 유지하였다. 결국 원심판결에는 기피신청을 받은 법관이 소송진행의 정지 중에 한 소송행위의 효력에 관한 법리를 오해하여 증거결정 및 증거조사의 유효성에 관한 판단을 그르침으로써 판결에 영향을 미친 위법이 있다.

대법원 1987. 2. 3.자 86모57 결정 「형사소송법 제22조는 "기피신청이 있는 때에는 제20조 제1항의 경우를 제외한 외에는 소송진행을 정지하여야 한다. 단 급속을 요하는 경우에는 예외로 한다"라고 하고 있는 바 동조에 규정된 정지하여야 할 소송절차란 실체재판에의 도달을 직접의 목적으로 하는 본안의 소송절차를 말하며 이 사건과 같은 구속기간의 갱신절차는 이에 포함되지 아니하는 것이다.」

대법원 1994. 3. 8. 선고 94도142 판결 「법관에 대한 기피신청이 있을 때에는 소송진행을 정지하여야야 하지만 급속을 요하는 경우에는 소송진행을 정지하지 아니할 수 있는 것이고(형사소송법 제22조), 기피신청때문에 소송의 진행이 정지되더라도 구속기간의 진행은 정지되지 아니하는 것이므로(같은 법 제92조, 제306조 참조), 구속기간의 만료가 임박하였다는 사정도 소송진행정지의 예외사유인 급속을 요하는 경우에 해당하는 사유의 하나가 될 수 있을 것이다(당원 1990. 6. 8. 선고 90도646 판결 참조). 기록에 의하면 제1심이나 원심이 피고인의 기피신청에도 불구하고 그에 대한 재판이 확정되기 전에 소송진행을 정지하지 아니하고 진행하여 판결을 선고하였으나, 제1심이나 원심이 그와 같이 한 데에는 피고인에 대한 구속기간의 만료가 임박하여 급속을 요한다는 사정이 있었음을 알 수 있고 그 기피신청이 이유가 있어 보이지도 아니하므로, 제1심이나 원심의 그러한 조처는 정당한 것으로 수긍이 되고 소송의 진행을 정지하지 아니한 채 그대로 진행하여 판결을 선고한 것은 위법이라는 취지의 논지도 받아들일 수 없다.」

다. 법원사무관 등에 대한 제적·기피·회피

〈통역인이 사건에 관하여 증인으로 증언한 경우〉

대법원 2011. 4. 14. 선고 2010도13583 판결

형사소송법 제17조 제4호는 법관이 사건에 관하여 증인, 감정인, 피해자의 대리인으로 된 때에는 직무집행에서 제척된다고 규정하고 있고, 위 규정은 형사소송법 제25조 제1항에 의하여 통역인에게 준용되므로, 통역인이 사건에 관하여 증인으로 증언한 때에는 직무집행에서 제척된다.

그런데 기록에 의하면, 공소외 3은 이 사건 제1심 제2회 공판기일에 증인으로 출석하여 진술한 다음, 같은 기일에 통역인으로서 증인 공소외 2의 진술을 통역한 사실을 알 수 있으므로, 위와 같이 제척사유가 있는 통역인이 통역한 증인 공소외 2의 증인신문조서는 유죄 인정의 증거로 사용할 수 없다. 그럼에도 불구하고, 원심이 위 증인신문조서를 유죄 인정의 증거로 삼은 것은 잘못이다(반면, 형사소송법 제17조 제2호는 법관이 피고인 또는 피해자의 친족 또는 친족관계가 있었던 자인 때에는 직무집행에서 제척된다고 규정하고 있고, 위 규정도 형사소송법 제25조 제1항에 의하여 통역인에게 준용되나, 사실혼관계에 있는 사람은 민법 소정의 친족이라고 할 수 없어 형사소송법 제17조 제2호에서 말하는 친족에 해당하지 않으므로, 통역인 공소외 3이 피해자 공소외 2의 사실혼 배우자라고 하여도 공소외 3에게 형사소송법 제25조 제1항, 제17조 제2호 소정의 제척사유가 있다고 할 수 없다).

3. 법원의 관할

가. 관할의 개념

〈관할결정의 기준 및 관할과 사무분배와의 구별〉

대법원 2015. 10. 15. 선고 2015도1803 판결

형사사건의 관할은 심리의 편의와 사건의 능률적 처리라는 절차적 요구뿐만 아니라 피고인의 출석과 방어권 행사의 편의라는 방어상의 이익도 충분히 고려하여 결정하여야 하고, 특히 자의적 사건처리를 방지하기 위하여 법률에 규정된 추상적 기준에 따라 획일적으로 결정하여야 한다. 이에 따라 각급 법원의 설치와 관할구역에 관한 법률 제4조 제1호 [별표 3]은

지방법원 본원과 지방법원 지원의 관할구역을 대등한 입장에서 서로 겹치지 않게 구분하여 규정하고 있다. 따라서 제1심 형사사건에 관하여 지방법원 본원과 지방법원 지원은 소송법상 별개의 법원이자 각각 일정한 토지관할 구역을 나누어 가지는 대등한 관계에 있으므로, 지방법원 본원과 지방법원 지원 사이의 관할의 분배도 지방법원 내부의 사법행정사무로서 행해진 지방법원 본원과 그 지원 사이의 단순한 사무분배에 그치는 것이 아니라 소송법상 토지관할의 분배에 해당한다고 할 것이다. 그러므로 형사소송법 제4조에 의하여 지방법원 본원에 제1심 토지관할이 인정된다고 볼 특별한 사정이 없는 한, 지방법원 지원에 제1심 토지관할이 인정된다는 사정만으로 당연히 지방법원 본원에도 제1심 토지관할이 인정된다고 볼 수는 없다.

앞서 본 법리에 따라 기록을 살펴보면, 이 사건 범죄지인 전라남도 진도군은 광주지방법원 해남지원의 관할에 속하므로, 검사가 광주지방법원 본원에도 범죄지로 인한 제1심 토지관할이 있음을 이유로 제1심법원인 광주지방법원 본원에 공소를 제기한 이 사건에 관하여, 원심이 이 사건 범죄지로 인한 제1심 토지관할은 광주지방법원 해남지원에만 있을 뿐이고, 지방법원 지원의 관할구역이 당연히 지방법원 본원의 관할구역에 포함된다고 해석할 수는 없다는 이유를 들어 이 사건에 관하여 관할위반의 선고를 한 제1심판결을 그대로 유지한 것은 정당하다. 거기에 지방법원 본원과 지방법원 지원 사이의 관할 분배에 관한 법리 등을 오해한 위법이 없다.

대법원 2016. 6. 16.자 2016초기318 전원합의체 결정 「군사법원이 군사법원법 제2조 제1항 제1호에 의하여 특정 군사범죄를 범한 일반 국민에 대하여 신분적 재판권을 가지더라도 이는 어디까지나 해당 특정 군사범죄에 한하는 것이지 이전 또는 이후에 범한 다른 일반 범죄에 대해서까지 재판권을 가지는 것은 아니다. 따라서 일반 국민이 범한 수 개의 죄 가운데 특정 군사범죄와 그 밖의 일반 범죄가 형법 제37조 전단의 경합범 관계에 있다고 보아 하나의 사건으로 기소된 경우, 특정 군사범죄에 대하여는 군사법원이 전속적인 재판권을 가지므로 일반 법원은 이에 대하여 재판권을 행사할 수 없다. 반대로 그 밖의 일반 범죄에 대하여 군사법원이 재판권을 행사하는 것도 허용될 수 없다. 이 경우 어느 한 법원에서 기소된 모든 범죄에 대해 재판권을 행사한다면 재판권이 없는 법원이 아무런 법적 근거 없이 임의로 재판권을 창설하여 재판권이 없는 범죄에 대한 재판을 하는 것이 되므로, 결국 기소된 사건 전부에 대하여 재판권을 가지지 아니한 일반 법원이나 군사법원은 사건 전부를 심판할 수 없다.」

나. 법정관할

〈사물관할을 위반한 경우〉

대법원 1999. 11. 26. 선고 99도4398 판결 〈표준〉

기록에 의하면 피고인에 대한 이 사건 공소사실은 피고인이 폭력행위등처벌에관한법률위반죄 및 감금치상죄를 범하였다는 것이고, **위 공소사실에 대하여 춘천지방법원 원주지원 단독판사가 제1심으로 심판하고, 그 제1심 사건에 대한 항소심사건을 원심인 춘천지방법원 본원합의부가 실체에 들어가 심판하였음은 명백하다.**

그런데 형법 제281조 소정의 감금치상죄는 단기 1년 이상의 징역에 해당하는 범죄로서 법원조직법 제32조 제1항 제3호 본문에 의하면 감금치상죄에 대한 제1심 관할법원은 지방법원과 그 지원의 합의부라 할 것이므로, 각급법원의설치와관할구역에관한법률 제4조에 따른 [별표 3] 고등법원·지방법원과 그 지원·소년부지원의 관할구역에 의하면 이 사건의 경우 춘천지방법원 원주지원 합의부가 제1심의 심판권을 가지고, 그 항소 사건은 서울고등법원에서 심판권을 가진다 할 것이다.

그러므로 원심 및 제1심이 이 사건에 대하여 그 실체에 들어가 심판한 조치는 관할권이 없음에도 이를 간과하고 실체판결을 한 것으로서, 소송절차의 법령을 위반한 잘못을 저지른 것이라 할 것이고, 관할제도의 입법 취지(관할획일의 원칙)와 그 위법의 중대성 등에 비추어 이는 판결에 영향을 미쳤음이 명백하므로(대법원 1997. 4. 8. 선고 96도2789 판결 참조), 직권으로 원심판결 및 제1심판결을 파기하고, 사건을 관할권이 있는 춘천지방법원 원주지원 합의부에 이송하기로 관여 법관들의 의견이 일치되어 주문과 같이 판결한다.

대법원 1984. 2. 28. 선고 83도3333 판결 「토지관할은 범죄지, 피고인의 주소, 거소 또는 현재지로 하고 있으므로(같은법 제4조 제1항) 제1심법원이 피고인의 현재지인 이상, 그 범죄나 주소지가 아니더라도 원심판결에 토지관할 위반의 위법은 없고, 따라서 관할위반이 있음을 전제로 하는 논지도 이유없다.」

대법원 2011. 12. 22. 선고 2011도12927 판결 「형사소송법 제4조 제1항은 "토지관할은 범죄지, 피고인의 주소, 거소 또는 현재지로 한다"라고 정하고, 여기서 '현재지'라고 함은 공소제기 당시 피고인이 현재한 장소로서 임의에 의한 현재지뿐만 아니라 적법한 강제에 의한 현재지도 이에 해당한다.」

〈형사소송법 제6조에 따른 토지관할 병합심리 신청사건의 관할법원〉

대법원 2006. 12. 5.자 2006초기335 전원합의체 결정 〈표준〉

형사소송법 제6조는 "토지관할을 달리하는 수개의 관련 사건이 각각 다른 법원에 계속된 때에는 공통되는 직근상급법원은 검사 또는 피고인의 신청에 의하여 결정으로 1개 법원으로 하여금 병합심리하게 할 수 있다."고 규정하고 있다.

사물관할은 같지만 토지관할을 달리하는 수개의 제1심 법원(지원을 포함한다. 이하 같다)들에 관련 사건이 계속된 경우에 있어서, 위 조항에서 말하는 상급법원은 그 성질상 형사사건의 토지관할 구역을 정해 놓은 '각급 법원의 설치와 관할구역에 관한 법률' 제4조에 기한 [별표 3]의 관할구역 구분을 기준으로 정하여야 할 것인바, 형사사건의 제1심 법원은 각각 일정한 토지관할 구역을 나누어 가지는 대등한 관계에 있으므로 그 상급법원은 위 표에서 정한 제1심 법원들의 토지관할 구역을 포괄하여 관할하는 고등법원이 된다고 할 것이다. 따라서 토지관할을 달리하는 수개의 제1심 법원들에 관련 사건이 계속된 경우에 그 소속 고등법원이 같은 경우에는 그 고등법원이, 그 소속 고등법원이 다른 경우에는 대법원이 위 제1심 법원들의 공통되는 직근상급법원으로서 위 조항에 의한 토지관할 병합심리 신청사건의 관할법원이 된다.

이와 달리 위 조항의 상급법원을 이른바 심급관할에 따른 상급법원으로 본 대법원 1991. 2. 12.자 90초112 결정 등은 이와 배치되는 범위 내에서 모두 변경하기로 한다.

이 사건 토지관할 병합심리 신청의 대상사건들은 서울중앙지방법원 2006고단3591 무고 피고사건과 수원지방법원 성남지원 2006고단1276 무고 피고사건인바, 위 사건들의 제1심 법원들은 모두 서울고등법원 소속이므로 이 사건 신청의 관할법원은 서울고등법원이고, 대법원은 관할권이 없다 할 것이다.

따라서 대법원을 관할법원으로 하여 제기한 이 사건 신청은 관할을 위반한 잘못이 있으나, 이는 대법원의 종전 견해에 따른 것임을 고려하여 관할법원인 서울고등법원으로 이송하여 처리하도록 하기로 한다(대법원 2003. 9. 23.자 2002모344 결정 참조).

대법원 1978. 10. 10. 선고 78도2225 판결 「원심판결이유에 의하면, 원심은 형사소송법 제11조 제2호에서 규정하고 있는 수인이 공동으로 범한 죄라 함은 형법에서 말하는 공범 즉, 공동정범, 교사범, 종범의 경우뿐만 아니라, 필요적공범, 합동범, 공동과실범, 상해의 동시범 등을 일컬어 뜻한다고 할 것인바, 이 사건에 있어서 제1심 상피고인들이 불고지죄를 범한 장소는 전남 (주소 1 생략)이고, 주거지도 같은 곳인데 대하여 피고인이 불고지죄를 범하였다는 곳은 서울 (주소 2 생략) 소재 피고인의 집이며 피고인의 주거지도 서울인 이상 피고인과 제1심 상피고인들이 일가친척이 된다는 사실만으로써는 이른바 수인이 공동으로 죄를 범한 때라고는 할 수 없다고 하여 검사의 그 점에 대한 주장을 배척하였는바, 원심의 그와 같은 조치는 정당하고 거기에 소론과 같은 형사소송법 제5조 및 제11조의 법리를 오해한 위법이 있다고 할 수 없다. 형사소송법 제8조의 법의는 법원이 피고인에 대하여 관할권은 있으나, 피고인이 그 관할구역 내에 현재하지 아니한 경우에 심리의 편의와 피고인의 이익을 위하여 피고인의 현재지를 관할하는 동급법원에 이송할 수 있음을 규정한 것뿐이고 피고인에 대하여 관할권이 없는 경우에도 필요적으로 이송하여야 한다는 뜻은 아니라고 해석하여야 할 것이므로, 같은 취지에서 원심이 피고인의 범죄지와 주거지가 제1심법원의 관할구역이 아닌 서울로 된 이 사건을 관할위반이라고 한 제1심 판단이 옳다고 본 조처는 정당하고 원심이 형사소송법 제8조의 관할이송에 관한 법리를 오해한 위법이 있다는 이점 논지도 이유없다.」

대법원 2008. 6. 12. 선고 2006도8568 판결 〈표준〉「형사소송법 제5조에 정한 관련 사건의 관할은, 이른바 고유관할사건 및 그 관련 사건이 반드시 병합기소되거나 병합되어 심리될 것을 전제요건으로 하는 것은 아니고, 고유관할사건 계속 중 고유관할 법원에 관련 사건이 계속된 이상, 그 후 양 사건이 병합되어 심리되지 아니한 채 고유사건에 대한 심리가 먼저 종결되었다 하더라도 관련 사건에 대한 관할권은 여전히 유지된다고 볼 것이다.」

다. 재정관할

대법원 1982. 12. 17.자 82초50 결정「이건 관할이전 신청이유의 요지는, 신청인이 신청인에 대한 수원지방법원 82노373호 국가보안법위반 피고사건의 담당법관에 대하여 기피신청을 하였고, 또 위 피고사건에서 위증을 한 신청외인 등에 대하여 대검찰청에 고소를 제기하여 대검찰청에서 이들을 조사하고 있는 중이므로 위 피고사건의 항소심의 관할을 서울형사지방법원 합의부로 이전하여 달라는 취지이다. 그러나 피고인이 관할이전의 신청을 할 수 있는 것은 형사소송법 제15조 소정의 사유가 있을 때에 한하는 것인바 신청인이 주장하는 사실만으로는 위 피고사건의 관할법원인 수원지방법원이 그 재판권을 행사할 수 없다거나, 위 법원에서 위 피고사건에 대한 재판을 하면 재판의 공평을 유지하기 어려운 염려가 있다고 할 수 없고 달리 위 법 제15조 소정의 사유가 있음을 인정할 아무런 자료없으므로 신청인의 이건 청구는 이유없다.」

대법원 2011. 11. 14.자 2011초기555결정 〈표준〉「형사소송법 제15조 제2항은 '범죄의 성질, 지방의 민심, 소송의 상황 기타 사정으로 재판의 공정을 유지하기 어려운 염려가 있는 때'에는 검사와 피고인이 직근 상급법원에 관할이전을 신청할 수 있도록 규정하고 있다. 형사소송법의 규정과 기록에 나타난 제반 사정에 비추어 볼 때, 피고인들에 대한 형사항소사건이 계속 중인 광주고등법원에는 형사소송법 제15조 제2항이 정하는 관할이전 신청사유가 있다고 인정된다」(선◇◇ 부장은 광주지법 파산부 재판장 시절 법관관리 사건 대리인으로 고교 동창 변호사를 선임하도록 하고 동창 변호사로부터 얻은 정보를 이용해 투자 수익을 남긴 혐의(뇌물수수) 등으로 불구속 기소됐으나, 제1심에서 무죄를 선고받았고,

이에 검찰이 제1심 판결에 불복해 항소한 후 항소심 토지관할을 선부장이 소속된 광주고법에서 서울고법으로 변경해달라는 관할이전신청을 한 사안 : 인용)

라. 사건의 이송

<항소심에서 공소장변경에 의하여 단독판사의 관할사건이 합의부 관할사건으로 된 경우 항소심 법원이 취하여야 할 조치>

대법원 1997. 12. 12. 선고 97도2463 판결 <표준>

기록에 의하면, **광주지방법원 단독판사가 피고인에 대한 부정수표단속법, 상습사기, 공문서위조의 공소사실을 유죄로 인정하고 형을 선고하였고, 피고인의 불복으로 사건이 항소심에 계류 중에, 원심은 검사가 상습사기의 공소사실을 추가하고 죄명을 상습사기에서 특정경제범죄가중처벌등에관한법률위반죄(사기)로, 적용법조에 특정경제범죄가중처벌등에관한법률 제3조 제1항 제2호를 추가하는 내용으로 한 공소장변경신청을 허가한 다음 심리를 마치고, 위 단독판사의 제1심판결을 직권으로 파기하여 공소사실을 모두 유죄로 인정하고 형을 선고한 사실을 인정할 수 있다. 그런데 특정경제범죄가중처벌등에관한법률 제3조 제1항 제2호의 법정형은 3년 이상의 유기징역이고, 법원조직법 제32조 제1항 제3호에 의하면 사형·무기 또는 단기 1년 이상의 징역 또는 금고에 해당하는 사건은 지방법원 또는 그 지원의 합의부가 제1심으로 심판권을 행사하는 것으로 규정되어 있다. 그리고 같은 법 제28조에는 고등법원은 지방법원 합의부의 제1심판결에 대한 항소사건을 심판하도록 규정되어 있으며, 형사소송법 제8조 제2항에는 단독판사의 관할사건이 공소장변경에 의하여 합의부 관할사건으로 변경된 경우에 법원은 결정으로 관할권이 있는 법원에 이송한다고 규정되어 있다.**

위 관련 규정을 종합하여 보면, <u>항소심에서 공소장변경에 의하여 단독판사의 관할사건이 합의부 관할사건으로 된 경우에도 법원은 사건을 관할권이 있는 법원에 이송하여야 한다고 할 것이고, 항소심에서 변경된 위 합의부 관할사건에 대한 관할권이 있는 법원은 고등법원이라고 봄이 상당하다고 할 것이다. 따라서 원심법원은 위 공소장변경신청을 허가한 다음 결정으로 이 사건을 관할권이 있는 법원인 광주고등법원에 이송하였어야 함에도 불구하고, 관할의 인정을 잘못하여 실체의 재판을 하는 잘못을 저질렀다고 할 것이다.</u>

그리고 이러한 잘못은 소송절차의 법령을 위반한 것이라고 할 것이며, 관할제도의 입법 취지와 그 위법의 중대성에 비추어 이는 판결에 영향을 미쳤음이 명백하다고 할 것이다.

대법원 2009. 11. 12. 선고 2009도6946, 2009감도24 판결

치료감호법은 제3조 제2항에서 "치료감호사건의 제1심 재판관할은 지방법원 합의부 및 지방법원지원 합의부로 한다. 이 경우 치료감호가 청구된 치료감호대상자에 대한 치료감호사건과 피고사건의 관할이 다른 때에는 치료감호사건의 관할에 따른다."라고 규정하면서, 제4조 제5항에서 "검사는 공소제기한 사건의 항소심 변론종결 시까지 치료감호를 청구할 수 있다."라고 규정하고, 제12조 제2항 본문에서 "치료감호사건의 판결은 피고사건의 판결과 동시에 선고하여야 한다."라고 규정하고 있다.

위 규정들의 내용을 종합해 보면, 단독판사 관할 피고사건의 항소사건이 지방법원 합의부나 지방법원지원 합의부에 계속 중일 때 그 변론종결 시까지 청구된 치료감호사건의 관할법원은 고등법원이고, 피고사건의 관할법원도 치료감호사건의 관할을 따라 고등법원이 되며, 위와 같은 치료감호사건이 지방법원이나 지방법원지원에 청구되어 피고사건 항소심을 담당하는 합의부에 배당된 경우 그 합의부는 치료감호사건과 피고사건을 모두 고등법원에 이송하여야 한다고 봄이 상당하다.

〈제1심에서 합의부 관할사건에 관하여 단독판사 관할사건으로 죄명, 적용법조를 변경하는 공소장변경허가신청서가 제출된 경우 법원이 취하여야 할 조치〉

대법원 2013. 4. 25. 선고 2013도1658 판결 〈표준〉

기록에 의하면, 부산지방법원 제1심 합의부는 이 사건에 관한 심리에 들어가기 전에 검사가 피고인들에 대한 이 사건 공소사실 중 일부에 관하여 죄명을 특정경제범죄 가중처벌 등에 관한 법률 위반(사기)죄에서 사기죄로 변경하고, 적용법조 중 특정경제범죄 가중처벌 등에 관한 법률 제3조 제1항 제2호를 삭제하는 내용의 공소장변경허가신청서를 제출하자, 공소장변경을 허가하는 결정을 하지 않은 채 착오배당을 이유로 이 사건을 제1심 단독판사에게 재배당하게 한 사실, 검사는 제1심 제13회 공판기일에서 공소장 및 공소장변경허가신청서에 의하여 공소사실, 죄명, 적용법조를 낭독하였고, 제1심 단독판사는 심리를 마친 후 이 부분 공소사실을 유죄로 인정하여 형을 선고한 사실을 알 수 있다.

그런데 특정경제범죄 가중처벌 등에 관한 법률 제3조 제1항 제2호에서 정한 법정형은 3년 이상의 유기징역이고, 법원조직법 제32조 제1항 제3호에 의하면 사형·무기 또는 단기 1년 이상의 징역 또는 금고에 해당하는 사건은 지방법원 또는 그 지원의 합의부가 제1심으로 심판권을 행사하는 것으로 규정되어 있다. 그리고 형사소송법은 제8조 제2항에서 "단독판사의 관할사건이 공소장변경에 의하여 합의부 관할사건으로 변경된 경우에 법원은 결정으로 관할

권이 있는 법원에 이송한다."라고 규정하고 있을 뿐이고, 반대의 경우, 즉 합의부의 관할사건이 공소장변경에 의하여 단독판사 관할사건으로 변경된 경우에 관하여는 규정하고 있지 아니하며, '법관 등의 사무분담 및 사건배당에 관한 예규'에서도 이러한 경우를 재배당사유로 규정하고 있지 아니하다.

그렇다면, 이 사건은 공소제기 당시부터 합의부 관할사건이었고, 설령 합의부가 공소장변경을 허가하는 결정을 하였다고 하더라도 그러한 사정은 합의부의 관할에 아무런 영향을 미치지 아니하므로, 합의부로서는 마땅히 이 사건에 관하여 그 실체에 들어가 심판하였어야 하고 사건을 단독판사에게 재배당할 수는 없다.

그런데도 제1심 및 원심이 이 사건에 관한 실체 심리를 거쳐 심판한 조치는 관할권이 없는데도 이를 간과하고 실체판결을 한 것으로서 소송절차에 관한 법령을 위반한 잘못을 저지른 것이라 할 것이고, 관할제도의 입법 취지(관할획일의 원칙)와 그 위법의 중대성 등에 비추어 이러한 잘못은 판결에 영향을 미쳤음이 명백하다고 할 것이다.

4. 법원의 권한

대법원 2002. 6. 25. 선고 2002도45 판결 「선거법 제270조는 "선거범과 그 공범에 대한 재판은 다른 재판에 우선하여 신속히 하여야 하며, 그 판결의 선고는 제1심에서는 공소가 제기된 날로부터 6월 이내에, 제2심 및 제3심에서는 전심의 판결의 선고가 있은 날로부터 각각 3월 이내에 반드시 하여야 한다."라고 규정하고 있는바, 원심법원이 일정한 선고기일을 염두에 두고 공판기일을 정하여 진행하였다 하더라도 기록에 비추어 보면, 원심의 그와 같은 조치는 검사의 공소유지 및 피고인의 방어권 행사에 실질적인 지장을 초래하지 않는 범위 내에서 위 법규정을 최대한 준수하기 위한 것으로 보기에 충분하므로 이를 자의적인 재판 진행이라고 할 수 없고, 또한 공판기일의 지정과 공판기일의 소송지휘는 재판장의 권한이라고 할 것인데(형사소송법 제267조, 제279조) 기록에 비추어 보면 원심 재판장은 위와 같은 권한을 구체적인 사건의 심리과정에 적합하게 합목적적으로 행사하였다고 보이므로 원심에 상고이유의 주장과 같은 심리미진이나 심리회피 또는 무죄추정의 원칙에 위배되는 등의 위법이 있다고 볼 수 없다.」

대법원 1999. 6. 11. 선고 99도1238 판결 「형사소송법 제279조 및 형사소송규칙 제141조 제1항에 의하면, 재판장은 소송지휘의 일환으로 검사, 피고인 또는 변호인에게 석명을 구하거나 입증을 촉구할 수 있는바, 여기에서 석명을 구한다고 함은 사건의 소송관계를 명확하게 하기 위하여 당사자에 대하여 사실상 및 법률상의 사항에 관하여 질문을 하고 그 진술 내지 주장을 보충 또는 정정할 기회를 부여하는 것을 말하므로, 어떤 사항에 대한 당사자의 진술 내지 주장이 명확한 경우 그 사항은 석명의 대상이 되지 아니하고, 구석명을 포함한 소송지휘권의 행사는 신속하고 공평한 재판을 그 지표로 삼아야 마땅할 것이다.」

대법원 2008. 3. 27. 선고 2007도4116 판결 「형사공판절차에서 변호인의 중복되고 상당하지 아니한 신문에 대하여 재판장이 제한을 명하는 것은 재판장의 소송지휘권에 속하는 것으로서 그 신문의 제한이 현저하게 부당하거나 부적절한 경우가 아닌 한 신문을 제한한 재판장의 조치가 위법하다고 할 수 없다. 기록을 살펴보면, 이 사건 원심 제1회 공판기일에 이루어진 변호인의 피고인 신문에 대하여 재판장이 제1심과 동일한 신문은 되도록 삼가해 달라고 하자 변호인이 그렇다면 더 이상 신문을 할 것이 없다고 하여 피고인 신문이 더 이상 진행되지 아니하였으며, 이어서 진행된 증거조사 과정에서도 변호인이 더 이상 제출할 증거도 없으며 별 의견도 없다고 하여 신문과 증거조사가 종료되었음을 알 수 있는바, 위 법리에 비추어 살펴보면 원심의 재판절차에 구두변론주의원칙 위반이나 피고인의 방어권, 변호인의 변호권을 침해한 위법이 있다고 할 수 없다.」

Ⅱ. 검사

대법원 2005. 12. 23. 선고 2004다46366 판결 「검찰청법 제4조 제1항은 검사는 공익의 대표자로서 범죄수사·공소제기와 그 유지에 관한 사항 및 법원에 대한 법령의 정당한 적용의 청구 등의 직무와 권한을 가진다고 규정하고, 같은 조 제2항은 검사는 그 직무를 수행함에 있어 그 부여된 권한을 남용하여서는 아니된다고 규정하고 있을 뿐 아니라, 형사소송법 제424조는 검사는 피고인을 위하여 재심을 청구할 수 있다고 규정하고 있고, 검사는 피고인의 이익을 위하여 항소할 수 있다고 해석되므로 검사는 공익의 대표자로서 실체적 진실에 입각한 국가 형벌권의 실현을 위하여 공소제기와 유지를 할 의무뿐만 아니라 그 과정에서 피고인의 정당한 이익을 옹호하여야 할 의무를 진다고 할 것이고, 따라서 검사가 수사 및 공판과정에서 피고인에게 유리한 증거를 발견하게 되었다면 피고인의 이익을 위하여 이를 법원에 제출하여야 한다.」

대법원 2002. 2. 22. 선고 2001다23447 판결 〈표준〉 검찰청법 제4조 제1항은 검사는 공익의 대표자로서 범죄수사·공소제기와 그 유지에 관한 사항 및 법원에 대한 법령의 정당한 적용의 청구 등의 직무와 권한을 가진다고 규정하고, 같은 조 제2항은 검사는 그 직무를 수행함에 있어 그 부여된 권한을 남용하여서는 아니된다고 규정하고 있을 뿐 아니라, 형사소송법 제424조는 검사는 피고인을 위하여 재심을 청구할 수 있다고 규정하고 있고, 검사는 피고인의 이익을 위하여 항소할 수 있다고 해석되므로 검사는 공익의 대표자로서 실체적 진실에 입각한 국가 형벌권의 실현을 위하여 공소제기와 유지를 할 의무뿐만 아니라 그 과정에서 피고인의 정당한 이익을 옹호하여야 할 의무를 진다고 할 것이고, 따라서 검사가 수사 및 공판 과정에서 피고인에게 유리한 증거를 발견하게 되었다면 피고인의 이익을 위하여 이를 법원에 제출하여야 한다. 따라서 강도강간의 피해자가 제출한 팬티에 대한 국립과학수사연구소의 유전자검사결과 그 팬티에서 범인으로 지목되어 기소된 원고나 피해자의 남편과 다른 남자의 유전자형이 검출되었다는 감정결과를 검사가 공판과정에서 입수한 경우 그 감정서는 원고의 무죄를 입증할 수 있는 결정적인 증거에 해당하는데도 검사가 그 감정서를 법원에 제출하지 아니하고 은폐하였다면 검사의 그와 같은 행위는 위법하여 국가배상책임이 인정된다.

대법원 2017. 10. 31. 선고 2014두45734 판결 「검찰청법 제7조의2 제2항은 검찰총장, 각급 검찰청의 검사장 및 지청장(이하 '검찰청의 장'이라 한다)은 소속 검사의 직무를 다른 검사에게 이전할 수 있는 것으로 규정하고 있다. 그런데 같은 조 제1항은 검찰청의 장은 자신의 직무를 소속 검사에게 위임할 수 있는 것으로 규정하고 있고, 여기의 직무에는 같은 조 제2항에서 정한 직무이전에 관한 직무도 포함되므로, 검찰청의 장은 소속 검사에게 검사 직무의 이전에 관한 직무를 위임할 수 있다. 원래 검사 직무의 위임·이전 및 승계에 관한 규정은 상명하복의 검사동일체 원칙을 규정하고 있던 검찰청법 제7조에 함께 있었다. 그런데 위 조항이 2004. 1. 20. 법률 제7078호로 개정되면서 상명하복이 검찰사무에 관한 지휘·감독으로 완화됨과 아울러 검사는 구체적 사건과 관련된 상급자의 지휘·감독의 적법성 또는 정당성에 대하여 이의를 제기할 수 있다는 규정이 새로이 추가되었고, 검사 직무의 위임·이전 및 승계에 관한 규정을 신설된 제7조의2에 옮겨 별도로 두게 되었다. 이러한 <u>검찰청법의 개정 취지와 목적, 규정 체계에 비추어 보면, 검사가 구체적 사건과 관련된 상급자의 지휘·감독의 적법성 또는 정당성에 대하여 이의한 상황에서 검찰청의 장이 아닌 상급자가 그 이의를 제기한 사건에 관한 검사의 직무를 다른 검사에게 이전하기 위해서는 검사 직무의 이전에 관한 검찰청의 장의 구체적·개별적인 위임이나 그러한 상황에서의 검사 직무의 이전을 구체적이고 명확하게 정한 위임규정 등이 필요하다고 보아야 한다.</u>」

대법원 2013. 9. 12. 선고 2011도12918 판결 〈표준〉 「범죄의 피해자인 검사가 그 사건의 수사에 관여하거나, 압수·수색영장의 집행에 참여한 검사가 다시 수사에 관여하였다는 이유만으로 바로 그 수사가 위법하다거나 그에 따른 참고인이나 피의자의 진술에 임의성이 없다고 볼 수는 없다. 원심이 유지한 제1심은, 이 사건 압수·수색영장의 집행 과정에서 폭행 등의 피해를 당한 검사 등이 수사에 관여하였다는 이유만으로 그 검사 등이 작성한 참고인 진술조서 등의 증거능력이 부정될 수 없다고 판단하였다. 위 법리에 비추어 원심의 판단은 정당하고, 거기에 수사의 적법성이나 증거능력에 관한 법리오해 등의 위법이 있다 할 수 없다.」

Ⅲ. 피고인

1. 피고인의 특정

⟨피고인의 특정과 성명모용⟩

대법원 1993. 1. 19. 선고 92도2554 판결 ⟨표준⟩

1. 기록에 의하면, 검사는 피고인이 1991.3.28. 도박을 하였다고 약식으로 공소를 제기하였으나, 사실은 그 공소사실은 공소외인에 대한 것인데 위 공소외인이 수사단계에서 피고인의 성명, 생년월일, 주민등록번호, 주거, 본적 등 인적 사항을 모용하였기 때문에 검사는 위 공소외인을 피고인으로 오인하여 기소한 것이고, 법원에서도 그대로 약식명령을 한 것인데, 이 약식명령을 송달받은 피고인이 정식재판청구를 하여 정식재판절차에서 위와 같은 사실이 밝혀지자, 검사는 공소장의 인적 사항을 피고인으로 부터 위 공소외인으로 변경하고자 허가신청을 하였고, 제1심법원은 위 약식명령의 인적 사항을 위 공소외인으로 경정하는 결정을 하고, 위 약식명령과 경정결정을 위 공소외인에 송달하고, 이 사건 공소의 효력은 피고인에게는 미치지 아니하고, 이 공소제기절차는 법률의 규정에 위반하여 무효인 때에 해당한다는 이유로 피고인에 대한 이 사건 공소는 기각하는 판결을 하였음이 명백하고, 원심은 이를 유지하였다.

2. 형사소송법 제248조에 의하여 공소는 검사가 피고인으로 지정한 이외 다른 사람에게 그 효력이 미치지 아니하는 것이므로 공소제기의 효력은 검사가 피고인으로 지정한 자에 대하여만 미치는 것이고, 따라서 피의자가 다른 사람의 성명을 모용한 탓으로 공소장에 피모용자가 피고인으로 표시되었다 하더라도 이는 당사자의 표시상의 착오일 뿐이고 검사는 모용자에 대하여 공소를 제기한 것이므로, 모용자가 피고인이 되고 피모용자에게 공소의 효력이 미친다고 할 수는 없을 것이다.

그러므로 이와 같은 경우 검사는 공소장의 인적 사항의 기재를 정정하여 피고인의 표시를 바로 잡아야 하는 것인바, 이는 피고인의 표시상의 착오를 정정하는 것이지 공소장을 변경하는 것이 아니므로, 형사소송법 제298조에 따른 공소장변경의 절차를 밟을 필요는 없고 법원의 허가도 필요로 하지 아니한다고 할 것이다.

3. 그러나, 검사가 이와 같은 피고인의 표시를 정정하여 그 모용관계를 바로 잡지 아니한 경우에는 외형상 피모용자 명의로 공소가 제기된 것으로 되어 있고, 이는 공소제기의 방식이

형사소송법 제254조의 규정에 위반하여, 무효라 할 것이므로 법원은 공소기각의 판결을 선고하여야 할 것이다(당원 1982. 10. 12. 선고 82도2078 판결; 1985. 6. 11. 선고 85도756 판결 각 참조).

4. 그리고 검사가 공소장의 피고인 표시를 정정하여 바로잡은 경우에는 처음부터 모용자에 대한 공소의 제기가 있었고 피모용자에 대한 공소의 제기가 있었던 것은 아니므로, 법원은 모용자에 대하여 심리하고 재판을 하면 될 것이지, 원칙적으로는 피모용자에 대하여 심판을 할 것이 아니다.

그러나 이와 같은 경우라도 피모용자가 약식명령에 대하여 정식재판의 청구를 하여 피모용자를 상대로 심리를 하는 과정에서 성명모용 사실이 발각되어 검사가 공소장을 정정하는 등 사실상의 소송계속이 발생하고 형식상 또는 외관상 피고인의 지위를 갖게 된 경우에는 법원으로서는 피모용자에게 적법한 공소의 제기가 없었음을 밝혀 주는 의미에서 형사소송법 제327조 제2호를 유추적용하여 공소기각의 판결을 함으로써 피모용자의 불안정한 지위를 명확히 해소해 주어야 할 것이다(당원 1981. 7. 7. 선고 81도182 판결; 1991. 9. 10. 선고 91도1689 판결 각 참조).

5. 돌이켜 이 사건에 관하여 보건대, 검사가 피고인을 피고인으로 표시하여 약식기소하였다고 하더라도 피고인은 성명을 모용당한 것에 지나지 아니하므로 그 공소제기의 효력은 피고인에게 미치지 아니하고, 모용자인 공소외인에게 미친다고 할 것이다.

그리고 이에 대하여 약식명령이 발하여지고 피고인이 이를 수령하여 정식재판을 청구하였다고 하여도 진정한 피고인에게는 아직 약식명령의 송달이 없었다고 할 것이고, 검사는 공소장에 기재된 피고인의 표시를 정정할 수 있고, 법원은 이에 따라 약식명령의 피고인 표시를 경정할 수 있으며, 본래의 약식명령정본과 함께 이 경정결정을 모용자인 공소외인에게 송달하면 이때에 그 약식명령은 적법한 송달이 있다고 볼 것이고, 이에 대하여 소정의 기간내에 정식재판의 청구가 없으면 이 약식명령은 확정된다고 볼 것이다.

그러나 피고인은 본래의 약식명령에 대하여 정식재판을 청구하여 통상의 공판절차의 진행이 있었으므로 피고인은 형식상 또는 외관상 피고인의 지위를 갖고 사실상의 소송계속이 발생한 셈이 되므로 법원으로서는 공소기각의 판결을 하는 것이 옳은 것이다.

2. 피고인의 자격

대법원 1982. 3. 23. 선고 81도1450 판결 「피고인 회사가 1977.11.2자 주주총회의 결의로 해산되어 같은 해 12.8자로 해산등기를 하고 청산절차에 들어가 1978.4.20자로 청산이 종결되어 같은 해 4.28자로 청산등기가 경료되었다면 특단의 사정이 없는 한 그 법인격이 상실되어 법인의 당사자능력 및 권리능력이 상실되었다고 보아야 할 것이므로 형사소송법 제329조 제1항 제2호의 피고인인 법인이 존속하지 아니하게 되었을때에 해당한다 함은 소론과 같으나 회사가 이 사건에 있어서와 같이 회사해산 및 청산등기 전에 업무 또는 재산에 관한 위반행위로 인하여 재산형에 해당하는 사건으로 소추를 받는 것과 같은 것은 청산인의 현존사무(상법 제254조 제1항 제1호) 중에 포함되는 것이라 할 것이므로 비록 피고인 회사의 청산종료의 등기가 경료되었다 하더라도 그 피고사건이 종결되기까지는 피고인회사의 청산사무는 종료되지 아니하고, 형사소송법상 당사자능력도 그대로 존속한다고 해석함이 상당(하다).」

대법원 1986. 10. 28. 선고 84도693 판결 <표준> 「법인은 그 청산종료의 등기가 경료되었다면 특단의 사정이 없는 한 법인격이 상실되어 법인의 당사자능력 및 권리능력이 상실되었다고 추정할 것이나 법인 세체납 등으로 공소제기되어 그 피고사건의 공판계속 중에 그 법인의 청산결료의 등기가 경료되었다고 하더라도 동 사건이 종결되지 아니하는 동안 법인의 청산사무는 종료된 것이라 할 수 없고 형사소송법상 법인의 당사자능력도 그대로 존속한다.」

대법원 2021. 6. 30. 선고 2018도14261 판결 <표준> 「법인에 대한 청산종결 등기가 되었더라도 청산사무가 종결되지 않는 한 그 범위 내에서는 청산법인으로 존속한다. 법인의 해산 또는 청산종결 등기 이전에 업무나 재산에 관한 위반행위가 있는 경우에는 청산종결 등기가 된 이후 위반행위에 대한 수사가 개시되거나 공소가 제기되더라도 그에 따른 수사나 재판을 받는 일은 법인의 청산사무에 포함되므로, 그 사건이 종결될 때까지 법인의 청산사무는 종료되지 않고 형사소송법상 당사자능력도 그대로 존속한다.」

〈피고인의 소송능력〉

대법원 2014. 11. 13. 선고 2013도1228 판결

형사소송법상 소송능력이라고 함은 소송당사자가 유효하게 소송행위를 할 수 있는 능력, 즉 피고인 또는 피의자가 자기의 소송상의 지위와 이해관계를 이해하고 이에 따라 방어행위를 할 수 있는 의사능력을 의미하는데(대법원 2009. 11. 19. 선고 2009도6058 전원합의체 판결 등 참조), 피의자에게 의사능력이 있으면 직접 소송행위를 하는 것이 원칙이고, 피의자에게 의사능력이 없는 경우에는 형법 제9조 내지 제11조의 규정의 적용을 받지 아니하는 범죄사건에 한하여 예외적으로 그 법정대리인이 소송행위를 대리할 수 있다(형사소송법 제26조). 따라서 음주운전과 관련한 도로교통법위반죄의 범죄수사를 위하여 미성년자인 피의자의 혈액채취가 필요한 경우에도 피의자에게 의사능력이 있다면 피의자 본인만이 혈액채취에 관한 유효한 동의를 할 수 있고, 피의자에게 의사능력이 없는 경우에도 명문의 규정이 없는 이상 법정대리인이 피의자를 대리하여 동의할 수는 없다.

나. 원심은, 피고인이 2011. 2. 24. 02:30경 오토바이를 운전하여 가다가 교통사고를 일으키고 의식을 잃은 채 병원 응급실로 후송된 사실, 병원 응급실로 출동한 경찰관은 사고 시각으로부터 약 1시간 20분 후인 2011. 2. 24. 03:50경 법원으로부터 압수·수색 또는 검증 영장이나 감정처분허가장을 발부받지 아니한 채 피고인의 아버지의 동의만 받고서 응급실에 의식을 잃고 누워 있는 피고인으로부터 채혈한 사실 등을 인정한 후, 위 채혈에 관하여 사후적으로라도 영장을 발부받지 아니하였으므로 피고인의 혈중 알코올농도에 대한 국립과학수사연구소의 감정의뢰회보와 이에 기초한 다른 증거는 위법수집증거로서 증거능력이 없고, 피고인의 자백 외에 달리 이를 보강할 만한 증거가 없다는 이유로 이 부분 공소사실을 무죄로 판단하였다.

다. 원심판결 이유와 증거에 의하면, 당시 피고인은 의식불명상태여서 혈액채취에 대한 피고인 본인의 동의를 기대할 수는 없었던 상황으로 보이고, 이 사건 범죄는 형사소송법 제26조에 의하여 예외적으로 그 법정대리인이 소송행위를 대리할 수 있는 경우에도 해당하지 않으며, 달리 법정대리인에 의한 채혈동의를 허용하는 명문 규정이 없는 이상, 피고인이 아닌 피고인의 아버지의 동의만으로는 혈액채취에 관한 유효한 동의가 있었다고 볼 수 없다. 같은 취지에서 원심이 법원으로부터 영장 또는 감정처분허가장을 발부받지 아니한 채 피고인의 동의 없이 피고인으로부터 혈액을 채취하고 사후에도 영장을 발부받지 아니하였다는 이유로 감정의뢰회보 등의 증거능력을 부정한 후 이 부분 공소사실에 관하여 무죄를 선고한 것은 옳고, 거기에 위법수집증거 배제원칙에 관한 법리오해의 위법이 없다.

대법원 1992. 4. 14. 선고 92감도10 판결

피감호청구인은 1991.12.20. 선고한 원심판결에 대하여 그 날짜로 상소를 포기하였음이 분명한 바, 의사 D 작성의 감정서의 기재에 의하면 피고인은 잔재형정신분열증의 증상을 가지고 있어 집중력이나 판단력에 장애가 있기는 하지만 보통의 지능을 가지고 있고 의식은 명료하며 지각 및 기억력에도 장애가 없다는 것이고, 같은 의사 작성의 사실조회회신서의 기재에 의하면 피고인은 상고를 포기하면 재판이 끝나고 치료감호를 받아야 된다는 것을 이해하고 있다는 것이며 기록에 나타난 제1심 및 원심 공판정에서의 피고인의 진술 등을 이와 함께 종합하면 <u>피고인은 상고를 포기할 당시 소송능력이 있었다고 보여지고 따라서 그의 상고포기는 유효하다</u> 할 것이다.

3. 피고인의 소송법상 지위

〈소송주체로서의 지위〉

헌법재판소 1996. 12. 26. 선고 94헌바1 결정

헌법은 제27조 제1항에서 "모든 국민은 헌법과 법률이 정한 법관에 의하여 법률에 의한 재판을 받을 권리를 가진다."라고 규정하고 같은 조 제3항에서 "모든 국민은 신속한 재판을 받을 권리를 가진다. 형사피고인은 상당한 이유가 없는 한 지체없이 공개재판을 받을 권리를 가진다"라고 규정하여 공정하고 신속한 공개재판을 받을 권리를 보장하고 있는바, 이 재판청구권은 재판절차를 규율하는 법률과 재판에서 적용될 실체적 법률이 모두 합헌적이어야 한다는 의미에서의 법률에 의한 재판을 받을 권리뿐만 아니라, 비밀재판을 배제하고 일반국민의 감시하에서 심리와 판결을 받음으로써 공정한 재판을 받을 수 있는 권리를 포함하고 있다. 이 <u>공정한 재판을 받을 권리 속에는 신속하고 공개된 법정의 법관의 면전에서 모든 증거자료가 조사·진술되고 이에 대하여 피고인이 공격·방어할 수 있는 기회가 보장되는 재판, 즉 원칙적으로 당사자주의와 구두변론주의가 보장되어 당사자가 공소사실에 대한 답변과 입증 및 반증하는 등 공격·방어권이 충분히 보장되는 재판을 받을 권리가 포함되어 있다</u>(헌법재판소 1996. 1. 25. 선고, 95헌가5 결정 ; 1994. 4. 28. 선고, 93헌바26 결정 등 참조). 그렇다면 형사재판의 증거법칙과 관련하여서는 소극적 진실주의가 헌법적으로 보장되어 있다 할 것이다. 즉 <u>형사피고인으로서는 형사소송절차에서 단순한 처벌대상이 아니라 절차를 형성·유지하는 절차의 당사자로서의 지위를 향유하며 형사소송절차에서는 검사에 대하여 "무기대등의 원칙"이 보장되는 절차를 향유할 헌법적 권리를 가진다</u> 할 것이다. 그런데 헌법이 공정한 재판을 받을 권리의 구체적인 내용까지 모두 규정하고 있다고는 볼 수 없다. 헌법이 보장하는 공정한 재판절차를 어떠한 내용으로 구체화 할 것인가의 문제는 우선적으로 입법자의 과제이기 때문이다. 다만 <u>입법자는 형사소송절차를 규율함에 있어서 형사피고인인 국민을 단순한 처벌대상으로 전락시키는 결과를 초래하는 등 헌법적으로 포기할 수 없는 요소를 무시한 재판절차를 형성할 수 없다는 입법형성의 한계를 가진다</u> 할 것이다. 따라서 형사소송에 관한 절차법에서 소극적 진실주의의 요구를 외면한 채 범인필벌의 요구만을 앞세워 합리성과 정당성을 갖추지 못한 방법이나 절차에 의한 증거수집과 증거조사를 허용하는 것은 적법절차의 원칙 및 공정한 재판을 받을 권리에 위배되는 것으로서 헌법상 용인될 수 없다.

대법원 1991. 10. 25. 선고 91도2085 판결 「형사소송법 제298조 제4항은 공소사실의 변경등이 피고인의 불이익을 증가할 염려가 있다고 인정될 경우에만 피고인으로 하여금 필요한 방어의 준비를 하게 하기 위하여 공판절차를 정지할 수 있도록 규정하고 있으므로, 공소사실의 일부 변경이 있더라도 공판절차의 진행상황에 비추어 피고인의 방어권 행사에 실질적 불이익을 주지 않는 것으로 인정될 때에는 법원이 공소장변경을 이유로 한 공판절차정지신청을 받아들이지 않았다 하더라도 이를 위법하다고 할 수 없다. 기록에 의하면 이사건은 원심 제4회 변론기일인 1991.7.16. 일단 변론종결되어 같은 해 7.20.로 선고기일이 지정되었다가, 공소장변경을 위한 검사의 변론재개신청에 따라 변론이 재개되어 같은 해 7.19. 속행된 공판기일에서 검사가 공소제기 이래 "1983.12.경"으로 되어 있던 피고인에 대한 폭력행위등처벌에관한법률 제4조 제1호 위반 공소사실 중 범죄단체의 구성일시만을 "1985.1.3 이후 같은 해 월일 불상경"으로 바꾸는 공소장변경신청을 하고, 법원이 이를 허가하자, 변호인이 방어를 위한 공판절차정지신청을 하였으나 기각된 후 다시 변론종결되어 판결이 선고된 사실이 인정되는바, 1심 이래 원심까지의 공판절차 진행상황과 피고인의 주장, 입증내용을 기록에 의하여 살펴보면 원심이 피고인의 방어권행사에 실질적인 불이익이 없다는 취지에서 위 공판절차정지신청을 기각한 조치는 수긍이 가고 거기에 소론과 같은 법률위반의 잘못이 있다고 보여지지 아니한다.」

4. 무죄추정의 원칙

가. 의의

〈무죄추정의 원칙의 의의〉

대법원 2017. 10. 31. 선고 2016도21231 판결 <표준>

형사피고인은 유죄의 판결이 확정될 때까지는 무죄로 추정된다(헌법 제27조 제4항, 형사소송법 제275조의2). 무죄추정의 원칙은 수사를 하는 단계뿐만 아니라 판결이 확정될 때까지 형사절차와 형사재판 전반을 이끄는 대원칙으로서, '의심스러우면 피고인의 이익으로'라는 오래된 법언에 내포된 이러한 원칙은 우리 형사법의 기초를 이루고 있다.

형사소송법 제307조 제2항은 "범죄사실의 인정은 합리적인 의심이 없는 정도의 증명에 이르러야 한다."라고 정하고 있다. 따라서 형사재판에서 유죄의 인정은 법관으로 하여금 합리적인 의심을 할 여지가 없을 정도로 공소사실이 진실한 것이라는 확신을 가지게 하는 증명력을 가진 증거에 의하여야 한다. 검사가 제출한 증거만으로 이러한 확신을 가지게 하는 정도에 이르지 못한 경우에는 설령 유죄의 의심이 든다고 하더라도 피고인의 이익으로 판단하여야 한다(대법원 1992. 9. 1. 선고 92도1405 판결, 대법원 2001. 2. 23. 선고 2000도5395 판결 등 참조). 낮 시간대 다수의 사람들이 통행하는 공개된 장소와 같이 통상적으로 어린 피해자에 대한 추행 행위가 이루어질 것으로 예상하기 곤란한 상황에서 강제 추행이 있었는지 여부를 판단하는 데 피해자의 진술 또는 피해자와 밀접한 관계에 있는 자의 진술이 유일한 증거인 경우, 이를 근거로 피고인을 유죄로 판단하기 위해서는 진술 내용 자체의 합리성과 타당성뿐만 아니라 객관적인 정황과 경험칙에 비추어 피해자의 진술 또는 피해자와 밀접한 관계에 있는 자의 진술이 합리적인 의심을 할 여지가 없을 정도로 공소사실이 진실한 것이라는 확신을 가지게 하고, 피고인의 무죄 주장을 배척하기에 충분할 정도로 신빙성이 있어야 한다(대법원 2015. 11. 26. 선고 2014도7945 판결 등 참조).

나. 내용

헌법재판소 2001. 11. 29. 선고 2001헌바41 결정 「유죄의 확정판결이 있을 때까지 국가의 수사권은 물론 공소권, 재판권, 행형권 등의 행사에 있어서 피의자 또는 피고인은 무죄로 추정되고 그 신체의 자유를 해하지 아니하여야 한다는 무죄추정의 원칙은, 인간의 존엄성을 기본권질서의 중심으로 보장하고 있는 헌법질서 내에서 형벌작용의 필연적인 기속원리가 될 수밖에 없고, 이러한 원칙이 제도적으로 표현된 것으로는, 공판절차의 입증단계에서 거증책임(擧證責任)을 검사에게 부담시키는 제도, 보석 및 구속적부심 등 인신구속의 제한을 위한 제도, 그리고 피의자 및 피고인에 대한 부당한 대우 금지 등이 있다.」

헌법재판소 2003. 11. 27. 선고 2002헌마193 결정 「헌법이 신체의 자유를 철저히 보장하기 위하여 두고 있는 여러 규정 중의 하나인 헌법 제27조 제4항은 "형사피고인은 유죄의 판결이 확정될 때까지는 무죄로 추정된다."라고 하여 무죄추정의 원칙 내지 피고인의 무죄추정권을 규정하고 있는데 이러한 무죄추정권은, 공판절차에 선행하는 수사절차의 단계에 위치한, 피의자에 대하여도 당연히 인정된다. 무죄추정의 원칙은 증거법에 국한된 원칙이 아니라 수사절차에서 공판절차에 이르기까지 형사절차의 전과정을 지배하는 지도원리로서 인신의 구속 자체를 제한하는 원리로 작용한다. 신체의 자유를 최대한으로 보장하려는 헌법정신 특히 무죄추정의 원칙으로 인하여 수사와 재판은 불구속을 원칙으로 한다. 그러므로 구속은 예외적으로 구속 이외의 방법에 의하여서는 범죄에 대한 효과적인 투쟁이 불가능하여 형사소송의 목적을 달성할 수 없다고 인정되는 경우에 한하여 최후의 수단으로만 사용되어야 하며 구속수사 또는 구속재판이 허용될 경우라도 그 구속기간은 가능한 한 최소한에 그쳐야 하는 것이다. 특히 수사기관에 의한 신체구속은 신체적·정신적 고통 외에도 자백강요, 사술(詐術), 유도(誘導), 고문 등의 사전예방을 위해서도 최소한에 그쳐야 할 뿐더러 구속기간의 제한은 수사를 촉진시켜 신속한 공소제기 및 그에 따른 신속한 재판을 가능케 한다는 점에서 헌법 제27조 제3항에서 보장된 신속한 재판을 받을 권리의 실현을 위해서도 불가결한 조건이 된다.」

헌법재판소 2009. 6. 25. 선고 2007헌바25 결정 「헌법상 무죄추정의 원칙에 따라, 유죄판결이 확정되기 전에 피의자 또는 피고인을 죄 있는 자에 준하여 취급함으로써 법률적·사실적 측면에서 유형·무형의 불이익을 주어서는 아니된다. 특히 미결구금은 신체의 자유를 침해받는 피의자 또는 피고인의 입장에서 보면 실질적으로 자유형의 집행과 다를 바 없으므로, 인권보호 및 공평의 원칙상 형기에 전부 산입되어야 한다. 그러나 형법 제57조 제1항 중 "또는 일부" 부분은 미결구금의 이러한 본질을 충실히 고려하지 못하고 법관으로 하여금 미결구금일수 중 일부를 형기에 산입하지 않을 수 있게 허용하였는바, 이는 헌법상 무죄추정의 원칙 및 적법절차의 원칙 등을 위배하여 합리성과 정당성 없이 신체의 자유를 지나치게 제한함으로써 헌법에 위반된다고 할 것이다.」

대법원 1999. 1. 26. 선고 97다10215, 10222 판결 「일반 국민들은 사회에서 발생하는 제반 범죄에 관한 알권리를 가지고 있고 수사기관이 피의사실에 관하여 발표를 하는 것은 국민들의 이러한 권리를 충족하기 위한 방법의 일환이라 할 것이나, 한편 헌법 제27조 제4항은 형사피고인에 대한 무죄추정의 원칙을 천명하고 있고, 형법 제126조는 검찰, 경찰 기타 범죄수사에 관한 직무를 행하는 자 또는 이를 감독하거나 보조하는 자가 그 직무를 행함에 당하여 지득한 피의사실을 공판청구 전에 공표하는 행위를 범죄로 규정하고 있으며, 형사소송법 제198조는 검사, 사법경찰관리 기타 직무상 수사에 관계 있는 자는 비밀을 엄수하며 피의자 또는 다른 사람의 인권을 존중하여야 한다고 규정하고 있는바, 수사기관의 피의사실 공표행위는 공권력에 의한 수사결과를 바탕으로 한 것으로 국민들에게 그 내용이 진실이라는 강한 신뢰를 부여함은 물론 그로 인하여 피의자나 피해자 나아가 그 주변 인물들에 대하여 치명적인 피해를 가할 수도 있다는 점을 고려할 때, 수사기관의 발표는 원칙적으로 일반 국민들의 정당한 관심의 대상이 되는 사항에 관하여 객관적이고도 충분한 증거나 자료를 바탕으로 한 사실 발표에 한정되어야 하고, 이를 발표함에 있어서도 정당한 목적하에 수사결과를 발표할 수 있는 권한을 가진 자에 의하여 공식의 절차에 따라 행하여져야 하며, 무죄추정의 원칙에 반하여 유죄를 속단하게 할 우려가 있는 표현이나 추측 또는 예단을 불러일으킬 우려가 있는 표현을 피하는 등 그 내용이나 표현 방법에 대하여도 유념하지 아니하면 아니 된다 할 것이다. 따라서 수사기관의 피의사실 공표행위가 위법성을 조각하는지의 여부를 판단함에 있어서는 공표 목적의 공익성과 공표 내용의 공공성, 공표의 필요성, 공표된 피의사실의 객관성 및 정확성, 공표의 절차와 형식, 그 표현 방법, 피의사실의 공표로 인하여 생기는 피침해이익의 성질, 내용 등을 종합적으로 참작하여야 할 것이다.」

헌법재판소 1999. 5. 27. 선고 97헌마137, 98헌마5 결정 「수사 및 재판단계에서 유죄가 확정되지 아니한 미결수용자에게 재소자용 의류를 입게 하는 것은 미결수용자로 하여금 모욕감이나 수치심을 느끼게 하고, 심리적인 위축으로 방어권을 제대로 행사할 수 없게 하여 실체적 진실의 발견을 저해할 우려가 있으므로, 도주 방지 등 어떠한 이유를 내세우더라도 그 제한은 정당화될 수 없어 헌법 제37조 제2항의 기본권 제한에서의 비례원칙에 위반되는 것으로서, 무죄추정의 원칙에 반하고 인간으로서의 존엄과 가치에서 유래하는 인격권과 행복추구권, 공정한 재판을 받을 권리를 침해하는 것이다.」

헌법재판소 2005. 5. 26. 선고 2001헌마728 결정 「형사피고인뿐만 아니라 피의자에게도 무죄추정의 원칙과 방어권보장의 원칙이 적용되므로, 피의자에 대한 계구사용은 도주 또는 증거인멸의 우려가 있거나 검사조사실 내의 안전과 질서를 유지하기 위하여 꼭 필요한 목적을 위하여만 허용될 수 있다. 당시 청구인은 만 23세의 대학생으로서, 한양대학교 총학생회장 및 한국대학생총연합회 산하 서울동부지구총학생회연합 의장의 신분이었기 때문에 소위 이적단체인 한총련에 가입하여 활동하고 국가보안법 철폐를 위한 집회 및 시위에 참여하였다는 이유로 국가보안법위반, 일반교통방해, 집회및시위에관한법률위반죄로 구속되어 조사를 받게 되었는바, 기록상 경찰조사 단계에서나 검찰조사 단계에서도 자해나 소란 등 특이한 행동을 보인 정황이 엿보이지 아니하고 혐의사실을 대부분 시인하였으며 다만 시위를 주도하거나 돌을 던지는 등 과격한 행위를 한 사실은 없다고 진술하였다. 그렇다면 <u>당시 청구인은 도주·폭행·소요 또는 자해 등의 우려가 없었다고 판단되고, 수사검사도 이러한 사정 및 당시 검사조사실의 정황을 종합적으로 고려하여 청구인에 대한 계구의 해제를 요청하였던 것으로 보인다.</u> 그럼에도 불구하고 <u>피청구인 소속 계호교도관이 이를 거절하고 청구인으로 하여금 수갑 및 포승을 계속 사용한 채 피의자조사를 받도록 하였는바, 이로 말미암아 청구인은 신체의 자유를 과도하게 제한당하였고 이와 같은 계구의 사용은 무죄추정원칙 및 방어권행사 보장원칙의 근본취지에도 반한다고 할 것이다.」</u>

헌법재판소 1990. 11. 19. 선고 90헌가48 결정 「<u>공소의 제기가 있는 피고인이라도 유죄의 확정판결이 있기까지는 원칙적으로 죄가 없는 자에 준하여 취급하여야 하고, 불이익을 입혀서는 안된다고 할 것으로 가사 그 불이익을 입힌다 하여도 필요한 최소한도에 그치도록 비례의 원칙이 존중되어야 하는 것이 헌법 제27조 제4항의 무죄추정의 원칙이며, 여기의 불이익에는 형사절차상의 처분뿐만 아니라 그 밖의 기본권제한과 같은 처분도 포함된다고 할 것이다.</u>」 (법무부장관이 형사사건으로 공소가 제기(약식명령이 청구된 경우는 제외)된 변호사에 대하여 그 판결이 확정될 때까지 업무정지를 명할 수 있도록 한 구 변호사법 제15조가 헌법에 위반된다고 판단한 사안)

Ⅳ. 변호인

1. 변호인의 선임

가. 사선변호인

〈변호인 선임의 효력 발생 시기〉

대법원 2005. 1. 20.자 2003모429 결정

<u>변호인선임신고서를 제출하지 아니한 변호인이 변호인 명의로 정식재판청구서만 제출하고, 형사소송법 제453조 제1항이 정하는 정식재판청구기간 경과 후에 비로소 변호인선임신고서</u>

를 제출한 경우, 변호인 명의로 제출한 위 정식재판청구서는 적법·유효한 정식재판청구로서의 효력이 없다(대법원 1969. 10. 4.자 69모68 결정, 2001. 11. 1.자 2001도4839 결정 참조) 할 것이고, 형사소송법 제32조 제1항 은 "변호인의 선임은 심급마다 변호인과 연명날인한 서면으로 제출하여야 한다." 고 규정하고 있는바, 위 규정에서 말하는 변호인선임신고서는 특별한 사정이 없는 한 원본을 의미한다고 할 것이고, 사본은 이에 해당하지 않는다고 할 것이다.

원심결정 이유에 의하면, 원심은, 피고인은 2003. 7. 23. 이 사건 약식명령을 송달받았는데, **피고인의 변호인은 2003. 7. 30. 변호인선임신고서 사본을 첨부하여 정식재판청구서를 제1심법원에 제출하였으나 접수담당공무원이 변호인선임신고서가 사본임을 이유로 정식재판청구서의 접수를 거절하자, 피고인의 변호인은 2003. 7. 31. 변호인선임신고서 원본을 첨부하여 다시 정식재판청구서를 접수한 사실**을 인정한 다음, 접수담당공무원이 정식재판청구서의 접수를 거절할 권한이 없는 이상 피고인 변호인 명의의 정식재판청구서는 2003. 7. 30. 제1심법원에 제출된 것으로 보아야 할 것이나, 위 정식재판청구서에 첨부된 변호인선임신고서는 원본이 아닌 사본이어서 적법한 변호인선임신고서가 아니라고 할 것이고, 2003. 7. 31. **접수된 변호인선임신고서는 정식재판청구기간 이후에 제출된 것**이어서, 이 사건 정식재판청구서는 정식재판청구기간 내의 정식재판청구로서의 효력이 없다고 판단하였는바, 원심의 위와 같은 판단은 위 법리에 따른 것으로서 정당하고 거기에 재항고이유가 내세우는 법리오해 등의 위법이 없다.

대법원 2017. 7. 27.자 2017모1377 결정

형사소송법 제32조 제1항에서 변호인의 선임은 심급마다 변호인과 연명날인한 서면으로 제출하여야 한다고 규정하고 있다. 그리고 변호인선임신고서를 제출하지 않은 변호인이 변호인 명의로 재항고장을 제출한 경우, 그 재항고장은 적법·유효한 재항고로서의 효력이 없다(대법원 2005. 1. 20.자 2003모429 결정 등 참조).

기록에 의하면, 재항고인은 제1심에서만 변호인선임신고서를 제출하였고 원심과 재항고심에는 별도의 변호인선임신고서를 제출하지 않은 사실, 재항고인의 제1심 변호인인 공소외 법무법인이 그 명의로 2017. 5. 4. 이 사건 재항고장을 제출한 사실을 알 수 있다.

이러한 사실관계를 앞에서 본 법리에 비추어 살펴보면, 법정기간 내에 변호인선임신고서의 제출 없이 변호인 명의로 제출된 재항고장은 재항고의 효력을 인정할 수 없으므로, 이 사건 재항고는 법률상의 방식에 위배되었다고 할 것이다.

〈수임제한 규정 위반이 소송절차에 영향을 미치는 여부 : 소극〉

대법원 2009. 2. 26. 선고 2008도9812 판결

변호사법 제31조 제1호는 '변호사는 당사자 일방으로부터 상의를 받아 그 수임을 승낙한 사건의 상대방이 위임하는 사건에 관하여는 그 직무를 행할 수 없다'고 규정하고 있는바, 위 규정의 입법 취지 등에 비추어 볼 때, 동일한 변호사가 민사사건에서 형사사건의 피해자에 해당하는 상대방 당사자를 위한 소송대리인으로서 소송행위를 하는 등 직무를 수행하였다가 나중에 실질적으로 동일한 쟁점을 포함하고 있는 형사사건에서 피고인을 위한 변호인으로 선임되어 변호활동을 하는 등 직무를 수행하는 것 역시 금지된다고 봄이 상당하다(대법원 2004. 11. 26. 선고 2004도5951 판결 참조).

위 법리에 비추어 원심이 적법하게 확정한 사실들을 살펴보면, **피고인 1과 공소외 1, 2, 3 사이의 대여금사건에서 공소외 1 등의 소송대리인으로서 직무를 수행한 변호사 공소외 4가, 위 대여금사건 종결 후 그와 실질적으로 동일한 쟁점을 포함하고 있는 피고인들의 공소외 1 등에 대한 소송사기미수 범행 등에 대한 형사재판인 이 사건 공판절차 제1심에서 피고인들의 변호인으로 선임되어 변호활동 등을 한 것**은 변호사법 제31조 제1호에 위반된다고 봄이 상당하다.

그런데 피고인들의 제1심 변호인에게 변호사법 제31조 제1호의 수임제한 규정을 위반한 위법이 있다 하여도, 피고인들 스스로 위 변호사를 변호인으로 선임한 이 사건에 있어서 다른 특별한 사정이 없는 한 위와 같은 위법으로 인하여 변호인의 조력을 받을 피고인들의 권리가 침해되었다거나 그 소송절차가 무효로 된다고 볼 수는 없다.

대법원 1994. 10. 28.자 94모25 결정 「형사소송에 있어서 변호인을 선임할 수 있는 자는 피고인 및 피의자와 형사소송법 제30조 제2항에 규정된 자에 한정되는 것이고, 피고인이나 피의자로부터 그 선임권을 위임받은 자가 피고인이나 피의자를 대리하여 변호인을 선임할 수는 없는 것이므로, 피고인이 법인인 경우에는 형사소송법 제27조 제1항 소정의 대표자가 피고인인 당해 법인을 대표하여 피고인을 위한 변호인을 선임하여야 하며, 대표자가 제3자에게 변호인 선임을 위임하여 제3자로 하여금 변호인을 선임하도록 할 수는 없는 것이다. 따라서 피고인의 대표자가 아닌 관리인이 선임한 변호인에 의하여 제기된 이 사건 항고를 법률상 방식에 위반한 것이라고 본 원심의 판단은 정당하다.」

나. 국선변호인

〈국선변호인의 조력을 받을 권리를 보장하여야 할 국가의 의무〉

대법원 2012. 2. 16.자 2009모1044 전원합의체 결정 〈표준〉

1. 가. 헌법 제12조 제4항 본문은 "누구든지 체포 또는 구속을 당한 때에는 즉시 변호인의 조력을 받을 권리를 가진다."고 규정하고 있는바, 우리 헌법상의 법치국가원리, 적법절차원칙 등에 비추어 이러한 변호인의 조력을 받을 권리는 구속 피의자·피고인뿐만 아니라 불구속 피의자·피고인에게도 당연히 인정되는 것이다(헌법재판소 2004. 9. 23. 선고 2000헌마138 전원재판부 결정 등 참조). 나아가 헌법은 같은 항 단서에서 "다만, 형사피고인이 스스로 변호인을 구할 수 없을 때에는 법률이 정하는 바에 의하여 국가가 변호인을 붙인다."고 규정함으로써 일정한 경우 형사피고인에게 국선변호인의 조력을 받을 권리가 있음을 밝히면서 이를 보장하는 것이 국가의 공적 의무임을 천명하고 있다.

그런데 위와 같이 헌법상 보장되는 '변호인의 조력을 받을 권리'는 변호인의 '충분한 조력'을 받을 권리를 의미하므로(대법원 2003. 11. 11.자 2003모402 결정 등 참조), 일정한 경우 피고인에게 국선변호인의 조력을 받을 권리를 보장하여야 할 국가의 의무에는 형사소송절차에서 단순히 국선변호인을 선정하여 주는 데 그치지 않고 한 걸음 더 나아가 피고인이 국선변호인의 실질적인 조력을 받을 수 있도록 필요한 업무 감독과 절차적 조치를 취할 책무까지 포함된다고 할 것이다.

때문에 위와 같은 헌법의 취지와 정신을 구현하기 위하여 형사소송법은 일정한 경우 법원으로 하여금 직권 또는 피고인의 청구 등에 의하여 국선변호인을 선정하도록 하는 한편(제33조), 국선변호인이 선정된 사건에 관하여 변호인 없이 개정하지 못하게 하면서 만일 변호인이 출석하지 아니한 때에는 직권으로 새로운 국선변호인을 선정하도록 하였고(제282조, 제283조, 제370조), 형사소송규칙은 국선변호인을 선정한 후에도 법원으로 하여금 그 선정 취소, 사임 허가, 감독 등의 업무를 담당하도록 하고 있는 것이다(제18조 내지 제21조).

나. 한편 형사소송법 제361조의3 제1항, 제361조의2 제1항, 제2항, 제361조의4 제1항, 제364조 제1항 등에 의하면, 피고인이 항소한 경우 형사 항소심은 기본적으로 피고인 또는 변호인이 법정기간 내에 제출한 항소이유서에 포함된 항소이유에 관하여 심판하는 구조이고, 만일 법정기간 내에 적법한 항소이유서가 제출되지 아니하면 원칙적으로 피고인의 항소를 기각하도록 되어 있다. 그 결과 피고인은 항소법원으로부터 본안판단을 받을 기회를 잃게 된

다. 항소심 소송절차에서 항소이유서의 작성과 제출이 지니는 위와 같은 의미와 중요성에 비추어 볼 때, 항소심 소송절차에서 국선변호인이 선정된 경우 국선변호인으로부터 충분한 조력을 받을 피고인의 권리는 공판심리 단계에서뿐만 아니라 항소이유서의 작성·제출 과정에서도 당연히 보장되어야 한다.

그러므로 피고인을 위하여 선정된 국선변호인이 법정기간 내에 항소이유서를 제출하지 아니하면 이는 피고인을 위하여 요구되는 충분한 조력을 제공하지 아니한 것으로 보아야 하고, 이런 경우에 피고인에게 책임을 돌릴 만한 아무런 사유가 없음에도 불구하고 항소법원이 형사소송법 제361조의4 제1항 본문에 따라 피고인의 항소를 기각한다면, 이는 위에서 본 바와 같이 피고인에게 국선변호인으로부터 충분한 조력을 받을 권리를 보장하고 이를 위한 국가의 의무를 규정하고 있는 헌법의 취지에 반하는 조치라고 할 것이다. 따라서 피고인과 국선변호인이 모두 법정기간 내에 항소이유서를 제출하지 아니하였다고 하더라도, 국선변호인이 항소이유서를 제출하지 아니한 데 대하여 피고인에게 귀책사유가 있음이 특별히 밝혀지지 않는 한, 항소법원은 종전 국선변호인의 선정을 취소하고 새로운 국선변호인을 선정하여 다시 소송기록접수통지를 함으로써 새로운 국선변호인으로 하여금 그 통지를 받은 때로부터 형사소송법 제361조의3 제1항의 기간 내에 피고인을 위하여 항소이유서를 제출하도록 하여야 한다.

이와 달리, 국선변호인이 선정된 경우 국선변호인이 형사소송법 제361조의3 제1항의 기간 내에 항소이유서를 제출하지 아니한 때에는 피고인 본인이 적법한 항소이유서를 제출하지 아니한 이상 형사소송법 제361조의4 제1항 본문에 따라 항소기각의 결정을 하는 것이 상당하다고 판시한 대법원 1966. 5. 25.자 66모31 결정 등은 이 결정의 견해에 배치되는 범위 내에서 변경하기로 한다.

2. 가. 원심결정 이유 및 기록에 의하면, **재항고인은 이 사건의 피고인으로서 제1심판결에 불복하여 원심법원에 항소한 사실, 재항고인이 70세 이상이어서 이 사건은 형사소송법 제33조 제1항 제3호에 의한 필요적 변호사건에 해당하는데, 원심은 재항고인 본인의 항소이유서 제출기간이 경과한 후 비로소 국선변호인을 선정하고 그에게 소송기록접수통지를 하였으나 위 국선변호인이 법정기간 내에 항소이유서를 제출하지 아니한 사실, 원심은 국선변호인이 항소이유서를 제출하지 아니한 데 대하여 재항고인에게 책임을 돌릴 만한 사유가 있는지 여부를 확인하거나 고려하지 아니한 채, 재항고인과 국선변호인이 모두 그 제출기간 내에 항소이유서를 제출하지 아니하였고 제1심판결에 직권조사사유가 없다는 등의 이유로 형사소송**

법 제361조의4 제1항에 따라 결정으로 재항고인의 항소를 기각한 사실을 알 수 있다.

나. 위와 같은 사실관계를 앞서 본 법리에 비추어 살펴보면, 원심으로서는 국선변호인이 그 제출기간 내에 항소이유서를 제출하지 아니한 데 대하여 재항고인에게 책임을 돌릴 만한 사유가 특별히 밝혀지지 아니한 이상, 재항고인과 국선변호인이 항소이유서를 제출하지 아니하였다고 하여 곧바로 형사소송법 제361조의4 제1항에 의하여 재항고인의 항소를 기각할 것이 아니라, 위 국선변호인의 선정을 취소하고 새로운 국선변호인을 선정하여 그에게 소송기록접수통지를 함으로써 재항고인을 위하여 새로운 국선변호인으로 하여금 항소이유서를 제출하도록 하는 조치를 취하여야 했다.

따라서 위와 같은 조치를 취하지 아니한 채 곧바로 재항고인의 항소를 기각한 원심결정은 국선변호인의 조력을 받을 피고인의 권리에 관한 헌법 및 형사소송법상의 법리를 오해하여 판단을 그르친 것이다. 이 점을 지적하는 취지의 재항고인의 주장은 이유 있다.

[대법관 전수안, 대법관 양창수, 대법관 이인복, 대법관 이상훈의 반대의견] (가) 항소이유서 제도에 관한 형사소송법 제361조의4 제1항 등의 문언과 취지에 비추어 볼 때, 항소인인 피고인과 변호인이 항소법원으로부터 소송기록접수를 통지받고도 법정기간 내에 항소이유서를 제출하지 아니한 경우, 직권조사사유가 있거나 항소장에 항소이유의 기재가 있는 때가 아닌 이상 항소법원은 피고인의 항소를 기각하여야 하고, 이는 국선변호인이 선정되었는지 여부, 필요적 변호사건에 해당하는지 여부 등과 상관이 없다.

(나) 헌법이 변호인의 조력을 받을 권리와 관련하여 피고인 등에게 보장하는 것은 스스로 변호인을 선임하여 조력을 받을 수 있는 기회를 부여하고, 스스로 변호인을 구할 수 없을 때에는 법률이 정하는 바에 따라 국가가 변호인을 선정하여 주는 것으로서, 헌법은 변호인의 구체적 변호활동에 관한 결과의 실현까지 국가 또는 법원이 책임지도록 하고 있지는 않으며, 변호인을 국가가 선정하여 주었다거나 법원에 국선변호인의 선정, 선정 취소, 사임 허가 등 일정한 감독권한이 있다고 하여 달리 볼 수 없다. 다수의견이 강조하는 바와 같이 헌법상 변호인의 조력을 받을 권리에 대한 보장이 단순히 국선변호인의 선정에만 그치는 것은 아니므로 그 실효적 보장을 위하여 법원에 일정한 범위 내에서 변호인에 대한 감독권한을 행사하도록 요구할 수는 있겠지만, 그렇다고 하여 중립적 지위에서 형사재판을 담당하여야 하는 법원에 피고인을 위한 전면적인 후견적 조치를 요구하거나 그에 기하여 국선변호인에 대하여 구체적으로 특정한 변호활동을 하게 할 것까지 요구할 수는 없다.

<별건구속이 국선변호인 직권선정 사유인 제33조 제1항의 '피고인이 구속된 때'에 해당하는지 여부 : 소극>

대법원 2009. 5. 28. 선고 2009도579 판결

형사소송법 제33조 제1항 제1호의 '피고인이 구속된 때'라고 함은, 원래 구속제도가 형사소송의 진행과 형벌의 집행을 확보하기 위하여 법이 정한 요건과 절차 아래 피고인의 신병을 확보하는 제도라는 점 등에 비추어 볼 때 피고인이 당해 형사사건에서 구속되어 재판을 받고 있는 경우를 의미하고, 피고인이 별건으로 구속되어 있거나 다른 형사사건에서 유죄로 확정되어 수형중인 경우는 이에 해당하지 아니한다 고 할 것이다.

위 법리와 기록에 비추어 보면, 피고인은 이 사건에서 구속된 바 없으므로 피고인에 대하여 국선변호인을 선정하지 아니한 제1심이나 원심의 조치에 위법이 있다고 할 수 없다.

> **대법원 2017. 5. 17. 선고 2017도3780 판결**
> 구속제도는 형사소송의 신행과 형벌의 집행을 확보하기 위하여 법이 정한 요건과 절차에 따라 피고인의 신병을 확보하는 제도이다. 형사소송법 제33조 제1항은 국선변호인을 반드시 선정해야 하는 사유를 정하고 있는데, 그 제1호에서 정한 '피고인이 구속된 때'라고 함은, 피고인이 형사사건에서 구속되어 재판을 받고 있는 경우를 의미하고, 피고인이 별건으로 구속되어 있거나 다른 형사사건에서 유죄로 확정되어 수형 중인 경우는 이에 해당하지 않는다(대법원 2009. 5. 28. 선고 2009도579 판결 등 참조). 이는 특별한 사정이 없는 한 재판을 받고 있는 형사사건과 별건으로 구속된 형사사건을 병합하여 심리하기로 하였다가 위 두 사건에 대한 변론을 분리하기로 한 경우에도 마찬가지이다.
> 기록에 의하면, 피고인은 이 사건으로 구속된 사실이 없고, 원심에서 국선변호인 선정을 위한 고지서를 송달받고도 국선변호인 선정청구를 하지 않았으며 항소 이후 원심 제4회 공판기일까지 사선변호인을 선임하여 방어권을 행사하였다. 원심은 제3회 공판기일이 지난 다음 2017. 1. 9. **별건으로 구속된 사건인 대구지방법원 2017노102 사건과 이 사건에 대한 병합심리 결정을 하였다가** 2017. 1. 20. 제4회 공판기일에서 위 두 사건에 대한 변론분리 결정을 한 다음 피고인의 사선변호인이 2017. 1. 24. 사임계를 제출하자 2017. 1. 25. 제5회 공판기일에서 변호인 없이 피고인만 출석한 상태에서 이 사건에 대한 변론을 종결하고 2017. 2. 10. 판결을 선고하였다.
> 원심의 위와 같은 조치는 위 법리에 비추어 정당하(다).

대법원 2011. 3. 10. 선고 2010도17353 판결 「형사소송법 제33조 제1항 제1호 소정의 '피고인이 구속된 때'라고 함은 피고인이 당해 형사사건에서 이미 구속되어 재판을 받고 있는 경우를 의미하는 것이므로, 불구속 피고인에 대하여 판결을 선고한 다음 법정구속을 하더라도 구속되기 이전까지는 위 규정이 적용된다고 볼 수 없다. 기록에 의하면, 피고인은 원심판결 선고 이전까지 불구속 상태로 재판을 받은 사실을 알 수 있으므로, 원심이 피고인에 대하여 국선변호인을 선정하지 아니한 채 판결을 선고한 다음 피고인을 법정구속하였다고 하더라도 이러한 원심의 조치에 상고이유에서 주장하는 바와 같은 소송절차에 관한 법령을 위반한 위법이 있다고 볼 수 없다.」

〈직권선정 : '피고인이 심신장애가 있는 것으로 의심되는 때'의 의미〉

대법원 2019. 9. 26. 선고 2019도8531 판결 <표준>

헌법상 변호인의 조력을 받을 권리와 형사소송법에 국선변호인 제도를 마련한 취지 등에 비추어 보면, 법원이 국선변호인을 반드시 선정해야 하는 사유로 형사소송법 제33조 제1항 제5호에서 정한 '피고인이 심신장애의 의심이 있는 때'라 함은 진단서나 정신감정 등 객관적인 자료에 의하여 피고인의 심신장애 상태를 확신할 수 있거나 그러한 상태로 추단할 수 있는 근거가 있는 경우는 물론, 범행의 경위, 범행의 내용과 방법, 범행 전후 과정에서 보인 행동 등과 아울러 피고인의 연령·지능·교육 정도 등 소송기록과 소명자료에 드러난 제반 사정에 비추어 피고인의 의식상태나 사물에 대한 변별능력, 행위통제능력이 결여되거나 저하된 상태로 의심되어 **피고인이 공판심리단계에서 효과적으로 방어권을 행사하지 못할 우려가 있다고 인정되는 경우**를 포함한다.

2. 가. 이 사건 공소사실의 요지는 다음과 같다.

1) 피고인은 2018. 7. 14. 01:50경 식당 앞에서 "누군가 나를 죽이려 한다."라고 말하며 위험한 물건인 알루미늄 밀대 막대로 그곳에 주차된 승용차 앞 유리와 조수석 백미러 등을 내리쳐 손괴하였다.

2) 피고인은 2018. 7. 14. 15:45경 ○○사에서 스님을 만나게 해 달라고 요청하다가 거절당하자 화가 나 일반인의 출입이 금지된 종각에 들어가 10여 분에 걸쳐 북을 강하게 치는 등 그곳에서 참선과 수양을 하던 피해자의 업무를 방해하였다.

3) 피고인은 2018. 7. 16. 02:56경 요양병원 3층에서 아무런 이유 없이 옷을 벗고 위 병원에서 근무하는 간호사에게 성기를 내보이며 발로 피해자의 몸을 걷어차 폭행하고, 다시 병원 305호 병실로 뛰어 들어가 요양간호사에게 성기를 내보이며 발로 피해자의 가슴과 옆구리, 팔 등을 수회 걷어차 피해자에게 약 14일간의 치료가 필요한 타박상 등을 가하고, 소화기를 분사하고 집어 던져 손괴하는 등 같은 날 03:20경까지 병원 근무자들의 진료업무 등을 위력

으로써 방해하였다.

나. 원심판결 이유 및 기록에 의하면 다음과 같은 사실을 알 수 있다.

1) 피고인은 2018. 7. 11.부터 이 사건 범행 직전인 같은 달 13일까지 여러 차례 공중전화로 112에 신고하여 '경상남북경찰청 바꿔 달라', '마약 조직원으로부터 원치 않은 마약을 투여당했다', '누가 마약을 판매하고 있다. 몰래 마약을 먹이고 있다. 카카오톡으로 섹스를 나누자'는 등으로 횡설수설하였다. 당시 현장에 출동한 경찰관이 피고인과 함께 지낸 공소외 1에게 전화로 피고인의 상태를 문의한 결과 공소외 1은 '피고인이 정신적으로 이상증세를 보인다'는 취지의 진술을 하기도 하였다.

2) 피고인의 2018. 7. 16.자 범행을 현장에서 목격한 간호사는 경찰에서 '간호사의 입장에서 볼 때 정상적인 사람의 상태로 보이지 않았다'고 진술하였다.

3) 피고인은 2018. 7. 16.자 범행으로 현행범 체포되어 같은 날 △△△△경찰서에서 조사를 받았는데, 조사를 받던 도중 바지를 벗어 성기를 꺼내 보이고 바닥에 있는 휴지를 주워 먹는가 하면 유치장에서 경찰관을 향해 소변을 보는 등 이상행동을 보여 조사가 중단되기도 하였다.

4) 피고인은 2018. 7. 16.자 범행으로 다음 날 구속되어 ㅁㅁ교도소에 수감되었다. 교도소 측이 2018. 7. 18.부터 같은 해 8. 16.까지 피고인에 대하여 작성한 동정관찰사항에 의하면, 피고인은 같은 기간 교도소 내에서도 '내 몸에 폭탄이 있다. 나는 예수다. 저놈을 체포하라'는 등으로 횡설수설하는가 하면, 벽면에 머리를 들이박는 등 자해를 하고, 변기통에 팔을 집어넣어 변기통 오물을 교도관에게 뿌리는 등 계속해서 정신이상 증세를 보였다.

5) ◇◇병원 정신과 전문의는 2018. 7. 19. 피고인에 대하여 환시, 피해망상, 관계망상을 보이는 '급성 및 일과성 정신병 장애'로 진단하고, 증상 조절을 위한 약물 처방을 하면서, 경과 관찰과 지속적인 약물 조정이 필요하다는 취지의 소견서를 작성하였다.

6) 제1심은 2018. 12. 13. 이 사건 공소사실을 모두 유죄로 인정하면서 2018. 7. 16.자 범행에 대하여 심신미약 감경을 한 다음 피고인을 벌금 1,000만 원에 처하는 판결을 선고하였다.

7) 제1심판결에 대하여 검사만 심신미약에 관한 법리오해와 양형부당을 이유로 항소하였다. **원심법원은 2019. 4. 18. 변호인이 선임되지 않은 피고인에 대하여 국선변호인을 선정하지 않은 채 제1회 공판기일을 진행하고 변론을 종결하였다. 원심법원은 2019. 5. 28. 검사의 법리오해 주장을 배척하여 2018. 7. 16.자 범행에 대한 피고인의 심신미약 상태를 인정하는 한편, 검사의 양형부당 주장은 받아들여 제1심판결을 파기하고 피고인을 징역 10개월에 처하**

는 판결을 선고한 직후 피고인을 법정구속하고, 같은 달 31일 변호사 공소외 2를 피고인의 국선변호인으로 선정하였다.

3. 위와 같은 사실관계에서 알 수 있는 이 사건 범행의 내용, 이 사건 범행 전후에 나타난 피고인의 이상행동, 구속수감된 이후에도 계속된 피고인의 정신이상 증세, 정신과 전문의의 진단 결과와 약물 처방내역 등 제반 사정을 앞서 본 법리에 비추어 살펴보면, 이 사건 범행 당시 정신이상 증세로 인한 피고인의 심신장애 상태가 원심 공판심리단계에서도 계속되어 피고인이 공판심리단계에서 효과적으로 방어권을 행사하지 못할 우려가 있었을 가능성을 배제할 수 없고, 이는 형사소송법 제33조 제1항 제5호의 '심신장애의 의심이 있는 때'에 해당한다고 볼 여지가 충분하다.

나아가 항소심에서의 국선변호인 선정과 관련하여 대법원은, 제1심에서 피고인의 청구 또는 직권으로 국선변호인이 선정되어 공판이 진행된 경우 항소법원은 특별한 사정변경이 없는 한 국선변호인을 선정하는 것이 바람직하고(대법원 2013. 7. 11. 선고 2013도351 판결 등 참조), 특히 이 사건과 같이 제1심법원이 피고인에 대하여 벌금형을 선고하였으나 검사만이 양형부당으로 항소한 사안에서 항소법원이 변호인이 선임되지 않은 피고인에 대하여 검사의 양형부당 항소를 받아들여 형을 선고하는 경우에는 판결 선고 후 피고인을 법정구속한 뒤에 비로소 국선변호인을 선정하는 것보다는 공판심리단계에서부터 국선변호인의 선정을 적극적으로 고려하여야 한다(대법원 2016. 11. 10. 선고 2016도7622 판결 등 참조)는 점을 누차 강조해 왔다. 따라서 형사소송법 제282조, 제33조 제1항 제5호에서 정한 필요적 변호 사건에 해당한다고 볼 여지가 충분할 뿐만 아니라, 같은 법 제33조 제3항에 따라 피고인의 명시적인 의사에 반하지 아니하는 범위 안에서 피고인의 권리 보호를 위해 직권으로 국선변호인을 선정하여야 할 필요성도 있는 이 사건에서, 변호인이 선임되지 않은 피고인에 대하여 국선변호인을 선정하지 아니한 채 공판절차를 진행한 원심의 조치는 그 소송절차가 형사소송법에 어긋나 위법하고, 위와 같이 위법한 공판절차에서 이루어진 소송행위는 무효로 보아야 한다.

〈청구국선 : 국선변호인의 조력을 받을 권리를 침해한 경우〉

대법원 2016. 12. 29. 선고 2016도16661 판결

형사소송법 제33조 제2항은 '법원은 피고인이 빈곤 그 밖의 사유로 변호인을 선임할 수 없는 경우에 피고인의 청구가 있는 때에는 변호인을 선정하여야 한다'고 규정하고 있다. 또한

형사소송규칙 제17조 제3항은 법 제33조 제2항의 규정에 의하여 국선변호인 선정청구가 있는 때에는 지체 없이 국선변호인을 선정하여야 한다고 하고, 제17조의2는 '법 제33조 제2항에 의하여 국선변호인 선정을 청구하는 경우 피고인은 소명자료를 제출하여야 한다'고 규정하고 있다.

기록에 의하면, **피고인은 항소 이후 원심 제1회 공판기일 이전인 2016. 5. 11. 원심법원에 대하여 자신이 국민기초생활수급자에 해당한다는 수급자 증명서와 함께 보증금 100만 원, 월차임 14만 원의 주거지 임대차계약서를 첨부하여 서면으로 국선변호인 선정청구를 하였다. 그런데도 원심은 2016. 5. 13. 피고인의 국선변호인 선정청구를 기각하고, 그 후 공판기일에 피고인만 출석한 상태에서 심리를 진행한 다음 원심판결을 선고하였다.**

그러나 피고인이 국선변호인 선정청구를 하면서 제출한 국민기초생활수급자 증명서 등 소명자료에 의하면, 피고인이 빈곤으로 인하여 변호인을 선임할 수 없는 경우에 해당한다고 인정할 여지가 충분하고, 기록상 이와 달리 볼 만한 사정을 찾아볼 수 없다. 그렇다면 원심으로서는 특별한 사정이 없는 한 국선변호인 선정결정을 하여 그 선정된 변호인으로 하여금 공판심리에 참여하도록 하였어야 한다. 그럼에도 원심은 그러한 조치 없이 공판심리를 진행하였으니, 이는 국선변호인 선정에 관한 형사소송법 규정을 위반하여, 국선변호인의 조력을 받을 피고인의 권리를 침해한 것이다(대법원 2011. 3. 24. 선고 2010도18103 판결 등 참조).

〈재량국선과 시각장애인〉

대법원 2014. 8. 28. 선고 2014도4496 판결

1. 가. 형사소송법(이하 '법'이라 한다) 제33조는 헌법 제12조에 의하여 피고인에게 보장된 변호인의 조력을 받을 권리가 공판심리절차에서 효과적으로 실현될 수 있도록 일정한 경우에 직권 또는 청구에 의한 법원의 국선변호인 선정의무를 규정하는 한편(제1, 2항), 피고인의 연령·지능 및 교육 정도 등을 참작하여 권리보호를 위하여 필요하다고 인정되는 때에도 피고인의 명시적 의사에 반하지 아니하는 범위 안에서 법원이 국선변호인을 선정하여야 한다고 규정하고 있다(제3항).

그리고 형사소송규칙(이하 '규칙'이라 한다) 제156조의2 제1항은 '항소법원은 법 제33조 제1항 제1호 내지 제6호의 필요적 변호사건에 있어서 변호인이 없는 경우에는 지체없이 변호인을 선정한 후 그 변호인에게 소송기록접수통지를 하여야 한다. 법 제33조 제3항에 의하여 국선변호인을 선정한 경우에도 그러하다.'고 규정하고, 국선변호에 관한 예규 제6조 제2항은 '법 제33조 제3항에 해당하는 경우 또는 피고인이 시각장애인인 경우, 1심 법원은 피고인이 명시적으로 국선변호인의 선정을 원하지 않는다는 의사를 표시한 때를 제외하고 지체없이 국선변호인을 선정한다.'고 규정하고, 제8조 제1항은 '항소법원은 직권으로 소송기록과 소명자료를 검토하여 피고인이 제6조 제2항에 해당한다고 인정되는 경우 즉시 국선변호인을 선정한다.'고 규정하고 있다.

헌법상 변호인의 조력을 받을 권리를 비롯한 앞서 본 제반 규정 및 국선변호인 제도의 취지와, 피고인이 시각장애인인 경우에는 공소장 부본을 송달받을 권리(법 제266조), 소송계속 중의 관계 서류나 증거물 또는 공판조서의 열람·등사청구권(법 제35조 제1항, 제55조 제1항) 등 법이 피고인에게 보장하고 있는 권리를 자력으로 행사하기 곤란할 것임에도 소송계속 중의 관계 서류 등이 점자자료로 작성되어 제공되고 있지 아니한 현행 형사소송실무상 이를 제대로 확인하지 못한 채 공판심리에 임하게 됨으로써 효과적인 방어권을 행사하지 못할 가능성이 높은 점 등에 비추어, 법원으로서는 피고인이 시각장애인인 경우 그 장애의 정도를 비롯하여 연령·지능·교육 정도 등을 확인한 다음 권리보호를 위하여 필요하다고 인정하는 때에는 법 제33조 제3항의 규정에 의하여 피고인의 명시적 의사에 반하지 아니하는 범위 안에서 국선변호인을 선정하여 방어권을 보장해 줄 필요가 있다(대법원 2010. 4. 29. 선고 2010도881 판결 등 참조).

나. 그리고 법원이 법 제33조 제3항에 의하여 국선변호인을 선정한 경우에는 그 변호인에게 소송기록접수통지를 함으로써, 그 변호인이 통지를 받은 날로부터 소정의 기간 내에 피고인을 위하여 항소이유서를 작성·제출할 수 있도록 하여 변호인의 조력을 받을 피고인의 권리를 보호하여야 하고, 또한 법 제361조의3, 제364조 등의 규정에 의하면 항소심의 구조는 피고인 또는 변호인이 법정기간 내에 제출한 항소이유서에 의하여 심판되는 것이므로 항소이유서가 제출되었더라도 항소이유서 제출기간의 경과를 기다리지 않고는 항소사건을 심판할 수 없고, 법 제33조 제3항의 규정에 의하여 선정된 국선변호인의 경우에도 국선변호인의 항소이유서 제출기간 만료 시까지 항소이유서를 제출하거나 수정·추가 등을 할 수 있는 권리는 마찬가지로 보호되어야 한다(대법원 2009. 4. 9. 선고 2008도11213 판결 등 참조).

2. 가. 기록에 의하면, **피고인은 2급 시각장애인인 사실**, 피고인은 제1심 변호인을 통하여 제1심법원에 장애등급심사결정서를 첨부한 장애등급 조정 심사 결과서를 제출하였는데, 위 서류에 의하면 **피고인의 시력은 우안 0.04, 좌안 0.02로 점자자료가 아니면 인쇄물 정보접근**

에 상당한 곤란을 겪을 것으로 예상되는 사실, 피고인은 항소이유서 제출기간이 경과한 후인 2013. 9. 27. 원심법원에 빈곤을 이유로 국선변호인 선정청구를 하였고 원심법원은 그로부터 5개월 이상 경과한 2014. 3. 14.에서야 피고인에 대하여 국선변호인 선정결정을 한 사실, 피고인의 국선변호인은 2014. 3. 19. 원심법원에 항소이유서를 제출하였고, 원심법원은 2014. 3. 20. 공판기일을 진행하여 피고인과 그 국선변호인의 구두변론을 들은 후 변론을 종결한 다음, 2014. 4. 3. 적법한 항소이유서 제출기간 내에 항소이유서가 제출되지 않았다는 이유로 피고인의 항소를 기각하는 판결을 선고하였음을 알 수 있다.

나. 위 사실관계를 앞서 본 법리에 비추어 살펴보면, 원심법원으로서는 2급 시각장애인인 피고인에 대하여 법 제33조 제3항의 규정을 적용하여 그 시각장애의 정도를 비롯하여 연령·지능·교육 정도 등을 확인한 다음 규칙 제17조에 따라 법원에 대하여 국선변호인의 선정을 희망하지 아니한다는 의사를 표시할 수 있다는 취지를 고지하고, 피고인의 명시적 의사에 반하지 아니하는 범위 안에서 국선변호인을 선정하는 절차를 취했어야 할 것이며, 법 제33조 제2항에 따라 국선변호인을 선정한 후라고 하여도 그 국선변호인을 법 제33조 제3항에 의한 국선변호인으로 보아 그에 대해 소송기록접수통지를 하여야 하므로 그 국선변호인이 선정결정일로부터 20일 이내에 항소이유서를 제출하였다면 그 항소이유서는 법이 정한 기간 내에 적법하게 제출된 것이라고 할 것이다.

다. 그럼에도 원심은 피고인의 국선변호인이 제출한 항소이유서가 그 제출기간 내에 적법하게 제출되지 않은 것으로 보고 그 항소이유에 대하여 판단하지 아니한 채 피고인의 항소를 기각하는 판결을 선고하였으므로, 이러한 원심판결에는 법 제33조 제3항에 관한 법리와 항소이유서 제출기간에 관한 법리를 오해한 나머지 시각장애인인 피고인의 방어권을 보장하기 위하여 법 제33조 제3항에 의한 국선변호인 선정이 필요한 경우인지 여부에 대하여 필요한 심리를 다하지 아니하였을 뿐만 아니라 국선변호인으로 하여금 항소이유서 제출기간 만료 시까지 항소이유서를 제출하거나 수정·추가 등을 할 수 있는 기회를 박탈함으로써 판결에 영향을 미친 위법이 있고, 이 점을 지적하는 상고이유의 주장은 이유 있다.

대법원 2014. 8. 28. 선고 2014도4496 판결 「헌법 제12조 제4항은 "누구든지 체포 또는 구속을 당한 때에는 즉시 변호인의 조력을 받을 권리를 가진다."라고 규정하고 있고, 형사소송법은 헌법에 의하여 보장된 변호인의 조력을 받을 권리를 보장하기 위해 구속 전 피의자심문 단계에서 "심문할 피의자에게 변호인이 없는 때에는 직권으로 변호인을 선정하여야 한다."라고 규정하고 있으며(제201조의2 제8항), '피고인이 구속된 때에 변호인이 없으면 법원이 직권으로 변호인을 선정하여야 한다.'고 규정하고 있다(제33조 제1항 제1호). 이와 같은 헌법상 변호인의 조력을 받을 권리와 형사소송법의 여러 규정, 특히 형사소송법 제70조 제1항, 제201조 제1항에 의하면 구속사유는 피고인의 구속과 피의자의 구속에 공통되고, 피고인의 경우에도 구속사유에 관하여 변호인의 조력을 받을 필요가 있는 점 및 국선변호인 제도의 취지 등에 비추어 보면, 이 사건과 같이 피고인에 대하여 제1심법원이 집행유예를 선고하였으나 검사만이 양형부당을 이유로 항소한 사안에서 항소심이 변호인이 선임되지 않은 피고인에 대하여 검사의 양형부당 항소를 받아들여 형을 선고하는 경우에는 판결 선고 후 피고인을 법정구속한 뒤에 비로소 국선변호인을 선정하는 것보다는, 피고인의 권리보호를 위해 판결 선고 전 공판심리 단계에서부터 형사소송법 제33조 제3항에 따라 피고인의 명시적 의사에 반하지 아니하는 범위 안에서 국선변호인을 선정해 주는 것이 바람직하다는 점을 지적하여 둔다.」

〈법원이 권리보호를 위하여 필요하다고 인정하지 않으면 국선변호인을 선정하지 아니할 수 있는지 여부 : 적극〉

대법원 2013. 5. 9. 선고 2013도1886 판결

형사소송법 제33조는 제1항 및 제3항에서 법원이 직권으로 변호인을 선정하여야 하는 경우를 규정하면서, 제1항 각 호에 해당하는 경우에 변호인이 없는 때에는 의무적으로 변호인을 선정하도록 규정한 반면, 제3항에서는 피고인의 연령·지능 및 교육 정도 등을 참작하여 권리보호를 위하여 필요하다고 인정하는 때에 한하여 재량으로 피고인의 명시적 의사에 반하지 아니하는 범위 안에서 변호인을 선정하도록 정하고 있으므로, 형사소송법 제33조 제1항 각 호에 해당하는 경우가 아닌 한 법원으로서는 권리보호를 위하여 필요하다고 인정하지 않으면 국선변호인을 선정하지 않을 수 있을 뿐만 아니라, 국선변호인의 선정 없이 공판심리를 하더라도 피고인의 방어권이 침해되어 판결에 영향을 미쳤다고 인정되지 않는 경우에는 형사소송법 제33조 제3항을 위반한 위법이 있다고 볼 수 없다(대법원 2010. 4. 29. 선고 2010도881 판결 참조).

기록에 의하면 형사소송법 제33조 제1항 각 호의 어느 사유에도 해당하지 아니하는 이 사건에서 피고인이 당초 공소사실을 부인하는 취지의 의견서와 국선변호인 선정청구서를 제출하자 제1심은 제1회 공판기일인 2012. 2. 13. 국선변호인을 선정하여 준 사실, 피고인과 국선변호인은 그 후 공소사실을 부인하다가 제4회 공판기일에 공소사실을 모두 인정하고 피해자들과의 합의를 위해 노력하겠다고 진술한 사실, 그 후 제1심은 판결 전 조사를 거친 다음 피고인에게 징역 1년의 형을 선고하되 법정에서 구속을 하지는 않은 사실, 피고인은 아무런 항소이유가 기재되지 않은 항소장만을 제출한 다음 원심법원으로부터 소송기록 접수통지를 받고도 법정기간 내에 항소이유서를 제출하지 않은 채 국선변호인 선정청구도 하지 않았던 사실, 피고인은 그 후 항소심 제1회 공판기일에 출석하여 피해자들과 합의하겠으니 형을 감경하여 달라는 취지의 진술만 한 후 며칠 뒤 동일한 내용의 항소이유서를 제출한 사실, 이에 원심은 판결 전 조사를 거친 다음 피고인이 법정기간 내에 적법한 항소이유의 주장을 하지 않았고 달리 직권조사사유도 없다는 이유로 피고인의 항소를 기각하는 판결을 선고한 사실을 알 수 있다.

이러한 사실관계를 앞서 본 법리에 비추어 보면, 피고인의 권리보호를 위하여 법원이 재량으로 국선변호인 선정을 해 줄 필요는 없다고 보아 국선변호인 선정 없이 공판심리를 진행한 원심의 판단과 조치 및 절차는 정당하다고 수긍할 수 있고, 피고인이 피해자들과의 합의를 전제로 감형만을 구하였던 이상 원심이 국선변호인을 선정하여 주지 않은 것이 피고인의 방어권을 침해하여 판결 결과에 영향을 미쳤다고 보기도 어려우므로, 거기에 상고이유로 주장하는 바와 같이 변호인의 조력을 받을 피고인의 권리를 침해한 위법이나 형사소송법 제361조의4 규정에 관한 법리오해의 위법이 있다고 할 수 없다.

〈국선변호인의 피선정자격: 형사소송규칙 제15조 제2항의 '피고인 수인간에 이해가 상반되지 아니할 때'의 의미 및 그 판단 기준〉

대법원 2000. 11. 24. 선고 2000도4398 판결

공범관계에 있지 않은 공동피고인들 사이에서도 공소사실의 기재 자체로 보아 어느 피고인에 대한 유리한 변론이 다른 피고인에 대하여는 불리한 결과를 초래하는 사건에 있어서는 공동피고인들 사이에 이해가 상반된다고 할 것이어서, 그 공동피고인들에 대하여 선정된 동일한 국선변호인이 공동피고인들을 함께 변론한 경우에는 형사소송규칙 제15조 제2항에 위반된다고 할 것이며, 그러한 공동피고인들 사이의 이해상반 여부의 판단은 모든 사정을 종합적으로 판단하여야 하는 것은 아니지만, 적어도 공동피고인들에 대하여 형을 정함에 있어 영향을 미친다고 보이는 구체적 사정을 종합하여 실질적으로 판단하여야 한다.

그런데 기록에 의하면, 이 사건 원심 공동피고인(이하 '공동피고인'이라고 한다)에 대한 공소사실의 요지는 '공동피고인이 2000. 3. 18. 05:30경 공소외 1을 등산용 칼로 위협하고 폭행을 하였다'는 것이고, 피고인 1에 대한 공소사실의 요지는 '피고인 1이 위 공소외 1로부터 위와

같이 공동피고인에게 폭행을 당하였다는 말을 듣고, 공소외 2와 공동피고인을 납치하여 돈을 빼앗기로 공모하여, 같은 달 19일 14:00경부터 같은 날 18:00경까지 사이에 피해자인 공동피고인을 승용차에 강제로 태우고 다니면서 야구방망이 등으로 여러 번 폭행하여 공동피고인으로부터 자기앞수표 등을 강취하고, 이로 인하여 공동피고인에게 상해를 가하였다'는 것이며, 원심은 피고인 1 및 공동피고인에 대하여 동일한 국선변호인을 선정하여 그 국선변호인의 변론을 거친 다음 판결을 선고하였음을 알 수 있는바, 피고인 1에 대한 위 공소사실 범행의 피해자가 공동피고인인데다가 그 범행의 동기 또한 공동피고인에 대한 위 공소사실 범행에 있다 할 것이어서 피고인 1에 대한 유리한 변론은 공동피고인의 범죄성, 범행의 죄질 등 정상에 대하여는 당연히 불리한 결과를 초래할 것이므로, 위 공소사실들 자체로서 피고인 1과 공동피고인은 이해가 상반되는 관계에 있음이 명백하다.

그럼에도 불구하고 원심이 피고인 1과 공동피고인에 대하여 동일한 국선변호인을 선정한 다음 그 국선변호인의 변론을 거쳐 심리를 마친 과정에는 소송절차에 관한 형사소송규칙 제15조 제2항을 위반한 위법이 있고, 이러한 위법은 피고인 1로 하여금 국선변호인의 조력을 받아 효과적인 방어권을 행사하지 못한 결과를 가져옴으로써 판결에 영향을 미쳤다고 할 것이(다).

대법원 2014. 12. 24. 선고 2014도13797 판결

공범관계에 있지 않은 공동피고인들 사이에서도 공소사실의 기재 자체로 보아 어느 피고인에 대한 유리한 변론이 다른 피고인에 대하여는 불리한 결과를 초래하는 사건에서는 공동피고인들 사이에 이해가 상반된다고 할 것이어서, 그 공동피고인들에 대하여 선정된 동일한 국선변호인이 공동피고인들을 함께 변론한 경우에는 형사소송규칙 제15조 제2항에 위반된다. 그리고 그러한 공동피고인들 사이의 이해상반 여부의 판단은 모든 사정을 종합적으로 판단하여야 하는 것은 아니지만, 적어도 공동피고인들에 대하여 형을 정할 경우에 영향을 미친다고 보이는 구체적 사정을 종합하여 실질적으로 판단하여야 한다(대법원 2000. 11. 24. 선고 2000도4398 판결 참조).

2. 기록에 의하면, 이 사건 원심 공동피고인(이하 '공동피고인'이라 한다)에 대한 공소사실의 요지는 '공동피고인이 2012. 11. 21. 01:30경 공동피고인의 집에서 피고인과 말다툼을 하던 중 주먹으로 피고인의 얼굴을 수회 때려 피고인에게 상해를 입히고, 위험한 물건인 부엌칼을 쥐고 칼등으로 피고인의 머리 부분을 수회 때려 피고인을 폭행하였다'는 내용이고, 피고인에 대한 공소사실의 요지는 '피고인이 같은 일시, 장소에서 공동피고인이 위와 같이 피고인을 때리는 것에 대항하여 몸싸움을 하다가 위 부엌칼로 공동피고인의 우측 허벅지 부위를 찌르고 가슴 부위를 향해 휘둘러 공동피고인에게 상해를 입혔다'는 내용인 사실, 원심은 피고인과 공동피고인에 대하여 동일한 국선변호인을 선정하여 그 국선변호인의

변론을 거친 다음 판결을 선고한 사실을 알 수 있다.

이러한 사실관계를 앞서 본 법리에 비추어 보면, <u>피고인과 공동피고인이 공범관계에 있지는 않지만, 각 공소사실은 서로 상대방에 대하여 상해를 입혔다는 내용으로 각자에 대한 공소 사실 범행의 피해자가 상대방 피고인이므로, 어느 피고인에 대한 유리한 변론은 다른 피고 인에 대한 공소사실의 유죄 인정 여부나 그 피고인의 범죄성, 범행의 죄질 등 정상에 대하 여 당연히 불리한 결과를 초래하게 되어서 위 공소사실들 자체로서 피고인과 공동피고인은 이해가 상반되는 관계에 있음이 명백하다.</u>

대법원 2015. 12. 23. 선고 2015도9951 판결 「헌법상 보장되는 '변호인의 조력을 받을 권리'는 변호인의 '충분한 조력'을 받을 권리를 의미하므로, 피고인에게 국선변호인의 조력을 받을 권리를 보장하여야 할 국가의 의무에는 피고인이 국선변호인의 실질적 조력을 받을 수 있도록 할 의무가 포함된다. <u>공소 사실 기재 자체로 보아 어느 피고인에 대한 유리한 변론이 다른 피고인에 대하여는 불리한 결과를 초 래하는 경우 공동피고인들 사이에 그 이해가 상반된다고 할 수 있다. 이와 같이 이해가 상반된 피고인 들 중 어느 피고인이 특정 법무법인을 변호인으로 선임하고, 해당 법무법인이 담당변호사를 지정하였 을 때, 법원이 위 담당변호사 중 1인 또는 수인을 다른 피고인을 위한 국선변호인으로 선정한다면, 국 선변호인으로 선정된 변호사는 이해가 상반된 피고인들 모두에게 유리한 변론을 하기 어렵다. 결국 이 로 인하여 위 다른 피고인은 국선변호인의 실질적 조력을 받을 수 없게 되었다고 보아야 하고, 따라서 위와 같은 국선변호인 선정은 국선변호인의 조력을 받을 피고인의 권리를 침해하는 것이다.」</u> (피고인 1이 팔꿈치로 피고인 2의 가슴을 밀쳐 넘어뜨려 피고인 2에게 상해를 가하였다는 공소사실로 기소되 었고, 피고인 2가 위와 같이 상해를 당할 때 쓰레기통으로 피고인 1의 어깨를 때려 피고인 1에게 상해 를 가하였다는 것과 피고인 1의 명예를 훼손하였다는 공소사실로 기소된 사안에서 피고인 2가 법무법 인을 변호인으로 선임하고, 법무법인이 담당변호사를 지정하였는데 법원이 담당변호사 중 1인 또는 수 인을 피고인 1을 위한 국선변호인으로 선정한 경우)

2. 변호인의 소송법상 지위

대법원 2007. 1. 31.자 2006모656 결정 「변호사인 변호인에게는 변호사법이 정하는 바에 따라서 이른바 진실의무가 인정되는 것이지만, 변호인이 신체구속을 당한 사람에게 법률적 조언을 하는 것은 그 권리 이자 의무이므로 <u>변호인이 적극적으로 피고인 또는 피의자로 하여금 허위진술을 하도록 하는 것이 아 니라 단순히 헌법상 권리인 진술거부권이 있음을 알려 주고 그 행사를 권고하는 것을 가리켜 변호사로 서의 진실의무에 위배되는 것이라고는 할 수 없다.」</u>

대법원 2012. 8. 30. 선고 2012도6027 판결 <표준> 「변호사는 공공성을 지닌 법률 전문직으로서 독립하 여 자유롭게 그 직무를 수행하여야 하고(변호사법 제2조), 그 직무를 수행함에 있어 진실을 은폐하거나 거짓 진술을 하여서는 아니 된다(같은 법 제24조 제2항). 따라서 형사변호인의 기본적인 임무가 피고인 또는 피의자를 보호하고 그의 이익을 대변하는 것이라고 하더라도, 그러한 이익은 법적으로 보호받을 가치가 있는 정당한 이익으로 제한되고, 변호인이 의뢰인의 요청에 따른 변론행위라는 명목으로 수사기관이나 법원에 대하여 적극적으로 허위의 진술을 하거나 피고인 또는 피의자로 하여금 허위진술을 하도록 하는 것은 허용되지 않는다. … 나아가 변호인의 비밀유지의무는 변호인이 업무상 알게된 비밀을 다른 곳에 누설하지 않을 소극적 의무를 말하는 것일 뿐, 이 사건과 같이 진범을 은폐하는 허위자백을 적극적으로 유지하게 한 행위가 변호인의 비밀유지의무에 의하여 정당화될 수는 없다.」(변호인의 범인도피방조 긍정 사례)

3. 변호인의 권리

가. 변호인의 접견교통권

(1) 접견교통권의 의의

⟨접견교통권의 법적 성격 및 수사기관의 처분 등에 의한 제한 여부⟩

대법원 2002. 5. 6.자 2000모112 결정

변호인의 구속된 피고인 또는 피의자와의 접견교통권은 피고인 또는 피의자 자신이 가지는 변호인과의 접견교통권과는 성질을 달리하는 것으로서 헌법상 보장된 권리라고는 할 수 없고, 형사소송법 제34조에 의하여 비로소 보장되는 권리이지만(헌법재판소 1991. 7. 8. 89헌마181 결정 참조), 신체구속을 당한 피고인 또는 피의자의 인권보장과 방어준비를 위하여 필수불가결한 권리이므로, 수사기관의 처분 등에 의하여 이를 제한할 수 없고, 다만 법령에 의하여서만 제한이 가능하다(대법원 1990. 2. 13. 자 89모37 결정 참조).

그리고 경찰서 유치장은 미결수용실에 준하는 것이어서(행형법 제68조) 그 곳에 수용된 피의자에 대하여는 행형법 및 그 시행령이 적용되고, 행형법시행령 제176조는 '형사소송법 제34조, 제89조, 제209조의 규정에 의하여 피고인 또는 피의자가 의사의 진찰을 받는 경우에는 교도관 및 의무관이 참여하고 그 경과를 신분장부에 기재하여야 한다.'고 규정하고 있는바, 이는 피고인 또는 피의자의 신병을 보호, 관리해야 하는 수용기관의 입장에서 수진과정에서 발생할지도 모르는 돌발상황이나 피고인 또는 피의자의 신체에 대한 위급상황을 예방하거나 대처하기 위한 것으로서 합리성이 있으므로, 행형법 제176조의 규정은 변호인의 수진권 행사에 대한 법령상의 제한에 해당한다고 보아야 할 것이다.

그렇다면 국가정보원 사법경찰관이 서초경찰서 유치장에 구금되어 있던 사건외인에 대하여 의사의 진료를 받게 할 것을 신청한 그 변호인에게 국가정보원이 추천하는 의사의 참여를 요구한 것은 행형법시행령 제176조의 규정에 근거한 것으로서 적법하고, 이를 가리켜 변호인의 수진권을 침해하는 위법한 처분이라고 할 수는 없다.

헌법재판소 2019. 2. 28. 선고 2015헌마1204 결정 〈표준〉 「변호인 선임을 위하여 피의자·피고인이 가지는 '변호인이 되려는 자'와의 접견교통권은 헌법상 기본권으로 보호되어야 하고, '변호인이 되려는 자'의 접견교통권은 피의자 등이 변호인을 선임하여 그로부터 조력을 받을 권리를 공고히 하기 위한 것으로서, 그것이 보장되지 않으면 피의자 등이 변호인 선임을 통하여 변호인으로부터 충분한 조력을 받는다는 것이 유명무실하게 될 수밖에 없다. 이와 같이 '변호인이 되려는 자'의 접견교통권은 피의자 등을 조력하기 위한 핵심적인 부분으로서, 피의자 등이 가지는 헌법상의 기본권인 '변호인이 되려는 자'와의 접견교통권과 표리의 관계에 있다. 따라서 피의자 등이 가지는 '변호인이 되려는 자'의 조력을 받을 권리가 실질적으로 확보되기 위해서는 '변호인이 되려는 자'의 접견교통권 역시 헌법상 기본권으로서 보장되어야 한다. … ① 청구인은 피청구인 검사에게 접견신청을 하고 검사실에서 머무르다가 이 사건 검사의 접견불허행위로 인하여 결국 피의자 윤○현을 접견하지 못하고 검사실에서 퇴실하였으므로, 청구인의 위 피의자에 대한 접견교통권이 제한되었다고 봄이 상당한 점, ② 피의자 윤○현은 당일 야간에 계속하여 피의자신문을 받을 예정이었으므로 피의자신문에 앞서 검사실 또는 별도로 마련된 변호인 접견실에서 청구인과 위 피의자의 접견교통을 허용하는 조치를 취할 수 있었다고 보이고, 당시 구체적인 시간적·장소적 상황에 비추어 볼 때 변호인이 되려는 청구인이 현실적으로 보장할 수 있는 한계를 벗어나거나 신체구속제도 본래의 취지에서 벗어나 피의자와의 접견교통권 행사를 남용하려고 했다는 사정은 엿보이지 않는 점, ③ 변호인 등의 접견교통권은 헌법으로써는 물론 법률로써도 제한하는 것이 가능하나, 헌법이나 형사소송법은 피의자신문 중 변호인 등의 접견신청이 있는 경우 이를 제한하거나 거부할 수 있는 규정을 두고 있지 아니한 점, ④ 이 사건 접견시간 조항은 검사 또는 사법경찰관이 그 허가 여부를 결정하는 피의자신문 중 변호인 등의 접견신청의 경우에는 적용되지 않으므로, 위 조항을 근거로 변호인 등의 접견신청을 불허하거나 제한할 수는 없는 점 등을 종합해 볼 때, 청구인의 피의자 윤○현에 대한 접견신청은 '변호인이 되려는 자'에게 보장된 접견교통권의 행사 범위 내에서 이루어진 것이고, 또한 이 사건 검사의 접견불허행위는 헌법이나 법률의 근거 없이 이를 제한한 것이므로 청구인의 접견교통권을 침해하였다고 할 것이다.」

(2) 주체와 상대방

대법원 2017. 3. 9. 선고 2013도16162 판결 「형사소송법 제34조는 "변호인 또는 변호인이 되려는 자는 신체구속을 당한 피고인 또는 피의자와 접견하고 서류 또는 물건을 수수할 수 있으며 의사로 하여금 진료하게 할 수 있다."라고 규정하고 있으므로, 변호인이 되려는 의사를 표시한 자가 객관적으로 변호인이 될 가능성이 있다고 인정되는데도, 형사소송법 제34조에서 정한 '변호인 또는 변호인이 되려는 자'가 아니라고 보아 신체구속을 당한 피고인 또는 피의자와 접견하지 못하도록 제한하여서는 아니 된다. ① 피해자가 ◇◇◇◇ ◇◇ ◇◇◇◇◇의 노동위원회 위원장으로서 이 사건 직전인 2009. 6. 22. □□□□노동조합 위원장으로부터 '□□□□노동조합 ○○자동차지부 파업투쟁으로 인한 대량 연행자 발생 시 신속한 변호사 접견이 이루어질 수 있도록 적절한 조치를 취해 줄 것을 부탁한다'는 내용의 공문을 받은 점, ② 경찰이 공소외 2 등 6명의 조합원들을 둘러싸고 이동하지 못하게 한 것은 위법하고, 피해자가 명시적으로 이의를 제기한 바 있는데도 경찰이 위 6명의 조합원들과 같은 방법으로 공소외 1을 또다시 체포하였으며, 피해자가 이에 대하여도 계속하여 이의를 제기하자 그때서야 비로소 피고인이 공소외 1에게 체포의 이유와 변호인선임권 등을 고지하였고, 이에 피해자가 피고인에게 변호사임을 밝히면서 공소외 1을 접견하도록 해 달라고 수회 요청한 점, ③ 경찰은 공소외 1에게 피해자를 변호인으로 선임하거나 접견할 의사가 있는지 여부를 확인하지 않은 점, ④ 공소외 1은 법률에 문외한이고 변호사인 피해자를 직접 알지 못하였으므로, 자신에게 형사소송법에서 정한 피의자로서의 접견교통권이 있음을 전제로 피해자에게 먼저 변호인 선임을 의뢰하거나 접견을 요청하기 어려웠기 때문에, 노동조합으로부터 위 공문을 받은 변호사인 피해자가 주도적으로 접견을 요청할 필요성이 있었던 점 등의 사정 … 피해자는 공소외 1의 '변호인이 되려는 자'로서 형사소송법 제34조에서 정한 접견교통권을 갖는 지위에 있었으므로 피고인은 피해자가 공소외 1을 접견하는 것을 제한할 수 없었다.」

대법원 1996. 6. 3.자 96모18 결정 「변호인의 조력을 받을 권리를 실질적으로 보장하기 위하여는 변호인과의 접견교통권의 인정이 당연한 전제가 된다고 할 것이므로, 임의동행의 형식으로 수사기관에 연행된 피의자에게도 변호인 또는 변호인이 되려는 자와의 접견교통권은 당연히 인정된다고 보아야 할 것이고, 임의동행의 형식으로 연행된 피내사자의 경우에도 마찬가지라 할 것이다. 형사소송법 제34조는 변호인 또는 변호인이 되려는 자에게 구속을 당한 피고인 또는 피의자에 대하여까지 접견교통권을 보장하는 취지의 규정이므로 위 접견교통권을 위와 달리 해석할 법령상의 근거가 될 수 없다. 이와 같은 접견교통권은 피고인 또는 피의자나 피내사자의 인권보장과 방어준비를 위하여 필수불가결한 권리이므로 법령에 의한 제한이 없는 한 수사기관의 처분은 물론 법원의 결정으로도 이를 제한할 수 없다고 할 것이다.」

(3) 내용 및 침해태양

〈변호인과의 자유로운 접견〉

헌법재판소 1992. 1. 28. 선고 91헌마111 결정

다. 신체구속을 당한 사람에 대하여 변호인의 충분한 조력을 받게 하기 위하여서는 무엇보다도 먼저 신체구속을 당한 사람이 변호인과 충분한 상담을 할 수 있도록 해 주어야만 할 것이므로 변호인의 조력을 받을 권리의 필수적 내용은 신체구속을 당한 사람과 변호인과의 접견교통일 것이다. 변호인은 접견을 통하여 구속된 피의자, 피고인의 상태를 파악하여 그에 따른 적절한 대응책을 강구하고, 피의사실이나 공소사실의 의미를 설명해 주고 그에 관한 피의자·피고인의 의견을 듣고 대책을 의논하며, 피의자나 피고인 진술의 방법, 정도, 시기, 내용 등에 대하여 변호인으로서의 의견을 말하고 지도도 하고, 진술거부권이나 서명날인거부권의 중요성과 유효적절한 행사방법을 가르치고 그것들의 유효적절한 행사에 의하여 억울한 죄를 면할 수 있다는 것을 인식시켜야 하며, 수사기관에 의한 자백강요, 사술(詐術), 유도(誘導), 고문 등이 있을 수 있다는 것을 알려 이에 대한 대응방법을 가르쳐 허위자백을 하지 않도록 권고하고, 피의자로부터 수사관의 부당한 조사(유도, 협박, 이익공여, 폭력 등) 유무를 수시로 확인해야 하며, 피의자나 피고인의 불안, 절망, 고민, 허세 등을 발견하면 그 감정의 동요에 따라 격려하여 용기를 주거나 위문하거나 충고하여야 할 것이다. 그런데 <u>이러한 일은 구속된 자와 변호인의 대화내용에 대하여 비밀이 완전히 보장되고 어떠한 제한, 영향, 압력 또는 부당한 간섭없이 자유롭게 대화할 수 있는 접견을 통하여서만 가능하고 이러한 자유로운 접견은 구속된 자와 변호인의 접견에 교도관이나 수사관 등 관계공무원의 참여가 없어야 가능할 것이다.</u> 만약 관계공무원이 가까이서 감시하면서 대화내용을 듣거나 녹취하거나 또는 사진을 찍는 등 불안한 분위기를 조성한다면 변호인의 이러한 활동은 방해될 수밖에 없고 이는 변호인의 조력을 받을 권리나 진술거부권을 기본권으로 보장한 헌법정신에 크게 반하는 일이다.

공소세기를 잘못하거나 오판 등에 의한 원죄(冤罪)는 구속된 피의자, 피고인과 변호인의 자유로운 접견교통에 의하여 사전에 예방될 수 있을 것이다.

라. 이상과 같이 <u>변호인과의 자유로운 접견은 신체구속을 당한 사람에게 보장된 변호인의 조력을 받을 권리의 가장 중요한 내용이어서 국가안전보장·질서유지·공공복리 등 어떠한 명분으로도 제한될 수 있는 성질의 것이 아니다.</u> 그리고 구속된 사람을 계호(戒護)함에 있어서도 1988.12.9. 제43차 유엔총회에서 채택된 "모든 형태의 구금 또는 수감상태에 있는 모든 사람들을 보호하기 위한 원칙" 제18조 제4항이 "피구금자 또는 피수감자와 그의 변호인 사이의 대담은 법 집행 공무원의 가시거리(可視距離)내에서 행하여 질 수는 있으나 가청거리(可聽距離)내에서 행하여져서는 아니된다."라고 적절하게 표현하고 있듯이 <u>관계공무원은 구속된 자와 변호인의 대담내용을 들을 수 있거나 녹음이 가능한 거리에 있어서는 아니되며 계호나 그밖의 구실아래 대화장면의 사진을 찍는 등 불안한 분위기를 조성하여 자유로운 접견에 지장을 주어서도 아니될 것이다.</u>

마. 헌법 제12조 제4항이 보장하고 있는 "변호인의 조력을 받을 권리"의 내용이 이상과 같

음에도 불구하고, **피청구인은 국가보안법 위반으로 신체구속을 당한 청구인이 1991.6.14. 17시부터 그날 18시경까지 국가안전기획부 면회실에서 그의 변호인과 접견을 하는데 있어 소속직원(수사관)으로 하여금 접견에 참여하게 하고, 가까이서 지켜보면서 대화내용을 듣거나 기록하게 하였으니** 이는 변호인의 조력을 받을 권리를 침해한 것으로서 헌법에 위반되는 일이다. 청구인의 변호인 접견이 그의 처 김○자와의 접견과 동시에 있었고, 대화내용의 비밀이 보장되는 자유로운 접견이라야 한다는 것은 변호인 접견에만 적용되고 변호인이외의 자와의 접견에는 적용되지 않는 것이라 하여 그러한 경우에는 수사관을 참여시켜도 괜찮은 것 아닌가라는 의견이 있을른지도 모르나 구속된 사람과 변호인과의 대화내용에 비밀이 보장되어야 하는 이상, 변호인 이외의 자를 동시에 접견하는 경우라 하여도 변호인과의 대화내용이 청취당하여서는 아니되는 것이므로 그 경우 역시 관계공무원의 참여는 허용될 수 없는 것이며, 구속된 자와 변호인 이외의 자와의 접견에 관계공무원의 참여가 꼭 필요한 경우라면 접견을 시키는 수사기관이나 교도소는 변호인 접견과 변호인이외의 자와의 접견을 분리하여 실시하면 되는 것이다. 그럼에도 불구하고 피청구인은 청구인으로 하여금 그의 변호인 및 그의 처와 동시에 접견을 시키면서(더구나 변호인은, 변호인 접견은 비밀이 보장되어야 한다면서 청구인과 따로 만날 수 있게 해 달라고 요구하였다) 소속직원을 접견에 참여시켜 대화내용을 듣거나 기록하게 하였으니 이는 위헌임을 면할 수 없다.

헌법재판소 2011. 5. 26. 선고 2009헌마341 결정 「헌법재판소가 91헌마111 결정에서 미결수용자와 변호인과의 접견에 대해 어떠한 명분으로도 제한할 수 없다고 한 것은 구속된 자와 변호인 간의 접견이 실제로 이루어지는 경우에 있어서의 '자유로운 접견', 즉 '대화내용에 대하여 비밀이 완전히 보장되고 어떠한 제한, 영향, 압력 또는 부당한 간섭 없이 자유롭게 대화할 수 있는 접견'을 제한할 수 없다는 것이지, <u>변호인과의 접견 자체에 대해 아무런 제한도 가할 수 없다는 것을 의미하는 것이 아니므로 미결수용자의 변호인 접견권 역시 국가안전보장·질서유지 또는 공공복리를 위해 필요한 경우에는 법률로써 제한될 수 있음은 당연하다.</u>
수용자처우법 제84조 제2항에 의해 금지되는 접견시간 제한의 의미는 접견에 관한 일체의 시간적 제한이 금지된다는 것으로 볼 수는 없고, 수용자와 변호인의 접견이 현실적으로 실시되는 경우, 그 접견이 미결수용자와 변호인의 접견인 때에는 미결수용자의 방어권 행사로서의 중요성을 감안하여 자유롭고 충분한 변호인의 조력을 보장하기 위해 접견 시간을 양적으로 제한하지 못한다는 의미로 이해하는 것이 타당하므로, <u>수용자처우법 제84조 제2항에도 불구하고 같은 법 제41조 제4항의 위임에 따라 수용자의 접견이 이루어지는 일반적인 시간대를 대통령령으로 규정하는 것은 가능하다.</u>
변호인의 조력을 받을 권리를 보장하는 목적은 피의자 또는 피고인의 방어권 행사를 보장하기 위한 것이므로, 미결수용자 또는 변호인이 원하는 특정한 시점에 접견이 이루어지지 못하였다 하더라도 그것만으로 곧바로 변호인의 조력을 받을 권리가 침해되었다고 단정할 수는 없는 것이고, 변호인의 조력을 받을 권리가 침해되었다고 하기 위해서는 접견이 불허된 특정한 시점을 전후한 수사 또는 재판의 진행 경과에 비추어 보아, 그 시점에 접견이 불허됨으로써 피의자 또는 피고인의 방어권 행사에 어느 정도는 불이익이 초래되었다고 인정할 수 있어야만 하며, 그 시점을 전후한 변호인 접견의 상황이나 수사 또는 재판의 진행 과정에 비추어 미결수용자가 방어권을 행사하기 위해 변호인의 조력을 받을 기회가 충분히 보장되었다고 인정될 수 있는 경우에는, 비록 미결수용자 또는 그 상대방인 변호인이 원하는 특정 시점에는 접견이 이루어지지 못하였다 하더라도 변호인의 조력을 받을 권리가 침해되었다고 할 수 없다.」(청구인이 구속된 후 6. 1. 청구인의 국선변호인이 선정되었고, 그 국선변호인은 6. 5. 청구인에 대한 접견을 신청하였는데, 접견을 희망한 6. 6.이 현충일로 공휴일이라는 이유로 접견이 거부되었고, 이로부터 이틀 후인 6. 8. 청구인과 변호인의 접견이 실시된 사안)

대법원 1990. 2. 13.자 89모37 결정 「헌법 제12조 제4항 전문은 "누구든지 체포 또는 구속을 당한 때에는 즉시 변호인의 조력을 받을 권리를 가진다"고 규정하고 있고, 형사소송법 제34조는 이와 같은 변호인의 조력을 받을 권리를 실질적으로 보장하여 주기 위하여 변호인 또는 변호인이 되려는 자와 신체구속을 당한 피고인 또는 피의자와의 접견·교통권에 관하여 규정하고 있는바, 이와 같은 <u>변호인의 접견, 교통권은 신체구속을 당한 피고인이나 피의자의 인권보장과 방어준비를 위하여 필수불가결한 권리이므로, 법령에 의한 제한이 없는 한 수사기관의 처분은 물론 법원의 결정으로도 이를 제한할 수 없는 것이다.</u> 신청인들이 국가보안법위반 피의사건의 피의자로 서울구치소에 구속되어 서울지방검찰청 검사로부터 수사를 받고 있던 신청외 1, 2, 3, 4 등의 변호인으로 선임되었거나 선임되려는 변호사들로서, 위 신청외인들을 접견하려고 1989.7.31. 서울구치소장에게 접견신청을 하였으나 원심이 심문을 종결한 8.9.까지도 접견이 허용되지 아니하고 있는 사실 … 수사기관의 구금 등에 관한 처분에 대하여 불복이 있는 경우 행정소송절차와는 다른 특별절차로서 준항고절차를 마련하고 있는 형사소송법의 취지에 비추어, 위 <u>신청외인들에 대한 접견이 접견신청일로부터 상당한 기간이 경과하도록 허용되지 않고 있는 것은 접견불허처분이 있는 것과 동일시 된다고 봄이 상당하다.</u>」

대법원 1996. 5. 15.자 95모94 결정 「이 사건 청구인에 대하여 1995. 11. 29. 서울지방법원 판사로부터 국가보안법위반으로 구속영장이 발부되었고 그 구속영장에는 청구인을 구금할 수 있는 장소로 서울 서초경찰서 유치장으로 기재되어 있었는데, 청구인에 대하여 위 구속영장에 의하여 같은 달 30. 07 : 50경 서초경찰서 유치장에 구속이 집행되었다가 같은 날 08 : 00에 그 신병이 조사차 국가안전기획부 직원에게 인도된 후 위 서초경찰서 유치장에 인도된 바 없이 계속하여 국가안전기획부 청사에 사실상 구금되어 있다면, <u>피청구인의 청구인에 대한 이러한 사실상의 구금장소의 임의적 변경은 청구인의 방어권이나 접견교통권의 행사에 중대한 장애를 초래하는 것이므로 위법하다</u>고 할 것이다.」

대법원 2007. 1. 31.자 2006모656 결정 〈표준〉 「신체구속을 당한 피의자 또는 피고인이 범한 것으로 의심받고 있는 범죄행위에 해당 변호인이 관련되어 있다는 등의 사유에 기하여 그 변호인의 변호활동을 광범위하게 규제하는 변호인의 제척과 같은 제도를 두고 있지 아니한 우리 법제 아래에서는, <u>변호인의</u>

접견교통의 상대방인 신체구속을 당한 사람이 그 변호인을 자신의 범죄행위에 공범으로 가담시키려고 하였다는 등의 사정만으로 그 변호인의 신체구속을 당한 사람과의 접견교통을 금지하는 것이 정당화 될 수는 없다. 이러한 법리는 신체구속을 당한 사람의 변호인이 1명이 아니라 여러 명이라고 하여 달라질 수 없고, 어느 변호인의 접견교통권의 행사가 그 한계를 일탈한 것인지의 여부는 해당 변호인을 기준으로 하여 개별적으로 판단하여야 할 것이다.」

대법원 1991. 3. 28.자 91모24 결정 「헌법 제12조 제4항 전문은 "누구든지 체포 또는 구속을 당한 때에는 '즉시' 변호인의 조력을 받을 권리를 가진다"라고 규정하고 있고, 형사소송법 제34조는 위와 같은 권리를 실질적으로 보장하기 위하여 변호인의 피고인 또는 피의자와의 접견교통권을 규정하면서 이에 대하여는 절차상 또는 시기상의 아무런 제약도 두지 아니하는 한편, 같은 법 제89조, 제90조, 제91조 등의 규정은 구속된 피고인 또는 피의자에 대하여도 '즉시' 변호인과 접견 교통할 수 있는 권리를 보장하고 있는바, 이와 같은 변호인의 접견 교통권은 신체구속을 당한 피고인이나 피의자의 인권보장과 방어준비를 위하여 필수불가결한 권리이므로, 법령에 의한 제한이 없는 한 수사기관의 처분은 물론 법원의 결정으로도 이를 제한할 수 없는 것이다. 따라서 관계법령의 규정 취지에 비추어 볼 때 <u>접견신청 일이 경과하도록 접견이 이루어지지 아니한 것은 실질적으로 접견불허가처분이 있는 것과 동일시된다</u>고 할 것이다.」

헌법재판소 2016. 4. 28. 선고 2015헌마243 결정 「<u>이 사건 CCTV 관찰행위는 형집행법 제94조 제1항과 제4항에 근거를 두고 이루어진 것이므로 법률유보원칙에 위배되지 않는다. … 이 사건 CCTV 관찰행위는 금지물품의 수수나 교정사고를 방지하거나 이에 적절하게 대처하기 위한 것으로 교도관의 육안에 의한 시선계호를 CCTV 장비에 의한 시선계호로 대체한 것에 불과하므로 그 목적의 정당성과 수단의 적합성이 인정된다.</u> 형집행법 및 형집행법 시행규칙은 수용자가 입게 되는 피해를 최소화하기 위하여 CCTV의 설치·운용에 관한 여러 가지 규정을 두고 있고, 이에 따라 변호인접견실에 설치된 CCTV는 교도관이 CCTV를 통해 미결수용자와 변호인 간의 접견을 관찰하더라도 접견내용의 비밀이 침해되거나 접견교통에 방해가 되지 않도록 조치를 취하고 있는 점, 금지물품의 수수를 적발하거나 교정사고를 효과적으로 방지하고 교정사고가 발생하였을 때 신속하게 대응하기 위하여는 CCTV를 통해 관찰하는 방법 외에 더 효과적인 다른 방법을 찾기 어려운 점 등에 비추어 보면, <u>이 사건 CCTV 관찰행위는 그 목적을 달성하기 위하여 필요한 범위 내의 제한으로 침해의 최소성을 갖추었다. CCTV 관찰행위로 침해되는 법익은 변호인접견 내용의 비밀이 폭로될 수 있다는 막연한 추측과 감시받고 있다는 심리적인 불안 내지 위축으로 법익의 침해가 현실적이고 구체화되어 있다고 보기 어려운 반면, 이를 통하여 구치소 내의 수용질서 및 규율을 유지하고 교정사고를 방지하고자 하는 것은 교정시설의 운영에 꼭 필요하고 중요한 공익이므로, 법익의 균형성도 갖추었다.</u> 따라서 이 사건 CCTV 관찰행위가 청구인의 변호인의 조력을 받을 권리를 침해한다고 할 수 없다.」

(4) 침해에 대한 불복과 증거능력

〈위법한 변호인접견불허 기간 중에 작성된 검사 작성의 피의자신문 조서의 증거능력〉

대법원 1990. 9. 25. 선고 90도1586 판결 〈표준〉

헌법 제12조 제4항은 신체자유에 관한 기본권의 하나로 누구든지 체포 또는 구속을 당한 때에는 변호인의 조력을 받을 권리가 있음을 명시하고 있고, 이에 따라 형사소송법 제30조 및 제34조는 피고인 또는 피의자는 변호인을 선임할 수 있는 권리와 신체구속을 당한 경우에 변호인 또는 변호인이 되려는 자와 접견교통할 수 있는 권리가 있음을 규정하고 있다. 이와 같은 변호인과의 접견교통권은 헌법상 보장된 변호인의 조력을 받을 권리의 중핵을 이루는 것으로서 변호인과의 접견교통이 위법하게 제한된 상태에서는 실질적인 변호인의 조력을 기대할 수 없으므로 위와 같은 변호인의 접견교통권제한은 헌법이 보장한 기본권을 침해하는 것으로서 그러한 위법한 상태에서 얻어진 피의자의 자백은 그 증거능력을 부인하여 유죄의 증거에서 배제하여야 하며, 이러한 위법증거의 배제는 실질적이고 완전하게 증거에서 제외함을 뜻하는 것이다.

원심이 적법하게 확정사실에 의하면 피고인은 1989.8.3. 구속되어 국가안전기획부에서 조사를 받던 중 그달 12. 피고인의 변호인의 접견신청을 하였으나 불허되자 이에 대한 준항고를 제기중에 그달 22.23:00경 검찰로 송치되었고, 검사는 당일 24:00경부터 피고인을 신문하여 제1회 피의자신문조서를 작성하였으며, 그후 이틀 뒤인 그달 24. 위 준항고절차에서 위 접견불허처분이 취소되어 그날 접견이 허용됨으로써 변호인이 약 48분간 피고인과 접견하였다는 것이다.

위와 같은 사실관계에 비추어 보면 검사의 피고인에 대한 위 제1회 피의자신문은 변호인의 접견교통을 금지한 위법상태가 계속된 상황에서 시행된 것으로 보아야 할 것이므로, 위와 같은 취지에서 위 피의자신문조서의 증거능력을 부인한 원심판단은 정당하고 소론과 같이 변호인의 접견과 증거능력에 관한법리를 오해한 위법이 없으므로 이 점 논지는 이유없다. 또 원심은 위 피의자신문조서에 대하여 그 임의성을 판단하기에 앞서 변호인과의 접견교통이 위법하게 제한된 상태에서 작성된 것을 이유로 그 증거능력을 부인한 취지임이 명백하므로 임의성의 법리오해를 주장하는 소론 부분도 이유없다.

대법원 1990. 8. 24. 선고 90도1285 판결
원심은 검사 적성의 피고인 2에 대한 제7회 내지 제10회 피의자신문조서는 검사가 변호인의 접견을 부당하게 제한하고 있는 동안에 작성된 것이라는 이유로 그 조서의 능력을 부정하였는바 그 판단에 법리상 수긍할 수 있는 것이(다).

나. 변호인의 서류 등 열람·복사권

헌법재판소 1997. 11. 27. 선고 94헌마60 결정 「검사가 보관하는 수사기록에 대한 변호인의 열람·등사는 실질적 당사자대등을 확보하고, 신속·공정한 재판을 실현하기 위하여 필요불가결한 것이며, 그에 대한 지나친 제한은 피고인의 신속·공정한 재판을 받을 권리를 침해하는 것이다.

변호인의 조력을 받을 권리는 변호인과의 자유로운 접견교통권에 그치지 아니하고 더 나아가 변호인을 통하여 수사서류를 포함한 소송관계 서류를 열람·등사하고 이에 대한 검토결과를 토대로 공격과 방어의 준비를 할 수 있는 권리도 포함된다고 보아야 할 것이므로 변호인의 수사기록 열람·등사에 대한 지나친 제한은 결국 피고인에게 보장된 변호인의 조력을 받을 권리를 침해하는 것이다.

수사기록에 대한 열람·등사권이 헌법상 피고인에게 보장된 신속·공정한 재판을 받을 권리와 변호인의 조력을 받을 권리 등에 의하여 보호되는 권리라 하더라도 무제한적인 것은 아니며, 또한 헌법상 보장된 다른 기본권과 사이에 조화를 이루어야 한다. 즉, 변호인의 수사기록에 대한 열람·등사권도 기본권제한의 일반적 법률유보조항인 국가안전보장·질서유지 또는 공공복리를 위하여 제한되는 경우가 있을 수 있으며, 검사가 보관중인 수사기록에 대한 열람·등사는 당해 사건의 성질과 상황, 열람·등사를 구하는 증거의 종류 및 내용 등 제반 사정을 감안하여 그 열람·등사가 피고인의 방어를 위하여 특히 중요하고 또 그로 인하여 국가기밀의 누설이나 증거인멸, 증인협박, 사생활침해, 관련사건 수사의 현저한 지장 등과 같은 폐해를 초래할 우려가 없는 때에 한하여 허용된다고 할 것이다.

수사기록에 대한 열람·등사신청은 수사기록을 보관하고 있는 검사에게 직접 하여야 한다. 이는 수사기록을 보관하고 있는 자에게 신청하는 것이 원칙일 뿐만 아니라 신청을 받은 검사도 신속하고 간편하게 열람·등사를 허용할 수 있을 것이고, 또 비록 검사의 공소제기에 의하여 법원에 소송계속이 생겼다 하더라도 증거조사 전단계에서는 검사가 보관중인 수사기록에 대하여 법원이 열람·등사를 허용할 근거는 없기 때문이다.

이 사건에 있어서 청구인의 변호인 김선수가 1994. 3. 22. 국가보안법위반죄로 구속기소된 청구인의 변론준비를 위하여 피청구인인 검사에게 그가 보관중인 수사기록일체에 대한 열람·등사신청을 하였으나 같은 달 26. 피청구인은 국가기밀의 누설이나 증거인멸, 증인협박, 사생활침해의 우려 등 정당한 사유를 밝히지 아니한 채 이를 전부 거부한 것은 청구인의 신속·공정한 재판을 받을 권리와 변호인의 조력을 받을 권리를 침해하는 것으로 헌법에 위반된다 할 것이다.」

헌법재판소 2003. 3. 27. 선고 2000헌마474 결정 「고소로 시작된 형사피의사건의 구속적부심절차에서 피구속자의 변호를 맡은 변호인으로서는 피구속자에 대한 고소장과 경찰의 피의자신문조서를 열람하여 그 내용을 제대로 파악하지 못한다면 피구속자가 무슨 혐의로 고소인의 공격을 받고 있는 것인지 그리고 이와 관련하여 피구속자가 수사기관에서 무엇이라고 진술하였는지 그리고 어느 점에서 수사기관 등이 구속사유가 있다고 보았는지 등을 제대로 파악할 수 없게 되고 그 결과 구속적부심절차에서 피구속자를 충분히 조력할 수 없음이 사리상 명백하므로 위 서류들의 열람은 피구속자를 충분히 조력하기 위하여 변호인에게 반드시 보장되지 않으면 안되는 핵심적 권리이다.

고소로 시작된 형사피의사건의 구속적부심절차에서 피구속자의 변호를 맡은 변호인으로서는 피구속자가 무슨 혐의로 고소인의 공격을 받고 있는 것인지 그리고 이와 관련하여 피구속자가 수사기관에서 무엇이라고 진술하였는지 그리고 어느 점에서 수사기관 등이 구속사유가 있다고 보았는지 등을 제대로 파악하지 않고서는 피구속자의 방어를 충분히 조력할 수 없다는 것은 사리상 너무도 명백하므로 이 사건에서 변호인은 고소장과 피의자신문조서의 내용을 알 권리가 있다.

이 사건에서는 고소사실이 사인 사이의 금전수수와 관련된 사기에 관한 것이고 증거자료를 별첨하고 있기 때문에 특별한 사정이 없는 한 고소장이나 피의자신문조서를 변호인에게 열람시켜도 이로 인하여 국가안전보장·질서유지 또는 공공복리에 위험을 가져올 우려라든지 또는 사생활침해를 초래할 우려가 있다고 인정할 아무런 자료가 없다.

또한 공공기관의정보공개에관한법률 제7조 제1항 제4호는 '수사, 공소의 제기 및 유지에 관한 사항으로서 공개될 경우 그 직무수행을 현저히 곤란하게 하거나 형사피고인의 공정한 재판을 받을 권리를 침해한다고 인정할 만한 상당한 이유가 있는 정보'를 공개거부의 대상으로 규정하고 있지만 이 사건에서는 고소장과 피의자신문조서를 공개한다고 하더라도 증거인멸, 증인협박, 수사의 현저한 지장, 재판의 불공정 등의 위험을 초래할 만한 사유 있음을 인정할 자료를 기록상 발견하기 어렵다.

그리고 형사소송법 제47조의 입법목적은, 형사소송에 있어서 유죄의 판결이 확정될 때까지는 무죄로 추정을 받아야 할 피의자가 수사단계에서의 수사서류 공개로 말미암아 그의 기본권이 침해되는 것을 방지하고자 함에 목적이 있는 것이지 구속적부심사를 포함하는 형사소송절차에서 피의자의 방어권행사를 제한하려는 데 그 목적이 있는 것은 원래가 아니라는 점, 그리고 형사소송법이 구속적부심사를 기소전에만 인정하고 있기 때문에 만일 기소전에 변호인이 미리 고소장과 피의자신문조서를 열람하지 못한다면 구속적부심제도를 헌법에서 직접 보장함으로써 이 제도가 피구속자의 인권옹호를 위하여 충실히 기능할 것을 요청하는 헌법정신은 훼손을 면할 수 없다는 점 등에서, 이 규정은 구속적부심사단계에서 변호인이 고소장과 피의자신문조서를 열람하여 피구속자의 방어권을 조력하는 것까지를 일체 금지하는 것은 아니다.

결국 변호인에게 고소장과 피의자신문조서에 대한 열람 및 등사를 거부한 경찰서장의 정보비공개결정은 변호인의 피구속자를 조력할 권리 및 알 권리를 침해하여 헌법에 위반된다.」 (사기죄로 구속된 청구외 김○억의 변호인으로서 그로부터 구속적부심사청구의 의뢰를 받은 청구인이 2000. 5. 29. 피청구인에게 위 김○억에 대한 수사기록 중 고소장과 피의자신문조서의 열람 및 등사를 신청하였다. 피청구인은 위 서류들이 형사소송법 제47조 소정의 소송에 관한 서류로서 공판개정전의 공개가 금지되는 것이고 이는 공공기관의정보공개에관한법률 제7조 제1항 제1호 소정의 이른바 다른 법률에 의하여 비공개사항으로 규정된 정보에 해당한다는 이유로 5. 30. 이를 공개하지 않기로 결정하자, 위 비공개결정이 청구인의 기본권을 침해하여 위헌이라는 이유로 그 위헌확인을 구하는 헌법소원을 제기한 사안)

제 2 절 소송절차의 일반이론

Ⅰ. 소송조건

1. 의의 및 종류

대법원 1986. 9. 23. 선고 86도1547 판결 「공소기각의 재판은 절차상의 하자를 이유로 공소를 부적법하다고 할 때 하는 형식적 재판이며 형식적 소송조건이 흠결한 경우로서 형사소송법 제327조, 제328조에 그 사유들을 규정하고 있고 이 사유들은 한정적으로 열거한 것이라 해석된다.」

대법원 2001. 4. 24. 선고 2000도3172 판결 「이른바 반의사 불벌죄에 있어서 처벌불원의 의사표시의 부존재는 소위 소극적 소송조건으로서 직권조사사항이라 할 것이므로 당사자가 항소이유로 주장하지 아니하였다고 하더라도 원심은 이를 직권으로 조사·판단하여야 할 것이다(더욱이 기록에 의하면, 피고인은 항소이유 제출기간이 경과된 후에 제출한 항소이유보충서에서 이에 관한 주장을 하고 있다). … 원심으로서는 위에서 본 사항들에 대하여 좀더 심리하여 소지인의 처벌불원의 의사표시가 있다고 인정되는 경우에는 그 해당 부도수표에 관한 공소는 이를 기각하여야 할 것임에도, 이 점에 관하여 심리를 다하지 아니한 채 피고인을 유죄로 인정한 제1심판결을 그대로 유지하였으니 원심판결에는 결국 부정수표단속법 제2조 제4항에 관한 법리를 오해하여 심리를 다하지 아니함으로써 판결 결과에 영향을 미친 위법이 있다.」

대법원 2021. 10. 28. 선고 2021도10010 판결 「폭행죄는 피해자의 명시한 의사에 반하여 공소를 제기할 수 없다(형법 제260조 제3항). 반의사불벌죄에서 처벌을 희망하는 의사표시의 철회 또는 처벌을 희망하지 않는 의사표시는 제1심 판결선고 전까지 할 수 있다(형사소송법 제232조 제1항, 제3항). 피해자가 처벌을 희망하지 않는 의사표시나 처벌을 희망하는 의사표시의 철회를 하였다고 인정하기 위해서는 피해자의 진실한 의사가 명백하고 믿을 수 있는 방법으로 표현되어야 한다. 처벌을 희망하지 않는 의사표시의 부존재는 소극적 소송조건으로서 직권조사사항에 해당하므로 당사자가 항소이유로 주장하지 않았더라도 원심은 이를 직권으로 조사·판단해야 한다.」

2. 소송조건 결여의 효과

〈소송조건 흠결시 형식재판의 우선의 원칙과 그 예외〉

대법원 2004. 11. 26. 선고 2004도4693 판결

원심은, 피고인이 신호를 위반하여 운행한 과실로 피해자로 하여금 2주간의 치료를 요하는 경추부 염좌상을 입게 하였다는 이 사건 교통사고처리특례법위반의 공소사실에 대하여 위에서 본 바와 같은 이유로 신호위반 사실을 인정할 증거가 없다고 판단한 다음, 제1심판결을 파기하고 피고인에 대하여 형사소송법 제325조 후단을 적용하여 무죄를 선고하였다.

기록에 의하면, 이 사건은 피고인이 신호를 위반하여 차량을 운행함으로써 사람을 상해에 이르게 한 교통사고로서 교통사고처리특례법 제3조 제1항, 제2항 단서 제1호의 사유가 있다고 하여 공소가 제기된 사건이나, 그 후 공판절차에서의 심리 결과 위에서 본 바와 같이 피고인이 신호를 위반하여 차량을 운행한 사실이 없다는 점이 밝혀지게 되고, 한편 이 사건 교통사고 당시 피고인이 운행하던 차량은 교통사고처리특례법 제4조 제1항 본문 소정의 자동차종합보험에 가입되어 있었으므로(수사기록 100면), 이 사건은 결국 교통사고처리특례법 제4조 제1항 본문에 따라 공소를 제기할 수 없음에도 불구하고 이에 위반하여 공소를 제기한 경우에 해당하고, 따라서 이 사건 공소제기는 형사소송법 제327조 제2호 소정의 공소제기 절차가 법률의 규정에 위반하여 무효인 때에 해당한다.

이러한 경우, 법원으로서는 이 사건 교통사고에 대하여 피고인에게 아무런 업무상 주의의무 위반이 없다는 점이 증명되었다 하더라도 바로 무죄를 선고할 것이 아니라, 형사소송법 제327조의 규정에 의하여 소송조건의 흠결을 이유로 공소기각의 판결을 선고하였어야 할 것인바(대법원 1994. 10. 14. 선고 94도1818 판결 등 참조), 신호위반 사실을 인정할 증거가 없다는 이유로 이 사건 공소사실에 대하여 무죄를 선고한 원심의 조치는 위와 같은 법리를 오해하여 판결 결과에 영향을 미친 위법을 저지른 것이라고 할 것이(다).

> **대법원 2015. 5. 14. 선고 2012도11431 판결 〈표준〉**
> 교통사고처리특례법 제3조 제1항, 제2항 단서, 형법 제268조를 적용하여 공소가 제기된 사건에서, 심리 결과 교통사고처리특례법 제3조 제2항 단서에서 정한 사유가 없고 같은 법 제3조 제2항 본문이나 제4조 제1항 본문의 사유로 공소를 제기할 수 없는 경우에 해당하면 공소기각의 판결을 하는 것이 원칙이다. 그런데 사건의 실체에 관한 심리가 이미 완료되어 교통사고처리특례법 제3조 제2항 단서에서 정한 사유가 없는 것으로 판명되고 달리 피고인

이 같은 법 제3조 제1항의 죄를 범하였다고 인정되지 않는 경우, 설령 같은 법 제3조 제2항 본문이나 제4조 제1항 본문의 사유가 있더라도, 사실심법원이 피고인의 이익을 위하여 교통사고처리특례법 위반의 공소사실에 대하여 무죄의 실체판결을 선고하였다면, 이를 위법이라고 볼 수는 없다고 할 것이다(대법원 2003. 10. 24. 선고 2003도4638 판결 참조).

원심은, 피고인이 교통신호를 위반하여 차량을 운행한 과실로 피해자로 하여금 2주간의 치료를 요하는 눈꺼풀 및 눈 주위의 열린 상처 등을 입게 하였다는 이 사건 교통사고처리특례법 위반의 공소사실에 대하여, 검사가 제출한 모든 증거에 의하더라도 피고인이 신호를 위반한 과실로 이 사건 사고가 발생하였음을 인정하기에 부족하다고 판단한 다음, 비록 피고인 차량이 공제조합에 가입하여 교통사고처리 특례법 제4조 제1항 본문의 사유가 있지만, 이 경우에는 무죄의 실체판결을 할 수 있다는 이유로 피고인에 대하여 무죄를 선고한 제1심판결을 그대로 유지하였다.

원심판결 이유를 위 법리와 기록에 비추어 살펴보면, 위와 같은 원심의 판단에 상고이유 주장과 같이 공소기각판결의 요건이나 소송조건에 관한 법리를 오해하여 판결에 영향을 미친 위법이 있다고 할 수 없다.

대법원 1993. 5. 27. 선고 92누19033 판결 「공소권 없음의 결정은 피의사실에 대하여 소송조건이 결여되었거나 형이 면제된 경우에 하는 수사종결처분으로서, 설사 혐의 없음이 명백하다 하더라도 그러한 실체적 판단에 우선하여 내려지는 것이므로 교통사고처리특례법위반죄로 입건된 자가 공소권 없음의 처분을 받았다 하여 그것만으로는 그 사고가 운전자의 과실에 의한 것이지 여부를 알 수 없다.」

〈소송조건과 공소장변경〉

대법원 2011. 5. 13. 선고 2011도2233 판결

친고죄에서 피해자의 고소가 없거나 고소가 취소되었음에도 친고죄로 기소되었다가 그 후 당초에 기소된 공소사실과 동일성이 인정되는 비친고죄로 공소장변경이 허용된 경우 그 공소제기의 흠은 치유되고(대법원 1996. 9. 24. 선고 96도2151 판결 등 참조), 친고죄로 기소된 후에 피해자의 고소가 취소되더라도 제1심이나 항소심에서 당초에 기소된 공소사실과 동일성이 인정되는 범위 내에서 다른 공소사실로 공소장을 변경할 수 있으며 이러한 경우 변경된 공소사실에 대하여 심리·판단하여야 하는데(대법원 1990. 1. 25. 선고 89도1317 판결 등 참조), 이는 반의사불벌죄에서 피해자의 '처벌을 희망하지 아니하는 의사표시' 또는 '처벌을 희망하는 의사표시의 철회'가 있는 경우에도 마찬가지로 보아야 한다.

기록에 의하면, 이 사건 공소사실 중 피해자 공소외인에 대한 상해의 점은 당초에 공소장에 죄명은 상해로, 적용법조는 형법 제257조 제1항으로 기재되어 있었으나 공소사실은 폭행으로 기재되어 있었던 사실, 위 피해자가 제1심에 피고인의 처벌을 희망하지 아니하는 의사표시를 하였으나 제1심은 공소장에 기재된 적용법조와 공소사실을 그대로 원용하여 유죄판결을 선고한 사실, 그 후 피고인의 항소로 진행된 원심에서 검사가 위 공소사실을 상해로 변경하는 내용의 공소장변경허가신청을 하여 원심이 이를 허가한 후 위 변경된 공소사실에 관하여 심리·판단한 사실을 알 수 있다.

피해자가 1심에서 처벌을 희망하지 아니하는 의사표시를 하였음에도 원심이 변경된 공소사실인 상해의 점에 대하여 심리·판단하여 이를 유죄로 인정한 것은 앞서 본 법리에 따른 것으로서 정당하고, 거기에 형사소송법 제327조 제6호에 관한 법리오해 등의 위법은 없다. 이 부분 상고이유의 주장은 이유 없다.

Ⅱ. 소송행위

1. 의의 및 일반적 요소

대법원 1953. 6. 9.자 4286형항3 결정 「변호사 갑이 피고인 등의 대리인으로 본건 재항고를 한 것인바, 그 대리권을 증명할 하등 자료가 없을 뿐 아니라 본법상 특별한 규정이 있는 경우에 한하여 대리인에 의하여 소송행위를 할 수 있고 결정에 대한 재항고는 대리인에 의하여 할 수 있는 소송행위가 아니다.」

2. 소송행위에 대한 가치판단

가. 소송행위의 성립·불성립

대법원 2003. 11. 14. 선고 2003도2735 판결 「소송행위가 성립하기 위하여는 소송행위에 요구되는 소송법상의 정형을 충족하기 위한 본질적 개념요소를 구비하여야 할 것이고, 공소제기는 법원에 대하여 특정한 형사사건의 심판을 요구하는 검사의 법률행위적 소송행위로서 형사소송법 제254조 제1항은 공소를 제기함에는 공소장을 관할법원에 제출하여야 하도록 규정하고, 같은 조 제3항은 위 공소장에는 피고인의 성명 기타 피고인을 특정할 수 있는 사항, 죄명, 공소사실, 적용법조 등 일정한 사항을 기재하도록 하고 있는바, 형사소송법이 공소의 제기에 관하여 위와 같은 서면주의와 엄격한 요식행위를 채용한 것은 공소의 제기에 의해서 법원의 심판이 개시되므로, 심판을 구하는 대상(공소사실 및 피고인)을 명확하게 하고 피고인의 방어권을 보장하기 위한 것이라 할 것이다. 따라서 <u>검사에 의한 공소장의 제출은 공소제기라는 소송행위가 성립하기 위한 본질적 요소라고 보아야 할 것이므로, 이러한 공소장의 제출이 없는 경우에는 소송행위로서의 공소제기가 성립되었다고 할 수 없다.」</u>

나. 소송행위의 유효·무효

〈실체형성행위를 위한 행위적격(소송능력)〉

대법원 2006. 4. 14. 선고 2005도9561 판결 〈표준〉

<u>전문의 진술을 증거로 함에 있어서는 전문진술자가 원진술자로부터 진술을 들을 당시 원진술자가 증언능력에 준하는 능력을 갖춘 상태에 있어야 할 것이다. 그런데 증인의 증언능력은 증인 자신이 과거에 경험한 사실을 그 기억에 따라 공술할 수 있는 정신적인 능력이라 할 것이므로, 유아의 증언능력에 관해서도 그 유무는 단지 공술자의 연령만에 의할 것이 아니라 그의 지적수준에 따라 개별적이고 구체적으로 결정되어야 함은 물론 공술의 태도 및 내용 등을 구체적으로 검토하고, 경험한 과거의 사실이 공술자의 이해력, 판단력 등에 의하여 변식될 수 있는 범위 내에 속하는가의 여부도 충분히 고려하여 판단하여야 한다</u>(대법원 1999. 11. 26. 선고 99도3786 판결, 2004. 9. 13. 선고 2004도3161 판결 등 참조).

위 법리에 비추어 기록을 살펴보건대, 피해자 공소외 1[(생년월일 생략)으로서 이 사건 사고 당시 만 3세 3개월 내지 만 3세 7개월 가량]이 (명칭 2 생략) 아동센터에서 정신과 전문의 공소외 2로부터 진료를 받을 당시(2004. 7. 7.)와 ○○의료원에서 임상심리전문가 공소외 3으로부터 심리평가를 받을 당시(2004. 7. 15.) 및 △△시립병원에서 (명칭 1 생략)집의 사회복지사 공소외 4와 대화시(2004. 8. 5.경)에는 각 만 5세 가량, 경찰에서 진술 당시(2005. 4. 20.)에는 만 5세 9개월 남짓 된 여아이나, 위 피해자가 경험한 사실이 "피고인이 피해자의 발가락을 빨고 가슴을 만졌으며, 또한 음부에 피고인의 손가락을 넣거나 성기를 집어넣었다."는 비교적 단순한 것으로서 피해자 연령 정도의 유아라고 하더라도 별다른 사정이 없는 한 이를 알고 그 내용을 표현할 수 있는 범위 내의 것일 뿐만 아니라, 그 진술이 그 연령의 유아 수준의 표현이라고 보여지며, 위 공소외 3의 심리평가 결과 위 피해자가 그 심리평가 무렵 평균 수준의 지능, 어휘력 및 지각적 조직화 능력(비언어적 의사소통능력)을 가지고 있어 자신이 경험하는 일들에 대하여 적절히 보고하는 능력이 있는 것으로 나타나는 등, 기록에 나타난 <u>위 피해자의 진술내용과 진술태도, 표현방식 등을 종합해 보면, 위 피해자는 위 각 대화 내지</u>

진술 당시 증언능력에 준하는 능력을 갖추었던 것으로 인정되고, 나아가 그 각 진술의 신빙성도 인정된다고 할 것이다.

〈착오로 인한 절차형성적 소송행위가 무효가 되기 위한 요건〉

대법원 1992. 3. 13.자 92모1 결정

재항고인의 상고취하는 보호감호사건이 항소심에서 청구기각된 것으로 잘못 생각하여 한 것으로 인정된다. 이와 같이 절차형성적 소송행위가 착오로 인하여 행하여진 경우, 절차의 형식적 확실성을 강조하면서도 피고인의 이익과 정의의 희생이 커서는 안된다는 측면에서 그 소송행위의 효력을 고려할 필요가 있으므로 착오에 의한 소송행위가 무효로 되기 위하여서는 첫째 통상인의 판단을 기준으로 하여 만일 착오가 없었다면 그러한 소송행위를 하지 않았으리라고 인정되는 중요한 점(동기를 포함)에 관하여 착오가 있고, 둘째 착오가 행위자 또는 대리인이 책임질 수 없는 사유로 인하여 발생하였으며, 셋째 그 행위를 유효로 하는 것이 현저히 정의에 반한다고 인정될 것 등 세 가지 요건을 필요로 한다고 해석된다.

이 사건의 경우 일응 첫째의 요건은 갖추었다고 인정되나 두번째의 요건 즉 재항고인의 책임질 수 없는 사유로 상고취하를 하였는가 하는 것이 문제된다. 재항고인이 착오를 일으키게 된 과정에 교도관의 과실이 개입되어 있었다 하더라도 착오에 의한 상고취하의 무효를 인정하려면 우선 재항고인 자신의 과실이 없어야 하는 것인데, 보호감호가 선고된 것으로 알고 일단 상고를 제기한 재항고인으로서 교도관의 말과 판결선고 결과보고서의 기재를 믿은 나머지 판결등본송달(형사소송규칙 제148조)을 기다리지 않고 상고취하를 하였다는 점에 있어서는 재항고인에게 과실이 없었다고 단정하기 어렵다. 상소의 취하에 의하여 형이 확정되면 형사소송법 제482조 소정의 법정통산의 사유로 보지 아니하기 때문에 판결등본송달을 기다려 상고취하를 하면 미결구금일수 산입에 있어 손해를 보게 된다는 재항고인의 주장을 감안하더라도 그렇다.

결국 이 사건의 경우 재항고인이 책임질 수 없는 사유로 인하여 상고취하를 하였다고 보기는 어려운 것이다.

대법원 2012. 4. 26. 선고 2012도1225 판결 「법원에서 피고인이 국민참여재판을 원하는지에 관한 의사의 확인절차를 거치지 아니한 채 통상의 공판절차로 재판을 진행하였다면, 이는 피고인의 국민참여재판을 받을 권리에 대한 중대한 침해로서 그 절차는 위법하고 이러한 위법한 공판절차에서 이루어진 소송행위도 무효라고 보아야 한다.」

3. 소송행위의 하자의 치유

가. 소송의 진행에 따른 치유

대법원 2009. 10. 22. 선고 2009도7436 전원합의체 판결 「공소장 기재의 방식에 관하여 피고인 측으로부터 아무런 이의가 제기되지 아니하였고 법원 역시 범죄사실의 실체를 파악하는 데 지장이 없다고 판단하여 그대로 공판절차를 진행한 결과 증거조사절차가 마무리되어 법관의 심증형성이 이루어진 단계에서는 소송절차의 동적 안정성 및 소송경제의 이념 등에 비추어 볼 때 이제는 더 이상 공소장일본주의 위배를 주장하여 이미 진행된 소송절차의 효력을 다툴 수는 없다고 보아야 한다.」

대법원 1992. 3. 10. 선고 91도3272 판결 「공소장의 송달이 부적법하다 하여도 피고인이 제1심에서 이의함이 없이 공소사실에 관하여 충분히 진술할 기회를 부여받은 이상 판결결과에는 영향이 없어 그것이 적법한 상소이유가 된다고 할 수 없다.」

대법원 1967. 3. 21 선고 66도1751 판결 「원심 본건 공판기일인 1966.11.11. 10:00의 기일에 대한 통지가 검사에게 전달된 흔적이 없는 것은 과시 논지가 지적하는 바와 같다. 그러나 위 기일의 공판조서의 기재에 보면 검사 박정규가 출석한 사실을 알 수 있다. 그렇다면 기일통지를 하지 아니한 흠이 있다 할지라도 원심이 검사에게 공판참여의 권리를 박탈한 것이라고는 보기 곤란한다.」

대법원 1974. 1. 15. 선고 73도2967 판결 <표준> 「피고인에게 제1심이 위 증인신문의 시일과 장소를 미리 통지함이 없이 위 증인들의 신문을 시행하였음은 소론과 같이 위법하다 할 것이나 제1심 제5차 1973.5.15 공판조서에 의하면 동 증인 등 신문결과를 동 증인 등 신문조서에 의하여 소송관계인에게 고지하였던바, 피고인이나 변호인이 이의를 하지 않았음이 뚜렷하므로 위의 하자는 책문권의 포기로 치유되었다 할 것(이다).」

나. 소송행위의 추완

<보정적 추완 : 공소제기 방식의 추완>

대법원 2012. 9. 27. 선고 2010도17052 판결 <표준>

형사소송법 제254조 제1항은 "공소를 제기함에는 공소장을 관할법원에 제출하여야 한다"고 정한다. 한편 형사소송법 제57조 제1항은 "공무원이 작성하는 서류에는 법률에 다른 규정이 없는 때에는 작성 연월일과 소속공무소를 기재하고 기명날인 또는 서명하여야 한다"고 정하고 있다. 여기서 '공무원이 작성하는 서류'에는 검사가 작성하는 공소장이 포함되므로, 검사

의 기명날인 또는 서명이 없는 상태로 관할법원에 제출된 공소장은 형사소송법 제57조 제1
항에 위반된 서류라 할 것이다. 그리고 이와 같이 법률이 정한 형식을 갖추지 못한 공소장
제출에 의한 공소의 제기는 특별한 사정이 없는 한 그 절차가 법률의 규정에 위반하여 무효
인 때(형사소송법 제327조 제2호)에 해당한다. 다만 이 경우 공소를 제기한 검사가 공소장에
기명날인 또는 서명을 추완하는 등의 방법에 의하여 공소의 제기가 유효하게 될 수 있다(대
법원 2007. 10. 25. 선고 2007도4961 판결 참조).

2. 기록에 의하면, 이 사건 제1심법원에 제출된 공소장에는 그 하단에 부동문자로 '검사'라는
기재가 있을 뿐이고 그 공소장에 형사소송법 제57조 제1항이 요구하는 검사의 기명날인 또
는 서명이 되어 있지 아니한 사실을 알 수 있다. 그럼에도 제1심법원은 이러한 공소제기절
차의 하자를 간과한 채 피고인에게 공소장 부본을 송달하고 공판기일에서 피고사건에 대하
여 심리한 뒤 무죄판결을 선고하였고, 원심 또한 위와 같은 제1심판결의 위법을 시정하는
조치를 하지 아니하고 검사의 항소를 기각하는 판결을 선고하였다.

앞서 본 법리에 의하면, 이러한 원심의 판단에는 검사의 기명날인 또는 서명이 누락된 공소
장 제출에 의한 공소제기의 효력에 관한 법리를 오해하여 판결에 영향을 미친 위법이 있다
고 할 것이다.

대법원 2009. 2. 26. 선고 2008도11813 판결 〈표준〉

공소의 제기는 법원에 대하여 특정한 형사사건의 심판을 요구하는 검사의 법률행위적 소송
행위로서 형사소송법(이하 '법'이라고 한다) 제254조 제1항은 공소를 제기함에는 공소장을
관할법원에 제출하여야 한다고 규정하고, 같은 조 제3항은 위 공소장에는 피고인의 성명 기
타 피고인을 특정할 수 있는 사항, 죄명, 공소사실, 적용법조 등 일정한 사항을 기재하도록
하고 있으며, 법 제266조는 공소의 제기가 있는 때에는 지체없이 공소장의 부본을 피고인
또는 변호인에게 송달하여야 한다고 규정하고 있는바, 형사소송법이 공소의 제기에 관하여
위와 같은 서면주의와 엄격한 요식행위를 채용한 것은 공소의 제기에 의해서 법원의 심판
이 개시되므로 심판을 구하는 대상을 명확하게 하고 피고인의 방어권을 보장하기 위한 것
이다. 따라서 위와 같은 엄격한 형식과 절차에 따른 공소장의 제출은 공소제기라는 소송행
위가 성립하기 위한 본질적 요소라고 할 것이므로, 공소의 제기에 있어서 현저한 방식위반
이 있는 경우에는 공소제기의 절차가 법률의 규정에 위반하여 무효인 경우에 해당된다고
할 것이고, 위와 같은 절차위배의 공소제기에 대하여 피고인과 변호인이 이의를 제기하지
아니하고 변론에 응하였다고 하여 그 하자가 치유되지는 않는다.

대법원 2005. 1. 20.자 2003모429 결정 「변호인선임신고서를 제출하지 아니한 변호인이 변호인 명의로
정식재판청구서만 제출하고, 형사소송법 제453조 제1항이 정하는 정식재판청구기간 경과 후에 비로소

변호인선임신고서를 제출한 경우, 변호인 명의로 제출한 위 정식재판청구서는 적법·유효한 정식재판 청구로서의 효력이 없다.」(피고인의 이익보호를 위해 변호인선임의 보정적 추완을 인정해야 한다는 다수설에 비하여 그 보정적 추완을 부정한 판례)

대법원 1983. 6. 14. 선고 83도293 판결 <표준>「공소장의 기재사실중 일부가 명확하지 아니한 경우에는 법원은 검사에게 석명을 구하여 만약 이를 명확하게 하지 아니한 때에 공소사실의 불특정을 이유로 공소를 기각함이 상당하다 할 것이므로 원심이 이에 이르지 아니하고 위와 같이 공소사실의 불특정을 이유로 공소기각의 판결을 하였음은 심리미진의 위법이 있다.」(공소장의 보정을 긍정하는 판례)

대법원 1970. 7. 28. 선고 70도942 판결「세무공무원의 고발없이 조세범칙 사건의 공소가 제기된 후에 세무공무원의 그 고발을 하였다 하여도 그 공소절차의 무효가 치유된다고는 볼 수 없다 할 것이므로 원심이 본건에 있어 세무공무원의 고발이 없는 본건 공소는 공소제기의 절차가 법률의 규정에 위반한 무효한 것이라 하여 그 공소를 기각한 1심판결이 있은 후에 남부산세무서장이 그 고발 조치를 취하였다 하여도 그 공소절차의 무효가 치유되는 것이 아니라고 한 판단은 정당하(다).」

다. 소송행위의 취소 · 철회

〈증거동의(실체형성행위)의 취소 여부 : 예외적 허용〉

대법원 2008. 7. 10. 선고 2007도7760 판결

피고인이나 그 변호인이 검사 작성의 당해 피고인에 대한 피의자신문조서의 성립의 진정함을 인정하는 진술을 하였다 하더라도, 그 피의자신문조서에 대하여 구 형사소송법(2007. 6. 1. 법률 제8496호로 개정되기 전의 것, 아래에서도 같다) 제292조에서 정한 증거조사가 완료되기 전에는 최초의 진술을 번복함으로써 그 피의자신문조서를 유죄 인정의 자료로 사용할 수 없도록 할 수 있으나, 그 피의자신문조서에 대하여 위의 증거조사가 완료된 뒤에는 그와 같은 번복의 의사표시에 의하여 이미 인정된 조서의 증거능력이 당연히 상실되는 것은 아니다. 다만, 적법절차 보장의 정신에 비추어 성립의 진정함을 인정한 최초의 진술에 그 효력을 그대로 유지하기 어려운 중대한 하자가 있고 그에 관하여 진술인에게 귀책사유가 없는 경우에 한하여 예외적으로 증거조사 절차가 완료된 뒤에도 그 진술을 취소할 수 있고, 그 취소 주장이 이유 있는 것으로 받아들여지게 되면 법원은 증거배제결정[구 형사소송규칙(2007. 10. 29. 대법원규칙 제2106호로 개정되기 전의 것) 제139조 제4항]을 통하여 그 조서를 유죄 인정의 자료에서 제외하여야 할 것이다. …

이 사건 기록에 의하면, 피고인 1 및 그 변호인은 제1심 제3회 공판기일에서 검사의 피고인

1에 대한 피의자신문조서에 대하여 진정성립 및 임의성을 인정하였고, 제1심 제3회 공판기일에서 위 조서에 대하여 구 형사소송법 제292조에서 정한 증거조사 절차가 끝날 때까지 그 증거능력에 관하여 아무런 이의를 제기하지 아니하였는데, 그 다음 기일인 제1심 제4회 공판기일에서 이루어진 구 형사소송법 제293조에서 정한 증거조사 결과에 대한 의견진술 절차에서 종전 진술을 번복하여 위 조서의 실질적 진정성립을 부인하는 취지의 주장을 하고 있는 사실이 인정된다.

앞서 본 법리에 비추어, 위 인정 사실 및 기록에 나타나는 종전 진술을 번복하는 주장의 취지 등을 검토해 보면, 원심의 판시에 다소 미흡한 면은 없지 않으나, 종전 진술을 번복하는 피고인 1 및 그 변호인의 주장을 받아들이지 않고 검사 작성의 피고인 1에 대한 피의자신문조서의 증거능력이 인정된다고 판단한 원심의 조치는 정당하고, 거기에 상고이유에서 주장하는 바와 같은 피의자신문조서의 증거능력 등에 관한 법리오해 등의 위법은 없다.

제 3 절   심판대상과 공소장변경

I. 심판의 대상

1. 심판대상론

〈이원설〉

대법원 1959. 6. 26. 선고 4292형상36 판결

현행 형사소송법 하에서는 <u>법원의 실체적인 심판의 범위는 잠재적으로는 공소 사실과 단일성 및 동일성이 인정되는 한 그러한 사실의 전부에 미칠 것이나 현실적 심판의 대상은 공소장에 예비적 또는 택일적으로 기재되었거나 소송의 발전에 따라 그 후 추가 철회 또는 변경된 사실에 한한다고 해석하는 것이 동법 제254조 제5항 제298조 제1항의 해석상 타당할 것</u>이므로 공소사실과 동일성이 인정되는 사실일지라도 검사의 주장에 의하여 현실로 심판의 대상이 되지 아니한 이상 이것을 심판하지 아니하였다 한들 심판의 청구가 있는 사건을 판단하지 아니하였다고는 할 수 없다.

> **대법원 1991. 5. 28. 선고 90도1977 판결**
>
> 형사재판에 있어서 법원의 심판대상이 되는 것은 공소장에 기재된 공소사실과 예비적 또는 택일적으로 기재된 공소사실, 그리고 소송의 발전에 따라 추가 또는 변경된 사실에 한 하는 것이고, 공소사실과 동일성이 인정되는 사실이라 할지라도 위와 같은 공소장이나 공소장변경신청서에 공소사실로 기재되어 현실로 심판의 대상이 되지 아니한 사실은 법원이 그 사실을 인정하더라도 피고인의 방어에 실질적 불이익을 초래할 염려가 없는 경우가 아니면 법원이 임의로 공소사실과 다르게 인정할 수 없는 것이며, 이와 같은 사실을 인정하려면 공소장변경을 요한다고 할 것이다(당원 1989. 10. 10. 선고 88도1691 판결 참조).

대법원 1971. 11. 23. 선고 71도1548 판결 「법원의 심판범위는 공소장에 기재된 공소원인. 사실에 한한다고 해석하는 것이, 형사소송법 제254조 제5항, 제298조 제1항 소정의 법리라 한 것인 바, 원판시 설시와 같이 본건 공소 사실을 포괄일죄로 본다 하더라도, 그를 구성하는 개개의 사실이 공소장에 명시되어 있지 않는 이상, 그 부분은 심판의 대상이 될 수 없다 할 것임에도 불구하고, 원심이 피고인들에 대하여 위와 같이 공소장에 명시되어 있지 아니한 부분까지를 공소장 변경 절차를 밟음이 없이, 심판의 대상으로 삼아서 이를 심리 인정하였음은, 심판을 구하지 아니한 사실을 심판하여 판결에 영향을 미친 위법이 있다.」

2. 사건의 단일성·동일성

가. 사건의 단일성

〈사건의 단일성 개념〉

대법원 1990. 1. 25. 선고 89도1317 판결

형법 제241조 제1항 전문은 "배우자 있는 자의 간통행위"를, 그 후문은 "배우자 있는 자와의 상간행위"를 간통죄로 처벌하도록 규정하고 있는 바, 위 전문과 후문은 주관적 구성요건으로서의 고의의 내용을 달리하므로 배우자 있는 자들이 상대방에게도 배우자가 있음을 인식하면서 서로 간통하는 이른바 이중간통의 경우에는 쌍방 모두 위 전문과 후문에 해당하게 되고, 이는 처분상의 일죄인 상상적경합의 관계에 있는 것이라고 할 것이다. 검사가 이와 같이 상상적경합의 관계에 있는 수죄의 일부에 대하여서만 공소를 제기하였다고 하더라도 그 공소제기의 효력은 그 수죄의 전부에 미치는 것이며, 검사가 제1심이나 항소심에서 상상적경합의 관계에 있는 수죄 가운데 당초 공소를 제기하지 아니한 공소사실을 추가하는 내용의 공소장변경신청을 하는 경우 법원은 공소사실의 동일성을 해하지 아니함이 명백하므로 그 공소장변경을 허가하여 추가된 공소사실에 대하여 심리판단하여야 하는 것이다. 그럼에도 불구하고 원심이 처분상 일죄인 상상적경합의 관계에 있는 공소사실을 추가하는 내용의 검사의 공소장변경을 허가하지 아니하고 그 추가된 공소사실에 대하여 심리판단하지 아니한 것은 공소장변경에 관한 법리를 오해하여 판결에 영향을 미친 위법을 저질렀다고 할 것이(다).

> **대법원 1989. 3. 14. 선고 88도2428 판결**
> 형사소송법 제260조에 의하면 같은 법 제262조 제1항 제2호의 심판에 부하는 결정이 있는 때에는 그 사건에 대하여 공소의 제기가 있는 것으로 간주되므로 그후에는 통상의 공판절차에서와 마찬가지로 기본적인 사실관계가 동일한 한 공소사실 및 적용법조의 변경이 가능하다 할 것이고 이와 같은 법리는 형사소송법 제263조가 형법 제123조 내지 제125조의 죄에 대하여서만 재정신청을 할 수 있는 길을 열어놓았다 하여 그 결론을 달리한 것이 아니다.
> 따라서 원심이 이 사건 심판에 부하여진 가혹행위와 상상적 경합관계에 있는 준강제추행의 공소사실 및 적용법조의 추가적 변경을 허가하여 이를 심판의 범위로 삼은 것은 정당하(다).

나. 사건의 동일성

(1) 판단기준

〈기본적 사실관계동일설〉

대법원 1967. 3. 7. 선고 66도1749 판결

공소사실의 동일성이 인정되자면 구체적 사실로서 지엽말단의 점까지 동일할 필요는 없다할 것이고, 기본적 사실관계 즉 중요한 사실관계만 동일하면 족하다 할 것이며, 위양 공소사실을 견주어 보면 하나는 위 물품을 양륙함으로서 관세를 포탈했다는 것이고, 하나는 관세를 포탈한 물품을 운반하였다는 것이나, 피고인이 거의 동일한 본건 밀수입품의 관세포탈 또는 운반에 관여하였다는 것으로 양 사실은 행위의 객체인 물품에 있어서, 또 선행행위와 후행행위로 서로 밀접한관계가 있다할 것이어서, 공소사실의 동일성이 인정된다 할 것이(다). … 그리고, 형사소송법 제370조에 의하면, 제2편중 공판에 관한 규정은 특별한 규정이 없으면, 항소심의 심판에 준용한다고 규정되어 있으므로, 제1심공판에 관한 규정인 동법 제298조도 항소심에 준용됨이 명백하고, 따라서 항소심에서도 공소장의 변경이 허용된다 할 것이니(본원 1963. 10. 22. 선고 63도247 판결 참조) 이점에 관한 논지도 이유 없다할 것이다.

〈사회적·前법률적 사실관계의 의미〉

대법원 1999. 5. 14. 선고 98도1438 판결

공소사실의 동일성은 그 사실의 기초가 되는 사회적 사실관계가 기본적인 점에서 동일하면 그대로 유지되는 것이나, 이러한 기본적 사실관계의 동일성을 판단함에 있어서는 그 사실의 동일성이 갖는 기능을 염두에 두고 피고인의 행위와 그 사회적인 사실관계를 기본으로 하되 규범적 요소도 아울러 고려하여야 한다(대법원 1998. 6. 26. 선고 97도3297 판결 참조).

그런데 기록에 의하면, 검사는 원심 제5회 공판기일 직전에 공소장에 기재된 공소사실을 일부 수정하고, 예비적으로 장물운반의 공소사실을 추가하는 취지의 공소장변경허가신청을 하였음에도 원심은 이를 허가하지 아니하고 검사의 항소를 기각하는 판결을 하였음을 알 수 있는바, 피고인에 대한 원래의 공소사실은 '피고인이 공소외 1과 합동하여 1997. 2. 2. 00:00경 동두천시 생연동 400의 3 앞길에서 피해자 공소외 2 소유의 (차량등록번호 생략) 그레이스 승합차를 절취하였다.'는 것이고, 예비적으로 추가한 공소사실은 '피고인이 1997. 2. 3. 01:40 경(1997. 2. 2. 01:40경의 오기인 것으로 보인다) 동두천시 생연동 소재 신천교에서 같은 동 398 소재 금시당 앞길까지 공소외 1이 절취하여 온 피해자 공소외 2 소유의 (차량등록번호 생략) 그레이스 승합차가 장물인 정을 알면서 운전하여 가 장물을 운반하였다.'는 것이어서, 그 시기와 장소 및 행위의 태양을 다소 달리하기는 하나 시기와 장소는 매우 근접해 있고, 피해자와 피해품이 같아 그로 인하여 침해되는 법익이 다르다고 볼 수 없으므로 기본적인 사실관계가 동일하다고 할 것이다.

〈택일관계 (비양립관계)〉

대법원 1982. 12. 28. 선고 82도2156 판결

일반적으로 범죄의 일시는 공소사실의 특정을 위한 요인이지 범죄사실의 기본적 요소는 아니므로 그 일시가 다소 다르다 하여 공소장변경의 절차를 요하는 것이 아님은 소론과 같으며 범죄의 시일이 그 간격이 길고 범죄의 성부에 중대한 관계가 있는 경우에는 피고인의 방어에 실질적 불이익을 가져다 줄 염려가 있으므로 이러한 경우에는 공소장변경의 절차를 밟아야 하고, 그 간의 공소사실의 동일성의 여부는 그 사실의 기초가 되는 사회적 사실관계가 기본적인 점에서 동일한가의 여부를 구체적 사실에 관하여 개별적으로 판단하여 결정하여야 할 것이다. 이 사건에서 **최초의 공소사실은 피고인이 1981.1.14. 19:00경 공소외 1 공소외 2 의 집에서 평소감정이 있음을 이유로 공소외 3의 얼굴을 1회 때려 폭행을 했다는 것인데, 그 일시만을 "1979.12. 중순경"으로 변경신청하였음**이 기록상 명백한바 이와 같이 양 공소사실 이 그 일시만을 달리하는 경우 사안의 성질상 두개의 공소사실이 양립할 수 있다고 볼 사정 이 있는 경우에는 그 기본인 사회적 사실을 달리할 위험이 있다 할 것이므로 그 기본적 사실 은 동일하다고 볼 수 없다 할 것이지만, 일방의 범죄가 성립되는 때에는 타방의 범죄의 성립 은 인정할 수 없다고 볼 정도로 양자가 밀접한 관계에 있는 경우에는 그간에 시간적 간격이 긴 경우라도 양자의 기본적 사실관계는 동일한 것으로 보아야 함이 상당하다 할 것이다.

기록에 의하여 피고인 및 피해자 공소외 3의 경찰에서의 진술과 법정에서의 진술 또는 증언 에 의하면 공소사실과 같은 시비나 폭행을 1981.1. 중순경이 아니고 1979.12. 중순경에 있었 던 일을 경찰에서 잘못 진술했다는 취지로 인정되고 양 공소사실의 내용에 의하더라도 그 폭행한 장소, 수단, 방법, 부위, 회수나 피해자가 같아서 양 사실을 별개의 다른 사실이 아니 고 일개의 동일한 사실이라고 보지 않을 수 없으니 양 공소사실은 동일성의 범위 안에 있다 고 하여야 할 것이다.

대법원 1993. 3. 26. 선고 92도2033 판결

검사가 피고인들을 폭력행위등처벌에관한법률위반(공갈)죄로 기소하였다가 피고인들이 법 정에서 그 범행을 부인하자 1991.12.20. 이 사건 배임수재의 공소사실로 공소장변경허가신 청을 하였고, 제1심 법원이 그 제3회 공판기일에 이르러 이를 허가하고 증인으로 위 공소외 2와 공소외 3을 신문한 다음 바로 결심하여 유죄의 판결을 선고한 사실을 알 수 있는 바, 변경 전의 공소사실과 이 사건 배임수재의 공소사실은 그 기본적 사실관계가 동일하여 공 소사실의 동일성이 인정되므로 제1심 법원의 공소장변경허가는 적법하고 피고인들에게 방 어의 기회를 부여하지 아니하였다거나, 공소사실에 피해자가 특정되지 아니하였다고 할 수 없다.

(아파트 입주자 대표들이 건축회사 담당자로부터 300만원을 받았다는 이유로 공갈로 기소 되었으나, 범행을 부인하자 배임수재죄로 공소장이 변경된 사안. **갈취의 공소사실과 배임 수재의 공소사실은 양립불가능함**)

대법원 2015. 5. 29. 선고 2014도6320 판결

1. 이 사건 공소사실의 요지는, 피고인은 2012. 7. 25. 16:30 그 소유 건물의 임차인인 피해

자와 위 건물 1층에 있는 공동화장실의 수리비 문제로 다투던 중 왼쪽 팔꿈치 부위로 피해자의 가슴 부위를 1회 쳐 피해자를 바닥에 넘어뜨려 피해자에게 흉추 12번 압박골절 등의 상해를 가하였다는 것이다.

2. 원심판결 이유에 의하면, **원심은, 이 사건 공소사실에 관하여 범죄 일시를 '2012. 7. 25. 16:30'에서 '2012. 7. 25. 17:00'로 변경하는 검사의 공소장변경허가신청을 불허한 다음, 그 판시와 같은 사정을 종합하여 피고인이 2012. 7. 25. '16:30'에 피해자에게 유형력을 행사하였다고 보기 어렵다는 이유로 제1심의 유죄판결을 파기하고 위 공소사실을 무죄로 판단하였다.**

3. 그러나 원심이 검사의 위 공소장변경허가신청을 불허한 조치 및 원심의 위와 같은 무죄 판단은 다음과 같은 이유에서 수긍하기 어렵다.

가. (1) 공소사실의 동일성의 여부는 그 사실의 기초가 되는 사회적 사실관계가 기본적인 점에서 동일한가의 여부를 구체적 사실에 관하여 개별적으로 판단하여 결정하여야 할 것인바, 최초의 공소사실과 변경된 공소사실이 그 일시만 달리하는 경우 사안의 성질상 두 개의 공소사실이 양립할 수 있다고 볼 사정이 있는 경우에는 그 기본인 사회적 사실을 달리할 위험이 있으므로 기본적 사실관계가 동일하다고 볼 수 없지만, 일방의 범죄가 성립하는 때에는 타방의 범죄는 성립할 수 없다고 할 정도로 양자가 밀접한 관계에 있는 경우에는 양자의 기본적 사실관계가 동일하다고 할 것이다(대법원 2010. 6. 10. 선고 2010도3927 판결 등 참조). (2) 기록에 의하면, 위 공소장변경신청은 피고인의 범죄행위를 특정하면서 그 일시만을 달리 기재한 것에 불과하고, 그 공소장변경 전후의 공소사실 내용에 의하더라도 상해를 가한 장소, 방법, 부위, 회수나 피해자가 같으므로 공소장변경 전후의 범행 중 한쪽이 범죄로 성립하는 경우에는 다른 한쪽은 범죄로 성립할 여지가 없는 것이어서 두 공소사실은 양립불가능한 관계에 있다고 할 것이다.

〈규범적 요소의 고려〉

대법원 1994. 3. 22. 선고 93도2080 전원합의체 판결

1. 이 사건 기록에 의하면, 피고인은 1992.11.30. 서울형사지방법원에서 장물취득, 신용카드업법위반, 사기죄로 징역 장기 1년, 단기 10월의 형을 선고받고(공동피고인 1, 2도 함께 같은 죄로 같은 형을 선고받았다) 항소하였다가 1993.2.3. 이 사건 공소가 제기되고 같은 해 3.11. 제1회공판을 한 후인 같은 해 3. 18. 항소를 취하하여 확정되었는데, **유죄로 확정된 장물취득죄의 범죄사실은, 피고인이 공동피고인 1, 2**(이 사건의 원심공동피고인이기도 한 바, 이들의 원심판결은 확정되었다)**와 공모하여 1992.9.24. 02:00경 서울 서초구 방배동에 있는 공중전화박**

스 옆에서 공소외 1 등이 전날인 같은 달 23. 23:40경 서울 구로구 구로동 노상에서 피해자로부터 강취한 피해자 소유의 국민카드 1매를 장물인 정을 알면서도 교부받아 취득하였다는 것이고, 원심이 유죄로 인정한 피고인에 대한 이 사건 강도상해죄의 공소사실은, 피고인이 공동피고인 1, 2, 공소외 1, 원심공동피고인 및 공소외 2와 합동하여 1992.9.23. 23:40경 서울 구로구 구로동 번지불상 앞길에서 피고인과 공동피고인 2, 원심공동피고인은 망을 보고 공동피고인 1, 공소외 1, 2는 술에 취하여 졸고 있던 피해자에게 다가가 주먹과 발로 피해자의 얼굴 및 몸통부위를 수회 때리고 차 피해자의 반항을 억압한 후 피해자의 상·하의 호주머니에서 피해자 소유의 국민카드 2매, 비씨카드 2매, 현금 60,000원, 주민등록증이 들어 있는 지갑 2개를 꺼내어 가 이를 강취하고, 그로 인하여 피해자에게 치료일수 미상의 안면부 타박상 등을 입혔다는 것이다.

2. 사정이 위와 같다면, 유죄로 확정된 장물취득죄와 원심이 유죄로 인정한 이 사건 강도상해죄는 범행일시가 근접하고 위 장물취득죄의 장물이 이 사건 강도상해죄의 목적물 중 일부이기는 하나, 그 범행의 일시, 장소가 서로 다르고, 강도상해죄는 피해자를 폭행하여 상해를 입히고 재물을 강취하였다는 것인데 반하여 위 장물취득죄는 위와 같은 강도상해의 범행이 완료된 이후에 강도상해죄의 범인이 아닌 피고인이 다른 장소에서 그 장물을 교부받았음을 내용으로 하는 것으로서 그 수단, 방법, 상대방 등 범죄사실의 내용이나 행위가 별개이고, 행위의 태양이나 피해법익도 다르고 죄질에도 현저한 차이가 있어, 위 장물취득죄와 이 사건 강도상해죄 사이에는 동일성이 있다고 보기 어렵고, 따라서 피고인이 위 장물취득죄로 받은 판결이 위와 같은 경위로 확정되었다고 하여 이 사건 강도상해죄의 공소사실에 대하여 면소를 선고하여야 한다거나 피고인을 강도상해죄로 처벌하는 것이 일사부재리의 원칙에 어긋난다고는 할 수 없으니, 이와 같은 취지의 원심판단은 정당하다고 할 것이다.

3. 형사재판이 실체적으로 확정되면 동일한 범죄에 대하여 거듭 처벌할 수 없고(헌법 제13조 제1항), 확정판결이 있는 사건과 동일사건에 대하여 공소의 제기가 있는 경우에는 판결로써 면소의 선고를 하여야 하는 것인 바(형사소송법 제326조 제1호), 위 장물취득죄와 이 사건 강도상해죄가 동일한 범죄 또는 동일한 사건인지, 위 장물취득죄의 확정판결의 기판력이 이 사건 강도상해죄에 미치는 것인지 여부는 그 기본적 사실관계가 동일한 것인가의 여부에 따라 판단하여야 할 것이다.

그러나, 공소사실이나 범죄사실의 동일성은 형사소송법상의 개념이므로 이것이 형사소송절차에서 가지는 의의나 소송법적 기능을 고려하여야 할 것이고, 따라서 두 죄의 기본적 사실관계 가 동일한가의 여부는 그 규범적 요소를 전적으로 배제한 채 순수하게 사회적, 전법률적인 관점에서만 파악할 수는 없고, 그 자연적, 사회적 사실관계나 피고인의 행위가 동일한 것인가 외에 그 규범적 요소도 기본적 사실관계 동일성의 실질적 내용의 일부를 이루는 것이라고 보는 것이 상당하다.

4. 그러므로 피고인이 받은 장물취득죄의 확정판결의 기판력이 이 사건 강도상해죄의 공소사실에 미치는지 여부는, 사실의 동일성이 갖는 법률적 기능을 염두에 두고, 피고인의 행위와 그 사회적인 사실관계를 기본으로 하되 그 규범적 요소도 고려에 넣어 판단하여야 할 것이고, 피고인에 대한 법적 안정성의 보호와 국가의 적정한 형벌권행사가 조화가 이루어질 수 있도록 하여야 할 것인 바, 그렇게 본다면 위 장물취득죄의 범죄사실과 이 사건 강도상해죄의 공소사실은 그 기본적인 점에서 같다고 할 수 없고, 위 장물취득죄의 확정판결의 기판력은 이 사건 강도상해죄의 공소사실에는 미치지 않는다고 보는 것이 상당하고 이와 같이 본다고 하여 이 사건에서 피고인을 동일한 범죄로 부당하게 거듭 처벌한다거나 피고인의 지위의 법적 안정성이나 권익을 부당하게 침해하는 것이라고 할 수 없을 것이다.

[반대의견] 가. 강도상해죄는 강도죄와 상해죄의 결합범이고 강도죄는 절도죄와 폭행 또는 협박죄의 결합범의 형태를 갖추고 있는 것으로서 실체적으로는 수개의 행위를 법률적 관점에서 하나의 행위로 파악하고 있는 데 지나지 아니하므로, 강도상해죄가 절도죄의 경우와는 달리 장물죄와의 사이에 피해법익이 다르고 죄질에 현저한 차이가 있다는 것만으로 이 사건 범죄사실의 동일성을 부인할 이유는 되지 않는다. 금품을 강취한 후 그 장물을 분배하는 일련의 범죄행위는 이를 생활의 한 단면으로 보아야 할 것이고, 한편 공소사실의 동일성이 인정되는 한 공소장의 변경을 허용할 수 있어 기판력이 미치는 범위와 공소장변경이 허용되는 범위는 일치한다고 보아야 하는바, 생활의 한 단면 내의 어느 한 행위(장물죄)에 대하여 재판절차를 마친 이상 피고인에게는 그 단면 내의 모든 행위에 대하여 소추 재판의 위험이 따랐다고 하여야 할 것인데 실제로 소추 재판된 행위(장물죄)가 같은 단면 내의 다른 행위(강도죄)와 비교하여 피해법익에 있어서 완전히 겹쳐지지 않는 부분이 있다는 이유만으로 그 다른 행위(강도죄)에 대해 다시 논할 수 있다는 것은 방대한 조직과 법률지식을 갖춘 국가기관이 형사소추를 거듭 행함으로써 무용의 절차를 되풀이하면서 국민에 대해 정신적, 물질적 고통을 주게 하는 것이며, 한편으로는 수사기관으로 하여금 사건을 1회에 완전히 해결하려 하지 않게 함과 아울러 이를 악용하게 할 소지마저 있다.

나. 기본적사실관계동일설을 취하는 경우에는 그 사실의 기초가 되는 사회적 사실관계가 기본적인 점에서 동일한가의 여부를 구체적 사실에 관하여 개별적으로 판단하여 결정하여야 하는 것으로서 기본적 사실관계의 동일성 여부를 판단함에 있어서는 일체의 법률적 관점을

배제하고 순수하게 자연적, 전법률적 관점에서 범죄사실의 동일성을 판단하고자 하는 것이고 규범적 요소는 고려되지 아니함이 원칙이다.

(2) 구체적 적용

〈규범적 요소를 고려하여 기본적 사실관계의 동일성을 부정한 사례 : 음주소란과 흉기휴대협박〉

대법원 2012. 9. 13. 선고 2012도6612 판결 〈표준〉

1. 이 사건 공소사실의 요지는 피고인은 2010. 9. 26. 18:00경 광주 남구 봉선동 (이하 생략) 커피숍 주차장에서, 피고인과 다투던 피해자 원심 공동피고인이 바닥에 넘어져 "사람 살려라."고 고함을 치자, 이에 격분하여 자신의 처 공소외인이 운영하는 인근의 같은 동 (이하 생략) ○○○ ○○미용실에서 위험한 물건인 과도(칼날길이 10㎝, 너비 2㎝)를 손에 들고 나와 피해자를 쫓아가며 "죽여 버린다."고 소리쳐 피해자의 신체에 어떤 위해를 가할 듯한 태도를 보여 협박하였다는 것이고, 원심판결 이유와 원심이 적법하게 채용한 증거에 의하면, 피고인은 "2010. 9. 26. 18:00경 광주 남구 봉선동 소재 쌍용사거리 노상에서 '음주소란등'의 범칙행위를 하였음"을 이유로 같은 날 관할경찰서장으로부터 경범죄처벌법 제1조 제25호를 위반하였음을 이유로 범칙금 5만 원을 납부할 것을 통고받고 다음날 이를 납부한 사실을 알 수 있다.

2. 공소사실이나 범죄사실의 동일성 여부는 사실의 동일성이 갖는 법률적 기능을 염두에 두고 피고인의 행위와 그 사회적인 사실관계를 기본으로 하면서 규범적 요소 또한 아울러 고려하여 판단하여야 한다(대법원 1994. 3. 22. 선고 93도2080 전원합의체 판결, 대법원 2011. 4. 28. 선고 2009도12249 판결 등 참조).

한편 경범죄처벌법상 범칙금제도는 형사절차에 앞서 경찰서장 등의 통고처분에 의하여 일정액의 범칙금을 납부하는 기회를 부여하여 그 범칙금을 납부하는 사람에 대하여는 기소를 하지 아니하고 사건을 간이하고 신속·적정하게 처리하기 위하여 처벌의 특례를 마련해 둔 것이라는 점에서 법원의 재판절차와는 제도적 취지 및 법적 성질에서 차이가 있다. 그리고 범칙금의 납부에 따라 확정판결에 준하는 효력이 인정되는 범위는 범칙금 통고의 이유에 기재된 당해 범칙행위 자체 및 그 범칙행위와 동일성이 인정되는 범칙행위에 한정된다. 따라서 범칙행위와 같은 시간과 장소에서 이루어진 행위라 하더라도 범칙행위의 동일성을 벗어난 형사범죄행위에 대하여는 범칙금의 납부에 따라 확정판결에 준하는 일사부재리의 효력이 미치지 아니한다고 할 것이다(대법원 2002. 11. 22. 선고 2001도849 판결, 대법원 2011. 4. 28. 선고 2009도12249 판결 등 참조).

위 사실관계를 위 법리에 비추어 살펴보면, 피고인이 범칙금의 통고처분을 받게 된 범칙행위인 음주소란과 이 사건 폭력행위 등 처벌에 관한 법률 위반죄의 공소사실인 흉기휴대협박행위는 범행 장소와 일시가 근접하고 모두 피고인과 피해자의 시비에서 발단이 된 것으로 보이는 점에서 일부 중복되는 면이 있으나, 피고인에게 적용된 경범죄처벌법 제1조 제25호 (음주소란등)의 범칙행위는 "공회당·극장·음식점 등 여러 사람이 모이거나 다니는 곳 또는 여러 사람이 타는 기차·자동차·배 등에서 몹시 거친 말 또는 행동으로 주위를 시끄럽게 하거나 술에 취하여 이유없이 다른 사람에게 주정을 한 행위"인 데 반하여, 이 사건 공소사실인 흉기휴대협박은 위험한 물건인 과도를 들고 피해자를 쫓아가며 "죽여 버린다."고 소리쳐 협박하였다는 것이므로 범죄사실의 내용이나 그 행위의 수단 및 태양이 매우 다르고, 또한 음주소란 등은 불특정인의 평온 내지 사회의 안녕질서를 보호법익으로 하는 데 비하여 흉기휴대협박은 특정인의 의사결정의 자유를 보호법익으로 하므로 각 행위에 따른 피해법익이 전혀 다르며, 그 죄질에도 현저한 차이가 있고, 나아가 위 범칙행위의 내용이나 수단 및 태양 등에 비추어 그 행위과정에서나 이로 인한 결과에 통상적으로 이 사건 공소사실인 흉기휴대협박행위까지 포함된다거나 이를 예상할 수 있다고는 볼 수 없으므로 위 범칙행위와 이 사건 공소사실은 서로 별개의 행위로서 양립할 수 있는 관계에 있고, 따라서 그 사회적인 사실관계와 함께 위와 같은 규범적 요소를 아울러 고려하여 보면, 위 범칙행위와 이 사건 공소사실은 기본적 사실관계가 동일한 것으로 평가할 수 없다.

〈기본적 사실관계의 동일성을 긍정한 사례 : 음주소란과 특수상해〉

대법원 1996. 6. 28. 선고 95도1270 판결 〈표준〉

1. 제1점에 대하여

원심판결 이유에 의하면 원심은, 피고인이 1994. 8. 29. 대구지방법원 안동지원 봉화순회심판소에서 경범죄처벌법 제1조 제25호(음주소란) 위반으로 과료 금 29,000원의 선고를 받아 그 무렵 위 즉결심판이 확정되었는데, 즉결심판을 받은 범죄사실이 발생한 일시, 장소는 위 즉결심판서에 기재된 '1994. 7. 31. 23 : 00경 경북 봉화군 소천면 서천리 518'이 아니라

'1994. 7. 30. 21 : 00경 같은 구 공소외 1 경영의 담배집 마당'이라는 사실을 인정한 후 이를 바탕으로 하여 이 사건 공소사실의 동일성 여부를 판단하고 있다. 기록에 비추어 살펴보면 원심의 위와 같은 사실인정은 정당하다고 판단되고, 거기에 채증법칙을 위배하였거나 심리를 다하지 못한 잘못이 없다. 이 점을 지적하는 상고이유는 받아들일 수 없다.

2. 제2점에 대하여

원심판결 이유에 의하면, 원심은 피고인이 이 사건에서 문제가 된 **즉결심판에 의하여 유죄로 확정된 경범죄처벌법위반죄의 범죄사실은 '피고인이 1994. 7. 30. 21 : 00경 경북 봉화군 소재 공소외 1 경영의 담배집 마당에서 음주소란을 피웠다'는 것이고, 한편 이 사건 폭력행위등처벌에관한법률위반죄의 공소사실은 '피고인이 같은 일시경 같은 장소에서 피해자 공소외 2와 말다툼을 하다가 피고인 차에 실려 있던 위험한 물건인 전체길이 약 64㎝ 도끼날 약 7㎝ 가량의 도끼를 가지고 와 피해자 공소외 2를 향해 내리치며 도끼 머리 부분으로 피해자 공소외 2의 뒷머리를 스치게 하여 피해자 공소외 2에게 약 2주간의 치료를 요하는 두부타박상 등을 가하였다'는 것**으로, 이 사건 공소사실과 즉결심판의 범죄사실은 그 기초가 되는 사회적 사실관계가 그 기본적인 점에서 동일하므로 위 즉결심판의 기판력은 이 사건 공소사실에도 미친다고 할 것이므로 피고인에 대한 이 사건 공소사실에 관하여는 이미 확정판결이 있다는 이유로 유죄판결을 선고한 제1심판결을 파기하고 면소를 선고하고 있다.

원래 공소사실이나 범죄사실의 동일성 여부는 사실의 동일싱이 갖는 법률적 기능을 염두에 두고 피고인의 행위와 그 사회적인 사실관계를 기본으로 하되 그 규범적 요소도 고려에 넣어 판단하여야 할 것이지만(대법원 1994. 3. 22. 선고 93도2080 전원합의체 판결 참조), 기록과 위에서 본 사실관계에 의하면 이 사건 경범죄처벌법위반죄의 범죄사실인 음주소란과 폭력행위등처벌에관한법률위반죄의 공소사실은 범행장소가 동일하고 범행일시도 같으며 모두 피고인과 피해자 공소외 2의 시비에서 발단한 일련의 행위들임이 분명하므로, 위와 같은 요소들을 고려한다고 하더라도 양 사실은 그 기본적 사실관계가 동일한 것이라고 하지 않을 수 없다(대법원 1990. 3. 9. 선고 89도1046 판결 참조). 따라서 이 사건 경범죄처벌법위반죄에 대한 즉결심판의 기판력은 폭력행위등처벌에관한법률위반죄의 공소사실에는 미친다고 보는 것이 상당하다고 할 것이므로, 이미 확정된 즉결심판의 기판력이 이 사건 공소사실에도 미친다고 보아 피고인에 대한 이 사건 공소사실에 관하여 이미 확정판결이 있었다는 이유로 면소의 판결을 선고한 원심판결은 정당하다.

대법원 2017. 1. 25. 선고 2016도15526 판결 「원심이 유죄로 인정한 이 사건 살인죄의 공소사실의 요지는 "피고인은 1997. 4. 3. 21:50경 서울 용산구 이태원동에 있는 ○○○ 햄버거 가게 화장실(이하 '○○○ 화장실'이라고 한다)에서 피해자를 칼로 찔러 공소외 1과 공모하여 피해자를 살해하였다."라는 것이다. 선행사건에서 피고인에 대하여 유죄로 확정된 '증거인멸죄 등'의 범죄사실의 요지는 "피고인은 1997. 2. 초순부터 1997. 4. 3. 22:00경까지 정당한 이유 없이 범죄에 공용될 우려가 있는 위험한 물건인 휴대용 칼을 소지하였고, 1997. 4. 3. 23:00경 공소외 1이 범행 후 ○○○ 화장실에 버린 칼을 집어 들고 나와 용산 미8군영 내 하수구에 버려 타인의 형사사건에 관한 증거를 인멸하였다."라는 것이다. 원심이 유죄로 인정한 이 사건 살인죄와 선행사건에서 유죄로 확정된 증거인멸죄 등은 범행의 일시, 장소와 행위 태양이 서로 다르고, 살인죄는 폭력행위 등 처벌에 관한 법률 위반(우범자)죄나 증거인멸죄와는 보호법익이 서로 다르며 죄질에서도 현저한 차이가 있다. 따라서 이 사건 살인죄의 공소사실과 증거인멸죄 등의 범죄사실 사이에 기본적 사실관계의 동일성을 인정할 수 없다.」

대법원 2006. 4. 27. 선고 2006도514 판결 「포괄일죄에 있어서는 공소장변경을 통한 종전 공소사실의 철회 및 새로운 공소사실의 추가가 가능한 점에 비추어 그 공소장변경허가 여부를 결정함에 있어서는 포괄일죄를 구성하는 개개 공소사실별로 종전 것과의 동일성 여부를 따지기보다는 변경된 공소사실이 전체적으로 포괄일죄의 범주 내에 있는지 여부, 즉 단일하고 계속된 범의하에 동종의 범행을 반복하여 행하고 그 피해법익도 동일한 경우에 해당한다고 볼 수 있는지 여부에 초점을 맞추어야 할 것이고, 이 사건의 경우 문제가 되는 위 각 공소사실은 그 금원 교부 일시 및 장소의 변경에도 불구하고 여전히 속칭 월정비 형식의 뇌물수수죄라는 성격을 그대로 유지하고 있어 다른 공소사실과 함께 포괄일죄를 구성함이 명백하므로 원심이 위 각 공소사실에 대한 공소장변경을 허가하지 아니한 데에는 공소장변경에 관한 법리를 오해한 위법이 있다.」

II. 공소장변경

1. 의의 및 필요성

〈공소장변경제도의 의의 및 취지〉

헌법재판소 2012. 5. 31. 선고 2010헌바128 결정

(3) 공소장변경제도의 가치

동적(動的)·발전적인 소송절차의 성격상 심리가 진행됨에 따라 공소제기 당시 공소장에 기재된 사실관계와 소송과정에서 드러나는 사실관계에 차이가 발생할 수 있다. 한편 공소제기의 효력과 판결의 기판력은 공소장에 기재된 공소사실은 물론 그 공소사실과 동일성이 인정

되는 사건의 전부에 미친다.

공소장변경제도는 공소제기의 효력과 판결의 기판력이 공소사실과 동일성이 인정되는 사건의 전부에 미친다는 점에 비추어, 공소장에 기재된 공소사실과 동일성이 인정되는 사실도 법원의 심판의 대상이 될 수 있는 길을 열어 줌으로써 형벌권의 적정한 실현과 소송경제를 도모하는 한편, 공소사실과 동일성이 인정되는 사실일지라도 공소장변경절차를 통해서만 심판할 수 있도록 함으로써 피고인의 방어권을 보장하는 데에 그 제도적 가치가 있다.

(4) 형사항소심에서의 공소장변경 허용 여부

형사항소심에서의 공소장변경 허용 여부는 항소심의 구조와 직접 관련되는 문제이다. 현행 형사소송법상 항소심의 구조에 대하여는 형사소송법 제370조가 제1심의 공판에 관한 규정을 항소심의 심리에 준용하도록 함으로써 항소심에서 증거조사와 사실심리를 하는 것을 인정하고 있는 점, 제1심 법원에서 증거로 할 수 있었던 증거는 항소법원에서도 증거로 할 수 있다고 규정한 점(형사소송법 제364조 제3항), 사실오인과 양형부당을 항소이유로 삼고 있고, 원심판결 후에 행해지는 피해보상 등의 사유를 고려하여 피고인의 불이익을 구제할 필요가 있는 점 등을 근거로 항소심의 성격을 기본적으로 속심으로 보고 항소심에서 공소장변경이 가능하다고 보는 것이 학계의 다수설과 대법원 판례의 입장이다.

대법원 1995. 9. 29. 선고 95도489 판결 「이 사건 공소장에 피고인이 공소외 3으로부터 공사 낙찰을 청탁받은 입찰업체의 명칭이 "공소외 1 회사"로 기재된 것은 " 공소외 2 회사"의 오기임이 명백한 바, 이는 공소장변경의 절차 없이 바로잡을 수 있는 것으로서, 원심에서 이를 정정하는 내용의 공소장변경절차가 이루어졌다 하더라도, 이로 인하여 공소사실에 변경이 생겼다거나 심판의 대상이 제1심과 달라졌다고 할 수 없으므로, 원심이 제1심판결을 파기하지 아니하고 그 범죄사실 중 위 입찰업체의 명칭을 정정하여 항소를 기각한 조치에 판결절차의 위반 등의 위반이 있다고 할 수 없다. 또 원심이 공소사실의 "입찰내정가"를 "입찰에 있어서 낙찰가능성이 있는 공사가액"의 의미로 보고 판단한 것은 공소장의 오류를 바로잡아 그 내용을 명백히 한 것으로서, 피고인의 방어권 행사에 실질적인 불이익을 초래할 염려가 없으므로 불고불리의 원칙에 위배되지 아니하며, 석명권 불행사나 심리미진 등의 위법을 범하였다고 할 수 없다.」

대법원 2006. 4. 14. 선고 2005도9743 판결 「공소장에는 죄명·공소사실과 함께 적용법조를 기재하여야 하지만(형사소송법 제254조) 공소장에 적용법조를 기재하는 이유는 공소사실의 법률적 평가를 명확히 하여 공소의 범위를 확정하는 데 보조기능을 하도록 하고, 피고인의 방어권을 보장하고자 함에 있다. 그러므로 적용법조의 기재에 오기나 누락이 있는 경우라 할지라도 이로 인하여 피고인의 방어에 실질적인 불이익을 주지 않는 한 공소제기의 효력에는 영향이 없고, 법원으로서도 공소장 변경의 절차를 거침이 없이 곧바로 공소장에 기재되어 있지 않은 법조를 적용할 수 있다.」

2. 공소장변경의 내용

가. 공소사실 및 적용범조의 추가

〈예비적 추가〉

대법원 1975. 10. 23. 선고 75도2712 판결

본건 공소사실은 처음 피고인에 대하여 야간주거침입절도죄로 공소해놓고 다시 공소장 변경신청서(예비적으로 야간에 주거침입)에 의하여 공소장 변경허가를 원심법원에 구하였으나 동법원은 그를 불허가 결정하였다. … <u>본건 야간주거 침입절도미수 공소사실에 대하여 피고인은 그 범의를 부인하고 피해자의 주거에 대문을 열고 안으로 1미터 가량 들어갔다가 개들이 사납게 짖어 도로 나왔다고 진술하는 취지이고 예비적 범죄사실은 피고인이 야간에 피해자의 주거에 침입한 것이라는 것으로서 공소사실의 동일성을 해하지 아니함이 규지되는 바이므로 원심으로서는 마땅히 검사의 본건 공소장변경신청을 허가한 후에 이에 관하여 심리하고 판단을 했어야 할 것임에도 불구하고 이러한 조치에 나오지 아니하고 본건 공소장변경신청을 불허가한 것은 공소사실의 동일성에 대한 법리를 오해하였거나 형사소송법의 위의 규정취지를 오해하여 한 위법이 있다하지 않을 수 없(다).</u>

> **대법원 2008. 10. 23. 선고 2006도736 판결**
> <u>이 사건 상습도박죄의 공소사실과 예비적으로 추가된 특정경제범죄 가중처벌 등에 관한 법률 위반(사기)죄의 공소사실은 일시, 장소, 행위태양, 행위참여자 등 기본적 사실관계가 동일한데다가, 이 사건 상습도박의 주된 공소사실이 유죄로 되면 특정경제범죄 가중처벌 등에 관한 법률 위반(사기)죄의 예비적 공소사실은 주된 공소사실에 흡수되고, 위 주된 공소사실이 무죄로 될 경우에만 위 예비적 공소사실의 범죄가 성립할 수 있는 관계에 있어 규범적으로 보아도 공소사실의 동일성을 부정하기 어렵고,</u> 검사가 위 예비적 공소사실을 추가하는 공소장변경을 신청한 데 대하여 위 피고인과 변호인이 어떠한 이의를 하지 않은 채 심리 및 증거조사가 이루어진 사실을 인정할 수 있으므로, 서울남부지방법원(2005노361호)이 위와 같이 예비적 공소사실을 추가하는 내용의 공소장변경신청을 허가한 다음 이 사건을 관할권이 있는 원심 법원으로 이송한 것이 위법이라고 할 수 없다.

> **대법원 2013. 2. 28. 선고 2011도14986 판결 〈표준〉**
> 당초 공소제기된 사문서위조 및 위조사문서행사의 공소사실은 "피고인이 2008. 7. 25. 자신의 주거지에서 주식회사 엘지파워콤(이하 '엘지파워콤'이라 한다)에 전화를 걸어 성명불상의 담당자에게 행사할 목적으로 권한 없이 마치 자신이 공소외인인 것처럼 행세하면서 공

소외인의 주민등록번호 등을 불러주는 방법으로 그 담당자로 하여금 공소외인 명의의 엘지파워콤 서비스 신청서 1부를 작성하게 함으로써 권리의무에 관한 사문서인 공소외인 명의의 서비스 신청서 1부를 위조하고, 이를 비치하게 하여 행사하였다."는 것이고, 검사가 예비적 공소사실로 공소장변경허가를 신청한 사서명위조 및 위조사서명행사의 공소사실은 "피고인이 2008. 7. 25. 자신의 주거지에서 엘지파워콤의 초고속인터넷을 설치하면서 행사할 목적으로 권한 없이 마치 자신이 공소외인인 것처럼 행세하면서 인터넷을 설치한 성명불상자가 제시하는 휴대정보단말기(PDA)에 공소외인 명의로 서명함으로써 피고인은 행사할 목적으로 사서명인 공소외인의 서명을 위조하고 이를 비치하여 행사하였다."는 것이어서 <u>두 공소사실은 그 기초가 되는 사회적 사실관계가 범행의 일시와 장소, 상대방, 행위 태양, 수단과 방법 등 기본적인 점에서 동일할 뿐만 아니라, 죄의 성립 여부를 보면, 주위적 공소사실이 유죄로 되면 예비적 공소사실은 주위적 공소사실에 흡수되고 주위적 공소사실이 무죄로 될 경우에만 예비적 공소사실의 범죄가 성립할 수 있는 관계에 있으므로</u>(대법원 1978. 9. 26. 선고 78도1787 판결 등 참조), <u>규범적으로 보아 공소사실의 동일성이 있다고 보인다. 따라서 원심으로서는 검사의 공소장변경허가신청을 받아들인 다음 예비적으로 추가된 공소사실에 대하여도 심리하였어야 한다. 아울러 약식명령에 대하여 피고인만이 정식재판을 청구한 이 사건에서 피고인에 대하여 사서명위조와 위조사서명행사의 범죄사실이 인정되는 경우에는 비록 사서명위조죄와 위조사서명행사죄의 법정형에 유기징역형만 있다 하더라도 형사소송법 제457조의2에서 규정한 불이익변경금지의 원칙이 적용되어 벌금형을 선고할 수 있는 것이므로</u>(대법원 1955. 7. 15. 선고 4288형상74 판결, 대법원 2011. 6. 24. 선고 2009도5782 판결 등 참조), <u>위와 같은 불이익변경금지의 원칙 등을 이유로 이 사건 공소장변경허가신청을 불허할 것은 아니다.</u>

대법원 1987. 7. 21. 선고 87도1101, 87감도92 판결 「포괄적일죄의 관계에 있는 상습범의 일부에 대한 기판력은 현실적으로 심판대상이 되지 않은 다른 부분에 까지도 미치므로 상습범의 일부가 기재된 공소장에 다른 부분을 추가하였다 하여 공소사실의 동일성을 해하는 것은 아니고 공소장변경은 항소심에서도 할 수 있다.」

〈포괄일죄의 일부에 대한 추가기소 : 공소장변경의제설 취지〉

대법원 1993. 10. 22. 선고 93도2178 판결

피고인은 먼저 기소된 위 93노1312 사건의 범죄사실로 구속되었다가 1991.12.20. 보석으로 석방되자 1992.1.부터 영업을 재개하여 동일한 장소에서 같은 유기기구를 사용하여 손님에게 사행행위를 하게 하는 동일한 형태의 영업을 하다가 다시 위 93노49 사건으로 공소제기된 사실을 알 수 있는 바, 이에 의하면 피고인은 단일한 범의 아래 반복적으로 계속하여 영업을 한 것으로서 피고인의 구속으로 일시 영업이 중단되었다는 사정만으로는 범의의 갱신이 있다고 볼 수 없다 할 것이어서 포괄적 일죄의 하나인 영업범에 해당한다고 봄이 상당하다. 그리고 포괄적 일죄를 구성하는 행위의 일부에 관하여 추가기소된 경우에는 일죄를 구성하는 행위 중 누락된 부분을 추가 보충하는 취지라고 볼 것이어서 거기에 소론이 지적하는 이중기소의 위법이 있다 할 수 없다.

〈포괄일죄의 일부에 대한 추가기소 : 석명후 판단설 취지〉

대법원 1996. 10. 11. 선고 96도1698 판결

검사가 단순일죄라고 하여 특수절도 범행을 먼저 기소하고 포괄일죄인 상습특수절도 범행을 추가기소하였으나 심리과정에서 전후에 기소된 범죄사실이 모두 포괄하여 상습특수절도인 특정범죄가중처벌등에관한법률(절도)위반의 일죄를 구성하는 것으로 밝혀진 경우에는, 검사로서는 원칙적으로 먼저 기소한 사건의 범죄사실에 추가기소의 공소장에 기재한 범죄사실을 추가하여 전체를 상습범행으로 변경하고 그 죄명과 적용법조도 이에 맞추어 변경하는 공소장변경 신청을 하고 추가기소한 사건에 대하여는 공소취소를 하는 것이 형사소송법의 규정에 충실한 온당한 처리라고 할 것이다.

그러나 위와 같이 포괄일죄를 구성하는 일부 범죄사실이 먼저 단순일죄로 기소된 후 그 나머지 범죄사실이 포괄일죄로 추가기소되고 단순일죄의 범죄사실도 추가 기소된 포괄일죄를 구성하는 행위의 일부임이 밝혀진 경우라면, 위 추가기소에 의하여 전후에 기소된 각 범죄사실 전부를 포괄일죄로 처벌할 것을 신청하는 취지가 포함되었다고 볼 수 있어 공소사실을 추가하는 등의 공소장변경과는 절차상 차이가 있을 뿐 그 실질에 있어서 별 차이가 없으므로, 위의 경우에 검사의 석명에 의하여 추가기소의 공소장의 제출은 포괄일죄를 구성하는 행위로서 먼저 기소된 공소장에 누락된 것을 추가 보충하고 죄명과 적용법조를 포괄일죄의 죄명과 적용법조로 변경하는 취지의 것으로서 1개의 죄에 대하여 중복하여 공소를 제기한 것이 아님이 분명하여진 경우에는 위의 추가기소에 의하여 공소장변경이 이루어진 것으로 보아 전후에 기소된 범죄사실 전부에 대하여 실체판단을 하여야 하고 추가기소에 대하여 공소기각판결을 할 필요가 없을 것이다(대법원 1993. 10. 22. 선고 93도2178 판결 참조).

왜냐하면 형사소송법 제298조의 공소장변경제도는 피고인의 방어권행사를 실질적으로 보장하려는 당사자주의적 견지에서 공소사실의 동일성이 인정되는 범위 내라 할지라도 공소장변경 절차에 의하여 심판의 대상을 명확히 한정하지 아니하면 심판대상이 되지 아니하는 것으로 함으로써 피고인이 예상하지 아니한 처벌을 받는 불이익을 방지하려는 것인데, 포괄일죄가 추가기소되는 경우에도 구체적으로 추가적으로 심판대상이 되는 사실이 명확히 제시되어 피고인이 방어하여야 할 대상이 분명히 한정되므로 <u>이를 공소장변경으로 보더라도 방어권행사에 아무런 지장이 없고</u>, 이중기소의 경우 공소기각판결을 하도록 규정한 형사소송법 제327조 제3호의 취지는 동일 사건에 대하여 피고인으로 하여금 이중위험을 받지 아니하게 하고 법원이 2개의 실체판결을 하지 아니하도록 함에 있는 것이나 <u>포괄일죄의 일부 사실이 2차례에 걸쳐 기소된 것을 공소장변경으로 보아 전부에 대하여 실체판단을 하고 추가기소된 사실에 대하여 공소기각판결을 하지 아니하더라도 동일법원에서 병합하여 심리하는 이상 피고인이 이중위험에 처할 수는 없고 1개의 판결이 선고될 것이기 때문에 2개의 실체판결이 날 가능성도 배제할 수 있게 되므로 아무런 문제점이 없으며, 또한 이를 허용하는 것이 절차유지의 원칙이나 소송경제에도 부합할 것이기 때문이다.</u> …

이 사건의 경위가 위와 같다면 <u>원심으로서는 석명권을 행사하여 검사로 하여금 추가기소의 진정한 취지를 밝히도록 하여 만일 그 취지가 일죄에 대한 이중기소가 아니라 위와 같은 공소장변경의 취지라고 한다면 그 범죄사실 전체에 대하여 실체판단을 하여야 할 것임에도 불구하고</u>, 원심이 이에 나아가지 아니하고 곧바로 추가기소가 이중기소라고 하여 공소기각판결을 선고한 것은 심리를 다하지 아니하여 결과적으로 포괄일죄에 대한 추가기소의 경우 공소장변경 절차 없이 심판할 수 있는 범위에 관하여 법리를 오해한 위법을 저질렀다고 할 것이므로 그 논거는 다르지만 결론적으로 이를 지적하는 상고논지는 이유 있다 할 것이다.

나. 공소사실 및 적용법조의 철회

대법원 1982. 3. 23. 선고 81도3073 판결 「공소장 변경의 방식에 의한 공소사실 또는 적용법조의 철회는 공소사실의 동일성이 인정되는 범위 내의 일부 공소사실 또는 적용법조에 한하여 가능한 것이므로, <u>공소장에 기재된 수개의 공소사실이 서로 동일성이 없고 실체적 경합관계에 있는 경우에 그 일부사실을 소추대상에서 철회하려면 공소장 변경의 방식에 의할 것이 아니라 공소의 일부취소의 절차에 의할 수밖에 없는 것인바</u>, 위 <u>사문서위조 등 문서에 관한 죄의 공소사실은 사기의 공소사실과 동일성이 없는 사실부분에 해당하므로 공소장 변경의 방식으로 위 문서에 관한 죄의 공소사실을 철회함은 허용될 수 없음</u>을 유의하여야 할 것이다.」

다. 공소사실 및 적용법조의 변경

대법원 2009. 5. 14. 선고 2008도10771 판결「위 변경 전후의 공소사실은 모두 범죄조직원임을 빙자한 위 피고인의 피해자 양복점에서의 일련의 의류대금 상당액 갈취행위를 대상으로 하는 것으로서, 단지 변경 후 공소사실은 당초 총 4회에 걸쳐 발생한 것으로 피해자가 주장한 변경 전 공소사실에 대한 위 피고인의 알리바이 주장을 검사가 적극 반영하여 그 주장과 모순되지 않도록 범죄일시 등을 수정·특정하는 과정에서 최초 4개의 공소사실을 1개로 줄여 정리한 것일 뿐 당초의 공소사실 외에 별도로 이루어진 갈취행위를 새로 공소사실에 추가하는 취지로 변경한 것은 아니라 할 것이므로, <u>위 변경 전후의 공소사실은 서로 양립가능한 것이 아닌 데다가 위 변경 후 공소사실은 그 기초가 되는 사회적 사실관계에 있어서 전체적으로 변경 전 공소사실의 사실관계에 포함된다 할 것이고, 따라서 법원으로서는 검사에게 위 변경 전 4개의 공소사실 중 공소를 철회·취소하고자 하는 부분과 철회·취소하지 않고 범죄일시 등에 관한 공소장변경의 방법으로 공소를 계속 유지하고자 하는 부분을 가려 구체적으로 특정하도록 한 후 앞서 본 공소장변경의 허가요건에 관한 법리에 따라 그 허가신청의 당부를 판단하였어야 할 것이다.</u> 그럼에도 원심이 이 사건 변경 전후의 공소사실이 범행의 일시가 상이하고 나아가 범행의 방법과 피해액수 등에도 일부 상이한 점이 있다는 사정만을 들어 공소사실의 동일성이 인정되지 아니한다고 판단하여 공소장변경이 허용될 수 없다고 본 것은 공소장변경에 있어서 공소사실의 동일성에 관한 법리를 오해하여 필요한 심리를 다하지 아니한 위법이 있다 할 것이다.」

3. 공소장변경의 필요성

가. 판단기준

〈사실기재설〉

대법원 1978. 2. 28 선고 77도3522 판결

기록에 의하면 공소장의 공소사실에는 피고인들이 덕수이씨 해풍군파, 백천공파, 북계공파 합동종중으로 부터 그 소유인 본건임야를 명의신탁받아 보관중 이를 공소장 기재와 같은 방법으로 다른 사람에게 매각처분하여 횡령하였다고 되어있음에 대하여 원심이 유지한 제1심 판결은 피고인들이 덕수이씨 해풍군종파 종중소유인 위 임야를 명의신탁받아 보관중 그 판시와 같이 이를 횡령하였다는 범죄사실을 인정하고 있어 공소사실과 원판결 인정의 범죄사실과의 사이에는 횡령의 피해자가 달리되어 있음이 명백하다. 그러나 공소사실과 원판결 인정의 범죄사실을 자세히 대비하여 보면 **본건 횡령의 목적물인 임야의 소유권이 위 합동 종중에 있느냐 또는 위 해풍군종파종중에 있느냐의 점에 관하여만 차이가 있을뿐 그밖의 횡령**

의 목적물인 임야자체나 횡령의 일시 방법 및 금액등은 모두 동일하여 피고인들이 타인으로부터 명의신탁을 받아 보관중인 부동산을 그 취지에 반하여 함부로 매각하여 그 대금을 착복횡령하였다는 기본적 사실에 있어서는 아무런 차이가 없다. 따라서 원심이 공소장에서 지적된 피해자와 다른 피해자를 인정하였다고 하더라도 공소사실의 동일성을 해하였다고 할 수 없고 또 피고인의 방어권행사에 어떠한 실질적 불이익을 준 흔적도 발견할 수 없다. 사실관계가 이러하다면 원심이 공소장 변경의 절차없이 공소장 기재의 횡령피해자와 다른 피해자를 인정하여 피고인들에 대한 횡령의 범죄사실을 유죄로 인정하였다고 하여 불고불리의 원칙에 위반하였다고 탓할 수 없다 할 것이니 논지는 이유없다.

〈피고인의 방어권 행사에 대한 실질적인 불이익 여부 판단기준〉

대법원 2007. 12. 27. 선고 2007도4749 판결

피고인의 방어권 행사에 실질적인 불이익을 초래할 염려가 없는 경우에는 법원이 공소장변경절차를 거치지 아니하고 일부 다른 사실을 인정하거나 적용법조를 달리한다고 할지라도 불고불리의 원칙에 위배되지 아니하지만, 방어권행사에 있어서 실질적인 불이익 여부는 그 공소사실의 기본적 동일성이라는 요소 외에도 법정형의 경중 및 그러한 경중의 차이에 따라 피고인이 자신의 방어에 들일 노력·시간·비용에 관한 판단을 달리할 가능성이 뚜렷한지 여부 등의 여러 요소를 종합하여 판단하여야 한다.

원심판결 이유에 의하면 원심은, 소속 군부대 내에서 현금을 19회 절취하고 야간에 취사병 생활관에 침입하여 역시 현금을 2회 절취한 피고인의 행위를 검찰관이 형법 제332조, 제329조, 제330조를 적용하여 형법상의 상습절도죄로 기소한 데 대하여(원심에 이르러 공소장변경이 허가된 결과임), 특정범죄 가중처벌 등에 관한 법률 제5조의4 제1항은 형법상의 상습절도와 구성요건이 동일하고 법정형만이 가중되어 있어서 피고인의 방어권 행사에 아무런 불이익을 초래하지 아니한다는 이유로, 새로운 공소장변경 없이 이 사건 공소사실에 대하여 특정범죄 가중처벌 등에 관한 법률 제5조의4 제1항, 형법 제329조, 제330조를 적용하여 피고인에게 형을 선고하고 있다.

살피건대, 이 사건에서 위와 같은 원심의 조치가 피고인의 방어권 행사에 실질적인 불이익을 초래할 염려가 있는지 여부에 관하여 보면, 그러한 불이익 여부는 그 공소사실의 기본적 동일성이라는 요소 외에도 법정형의 경중 및 그러한 경중의 차이에 따라 피고인이 자신의 방어에 들일 노력·시간·비용에 관한 판단을 달리할 가능성이 뚜렷한지 여부 등의 여러 요소를 종합하여 판단하여야 함은 위에서 본 법리와 같은바, 이 사건과 같이 일반법과 특별법이 동일한 구성요건을 가지고 있고 어느 범죄사실이 그 구성요건에 해당하는데 검사가 그 중 형이 보다 가벼운 일반법의 법조를 적용하여 그 죄명으로 기소하였으며, 그 일반법을 적용한 때의 형의 범위가 '징역 15년 이하'이고, 특별법을 적용한 때의 형의 범위가 '무기 또는 3년 이상의 징역'으로서 차이가 나는 경우에는, 비록 그 공소사실에 변경이 없고 또한 그 적용법조의 구성요건이 완전히 동일하다 하더라도, 그러한 적용법조의 변경이 피고인의 방어권 행사에 실질적인 불이익을 초래한다고 보아야 하며, 따라서 법원은 공소장변경 없이는 형이 더 무거운 특별법의 법조를 적용하여 특별법 위반의 죄로 처단할 수는 없다.

원심이 이와 달리 공소장변경 없이 이 사건 공소사실에 대하여 특정범죄 가중처벌 등에 관한 법률 제5조의4 제1항, 형법 제329조, 제330조를 적용한 것에는 공소장변경에 관한 법리를 오해한 위법이 있다고 할 것이고 이는 판결의 결과에 영향을 미쳤다 할 것이다.

나. 유형적 고찰

(1) 구성요건이 동일한 경우

(가) 범죄의 일시와 장소

〈범죄의 일시 변경이 방어권 행사에 실질적 불이익을 줄 우려가 있는지 여부〉

대법원 1992. 12. 22. 선고 92도2596 판결

1. 기록에 의하면 이 사건 **공소사실의 요지는, 피고인은 1985.5. 중순 일자불상경 공소외 D가 결성한 조직폭력단체인 E파에 지휘부조직원으로 가입하였다는 것**이고, 원심은 증거에 의하여 피고인이 1심판시와 같이 폭력조직인 E파의 간부인 사실은 인정할 수 있고 다만 위 E파의 결성시기와 피고인의 가입시기는 1985.5.경이 아니라 1986.5.경으로 인정되는데도 제1심이 그 시기를 1985.5.로 인정한 것은 잘못이나 피고인의 가입시기가 언제이든 피고인이 범죄단체인 E파의 간부급 조직원이라는 범죄사실의 기본에 있어서 동일하고 피고인의 방어권행사에 실질적인 불이익을 줄 염려가 있는 것으로 여겨지지도 아니한다고 하여 **공소장변경절차를 거침이 없이 위 범행일시를 1986.5.경으로 인정하여 피고인을 유죄로 인정**하였다.

2. 일반적으로 범죄의 일시는 공소사실의 특정을 위한 요건이지 범죄사실의 기본적 요소는

아니므로 법원이 공소장변경절차를 거치지 않고 그 일시를 공소장기재와 다소 다르게 인정할 수도 있으나 일시의 차이가 단순한 착오기재가 아니라 사안의 성질상 일시를 달리하는 각 범죄사실이 별개의 범죄사실로서 양립가능한 것이고 법원이 공소사실 기재 일시와 다른 일시의 범죄사실을 유죄로 인정하는 것이 피고인에게 예기치 않은 타격을 주어 그 방어권의 행사에 실질적인 불이익을 줄 우려가 있는 경우에는 공소장변경절차를 거쳐야 한다고 할 것이다(당원 1992. 10. 27. 선고 92도1824 판결; 1991. 6. 11. 선고 91도723 판결 등 참조).

기록에 의하면 피고인은 경찰이래 원심법정에 이르기까지 공소사실 기재 일시에 위 범죄단체에 가입한 사실이 없다고 하여 이를 다투어 왔는데 원심은 그 심리도중에 위 범죄단체가 공소사실 기재와 다른 1986.5.경에 결성되었고 피고인이 위 범죄단체에 간부로서 가입하였다는 취지 등이 포함된 검사측 증거서류를 제출받고 그 증거조사를 거쳤으나 피고인에 대하여 공소사실 기재와 다른 위 일시에 위 범죄단체에 가입하였는지의 여부에 관한 신문을 하여 보는 등 그 가입일시에 관하여 더 심리를 하여 보거나 이 점에 관한 공소장변경절차를 거침이 없이 공소사실 기재와 다른 일시의 범죄사실을 유죄로 인정하였음을 알 수 있는바, 원심이 위 일시의 차이를 단순한 착오 기재로 본 것이 아님이 명백한 이 사건에서는 원심이 공소장 기재 일시 이외의 가입일시에 관하여 구체적으로 더 심리하여 보지도 않은 상태에서 공소장변경절차 없이 위와 같이 유죄로 인정한 것은 피고인에게 예기치 않은 타격을 주어 그 방어권의 행사에 실질적인 불이익을 줄 우려가 있는 것으로서 허용될 수 없다고 할 것이다.

〈시일의 간격 및 범죄의 인정 여부에 중대한 관계가 있는지 여부〉

대법원 2017. 1. 25. 선고 2016도17679 판결 〈표준〉

가. 공소장변경의 허가요건인 공소사실의 동일성 여부는 그 사실의 기초가 되는 사회적 사실관계가 기본적인 점에서 동일하면 그대로 유지되는 것으로, 이러한 기본적 사실관계의 동일성을 판단함에 있어서는 그 사실의 동일성이 갖는 기능을 염두에 두고 피고인의 행위와 그 사회적인 사실관계를 기본으로 하되 규범적 요소도 아울러 고려하여야 한다(대법원 1994. 3. 22. 선고 93도2080 전원합의체 판결 등 참조).

일반적으로 범죄의 일시는 공소사실의 특정을 위한 것이지 범죄사실의 기본적 요소는 아니므로 그 일시가 다소 다르다 하여 공소장변경의 절차를 요하는 것은 아니다. 다만 범죄의 시일이 그 간격이 길고 범죄의 인정 여부에 중대한 관계가 있는 경우에는 피고인의 방어에 실질적 불이익을 가져다 줄 염려가 있으므로 이러한 경우에는 공소장변경의 절차를 밟아야 할 것인데, 이와 같이 범죄의 일시를 달리하는 변경 전후 공소사실 사이의 동일성 여부는 두 공소사실의 양립 가능성 등 그 사실의 기초가 되는 사회적인 사실관계와 규범적 요소를 종합하여 구체적 사실관계 하에서 판단하되, 공소장변경제도의 취지가 국가형벌권의 적정한 행사 확보 및 피고인의 방어권보장에 있음을 아울러 고려하여야 할 것이다(대법원 1982. 12. 28. 선고 82도2156 판결, 대법원 2005. 7. 14. 선고 2003도1166 판결 등 참조). …

다. 위 인정 사실에 나타난 이 부분 공소사실 변경의 경위와 내용에 의하면, 변경 전 공소사실과 검사가 변경허가를 신청한 공소사실은 피해자가 할머니인 공소외 1과 함께 ○○주유소에 옥수수 장사를 하러 갔을 때라는 점에는 일치하고, 양 공소사실의 내용에 의하더라도 범행 장소, 범행의 경위나 방법, 피해자가 입은 피해의 내용 등이 동일한 점, 변경 전 공소사실은 10세의 어린 나이인 피해자의 불명확한 진술에만 의존한 것인 데 비하여, 검사가 변경하려는 공소사실은 관련 증인들의 진술과 피고인의 알리바이 주장을 반영하여 그 주장과 모순되지 않도록 범죄 일시를 수정한 것일 뿐 당초 공소사실 외에 별도로 이루어진 피해자에 대한 강간미수 행위를 새로 공소사실에 추가하는 취지로 변경하는 것이 아닌 점 등을 알 수 있다.

위와 같은 사실관계와 사정들을 앞서 본 법리에 비추어 살펴보면, 위 변경 전·후의 공소사실은 공소사실의 동일성이 인정되므로 원심으로서는 검사의 위 공소장변경을 허가하고, 변경된 공소사실의 인정 여부에 관하여 심리·판단하였어야 할 것이다. 그럼에도 원심이 공소장변경이 허용될 수 없다고 본 것은 공소장변경에 있어서 공소사실의 동일성에 관한 법리를 오해하여 필요한 심리를 다하지 아니하여 판결의 결론에 영향을 미친 잘못이 있다.

(나) 범행의 수단과 방법

대법원 2003. 7. 25. 선고 2003도2252 판결 <표준> 「검사는, 절취한 신용카드를 사용한 사기의 점에 관하여, 피고인이 위 신용카드를 절취한 사실이 인정되지 않는다 하더라도, 피고인은 위 신용카드 사용 당시 신용카드 가맹점의 담당직원들에게 피고인이 틀림없이 카드대금을 지급할 것처럼 행세하거나 또는 함께 카드를 사용한 위 신용카드의 소유자인 피해자가 카드대금을 지급할 것인 양 행세하여 위 직원들을 기망하였으므로, 신용카드 절취 여부와 무관하게 피고인에 대하여 위 신용카드 사용으로 인한 사기를 인정할 수 있다고 주장하므로 살피건대, 법원이 공소장의 변경 없이 직권으로 공소장에 기재된 공소사실과 다른 범죄사실을 인정하기 위하여는 공소사실의 동일성이 인정되는 범위 내이어야 할 뿐더러 또한 피고인의 방어권 행사에 실질적 불이익을 초래할 염려가 없어야 할 것인바, 절취한 신용카드를 사용한 사기의 이 사건 공소사실과 검사 주장의 위 범죄사실은 그 범죄행위의 내용 내지 태양에서 서로 달라 이에 대응할 피고인의 방어행위 역시 달라질 수밖에 없어, 공소장 변경 없이 검사 주장과 같은 범죄사실을 인정하는 경우에는 피고인의 방어권 행사에 실질적인 불이익을 초래할 염려가 있다.」

대법원 2009. 6. 11. 선고 2008도11042 판결 「 '정당의 공직후보자 추천과 관련하여 6억 원의 금품을 수수하였다'는 공소사실에는 '위 6억 원을 이자 연 1%, 만기 대여일로부터 1년으로 정하여 대여함으로써 그로 인한 재산상 이익을 수수하였다'는 점이 포함되어 있다고 보기 어렵고, 공소제기된 금품수수행위와 원심이 인정한 금융이익 상당의 재산상 이익의 수수행위는 그 범죄행위의 내용 내지 태양이 서로 달라서 그에 대응할 피고인들의 방어행위 역시 달라질 수밖에 없다. 또한, 기록에 의하면 원심의 심리절차에서 위 6억 원이 연리 1%의 ○○○○당 당채 매입대금으로 지급된 것인지에 대하여도 어느 정도 심리가 행하여진 것으로 보이기는 하나, 피고인들이 금품수수라는 공소사실을 방어의 대상으로 하여 방어권을 행사함에 따라 일부 심리가 행하여진 것에 불과하고, 피고인들이 정당의 공직후보자 추천과 관련하여 재산상 이익을 수수한 점이 심판의 대상으로 될 것을 예상하여 이를 방어의 대상으로 하여 방어권을 행사한 것으로 보기에는 부족하므로, 그 부분에 관련하여 충분한 방어권 행사가 되었다고 볼 수는 없다. 따라서 공소장변경 없이 공직후보자 추천과 관련하여 재산상 이익을 수수한 것으로 인정하는 것은 피고인들의 방어권 행사에 실질적인 불이익이 초래된 것으로 볼 수 있다.」

대법원 1991. 5. 28. 선고 90도1977 판결 〈표준〉 「단독범으로 기소된 것을 다른 사람과 공모하여 동일한 내용의 범행을 한 것으로 인정하는 경우에는 이 때문에 피고인에게 불의의 타격을 주어 그 방어권의 행사에 실질적 불이익을 줄 우려가 있지 아니하는 경우에는 반드시 공소장변경을 필요로 한다고 할 수 없고, 이 사건의 경우 기록을 살펴보면 피고인과 변호인은 원심에 이르기까지 피고인은 위 호적계장이나 시민봉사실장과 의논이 되어 판시와 같은 호적정정허가신청서를 작성하여 행사한 것이고 위 시민봉사실장은 위 신청서의 정정사유가 허위임을 알면서도 결재한 것이라고 주장하여 온 바 있음을 알 수 있으므로, 원심이 공소장변경절차 없이 피고인 단독범으로 기소된 이 사건 공소사실을 그 범행사실의 내용이 동일한 공동정범으로 인정하였다고 하여 피고인의 방어권행사에 불이익을 줄 우려가 있는 경우라고 할 수 없다.」

대법원 2019. 4. 25. 선고 2018도13708 판결 「이 사건에서 도로교통법위반(사고후미조치)의 점에 관한 공소사실은 "피고인은 2017. 11. 27. 19:30경 B 싼타페 승용차(이하 '가해차량'이라 한다)를 운전하여 부천시 C에 있는 'D대리점' 앞 편도 3차로 도로를 1차로를 따라 시속 약 40km로 진행하던 중 가해차량의 전방에서 신호대기 중이던 피해자 E가 운전하는 F 마티즈 승용차(이하 '피해차량'이라 한다)의 뒷 범퍼 부분을 가해차량으로 들이받아 수리비 1,274,128원이 들도록 피해차량을 손괴(이하 '이 사건 사고'라 한다)하고도 곧 정차하여 피해자를 구호하는 등 필요한 조치를 취하지 아니 하였다."라는 것이다. 이와 같은 공소사실에는 피고인이 피해자에게 인적 사항 제공 의무를 위반하였다는 공소사실이 포함되어 있다고 보이지 않는다. 또한 검사는 1심과 원심에서 피고인이 피해자에게 인적 사항 제공 의무를 위반하였다는 주장을 전혀 하지 않았고, 그에 따라 피고인이 피해자에게 인적 사항 제공 의무를 위반하였는지 여부에 관한 심리도 이루어진 바도 없으므로, 검사의 주장은 피고인의 방어권 행사에 실질적 불이익을 초래할 염려가 있다. 따라서 <u>원심이 피고인이 피해자에게 인적 사항을 제공하지 않았다는 이유로 도로교통법위반(사고후미조치)의 점에 대하여 유죄의 판단을 하지 않았다고 하여, 거기에 공소사실에 대한 판단누락, 도로교통법 제148조, 제54조 제1항 제2호에 관한 법리오해 등의 위법이 있다고 할 수 없다.」</u>

(다) 범행의 객체와 결과

대법원 1991. 9. 24. 선고 91도1605 판결「공소장의 공소사실은 법원의 심판대상을 한정하고 피고인의 방어범위를 특정하여 그 방어권을 보장하는 의미를 갖는 것인바, 원심이 <u>공소장변경절차를 거치지 않고 위 공소사실과는 다르게 횡령목적물의 소유자 즉 위탁자를 공소외 3 회사로, 보관자의 지위를 공소외 3 회사의 대표자로서 보관하는 것으로, 또 영득행위의 불법성이 공소외 3 회사의 이사회결의를 거치지 않은 점에 있는 것으로 각 인정한 것은 공소사실에 의하여 한정된 심판범위를 넘어 피고인의 방어권을 침해하는 것으로서 위법하다고 하지 않을 수 없다.」</u>

(라) 포괄일죄의 경우

대법원 1977. 1. 25. 선고 76도3792 판결「이사건 공소사실중 「……위와같은 방법으로 4건의 소송을 하여서 타인의 권리를 가장 양수하여 권리를 실행함을 업으로 한것」이라고 한 「4건의 소송」중 공소외 1로부터의 약속어음 양수 가장한 소송외의 3건의 소송이란 공소장 자체에 의하거나 기록에 의하여도 누구로부터 무슨 권리를 가장 양수하여 소송을 한 것인지 공소원인사실이 특정되어 있다고 볼 수 없는바, 법원의 심판범위는 공소장에 기재된 공소원인사실에 한한다 할 것이므로 원심판결 설시와 같이 원심이 위 인정사실 전부를 포괄일죄로 본다 하더라도, 공소외 1로부터의 약속어음 가장 양수한 외 3건의 사실이 특정될수 있는 정도로 공소장에 명시되어 있지 않는 이상 그 부분은 심판의 대상이 될 수 없는 것이라 할 것이고 또 본건 「4건의 소송」중 어느 것이 피고인이 73.2.24 법률사무소취급단속법위반으로 징역8월의 선고받아 확정된 범죄사실에 포함되었는지의 여부도 판별할 수 없는 등 위 4건중 3건에 관한 공소사실이 특정되어 있다고 할 수 없을 것임에도 불구하고 <u>원심이 위 특정되지 아니한 3건 부분까지를 공소장 변경절차를 밟음이 없이 심판의 대상으로 삼아서 이를 심리 인정하였음은 심판의 대상이 되지 아니한 사실을 심판하므로써 판결결과에 영향을 미친 법률위반이 있다.」</u>

(2) 구성요건을 달리하는 경우

(가) 원칙적 변경

대법원 1993. 4. 27. 선고 92도3156 판결「<u>강도죄와 공갈죄는 그 죄질을 달리하는 것으로서 위 1항과 같은 강도상해교사죄의 공소사실을 공소장변경절차 없이 2항과 같은 공갈교사죄로 처단할 수는 없다고 볼 것이므로, 원심의 위와 같은 조처는 심판의 대상이 되지 아니한 사실을 심판한 위법이 있다고 아니 할 수 없(다).」</u>

대법원 2001. 6. 29. 선고 2001도1091 판결 「공소가 제기된 살인죄의 범죄사실에 대하여는 그 증명이 없으나 폭행치사죄의 증명이 있는 경우에도 살인죄의 구성요건이 반드시 폭행치사 사실을 포함한다고 할 수 없고, 따라서 공소장의 변경 없이 폭행치사죄를 인정함은 결국 폭행치사죄에 대한 피고인의 방어권 행사에 불이익을 주는 것이므로, 법원은 위와 같은 경우에 검사의 공소장변경 없이는 이를 폭행치사죄로 처단할 수는 없다 할 것이다.」

(나) 축소사실의 인정

〈법원이 인정할 사실이 공소사실에 포함되는 경우〉

대법원 1996. 5. 10. 선고 96도755 판결

법원은 공소사실의 동일성이 인정되는 범위 내에서 공소가 제기된 범죄사실에 포함된 보다 가벼운 범죄사실이 인정되는 경우에 심리의 경과에 비추어 피고인의 방어권 행사에 실질적 불이익을 초래할 염려가 없다고 인정되는 때에는 공소장이 변경되지 않았더라도 직권으로 공소장에 기재된 공소사실과 다른 공소사실을 인정할 수 있다(당원 1993. 12. 28. 선고 93도3058 판결, 1990. 10. 26. 선고 90도1229 판결 각 참조).

원심판결 이유에 의하면 원심은, "피고인이 1995. 4. 24. 23：30경 창원시 (주소 생략) 소재 피해자 공소외인의 집에 재물을 절취할 목적으로 담장을 넘어 침입하여 그 대상물을 물색하다가 그 곳 마당에 쌓아놓은 빈맥주병 상자를 건드려 이를 넘어뜨리는 바람에 그 뜻을 이루지 못하고 미수에 그친 후 그 곳 화단 나무 뒤에 숨어 있다가 위 피해자가 자신을 발견하고 검거하려 하자 체포를 면탈할 목적으로 주먹으로 동인의 왼쪽 귀를 1회 때려 전치 2주의 좌측이부열상을 가하였다"는 요지의 이 사건 강도상해죄의 공소사실에 대하여, 피고인에게 절도의 범의가 있었음을 인정할 증거가 없다는 이유로 강도상해죄는 무죄라고 설시하고, 다만 위 강도상해의 공소사실의 범위 내에서 피고인을 주거침입죄 및 상해죄로 처벌하였는바, 위 강도상해죄 공소사실은 결국 피고인이 야간에 타인의 주거에 침입하여 절도하려다가 체포를 면하려고 상해를 가하였다는 것으로서 그 사실 중에 주거침입의 점이 포함되어 있고, 기록에 의하여 이 사건 심리경과를 살펴보면, 피고인이 위 피해자의 집에 담장을 넘어 침입한 경위 등에 대하여 충분한 심리가 이루어졌으므로, 피고인을 위 공소사실에 포함된 범위 내에서 주거침입죄 및 상해죄로 처벌하더라도 피고인에게 불의의 처벌을 가하거나 그 방어권 행사에 실질적 불이익을 초래할 염려가 있다고는 볼 수 없다.

〈기수의 공소사실을 미수로 인정하는 경우〉

대법원 1999. 11. 9. 선고 99도3674 판결

법원은 공소사실의 동일성이 인정되는 범위 내에서 공소가 제기된 범죄사실에 포함된 보다 가벼운 범죄사실이 인정되는 경우에 심리의 경과에 비추어 피고인의 방어권행사에 실질적인 불이익을 초래할 염려가 없다고 인정되는 때에는 공소장이 변경되지 않았더라도 직권으로 공소장에 기재된 공소사실과 다른 범죄사실을 인정할 수 있고, 이와 같은 경우 공소가 제기된 범죄사실과 대비하여 볼 때 실제로 인정되는 범죄사실의 사안이 중대하여 공소장이 변경되지 않았다는 이유로 이를 처벌하지 않는다면 적정절차에 의한 신속한 실체적 진실의 발견이라는 형사소송의 목적에 비추어 현저히 정의와 형평에 반하는 것으로 인정되는 경우라면 법원으로서는 직권으로 그 범죄사실을 인정하여야 할 것인바(대법원 1990. 10. 26. 선고 90도 1229 판결, 1993. 12 28. 선고 93도3058 판결, 1997. 2. 14. 선고 96도2234 판결 등 참조), 기록에 의하면, 피고인과 제1심 공동피고인의 수사기관 이래 원심 법정에 이르기까지의 각 진술에 의하면 피고인은 적어도 히로뽕을 투약하는 실행행위에 착수를 하였다고 인정되고(향정신성의약품관리법 제42조 제3항에 의하면, 히로뽕투약죄의 경우 그 미수범도 처벌된다), 마약류의 심각한 폐해와 마약사범의 급속한 증가현상에 비추어 볼 때, 히로뽕 투약의 경우 그 미수범도 기수범에 못지 않게 그 사안이 중대하다고 할 것이어서 공소장이 변경되지 않았다는 이유로 이를 처벌하지 않으면 현저히 정의와 형평에 반한다고 여겨지고, 이 사건 심리의 경과에 비추어 그 미수의 범죄사실을 인정한다고 하여 피고인의 방어권행사에 실질적인 불이익을 초래할 염려가 있다고 보여지지도 않는다.

따라서, 원심으로서는 이 사건에서 피고인이 히로뽕을 투약하였다는 위 공소사실에 대한 증거가 없다고 판단하였더라도 위에서 본 사정을 참작하여 위 공소사실에 포함된 히로뽕 투약미수의 범죄사실을 유죄로 인정하였어야 함에도 불구하고, 위 공소사실에 대하여 무죄를 선고하였으니, 원심판결에는 위에서 본 법리를 오해하였거나 법령적용을 잘못한 위법이 있다고 할 것이고, 이러한 위법은 판결의 결과에 영향을 미쳤(다).

대법원 1984. 2. 28. 선고 83도3334 판결 「원심이 검사에게 공소제기된 장물보관죄를 업무상과실장물보관죄로 공소장변경을 촉구 또는 요구하지 아니하였다고 하여 심리미진이라고 할 수 없으며, 또 장물보관죄로 공소제기된 사건을 검사의 공소장변경 절차없이 업무상과실장물보관죄로 의율처단할 수는 없다.」

대법원 1999. 11. 26. 선고 99도2461 판결 「원심이, 비지정문화재의 수출미수죄가 성립하기 위하여는 비지정문화재를 국외로 반출하는 행위에 근접·밀착하는 행위가 행하여진 때에 그 실행의 착수가 있는 것으로 보아야 한다는 전제하에, 이 사건 공소사실과 같이 수출할 사람에게 판매하려다가 가격절충이 되지 않아 계약이 성사되지 못한 단계에서는 아직 국외로 반출하는 행위에 근접·밀착하는 행위가 있었다고 볼 수 없다고 판단한 것도 정당하고, 거기에 비지정문화재수출미수죄에 있어서 실행의 착수에 관한 법리를 오해한 위법이 있다고 할 수 없다. 그리고, 피고인의 행위가 그 주장하는 바와 같이 비지정문화재수출예비·음모죄에 해당한다고 하더라도 검사가 공소장을 변경하지 아니한 이상 원심으로서는 이에 관하여 심판할 수 없는 것이므로, 법원이 그 점에 관하여 공소장변경을 요구하지도 않고 이를 판단하지 아니하였다 하여 판단유탈의 잘못이 있다고 할 수도 없다.

〈공동정범의 공소사실을 방조범의 범죄사실로 인정할 수 있기 위한 요건〉

대법원 2011. 11. 24. 선고 2009도7166 판결

형사소송법은 공소사실의 동일성 범위 내에서 공소장을 변경할 수 있도록 하는 한편 법원에 대해서도 심리의 경과에 비추어 상당하다고 인정할 때에는 검사에게 공소장의 변경을 요구하여야 한다고 규정하고 있다(형사소송법 제298조 제2항). 비록 위 공소장 변경 요구가 법원의 의무라고 할 것은 아니라고 하더라도, 법원이 당초의 공소사실과 다른 사실을 심판대상으로 삼아 유죄로 인정하고자 할 경우에는 공소장변경 절차를 거치는 것이 불고불리 원칙 등 형사소송의 기본원칙에 부합한다 할 것이다. 다만 공판과정에서 이미 변경하여 인정하려는 사실이 심판대상으로 드러나 공방이 되었다거나 당초의 공소사실에 대한 심판범위에 변경하여 인정하려는 사실이 포섭되어 있다는 등 특별한 사정이 있어 피고인의 방어권 행사를 해치지 아니할 정도라고 인정되는 경우라면 예외적으로 공소장 변경 없이도 직권에 의하여 공소사실과 동일성이 인정되는 범위 내에서 그와 다른 사실을 인정하여 유죄로 판단하는 것이 허용된다고 할 것이다. 이러한 취지에서 공소사실의 동일성이 인정되는 범위 내에서 공소가 제기된 범죄사실보다 가벼운 범죄사실이 인정되는 경우 법원이 공소장변경 없이 직권으로 그 범죄사실을 인정할 수는 있으나, 그 경우에도 심리의 경과 등에 비추어 이로 인하여 피고인의 방어에 실질적인 불이익을 주는 것이 아니어야 한다.

이와 같은 형법상 방조행위 및 형사소송법상 공소장변경에 관한 법리에 비추어 볼 때, 공동정범으로 공소가 제기된 피고인에 대하여 법원이 공소장 변경 없이 직권으로 방조범으로 인정하여 처벌하기 위해서는, 정범의 범행에 대한 공동가공의 의사나 기능적 행위지배의 점에 대한 증명이 부족하지만 그 의심이 있다는 정도로는 부족하고 방조의 고의와 행위가 있었다는 점에 대한 적극적인 증명이 있어야 하고, 나아가 그 점에 대하여 피고인에게 방어의 기회가 제공되는 등 심리의 경과에 비추어 피고인의 방어에 실질적인 불이익을 주지 아니한 경우라야 가능할 것이다.

나. 원심판결 이유에 의하면, 원심은, 피고인이 폭탄업체, 과세도관업체, 바닥업체 등의 운영자와 공모하여 금지금 폭탄영업의 방법으로 부가가치세를 포탈하였다는 공소사실에 대하여, 공소장변경 절차를 거치지 아니한 채 피고인이 폭탄업체 등 전단계 매출업체의 운영자들이 공동하여 금지금 폭탄영업의 방법으로 부가가치세를 포탈하리라는 정을 알고도 그 범행을 완성할 수 있도록 바닥업체로부터 시세보다 싼 금액에 금지금을 매입해 줌으로써 바닥업체의 조세포탈 실행행위를 방조하였다고 직권으로 인정하였다.

그런데 이 사건 기록에 의하면, 피고인은 폭탄업체를 정범으로 한 조세포탈범행의 공동정범으로 공소가 제기되어 제1심에서는 공소사실대로 공동정범으로 인정된 사실, 이에 대하여 피고인이 공동가공의 의사 및 실행행위의 분담 등을 다투며 항소하여 항소심에서 위 쟁점들을 중심으로 공방이 이루어진 사실, 반면 **제1심 및 항소심 심리과정에서 피고인이 공동정범이 아닌 방조범으로서 유죄라고 인정될 수 있는지에 대해서는 전혀 언급되거나 공방이 이루어진 바가 없고, 공소장변경과 관련된 논의도 없었던 사실**, 그럼에도 원심은 피고인이 조세포탈의 공동정범으로 인정되지는 않지만 그 방조범으로는 인정이 된다고 하여 공소장변경 없이 조세포탈범행의 방조범으로 유죄의 판결을 선고한 사실을 알 수 있다.

위와 같은 이 사건 심리의 경과에 관한 사실관계를 앞서 본 공동정범과 방조범의 차이에 따른 방어권 행사의 본질적·기능적 차이점과 공소장변경에 관한 법리에 비추어 보면, 법원이 위와 같이 최종판결에서 갑자기 직권으로 방조범의 성립을 인정하게 되면 피고인의 방어권 행사에 실질적 불이익을 초래할 우려가 있다고 하지 않을 수 없다.

따라서 원심으로서는 설령 그 판시와 같은 사정을 들어 피고인을 조세포탈범행의 방조범으로 인정할 수 있다고 하더라도 그에 앞서 공소장변경의 절차를 거치거나 피고인에게 방조범의 성립 여부와 관련한 방어의 기회를 제공함으로써 그 방어권 행사에 불이익이 초래되지 않도록 필요한 조치를 하였어야 할 것이다. 그럼에도 불구하고 원심이 공판진행과정에서는 아무런 언급이 없다가 판결을 선고하면서, 공동정범으로는 인정되지 않지만 방조범으로는 인정이 된다고 하여 유죄로 판단한 것은 공소장변경에 관한 법리를 오해하여 판결에 영향을 미친 위법이 있는 경우에 해당한다.

대법원 1982. 6. 8. 선고 82도884 판결

원심은 피고인에 대해 향정신성의약품(히로뽕)제조의 공동정범의 공소사실에 대하여 공소장 변경절차없이 그 판시와 같이 방조사실을 인정하고 방조범으로 처단하였음은 소론과 같으나, 기록에 의하면 피고인과 변호인은 원심에 이르기까지 피고인이 공소외 1의 히로뽕 제조의 방조에 해당하는 행위마저도 부인하는 한편, 피고인의 범죄사실이 인정된다면 이는 공동정범이 아닌 방조범에 해당된다고 주장하여 왔음을 알 수 있으니, 이와 같은 심리의 경과에 비추어 보면 원심의 위 조처가 본건 공소사실의 범위내에 속한다고 인정되는 그 제조 방조에 대한 방어에 실질적인 불이익을 주는 것이라고는 볼 수 없으므로 원심판결에 공소장 변경절차에 관한 법리를 오해하여 그 심판범위를 일탈한 위법이 있다고 할 수 없다.

대법원 1991. 5. 28. 선고 90도2977 판결 <표준> 「단독범으로 기소된 것을 다른 사람과 공모하여 동일한 내용의 범행을 한 것으로 인정하는 경우에는 이 때문에 피고인에게 불의의 타격을 주어 그 방어권의 행사에 실질적 불이익을 줄 우려가 있지 아니하는 경우에는 반드시 공소장 변경을 필요로 한다고 할 수 없고, 이 사건의 경우 기록을 살펴보면 피고인과 변호인은 원심에 이르기까지 피고인은 위 호적계장이나 시민봉사실장과 의논이 되어 판시와 같은 호적정정허가신청서를 작성하여 행사한 것이고 위 시민봉사실장은 위 신청서의 정정사유가 허위임을 알면서도 결재한 것이라고 주장하여 온 바 있음을 알 수 있으므로, 원심이 공소장변경절차 없이 피고인 단독범으로 기소된 이 사건 공소사실을 그 범행사실의 내용의 동일한 공동정범으로 인정하였다고 하여 피고인의 방어권 행사에 불이익을 줄 우려가 있는 경우라고 할 수 없다.」

대법원 1997. 5. 23. 선고 96도1185 판결 「단독범으로 기소된 것을 법원이 다른 사람과 공모하여 동일한 내용의 범행을 한 것으로 인정하는 경우에도 이 때문에 피고인의 방어권의 행사에 실질석 불이익을 줄 우려가 있는 경우에는 반드시 공소장변경을 필요로 한다고 볼 것이다(당원 1991. 5. 28. 선고 90도1977 판결 참조). 그런데 공소장변경이 있기 이전의 이 사건 공소사실의 요지는 피고인이 단독으로 향응을 제공하였다는 것이고, 원심이 인정한 사실은 피고인이 위 공소외 1, 공소외 2와 공모하여 향응을 제공하였다는 것인바, 기록에 의하여 살펴보면, 위 일시 장소에서의 모임을 주선한 자는 위 공소외 1이고, 위 향응 제공 후 음식대금을 지급한 것은 위 공소외 2가 소장으로 있는 와우리지소인 사실이 인정되고, 한편 피고인은 위 공소외 1의 권유로 위 모임에 참석하게 된 것일 뿐 이 사건 음식대금을 지급한 사실도 없고 실제로도 누가 음식대금을 지급하였는지 모른다고 변소하고 있으므로, 피고인은 위 공소외 1, 공소외 2와의 공모사실이 인정되어야 비로소 유죄로 인정될 것이어서, 법원이 피고인 단독범으로 기소된 것을 공소장변경 없이 위 공소외 1, 공소외 2와의 공모 공동정범으로 인정하는 것은 피고인의 방어권 행사에 실질적인 불이익을 줄 우려가 있다 할 것이다.」

(다) 법률구성만 달리하는 경우

〈법률적용만 달리하는 경우〉

대법원 2015. 10. 29. 선고 2013도9481 판결

법원은 공소사실의 동일성이 인정되는 범위 내에서 공소가 제기된 범죄사실에 포함된 것보다 무겁지 않은 범죄사실이 인정되는 경우 피고인의 방어권 행사에 실질적 불이익을 초래할 염려가 없으면 공소장변경 없이 직권으로 공소사실과 다른 범죄사실을 인정할 수 있다(대법원 2008. 5. 29. 선고 2007도7260 판결 등 참조). 그리고 횡령죄와 배임죄는 다 같이 신임관계를 기본으로 하고 있는 같은 죄질의 재산범죄로서 그에 대한 형벌에서도 경중의 차이가 없고 동일한 범죄사실에 대하여 단지 법률적용만을 달리하는 경우에 해당하므로, 특별한 사정이 없는 한 법원은 횡령죄로 기소된 공소사실에 대하여 공소장변경 없이도 배임죄를 적용하여 처벌할 수 있다(대법원 2008. 11. 13. 선고 2008도6982 판결 등 참조).

다. 법원의 심판

〈법원이 공소장변경 없이 다른 사실을 인정할 수 있는 경우 이를 인정해야 할 의무가 있는지 여부〉

대법원 1990. 10. 26. 선고 90도1229 판결

법원은 공소사실의 동일성이 인정되는 범위 내에서 공소가 제기된 범죄사실에 포함된 보다 가벼운 범죄사실이 인정되는 경우에, 심리의 경과에 비추어 피고인의 방어권행사에 실질적인 불이익을 초래한 염려가 없다고 인정되는 때에는, 공소장이 변경되지 않았더라도 직권으로 공소장에 기재된 공소사실과 다른 범죄사실을 인정할 수 있는 것이기는 하지만, 이와 같은 경우라고 하더라도 공소가 제기된 범죄사실과 대비하여 볼 때 실제로 인정되는 범죄사실의 사안이 중대하여 공소장이 변경되지 않았다는 이유로 이를 처벌하지 않는다면, 적정절차에 의한 신속한 실체적 진실의 발견이라는 형사소송의 목적에 비추어 현저히 정의와 형평에 반하는 것으로 인정되는 경우가 아닌 한, 법원이 직권으로 그 범죄사실을 인정하지 아니하였다고 하여 위법한 것이라고까지는 볼 수는 없는 것이다.……

이 사건의 경우 공소사실의 요지는 "피고인이 피해자와 함께 술을 마신 후 피해자의 도발로 서로 멱살을 잡고 시비하던 중 피해자가 피고인의 얼굴을 주먹으로 때리자 이에 격분한 피고인이 피해자의 얼굴을 주먹으로 2회 때리고 계속 달려드는 피해자의 전신을 주먹 등으로 수회 때려 땅바닥에 넘어뜨려서 피해자로 하여금 심장파열 및 다발성늑골골절상으로 사망하게 하였다"는 것으로서, 원심은 피고인이 피해자와 싸우던 중 주먹으로 얼굴을 2회 때리는 등으로 피해자를 땅에 넘어뜨리고 그로 인하여 피해자에게 상당한 충격을 가한 사실은 인정되지만, 피고인의 그와 같은 폭행으로 인하여 피해자가 심장파열 상또는 다발성늑골골절상을 입게 되었음을 인정할 만한증거가 없다고 할 것인바, 피고인이 범한 위와 같은 폭행 범죄사실은 공소장이 변경되지 아니하였기 때문에 법원의 심판대상이 되지 않는 것이라고 판단하였다. 이 사건에서 <u>공소가 제기된 상해치사의 범죄사실과 대비하여 볼 때, 피고인이 위와 같이 주먹으로 얼굴을 2회 때리는 등의 정도를 피해자의 신체에 대하여 폭행을 가한 범죄사실에 관하여, 원심이 공소장이 변경되지 않았다는 이유로 유죄로 인정하지 아니한 것이 현저히 정의와 형평에 반하는 것이라고는 인정되지 않는다</u>(당원 1959. 11. 30. 선고 4292형상429 판결; 1971. 1. 12. 선고 70도2216 판결; 1984. 11. 27. 선고 84도2089 판결 등 참조).

3. 같은 상고이유 제3점에 대한 판단.

<u>법원이 검사에게 공소장의 변경을 요구할 것인지의 여부는 법원의 재량에 속하는 것이므로 법원이 검사에게 공소장의 변경을 요구하지 아니하였다고 하여 위법한 것이라고는 볼 수 없다</u>는 것이 당원의 확립된 판례가 취하여 온 견해로서(당원 1974. 12. 26. 선고 73도3007 판결; 1977. 2. 22. 선고 76도4173 판결; 1979. 8. 31. 선고 79도622 판결; 1981. 3. 10. 선고 80도1418 판결; 1983. 10. 11. 선고 83도2211 판결; 1985. 7. 23. 선고 85도1092 판결 등), 아직 이와 같은 의견을 변경할 필요가 있다고는 인정되지 아니하므로, 논지도 받아들일 수 없다.

대법원 2005. 7. 8. 선고 2005도279 판결 「법원은 공소제기되지 아니한 사건에 대하여 심판할 수 없고, 기소권이 검사에게 독점되어 있어 검사는 공소를 제기하지 아니하거나 이미 제기한 공소를 취소할 권한을 가지고 있으며, 형사소송법이 제254조 제3항에서 공소제기시 공소장에 죄명, 공소사실뿐만 아니라, 적용법조를 기재하여 공소의 범위를 확정하도록 규정하고 있고, 제298조에서 검사는 법원의 허가를 얻어 공소장에 기재한 공소사실 또는 적용법조의 추가·철회 또는 변경을 할 수 있고(제1항), 법원은 심리의 경과에 비추어 상당하다고 인정할 때에는 공소사실 또는 적용법조의 추가 또는 변경을 요구하여야 한다(제2항)고 규정하여 소송계속중 공소제기한 범죄사실에 대한 법률적 구성이나 적용법률이 달라질 경우의 조치에 관하여 규정하고 있는 점 등에 비추어 보면, 이 사건과 같이 <u>공소장변경 절차 없이도 법원이 심리·판단할 수 있는 죄가 한 개가 아니라 여러 개인 경우에는, 법원으로서는 그 중 어느 하나를 임의로 선택할 수 있는 것이 아니라 검사에게 공소사실 및 적용법조에 관한 석명을 구하여 공소장을 보완하게 한 다음 이에 따라 심리·판단하여야 할 것이다</u>.」

4. 공소장변경의 한계

〈공소사실의 동일성〉

대법원 2009. 5. 14. 선고 2008도10771 판결 〈표준〉

공소장변경의 허가요건인 공소사실의 동일성 여부는 그 사실의 기초가 되는 사회적 사실관계가 기본적인 점에서 동일하면 그대로 유지되는 것으로, 이러한 기본적 사실관계의 동일성을 판단함에 있어서는 그 사실의 동일성이 갖는 기능을 염두에 두고 피고인의 행위와 그 사회적인 사실관계를 기본으로 하되 규범적 요소도 아울러 고려하여야 할 것인바(대법원 1994. 3. 22. 선고 93도2080 전원합의체 판결 등 참조), 일반적으로 범죄의 일시는 공소사실의 특정을 위한 요인이지 범죄사실의 기본적 요소는 아니므로 그 일시가 다소 다르다 하여 공소장변경의 절차를 요하는 것은 아니고, 다만 범죄의 시일이 그 간격이 길고 범죄의 성부에 중대한 관계가 있는 경우에는 피고인의 방어에 실질적 불이익을 가져다 줄 염려가 있으므로 이러한 경우에는 공소장변경의 절차를 밟아야 할 것인데, 이와 같이 범죄의 일시를 달리하는 변경 전후 공소사실 사이의 동일성 여부는 두 공소사실의 양립가능성 등 그 사실의 기초가 되는 사회적인 사실관계와 규범적 요소를 종합하여 구체적 사실관계 하에서 판단하되, 공소장변경제도의 취지가 국가형벌권의 적정한 행사 확보 및 피고인의 방어권보장에 있음을 아울러 고려하여야 할 것이다(대법원 1982. 12. 28. 선고 82도2156 판결, 대법원 2005. 7. 14. 선고 2003도 1166 판결 등 참조).

5. 공소장변경의 절차

가. 검사가 신청한 경우

〈공소장변경허가신청서 부본을 송달·교부하지 않은 법원의 잘못이 판결에 영향을 미친 법령 위반에 해당하는지 여부〉

대법원 2021. 6. 30. 선고 2019도7217 판결

1. 법원은 공소사실 또는 적용법조의 추가, 철회 또는 변경(이하 '공소장의 변경'이라 한다)이 있을 때에는 그 사유를 신속히 피고인 또는 변호인에게 고지하여야 한다(형사소송법 제298조 제3항). 형사소송규칙 제142조 제1항은 '검사가 형사소송법 제298조 제1항에 따라 공소장에

기재한 공소사실 또는 적용법조의 추가, 철회 또는 변경을 하고자 하는 때에는 그 취지를 기재한 공소장변경허가신청서를 법원에 제출하여야 한다.'고 정하고, 제5항은 '법원은 제1항의 규정에도 불구하고 피고인이 재정하는 공판정에서는 피고인에게 이익이 되거나 피고인이 동의하는 경우 구술에 의한 공소장변경을 허가할 수 있다.'고 정하고 있다. 이와 같이 <u>검사가 공소장변경신청을 하고자 할 때에는 서면으로 하는 것이 원칙이고, 예외적으로 피고인이 재정하는 공판정에서 피고인에게 이익이 되거나 피고인이 동의하는 경우에는 구술에 의한 공소장변경신청을 할 수 있다</u>(대법원 2017. 6. 8. 선고 2017도5122 판결 등 참조). <u>이는 심판의 대상을 명확히 한정하고 절차를 분명히 하여 피고인의 방어권 행사를 가능하게 하기 위한 것이다.</u>

형사소송규칙 제142조 제2항, 제3항에 따르면, <u>검사가 서면으로 공소장변경신청을 하는 경우 피고인의 수에 상응한 부본을 첨부하여야 하고, 법원은 그 부본을 피고인 또는 변호인에게 즉시 송달하여야 한다.</u>

위와 같은 공소장변경 절차에 관한 법규의 내용과 취지에 비추어 보면, <u>검사의 서면에 의한 공소장변경허가신청이 있는데도 법원이 피고인 또는 변호인에게 공소장변경허가신청서 부본을 송달·교부하지 않은 채 공소장변경을 허가하고 공소장변경허가신청서에 기재된 공소사실에 관하여 유죄판결을 하였다면, 공소장변경허가신청서 부본을 송달·교부하지 않은 법원의 잘못은 판결에 영향을 미친 법령 위반에 해당한다. 다만 공소장변경 내용이 피고인의 방어권과 변호인의 변호권 행사에 지장이 없는 것이거나 피고인과 변호인이 공판기일에서 변경된 공소사실에 대하여 충분히 변론할 기회를 부여받는 등 피고인의 방어권이나 변호인의 변호권이 본질적으로 침해되지 않았다고 볼 만한 특별한 사정이 있다면 판결에 영향을 미친 법령 위반이라고 할 수 없다</u>(대법원 2009. 6. 11. 선고 2009도1830 판결 등 참조). …

<u>검사가 원심에서 공소장변경을 신청한 예비적 공소사실은 공연음란죄에 관한 것으로서 기존 공소사실인 강제추행죄와 비교하여 행위 양태, 보호법익, 죄질과 법정형 등에서 차이가 있다. 강제추행죄는 피고인이 자위행위를 하였는지 여부나 그 행위에 공연성이 있는지 여부가 범죄 성립에 직접 영향이 없지만, 공연음란죄는 공연히 자위행위를 한 사실이 범죄 성립요건이다. 따라서 기존 공소사실과 예비적 공소사실은 심판대상과 피고인의 방어대상이 서로 다르다.</u>

그런데도 <u>원심은 검사의 공소장변경허가신청서 부본을 피고인 또는 변호인에게 송달하거나 교부하지 않은 채 공판절차를 진행하여 당일 변론을 종결한 다음 기존 공소사실에 대하여</u>

무죄로 판단한 제1심판결을 파기하고 예비적 공소사실을 유죄로 판단하였다. 이는 피고인의 방어권이나 변호인의 변호권을 본질적으로 침해한 것으로 볼 수 있다. 원심판결에는 공소장 변경절차에 관한 법령을 위반하여 판결에 영향을 미친 잘못이 있다.

대법원 2001. 3. 27. 선고 2001도116 판결 「공소사실의 동일성이 인정되지 않는 등의 사유로 공소장변경 허가결정에 위법사유가 있는 경우에는 공소장변경허가를 한 법원이 스스로 이를 취소할 수 있다.」

나. 법원이 요구한 경우

〈법원의 공소장변경 요구의 법적 성격 : 재량설〉

대법원 2009. 5. 14. 선고 2007도616 판결 〈표준〉

법원이 검사에게 공소장 변경을 요구할 것인지 여부는 재량에 속하는 것이므로, 법원이 검사에게 공소장의 변경을 요구하지 아니하였다고 하여 위법하다고 할 수 없다(대법원 1999. 12. 24. 선고 99도3003 판결 등 참조). … 법원은 공소사실의 동일성이 인정되는 범위 내에서 심리의 경과에 비추어 피고인의 방어권 행사에 실질적인 불이익을 초래할 염려가 없다고 인정되는 때에는 공소장이 변경되지 않았더라도 직권으로 공소장에 기재된 공소사실과 다른 범죄사실을 인정할 수 있고, 이와 같은 경우 공소가 제기된 범죄사실과 대비하여 볼 때 실제로 인정되는 범죄사실의 사안이 가볍지 아니하여 공소장이 변경되지 않았다는 이유로 이를 처벌하지 않는다면 적정절차에 의한 신속한 실체적 진실의 발견이라는 형사소송의 목적에 비추어 현저히 정의와 형평에 반하는 것으로 인정되는 경우라면 법원으로서는 직권으로 그 범죄사실을 인정하여야 한다(대법원 2003. 5. 13. 선고 2003도1366 판결 등 참조).

원심판결 이유와 기록에 의하면 원심은 그 채택 증거들과 제1심이 채택한 증거들에 의하여, 공소사실 중 '피고인이 피해자를 베란다로 끌고 간 후 베란다 창문을 열고 피해자를 난간 밖으로 밀어 12층에서 떨어지게 하였다는 점'을 제외한 나머지 공소사실은 모두 인정된다고 판단하였고, 피고인도 피해자를 때리고 양쪽 손과 발목을 테이프로 묶었다는 등 **살인의 점을 제외한 나머지 공소사실을 전부 시인하고 있어 이 부분 범죄사실을 유죄로 인정하여도 피고인의 방어권 행사에 실질적인 불이익을 초래할 염려가 없다. 그리고 피고인이 사실상 혼인관계에 있어 서로 신뢰하고 보호할 의무가 있는 피해자에 대하여 위와 같은 범행을 한 점**, 그 구체적 행위의 태양이나 전·후의 경위, 피해자가 발이 묶인 채로 추락하기까지 한 사정을 종합하여 보면, 원심이 인정한 위와 같은 범죄사실만으로도 살인죄에 비하여 결코 사안이 가볍다고 할 수 없으므로, 이와 같은 경우 검사의 공소장 변경이 없다는 이유만으로 위 공소사실에 포함된 나머지 범죄사실로 처벌하지 아니하는 것은 적정절차에 의한 실체적 진실의 발견이라는 형사소송의 목적에 비추어 현저히 정의와 형평에 반한다고 할 것이다.

그렇다면 원심으로서는 검사의 공소장 변경이 없더라도 공소제기된 범죄사실에 포함된 그보다 가벼운 다른 범죄사실인 폭행이나 상해, 체포·감금 등의 죄에 해당하는지를 판단하여 그 죄로 처단하였어야 할 것임에도, 원심은 이에 이르지 아니한 채 피고인에게 무죄를 선고하였으니, 이러한 원심판결에는 공소장 변경 없이 심판할 수 있는 범위에 관한 법리를 오해한 위법이 있고, 이는 판결결과에 영향을 미쳤음이 분명하다.

6. 공소장변경이 허용되는 절차

〈항소심에서의 공소장변경〉

대법원 1995. 2. 17. 선고 94도3297 판결

위 변경된 공소사실이 당초의 공소사실과 기본적 사실관계에서 동일하다고 보는 이상 설사 그것이 주장과 같이 새로운 공소의 추가적 제기와 다를 바 없다고 하더라도, 현행법상 형사 항소심의 구조가 오로지 사후심으로서의 성격만을 가지고 있는 것은 아니어서 공소장의 변경은 항소심에서도 할 수 있는 것이므로 이를 허가한 원심의 조처에 피고인의 제1심판결을 받을 기회를 박탈하여 헌법 제27조 제1항의 법률에 의한 재판을 받을 권리를 침해한 위법이 있다고 할 수 없고, 공소장 변경신청서의 부본이 공판정에서 교부되었다 하더라도 피고인 등이 그 법정에서 변경된 공소사실에 대하여 충분히 변론한 이상 판결 결과에는 영향이 없다 할 것인바(대법원 1986. 9. 23. 선고 85도1041, 85감도145 판결 참조), 기록을 살펴보면 검사가 주장과 같이 공소장의 변경요지만을 진술하고 피고인 등을 신문하지 않은 상태에서 변론이 종결된 것으로 되어 있으나, 이 때 재정하고 있던 피고인이나 피고인의 변호인은 위 공소장 변경에 대하여 아무런 이의를 제기한 바 없고, 더이상 신청할 증거도 없다고 하여(공판기록 제7책 제3378면) 변론이 종결되었음을 알 수 있어 법원이 이에 대한 변론의 기회를 주지 아니하였다고도 할 수 없으며, 공소장 변경의 요지가 위와 같은 정도라면 공판절차를 정지할 정도로 피고인들의 방어권행사에 불이익을 초래한다고도 할 수 없으므로 위 논지들 역시 모두 받아들일 수 없다 할 것이다.

대법원 2001. 3. 9. 선고 2001도192 판결 「피고인의 상고에 의하여 상고심에서 원심판결을 파기하고 사건을 항소심에 환송한 경우에 환송 후의 원심에서 적법한 공소장변경이 있어 이에 따라 그 항소심이 새로운 범죄사실을 유죄로 인정하면서 환송 전 원심에서 정한 선고형과 동일한 형을 선고하였다고 하여 불이익변경금지원칙에 위배된다고 할 수 없고, 이는 법정형이 가벼운 죄로 공소사실의 변경이 이루어진 경우라 하여 달리 볼 것은 아니다. 따라서 피고인들에 대한 공소사실이 강도살인죄에서 강도치사죄로 공소장변경이 이루어진 후 변경된 범죄사실을 유죄로 인정하면서 환송 전 원심과 동일한 형을 선고한 원심의 조치에 상고이유에서 주장하는 바와 같은 위법이 있다고 할 수 없다.」

대법원 2019. 6. 20. 선고 2018도20698 전원합의체 판결 「재심심판절차에서 선행범죄, 즉 재심대상판결의 공소사실에 후행범죄를 추가하는 내용으로 공소장을 변경하거나 추가로 공소를 제기한 후 이를 재심대상사건에 병합하여 심리하는 것이 허용되지 않으므로 재심심판절차에서는 후행범죄에 대하여 사실심리를 할 가능성이 없다.」

CHAPTER

02. 공판절차

제1절 공판절차의 기본원칙

Ⅰ. 공판중심주의

〈공판중심주의의 의의〉

대법원 2006. 12. 8. 선고 2005도9730 판결 〈표준〉

우리 형사소송법이 채택하고 있는 <u>공판중심주의는 형사사건의 실체에 대한 유죄·무죄의 심증 형성은 법정에서의 심리에 의하여야 한다는 원칙으로, 법관의 면전에서 직접 조사한 증거만을 재판의 기초로 삼을 수 있고 증명 대상이 되는 사실과 가장 가까운 원본 증거를 재판의 기초로 삼아야 하며 원본 증거의 대체물 사용은 원칙적으로 허용되어서는 안된다는 실질적 직접심리주의를 주요 원리로 삼고 있다.</u>

수사기관이 원진술자의 진술을 기재한 조서는 원본 증거인 원진술자의 진술을 대체하는 증거 방법으로, 원진술자의 진술을 처음부터 끝까지 그대로 기재한 것이 아니라 그 중 공소사실과 관련된 주요 부분의 취지를 요약하여 정리한 것이어서 본질적으로 원진술자의 진술을 있는 그대로 전달하지 못한다는 한계를 가지고 있고, 경우에 따라 조서 작성자의 선입관이나 오해로 인하여 원진술자의 진술 취지와 다른 내용으로 작성될 가능성도 배제하기 어렵다. 또, 조서에 기재된 원진술자의 진술 내용의 신빙성을 판단하는 데 불가결한 요소가 되는 진술 당시 원진술자의 모습이나 태도, 진술의 뉘앙스 등을 법관이 직접 관찰할 수 없다는 점에서 조서에 기재된 원진술자의 진술 내용은 그 신빙성 평가에 있어 근본적인 한계가 있을 수밖에 없다. 결국, 수사기관이 원진술자의 진술을 기재한 조서는 원본 증거인 원진술자의 진술에 비하여 본질적으로 낮은 정도의 증명력을 가질 수밖에 없다는 한계를 지니는 것이고, 특히 원진술자의 법정 출석 및 반대신문이 이루어지지 못한 경우에는 그 진술이 기재된 조서는 법관의 올바른 심증 형성의 기초가 될 만한 진정한 증거가치를 가진 것으로 인정받을 수 없는 것이 원칙이라 할 것이다.

대법원 2019. 11. 28. 선고 2013도6825 판결 〈표준〉

헌법은 제12조 제1항 후문에서 적법절차의 원칙을 천명하고, 제27조에서 재판받을 권리를 보장하고 있다. 형사소송법은 이를 실질적으로 구현하기 위하여, 피고사건에 대한 실체심리가 공개된 법정에서 검사와 피고인 양 당사자의 공격·방어활동에 의하여 행해져야 한다는 당사자주의와 공판중심주의 원칙, 공소사실의 인정은 법관의 면전에서 직접 조사한 증거만을 기초로 해야 한다는 직접심리주의와 증거재판주의 원칙을 기본원칙으로 채택하고 있다. 이에 따라 공소가 제기된 후에는 그 사건에 관한 형사절차의 모든 권한이 사건을 주재하는 수소법원에 속하게 되며, 수사의 대상이던 피의자는 검사와 대등한 당사자인 피고인의 지위에서 방어권을 행사하게 된다(대법원 2009. 10. 22. 선고 2009도7436 전원합의체 판결, 대법원 2011. 4. 28. 선고 2009도10412 판결 참조). 형사소송법상 법관의 면전에서 당사자의 모든 주장과 증거조사가 실질적으로 이루어지는 제1심법정에서의 절차가 실질적 직접심리주의와 공판중심주의를 구현하는 원칙적인 것이지만, 제1심의 공판절차에 관한 규정은 특별한 규정이 없으면 항소심의 심판절차에도 준용되는 만큼 항소심도 제한적인 범위 내에서 이러한 원칙에 따른 절차로 볼 수 있다(대법원 2019. 3. 21. 선고 2017도16593−1 전원합의체 판결 참조).

이러한 형사소송법의 기본원칙에 따라 살펴보면, 제1심에서 피고인에 대하여 무죄판결이 선고되어 검사가 항소한 후, 수사기관이 항소심 공판기일에 증인으로 신청하여 신문할 수 있는 사람을 특별한 사정 없이 미리 수사기관에 소환하여 작성한 진술조서는 피고인이 증거로 할 수 있음에 동의하지 않는 한 증거능력이 없다고 할 것이다. 검사가 공소를 제기한 후 참고인을 소환하여 피고인에게 불리한 진술을 기재한 진술조서를 작성하여 이를 공판절차에 증거로 제출할 수 있게 한다면, 피고인과 대등한 당사자의 지위에 있는 검사가 수사기관으로서의 권한을 이용하여 일방적으로 법정 밖에서 유리한 증거를 만들 수 있게 하는 것이므로 당사자주의·공판중심주의·직접심리주의에 반하고 피고인의 공정한 재판을 받을 권리를 침해하기 때문이다.

위 참고인이 나중에 법정에 증인으로 출석하여 위 진술조서의 성립의 진정을 인정하고 피고인 측에 반대신문의 기회가 부여된다 하더라도 위 진술조서의 증거능력을 인정할 수 없음은 마찬가지이다.

위 참고인이 법정에서 위와 같이 증거능력이 없는 진술조서와 같은 취지로 피고인에게 불리한 내용의 진술을 한 경우, 그 진술에 신빙성을 인정하여 유죄의 증거로 삼을 것인지는 증인신문 전 수사기관에서 진술조서가 작성된 경위와 그것이 법정진술에 영향을 미쳤을 가능성 등을 종합적으로 고려하여 신중하게 판단하여야 한다.

Ⅱ. 파생원칙

1. 공개주의

〈공개주의의 의의 및 그 위반의 소송법적 효과〉

대법원 2013. 7. 26. 선고 2013도2511 판결

헌법 제27조 제3항 후문은 "형사피고인은 상당한 이유가 없는 한 지체 없이 공개재판을 받을 권리를 가진다."고 규정하여 형사피고인에게 공개재판을 받을 권리가 기본권으로 보장됨을 선언하고 있고, 헌법 제109조와 법원조직법 제57조 제1항은 재판의 심리와 판결은 공개하되, 다만 심리는 국가의 안전보장·안녕질서 또는 선량한 풍속을 해할 우려가 있는 때에는 결정으로 이를 공개하지 아니할 수 있다고 규정하고 있으며, 법원조직법 제57조 제2항은 재판의 심리에 관한 공개금지결정은 이유를 개시하여 선고한다고 규정하고 있다. 위 규정들의 취지에 비추어 보면, 헌법 제109조, 법원조직법 제57조 제1항이 정한 공개금지사유가 없음에도 불구하고 재판의 심리에 관한 공개를 금지하기로 결정하였다면 그러한 공개금지결정은 피고인의 공개재판을 받을 권리를 침해한 것으로서 그 절차에 의하여 이루어진 증인의 증언은 증거능력이 없다고 할 것이고, 변호인의 반대신문권이 보장되었더라도 달리 볼 수 없으며(대법원 2005. 10. 28. 선고 2005도5854 판결 참조), 이러한 법리는 공개금지결정의 선고가 없는 등으로 공개금지결정의 사유를 알 수 없는 경우에도 마찬가지라 할 것이다.

기록에 의하면, **제1심 제4회 공판기일에 제1심법원이 공개금지결정을 선고하지 않은 채 공소외 3에 대한 증인신문절차를 진행하였고, 그 신문절차는 공개되지 않은 상태에서 진행된 사실을 알 수 있다.** 이를 앞서 본 법리에 비추어 보면, 공소외 3에 대한 증인신문절차에는 피고인들의 공개재판을 받을 권리를 침해한 절차적 위법이 있다고 할 것이므로, 그 절차에서 수집된 증거인 공소외 3에 대한 증인신문조서는 피고인들에 대한 유죄의 증거로 쓸 수 없다고 할 것이다.

대법원 2005. 10. 28. 선고 2005도5854 판결

(1) 기록에 의하면, 원심은 제2회 공판기일에 증인 공소외인에 대한 신문을 실시함에 있어 국가의 안녕질서를 방해할 우려가 있다는 이유로 증인신문절차의 공개를 금지한다는 결정을 선고한 후 재정한 방청객의 퇴정을 명한 상태에서 공소외인에 대한 증인신문을 실시하였음을 알 수 있고(공판기록 236면), 원심의 위와 같은 조치는 공소외인이 제1심 제5회 공판기일에 증인으로 출석하여 검찰에서의 진술을 번복하였다가 제1심 제7회 공판기일에 다시 증인으로 출석하여 제1심 제5회 공판기일에서는 피고인의 처가 갓난아기를 안고 눈물을 흘리고 있는 것으로 보고 순간적으로 마음이 흔들렸기 때문에 허위로 진술하였다고 증언하였던 점(공판기록 159, 162~163면) 등을 고려하여 **공소외인이 피고인과 그의 가족들 면전에서 충분한 진술을 할 수 없다고 판단한 데에 따른 것**으로 보인다.

(2) 그런데 헌법 제27조 제3항 후문은 "형사피고인은 상당한 이유가 없는 한 지체 없이 공개재판을 받을 권리를 가진다."고 규정하여 공개재판을 받을 권리가 형사피고인의 기본적 인권임을 선언하고 있고, 이에 따라 헌법 제109조는 "재판의 심리와 판결은 공개한다. 다만, 심리는 국가의 안정보장 또는 안녕질서를 방해하거나 선량한 풍속을 해할 염려가 있을 때에는 법원의 결정으로 공개하지 아니할 수 있다."고 규정하고, 법원조직법 제57조 제1항도 "재판의 심리와 판결은 공개한다. 다만, 심리는 국가의 안전보장·안녕질서 또는 선량한 풍속을 해할 우려가 있는 때에는 결정으로 이를 공개하지 아니할 수 있다."고 규정하여 심리의 공개금지사유를 엄격하게 제한하고 있는바, <u>원심이 공소외인에 대한 증인신문절차의 공개금지사유로 삼은 위와 같은 사정이 '국가의 안녕질서를 방해할 우려가 있는 때'에 해당하지 아니함은 명백하고, 달리 기록상 헌법 제109조, 법원조직법 제57조 제1항이 정한 공개금지사유를 찾아볼 수도 없으므로, 원심의 위와 같은 공개금지결정은 피고인의 공개재판을 받을 권리를 침해한 것으로서 그 절차에 의하여 이루어진 공소외인의 증언은 증거능력이 없다고 할 것이고, 변호인의 반대신문권이 보장되었다 하더라도 달리 볼 수 없다.</u>

(3) 따라서 원심이 공소외인의 원심법정에서의 진술에 증거능력이 있음을 전제로 이를 유죄로 증거로 삼은 것은 공개재판주의와 증거능력에 관한 법리를 오해한 위법을 저지른 것이라 하겠다.

대법원 1990. 6. 8. 선고 90도646 판결 「재판의 심리와 판결은 공개하여야 하는 것이지만, <u>심리는 국가의 안전보장 또는 안녕질서를 방해하거나 선량한 풍속을 해할 염려가 있을 때에는 법원의 결정으로 이를 공개하지 아니할 수 있는 것이다</u>(헌법 제109조, 법원조직법 제57조 제1항). … 또 공판은 제한된 공간인 법정에서 이를 행하여야 하는 것이므로(법원조직법 제56조 제1항, 형사소송법 제275조 제1항), 방청하기를 희망하는 국민 모두에게 무제한으로 방청을 허용할 수 없음은 너무도 당연하다. 따라서 <u>법원이 법정의 규모·질서의 유지·심리의 원활한 진행 등을 고려하여 방청을 희망하는 피고인들의 가족·친지 기타 일반국민에게 미리 방청권을 발행하게 하고 그 소지자에 한하여 방청을 허용하는 등의 방법으로 방청인의 수를 제한하는 조치를 취하는 것이 공개재판주의의 취지에 반하는 것은 아니다.」</u>

2. 구두변론주의

〈구두변론주의의 의의 및 그 위반의 소송법적 효과〉

대법원 2015. 12. 10. 선고 2015도11696 판결

1. 헌법 제12조 제1항 후문에서 규정한 적법절차의 원칙, 그리고 헌법 제27조가 보장하는 기본권, 즉 법관의 면전에서 모든 증거자료가 조사·진술되고 이에 대하여 피고인이 공격·방어할 수 있는 기회가 실질적으로 부여되는 재판을 받을 권리 등을 구현하기 위하여 현행 형사소송법은 당사자주의·공판중심주의·직접주의를 그 기본원칙으로 하고 있다(대법원 2011. 4. 28. 선고 2009도10412 판결 등 참조). 공판중심주의를 실현하고 이를 통하여 피고인의 방어권을 실질적으로 보장하기 위하여 형사소송법은, 판결은 법률에 다른 규정이 없으면 구두변론에 의하여야 하고(제37조 제1항), 공판정에서의 변론은 구두로 하여야 하며(제275조의3), 검사는 공소장에 의하여 공소사실·죄명 및 적용법조를 낭독하여야 하고(제285조), 피고인은 검사의 모두진술이 끝난 후에 공소사실의 인정 여부를 진술하여야 하며(제286조 제1항), 재판장은 피고인의 모두진술이 끝난 다음에 피고인 또는 변호인에게 쟁점의 정리를 위하여 필요한 질문을 할 수 있고, 검사 및 변호인으로 하여금 공소사실 등의 증명과 관련된 주장 및 입증계획 등을 진술하게 할 수 있도록 하는 등의 규정을 두고 있는데(제287조), 이러한 제1심 공판절차에 관한 규정은 특별한 규정이 없으면 항소심의 심판절차에 준용된다(제370조). 나아가 항소심 공판절차와 관련하여 형사소송규칙은, 항소인은 그 항소이유를 구체적으로 진술하여야 하고(제156조의3 제1항), 상대방은 항소인의 항소이유 진술이 끝난 뒤에 항소이유에 대한 답변을 구체적으로 진술하여야 하며(같은 조 제2항), 법원은 항소이유와 답변에 터잡아 해당 사건의 사실상·법률상 쟁점을 정리하여 밝히고 그 증명되어야 하는 사실을 명확히 하여야 하고(제156조의4), 항소심의 증거조사와 피고인 신문절차가 종료한 때에는 검사는 원심 판결의 당부와 항소이유에 대한 의견을 구체적으로 진술하여야 하며(제156조의7 제1항), 재판장은 검사의 의견을 들은 후 피고인과 변호인에게도 의견을 진술할 기회를 주어야 한다고 규정하고 있다(같은 조 제2항).

공판중심주의를 실현하고 이를 통하여 피고인의 방어권을 실질적으로 보장하기 위하여 마련된 위와 같은 형사소송법과 형사소송규칙의 규정들에 비추어 볼 때, 검사가 공판정에서 구두변론을 통해 항소이유를 주장하지 않았고 피고인도 그에 대한 적절한 방어권을 행사하지 못하는 등 검사의 항소이유가 실질적으로 구두변론을 거쳐 심리되지 않았다고 평가될 경우,

항소심법원이 이러한 검사의 항소이유 주장을 받아들여 피고인에게 불리하게 제1심판결을 변경하는 것은 허용되지 않는다(대법원 1994. 10. 21. 선고 94도2078 판결 참조).

한편 검사가 일부 유죄, 일부 무죄가 선고된 제1심판결 전부에 대하여 항소하면서 유죄 부분에 대하여는 아무런 항소이유도 주장하지 않은 경우에는, 유죄 부분에 대하여 법정기간 내에 항소이유서를 제출하지 않은 것이 되고, 그 경우 설령 제1심의 양형이 가벼워 부당하다 하더라도 그와 같은 사유는 형사소송법 제361조의4 제1항 단서의 직권조사사유나 같은 법 제364조 제2항의 직권심판사항에 해당하지 않으므로, 항소심이 제1심판결의 형보다 중한 형을 선고하는 것은 허용되지 않는데(대법원 2008. 1. 31. 선고 2007도8117 판결, 대법원 2014. 7. 10. 선고 2014도5503 판결 등 참조), 이러한 법리는 검사가 유죄 부분에 대하여 아무런 항소이유를 주장하지 않은 경우뿐만 아니라 검사가 항소장이나 법정기간 내에 제출된 항소이유서에서 유죄 부분에 대하여 양형부당 주장을 하였으나, 그러한 항소이유 주장이 실질적으로 구두변론을 거쳐 심리되지 아니한 경우에도 마찬가지로 적용된다.

2. 기록에 의하면 다음과 같은 사실을 알 수 있다.

가. 검사는, 이 사건 공소사실 중 강간 부분은 유죄로, 마약류관리에 관한 법률 위반(향정) 부분은 무죄로 판단한 제1심판결 전부에 대하여 항소하면서, 항소장에서 항소이유로 "피고인의 강간범행에 대하여 유죄를 선고하면서도 징역 3년을 구형한 검사의 의견과 달리 원심은 징역 2년 6월을 선고하였는데, ① 피고인의 범행수법, ② 피해자 및 그 가족들의 피해정도, ③ 미합의(피해자는 피고인의 엄벌을 여전히 원하고 있음) 등을 고려하면 이는 너무 가벼워 부당함"이라고 기재하였다.

나. 한편 법정기간 내에 제출된 항소이유서에서 검사는 제1심에서 무죄로 판단한 마약류관리에 관한 법률 위반(향정) 부분에 대한 사실오인 및 법리오해 주장만을 하였을 뿐 유죄 부분에 대한 양형부당 주장을 하지는 않았다.

다. 원심 제1회 공판기일에서 검사는 위 항소이유서를 진술하면서 제1심 무죄 부분에 대한 사실오인 및 법리오해의 위법이 있다는 진술만 하였을 뿐 항소장에 기재된 양형부당 주장에 관하여는 아무런 진술도 하지 않았고, 이후 변론이 종결된 제2회 공판기일에 이르기까지 제1심의 양형이 너무 가벼워 부당하다는 취지의 주장을 전혀 한 바 없으며, 피고인 측도 검사의 사실오인 및 법리오해 주장에 대해서만 다투었을 뿐 검사의 양형부당 주장에는 아무런 반박도 하지 않았다.

라. 원심은 검사의 사실오인 및 법리오해 주장을 배척하면서도 검사의 양형부당 주장을 받

아들여 피고인에게 징역 2년 6월을 선고한 제1심판결을 파기하고 피고인에게 징역 4년을 선고하였다.

3. 가. 위와 같은 사실관계를 앞서 본 법리에 비추어 살펴보면, 이 사건 원심의 공판과정에서 검사의 양형부당 항소이유가 실질적으로 구두변론을 거쳐 심리되었다고 보기 어려우므로, 원심이 검사의 양형부당 항소이유를 받아들여 제1심보다 중한 형을 선고하는 것은 허용되지 않고, 나아가 그와 같은 사유가 형사소송법 제361조의4 제1항 단서의 직권조사사유나 같은 법 제364조 제2항의 직권심판사항에 해당하지도 않는 만큼, 원심이 피고인에게 불리하게 직권으로 제1심판결의 형보다 중한 형을 선고하는 것도 역시 허용되지 않는다.

나. 그런데도 원심은, 검사의 양형부당 주장이 구두변론을 거쳐 적법하게 심리되었다는 잘못된 전제에서 검사의 양형부당 주장을 받아들여 피고인에게 제1심보다 중한 형을 선고하였으니, 이러한 원심의 조치에는 항소심의 공판절차와 심판범위에 관한 법리를 오해하여 판결에 영향을 미친 위법이 있다.

〈서면주의에 의한 보충〉

대법원 2010. 4. 29. 선고 2010도881 판결

1. 형사소송법 제33조는 헌법 제12조에 의하여 피고인에게 보장된 변호인의 조력을 받을 권리가 공판심리절차에서 효과적으로 실현될 수 있도록 일정한 경우에 직권 또는 청구에 의한 법원의 국선변호인 선정의무를 규정하는 한편(제1, 2항), 피고인의 연령·지능 및 교육 정도 등을 참작하여 권리보호를 위하여 필요하다고 인정되는 때에도 피고인의 명시적 의사에 반하지 아니하는 범위 안에서 법원이 국선변호인을 선정하여야 한다고 규정하고 있다(제3항). 한편, 형사소송법에 의하면 구두변론주의가 원칙이기는 하지만(제275조의3), 피고인은 공판기일에서의 방어권 행사를 준비하기 위하여 공소장 부본을 송달받을 권리(제266조), 소송계속 중의 관계 서류나 증거물 또는 공판조서에 대한 열람·등사청구권(제35조 제1항, 제55조 제1항) 등을 가진다. 그런데 이러한 형사소송법상 권리의 행사가 자력으로 곤란하다고 인정되는 시각장애인 피고인의 경우에는 소송계속 중의 관계 서류나 공판조서 등을 제대로 확인하지 못한 채 공판심리에 임하게 됨으로써 효과적인 방어권을 행사하지 못할 가능성이 높다. 그렇다면 앞서 본 헌법상 변호인의 조력을 받을 권리 및 형사소송법상 국선변호인 제도의 취지와 점자자료로 작성된 소송계속 중의 관계 서류 등의 제공이 이루어지지 아니하는 현행 형

사소송실무 등에 비추어, 법원으로서는 형사소송법 제33조 제3항의 규정을 준용하여 피고인의 연령·지능·교육 정도를 비롯한 시각장애의 정도 등을 확인한 다음 권리보호를 위하여 필요하다고 인정하는 때에는 시각장애인인 피고인의 명시적 의사에 반하지 아니하는 범위 안에서 국선변호인을 선정하여 방어권을 보장해 줄 필요가 있다. 그럼에도 국선변호인의 선정 없이 공판심리가 이루어져 피고인의 방어권이 침해됨으로써 판결에 영향을 미쳤다고 인정되는 경우에는 형사소송법 제33조 제3항을 위반한 위법이 있다고 보아야 할 것이다.

2. 기록에 의하면, **피고인은 2급 시각장애인으로서 점자자료가 아닌 경우에는 인쇄물 정보접근에 상당한 곤란을 겪는 수준인 사실**을 알 수 있는바, 그렇다면 법원으로서는 형사소송법 제33조 제3항의 규정을 준용하여 피고인의 연령·지능·교육 정도를 비롯한 시각장애의 정도 등을 확인한 다음 그 권리보호를 위한 필요성이 인정되는 때에는 형사소송규칙 제17조에 따라 법원에 대하여 국선변호인의 선정을 희망하지 아니한다는 의사를 표시할 수 있다는 취지를 고지하고, 피고인의 명시적 의사에 반하지 아니하는 범위 안에서 국선변호인을 선정하는 절차를 취했어야 할 것이다.

대법원 1994. 10. 21. 선고 94도2078 판결 「판결은 항소심에서 항소이유가 없음이 명백하여 항소기각의 판결을 하는 때와 상고심의 판결 등 예외적으로 법률에 의하여 서면심리에 의한 판결이 가능하도록 규정되어 있는 경우를 제외하고는 구두변론을 거쳐야 함이 원칙이다. 그런데 기록에 의하면, 제1심판결의 유죄부분에 대하여 검사만이 양형부당을 이유로 항소하였는데 원심은 공판절차를 진행함에 있어, 그 모두절차에서는 피고인이 항소이유서에 의하여 항소이유를 진술하고 검사는 항소기각의 의견을 진술하였으며, 그 최종변론단계에서도 검사가 피고인의 항소를 기각함이 상당하다는 의견만을 진술하여 검사가 항소이유를 진술하거나 피고인이 이에 대하여 의견을 진술한 흔적이 전혀 없음에도 불구하고 변론을 종결한 다음 검사의 항소를 받아들여 양형부당을 이유로 제1심판결을 파기하였음이 명백하다. 그렇다면 원심은 검사의 항소이유에 대하여 구두변론을 거쳐 심리하지 아니함으로써 법률의 규정에 따라 공판절차를 진행하지 아니한 위법을 범하였고, 그 결과 판결에 영향을 미친 위법을 범하였다고 아니할 수 없으므로 이 점을 탓하는 논지는 이유 있다.」

3. 직접(심리)주의

〈직접심리주의 의의〉

대법원 2006. 11. 24. 선고 2006도4994 판결 <표준>

1. 우리 형사소송법은 형사사건의 실체에 대한 유죄·무죄의 심증 형성은 법정에서의 심리에

의하여야 한다는 공판중심주의의 한 요소로서, 법관의 면전에서 직접 조사한 증거만을 재판의 기초로 삼을 수 있고 증명 대상이 되는 사실과 가장 가까운 원본 증거를 재판의 기초로 삼아야 하며 원본 증거의 대체물 사용은 원칙적으로 허용되어서는 안 된다는 실질적 직접심리주의를 채택하고 있는바, 이는 법관이 법정에서 직접 원본 증거를 조사하는 방법을 통하여 사건에 대한 신선하고 정확한 심증을 형성할 수 있고 피고인에게 원본 증거에 관한 직접적인 의견진술의 기회를 부여함으로써 실체적 진실을 발견하고 공정한 재판을 실현할 수 있기 때문이다. 형사소송절차를 주재하는 법원으로서는 형사소송절차의 진행과 심리 과정에서 법정을 중심으로 특히, 당사자의 주장과 증거조사가 이루어지는 원칙적인 절차인 제1심의 법정에서 위와 같은 실질적 직접심리주의의 정신이 충분하고도 완벽하게 구현될 수 있도록 하여야 할 것이다.

원래 제1심이 증인신문 절차를 진행한 뒤 그 진술의 신빙성 유무를 판단함에 있어서는, 진술 내용 자체의 합리성·논리성·모순 또는 경험칙 부합 여부나 물증 또는 제3자의 진술과의 부합 여부 등은 물론, 법관의 면전에서 선서한 후 공개된 법정에서 진술에 임하고 있는 증인의 모습이나 태도, 진술의 뉘앙스 등 증인신문조서에는 기록하기 어려운 여러 사정을 직접 관찰함으로써 얻게 된 심증까지 모두 고려하여 신빙성 유무를 평가하게 된다. 이에 비하여, 현행 형사소송법상 제1심 증인이 한 진술에 대한 항소심의 신빙성 유무 판단은 원칙적으로 증인신문조서를 포함한 기록만을 그 자료로 삼게 되므로, 진술의 신빙성 유무 판단에 있어 가장 중요한 요소 중의 하나라 할 수 있는 진술 당시 증인의 모습이나 태도, 진술의 뉘앙스 등을 신빙성 유무 평가에 반영할 수 없다는 본질적인 한계를 지니게 된다. 앞서 본 실질적 직접심리주의의 정신에 비추어 위와 같은 제1심과 항소심의 신빙성 평가 방법의 차이를 고려해 보면, 제1심판결 내용과 제1심에서 적법하게 증거조사를 거친 증거들에 비추어 제1심 증인이 한 진술의 신빙성 유무에 대한 제1심의 판단이 명백하게 잘못되었다고 볼 특별한 사정이 있거나, 제1심의 증거조사 결과와 항소심 변론종결시까지 추가로 이루어진 증거조사 결과를 종합하면 제1심 증인이 한 진술의 신빙성 유무에 대한 제1심의 판단을 그대로 유지하는 것이 현저히 부당하다고 인정되는 예외적인 경우가 아니라면, 항소심으로서는 제1심 증인이 한 진술의 신빙성 유무에 대한 제1심의 판단이 항소심의 판단과 다르다는 이유만으로 이에 대한 제1심의 판단을 함부로 뒤집어서는 아니 된다 할 것이다(대법원 1991. 10. 22. 선고 91도1672 판결, 1994. 11. 25. 선고 94도1545 판결, 1996. 12. 6. 선고 96도2461 판결, 2005. 5. 26. 선고 2005도130 판결 등 참조).

특히 공소사실을 뒷받침하는 증거의 경우에는, 증인신문 절차를 진행하면서 진술에 임하는 증인의 모습과 태도를 직접 관찰한 제1심이 증인의 진술에 대하여 그 신빙성을 인정할 수 없다고 판단하였음에도 불구하고, 항소심이 이를 뒤집어 그 진술의 신빙성을 인정할 수 있다고 판단할 수 있으려면, 진술의 신빙성을 배척한 제1심의 판단을 수긍할 수 없는 충분하고도 납득할 만한 현저한 사정이 나타나는 경우이어야 할 것이다.

기록에 의하면, 아래와 같은 사정을 알 수 있다.

이 사건 공소사실의 요지는, 피고인이 2004. 4.경 불상의 방법으로 소지하게 된 공소외 1의 인감도장을 찍어 이 사건 약속어음 및 위임장을 위조·행사하였다는 것인데, 피고인은 수사 초기부터 일관하여 고소인 공소외 1이 공소사실 기재 일시경 피고인의 사무실을 방문하여 남편 공소외 2의 채무를 연대보증하는 취지로 백지 약속어음 및 위임장에 직접 인감도장을 날인하였다고 주장하였다.

이에 반하여, 공소외 1과 공소외 2는 고소 이후 일관하여 공소외 1은 공소사실 기재 일시경 공소외 2의 채무에 대하여 연대보증한 사실은 물론, 피고인의 사무실을 방문하거나 공소외 2에게 인감도장을 맡긴 사실조차 없다고 주장하였고, 제1심에 증인으로 출석해서도 같은 취지로 진술하였으나, 두 사람에 대한 증인신문을 마친 제1심은 이 사건 약속어음 및 위임장에 공소외 1의 인감도장이 날인되어 있는 사실 등에 비추어 두 사람의 진술은 믿기 어렵다고 보아 그 신빙성을 배척하고 피고인에게 무죄를 선고하였다.

그런데 원심은 공소외 1의 연대보증 여부와 관련된 정황에 대하여 피고인에게 석명하여 피고인이 원심에서 제출한 일부 서류들에 대하여 추가로 증거조사를 하기는 하였으나, 그 제출한 서류들이 대부분 수사기록에 첨부되어 있는 서류들일 뿐만 아니라, 주로 제1심에서 증거조사를 마친 수사기록에 첨부된 대출 관련 서류들에 기초하여 수사 및 제1심 과정에서 이미 지적이 되었던 사정들 즉, 이 사건 대출 관련 서류들의 연대보증인란에 공소외 1의 서명 날인이 없고, 피고인이 공소외 1의 인감증명서를 받아 두지 않았다는 사실 등으로 미루어 볼 때 공소외 1이 연대보증을 하지 않았다는 두 사람의 제1심법정 진술에 신빙성이 인정된다고 판단하여 제1심을 파기하고, 피고인에게 유죄를 선고하였다.

앞서 본 법리에 위 사실을 비추어 살펴보면, 원심이 공소사실을 뒷받침하는 공소외 1, 2의 제1심법정 진술의 신빙성을 배척한 제1심의 판단을 뒤집기 위해서는 그러한 제1심의 판단을 수긍할 수 없는 충분하고도 납득할 만한 현저한 사정이 나타나는 경우이어야 할 것인데, 원심이 지적한 사정들은 제1심에서 증거조사를 마친 수사기록에 첨부된 대출 관련 서류들에 기초하여 수사 및 제1심 과정에서 이미 지적이 되었던 사정들로서 제1심이 공소외 1, 2의 제1심법정 진술의 신빙성을 배척함에 있어 이미 고려했던 여러 정황들 중 일부에 불과한 것으로 보이고 제1심의 판단을 뒤집을 만한 특별한 사정으로 내세울 만한 것은 아니라 할 것이니, 원심이 공소외 1, 2가 제1심에서 한 진술의 신빙성에 대한 제1심의 판단을 뒤집은 조치는 수긍하기 어렵다.

결국, 원심에는 제1심 증인이 한 진술의 신빙성에 대한 판단을 함에 있어 공판중심주의와 직접심리주의의 원칙에 어긋남으로써 채증법칙을 위반한 위법이 있고, 이는 판결에 영향을 미쳤음이 명백하여 그대로 유지될 수 없다 할 것이다.

〈제1심의 증인 진술의 신빙성에 대한 판단을 항소심이 뒤집은 것이 정당한 경우〉

대법원 2016. 11. 25. 선고 2016도7819 판결

가. 금품 수수 여부가 쟁점이 된 사건에서 금품 수수자로 지목된 피고인이 수수사실을 부인하고 있고 이를 뒷받침할 금융자료 등 객관적 물증이 없는 경우에 금품을 제공하였다는 사람의 진술만으로 유죄를 인정하기 위해서는 그 사람의 진술이 증거능력이 있어야 함은 물론 합리적인 의심을 배제할 만한 신빙성이 있어야 한다. 이러한 신빙성이 있는지 여부는 그 진술 내용 자체의 합리성, 객관적 상당성, 전후의 일관성과 아울러 그의 인간됨, 그 진술로 얻게 되는 이해관계 유무 등을 종합하여 판단하여야 한다(대법원 2011. 4. 28. 선고 2010도14487 판결, 대법원 2014. 6. 26. 선고 2013도9866 판결 등 참조).

또한, 우리 형사소송법이 채택하고 있는 실질적 직접심리주의의 정신에 비추어, 항소심으로서는 제1심 증인이 한 진술의 신빙성 유무에 대한 제1심의 판단이 항소심의 판단과 다르다는 이유만으로 이에 대한 제1심의 판단을 함부로 뒤집어서는 아니되나, 제1심 증인이 한 진술의 신빙성 유무에 대한 제1심의 판단이 명백하게 잘못되었다고 볼 특별한 사정이 있거나, 제1심의 증거조사 결과와 항소심 변론종결시까지 추가로 이루어진 증거조사 결과를 종합하면 제1심 증인이 한 진술의 신빙성 유무에 대한 제1심의 판단을 그대로 유지하는 것이 현저히 부당하다고 인정되는 예외적인 경우에는 그러하지 아니하다(대법원 2006. 11. 24. 선고 2006도4994 판결, 대법원 2009. 1. 30. 선고 2008도7462 판결, 대법원 2010. 11. 11. 선고 2010도9106 판결 등 참조).

나. 원심은, (1) 피고인 F, E이 2014. 3. 12. 18:30경 CM에서 만난 사실 및 피고인 E이 피고

인 F에게 홍삼선물상자를 건넨 사실을 인정한 제1심의 판단은 정당하다고 본 후, (2) 나아가 피고인 F에게 전달된 홍삼선물상자에 현금 1억 원이 들어 있었는지에 관하여, ① MD 및 피고인 C에 대한 증인신문 등 원심이 추가로 적법하게 채택한 증거들과 제1심에서 적법하게 채택한 증거들에 의하여 인정되는 판시와 같은 사실과 사정을 들어, 제1심이 피고인 B의 이 부분 진술의 신빙성을 부인하면서 주된 전제로 삼은 홍삼선물상자의 출처와 개수에 관한 판단을 배척한 후, ② **제1심이 제기한 피고인 B의 허위진술 가능성, 즉 피고인 B이 피고인 E의 신뢰를 이용하여 실제로는 홍삼선물상자에 1억 원을 넣지 않았음에도 마치 1억 원을 넣어 전달된 것처럼 속였을 가능성에 관하여는, 그 판시와 같은 사정에 비추어 그와 같은 가능성은 없다고 판단하고, ③ 피고인 B이 수사기관 이래 원심 법정에 이르기까지 일관되게 이 부분 진술을 하는 점 및 그 진술내용이 뇌물공여자인 피고인 B에게도 불리한 진술에 해당한다는 점 등의 사정을 고려하면 피고인 B이 홍삼선물상자에 1억 원을 넣었다는 진술에 신빙성이 있다고 보아,** (3) 피고인 B 진술을 비롯한 피고인 E, A, C의 진술 등 증거들에 의하면, 이 부분 공소사실이 유죄로 인정된다고 판단하였다.

다. 앞서 본 법리와 적법하게 채택한 증거들에 비추어 살펴보아도, 이러한 원심 판단에 상고이유 주장과 같이 필요한 심리를 다하지 아니한 채 논리와 경험의 법칙에 위반하여 자유심증주의의 한계를 벗어나거나 범죄사실에 대한 증명책임, 유죄 인정에 필요한 증명의 정도, 사후심으로서의 항소심 심리 · 재판, 실질적 직접심리주의, 공판중심주의, 위법수집증거 배제법칙, 증거능력 등에 관한 법리를 오해하는 등의 잘못이 없다.

〈직접주의와 조서의 증거능력〉

대법원 2014. 2. 21. 선고 2013도12652 판결

1. 형사소송법은 헌법 제12조 제1항이 규정한 적법절차의 원칙, 그리고 헌법 제27조가 보장하는 공정한 재판을 받을 권리를 구현하기 위하여 공판중심주의·구두변론주의·직접심리주의를 기본원칙으로 하고 있다. 따라서 법관의 면전에서 조사·진술되지 아니하고 그에 대하여 피고인이 공격·방어할 수 있는 반대신문의 기회가 실질적으로 부여되지 아니한 진술은 원칙적으로 증거로 할 수 없다(형사소송법 제310조의2 및 대법원 2000. 6. 15. 선고 99도1108 전원합의체 판결 등 참조). 이에 비추어 형사소송법이 수사기관에서 작성된 조서 등 서면증거에 대하여 일정한 요건 아래 증거능력을 인정하는 것은 실체적 진실발견의 이념과 소송경제의 요

청을 고려하여 예외적으로 허용하는 것일 뿐이므로, 그 증거능력 인정 요건에 관한 규정은 엄격하게 해석·적용하여야 한다(대법원 2013. 3. 14. 선고 2011도8325 판결 참조).

특히 형사소송법은 검사 또는 사법경찰관이 피고인 아닌 자의 진술을 기재한 조서나 피고인 아닌 자가 수사과정에서 작성한 진술서에 대하여 원진술자 또는 작성자(이하 '참고인'이라 한다) 본인이 법관의 면전에서 그 진술조서 또는 진술서의 진정성립을 인정하거나 피고인 또는 변호인에게 반대신문의 기회가 부여되었다는 등 엄격한 요건이 충족될 때에 한하여 예외적으로 증거능력을 인정하면서도(제312조 제4항, 제5항), 그 참고인이 사망·질병·외국거주·소재불명 등의 사유로 공판준비 또는 공판기일에 출석하여 진술할 수 없고, 수사기관에서 한 진술 등이 '특히 신빙할 수 있는 상태하에서 행하여졌음이 증명된 때'에는 법관의 면전에 출석하여 직접 진술하지 아니하였더라도 그 진술조서 등을 증거로 할 수 있도록 하고 있다(제314조). 결국 참고인의 소재불명 등의 경우에 그 참고인이 진술하거나 작성한 진술조서나 진술서에 대하여 증거능력을 인정하는 것은, 형사소송법이 제312조 또는 제313조에서 참고인 진술조서 등 서면증거에 대하여 피고인 또는 변호인의 반대신문권이 보장되는 등 엄격한 요건이 충족될 경우에 한하여 증거능력을 인정할 수 있도록 함으로써 직접심리주의 등 기본원칙에 대한 예외를 인정한 데 대하여 다시 중대한 예외를 인정하여 원진술자 등에 대한 반대신문의 기회조차 없이 증거능력을 부여할 수 있도록 한 것이므로, 그 경우 참고인의 진술 또는 작성이 '특히 신빙할 수 있는 상태하에서 행하여졌음에 대한 증명'은 단지 그러할 개연성이 있다는 정도로는 부족하고 합리적인 의심의 여지를 배제할 정도에 이르러야 한다고 할 것이다.

2. 기록에 의하면, 검사의 상고이유 주장처럼 공소외인에 대한 검찰 피의자신문 과정에서 피고인과 대질이 이루어진 바 있기는 하나, 함께 들어간 모텔방에서 서로 다툼이 있어 피고인이 먼저 직접 112 신고를 하고 곧바로 공소외인과 함께 경찰에 가서 최초 조사를 받았고, 각 진술 내용을 보더라도 피고인의 진술은 인터넷 채팅으로 만난 공소외인이 합의하에 모텔방에 온 후에야 대가를 요구하길래 이를 신고하였다는 취지인 반면 공소외인의 진술은 인터넷 채팅으로 미리 행위의 내용과 대가를 정하였는데 피고인이 다른 행위를 요구하여 서로 다투었다는 취지로서, 대질을 포함한 각 진술 과정에서 공소사실과 같이 사전에 유사성교행위의 대가를 지급하기로 한 바가 있는지 등 공소사실의 핵심적인 사항에 관하여 두 사람의 진술이 시종일관 일치하지 않았던 사정을 알 수 있다. 더구나 원심에 이르러 피고인이 제출한 CD(을 제1호)에 수록된 동영상에서는 공소외인이 수사기관에서 한 자신의 진술이 허위라는

취지로 진술하고 있는 점도 기록상 드러나 있다. 이와 같은 여러 정황을 종합하여 보면 공소외인의 진술이 형사소송법 제314조가 의미하는 '특히 신빙할 수 있는 상태하에서' 이루어진 것이라는 점, 즉 진술 내용에 허위개입의 여지가 거의 없고 진술 내용의 신빙성을 담보할 구체적이고 외부적인 정황이 있다는 점이 합리적 의심을 배제할 수 있을 만큼 확실히 증명되어 법정에서 반대신문을 통한 확인과 검증을 거치지 않아도 될 정도에 이르렀다고 보기는 어렵다.

대법원 2000. 6. 15. 선고 99도1108 전원합의체 판결 <표준> 「공판준비 또는 공판기일에서 이미 증언을 마친 증인을 검사가 소환한 후 피고인에게 유리한 그 증언 내용을 추궁하여 이를 일방적으로 번복시키는 방식으로 작성한 진술조서를 유죄의 증거로 삼는 것은 당사자주의·공판중심주의·직접주의를 지향하는 현행 형사소송법의 소송구조에 어긋나는 것일 뿐만 아니라, 헌법 제27조가 보장하는 기본권, 즉 법관의 면전에서 모든 증거자료가 조사·진술되고 이에 대하여 피고인이 공격·방어할 수 있는 기회가 실질적으로 부여되는 재판을 받을 권리를 침해하는 것이므로, 이러한 진술조서는 피고인이 증거로 할 수 있음에 동의하지 아니하는 한 그 증거능력이 없다고 하여야 할 것이고, 그 후 원진술자인 종전 증인이 다시 법정에 출석하여 증언을 하면서 그 진술조서의 성립의 진정함을 인정하고 피고인측에 반대신문의 기회가 부여되었다고 하더라도 그 증언 자체를 유죄의 증거로 할 수 있음은 별론으로 하고 위와 같은 진술조서의 증거능력이 없다는 결론은 달리할 것이 아니다.」

대법원 2022. 3. 17. 선고 2016도17054 판결 「형사소송법은 제161조의2에서 피고인의 반대신문권을 포함한 교호신문제도를 규정하는 한편, 제310조의2에서 법관의 면전에서 진술되지 아니하고 피고인에 의한 반대신문의 기회가 부여되지 아니한 진술에 대하여는 원칙적으로 그 증거능력을 부여하지 아니함으로써, 형사재판에서 증거는 법관의 면전에서 진술·심리되어야 한다는 직접주의와 피고인에게 불리한 증거에 대하여 반대신문할 수 있는 권리를 원칙적으로 보장하고 있는데, 이러한 반대신문권의 보장은 피고인에게 불리한 주된 증거의 증명력을 탄핵할 수 있는 기회가 보장되어야 한다는 점에서 형식적·절차적인 것이 아니라 실질적·효과적인 것이어야 한다. 따라서 피고인에게 불리한 증거인 증인이 주신문의 경우와 달리 반대신문에 대하여는 답변을 하지 아니하는 등 진술 내용의 모순이나 불합리를 그 증인신문 과정에서 드러내어 이를 탄핵하는 것이 사실상 곤란하였고, 그것이 피고인 또는 변호인에게 책임 있는 사유에 기인한 것이 아닌 경우라면, 관계 법령의 규정 혹은 증인의 특성 기타 공판절차의 특수성에 비추어 이를 정당화할 수 있는 특별한 사정이 존재하지 아니하는 이상, 이와 같이 실질적 반대신문권의 기회가 부여되지 아니한 채 이루어진 증인의 법정진술은 위법한 증거로서 증거능력을 인정하기 어렵다. 이 경우 피고인의 책문권 포기로 그 하자가 치유될 수 있으나, 책문권 포기의 의사는 명시적인 것이어야 한다.」

4. 집중심리주의

대법원 2009. 10. 22. 선고 2009도7436 전원합의체 판결「형사소송법은 형사피고사건의 효율적이고 집중적인 심리를 위하여 재판장은 사건을 공판준비절차에 부칠 수 있고(법 제266조의5 제1항), 법원은 공판준비절차에서 공소사실 등을 명확하게 하는 행위, 공소사실의 추가·철회 또는 변경을 허가하는 행위, 공소사실과 관련하여 주장할 내용을 명확히 하여 사건의 쟁점을 정리하는 행위, 계산이 어렵거나 그밖에 복잡한 내용에 관하여 설명하도록 하는 행위 등을 할 수 있다고 규정하고 있다(법 제266조의9 제1항). 공판준비절차는 공판중심주의와 집중심리의 원칙(법 제267조의2)을 실현하려는 데 그 주된 목적이 있으므로, 공소장일본주의 위배를 포함한 공소제기 절차상의 하자는 이 단계에서 점검함으로써 위법한 공소제기에 기초한 소송절차가 계속 진행되지 않도록 하는 것이 바람직하다.」

제 2 절   공판준비절차

I. 광의의 공판준비절차

1. 절차적 공판준비

〈공소장 부본 송달의 하자와 소송행위의 효력〉

대법원 2014. 4. 24. 선고 2013도9498 판결 <표준>

1. 형사소송법 제266조는 "법원은 공소의 제기가 있는 때에는 지체없이 공소장의 부본을 피고인 또는 변호인에게 송달하여야 한다. 단, 제1회 공판기일 전 5일까지 송달하여야 한다."고 규정하고 있으므로, 제1심이 공소장 부본을 피고인 또는 변호인에게 송달하지 아니한 채 공판절차를 진행하였다면 이는 소송절차에 관한 법령을 위반한 경우에 해당한다. 이러한 경우에도 피고인이 제1심 법정에서 이의함이 없이 공소사실에 관하여 충분히 진술할 기회를 부여받았다면 판결에 영향을 미친 위법이 있다고 할 수 없으나(대법원 1992. 3. 10. 선고 91도3272 판결 등 참조), 제1심이 공시송달의 방법으로 피고인을 소환하여 피고인이 공판기일에 출석하지 아니한 가운데 제1심의 절차가 진행되었다면 그와 같은 위법한 공판절차에서 이루

어진 소송행위는 효력이 없으므로, 이러한 경우 항소심은 피고인 또는 변호인에게 공소장 부본을 송달하고 적법한 절차에 의하여 소송행위를 새로이 한 후 항소심에서의 진술과 증거조사 등 심리결과에 기초하여 다시 판결하여야 한다(대법원 2012. 1. 12. 선고 2011도14744 판결 등 참조).

2. 기록에 의하면 다음과 같은 사실을 알 수 있다.

가. 제1심은 피고인에 대하여 공소장 부본과 공판기일 소환장 등이 송달되지 아니하자 피고인에 대한 소환을 공시송달의 방법으로 할 것을 결정하고 그에 따라 공판기일 소환장을 2회 이상 공시송달한 다음 피고인의 출석 없이 공판절차를 진행하고 이 사건 공소사실을 유죄로 인정하여 피고인을 징역 1년에 처하는 내용의 제1심판결을 선고하였다. 그런데 **당시 제1심은 이와 같이 공판절차를 진행하고 판결을 선고하기까지 피고인에게 공시송달의 방법으로도 공소장 부본을 송달하지 아니하였다.**

나. 제1심판결에 대하여 검사가 양형부당을 이유로 항소하여 진행된 **환송 전 원심에서도 피고인에게 공시송달의 방법으로 공판기일 소환장만을 송달한 후 피고인의 출석 없이 공판절차를 진행하고 검사의 항소를 기각하는 판결을 선고하였다.**

다. 이에 피고인이 상소권회복절차를 거쳐 환송 전 원심판결에 대하여 상고하였다. 대법원은 제1심이 피고인에 대한 공소장 부본의 송달 없이 공시송달의 방법으로 피고인에 대한 소환만을 한 다음 피고인이 출석하지 아니한 상태에서 피고인의 진술 없이 공판절차를 진행하고 판결을 선고한 조치에는 소송절차상 법령위반의 위법이 있고, 환송 전 원심이 제1심의 이러한 잘못을 직권으로 살펴 공소장 부본을 송달하게 하는 등의 조치를 취한 후 절차를 진행하지 아니하고 제1심판결을 그대로 유지한 조치는 위법하다는 이유로 환송 전 원심판결을 파기하고 사건을 원심법원에 환송하였다.

3. 이러한 절차진행 과정을 앞서 본 법리에 비추어 살펴보면, 제1심 공판절차에서 이루어진 소송행위는 효력이 없으므로 원심으로서는 적법한 절차에 의하여 소송행위를 새로이 한 후 원심에서의 진술과 증거조사 등 심리결과에 기초하여 다시 판결하였어야 한다. 그럼에도 원심은 피고인에게 공소장 부본을 송달한 다음 공판절차를 진행하면서 원심의 심판범위를 제1심판결에 대한 검사의 항소이유 주장에만 한정하고 제1심의 증거조사결과 등을 기초로 판결을 선고하였으니, 원심의 이러한 조치에는 법령을 위반한 소송절차에 의한 소송행위의 효력에 관한 법리를 오해하여 판결에 영향을 미친 위법이 있다.

대법원 1992. 3. 10. 선고 91도3272 판결 「피고인 2는 1심 재판 전에 공소장을 송달받지 못하였다고 주장하면서 이를 상고이유로 내세우고 있으나, 교도소 또는 구치소에 구속된 자에 대한 송달은 그 소장에게 송달하면 구속된 자에게 전달된 여부와 관계없이 효력이 생기는 것이고(당원 1972. 2. 18.자 72모3 결정) 공소장의 송달이 부적법하다 하여도 피고인이 제1심에서 이의함이 없이 공소사실에 관하여 충분히 진술할 기회를 부여받은 이상 판결결과에는 영향이 없어 그것이 적법한 상소이유가 된다고 할 수 없다(당원 1962. 11. 22. 선고 62도155 판결 참조)할 것인바, 기록에 의하면 동 피고인에 대한 공소장은 동인이 당시 수감중이던 수원교도소의 소장이 아닌 교도 한 사람에게 송달된 것으로 되어 있어 그것이 적법한 송달이라고 할 수는 없겠으나 동 피고인은 제1심에서 이에 대하여 이의하지도 아니하고 공소사실에 대하여 충분히 변명한 사실을 알 수 있으니 위 주장은 판결에 영향이 없는 법률위반에 관한 것으로서 적법한 상고이유가 되지 아니한다.」

2. 실체적 공판준비

〈불기소결정문에 대한 열람지정과 그 거절의 소송법적 효과〉

대법원 2012. 5. 24. 선고 2012도1284 판결 〈표준〉

(1) 형사소송법 제272조 제1항은 "법원은 직권 또는 검사, 피고인이나 변호인의 신청에 의하여 공무소 또는 공사단체에 조회하여 필요한 사항의 보고 또는 그 보관서류의 송부를 요구할 수 있다."고 규정하고 있다. 한편 형사소송규칙 제132조의4에 의하면, 법원이 보관서류 송부요구신청을 채택하는 경우에는 그 서류를 보관하고 있는 법원, 검찰청, 기타의 공무소 또는 공사단체에 대하여 그 서류 중 신청인 또는 변호인이 지정하는 부분의 인증등본을 송부하여 줄 것을 요구할 수 있고(제2항), 위와 같은 요구를 받은 공무소 등은 당해 서류를 보관하고 있지 아니하거나 기타 송부요구에 응할 수 없는 사정이 있는 경우를 제외하고는 신청인 또는 변호인에게 당해 서류를 열람하게 하여 필요한 부분을 지정할 수 있도록 하여야 하며 정당한 이유 없이 이에 대한 협력을 거절하지 못한다(제3항).

위와 같이 법원이 송부요구한 서류에 대하여 변호인 등이 열람·지정할 수 있도록 한 것은 피고인의 방어권과 변호인의 변론권 행사를 위한 것으로서 실질적인 당사자 대등을 확보하고 피고인의 신속·공정한 재판을 받을 권리를 실현하기 위한 것이다. 따라서 그 서류의 열람·지정을 거절할 수 있는 '정당한 이유'는 엄격하게 제한하여 해석할 것이다. 특히 그 서류가 관련 형사재판확정기록이나 불기소처분기록 등으로서 피고인 또는 변호인이 행한 법률상·사실상 주장과 관련된 것인 때에는, "국가안보, 증인보호의 필요성, 증거인멸의 염려, 관련 사건의 수사에 장애를 가져올 것으로 예상되는 구체적인 사유"에 준하는 사유가 있어야만 그에 대한 열람·지정을 거절할 수 있는 정당한 이유가 인정될 수 있다고 할 것이다(형사소송법 제266조의3 제1항 제4호, 제2항 참조).

한편 검찰청이 보관하고 있는 불기소처분기록에 포함된 불기소결정서는 형사피의자에 대한 수사의 종결을 위한 검사의 처분 결과와 이유를 기재한 서류로서 그 작성 목적이나 성격 등에 비추어 이는 수사기관 내부의 의사결정과정 또는 검토과정에 있는 사항에 관한 문서도 아니고 그 공개로써 수사에 관한 직무의 수행을 현저하게 곤란하게 하는 것도 아니라 할 것이므로, 달리 특별한 사정이 없는 한 변호인의 열람·지정에 의한 공개의 대상이 된다고 할 것이다.

그리고 법원이 형사소송법 제272조 제1항에 의하여 송부요구한 서류가 피고인의 무죄를 뒷받침할 수 있거나 적어도 법관의 유·무죄에 대한 심증을 달리할 만한 상당한 가능성이 있는 중요증거에 해당하는데도 정당한 이유 없이 피고인 또는 변호인의 열람·지정 내지 법원의 송부요구를 거절하는 것은, 피고인의 신속·공정한 재판을 받을 권리와 변호인의 조력을 받을 권리를 중대하게 침해하는 것이다. 따라서 이러한 경우 서류의 송부요구를 한 법원으로서도 해당 서류의 내용을 가능한 범위에서 밝혀보아 그 서류가 제출되면 유·무죄의 판단에 영향을 미칠 상당한 개연성이 있다고 인정될 경우에는 공소사실이 합리적 의심의 여지 없이 증명되었다고 보아서는 아니 된다.

(2) 기록에 의하면, 피고인 1, 2, 3의 변호인은 원심 계속 중이던 2011. 10. 28. 위 피고인들에 대한 폭력행위 등 처벌에 관한 법률 위반(단체등의 구성·활동)의 공소사실과 관련하여 위 피고인들이 가입하였다는 이른바 '○○○파'가 위 법률 소정의 범죄단체에 해당하지 않는다고 주장하면서, 수원지방검찰청 평택지청이 ○○○파의 범죄단체 여부를 수사한 후 각 혐의 없음 처분을 한 공소외 1 등 12명에 대한 불기소결정서 및 공소외 2에 대한 불기소결정서의 각 인증등본 송부촉탁을 신청한 사실, 원심은 위 신청을 채택하여 인증등본 촉탁서를 위 지청에 송부하였으나, 위 지청은 2011. 12. 2. 위 각 불기소결정서가 수사기관의 내부문서에 해당한다는 이유로 그 송부요구 내지 변호인의 열람·지정을 거절한 사실을 알 수 있다.

(3) 앞서 본 법리에 비추어 보면, 위 각 불기소결정서를 보관하고 있는 수원지방검찰청 평택지청이 수사기관의 내부문서라는 사유로 법원의 송부요구 내지 변호인의 열람·지정을 거절한 것은 형사소송규칙 제132조의4 제3항 소정의 '기타 송부요구에 응할 수 없는 사정'이나 '정당한 이유'에 해당하지 아니한다.

그러나 불기소결정서는 피의사건의 사실관계 및 법리적 쟁점 등에 대한 검사의 판단과 의견을 기재한 서류로서 그것이 이 사건에서 쟁점이 되고 있는 ○○○파의 범죄단체 여부에 대한 사실인정에 기속력이 없고, 또한 거기에 직접적 영향을 미치는 서류라고도 할 수 없다. 뿐만 아니라, 기록에 비추어 살펴보면, 이 사건의 경우에는 공소외 1이 제1심에 증인으로 출석하여, '2003년경 ○○○파와 관련하여 수사기관에서 조사받을 때, 피고인 4가 범행을 지시한 부분에 관하여 사실대로 진술하지 않고 축소하였다, 공소외 1의 선배 이름은 거론하지 않았으며 자신의 하위 조직원들만 이야기하였다, 공소외 1 자신이 독자적으로 계획하고 우발적인 사건인 것처럼 진술하였다'는 취지로 증언하였고 그 진술에 별다른 모순점이 없어 보이므로, <u>공소외 1 등 12명에 대한 불기소결정서가 위 피고인들의 폭력행위 등 처벌에 관한 법률 위반(단체등의 구성·활동)의 점에 대하여 무죄를 뒷받침할 수 있거나 적어도 유·무죄에 대한 법관의 심증을 달리할 만한 상당한 가능성이 있는 중요증거에 해당한다고 보기 어렵다.</u>

또한 공소외 2의 경우, 2006. 2.경부터 ○○○파의 간부급 회의였던 이른바 사장단회의에 지방선거에 대한 지원과 관련하여 한시적으로 참석한 것으로 보이나, 원심이 적법하게 채택한 공소외 3, 4의 진술에 의하면 위 사장단회의에서는 지방선거의 지원 이외에도 △△△△파의 수괴인 공소외 5를 테러할 방법을 논의하거나 평택 지역의 각종 이권 처리방안을 논의하였고, ○○○파의 중요 의사결정은 대부분 피고인 1의 지시로 사장단회의를 거쳐 하위 조직원들에게 순차적으로 전달되었던 사실 등을 알 수 있다. 따라서 가사 위 불기소결정서에 공소외 2가 참석한 ○○○파의 사장단회의가 범죄단체가 아니라는 취지로 기재되어 있다 하더라도 그 사정만으로 위 불기소결정서가 위 피고인들의 폭력행위 등 처벌에 관한 법률 위반(단체등의 구성·활동)의 점에 관한 무죄를 뒷받침할 수 있거나 적어도 유·무죄에 대한 법관의 심증을 달리할 만한 상당한 가능성이 있는 중요증거에 해당한다고 보기도 어렵다.

(4) 따라서 <u>수원지방검찰청 평택지청이 정당한 이유 없이 위법하게 위 각 불기소결정서에 대한 변호인의 열람·지정에 응하지 않았다 하더라도 그 서류의 성격과 내용 및 원심이 증거조사를 하여 인정한 관련 사실관계 등으로 볼 때, 위 검찰청의 조치로써 피고인의 신속·공정한 재판을 받을 권리와 변호인의 조력을 받을 권리가 중대하게 침해되어 이 사건 공소사실에 대한 유·무죄의 판단 등에 영향을 미칠 상당한 개연성이 있다고는 할 수 없다. 그러므로 위 피고인들이 주장하는 이 부분 상고이유는 형사소송법 제383조 제1호 소정의 '판결에 영향을 미친 헌법·법률 또는 규칙의 위반이 있을 때'에 해당한다고 볼 수 없다.</u>

대법원 2014. 6. 26. 선고 2014도753 판결

법원이 형사소송법 제272조 제1항에 의하여 송부요구한 서류가 피고인의 무죄를 뒷받침할 수 있거나 적어도 법관의 유·무죄에 대한 심증을 달리할 만한 상당한 가능성이 있는 중요 증거에 해당하는데도 정당한 이유 없이 피고인 또는 변호인의 열람·지정 내지 법원의 송부 요구를 거절하는 것은, 피고인의 신속·공정한 재판을 받을 권리와 변호인의 조력을 받을 권리를 중대하게 침해하는 것이다. 따라서 이러한 경우 서류의 송부요구를 한 법원으로서도 해당 서류의 내용을 가능한 범위에서 밝혀보아 그 서류가 제출되면 유·무죄의 판단에 영향을 미칠 상당한 개연성이 있다고 인정될 경우에는 공소사실이 합리적 의심의 여지없이 증명되었다고 보아서는 아니 된다(대법원 2012. 5. 24. 선고 2012도1284 판결 등 참조).

원심은, 금융감독원이나 수사기관이 이 사건 배임·횡령 관련 자금의 사용처를 조사하여 자금의 이동 경로를 정리한 '자금흐름도'를 작성·보유하고 있음에도 그 제출을 거부하고 있으므로 그 결과 피고인이 이 사건 배임·횡령 관련 자금의 사용처를 밝힐 수 없게 되었다고 하더라도 그 부제출로 인한 불이익은 검사가 부담하여야 한다는 취지의 피고인의 주장에 대하여, 그 판시와 같은 이유로 위 '자금흐름도'는 법관의 유·무죄에 대한 심증을 달리할 만한 상당한 가능성이 있는 중요증거에 해당하지 아니한다고 판단하며 피고인의 위 주장을 배척하였다.

원심판결 이유를 위와 같은 법리 및 적법하게 채택된 증거들에 비추어 살펴보면, 위와 같은 원심의 판단은 정당한 것으로 수긍할 수 있(다).

Ⅱ. 증거개시

〈검사의 열람·등사 거부처분에 대한 법원의 허용결정의 법적 성격〉

대법원 2012. 11. 15. 선고 2011다48452 판결

가. 검사는 공익의 대표자로서 실체적 진실에 입각한 국가 형벌권의 실현을 위하여 공소제기와 유지를 할 의무뿐만 아니라 그 과정에서 피고인의 정당한 이익을 옹호하여야 할 의무가 있다. 그리고 법원이 형사소송절차에서의 피고인의 권리를 실질적으로 보장하기 위하여 마련되어 있는 형사소송법 등 관련 법령에 근거하여 검사에게 어떠한 조치를 이행할 것을 명하였고, 관련 법령의 해석상 그러한 법원의 결정에 따르는 것이 당연하고 그와 달리 해석될 여지가 없는 경우라면, 법에 기속되는 검사로서는 법원의 결정에 따라야 할 직무상 의무도 있다 할 것이다. 그런데도 그와 같은 상황에서 검사가 관련 법령의 해석에 관하여 대법원

판례 등의 선례가 없다는 이유 등으로 법원의 결정에 어긋나는 행위를 하였다면 특별한 사정이 없는 한 당해 검사에게 그 직무상 의무를 위반한 과실이 있다고 보아야 한다.

나. 원심판결 이유에 의하면 다음 사실을 알 수 있다.

1) 원고들은 2009. 1. 19. 03:00경부터 같은 달 20일 07:10경까지 서울 용산구 (이하 생략)에 있는 ○○○ 건물에 침입하여, 건물 옥상에 망루를 짓고 점거 농성을 하면서 화염병을 사용하여 사람의 생명, 신체 또는 재산에 위험을 발생하게 하는 한편 위험한 물건을 휴대하여 시위진압에 관한 경찰관들의 정당한 공무집행을 방해하고, 이로 인하여 경찰특공대원 1명을 사망에 이르게 함과 동시에 경찰특공대원 13명으로 하여금 상해를 입게 하였다는 공소사실로 2009. 2. 8. 특수공무집행방해치사죄 등으로 공소가 제기되었다.

2) 원고들의 변호인들은 2009. 3. 25. 서울중앙지방검찰청 검사(이하 '이 사건 검사'라 한다)에게 형사소송법 제266조의3 제1항 제3호, 제4호에 따라 원심판결 기재 별지 목록 서류의 열람·등사를 신청하였으나, 검사는 2009. 3. 27. 형사소송법 제266조의3 제2항, 검찰사건사무규칙 제112조의3 제1항 등을 들어 이를 거부하였다.

3) 이에 변호인들은 2009. 3. 31. 서울중앙지방법원에 형사소송법 제266조의4 제1항에 따라 위 서류의 열람·등사를 허용하도록 할 것을 신청하였고, 위 법원은 2009. 4. 14. 위 신청이 이유 있다고 인정하여 형사소송법 제266조의4 제2항에 따라 검사에게 이 사건 또는 관련 소송의 준비에 사용할 목적이 아닌 다른 목적으로 다른 사람에게 교부 또는 제시하여서는 아니 된다는 조건을 붙여 위 서류에 대한 열람·등사를 허용할 것을 명하는 결정을 하였다(이하 '이 사건 허용 결정'이라 한다).

4) 변호인들은 2009. 4. 14. 검사에게 이 사건 허용 결정의 사본을 첨부하여 위 서류의 열람·등사를 신청하였으나 검사는 위 서류 중 별지 목록 비고란 기재 '1차 교부본'의 등사만을 허용하고, 나머지 서류에 대하여는 2009. 4. 16. 재차 위와 같은 이유를 들어 이를 거부하였다.

5) 그 후 검사는 2009. 4. 23. 변호인들에게 추가로 별지 목록 비고란 기재 '2차 교부본'의 등사를 허용하고, 위 1차 및 2차 교부본을 제외한 나머지 서류(이하 '이 사건 수사서류'라 한다)에 대해서는 여전히 이를 거부하였다.

6) 원고들에 대한 위 형사사건의 항소심이 진행되던 중 항소심 재판장은 관련된 재정신청사건을 함께 심리하면서 2010. 1. 14. 위 재정신청사건 기록에 편철되어 있는 이 사건 수사서류에 대한 변호인들의 열람·등사를 허용하여 변호인들은 이 사건 수사서류에 대한 열람·등사를 모두 마쳤다.

다. 위 사실관계를 앞에서 본 법리에 비추어 살펴본다.

형사소송법 제266조의4는 검사의 열람·등사 거부처분에 대하여 법원이 그 허용 여부를 결정하도록 하면서도, 법원의 열람·등사 허용 결정에 대하여 집행정지의 효력이 있는 즉시항고로 불복할 수 있는 명문의 규정을 두고 있지 않다. 따라서 법원의 열람·등사 허용 결정은 그 결정이 고지되는 즉시 집행력이 발생한다.

한편 형사소송법 제266조의4 제5항은 검사가 수사서류의 열람·등사에 관한 법원의 허용 결정을 지체없이 이행하지 아니하는 때에는 해당 증인 및 서류 등에 대한 증거신청을 할 수 없도록 규정하고 있는데, 이는 검사가 그와 같은 불이익을 감수하기만 하면 법원의 열람·등사 결정을 따르지 않을 수도 있다는 의미가 아니라, 피고인의 열람·등사권을 보장하기 위하여 검사로 하여금 법원의 열람·등사에 관한 결정을 신속히 이행하도록 강제하는 한편 이를 이행하지 아니하는 경우에는 증거신청상의 불이익도 감수하여야 한다는 의미로 해석하여야 할 것이다.

이 사건 검사의 열람·등사 거부 행위 당시 학설상 법원의 열람·등사 허용 결정이 있는데도 검사가 형사소송법 제266조의4 제5항의 불이익을 감수하기만 하면 법원의 열람·등사 결정을 따르지 않을 수도 있다는 해석론이 있었던 것이 아니고, 그러한 검찰의 실무 관행이 있었다고 볼 만한 자료도 없다. 따라서 법원의 열람·등사 허용 결정이 있으면 검사는 허용 결정에 따라 일단 증거를 개시하여야 한다는 점에 있어서는 당시 대법원판례 등 선례가 없었다 하더라도 의문이 있을 수 없었다.

따라서 법원이 검사의 열람·등사 거부처분에 정당한 사유가 없다고 판단하여 수사서류의 열람·등사를 허용하도록 명한 이상, 법에 기속되는 검사로서는 당연히 법원의 그러한 결정에 지체없이 따랐어야 함에도 이 사건 검사는 약 9개월 동안 법원의 결정에 반하여 이 사건 수사서류의 열람·등사를 거부하였다.

그렇다면 이 사건 열람·등사 거부 행위 당시 이 사건 검사에게 국가배상법 제2조 제1항에서 규정하는 과실이 있었다고 인정된다.

헌법재판소 2010. 6. 24. 선고 2009헌마257 결정 〈표준〉

형사소송법 제266조의4 제5항은 검사가 수사서류의 열람·등사에 관한 법원의 허용 결정을 지체 없이 이행하지 아니하는 때에는 해당 증인 및 서류 등에 대한 증거신청을 할 수 없도록 규정하고 있다. 그런데 이는 검사가 그와 같은 불이익을 감수하기만 하면 법원의 열람·등사 결정을 따르지 않을 수도 있다는 의미가 아니라, 피고인의 열람·등사권을 보장하기 위하여 검사로 하여금 법원의 열람·등사에 관한 결정을 신속히 이행하도록 강제하는 한편, 이를 이행하지 아니하는 경우에는 증거신청상의 불이익도 감수하여야 한다는 의미로 해석하여야 할 것이므로, 법원이 검사의 열람·등사 거부처분에 정당한 사유가 없다고 판단하고 그러한 거부처분이 피고인의 헌법상 기본권을 침해한다는 취지에서 수사서류의 열람·등사를 허용하도록 명한 이상, 법치국가와 권력분립의 원칙상 검사로서는 당연히 법원의 그러한 결정에 지체 없이 따라야 할 것이다. 그러므로 법원의 열람·등사 허용 결정에도 불구하고 검사가 이를 신속하게 이행하지 아니하는 경우에는 해당 증인 및 서류 등을 증거로 신청할 수 없는 불이익을 받는 것에 그치는 것이 아니라, 그러한 검사의 거부행위는 피고인의 열람·등사권을 침해하고, 나아가 피고인의 신속·공정한 재판을 받을 권리 및 변호인의 조력을 받을 권리까지 침해하게 되는 것이다.

〈수사서류 열람·등사권의 법적 성격 및 검사의 거부행위에 의한 기본권 침해〉

헌법재판소 2017. 12. 28. 선고 2015헌마632 결정

5. 본안에 대한 판단

가. 수사서류의 열람·등사와 관련 있는 기본권

(1) 헌법 제27조 제1항은 "모든 국민은 헌법과 법률이 정한 법관에 의하여 법률에 의한 재판을 받을 권리를 가진다."고 규정하고 있고, 헌법 제27조 제3항은 "모든 국민은 신속한 재판을 받을 권리를 가진다."고 규정하고 있어 신속하고 공정한 재판을 받을 권리를 국민의 기본권으로 보장하고 있다.

한편, 헌법 제12조 제4항은 "누구든지 체포 또는 구속을 당한 때에는 즉시 변호인의 조력을 받을 권리를 가진다. 다만, 형사피고인이 스스로 변호인을 구할 수 없을 때에는 법률이 정하는 바에 의하여 국가가 변호인을 붙인다."고 규정하고 있어 헌법적 차원에서 변호인의 조력을 받을 권리를 형사피고인의 기본권으로 보장하고 있다.

이와 같이 신속·공정한 재판을 받을 권리 및 변호인의 조력을 받을 권리는 헌법이 보장하고 있는 기본권이고, 변호인의 수사서류 열람·등사권은 피고인의 신속·공정한 재판을 받을 권리 및 변호인의 조력을 받을 권리라는 헌법상 기본권의 중요한 내용이자 구성요소이며 이를 실현하는 구체적인 수단이 된다(헌재 2010. 6. 24. 2009헌마257 참조).

따라서 이 사건 등사 거부행위는 변호인의 수사서류 등사를 제한함으로써 결과적으로 피고인인 청구인들의 신속·공정한 재판을 받을 권리 및 변호인의 충분한 조력을 받을 권리를 제한한다. …

나. 기본권의 침해 여부

(1) 수사서류 열람·등사권의 실질적 보장

형사소송법은 피고인의 신속·공정한 재판을 받을 권리 및 변호인의 조력을 받을 권리를 실질적으로 보장하기 위하여 공소가 제기된 후의 피고인 또는 변호인의 수사서류 열람·등사권에 대하여 규정하고 있다. 먼저 증거개시의 대상을 검사가 신청할 예정인 증거에 한정하지 아니하고 피고인에게 유리한 증거까지를 포함한 전면적인 증거개시를 원칙으로 하며, 검사는 열람·등사의 신청이 있는 경우에는 원칙적으로 열람·등사를 허용해야 하고, 예외적으로 제한사유가 있는 경우에만 열람·등사를 제한할 수 있으며, 열람·등사를 제한할 경우에도 지체 없이 그 이유를 서면으로 통지하도록 규정하고 있고(제266조의3), 피고인 측의 열람·등사신청권이 형해화되지 않도록 검사의 열람·등사 거부처분에 대하여 별도의 불복절차를 마련하고 있다(제266조의4).

이렇듯 형사소송법이 행정처분에 대한 항고소송과 유사한 형태로 별도의 권리구제 절차를 마련한 것은, 피고인 측의 수사서류 열람·등사권이 헌법상의 신속·공정한 재판을 받을 권리 및 변호인의 조력을 받을 권리의 중요한 내용인 점을 감안하여 종전 헌법소원심판이나 정보공개법 상의 행정쟁송 절차 등과 같은 우회적인 권리구제수단 대신에 보다 신속하고 실효적인 권리구제 절차가 필요하다는 입법자의 정책적 판단에 따른 것이다(헌재 2010. 6. 24. 2009헌마257 참조).

(2) 열람·등사 허용 결정 후의 검사의 거부 행위와 기본권의 침해

형사소송법 제266조의4 제5항은 검사가 수사서류의 열람·등사에 관한 법원의 허용 결정을 지체 없이 이행하지 아니하는 때에는 해당 증인 및 서류 등에 대한 증거신청을 할 수 없도록 규정하고 있다.

그런데 이 조항은 검사가 그와 같은 불이익을 감수하기만 하면 법원의 열람·등사 결정을 따르지 않을 수도 있다는 의미가 아니라, 피고인의 열람·등사권을 보장하기 위하여 검사로 하여금 법원의 열람·등사에 관한 결정을 신속히 이행하도록 강제하는 한편, 이를 이행하지 아니하는 경우에는 증거신청상의 불이익도 감수하여야 한다는 의미로 해석하여야 할 것이므로, 법원이 검사의 열람·등사 거부처분에 정당한 사유가 없다고 판단하고 그러한 거부처분이 피고인의 헌법상 기본권을 침해한다는 취지에서 수사서류의 열람·등사를 허용하도록 명한 이상, 법치국가와 권력분립의 원칙상 검사로서는 당연히 법원의 그러한 결정에 지체 없

이 따라야 할 것이다.

그러므로 법원의 열람·등사 허용 결정에도 불구하고 검사가 이를 신속하게 이행하지 아니하는 경우에는 해당 증인 및 서류 등을 증거로 신청할 수 없는 불이익을 받는 것에 그치는 것이 아니라, 그러한 검사의 거부행위는 피고인의 열람·등사권을 침해하고, 나아가 피고인의 신속·공정한 재판을 받을 권리 및 변호인의 조력을 받을 권리까지 침해하게 되는 것이다 (헌재 2010. 6. 24. 2009헌마257 참조).

이 사건에서 피청구인은 법원의 이 사건 열람·등사 허용 결정 이후 이 사건 수사서류에 대한 열람은 허용하고 등사만을 거부하였는바, 변호인이 수사서류를 열람은 하였지만 등사가 허용되지 않는다면, 변호인은 형사소송절차에서 청구인들에게 유리한 수사서류의 내용을 법원에 현출할 수 있는 방법이 없어 불리한 지위에 놓이게 되고, 그 결과 청구인들을 충분히 조력할 수 없음이 명백하다. 따라서 피청구인이 이 사건 수사서류에 대한 등사만을 거부하였다 하더라도 청구인들의 신속·공정한 재판을 받을 권리 및 변호인의 조력을 받을 권리가 침해되었다고 보아야 한다.

대법원 2002. 2. 22. 선고 2001다23447 판결 <표준> 「검찰청법 제4조 제1항은 검사는 공익의 대표자로서 범죄수사·공소제기와 그 유지에 관한 사항 및 법원에 대한 법령의 정당한 적용의 청구 등의 직무와 권한을 가진다고 규정하고, 같은 조 제2항은 검사는 그 직무를 수행함에 있어 그 부여된 권한을 남용하여서는 아니된다고 규정하고 있을 뿐 아니라, 형사소송법 제424조는 검사는 피고인을 위하여 재심을 청구할 수 있다고 규정하고 있고, 검사는 피고인의 이익을 위하여 항소할 수 있다고 해석되므로 검사는 공익의 대표자로서 실체적 진실에 입각한 국가 형벌권의 실현을 위하여 공소제기와 유지를 할 의무뿐만 아니라 그 과정에서 피고인의 정당한 이익을 옹호하여야 할 의무를 진다고 할 것이고, 따라서 검사가 수사 및 공판과정에서 피고인에게 유리한 증거를 발견하게 되었다면 피고인의 이익을 위하여 이를 법원에 제출하여야 한다.」

헌법재판소 1997. 11. 27. 선고 94헌마60 결정 「검사가 보관하는 수사기록에 대한 변호인의 열람·등사는 실질적 당사자대등을 확보하고, 신속·공정한 재판을 실현하기 위하여 필요불가결한 것이며, 그에 대한 지나친 제한은 피고인의 신속·공정한 재판을 받을 권리를 침해하는 것이다. … 변호인의 조력을 받을 권리는 변호인과의 자유로운 접견교통권에 그치지 아니하고 더 나아가 변호인을 통하여 수사서류를 포함한 소송관계 서류를 열람·등사하고 이에 대한 검토결과를 토대로 공격과 방어의 준비를 할 수 있는 권리도 포함된다고 보아야 할 것이므로 변호인의 수사기록 열람·등사에 대한 지나친 제한은 결국 피고인에게 보장된 변호인의 조력을 받을 권리를 침해하는 것이다. … 수사기록에 대한 열람·등사권이 헌법상 피고인에게 보장된 신속·공정한 재판을 받을 권리와 변호인의 조력을 받을 권리 등에 의하여 보호되는 권리라 하더라도 무제한적인 것은 아니며, 또한 헌법상 보장된 다른 기본권과 사이에 조화를 이루어야 한다. 즉, 변호인의 수사기록에 대한 열람·등사권도 기본권제한의 일반적 법률유보조항인 국가안전보장·질서유지 또는 공공복리를 위하여 제한되는 경우가 있을 수 있으며, <u>검사가 보관중인 수사기록에 대한 열람·등사는 당해 사건의 성질과 상황, 열람·등사를 구하는 증거의 종류 및 내용 등 제반 사정을 감안하여 그 열람·등사가 피고인의 방어를 위하여 특히 중요하고 또 그로 인하여 국가기밀의 누설이나 증거인멸, 증인협박, 사생활침해, 관련사건 수사의 현저한 지장 등과 같은 폐해를 초래할 우려가 없는 때에 한하여 허용된다고 할 것이다.」</u> (청구인은 1994. 3. 21. 국가보안법위반죄로 구속기소되었는데 그 변호인인 변호사 김선수가 청구인을 위한 변론을 준비하기 위하여 같은 달 22. 피청구인에게 경찰 및 검찰에서의 청구인의 자술서 및 피의자신문조서, 참고인들의 진술조서 등이 포함된 서울지방검찰청 1994년 형제19005호 사건 수사기록 일체를 열람·등사하겠다는 신청을 하였으나, 피청구인은 거부사유를 일체 밝히지 아니한 채 이를 거부한 사안)

헌법재판소 2003. 3. 27. 선고 2000헌마474 「고소로 시작된 형사피의사건의 구속적부심절차에서 피구속자의 변호를 맡은 변호인으로서는 피구속자에 대한 고소장과 경찰의 피의자신문조서를 열람하여 그 내용을 제대로 파악하지 못한다면 피구속자가 무슨 혐의로 고소인의 공격을 받고 있는 것인지 그리고 이와 관련하여 피구속자가 수사기관에서 무엇이라고 진술하였는지 그리고 어느 점에서 수사기관 등이 구속사유가 있다고 보았는지 등을 제대로 파악할 수 없게 되고 그 결과 구속적부심절차에서 피구속자를 충분히 조력할 수 없음이 사리상 명백하므로 위 서류들의 열람은 피구속자를 충분히 조력하기 위하여 변호인에게 반드시 보장되지 않으면 안되는 핵심적 권리이다. <u>고소로 시작된 형사피의사건의 구속적부심절차에서 피구속자의 변호를 맡은 변호인으로서는 피구속자가 무슨 혐의로 고소인의 공격을 받고 있는 것인지 그리고 이와 관련하여 피구속자가 수사기관에서 무엇이라고 진술하였는지 그리고 어느 점에서 수사기관 등이 구속사유가 있다고 보았는지 등을 제대로 파악하지 않고서는 피구속자의 방어를 충분히 조력할 수 없다는 것은 사리상 너무도 명백하므로 이 사건에서 변호인은 고소장과 피의자신문조서의 내용을 알 권리가 있다.」</u> (사기죄로 구속된 청구외 김○억의 변호인으로서 그로부터 구속적부심사청구의 의뢰를 받은 청구인이 2000. 5. 29. 피청구인에게 위 김○억에 대한 수사기록 중 고소장과 피의자신문조서의 열람 및 등사를 신청하였다. 피청구인은 위 서류들이 형사소송법 제47조 소정의 소송에 관한 서류로서 공판개정전의 공개가 금지되는 것이고 이는 공공기관의정보공개에관한법률 제7조 제1항 제1호 소정의 이른바 다른 법률에 의하여 비공개사항으로 규정된 정보에 해당한다는 이유로 5. 30. 이를 공개하지 않기로 결정하였다. 청구인은 위 비공개결정이 청구인의 기본권을 침해하여 위헌이라는 이유로 그 위헌확인을 구하는 헌법소원을 2000. 7. 20. 제기하였다.)

제 3 절   소송관계인의 출석

Ⅰ. 피고인의 출석

가. 피고인이 출석하지 않은 경우

대법원 2001. 6. 12. 선고 2001도114 판결 <표준> 「형사소송법 제277조의2의 규정에 의하여 피고인의 출석 없이 공판절차를 진행하기 위해서는 단지 구속된 피고인이 정당한 사유 없이 출석을 거부하였다는 것만으로는 부족하고 더 나아가 교도관리에 의한 인치가 불가능하거나 현저히 곤란하다고 인정되어야 하는 것이므로, 구속된 피고인이 출석하지 않는 경우에 법원이 위 조문에 따라 피고인의 출석 없이 공판절차를 진행하기 위해서는 피고인의 출석거부사유가 정당한 것인지 여부뿐만 아니라 교도관에 의한 인치가 불가능하거나 현저히 곤란하였는지 여부 등 위 조문에 규정된 사유가 존재하는가의 여부를 조사하여야 하는 것이다.」

〈피고인이 소재불명인 경우 소송촉진법에 따른 불출석재판을 할 수 있는 요건〉

대법원 2003. 11. 14. 선고 2003도4983 판결

가. 제1심판결의 위법

(1) 소송촉진등에관한특례법(이하 '특례법'이라고만 한다) 제23조, 같은법시행규칙 제18조 제2항, 제3항, 제19조 제1항은, 피고인의 소재를 확인하기 위하여 필요한 조치를 취하였음에도 불구하고 피고인의 소재가 확인되지 아니한 때에는 그 후 피고인에 대한 송달은 공시송달의 방법에 의하도록 규정하고 있는바, 위에서 본 바와 같이 **피고인의 동거녀의 핸드폰 번호와 주거지가 기록상 나타나 있고, 피고인이 검사의 신문을 받으면서 자신의 자택전화번호로서 동거녀의 핸드폰 번호를 진술하고 있으므로,** 제1심으로서는 공시송달결정을 함에 앞서 피고인의 동거녀의 주거지로 송달이 가능한지 여부를 살펴보거나 위 전화번호로 연락하여 송달받을 장소를 확인하여 보는 등의 시도를 해 보았어야 할 것이다. 그럼에도 불구하고, 이러한 조치를 취하지 아니한 채 피고인의 소재가 확인되지 아니한다고 단정하여 곧바로 공시송달의 방법에 의한 송달을 하고 피고인의 진술 없이 판결을 한 제1심의 조치는 위 특례법 및 그 시행규칙에 위배된다 할 것이다.

(2) 그리고 특례법 제23조와 같은법시행규칙 제19조 제1항에 의하면, 피고인의 소재를 확인하기 위하여 필요한 조치를 취하였음에도 불구하고 피고인에 대한 송달불능보고서가 접수된 때로부터 6월이 경과하도록 피고인의 소재가 확인되지 아니한 때에 비로소 공시송달의 방법에 의하도록 하고 있는데, 위 6월의 기간이 피고인의 재판청구권 및 공격·방어권 보호를 위하여 설정된 최소한의 기간이라는 점에 비추어 보면, 그 기산점이 되는 '송달불능보고서가 접수된 때'는 엄격하게 해석하여야 할 것이고, 한편 형사소송법 제65조에 의하여 이 사건 공소장 부본 송달 당시 준용되던 구 민사소송법(2002. 1. 26. 법률 제6626호로 전문 개정되기 전의 것) 제169조는 교도소 또는 구치소에 구속된 자에 대한 송달은 그 소장에게 하도록 하고 있는바, 이 사건 공소제기 당시 피고인은 경주교도소에 수용중이었으므로, 제1심은 피고인에 대한 공소장 부본을 경주교도소 소장에게 송달하였어야 함에도 불구하고 공소장에 기재된 피고인의 주거지로 부적법하게 공소장 부본을 송달하였고, 피고인이 아직 경주교도소에 수용되어 있던 2001. 11. 2. 그 송달불능보고서가 제1심에 접수된 사실은 위에서 본 바와 같다. 그렇다면 이러한 부적법한 공소장 부본의 송달에 따른 그 송달불능보고서가 접수된 시점을 기산점으로 하여 위 6월의 기간을 산정할 수는 없다 할 것이며, 그 후 '답변서 및 정상관계 진술서'의 송달불능보고서가 제1심에 접수된 2002. 3. 15.을 기산점으로 해서는 제1심의 공시송달결정은 물론 그 판결선고도 6월이 경과하기 전에 이루어졌음이 명백하므로, 제1심은 특례법 제23조 소정의 6월이 경과하기 전에 공시송달결정을 한 위법을 저질렀다 할 것이다.

(3) 또한, 제1심은 2002. 6. 12. 최초로 공시송달결정을 하면서 2002. 6. 20. 10:00의 공판기일 소환장을 공시송달하였으나, 형사소송법 제64조 제4항, 제2항에 의하면 최초의 공시송달은 그 사유를 법원게시장에 공시한 날로부터 2주일이 경과하면 효력이 발생한다고 하고 있으므로, 위 소환장의 송달의 효력은 위 공판기일인 2000. 6. 20.이 경과한 후에 비로소 발생한다 할 것이고, 따라서 위 공판기일에 관해서는 피고인은 소환을 받지 못하였다 할 것이다. 그럼에도 불구하고, 제1심은 2002. 6. 20. 10:00 공판기일에서 다음 공판기일을 2002. 7. 11. 10:00로 정하고 그 소환장 역시 공시송달한 다음 2002. 7. 11. 10:00 피고인이 그 기일에 불출석하자 피고인의 출석 없이 개정하여 증거조사를 마치고 변론을 종결하였는바, 이러한 제1심의 조치는 피고인이 공판기일의 소환을 2회 이상 받고도 출석하지 아니한 때에 피고인의 진술 없이 재판할 수 있다고 한 특례법시행규칙 제19조 제2항을 위반한 것이라고 아니할 수 없다.

나. 원심판결의 위법

(1) 형사소송법 제63조 제1항에 의하면, 형사소송절차에서 피고인에 대한 공시송달은 피고인의 주거, 사무소, 현재지를 알 수 없는 때에 한하여 이를 할 수 있다고 규정하고 있는바, 위에서 본 바와 같이 피고인의 동거녀의 핸드폰 번호와 주거지가 기록상 나타나 있고, 피고인이 검사의 신문을 받으면서 자신의 자택전화번호로서 동거녀의 핸드폰 번호를 진술하고 있음에도 불구하고, 원심은 공시송달결정을 함에 앞서 피고인의 동거녀의 주거지로 송달이 가능한지 여부를 살펴보거나 위 전화번호로 연락하여 송달받을 장소를 확인하여 보는 등의 조치를 취하지 아니한 채 피고인의 소재가 확인되지 아니한다고 단정하여 곧바로 공시송달의 방법에 의한 송달을 함으로써 형사소송법 제63조 제1항, 제365조를 위반하였다.

(2) 또한, 제1심이 위법한 공시송달결정에 터잡아 공판기일소환장을 송달하고 피고인이 2회 이상 출석하지 아니하였다고 보아 피고인의 출석 없이 심리·판단한 이상, 이는 피고인에게 출석의 기회를 주지 아니한 것이 되어 그 소송절차는 위법하다 할 것이고, 항소법원은 판결에 영향을 미친 사유에 관하여는 항소이유서에 포함되지 아니한 경우에도 직권으로 심판할 수 있으므로, 원심으로서는 검사만이 양형부당을 이유로 항소하였음에 구애되지 말고 마땅히 직권으로 제1심의 위법을 시정하는 조치를 취했어야 할 것이다. 제1심의 위법한 절차진행으로 말미암아 피고인이 소송절차에서 배제되어 제1심의 위법을 지적할 기회조차 박탈당하였다는 점을 감안하면 더욱 더 원심은 직권으로 제1심의 위법을 시정할 필요가 있었다 할 것이고, 따라서 이러한 조치를 취하지 않은 원심 역시 위법하다 할 것이다.

3. 이 사건 상고의 적법 여부

원심의 상고권회복결정이 확정되어 피고인의 상고권이 회복되었다고 하더라도 이 사건 상고가 적법한지 여부에 관하여 의문이 갈 수 있다. 외관상으로만 보면, 제1심판결에 대하여 피고인은 불복하지 않고 검사만이 양형부당으로 항소하여 원심은 검사의 항소를 기각하고 있는데, 이와 같은 경우에 대법원은 일관하여, 제1심판결에 대하여 피고인은 항소하지 않고 검사만 항소하여 그 항소가 기각된 경우 항소심판결은 피고인에게 불이익한 판결이 아니므로 피고인은 그 판결에 대하여 상고할 수 없다고 보고 있으며, 위 법리에 따르면 피고인의 이 사건 상고는 부적법하다고 보이기도 하기 때문이다.

그러나 위와 같은 법리는 제1심이 통상적인 절차에 따라 진행되어 피고인이 공격·방어권을 제대로 행사할 수 있었던 경우에만 적용될 수 있고, 이 사건과 같이 제1심 및 원심의 소송절차에서 피고인이 부당하게 배제되어 공격·방어권을 전혀 행사할 수 없었던 경우에는 적용될 수 없다고 보아야 할 것이다. 만약 그렇게 해석하지 않고 위 법리에 따라 피고인의 상고가 부적법하다고 해석한다면, 제1심이나 원심에서 피고인의 공격·방어권이 부당하게 침해된 사실을 인정하면서도, 그 위법을 시정하지 않고 오히려 피고인이 공격·방어권을 행사할 기회조차 영원히 박탈하는 결과에 이르고, 이는 재판을 받을 권리를 기본권으로 규정하는 한편 적법절차를 보장하고 있는 헌법의 정신에 반하기 때문이다.

따라서 피고인의 이 사건 상고는 적법하다고 할 것이고, 앞에서 본 바와 같은 원심과 제1심의 위법을 지적하는 상고이유의 주장은 정당하다.

4. 원심이 취하여야 할 조치

현재 피고인의 소재가 확인된 이상, 원심으로서는 다시 적법한 절차에 의하여 공소장 부본을 송달하고, 피고인에게 공판기일에 출석하여 이익되는 사실을 진술하고 유리한 증거를 제출할 기회를 부여하는 등 새로이 소송절차를 진행한 다음, 위법한 제1심판결을 파기하고 항소심에서의 새로운 심리 결과에 따라 다시 판결하여야 할 것이다. 그리고 검사가 항소를 취하함으로써 제1심판결을 확정시키려고 하는 것은 피고인의 재판청구권을 부당하게 침해하는 것으로서 허용되지 않음을 지적해 두고자 한다.

〈항소심에서의 불출석재판의 요건〉

대법원 1988. 12. 27. 선고 88도419 판결

형사소송법 제370조에 의하여 같은 법 제276조가 준용되는 결과 특별한 규정이 없으면 항소심에 있어서도 피고인이 공판기일에 출석하지 아니한 때에는 개정하지 못한다고 할 것이나, 그 특별한 규정에 해당하는 같은 법 제365조는 항소심에서 피고인이 공판기일에 출정하지 아니한 때에는 다시 기일을 정하여야 하고 피고인이 정당한 사유없이 다시 정한 기일에 출정하지 아니한 때에는 피고인의 진술없이 판결할 수 있다고 규정하고 있는 바 이는 피고인의 해태에 의하여 본안에 대한 변론권을 포기한 것으로 보는 일종의 제재적 규정이므로 그 2회 불출석의 책임을 피고인에게 귀속시키려면 그가 2회에 걸쳐 적법한 공판기일소환장을 받고서 정당한 사유없이 출정하지 아니함을 필요로 한다고 풀이할 것이다.

기록에 의하면, 원심법원은 피고인에 대한 공판기일소환장을 송달함에 있어서 공소장 및 제1심판결에 피고인의 주거로 기재된[서울 중구 (주소 생략)] (그 밖의 기록에도 같다)으로 제1차 공판기일소환장을 우편송달하였으나, 폐문부재의 사유로 송달불능이 되자 아무런 다른 조치

를 취하지 아니하고 바로 피고인에 대한 공판기일소환장등 서류를 공시송달할 것을 명하였고 그후 2회에 걸친 공판기일소환장을 공시송달에 의하여 송달한 다음 그 기일에 피고인이 출석하지 아니하자 피고인의 진술을 듣지 아니한 채로 유죄판결을 하였음이 분명하다. 그러나 공시송달은 피고인의 주거, 사무소와 현재지를 알 수 없는 때에 한하여 할 수 있을 뿐이고, 피고인의 주거등이 기록상 명백한 경우에는 이를 할 수 없다고 할 것이므로, 이 사건에 있어서 원심법원이 위에서 본 바와 같이 피고인의 주거가 기록상 명백함에도 불구하고 우편집배인이 1회 피고인의 주거지에 갔으나 폐문부재로 인하여 그에게 공판기일소환장을 송달할 수 없었다는 이유만으로 바로 공시송달방법에 의한 송달을 하고 피고인의 진술없이 판결을 한 조치는 형사소송법 제63조 제1항, 제365조에 위배된 것이라고 할 것이고 이는 그 소송절차가 법령에 위반되어 판결에 영향을 미친 때에 해당한다고 할 것이다.

대법원 2012. 6. 28. 선고 2011도16166 판결 〈표준〉

피고인은 원심법원의 제1회 공판기일(2011. 10. 7.)에 출석하였고, 원심법원은 위 기일에 변론을 종결하면서 제2회 공판기일인 선고기일을 2011. 10. 28.로 지정하여 고지하였는데 피고인이 그 선고기일에 출석하지 아니한 사실, 이에 원심법원은 선고기일을 연기하여 2011. 11. 11.을 제3회 공판기일로 지정하였으나 피고인에게 따로 그 공판기일 통지를 하지는 않았고, 또한 그 공판기일에 피고인이 출석하지 않았음에도 피고인의 항소를 기각하는 판결을 선고한 사실을 알 수 있다. … 위 제3회 공판기일의 개정에 대해서는 적법한 공판기일의 통지가 없었으므로 형사소송법 제365조가 적용될 수 없다고 할 것이다. 그럼에도 원심법원은 피고인의 출석 없이 위 공판기일을 열어 판결을 선고하였으니 이는 형사소송법 제370조, 제276조가 규정한 피고인의 출석권을 침해한 것으로서 소송절차가 법령에 위배되어 판결에 영향을 미친 때에 해당한다.

대법원 2016. 4. 29. 선고 2016도2210 판결 「형사소송법 제370조, 제276조에 의하면 항소심에서도 공판기일에 피고인의 출석 없이는 개정하지 못하나, 같은 법 제365조가 피고인이 항소심 공판기일에 출석하지 아니한 때에는 다시 기일을 정하고, 피고인이 정당한 사유 없이 다시 정한 기일에도 출석하지 아니한 때에는 피고인의 진술 없이 판결할 수 있도록 정하고 있으므로 피고인의 출석 없이 개정하려면 불출석이 2회 이상 계속된 바가 있어야 한다. … (1) 피고인들은 원심 제1회 공판기일(2015. 11. 6. 10:50) 소환장을 적법하게 송달받고도 불출석하였다가 2015. 12. 2. 10:30으로 지정된 제2회 공판기일에는 모두 출석하였다. (2) 원심은 피고인들이 제3회 공판기일(2015. 12. 23. 10:30)에 다시 불출석하자 피고인들의 변호인과 검사만 출석한 상태에서 공판절차를 진행하여 변론을 종결한 다음 제4회 공판기일(2016. 1. 22. 10:00)에 피고인들의 항소를 모두 기각하는 판결을 선고하였다. …피고인들이 제1회 공판기일에 불출석하였으나 제2회 공판기일에는 출석하였으므로 원심으로서는 피고인들이 제3회 공판기일에 불출석하였다고 하여 바로 개정할 수 없고 제4회 공판기일을 다시 정하여 제4회 공판기일에도 불출석한 때 비로소 피고인들의 출석 없이 개정할 수 있다고 할 것이다.」

대법원 2022. 11. 10. 선고 2022도7940 판결 「피고인이 불출석한 상태에서 그 진술 없이 판결하기 위해서는 피고인이 적법한 공판기일 통지를 받고서도 2회 연속으로 정당한 이유 없이 출정하지 않은 경우에 해당하여야 한다. 이때 '적법한 공판기일 통지'란 소환장의 송달(형사소송법 제76조) 및 소환장 송달의 의제(형사소송법 제268조)의 경우에 한정되는 것이 아니라 적어도 피고인의 이름·죄명·출석 일시·출석 장소가 명시된 공판기일 변경명령을 송달받은 경우(형사소송법 제270조)도 포함된다. ① 원심은 2020. 7. 14. 피고인에 대하여 적법한 공시송달 결정을 하였고, 같은 날 공판기일 변경명령도 하여 공시송달의 방법으로 2020. 7. 29. 이를 송달한 사실, ② 위 공판기일 변경명령에는 피고인의 이름·죄명은 물론 제2회 공판기일에 관한 일시·장소까지 명시된 사실, ③ 원심은 2020. 8. 13. 제2회 공판기일에 피고인이 불출석하자, 공판기일을 2020. 8. 27.로 연기한 후 그 소환장을 공시송달의 방법으로 2020. 8. 19. 송달한 사실, ④ 원심은 2020. 8. 27. 제3회 공판기일에 피고인이 불출석한 상태에서 공판절차를 진행하여 변론을 종결한 후 선고기일 소환장을 공시송달의 방법으로 2020. 9. 2. 송달한 다음 2020. 9. 17. 원심판결을 선고한 사실을 알 수 있다. … 원심이 제2회 공판기일에 관한 공판기일 변경명령 및 제3회 공판기일에 관한 소환장을 적법한 공판기일 통지로 보고 진행한 소송절차에 항소심의 불출석 재판에 관한 법령을 위반한 잘못이 없다.」

〈약식명령에 대한 정식재판청구사건에서의 불출석재판의 요건〉

대법원 2011. 12. 8. 선고 2011도11210 판결

1. 형사소송법 제455조 제3항, 제276조에 의하면 약식명령에 대한 정식재판절차에서도 피고인의 출석 없이는 개정하지 못하고, 다만 같은 법 제458조 제2항, 제365조에 의하면 피고인이 정식재판절차의 공판기일에 출정하지 아니하는 때에는 다시 기일을 정하고 피고인이 정당한 이유 없이 다시 정한 기일에도 출정하지 아니한 때에는 피고인의 진술 없이 판결할 수 있도록 되어 있는바, 이와 같이 피고인의 진술 없이 판결할 수 있기 위해서는 피고인이 적법한 공판기일 소환장을 받고도 정당한 이유 없이 출정하지 아니할 것을 필요로 한다. 그리고 형사소송법 제63조 제1항에 의하면, 피고인에 대한 공시송달은 피고인의 주거, 사무소, 현재지를 알 수 없는 때에 한하여 이를 할 수 있으므로, 기록상 피고인의 집 전화번호 또는 휴대전화번호 등이 나타나 있는 경우에는 위 전화번호로 연락하여 송달받을 장소를 확인하여 보는 등의 시도를 해 보아야 하고, 그러한 조치를 취하지 아니한 채 곧바로 공시송달의 방법에 의한 송달을 하고 피고인의 진술 없이 판결을 하는 것은 형사소송법 제63조 제1항, 제458조

제2항, 제365조에 위배되어 허용되지 아니한다. … 제1심으로서는 공시송달 명령을 함에 앞서 피고인의 위 휴대전화번호들로 연락을 하여 송달받을 장소를 확인하여 보는 등의 시도를 해 보았어야 할 것임에도 불구하고, 이러한 조치를 취하지 아니한 채 피고인의 주거, 사무소와 현재지를 알 수 없다고 단정하여 곧바로 공시송달의 방법에 의한 송달을 하였을 뿐만 아니라, 공시송달로 피고인을 소환한 최초의 공판기일에 피고인의 불출석 상태에서 곧바로 재판절차를 진행함으로써 형사소송법 제63조 제1항, 제458조 제2항, 제365조를 위반하였다고 할 것이다.

대법원 2010. 7. 15. 선고 2007도5776 판결

법 제458조 제2항, 제365조는 피고인이 출정을 하지 않음으로써 본안에 대한 변론권을 포기한 것으로 보는 일종의 제재적 규정으로(대법원 2009. 6. 11. 선고 2009도1803 판결 참조), 이와 같은 경우 피고인의 출정 없이도 심리판결할 수 있고 공판심리의 일환으로 증거조사가 행해지게 마련이어서 피고인이 출석하지 아니한 상태에서 증거조사를 할 수밖에 없는 경우에는 법 제318조 제2항의 규정상 피고인의 진의와는 관계없이 법 제318조 제1항의 동의가 있는 것으로 간주하게 되어 있는 점(대법원 1991. 6. 28. 선고 91도865 판결 참조), 법 제318조 제2항의 입법 취지가 재판의 필요성 및 신속성 즉, 피고인의 불출정으로 인한 소송행위의 지연 방지 내지 피고인 불출정의 경우 전문증거의 증거능력을 결정하지 못함에 따른 소송지연 방지에 있는 점 등에 비추어, 약식명령에 불복하여 정식재판을 청구한 피고인이 정식재판절차에서 2회 불출정하여 법원이 피고인의 출정 없이 증거조사를 하는 경우에 법 제318조 제2항에 따른 피고인의 증거동의가 간주된다고 할 것이다.
그리고 약식명령에 불복하여 정식재판을 청구한 피고인이 정식재판절차의 제1심에서 2회 불출정하여 법 제318조 제2항에 따른 증거동의가 간주된 후 증거조사를 완료한 이상, 간주의 대상인 증거동의는 증거조사가 완료되기 전까지 철회 또는 취소할 수 있으나 일단 증거조사를 완료한 뒤에는 취소 또는 철회가 인정되지 아니하는 점, 증거동의 간주가 피고인의 진의와는 관계없이 이루어지는 점 등에 비추어, 비록 피고인이 항소심에 출석하여 공소사실을 부인하면서 간주된 증거동의를 철회 또는 취소한다는 의사표시를 하더라도 그로 인하여 적법하게 부여된 증거능력이 상실되는 것이 아니라고 할 것이다.

⟨제1심과 항소심이 모두 적법한 공시송달로 진행하여 판결이 확정된 후에 귀책사유 없는 피고인이 상고권회복을 통한 상고를 제기한 경우, 형사소송법 제383조 제3호 를 적용 또는 준용하여 원심판결을 파기할 수 있는지 여부⟩

대법원 2015. 6. 25. 선고 2014도17252 전원합의체 판결 ⟨표준⟩

1. 가. 사형, 무기 또는 장기 10년이 넘는 징역이나 금고에 해당하지 아니하는 사건에 대하여는 소송촉진 등에 관한 특례법(이하 '소송촉진법'이라 한다) 제23조(이하 '이 사건 특례 규정'이라 한다)에 의하여 제1심 공판절차에 관한 특례가 허용되어, 피고인에 대한 송달불능보고서가 접수된 때부터 6개월이 지나도록 피고인의 소재를 확인할 수 없는 경우에는 대법원규칙으로 정하는 바에 따라 피고인의 진술 없이 재판할 수 있다.

다만 이 사건 특례 규정에 따라 유죄판결을 받고 그 판결이 확정된 피고인이 책임을 질 수 없는 사유로 공판절차에 출석할 수 없었던 경우에는, 위 피고인 등이 소송촉진법 제23조의2 제1항(이하 '이 사건 재심 규정'이라 한다)에 의하여 그 판결이 있었던 사실을 안 날부터 14일 이내에 제1심 법원에 재심을 청구할 수 있으며, 만약 책임을 질 수 없는 사유로 위 기간에 재심청구를 하지 못한 경우에는 그 사유가 없어진 날부터 14일 이내에 제1심 법원에 재심을 청구할 수 있다.

나. 헌법은 제27조 제1항에서 "모든 국민은 헌법과 법률이 정한 법관에 의하여 법률에 의한 재판을 받을 권리를 가진다."고 규정하고, 같은 조 제3항 전문에서 "모든 국민은 신속한 재판을 받을 권리를 가진다."고 규정함으로써 모든 국민에게 적법하고 공정한 재판을 받을 권리를 보장하고 있다. 여기서 '공정한 재판을 받을 권리'에는 모든 증거자료가 법관의 앞에서 조사·진술되고 이에 대하여 피고인이 방어할 수 있는 기회가 실질적으로 보장되는 재판, 즉 피고인이 공판절차에 당사자로 참여하여 구술변론에 의해 답변과 반증을 할 수 있는 충분한 기회가 보장되는 재판을 받을 권리가 포함된다. 형사소송법에서 피고인에게 변호인의 조력을 받을 권리(제33조), 증거신청권과 증거보전청구권(제294조, 제184조), 증거조사에 대한 의견진술권(제293조)과 증거조사에 대한 이의신청권(제296조) 등을 보장하고 있는 것도, 형사소송절차에서 피고인에게 당사자로서의 지위를 인정하고 국가의 형벌권 행사에 대하여 적절하게 방어할 수 있는 수단과 기회를 제공함으로써 공정한 재판을 받을 권리를 실질적으로 보장하기 위한 것이다.

이러한 '공정한 재판을 받을 권리'를 실현하기 위하여는 사전에 피고인에게 공소장을 송달하여 공소사실을 알려주고 공판기일을 통지하여 공판기일에 출석할 수 있는 권리를 보장해 주는 것이 필수적이다. 이를 위하여 형사소송법은 피고인이 공판기일에 출석하지 아니한 때에는 특별한 규정이 없으면 개정하지 못하도록 규정하고 있으며(제276조 본문), 예외적으로 다액 500만 원 이하의 벌금 또는 과료에 해당하는 사건 등과 같이 중형선고의 가능성이 없거나 피고인이 재판장의 허가 없이 퇴정하거나 퇴정명령을 받는 등 불출석에 대한 책임이 피고인에게도 있는 경우에 한하여 불출석 재판을 허용하고 있다(제277조, 제330조 등).

다. 이와 같은 헌법 및 형사소송법 규정에 불구하고 소송촉진법에서 이 사건 특례 규정을 둔 것은 소송의 지연을 방지하여 형벌권의 신속한 행사를 도모하고 미제사건이 불합리하게 적체되지 않도록 하려는 목적에서 일정한 요건을 갖춘 특별한 경우로 한정하여 피고인의 공판기일 출석에 예외를 인정한 것이다. 그렇지만 그로 인하여 헌법 및 형사소송법이 보장한 피고인의 방어권 행사가 제한되는 것은 부정할 수 없으므로, 공정한 재판을 받을 권리가 본질적으로 침해되지 않도록 방어권을 보완하는 절차를 둘 필요가 있다.

앞서 본 것과 같이 이 사건 특례 규정이 그 적용 대상에서 사형, 무기 또는 장기 10년이 넘는 징역이나 금고에 해당하는 사건을 제외함으로써 불출석 재판에 의하여 피고인에게 과중한 형이 선고되는 것을 막는 것에 그치지 않고, 나아가 이 사건 재심 규정을 두어 피고인이 책임을 질 수 없는 사유로 제1심 공판절차에 출석할 수 없었던 경우에 확정된 제1심 유죄판결에 대하여 폭넓게 재심을 허용한 것은 피고인이 출석한 공판절차에서 다시 재판을 받을 수 있는 기회를 부여하여 방어권을 실질적으로 보완하고 심급의 이익을 보장함으로써 헌법이 인정한 공정한 재판을 받을 권리 및 적법절차의 원칙을 실현하려는 취지로서, 이 사건 특례 규정이 합헌성을 갖추기 위한 필수적인 제도적 장치라 할 수 있다.

라. 그런데 이와 같이 귀책사유 없이 공판절차에 출석하지 못한 피고인에게 재심청구권을 부여하여 공정한 재판을 받을 권리를 보장할 필요성은, 이 사건 특례 규정에 따라 진행된 제1심의 불출석 재판에 의하여 유죄판결이 확정된 경우뿐만 아니라, 그 제1심의 불출석 재판에 대하여 검사가 항소하여 항소심도 불출석 재판으로 진행한 후에 제1심판결을 파기하고 새로 또는 다시 유죄판결을 선고하여 확정된 경우에도 마찬가지로 인정된다.

오히려 제1심에 이어 항소심까지 불출석 재판으로 진행되어 제1심판결이 위와 같이 파기되면 제1심판결을 재심청구 대상으로 삼을 수 없을 뿐만 아니라 상고권회복결정을 받아 상고하더라도 형사소송법 제383조 제4호에 의하여 사실오인이나 양형부당을 상고이유로 주장하지 못하므로 피고인으로서는 그에 관하여 제대로 주장을 펴지도 못하고 항소심의 유죄판결을 받아들일 수밖에 없음을 고려하면, 제1심의 불출석 재판에 의한 유죄판결이 항소 없이 그대로 확정된 경우에 비해서 재심을 허용하여 피고인을 구제하여야 할 필요성은 훨씬 더 크다고 할 것이다.

비록 이 사건 재심 규정이 이 사건 특례 규정에 따라 제1심에서 유죄판결이 확정된 경우에 관하여 정하고 있지만, 이는 이 사건 특례 규정에 따라 피고인 불출석 상태에서 재판이 진행되는 경우에는 일반적으로 제1심에서 유죄판결이 확정된다는 사정을 고려한 것에 불과하고, 그 실질적인 취지는 이 사건 특례 규정에 기초하여 진행된 소송절차를 전제로 유죄판결이 이루어진 경우에는 그에 대한 재심을 허용하겠다는 것이라고 봄이 타당하다.

그럼에도 항소심 재판이 진행되었다는 이유로 이 사건 재심 규정과 같은 재심절차를 허용하지 않는다면, 이는 귀책사유 없이 제1심은 물론 항소심까지 공판절차에 출석할 수 없었던 피고인으로 하여금 징역 10년이 선고될 수도 있는 사건에 관한 사실심 재판결과를 그대로 받아들이도록 하는 것이어서 실체적 진실발견을 통하여 형벌권을 행사한다는 형사소송의 이념을 훼손하고 피고인의 공정한 재판을 받을 권리 및 방어권을 본질적으로 침해하는 결과를 낳을 뿐만 아니라, 제1심의 불출석 재판에 의한 유죄판결이 확정된 경우에 비하여 합리적인 이유 없이 부당하게 차별하는 것이므로 형평의 원칙에 반한다.

마. 이러한 이 사건 특례 규정과 재심 규정의 내용 및 입법 취지, 헌법 및 형사소송법에서 정한 피고인의 공정한 재판을 받을 권리 및 방어권의 내용, 적법절차를 선언한 헌법 정신, 귀책사유 없이 불출석한 상태에서 제1심과 항소심에서 유죄판결을 받은 피고인의 공정한 재판을 받을 권리를 실질적으로 보호할 필요성 등의 여러 사정들을 종합하여 보면, 이 사건 특례 규정에 따라 진행된 제1심의 불출석 재판에 대하여 검사만 항소하고 항소심도 불출석 재판으로 진행한 후에 제1심판결을 파기하고 새로 또는 다시 유죄판결을 선고하여 그 유죄판결이 확정된 경우에도, 이 사건 재심 규정을 유추 적용하여, 귀책사유 없이 제1심과 항소심의 공판절차에 출석할 수 없었던 피고인은 이 사건 재심 규정이 정한 기간 내에 항소심 법원에 그 유죄판결에 대한 재심을 청구할 수 있다고 해석함이 타당하다.

그리고 위 경우에 피고인이 재심을 청구하지 않고 상고권회복에 의한 상고를 제기하여 위 사유를 상고이유로 주장한다면, 이는 형사소송법 제383조 제3호에서 상고이유로 정한 원심판결에 '재심청구의 사유가 있는 때'에 해당한다고 볼 수 있으므로 원심판결에 대한 파기사유가 될 수 있다. 나아가 위 사유로 파기되는 사건을 환송받아 다시 항소심 절차를 진행하는 원심으로서는 피고인의 귀책사유 없이 이 사건 특례 규정에 의하여 제1심이 진행되었다는 파기환송 판결 취지에 따라, 제1심판결에 형사소송법 제361조의5 제13호의 항소이유에 해당하는 이 사건 재심 규정에 의한 재심청구의 사유가 있어 직권 파기 사유에 해당한다고 보고, 다시 공소장 부본 등을 송달하는 등 새로 소송절차를 진행한 다음 새로운 심리 결과에 따라 다시 판결을 하여야 할 것이다.

2. 기록에 의하면, ① 제1심은 이 사건 특례 규정에 따라 공시송달의 방법으로 공소장 부본과 소환장 등을 송달하고 피고인이 불출석한 상태에서 심리를 진행하여 벌금 500만 원을 선고하였고, ② 이에 대하여 검사만 양형부당으로 항소하자, 원심도 공시송달의 방법으로 소환장 등을 송달하고 형사소송법 제365조에 따라 피고인이 불출석한 상태에서 심리를 진행한 후, 검사의 항소를 받아들여 제1심판결을 파기하면서 징역 1년을 선고하여 원심판결이 형식적으로 확정되었는데, ③ 피고인은 공소장 부본 등을 송달받지 못해 공소가 제기된 사실조차 알지 못하였으며, 그 후 피고인이 원심판결에 의한 형 집행으로 검거되자 곧바로 상소권회복청구를 하였고, ④ 이에 법원은 피고인이 상고기간 내에 상고하지 못한 것은 책임을 질 수 없는 사유로 인한 것이라고 인정하여 상고권회복결정을 한 사실들을 알 수 있으므로, 이에 비추어 보면 피고인은 책임을 질 수 없는 사유로 제1심과 원심의 공판절차에 출석하지 못하였다고 할 수 있다.

3. 이러한 사정을 앞서 본 법리에 비추어 살펴보면, 피고인이 책임을 질 수 없는 사유로 불출석한 상태에서 이 사건 특례 규정에 의하여 제1심 재판이 진행되고 항소심 역시 피고인이 책임질 수 없는 사유로 불출석한 채 재판을 진행하여 제1심판결을 파기하고 다시 유죄판결을 선고한 원심판결에는 이 사건 재심 규정을 유추 적용한 재심청구의 사유가 있다 할 것이며, 이는 형사소송법 제383조 제3호에서 정한 상고이유에 해당한다.

[대법관 민일영, 대법관 권순일의 반대의견] 법률에 명문의 규정이 있고 의미와 내용이 명확한 경우에는 그 규정에 부족함이나 불합리한 점이 있다고 하더라도 국회의 입법을 통해 보완해 나가야 옳지, 그러한 절차를 거치지 않고 법원이 곧바로 명문의 규정에 어긋나게 해석하거나 입법자의 의사를 추론하여 새로운 규범을 창설하여서는 안 된다.

재심 규정이 '특례 규정에 따라 유죄 판결을 받고 그 판결이 확정된 경우'에 재심을 청구할 수 있다고 규정하고, 나아가 재심의 관할법원을 '원판결 법원'이 아닌 '제1심 법원'으로 한정하고 있는 점에 비추어 보면, 재심 규정은 제1심의 피고인 불출석 재판에 의하여 유죄판결이 확정된 경우에만 제1심 법원에 재심을 청구하는 것을 허용하고 있을 뿐, 제1심에 이어 항소심도 피고인 불출석 재판으로 진행한 후 제1심판결을 파기하고 다시 유죄판결을 선고하여 확정된 경우에는 재심을 허용하지 않고 있음이 분명하다.

형사소송법상 재심은 확정된 종국판결에 중대한 하자가 있음을 이유로 판결의 기판력을 깨뜨려 부당함을 시정하는 사후적인 구제절차이므로, 재심사유는 형사소송법이 열거하고 있는 사유에 한정되고 그 이외의 사유는 허용되지 않는다. 이러한 재심사유의 엄격성을 완화하기 위하여 헌법재판소법 등 개별 법률로 재심사유를 확장해 가고 있기는 하지만, 여전히 재심사유는 법률로 엄격히 제한되어 법률에서 제한적으로 인정하는 사유 이외에는 허용되지 않는다.

결론적으로, 제1심에 이어 항소심도 피고인 불출석 재판으로 진행하여 제1심판결을 파기하고 다시 유죄판결을 선고하여 확정된 경우에도 재심 규정을 유추 적용하여 항소심 법원에 재심을 청구할 수 있다는 다수의견은 정당한 법률해석의 한계를 벗어나 사실상 입법을 한 것이나 다름없어 받아들이기 어렵다.

나. 피고인의 출석권이 배제되는 경우

〈임의퇴정의 경우〉

대법원 1991. 6. 28. 선고 91도865 판결

이 사건 소송기록상의 각 공판조서를 통하여 제1심법원의 심판과정을 보면 제1,2차 공판기일은 모두 공판준비 등을 위하여 연기되었다가 **제3회 공판기일에 비로소 피고인과 원심공동피고인들에 대한 인정신문이 행하여지고 사실심리를 개시하기 위한 절차(검사의 공소요지의 진술, 재판장의 묵비권 고지 등)가 마쳐지자 마자 피고인과 관련 피고인들은 재판거부의 의사를 표시하고 퇴정해 버렸고 제4회 공판기일에 당하여서도 일단 출석한 위 사람들과 변호인은 재판거부의 의사를 표명하고 퇴정해 버렸으며**(변호인은 4회 공판기일 하루 전에 수소법원에 재판거부의 의사를 표명하는 피고인들의 요청에 따라 불출석 하겠다는 의사를 표명하고 있었다) **이어서 제1심 재판장은 피고인들 및 변호인 없이 재판하겠다고 고지하고 증거조사를 하겠다고 하자 검사의 서증제출이 있었고 이를 재판장이 모두 채택한 다음 증거조사를 하고 그후 증거조사를 마쳤다고 고지하고 이어 검사의 의견진술(구형 포함)을 듣고 변론을 종결한 다음 제5차 공판기일에 제1심 판결을 선고하였음을 알 수 있는바** 소론처럼 이 사건이 필요적 변론사건이라 하여도 피고인(관련 공동피고인들 포함)이 재판거부의 의사를 표시하고 재판장의 허가 없이 퇴정하고 변호인 마저 이에 동조하여 퇴정해 버린 것은 모두 피고인측의 방어권의 남용 내지 변호권의 포기로 볼 수 밖에 없는 것이어서 수소법원으로서는 형사소송법 제330조에 의하여 피고인이나 변호인의 재정 없이도 심리판결 할 수 있는 것이고 (당원 1990. 6. 12. 선고 90도672 판결, 1990. 6. 8. 선고 90도646 판결 등 참조) 또 공판심리는 사실심리와 증거조사가 행해지게 마련인데 이와 같이 피고인과 변호인들이 출석하지 않은 상태에서 증거조사를 할 수 밖에 없는 경우에는 형사소송법 제318조 제2항의 규정상 피고인의 진의와는 관계없이 형사소송법 제318조 제1항의 동의가 있는 것으로 간주하게 되어 있는 것이므로 원심이 위와 같은 사실들을 바탕으로 하여 피고인의 항소(양형과경부당을 이유로 한 검사의 항소기각 포함)를 기각한 것은 위에서 본 법리를 염두에 둔 것으로 보여져 옳고 여기에 소론과 같은 위법이 없다.

〈일시퇴정의 경우〉

대법원 2010. 1. 14. 선고 2009도9344 판결 <표준>

형사소송법 제297조의 규정에 따라 재판장은 증인이 피고인의 면전에서 충분한 진술을 할 수 없다고 인정한 때에는 피고인을 퇴정하게 하고 증인신문을 진행함으로써 피고인의 직접적인 증인 대면을 제한할 수 있지만, 이러한 경우에도 피고인의 반대신문권을 배제하는 것은 허용될 수 없다.

기록에 의하면, ① 제1심법원의 재판장은 이 사건 공소사실 중 폭행, 강제추행의 점에 대한 피해자 공소외인을 증인으로 신문함에 있어서 위 증인이 피고인의 면전에서 충분한 진술을 할 수 없다고 인정하여 피고인의 퇴정을 명하고 증인신문을 진행한 사실, ② 당시 피고인에게는 변호인이 선임되어 있지 아니하여 변호인 또는 피고인이 증인신문과정에 전혀 참여할 수 없었던 사실, ③ 제1심법원의 재판장은 증인신문에서 피고인의 퇴정을 명하기 전에 미리 피고인으로부터 신문사항을 제출받아 퇴정한 피고인을 대신하여 증인신문을 행하기는 하였으나, 증인신문이 모두 종료한 후에 피고인을 입정하게 하고 법원사무관 등이 진술의 요지를 고지하여 준 다음 바로 신문절차를 종결하였을 뿐, 피고인에게 실질적인 반대신문의 기회를 부여하지 아니한 사실 등을 알 수 있다.

위와 같은 증인신문의 진행 과정을 앞서 본 법리에 비추어 살펴보면, 변호인이 없는 피고인을 일시 퇴정하게 하고 증인신문을 한 다음 피고인에게 실질적인 반대신문권의 기회를 부여하지 아니한 채 이루어진 증인 공소외인의 법정진술은 위법한 증거로서 증거능력이 없다고 볼 여지가 있다.

그러나 또한 기록에 의하면, 제1심법원은 제3회 공판기일에 위와 같이 증인 공소외인에 대한 증인신문을 실시하고 공판조서(증인신문조서)를 작성한 다음, 제4회 공판기일에서 재판장이 증인신문 결과 등을 위 공판조서에 의하여 고지하였는데 피고인은 '변경할 점과 이의할 점이 없다'고 진술한 사실을 알 수 있는바, 이와 같이 <u>피고인이 책문권 포기 의사를 명시함으로써 실질적인 반대신문의 기회를 부여받지 못한 하자가 치유되었다고 할 수 있으므로</u>(대법원 1974. 1. 15. 선고 73도2967 판결 등 참조), 증인 공소외인의 법정진술이 위법한 증거라고 볼 수 없고, 결국 상고이유의 주장은 이유 없다.

Ⅱ. 변호인의 출석

〈필요적 변호사건에서의 변호인 불출석의 소송법적 효과〉

대법원 1999. 4. 23. 선고 99도915 판결

피고인에 대한 공소사실 중 강간치상의 점은 형법 제301조에 의하여 법정형이 무기 또는 5년 이상의 유기징역에 해당하는 사건이고, 형사소송법 제282조는 사형, 무기 또는 단기 3년 이상의 징역이나 금고에 해당하는 사건에 관하여는 변호인 없이 개정하지 못한다고 규정하고 있는바, 기록에 의하면, <u>이 사건 제1심의 공판절차 중 제2회 공판절차는 사선 변호인과 국선 변호인이 모두 불출석한 채 개정되어 국선 변호인 선정 취소 결정이 고지된 후 변호인 없이 피해자 공소외인에 대한 증인신문 등 위 사건에 대한 심리가 이루어졌음이 명백하므로, 이 사건 강간치상죄에 관하여는 그와 같은 위법한 공판절차에서 이루어진 공소외인에 대한 증인신문 등 일체의 소송행위가 모두 무효라고 할 것이다</u>(대법원 1995. 4. 25. 선고 94도2347 판결, 1995. 9. 29. 선고 95도1721 판결 등 참조).

2. 그럼에도 불구하고, 원심은 제1심의 그와 같은 위법을 간과한 채, 제1심의 증거조사가 적법하다 하여 제1심이 조사, 채택한 증거들에 기하여 피고인의 사실오인에 관한 항소이유를 배척하는 한편, 나아가 양형부당을 이유로 직권으로 제1심판결을 파기하면서 제1심판결이 거시한 증거를 그대로 인용하여 유죄판결을 하였으니, 결국 원심판결에는 필요적 변호사건에서 변호인 없이 이루어진 소송행위의 효력에 관한 법리를 오해한 위법이 있다.

다만, <u>필요적 변호사건에서 변호인이 없거나 출석하지 아니한 채 공판절차가 진행되었기 때문에 그 공판절차가 위법한 것이라 하더라도 그 절차에서의 소송행위 외에 다른 절차에서 적법하게 이루어진 소송행위까지 모두 무효로 된다고 볼 수는 없는 것이므로</u>(대법원 1990. 6. 8. 선고 90도646 판결 참조), <u>적법하게 조사를 마친 다른 증거들을 종합하여 그 범죄사실을 인정할 수 있는 경우에는 그러한 위법이 판결에 영향을 미쳤다고 할 수 없을 것이다.</u>

대법원 2011. 4. 28. 선고 2011도2279 판결

이 사건 공소사실 중 흉기휴대 상해의 점은 그 적용법조인 폭력행위 등 처벌에 관한 법률 제3조 제1항, 제2조 제1항, 형법 제257조 제1항에 정한 법정형이 3년 이상의 유기징역이므로, 이 사건은 형사소송법 제282조에 규정된 필요적 변호사건에 해당하고, 따라서 항소심인 원심으로서도 그 준용규정인 형사소송법 제370조에 따라 변호인 없이 개정하거나 심리하지 못한다.

기록에 의하면, 피고인은 흉기휴대 상해의 폭력행위 등 처벌에 관한 법률 위반죄로 공소제기된 후 사기죄의 약식명령에 대한 정식재판청구를 하였는데, 제1심은 위 두 사건의 변론을 병합하고 국선변호인을 선임하여 공판절차를 진행한 다음 이를 모두 유죄로 인정하여 위 흉기휴대 상해죄에 대하여는 징역형의 집행유예를, 사기죄에 대하여는 벌금형을 병과하는 판결을 선고하였으나, 원심은 피고인이 변호인을 선임한 바 없음에도 불구하고 국선변호인을 선정하지 아니한 채 개정하고 사건을 심리하여 항소기각 판결을 선고하였는바, 이와 같이 필요적 변호사건에 있어 변호인의 관여 없는 공판절차에서 이루어진 소송행위는 무효이고, 원심이 위 두 사건을 병합하여 심리를 진행하여 하나의 판결을 선고한 이상, 원심의 위와 같은 위법은 병합심리된 사기죄 부분에 대하여도 미친다고 할 것이며, 이는 필요적 변호사건이 아닌 사기죄 부분에 대하여 별개의 벌금형을 선택하여 선고하였다고 하더라도 마찬가지라고 하겠다. 결국 원심판결에는 그 소송절차가 법률에 위배되어 그대로 유지될 수 없는 위법이 있어 파기를 면할 수 없다.

〈필요적 변호사건이 아닌 경우〉

대법원 2013. 5. 9. 선고 2013도1886 판결

형사소송법 제33조는 제1항 및 제3항에서 법원이 직권으로 변호인을 선정하여야 하는 경우를 규정하면서, 제1항 각 호에 해당하는 경우에 변호인이 없는 때에는 의무적으로 변호인을 선정하도록 규정한 반면, 제3항에서는 피고인의 연령·지능 및 교육 정도 등을 참작하여 권리보호를 위하여 필요하다고 인정하는 때에 한하여 재량으로 피고인의 명시적 의사에 반하지 아니하는 범위 안에서 변호인을 선정하도록 정하고 있으므로, 형사소송법 제33조 제1항 각 호에 해당하는 경우가 아닌 한 법원으로서는 권리보호를 위하여 필요하다고 인정하지 않으면 국선변호인을 선정하지 않을 수 있을 뿐만 아니라, 국선변호인의 선정 없이 공판심리를 하더라도 피고인의 방어권이 침해되어 판결에 영향을 미쳤다고 인정되지 않는 경우에는 형사소송법 제33조 제3항을 위반한 위법이 있다고 볼 수 없다(대법원 2010. 4. 29. 선고 2010도

881 판결 참조).

기록에 의하면 형사소송법 제33조 제1항 각 호의 어느 사유에도 해당하지 아니하는 이 사건에서 피고인이 당초 공소사실을 부인하는 취지의 의견서와 국선변호인 선정청구서를 제출하자 제1심은 제1회 공판기일인 2012. 2. 13. 국선변호인을 선정하여 준 사실, 피고인과 국선변호인은 그 후 공소사실을 부인하다가 제4회 공판기일에 공소사실을 모두 인정하고 피해자들과의 합의를 위해 노력하겠다고 진술한 사실, 그 후 제1심은 판결 전 조사를 거친 다음 피고인에게 징역 1년의 형을 선고하되 법정에서 구속을 하지는 않은 사실, 피고인은 아무런 항소이유가 기재되지 않은 항소장만을 제출한 다음 원심법원으로부터 소송기록 접수통지를 받고도 법정기간 내에 항소이유서를 제출하지 않은 채 국선변호인 선정청구도 하지 않았던 사실, 피고인은 그 후 항소심 제1회 공판기일에 출석하여 피해자들과 합의하겠으니 형을 감경하여 달라는 취지의 진술만 한 후 며칠 뒤 동일한 내용의 항소이유서를 제출한 사실, 이에 원심은 판결 전 조사를 거친 다음 피고인이 법정기간 내에 적법한 항소이유의 주장을 하지 않았고 달리 직권조사사유도 없다는 이유로 피고인의 항소를 기각하는 판결을 선고한 사실을 알 수 있다.

이러한 사실관계를 앞서 본 법리에 비추어 보면, 피고인의 권리보호를 위하여 법원이 재량으로 국선변호인 선정을 해 줄 필요는 없다고 보아 국선변호인 선정 없이 공판심리를 진행한 원심의 판단과 조치 및 절차는 정당하다고 수긍할 수 있고, 피고인이 피해자들과의 합의를 전제로 감형만을 구하였던 이상 원심이 국선변호인을 선정하여 주지 않은 것이 피고인의 방어권을 침해하여 판결 결과에 영향을 미쳤다고 보기도 어려우므로, 거기에 상고이유로 주장하는 바와 같이 변호인의 조력을 받을 피고인의 권리를 침해한 위법이나 형사소송법 제361조의4 규정에 관한 법리오해의 위법이 있다고 할 수 없다.

대법원 2011. 9. 8. 선고 2011도6325 판결 <표준> 「형사소송법 제282조에 규정된 필요적 변호사건에 해당하는 사건에서 제1심의 공판절차가 변호인 없이 이루어져 증거조사와 피고인신문 등 심리가 이루어졌다면, 그와 같은 위법한 공판절차에서 이루어진 증거조사와 피고인신문 등 일체의 소송행위는 모두 무효이므로, 이러한 경우 항소심으로서는 변호인이 있는 상태에서 소송행위를 새로이 한 후 위법한 제1심판결을 파기하고, 항소심에서의 증거조사 및 진술 등 심리 결과에 기하여 다시 판결하여야 한다.」

헌법재판소 2010. 2. 25. 선고 2008헌바67 결정 「형사소송법은 항소심의 구조를 원칙적 속심제로 규정하고 있으므로 항소심에서 속심한 이상 항소이유가 있는 경우에 항소심에서 자판하는 것은 당연한 귀결인바, 항소심에서 형사소송법 제282조에 위반한 원심판결을 파기한 후 자판한다고 하더라도, 피고인으로서는 항소법원에 의하여 원심 절차의 법령위반이 해소된 상태에서 충실한 심리를 받을 수 있을 뿐만 아니라, 대법원에 상고할 권리도 보장되어 있으므로 재판의 적정이라는 관점에서 재판청구권 또는 공정한 재판을 받을 권리를 침해한다고 보기 어렵고, 재판의 신속 및 소송경제의 측면에서도 무익한 절차의 반복을 지양할 수 있어 공공의 이익은 물론 피고인의 이익에도 부합한다. 따라서 형사소송법 제366조가 공소기각 또는 관할위반의 재판이 법률에 위반됨을 이유로 원심판결을 파기하는 때와 같이 제1심에서 실체적 심리를 하지 아니한 경우에만 환송하여 제1심의 실체적 심리를 거치게 하고, 제1심에서 필요적 변호절차를 위반한 경우에는 항소심에서 자판하게 한 것은 속심제 항소심 구조하에서 재판의 적정·신속 및 소송경제의 이념을 합리적으로 조화시키기 위한 것으로 입법형성권의 재량이 불합리하거나 자의적으로 행사되었다고 볼 수 없다.」

Ⅲ. 검사의 출석

대법원 1966. 5. 17. 선고 66도276 판결 「원심은 그 제1차 공판기일인 1965.11.18. 09:00에 검사의 출석 없이 개정하여 피고인 신문과 증거조사를 마치고, 제2차 공판기일인 1965.12.2. 09:00에는 검사에게, 기일통지조차 하지 아니한채, 검사의 출석없이 개정하여 피고인 신문과 증인 공소외 1, 2, 3에 대한 신문을 마친 사실, 원심은 위와 같이 검사의 출석없이 개정한 기일에, 조사 신문한 증거로서 원판결이유의 기초로 삼고 있는 사실을 인정할 수 있으므로, 결국 원판결에는 소송절차에 관한 법령에 위배하여, 판결에 영향을 미친 위법이 있다.」

대법원 1966. 11. 29. 선고 66도875 판결 「원심은 1966.4.14.자 공판에서 그 다음 공판기일을 1966.4.21 오전 10시로 지정하여 관여검사 홍순욱에게 고지하고, 지정된 1966.4.21. 공판기일에 검사가 출석치 아니하여서 공판을 개정하지 못하고, 다시 1966.5.5 오전 10시를 다음 공판기일로 지정하여, 그 기일통지를 하여 이 통지서가 1966.4.25 대구고등검찰청에 도달하므로서, 검사는 2회의 공판기일 통지를 받았는데 검사가 출석치 아니하여서, 원심은 검사의 출석없이 1966.5.5자 공판을 개정하여 사건을 심리한 것이 분명하므로 이는 형사소송법 제278조에 위배되는 소송절차라고는 할 수 없을 것이고, 형사소송법 제278조를 검사가 기일통지 3회 이상 받고 출석치 아니한 때에 한하여 적용할 것이라는 검사의 상고이유는 독자적인 견해에 불과하여 채용할 바 못된다.」

Ⅳ. 전문심리위원의 참여

대법원 2019. 5. 30. 선고 2018도19051 판결 <표준> 「형사소송법 제279조의2 제1항, 제2항, 제4항, 제279조의4 제1항, 제279조의5 제1항, 형사소송규칙 제126조의8, 제126조의10, 전문심리위원의 소송절차 참여에 관한 예규 제4조 제1항, 제5조에서 전문심리위원의 형사소송절차 참여와 관련하여 위와 같이 상세한 규정을 마련한 것은, 전문심리위원의 전문적 지식이나 경험에 기초한 설명이나 의견이 법원의 심증형성에 상당한 영향을 미칠 가능성이 있음을 고려한 다음 그에 대응하여 전문심리위원이 지정되는 단계, 전문심리위원의 설명이나 의견의 대상 내지 범위를 정하는 과정, 그의 설명이나 의견을 듣는 절차에 피고인 등 당사자가 참여할 수 있도록 한 것이다. 그럼으로써 형사재판에 대한 당사자의 신뢰의 기초가 될 '형사재판의 절차적 공정성과 객관성'이 확보될 수 있기 때문이다. 따라서 형사재판의 담당 법원은 전문심리위원에 관한 위 각각의 규정들을 지켜야 하고 이를 준수함에 있어서도 적법절차원칙을 특별히 강조하고 있는 헌법 제12조 제1항을 고려하여 전문심리위원과 관련된 절차 진행 등에 관한 사항을 당사자에게 적절한 방법으로 적시에 통지하여 당사자의 참여 기회가 실질적으로 보장될 수 있도록 세심한 배려를 하여야 한다. 그렇지 않을 경우, 헌법 제12조 제1항의 적법절차원칙을 구현하기 위하여 형사소송법 등에서 입법한 위 각각의 적법절차조항을 위반한 것임과 동시에 헌법 제27조가 보장하고 있는 공정한 재판을 받을 권리로서 '법관의 면전에서 모든 증거자료가 조사·진술되고 이에 대하여 피고인이 방어할 수 있는 기회가 실질적으로 부여되는 재판을 받을 권리'의 침해로 귀결될 수 있다.」

제 4 절   공판기일의 절차

Ⅰ. 증거조사

1. 의의

대법원 2005. 4. 29. 선고 2005도70 판결 「형사소송법 제291조 제1항은 "소송관계인이 증거로 제출한 서류나 물건 또는 제272조(공무소 등에 대한 조회), 제273조(공판기일 전의 증거조사)의 규정에 의하여 작성 또는 송부된 서류는 검사, 변호인 또는 피고인이 공판정에서 개별적으로 지시설명하여 조사하여야 한다.", 같은 조 제2항은 "재판장은 직권으로 전항의 서류나 물건을 공판정에서 조사할 수 있다."고 규정하고 있고, 같은 법 제292조 제1항은 "재판장은 검사, 변호인 또는 피고인에게 증거물을 제시하고 증거물이 서류인 때에는 그 요지를 고지하여야 한다."고 규정하고 있으며, 같은 법 제293조는 "재판장은 피고인에게 각 증거조사의 결과에 대한 의견을 묻고 권리를 보호함에 필요한 증거조사를 신청할 수 있음을 고지하여야 한다."고 규정하고 있으므로, 위와 같은 절차에 따른 증거조사를 거치지 않은 서류는 증거능력이 없는 것이어서 이를 사실인정의 자료로 삼을 수 없다 할 것인바, 위 캐릭터 상품화권 계약서, ○○○○○ 머천업체 총매출액표, 중지관리대장 및 로열티 정산서, ○○○○○ 업체별 광고비, 각 경고문 등의 서류는 공소외 1 주식회사의 직원인 공소외 2가 수사기관 또는 원심법정에 제출한 것으로 검사가 이를 증거로 제출하였거나 공판정에서 이에 대한 적법한 증거조사를 한 흔적을 찾아 볼 수 없으므로, 위 서류들은 증거능력이 없는 것이어서 이를 사실인정의 자료로 삼을 수는 없다.」

2. 증거조사의 개시절차

가. 당사자의 증거신청

대법원 1983. 9. 27. 선고 82도2614 판결 「피고인이 증인 제1심 공동피고인의 신문을 신청한데 대하여 원심이 그 채부의 결정을 함이 없이 변론을 종결한 잘못이 있음은 소론과 같으나 그 사람은 제1심에서 공동피고인으로서 심판을 받은바 있었을 뿐 아니라 원심에서 마쳐진 증거조사의 경과에 비추어 보면 위와 같은 위법은 판결에 영향을 미친 것이라고 볼 수는 없다.」

대법원 2008. 2. 28. 선고 2007도9354 판결 「형사소송법 제294조에 의한 검사의 증거신청은 법원에서 공판의 심리를 종결하기 전에 한 것에 한하여 법원이 그 신청에 대한 채택 여부를 결정하는 것이지, 법원이 적법하게 공판의 심리를 종결한 뒤에 이르러 검사가 증거신청을 하였다 하여 반드시 공판의 심리를 재개하여 증거채부 결정을 하여야 하는 것은 아니라 할 것인바, 이 사건에 있어서 검사는 **항소심 공판이 종결되고 판결선고일까지 고지된 뒤에 증거신청서를 제출하였음**이 기록상 분명하므로, 원심이 이 사건 공판심리를 재개하여 검사의 증거신청을 받아들이지 아니하였다 하여 거기에 헌법 및 법령을 위반한 위법이 있다 할 수 없다.」

나. 직권에 의한 증거수집

대법원 1978. 6. 27 선고 78도579 판결 「피고인은 1심이래 판시 제4의 범행사실만을 부인하며 항소이유로서 위 범행일시에는 폭력사건으로 교도소에 수감중이였다는 것을 주장하였으며 한편 1심에서 직권으로 부산교도소장에게 사실조회를 하고 이에대한 동 교도소장으로부터의 회보가 송부되어 왔으며 동 회보에 의하면 피고인은 폭력행위등처벌에관한법률위반죄로 1977.3.3. 동 교도소에 입소하였다가 1977.6.14. 집행유예 선고에 의해서 출소된 것으로 되어 있어서(기록 39면—이점 피고인의 반소와 일치된다) 동 회보는 위 범죄사실의 유무를 인정함에 있어서 중요한 자료가 될 수 있는 것이라고 할 것이므로 법원이 직권에 의하여 위 사실에 대한 조회를 하고 그에 대한 위와같은 내용의 회보가 있었으며 동 회보가 기록에 편철되어 있고 피고가 동 회보의 기재내용을 들어 항소이유로 하고 있으므로 동 회보를 받은 1심 법원이 동 회보에 대하여 하등의 조사도 하지 아니한 것이 기록상 명백한 이건에 있어서는 원심으로서는 의당 동 회보에 대하여 증거조사를 하였어야 마땅하다 할 것인데 동 회보에 대하여 하등 조사도 하지 아니하고 단지 "원심판결이 인용한 증거를 기록에 의하여 검토하면 원심이 판시한 피고인의 범죄사실을 인정할 수 있다"라는 이유로 피고인의 항소이유를 배척한 것은 그 배척한 이유를 충분히 명시못한 흠이 있다고 아니할 수 없다.」

광주고등법원 1979. 7. 26. 선고 79노127 판결 「검사의 피고인 A에 대한 항소이유의 요지는 원심은 동 피고인에 대한 상습장물취득의 이 사건 공소사실에 대하여 그 일부에 대하여는 증거가 없다는 이유로 무죄를 선고하고 그 일부에 대하여는 유죄로 인정하면서 징역 1년 6월의 형을 선고하였다. 그러나 무죄를 선고한 공소사실중 동 피고인이 1971.8.20.과 1978.7.29.에 장물인 자전거를 상습으로 취득하였다는 점에 대하여는 법원이 검사에게 증거신청을 촉구하거나 직권으로 증거를 조사하였더라면 충분히 유죄로 인정할 수 있었음에도 불구하고 이에 이르지 아니한 원심은 증거채택을 잘못하여 그 형의 양정이 너무 가벼워 부당하다는 것이며 … 형사소송법 제295조에 의하면 법원은 직권으로 증거조사를 할 수 있다고 규정되어 있는 바, 이는 법원이 검사, 피고인 또는 변호인등이 증거로 제출한 서류나 물건을 조사하고서도 심증형성을 얻지 못하면 보충적 후견적으로 직권에 의하여 증거조사를 "할 수 있다"는 것이지 의무적으로 증거조사를 하여야 한다는 규정이라고는 볼 수 없으므로 검사가 증거신청도 하지 아니한 증거들을 직권으로 조사하지 아니하고 또 증거신청을 촉구하지 아니하였다고 하여 위법이라고 할 수는 없(다).」

다. 증거결정

대법원 1995. 6. 13. 선고 95도826 판결 「논지는 원심이 변호인의 증거신청을 채택하지 아니한 것이 위법하다는 것이나. 증거신청의 채택 여부는 법원의 재량으로서 법원이 필요하지 아니하다고 인정할 때에는 이를 조사하지 아니할 수 있는 것이므로, 변호인의 증거신청을 채택하지 아니한 원심의 조치가 반드시 위법하다고 할 수는 없다.」

헌법재판소 2013. 8. 29. 선고 2011헌바253, 2012헌바470(병합) 결정 「형사소송법 제295조, 제296조 제2항이 증거신청에 대하여 법원의 재량에 의하여 증거채택 여부를 결정할 수 있도록 한 것은, 소송절차의 신속·원활한 진행을 도모하고 부당한 결론이 도출되는 것을 방지하기 위한 것으로 목적의 정당성과 수단의 적절성이 인정된다. 또한 법원이 당사자가 신청하는 모든 증거를 조사하는 경우 재판의 불필요한 지연, 인적·물적 자원의 낭비 등을 피할 수 없으며, 이의신청 내지 종국재판에 대한 상소로써 불복할 수 있고, 재판청구권에 대하여 상대적으로 광범위한 입법형성권이 인정되는 점 등을 고려하면 침해의 최소성을 인정할 수 있으며, 신속·공정한 재판실현이라는 공익이 당사자가 입는 불이익보다 중대하여 법익의 균형성도 인정되므로, 청구인의 공정한 재판을 받을 권리를 침해하지 아니한다.」

대법원 1996. 11. 14.자 96모94 결정 「형사소송법 제39조는 "재판에는 이유를 명시하여야 한다. 단, 상소를 불허하는 결정 또는 명령은 예외로 한다."고 규정하고 있으나, 그 이유 기재의 정도에 관하여는 형사소송법 제323조가 유죄판결에 명시될 이유에 관하여 규정하고 있을 뿐 다른 규정은 없으므로, 어느 재판에 어느 정도의 이유 기재를 요하느냐는 그 재판의 성격에 따라 결정할 수밖에 없다고 할 것인바, 증거조사신청의 기각결정 등 판결 전의 소송절차에 관한 재판에는 재판의 간결성의 원칙에 따라 그 사유의 존부에 관하여 자세하고 구체적인 설명을 생략하고 그 신청의 당부에 대한 이유를 다만 신청의 이유가 있다 또는 그 이유가 없다고 간단히 밝히면 된다고 할 것이고 또 그와 같이 처리하는 것이 우리 법원의 오랜 관행이기도 하다. 따라서 이 사건 신청도 형사소송법상 증거조사신청의 일종으로 규정하고 있음이 분명하므로 이 사건 신청을 기각함에 있어 "이 사건 증인신청은 그 이유가 없다고 인정되므로 이를 기각한다."고 이유를 기재한 원심결정에 적법한 이유의 기재가 있다고 보지 않을 수 없다. … 헌법 제27조 제5항은 "형사 피해자는 법률이 정하는 바에 의하여 당해 사건의 재판절차에서 진술할 수 있다."고 규정하고 있고, 이에 따라 형사소송법 제294조의2 제1항 본문은 "법원은 범죄로 인한 피해자의 신청이 있는 경우에는 그 피해자를 증인으로 신문하여야 한다."고 규정하는 한편 그 제3항은 "동일한 범죄사실에서 제1항의 규정에 의한 신청인의 수가 다수인 경우에는 증인으로 신문할 자의 수를 제한할 수 있다."고 규정하고 있으므로, 법원으로서는 동일한 범죄사실에 대하여 피해자 진술신청을 한 자가 수인인 경우에는 피고인과의 관계, 피해의 정도와 그 결과, 신청인들이 진술하려는 취지와 내용, 재판절차가 지연될 가능성 등 여러 사정을 고려하여 그 신청인들 중에서 가장 적합하다고 여겨지는 자의 신청만을 받아들이고 그 나머지 자의 신청은 이를 기각할 수도 있다고 해석하여야 할 것이다.」

대법원 1990. 6. 8. 선고 90도646 판결 <표준> 「당사자의 증거신청에 대한 법원의 채택여부의 결정은 판결 전의 소송절차에 관한 결정으로서 이의신청을 하는 외에는 달리 불복할 수 있는 방법이 없고, 다만 그로 말미암아 사실을 오인하여 판결에 영향을 미치기에 이른 경우에만 이를 상소의 이유로 삼을 수 있을 뿐이(다).」

대법원 2021. 7. 21. 선고 2018도3226 판결 「형사소송규칙 제134조 제4항은 "법원은 증거신청을 기각·각하하거나 증거신청에 대한 결정을 보류하는 경우 증거신청인으로부터 당해 증거서류 또는 증거물을 제출받아서는 아니 된다."라고 규정하고 있으므로, 법원은 증거능력이 없어 증거로 채택되지 아니한 증거서류 또는 증거물을 제출받아서는 안 되고, 일단 제출받은 경우에는 이를 증거신청인에게 반환하여야 한다(대법원 2012. 4. 26. 선고 2012도124 판결 등 참고). 그런데 제1심은 제4회 공판기일에 검사가 제출한 피고인들에 대한 각 경찰 작성의 피의자신문조서에 대하여 피고인들이 그 내용을 부인하고 있음을 이유로 증거신청을 기각하였음에도 위 각 증거를 검사에게 반환하지 아니한 채 증거기록에 그대로 편철하여 둠으로써 형사소송규칙 제134조 제4항을 위반하였고, 원심에서도 위와 같은 잘못은 그대로 유지하였다. 그러나 기록에 의하면, 제1심 및 원심은 증거로 채택되지 아니한 피고인들에 대한 각 경찰 작성의 피의자신문조서에 대하여 증거조사를 하지 아니하였고, 판결이유에서 유죄의 근거로 삼지도 않은 사실이 인정될 뿐만 아니라, 원심이 적법하게 채택한 다른 증거들만으로도 피고인들에 대한 공소사실을 유죄로 인정하기에 충분하므로, 원심의 위와 같은 잘못이 판결 결과에 영향을 미쳤다고 할 수 없다.」

3. 증거조사의 실시

〈증거재판주의 및 공판중심주의에 부합하는 증거조사 방식〉

대법원 2011. 11. 10 선고 2011도11115 판결

가. 형사소송법은제307조에서 '사실의 인정은 증거에 의하여야 하고, 범죄사실의 인정은 합리적인 의심이 없는 정도의 증명에 이르러야 한다'는 증거재판주의를 천명하면서, 증거서류와 증거물 및 그 밖의 증거를 구분한 다음 각각의 증거방법에 대한 증거조사방식을 개별적으로 규정하고 있다.

또한 우리 형사소송법은 형사사건의 실체에 대한 유죄·무죄의 심증 형성은 법정에서의 심리에 의하여야 한다는 공판중심주의의 한 요소로서, 법관의 면전에서 직접 조사한 증거만을 재판의 기초로 삼을 수 있고 증명 대상이 되는 사실과 가장 가까운 원본 증거를 재판의 기초로 삼아야 하며, 원본 증거의 대체물 사용은 원칙적으로 허용되어서는 안 된다는 실질적 직접심리주의를 채택하고 있기도 하다. 이는 법관이 법정에서 직접 원본 증거를 조사하는 방법을 통하여 사건에 대한 신선하고 정확한 심증을 형성할 수 있고 피고인에게 원본 증거에 관한 직접적인 의견진술의 기회를 부여함으로써 실체적 진실을 발견하고 공정한 재판을 실현할 수 있기 때문이다(대법원 2006. 11. 24. 선고 2006도4994 판결 등 참조).

그러므로 형사소송절차를 주재하는 법원으로서는 절차의 진행과 심리 과정에서 법정을 중심으로 위와 같은 실질적 직접심리주의의 정신이 최대한 구현될 수 있도록 하여야 한다. 특히 범죄사실의 인정을 위한 증거조사를 함에 있어서는 특별한 사정이 없는 한 공개된 법정에서 그 증거방법에 가장 적합한 방식으로 증거조사를 하여야 하고, 이를 토대로 형성된 심증에 따라 공소가 제기된 범죄사실이 합리적인 의심이 없는 정도로 증명되었는지 여부를 판단하여야 한다.

나. 원심이 유지한 제1심판결 이유에 의하면, 제1심에서 이 사건 범죄사실에 대한 유죄의 증거로 채용한 것은 '증인 공소외인의 법정진술'과 '공소외인에 대한 경찰 진술조서'뿐이고, 원심에서 인용한 'cctv 영상'은 유죄의 증거로 채용한 바가 없다.

다만 기록에 의하면, 위 cctv 영상과 관련하여 제1심은 경기수원중부경찰서 경찰관이 작성한 수사보고를 증거로 채택하여 조사하였는데, 위 수사보고는 피해자 공소외인이 이 사건 당시 버스에 설치된 cctv에 의해 녹화된 영상을 재생할 수 있는 매체인 cd(컴퓨터용 디스크)를 제출하여 첨부한다는 내용이고 실제로 cd가 그 보고서에 첨부되어 있기도 하다. 그러나 공판조서의 일부인 증거목록에 기재되어 있는 바와 같이 **제1심은 위와 같이 cd가 첨부되어 있는 수사보고에 대한 증거조사를 형사소송법 제292조에서 정한 증거서류에 대한 증거조사 방식에 따라 제시 및 내용고지의 방법에 의하여 한 것으로 되어 있을 뿐, 형사소송법 제292조의 3에서 정한 컴퓨터용 디스크에 대한 증거조사 방식에 따라 증거조사를 하지는 않았음**이 명백하다.

그럼에도 원심이 위 cctv 영상을 재생할 수 있는 매체인 cd에 대한 증거조사가 이루어졌음을 전제로 제1심이 채택하여 조사한 증거들로 'cctv 영상'을 적시한 다음, 이를 비롯한 그 판시 증거들을 종합하여 보면 이 사건 범죄사실이 인정된다고 판단하고 말았으니, 원심판결에는 적법한 증거조사를 거치지 않은 증거를 채택하여 범죄사실을 인정한 잘못이 있다고 하지 않을 수 없다. …

피고인은 제1심 이래 줄곧 유형력을 행사하는 등의 폭행을 한 바는 전혀 없다며 이 부분 범죄사실을 강하게 부인하면서 다투어 왔고, '당시 버스 내에서 촬영된 cctv 영상을 살펴보면 피고인이 그와 같은 범행을 한 사실이 없음이 밝혀질 것이다'며 변소하기도 하였다.

<u>원칙적으로 증거의 채부는 법원의 재량에 의하여 판단할 것이지만, 형사사건의 실체를 규명하는 데 가장 직접적이고 핵심적인 증거는 법정에서 증거조사를 하기 곤란하거나 부적절한 경우 또는 다른 증거에 비추어 굳이 추가 증거조사를 할 필요가 없다는 등 특별한 사정이 없는 한 공개된 법정에서 그 증거방법에 가장 적합한 방식으로 증거조사를 하고, 이를 통해 형성된 유죄·무죄의 심증에 따라 사건의 실체를 규명하는 것이 형사사건을 처리하는 법원이 마땅히 취하여야 할 조치이고, 그것이 우리 형사소송법이 채택한 증거재판주의, 공판중심주의 및 그 한 요소인 실질적 직접심리주의의 정신에도 부합한다</u>고 할 것이다. 특히 이 사건에서 버스를 운행 중인 피해자에 대해 단지 말로만 위협한 경우와 폭력 등의 유형력을 행사한 경우는 범행의 내용에 결정적차이가 있고, 이는 유죄·무죄의 판단뿐만 아니라 양형의 요소로서도 매우 중요한 인자가 되는 것이므로 그 점을 밝혀 볼 수 있는 가장 확실하고 직접적인 증거가 있다면다른 특별한 사정이 없는 한 그 증거방법에 대해 적합한 방식으로 증거조사를 하여 실체를 밝혀내는 것이 필요하다.

그럼에도 원심이 <u>이 사건 범죄사실에 대하여 가장 관건이 되는 실체를 밝혀줄 수 있는 cctv 영상 자료가 녹화되어 있는 cd에 대한 증거조사를 하지 아니한 채 피해자의 애매한 진술만을 토대로 폭행의 점에 대해서까지 범죄사실의 증명이 있다고 판단한 것은 법원의 증거결정권의 내재적인 재량의 한계를 넘은 것일 뿐만 아니라 피고인의 방어권을 침해하는 것이기도</u>

하다.

〈증거조사의 방식〉

대법원 2013. 7. 26. 선고 2013도2511 판결

형사소송법 제292조, 형사소송규칙 제134조의6에 의하면 증거서류를 조사하는 때에는 신청인이 이를 낭독함을 원칙으로 하되 재판장이 필요하다고 인정하는 때에는 이에 갈음하여 그 요지를 진술하게 할 수 있고 열람이 다른 방법보다 적절하다고 인정하는 때에는 증거서류를 제시하여 열람하게 하는 방법으로 조사할 수 있다. 한편 형사소송법 제292조의2 제1항에 의하면 증거물을 조사하는 때에는 신청인이 이를 제시하여야 한다.

위와 같은 규정들의 취지에 비추어 보면, 본래 증거물이지만 증거서류의 성질도 가지고 있는 이른바 '증거물인 서면'을 조사하기 위해서는 증거서류의 조사방식인 낭독·내용고지 또는 열람의 절차와 증거물의 조사방식인 제시의 절차가 함께 이루어져야 하므로, 원칙적으로 증거신청인으로 하여금 그 서면을 제시하면서 낭독하게 하거나 이에 갈음하여 그 내용을 고지 또는 열람하도록 하여야 한다.

원심은 제1심법원이 피고인 1, 피고인 3이 이적표현물로 소지하였다는 책자들을 증거로 채택하였고, 위 책자들에 대한 제시, 내용 고지의 방식에 의하여 증거조사를 실시한 사정 등에 비추어 그 조사방식이 위법하다거나 위 책자들의 증거능력을 부인할 수 없다고 판단하였다. 위와 같은 원심의 사실인정 및 판단은 정당한 것으로 수긍할 수 있(다).

대법원 1967. 7. 4. 선고 67도613 판결 「제1심법원은 위 각 증인들에 대한 법정 외의 심문을 시행하기 위하여 소송관계인 (검사, 피고인 또는 변호인)의 의견을 물어 증거결정을 하였거나, 증인신문의 시일과 장소를 피고인 또는 변호인(변호인에게는 증인심문기일 변경명령이 송달되어 있어 이로써 증인심문기일의 통지는 되었다고 할 수 있으나 위 기일변경명령에 심문장소의 기재가 없고, 별도로 심문장소의 통지는 되어있지 아니하다)에게 통지하였거나 또는 그 뒤 공판기일에서 위 각 증인들에 대한 증인심문조서에 대하여 증거조사를 시행한 사실이 없음을 알 수 있다. 법원은 형사소송법 제165조에 의하여 법정 외의 증인심문을 시행하기 위하여는 검사, 피고인 또는 변호인의 의견을 물어 증거결정을 하여야하고, 같은 법 제163조 제2항에 의하여 증인심문에 참여권이 있는 피고인 또는 변호인에게, 그들이 참여하지 아니한다는 의사를 명시한 일이 없는 한 필요적으로 증인심문의 시일 및 장소를 통지하여야 되며, 절차상 위와 같은 사항에 대한 흠결이 있으면 그 절차에 있어서의 법정 외의 증인심문은 위법임을 면할 수 없다 할 것이다. 물론 위의 절차상의 흠결은 공판기일에서 당해증인심문조서에 대한 증거조사를 시행함에 있어 관계인이 이의가 없다고 진술한 경우라면 이를 책문권의 포기로 보아 그 절차상의 흠결은 치유된다고 하겠으나, 그 증인심문조서에 대하여 공판기일에서 증거조사 그 자체를 시행하지 아니 하였다면 그 증인심문조서는 증거능력이 있을 수 없는 것이다. 본건에 있어 위에서 본바와 같이 제1심법원은 위 각 증인들에 대한 법정 외의 증인심문조서에 대하여 공판기일에서 증거조사 자체를 시행한일이 없으므로 위 각 증인심문조서는 증거능력이 없는 것으로서 유죄의 인정자료로 삼을 수 없는 것(이다).」

대법원 2008. 6. 12. 선고 2007도7671 판결 「구 형사소송법상 증거서류에 대하여 당사자의 증거신청이 있으면, 법원은 증거의 채부결정 전에 신청한 자로 하여금 그 서류를 상대방에게 제시하게 하고, 상대방으로 하여금 그 서류의 증거능력 유무에 관한 의견을 진술하게 하여야 하는바[구 형사소송규칙 (2007. 10. 29. 대법원규칙 제2106호로 개정되기 전의 것) 제134조 제2항], 이러한 증거능력 인부를 위한 증거서류의 제시 여부는 공판조서의 기재사항이 아닐 뿐만 아니라(구 형사소송법 제51조 제2항), 공판조서의 일부인 이 사건 증거목록(증거서류 등)에 검사 작성의 피고인에 대한 제3회 피의자신문조서에 대하여 피고인 및 변호인의 증거의견이 표시되어 있는 점에 비추어 보면, 이 사건에서 위 피의자신문조서에 대하여 증거능력 인부를 위한 제시가 행하여지지 않았다고 볼 수 없으며, 한편 증거로 채택된 증거서류에 대한 증거조사의 실시는 요지를 고지하는 방식으로 행하고(구 형사소송법 제292조 제1항), 증거조사를 실시하는 단계에서 다시 증거서류를 제시할 필요는 없다.」

II. 증인신문

1. 의의

대법원 2000. 10. 13. 선고 2000도3265 판결 <표준> 「공판기일에서 증인을 채택하여 다음 공판기일에 증인신문을 하기로 피고인에게 고지하였는데 그 다음 공판기일에 증인은 출석하였으나 피고인이 정당한 사유 없이 출석하지 아니한 경우에, 그 사건이 형사소송법 제277조 본문에 규정된 다액 100만 원 이하의 벌금 또는 과료에 해당하거나 공소기각 또는 면소의 재판을 할 것이 명백한 사건이 아니어서 같은 법 제276조의 규정에 의하여 공판기일을 연기할 수밖에 없더라도, 이미 출석하여 있는 증인에 대하여 공판기일 외의 신문으로서 증인신문을 하고 다음 공판기일에 그 증인신문조서에 대한 서증조사를 하는 것은 증거조사절차로서 적법하다.」

2. 증인적격

가. 공동피고인의 증인적격

〈공범 아닌 공동피고인의 경우〉

대법원 1979. 3. 27. 선고 78도1031 판결 「상피고인 ○○○은 피고인들과 동일한 범죄사실로 소추되어 재판을 받은 것이 아니요 서로 다른 죄에 의하여 단죄되는 사정이 기록상 분명하므로 위 ○○○의 피고인으로서의 공판정에서의 진술을 피고인의 공소범행사실을 인정하는 증거로 할 수 없다 하리니 위 ○○○은 병합 심리로 상피고인이 되었을 뿐 피고인에 대한 관계로는 증인에 불과한데, 선서없이 한 것이 분명한 그의 공판정에서의 진술을 증거로 쓸 수 없기 때문이다.」

대법원 2006. 1. 12. 선고 2005도7601 판결 〈표준〉 「공동피고인인 절도범과 그 장물범은 서로 다른 공동피고인의 범죄사실에 관하여는 증인의 지위에 있다 할 것이므로, 피고인이 증거로 함에 동의한 바 없는 공동피고인에 대한 피의자신문조서는 공동피고인의 증언에 의하여 그 성립의 진정이 인정되지 아니하는 한 피고인의 공소 범죄사실을 인정하는 증거로 할 수 없다.」

〈공범인 공동피고인의 증인적격〉

대법원 2008. 6. 26. 선고 2008도3300 판결 〈표준〉

공범인 공동피고인은 당해 소송절차에서는 피고인의 지위에 있으므로 다른 공동피고인에 대한 공소사실에 관하여 증인이 될 수 없으나, 소송절차가 분리되어 피고인의 지위에서 벗어나게 되면 다른 공동피고인에 대한 공소사실에 관하여 증인이 될 수 있다 할 것이다(대법원 1999. 9. 17. 선고 99도2449 판결, 대법원 2007. 11. 29. 선고 2007도2661 판결 등 참조).

원심이 이와 달리, 공동피고인은 자신에 대한 공소사실과 밀접한 관련이 있는 공범인 다른 공동피고인에 대한 공소사실에 관하여는 변론의 분리 여부와 관계 없이 증인적격이 없음을 전제로, 피고인이 수원지방법원 성남지원 2007고단1674 게임산업진흥에 관한 법률 위반 사건에서 공범인 공소외 1에 대한 공소사실에 관하여 증인으로 출석하여 선서한 다음 증언함에 있어 기억에 반하는 허위의 진술을 하였다고 하더라도 위증죄가 성립하지 아니한다고 판단한 것은 잘못이라 할 것이다.

그러나 원심이 적법하게 채택하여 조사한 증거들에 의하면, **피고인은 위 성남지원 2007고단 1674호 사건에서 "피고인은 게임장 종업원, 공소외 1은 게임장 운영자로서 공모하여 관할관청의 허가를 받지 않고 게임장 영업행위를 하였다."는 게임산업진흥에 관한 법률 위반의 공**

소사실로 공소외 1과 공동으로 기소되어 심리가 진행되고 있어 피고인의 지위에 있음에도 불구하고, 공소외 1과 피고인의 변론이 분리되지 아니한 상태에서 공소외 1에 대한 공소사실에 관하여 증인으로 채택되어 선서하고 증언한 사실을 알 수 있는바, 위 법리에 비추어 보면, 피고인과 공소외 1의 변론이 분리되지 아니한 이상 피고인은 공범인 공소외 1에 대한 공소사실에 관하여 증인이 될 수 없고, 따라서 피고인이 공소외 1에 대한 공소사실에 관하여 증인으로 출석하여 선서한 다음 증언함에 있어 기억에 반하는 허위의 진술을 하였다고 하더라도 위증죄가 성립하지 아니한다 할 것이므로, 원심이 이 사건 위증의 공소사실을 무죄로 인정한 조치는 결과적으로 정당하다 할 것이어서 원심의 위와 같은 잘못은 판결 결과에 영향이 없다.

대법원 1983. 10. 25. 선고 83도2295 판결

1심은 피고인과 1심 공동피고인 1, 같은 1심 공동피고인 2의 변론을 분리하고 각각 증인으로 채택하여 신문하였는바, 이는 피고인을 위 제1심 공동피고인 1, 제1심 공동피고인 2의 공소사실에 대한 증인으로, 위 제1심 공동피고인 1, 제1심 공동피고인 2를 피고인의 공소사실에 대한 증인으로 각각 채택한 취지이고 피고인을 피고인 자신의 공소사실에 대한 증인으로 채택한 것은 아님이 분명 하므로 원심판결이 증언능력의 법리를 오해하여 피고인에게 자신에 관한 증언을 강요한 위법이 있다는 논지도 이유없다.

〈공동피고인의 자백의 증거능력〉

대법원 1985. 6. 25. 선고 85도691 판결

공동피고인의 자백은 이에 대한 피고인의 반대신문권이 보장되어 있어 증인으로 신문한 경우와 다를 바 없으므로 독립한 증거능력이 있다는 것이 당원이 견지해온 견해인바(1963. 7. 25. 선고 63도185 판결; 1968. 4. 16. 선고 68도177 판결; 1968. 4. 16. 선고 68도231 판결; 1981. 2. 10. 선고 80도2722 판결 각 참조), 기록에 의하면, 원심공동피고인은 1심법정에서 위 공소내용과 같이 피고인에게 두 차례에 걸쳐 500,000원과 200,000원, 도합700,000원을 교부하였다고 진술하고 있고 2심법정에 이르러서는 위 금원중 500,000원은 피고인으로부터 돌려받은 것 같다고 진술하고 있다.

원심이 위와 같은 원심공동피고인의 법정진술의 증거가치에 관하여는 전혀 언급함이 없이 공소사실을 인정할 증거가 없다고 판단하고 말았음은 증거에 관한 판단을 유탈한 위법을 범한 것이라고 하지 않을 수 없다.

원심으로서는 원심공동피고인의 위 법정진술의 신빙성 유무를 살펴보고 특히 500,000원을 반환받은 상황과 그 일시등을 따져서 피고인의 영득의사유무를 가려보아야 할 것이다.

대법원 2006. 5. 11. 선고 2006도1944 판결

원심은, 그 채택 증거들을 종합하여 판시와 같은 사실을 인정한 다음, 피고인 2는 원심 공동피고인들이 이 사건 강도 범행을 최초로 모의할 당시 자신은 물질적으로 도와줄 수 있는 부분을 도와주겠다고 말하여 공모에 가담하였으며 그 후에도 피고인 1 등과 만나 범행에 관하여 이야기를 나누고 이 사건 범행에 사용할 장비의 구입대금을 지원한 점, 피해자로부터 뺏은 돈 중 6,700만 원 가량을 분배받은 점 등의 제반 사정에 비추어 보면, 피고인 2가 비록 피해자를 납치하여 돈을 빼앗는 행동을 직접적으로 하지 않았다고 하더라도 강도상해의 공동정범에 해당한다고 판단하였는바, 관계 법리와 기록에 비추어 살펴보면, 위와 같은 원심의 사실인정과 판단은 옳고, 거기에 채증법칙 위배로 인한 사실오인 또는 공동정범에 관한 법리오해 등의 위법이 있다고 할 수 없다.

그리고 공동피고인의 자백은 이에 대한 피고인의 반대신문권이 보장되어 있어 증인으로 신문한 경우와 다를 바 없으므로 독립한 증거능력이 있고(대법원 1985. 6. 25. 선고 85도691 판결, 1992. 7. 28 선고 92도917 판결 등 참조), 이는 피고인들간에 이해관계가 상반된다고 하여도 마찬가지라 할 것(이다).

나. 법조기관의 증인적격

대법원 2013. 9. 12. 선고 2011도12918 판결 「범죄의 피해자인 검사가 그 사건의 수사에 관여하거나, 압수·수색영장의 집행에 참여한 검사가 다시 수사에 관여하였다는 이유만으로 바로 그 수사가 위법하다거나 그에 따른 참고인이나 피의자의 진술에 임의성이 없다고 볼 수는 없다. 원심이 유지한 제1심은, 이 사건 압수·수색영장의 집행과정에서 폭행 등의 피해를 당한 검사 등이 수사에 관여하였다는 이유만으로 그 검사 등이 작성한 참고인 진술조서 등의 증거능력이 부정될 수 없다.」

헌법재판소 2001. 11. 29. 선고 2001헌바41 결정 「수사단계에서 검사의 지휘, 감독을 받는 경찰 공무원을 증인으로 신문하는 것이 재판의 한 당사자인 검사에게 증인자격을 인정하는 것과 같은 결과가 되어 위 적법절차의 원칙에 반하는 것인지에 관하여 살피건대, 우선, 사법경찰관은 검사의 지휘를 받아 수사를 할 수 있고 사법경찰리는 검사 또는 사법경찰관의 지휘를 받아 수사의 보조를 하도록 규정되어 있는 한편(형사소송법 제196조 제1항, 제2항, 검찰청법 제4조 제1항 제2호) 사법경찰관리는 검사의 명령에 복종하도록 규정되어 있으며(검찰청법 제53조), 검사는 검찰권의 행사에 있어서 검찰총장을 정점으로 상하복종관계에 있다는 검사동일체의 원칙(검찰청법 제7조)에 따라 검사 조직은 그 일체성이 인정되므로, 적법절차의 원칙이라는 점에서 경찰 공무원의 증인적격에 다소 의문이 있을 수는 있다 할 것이다. 그러나, 검사는 수사기관인 동시에 소추기관이기는 하나 수사기관으로서의 검사와 소추기관으로서의 검사는 그 법률상의 지위가 다르므로 공판에 관여하는 소송당사자로서의 검사와 사법경찰관리를 지휘, 감독하는 수사 주재자로서의 검사를 동일하게 볼 수는 없고, 실체 판단의 자료가 되는 경찰 공무원의 증언내용은 공소사실과 관련된 주관적 '의견'이 아닌 경험에 의한 객관적 '사실'에 그치는 것이며, 또한 형사소송구조상 경찰 공무원은 당사자가 아닌 제3자의 지위에 있을 뿐만 아니라, 나아가 경찰 공무원의 증언에 대하여 피고인 또는 변호인은 반대신문권을 보장받고 있다는 점에서(형사소송법 제161조의 2), 이 사건 법률조항에 의하여 경찰 공무원의 증인적격을 인정한다 하더라도 이를 가리켜 적법절차의 원칙에 반한다거나 그 근거조항인 위 법 조항이 합리적이고 정당한 법률이 아니라고 말할 수는 없다 할 것이다.」

3. 증인의 의무와 권리

〈증언의무 및 증인의 출석을 강제할 수 있는 권한을 법원에 부여한 취지〉

대법원 2020. 12. 10. 선고 2020도2623 판결 〈표준〉

가. 모든 국민은 법정에 출석하여 증언할 의무를 부담한다. 법원은 소환장을 송달받은 증인이 정당한 사유 없이 출석하지 아니한 경우에 당해 불출석으로 인한 소송비용을 증인이 부담하도록 명하고, 500만 원 이하의 과태료를 부과할 수 있으며(형사소송법 제151조 제1항 전문), 정당한 사유 없이 소환에 응하지 아니하는 경우에는 구인할 수 있다(형사소송법 제152조). 또한 법원은 증인 소환장이 송달되지 아니한 경우에는 공무소 등에 대한 조회의 방법으로 직권 또는 검사, 피고인, 변호인의 신청에 따라 소재탐지를 할 수도 있다(형사소송법 제272조 제1항 참조). 이는 범죄신고자법이 직접 적용되거나 준용되는 사건에 대해서도 마찬가지이다. 그 이유는 다음과 같다.

1) 범죄신고자법은 특정범죄에 관한 형사절차에서 국민이 안심하고 자발적으로 협조할 수 있도록 그 범죄신고자 등을 실질적으로 보호하는 것에 그치지 아니하고 더 나아가 범죄로부터 사회를 방위하는 것을 주된 목적으로 한다. 그런데 범죄로부터 사회를 방위할 수 있는 가장 효과적인 방법은 범죄신고자 등의 법정 진술을 통해 범인을 처벌하는 것이다.

2) 범죄신고자법은 제11조에서 범죄신고자 등이 증인으로 법정에 출석하였음을 전제로 범죄신고자 등이나 그 친족 등이 보복을 당하지 않도록 하는 제도적 장치로서 피고인이나 방청인을 퇴정시키거나 공개법정 외의 장소에서 증인신문 등을 할 수 있는 규정을 두고 있다(제6항). 반면 범죄신고자법에는 범죄신고자 등의 법정 출석의무를 면제하는 규정이 없다.

3) 범죄신고자법은 검사나 사법경찰관이 다른 사건의 수사에 필요한 경우에는 검사의 허가를 받아 신원관리카드를 열람할 수 있는 것으로 규정하고 있을 뿐(제9조 제2항 제1호), 당해 사건의 수사에 필요한 경우에도 검사의 허가를 받아 신원관리카드를 열람할 수 있는지에 관하여는 별도의 규정이 없다. 그러나 검사나 사법경찰관이 당해 사건의 수사에 필요한 경우에 범죄신고자 등의 신원관리카드를 열람하여 이를 당해 수사에 사용할 수 있다고 해석하는 것은 수사권의 기본적·본질적인 내용으로 범죄신고자법에 이러한 내용이 없더라도 당연히 허용되는 것으로 해석된다. 이러한 해석은 당해 사건의 재판에도 마찬가지로 적용된다.

4) 범죄신고자법상 수사기관 등은 범죄신고자법을 적용할 때 피의자·피고인의 방어권 및 변호인의 변론권을 부당하게 침해하지 아니하도록 주의하여야 한다(제4조 제2항). 범죄신고자 등이 피고인 측 증인인데 범죄신고자 등이 법정 출석을 고의로 회피할 경우 신원관리카드의 열람이 허용되지 않아 소재탐지나 구인장 발부도 어렵다고 한다면 피고인의 방어권이나 변호인의 변론권이 침해되는 결과가 발생할 수도 있다.

5) 법원이 당해 사건의 재판진행을 위해 검사에게 신원관리카드의 열람을 요청하여 확보한 범죄신고자 등의 인적 사항을 소재탐지촉탁서나 구인장에 기재하여 이를 집행하는 것은 정상적인 재판진행 절차에 해당할 뿐 범죄신고자법 제8조에서 말하는 '범죄신고자 등이라는 정황을 알면서 그 인적 사항 또는 범죄신고자 등임을 미루어 알 수 있는 사실을 다른 사람에게 알려주거나 공개 또는 보도'하는 행위에 해당하지 않는다.

나. 형사소송법이 증인의 법정 출석을 강제할 수 있는 권한을 법원에 부여한 취지는, 다른 증거나 증인의 진술에 비추어 굳이 추가 증인신문을 할 필요가 없다는 등 특별한 사정이 없는 한 사건의 실체를 규명하는 데 가장 직접적이고 핵심적인 증인으로 하여금 공개된 법정에 출석하여 선서 후 증언하도록 하고, 법원은 출석한 증인의 진술을 토대로 형성된 유죄·무죄의 심증에 따라 사건의 실체를 규명하도록 하기 위함이다. 따라서 다른 증거나 증인의 진술에 비추어 굳이 추가 증거조사를 할 필요가 없다는 등 특별한 사정이 없고, 소재탐지나 구인장 발부가 불가능한 것이 아님에도 불구하고, 불출석한 핵심 증인에 대하여 소재탐지나 구인장 발부 없이 증인채택 결정을 취소하는 것은 법원의 재량을 벗어나는 것으로서 위법하다.

다. 기록에 의하면 다음과 같은 사실을 알 수 있다.

1) 이 사건 제보자는 피고인에 관한 이 사건 공소사실 기재 범죄혐의를 선거관리위원회에 제보한 뒤 수사기관에서 이에 관하여 진술하고 공직선거법령에 따라 신원관리카드가 작성된 사람이고, ○○○은 그 사람의 가명이며, 이 사건은 이 사건 제보자의 제보로 수사가 시작되

었다.

2) 피고인이 이 사건 제보자 작성의 문답서 및 이 사건 제보자에 대한 경찰 진술조서 등(이하 '이 사건 증거들'이라 한다)에 대하여 부동의하자 검사는 2019. 1. 29. 제1심에 신원보호를 위하여 이 사건 제보자의 인적 사항을 밝히지 않고 증인신청을 하였고, 제1심이 이를 채택하여 2019. 1. 31. 검사에게 이 사건 제보자에 대한 증인소환장이 송달되었다.

3) 이 사건 제보자는 검사에게 '피고인이 자신의 신원을 알게 될 경우 자신에게 위해를 가할까 두렵다'며 2019. 3. 7. 및 2019. 4. 4. 제1심의 증인신문기일에 출석하지 않았다.

4) 검사는 2019. 5. 29. 이 사건 제보자의 인적 사항을 밝히지 않은 채 제1심에 직권으로 소재탐지촉탁을 해줄 것을 신청하였으나 제1심은 소재탐지촉탁을 하지 않았다.

5) 이 사건 제보자는 2019. 6. 13.과 2019. 7. 25. 공판기일에도 출석하지 않았고, 제1심은 2019. 7. 25. 이 사건 제보자에 대한 증인채택 결정을 취소하고 변론을 종결한 다음 2019. 8. 22. 무죄판결을 선고하였다.

6) 검사는 이에 불복하여 항소하면서, 제1심의 위와 같은 증인채택 결정 취소가 위법한 절차진행에 해당하고, 실체적 진실발견이라는 형사소송법의 대원칙에 반한다는 취지를 항소이유로 주장하였고, 원심에서도 이 사건 제보자에 대한 소재탐지촉탁을 신청함과 동시에 구인장 발부를 요청하였다. 그러나 원심은 이를 받아들이지 않고 2020. 1. 14. 변론을 종결한 뒤 2020. 2. 4. 항소기각 판결을 선고하였다.

라. 위와 같은 사실관계를 위에서 본 법리에 비추어 살펴본다. 이 사건 제보자는 이 사건의 핵심 증인에 해당한다고 볼 여지가 있으므로, 제1심은 이 사건 제보자에 대하여 소재탐지나 구인장을 발부한 후 그 소재 여부를 확인한 다음 이 사건 증거들이 형사소송법 제314조에서 요구하는 필요성 및 특신상태를 충족하는지 여부를 판단하였어야 한다. 그럼에도 이 사건 제보자가 범죄신고자법에 따라 보호되는 범죄신고자 등에 해당한다는 이유로 이 사건 제보자에 대한 소재탐지나 구인장 발부 없이 이 사건 제보자에 대한 증인채택 결정을 취소한 제1심의 절차진행은 위법하다. 따라서 원심으로서는 위와 같은 제1심의 위법을 시정하는 조치를 취하였어야 할 것임에도 이러한 조치를 취하지 않은 채 제1심판결의 결론을 그대로 유지하였다. 이러한 원심판결에는 범죄신고자법의 입법 취지와 공판중심주의 및 직접심리주의 등에 관한 법리를 오해하여 판결에 영향을 미친 잘못이 있다.

〈유아의 증언능력〉

대법원 1991. 5. 10. 선고 91도579 판결

증인의 증언능력은 증인 자신이 과거에 경험한 사실을 그 기억에 따라 공술할 수 있는 정신적인 능력이라 할 것이므로, 유아의 증언능력에 관해서도 그 유무는 단지 공술자의 연령만에 의할 것이 아니라 그의 지적수준에 따라 개별적이고 구체적으로 결정되어야 함은 물론 공술의 태도 및 내용 등을 구체적으로 검토하고, 경험한 과거의 사실이 공술자의 이해력, 판단력 등에 의하여 변식될 수 있는 범위 내에 속하는가의 여부도 충분히 고려하여 판단하여야 할 것이다.

이 사건의 피해자인 증인 공소외 1은 이 사건 사고 당시는 만 3년 3월 남짓, 제1심 증언 당시는 만 3년 6월 남짓된 여아로서 위 증인이 경험한 사실은 "피고인이 피해자의 팬티를 벗기고 바닥에 눕힌 후 피고인의 바지와 팬티를 내린 후 그 성기로 피해자의 음부에 밀어 넣으려고 하였다"라는 것으로서 비교적 간단하고 단순한 사안인바, 위 증인 연령 정도의 유아라고 하더라도 별다른 사정이 없는 한 이를 알고 그 내용을 표현할 수 있는 범위 내의 것이라고 보아지고, 또한 위 증인이 제1심 법정에서 위와 같은 피해상황에 관하여 비록 구체적이지는 못하지만 개괄적으로 물어 본 검사의 질문에 이를 이해하고 고개를 끄덕이는 형식으로 답변하고 있음을 볼 때 위 증인에게 증언능력이 있다고 보아야 할 것이다.

그리고 위 증인이 피해를 당한 직후의 목격증인인 공소외 2의 제1심 법정 및 경찰에서의 진술이나 의사 공소외 3, 기정일 작성의 각 촉탁회보서의 기재내용 등에 비추어 보면, 공소외 1의 증언은 신빙성도 있다 할 것이므로 원심이 유지한 제1심 판결에서 공소외 1의 증언을 이 사건의 범죄사실의 인정자료의 하나로 삼은 것은 정당한 것으로 보여지고 거기에 소론과 같은 증거채택의 위법이 있다 할 수 없다.

대법원 1999. 11. 26. 선고 99도3786 판결

증인의 증언능력은 증인 자신이 과거에 경험한 사실을 그 기억에 따라 공술할 수 있는 정신적인 능력이라 할 것이므로, 유아의 증언능력에 관해서도 그 유무는 단지 공술자의 연령만에 의할 것이 아니라 그의 지적수준에 따라 개별적이고 구체적으로 결정되어야 함은 물론 공술의 태도 및 내용 등을 구체적으로 검토하고, 경험한 과거의 사실이 공술자의 이해력, 판단력 등에 의하여 변식될 수 있는 범위 내에 속하는가의 여부도 충분히 고려하여 판단하여야 할 것인바(대법원 1991. 5. 10. 선고 91도579 판결 참조), 기록에 나타난 자료들을 면밀히 검토하여 보면 원심이 위와 같은 입장에서 이 사건 당시는 만 4세 6개월 남짓, 제1심에서의 증언 당시는 만 6세 11개월 남짓된 피해자 1의 증언능력을 인정한 조치는 정당하고, 거기에 논지가 주장하는 바와 같이 유아의 증언능력에 관한 법리를 오해한 위법이 있다고 할 수 없(다).

〈증언거부권 불고지의 소송법적 효과〉

대법원 2010. 1. 21. 선고 2008도942 전원합의체 판결 〈표준〉

1. 형법은 제152조 제1항에서 "법률에 의하여 선서한 증인이 허위의 진술을 한 때에는 5년 이하의 징역 또는 1천만 원 이하의 벌금에 처한다."고 규정하여 위증죄를 두고 있다. 위증죄의 보호법익은 국가의 사법작용 및 징계작용에 있으며, 위증죄는 선서에 의하여 담보된 증인 진술의 정확성을 확보함으로써 법원 또는 심판기관의 진실 발견을 위한 심리를 해하여 정당한 판단이 위태롭게 되는 것을 방지하는 기능을 수행한다.

형사사법작용에 관한 대표적인 법률인 형사소송법은 진실 발견을 위하여 증인으로 출석하여 증언을 하는 것을 모든 국민의 의무로 규정하면서도(제146조), 다른 한편으로는 소송법이 지향하고 있는 목표 내지 이념 및 이와 긴장·대립관계에 있을 수 있는 증인의 기본권 내지 이익 또는 다른 공익적 가치와의 조화를 꾀하고 있다. 형사소송법이 증인신문과 관련하여 마련한 여러 제도와 상세하고도 구체적인 절차 조항들은 모두 이러한 가치, 권리, 이익의 균형·조화 속에서 적법 절차를 구현하기 위한 장치들이다. 위와 같은 <u>위증죄와 형사소송법의 취지, 정신과 기능을 고려하여 볼 때, 형법 제152조 제1항에서 정한 "법률에 의하여 선서한 증인"이라 함은 "법률에 근거하여 법률이 정한 절차에 따라 유효한 선서를 한 증인"이라는 의미이고, 그 증인신문은 법률이 정한 절차 조항을 준수하여 적법하게 이루어진 경우여야 한다고 볼 것이다.</u>

2. 형사소송법은 증인신문에 관하여 진지하고도 엄숙한 절차 규정을 두어 증인에게 진실의무를 부과함과 동시에 이를 어길 때에는 위증의 벌을 받는다는 것을 명확하고 충분하게 인식할 수 있도록 하고, 재판장으로 하여금 재판진행과정에서 이러한 절차 규정을 엄격하게 준수하게 함으로써 위증의 방지 및 궁극적으로는 형사소송의 이념을 실현할 것을 도모하고 있다. 즉, 재판장은 증인이 선서무능력자에 해당하지 아니하는 한 신문 전에 선서하게 하여야 하며(제156조, 제159조), 선서할 증인에 대하여 선서 전에 위증의 벌을 경고하여야 하고(제158조), 증인으로 하여금 기립하여 엄숙하게 "양심에 따라 숨김과 보탬이 없이 사실 그대로

말하고 만일 거짓말이 있으면 위증의 벌을 받기로 맹서합니다"라고 기재된 선서서를 원칙적으로 직접 낭독하고 기명날인 또는 서명하는 방식으로 선서하도록 하고 있다(제157조).

한편, 형사소송법은 자신에 대한 소송절차가 아님에도 불구하고 법정에 출석하여 선서하고 경험한 사실을 진술하여야 하는 의무를 부담하는 증인을 위하여 일정한 경우에는 진술 대신 침묵할 수 있는 증언거부권 제도를 두고 있다. 즉, 자기나 자기와 친족 또는 친족관계가 있었던 자, 법정대리인 및 후견감독인 등이 형사소추 또는 공소제기를 당하거나 유죄판결을 받을 사실이 발로될 염려 있는 증언, 변호사, 의사, 종교의 직 등 일정한 직역에 있는 자 또는 이러한 직에 있던 자가 그 업무상 위탁을 받은 관계로 알게 된 사실로서 타인의 비밀에 관한 증언 등에 대해서는 증언거부권을 인정하고(제148조, 제149조), 증언을 거부하는 자는 거부사유를 소명하도록 하는 일방(제150조), 증언거부권 고지 제도를 마련하여 재판장으로 하여금 증인에게 증언거부사유가 있는 경우에는 신문 전에 증언을 거부할 수 있음을 설명하도록 하고 있다(제160조).

위에서 살펴본 위증죄의 의의 및 보호법익, 형사소송법에 규정된 증인신문절차의 내용, 증언거부권의 취지 등을 종합적으로 살펴보면, 증인신문절차에서 법률에 규정된 증인 보호를 위한 규정이 지켜진 것으로 인정되지 않은 경우에는 증인이 허위의 진술을 하였다고 하더라도 위증죄의 구성요건인 "법률에 의하여 선서한 증인"에 해당하지 아니한다고 보아 이를 위증죄로 처벌할 수 없는 것이 원칙이다. 다만, 법률에 규정된 증인 보호 절차라 하더라도 개별 보호절차 규정들의 내용과 취지가 같지 아니하고, 당해 신문 과정에서 지키지 못한 절차 규정과 그 경위 및 위반의 정도 등 제반 사정이 개별 사건마다 각기 상이하므로, 이러한 사정을 전체적·종합적으로 고려하여 볼 때, 당해 사건에서 증인 보호에 사실상 장애가 초래되었다고 볼 수 없는 경우에까지 예외 없이 위증죄의 성립을 부정할 것은 아니라고 할 것이다. 이러한 기준에서 보면, 재판장이 선서할 증인에 대하여 선서 전에 위증의 벌을 경고하지 않았다는 등의 사유는 그 증인신문절차에서 증인 자신이 위증의 벌을 경고하는 내용의 선서서를 낭독하고 기명날인 또는 서명한 이상 위증의 벌을 몰랐다고 할 수 없을 것이므로 증인 보호에 사실상 장애가 초래되었다고 볼 수 없고, 따라서 위증죄의 성립에 지장이 없다고 보아야 한다. 그리고 증언거부권 제도는 앞서 본 바와 같이 증인에게 증언의무의 이행을 거절할 수 있는 권리를 부여한 것이고, 형사소송법상 증언거부권의 고지 제도는 증인에게 그러한 권리의 존재를 확인시켜 침묵할 것인지 아니면 진술할 것인지에 관하여 심사숙고할 기회를 충분히 부여함으로써 침묵할 수 있는 권리를 보장하기 위한 것임을 감안할 때, 재판장이 신문 전에 증인에게 증언거부권을 고지하지 않은 경우에도 당해 사건에서 증언 당시 증인이 처한 구체적인 상황, 증언거부사유의 내용, 증인이 증언거부사유 또는 증언거부권의 존재를 이미 알고 있었는지 여부, 증언거부권을 고지받았더라도 허위진술을 하였을 것이라고 볼 만한 정황이 있는지 등을 전체적·종합적으로 고려하여 증인이 침묵하지 아니하고 진술한 것이 자신의 진정한 의사에 의한 것인지 여부를 기준으로 위증죄의 성립 여부를 판단하여야 한다. 그러므로 헌법 제12조 제2항에 정한 불이익 진술의 강요금지 원칙을 구체화한 자기부죄거부특권에 관한 것이거나 기타 증언거부사유가 있음에도 증인이 증언거부권을 고지받지 못함으로 인하여 그 증언거부권을 행사하는 데 사실상 장애가 초래되었다고 볼 수 있는 경우에는 위증죄의 성립을 부정하여야 할 것이다.

이와 달리, 피고인이 증인으로 선서한 이상 진실대로 진술한다고 하면 자신의 범죄를 시인하는 진술을 하는 것이 되고 증언을 거부하는 것은 자기의 범죄를 암시하는 것이 되는 처지에 있다 하더라도 증인에게는 증언을 거부할 수 있는 권리를 인정하여 위증죄로부터의 탈출구를 마련하고 있는 만큼 적법행위의 기대가능성이 없다고 할 수 없고 선서한 증인이 허위의 진술을 한 이상 증언거부권 고지 여부를 고려하지 아니한 채 위증죄가 바로 성립한다는 취지로 대법원 1987. 7. 7. 선고 86도1724 전원합의체 판결에서 판시한 대법원의 의견은 위 견해에 저촉되는 범위 내에서 이를 변경하기로 한다.

3. 위 법리에 비추어 볼 때, 원심이 판시와 같은 사정, 특히 **피고인이 공소외인과 쌍방 상해 사건으로 공소 제기되어 공동피고인으로 함께 재판을 받으면서 자신은 폭행한 사실이 없다고 주장하며 다투던 중 공소외인에 대한 상해 사건이 변론분리되면서 피해자인 증인으로 채택되어 검사로부터 신문받게 되었고** 그 과정에서 피고인 자신의 공소외인에 대한 폭행 여부에 관하여 신문을 받게 됨에 따라 증언거부사유가 발생하게 되었는데도, **재판장으로부터 증언거부권을 고지받지 못한 상태에서 자신의 종전 주장을 그대로 되풀이함에 따라 결국 거짓 진술에 이르게 된 사정** 등을 이유로 피고인에게 위증죄의 죄책을 물을 수 없다고 판단한 것은 결론에 있어 정당하고, 거기에 상고이유에서 주장하는 바와 같은 위증죄의 성립 범위에 관한 법리오해의 위법은 없다.

대법원 1957. 3. 8. 선고 4290형상23 판결

증인 공소외 2는 형사소송법 제159조 제1호 소정의 16세미만인 자로서 선서 무능력자임에도 불구하고 제1심 및 원심에서 각 선서시키고 신문한 각조서를 원심이 본건 심판의 자료에 공하였고 또 제1심 및 원심이 동 증인심문 간에 임하여 증언거부권의 설명을 한 형적이 없음은 소론과 같으나 선서능력자에 대하여 선서케 하고 신문한 경우라 할지라도 그 선서만이 무효가 되고 그 증언의 효력에 관하여는 영향이 없고 유효하다할 것이며 또 증인신문에 당하여 증언 거부권 있음을 설명하지 아니한 경우라 할지라도 증인이 선서하고 증언한 이상 그 증언의 효력에 관하여는 역시 영향이 없고 유효하다고 해석함이 타당하다할 것이므로 원심이 동 증인의 각 증언을 채택하여 본건 심판의 자료에 공용하였음은 무효한 증언을 채택하여 심판에 공용하였다 할 수 없다.

대법원 2011. 12. 8. 선고 2010도2816 판결「형사소송법 제148조에서 '형사소추'는 증인이 이미 저지른 범죄사실에 대한 것을 의미한다고 할 것이므로, 증인의 증언에 의하여 비로소 범죄가 성립하는 경우에는 형사소송법 제160조, 제148조 소정의 증언거부권 고지대상이 된다고 할 수 없다. 피고인이 공소외 회사의 홈페이지에 공소외 회사가 협찬하는 연예인 축구단이 대검찰청에서 행사를 가진 글이 게재되어 있는지 여부에 관한 사실을 묻는 질문에 대하여 공소외 회사가 검찰과의 친분관계를 이용하여 피고인 측을 협박하였다는 취지로 증언한 것은 피고인이 이미 저지른 범죄사실에 대한 것이 아님이 분명하므로 피고인의 위와 같은 증언은 형사소송법 제160조, 제148조 소정의 증언거부권 고지대상에 해당한다고 볼 수 없다.」

대법원 2010. 2. 25. 선고 2007도6273 판결「피고인은 위 공소외인에 대한 도로교통법 위반(음주운전) 사건에서 자신은 음주운전한 사실이 없고 그의 처였던 피고인이 운전하던 차에 타고 있었을 뿐이라고 공소사실을 적극적으로 부인하던 공소외인의 증인으로 법정에 출석하여 증언을 하기에 이르렀던 사실, 당시 피고인은 공소외인의 변호인의 신문에 대하여 술에 만취한 공소외인을 집으로 돌려보내기 위해 피고인 자신이 공소외인을 차에 태우고 운전하였다고 공소외인의 변명에 부합하는 내용을 적극적으로 진술하였던 사실, 피고인은 이 사건 제1심 제8회 공판기일에 재판장이 증언을 하지 않을 수 있다는 사실을 알았다면 증언을 거부했을 것이냐는 신문에 대하여 그렇다 하더라도 증언을 하였을 것이라는 취지로 답변을 하였던 사실 등을 알 수 있는바, 피고인이 위 형사사건의 증인으로 출석하여 증언을 한 경위와 그 증언 내용, 피고인의 이 사건 제1심 제8회 공판기일에서의 진술 내용 등을 전체적·종합적으로 고려하여 보면 피고인이 선서 전에 재판장으로부터 증언거부권을 고지받지 아니하였다 하더라도 이로 인하여 피고인의 증언거부권이 사실상 침해당한 것으로 평가할 수는 없다.」 (피고인이 전 남편인 공소외인에 대한 도로교통법 위반(음주운전) 사건의 증인으로 소환을 받아 선서한 다음 증언함에 있어, 피고인이 공소외인의 전처로서 형사소송법 제148조 제1호 소정의 친족관계가 있었던 자에 해당함에도 불구하고 재판장이 피고인에게 증언거부권을 고지함이 없이 증인신문을 한 사안)

대법원 2010. 2. 25. 선고 2009도13257 판결「공소외 2에 대한 피고사건은 아니지만 피고인이 한 증언의 대부분은 공소외 2가 위 카지노에서 도박을 한 사실이 있었는지 여부에 관한 것으로서 향후 사촌형제인 공소외 2가 도박죄로 형사소추 또는 공소제기를 당할 염려가 있는 내용인 점, 공소외 2가 증인으로 출석하지 아니하여 검사의 증인신청 및 신문에 따라 피고인이 부득이 먼저 이 사건 증언을 하게 된 것인 점, 증언 첫머리에서 피고인이 공소외 2와 사촌관계에 있다고 진술함으로써 공소외 2의 도박 사실에 관하여 증언거부사유가 발생하게 되었는데도 재판장으로부터 증언거부권을 고지받지 못한 상태에서 이 사건 허위 진술을 하게 된 점 등을 종합하여 보면, 이 사건 증언 당시 증언거부권을 고지받지 못함으로 인하여 피고인이 그 증언거부권을 행사하는 데 사실상 장애가 초래되었다고 볼 수 있으므로, 원심이 피고인에게 위증죄의 죄책을 물을 수 없다.」

〈유죄판결이 확정된 증인에게 증언거부권이 인정되는지 여부〉

대법원 2011. 11. 24. 선고 2011도11994 판결

(1) '누구든지 자기가 형사소추 또는 공소제기를 당하거나 유죄판결을 받을 사실이 발로될 염려 있는 증언을 거부할 수 있다'는 형사소송법 제148조의 증언거부권은 헌법 제12조 제2항에 정한 불이익 진술의 강요금지 원칙을 구체화한 자기부죄거부특권에 관한 것인바, 이미 유죄의 확정판결을 받은 경우에는 헌법 제13조 제1항에 정한 일사부재리의 원칙에 의해 다시 처벌받지 아니하므로 자신에 대한 유죄판결이 확정된 증인은 공범에 대한 피고사건에서 증언을 거부할 수 없고, 설령 증인이 자신에 대한 형사사건에서 시종일관 그 범행을 부인하였다 하더라도 그러한 사정만으로 증인이 진실대로 진술할 것을 기대할 수 있는 가능성이 없는 경우에 해당한다고 할 수 없으므로 허위의 진술에 대하여 위증죄의 성립을 부정할 수 없다(대법원 2008. 10. 23. 선고 2005도10101 판결 참조). 한편 자신에 대한 유죄판결이 확정된 증인이 재심을 청구한다 하더라도, 이미 유죄의 확정판결이 있는 사실에 대해서는 일사부재리의 원칙에 의하여 거듭 처벌받지 않는다는 점에는 변함이 없고, 형사소송법상 피고인의 불이익을 위한 재심청구는 허용되지 아니하며(형사소송법 제420조), 재심사건에는 불이익변경의 금지 원칙이 적용되어 원판결의 형보다 중한 형을 선고하지 못하므로(형사소송법 제439조), 자신의 유죄 확정판결에 대하여 재심을 청구한 증인에게 증언의무를 부과하는 것이 형사소추 또는 공소제기를 당하거나 유죄판결을 받을 사실이 발로될 염려 있는 증언을 강제하는 것이라고 볼 수는 없다. 따라서 자신에 대한 유죄판결이 확정된 증인이 공범에 대한 피고사건에서 증언할 당시 앞으로 재심을 청구할 예정이라고 하여도, 이를 이유로 증인에게 형사소송법 제148조에 의한 증언거부권이 인정되지는 않는다.

4. 증인신문의 실시

〈피고인 외에 검사, 변호인, 방청인 등에 대하여도 가림시설을 설치하는 방식으로 증인신문을 할 수 있는지 여부 : 적극〉

대법원 2015. 5. 28. 선고 2014도18006 판결 〈표준〉

형사소송법 제165조의2 제3호에 의하면, 법원은 범죄의 성질, 증인의 연령, 피고인과의 관계, 그 밖의 사정으로 인하여 '피고인 등'과 대면하여 진술하면 심리적인 부담으로 정신의 평온을 현저하게 잃을 우려가 있다고 인정되는 사람을 증인으로 신문하는 경우 상당하다고 인정되는 때에는 검사와 피고인 또는 변호인의 의견을 들어 차폐시설 등을 설치하고 신문할 수 있다.

증인이 대면하여 진술함에 있어 심리적인 부담으로 정신의 평온을 현저하게 잃을 우려가 있는 상대방은 피고인인 경우가 대부분일 것이지만, 증인이나 피고인과의 관계에 따라서는 방청인 등 다른 사람도 그 상대방이 될 수 있다. 이에 따라 형사소송법 제165조의2 제3호도 그 대상을 '피고인 등'이라고 규정하고 있으므로, 법원은 형사소송법 제165조의2 제3호의 요건이 충족될 경우 피고인뿐만 아니라 검사, 변호인, 방청인 등에 대하여도 차폐시설 등을 설치하는 방식으로 증인신문을 할 수 있으며, 이는 형사소송규칙 제84조의9에서 피고인과 증인 사이의 차폐시설 설치만을 규정하고 있다고 하여 달리 볼 것이 아니다.

다만 증인이 변호인을 대면하여 진술함에 있어 심리적인 부담으로 정신의 평온을 현저하게 잃을 우려가 있다고 인정되는 경우는 일반적으로 쉽게 상정할 수 없고, 피고인뿐만 아니라 변호인에 대해서까지 차폐시설을 설치하는 방식으로 증인신문이 이루어지는 경우 피고인과 변호인 모두 증인이 증언하는 모습이나 태도 등을 관찰할 수 없게 되어 그 한도에서 반대신문권이 제한될 수 있으므로, 변호인에 대한 차폐시설의 설치는, 특정범죄신고자 등 보호법 제7조에 따라 범죄신고자 등이나 그 친족 등이 보복을 당할 우려가 있다고 인정되어 조서 등에 인적사항을 기재하지 아니한 범죄신고자 등을 증인으로 신문하는 경우와 같이, 이미 인적사항에 관하여 비밀조치가 취해진 증인이 변호인을 대면하여 진술함으로써 자신의 신분이 노출되는 것에 대하여 심한 심리적인 부담을 느끼는 등의 특별한 사정이 있는 경우에 예외적으로 허용될 수 있을 뿐이다.

대법원 2013. 7. 26. 선고 2013도2511 판결

국가정보원직원법 제17조에 의하면 국가정보원 직원은 직무상 알게 된 비밀을 누설하여서는 아니 될 의무가 있고(제1항), 직원이 법령에 따른 증인으로서 직무상의 비밀에 관한 사항을 증언하려는 경우에는 미리 국가정보원장의 허가를 받아야 하며(제2항), 국가정보원장이 제2항에 따른 증언을 허가한 경우 법원은 공무상 비밀 보호 등을 위한 비공개 증언 등 적절한 조치를 할 수 있다(제6항).

기록과 원심판결 이유에 의하면, 제1심 제26회 공판기일에 국가정보원 수사관들에 대한 각 증인신문 당시 제1심법원은 증인들의 인적 사항 및 신문절차를 비공개로 진행한다는 결정을 선고하고, 피고인들이나 그 변호인이 국가정보원 직원들인 증인들의 모습을 볼 수 없고 재판부만 그 모습을 볼 수 있도록 차폐시설을 설치한 상태에서 증인신문을 진행한 사실을 알 수 있다. 위 규정들의 취지에 비추어 볼 때, 그 증언의 내용은 증인들이 중국이나 일본에서 피고인 1 등과 북한 공작원이 회합하는 모습을 촬영한 경위 등에 관한 것으로서 국가정보원 직원의 직무상 비밀에 관한 사항이라 할 것이므로, 제1심법원이 그 비밀 보장을 위하여 차폐시설을 설치한 조치는 '공무상 비밀 보호를 위한 적절한 조치'의 일환으로 보아야 할 것이다.

나아가 그와 같은 차폐시설 설치에 의하여 변호인의 반대신문 시 변호인이 증인의 모습을 볼 수 없었다 하더라도, 위와 같은 촬영 경위 등에 관하여 상세한 반대신문이 이루어졌고 위 증인들이 일부 공무상 비밀과 관련이 있는 부분을 제외한 나머지 부분에 대하여 비교적 자세히 답변을 한 사정 등에 비추어 보면, 이로 인하여 변호인의 변호권이 본질적으로 침해되고 판결의 정당성마저 인정하기 어렵다고 볼 정도에 이르렀다고 할 수 없으므로 이를 판결에 영향을 미친 위법이라고 할 수 없다(대법원 2007. 6. 1. 선고 2006도3983 판결 참조).

대법원 2012. 7. 26. 선고 2012도2937 판결 <표준> 「형사소송규칙 제75조 제2항은 주신문에 있어서는 증인이 주신문을 하는 자에 대하여 적의 또는 반감을 보이는 등 그 단서 각 호의 예외사유가 없는 한 유도신문을 하여서는 아니 된다고 규정하고 있다. 공소외 5 등에 대한 제1심 증인신문 과정에서 **검사가 주신문을 하면서 '당시 피고인 1이 자신을 새마을운동중앙회 (이하 생략)단장으로 소개하였지요'라는 등으로 희망하는 답변을 암시하는 형식의 질문을 하고 이에 공소외 5 등이 '예'라고 답변하는 등 형사소송규칙상 허용되지 않는 유도신문이 이루어진 것으로 볼 여지가 있다.** 그러나 기록에 의하면, 제1심법원은 공소외 5 등에 대한 증인신문을 실시하고 각 공판조서(증인신문조서)를 작성한 다음, 각 그 다음 공판기일에서 재판장이 증인신문 결과 등을 위 각 공판조서에 의하여 고지하였는데 피고인 1 및 그 변호인은 '변경할 점과 이의할 점이 없다'고 각 진술하였음을 알 수 있는바, 이와 같이 피고인 1이 책문권 포기 의사를 명시함으로써 유도신문에 의하여 주신문이 이루어진 하자가 치유되었다고 할 수 있으므로, 이 부분 증언이 위법한 증거라고 볼 수는 없다.」

Ⅲ. 검증

대법원 2004. 9. 13. 선고 2004도3161 판결「제1심법원의 검증조서는 이 사건 비디오테이프에 대하여 실시한 검증의 내용이 피해자들이 진술한 내용과 녹취서에 기재된 내용이 같다는 것이어서 증거자료가 되는 것은 비디오테이프에 녹음된 진술내용이라고 할 것이(다).」

Ⅳ. 감정

대법원 1998. 4. 10. 선고 98도549 판결「원심은 피고인의 정신상태 등에 관한 감정에 나아가지 아니한 채 막연히 그 심신장애의 정도가 심신미약의 상태에 있었던 것으로 보고 징역형을 선택하여 심신미약의 법률상 감경을 하는 데에 그쳤는바, 거기에는 심신장애의 정도에 대한 심리미진의 위법이 있다.」

Ⅴ. 피고인신문

〈피고인신문의 법적 성격〉

대법원 2020. 12. 24. 선고 2020도10778 판결

1. 형사소송법 제370조, 제296조의2 제1항 본문은 "검사 또는 변호인은 증거조사 종료 후에 순차로 피고인에게 공소사실 및 정상에 관하여 필요한 사항을 신문할 수 있다."라고 규정하고 있으므로, 변호인의 피고인신문권은 변호인의 소송법상 권리이다. 한편 재판장은 검사 또는 변호인이 항소심에서 피고인신문을 실시하는 경우 제1심의 피고인신문과 중복되거나 항소이유의 당부를 판단하는 데 필요 없다고 인정하는 때에는 그 신문의 전부 또는 일부를 제한할 수 있으나(형사소송규칙 제156조의6 제2항) 변호인의 본질적 권리를 해할 수는 없다(형사소송법 제370조, 제299조 참조). 따라서 재판장은 변호인이 피고인을 신문하겠다는 의사를 표시한 때에는 피고인을 신문할 수 있도록 조치하여야 하고, 변호인이 피고인을 신문하겠다는 의사를 표시하였음에도 변호인에게 일체의 피고인신문을 허용하지 않은 것은 변호인의 피고인신문권에 관한 본질적 권리를 해하는 것으로서 소송절차의 법령위반에 해당한다.

2. 기록에 의하면, 원심 변호인은 2020. 6. 17. 제2회 공판기일에 증거조사가 종료되자 재판장에게 피고인신문을 원한다는 의사를 표시하였으나, 재판장은 피고인신문을 불허하고 변호

인에게 주장할 내용을 변론요지서로 제출할 것을 명하면서 변론을 종결하고 2020. 7. 15. 제 3회 공판기일에 판결을 선고한 사실을 알 수 있다.

3. 위 사실관계를 앞서 본 법리에 비추어 살펴보면, 변호인이 피고인을 신문하겠다는 의사를 표시하였음에도 불구하고 피고인신문절차를 진행하지 않은 채 변론을 종결하고 판결을 선고한 원심판결에는 소송절차에 관한 법령을 위반한 잘못이 있다.

VI. 최종변론

대법원 2001. 11. 30. 선고 2001도5225 판결 〈표준〉 「원심 제7회 공판기일에서 작성된 공판조서를 보면, 그 기일에 원심 재판장은 피고인 신문과 증거조사가 종료되었음을 선언한 후 검사에게 의견진술의 기회를 주었음이 명백한바, 이러한 경우 검사가 양형에 관한 의견진술을 하지 않았다 하더라도 이로써 판결에 영향을 미친 법률위반이 있는 경우에 해당한다고 할 수 없고, 검사의 구형은 양형에 관한 의견 진술에 불과하여 법원이 그 의견에 구속된다고 할 수 없다.」

대법원 2018. 3. 29. 선고 2018도327 판결 〈표준〉 「형사소송법 제303조는 "재판장은 검사의 의견을 들은 후 피고인과 변호인에게 최종의 의견을 진술할 기회를 주어야 한다."라고 정하고 있으므로, 최종의견 진술의 기회는 피고인과 변호인 모두에게 주어져야 한다. 이러한 최종의견 진술의 기회는 피고인과 변호인의 소송법상 권리로서 피고인과 변호인이 사실관계의 다툼이나 유리한 양형사유를 주장할 수 있는 마지막 기회이므로, 피고인이나 변호인에게 최종의견 진술의 기회를 주지 아니한 채 변론을 종결하고 판결을 선고하는 것은 소송절차의 법령위반에 해당한다.」

제 5 절   수소법원에 의한 강제처분

I. 피고인의 구속

〈형사소송규칙 제57조 제1항의 규정이 형사소송법 제105조의 규정에 저촉되는지 여부 : 소극〉

대법원 2007. 7. 10.자 2007모460 결정

피고인은 원심 본안사건의 제1심에서 2007. 4. 5. 소송촉진 등에 관한 특례법 제23조에 따라 피고인 불출석 상태에서 징역 1년 6월의 형을 선고받고 4. 11. 항소를 제기한 사실, 제1심 법원은 4. 17. 피고인에 대한 구속영장을 발부하여 5. 16. 피고인이 구금된 사실, 원심은 변호인의 청구를 받아들여 6. 22. 피고인에 대한 구속취소결정(이하 '원심결정'이라 한다)을 한 사실을 알 수 있고, 형사소송법 제408조 제2항에 의하여 원심이 첨부하여 당원에 송부한 의견서의 요지는, 불구속 상태의 피고인에 대하여 본안재판을 선고한 원심법원은 그 선고 이후에는 피고인을 구속할 권한이 없다고 보아야 하므로 제1심법원의 위 구속영장 발부는 위법하다는 취지이다.

그러나 <u>상소제기 후 소송기록이 상소법원에 도달하지 않고 있는 사이에는 피고인을 구속할 필요가 있는 경우에도 기록이 없는 상소법원에서 구속의 요건이나 필요성 여부에 대한 판단을 하여 피고인을 구속하는 것이 실질적으로 불가능하다는 점 등을 고려하면, 상소기간 중 또는 상소 중의 사건에 관한 피고인의 구속을 소송기록이 상소법원에 도달하기까지는 원심법원이 하도록 규정한 형사소송규칙 제57조 제1항의 규정이 형사소송법 제105조의 규정에 저촉된다고 보기는 어렵다.</u>

기록에 의하면, 이 사건 소송기록이 상소법원인 원심에 도달한 것은 2007. 4. 20.이고 제1심의 구속영장은 그 이전인 4. 17.에 발부되었으므로, 원심의 위 의견서에 나타난 사유만으로는 제1심의 구속영장 발부가 위법하다고 보기 어렵고 달리 기록상 형사소송법 제93조 소정의 구속취소사유를 찾아볼 수 없다.

그렇다면 원심결정에는 형사소송법 제105조에 관한 법리를 오해한 위법이 있다고 할 것이므로 원심결정을 파기하고, 이 사건을 다시 심리·판단하게 하기 위하여 원심법원에 환송하기로 하여 관여 대법관의 일치된 의견으로 주문과 같이 결정한다.

헌법재판소 2001. 6. 28. 선고 99헌가14 결정 「가. 사건 법률조항에서 말하는 '구속기간'은 '법원이 피고인을 구속한 상태에서 재판할 수 있는 기간'을 의미하는 것이지, '법원이 형사재판을 할 수 있는 기간' 내지 '법원이 구속사건을 심리할 수 있는 기간'을 의미한다고 볼 수 없다. 즉, 이 사건 법률조항은 미결구금의 부당한 장기화로 인하여 피고인의 신체의 자유가 침해되는 것을 방지하기 위한 목적에서 미결구금기간의 한계를 설정하고 있는 것이지, 신속한 재판의 실현 등을 목적으로 법원의 재판기간 내지 심리기간 자체를 제한하려는 규정이라 할 수는 없다. 그러므로 <u>구속사건을 심리하는 법원으로서는 만약 심리를 더 계속할 필요가 있다고 판단하는 경우에는 피고인의 구속을 해제한 다음 구속기간의 제한에 구애됨이 없이 재판을 계속할 수 있음이 당연하고, 따라서 비록 이 사건 법률조항이 법원의 피고인에 대한 구속기간을 엄격히 제한하고 있다 하더라도 이로써 법원의 심리기간이 제한된다거나 나아가 피고인의 공격·방어권 행사를 제한하여 피고인의 공정한 재판을 받을 권리가 침해된다고 볼 수는 없</u>

다. 나. 이 사건 법률조항에 의한 구속기간의 제한과 구속기간 내에 심리를 마쳐 판결을 선고하는 법원의 실무관행이 맞물려 피고인의 공정한 재판을 받을 권리가 사실상 침해되는 결과가 발생한다 하더라도, 그러한 침해의 근본적인 원인은 이 사건 법률조항을 그 입법목적에 반하여 그릇되게 해석·적용하는 법원의 실무관행에 있다 할 것이다. 따라서 비록 위와 같은 법원의 실무관행으로 말미암아 결과적으로 피고인의 공정한 재판을 받을 권리가 침해될 수 있다 하더라도, 이로써 그 자체로는 피고인의 공정한 재판을 받을 권리를 침해하지 아니하는, 오히려 피고인의 또 다른 기본권인 신체의 자유를 두텁게 보장하고 있는 이 사건 법률조항이 헌법에 위반된다고 할 수는 없다.」

대법원 2001. 11. 30. 선고 2001도5225 판결 〈표준〉 「대법원의 파기환송 판결에 의하여 사건을 환송받은 법원은 형사소송법 제92조 제1항에 따라 2월의 구속기간이 만료되면 특히 계속할 필요가 있는 경우에는 2차(대법원이 형사소송규칙 제57조 제2항에 의하여 구속기간을 갱신한 경우에는 1차)에 한하여 결정으로 구속기간을 갱신할 수 있는 것이고, 한편 무죄추정을 받는 피고인이라고 하더라도 그에게 구속의 사유가 있어 구속영장이 발부, 집행된 이상 신체의 자유가 제한되는 것은 당연한 것이므로, 이러한 조치가 무죄추정의 원칙에 위배되는 것이라고 할 수는 없다.」

Ⅱ. 보석

〈보석제도의 의의 및 취지〉

헌법재판소 1993. 12. 23. 선고 93헌가2 결정

(가) 보석제도는 위에서 본 바와 같이 기본적인 기본권인 국민의 신체의 자유를 최대한 보장하려는 헌법정신에 기한 영장주의의 구현으로 구속 및 그 계속 여부에 관하여 전권을 갖는, 독립이 보장된 법관으로 구성된 법원이 형사소송법 제95조에 정한 필요적 보석에 해당하는 여부와 같은 법 제96조에 정한 보석을 위한 상당한 이유가 있는 여부, 그리고 피고인의 출석을 보장할 만한 보증금의 액수, 기타 조건을 스스로 판단·결정하여 피고인의 구속을 풀어주어 불구속으로 재판받게 하는 제도이다. 이와 같이 보석제도에 의하여 구현되는 영장주의는 이미 위에서 본 바와 같이 체포·구속 그리고 압수·수색까지도 헌법 제103조에 의하여 헌법과 법률에 의하여 양심에 따라 재판하고 또 사법권독립의 원칙에 의하여 신분의 독립이 보장된 법관의 결정에 의하여만 할 수 있고, 자유의 박탈·허용 또는 그 계속이나 그 해제 여부의 결정은 오직 이러한 법관만이 결정할 수 있다는 원리이다 따라서 이러한 구속 여부에 관한 전권을 갖는 법관으로 구성된 이러한 법원이 이러한 영장주의에 의하여 구속을

유지하여야 할 필요성 유무를 스스로 판단하여 결정한 보석허가결정의 효력이 검사나 그 밖의 다른 국가기관의 이견이나 불복이 있다 하여 좌우되거나 제한받거나 침해된다면 이러한 영장주의와 적법절차의 원칙에 위배된다는 점도 위에서 본 바와 같다. 그럼에도 불구하고 이 사건 규정은 이러한 법원이 이러한 영장주의의 구현으로 결정한 보석허가결정의 집행이 즉시항고의 제기기간인 3일동안 그리고 검사의 즉시항고가 제기된 경우는 그 즉시항고에 대한 재판이 확정될 때까지 무조건 정지되어 피고인은 석방되지 못하고 신체의 자유를 계속 박탈당한 채 구속되어 있어야 하도록 규정하고 있다. 결과적으로 이 사건 규정은 당해 피고인에 대한 보석허가결정이 부당하다는 검사의 불복을 그 피고인에 대한 구속집행을 계속 할 필요가 없다는 법원의 판단보다 우선시킨 것이며, 행복추구의 근간이 되는 국민의 신체의 자유를 최대한 보장하려는 헌법정신에 기하여 구속의 여부와 구속을 계속시키는 여부에 대한 판단은 헌법 제103조에 의하여 독립이 보장된 법관의 결정에만 맡기려는 위에서 본 영장주의에 위반된다.

(나) 보석제도는 위에서 본 바와 같이 피고인으로 하여금 후속 각 절차에의 출석을 보장할 만한 보증금의 납부 등의 조건하에 구속영장의 집행을 정지하여 기본적인 기본권인 국민의 신체의 자유를 최대한 보장하려는 헌법정신에 기한 불구속재판의 원칙과 헌법 제27조 제4항에 정한 무죄추정의 원칙을 구현하고, 피고인으로 하여금 자유로운 신체활동을 통한 가정적·사회적 기타 모든 면에 있어서의 헌법 제10조 소정의 행복추구권을 실현하면서 증거수집 등 충분한 재판준비를 함으로써 당사자대등주의의 구현 아래 헌법 제27조 제1항에 정한 공정한 재판을 받을 권리를 보장하려 함에 그 목적이 있다. 그런데도 이 사건 규정으로 형사소송에 있어 일방당사자의 위치에 있다고 볼 검사의 불복을 위하여 형사소송법 제405조에 정한 즉시항고기간인 3일 동안, 그리고 검사가 즉시항고를 한 경우는 즉시항고에 대한 항고심의 결정이 확정될 때까지 같은 법 제410조에 의하여 위와 같은 목적에 이루어진 모든 보석허가결정에 대하여 일률적으로 무조건 그 집행이 정지된다. 그러므로 이 사건 규정의 내용은 형사소송에 있어 일방당사자의 불복을 위하여 타방 당사자인 피고인의 희생하에 보석에 의하여 달성하려는 위에서 본 중요한 기본권과 헌법상의 원칙들의 보장 내지 구현이라는 헌법상 중요한 의미를 갖는 목적실현을 일률적으로 저해하고 있는 것이다.

대법원 1990. 4. 18.자 90모22 결정 「피고인이 집행유예의 기간중에 있어 집행유예의 결격자라고 하여 보석을 허가할 수 없는 것은 아니고 형사소송법 제95조는 그 제1 내지 5호이외의 경우에는 필요적으로 보석을 허가하여야 한다는 것이지 여기에 해당하는 경우에는 보석을 허가하지 아니할 것을 규정한 것이 아니다. 따라서 원심이 집행유예기간중에 있는 피고인의 보석을 허가한 것이 누범과 상습범에 대하여는 보석을 허가하지 아니할 수 있다는 형사소송법 제95조 제2호의 취지에 위배되어 위법이라고 주장하는 논지는 이유없다.」

대법원 1997. 11. 27.자 97모88 결정 「공소제기된 피고인의 구속상태를 계속 유지할 것인지 여부에 관한 판단은 전적으로 당해 수소법원의 전권에 속하는 것이다. 법원이 보석에 관한 결정을 함에 있어 검사의 의견을 듣도록 한 형사소송법 제97조 제1항의 규정은 검사에게 구속 계속의 필요성에 관한 이유와 자료를 법원에 제출할 수 있는 기회를 부여하고 법원으로 하여금 그 제출된 자료 등을 참고하게 하여 결정의 적정을 기하려는 것을 목적으로 하는 것일 뿐만 아니라 위 규정에 따른 검사의 의견 또한 법원에 대하여 구속력을 가지는 것이 아니라고 할 것이다. 따라서 <u>검사의 의견청취의 절차는 보석에 관한 결정의 본질적 부분이 되는 것은 아니므로, 설사 법원이 검사의 의견을 듣지 아니한 채 보석에 관한 결정을 하였다고 하더라도 그 결정이 적정한 이상, 소론과 같은 절차상의 하자만을 들어 그 결정을 취소할 수는 없는 것이다.」</u>

대법원 1997. 4. 18.자 97모26 결정 「개정된 형사소송법(1995. 12. 29. 법률 제5054호, 1997. 1. 1.시행, 이하 같다) 제97조 제3항이 구 형사소송법(1995. 12. 29. 법률 제5054호로 개정되기 전의 것) 제97조 제3항에서 인정하던 보석허가결정에 대한 검사의 즉시항고권을 삭제하였으나, <u>개정된 형사소송법이 시행된 이후에도 검사가 형사소송법 제403조 제2항에 의한 보통항고의 방법으로 보석허가결정에 대하여 불복하는 것은 허용된다.</u>」

〈보석보증금몰수결정을 반드시 보석취소와 동시에 하여야만 하는지 여부 : 소극〉

대법원 2001. 5. 29.자 2000모22 전원합의체 결정 〈표준〉

<u>형사소송법 제102조 제2항(현행 제103조 제1항)은 "보석을 취소할 때에는 결정으로 보증금의 전부 또는 일부를 몰수할 수 있다."라고 규정하고 있는바, 이는 보석취소사유가 있어 보석취소결정을 할 경우에는 보석보증금의 전부 또는 일부를 몰수하는 것도 가능하다는 의미로 해석될 뿐, 문언상 보석보증금의 몰수는 반드시 보석취소와 동시에 결정하여야 한다는 취지라고 단정하기는 어려운 점, 같은 법 제103조에서 보석된 자가 유죄판결 확정 후의 집행을 위한 소환에 불응하거나 도망한 경우 보증금을 몰수하도록 규정하고 있어 보석보증금은 형벌의 집행 단계에서의 신체 확보까지 담보하고 있으므로, 보석보증금의 기능은 유죄의 판결이 확정될 때까지의 신체 확보도 담보하는 취지로 봄이 상당한 점, 보석취소결정은 그 성질상 신속을 요하는 경우가 대부분임에 반하여, 보증금몰수결정에 있어서는 그 몰수의 요부(보석 조건위반 등 귀책사유의 유무) 및 몰수 금액의 범위 등에 관하여 신중히 검토하여야 할 필요성</u>

도 있는 점 등을 아울러 고려하여 보면, 보석보증금을 몰수하려면 반드시 보석취소와 동시에 하여야만 가능한 것이 아니라 보석취소 후에 별도로 보증금몰수결정을 할 수도 있다고 할 것이다.

그리고 형사소송법 제104조가 구속 또는 보석을 취소하거나 구속영장의 효력이 소멸된 때에는 몰수하지 아니한 보증금을 청구한 날로부터 7일 이내에 환부하도록 규정되어 있다고 하여도, 이 규정의 해석상 보석취소 후에 보증금몰수를 하는 것이 불가능하게 되는 것도 아니라고 할 것이다.

따라서 이와 달리, 법원이 피고인에 대하여 형벌을 선고하면서 보증금을 몰수함이 없이 보석만 취소하였다면, 그 결정이 있은 후 피고인이 도주하였음을 이유로 보증금몰수결정을 할 수 없다는 취지의 대법원 1970. 3. 13.자 65모4 결정의 견해는 이를 변경하기로 한다.

그렇다면 재항고인에 대하여 보석취소결정이 있은 후 재항고인이 도주하였음을 이유로 재항고인에 대한 보석보증금 중 일부를 몰수할 수 있다고 판단하여 재항고인의 항고를 기각한 원심결정은 정당하(다).

〈고등법원의 보석취소 결정에 대한 즉시항고에 집행정지의 효력이 인정되는지 여부 : 소극〉

대법원 2020. 10. 29.자 2020모633 결정

제1심 법원이 한 보석취소결정에 대하여 불복이 있으면 보통항고를 할 수 있고 (형사소송법 제102조 제2항, 제402조, 제403조 제2항), 보통항고에는 재판의 집행을 정지하는 효력이 없다(형사소송법 제409조). 이는 결정과 동시에 집행력을 인정함으로써 석방되었던 피고인의 신병을 신속히 확보하려는 것으로, 당해 보석취소결정이 제1심 절차에서 이루어졌는지 항소심 절차에서 이루어졌는지 여부에 따라 그 취지가 달라진다고 볼 수 없다.

즉시항고는 법률관계나 재판절차의 조속한 안정을 위해 일정한 기간 내에서만 제기할 수 있는 항고로서, 즉시항고의 제기기간 내와 그 제기가 있는 때에 재판의 집행을 정지하는 효력이 있다(형사소송법 제410조). 그러나 보통항고의 경우에도 법원의 결정으로 집행정지가 가능한 점(형사소송법 제409조)을 고려하면, 집행정지의 효력이 즉시항고의 본질적인 속성에서 비롯된 것이라고 볼 수는 없다.

형사소송법 제415조는 "고등법원의 결정에 대하여는 재판에 영향을 미친 헌법·법률·명령 또는 규칙의 위반이 있음을 이유로 하는 때에 한하여 대법원에 즉시항고를 할 수 있다."라고 규정하고 있다. 이는 재항고이유를 제한함과 동시에 재항고 제기기간을 즉시항고 제기기간 내로 정함으로써 재항고심의 심리부담을 경감하고 항소심 재판절차의 조속한 안정을 위한 것으로, 형사소송법 제415조가 고등법원의 결정에 대한 재항고를 즉시항고로 규정하고 있다고 하여 당연히 즉시항고가 가지는 집행정지의 효력이 인정된다고 볼 수는 없다. 만약 고등법원의 결정에 대하여 일률적으로 집행정지의 효력을 인정하면, 보석허가, 구속집행정지 등 제1심 법원이 결정하였다면 신속한 집행이 이루어질 사안에서 고등법원이 결정하였다는 이유만으로 피고인을 신속히 석방하지 못하게 되는 등 부당한 결과가 발생하게 되고, 나아가 항소심 재판절차의 조속한 안정을 보장하고자 한 형사소송법 제415조의 입법목적을 달성할 수 없게 된다.

나. 형을 선고하는 경우 상소에 관한 사항의 고지를 규정한 형사소송법 제324조는 피고인에 대하여 상소권을 행사할 기회를 놓치지 않도록 하는 입법상 고려에 따른 것이다. 재항고와 관련하여서는 그와 같은 규정이 없고, 달리 고등법원이 보석취소결정을 고지하면서 재항고 관련 사항을 고지하여야 한다고 볼 근거도 찾을 수 없다.

제 6 절   공판절차의 특칙

Ⅰ. 간이공판절차

〈간이공판절차의 의의〉

대법원 1987. 8. 18. 선고 87도1269 판결 〈표준〉

형사소송법 제286조의2가 규정하는 이른바, 간이공판절차란 지방법원 및 그 지원의 합의부가 제1심으로 심판하는 사건을 제외한 사건(편자 주 : 1995년 개정으로 단독판사의 관할사건도 간이공판절차의 대상이 되었음)에 있어서 피고인이 공판정에서 공소사실을 자백하는 경우에 취하여지는 공판절차로서 증거조사절차의 간이화(같은 법 제297조의2), 증거능력의 특례(같은 법

제318조의3)등을 그 내용으로 하는 것인 바, 공소사실의 자백은 공소장 기재사실을 인정하고 나아가 위법성이나 책임의 저각사유가 되는 사실을 진술하지 아니하는 것으로 충분하고 명시적으로 유죄를 자인하는 진술이 있어야 하는 것은 아니라 함이 당원의 견해(당원 1981. 11. 24. 선고 81도2422 판결 참조)이다.

그런데 이 사건 제1심 제5회 공판조서의 기재에 의하면, 피고인은 그전까지의 진술중 부인하였던 점은 잘못된 진술이며 공소사실과 같이 범행을 하였던 것이 틀림이 없다고 이 사건 공소사실 전부에 대하여 자백을 하고 있고, 위법성이나 책임의 저각사유가 되는 사실의 진술을 한 흔적을 찾아볼 수 없으므로 이 사건을 간이공판절차에 의하여 심판할 것을 결정한 제1심의 결정은 정당하고 기록상 피고인의 자백이 신빙할 수 없다고 인정되거나 간이공판절차로 심판하는 것이 현저히 부당하다고 인정되어 간이공판절차에 의하기로 한 결정을 취소하였어야 할 만한 사유가 있다고도 볼 수 없다.

대법원 2007. 7. 12. 선고 2007도2191 판결 「피고인 1은 제1심에서 이 사건 공소사실을 모두 자백하였으므로, 제1심법원은 위 공소사실을 간이공판절차에 의하여 심판할 것을 결정·고지하고, 형사소송법 제297조의2 소정의 방법에 따라 증거조사를 마친 다음, 형사소송법 제318조의3의 규정에 따라 제1심판결 거시증거들이 증거능력이 있는 것으로 보아 그 증거들을 종합하여 위 공소사실을 모두 유죄로 인정하였고, 원심에서도 피고인 1은 자백을 그대로 유지하였다. 따라서 원심이 간이공판절차에 의하여 피고인 1의 항소를 기각한 것에 간이공판절차에 관한 법리오해 등의 위법이 없다.」

〈간이공판절차의 적법요건〉

대법원 2006. 5. 11. 선고 2004도6176 판결 <표준>

기록에 의하면, 제1심법원은 피고인이 상습적으로 피해자인 처 공소외인에게 폭력을 행사하여 상해를 가하거나 피해자를 폭행하였다는 이 사건 공소사실을 모두 자백한 것으로 보아 이를 간이공판절차에 의하여 심판할 것을 결정·고지하고, 형사소송법 제297조의2 소정의 방법에 따라 증거조사를 마친 다음, 형사소송법 제318조의3의 규정에 따라 제1심판결 거시증거들이 증거능력이 있는 것으로 보아 그 증거들을 종합하여 이 사건 공소사실을 모두 유죄로 인정하였고, 이에 대하여 피고인이 항소를 제기하면서 항소이유로, "첫째 피고인에게 폭력의 습벽이 없음에도 제1심이 사실을 잘못 인정하였거나 상습성에 관한 법리를 오해하여 유죄로 인정하였고, 둘째 제1심의 형량이 너무 무거워서 부당하다."는 사유를 들었으나, 원심은 "그 판시와 같은 여러 사정을 종합하여 보면 피고인에게 폭력의 습벽이 있음을 인정할 수 있고, 제1심이 피고인에게 선고한 형량도 적절하다."고 하여 피고인의 항소를 기각하였음이 분명하다.

그러나 기록에 의하면, 피고인은 이 사건 수사과정 및 가정보호사건의 심리기일에서 일부 공소사실을 부인하거나 또는 전체적으로 피해자가 먼저 피고인에게 시비를 걸거나 폭행을 하기에 이를 방어하거나 제지하는 과정에서 상해의 결과가 발생하였다는 취지로 진술하였음을 알 수 있고, 한편 제1심 제2, 4회 공판조서의 각 기재에 의하면, 피고인은 제1심 제2회 공판기일에서 공소사실에 관한 검사의 질문에 "예"라고 대답을 하면서도 "실랑이를 하는 과정에서 일어난 사실로 일방적으로 때린 것은 아닙니다."라고 진술하였고, 또 피고인의 변호인은 제1심 제4회 공판기일에 공소사실에 부합하는 공소외인의 수사기관에서의 진술 및 상해진단서에 대해서는 증거로 함에 동의하지 않는다고 진술하였음을 알 수 있는데, 이러한 피고인 등의 진술은 결국, 공소사실 중 일부를 부인하거나 또는 최소한 피고인에게 폭력의 습벽이 있음을 부인하는 취지라고 보인다.

그렇다면 이 사건 공소사실은 간이공판절차에 의하여 심판할 대상이 아니라 할 것이고, 따라서 제1심 판시 거시증거들 중 피고인의 법정에서의 진술을 제외한 나머지 증거들은 간이 공판절차가 아닌 일반절차에 의한 적법한 증거조사절차를 거쳐 그에 관한 증거능력이 부여되지 않는 한 이 사건 공소사실에 대한 유죄의 증거로 삼을 수 없는 것임에도 불구하고, 제1심은 이러한 절차를 거치지 아니한 채 이를 증거로 하여 이 사건 공소사실을 유죄로 인정하였고, 원심은 위 증거들이 적법하게 증거조사를 마친 증거임을 전제로 피고인의 상습성을 인정하였으므로, 결국 원심판결에는 간이공판절차에 관한 법리를 오해하거나 형사소송법 제307조에 위반하여 증거 없이 이 사건 공소사실을 유죄로 인정함으로써 판결에 영향을 미친 법률 위반의 위법이 있다고 할 것이다.

> **대법원 2004. 7. 9. 선고 2004도2116 판결**
> 이 사건 제1심의 제1, 2회 공판조서의 기재에 의하면, 피고인은 이 사건 공소사실에 대한 검사의 직접신문에 대하여 "공소사실은 모두 사실과 다름없다."고 진술한 것으로 되어 있지만, 피고인의 변호인의 반대신문에 대하여는 "이 사건 사고를 낼 때에는 어떻게 술을 마신 채 운전하였는지 모르겠고, 경찰서에 가서도 왜 그 곳에 있는지조차 모를 지경이었으며, 새벽에 어렴풋이 사고를 낸 생각이 들었고, 피고인으로서는 술에 너무 취해 무슨 행동을 하였는지조차 알 수 없다."는 취지로 진술하고 있음을 알 수 있는바, 이는 결국 피고인이 음주상태로 운전하다가 교통사고를 내었고, 또한, 사고 후에 도주까지 하였다고 하더라

도 피고인이 술에 만취되어 사고 사실을 몰랐다고 범의를 부인함과 동시에 그 범행 당시 심신상실 또는 심신미약의 상태에 있었다는 주장으로서 형사소송법 제323조 제2항에 정하여진 법률상 범죄의 성립을 조각하거나 형의 감면의 이유가 되는 사실의 진술에 해당하므로 피고인은 적어도 공소사실을 부인하거나 심신상실의 책임조각사유를 주장하고 있는 것으로 볼 여지가 충분하다.

사정이 이러하다면, 이 사건 공소사실은 간이공판절차에 의하여 심판할 대상이 아니라 할 것이고, 따라서 제1심판결이 든 증거 중 피고인의 법정에서의 진술을 제외한 나머지 증거들은 간이공판절차가 아닌 일반 절차에 의하여 증거조사를 하여 증거능력이 인정되어야만 이 사건 공소사실에 대한 유죄의 증거로 삼을 수 있을 것이다.

대법원 1980. 4. 22. 선고 80도333 판결 <표준> 「피고인이 공판정에서 공소사실을 자백한 때에 법원이 취하는 심판의 간이공판절차에서의 증거조사는 증거방법을 표시하고 증거조사 내용을 "증거조사함"이라고 표시하는 방법으로 하였다면, 간이절차에서의 증거조사에서 법원이 인정채택한 상당한 증거조사방법이라고 인정할 수 있나니 통상적 절차에서 하는 증거조사방법에 의하지 않게 되어 있는 간이절차의 증거조사이기 때문이다.(형사소송법 제286조의 2, 제297조의 2).」

〈간이공판절차의 특칙〉

대법원 1998. 2. 27. 선고 97도3421 판결

피고인이 공소사실에 대하여 검사가 신문을 할 때에는 공소사실을 모두 사실과 다름 없다고 진술하였으나 변호인이 신문을 할 때에는 범의나 공소사실을 부인하였다면 그 공소사실은 간이공판절차에 의하여 심판할 대상이 아니고, 따라서 피고인의 법정에서의 진술을 제외한 나머지 증거들은 간이공판절차가 아닌 일반절차에 의한 적법한 증거조사를 거쳐 그에 관한 증거능력이 부여되지 아니하는 한 그 공소사실에 대한 유죄의 증거로 삼을 수 없다(대법원 1981. 6. 9. 선고 81도775 판결, 1995. 12. 12. 선고 95도2297 판결, 1996. 3. 12. 선고 95도1883 판결 등 참조) 함은 상고이유가 지적하는 바와 같다.

그런데, 기록에 의하면, 제1심법원의 제1회 공판기일에서 피고인은 공소사실에 대하여 검사가 신문을 할 때에는 공소사실을 모두 사실과 다름 없다고 진술하였고, 제2회 공판기일에서 변호인이 신문을 할 때에는 공소사실을 시인하면서도 그 폭행의 정도가 공소사실과 같이 무거운 것이 아니고 경미하나 잘못을 반성하고 있다는 취지로 진술(공판기록 93면)하여 이에 제1심법원은 피고인이 공소사실에 대하여 자백한 것으로 보아 간이공판절차에 회부하였고, 이에 대하여 피고인 및 변호인은 아무런 이의가 없었을 뿐 아니라 그 후에도 공소사실을 부인하는 진술을 한바 없으므로{또한 원심법원의 제1, 2회 공판조서의 기재에 의하면, 피고인은 원심법원 제1회 공판기일에 제1심법원에서 진술한 것은 모두 사실과 다름이 없다고 진술하고, 제2회 공판기일에 변호인의 신문에 대하여 공소사실을 인정하며 잘못을 깊이 뉘우치고 있다고 진술(공판기록 309면)한 바 있다} 결국 피고인이 제1심 및 원심법원에서 공소사실을 부인하였다거나 그 자백의 신빙성이 의심스럽다고 볼 수 없고, 따라서 제1심법원이 이 사건 공소사실에 대하여 간이공판절차에 의하여 심판하기로 한 결정이나 이를 적법하다고 본 원심의 조치는 모두 옳다고 여겨지고, 거기에 상고이유로 지적하는 채증법칙 위배로 인한 사실오인이나 간이공판절차에 관한 법리오해의 위법이 있다고 할 수 없다. 상고이유의 주장은 받아들일 수 없다.

그리고, 피고인이 제1심법원에서 공소사실에 대하여 자백하여 제1심법원이 이에 대하여 간이공판절차에 의하여 심판할 것을 결정하고, 이에 따라 제1심법원이 제1심판결 명시의 증거들을 증거로 함에 피고인 또는 변호인의 이의가 없어 형사소송법 제318조의3의 규정에 따라 증거능력이 있다고 보고, 상당하다고 인정하는 방법으로 증거조사를 한 이상, 가사 항소심에 이르러 범행을 부인하였다고 하더라도 제1심법원에서 증거로 할 수 있었던 증거는 항소법원에서도 증거로 할 수 있는 것이므로(같은 법 제364조 제3항) 제1심법원에서 이미 증거능력이 있었던 증거는 항소심에서도 증거능력이 그대로 유지되어 심판의 기초가 될 수 있고 다시 증거조사를 할 필요가 없는 것이다. 따라서 피고인이 비록 제1심법원에서 자백을 하여 간이공판절차에 의하여 심판하였다고 하더라도 항소심에 이르러 이를 부인하는 이상 제1심의 증거조사를 그대로 따를 수 없다는 취지의 상고이유 주장도 더 살펴 볼 필요 없이 이유 없다.

Ⅱ. 공판절차의 정지와 갱신

1. 공판절차의 정지

대법원 1991. 10. 25. 선고 91도2085 판결 「형사소송법 제298조 제4항은 공소사실의 변경등이 피고인의 불이익을 증가할 염려가 있다고 인정될 경우에만 피고인으로 하여금 필요한 방어의 준비를 하게 하기 위하여 공판절차를 정지할 수 있도록 규정하고 있으므로, 공소사실의 일부 변경이 있더라도 공판절차의 진행상황에 비추어 피고인의 방어권 행사에 실질적 불이익을 주지 않는 것으로 인정될 때에는 법원이 공소장변경을 이유로 한 공판절차정지신청을 받아들이지 않았다 하더라도 이를 위법하다고 할 수 없다. …원심 제4회 변론기일인 1991.7.16. 일단 변론종결되어 같은 해 7.20.로 선고기일이 지정되었다가, 공소장변경을 위한 검사의 변론재개신청에 따라 변론이 재개되어 같은 해 7.19. 속행된 공판기일에서 검사가 공소제기 이래 "1983.12.경"으로 되어 있던 피고인에 대한 폭력행위등처벌에관한법률 제4조 제1호 위반 공소사실 중 범죄단체의 구성일시만을 "1985.1.3 이후 같은 해 월일 불상경"으로 바꾸는 공소장변경신청을 하고, 법원이 이를 허가하자, 변호인이 방어를 위한 공판절차정지신청을 하였으나 기각된 후 다시 변론종결되어 판결이 선고된 사실이 인정되는바, <u>1심 이래 원심까지의 공판절차 진행상황과 피고인의 주장, 입증내용을 기록에 의하여 살펴보면 원심이 피고인의 방어권행사에 실질적인 불이익이 없다는 취지에서 위 공판절차정지신청을 기각한 조치는 수긍이 (간다).」</u>

대법원 1995. 1. 12. 선고 94도2687 판결「이 사건 공소장변경허가신청의 요지는 경찰공무원으로 근무하던 피고인이 원심공동피고인으로부터 공소외 1 등 16명의 자동차운전면허증을 발급받을 수 있도록 하여주면 사례하겠다는 제의를 받고 이를 승낙한 후 4차례에 걸쳐 금품을 수수하여 공무원이 직무에 관하여 뇌물을 수수한 것이다라는 당초의 공소사실 중 끝부분 "… 공무원이 직무에 관하여 뇌물을 수수한 것이다"를 "공무원이 그 지위를 이용하여 자동차운전면허 발급담당공무원의 직무에 관한 사항의 알선에 관하여 뇌물을 수수한 것이다"로 변경하고, 당초의 적용법조 형법 제129조를 형법 제132조로 변경하여 달라는 것으로서, 제1심 이래 원심에서 공소장변경이 있기까지의 공판절차 진행상황과 검사 및 피고인의 주장, 입증에 의하면 피고인은 △△△△경찰국 면허계에서 근무한 후 전직되어 위 경찰국 산하 ㅁㅁ경찰서 수사계장으로 근무중 자동차운전면허를 받아주겠다는 명목으로 위의 돈을 받은 것임을 알 수 있는 점에 비추어 <u>위 공소장변경이 피고인의 방어권행사에 실질적인 불이익이 없다는 취지에서 공판절차를 정지하지 아니한 원심의 조치는 수긍이 가고</u>, 거기에 소론과 같은 위법이 없다(기록에 의하면 피고인과 그 변호인은 원심법원의 위 공소장 변경허가에 대하여 아무런 이의가 없었음을 알 수 있다).」

2. 공판절차의 갱신

서울고등법원 1977. 5. 26. 선고 77노434 판결「본건 기록과 원심판결문에 의하면 본건은 원심법원에 기소되어 제3차 공판기일에 이르기까지 공소사실에 대한 대부분의 증거조사까지 마친후 제4차 공판기일에 판사의 경질이 있었으나 그 기일에는 변론을 연기하고 제5차 공판기일에 이르러 약간의 나머지 증거조사를 마친후 검사의 의견진술과 피고인의 최후진술을 거쳐서 공소사실에 대하여 유죄의 판결을 선고하였고, <u>원심법원에서 판사가 경질된 공판기일의 공판조서에는 본건에 관한 공판절차를 갱신한 기재가 없으며 또한 원심판결이 피고인을 유죄로 인정하는 자료로 거시한 증거는 고양경찰서 사건송치부에 대한 검증과 공소외인에 대한 검사작성의 피의자신문조서 및 1972.3.31.자 고양경찰서 제141호 사건송치서를 제외하고는 모두가 판사가 경질되기 전의 공판절차에 있어서 조사된 증거인 것이 명백하다. 무릇, 공판절차를 갱신한 경우에는 그 뜻을 공판조서에 기재하여야 하는바 그 기재가 없는 이상 원심법원은 판사가 경질된후 본건을 심리함에 있어서 공판절차를 갱신하지 않았다고 인정되고 그 결</u>

과 원심은 판사가 경질되기 전의 공판절차에 있어서 조사되었으나 판사가 경질되어 원심법원의 구성이 변경된 이후의 공판절차에 있어서 적법한 조사를 거치지 아니한 증거를 가지고 본건에 관한 실체판단의 자료로 제공하고 있어 원심의 소송절차에는 판결에 영향을 미친 위법이 있다할 것이므로 원심판결은 이 점에서 파기를 면할 수 없다.」

대법원 1986. 4. 30.자 86모10 결정 「구속취소사건에 있어서는 공판절차를 필요로 하는 것이 아니므로 공판절차의 갱신에 관한 형사소송법 제301조는 그 적용이 없고 따라서 제1심 결정에 관여하지 아니한 신임법관이 항고에 대한 의견서를 첨부하여 항고법원에 송부하였다 하여 이른바 직접 심리주의에 위배되는 위법이 있다고 할 수 없다.」

대법원 2005. 5. 26. 선고 2004도1925 판결 「상고이유의 주장은, 원심이 변호인에게 변론재개결정 및 재개된 공판기일의 통지를 하지 않은 채 당초 선고기일로 지정된 기일에 피고인 1만 출석한 상태에서 변론을 재개하여 공판을 진행함으로써 피고인 1의 방어권, 변호인의 변호권을 침해하고 그로 인하여 판결에 영향을 미쳤다는 것인바, 기록에 의하면, 원심은 2004. 2. 6. 제4회 공판기일에 변론을 종결한 후 선고기일을 지정하였는데, 지정된 선고기일에 변호인 출석 없이 피고인 1만 출석한 상태에서 재판부 구성의 변경을 이유로 변론을 재개할 것을 결정·고지한 다음, 공판절차를 갱신하고 다시 변론을 종결하여 판결을 선고하였으나, 그 이전의 공판기일까지 적법한 증거조사와 변호인의 변론, 피고인의 최후진술까지 모두 이루어졌음이 명백하므로 공판절차에 다소의 흠이 있다고 하더라도 그로 인하여 피고인의 방어권, 변호인의 변호권이 본질적으로 침해되어 판결에 영향을 미친 위법이 있다고 볼 수는 없다.」

Ⅲ. 변론의 병합·분리 및 재개

1. 변론의 병합·분리

대법원 2005. 12. 8. 선고 2004도5529 판결 <표준> 「동일한 피고인에 대하여 각각 별도로 2개 이상의 사건이 공소 제기되었을 경우 반드시 병합 심리하여 동시에 판결을 선고하여야만 되는 것은 아니므로, 별도로 공소 제기된 사건을 병합 심리하여 달라는 피고인 1의 신청을 받아들이지 아니한 원심의 공판절차에 상고이유의 주장과 같은 위법이 있다고 할 수 없(다).」

대법원 1990. 6. 22. 선고 90도764 판결 「검사가 다수인의 집합에 의하여 구성되는 집합범이나 2인 이상이 공동하여 죄를 범한 공범의 관계에 있는 피고인들에 대하여 여러 개의 사건으로 나누어 공소를 제기한 경우에, 법원이 변론을 병합하지 아니하였다고 하여 형사소송절차에서의 구두변론주의 와 직접 심리주의에 위반한 것이라고 볼 수 없(다).」

〈항소심에서 변론의 분리의 제한〉

대법원 1998. 10. 9.자 98모89 결정

원심은 재항고인이 1998. 4. 30. 제1심(창원지방법원 98고합37, 98 사건)에서 특수강도죄 등으로 징역 3년을 선고받고 항소한 사건(부산고등법원 98노362 사건)을 심리하던 중, 재항고인이 1998. 1. 16. 제1심(창원지방법원 97고단2171, 901, 2215, 2248, 3112, 3170 사건)에서 폭력행위등처벌에관한법률위반죄로 징역 3년에 집행유예 4년을 선고받고 항소심에 계속중이던 사건(창원지방법원 98노210 사건)에 대하여 1998. 6. 16. 병합심리결정을 하여 소송기록을 송부받아 (부산고등법원 98노486 사건) 심리를 마친 다음, 1998. 8. 19. **병합한 위 사건(위 98노486 사건)을 분리하여 이에 대하여는 재항고인이 적법한 기간 내에 항소이유서를 제출하지 아니하였고 항소장에도 항소이유의 기재가 없으며 제1심판결에 직권조사사유도 없다는 이유로 형사소송법 제361조의4 제1항에 의하여 이 사건 항소기각의 결정을 하고, 나머지 사건(위 98노362 사건)에 대하여는 항소이유를 받아들일 수 없다고 하여 항소기각의 판결을 선고하였다.** 동일한 피고인에 대한 수 개의 범죄사실 중 일부에 대하여 먼저 공소가 제기되고 나머지 범죄사실에 대하여는 별도로 공소가 제기됨으로써 이를 심리한 각 제1심법원이 공소제기된 사건별로 별개의 형을 선고하였으나, 그 사건이 모두 항소되어 항소심법원이 이를 병합심리하게 되었고 또한 그 수 개의 범죄가 형법 제37조 전단의 경합범 관계에 있게 되는 경우라면 위 범죄 모두가 경합범에 관한 법률규정에 따라 처벌되어야 하는 것이므로, 공소제기된 사건별로 별개의 형을 선고한 각 제1심판결에는 사후적으로 직권조사사유가 발생하였다고 보아야 할 것이다. 따라서 이와 같은 경우 피고인이 어느 사건에 대하여 적법한 기간 내에 항소이유서를 제출하지 않았다고 하더라도, 항소심법원은 제1심판결을 모두 파기하고 피고인을 형법 제37조 전단의 경합범에 대한 처벌례에 따라 다스려야 할 것임이 형사소송법 제361조의4 제1항 단서, 제364조 제2항의 규정과 경합범의 법리상 당연하다 할 것이다.

위의 법리에 비추어 보면, 재항고인에 대한 이 사건 제1심판결에는 위와 같이 직권조사사유가 있다고 할 것임에도 위와 같은 이유로 항소기각의 결정을 한 원심의 조치에는 재판에 영향을 미친 법리오해의 위법이 있다 할 것이므로, 이 점을 지적하는 재항고는 그 이유가 있다.

2. 변론의 재개

대법원 2000. 4. 11. 선고 2000도565 판결 「검사는 원심이 적법하게 변론을 종결한 후에 변론재개신청과 함께 이 사건 횡령의 공소사실을 ○○○을 피해자로 한 사기의 공소사실로 변경하는 공소장변경신청을 하였지만, 법원은 이와 같은 경우 반드시 변론을 재개하여 공소장변경을 허가하여야 하는 것은 아니므로, 원심이 위 공소장변경신청을 허가하지 아니하였어도 거기에 상고이유의 주장과 같은 심리미진이나 법리오해의 위법이 없다.」

대법원 1996. 4. 9. 선고 96도173 판결 「원심이 판결선고기일에 변론을 재개하고 바로 검사의 공소장변경허가신청을 허가하여 변경된 공소사실에 대하여 심리를 하고 이에 출석한 피고인과 피고인의 변호인이 별다른 이의를 제기하지 아니한 채 달리 신청할 증거가 없다고 진술함에 따라 피고인 및 피고인의 변호인에게 최종 의견진술의 기회를 부여한 다음 다시 변론을 종결하고, 같은 날 판결을 선고하였다고 하여, 피고인의 방어권을 제약하여 법률에 의한 재판을 받을 권리를 침해하였다고 할 수는 없다.」

대법원 2011. 1. 27. 선고 2010도7947 판결 「증거신청의 채택 여부는 법원의 재량으로서 법원이 필요하지 않다고 인정할 때에는 이를 조사하지 않을 수 있는 것이고, 법원이 적법하게 공판의 심리를 종결한 뒤에 피고인이 증인신청을 하였다 하여 반드시 공판의 심리를 재개하여 증인신문을 하여야 하는 것은 아니므로, 원심이 제1심에서 이미 증인신문이 이루어진 공소외 2에 대한 증인신청을 하기 위한 피고인 1의 변론재개신청을 받아들이지 아니하였다고 하여 위법하다고 할 수 없다.」

〈변론종결 후 피고인에게 불리한 새로운 양형조건에 관한 자료가 나타난 경우 법원의 변론재개의무를 인정한 사안〉

대법원 2021. 9. 30. 선고 2021도5777 판결

2) 헌법은 제12조 제1항 후문에서 적법절차의 원칙을 천명하고, 제27조에서 재판받을 권리를 보장하고 있다. 형사소송법은 이를 실질적으로 구현하기 위하여, 피고사건에 대한 실체심리가 공개된 법정에서 검사와 피고인 양 당사자의 공격·방어활동에 의하여 행해져야 한다는 당사자주의와 공판중심주의, 공소사실의 인정은 법관의 면전에서 직접 조사한 증거만을 기초로 해야 한다는 직접심리주의와 증거재판주의를 기본원칙으로 채택하고 있다(대법원 2021. 6. 10. 선고 2020도15891 판결 참조). 형사재판에 있어 사실의 인정은 증거에 의하여야 하고(형사소송법 제307조), 증거신청의 권한은 검사, 피고인, 변호인에게 있으며(형사소송법 제294조), 증거신청 시 정상에 관한 증거는 그 취지를 명시하여 신청하여야 한다(형사소송규칙 제

132조의2 제2항). 아울러 피고인이 자신에게 유리한 증거조사결과는 이익으로 원용하고 자신에게 불리한 조사결과에 대하여는 반박할 수 있는 기회를 주기 위해 피고인에게 증거조사의 결과에 대한 의견진술의 기회와 증거신청권을 절차적으로 보장하고 있다(형사소송법 제293조 참조). 한편 피해자의 의견진술을 갈음하는 서면은 피고인에게 취지를 통지하여야 하고 공판정에서 서면의 취지를 명확하게 하여야 한다(형사소송규칙 제134조의11 제2항, 제3항). <u>위와 같은 형사재판의 기본이념과 관련 규정들을 종합하여 볼 때, 사실심 변론종결 후 검사나 피해자 등에 의해 피고인에게 불리한 새로운 양형조건에 관한 자료가 법원에 제출되었다면, 사실심법원으로서는 변론을 재개하여 그 양형자료에 대하여 피고인에게 의견진술 기회를 주는 등 필요한 양형심리절차를 거침으로써 피고인의 방어권을 실질적으로 보장해야 한다.</u>

> **[사안의 개요]** 피고인이 청소년보호법상 강간등치상죄로 기소된 이후 항소심에서 변론이 종결된 후 피해자가 자살하자, 피해자측 변호사가 제출한 사망진단서를 첨부하여 검사가 피고인의 엄벌을 요구하는 의견서를 제출하였지만, 항소심은 변론을 재개하지 않고 제1심을 파기하고 중형만을 선고하였고, 피해자의 사망과 범행 관련성 등에 관한 피고인의 의견을 듣는 등 피고인에게 방어의 기회를 주기 위해 변론을 재개하고 새로운 양형조건에 관해 추가로 심리하는 등의 조치를 취하지 않은 사안

Ⅳ. 국민참여재판

1. 의의 및 취지

〈국민참여재판을 받을 권리의 법적 성격〉

헌법재판소 2009. 11. 26. 선고 2008헌바12 결정

나. '국민참여재판을 받을 권리'가 헌법상 재판청구권으로서 보호되는지 여부 및 재판청구권의 침해 여부

(1) 이 사건에서 문제되는 '국민참여재판을 받을 권리'가 헌법상 재판청구권으로서 보장되는지에 관하여는 연방헌법과 수정헌법 규정을 통하여 배심재판을 받을 권리를 헌법상 권리로 보장하고 있는 미국의 경우와 달리 우리 헌법에서는 그와 같은 명문규정이 없고, 단지 헌법 제27조 제1항에서 "모든 국민은 헌법과 법률이 정한 법관에 의하여 법률에 의한 재판을 받을 권리를 가진다."고 규정하고 있다.

위 규정은 "모든 국민은 헌법과 법률이 정한 자격과 절차에 의하여 임명되고(헌법 제101조 제3항, 제104조, 법원조직법 제41조 내지 제43조), 물적독립(헌법 제103조)과 인적독립(헌법 제106조, 법원조직법 제46조)이 보장된 법관에 의하여 합헌적인 법률이 정한 내용과 절차에 따라 재판을 받을 권리를 보장하는 것이고, 여기서 재판이라고 함은 구체적 사건에 관하여 사실의 확정과 그에 대한 법률의 해석적용을 보장한다는 것으로서 결국 법관이 사실을 확정하고 법률을 해석·적용하는 재판을 받을 권리를 보장한다는 것"을 의미한다(헌재 2002. 2. 28. 2001헌가18, 판례집 14-1, 98, 103-104 참조). 따라서 우리 헌법상 헌법과 법률이 정한 법관에 의한 재판을 받을 권리라 함은 직업법관에 의한 재판을 주된 내용으로 하는 것이므로 '국민참여재판을 받을 권리'가 헌법 제27조 제1항에서 규정한 재판을 받을 권리의 보호범위에 속한다고 볼 수 없다.

2. 대상사건 및 실시방식

가. 대상사건의 제한

헌법재판소 2015. 7. 30. 선고 2014헌바447 결정 「형사사건의 다수를 차지하는 단독판사 관할사건까지 국민참여재판의 대상사건으로 할 경우, 한정된 인적·물적자원만으로는 현실적으로 제도 운영에 어려움이 있는 점, 합의부 관할사건이 일반적으로 단독판사 관할사건보다 사회적 파급력이 큰 점 등에 비추어 보면, 이 사건 법률조항이 단독판사 관할사건으로 재판받는 피고인과 합의부 관할사건으로 재판받는 피고인을 다르게 취급하고 있는 것은 합리적인 이유가 있으므로 이 사건 법률조항은 평등권을 침해하지 않는다.」

대법원 2019. 1. 18.자 2018모3457 결정

구 국민의 형사재판 참여에 관한 법률(2012. 1. 17. 법률 제11155호로 개정되기 전의 것, 이하 '국민참여재판법'이라고 한다)은 부칙에서 2008. 1. 1.부터 법이 시행되고, 시행 후 최초로 공소제기되는 사건부터 법이 적용된다고 정하였다.

헌법상 헌법과 법률이 정한 법관에 의한 재판을 받을 권리는 직업법관에 의한 재판을 주된 내용으로 하는 것이므로 국민참여재판을 받을 권리가 헌법 제27조 제1항에서 규정한 재판을 받을 권리의 보호범위에 속한다고 볼 수 없다. 그리고 위 국민참여재판법 부칙조항은 법원의 업무부담과 소송경제 등을 고려하여 모든 형사사건에 대하여 국민참여재판을 실시할 수 없는 것이 현실인 만큼 일정한 기준에 의하여 그 대상 사건을 한정할 필요가 있어 국민참여재판의 대상 시기를 법 시행일 당시의 공소제기 유무를 기준으로 정한 것으로서 대상사건을 제한한 데에는 그 목적의 정당성이 인정되고, 나아가 검사의 공소제기로 인하여 법원의 심판절차가 개시됨과 아울러 피의자가 피고인이라는 소송주체로서의 지위를 가지게 되는 등 공소제기 자체가 형사소송법상 중요한 의미를 가진다는 점 등을 종합하여 보면, 공소제기 시점을 기준으로 법 적용 여부를 정한 이 조항의 경우 목적달성을 위한 합리적인 수단이라고 할 것이므로, 이 조항은 평등권을 침해하지도 않는다(헌법재판소 2009. 11. 26. 선고 2008헌바12 전원재판부 결정 등 참고).

기록에 의하면, 이 사건에 대한 공소는 국민참여재판법이 시행되기 전인 2000. 4. 1. 제기되었고, 2018. 9. 28. 이 사건에 대한 재심개시결정이 확정되었음이 인정된다. 그런데 재심개시결정의 확정은 기존 공소제기의 시점이나 효력에 아무런 영향을 미치지 아니하므로, 이 사건은 위 국민참여재판법 부칙조항에 따라 국민참여재판의 대상 사건에 해당하지 않는다.

헌법재판소 2016. 12. 29. 선고 2015헌바63 결정 「법원조직법은 원칙적으로 형사사건에서 지방법원의 심판권은 단독판사가 행하도록 하면서 법정형이 중한 사건은 합의부의 심판권에 속하도록 하였는데, 다만, 구 법원조직법 제32조 제1항 제3호 다목은 '폭력행위 등 처벌에 관한 법률' 중 폭행, 상해죄를 가중하는 범죄에 해당하는 사건들을 사건의 난이도나 중요도에 비추어 법정형이 중함에도 불구하고 단독판사의 관할로 정한 점, 단독판사 관할 사건들 중에서 사실관계나 쟁점이 복잡한 사건, 사회에 미치는 영향이 중대한 사건 등에 대하여는 재정합의 결정에 따라 합의부 관할이 되는 점 등에 비추어 보면, 심판대상조항이 폭력행위등처벌에관한법률위반죄로 재판받는 청구인을 합의부 관할사건으로 재판받는 피고인과 다르게 취급하는 것에는 합리적인 이유가 있다. 따라서 심판대상조항은 청구인의 평등권을 침해하지 아니한다.」

나. 피고인의 의사확인

〈피고인의 의사확인을 거치지 아니한 채 통상의 공판절차를 진행한 경우의 소송법적 효과〉

대법원 2012. 4. 26. 선고 2012도1225 판결 〈표준〉

1. 국민의 형사재판 참여에 관한 법률(이하 '법'이라고 한다)에 따라 시행되는 국민참여재판은 사법의 민주적 정당성과 신뢰를 높이기 위하여 도입된 제도로서(법 제1조) 누구든지 법으로 정하는 바에 따라 국민참여재판을 받을 권리를 가지므로(법 제3조), 법과 그 규칙에 따라 국민참여재판의 대상이 되는 사건은 국민참여재판의 절차에 따라 진행되는 것이 원칙이고, 다만 피고인이 국민참여재판을 원하지 아니하거나 법 제9조 제1항 각 호의 사유가 있어 법원이 배제결정을 하는 경우에만 예외적으로 국민참여재판을 하지 아니한다(법 제5조 제1항, 제2항). 위와 같이 국민참여재판의 실시 여부는 일차적으로 피고인의 의사에 따라 결정되므로 국민

참여재판 대상사건의 공소제기가 있으면 법원은 피고인에 대하여 국민참여재판을 원하는지 여부에 관한 의사를 서면 등의 방법으로 반드시 확인하여야 하고(법 제8조 제1항), 이를 위해 공소장 부본과 함께 피고인 또는 변호인에게 국민참여재판의 절차, 법 제8조 제2항에 따른 서면의 제출, 법 제8조 제4항에 따른 의사번복의 제한, 그 밖의 주의사항이 기재된 국민참여재판에 관한 안내서를 송달하여야 한다(규칙 제3조 제1항). 만일 이러한 규정에도 불구하고 법원에서 피고인이 국민참여재판을 원하는지에 관한 의사의 확인절차를 거치지 아니한 채 통상의 공판절차로 재판을 진행하였다면, 이는 피고인의 국민참여재판을 받을 권리에 대한 중대한 침해로서 그 절차는 위법하고 이러한 위법한 공판절차에서 이루어진 소송행위도 무효라고 보아야 한다(대법원 2011. 9. 8. 선고 2011도7106 판결 참조).

그러나 국민참여재판은 그 실시를 희망하는 의사의 번복에 관하여 법 제8조 제4항에 따른 시기적·절차적 제한이 있는 외에는 피고인의 의사에 반하여 할 수 없으므로, 제1심법원이 국민참여재판의 대상이 되는 사건임을 간과하여 이에 관한 피고인의 의사를 확인하지 아니한 채 통상의 공판절차로 재판을 진행하였더라도, 피고인이 항소심에서 국민참여재판을 원하지 아니한다고 하면서 위와 같은 제1심의 절차적 위법을 문제삼지 아니할 의사를 명백히 표시하는 경우에는 그 하자가 치유되어 제1심 공판절차는 전체로서 적법하게 된다고 봄이 상당하고, 다만 국민참여재판제도의 취지와 피고인의 국민참여재판을 받을 권리를 실질적으로 보장하고자 하는 관련 규정의 내용에 비추어 위 권리를 침해한 제1심 공판절차의 하자가 치유된다고 보기 위해서는 법 제8조 제1항, 규칙 제3조 제1항에 준하여 피고인에게 국민참여재판절차 등에 관한 충분한 안내와 그 희망 여부에 관하여 숙고할 수 있는 상당한 시간이 사전에 부여되어야 할 것이다.

대법원 2012. 6. 14. 선고 2011도15484 판결

제1심법원은 이 사건 공소사실 중 강제추행치상의 점이 법 제5조 제1항 제1호에 의하여 국민참여재판의 대상사건에 해당함에도, 피고인에 대하여 법 제8조 제1항, 규칙 제3조 제1항에서 정한 절차에 따라 국민참여재판을 원하는지를 확인하지 아니한 채 통상의 공판절차에 따라 재판을 진행한 다음 이 사건 공소사실이 모두 유죄로 인정된다고 판단하였고, 이에 대하여 원심은 2011. 10. 20. 제7회 공판기일에 피고인에게 국민참여재판으로 재판받기를 원하는지 물어보고, 피고인이 "항소심 판결을 바로 선고받았으면 좋겠다."라고 진술하자 다시 피고인에게 '피고인을 위한 국민참여재판 안내', '국민참여재판 안내서', '국민참여재판 의사 확인서'를 교부하면서 "국민참여재판을 원하는 경우 7일 이내에 국민참여재판 의사 확인서에 희망의사를 적어 법원에 제출할 수 있다."고 고지한 후 선고기일을 연기하였고,

이에 피고인이 2011. 10. 24. 답변서와 국민참여재판 의사 확인서를 제출하면서 "국민참여재판으로 진행하기를 원하지 않는다."는 의사를 밝히자, 2011. 11. 3. 제8회 공판기일에 피고인을 유죄로 인정한 제1심판결을 파기하고 피고인에게 무죄를 선고하였음을 알 수 있다. 앞서 본 법리에 비추어 보면 제1심이 피고인의 국민참여재판을 받을 권리를 침해하여 위법하게 절차를 진행하고 그에 따라 제1심의 소송행위가 무효라 하더라도, 원심은 피고인에게 위와 같이 국민참여재판에 관하여 안내하고 숙고의 기회를 부여하였으며, 피고인도 그러한 안내와 숙고의 기회 부여에 따라 숙고한 후 원심에 국민참여재판을 원하지 아니한다고 하면서 위와 같은 제1심의 절차적 위법을 문제삼지 않겠다는 의사를 명백히 밝혔다고 볼 수 있으므로, 이로써 제1심의 공판절차상 하자는 치유되었다고 할 것이다.

서울고등법원 2020. 8. 25. 선고 2020노1062 판결 「원심은 2020. 1. 31. 제1회 공판기일에서 이 사건에 관하여 국민참여재판을 원하지 않는다는 피고인들의 의사를 확인하였다. 그러나 원심은 그 당시 한국어를 사용하지 못하고 러시아어를 사용하는 외국인인 피고인들에게 러시아어로 번역된 국민참여재판 안내서를 교부하거나 사전에 송달하는 등 국민참여재판절차에 관한 충분한 안내를 하지 않았고, 그 희망 여부에 관한 상당한 숙고기간을 부여하지 않았으므로, 국민참여재판 의사확인절차를 적법하게 거쳤다고 볼 수 없다. 그럼에도 원심은 통상의 공판절차로 이 사건 재판을 진행하였으므로, 이는 피고인들의 국민참여재판을 받을 권리에 대한 중대한 침해로서 위법하고, 위법한 공판절차에서 이루어진 소송행위도 무효라고 보아야 한다. 그리고 위와 같은 소송절차상의 흠은 직권조사사유에 해당한다. 나아가 피고인들은 이 법원에서 이 사건에 관한 국민참여재판을 희망한다는 의사를 명확히 밝혔으므로, 원심의 위와 같은 공판절차상 하자가 치유되었다고 볼 수도 없다. 결국 원심판결에는 그 소송절차가 법령에 위반하여 판결에 영향을 미친 위법이 있다.」

대법원 2013. 9. 12. 선고 2013도6424, 2013전도134 판결 「피고인은 제1심에서 국민참여재판 의사 확인서를 송달받고도 법정기간 내에 국민참여재판을 원하는지에 관한 의사가 기재된 서면을 제출하지 아니하였고, 피고인이 이를 제출하지 아니한 때에는 국민참여재판을 원하지 아니하는 것으로 간주하므로 피고인에 대한 제1심 재판이 국민참여재판으로 이루어지지 않은 것에 어떠한 위법이 있다고 할 수 없다.」

〈공소장 부본을 송달받은 날로부터 7일 이내에 의사확인서를 제출하지 아니한 피고인도 국민참여재판을 신청할 수 있는지 여부(적극) 및 그 종기(=제1회 공판기일 전)〉

대법원 2009. 10. 23.자 2009모1032 결정 〈표준〉

2. 한편, 법에서는 피고인이 공소장 부본을 송달받은 날부터 7일 이내에 국민참여재판을 원하는지 여부에 관한 의사가 기재된 서면(이하 '의사확인서'라고 한다)을 제출하도록 하고(법 제8조 제2항), 피고인이 그 기간 내에 의사확인서를 제출하지 아니한 때에는 국민참여재판을

원하지 아니하는 것으로 보며(법 제8조 제3항), 공판준비기일이 종결되거나 제1회 공판기일이 열린 이후 등에는 종전의 의사를 바꿀 수 없도록 규정하고 있다(법 제8조 제4항).

살펴건대, 국민참여재판을 시행하는 이유는 사법의 민주적 정당성과 신뢰를 높이기 위한 것으로서(법 제1조) 누구든지 법으로 정하는 바에 따라 국민참여재판을 받을 권리를 가지는 것이나(법 제3조) 시행 초기의 제반 부담 등을 고려하여 국민참여재판 대상사건을 중죄 사건으로 한정한 것 뿐이므로, 법에서 정하는 대상사건에 해당하는 한 피고인은 원칙적으로 국민참여재판으로 재판을 받을 권리를 가지는 것이고, 피고인이 국민참여재판을 원하지 아니하거나 법 제9조 제1항에 따른 배제결정이 있어 국민참여재판을 진행하지 않는 경우(법 제5조 제1항, 제2항)를 예외로 보아야 하는 점, 법에서 국민참여재판 배제결정에 대하여 즉시항고를 할 수 있도록 규정하면서도(법 제9조 제3항), 국민참여재판으로 진행하기로 하는 법원의 판단에 대하여는 불복의 방법을 따로 규정하지 않은 것도 같은 취지에서 비롯된 것으로 볼 수 있는 점, 당초 정부가 제출한 법률안에서는 의사확인서를 제출하지 아니한 피고인의 경우 필요적으로 기일을 열어 피고인을 상내로 국민참여재판을 원하는지 여부를 확인하도록 하였으나, 국회심사과정에서 위와 같은 의사확인 절차로 인한 법원의 부담을 감소시키고 피고인의 필요적 소환으로 인한 절차지연을 방지할 목적으로 공소장 부본을 송달받은 날부터 7일 이내에 의사확인서를 제출하지 아니한 때에는 국민참여재판을 원하지 아니하는 것으로 본다는 내용으로 수정되어 법이 제정된 것으로서, 위와 같은 입법경과에 비추어 볼 때 위 규정의 취지를 위 기한이 지나면 피고인이 국민참여재판 신청을 할 수 없도록 하려는 것으로는 보기 어려운 점, 당초 국민참여재판을 희망하지 않는다는 의사확인서를 제출한 피고인도 제1회 공판기일이 열리기 전까지 의사를 변경하여 국민참여재판 신청을 할 수 있는 것인데(국민참여재판으로 진행하는 경우에는 필요적으로 공판준비기일을 열게 되고 공판준비기일이 종결되면 종전의 의사를 변경할 수 없게 되므로, '제1회 공판기일이 열리기 전까지' 종전의 의사를 변경할 수 있는 피고인에 당초 국민참여재판을 희망하는 의사확인서를 제출한 피고인은 해당하지 않는다), 의사확인서를 제출하지 아니한 피고인은 제1회 공판기일이 열리기 전에도 국민참여재판 신청을 할 수 없다고 보는 것은 형평성에 어긋나는 점, 의사확인서를 제출하지 아니한 피고인이 제1회 공판기일이 열리기 전까지 국민참여재판 신청을 할 수 있도록 허용하더라도 재판이 지연되는 정도는 중하지 아니하며 오히려 국민참여재판으로 진행되는 경우 재판이 더욱 신속하게 종결될 가능성이 큰 점 등에 비추어 보면, 공소장 부본을 송달받은 날부터 7일 이내에 의사확인서를 제출하지 아니한 피고인도 제1회 공판기일이 열리기 전까지는 국민참여재판 신청을 할 수 있고 법원은 그 의사를 확인하여 국민참여재판으로 진행할 수 있다고 봄이 상당하다.

[사실관계] 피고인은 유흥주점 종업원을 상해한 혐의로 기소되었다. 피고인은 2009. 5. 19. 공소장부본과 함께 국민참여재판안내서의 송달을 받았지만 동년 6. 24. 국민참여재판을 희망하는 의사확인서를 제출하였다.

다. 법원의 결정

〈피고인이 국민참여재판을 신청하였는데도 법원이 이에 대한 배제결정을 하지 않은 채 통상의 공판절차로 재판을 진행한 경우〉

대법원 2011. 9. 8. 선고 2011도7106 판결 〈표준〉

피고인이 법원에 국민참여재판을 신청하였음에도 불구하고 법원이 이에 대한 배제결정도 하지 않은 채 통상의 공판절차로 재판을 진행하는 것은 피고인의 국민참여재판을 받을 권리 및 법원의 배제결정에 대한 항고권 등의 중대한 절차적 권리를 침해한 것으로서 위법하다 할 것이고, 앞서 본 국민참여재판제도의 도입 취지나 배제결정에 대한 즉시항고권을 보장한 취지 등에 비추어 이와 같이 위법한 공판절차에서 이루어진 소송행위는 무효라고 보아야 할 것이다.

기록에 의하면, 이 사건의 제1심법원은 피고인에게 공소장 부본을 송달한 날로부터 7일이 채 경과하기도 전에 공판기일을 진행하여 피고인에게 국민참여재판 신청을 위하여 법에서 정하고 있는 기간을 부여하지 않았을 뿐 아니라, 그럼에도 불구하고 제1회 공판기일에 앞서 피고인의 국민참여재판 신청 의사를 확인하는 절차를 거치지도 않은 사실, 이로 인해 피고인은 제1회 공판기일 바로 전날에 구치소장에게 국민참여재판 신청서를 제출하였으나 제1회 공판기일이 진행된 후에야 위 신청서가 법원에 접수된 사실, 이로 인하여 피고인은 국민참여재판을 신청하였음에도 불구하고 통상의 공판절차에 의해 재판을 받게 됨으로써 국민참여재판을 받을 권리를 침해당하였을 뿐 아니라 제1심법원이 위 신청에 대한 배제결정을 하지 않음으로 인하여 국민참여재판을 받기 위해 즉시항고할 권리조차 박탈당한 사실을 인정할 수 있는바, 이와 같이 위법한 공판절차에서 이루어진 소송행위는 무효라고 보아야 할 것이므로, 결국 제1심판결은 소송절차가 법령에 위반하여 판결에 영향을 미친 위법을 범한 것으로서 파기를 면할 수 없다.

그리고 이러한 제1심법원의 소송절차상의 하자는 직권조사사유에 해당하므로, 원심법원으로서는 비록 피고인이 이러한 점을 항소사유로 삼고 있지 않다 하더라도 이를 살펴 직권으로 제1심판결을 파기하였어야 함에도 불구하고 원심법원은 이러한 제1심판결의 위법에 대하여 아무런 심리, 판단을 하지 아니한 채 피고인의 항소를 기각하고 말았으니, 이러한 원심법원의 판단에도 국민참여재판을 받을 권리 및 소송절차상의 하자에 관한 법리를 오해하여 판결에 영향을 미친 위법이 있다 할 것이다.

그러므로 형사소송법 제391조, 제396조를 적용하여, 원심판결과 제1심판결을 모두 파기하고 사건을 제1심법원에 환송하기로 하여 관여 대법관의 일치된 의견으로 주문과 같이 판결한다.

대법원 2016. 3. 16.자 2015모2898 결정 「국민참여재판을 도입한 취지나 국민참여재판을 받을 피고인의 권리 등에 비추어 볼 때, 피고인이 국민참여재판을 원하는 사건에서 법 제9조 제1항 제3호를 근거로 국민참여재판 배제결정을 하기 위해서는 당해 성폭력범죄 피해자나 법정대리인이 국민참여재판을 원하지 아니하는 구체적인 이유가 무엇인지, 피고인과 피해자의 관계, 피해자의 나이나 정신상태, 국민참여재판을 할 경우 형사소송법과 성폭력범죄의 처벌 등에 관한 특례법 및 아동·청소년의 성보호에 관한 법률 등에서 피해자 보호를 위해 마련한 제도를 활용하더라도 피해자에 대한 추가적인 피해를 방지하기에 부족한지 등 여러 사정을 고려하여 신중하게 판단하여야 할 것이다. 따라서 이러한 사정을 고려함이 없이 성폭력범죄 피해자나 법정대리인이 국민참여재판을 원하지 아니한다는 이유만으로 국민참여재판 배제결정을 하는 것은 바람직하다고 할 수 없다.」

3. 공판절차

대법원 2014. 11. 13. 선고 2014도8377 판결 「국민의 형사재판 참여에 관한 법률은 제42조 제2항에서 "재판장은 배심원과 예비배심원에 대하여 배심원과 예비배심원의 권한·의무·재판절차, 그 밖에 직무수행을 원활히 하는 데 필요한 사항을 설명하여야 한다."라고 하여 재판장의 공판기일에서의 최초 설명의무를 규정하고 있는데, 이러한 재판장의 최초 설명은 재판절차에 익숙하지 아니한 배심원과 예비배심원을 배려하는 차원에서 국민의 형사재판 참여에 관한 규칙 제35조 제1항에 따라 피고인에게 진술거부권을 고지하기 전에 이루어지는 것으로, 원칙적으로 설명의 대상에 검사가 아직 공소장에 의하여 낭독하지 아니한 공소사실 등이 포함된다고 볼 수 없다. 국민의 형사재판 참여에 관한 법률 제46조 제1항은 "재판장은 변론이 종결된 후 법정에서 배심원에게 공소사실의 요지와 적용법조, 피고인과 변호인 주장의 요지, 증거능력, 그 밖에 유의할 사항에 관하여 설명하여야 한다. 이 경우 필요한 때에는 증거의 요지에 관하여 설명할 수 있다."라고 규정하고 있고, 나아가 국민의 형사재판 참여에 관한 규칙 제37조 제1항은 '그 밖에 유의할 사항'에 관한 설명에 피고인의 무죄추정, 증거재판주의, 자유심증주의의 각 원칙 등이 포함된다고 규정하고 있는데, 이러한 재판장의 최종 설명은 배심원이 올바른 평결에 이를 수 있도록 지도하고 조력하는 기능을 담당하는 것으로서 배심원의 평결에 미치는 영향이 크므로, 재판장이 법률 제46조 제1항, 규칙 제37조 제1항에 따라 설명의무가 있는 사항을 설명하지 않는 것은 원칙적으로 위법한 조치이다. 그러나 위 최종 설명의 대상이 되는 사항 대부분은 공판 진행과정을 통해 배심원이 참여한 법정에 자연스럽게 현출되는 것임에도 법률이 재판장에게 최종 설명의무를 부과하는 것은 사건에 따라 배심원이 이해하기 어려운 사항이 있을 수 있으므로 이를 쉽고 간략하게 정리하여 재확인하도록 하는 취지인 점, 규칙 제37조 제2항은 "검사·피고인 또는 변호인은 재판장에게 당해 사건과 관련하여 설명이 필요한 법률적 사항을 특정하여 제1항의 설명에 포함하여 줄 것을 서면으로 요청할 수 있다."라고 규정하여 재판장의 최종 설명이 미흡할 경우 이를 보완할 방법을 마련하고 있는 점, 법률 제46조 제2항 단서는 "배심원 과반수의 요청이 있으면 심리에 관여한 판사의 의견을 들을 수 있다."라고 규정하고, 같은 조 제3항은 "배심원은 유·무죄에 관하여 전원의 의견이 일치하지 아니한 때에는 평결을 하기 전에 심리에 관여한 판사의 의견을 들어야 한다."라고 규정하고 있어, 재판장의 최종 설명이 미흡하다고 하더라도 평의 과정에서 재판장이 배심원들에게 의견을 제시하면서 최종 설명을 보완하거나 보충할 수 있는 점 등을 종합하여 보면, 재판장이 최종 설명 때 공소사실에 관한 설명을 일부 빠뜨렸거나 미흡하게 한 잘못이 있다고 하더라도, 이를 두고 그 전까지 절차상 아무 런 하자가 없던 소송행위 전부를 무효로 할 정도로 판결에 영향을 미친 위법이라고 쉽게 단정할 것은 아니고, 설명이 빠졌거나 미흡한 부분이 공판 진행과정에서 이미 드러났던 것인지, 공판 진행과정에서 이미 드러났던 것이라면 그 시점과 재판장의 최종 설명 때까지 시간적 간격은 어떠한지, 재판장의 설명 없이는 배심원이 이해할 수 없거나 이해하기 어려운 사항에 해당하는지, 재판장의 최종 설명에 대한 피고인 또는 변호인의 이의가 있었는지, 평의 과정에서 배심원들의 의견이 일치하지 않아 재판장이 법률 제46조 제3항에 따라 의견을 진술하면서 최종 설명을 보충할 수 있었던 사안인지 및 최종 설명에서 누락된 부분과 최종 평결과의 관련성 등을 종합적으로 고려하여, 위와 같은 잘못이 배심원의 평결에 직접적인 영향을 미쳐 피고인의 국민참여재판을 받을 권리 등을 본질적으로 침해하고 판결의 정당성마저 인정받기 어려운 정도에 이른 것인지를 신중하게 판단하여야 한다.」

대법원 2020. 1. 9. 선고 2019도10140 판결 「국민참여재판에서 심리에 관여한 배심원의 유·무죄의 평결과 의견은 법원을 기속하지 아니한다(국민의 형사재판 참여에 관한 법률 제46조 제5항). 따라서 원심이 국민참여재판으로 진행된 제1심에서 배심원이 만장일치의 의견으로 내린 유죄의 평결을 받아들여 제1심이 유죄를 선고한 부분 중 별지 범죄일람표 순번 1 기재 호별방문 제한 위반 부분과 허위사실공표 부분에 대하여 무죄로 판단하였다고 하더라도 국민의 형사재판 참여에 관한 법률 제46조에 관한 법리를 오해한 잘못이 없다.」

4. 상소절차

〈국민참여재판에서의 실질적 직접심리주의의 구현〉

대법원 2010. 3. 25. 선고 2009도14065 판결 〈표준〉

형사공판절차에서 제1심이 증인신문 절차를 진행한 뒤 그 진술의 신빙성을 판단함에 있어서는, 진술 내용 자체의 합리성·논리성·모순 또는 경험칙 부합 여부나 물증 또는 제3자의 진술과의 부합 여부 등은 물론, 법관의 면전에서 선서한 후 공개된 법정에서 진술에 임하고 있는 증인의 모습이나 태도, 진술의 뉘앙스 등 증인신문조서에는 기록하기 어려운 여러 사정을 직접 관찰함으로써 얻게 된 심증까지 모두 고려하여 신빙성 유무를 평가하게 된다. 이에 비하여, 현행 형사소송법상 제1심 증인이 한 진술에 대한 항소심의 신빙성 유무 판단은 원칙적으로 증인신문조서를 포함한 기록만을 자료로 삼게 되므로, 진술의 신빙성 유무 판단에 있어 가장 중요한 요소 중의 하나라 할 수 있는 진술 당시 증인의 모습이나 태도, 진술의 뉘앙스 등을 신빙성 유무 평가에 반영할 수 없다는 본질적인 한계를 지니게 된다.

이와 같은 제1심과 항소심의 신빙성 평가 방법의 차이에 우리 형사소송법이 채택하고 있는 실질적 직접심리주의의 취지 및 정신을 함께 고려해 보면, 제1심판결 내용과 제1심에서 적법하게 증거조사를 거친 증거들에 비추어 제1심 증인이 한 진술의 신빙성 유무에 대한 제1심의 판단이 명백히 잘못되었다고 볼 특별한 사정이 있거나, 제1심의 증거조사 결과와 항소심 변론종결시까지 추가로 이루어진 증거조사 결과를 종합하면 제1심 증인이 한 진술의 신빙성 유무에 대한 제1심의 판단을 그대로 유지하는 것이 현저히 부당하다고 인정되는 등의 예외적인 경우가 아니라면, 항소심으로서는 제1심 증인이 한 진술의 신빙성 유무에 대한 제1심의 판단이 항소심의 판단과 다르다는 이유를 들어 제1심의 판단을 함부로 뒤집어서는 안될 것이다. 특히 공소사실을 뒷받침하는 증인의 진술의 신빙성을 배척한 제1심의 판단을 뒤집는 경우에는 무죄추정의 원칙 및 형사증명책임의 원칙에 비추어 이를 수긍할 수 없는 충분하고도 납득할 만한 현저한 사정이 나타나는 경우라야 할 것이다(대법원 2006. 11. 24. 선고 2006도4994 판결 참조).

한편 사법의 민주적 정당성과 신뢰를 높이기 위해 도입된 국민참여재판의 형식으로 진행된 형사공판절차에서 엄격한 선정절차를 거쳐 양식 있는 시민으로 구성된 배심원이 사실의 인정에 관하여 재판부에 제시하는 집단적 의견은 실질적 직접심리주의 및 공판중심주의 하에서 증거의 취사와 사실의 인정에 관한 전권을 가지는 사실심 법관의 판단을 돕기 위한 권고적 효력을 가지는 것인바, 배심원이 증인신문 등 사실심리의 전 과정에 함께 참여한 후 증인이 한 진술의 신빙성 등 증거의 취사와 사실의 인정에 관하여 만장일치의 의견으로 내린 무죄의 평결이 재판부의 심증에 부합하여 그대로 채택된 경우라면, 이러한 절차를 거쳐 이루어진 증거의 취사 및 사실의 인정에 관한 제1심의 판단은 위에서 본 실질적 직접심리주의 및 공판중심주의의 취지와 정신에 비추어 항소심에서의 새로운 증거조사를 통해 그에 명백히 반대되는 충분하고도 납득할 만한 현저한 사정이 나타나지 않는 한 한층 더 존중될 필요가 있다.

원심판결 이유 및 기록에 의하면 다음과 같은 사정을 알 수 있다.

이 사건 공소사실 중 강도상해의 점의 요지는, 피고인이 공소외인과 합동하여, 그 판시 일시에 모텔에서 피해자를 때려 반항을 억압한 다음, 피해자의 목에 걸려 있던 시가 290만 원 상당의 금목걸이를 강취하고, 이로 인하여 피해자에게 약 4주일간의 치료를 요하는 상해를 가하였다는 것이다.

국민참여재판으로 진행된 제1심에서는 피고인이 위 범행 당시 피해자의 금목걸이를 피해자로부터 넘겨받게 된 경위에 관하여 피고인의 주장과 피해자의 진술이 상반되고 그에 따라 위 금목걸이의 강취 사실 및 범의 여부가 공판의 쟁점이 되자, **피해자, 피고인과 함께 모텔에 들어간 일행들과 모텔 주인 등 다수의 관련자들에 대한 증인신문을 마친 다음, 배심원 9명이 만장일치로 한 평결 결과를 재판부가 받아들여, 위 공소사실에 부합하는 피해자 및 공소외인 등의 진술의 신빙성을 배척하는 한편, 피고인이 위 범행 당시 재물 강취의 고의는 물론, 불법영득의 의사로 금목걸이를 강취하였다고 볼 증거가 부족하다는 이유로 위 강도상해의 공소사실에 관하여 무죄로 판단**하였다.

그런데 **원심은 피해자에 대하여만 증인신문을 추가로 실시한 다음, 그 진술의 신빙성이 인정된다는 이유 등을 들어,** 제1심이 증거의 증명력을 판단함에 있어 경험칙과 논리법칙에 어긋나는 판단을 함으로써 자유심증주의에 관한 법리를 오해하거나 사실을 오인한 위법이 있다고 보아 **제1심판결을 파기하고 위 강도상해의 공소사실에 관하여 유죄로 판단**하였다.

앞서 본 법리와 위 소송의 경과에 비추어 보면, 국민참여재판에서 피해자를 비롯한 다수의 증인과 피고인에 대한 제1심 사실심리의 전 과정을 직접 지켜본 배심원이 만장일치로 내린 평결 결과를 받아들여 공소사실을 뒷받침하는 피해자 등의 진술의 신빙성을 배척하고 이를 토대로 무죄를 선고한 제1심의 판단을 뒤집기 위해서는 원심에서의 새로운 증거조사를 통해 그에 명백히 반대되는 충분하고도 납득할 만한 현저한 사정이 나타나는 경우라야 한다.

그런데 이 점과 관련하여 원심이 지적한 사정들은 피해자의 원심법정 진술을 제외하고는 제1심의 증거조사 과정에서 이미 현출되어 제1심이 관련 진술의 신빙성 유무를 판단함에 있어 이미 고려했던 증거나 사정들 중 일부에 불과하여 제1심의 판단을 뒤집을 만한 특별한 사정으로 내세울 것이 되지 못하고, 피해자의 원심법정 진술 또한 피고인과 대립되는 이해당사자로서 수사과정에서부터 대체로 공소사실에 부합하는 내용으로 일관하여 온 같은 진술의 반복에 지나지 아니하여 역시 특별한 사정이라 보기 어렵다.

그럼에도 불구하고 그 판시와 같은 이유로 피해자 등 진술의 신빙성 및 그에 기초한 위 강도상해의 공소사실에 대한 제1심의 판단을 뒤집어 이를 유죄라고 인정한 원심의 판단에는, 실질적 직접심리주의와 공판중심주의의 원칙 아래 국민참여재판의 형식으로 이루어진 형사공판절차를 통해 제1심이 한 증거의 취사와 사실의 인정을 합리적 근거 없이 뒤집음으로써 공판중심주의와 실질적 직접심리주의의 원칙을 위반하고 그 결과 범죄사실의 인정은 합리적인 의심이 없는 정도의 증명에 이르러야 한다고 하는 증거재판주의에 관한 법리를 오해한 위법이 있으며, 이는 판결에 영향을 미쳤음이 명백하므로 그대로 유지될 수 없다.

CHAPTER

03

증거

제 1 절 증명의 일반이론

Ⅰ. 증거의 의의와 종류

1. 증거의 의의

〈형사증거법의 체계〉

헌법재판소 2009. 11. 26. 선고 2008헌바25 결정

가. 자유심증주의

(1) 자유심증주의의 의의 및 연혁

이 사건 법률조항은 증거의 증명력을 법관의 자유로운 판단에 맡기는 자유심증주의 원칙을 규정한 것이다.

자유심증주의는 법정증거주의에 대립하는 개념이다. 법정증거주의란 증거의 증명력 평가에 법률적 제약을 가하여 일정한 증거가 존재하면 반드시 유죄로 인정하게 하거나(적극적 법정증거주의), 일정한 증거가 없으면 유죄로 할 수 없도록(소극적 법정증거주의) 법률로 규정하는 것이다. 법정증거주의는 중세 유럽의 규문절차에서 법관의 자의를 배제함으로써 법적 안정성을 보장하려는 것이었다. 그러나 천차만별한 증거의 증명력을 획일적으로 규정하는 것은 구체적 사건에 있어서 실체적 진실을 발견하는데 부당한 결과를 초래하였을 뿐만 아니라, 자백을 얻기 위한 고문이 성행하게 되었다.

그래서 프랑스혁명 이후 형사절차의 개혁과정에서 법정증거주의가 폐지되고 자유심증주의가 수립되기에 이르러 자유심증주의는 1808년 프랑스 치죄법에 최초로 명시된 후 독일 형사소송법을 비롯한 대륙법계 형사소송법에 계수되고, 일본과 우리나라에도 형사소송법의 기본원칙으로 수용되었다.

(2) 자유심증주의의 내용

자유심증주의는 증거의 증명력, 즉 사실인정을 위한 증거의 실질적 가치를 법률로 규정하지 아니하고 법관의 자유로운 판단에 맡기는 원칙이다. 자유심증주의에 따라서 법관은 증거의 증명력을 판단할 때에 법률이 규정해 놓은 일정한 법칙의 제약을 받지 않고 자신의 합리적 이성에 의하여 사실의 존부에 관한 판단을 하게 된다. 법관은 자유롭게 증거의 취사선택을 할 수 있고, 모순되는 증거가 있는 경우에 어느 증거를 믿는가도 법관의 자유판단에 맡겨지며, 법관은 동일증거의 일부만을 취신할 수도 있다. 신빙성이 없는 증인의 증언이라 할지라도 일정 부분의 증언을 골라내어 믿을 수도 있고, 또한 다수증거를 종합한 결과에 의해서도 사실인정을 할 수 있으며, 간접증거 또는 정황증거에 의하여도 사실을 인정할 수 있다.

(3) 자유심증주의의 제한

자유심증주의는 증명력 판단을 법률로 규정하는 것보다 법관의 자유로운 판단에 맡기는 것이 실체적 진실발견에 더 적합하다는 합리성에 토대를 두는 것이므로, 법관의 자유판단의 합리성을 확보하기 위하여 자유심증주의에 대한 다양한 형태의 제한이 인정되고 있다.

우선 법관의 사실인정은 논리법칙과 경험법칙에 합치하여야 하고, 법관은 주관적 불신을 이유로 논리법칙, 경험법칙에 부합하는 증거의 증명력을 부인하거나, 반대로 논리·경험법칙에 반하는 증거를 근거로 사실을 인정할 수는 없다. 이러한 의미에서 자유심증주의는 합리적 심증주의 또는 과학적 심증주의라고도 할 수 있는 것이다.

한편 헌법 제12조 제2항과 형사소송법 제283조의2는 피고인에게 진술거부권을 보장하고 있으므로, 진술거부권의 행사를 피고인에게 불리한 증거로 사용해서는 안된다. 그리고 헌법 제12조 제7항과 형사소송법 제310조는 피고인의 자백이 불리한 유일의 증거인 때에는 이를 유죄의 증거로 삼지 못하게 하여 자백에 대한 보강증거를 요구함으로써 자유심증주의를 제한하고 있다. …

다. 이 사건 법률조항의 위헌 여부

(1) 이 사건 법률조항은 "증거의 증명력은 법관의 자유판단에 의한다"라고 규정하여 자유심증주의를 규정하고 있다. 자유심증주의는 형사소송에서의 실체진실의 발견에 보다 적합한

증거이론으로서 세계 대부분 국가의 형사재판절차의 핵심원리로 인정되고 있다.

자유심증주의는 법관으로 하여금 증명력 판단에 있어서 형식적 법률의 구속을 받지 않고 논리법칙과 경험법칙에 따라 합리적인 사실인정을 가능하게 함으로써 법정증거주의의 획일성을 극복하고 사실인정의 구체적 타당성을 도모할 수 있게 하며 형사소송이 지향하는 이념인 실체적 진실 발견에 가장 적합한 방책이 되는 것이다. 이는 인간 이성에 대한 신뢰를 기초로 하여 전문법관의 자유로운 판단에 맡기는 것이 증거의 가치판단에 있어서 잘못을 최소화할 수 있다고 본 것이다.

(2) 자유심증주의란 법관의 자의적인 증거판단과 사실인정을 의미하는 것이 아니라 법관의 합리적인 자유심증에 따른 사실인정과정을 의미한다(헌재 1996. 12. 26. 94헌바1, 판례집 8-2, 808, 831). 그래서 입법자는 자유심증주의가 합리적인 사실인정을 담보할 수 있도록 다음과 같은 여러 가지 제도적 보완 장치를 마련하고 있다.

(가) 증거능력제도

헌법상의 기본권을 침해하거나 형사소송법상의 효력규정을 위반하여 수집된 증거는 형사소송법 제309조(자백배제법칙), 제317조(진술의 임의성), 제308조의2(위법수집증거 배제법칙), 형사소송법 제310조의2 내지 제316조(전문법칙) 등에 의하여 증거능력이 없다. 이는 증명력의 합리적인 판단에 지장을 초래할 수 있는 증거들을 처음부터 증명력 판단의 대상에서 제외함으로써 자유심증주의를 간접적으로 억제하는 효과를 가진다.

(나) 증거조사과정의 합리화

형사소송법은 당사자의 신청에 의한 증거조사를 원칙으로 하고(제294조), 피고인으로 하여금 증거조사의 결과에 대하여 의견을 제시할 수 있게 하고(제293조), 당사자들로 하여금 증거조사에 대하여 이의신청을 할 수 있도록(제296조 제1항) 규정함으로써 법관의 자의적인 증거조사를 방지하여 합리적 심증형성을 도모하고 있다.

(다) 유죄판결의 증거설시

법관의 합리적인 판단을 담보하기 위하여 형사소송법은 유죄판결의 판결이유에 범죄사실을 인정하는 증거의 요지를 명시하도록 규정함(제323조 제1항)으로써, 법관에게 증거의 가치판단에 대하여 합리적인 판단을 요구하고 소송당사자와 일반인에 대하여 재판의 신뢰성을 담보하고 상급심에 의한 통제가 가능하도록 하고 있다.

서울고등법원 2013. 2. 8. 선고 2012노805 판결 「증거조사방식에 따라 증거방법은 증거서류(낭독 또는 내용고지, 제시열람), 증거물(제시), 증거물인 서면(제시 및 낭독 또는 내용고지)으로 분류되는데, 증거서류는 서류에 기재된 내용이 증거자료로 되는 것이고, 증거물이란 어떤 물건의 존재 및 상태가 증거자료로 되는 것이다. 한편, 증거물인 서면은 그 기재된 내용 외에 서류의 존재 또는 상태도 증거자료로 되는 것을 말한다. 그런데, 증거서류에서 증거자료가 되는 기재내용은 그 서류에 기재된 내용이 진실임을 전제로 하여 어떠한 요증사실을 직접 증명하는 역할을 함에 반하여, 증거물인 서면에서 증거자료가 되는 기재내용은 일정한 사항이 그 서류에 기재되어 있다는 사실 자체로서 어떠한 요증사실을 간접적으로 증명하는 간접사실에 대한 정황증거로 역할을 하는데 그치는 점에서 구별된다.」

2. 증거의 종류

가. 직접증거와 간접증거

〈성폭력 사건 피해자의 진술이 유일한 직접증거인 경우 그 진술의 신빙성을 판단하는 방법〉

대법원 2022. 8. 19. 선고 2021도3451 판결

성폭력 사건에서 피고인이 공소사실을 부인하고 있고 공소사실에 부합하는 직접증거로 사실상 피해자의 진술이 유일한 경우, 피해자의 진술이 합리적인 의심을 배제할 만한 신빙성이 있는지 여부는 그 진술 내용의 주요한 부분이 일관되고 구체적인지, 진술 내용이 논리와 경험칙에 비추어 합리적이고, 진술 자체로 모순되거나 객관적으로 확인된 사실이나 사정과 모순되지는 않는지, 또는 허위로 피고인에게 불리한 진술을 할 만한 동기나 이유가 있는지 등을 종합적으로 고려하여 신중하게 판단하여야 한다. … 이와 같이 성폭력 피해자의 대처 양상은 피해자의 나이, 성별, 지능이나 성정, 사회적 지위와 가해자와의 관계 등 구체적인 처지와 상황에 따라 다르게 나타날 수밖에 없다. 따라서 피해자의 진술 내용이 논리와 경험칙에 비추어 합리적인지 여부는 개별적, 구체적인 사건에서 성폭력 피해자가 처하여 있는 상황에 기초하여 판단하여야 하고, 그러한 사정을 충분히 고려하지 아니한 채 통상의 성폭력 피해자라면 마땅히 보여야 할 반응을 상정해 두고 이러한 통념에 어긋나는 행동을 하였다는 이유로 섣불리 경험칙에 어긋난다거나 합리성이 없다고 판단하는 것은 정의와 형평의 이념에 입각하여 논리와 경험의 법칙에 따른 증거판단이라고 볼 수 없다(대법원 2018. 10. 25. 선고 2018도7709 판결, 대법원 2020. 10. 29. 선고 2019도4047 판결 등 참조).

그리고 공소사실을 인정할 증거로 사실상 피해자의 진술이 유일한 경우에 피고인의 진술이 경험칙상 합리성이 없고 그 자체로 모순되어 믿을 수 없다고 하여 그것이 공소사실을 인정하는 직접증거가 되는 것은 아니지만, 이러한 사정은 법관의 자유판단에 따라 피해자 진술의 신빙성을 뒷받침하거나 직접증거인 피해자 진술과 결합하여 공소사실을 뒷받침하는 간접정황이 될 수 있다(위 2018도7709 판결 참조).

〈간접증거에 의한 범죄사실 인정〉

대법원 2001. 11. 27. 선고 2001도4392 판결

형사재판에 있어 유죄의 인정은 법관으로 하여금 합리적인 의심을 할 여지가 없을 정도로 공소사실이 진실한 것이라는 확신을 가지게 할 수 있는 증명력을 가진 증거에 의하여야 하고, 이러한 정도의 심증을 형성하는 증거가 없다면 피고인이 유죄라는 의심이 간다 하더라도 피고인의 이익으로 판단할 수밖에 없으나, 그와 같은 심증이 반드시 직접증거에 의하여 형성되어야만 하는 것은 아니고 경험칙과 논리법칙에 위반되지 아니하는 한 간접증거에 의하여 형성되어도 되는 것이며, 간접증거가 개별적으로는 범죄사실에 대한 완전한 증명력을 가지지 못하더라도 전체 증거를 상호 관련하에 종합적으로 고찰할 경우 그 단독으로는 가지지 못하는 종합적 증명력이 있는 것으로 판단되면 그에 의하여도 범죄사실을 인정할 수 있다(대법원 1999. 10. 22. 선고 99도3273 판결, 2000. 10. 24. 선고 2000도3307 판결 참조).

원심판결 이유에 의하면, 원심은 피고인과 공소외 1의 불륜관계 및 이로 인한 가정의 파탄, 피고인의 채무규모와 경제적인 어려움, 피고인이 이 사건 발생 2일 내지 5일 전에 종전에 가입한 보험의 기본계약을 변경하고 실효된 보험을 부활시키는 한편 피해자인 자녀들을 피보험자로 하는 4개의 보험에 가입한 경위, 피고인과 피해자 공소외 2 사이의 건물 신축공사를 둘러싼 다툼, 피고인의 이 사건 범행 당일의 행적(피해자인 자녀들과 조카들을 승용차에 태우고 다닌 경위, 이 사건 범행 현장인 저수지 주변의 도로를 수차 왕복하면서 피해자 공소외 2를 승용차의 조수석에 동승시킨 경위 등), 이 사건 사고가 발생한 도로와 저수지의 상태, 이 사건 승용차가 저수지로 추락하기 직전의 상황, 위 승용차가 추락한 경위와 흔적, 피고인의 이 사건 사고 직후 및 그 이후의 행적 등에 관한 사실을 인정한 다음, 이러한 사실관계에 비추어 보면, 이 사건 범행은 피고인의 운전 부주의로 승용차가 저수지에 추락하여 발생한 것이 아니라, 피고인이 교통사고를 가장하여 피해자인 자녀들을 살해하고 보험금을 수령하여 자신의 경제적 곤란을 해결하고 신변을 정리하는 한편, 그 범행을 은폐할 목적으로 보험의 피보험자인 자녀들 외에 조카들과 피해자 공소외 2를 승용차에 태운 후에 고의로 승용차를 저수지에 추락시켜 피해자들을 사망하게 한 것으로서 피해자들에 대한 살인의 범의가 인정된다고 판단하였다.

앞서 본 법리와 기록에 비추어 살펴보면, 원심의 위와 같은 사실인정과 판단은 정당하고, 거기에 채증법칙 위배로 인한 사실오인 등의 위법이 있다고 할 수 없다.

〈증명력에 한계가 있는 간접증거에 대한 증거평가 방법〉

대법원 2022. 6. 16. 선고 2022도2236 판결

법정형이 무거운 범죄의 경우에도 직접증거 없이 간접증거만으로 유죄를 인정할 수 있으나, 그러한 유죄 인정에는 공소사실에 대한 관련성이 깊은 간접증거들에 의하여 신중한 판단이 요구되므로, 간접증거에 의하여 주요사실의 전제가 되는 간접사실을 인정할 때에는 증명이 합리적인 의심을 허용하지 않을 정도에 이르러야 하고, 하나하나의 간접사실 사이에 모순, 저촉이 없어야 하는 것은 물론 간접사실이 논리와 경험칙, 과학법칙에 의하여 뒷받침되어야 한다(대법원 2011. 5. 26. 선고 2011도1902 판결 참조). 그러므로 유죄의 인정은 범행 동기, 범행 수단의 선택, 범행에 이르는 과정, 범행 전후 피고인의 태도 등 여러 간접사실로 보아 피고인이 범행한 것으로 보기에 충분할 만큼 압도적으로 우월한 증명이 있어야 한다. 피고인은 무죄로 추정된다는 것이 헌법상의 원칙이고, 그 추정의 번복은 직접증거가 존재할 경우에 버금가는 정도가 되어야 한다(대법원 2017. 5. 30. 선고 2017도1549 판결 참조).

그리고 범행에 관한 간접증거만이 존재하고 더구나 그 간접증거의 증명력에 한계가 있는 경우, 범인으로 지목되고 있는 자에게 범행을 저지를 만한 동기가 발견되지 않는다면, 만연히 무엇인가 동기가 분명히 있는데도 이를 범인이 숨기고 있다고 단정할 것이 아니라 반대로 간접증거의 증명력이 그만큼 떨어진다고 평가하는 것이 형사증거법의 이념에 부합하는 것이다(대법원 2006. 3. 9. 선고 2005도8675 판결 참조).

유전자검사나 혈액형검사 등 과학적 증거방법은 전제로 하는 사실이 모두 진실임이 증명되고 추론의 방법이 과학적으로 정당하여 오류의 가능성이 없거나 무시할 정도로 극소하다고 인정되는 경우에는 법관이 사실인정을 할 때 상당한 정도로 구속력을 가진다(대법원 2009. 3. 12. 선고 2008도8486 판결 등 참조). 그러나 이 경우 법관은 과학적 증거방법이 증명하는 대상의 무엇인지, 즉 증거방법과 쟁점이 어떠한 관련성을 갖는지를 면밀히 살펴 신중하게 사실

<u>인정을 하여야 한다.</u>

나. 인적 증거와 물적 증거

〈증거서류와 증거물인 서면의 구별〉

대법원 2015. 4. 23. 선고 2015도2275 판결 〈표준〉

1) <u>피고인이 수표를 발행하였으나 예금부족 또는 거래정지처분으로 지급되지 아니하게 하였다는 부정수표단속법위반의 공소사실을 증명하기 위하여 제출되는 수표는 그 서류의 존재또는 상태 자체가 증거가 되는 것이어서 증거물인 서면에 해당하고 어떠한 사실을 직접 경험한 사람의 진술에 갈음하는 대체물이 아니므로, 그 증거능력은 증거물의 예에 의하여 판단하여야 하고, 이에 대하여는 형사소송법 제310조의2에서 정한 전문법칙이 적용될 여지가없다. 이때 수표 원본이 아니라 전자복사기를 사용하여 복사한 사본이 증거로 제출되었고피고인이 이를 증거로 하는 데 부동의한 경우 위 수표 사본을 증거로 사용하기 위해서는 수표 원본을 법정에 제출할 수 없거나 그 제출이 곤란한 사정이 있고 수표 원본이 존재하거나존재하였으며 증거로 제출된 수표 사본이 이를 정확하게 전사한 것이라는 사실이 증명되어야 할 것이다</u>(대법원 2008. 11. 13. 선고 2006도2556 판결 참조).

2) 원심은, 피고인이 공소외 6과 공모하여 제1심(서울중앙지방법원 2014. 5. 8. 선고 2013고단8324 판결, 이하 같다) 별지 범죄일람표 순번 2, 11, 19 기재 각 당좌수표(이하 '이 사건 각 당좌수표'라 한다)를 발행하였으나 예금부족 또는 거래정지처분으로 지급되지 아니하게 하였다는공소사실에 대하여, 검사가 증거로 제출한 이 사건 각 당좌수표 사본은 증거물이 아닌 문서의 사본으로 제시한 것이고, 따라서 피고인이 증거로 함에 동의하지 아니한 이상 이를 증거로 사용하기 위해서는 특히 신용할 만한 정황에 의하여 이 사건 각 당좌수표가 작성되었는지 여부를 살펴야 할 것인데, 이 사건 각 당좌수표 사본의 액면금 부분 필적이 다른 당좌수표 사본들의 해당 부분 필적과 다르고 한자가 아닌 한글로 기재되어 있는 등의 사정을 고려하면 위 각 당좌수표 사본이 특히 신용할 만한 정황에 의하여 작성되었다고 단정하기 어려우므로 이를 증거로 사용할 수 없고, 각 해당 고발장 등 기재만으로는 이 부분 공소사실을인정하기에 부족하다고 보아, 이에 대하여 무죄를 선고한 제1심을 유지하였다.

3) 그러나 원심의 이러한 판단은 앞서 본 법리에 비추어 다음과 같은 이유로 그대로 수긍하기 어렵다.

이 사건 각 당좌수표 사본은 증거물인 서면이어서 이에 대하여는 전문법칙이 적용되지 아니하므로, 원심으로서는 이 사건 각 당좌수표 원본을 법정에 제출할 수 없거나 그 제출이 곤란한 사정이 있고 그 원본이 존재하거나 존재하였으며 증거로 제출된 이 사건 각 당좌수표 사본이 이를 정확하게 전사한 것인지 여부를 심리하여 이 점이 증명되는 경우 그 증거능력을 인정하여야 할 것이고, 한편 이 사건 각 당좌수표 사본의 액면금 부분 필적이 다른 당좌수표들과 다르다는 등의 사정은 증명력의 문제일 뿐 증거능력의 문제는 아니라 할 것이다.

그럼에도 원심은 그 판시와 같은 이유만으로 이 사건 각 당좌수표 사본의 증거능력을 부인하고 이 부분 공소사실을 무죄로 판단하고 말았다. 이러한 원심판결에는 이 사건 각 당좌수표의 증거로서의 성격 및 이 사건 각 당좌수표 사본의 증거능력에 관한 법리를 오해하여 판결에 영향을 미친 위법이 있다.

다. 본증과 반증

대법원 1994. 11. 11. 선고 94도1159 판결 「검사가 지적하는 증거들은 유죄의 자료로 제출한 증거들로서 그 진정성립이 인정되지 아니하고 이를 증거로 함에 상대방의 동의가 없었기는 하나, 그러한 증거라고 하더라도 유죄사실을 인정하는 증거로 사용하는 것이 아닌 이상 공소사실과 양립할 수 없는 사실을 인정하는 자료로 쓸 수 있다.」

대법원 1996. 1. 26. 선고 95도1333 판결 「논지는 원심이 공소외인 총영시에 대하여 한 사실조회의 회신은 그 내용이 공무소의 직무범위를 벗어난 것으로서 증거능력이 없다는 것이나, 형사소송법 제318조의2에 규정된 이른바 탄핵증거는 범죄사실을 인정하는 증거가 아니어서 엄격한 증거능력을 요하지 아니하는 것이므로, 원심이 이를 유죄 증거의 증명력을 다투기 위한 반대증거로 채택함에는 아무런 잘못이 없다고 할 것이다.」

라. 실질증거와 보조증거

대법원 2018. 7. 11. 선고 2018도6352 판결 「증거로 채택되어 조사된 피고인의 휴대전화 통화내역(2016고단8096 사건 증거기록 117~128면)에 의하면, 피고인이 2016. 2. 중순경 군자역 부근에 있었던 사실을 확인할 수 있다. 그러나 기록에 의하면, 당시 피고인은 군자역 부근에 거주하고 있었으므로, 위와 같은 통화사실이 이 부분 공소사실에 대한 충분한 보강증거가 된다고 보기 어렵다. 오히려 공소외 1의 휴대전화 통화내역 중에는, 2016. 2. 중순경부터 하순경 사이의 야간에, 발신기지국 위치가 이틀 연속으로 군자교 부근으로 확인되는 내역을 찾을 수 없으므로, 휴대전화 통화내역만으로는 공소외 1이 나, 다항 공소사실 기재와 같이 군자역에서 피고인을 만난 사실이 있다고 단정하기 부족하다.」

대법원 1998. 2. 27. 선고 97도1770 판결 「피고인이 지적하는 사법경찰리 작성의 피고인에 대한 제3, 4, 5회 각 피의자신문조서와 피고인이 작성한 자술서(3회)들은 모두 검사가 유죄의 자료로 제출한 증거들로서 피고인이 각 그 내용을 부인하는 이상 증거능력이 없으나 <u>그러한 증거라 하더라도 그것이 임의로</u> <u>작성된 것이 아니라고 의심할 만한 사정이 없는 한 피고인의 법정에서의 진술을 탄핵하기 위한 반대증</u> <u>거로 사용할 수 있는 것</u>(이다).」

II. 증거재판주의

1. 증명

〈불요증사실〉

대법원 2003. 2. 11. 선고 2002도6766 판결

피고인은 검찰 이래 원심 법정에 이르기까지 위 부분 범행을 자백하고 있음을 알 수 있다. 그러나 <u>피고인은 당심에 이르러 이는 허위자백으로 메스암페타민 1g을 물에 타서 마신다면</u> <u>치사량에 해당되어 있을 수 없는 일이라고 주장하는바, 본래 마약이나 향정신성의약품을 과</u> <u>다하게 투약하면 사망에 이를 위험이 있음은 법원에 현저한 사실</u>이라 할 것이고, 기록에 의 하면 피고인은 대마관리법 및 향정신성의약품관리법 위반 등으로 5회에 걸쳐 유죄판결을 선 고받을 정도로 마약류의 투약경험이 많은 자로서 메스암페타민을 과다하게 투약하면 생명에 위험이 초래될 수 있다는 점을 알고 있었을 가능성이 높아 보이는데, 이러한 피고인이 평소 투약량(피고인이 인정하는 원심 판시 제2 내지 5의 죄의 공소사실에 의하면 피고인은 1회에 각 0.05g 의 메스암페타민을 투약한 것에 불과하다.)의 20배에 달하는 1g의 메스암페타민을 한꺼번에 물 에 타서 마시는 방법으로 투약하였다는 것은 쉽게 믿기 어렵고(이 사건 공소사실 및 원심이 인 정한 범죄사실은 다른 기재가 없어 일시에 메스암페타민 1g을 투약한 것으로 기소된 것으로 보지 아 니할 수 없다.), 또 만약 그렇게 투약하였다면 피고인의 생명이나 건강에 위험이 발생하였을 가능성이 없지 않았을 것으로 보여져, 피고인의 위 자백은 그 신빙성이 크게 의심스럽다.

대법원 2001. 9. 4. 선고 2000도1743 판결 「불법영득의사를 실현하는 행위로서의 횡령행위가 있다는 점 은 검사가 입증하여야 하는 것으로서, 그 입증은 법관으로 하여금 합리적인 의심을 할 여지가 없을 정 도의 확신을 생기게 하는 증명력을 가진 엄격한 증거에 의하여야 하는 것이고 이와 같은 증거가 없다 면 설령 피고인에게 유죄의 의심이 간다고 하더라도 피고인의 이익으로 판단할 수밖에 없지만, <u>피고인</u> <u>이 자신이 위탁받아 보관하고 있던 돈이 없어졌는데도 그 행방이나 사용처를 제대로 설명하지 못한다</u> <u>면 일단 피고인이 이를 임의소비하여 횡령한 것이라고 추단할 수 있다.</u>」

〈증명의 정도 : 합리적인 의심이 없는 정도의 증명〉

대법원 2017. 1. 25. 선고 2016도15526 판결

형사재판에서 유죄의 인정은 법관으로 하여금 합리적인 의심을 할 여지가 없을 정도로 공소사실이 진실한 것이라는 확신을 갖도록 할 수 있는 증명력을 가진 증거에 의하여야 한다. 여기에서 말하는 합리적 의심이란 모든 의문이나 불신을 말하는 것이 아니라 논리와 경험법칙에 기하여 증명이 필요한 사실과 양립할 수 없는 사실의 개연성에 대한 합리적인 의문을 의미한다. 따라서 단순히 관념적인 의심이나 추상적인 가능성에 기초한 의심은 합리적 의심에 포함되지 않는다(대법원 2013. 6. 27. 선고 2013도4172 판결 등 참조). 법관은 반드시 직접증거로만 범죄사실에 대한 증명이 있는지를 판단하는 것은 아니고, 직접증거와 간접증거를 종합적으로 고찰하여 논리와 경험의 법칙에 따라 범죄사실에 대한 증명이 있는 것으로 판단할 수 있다.

대법원 2023. 1. 12. 선고 2022도11245, 2022보도52 판결 「형법 제30조의 공동정범은 2인 이상이 공동하여 죄를 범하는 것으로서, 공동정범이 성립하기 위해서는 주관적 요건으로서 공동가공의 의사와 객관적 요건으로서 공동의사에 기한 기능적 행위 지배를 통한 범죄의 실행사실이 필요하다. 공동가공의 의사는 타인의 범행을 인식하면서도 이를 제지하지 아니하고 용인하는 것만으로는 부족하고, 공동의 의사로 특정한 범죄행위를 하기 위해 일체가 되어 서로 다른 사람의 행위를 이용하여 자기 의사를 실행에 옮기는 것을 내용으로 하는 것이어야 한다. 따라서 공동정범이 성립한다고 판단하기 위해서는 범죄 실현의 전 과정을 통하여 행위자들 각자의 지위와 역할, 다른 행위자에 대한 권유 내용 등을 구체적으로 검토하고 이를 종합하여 위와 같은 공동가공의 의사에 기한 상호 이용의 관계가 합리적인 의심을 할 여지가 없을 정도로 증명되어야 한다.」

2. 엄격한 증명과 자유로운 증명

가. 의의

대법원 1970. 10. 30. 선고 70도1936 판결 「민간인이 군에 입대하여 군인신분을 취득하였는가의 여부를 판단함에 있어서는 엄격한 증명이 필요하다고 하여야 할 것이므로 본건에 있어서 위 피고인이 군인신분을 취득하였다는 증명으로서 면장 및 이장의 "자원하여 군에 입대하였으나 입대일자도 모른다는 증명서"만을 증거로 하여 동 피고인이 군에 입대하였다고 인정하고, 동 피고인에 대한 공소를 기각하였으나, 사실상 군에 입대한 여부를 좀 더 소상히 알아보아야 옳았을 것인데, 이에 이르지 않고 허무한 증거에 의하여 사실을 인정한 것은 채증법칙을 위배하여 판결에 영향을 미쳤다.」

나. 엄격한 증명의 대상

(1) 공소범죄사실

대법원 2013. 11. 14. 선고 2013도8121 판결 「목적과 용도를 정하여 위탁한 금전을 수탁자가 임의로 소비하면 횡령죄를 구성할 수 있으나, 이 경우 피해자 등이 목적과 용도를 정하여 금전을 위탁한 사실 및 그 목적과 용도가 무엇인지는 엄격한 증명의 대상이라고 보아야 한다.」

대법원 2017. 3. 30. 선고 2013도10100 판결 「형사재판에서 범죄사실의 인정은 법관으로 하여금 합리적인 의심을 할 여지가 없을 정도의 확신을 가지게 하는 증명력을 가진 엄격한 증거에 의하여야 하므로, 검사의 입증이 위와 같은 확신을 가지게 하는 정도에 충분히 이르지 못한 경우에는 비록 피고인의 주장이나 변명이 모순되거나 석연치 않은 면이 있는 등 유죄의 의심이 간다고 하더라도 피고인의 이익으로 판단하여야 한다. 그리고 위와 같은 엄격한 증명의 대상에는 검사가 공소장에 기재한 구체적 범죄사실이 모두 포함되고, 특히 공소사실에 특정된 범죄의 일시는 피고인의 방어권 행사의 주된 대상이 되므로 엄격한 증명을 통해 그 특정한 대로 범죄사실이 인정되어야 하며, 그러한 증명이 부족한데도 다른 시기에 범행을 하였을 개연성이 있다는 이유로 범죄사실에 대한 증명이 있다고 인정하여서는 아니 된다.」

대법원 2017. 12. 22. 선고 2017도11616 판결 「뇌물수수죄에서 공무원의 직무에 관하여 수수하였다는 범의를 인정하기 위해서는 엄격한 증명이 요구되지만, 피고인이 금품 등을 수수한 사실을 인정하면서도 범의를 부인하는 경우에는, 범의와 상당한 관련성이 있는 간접 사실을 증명하는 방법에 의하여 이를 입증할 수밖에 없는데, 간접 사실에 비추어 수수하는 금품이 공무원의 직무에 대한 대가로서의 성질을 가진다는 사정을 피고인이 미필적으로라도 인식하면서 묵인한 채 이를 수수한 것으로 볼 수 있다면 뇌물수수의 범의는 충분히 인정된다.」

대법원 2018. 4. 19. 선고 2017도14322 전원합의체 판결 「2인 이상이 범죄에 공동 가공하는 공범관계에서 공모는 법률상 어떤 정형을 요구하는 것이 아니고 2인 이상이 공모하여 범죄에 공동 가공하여 범죄를 실현하려는 의사의 결합만 있으면 충분하다. 비록 전체의 모의과정이 없더라도 여러 사람 사이에 순차적으로 또는 암묵적으로 의사의 결합이 이루어지면 공모관계가 성립한다. 이러한 공모관계를 인정하기 위해서는 엄격한 증명이 요구되지만, 피고인이 범죄의 주관적 요소인 공모관계를 부인하는 경우에는 사물의 성질상 이와 상당한 관련성이 있는 간접사실 또는 정황사실을 증명하는 방법으로 이를 증명할 수밖에 없다. 이때 무엇이 상당한 관련성이 있는 간접사실에 해당할 것인지는 정상적인 경험칙에 바탕을 두고 치밀한 관찰력이나 분석력으로 사실의 연결 상태를 합리적으로 판단하는 방법으로 하여야 한다.」

(2) 형벌권의 범위와 관련된 사실

대법원 1996. 5. 10. 선고 96도638 판결 형법 「제10조 소정의 심신장애의 유무는 법원이 형벌제도의 목적 등에 비추어 판단하여야 할 법률문제로서, 그 판단에 있어서는 전문감정인의 정신감정결과가 중요한 참고자료가 되기는 하나, 법원으로서는 반드시 그 의견에 기속을 받는 것은 아니고, 그러한 감정 결과뿐만 아니라 범행의 경위, 수단, 범행 전후의 피고인의 행동 등 기록에 나타난 제반 자료 등을 종합하여 독자적으로 심신장애의 유무를 판단하여야 할 것이다.」

대법원 1973. 3. 20. 선고 73도280 판결 「전과에 관한 사실은 엄격한 의미에서의 범죄사실과는 구별되는 것으로서 피고인의 자백만으로서도 이를 인정할 수 있다고 할 것인바, 피고인은 수사기관이래 공판정에 이르기까지 일관하여 전과에 관한 사실을 자백하고 있고 다만 형의 집행을 완료한 날짜에 착오가 있는 듯 하나 누범가중되는 전과임에는 틀림이 없으며 원심이 증거로 한 것을 기록에 대조하면 피고인에게 대한 특수절도, 야간주거침입 절도의 범죄사실을 인정할 수 있고 그 과정에 불확실한 증거에 의하여 사실을 인정한 채증법칙 위배의 위법이 없(다).」

대법원 1973. 4. 17. 선고 73도279 판결 「몰수나 추징대상이 되는 여부는 범죄된 사실에 관한 것이 아니므로 엄격한 증명이 필요없고, 일응 인정될 수 있는 증명이 있으면 충분하다 할 것이므로 기록을 정사하면 세관 감정서를 추징가격 산정의 기초로 하고 기타 증거에 의하여 추징을 선고한 원심판결에 증거없이 위 추징을 선고하였다거나 법률상 추징의 선고를 할 수 없는 것을 선고한 위법이 있다고 볼 수 없(다).」

대법원 2015. 1. 22. 선고 2014도10978 전원합의체 판결 「구성요건에 해당하는 사실은 엄격한 증명에 의하여 이를 인정하여야 하고, 증거능력이 없는 증거는 구성요건 사실을 추인하게 하는 간접사실이나 구성요건 사실을 입증하는 직접증거의 증명력을 보강하는 보조사실의 인정자료로도 사용할 수 없으며, 이러한 간접사실이나 보조사실도 범죄의 구성요건과 관련된 것인 이상 합리적인 의심의 여지가 없는 엄격한 증명을 요한다.

대법원 2017. 3. 22. 선고 2016도17465 판결 「형법 제6조 본문에 의하여 외국인이 대한민국 영역 외에서 대한민국 국민에 대하여 범죄를 저지른 경우 우리 형법이 적용되지만, 같은 조 단서에 의하여 행위지의 법률에 의하여 범죄를 구성하지 아니하거나 소추 또는 형의 집행을 면제할 경우에는 우리 형법을 적용하여 처벌할 수 없고, 이 경우 행위지의 법률에 의하여 범죄를 구성하는지 여부에 대해서는 엄격한 증명에 의하여 검사가 증명하여야 한다.」

다. 자유로운 증명의 대상

대법원 2016. 12. 15. 선고 2016도11306 판결 「위 동의서와 확인서는 형사절차와 관련된 소송법적 사실로 이메일 출력물의 임의제출 여부를 증명하기 위한 것인데, 이는 자유로운 증명으로 족하므로 법원이 상당한 방법으로 증거조사를 하면 된다.」

대법원 2011. 6. 24. 선고 2011도4451, 2011전도76 판결 <표준> 「친고죄에서 위와 같은 적법한 고소가 있었는지 여부는 자유로운 증명의 대상이 되고, 일죄의 관계에 있는 범죄사실의 일부에 대한 고소의 효력은 그 일죄의 전부에 대하여 미친다. … 피해자는 고소장을 제출하지는 아니하였으나 경찰에서 피해자 진술조서를 작성할 당시 사법경찰리에게 위 범행 당일 02:30경 간음 목적으로 피해자를 주차장으로 끌고 간 약취 범행 등을 이유로 피고인 겸 피부착명령청구인(이하 '피고인'이라고만 한다)을 형사처벌하여 달라는 의사표시를 분명히 하여 그 의사표시가 피해자 진술조서에 기재되었으며, 위 진술조서에 대해서는 피고인의 변호인이 제1심 공판기일에서 증거동의하여 증거조사가 마쳐진 사실을 알 수 있는바, 앞서 본 법리에 비추어 보면 이 부분 공소사실에 대하여는 고소능력이 있는 피해자 본인이 고소를 하였다고 보아야 할 것이고 한편 이 부분 공소사실에는 피고인이 간음 목적으로 위 범행 당일 02:30경 피해자를 주차장으로 끌고 간 다음 같은 날 02:40경 다시 피해자를 그 부근의 빌딩 2층으로 끌고 간 약취 범죄사실이 포함되어 있으나 이들은 서로 일죄의 관계에 있으므로 친고죄인 이 부분 공소사실에 대한 공소제기 요건은 충족되었다고 보아야 할 것이다.」

대법원 2001. 9. 4. 선고 2000도1743 판결 <표준> 「피고인의 자필로 작성된 진술서의 경우에는 서류의 작성자가 동시에 진술자이므로 진정하게 성립된 것으로 인정되어 형사소송법 제313조 단서에 의하여 그 진술이 특히 신빙할 수 있는 상태하에서 행하여진 때에는 증거능력이 있고, 이러한 특신상태는 증거능력의 요건에 해당하므로 검사가 그 존재에 대하여 구체적으로 주장·입증하여야 하는 것이지만, 이는 소송상의 사실에 관한 것이므로, 엄격한 증명을 요하지 아니하고 자유로운 증명으로 족하다.」

대법원 1997. 10. 10. 선고 97도1720 판결 「진술의 임의성이라는 것은 고문, 폭행, 협박, 신체구속의 부당한 장기화 또는 기망 기타 진술의 임의성을 잃게 하는 사정이 없다는 것 즉, 증거의 수집과정에 위법성이 없다는 것인데, 진술의 임의성을 잃게 하는 그와 같은 사정은 헌법이나 형사소송법의 규정에 비추어 볼 때 이례에 속한다 할 것이므로 진술의 임의성은 추정된다고 볼 것이고, 또 진술의 임의성에 관하여는 당해 조서의 형식, 내용(진술거부권을 고지하고 진술을 녹취하고 작성 완료 후 그 내용을 읽어 주어 진술자가 오기나 증감 변경할 것이 없다는 확인을 한 다음 서명날인하는 등), 진술자의 신분, 사회적 지위, 학력, 지능정도 그 밖의 여러 가지 사정을 참작하여 법원이 자유롭게 판정하면 되는 것이라 할 것이다.」

서울중앙지방법원 2016. 7. 4. 선고 2016고합12 등 판결 「무결성(정보저장매체 원본이 압수되었을 때부터 법정에 제출될 때까지 변경되지 않았다는 사정)과 원본과의 동일성은 증거능력의 요건에 해당하므로 검사가 그 존재에 대하여 구체적으로 주장·입증하여야 하는 것이지만, 이는 소송상의 사실에 관한 것이므로 엄격한 증명을 요하지 아니하고 자유로운 증명으로 족하다.」

3. 거증책임

가. 의의

〈거증책임의 의의〉

대법원 2017. 5. 30. 선고 2016도9027 판결

비자금은 회계상 투명성이 없는 것이므로 이를 인출·사용한 것 자체로 개인적 용도에 임의 소비하여 횡령한 것이라고 추단할 수 있는 경우가 있다. 그러나 이는 행위자가 그 자금의 행방이나 사용처에 관하여 수긍할 만한 사유를 제시하여 설명하지 못하고 객관적으로도 회사를 위하여 지출하였다고 볼 만한 자료가 제시되지 못하는 등의 경우에나 허용된다. <u>이 사건에서처럼 사용된 자금의 상당 부분이 회사를 위하여 지출되었을 것으로 보이는 사정이 드러난 경우에는 증명책임의 원칙으로 돌아가 개별 사용행위와 관련하여 임의사용을 추단하기에 충분한 사정이 있다는 점은 검사가 이를 증명하여야 한다. 위 피고인들이 비자금의 사용처를 확인할 수 있는 구체적 내역을 밝히고 그 객관적 근거 자료를 제시하지 못한다고 하여, 조성된 비자금 전부가 회사 경영과 무관하게 개인적인 경조사비 또는 유흥비 등으로 사용되었다고 단정하는 것은 범죄 구성요건 사실에 대한 증명책임에 관한 법리에 배치된다.</u>
뿐만 아니라 위와 같이 조성된 전체 비자금 중 개인적 목적과 용도로 지출·사용된 금액 부분을 따로 구분하여 특정하기 어려운 이상, 피고인 1, 피고인 3이 불법영득의사를 가지고 이 사건 비자금을 횡령함으로써 취득한 재물의 금액 규모가 이 부분 공소사실 기재 11억 6,850만 원 전액이라거나 또는 적어도 특정경제범죄법 제3조 제1항 제2호에서 정한 이득액의 하한인 5억 원 이상이라는 구성요건 사실이 증명되었다고 볼 수도 없다.

〈실질적 거증책임과 형식적 거증책임〉

대법원 2010. 6. 24. 선고 2007도5899 판결

<u>불법영득의 의사에 관한 입증책임은 어디까지나 검사에게 있는 것이므로,</u> 어떤 금전의 용도가 추상적으로 정하여져 있다 하여도 그 구체적인 사용 목적이나 사용처, 사용 시기 등에 관하여 보관자에게 광범위한 재량을 가지고 이를 사용할 권한이 부여되어 있고, 지출한 후에 그에 관한 사후보고나 증빙자료의 제출도 요구되지 않는 성질의 것이라면, 그 보관자가 위

금전을 사용한 다음 그 행방이나 사용처를 제대로 설명하지 못하거나 증빙자료를 제출하지 못하고 있다고 하여 함부로 불법영득의 의사를 추단하여서는 아니되고, 그 금전이 본래의 사용 목적과는 관계없이 개인적인 이익을 위하여 지출되었다거나 합리적인 범위를 넘어 과다하게 이를 지출하였다는 등 불법영득의 의사를 인정할 수 있는 사정을 검사가 입증하여야 함은 입증책임의 법리상 당연하다 하겠다. … 임직원이 판공비 등을 불법영득의 의사로 횡령한 것으로 인정하려면 판공비 등이 업무와 관련 없이 개인적인 이익을 위하여 지출되었다거나 또는 업무와 관련되더라도 합리적인 범위를 넘어 지나치게 과다하게 지출되었다는 점이 증명되어야 할 것이고, 단지 판공비 등을 사용한 임직원이 그 행방이나 사용처를 제대로 설명하지 못하거나 사후적으로 그 사용에 관한 증빙자료를 제출하지 못하고 있다고 하여 함부로 불법영득의 의사로 이를 횡령하였다고 추단하여서는 아니될 것이다.

나. 거증책임의 소재

대법원 2017. 9. 21. 선고 2017도7687 판결 「형사재판에서 공소가 제기된 범죄의 구성요건을 이루는 사실에 대한 증명책임은 검사에게 있다. 따라서 피고인이 폭력행위처벌법에 규정된 범죄에 공용될 우려가 있는 흉기나 그 밖의 위험한 물건을 휴대하였다는 점은 검사가 증명하여야 한다.」

대법원 2015. 11. 12. 선고 2015도6809 전원합의체 판결 「그러한 위험이 있더라도 작위의무자가 사망의 결과발생을 용인하였다고 볼 만한 객관적인 사정이 명백히 인정되지 않는 한, 부작위에 의한 살인의 고의를 쉽게 인정할 것은 아니다. 공소가 제기된 범죄사실의 주관적 요소인 고의의 존재에 대한 입증책임 역시 검사에게 있고, 유죄의 인정은 법관으로 하여금 합리적인 의심을 할 여지가 없을 정도로 공소사실이 진실한 것이라는 확신을 가지게 하는 증명력을 가진 증거에 의하여야 하므로, 고의의 존재에 관하여 그러한 증거가 없다면 설령 피고인에게 유죄의 의심이 간다고 하더라도 피고인의 이익으로 판단하여야 하기 때문이다.」

다. 거증책임의 전환

〈형법 제310조가 거증책임 전환 규정인지 여부〉

대법원 1996. 10. 25. 선고 95도1473 판결 <표준>

공연히 사실을 적시하여 사람의 명예를 훼손한 행위가 형법 제310조의 규정에 따라서 위법성이 조각되어 처벌대상이 되지 않기 위하여는 그것이 진실한 사실로서 오로지 공공의 이익에 관한 때에 해당된다는 점을 행위자가 증명하여야 하는 것이나(대법원 1988. 10. 11. 선고 85다카29 판결, 1993. 6. 22. 선고 92도3160 판결, 1996. 5. 28. 선고 94다33828 판결 등 참조), 그 증명은 유죄의 인정에 있어 요구되는 것과 같이 법관으로 하여금 의심할 여지가 없을 정도의 확신을 가지게 하는 증명력을 가진 엄격한 증거에 의하여야 하는 것은 아니라고 할 것이므로, 이때에는 전문증거에 대한 증거능력의 제한을 규정한 형사소송법 제310조의2는 적용될 여지가 없다고 보아야 한다.

〈양벌규정에서 사업주의 주의의무위반에 대한 거증책임 소재 : 검사〉

대법원 2010. 7. 8. 선고 2009도6968 판결

나아가 설사 피고인 2 재단법인이 ○○학교의 실질적인 사업주라고 하더라도 기본적으로 위 양벌규정에 기하여 피고인 2 재단법인의 책임을 추궁하기 위해서는, 피고인 2 재단법인의 ○○학교 직원들에 대한 지휘감독관계 등이 규명되어야 하고, 피고인 2 재단법인이 ○○학교 직원들의 법규 위반행위를 예상하여 이를 방지하기 위한 상당한 주의를 기울이거나, 컴퓨터프로그램 저작권, 불법복제 금지 등에 관한 교육 실시 및 컴퓨터 불법복제 프로그램을 설치하지 못하도록 시스템을 관리, 감독하였는지 여부 등 주의의무 위반 여부 등을 심리할 필요가 있으며, 위와 같은 구체적 의무의 내용과 그 위반 여부에 관하여는 검사가 입증책임을 부담하는바, 원심에 이르기까지 피고인 2 재단법인이 부담하는 구체적 주의의무의 내용 및 피고인 2 재단법인이 그러한 의무를 위반하였는지 여부에 관하여 피고인 2 재단법인 대표자 공소외 2의 진술서만으로는 검사가 이를 충분히 입증한 것으로 보이지 아니한다.

제 2 절 증거능력

Ⅰ. 위법수집증거배제법칙

1. 의의 및 연혁

〈진술증거에 대한 위법수집증거배제법칙의 긍정〉

대법원 1990. 9. 25. 선고 90도1586 판결

헌법 제12조 제4항은 신체자유에 관한 기본권의 하나로 누구든지 체포 또는 구속을 당한 때

에는 변호인의 조력을 받을 권리가 있음을 명시하고 있고, 이에 따라 형사소송법 제30조 및 제34조는 피고인 또는 피의자는 변호인을 선임할 수 있는 권리와 신체구속을 당한 경우에 변호인 또는 변호인이 되려는 자와 접견교통할 수 있는 권리가 있음을 규정하고 있다. 이와 같은 <u>변호인과의 접견교통권은 헌법상 보장된 변호인의 조력을 받을 권리의 중핵을 이루는 것으로서 변호인과의 접견교통이 위법하게 제한된 상태에서는 실질적인 변호인의 조력을 기대할 수 없으므로 위와 같은 변호인의 접견교통권제한은 헌법이 보장한 기본권을 침해하는 것으로서 그러한 위법한 상태에서얻어진 피의자의 자백은 그 증거능력을 부인하여 유죄의 증거에서 배제하여야 하며, 이러한 위법증거의 배제는 실질적이고 완전하게 증거에서 제외함을 뜻하는 것이다.</u>

원심이 적법하게 확정사실에 의하면 **피고인은 1989.8.3. 구속되어 국가안전기획부에서 조사를 받던중 그달 12. 피고인의 변호인의 접견신청을 하였으나 불허되자 이에 대한 준항고를 제기중에 그달 22.23:00경 검찰로 송치되었고, 검사는 당일 24:00경부터 피고인을 신문하여 제1회 피의자신문조서를 작성하였으며, 그후 이틀뒤인 그달 24. 위 준항고절차에서 위 접견 불허처분이 취소되어 그날 접견이 허용됨으로써 변호인이 약 48분간 피고인과 접견하였다**는 것이다.

위와 같은 사실관계에 비추어 보면 <u>검사의 피고인에 대한 위 제1회 피의자신문은 변호인의 접견교통을 금지한 위법상태가 계속된 상황에서 시행된 것으로 보아야 할 것이므로, 위와 같은 취지에서 위 피의자신문조서의 증거능력을 부인한 원심판단은 정당하(다).</u>

대법원 1992. 6. 23. 선고 92도682 판결 「형사소송법 제200조 제2항은 검사 또는 사법경찰관이 출석한 피의자의 진술을 들을 때에는 미리 피의자에 대하여 진술을 거부할 수 있음을 알려야 한다고 규정하고 있는바, 이러한 피의자의 진술거부권은 헌법이 보장하는 형사상 자기에 불리한 진술을 강요당하지 않<u>는 자기부죄(自己負罪)거부의 권리에 터잡은 것이므로 수사기관이 피의자를 신문함에 있어서 피의자에게 미리 진술거부권을 고지하지 않은 때에는 그 피의자의 진술은 위법하게 수집된 증거로서 진술의 임의성이 인정되는 경우라도 증거능력이 부인되어야 한다.</u>」

대법원 2002. 6. 11. 선고 2000도5701 판결 〈표준〉 「긴급체포는 영장주의원칙에 대한 예외인 만큼 형사소송법 제200조의3 제1항의 요건을 모두 갖춘 경우에 한하여 예외적으로 허용되어야 하고, 요건을 갖추지 못한 긴급체포는 법적근거에 의하지 아니한 영장 없는 체포로서 위법한 체포에 해당하는 것이다. 여기서 긴급체포의 요건을 갖추었는지 여부는 사후에 밝혀진 사정을 기초로 판단하는 것이 아니라 체포 당시의 상황을 기초로 판단하여야 하고, 이에 관한 검사나 사법경찰관 등 수사주체의 판단에는 상당한 재량의 여지가 있다고 할 것이나, <u>긴급체포 당시의 상황으로 보아서도 그 요건의 충족 여부에 관</u>

한 검사나 사법경찰관의 판단이 경험칙에 비추어 현저히 합리성을 잃은 경우에는 그 체포는 위법한 체포라 할 것이고, 이러한 위법은 영장주의에 위배되는 중대한 것이니 그 체포에 의한 유치중에 작성된 피의자신문조서는 위법하게 수집된 증거로서 특별한 사정이 없는 한 이를 유죄의 증거로 할 수 없는 것이다.

2. 위법수집증거배제법칙의 도입 및 적용기준

〈물적 증거에 대한 위법수집증거배제법칙의 도입 및 예외적 허용설의 채택〉

대법원 2007. 11. 15. 선고 2007도3061 전원합의체 판결 〈표준〉

가. 우리 헌법은 "누구든지 법률에 의하지 아니하고는 … 압수·수색 … 을 받지 아니하며"(헌법 제12조 제1항 후문), "체포·구속·압수 또는 수색을 할 때에는 적법한 절차에 따라 검사의 신청에 의하여 법관이 발부한 영장을 제시하여야 한다. 다만, 현행범인인 경우와 장기 3년 이상의 형에 해당하는 죄를 범하고 도피 또는 증거인멸의 염려가 있을 때에는 사후에 영장을 청구할 수 있다."(같은 조 제3항)라고 정하여 압수수색에 관한 적법절차와 영장주의의 근간을 선언하고 있다.

이를 이어받아 압수수색에 관한 적법절차와 영장주의를 구체화한 형사소송법과 형사소송규칙은 수사기관의 입수수색에 관한 상세한 절차 소항을 마련하고 있다. 이에 의하면, 수사기관의 압수수색은 법관이 발부한 압수수색영장에 의하여야 하는 것이 원칙이고, 그 영장에는 피의자의 성명, 압수할 물건, 수색할 장소·신체·물건과 압수수색의 사유 등이 특정되어야 하며(형사소송법 제215조, 제219조, 제114조 제1항, 형사소송규칙 제58조), 영장은 처분을 받는 자에게 반드시 제시되어야 하고, 피의자 아닌 자의 신체 또는 물건은 압수할 물건이 있음을 인정할 수 있는 경우에 한하여 수색할 수 있다(형사소송법 제219조, 제109조 제2항, 제118조). 또한, 영장 집행은 피의자 등 참여권자에게 미리 통지하여야 하고, 집행 장소가 공무소일 때에는 그 책임자에게 참여할 것을 통지하여야 하며, 공무원이 소지하는 물건에 관하여 직무상의 비밀에 관한 것이라는 신고가 있으면 그 소속 공무소 등의 승낙 없이는 압수하지 못하고(같은 법 제219조, 제111조 제1항, 제121조, 제122조, 제123조 제1항), 압수물을 압수한 경우에는 목록을 작성하여 소유자, 소지자 등에게 교부하여야 한다(같은 법 제219조, 제129조, 제133조). 위와 같이 기본적 인권 보장을 위하여 압수수색에 관한 적법절차와 영장주의의 근간을 선언한 헌법과 이를 이어받아 실체적 진실 규명과 개인의 권리보호 이념을 조화롭게 실현할 수 있도록 압수수색절차에 관한 구체적 기준을 마련하고 있는 형사소송법의 규범력은 확고히 유지되어야 한다. 그러므로 헌법과 형사소송법이 정한 절차에 따르지 아니하고 수집된 증거는 기본적 인권 보장을 위해 마련된 적법한 절차에 따르지 않은 것으로서 원칙적으로 유죄 인정의 증거로 삼을 수 없다 할 것이다.

무릇 수사기관의 강제처분인 압수수색은 그 과정에서 관련자들의 권리나 법익을 침해할 가능성이 적지 않으므로 엄격히 헌법과 형사소송법이 정한 절차를 준수하여 이루어져야 한다. 절차 조항에 따르지 않는 수사기관의 압수수색을 억제하고 재발을 방지하는 가장 효과적이고 확실한 대응책은 이를 통하여 수집한 증거는 물론 이를 기초로 하여 획득한 2차적 증거를 유죄 인정의 증거로 삼을 수 없도록 하는 것이다.

이와 달리, 압수물은 그 압수절차가 위법이라 하더라도 물건 자체의 성질, 형상에 변경을 가져오는 것은 아니므로 그 형상 등에 관한 증거가치에는 변함이 없다 할 것이므로 증거능력이 있다는 취지로 판시한 대법원 1968. 9. 17. 선고 68도932 판결, 대법원 1987. 6. 23. 선고 87도705 판결, 대법원 1994. 2. 8. 선고 93도3318 판결, 대법원 1996. 5. 14.자 96초88 결정, 대법원 2002. 11. 26. 선고 2000도1513 판결, 대법원 2006. 7. 27. 선고 2006도3194 판결 등은 이 판결의 견해에 배치되는 범위 안에서 이를 변경하기로 한다.

다만, 법이 정한 절차에 따르지 아니하고 수집된 압수물의 증거능력 인정 여부를 최종적으로 판단함에 있어서는, 실체적 진실 규명을 통한 정당한 형벌권의 실현도 헌법과 형사소송법이 형사소송 절차를 통하여 달성하려는 중요한 목표이자 이념이므로, 형식적으로 보아 정해진 절차에 따르지 아니하고 수집된 증거라는 이유만을 내세워 획일적으로 그 증거의 증거능력을 부정하는 것 역시 헌법과 형사소송법이 형사소송에 관한 절차 조항을 마련한 취지에 맞는다고 볼 수 없다는 것을 고려해야 한다. 따라서 수사기관의 증거 수집 과정에서 이루어진 절차 위반행위와 관련된 모든 사정 즉, 절차 조항의 취지와 그 위반의 내용 및 정도, 구체적인 위반 경위와 회피가능성, 절차 조항이 보호하고자 하는 권리 또는 법익의 성질과 침해 정도 및 피고인과의 관련성, 절차 위반행위와 증거수집 사이의 인과관계 등 관련성의 정도, 수사기관의 인식과 의도 등을 전체적·종합적으로 살펴 볼 때, 수사기관의 절차 위반행위가 적법절차의 실질적인 내용을 침해하는 경우에 해당하지 아니하고, 오히려 그 증거의 증거능력을 배제하는 것이 헌법과 형사소송법이 형사소송에 관한 절차 조항을 마련하여 적법절차의 원칙과 실체적 진실 규명의 조화를 도모하고 이를 통하여 형사 사법 정의를 실현하려 한 취지에 반하는 결과를 초래하는 것으로 평가되는 예외적인 경우라면, 법원은 그 증거를 유죄 인정의 증거로 사용할 수 있다고 보아야 할 것이다. 이는 적법한 절차에 따르지 아니하고 수집된 증거를 기초로 하여 획득된 2차적 증거의 경우에도 마찬가지여서, 절차에 따르지 아니한 증거 수집과 2차적 증거 수집 사이의 인과관계 희석 또는 단절 여부를 중심으로 2차적 증거 수집과 관련된 모든 사정을 전체적·종합적으로 고려하여 예외적인 경우에는 유죄 인정의 증거로 사용할 수 있는 것이다.

[대법관 양승태, 김능환, 안대희의 별개의견] 법이 정한 절차에 따르지 아니하고 수집한 압수물의 증거능력 유무를 판단함에 있어서는 적법절차의 요청과 실체적 진실규명의 요청을 조화시키는 균형이 유지되어야 한다. 그런데 다수의견이 제시하는 기준은 그 취지가 분명하지 아니할 뿐 아니라, 지나치게 엄격한 기준으로 위법수집증거의 배제원칙을 선언함으로써 자칫 실체적 진실 규명을 통한 형벌권의 적정한 행사라는 형사 사법의 또다른 목표의 달성을 불가능하게 하거나 지나치게 어렵게 만들 우려가 있다. 그러므로 수집절차에 위법이 있는 압수물의 증거능력은, 법원이 그 증거수집 절차와 관련된 모든 사정 즉, 절차조항의 취지와 그 위반의 내용 및 정도, 구체적인 위반 경위와 회피가능성, 절차 조항이 보호하고자 하는 권리 또는 법익의 성질과 침해 정도, 수사기관의 인식과 의도 등을 전체적·종합적으로 고려하여 볼 때 그 증거수집 절차의 위법사유가 영장주의의 정신과 취지를 몰각하는 것으로서 그 증거의 증거능력을 부정해야 할 만큼 중대한 것이라고 인정될 경우에는 그 증거능력을 부정하여야 하고, 그 위법 사유가 이 정도에 이르지 아니하는 경우에는 그 압수물의 증거능력을 부정하여서는 아니 된다.

[사안의 개요] 2006년 5월 세주도지사 후보 TV토론회를 앞두고 선관위의 검찰수사 의뢰에 따라 동년 4월 27일 검사 1인과 수사관 2인이 제주도청 비서실장 사무실과 정책특보 사무실에 대해 압수수색을 실시하였다. 압수수색 사실을 몰랐던 甲도지사의 비서관 乙은 지사의 책상위에 놓여있던 기밀문건(공무원 동원현황이 포함)을 문서파쇄기로 없애려고 상자에 담아 정책특보실로 들어가다가 기밀문건을 압수당하였다

〈물적 증거에 대한 위법수집증거배제법칙의 구체적 적용〉

대법원 2009. 3. 12. 선고 2008도763 판결 <표준>

1. 가. 헌법과 형사소송법이 구현하고자 하는 적법절차와 영장주의의 정신에 비추어 볼 때, 법관이 압수·수색영장을 발부하면서 '압수할 물건'을 특정하기 위하여 기재한 문언은 이를 엄격하게 해석하여야 하고, 함부로 피압수자 등에게 불리한 내용으로 확장 또는 유추해석하는 것은 허용될 수 없다.

같은 취지에서, 이 사건 압수·수색영장에서 압수할 물건을 '압수장소에 보관중인 물건'이라고 기재하고 있는 것을 '압수장소에 현존하는 물건'으로 해석할 수 없다고 한 원심의 판단은 옳고, 압수·수색영장의 효력에 관한 법리오해 등의 위법은 없다. 이 부분 검사의 주장은 모두 받아들이지 않는다.

나. 압수·수색영장은 처분을 받는 자에게 반드시 제시하여야 하는바(형사소송법 제219조, 제118조), 현장에서 압수·수색을 당하는 사람이 여러 명일 경우에는 그 사람들 모두에게 개별적으로 영장을 제시해야 하는 것이 원칙이고, 수사기관이 압수·수색에 착수하면서 그 장소의 관리책임자에게 영장을 제시하였다고 하더라도, 물건을 소지하고 있는 다른 사람으로부터 이를 압수하고자 하는 때에는 그 사람에게 따로 영장을 제시하여야 한다. …

같은 취지에서, **수사기관이 이 사건 압수·수색에 착수하면서 이 사건 사무실에 있던 제주도지사 비서실장 공소외 1에게 압수·수색영장을 제시하였다고 하더라도 그 뒤 그 사무실로 이 사건 압수물을 들고 온 제주도지사 비서관 공소외 2로부터 이를 압수하면서 따로 압수·수색영장을 제시하지 않은 이상, 위 압수절차는 형사소송법이 정한 바에 따르지 않은 것이라고 본 원심의 판단은 정당하**(다). …

다. 공무원인 수사기관이 작성하여 피압수자 등에게 교부해야 하는 압수물 목록에는 작성연월일이 기재되고(형사소송법 제57조 제1항) 그 내용도 사실에 부합하여야 한다. 또, 압수물 목록은 피압수자 등이 압수물에 대한 환부·가환부신청을 하거나 압수처분에 대한 준항고를 하는 등 권리행사절차를 밟는 가장 기초적인 자료가 되므로, 이러한 권리행사에 지장이 없도록 압수 직후 현장에서 바로 작성하여 교부해야 하는 것이 원칙이다.

같은 취지에서, **작성월일을 누락한 채 일부 사실에 부합하지 않는 내용으로 작성하여 압수·수색이 종료된 지 5개월이나 지난 뒤에 이 사건 압수물 목록을 교부한 행위는 형사소송법이 정한 바에 따른 압수물 목록 작성·교부에 해당하지 않는다고 본 원심의 판단은 정당하**고, 압수물 목록 작성·교부에 관한 법리오해 등의 위법은 없다.

2. 헌법과 형사소송법이 정한 절차에 따르지 아니하고 수집된 증거라고 할지라도 수사기관의 증거 수집 과정에서 이루어진 절차 위반행위와 관련된 모든 사정을 전체적·종합적으로 살펴볼 때, 수사기관의 절차 위반행위가 적법절차의 실질적인 내용을 침해하는 경우에 해당하지 아니하고, 오히려 그 증거의 증거능력을 배제하는 것이 헌법과 형사소송법이 형사소송에 관한 절차 조항을 마련하여 적법절차의 원칙과 실체적 진실 규명의 조화를 도모하고 이를 통하여 형사사법정의를 실현하려 한 취지에 반하는 결과를 초래하는 것으로 평가되는 예

외적인 경우라면, 법원은 그 증거를 유죄 인정의 증거로 사용할 수 있다(대법원 2007. 11. 15. 선고 2007도3061 전원합의체 판결 참조).

그러나 이러한 예외적인 경우를 함부로 인정하게 되면 결과적으로 헌법과 형사소송법이 정한 절차에 따르지 아니하고 수집된 증거는 기본적 인권 보장을 위해 마련된 적법한 절차에 따르지 않은 것으로서 유죄 인정의 증거로 삼을 수 없다는 원칙을 훼손하는 결과를 초래할 위험이 있으므로, 법원은 구체적인 사안이 위와 같은 예외적인 경우에 해당하는지를 판단하는 과정에서 위와 같은 결과가 초래되지 않도록 유념하여야 한다. 나아가, 법원이 수사기관의 절차 위반행위에도 불구하고, 그 수집된 증거를 유죄 인정의 증거로 사용할 수 있는 예외적인 경우에 해당한다고 볼 수 있으려면, 그러한 예외적인 경우에 해당한다고 볼 만한 구체적이고 특별한 사정이 존재한다는 것을 검사가 입증하여야 한다.

〈물적 증거에 대한 예외적 허용 사례〉

대법원 2017. 11. 29. 선고 2017도9747 판결

(1) 피고인의 신체 및 주거지에 대한 압수·수색은 실질적으로 피고인과 공동주거주인 피고인의 처가 참여한 상태에서 실시되었고, (2) 피고인 명의의 차량에 대한 압수·수색은 피고인과 피고인의 처에게 참여의 기회를 보장하고 형사소송법 제123조 제3항에 따라 인거인의 실질적인 참여 아래 실시되었으며, (3) 피고인 명의의 오토바이에 대한 압수·수색은 비록 형사소송법 제123조 제3항에 따른 참여인 없이 진행되었으나 피고인과 피고인의 처에게 참여의 기회를 보장하였고 그 압수·수색의 전체적인 진행 과정에 비추어 이러한 절차 위반행위가 적법절차의 실질적인 내용을 침해하는 경우에 해당한다고 보이지는 아니하므로, 그 압수·수색과정에서 수집된 증거들은 유죄 인정의 증거로 사용할 수 있는 예외적인 경우에 해당하고, (4) 피고인이 명시적으로 압수·수색절차의 참여를 포기하겠다는 의사를 밝혔다고 보기 어렵고 피고인이 구치소로 인치되지 아니하고 압수·수색 현장에 머물러 있었다는 사정만으로 불법 구금 상태에 있었다거나 참여를 강요받았다고 보기 어려우며, (5) 이 사건 압수·수색이 밤을 새워 장시간 계속되었다는 사정만으로 강제수사에 관한 비례의 원칙 및 과잉금지원칙에 반하거나 변호인의 조력을 받을 권리를 침해한 것으로 보이지는 아니하고, (6) 체포 및 압수·수색현장에서 변호인의 체포영장 등사 요구를 거절한 것만으로 변호인의 조력을 받을 권리를 원천적으로 침해한 행위라고 보기 어렵다.

〈인적 증거에 대한 예외적 허용 사례〉

대법원 2009. 4. 23. 선고 2009도526 판결 〈표준〉

1. 구속영장의 사전제시 없는 구속중 수집한 피고인의 진술증거에 대하여

가. 형사소송법 제308조의2는 '적법한 절차에 따르지 아니하고 수집한 증거는 증거로 할 수 없다'고 규정하고 있는바, 수사기관이 헌법과 형사소송법이 정한 절차에 따르지 아니하고 수집한 증거는 물론, 이를 기초로 하여 획득한 2차적 증거 역시 유죄 인정의 증거로 삼을 수 없는 것이 원칙이다. …

수사기관이 헌법 제12조 제3항, 형사소송법 제85조 제1항, 제209조에 반하여 사전에 영장을 제시하지 아니한 채 구속영장을 집행한 경우, 그 구속중 수집한 2차적 증거들인 구속 피고인의 진술증거가 유죄 인정의 증거로 사용될 수 있는지 역시 위와 같은 법리에 의하여 판단되어야 하고, 이는 형사소송법 제81조 제3항, 제209조에 따라 검사의 지휘에 의하여 교도관리가 구속영장을 집행하는 경우에도 마찬가지이다.

나. 기록에 의하면, 피고인은 2008. 6. 25. 08:38경 체포영장에 의하여 체포되어 같은 날 11:00경 수원지방검찰청 검사실에 인치된 후 2008. 6. 26. 00:40경 수원구치소에 구금된 사실, 피고인에 대한 구속영장이 2008. 6. 27. 발부된 사실, 위 구속영장은 같은 날 23:10경 수원구치소에서 교도관리에 의하여 집행된 것으로 구속영장에 기재되어 있는 사실, 2008. 7. 1. 피고인에 대한 검사 작성의 제3회 피의자신문조서가 작성되었고, 그 이후인 2008. 7. 7. 피고인에 대한 검사 작성의 제4회 피의자신문조서가, 2008. 7. 11. 피고인에 대한 검사 작성의 제6회 피의자신문조서가 작성된 사실, 피고인은 2008. 7. 2. 변호인을 선임하였고, 2008. 7. 3. 변호인을 통하여 구속영장을 제시받지 못한 채 불법적으로 구금되어 있다는 등의 사유를 주장하면서 구속적부심사청구를 한 사실, 피고인은 이에 따라 열린 2008초적63 구속적부심사 사건의 심문절차에서 판사로부터 구속영장을 제시받은 사실, 피고인은 검사 작성의 제4회, 제6회 피의자신문조서에서 이 사건 공소사실 중 일부만을 시인한 사실, 피고인은 제1심 소송이 계속중이던 2008. 8. 18. 변호인을 통하여 구속영장을 제시받지 못한 채 구속되어 있다는 등의 사유를 주장하면서 보석허가청구를 한 사실, 한편 피고인과 그 변호인은 모두 제1심의 제1회 공판기일에서 범의를 일부 부인하였을 뿐 이 사건 공소사실의 객관적인 사실관계는 모두 인정하였고, 제2회 공판기일 이후 원심의 각 공판기일에 이르기까지 이 사건 공소사실을 모두 자백한 사실을 알 수 있다.

위와 같은 사실을 앞서 본 법리에 비추어 살펴보면, 피고인의 주장과 같이 피고인에 대한 구속영장의 집행 당시 구속영장이 사전에 제시된 바 없다면, 이는 헌법 및 형사소송법이 정한 절차를 위반한 구속집행이고, 그와 같은 구속중에 수집한 피고인의 진술증거인 피고인에 대한 검사 작성의 제3회 내지 제6회의 피의자신문조서와 피고인의 법정진술은 예외적인 경우가 아닌 한 유죄인정의 증거로 삼을 수 없는 것이 원칙이다. 더욱이 구속 직후 피고인이 위와 같은 구속영장이 사전에 제시됨이 없이 구속된 불법구금임을 주장하면서 법원에 구속적부심사를 청구하고 제1심 법원에 보석을 청구하는 등 구속집행절차상의 위법을 다투고 있는 상황이라면, 원심으로서는 피고인에 대한 구속영장을 집행하는 과정에서 실제로 위 피고인이 주장하는 바와 같은 위법이 있는지를 살펴보고 나아가 위 각 증거를 유죄 인정의 증거로 삼을 수 있는지에 대하여 심리해 보았어야 한다. 그런데도 제1심이 이 점에 관하여 전혀 심리를 하지 아니한 채 피고인에 대한 검사 작성의 제4회, 제6회의 각 피의자신문조서와 피고인의 법정진술의 각 증거능력을 인정하고 이를 유죄 인정의 증거로 채택하여 이 사건 공소사실에 대하여 유죄의 죄책을 인정하였으며, 원심은 피고인이 양형부당만을 항소이유로 주장하였다는 이유만으로 이 점에 대한 심리에 이르지 아니한 채 제1심판결을 그대로 유지하였는바, 이러한 조치는 잘못된 것이다.

그러나 피고인의 제1심 법정진술은, 앞서든 법리나 위 인정 사실에 나타난 다음에서 드는 각 사정을 전체적·종합적으로 고려해 볼 때, 이를 유죄 인정의 증거로 사용할 수 있는 경우에 해당한다. 즉, 피고인은 구속적부심사의 심문 당시 구속영장을 제시받은 바 있어 그 이후에는 구속영장에 기재된 범죄사실에 대하여 숙지하고 있었던 것으로 보이고, 구속 이후 원심에 이르기까지 구속적부심사와 보석의 청구를 통하여 사전에 구속영장을 제시받지 못한 구속집행절차의 위법성만을 다투었을 뿐 그 구속중 이루어진 피고인의 진술증거인 피고인에 대한 검사 작성의 피의자신문조서와 법정에서의 피고인 진술의 임의성이나 신빙성에 대하여는 전혀 다투지 아니하였으며, 구속 이후 피고인에 대한 검사 작성의 제4회, 제6회 피의자신문조서의 작성시에는 이 사건 공소사실 중 일부만을 시인하는 태도를 보이다가, 오히려 변호인과 충분히 상의를 한 제1심 법정 이후에는 이 사건 공소사실 전부에 대하여 자백하는 것으로 태도를 바꾼 후 원심에 이르기까지 그 자백을 번복하고 있지 아니하였다.

3. 위법수집증거배제법칙의 적용범위

가. 영장주의 위반

〈영장주의 자체에 대한 위반〉

대법원 2013. 3. 28. 선고 2012도13607 판결 〈표준〉

금융실명거래 및 비밀보장에 관한 법률(이하 '금융실명법'이라 한다) 제4조 제1항은 "금융회사 등에 종사하는 자는 명의인(신탁의 경우에는 위탁자 또는 수익자를 말한다)의 서면상의 요구나 동의를 받지 아니하고는 그 금융거래의 내용에 대한 정보 또는 자료(이하 '거래정보 등'이라 한다)를 타인에게 제공하거나 누설하여서는 아니 되며, 누구든지 금융회사 등에 종사하는 자에게 거래정보 등의 제공을 요구하여서는 아니 된다. 다만 다음 각 호의 어느 하나에 해당하는 경우로서 그 사용 목적에 필요한 최소한의 범위에서 거래정보 등을 제공하거나 그 제공을 요구하는 경우에는 그러하지 아니하다."고 규정하면서, "법원의 제출명령 또는 법관이 발부한 영장에 따른 거래정보 등의 제공"(제1호) 등을 열거하고 있고, 수사기관이 거래정보 등을 요구하는 경우 그 예외를 인정하고 있지 아니하다. 이에 의하면 수사기관이 범죄의 수사를 목적으로 '거래정보 등'을 획득하기 위해서는 법관의 영장이 필요하다고 할 것이고, 신용카드에 의하여 물품을 거래할 때 '금융회사 등'이 발행하는 매출전표의 거래명의자에 관한 정보 또한 금융실명법에서 정하는 '거래정보 등'에 해당한다고 할 것이므로, 수사기관이 금융회사 등에 그와 같은 정보를 요구하는 경우에도 법관이 발부한 영장에 의하여야 할 것이다. 그럼에도 수사기관이 영장에 의하지 아니하고 매출전표의 거래명의자에 관한 정보를 획득하였다면, 그와 같이 수집된 증거는 원칙적으로 형사소송법 제308조의2에서 정하는 '적법한 절차에 따르지 아니하고 수집한 증거'에 해당하여 유죄의 증거로 삼을 수 없다. … 그러므로 수사기관이 위와 같이 법관의 영장에 의하지 아니하고 매출전표의 거래명의자에 관한 정보를 획득한 경우 이에 터 잡아 수집한 2차적 증거들, 예컨대 피의자의 자백이나 범죄 피해에 대한 제3자의 진술 등이 유죄 인정의 증거로 사용될 수 있는지 역시 위와 같은 법리에 의하여 판단되어야 할 것인데, 수사기관이 의도적으로 영장주의의 정신을 회피하는 방법으로 증거를 확보한 것이 아니라고 볼 만한 사정, 위와 같은 정보에 기초하여 범인으로 특정되어 체포되었던 피의자가 석방된 후 상당한 시간이 경과하였음에도 다시 동일한 내용의 자백을 하였다거나 그 범행의 피해품을 수사기관에 임의로 제출하였다는 사정, 2차적 증거 수집이 체포 상태에서 이루어진 자백 등으로부터 독립된 제3자의 진술에 의하여 이루어진 사정 등은 통상 2차적 증거의 증거능력을 인정할 만한 정황에 속한다고 볼 수 있을 것이다.

〈영장주의의 예외요건을 갖추지 못한 경우〉

대법원 2009. 12. 24. 선고 2009도11401 판결

형사소송법 제216조 제1항 제2호, 제217조 제2항, 제3항은 사법경찰관은 형사소송법 제200 조의3(긴급체포)의 규정에 의하여 피의자를 체포하는 경우에 필요한 때에는 영장 없이 체포 현장에서 압수·수색을 할 수 있고, 압수한 물건을 계속 압수할 필요가 있는 경우에는 지체 없이 압수수색영장을 청구하여야 하며, 청구한 압수수색영장을 발부받지 못한 때에는 압수 한 물건을 즉시 반환하여야 한다고 규정하고 있는바, 형사소송법 제217조 제2항, 제3항에 위반하여 압수수색영장을 청구하여 이를 발부받지 아니하고도 즉시 반환하지 아니한 압수물 은 이를 유죄 인정의 증거로 사용할 수 없는 것이고, 헌법과 형사소송법이 선언한 영장주의 의 중요성에 비추어 볼 때 피고인이나 변호인이 이를 증거로 함에 동의하였다고 하더라도 달리 볼 것은 아니다.

원심판결 이유에 의하면, 원심은, 서울지방경찰청 외사과 소속 경사 공소외인이 피고인을 긴 급체포할 당시 헌법 제12조 제5항, 형사소송법 제200조의3 제1항, 제200조의5에서 요구하는 긴급체포의 요건을 갖추지 못하였으므로 피고인에 대한 긴급체포는 위법한 체포이고, 검사 의 피고인에 대한 피의자신문은 2008. 12. 1. 피고인이 경찰에서 위법하게 긴급체포된 후 검 찰로 송치되어 2008. 12. 10. 이루어졌으므로 위법한 긴급체포와 시간적으로 근접하여 이루 어진 것인데다가, 당시 피고인이 변호인의 조력을 받은 바도 없으므로 위 피의자신문조서는 그 위법의 정도가 중하여 이를 유죄의 증거로 할 수 없으며, 피고인에 대한 긴급체포가 위법 하므로 그에 수반하여 이루어진 각 압수절차 또한 위법임을 면할 수 없고, 가사 위 긴급체포 가 적법하여 그에 수반된 압수절차가 허용되는 경우라 하더라도 이후 공소외인 등은 그 영 장을 발부받아야 함에도 그러한 조치가 이루어지지 아니하였으므로, 위와 같이 위법한 압수 절차에 의하여 압수한 물건은 이 사건 공소사실을 유죄로 인정하는 증거로 사용할 수 없다 고 판단하였다.

〈사후영장을 발부받지 않은 경우〉

대법원 2009. 5. 14. 선고 2008도10914 판결 〈표준〉

구 형사소송법(2007. 6. 1. 공포되고 2008. 1. 1.부터 시행된 법률 제8496호 이전의 것) 제216조 제1항 제2호, 제217조 제2항에 의하면 피의자를 체포하는 경우에 필요한 때에는 영장 없이 체포현장에서 압수·수색을 할 수 있고 이때 구속영장의 발부를 받지 못한 때에는 이를 즉시 환부하여야 하지만, 압수한 물건을 계속 압수할 필요가 있는 경우에는 사후에 압수·수색영장을 받아야 한다고 규정하고, 같은 법 제216조 제3항에 의하면 범행 중 또는 범행 직후의 범죄 장소에서 긴급을 요하여 법원판사의 영장을 받을 수 없는 때에는 영장 없이 압수·수색을 하되, 사후에 영장을 받도록 규정하고 있는바, 이러한 형사소송법의 규정과 앞서 본 법리에 비추어 보면, <u>이 사건 압수물과 압수조서의 기재는 형사소송법상 영장주의 원칙에 위배하여 수집하거나 그에 기초한 증거로서 그 절차위반행위가 적법절차의 실질적인 내용을 침해하는 정도에 해당한다</u> 할 것이니, 원심이 위 각 증거의 증거능력을 부정하고 이 사건 대마소지의 점에 관한 공소사실에 대하여 범죄의 증명이 없다는 이유로 무죄를 선고한 것은 정당하다.

> **[사안의 개요]** 정보통신망 이용촉진 및 정보보호 등에 관한 법률 위반(음란물유포)의 범죄 혐의를 이유로 발부받은 압수·수색영장에 기하여 피고인의 주거지를 수색하는 과정에서 대마가 발견되자 이에 피고인을 마약류관리에 관한 법률 위반(대마)죄의 현행범으로 체포하면서 위 대마를 압수하였으나, 사후 압수·수색영장을 받지 아니한 사안

〈영장에 기재되지 않은 정보에 대한 압수〉

대법원 2015. 7. 16.자 2011모1839 전원합의체 결정

수사기관의 전자정보에 대한 압수·수색은 원칙적으로 영장 발부의 사유로 된 범죄 혐의사실과 관련된 부분만을 문서 출력물로 수집하거나 수사기관이 휴대한 저장매체에 해당 파일을 복제하는 방식으로 이루어져야 하고, 저장매체 자체를 직접 반출하거나 그 저장매체에 들어 있는 전자파일 전부를 하드카피나 이미징 등 형태(이하 '복제본'이라 한다)로 수사기관 사무실 등 외부로 반출하는 방식으로 압수·수색하는 것은 현장의 사정이나 전자정보의 대량성으로 인하여 관련 정보 획득에 긴 시간이 소요되거나 전문 인력에 의한 기술적 조치가 필요한 경우 등 범위를 정하여 출력 또는 복제하는 방법이 불가능하거나 압수의 목적을 달

성하기에 현저히 곤란하다고 인정되는 때에 한하여 예외적으로 허용될 수 있을 뿐이다.

이처럼 저장매체 자체 또는 적법하게 획득한 복제본을 탐색하여 혐의사실과 관련된 전자정보를 문서로 출력하거나 파일로 복제하는 일련의 과정 역시 전체적으로 하나의 영장에 기한 압수·수색의 일환에 해당한다 할 것이므로, 그러한 경우의 문서출력 또는 파일복제의 대상 역시 저장매체 소재지에서의 압수·수색과 마찬가지로 혐의사실과 관련된 부분으로 한정되어야 함은 헌법 제12조 제1항, 제3항과 형사소송법 제114조, 제215조의 적법절차 및 영장주의 원칙이나 앞서 본 비례의 원칙에 비추어 당연하다. 따라서 수사기관 사무실 등으로 반출된 저장매체 또는 복제본에서 혐의사실 관련성에 대한 구분 없이 임의로 저장된 전자정보를 문서로 출력하거나 파일로 복제하는 행위는 원칙적으로 영장주의 원칙에 반하는 위법한 압수가 된다.

〈별건에 대한 증거물의 압수·수색〉

대법원 2018. 4. 26. 선고 2018도2624 판결

(2) 수사기관은 범죄수사의 필요성이 있고 피의자가 죄를 범하였다고 의심할 만한 정황이 있는 경우에도 해당 사건과 관계가 있다고 인정할 수 있는 것에 한하여 영장을 발부받아 압수·수색을 할 수 있다. 영장 발부의 사유로 된 범죄 혐의사실과 관련된 증거가 아니라면 적법한 압수·수색이 아니다. 따라서 영장 발부의 사유로 된 범죄 혐의사실과 무관한 별개의 증거를 압수하였을 경우 이는 원칙적으로 유죄 인정의 증거로 사용할 수 없다(대법원 2016. 3. 10. 선고 2013도11233 판결, 대법원 2017. 11. 14. 선고 2017도3449 판결 등 참조). …

(다) 그런데 이 사건 영장으로 압수한 이 사건 전자정보는 '청와대 인사안', '청와대 및 행정 각부의 보고서', '대통령 일정 관련 자료', '대통령 말씀자료', '외교관계자료' 등으로서, 이 사건 영장 기재 범죄사실에 대한 직접 또는 간접증거로서의 가치가 있다고 보기 어렵다. 또한 이 사건 전자정보는 검사의 주장과 달리 이 사건 영장의 '압수할 물건'란에 기재된 제1호를 포함하여 어느 항목에도 해당된다고 보기 어렵다.

(라) 수사기관이 이 사건 외장하드에 저장된 전자정보를 탐색하던 중 이 사건 영장에 기재된 '압수할 물건'에는 포함되지 아니하지만 압수할 필요가 있다고 판단되는 이 사건 전자정보를 우연히 발견한 경우라면, 더 이상의 추가 탐색을 중단하고 법원으로부터 이 사건 전자정보에 대한 압수·수색영장을 발부받아야 함에도, 수사기관은 별도의 압수·수색영장을 발

부받지 아니하였다.

(마) 따라서 이 사건 전자정보 출력물은 형사소송법 제308조의2에서 정한 위법수집증거에 해당하여 유죄의 증거로 쓸 수 없고, 그와 같은 절차적 위법은 헌법에 규정된 영장주의 내지 적법절차의 실질적 내용을 침해하는 경우에 해당하므로, 예외적으로 증거능력을 인정할 수 도 없다.

대법원 2023. 6. 1. 선고 2018도19782 판결 〈표준〉

수사기관의 전자정보에 대한 압수·수색은 원칙적으로 영장 발부의 사유로 된 범죄 혐의사 실과 관련된 부분만을 문서 출력물로 수집하거나 수사기관이 휴대한 저장매체에 해당 파일 을 복제하는 방식으로 이루어져야 한다. 수사기관이 저장매체 자체를 직접 반출하거나 그 저장매체에 들어 있는 전자파일 전부를 하드카피나 이미징 등 형태(이하 '복제본'이라 한 다)로 수사기관 사무실 등 외부에 반출하는 방식으로 압수·수색하는 것은 현장의 사정이나 전자정보의 대량성으로 인하여 관련 정보 획득에 긴 시간이 소요되거나 전문 인력에 의한 기술적 조치가 필요한 경우 등 범위를 정하여 출력 또는 복제하는 방법이 불가능하거나 압 수의 목적을 달성하기에 현저히 곤란하다고 인정되는 때에 한하여 예외적으로 허용될 수 있을 뿐이다(대법원 2015. 7. 16. 자 2011모1839 전원합의체 결정 등 참고).

수사기관은 복제본에 담긴 전자정보를 탐색하여 혐의사실과 관련된 정보(이하 '유관정보'라 한다)를 선별하여 출력하거나 다른 저장매체에 저장하는 등으로 압수를 완료하면 혐의사실 과 관련 없는 전자정보(이하 '무관정보'라 한다)를 삭제·폐기하여야 한다. 수사기관이 새로 운 범죄 혐의의 수사를 위하여 무관정보가 남아 있는 복제본을 열람하는 것은 압수·수색영 장으로 압수되지 않은 전자정보를 영장 없이 수색하는 것과 다르지 않다. 따라서 복제본은 더 이상 수사기관의 탐색, 복제 또는 출력 대상이 될 수 없으며, 수사기관은 새로운 범죄 혐의의 수사를 위하여 필요한 경우에도 유관정보만을 출력하거나 복제한 기존 압수·수색의 결과물을 열람할 수 있을 뿐이다.

기무사는 1차 탐색 당시 제1영장 기재 혐의사실과 관련된 정보와 무관정보가 뒤섞여 있는 이미징 사본을 탐색의 대상으로 삼았다. 무관정보는 제1영장으로 적법하게 압수되었다고 보기 어려우므로, 참여권 보장 여부와 관계없이 이미징 사본의 내용을 탐색하거나 출력한 행위는 위법하다. 따라서 이를 바탕으로 수집한 전자정보 등 2차적 증거는 위법수집증거에 해당하여 유죄의 증거로 사용할 수 없다. 공소외 1이 선행사건 수사 당시 이미징 사본에 관 한 소유권을 포기하였다거나, 제2영장을 발부받았다는 등 군검사가 상고이유로 주장하는 사유만으로는 위법수집증거라도 유죄의 증거로 사용할 수 있는 예외적인 경우에 해당한다 고 보기 어렵다.

나. 적법절차 위반

〈진술거부권 불고지〉

대법원 2009. 8. 20. 선고 2008도8213 판결

피의자의 진술을 녹취 내지 기재한 서류 또는 문서가 수사기관에서의 조사과정에서 작성된 것이라면, 그것이 '진술조서, 진술서, 자술서'라는 형식을 취하였다고 하더라도 피의자신문 조서와 달리 볼 수 없고(대법원 2004. 9. 3. 선고 2004도3588 판결 등 참조), 한편 형사소송법이 보장하는 피의자의 진술거부권은 헌법이 보장하는 형사상 자기에 불리한 진술을 강요당하지 않는 자기부죄거부의 권리에 터잡은 것이므로 수사기관이 피의자를 신문함에 있어서 피의자 에게 미리 진술거부권을 고지하지 않은 때에는 그 피의자의 진술은 위법하게 수집된 증거로 서 진술의 임의성이 인정되는 경우라도 증거능력이 부인되어야 한다(대법원 1992. 6. 23. 선고 92도682 판결 등 참조).

검사가 2006. 8. 16. 공소외 1에 대하여 국가보안법위반죄로 구속영장을 청구하여 2006. 8. 18. 서울중앙지방법원으로부터 구속영장을 발부받았는데, 그 구속영장의 범죄사실에는 공소 외 1이 연계된 공범들과 공모하여 국가보안법을 위반하였다는 등의 내용이 포함되어 있었던 사실, 그 후 검사는 공소외 1에 대한 피의자신문을 하면서 공범들과의 조직구성 및 활동 등 에 관하여 신문을 하였으나, 공소외 1이 진술을 거부한 사실, 검사는 2006. 9. 12. 공소외 1 을 국가보안법위반죄 등으로 구속 기소한 이후, **2006. 9. 19. 공소외 1을 재차 소환하여 피 고인 등 공범들과의 조직구성 및 활동 등에 관한 신문을 하면서 피의자신문조서의 형식이 아니라 일반적인 진술조서의 형식으로 위 진술조서를 작성한 사실**을 인정한 다음, 위 공소 외 1에 대한 진술조서가 진술조서의 형식을 취하였다고 하더라도 그 내용은 피의자의 진술 을 기재한 피의자신문조서와 실질적으로 같고, 그런데도 기록상 검사가 공소외 1의 진술을 들음에 있어 공소외 1에게 미리 진술거부권이 있음을 고지한 사실을 인정할 만한 아무런 자 료가 없으므로, 진술의 임의성이 인정되는 경우라도 위법하게 수집된 증거로서 증거능력이 없어 피고인에 대한 유죄의 증거로 쓸 수 없(다).

〈변호인의 조력을 받을 권리의 침해〉

대법원 2013. 3. 28. 선고 2010도3359 판결

헌법 제12조 제1항에 의하면 누구든지 법률과 적법한 절차에 의하지 아니하고는 처벌·보안처분 또는 강제노역을 받지 아니하고, 같은 조 제4항 본문에 의하면 누구든지 체포 또는 구속을 당한 때에는 즉시 변호인의 조력을 받을 권리를 가진다. 한편 2007. 6. 1. 법률 제8496호로 개정된 형사소송법 제243조의2 제1항은 "검사 또는 사법경찰관은 피의자 또는 그 변호인·법정대리인·배우자·직계친족·형제자매의 신청에 따라 변호인을 피의자와 접견하게 하거나 정당한 사유가 없는 한 피의자에 대한 신문에 참여하게 하여야 한다."고 규정하고 있다. 형사소송법 제243조의2 제1항은 피의자신문에 있어 수사기관과 피의자 사이의 당사자 대등을 확보함으로써 헌법상 적법절차의 원칙과 변호인의 조력을 받을 권리를 실질적으로 보장하기 위한 것이므로 그 절차는 엄격히 준수되어야 할 것이다.

위와 같은 헌법, 형사소송법의 규정 및 그 입법 목적 등에 비추어 보면, <u>피의자가 변호인의 참여를 원한다는 의사를 명백하게 표시하였음에도 수사기관이 정당한 사유 없이 변호인을 참여하게 하지 아니한 채 피의자를 신문하여 작성한 피의자신문조서는 형사소송법 제312조에 정한 '적법한 절차와 방식'에 위반된 증거일 뿐만 아니라, 형사소송법 제308조의2에서 정한 "적법한 절차에 따르지 아니하고 수집한 증거"에 해당하므로 이를 증거로 할 수 없다고</u>할 것이다.

나. 제2조서에 의하면, **피고인 5가 "피의자는 변호인의 조력을 받을 권리를 행사할 것인가요"라는 사법경찰관의 물음에 "예"라고 답변하였음에도 사법경찰관은 변호인이 참여하지 아니한 상태에서 계속하여 피고인 5를 상대로 혐의사실에 대한 신문을 행한 것으로 보인다.** 사실관계가 이와 같다면, <u>피고인 5가 경찰 조사 당시 변호인의 참여를 원하는 의사를 명확히 표시하였음에도 사법경찰관이 변호인의 참여를 제한하여야 할 정당한 사유 없이 변호인의 참여에 관한 조치를 취하지 않은 채 계속하여 피의자신문을 행한 조치는 위법하다고 할 것이고, 그 신문 결과에 터 잡아 작성된 제2조서는 '적법한 절차와 방식'에 위반된 조서일 뿐만 아니라 적법한 절차에 따르지 아니하고 수집한 증거에 해당하여 이를 증거로 할 수 없다고 할 것이다.</u>

대법원 2015. 7. 16.자 2011모1839 전원합의체 결정 「저장매체에 대한 압수·수색 과정에서 범위를 정하여 출력 또는 복제하는 방법이 불가능하거나 압수의 목적을 달성하기에 현저히 곤란한 예외적인 사정이 인정되어 전자정보가 담긴 저장매체 또는 복제본을 수사기관 사무실 등으로 옮겨 이를 복제·탐색·출력하는 경우에도, 그와 같은 일련의 과정에서 형사소송법 제219조, 제121조에서 규정하는 피압수·수색 당사자(이하 '피압수자'라 한다)나 그 변호인에게 참여의 기회를 보장하고 혐의사실과 무관한 전자정보의 임의적인 복제 등을 막기 위한 적절한 조치를 취하는 등 영장주의 원칙과 적법절차를 준수하여야 한다. 만약 그러한 조치가 취해지지 않았다면 피압수자 측이 참여하지 아니한다는 의사를 명시적으로 표시하였거나 절차 위반행위가 이루어진 과정의 성질과 내용 등에 비추어 피압수자 측에 절차 참여를 보장한 취지가 실질적으로 침해되었다고 볼 수 없을 정도에 해당한다는 등의 특별한 사정이 없는 이상 압수·수색이 적법하다고 평가할 수 없고, 비록 수사기관이 저장매체 또는 복제본에서 혐의사실과 관련된 전자정보만을 복제·출력하였다 하더라도 달리 볼 것은 아니다.」

대법원 2017. 9. 21. 선고 2015도12400 판결 「형사소송법이 압수·수색영장을 집행하는 경우에 피압수자에게 반드시 압수·수색영장을 제시하도록 규정한 것은 법관이 발부한 영장 없이 압수·수색을 하는 것을 방지하여 영장주의 원칙을 절차적으로 보장하고, 압수·수색영장에 기재된 물건, 장소, 신체에 대해서만 압수·수색을 하도록 하여 개인의 사생활과 재산권의 침해를 최소화하는 한편, 준항고 등 피압수자의 불복신청의 기회를 실질적으로 보장하기 위한 것이다. 위와 같은 관련 규정과 영장 제시 제도의 입법 취지 등을 종합하여 보면, 압수·수색영장을 집행하는 수사기관은 피압수자로 하여금 법관이 발부한 영장에 의한 압수·수색이라는 사실을 확인함과 동시에 형사소송법이 압수·수색영장에 필요적으로 기재하도록 정한 사항이나 그와 일체를 이루는 사항을 충분히 알 수 있도록 압수·수색영장을 제시하여야 한다.」

대법원 2022. 1. 27. 선고 2021도11170 판결 「수사기관의 압수·수색은 법관이 발부한 압수·수색영장에 의하여야 하는 것이 원칙이고, 영장의 원본은 처분을 받는 자에게 반드시 제시되어야 하므로, 금융계좌추적용 압수·수색영장의 집행에 있어서도 수사기관이 금융기관으로부터 금융거래자료를 수신하기에 앞서 금융기관에 영장 원본을 사전에 제시하지 않았다면 원칙적으로 적법한 집행 방법이라고 볼 수는 없다. 다만 수사기관이 금융기관에 「금융실명거래 및 비밀보장에 관한 법률」 제4조 제2항에 따라서 금융거래정보에 대하여 영장 사본을 첨부하여 그 제공을 요구한 결과 금융기관으로부터 회신받은 금융거래자료가 해당 영장의 집행 대상과 범위에 포함되어 있고, 이러한 모사전송 내지 전자적 송수신 방식의 금융거래정보 제공요구 및 자료 회신의 전 과정이 해당 금융기관의 자발적 협조의사에 따른 것이며, 그 자료 중 범죄혐의사실과 관련된 금융거래를 선별하는 절차를 거친 후 최종적으로 영장 원본을 제시하고 위와 같이 선별된 금융거래자료에 대한 압수절차가 집행된 경우로서, 그 과정이 금융실명법에서 정한 방식에 따라 이루어지고 달리 적법절차와 영장주의 원칙을 잠탈하기 위한 의도에서 이루어진 것이라고 볼 만한 사정이 없어, 이러한 일련의 과정을 전체적으로 '하나의 영장에 기하여 적시에 원본을 제시하고 이를 토대로 압수·수색하는 것으로 평가할 수 있는 경우에 한하여, 예외적으로 영장의 적법한 집행 방법에 해당한다고 볼 수 있다.」

대법원 2014. 10. 15. 선고 2011도3509 판결 「공직선거법 제272조의2 제6항은 선거관리위원회 위원·직원이 선거범죄와 관련하여 질문·조사하거나 자료의 제출을 요구하는 경우에는 관계인에게 그 신분을 표시하는 증표를 제시하고 소속과 성명을 밝히고 그 목적과 이유를 설명하여야 한다고 규정하고 있는데, 이는 선거범죄 조사와 관련하여 조사를 받는 관계인의 사생활의 비밀과 자유 내지 자신에 대한 정보를 결정할 자유, 재산권 등이 침해되지 않도록 하기 위한 절차적 규정이므로, 선거관리위원회 직원이 관계인에게 사전에 설명할 '조사의 목적과 이유'에는 조사할 선거범죄혐의의 요지, 관계인에 대한 조사가 필요한 이유 뿐만 아니라 관계인의 진술을 기록 또는 녹음·녹화한다는 점도 포함된다. 따라서 선거관리위원회 위원·직원이 관계인에게 진술이 녹음된다는 사실을 미리 알려 주지 아니한 채 진술을 녹음하였다면, 그와 같은 조사절차에 의하여 수집한 녹음파일 내지 그에 터잡아 작성된 녹취록은 형사소송법 제308조의2에서 정하는 '적법한 절차에 따르지 아니하고 수집한 증거'에 해당하여 원칙적으로 유죄의 증거로 쓸 수 없다.」

다. 증거조사절차의 위법

대법원 1967. 7. 4. 선고 67도613 판결 「법원은 형사소송법 제165조에 의하여 법정 외의 증인심문을 시행하기 위하여는 검사, 피고인 또는 변호인의 의견을 물어 증거결정을 하여야하고, 같은 법 제163조 제2항에 의하여 증인심문에 참여권이 있는 피고인 또는 변호인에게, 그들이 참여하지 아니한다는 의사를 명시한 일이 없는 한 필요적으로 증인심문의 시일 및 장소를 통지하여야 되며, 절차상 위와 같은 사항에 대한 흠결이 있으면 그 절차에 있어서의 법정 외의 증인심문은 위법임을 면할 수 없다 할 것이다. 물론 위의 절차상의 흠결은 공판기일에서 당해증인심문조서에 대한 증거조사를 시행함에 있어 관계인이 이의가 없다고 진술한 경우라면 이를 책문권의 포기로 보아 그 절차상의 흠결은 치유된다고 하겠으나, 그 증인심문조서에 대하여 공판기일에서 증거조사 그 자체를 시행하지 아니 하였다면 그 증인심문조서는 증거능력이 있을 수 없는 것이다. 본건에 있어 위에서 본바와 같이 제1심법원은 위 각 증인들에 대한 법정 외의 증인심문조서에 대하여 공판기일에서 증거조사 자체를 시행한일이 없으므로 위 각 증인심문조서는 증거능력이 없는 것으로서 유죄의 인정자료로 삼을 수 없는 것(이다).」

대법원 2011. 4. 14. 선고 2010도13583 판결 「형사소송법 제17조 제4호는 법관이 사건에 관하여 증인, 감정인, 피해자의 대리인으로 된 때에는 직무집행에서 제척된다고 규정하고 있고, 위 규정은 형사소송법 제25조 제1항에 의하여 통역인에게 준용되므로, 통역인이 사건에 관하여 증인으로 증언한 때에는 직무집행에서 제척된다. 그런데 기록에 의하면, 공소외 3은 이 사건 제1심 제2회 공판기일에 증인으로 출석하여 진술한 다음, 같은 기일에 통역인으로서 증인 공소외 2의 진술을 통역한 사실을 알 수 있으므로, 위와 같이 제척사유가 있는 통역인이 통역한 증인 공소외 2의 증인신문조서는 유죄 인정의 증거로 사용할 수 없다.」

라. 개별적 기본권의 침해가 문제되는 경우

대법원 1985. 2. 26. 선고 84도2900, 84감도447 판결 「공소외 6 작성의 일기장(공판기록 662정)의 기재에 의하면 피고인 4는 1983.11.29 예비군소집훈련이 있어 서울시내 누님 공소외 8 집에서 고향인 경기 광주군 (주소 생략) 부모님댁에, 하루전인 28에 도착하여 그곳에서 자고 그 이틀날인 29 예비군 훈련을 받았으며 1983.12.22에는 조카인 공소외 6과 위 부모님댁인 광주 광암리에 가서 하루를 묵었던 사실이 명백하므로 피고인 4가 이 사건 공소사실 3의 가 내지 마 기재장소에서위 범행에 공모 가담할 수 없었음이 명백한데 피고인 1은 피고인 4와 공동으로 그 공소범죄 사실을 범행하였다고 자백하고 있으니, 이상의 여러점을 미루어 보아 위 피고인의 자백은 신빙성이 없다고 할 것이다.」

대법원 1983. 2. 22. 선고 82도2658 판결 「아울러 직권으로 살펴보건대, 피고인의 사상이 빗나가고 있었다는 원심판결설시는 그 빗나감이 공산주의로 기울어진다는 취의임을 추찰할 수는 있다 하겠으나 이를 인정할 확증은 찾아볼 수 없고 오히려 본건 피고인이 들었다는 방송이 모스크바방송인지, 북괴의 대남방송인 소위 통혁당의 소리인지 조차 확실치 않고, "부산 미국문화원 방화사건은 실은 문화원이 아니라 통신사다"라고방송들은 대로 말했다할지라도 통신사의 뜻을 피고인이 어떻게 이해한 것인지 심리되지 않았을 뿐더러, 피고인의 일기장(증 제1호)에 부산 미국문화원 방화범인들이 반국가 단체인 북괴 또는 국외 공산계열의 활동을 고무, 찬양 내지 동조하거나 기타의 방법으로 위 반국가단체를 이롭게 하거나, 또는 위 반국가단체의 구성원 또는 그 지령을 받은 자의 활동을 이롭게 한다는 정을 알고 그 방화범들을 위대한 인물이라고 낙서한 것인지 그 일기를 타인에게 제시한 사실이 있었는지등 심리를 좀더 한다면 피고인의 공산주의로에 빗나가는 경향 내지 사상성향이 규명되고, 그러한 사상성향을 근거로 범의(미필적 고의 포함)발동 여부를 가린다면, "미국은 정말 나쁜 자본주의다. 원자력에 투자하는 것을 보면 미국이 얼마나 악랄한가를 알 수 있다"라고 한 말도 또한 경우에 따라서는 북괴등 반국가 단체를 이롭게 하는 언동으로 평가될 수도 있다 할 것이다. 그럼에도 원심은 만연히 피고인의 본건 언동 소위를 국가보안법 제7조 제1항에 의율처단한 것으로서 이는 필경 심리를 다하지 아니하거나 채증법칙을 어겨 사실을 오인했다는 비난을 면할 수 없을 것이므로 이 점을 탓하는 논지는 이유 있다.」

대법원 2023. 4. 27. 선고 2018도8161 판결 「수사기관이 범죄를 수사하면서 현재 범행이 행하여지고 있거나 행하여진 직후이고, 증거보전의 필요성 및 긴급성이 있으며, 일반적으로 허용되는 상당한 방법으로 촬영한 경우라면 위 촬영이 영장 없이 이루어졌다 하여 이를 위법하다고 할 수 없다. 다만 촬영으로 인하여 초상권, 사생활의 비밀과 자유, 주거의 자유 등이 침해될 수 있으므로 수사기관이 일반적으로 허용되는 상당한 방법으로 촬영하였는지 여부는 수사기관이 촬영장소에 통상적인 방법으로 출입하였는지 또 촬영장소와 대상이 사생활의 비밀과 자유 등에 대한 보호가 합리적으로 기대되는 영역에 속하는지 등을 종합적으로 고려하여 신중하게 판단하여야 한다.」

대법원 2005. 10. 28. 선고 2005도5854 판결 「원심이 공소외인에 대한 증인신문절차의 공개금지사유로 삼은 위와 같은 사정이 '국가의 안녕질서를 방해할 우려가 있는 때'에 해당하지 아니함은 명백하고, 달리 기록상 헌법 제109조, 법원조직법 제57조 제1항이 정한 공개금지사유를 찾아볼 수도 없으므로, 원심의 위와 같은 공개금지결정은 피고인의 공개재판을 받을 권리를 침해한 것으로서 그 절차에 의하여 이루어진 공소외인의 증언은 증거능력이 없다고 할 것이고, 변호인의 반대신문권이 보장되었다 하더라도 달리 볼 수 없다.」

4. 수사기관 이외의 자에 의한 절차위반

가. 사인에 의한 위법수집증거

〈사인에 의하여 위법하게 수집된 증거의 증거능력 : 이익형량〉

대법원 2010. 9. 9. 선고 2008도3990 판결

국민의 인간으로서의 존엄과 가치를 보장하는 것은 국가기관의 기본적인 의무에 속하는 것이고 이는 형사절차에서도 당연히 구현되어야 하는 것이지만, 국민의 사생활 영역에 관계된 모든 증거의 제출이 곧바로 금지되는 것으로 볼 수는 없으므로 법원으로서는 효과적인 형사소추 및 형사소송에서의 진실발견이라는 공익과 개인의 인격적 이익 등의 보호이익을 비교형량하여 그 허용 여부를 결정하여야 한다(대법원 1997. 9. 30. 선고 97도1230 판결, 대법원 2008. 6. 26. 선고 2008도1584 판결 참조).

원심은, 피고인들 사이의 이 사건 간통 범행을 고소한 피고인 1의 남편인 공소외인이 피고인 1의 주거에 침입하여 수집한 후 수사기관에 제출한 혈흔이 묻은 휴지들 및 침대시트를 목적물로 하여 이루어진 감정의뢰회보에 대하여, 다음과 같은 이유로 위 감정의뢰회보의 증거능력을 인정하고, 공소사실을 유죄로 인정하였다. 즉, 공소외인이 피고인 1의 주거에 침입한 시점은 피고인 1이 그 주거에서의 실제상 거주를 종료한 이후이고, 위 감정의뢰회보는 피고인들에 대한 형사소추를 위하여 반드시 필요한 증거라 할 것이므로 공익의 실현을 위해서 위 감정의뢰회보를 증거로 제출하는 것이 허용되어야 한다. 이로 말미암아 피고인 1의 주거의 자유나 사생활의 비밀이 일정 정도 침해되는 결과를 초래한다 하더라도 이는 피고인 1이 수인하여야 할 기본권의 제한에 해당된다는 것이다.

앞서 본 법리를 원심판결 이유에 비추어 보면 위와 같은 원심판단은 정당한 것으로 수긍이 가고, 거기에 상고이유에서 주장하는 바와 같은 법리오해의 위법이 없다.

> **서울서부지방법원 2008. 5. 1. 선고 2007노1639 판결**
> (1) 형사소송법 제308조의2는 '적법한 절차에 따르지 아니하고 수집한 증거는 증거로 할 수 없다.'고 규정하고 있는바, 여기서의 적법한 절차는 기본적으로 수사기관의 수사 절차, 즉 국가의 위법활동을 전제로 하고 있다고 할 것이다.
> (2) 모든 국민의 인간으로서의 존엄과 가치를 보장하는 것은 국가기관의 기본적인 의무에 속하는 것이고, 이는 형사절차에서도 당연히 구현되어야 하는 것이기는 하나 그렇다고 하여 국민의 사생활 영역에 관계된 모든 증거의 제출이 곧바로 금지되는 것으로 볼 수는 없고,

법원으로서는 효과적인 형사소추 및 형사소송에서의 진실발견이라는 공익과 개인의 사생활의 보호이익을 비교형량하여 그 허용 여부를 결정하고, 적절한 증거조사의 방법을 선택함으로써 국민의 인간으로서의 존엄성에 대한 침해를 피할 수 있다고 보아야 할 것이다(대법원 1997. 9. 30. 선고 97도1230 판결 참조).

〈사인에 의한 비밀녹음 : 증거능력 긍정〉

대법원 1997. 3. 28. 선고 97도240 판결

변호인은 이 사건 비밀녹음에 의한 녹음테이프는 위법수집증거배제법칙에 의하여 증거능력이 없다고 주장하나, 피고인이 범행 후 피해자에게 전화를 걸어오자 피해자가 증거를 수집하려고 그 전화내용을 녹음한 이 사건에 있어서는 그것이 피고인 모르게 녹음된 것이라 하여 이를 위법하게 수집된 증거라고 할 수 없고 나아가서 그 녹음테이프에 대한 검증조서가 증거능력이 없다고 할 수 없으므로(뿐만 아니라 피고인은 피해자가 녹음한 이 사건 녹음테이프에 대하여 제1심 법정에서 이를 증거로 함에 동의하였다) 변호인의 이 점에 관한 주장도 이유 없다.

대법원 1999. 3. 9. 선고 98도3169 판결

수사기관이 아닌 사인이 피고인 아닌 사람과의 대화내용을 녹음한 녹음테이프는 형사소송법 제311조, 제312조 규정 이외의 피고인 아닌 자의 진술을 기재한 서류와 다를 바 없으므로, 피고인이 그 녹음테이프를 증거로 할 수 있음에 동의하지 아니하는 이상 그 증거능력을 부여하기 위하여는 첫째, 녹음테이프가 원본이거나 원본으로부터 복사한 사본일 경우(녹음디스크에 복사할 경우에도 동일하다)에는 복사과정에서 편집되는 등의 인위적 개작 없이 원본의 내용 그대로 복사된 사본일 것, 둘째 형사소송법 제313조 제1항에 따라 공판준비나 공판기일에서 원진술자의 진술에 의하여 그 녹음테이프에 녹음된 각자의 진술내용이 자신이 진술한 대로 녹음된 것이라는 점이 인정되어야 할 것이고(대법원 1997. 3. 28. 선고 96도2417 판결 참조), 사인이 피고인 아닌 사람과의 대화내용을 대화 상대방 몰래 녹음하였다고 하더라도 위 판시와 같은 조건이 갖추어진 이상 그것만으로는 그 녹음테이프가 위법하게 수집된 증거로서 증거능력이 없다고 할 수 없으며, 사인이 피고인 아닌 사람과의 대화내용을 상대방 몰래 비디오로 촬영·녹음한 경우에도 그 비디오테이프의 진술 부분에 대하여도 위와 마찬가지로 취급하여야 할 것이다.

〈통신비밀보호법을 위반한 비밀녹음 : 증거능력 부정〉

대법원 2010. 10. 14. 선고 2010도9016 판결

통신비밀보호법(이하 '법'이라고만 한다) 제2조 제7호는 "감청"이라 함은 전기통신에 대하여 당사자의 동의없이 전자장치·기계장치 등을 사용하여 통신의 음향·문언·부호·영상을 청취·공독하여 그 내용을 지득 또는 채록하거나 전기통신의 송·수신을 방해하는 것을 말한다고 규정하고, 제3조 제1항은 누구든지 이 법과 형사소송법 또는 군사법원법의 규정에 의하지 아니하고는 전기통신의 감청을 하지 못한다고 규정하며, 나아가 제4조는 제3조의 규정에 위반하여, 불법감청에 의하여 지득 또는 채록된 전기통신의 내용은 재판 또는 징계절차에서 증거로 사용할 수 없다고 규정하고 있다. 이에 따르면 전기통신의 감청은 제3자가 전기통신의 당사자인 송신인과 수신인의 동의를 받지 아니하고 전기통신 내용을 녹음하는 등의 행위를 하는 것만을 말한다고 풀이함이 상당하다고 할 것이므로, 전기통신에 해당하는 전화통화 당사자의 일방이 상대방 모르게 통화 내용을 녹음하는 것은 여기의 감청에 해당하지 아니하지만, 제3자의 경우는 설령 전화통화 당사자 일방의 동의를 받고 그 통화 내용을 녹음하였다 하더라도 그 상대방의 동의가 없었던 이상, 이는 여기의 감청에 해당하여 법 제3조 제1항 위반이 되고(대법원 2002. 10. 8. 선고 2002도123 판결 참조), 이와 같이 법 제3조 제1항에 위반한 불법감청에 의하여 녹음된 전화통화의 내용은 법 제4조에 의하여 증거능력이 없다(대법원 2001. 10. 9. 선고 2001도3106 판결 등 참조). 그리고 사생활 및 통신의 불가침을 국민의 기본권의 하나로 선언하고 있는 헌법규정과 통신비밀의 보호와 통신의 자유 신장을 목적으로 제정된 통신비밀보호법의 취지에 비추어 볼 때 피고인이나 변호인이 이를 증거로 함에 동의하였다고 하더라도 달리 볼 것은 아니다(대법원 2009. 12. 24. 선고 2009도11401 판결 참조).

〈사인에 의한 비밀촬영 : 이익형량설에 따른 개별적 판단〉

대법원 1997. 9. 30. 선고 97도1230 판결 〈표준〉

모든 국민의 인간으로서의 존엄과 가치를 보장하는 것은 국가기관의 기본적인 의무에 속하는 것이고, 이는 형사절차에서도 당연히 구현되어야 하는 것이기는 하나 그렇다고 하여 국민의 사생활 영역에 관계된 모든 증거의 제출이 곧바로 금지되는 것으로 볼 수는 없고, 법원으로서는 효과적인 형사소추 및 형사소송에서의 진실발견이라는 공익과 개인의 사생활의 보호이익을 비교형량하여 그 허용 여부를 결정하고, 적절한 증거조사의 방법을 선택함으로써 국민의 인간으로서의 존엄성에 대한 침해를 피할 수 있다고 보아야 할 것인바, 돌이켜 이 사건에 관하여 보건대 이 사건 사진은 피고인의 동의에 의하여 촬영된 것임을 쉽게 알 수 있어(원심도 이를 부정하는 취지는 아니다) 사진의 존재만으로 피고인의 인격권과 초상권을 침해하는 것으로 볼 수 없고, 가사 이 사건 사진을 촬영한 위 공소외인이 이 사건 사진을 이용하여 피고인을 공갈할 의도였다고 하더라도 이 사건 사진의 촬영이 임의성이 배제된 상태에서 이루어진 것이라고 할 수는 없으며, 이 사건 사진은 범죄현장의 사진으로서 피고인에 대한 형사소추를 위하여 반드시 필요한 증거로 보이므로, 공익의 실현을 위하여는 이 사건 사진을 범죄의 증거로 제출하는 것이 허용되어야 하고, 이로 말미암아 피고인의 사생활의 비밀을 침해하는 결과를 초래한다 하더라도 이는 피고인이 수인하여야 할 기본권의 제한에 해당된다고 보아야 할 것이다.

그리고 앞서 본 바와 같이 이 사건 사진이 위법하게 수집된 증거로 볼 수 없는 이상 형사소송법 제318조 제1항에 의한 증거동의의 대상이 될 수 있다 할 것인바, 이 사건 기록에 의하여 제1심 제2회 공판조서 및 위 조서의 일부를 이루는 증거목록의 기재내용을 살펴보면 피고인은 제1심 제2회 공판기일에 이 사건 사진을 증거로 함에 동의한다는 의사표시를 한 것으로 기재되어 있고, 위 증거조사가 완료되기 전까지 위 의사표시를 철회 또는 취소하였다고 볼 흔적을 찾아 볼 수 없으므로, 특별한 사정이 없는 한 증거동의는 있었다고 보아야 할 것이고 증거동의는 작성자 또는 진술자에 대한 반대신문권을 포기한다는 의사표시인 반면(대법원 1983. 3. 8. 선고 82도2873 판결 참조), 피고인이 이 사건 범행을 부인한다거나 위 공소외인이 다른 범죄에 제공하기 위하여 사진을 촬영하였고 사진 촬영 당시 피고인이 무의식상태에 있었다고 다투는 것은 사진의 증명력을 다투는 취지에 불과하여 의사표시의 효력과는 무관하며, 피고인이 이 사건 사진의 촬영일자 부분에 대하여 조작된 것이라고 다툰다고 하더라도 이 부분은 전문증거에 해당되어 별도로 증거능력이 있는지를 살펴보면 족한 것이므로, 원심과 같이 피고인의 변소에 비추어 위 증거동의의 의사표시가 단순히 사진 속의 인물이 피고인이 맞다는 취지의 진술에 불과하다고 단정할 수는 없다 할 것이고, 피고인이 원심에 이르러 증거동의를 철회하였다고 하더라도 증거조사를 마친 후의 증거에 대하여는 동의의 철회로 인하여 적법하게 부여된 증거능력이 상실되는 것이 아니므로(대법원 1994. 7. 29. 선고 93도955 판결, 1996. 12. 10. 선고 96도2507 판결 등 참조), 이 사건 사진이 진정한 것으로 인정되는 한 이로써 이 사건 사진은 증거능력을 취득한 것이라 할 것이다.

[사안의 개요] 피고인 甲녀는 乙남과 간통하였다는 혐의로 기소되었다. 제1심 공판절차에서 甲녀는 범행사실을 부인하였다. 검사는 乙남이 촬영한 甲녀의 나체사진을 증거로 제출하였다. 甲녀는 이 사진에 대하여 증거동의를 하였으나, 이 사진의 촬영일자 부분이 조작되었다고 주장하였다. 또한 甲녀는 간통사실을 부인하면서 이 사진은 乙남이 공갈범행의 목적으로 촬영한 것이며, 촬영 당시 자신은 의식이 없었다고 진술하였다. 제1심 법원은 나체사진을 유죄증거의 하나로 채택하여 甲녀에게 범죄사실을 인정하고 집행유예를 선고하였다. 甲녀는 제1심의 유죄판결에 불복하여 항소하였다.

〈증거물을 절취한 경우〉

대법원 2008. 6. 26. 선고 2008도1584 판결

이 사건 업무일지 그 자체는 피고인 경영의 주식회사 수복건설이 그날그날 현장 및 사무실에서 수행한 업무내용 등을 담당직원이 기재한 것이고, 그 뒷면은 1996. 2. 25.자 태전사 신축 공사계약서(이하 '신축계약서'라 한다), 1998. 2. 25.자 태전사 신축추가 공사계약서(이하 '추가계약서'라 한다) 및 1999. 11. 27.자 약정서 등 이 사건 각 문서의 위조를 위해 미리 연습한 흔적이 남아 있는 것에 불과하여, 이를 피고인의 사생활 영역과 관계된 자유로운 인격권의 발현물이라고 볼 수는 없고, 사문서위조·위조사문서행사 및 소송사기로 이어지는 일련의 범행에 대하여 피고인을 형사소추하기 위해서는 이 사건 업무일지가 반드시 필요한 증거로 보이므로, 설령 그것이 제3자에 의하여 절취된 것으로서 위 소송사기 등의 피해자측이 이를 수사기관에 증거자료로 제출하기 위하여 대가를 지급하였다 하더라도, 공익의 실현을 위하여는 이 사건 업무일지를 범죄의 증거로 제출하는 것이 허용되어야 하고, 이로 말미암아 피고인의 사생활 영역을 침해하는 결과가 초래된다 하더라도 이는 피고인이 수인하여야 할 기본권의 제한에 해당된다.

〈공익과 개인의 인격적 이익의 비교형량에서 고려해야 할 사정〉

대법원 2013. 11. 28. 선고 2010도12244 판결 〈표준〉

국민의 인간으로서의 존엄과 가치를 보장하는 것은 국가기관의 기본적인 의무에 속하는 것이고 이는 형사절차에서도 당연히 구현되어야 하는 것이지만, 국민의 사생활 영역에 관계된 모든 증거의 제출이 곧바로 금지되는 것으로 볼 수는 없으므로 법원으로서는 효과적인 형사소추 및 형사소송에서의 진실발견이라는 공익과 개인의 인격적 이익 등의 보호이익을 비교형량하여 그 허용 여부를 결정하여야 한다(대법원 2010. 9. 9. 선고 2008도3990 판결 등 참조). 이때 법원이 그 비교형량을 함에 있어서는 증거수집 절차와 관련된 모든 사정 즉, 사생활 내지 인격적 이익을 보호하여야 할 필요성 여부 및 그 정도, 증거수집 과정에서 사생활 기타 인격적 이익을 침해하게 된 경위와 그 침해의 내용 및 정도, 형사소추의 대상이 되는 범죄의 경중 및 성격, 피고인의 증거동의 여부 등을 전체적·종합적으로 고려하여야 하고, 단지 형사소추에 필요한 증거라는 사정만을 들어 곧바로 형사소송에서의 진실발견이라는 공익이 개인의 인격적 이익 등의 보호이익보다 우월한 것으로 섣불리 단정하여서는 아니 된다.

원심판결 이유와 이 사건 기록에 의하여 살펴보면, ○○시 △△동장 직무대리의 지위에 있던 피고인이 원심 판시 일시경 ○○시장 공소외 1에게 ○○시청 전자문서시스템을 통하여 △△1통장인 공소외 2 등에게 ○○시장 공소외 1을 도와 달라고 부탁하였다는 등의 내용을 담고 있는 이 사건 전자우편을 보낸 사실, 그런데 ○○시청 소속 공무원인 제3자가 권한 없이 전자우편에 대한 비밀 보호조치를 해제하는 방법을 통하여 이 사건 전자우편을 수집한 사실을 알 수 있다.

앞서 본 법리에 비추어 볼 때, 제3자가 위와 같은 방법으로 이 사건 전자우편을 수집한 행위는 정보통신망 이용촉진 및 정보보호 등에 관한 법률 제71조 제11호, 제49조 소정의 '정보통신망에 의하여 처리·보관 또는 전송되는 다인의 비밀을 침해 또는 누설하는 행위'로서 형사처벌되는 범죄행위에 해당할 수 있을 뿐만 아니라, 이 사건 전자우편을 발송한 피고인의 사생활의 비밀 내지 통신의 자유 등의 기본권을 침해하는 행위에 해당한다는 점에서 일응 그 증거능력을 부인하여야 할 측면도 있어 보인다. 그러나 이 사건 전자우편은 ○○시청의 업무상 필요에 의하여 설치된 전자관리시스템에 의하여 전송·보관되는 것으로서 그 공공적 성격을 완전히 배제할 수는 없다고 할 것이다. 또한 이 사건 형사소추의 대상이 된 행위는 구 공직선거법(2010. 1. 25. 법률 제9974호로 개정되기 전의 것, 이하 '구 공직선거법'이라 한다) 제255조 제3항, 제85조 제1항에 의하여 처벌되는 공무원의 지위를 이용한 선거운동행위로서 공무원의 정치적 중립의무를 정면으로 위반하고 이른바 관권선거를 조장할 우려가 있는 중대한 범죄에 해당한다. 여기에 피고인이 제1심에서 이 사건 전자우편을 이 사건 공소사실에 대한 증거로 함에 동의한 점 등을 종합하면, 이 사건 전자우편을 이 사건 공소사실에 대한 증거로 제출하는 것은 허용되어야 할 것이고, 이로 말미암아 피고인의 사생활의 비밀이나 통신의 자유가 일정 정도 침해되는 결과를 초래한다 하더라도 이는 피고인이 수인하여야 할 기본권의 제한에 해당한다고 보아야 할 것이다.

나. 위법한 행정조사에 의해 수집된 증거

〈선거관리위원회의 위법한 조사절차에 의하여 수집된 증거의 증거능력〉

대법원 2014. 10. 15. 선고 2011도3509 판결

1. 가. 공직선거법 제272조의2 제1항은 선거범죄 조사와 관련하여 선거관리위원회 위원·직원은 관계인에 대하여 질문·조사를 할 수 있다는 취지로 규정하고, 공직선거관리규칙 제146조의3 제3항에서는 "위원·직원은 조사업무 수행중 필요하다고 인정되는 때에는 질문답변내용의 기록, 녹음·녹화, 사진촬영, 선거범죄와 관련 있는 서류의 복사 또는 수집 기타 필요한 조치를 취할 수 있다."고 규정하고 있으므로 선거관리위원회의 직원은 선거범죄의 조사를 위하여 그 관계인의 진술내용을 녹음할 수 있다.

한편, 공직선거법 제272조의2 제6항은 선거관리위원회 위원·직원이 선거범죄와 관련하여 질문·조사하거나 자료의 제출을 요구하는 경우에는 관계인에게 그 신분을 표시하는 증표를 제시하고 소속과 성명을 밝히고 그 목적과 이유를 설명하여야 한다고 규정하고 있는데, 이는 선거범죄 조사와 관련하여 조사를 받는 관계인의 사생활의 비밀과 자유 내지 자신에 대한 정보를 결정할 자유, 재산권 등이 침해되지 않도록 하기 위한 절차적 규정이므로, 선거관리위원회 직원이 관계인에게 사전에 설명할 '조사의 목적과 이유'에는 조사할 선거범죄혐의의 요지, 관계인에 대한 조사가 필요한 이유 뿐만 아니라 관계인의 진술을 기록 또는 녹음·녹화한다는 점도 포함된다.

따라서 선거관리위원회 위원·직원이 관계인에게 진술이 녹음된다는 사실을 미리 알려 주지 아니한 채 진술을 녹음하였다면, 그와 같은 조사절차에 의하여 수집한 녹음파일 내지 그에 터잡아 작성된 녹취록은 형사소송법 제308조의2에서 정하는 '적법한 절차에 따르지 아니하고 수집한 증거'에 해당하여 원칙적으로 유죄의 증거로 쓸 수 없다.

나. 원심은, 그 채택증거에 의하여 전라남도 선거관리위원회 직원들이 ○○농협 조합장 후보자였던 피고인과 그의 처 공소외 1이 조합원인 공소외 2에게 금품을 제공하였다는 혐의를 조사하기 위하여 공소외 2의 집을 방문하여 조사한 사실, 그런데 위 선거관리위원회 직원들은 당시 피조사자인 공소외 2에게 그 진술을 녹음한다는 사실을 알리지 아니한 채 이를 녹음한 후 그 녹음파일에 터잡아 이 사건 녹취록을 작성하였던 사실 등을 인정한 다음, 선거관

리위원회 직원은 수사기관에 준하는 국가기관에 해당한다는 전제하에, 선거관리위원회 직원의 조사절차에는 영상녹화 사실을 미리 고지하도록 규정한 형사소송법 제244조의2 제1항이 준용되므로 선거관리위원회 직원들이 공소외 2에게 미리 그 녹음사실을 고지하지 아니한 채 대화내용을 녹음한 행위는 위 형사소송법 규정에 위배되는 위법한 행위이고, 그 녹음파일 내지 녹취록은 적법한 절차에 따르지 아니하고 수집한 증거에 해당하므로 증거능력이 없으며, 이를 기초로 하여 수집된 2차적 증거인 공소외 2에 대한 각 검찰 진술조서 및 '수사보고(대화 내용의 '갑촌'이라는 지역명 확인)' 또한 증거능력이 부인되어야 한다고 판단하여 피고인이 공소외 2에게 조합장 선거운동과 관련한 금품을 제공하였다는 이 부분 공소사실에 대하여 무죄를 선고한 제1심판결을 그대로 유지하였다.

다. 원심판결 이유를 앞서 본 법리와 기록에 비추어 살펴보면, 우선, 원심의 이유설시 중 선거관리위원회의 조사절차에 형사소송법 제244조의2 제1항이 준용된다고 설시한 부분은 적절하다고 할 수 없으나, 공소외 2에게 미리 녹음사실을 알리지 아니한 채 진술을 녹음한 행위는 공직선거법 제272조의2 제6항이 정하는 절차에 위배한 행위로서 위법하다고 보아야 할 것이다. 그렇다면 공소외 2에 대한 녹음파일 내지 이 사건 녹취록 뿐만 아니라 이에 터잡아 수집된 위 각 증거는 모두 형사소송법 제308조의2에서 정하는 '적법한 절차에 따르지 아니하고 수집한 증거'에 해당하므로 공소사실에 대한 유죄의 증거로 쓸 수 없고, 나아가 그 절차위반행위가 적법절차의 실질적인 내용을 침해한 경우에 해당하는 이상 위법수집증거 배제법칙의 예외로서 그 증거능력을 인정하는 경우에 해당한다고 볼 수도 없다.

대법원 2023. 7. 13. 선고 2021도10763 판결

식품위생법 제22조 제3항에 따라 권한을 표시하는 증표 및 조사기간 등이 기재된 서류를 제시하여야 하는 경우는 식품위생법 제22조 제1항 제2호에 따라 영업소에 출입하여 식품 등 또는 영업시설 등에 대하여 검사하거나, 식품 등의 무상 수거, 장부 또는 서류를 열람하는 등의 행정조사를 하려는 경우에 한정된다. 따라서 구 형사소송법(2020. 2. 4. 법률 제16924호로 개정되기 전의 것) 제197조, 구 「사법경찰관리의 직무를 수행할 자와 그 직무범위에 관한 법률」(2019. 12. 10. 법률 제16768호로 개정되기 전의 것) 제5조 제8호에 근거하여 특별사법경찰관리로 지명된 공무원이 범죄수사를 위하여 음식점 등 영업소에 출입하여 증거수집 등 수사를 하는 경우에는 식품위생법 제22조 제3항이 정한 절차를 준수하지 않았다고 하여 위법하다고 할 수 없다.

5. 적법절차 위반에 따른 효과

가. 증거동의의 문제

〈2007년 위법수집증거배제 규정 도입 이전의 판례〉

대법원 1988. 11. 8. 선고 86도1646 판결

원심공동피고인과 피고인이 뇌물을 주고받은 사이로 필요적 공범관계에 있다고 하더라도, 검사는 수사단계에서 피고인에 대한 증거를 미리 보전하기 위하여 필요한 경우에는 판사에게 원심공동피고인을 증인으로 신문할 것을 청구할 수 있는 것인바(당원 1966. 5. 17. 선고 66도276 판결; 1966. 6. 28. 선고 66도482 판결; 1968. 12. 17. 선고 67도1067 판결 등 참조), 기록에 의하면 서울형사지방법원 판사가 피고인에 대한 증거를 미리 보전하기 위하여 원심공동피고인을 증인으로 신문할 필요가 있다고 판단하여 검사의 청구에 따라 원심공동피고인을 증인으로 신문한 것은 정당한 것으로 수긍이 간다. 다만 판사가 형사소송법 제184조에 의한 증거보전절차로 증인신문을 하는 경우에는 같은 법 제221조의2에 의한 증인신문의 경우와는 달라 같은 법 제163조에 따라 검사, 피의자 또는 변호인에게 증인신문의 시일과 장소를 미리 통지하여 증인신문에 참여할 수 있는 기회를 주지 않으면 안된다고 보아야 할 터인데(당원 1965. 12. 10. 선고 65도826 판결 참조), 기록에 의하면 서울형사지방법원 판사가 원심공동피고인을 증인으로 신문함에 있어서 피고인에게 증인신문에 참여할 기회를 주지 아니하였음은 피고인이 주장하는 바와 같지만, 피고인과 변호인이 제1심공판정(제4회 공판기일)에서 원심공동피고인에 대한 위 증인신문조서를 증거로 할 수 있음에 동의하여 별다른 이의없이 적법하게 증거조사를 거쳤음이 분명하므로, 위 증인신문조서는 증인신문절차가 위법하였는지의 여부에 관계없이 증거능력이 부여되었다고 할 것이다.

대법원 2009. 12. 24. 선고 2009도11401 판결 「형사소송법 제217조 제2항, 제3항에 위반하여 압수수색영장을 청구하여 이를 발부받지 아니하고도 즉시 반환하지 아니한 압수물은 이를 유죄 인정의 증거로 사용할 수 없는 것이고, 헌법과 형사소송법이 선언한 영장주의의 중요성에 비추어 볼 때 피고인이나 변호인이 이를 증거로 함에 동의하였다고 하더라도 달리 볼 것은 아니다.」

대법원 2013. 3. 14. 선고 2010도2094 판결 〈표준〉 「위법한 강제연행 상태에서 호흡측정의 방법에 의한 음주측정을 한 다음 그 강제연행 상태로부터 시간적·장소적으로 단절되었다고 볼 수도 없고 피의자의 심적 상태 또한 강제연행 상태로부터 완전히 벗어났다고 볼 수 없는 상황에서 피의자가 호흡측정 결과에 대한 탄핵을 하기 위하여 스스로 혈액채취 방법에 의한 측정을 할 것을 요구하여 혈액채취가 이루어졌다고 하더라도 그 사이에 위법한 체포 상태에 의한 영향이 완전하게 배제되고 피의자의 의사결정의 자유가 확실하게 보장되었다고 볼 만한 다른 사정이 개입되지 않은 이상 불법체포와 증거수집 사이의 인과관계가 단절된 것으로 볼 수는 없다. 따라서 그러한 혈액채취에 의한 측정 결과 역시 유죄 인정의 증거로 쓸 수 없다고 보아야 한다. 그리고 이는 수사기관이 위법한 체포 상태를 이용하여 증거를 수집하는 등의 행위를 효과적으로 억지하기 위한 것이므로, 피고인이나 변호인이 이를 증거로 함에 동의하였다고 하여도 달리 볼 것은 아니다.」

대법원 2019. 3. 14. 선고 2015도1900 판결 「제3자의 경우는 설령 전화통화 당사자 일방의 동의를 받고 그 통화 내용을 녹음하였다 하더라도 그 상대방의 동의가 없었던 이상, 이는 여기의 감청에 해당하여 통신비밀보호법 제3조 제1항 위반이 되고, 이와 같이 제3조 제1항을 위반한 불법감청에 의하여 녹음된 전화통화의 내용은 제4조에 의하여 증거능력이 없다. 그리고 사생활 및 통신의 불가침을 국민의 기본권의 하나로 선언하고 있는 헌법규정과 통신비밀의 보호와 통신의 자유 신장을 목적으로 제정된 통신비밀보호법의 취지에 비추어 볼 때 피고인이나 변호인이 이를 증거로 함에 동의하였다고 하더라도 달리 볼 것은 아니다.」

나. 탄핵증거의 문제

대전고등법원 2018. 2. 21. 선고 2017노282 판결 「유죄의 인정은 적법한 절차에 따라 수집한 증거에 의하여야 하므로, 위법하게 수집한 증거를 무죄를 주장하는 피고인의 법정에서의 진술을 탄핵하기 위한 반대증거로 사용할 수 없으나(대법원 2005. 8. 19. 선고 2005도2617 판결 등 참조), 형사소송법 제318조의2에 규정된 이른바 탄핵증거는 범죄사실을 인정하는 증거가 아니어서 임격한 증거능력을 요하지 아니하는 것이므로(대법원 1996. 1. 26. 선고 95도1333 판결 등 참조), 피고인 2의 자백 진술이 피고인 1의 유죄 인정의 증거가 되는 이 사건에 있어서 위 각 증거의 증거능력이 위와 같은 사유로 부정된다고 하더라도 이를 피고인 2의 자백 진술에 대한 탄핵증거로 사용하지 못한다고 볼 수 없다.」

다. 2차적 증거의 문제

〈독수과실이론의 적용요건〉

대법원 2008. 10. 23. 선고 2008도7471 판결 <표준>

피해자 공소외 1의 신고를 받고 현장에 출동한 인천남동경찰서 과학수사팀 소속 경장 공소외 2는 피해자 공소외 1이 범인과 함께 술을 마신 테이블 위에 놓여 있던 맥주컵에서 지문 6점을, 물컵에서 지문 8점을, 맥주병에서 지문 2점을 각각 현장에서 직접 채취하였음을 알 수 있는바, 이와 같이 범행 현장에서 지문채취 대상물에 대한 지문채취가 먼저 이루어진 이상, 수사기관이 그 이후에 지문채취 대상물을 적법한 절차에 의하지 아니한 채 압수하였다고 하더라도(한편, 이 사건 지문채취 대상물인 맥주컵, 물컵, 맥주병 등은 피해자 공소외 1이 운영하는 주점 내에 있던 피해자 공소외 1의 소유로서 이를 수거한 행위가 피해자 공소외 1의 의사에 반한 것이라고 볼 수 없으므로, 이를 가리켜 위법한 압수라고 보기도 어렵다), 위와 같이 채취된 지문은 위법하게 압수한 지문채취 대상물로부터 획득한 2차적 증거에 해당하지 아니함이 분명하여, 이를 가리켜 위법수집증거라고 할 수 없으므로, 원심이 이를 증거로 채택한 것이 위법하다고 할 수 없다.

〈2차적 증거의 증거능력을 인정할만한 정황〉

대법원 2014. 1. 16. 선고 2013도7101 판결 〈표준〉「원심은 앞서 본 바와 같이 이 사건 녹음파일의 증거능력이 부정되는 이상, 이에 터 잡아 수집한 2차적 증거인 피고인들의 검찰 진술 또한 그 증거능력이 배제되어야 하는 것으로서 증거로 쓸 수 없다고 판단하는 한편, 피고인들의 법정진술과 참고인 공소외 14 등의 수사기관 및 법정 진술에 대해서는, 공개된 법정에서 진술거부권을 고지받고 변호인의 충분한 조력을 받은 상태에서 자발적으로 이루어진 것이고 수사기관이 의도적으로 그 영장주의의 취지를 회피하려고 시도한 것은 아니라는 사정 등을 종합하여 그 증거능력이 인정된다고 판단하였다. 기록에 의하면, 위 피고인들의 제1심 법정진술의 경우에는 그 증거능력이 부정되어야 할 이 사건 녹음파일을 제시받거나 그 대화 내용을 전제로 한 신문에 답변한 내용이 일부 포함되어 있으므로, 그와 같은 진술과 이 사건 녹음파일 수집 과정에서의 절차적 위법과의 사이에는 여전히 직접적 인과관계가 있다고 볼 여지가 있어, 원심이 이 부분 진술까지 그 증거능력이 있다고 단정한 데에는 부적절한 점이 없지 아니하다.」

대법원 2019. 7. 11. 선고 2018도20504 판결 〈표준〉「이 사건 영장에 따라 압수한 이 사건 파일 출력물과 이에 기초하여 획득한 2차적 증거인 검사 작성의 피고인 1에 대한 피의자신문조서, 경찰 작성의 공소외 2에 대한 피의자신문조서, 공소외 3 등의 각 법정진술은 유죄 인정의 증거로 사용할 수 있는 경우에 해당한다. (가) 이 사건 영장에는 야간집행을 허가하는 판사의 수기와 날인, 그 아래 서명날인란에 판사 서명, 영장 앞면과 별지 사이에 판사의 간인이 있으므로, 판사의 의사에 기초하여 진정하게 영장이 발부되었다는 점은 외관상 분명하다. 당시 수사기관으로서는 영장이 적법하게 발부되었다고 신뢰할 만한 합리적인 근거가 있었고, 의도적으로 적법절차의 실질적인 내용을 침해한다거나 영장주의를 회피할 의도를 가지고 이 사건 영장에 따른 압수·수색을 하였다고 보기 어렵다. (나) 위 2. 가.에서 보았듯이 수사기관이 위법한 압수·수색을 통하여 수집한 증거와 이를 기초로 하여 획득한 2차적 증거의 증거능력을 부정하는 것은 그것이 수사기관의 위법한 압수·수색을 억제하고 권한남용과 재발을 방지하기 위한 가장 효과적이고 확실한 대응책이기 때문이다. 그런데 이 사건 영장의 내용과 형식, 발부 경위와 수사기관의 압수·수색 경위 등에 비추어 보면, 수사기관이 이 사건 영장을 발부받아 그에 기초하여 이 사건 파일 출력물을 압수한 것이 위법수집증거의 증거능력을 부정함으로써 달성하려는 목적을 실질적으로 침해한다고 보기도 어렵다. (다) 피고인 1은 위와 같은 노트북, SD카드에 대한 복제 현장에 직접 참여하여 이미지 복제된 파일의 해쉬값을 확인하였고, 그 복제본을 탐색·출력하는 과정에서 피고인 1의 참여권이 보장되지 않았다거나 이 사건 영장 기재 혐의사실과 무관한 전자정보가 탐색·출력되었다고 볼 수도 없다. (라) 이 사건 파일 출력물이 위와 같이 적법하지 않은 영장에 기초하여 수집되었다는 절차상의 결함이 있지만, 이는 법관이 공소사실과 관련성이 있다고 판단하여 발부한 영장에 기초하여 취득된 것이고, 위와 같은 결함은 피고인 1의 기본적 인권보장 등 법익 침해 방지와 관련성이 적다. 이 사건 파일 출력물의 취득 과정에서 절차 조항 위반의 내용과 정도가 중대하지 않고 절차 조항이 보호하고자 하는 권리나 법익을 본질적으로 침해하였다고 볼 수 없다. 오히려 이러한 경우에까지 공소사실과 관련성이 높은 이 사건 파일 출력물의 증거능력을 배제하는 것은 적법절차의 원칙과 실체적 진실 규명의 조화를 도모하고 이를 통하여 형사 사법 정의를 실현하려는 취지에 반하는 결과를 초래할 수 있다. 요컨대, 이 사건 영장이 형사소송법이 정한 요건을 갖추지 못하여 적법하게 발부되지 못하였다고 하더라도, 그 영장에 따라 수집한 이 사건 파일 출력물의 증거능력을 인정할 수 있다. 이에 기초하여 획득한 2차적 증거인 위 각 증거 역시 증거능력을 인정할 수 있다.」

Ⅱ. 자백배제법칙

1. 자백의 개념

〈자백의 의의 : 자백의 주체·형식·내용〉

대법원 1996. 10. 17. 선고 94도2865 전원합의체 판결

자기의 범죄사실의 전부 또는 일부를 인정하는 내용의 진술인 이상 그 진술이 어떠한 법적 지위에서 행하여졌는지와는 관계없이 자기의 범죄사실을 시인하는 경우에는 이를 자백으로 보아야 한다는 점에서 제1심이 들고 있는 검사 작성의 피고인에 대한 각 진술조서 및 피의자신문조서의 각 기재가 피고인의 검찰에서의 자백에 해당함에는 의문의 여지가 없다고 할 것이다.

그러나 상업장부나 항해일지, 진료일지 또는 이와 유사한 금전출납부 등과 같이 범죄사실의 인정 여부와는 관계없이 자기에게 맡겨진 사무를 처리한 사무내역을 그때그때 계속적, 기계적으로 기재한 문서 등의 경우는 사무처리 내역을 증명하기 위하여 존재하는 문서로서 그 존재 자체 및 기재가 그러한 내용의 사무가 처리되었음의 여부를 판단할 수 있는 별개의 독립된 증거자료라고 할 것이고, 설사 그 문서가 우연히 피고인이 작성하였고, 그 문서의 내용 중 피고인의 범죄사실의 존재를 추론해 낼 수 있는, 즉 공소사실에 일부 부합되는 사실의 기재가 있다고 하더라도 이를 일컬어 피고인이 범죄사실을 자백하는 문서라고 볼 수는 없다 할 것이다.

기록에 의하면 피고인에 대한 이 사건 나머지 공소사실에 관한 증거로서는 피고인의 검찰에서의 자백 외에도 피고인이 작성한 수첩(증 제8호)의 현존 및 기재가 있음을 알 수 있는바, 위 수첩(증 제8호)은 피고인이 이 사건 나머지 공소사실에 관하여 그 범죄혐의를 받기 전에 이와는 관계없이 1989년경부터 공소외 1로부터 동인이 추진하고 있던 어로확보를 위한 준설공사에 필요한 각종 인·허가 등의 업무를 위임받아 이를 추진하는 과정에서 그 업무수행에 필요한 자금을 지출하면서 스스로 그 지출한 자금내역을 자료로 남겨두기 위하여 이 사건 뇌물자금과 기타 자금을 구별하지 아니하고, 그 지출 일시, 금액, 상대방 등 내역을 그때그때 계속적, 기계적으로 기입한 것으로 보이고, 그 기재 내용은 피고인이 자신의 범죄사실을 시인하는 자백이라고 볼 수 없으므로, 증거능력이 있는 한 피고인의 금전출납을 증명할 수 있는 별개의 증거라고 할 것인즉 피고인의 검찰에서의 자백에 대한 보강증거가 될 수 있다고 보아야 할 것이다.

대법원 1982. 6. 8. 선고 81도790 판결 「제1심 공판조서의 기재에 의하면, 검사는 피고인들에게 공소장 기재를 낭독하다시피 공소사실 그대로의 사실유무를 한꺼번에 물은바, 피고인들은 동시에 「예, 그런 사실이 있습니다」라고 답한 것으로 되어 있어, 얼핏 보면 피고인들이 본건 범죄사실을 자백한 것 같이 보이나, 피고인들의 수사기관 및 원심법정에서의 진술과 대비하여 보면, 위 법정진술은 본건 연립주택 건축에 관한 약정을 한 점과 그에 따른 공사착수금 등을 수령한 사실을 시인한 것 뿐이지 기망 내지 편취의 점까지 자백하였다고는 볼 수 없다. 왜냐하면, 원판결이 적절하게 설시하고 있는 바와 같이 약정 당시 군작전지역의 관할 부대장의 동의서를 득하는 것을 선결 문제삼고 이것이 해결되지 아니할 때는 즉시 계약금 전액을 반환한다는 점을 약정서에 명시하고 그 약정 후 피고인들은 군부대의 동의를 얻기 위한 절차를 밟은 점이 기록상 역력한 본건에 있어, 검사가 단 한번만 공소사실의 물음에 대하여 그렇다는 한마디 대답만으로서 군부대의 동의서를 받도록 되어 있다고 기망하고 공사착수금 명목으로 금원을 편취하였다는 점을 시인한 것이라고 볼 수 없기 때문이다.」

대법원 1990. 4. 27. 선고 89도1569 판결 「제1심 제1회 공판조서의 기재에 의하면, 검사가 "피고인은 공소장기재, 일시, 장소에서 공소장기재 범죄사실과 같이 범행을 저지른 사실이 있나요?"하고 물었을 때 피고인이 "예, 그러한 사실이 있습니다."라고 대답한 것으로 되어 있으나 곧이어서 있은 변호인의 심문에 대하여 피고인은 공소외 1의 공소외 2 회사에 산업폐기물 처리시설이 되어 있는 줄 알았다고 진술한 점이라든지, 수사단계에서 피고인은 공소외 1에게 이 사건 산업폐기물을 판매한 사실은 인정하였으나 공소외 1과 위 폐기물의 소각을 공모하였는가 하는 점에 관하여 피고인에게 심문한 흔적도 없는 점에 비추어 볼 때, 피고인의 법정에서의 위 진술은 피고인이 공소외 1에게 위 산업폐기물을 판매한 사실에 관하여 시인한 것일 뿐 그 소각에 관하여 공소외 1과 공모한 사실까지 자백한 것으로 볼 수 없는 것이다.」

대법원 1999. 11. 12. 선고 99도3341 판결 「기록에 의하면, 피고인이 제출한 항소이유서에 '피고인은 돈이 급해 지어서는 안될 죄를 지었습니다.', '진심으로 뉘우치고 있습니다.'라고 기재되어 있고 피고인은 원심 제2회 공판기일에 위 항소이유서를 진술하였으나, 곧 이어서 있는 검사와 재판장 및 변호인의 각 심문에 대하여 피고인은 범죄사실을 부인하였고, 수사단계에서도 일관되게 그와 같이 범죄사실을 부인하여 온 점에 비추어 볼 때, 위와 같이 추상적인 항소이유서의 기재만을 가지고 이 사건 범죄사실을 자백한 것으로 볼 수 없다고 할 것이므로, 원심이 이를 증거로 채택하여 유죄의 증거로 삼지 아니하였다고 하더라도 이를 가지고 채증법칙을 위배한 조치라고 할 수는 없다.」

2. 자백배제법칙의 의의

〈자백배제법칙의 의의 및 연혁〉

대법원 1985. 2. 26. 선고 82도2413 판결

형사소송법 제309조는 "피고인의 자백이 고문, 폭행, 협박, 신체구속의 부당한 장기화 또는 기망 기타의 방법으로 임의로 진술한 것이 아니라고 의심할만한 이유가 있을 때에는 이를 유죄의 증거로 하지 못한다"고 규정하고 있는바, 위 법조에서 규정된 피고인의 진술의 자유를 침해하는 위법사유는 원칙적으로 예시사유로 보아야 하고 고문, 폭행, 협박, 신체구속의 부당한 장기화 또는 기망 방법등은 일응 진술의 자유를 침해하는 위법사유의 예시에 불과함은 같은 법조의 문리적 해석의 당연한 귀결이라 할 것이며 문면상 "기타의 방법"은 또한 다종다양할 것임은 말할 나위도 없다. 그리고 위 피고인의 진술의 자유를 침해하는 위법사유는 개별 독립적이던 2개 이상 경합적이던 간에 임의로 진술한 것이 아니라고 의심할 만한 이유가 있을 때에는 이를 유죄의 증거로 하지 못할 것임은 분명하다. 따라서 이 건을 일건 기록에 비추어 개관하면 피고인이 1981.8.4부터 적법한 절차에 따른 법관의 구속영장이 발부 집행된 1981.8.17까지 불법적으로 신체구속이 장기화된 사실을 인정하기에 충분하므로 1심 판결에서 언급한 이건 수사경찰관의 피고인에 대한 고문이나 잠을 재우지 않는 등 경합된 진술의 자유를 침해하는 위법사유를 아울러 고려한다면 피고인의 경찰에서의 이건 공소사실에 부합하는 자백진술은 피고인 이 증거로 함에 동의 유무를 불구하고 유죄의 증거로 할 수 없음은 헌법 제11조, 형사소송법 제309조 등의 법이념상 당연한 해석귀결이며 형사피고인의 자백이 "증거의 왕"의 위치로부터 퇴위된 것도 우리의 형사소송법이 1954.에 제정된 이래 30년이 경과된 현금에 이르러서는 현저하며 더욱이나 형사소송제도 운영의 민주법치화를 기하고 국제인권규약 가입 비준을 고려하기에 이른 현시점에서는 단언을 요하지 아니하는 것이라 하겠다.

〈자백배제법칙의 이론적 근거〉

대법원 2015. 9. 10. 선고 2012도9879 판결 〈표준〉

임의성 없는 진술의 증거능력을 부정하는 취지는, 허위진술을 유발 또는 강요할 위험성이 있는 상태하에서 행하여진 진술은 그 자체가 실체적 진실에 부합하지 아니하여 오판을 일으킬 소지가 있을 뿐만 아니라 그 진위를 떠나서 진술자의 기본적 인권을 침해하는 위법·부당한 압박이 가하여지는 것을 사전에 막기 위한 것이므로, 그 임의성에 다툼이 있을 때에는 그 임의성을 의심할 만한 합리적이고 구체적인 사실을 피고인이 증명할 것이 아니고 검사가 그 임의성의 의문점을 없애는 증명을 하여야 하고, 검사가 그 임의성의 의문점을 없애는 증명을 하지 못한 경우에는 그 진술증거는 증거능력이 부정된다. 나아가 피고인이 경찰에서 가혹행위 등으로 인하여 임의성 없는 자백을 하고 그 후 검찰이나 법정에서도 임의성 없는 심리상태가 계속되어 동일한 내용의 자백을 하였다면 각 자백도 임의성 없는 자백이라고 보아야 한다(대법원 2014. 12. 11. 선고 2012도15405 판결 등 참조).

나. 원심판결 이유와 원심이 적법하게 채택하여 조사한 증거들에 의하면, ① 피고인은 1977. 9. 9. 귀국 직후 중앙정보부 수사관들에 의하여 영장 없이 연행되어 그 후 1977. 10. 15. 영장이 발부되기까지 37일 동안 불법감금된 상태에서 중앙정보부 수사관들에 의하여 조사를 받은 사실, ② 피고인은 불법감금 상태에서 이루어진 중앙정보부에서의 제3회 피의자신문 때까지 이 사건 공소사실을 전부 자백하였고, 영장이 발부된 후 이루어진 중앙정보부에서의 1977. 10. 18.자(제4회), 1977. 10. 28.자(제5회) 피의자신문 당시에도 모두 전부 자백을 하였으며, 1977. 11. 8.부터 같은 달 16.까지 세 차례에 걸쳐 이루어진 검찰에서의 피의자신문 때에도 전부 자백 취지의 진술을 한 사실, ③ 피고인은 1978. 1. 27. 제1심 제1회 공판기일에서도 이 사건 공소사실 중 일부를 자백하는 취지의 진술을 한 사실을 알 수 있다.

위 사실관계를 앞서 본 법리에 비추어 살펴보면, 피고인이 검찰에서 한 전부 자백과 제1심에서의 일부 자백은 위와 같은 불법감금 사실의 존재, 37일이나 되는 불법감금의 기간, 불법감금이 해소된 후 이루어진 검찰 조사나 제1심 제1회 공판기일까지의 시간적 간격 등을 종합할 때, 피고인이 불법감금 상태로 중앙정보부에서 임의성 없는 자백을 한 후 그 임의성 없는 심리상태가 계속된 상태에서 이루어진 것으로서 그 임의성을 의심할 만한 충분한 이유가 있고, 기록을 살펴보더라도 검사가 이를 해소할 증명을 하였다고 볼 수 없다.

대법원 1986. 8. 19. 선고 86도1075 판결 「비록 경찰에서의 자백이 그 주장과 같은 고문끝에 강요된 것이어서 그 임의성이 없는 것이라 하더라도 피고인이 법정에서 그 진술내용을 부인하고 있는 이상 그 자백은 증거능력이 없다 할 것이므로 그 임의성없는 자백이 검찰에서의 자백에까지 영향을 준것이 아닌 바에야 이를 탓할 법률상의 실익이 없다 할 것이다. 그리고 검사작성의 피고인에 대한 각 피의자신문조서의 신문방식과 그 진술기재 내용에 제1심 및 원심에서의 피고인의 진술을 기록과 대조하여 살펴보면 검찰에서의 자백이 논지와 같은 심리적인 억압상태에서 부자유스럽게 진술되어 임의성이 없는 것이라고는 보여지지 아니하므로 그 자백에 대하여 증거능력을 배제할 수는 없다 하겠다.」

〈임의성의 판단기준〉

대법원 2015. 9. 10. 선고 2012도9879 판결

피고인이 피의자신문조서에 기재된 피고인의 진술 및 공판기일에서의 피고인의 진술의 임의성을 다투면서 그것이 허위자백이라고 다투는 경우, 법원은 구체적인 사건에 따라 피고인의 학력, 경력, 직업, 사회적 지위, 지능 정도, 진술의 내용, 피의자신문조서의 경우 그 조서의 형식 등 제반 사정을 참작하여 자유로운 심증으로 위 진술이 임의로 된 것인지의 여부를 판단하면 된다(대법원 2003. 5. 30. 선고 2003도705 판결 등 참조).

또한 피고인이 수사기관에서 가혹행위 등으로 인하여 임의성 없는 자백을 하고 그 후 법정에서도 임의성 없는 심리상태가 계속되어 동일한 내용의 자백을 하였다면 법정에서의 자백도 임의성 없는 자백이라고 보아야 한다(대법원 2004. 7. 8. 선고 2002도4469 판결, 대법원 2011. 10. 27. 선고 2009도1603 판결 등 참조).

원심은 그 채택 증거들을 종합하여 판시와 같은 사실을 인정한 다음, 피고인들은 장기간 불법 구금된 상태에서 수사관들에 의하여 가혹행위를 당하여 임의성 없는 자백을 하였고, 그후 검사의 수사 및 법원의 재판 단계에서도 임의성 없는 심리상태가 계속되어 동일한 내용의 자백을 한 것으로 볼 수 있으므로, 피고인들에 대한 검사 작성의 각 피의자신문조서의 기재 및 법정 자백은 임의성이 없어 증거로 사용할 수 없고, 공소사실에 부합하는 참고인들에 대한 진술조서(일부 진술서 포함) 역시 수사관들의 가혹행위에 의해 작성된 것으로 임의성이 없거나 그 내용을 신빙할 수 없어 유죄의 증거로 사용할 수 없으므로 이 사건 공소사실에 대하여 범죄의 증명이 없다고 하여 무죄를 선고하였다. 위 법리와 기록에 비추어 살펴보면,

원심의 이와 같은 판단은 정당한 것으로 수긍이 (간다).

3. 자백배제법칙의 적용범위

가. 고문·폭행·협박에 의한 자백

대법원 1993. 9. 28. 선고 93도1843 판결 「피고인이 검찰의 초동수사 과정에서 잠도 자지 못한 채 때로는 자신보다 15년 이상 연하인 위 공소외 10의 앞에서 굴욕적으로 무릎을 꿇고 앉아 조사를 받는다는 것은, 그 자체가 오랫동안 공무원으로 근속하여 구청의 과장으로 재직하고 있는 피고인에게 있어서 심한 수치심과 모욕감으로 자기를 방어할 의지를 상실하게 할 가능성이 없지 않은 것이고, 더욱이 피고인은 그 밖에도 더 심한 폭행과 모욕을 당하고 기합을 받았다고 주장함에 대하여 시종 조사에 관여한 위 공소외 10은 피고인의 주장 사실을 단호하게 부정하지 못한 채 기억이 없다는 등으로 진실한 답변을 회피하고 소극적으로만 진술하고 있는 점, 피고인과 같이 수용되어 있던 위 공소외 11이 피고인이 교도소에 구속될 당시부터 양쪽 다리의 심한 통증을 호소하고 있었고 그것이 검찰조사 과정에서의 구타로 인한 것이라고 말하였다는 취지로 진술하여 피고인의 주장에 부합하는 증언을 하고 있는 점, 그 밖에 피고인의 수용절차를 담당한 위 공소외 12도 피고인이 교도소에 구속될 당시 왼쪽 다리가 땡긴다고 말하였다고 증언하고 있는 점, 허위공문서를 작성·행사하고 직무에 관하여 금 500만 원의 뇌물을 수수하였다는 혐의로 수사를 받았던 피고인에게 이례적으로 구속된 이래 공소가 제기된 후까지 20일 간 이상이나 일체의 접견이 금지되었던 점, 피고인이 아래의 다.항에서 보는 바와 같이 뇌물수수의 점에 관하여 논리적으로 모순되거나 객관적인 정황과 부합하지 아니하여 신빙성이 없는 진술을 하고 있는 위 원심공동피고인이 한 자백과 같은 내용으로 자백을 하고 있는 점 등 기록에 나타나 있는 모든 정황으로 미루어 볼 때, 피고인이 검사 앞에서 한 자백은 임의로 진술한 것이 아니라고 의심할 만한 상당한 이유가 있고, 피고인이 수용될 당시 왼쪽 다리가 땡기게 된 이유를 계단에서 넘어진 일 때문인 것처럼 말하였다는 위 공소외 12의 제1심 공판정 및 검사 앞에서의 진술과 피고인이 수용생활중 몸이 아프다는 이유로 치료를 요구한 사실이 없다는 취지의 공소외 13의 제1심 공판정 및 검사 앞에서의 진술, 신임 재소자에 대한 신체검사 당시 피고인이 다리가 땡긴다고 말하였을 뿐 신체에 특별한 외상은 없었다는 공소외 14의 제1심 공판정 및 검사 앞에서의 진술 등만으로는 피고인이 검사 앞에서 한 자백이 임의로 진술한 것이라고 인정하기에 부족하므로, 결국 피고인이 검사 앞에서 한 자백은 유죄의 증거로 하지 못할 것이다.」

대법원 2000. 1. 21. 선고 99도4940 판결 「위 피고인들의 검찰 자백 내용을 보면 뇌물의 액수와 전달 방법, 전달 시간 등이 너무나 규칙적이어서 그 자체로 강요나 회유에 의하여 마지못해 자백한 것으로 볼 소지가 많고, 위 피고인들은 공판과정에서 금품을 수수한 회수와 금액 및 명목 등에 관하여 공소사실을 일부 부인하면서 다투었을 뿐만 아니라, 공판과정에서 피고인 3, 제1심 공동피고인도 수사관의 강요에 의하여 수사관들이 요구하는대로 피의자신문조서를 작성하였다고 진술하였고, 원심 공동피고인은 자신이 동부지청에서 조사를 받으며 1998. 10. 29. 01:00경부터 02:00경까지 진술서를 쓰는 동안

옆방에서 크게 야단치는 소리, 쾅하고 무엇이 부딪치는 소리가 나는 것을 들었고, 수사관들이 자신에게 "사실대로 써라, 지하로 내려가서 손을 봐야겠다."는 등의 말을 하였고, 그래도 머뭇거리자 "의자에서 일어나라. 상의를 벗고 입을 꽉 다물어라."고 하면서 때리려는 시늉을 하였으며, 진술서 작성 후 새벽 05:00까지 조사를 받았으며, 피의자신문조서 작성시 금원 수수내역은 묻지도 않고 조서를 출력하더니 읽어 보라고 하여 틀린 부분이 있기는 하였지만 맞을까 두려워서 읽지도 못하고 그대로 서명하였다고 진술하여 피고인 2의 주장을 일부 뒷받침하는 듯한 진술을 하고 있으며, 결국 검사는 원심에서 피고인 1과 3 및 원심 공동피고인의 금품수수와 관련된 증수뢰 공소사실의 회수 및 일자를 원심판결문에 첨부된 제1, 제3, 제2 범죄일람표 기재와 같이 일부 철회 및 수정하는 것으로 공소장을 변경하였는바, 이에 의하면 피고인 2와 피고인 1에 대한 검사 작성의 각 피의자신문조서의 각 자백은 위 피고인들이 주장하는 것과 같은 협박과 회유 등으로 인하여 임의로 진술한 것이 아니라고 의심할 이유가 있다고 생각된다.」

나. 신체구속의 부당한 장기화에 의한 자백

대법원 1982. 5. 25. 선고 82도716 판결 「피고인은 구속영장에 의함이 없이 1981.4.9에 임의동행 형식으로 경찰에 연행된 이래 계속 구금상태에서 조사를 받아오다가 1981.4.26 위 범행을 자백하는 내용의 자술서를 작성하고 동일 사법경찰관의 피의자 신문에서 역시 범행을 자백하는 내용의 진술을 하였고 그후 1981.4.28에야 구속영장이 발부된 사실이 인정되므로, 위와 같은 일련의 사실에 비추어 보면 경찰에서의 위 자백은 부당한 장기구금상태하에서 된 것으로서 그 임의성이 의심되고 이에 뒤이은 검찰의 조사단계에서의 자백도 부당한 장기구금으로부터 오는 임의성없는 심리상태가 계속된 상황에서 된 것이라고 의심할만한 이유가 있다.」

다. 기망에 의한 자백

대법원 1985. 12. 10. 선고 85도2182, 85감도313 판결 「피고인 2가 범죄사실을 자백한 것으로 기재되어 있는 검사작성의 피의자신문조서(3회)는 당시 신문에 참여한 검찰 주사 공소외인이 모든 피의사실을 자백하면 원심판시 범죄사실을 불문에 붙이고 공동피고인(당시는 피의자) 1과 합동하여 소매치기하였다는 피의사실부분은 가볍게 처리할 것이며 피고인에 대하여 보호감호의 청구를 하지 않겠다는 각서를 작성하여 주면서 피고인의 자백을 유도한 사실이 인정되므로 위 자백은 기망에 의하여 임의로 진술한 것이 아니라고 의심할 만한 이유가 있는 때에 해당하여 형사소송법 제309조 및 제312조 제1항의 각 규정에 따라 피의자신문조서의 기재를 증거로 할 수 없다.」

라. 기타의 방법에 의한 자백

〈약속에 의한 자백〉

대법원 1984. 5. 9. 선고 83도2782 판결

피고인 1은 처음 검찰에서 범행을 부인하다가 뒤에 자백을 하는 과정에서 상피고인 피고인

3로부터 금 200만원을 뇌물로 받은 것으로 하면 특정범죄가중처벌등에 관한 법률위반으로 중형을 받게 되니 금 200만원중 금 30만원을 술값을 갚은 것으로 조서를 허위 작성하였다는 것으로서 <u>이는 수사기관이 동 피고인에게 단순수뢰죄의 가벼운 형으로 처벌되게 하여 준다는 약속을 하고 자백을 유도한 것으로도 보여지고</u>(그 뒤에 동 피고인은 다시 범행을 부인하였으나 부인하는 제2회 피의자신문조서는 작성하지 아니하였다는 것이다) <u>위와 같은 상황하에서 한 자백은 그 임의성에 의심이 가고 따라서 진실성이 없다</u>는 취지에서 이를 배척하였다 하여 자유심증주의의 한계를 벗어난 위법이 있다고는 할 수 없다.

대법원 1983. 9. 13. 선고 83도712 판결

위 자백의 약속이 검사의 강요나 위계에 의하여 이루어졌다던가 또는 불기소나 경한 죄의 <u>소추등 **이익과 교환조건**으로 된 것이라고 인정되지 아니하므로</u> 위와 같은 자백의 약속하에 된 자백을 곧 임의성이 없는 자백이라고 단정할 수는 없(다).

〈잠안재우기 수사에 의한 자백〉

대법원 1997. 6. 27. 선고 95도1964 판결

피고인이 검찰에서 자백을 한 과정을 살펴보면, 1994. 7. 18. 부산지방검찰청 제363호 검사실에서 담당검사에 의하여 위 피고인에 대하여 처음으로 진술조서가 작성되었는데 그 당시 위 피고인은 위 특정경제범죄가중처벌등에관한법률위반(수재등)의 공소사실을 모두 부인하였고, 같은 달 19. 같은 검사에 의하여 제1회 피의자신문조서가 작성될 때에도 위 피고인은 이를 부인하였는데, 같은 날 수사검사가 교체되어 제2회 피의자신문조서가 작성되면서 위 피고인은 그 때까지 부인하였던 공소사실을 모두 자백하였고, 다시 같은 날 원래의 담당검사에 의하여 제3회 피의자신문조서가 작성될 때에도 이를 자백하고 있음을 알 수 있다. 그리고 한편 위 각 서류의 증거조사시에 피고인은 위 제2, 3회 각 피의자 신문조서의 임의성을 부인하였음이 기록상 명백하다.

그런데 이 사건에서와 같이 <u>동일한 피의자에 대하여 하루 동안에 3회의 피의자신문조서가 작성된 것과 뚜렷한 이유 없이 같은 날 중간에 검사가 교체되었다가 다시 원래의 담당검사에 의하여 수사가 진행된 것은 지극히 이례적이라 할 것인바,</u> 이러한 이례적인 수사과정과, 비록 위 제2회 피의자신문조서에는 위 피고인이 그 때까지의 진술을 번복하는 이유를 "사실대로 진술을 하고 선처를 바라는 마음에서 바른대로 진술을 하는 것"이라고 기재되어 있지만, 그러한 사정만으로 그 동안 공소사실을 부인하여 오던 위 피고인이 진술을 갑자기 번복하게 된다는 것은 선뜻 수긍이 되지 아니하는 점, 또한 기록에 의하여 인정되는 바와 같이 위 피고인이 위 제2회 피의자신문조서 작성시에 "마음이 괴로워서 조사를 빨리 끝내고 싶다"는 심경을 밝히고 있고, 위 제3회 피의자신문조서 작성시에도 "전회의 진술이 사실인가"라는 검사의 신문에 대하여 처음에는 묵묵부답을 한 다음, 그 이유를 "진술조서와 제1회 피의자신문조서 작성시에는 극구 부인을 하였다가 나중에 순순히 자백을 하고 보니 오히려 마음이 허전하고 자책감에서 아무런 말도 못하고 침묵을 지켰다"라고 자백을 후회하는 듯한 진술을 하였으며, "달리 유리한 진술이나 증거가 있는가"라는 검사의 신문에 대하여도 괴로운 듯 얼굴을 찡그리고 아무런 말을 하지 아니하는 태도를 보인 점, 그 이후 제1심 법정에서부터는 다시 위 공소사실을 일관하여 부인하고 있는 점 등에 비추어 보고 특히 피의자에게는 진술거부권이 있는 점을 감안하면, 위 피고인의 검찰에서의 자백은 위 피고인의 자유로운 의사에 의하여 임의로 되었다기보다는 위 상고이유의 주장과 같이 검사 2명이 위 피고인을 잠을 재우지 아니한 채 교대로 신문을 하면서 회유한 끝에 받아낸 것이 아닌가 하는 강한 의심을 가지게 한다.

그렇다면, 검사 작성의 위 피고인에 대한 제2, 3회 피의자신문조서에 기재된 위 피고인의 자백은 위 피고인을 잠을 재우지 아니한 상태에서 이루어진 것으로 임의로 진술한 것이 아니라고 의심할 만한 이유가 있는 때에 해당한다 할 것이므로 형사소송법 제309조의 규정에 의하여 위 각 피의자신문조서는 증거능력이 없다고 보아야 할 것이고, 따라서 이를 유죄의 증거로 삼은 원심판결은 잘못이라고 할 것이다.

4. 인과관계와 임의성의 입증

가. 인과관계의 문제

〈임의성이 의심되는 사유와 자백 사이의 인과관계 : 인과관계의 추정〉

대법원 1984. 11. 27. 선고 84도2252 판결 〈표준〉

이 사건 기록에 의하면, 당원의 1983.8.23 제1차 환송판결전의 원심 및 제1심 판결이 검사작성의 피고인들에 대한 각 피의자신문조서들을 유죄의 증거로 채택하였음에 대하여 당원의 제1차 환송판결은 피고인들은 사법경찰관리의 직무를 수행하는 수사원에 의하여 임의동행의 형식으로 영장없이 연행되어 외부와의 연락이 차단된채 적게는 75일, 많게는 116일의 장기 불법구속을 당하고 있었던 사실, 피고인들은 위와 같이 불법 구속되고 있는 동안 인간으로서는 감내할 수 없는 신체상의 부당한 대우를 받았는 데 사건이 검찰에 송청된 후에도 위 수사원들이 구치소에 면접을 와서는 전에 한 자백대로 모든 사실을 시인하여 동정을 받을 것과 그렇지 아니할 때에는 다시 수사기관으로 가서 조사하겠다는 등 회유와 위협을 하였을 뿐 아니라 검사의 조사때 부인하면 다른 사람은 다 시인하는데 혼자만 빠져 나갈 수 있느냐 끝내 고집하면 되돌려 보내겠다고 강압하고 한편으로는 혐의사실을 부인하여도 아랑곳없이 전 수사기관의 조서를 읽어 주기에 하는 수 없이 혐의사실을 자백하게 되었다는 취지로 변소하고 있는 사실, 원심의 조회에 대한 서울구치소장의 회보에 의하면 검사가 위 구치소에 임하여 피고인들을 조사하는 기간동안 수시로 위 수사원들이 피고인 1, 피고인 2를 면접한 점 등의 전제사실을 고려할 때 피고인들의 검사에 대한 자백은 부당하게 장기화한 신체구속 후에 또 다시 신체상의 고통을 받지나 않을까 하는 불안하고 두려운 심리상태하에서 한 임의성없는 것이라고 의심할만한 이유가 있다고 할 것이니 형사소송법 제309조에 따라 검사작성의 피고인들에 대한 각 피의자신문조서는 증거능력이 없다는 것이고 당원의 1984.4.24 제2차 환송판결은 제1차 환송판결에서 설시한 전제사실이 인정되는 한 피고인들의 자백이 임의로 진술한 것이 아니라고 의심할 만한 이유가 있는 때에 해당한다고 한 환송판결의 판단은 환송후의 원심을 기속하는 것이고 또 같은 법 제309조의 취지는 피고인의 자백이 고문, 폭행, 협박, 신체구속의 부당한 장기화 또는 기망, 기타의 방법으로 임의로 진술한 것이 아닌지의 여부를 밝히기가 매우 어려운 점을 고려하여 자백이 동조 소정의 사유로 임의성이 없다고 의심할 만한 이유가 있는 한 그 자백과 위 사유와 사이에 인과관계가 있음이 밝혀지지 않더라도 그 자백은 증거능력을 가지지 못하는 것이나 반면 피고인의 자백이 동조 소정의 사유로 임의성이 없다고 의심할 만한 이유가 있는 경우라도 그 자백과 임의성이 없다고 의심하게 된 사유와 사이에 인과관계가 존재하지 않는 것이 명백하여 그 자백이 임의성있는 것임이 인정되는 때에는 그 자백은 증거능력을 가진다 할 것이지만 이와 같이 임의성이 없다고 의심할 만한 이유가 있는 자백은 그 인과관계의 존재가 추정되는 것이므로 이를 유죄의 증거로 하려면 적극적으로 그 인과관계가 존재하지 아니하는 것이 인정되어야 할 것임에도 불구하고 제1차 환송후 원심이 환송판결에서 설시한 위 전제사실의 존재자체를 인정하면서 마치 임의성이 없다고 의심할만한 이유가 있는 자백이라도 그 자백이 임의성이 없는 것이라고 인정되지 아니할 때 혹은 그 자백과 임의성이 없다고 의심하게 된 사유와 사이에 인과관계가 있다고 인정할 증거가 없을 때에는 이를 유죄의 증거로 할 수 있는 것이라는 전제 아래 검사작성의 피고인들에 대한 각 피의자신문조서의 증거능력을 인정한 것은 자백의 임의성에 관한 법리를 오해하여 당원이 파기환송하면서 파기이유로 설시한 판단에 저촉되는 판단을 한 위법이 있다하여 위 원심판결을 파기환송하였는바, **제2차 환송후의 원심은 제2차 환송판결의 파기이유에 따라 피고인들의 검사에 대한 자백은 임의성이 없는 것이라고 의심할만한 이유가 있지만** 증인 공소외 1, 공소외 2, 공소외 3, 공소외 4, 공소외 5, 공소외 6, 공소외 7, 공소외 8 등에 대하여 적법한 증거조사를 한 후 안기부 및 치안본부 존안 간첩지령 통신카드의 현존등의 사실을 종합하여 남파간첩 공소외 9, 공소외 10의 진술과 공소외 11의 진술 등으로 간첩 공소외 12와 그의 처 공소외 13의 행적이 들어나고 그동안 줄기차게 부인하던 위 공소외 12와의 4.19이후의 접촉사실 등이 탄로났으며 거기에다가 간첩지령 통신카드가 나오자 사실을 더 이상 부인할 수 없기에 이른 새로운 객관적인 사정을 인정하고 여기에 그 거시증거들을 종합하여 검찰에서의 피고인들의 진술은 앞으로의 자신들에 대한 사건처리의 추이에 대비하여 한 임의성이 있는 상태하에서의 자백진술이라고 인정하고 위에서 본 바와 같이 임의성이 없다고 의심할 만한 이유가 있는 때에 해당함에도 불구하고 임의성이 없다고 의심하게 된 사유들과 피고인들의 자백과의 사이에는 인과관계가 존재하지 않는 것이 명백하여 그 자백의 임의성이 있는 것임이 인정된다고 할 것이므로 결국 검사작성의 이 사건 각 피의사신문조서는 증거능력이 있다고 판시하였는바 그렇다면 제2차 환송후 원심판결은 파기환송의 이유가 된 사항 이외에 새로운 사실관계와 새로운 증거를 첨가하여 판결하였음이 명백하므로 위 원심판결에 환송판결의 구속력을 무시한 위법이 있다는 논지는 이유없고 위와 같은 원심판결의 판시이유를 기록에 비추어 검토하면 원심의 사실인정과 판단은 정당하여 수긍되고, 거기에 논지가 주장하는 바와 같은 검찰조서의 증거능력, 자백의 임의성, 인과관계의 부존재의 입증에 관한 법리오해의 위법이 없다.

나. 연쇄효과(계속효)

〈검사 앞에서의 자백에 대한 임의성의 연쇄효과〉

대법원 1984. 5. 15. 선고 84도472 판결

피고인이 비록 검사 앞에서 조사받을 당시는 자백을 강요 당한바 없다고 하여도 검사 이외의 수사기관에서 조사받을 당시에 고문에 의하여 임의성이 없는 허위자백을 하고 그 임의성 없는 심리상태가 검사의 조사단계에까지 계속된 경우에는 검사앞에서의 자백은 임의성이 없다는 것이 당원이 누차 밝혀 온 견해이다(1981. 10. 13. 선고 81도2160 판결; 1983. 9. 27. 선고 83도1953 판결등 각 참조).

원심판결 이유에 의하면, 원심은 피고인 및 원심공동피고인 1과 같은 원심공동피고인 2는 그 판시 일시경 부산지방검찰청 직원과 보사부 마약감시반원들에게 부산역 부근 건물의 지하실로 연행되어 위 마약감시 반원들로부터 폭행 등으로 자백을 강요당하여 임의성이 없는 허위자백을 하고 그와 같은 내용의 자술서를 쓰게 되었으며 바로 그날 또는 그 다음날에 그 장소에서 검사에 의하여 위 자술서와 같은 내용의 피의자신문조서가 작성되었고 그 며칠 후 위 1회 피의자신문내용을 확인하는 정도의 간단한 내용으로 된 2회 피의자신문조서가 작성된 사실을 인정한 후, 피고인들이 작성한 자술서는 물론 검사앞에서의 자백도 마약감시반원에 의하여 조사받을 당시의 임의성 없는 심리상태가 계속된 상황에서 이루어진 자백으로서 임의성이 없는 것이라고 판단하여 그 증거능력을 부인하였음은 정당하다.

대법원 1983. 11. 8. 선고 83도2436 판결 「소론 안기부에서의 부당한 구속 또는 진술의 강요 등의 사정이 검찰수사과정에까지 영향을 미친 것으로 인정되지 아니하고 검찰에 송치된 다음 안기부직원이 구치소에 와서 자백을 강요하였다는 등의 주장은 아무런 근거가 없는 점 등에 비추어 피고인의 검찰에서의 진술은 특히 신빙할 수 있는 상태에서 행하여진 임의 진술임이 인정되고 달리 피고인의 검찰에서의 진술이 임의성이 없다거나 임의성이 없는 진술이라고 의심할만한 사유가 있다고 인정할 자료가 없다는 취지에서 이를 증거로 채용하고 있는바 기록에 의하면, 원심의 이와같은 조치는 정당하(다).」

대법원 2012. 11. 29. 선고 2010도11788 판결 「피고인이 검사 이전의 수사기관에서 고문 등 가혹행위로 인하여 임의성 없는 자백을 하고 그 후 검사의 조사단계에서도 임의성 없는 심리상태가 계속되어 동일한 내용의 자백을 하였다면 검사의 조사단계에서 고문 등 자백의 강요행위가 없었다고 하여도 검사 앞에서의 자백도 임의성 없는 자백이라고 볼 수밖에 없다. … 피고인 및 그의 처 공소외인은 장기간 불법 구금 상태에서 국가안전기획부 소속 수사관들에 의하여 고문 및 가혹행위를 당하여 임의성 없는 자백을 하였고, 그 후 검사의 조사단계에서도 임의성 없는 심리상태가 계속되어 동일한 내용의 자백을 한 것으로 볼 수 있으므로, 피고인 및 공소외인에 대한 검사 작성의 각 피의자신문조서의 진술기재는 임의성이 없어 증거로 사용할 수 없(다).」

대법원 1984. 5. 29. 선고 84도378 판결 「이 사건 피고인에 대한 검사작성의 소론 제1회 피의자신문조서가 사건의 송치를 받은 당일에 작성된 것이었음은 기록상 명백하나 그와 같은 조서의 작성시기만으로는 그 조서에 기재된 피고인의 자백진술이 임의성 없거나 특히 신빙할 수 없는 상태에서 된 것이 아니라고 의심하여 증거능력을 부정할 수 없다 할 것이고, 기록에 의하여 살펴보아도 피고인의 검사앞에서의 위 진술이 소론과 같은 신체구속의 부당한 장기화, 고문, 폭행, 협박, 기망 등으로 말미암아 강요된 임의성 없는 허위진술이라거나 특히 그 신빙성을 보장할 수 없는 상황에서의 진술이었다고 의심할 만한 사유를 찾아볼 수 없다.」

〈피고인의 법정진술의 임의성에 대한 연쇄효과〉

대법원 2004. 7. 8. 선고 2002도4469 판결

원심은, 피고인들이 이 사건 공소사실 중 피고인들에 대한 야간주거침입군용물절도 및 피고인 A, C에 대한 강도예비의 점에 대하여 군경찰, 군검찰 및 제1심 법정에서 각 자백하였으나, (1) 군경찰에서의 자백은 피고인들이 영장 없이 체포되고 7일 이상 헌병대 영창에 불법감금되어 있으면서 제대로 잠도 자지 못하고 구타, 기합 및 협박 등 군사법경찰관들의 가혹한 행위에 못 이겨 한 것이므로 그 자백은 임의성이 없고, 군검찰에서의 자백은 피고인들이 군검찰에 송치되자 처음에는 범행을 부인하였지만 그런 내용의 피의자신문조서가 작성되지 아니하였으며 오히려 헌병대 영창에 계속 수감된 상태에서 군사법경찰관으로부터 자백을 강요받고 나서 비로소 군검찰관 앞에서 한 것이므로 그 자백도 임의성이 없으며, 제1심 법정에서의 자백은 피고인들이 군사법원에 기소된 후에도 헌병대 영창에 계속 수감되어 있으면서 포승에 묶인 채 수갑까지 차고 일상생활을 하는 등 가혹한 대우를 받아왔을 뿐 아니라 제1심 법정에 이 사건 수사에 참여하였던 기의 모든 수사반들이 방청을 하는 등 임의성이 없는 심리상태가 계속된 상태에서 한 것이므로 그 자백 역시 임의성이 없어 결국 피고인들의 자백은 모두 증거능력이 없으며, (2) 가사 피고인들의 자백이 증거능력이 있다고 하더라도, 피고인들 사이의 관계, 피고인들의 경력, 나이 및 학력, 자백의 경위와 내용, 피고인들의 진술이 일관되지 아니하고 범행을 목격한 D의 진술과도 모순되는 점 등 그 판시와 같은 사정에 비추어 볼 때 피고인들의 자백은 신빙성이 없고, 피고인들의 자백을 제외하고 제1심판결이 채택한 증거들만으로는 위 공소사실을 인정하기에 부족하며 달리 증거가 없다는 이유로, 위 공소사실을 유죄로 인정한 제1심판결을 파기하고 무죄를 선고하였다. … 원심의 위와 같은 사실인정과 판단은 모두 정당하여 수긍이 가고, 거기에 주장과 같은 채증법칙 위배, 심리미진, 자백의 임의성 내지 신빙성에 관한 법리오해 등의 위법이 없다.

> **대법원 2012. 11. 29. 선고 2010도3029 판결 〈표준〉**
> 피고인이 수사기관에서 가혹행위 등으로 인하여 임의성 없는 자백을 하고 그 후 법정에서도 임의성 없는 심리상태가 계속되어 동일한 내용의 자백을 하였다면 법정에서의 자백도

임의성 없는 자백이라고 보아야 한다(대법원 2004. 7. 8. 선고 2002도4469 판결, 대법원 2011. 10. 27. 선고 2009도1603 판결 등 참조).

대법원 1994. 11. 8. 선고 94도1943 판결

원심은, 이 사건 공소사실 중 특수강간치상의 점과 무단이탈의 점에 대한 피고인의 군사법 경찰관 앞에서의 자백은 피고인이 제주도 훈련기간 중에 관리한 바 있던 민간인으로부터 빌린 공기총에 묻어 있는 혈흔의 혈액형이 피해자의 혈액형과 같다는 감정결과에 따라 피 고인이 유력한 용의자로 지목되어 10일 이상이나 장기간 불법구금되어 조사를 받으면서 조 사관들로부터 폭행, 협박을 당하였고, 자백하기 전 이틀간이나 잠을 자지 못하였을 뿐만 아 니라 피고인 소속의 나머지 중대원들 및 제주도에 함께 갔던 다른 중대원들까지 모두 불려 와 하룻동안 잠을 자지 못한 채 조사를 받았으며, 나중에는 피고인과 위 공기총을 빌린 당 사자인 공소외 1 중사, 위 공기총을 사용한 바 있던 중대 주임상사인 공소외 2, 이등상사 공소외 3 등 4인을 한방에 넣어 놓고 너희들끼리 의논하여 총기에 피가 묻게 된 경위와 범 인을 밝혀내라고 하면서 "야 임마 너희들이 했다고 하면 다 끝나. 했다고 그래, 여자가 죽 은 것도 아니고. 총기는 오발되었다고 하면 되잖아"라고 회유를 하여, 결국 피고인이 위 공 소외 2에게 자신이 범행한 것으로 자백하겠다고 상의한 끝에 자백에 이르게 된 것이므로 그 임의성이 의심되고, 이러한 임의성 없는 상태는 검찰관의 피의자신문조서 작성시나 제1 심법정에서의 진술시에도 유지되었다고 보아야 하므로, 피고인의 수사기관 및 제1심법정에 서의 자백은 모두 그 임의성이 의심되며, 또한 피고인이 범행시각, 범행장소, 범행시 입었 던 옷, 범행장소까지 타고 갔던 차량 등에 관하여 진술한 내용이 피해자의 진술이나 객관적 상황과 맞지 아니한 점이 너무 많아 그 신빙성 또한 매우 의심이 되므로, 피고인의 자백은 유죄의 증거로 할 수 없고, 나머지 증거들은 증거능력이 없거나(검찰서기가 아닌 군사법경 찰관이 참여한 검찰관 작성의 검증조서) 믿기 어렵고, 또는 위 공소사실부분을 인정할 증거 가 되기에 부족하다고 하여 피고인에게 무죄판결을 선고하였다.

먼저 자백의 임의성에 관하여 보건대, 원심이 설시한 증거관계를 기록과 대조하여 검토하 면, 원심이 군사법경찰관 앞에서의 자백의 임의성을 부인한 조치에 수긍이 가고, 나아가 기 록에 의하면 피고인이 군검찰부로 송치되고 난 뒤 피고인이 면회를 온 중대장에게 자신이 허위자백을 하였다는 취지의 이야기를 하자 피고인의 심경변화를 막기 위해 부대가 나서 서 서둘러 금 50,000,000원에 이르는 거액의 합의금을 마련하여 피해자와 합의를 한 사실 과, 피고인을 수사하였던 군헌병대가 위 공기총에 묻은 혈흔의 유전자형이 피해자의 것과 다르다는 취지의 국립과학수사연구소의 감정결과(이는 피고인을 유력한 용의자로 지목하 는 결정적인 증거였던 앞서 본 혈흔감정결과를 뒤집는 것이다)가 피고인이 기소되기 훨씬 전에 통보되었음에도 불구하고 검찰관에게 그와 같은 감정결과를 통보하지 아니하여 피고 인은 위와 같은 감정결과도 모른 채 검찰관 앞에서나 제1심 공판기일에서 자백한 사실을 알 수 있으므로, 원심이 자백의 임의성에 의심이 가는 분위기가 검찰관 및 제1심법정 진술시에도 유지되었다고 판단한 조치 또한 정당한 것으로 수긍이 간다 하겠다.

대법원 1981. 7. 28. 선고 80도2688 판결「본건으로 ○○호텔에 연행되어 여러 사람과 함께 감금되어 수사경찰관의 엄문에 못이겨 자술서를 작성 제출한 다음, 곧 검사로부터 피의자 신문을 받아 허위자백을 하고, 교도소로 이감될 때 검사로부터 공소사실을 부인하지 말라는 협박과 다짐을 받았으며, 1심 공판정에서 부인을 하자 검사실에 불려가서 욕설과 힐문을 당하고 또 구내 콘셀에 끌려가 수사관으로부터 심한 구타를 당하였으며 당시 시행중이던 의료법에 의하면 유죄판결을 받아도 의료업 종사에는 지장이 없으니 자백을 하여 석방되는 것이 상책이라고 변호인의 간곡한 권유가 있어 공판정에서 허위자백을 하였다는 점과 위 1의 가에서 설명한 바를 종합하여 보면, 피고인 7과 제1심 상피고인 3의 제1심 법정진술 및 검사작성의 공소외 13, 공소외 14에 대한 진술조서 내용은 허위의 것으로 믿을 수 없으며, 검사의 동인들에 대한 각 피의자 신문조서와 동인들 및 공소외 13 작성의 각 자술서는 임의성이 없어 증거 능력이 없다.」

대법원 2013. 7. 25. 선고 2011도6380 판결「원심은 나아가 공소외인의 위와 같은 불법구금 등에 의한 심리적 압박감이나 정신적 강압상태가 재심대상판결의 증언 당시까지 계속된 상태에서 이루어졌으므로 그 법정 증언도 증거로 쓸 수 없다고 판단하였다. 그러나 기록에 의하면 공소외인의 증언은 공소외인이 위와 같은 불법구금 상태에 있다가 석방된 때부터 약 2개월이 지난 이후에 법원의 증인소환장 송달에 의하여 법정에 출석하여 이루어진 것임을 알 수 있으므로, 원심이 그 판시와 같은 사정만으로 공소외인의 임의성 없는 심리상태가 법정에 이르기까지 계속되었다고 섣불리 단정한 것은 수긍하기 어렵다. 그러나 원심은 공소외인의 증언에 증거능력이 인정된다 하더라도 그 판시와 같은 사유를 들어 그 증명력 내지 신빙성을 인정할 수 없다고 판단하였고, 기록에 비추어 살펴보면 원심의 위와 같은 판단은 정당한 것으로 충분히 수긍할 수 있으므로, 결국 원심의 위와 같은 잘못은 판결 결과에 영향을 미치지 아니하였다고 할 것이다.」

다. 임의성의 입증

(1) 임의성의 기초가 되는 사실에 대한 증명방법

대법원 2001. 2. 9. 선고 2000도1216 판결「피고인의 검찰 진술의 임의성의 유무가 다투어지는 경우에는 법원은 구체적인 사건에 따라 증거조사의 방법이나 증거능력의 제한을 받지 아니하고 제반 사정을 종합 참작하여 적당하다고 인정되는 방법에 의하여 자유로운 증명으로 그 임의성 유무를 판단하면 된다.」

대법원 1999. 11. 12. 선고 99도3801 판결「피고인이 피의자신문조서에 기재된 피고인의 진술 및 공판기일에서의 피고인의 진술의 임의성을 다투면서 그것이 허위의 자백이라고 다투는 경우 법원은 구체적인 사건에 따라 피고인의 학력, 경력, 직업, 사회적 지위, 지능정도, 진술의 내용, 피의자신문조서의 경우 그 조서의 형식 등 제반 사정을 참작하여 자유로운 심증으로 위 진술이 임의로 된 것인지의 여부를 판단하고, 자백의 진술내용 자체가 객관적인 합리성을 띠고 있는가, 자백의 동기나 이유 및 자백에 이르게 된 경위는 어떠한가, 자백 외의 정황증거 중 자백과 저촉되거나 모순되는 것이 없는가 하는 점 등을 고려하여 그 신빙성 여부를 판단하여야 할 것이다.」

(2) 거증책임

〈거증책임의 소재 : 검사〉

대법원 1998. 4. 10. 선고 97도3234 판결 〈표준〉

임의성 없는 자백의 증거능력을 부정하는 취지가 허위진술을 유발 또는 강요할 위험성이 있는 상태하에서 행하여진 자백은 그 자체로 실체적 진실에 부합하지 아니하여 오판의 소지가 있을 뿐만 아니라 그 진위 여부를 떠나서 자백을 얻기 위하여 피의자의 기본적 인권을 침해하는 위법부당한 압박이 가하여지는 것을 사전에 막기 위한 것이므로 그 임의성에 다툼이 있을 때에는 그 임의성을 의심할 만한 합리적이고, 구체적인 사실을 피고인이 입증할 것이 아니고 검사가 그 임의성의 의문점을 해소하는 입증을 하여야 할 것이다. 이 사건에 있어서 피고인들은 체포 후 줄곧 범행을 부인하다가 금품수수의 상대방과 대질신문을 벌였다거나 특별한 증거가 제시되지 아니하였음에도 갑자기 그 동안 지켜온 명예감정을 포기하고 순순히 범행 일체를 자백하였다는 것은 지극히 이례적인 것으로서 선뜻 납득하기 어려운데다가, 그 진술내용도 범행사실은 물론 굳이 허위진술의 필요가 없는 기본적인 사항마저도 부정확한 내용이 포함되어 있고 피고인 1의 경우 아래 나.항에서 보는 바와 같이 준공검사의 결재 과정에 관여할 여지가 없는데도 준공검사와 관련하여 부정한 금품이 수수된다는 것은 경험 칙상 뇌물을 수수한 동기로 인정하기 미흡한 점, 피고인들은 모두 제1회 공판정에서부터 그 범행을 전면 부인한 점 등에 비추어 볼 때, 피고인들의 검찰에서의 자백은 그들 주장대로 잠을 재우지 아니한 채 심문을 계속한 것이 사실이라면 강요와 회유를 거듭한 끝에 받아낸 것일 뿐 임의로 진술한 것이 아니라고 의심할 만한 상당한 이유가 있어, 피고인들이 검찰에서 행한 위 각 자백은 이 사건에서 문제되는 철야조사가 있어 그 때문인지 여부를 심리·판단하지 아니하고는 결국 유죄의 증거로 삼을 수 없다고 할 것이고, 이와 달리 위 판시 이유만으로 그 임의성을 인정하여 이를 유죄의 증거로 인정한 원심판단은 잘못이라고 할 것이다.

5. 자백배제법칙의 효과

가. 증거능력의 절대적 부정

대법원 2014. 3. 13. 선고 2013도12507 판결 「피의자의 진술을 기재한 서류가 수사기관의 조사과정에서 작성된 것이라면, 그것이 '진술조서'라는 형식을 취하였다고 하더라도 피의자신문조서와 달리 볼 수 없고, 검사가 유죄의 자료로 제출한 사법경찰리 작성의 피고인에 대한 피의자신문조서는 피고인이 그 내용을 부인하는 이상 증거능력이 없으나, <u>그것이 임의로 작성된 것이 아니라고 의심할 만한 사정이 없는 한</u> 피고인의 법정에서의 진술을 탄핵하기 위한 반대증거로 사용할 수 있(다).」

나. 2차적 증거의 사용금지

대법원 1977. 4. 26. 선고 77도210 판결 「<u>압수된 망치(증8호) 국방색 작업복과 야전잠바(증9, 10호)등은 위 1항에서 설시한대로 피고인 1의 증거능력 없는 자백에 의하여 획득된 것이므로 따라서 증거능력이 없다</u> 할 것이고 증거능력이 설사 있다하더라도 위 압수물들과 국립과학수사연구소의 감정서의 기재 및 증인 공소외 5에 대한 심문조서등은 다음과 같은 그 증명력을 감쇄하는 사유로 인하여 이들 피고인 등에 대한 유죄의 증거로 할 수 없을 것임에도 불구하고 원심은 이를 유죄의 증거로 적시한 1심 판결을 그대로 유지한 위법사유가 있다.」

Ⅲ. 전문법칙

1. 의의

〈전문법칙의 의의 및 근거〉

헌법재판소 2005. 12. 22. 선고 2004헌바45 결정

형사소송법 제310조의2는 "제311조 내지 제316조에 규정한 것 이외에는 공판준비 또는 공판기일에서의 진술에 대신하여 진술을 기재한 서류나 공판준비 또는 공판기일외에서의 타인의 진술을 내용으로 하는 진술은 이를 증거로 할 수 없다"고 규정하여 <u>전문증거의 증거능력을 원칙적으로 부인하고 있다. 이는 공개법정의 법관의 면전에서 진술되지 아니하고, 피고인에게 반대신문의 기회를 부여하지 않은 전문증거의 증거능력을 배척함으로써 피고인의 반대신문기회를 보장하고, 직접심리주의에서 공판중심주의를 철저히 함으로써, 피고인의 공정한 재판을 받을 권리를 보장하기 위한 것이다</u>(헌재 1995. 4. 28. 93헌바26, 판례집 6-1, 348, 359

참조).

그러나 직접주의와 전문법칙을 모든 경우에 예외없이 너무 철저하게 관철한다면, 도리어 법관의 면전에서 진술할 수 없는 자의 진술을 기다리다가 공연히 재판의 지연을 초래하여 신속한 재판을 저해하고, 증명력 있는 증거들을 이용하지 못하여 실체적 진실발견을 저해하여 재판의 최대과제인 공정한 재판과 사법정의실현에 지장을 초래할 수 있다. 이런 점에서 전문증거도 일정한 제한하에 증거능력을 예외적으로 부여할 필요가 있고, 이러한 취지에서 형사소송법 제314조는 "제312조 또는 제313조의 경우에 공판준비 또는 공판기일에 진술을 요할 자가 사망·질병·외국거주 기타 사유로 인하여 진술할 수 없는 때에는 그 조서 기타 서류를 증거로 할 수 있다. 다만, 그 조서 또는 서류는 그 진술 또는 작성이 특히 신빙할 수 있는 상태 하에서 행하여진 때에 한한다"라고 규정하고 있다(헌재 1995. 4. 28. 93헌바26, 판례집 6-1, 348, 360 참조). …

전문증거의 증거능력을 인정함으로써 피고인의 방어권을 제한하는 이 사건 법률조항은 헌법 제27조가 정한 재판청구권, 그 중에서도 '공정한 재판을 받을 권리'를 제한하고 있으므로 이에 대한 침해 여부가 문제된다.

이 사건 법률조항은 원진술자의 외국거주를 이유로 직접주의와 전문법칙의 예외를 인정하여 전문증거의 증거능력을 인정하고 있다. 직접주의와 전문법칙의 예외를 인정하는 이유는 직접주의와 전문법칙을 모든 경우에 예외없이 너무 철저하게 관철하면 신속한 재판과 실체적 진실발견을 저해하여 재판의 최대과제인 공정한 재판과 사법정의실현에 지장을 초래할 수 있다는 고려 때문이다. 그리고 이러한 필요에서 전문증거의 증거능력을 제한하고 있는 각국에서도 '필요성'과 '신용성의 정황적 보장'을 조건으로 직접주의와 전문법칙의 예외규정을 두고 있다. 여기서 필요성이란 요증사실에 대하여 원진술자의 진술이 법관의 면전에서 직접 진술될 수 없고, 피고인에게 반대신문의 기회를 줄 수도 없으나 달리 대체성 있는 증거를 구할 수 없어 이를 이용하여야 할 필요가 있는 사유를 말하고, 신용성의 정황적 보장이란 원진술이 공개한 법정에서의 법관의 면전에서 행하여지지 아니하였어도 그 원진술의 진실성이 제반 사정에 의하여 담보되는 것을 말한다(헌재 1994. 4. 28. 93헌바26, 판례집 6-1, 348, 360 참조).

> **대법원 2001. 9. 14. 선고 2001도1550 판결 〈표준〉** 형사소송법은 제161조의2에서 피고인의 반대신문권을 포함한 교호신문제도를 규정함과 동시에, 제310조의2에서 법관의 면전에서 진술되지 아니하고 피고인에 의한 반대신문의 기회가 부여되지 아니한 진술에 대하여는

원칙적으로 증거능력을 부여하지 아니함으로써, 형사재판에 있어서 모든 증거는 법관의 면전에서 진술·심리되어야 한다는 직접주의와 피고인에게 불리한 증거에 대하여는 반대신문할 수 있는 권리를 원칙적으로 보장하고 있는바, 반대신문권의 보장은 형식적·절차적인 것이 아니라 실질적·효과적인 것이어야 하므로, 증인이 반대신문에 대하여 답변을 하지 아니함으로써 진술내용의 모순이나 불합리를 드러내는 것이 사실상 불가능하였다면, 그 사유가 피고인이나 변호인에게 책임있는 것이 아닌 한 그 진술증거는 법관의 올바른 심증형성의 기초가 될 만한 진정한 증거가치를 가진다고 보기 어렵다 할 것이고, 따라서 이러한 증거를 채용하여 공소사실을 인정함에 있어서는 신중을 기하여야 한다.

2. 전문법칙의 적용대상

가. 진술증거

〈진술증거 : 진술내용 그대로 사실의 존부를 추인하기 위하여 사용되는 증거〉

대법원 2010. 11. 25. 선고 2010도8735 판결

이 사건 문자메시지는 피해자가 피고인으로부터 풀려난 당일에 남동생에게 도움을 요청하면서 피고인이 협박한 말을 포함하여 공갈 등 피고인으로부터 피해를 입은 내용을 문자메시지로 보낸 것이므로, 이 사건 문자메시지의 내용을 촬영한 사진은 증거서류 중 피해자의 진술서에 준하는 것으로 취급함이 상당할 것인바, 진술서에 관한 형사소송법 제313조에 따라 이 사건 문자메시지의 작성자인 피해자 공소외 1이 제1심 법정에 출석하여 자신이 이 사건 문자메시지를 작성하여 동생에게 보낸 것과 같음을 확인하고, 동생인 공소외 3도 제1심 법정에 출석하여 피해자 공소외 1이 보낸 이 사건 문자메시지를 촬영한 사진이 맞다고 확인한 이상, 이 사건 문자메시지를 촬영한 사진은 그 성립의 진정함이 증명되었다고 볼 수 있으므로 이를 증거로 할 수 있다.

〈비언어적 행동이 진술증거로 되는 경우〉

대법원 2007. 4. 26. 선고 2007도1794 판결

'사법경찰관이 작성한 검증조서 중 피고인의 진술 부분을 제외한 기재 및 사진의 각 영상'에는 이 사건 범행에 부합되는 피의자이었던 피고인이 범행을 재연하는 사진이 첨부되어 있으

나, 기록에 의하면 행위자인 피고인이 위 검증조서에 대하여 증거로 함에 부동의하였고 공판정에서 검증조서 중 범행을 재연한 부분에 대하여 그 성립의 진정 및 내용을 인정한 흔적을 찾아 볼 수 없고 오히려 이를 부인하고 있으므로 그 증거능력을 인정할 수 없는바, 원심으로서는 위 검증조서 중 피고인의 진술 부분 뿐만 아니라 범행을 재연한 부분까지도 제외한 나머지 부분만을 증거로 채용하여야 함에도 이를 구분하지 아니한 채 피고인의 진술 부분을 제외한 나머지를 유죄의 증거로 인용한 조치는 위법하다.

〈기계적 기록의 비전문의 원칙〉

대법원 2009. 11. 12. 선고 2009도8949 판결

수소법원이 공판기일에 검증을 행한 경우에는 그 검증결과 즉 법원이 오관의 작용에 의하여 판단한 결과가 바로 증거가 되고, 그 검증의 결과를 기재한 검증조서가 서증으로서 증거가 되는 것은 아니다.

기록에 의하면, 원심이 2009. 1. 21.자로 실시한 CCTV 동영상에 대한 검증은 서울중앙지방법원 제370호 영상실에서 제6회 공판기일을 진행하면서 재판부 전원, 참여 사무관, 피고인, 검사, 피고인의 변호인, 송일국 대리인 등이 참석한 가운데 진행하였음을 알 수 있다. 따라서 위 검증은 검증결과가 바로 증거가 된다고 할 것이므로 설령 그 검증의 결과를 검증조서에 일부 기재하지 않았다고 하더라도 이에 관하여 원심에 심리미진의 위법이 있다고 할 수 없다.

〈진술증거로서의 녹음테이프〉

대법원 2008. 3. 13. 선고 2007도10804 판결

피고인과 피해자 사이의 대화내용에 관한 녹취서가 공소사실의 증거로 제출되어 그 녹취서의 기재내용과 녹음테이프의 녹음내용이 동일한지 여부에 관하여 법원이 검증을 실시한 경우에 증거자료가 되는 것은 녹음테이프에 녹음된 대화내용 그 자체이고, 그 중 피고인의 진술내용은 실질적으로 형사소송법 제311조, 제312조의 규정 이외에 피고인의 진술을 기재한 서류와 다름없어 피고인이 그 녹음테이프를 증거로 할 수 있음에 동의하지 않은 이상 그 녹음테이프 검증조서의 기재 중 피고인의 진술내용을 증거로 사용하기 위해서는 형사소송법

제313조 제1항 단서에 따라 공판준비 또는 공판기일에서 그 작성자인 피해자의 진술에 의하여 녹음테이프에 녹음된 피고인의 진술내용이 피고인이 진술한 대로 녹음된 것임이 증명되고 나아가 그 진술이 특히 신빙할 수 있는 상태하에서 행하여진 것임이 인정되어야 하고 (대법원 2001. 10. 9. 선고 2001도3106 판결, 대법원 2004. 5. 27. 선고 2004도1449 판결 등 참조), 녹음테이프는 그 성질상 작성자나 진술자의 서명 혹은 날인이 없을 뿐만 아니라, 녹음자의 의도나 특정한 기술에 의하여 그 내용이 편집, 조작될 위험성이 있음을 고려하여, 그 대화내용을 녹음한 원본이거나 혹은 원본으로부터 복사한 사본일 경우에는 복사과정에서 편집되는 등의 인위적 개작 없이 원본의 내용 그대로 복사된 사본임이 입증되어야만 하고, 그러한 입증이 없는 경우에는 쉽게 그 증거능력을 인정할 수 없다(대법원 2002. 6. 28. 선고 2001도6355 판결, 대법원 2005. 2. 18. 선고 2004도6323 판결 등 참조)

〈비진술증거 : 언어적 표현으로서 진술의 성격을 지니지만 진술내용이 증거로 되지 않고 주요사실을 구성하는 경우〉

대법원 2008. 11. 13. 선고 2006도2556 판결 〈표준〉

구 정보통신망 이용촉진 및 정보보호 등에 관한 법률(2005. 12. 30. 법률 제7812호로 개정되기 진의 것) 제65조 제1항 제3호는 정보통신망을 통하여 공포심이나 불안감을 유발하는 글을 반복적으로 상대방에게 도달하게 하는 행위를 처벌하고 있는바, 검사가 위 죄에 대한 유죄의 증거로 문자정보가 저장되어 있는 휴대전화기를 법정에 제출하는 경우 휴대전화기에 저장된 문자정보는 그 자체가 범행의 직접적인 수단으로서 이를 증거로 사용할 수 있다고 할 것이다. 또한, 검사는 휴대전화기 이용자가 그 문자정보를 읽을 수 있도록 한 휴대전화기의 화면을 촬영한 사진을 증거로 제출할 수도 있을 것인바, 이를 증거로 사용하기 위해서는 문자정보가 저장된 휴대전화기를 법정에 제출할 수 없거나 그 제출이 곤란한 사정이 있고, 그 사진의 영상이 휴대전화기의 화면에 표시된 문자정보와 정확하게 같다는 사실이 증명되어야 할 것이다(대법원 2002. 10. 22. 선고 2000도5461 판결 참조).

한편, 형사소송법 제310조의2는 "제311조 내지 제316조에 규정한 것 이외에는 공판준비 또는 공판기일에서의 진술에 대신하여 진술을 기재한 서류나 공판준비 또는 공판기일 외에서의 타인의 진술을 내용으로 하는 진술은 이를 증거로 할 수 없다."고 규정하고 있는바, 이는 사실을 직접 경험한 사람의 진술이 법정에 직접 제출되어야 하고 이에 갈음하는 대체물인

진술 또는 서류가 제출되어서는 안 된다는 이른바 전문법칙을 선언한 것이다. 따라서 <u>정보</u>
<u>통신망을 통하여 공포심이나 불안감을 유발하는 글을 반복적으로 상대방에게 도달하게 하는</u>
<u>행위를 하였다는 공소사실에 대하여 휴대전화기에 저장된 문자정보가 그 증거가 되는 경우</u>
<u>와 같이, 그 문자정보가 범행의 직접적인 수단이 될 뿐 경험자의 진술에 갈음하는 대체물에</u>
<u>해당하지 않는 경우에는 형사소송법 제310조의2에서 정한 전문법칙이 적용될 여지가 없다.</u>
이와 달리, 문자메시지의 형태로 전송된 문자정보를 휴대전화기의 화면에 표시하여 이를 촬
영한 이 사건 사진들에 대하여 피고인이 그 성립 및 내용의 진정을 부인한다는 이유로 이를
증거로 사용할 수 없다고 한 원심판결에는, 위 문자정보의 증거로서의 성격 및 위 사진들의
증거능력에 관한 법리를 오해하여 판결 결과에 영향을 미친 위법이 있다.

〈비진술증거 : 증거물인 서면의 내용이 진술증거로 사용되지 않는 경우〉

대법원 2015. 4. 23. 선고 2015도2275 판결

1) <u>피고인이 수표를 발행하였으나 예금부족 또는 거래정지처분으로 지급되지 아니하게 하였</u>
<u>다는 부정수표단속법위반의 공소사실을 증명하기 위하여 제출되는 수표는 그 서류의 존재</u>
<u>또는 상태 자체가 증거가 되는 것이어서 증거물인 서면에 해당하고 어떠한 사실을 직접 경</u>
<u>험한 사람의 진술에 갈음하는 대체물이 아니므로, 그 증거능력은 증거물의 예에 의하여 판</u>
<u>단하여야 하고, 이에 대하여는 형사소송법 제310조의2에서 정한 전문법칙이 적용될 여지가</u>
<u>없다.</u> 이때 수표 원본이 아니라 전자복사기를 사용하여 복사한 사본이 증거로 제출되었고
피고인이 이를 증거로 하는 데 부동의한 경우 위 수표 사본을 증거로 사용하기 위해서는 수
표 원본을 법정에 제출할 수 없거나 그 제출이 곤란한 사정이 있고 수표 원본이 존재하거나
존재하였으며 증거로 제출된 수표 사본이 이를 정확하게 전사한 것이라는 사실이 증명되어
야 할 것이다(대법원 2008. 11. 13. 선고 2006도2556 판결 참조).

2) 원심은, 피고인이 공소외 6과 공모하여 제1심(서울중앙지방법원 2014. 5. 8. 선고 2013고단
8324 판결, 이하 같다) 별지 범죄일람표 순번 2, 11, 19 기재 각 당좌수표(이하 '이 사건 각 당좌
수표'라 한다)를 발행하였으나 예금부족 또는 거래정지처분으로 지급되지 아니하게 하였다는
공소사실에 대하여, 검사가 증거로 제출한 이 사건 각 당좌수표 사본은 증거물이 아닌 문서
의 사본으로 제시한 것이고, 따라서 피고인이 증거로 함에 동의하지 아니한 이상 이를 증거
로 사용하기 위해서는 특히 신용할 만한 정황에 의하여 이 사건 각 당좌수표가 작성되었는

지 여부를 살펴야 할 것인데, 이 사건 각 당좌수표 사본의 액면금 부분 필적이 다른 당좌수표 사본들의 해당 부분 필적과 다르고 한자가 아닌 한글로 기재되어 있는 등의 사정을 고려하면 위 각 당좌수표 사본이 특히 신용할 만한 정황에 의하여 작성되었다고 단정하기 어려우므로 이를 증거로 사용할 수 없고, 각 해당 고발장 등 기재만으로는 이 부분 공소사실을 인정하기에 부족하다고 보아, 이에 대하여 무죄를 선고한 제1심을 유지하였다.

3) 그러나 원심의 이러한 판단은 앞서 본 법리에 비추어 다음과 같은 이유로 그대로 수긍하기 어렵다.

이 사건 각 당좌수표 사본은 증거물인 서면이어서 이에 대하여는 전문법칙이 적용되지 아니하므로, 원심으로서는 이 사건 각 당좌수표 원본을 법정에 제출할 수 없거나 그 제출이 곤란한 사정이 있고 그 원본이 존재하거나 존재하였으며 증거로 제출된 이 사건 각 당좌수표 사본이 이를 정확하게 전사한 것인지 여부를 심리하여 이 점이 증명되는 경우 그 증거능력을 인정하여야 할 것이고, 한편 이 사건 각 당좌수표 사본의 액면금 부분 필적이 다른 당좌수표들과 다르다는 등의 사정은 증명력의 문제일 뿐 증거능력의 문제는 아니라 할 것이다.

〈비진술증거 : 원진술자의 정신상태를 증명하기 위한 진술〉

대법원 2008. 7. 10. 선고 2007도10755 판결 〈표준〉

수사기관이 아닌 사인이 피고인 아닌 자와의 전화대화를 녹음한 녹음테이프에 대하여 법원이 실시한 검증의 내용이 녹음테이프에 녹음된 전화대화의 내용이 검증조서에 첨부된 녹취서에 기재된 내용과 같다는 것에 불과한 경우에는 증거자료가 되는 것은 여전히 녹음테이프에 녹음된 대화 내용이므로, 그 중 피고인 아닌 자와의 대화의 내용은 실질적으로 형사소송법 제311조, 제312조 규정 이외의 피고인 아닌 자의 진술을 기재한 서류와 다를 바 없어서, 피고인이 그 녹음테이프를 증거로 할 수 있음에 동의하지 않은 이상 그 녹음테이프 검증조서의 기재 중 피고인 아닌 자의 진술내용을 증거로 사용하기 위해서는 형사소송법 제313조 제1항에 따라 공판준비나 공판기일에서 원진술자의 진술에 의하여 그 녹음테이프에 녹음된 진술내용이 자신이 진술한 대로 녹음된 것이라는 점이 인정되어야 하는 것이지만 (대법원 1996. 10. 15. 선고 96도1669 판결, 대법원 1997. 3. 28. 선고 96도2417 판결 등 참조), 이와는 달리 녹음테이프에 대한 검증의 내용이 그 진술 당시 진술자의 상태 등을 확인하기 위한 것인 경우에는, 녹음테이프에 대한 검증조서의 기재 중 진술내용을 증거로 사용하는 경우에 관한 위 법리는 적용되지 아니하고, 따라서 위 검증조서는 법원의 검증의 결과를 기재한 조서로서 형사소송법 제311조에 의하여 당연히 증거로 할 수 있다.

원심판결 이유 및 기록에 의하면, 원심법원이 검증한 녹음테이프는 공소외 1이 2004. 2. 1.경 공소외 2와의 전화 통화를 녹음한 것으로서 그 녹음자인 공소외 1이 제1심법정에 증인으로 출석하여 제출한 것인데, 피고인들도 위 녹음테이프에 대한 녹취록(수사기록 25쪽)에 관하여는 이를 증거로 할 수 있음에 동의한 사실, 전화 통화의 상대방인 공소외 2도 제1심 및 원심법정에 증인으로 출석하여 2004. 2. 1.경 공소외 1과 전화 통화한 사실 및 그 통화에서 **이 사건 부동산을 2억 원에 매도한 것이 아니고 1억 900만 원에 매도하였다는 취지로 공소외 1에게 대답하였던 것은 사실이라고 진술하였으며, 다만 그 당시 술에 취한 상태에서 다른 부동산 매도건과 착각하여 말한 것이라는 취지로 다투고 있는 사실,** 이에 원심법원은 (1) 위 녹취록의 내용이 피해자 공소외 1이 제1심법원에 제출한 녹음테이프의 내용과 일치하는지 여부 및 (2) 녹음 당시 공소외 2가 술에 취한 상태에서 횡설수설 이야기한 것인지 여부 등을 확인하기 위하여 위 녹음테이프에 대한 검증을 실시하고 그 결과(녹음 당시 공소외 2의 발음이 전체적으로는 뚜렷하였고 목소리 자체가 횡설수설하는 것 같지는 않았다)를 증거로 채택하여 공소외 2가 술에 취한 상태에서 다른 부동산 매도건과 착각하여 말한 것으로는 보이지 않는다고 판단하고, 나아가 공소외 2가 위 전화 통화에서 답한 내용이 이 사건 부동산에 관한 매도건과 관련하여 진술한 것으로서 신빙성이 높고, 그 이후에 공소외 2가 진술을 번복하여 이 사건 부동산을 2억 원가량에 매도하였다는 진술은 그대로 믿기 어렵다고 판단한 것임을 알 수 있는바, 앞서 본 법리에 비추어 보면 원심의 위와 같은 판단은 정당한 것으로 수긍할 수 있고, 거기에 증거능력에 관한 법리오해 등의 위법이 없다.

나. 요증사실과의 관련

〈진술을 하였다는 것 자체 또는 그 진술의 진실성과 관계없는 간접사실에 대한 정황증거로 사용되어 전문증거가 아닌 경우〉

대법원 2018. 5. 15. 선고 2017도19499 판결 〈표준〉

1) 앞서 본 것처럼 타인의 진술을 내용으로 하는 진술이 전문증거인지 여부는 요증사실과의 관계에서 정해진다. 원진술의 내용인 사실이 요증사실인 경우에는 전문증거이나, 원진술의 존재 자체가 요증사실인 경우에는 본래증거이지 전문증거가 아니다(대법원 2012. 7. 26. 선고

2012도2937 판결 등 참조).

형사소송법 제316조 제2항은 피고인 아닌 자가 공판준비 또는 공판기일에서 한 진술이 피고인 아닌 타인의 진술을 그 내용으로 하는 것인 때에는 원진술자가 사망, 질병 기타 사유로 인하여 진술할 수 없고 그 진술이 특히 신빙할 수 있는 상태하에서 행하여진 때에 한하여 이를 증거로 할 수 있다고 규정하고 있는데, 여기서 말하는 '피고인 아닌 자'에는 공동피고인이나 공범자도 포함된다(대법원 2000. 12. 27. 선고 99도5679 판결 등 참조).

어떤 진술이 기재된 서류가 그 내용의 진실성이 범죄사실에 대한 직접증거로 사용될 때는 전문증거가 된다고 하더라도, 그와 같은 진술을 하였다는 것 자체 또는 그 진술의 진실성과 관계없는 간접사실에 대한 정황증거로 사용될 때는 반드시 전문증거가 되는 것은 아니다(대법원 2013. 6. 13. 선고 2012도16001 판결).

2) 원심은 공소외 3, 공소외 9의 법정진술 중 "피고인 1이 2014. 9. 22.경 '총장이 (공소외 1을) 뽑으라고 한다.'라고 말하는 것을 들었다."라는 부분과 공소외 3, 공소외 4의 법정진술 중 "2014. 10. 18. 면접 오리엔테이션 장소에서 피고인 1이 '총장님께 보고 드렸더니 총장님이 뽑으라고 하신다.'라고 말하는 것을 들었다."라는 부분은 모두 피고인 3의 원진술, 피고인 1의 전문진술에 대한 재전문진술이고, 같은 취지인 공소외 3, 공소외 9, 공소외 4의 검찰진술조서와 교육부 문답서는 그와 같은 재전문진술을 기재한 조서와 서류라고 판단하였다. 나아가 원심은 재전문진술이나 재전문진술을 기재한 서류는 피고인이 증거로 하는 데 동의하지 않는 한 형사소송법 제310조의2에 따라 이를 증거로 할 수 없으므로(대법원 2000. 3. 10. 선고 2000도159 판결 참조), 위 각 진술은 재전문증거가 되어 실제 피고인 3이 공소외 1을 뽑으라고 지시했는지 여부를 증명하기 위한 증거로 사용할 수는 없으나, 여러 간접증거에 의하여 피고인 3의 공모사실을 인정함에 있어 피고인 1이 '피고인 3이 공소외 1을 뽑으라고 한다'는 말을 했다는 사실 자체 또는 위 진술의 진실성과 관계없는 간접사실에 대한 정황증거로 사용하는 것까지 막는 것은 아니라고 판단하였다.

3) 공소외 3 등의 위 각 법정진술의 원진술은 피고인 1의 진술로, 그 요지는 '총장이 공소외 1을 뽑으라고 했다'는 것이다. 그런데 피고인 1의 위와 같은 진술은 타인인 피고인 3의 진술을 내용으로 하는 것이기는 하나, 그 원진술이라고 할 수 있는 피고인 3의 진술 내용의 진실성이 아니라 그 진술의 존재 자체가 위 피고인들 사이의 공모관계에 관한 증거가 되는 것이다. 따라서 피고인 1의 위와 같은 진술은 전문증거가 아닌 본래증거이고, 이를 내용으로 하는 공소외 3 등의 위 각 법정진술은 재전문증거가 아닌 전문증거이다. 따라서 이를 재전문

증거로 본 원심판단은 적절하지 않다.

그러나 공소외 3 등의 위 각 법정진술은 피고인 3과의 관계에서는 형사소송법 제316조 제2항에 정한 '피고인 아닌 자의 공판기일에서의 진술로서 피고인 아닌 타인(공동피고인 1)의 진술을 그 내용으로 하는 것'에 해당하므로, 원진술자인 피고인 1이 사망, 질병 기타 사유로 인하여 진술할 수 없는 경우에 한하여 이를 증거로 할 수 있는데, 그와 같은 요건이 갖추어지지 않았음은 기록상 분명하다. 따라서 피고인 3과의 관계에서 위 각 진술 및 이를 기재한 서류를 위 피고인이 공소외 1을 뽑으라고 지시하였는지 여부를 증명하기 위한 직접증거로 사용할 수 없다는 원심 결론은 정당하다.

한편 앞서 본 법리에 비추어 살펴보면, 공소외 3 등의 위 각 법정진술을 피고인 1이 '피고인 3이 공소외 1을 뽑으라고 한다'는 말을 했었다는 사실 자체 또는 위 진술의 진실성과 관계 없는 간접사실에 대한 정황증거로 사용할 때에는 이를 전문증거로 볼 수 없다. 같은 취지인 원심판단에 상고이유 주장과 같이 전문법칙에 관한 법리를 오해하는 등의 잘못이 없다.

대법원 2000. 2. 25. 선고 99도1252 판결 〈표준〉
어떤 진술이 범죄사실에 대한 직접증거로 사용함에 있어서는 전문증거가 된다고 하더라도 그와 같은 진술을 하였다는 것 자체 또는 그 진술의 진실성과 관계없는 간접사실에 대한 정황증거로 사용함에 있어서는 반드시 전문증거가 되는 것은 아니라고 할 것이다.

이러한 관점에서 앞서 인정한 간접사실 및 그 간접사실로부터의 피고인 1의 협박교사 사실을 추론하여 보면, 원심이 **피고인 1의 협박교사 사실**을 인정한 것은 그것이 진실한 것이라는 점에 대한 합리적인 의심을 할 여지가 없는 정도의 심증형성에 의한 것이라고 볼 수 있고, 이와 같은 원심의 사실인정에 상고이유에서 주장하는 바와 같은 전문법칙 내지 채증법칙을 위배하여 사실을 오인한 위법이 있다고 할 수 없다.

대법원 2013. 6. 13. 선고 2012도16001 판결
어떤 진술이 기재된 서류가 그 내용의 진실성이 범죄사실에 대한 직접증거로 사용될 때는 전문증거가 된다고 하더라도 그와 같은 진술을 하였다는 것 자체 또는 그 진술의 진실성과 관계없는 간접사실에 대한 정황증거로 사용될 때는 반드시 전문증거가 되는 것은 아니다 (대법원 2000. 2. 25. 선고 99도1252 판결 등 참조).

원심은, '피고인 2 이메일 첨부서류', '공소외 2 제출 서류'의 경우 그 문건의 존재 자체가 공소사실에 대한 직접증거가 되는 것이 아니라 문서 내용의 진실성이 문제되는 경우인 만큼 전문법칙이 적용된다고 판단하였다.

원심판결 이유를 위 법리 및 기록에 비추어 살펴보면 '피고인 2 이메일 첨부서류', '공소외 2 제출 서류'가 거기에 기재된 내용의 진실성에 대한 직접증거로 사용되는 한도에서는 전문증거로 보아야 할 것이지만, 피고인 2 또는 피고인 1이 그와 같은 내용의 문서 또는 그러한 문서파일이 들어있는 저장매체를 소지 또는 보관하고 있었다는 점에 대한 증거로 사용될 때는 전문법칙이 적용될 것이 아니어서 증거능력이 인정될 수 있다고 할 것이다.

〈원진술의 존재 자체가 요증사실에 해당하는 경우〉

대법원 2008. 11. 13. 선고 2008도8007 판결

타인의 진술을 내용으로 하는 진술이 전문증거인지 여부는 요증사실과의 관계에서 정하여지는바, 원진술의 내용인 사실이 요증사실인 경우에는 전문증거이나, 원진술의 존재 자체가 요증사실인 경우에는 본래증거이지 전문증거가 아니다(대법원 2008. 9. 25. 선고 2008도5347 판결 참조).

원심판결 이유에 의하면, 원심은 공소외 1의 경찰, 검찰 제1심 및 원심 법정 진술 중 피고인으로부터 들은 내용에 관한 부분이 전문증거임을 전제로 하여, 그 진술이 이루어진 전후 사정, 그 과정과 내용 등 기록에 나타난 여러 사정에 비추어 볼 때, 그 진술 내용이나 조서의 작성에 허위개입의 여지가 거의 없고 진술내용의 신빙성이나 임의성도 인정되므로, 피고인의 부동의에도 불구하고 증거능력이 있다고 판단하고 있다.

앞에서 본 법리와 기록에 비추어 살펴보면, **공소외 2는 전화를 통하여 피고인으로부터 2005. 8.경 건축허가 담당 공무원이 외국연수를 가므로 사례비를 주어야 한다는 말과 2006. 2.경 건축허가 담당 공무원이 4,000만 원을 요구하는데 사례비로 2,000만 원을 주어야 한다는 말을 들었다는 취지로 수사기관, 제1심 및 원심 법정에서 진술하였음을 알 수 있는데,** 피고인의 위와 같은 원진술의 존재 자체가 이 사건 알선수재죄에 있어서의 요증사실이므로, 이를 직접 경험한 공소외 2가 피고인으로부터 위와 같은 말들을 들었다고 하는 진술들은 전문증거가 아니라 본래증거에 해당된다.

대법원 2012. 7. 26. 선고 2012도2937 판결

타인의 진술을 내용으로 하는 진술이 전문증거인지 여부는 요증사실과의 관계에서 정하여지는바, 원진술의 내용인 사실이 요증사실인 경우에는 전문증거이나, 원진술의 존재 자체가 요증사실인 경우에는 본래증거이지 전문증거가 아니다(대법원 2008. 11. 13. 선고 2008도8007 판결 등 참조).

기록에 의하면, 공소외 1은 제1심 법정에서 '피고인 1이 88체육관 부지를 공시지가로 매입하게 해 주고 KBS와의 시설이주 협의도 2개월 내로 완료하겠다고 말하였다' 고 진술하였고, 공소외 2, 6도 피고인의 진술을 내용으로 한 진술을 하였음을 알 수 있는데, 피고인 1의 위와 같은 원진술의 존재 자체가 이 부분 각 사기죄 또는 변호사법 위반죄에 있어서의 요증사실이므로, 이를 직접 경험한 공소외 1 등이 피고인으로부터 위와 같은 말을 들었다고 하는 진술은 전문증거가 아니라 본래증거에 해당한다고 할 것이다.

대법원 2014. 2. 27. 선고 2013도12155 판결

피고인 3은 원심에서 "공소외 1로부터 '1,500억 원 네가 원하는 대로 다 얘기해라. [피고인 2에게] 얘기해 놨다. 선지급에 대해서도 다 말해 놨다'는 말을 들었다"는 취지로 진술하였음을 알 수 있는데, 피고인 3의 진술로 증명하고자 하는 사실이 '공소외 1이 위와 같은 내용의 말을 하였다'는 것이라면 이를 직접 경험한 피고인 3이 공소외 1로부터 위와 같은 말을 들었다고 하는 진술은 전문증거가 아니라 본래증거에 해당한다.

만약 피고인 3 진술로 증명하고자 하는 사실이 공소외 1 진술의 진실성, 즉 '실제로 공소외 1이 피고인 2로부터 펀드 출자 및 선지급에 관하여 승낙을 받았는지 여부'라면 이는 전문증거에 해당한다고 할 것이나, 피고인 2가 그 무렵 공소외 1로부터 위와 같은 부탁을 받고 이를 승낙하였다는 점은 피고인 2도 이를 인정하고 있는 만큼 피고인 3의 진술이 전문증거로서 증거능력이 인정될 수 있는지 여부와 상관없이 원심의 사실인정에 어떠한 잘못이 있다고 할 수 없다.

〈전문법칙의 우회금지〉

대법원 2021. 2. 25. 선고 2020도17109 판결

원심은, 증인 공소외인의 제1심 법정진술 중 "피해자로부터 '피고인이 추행했다'는 취지의 말을 들었다."는 부분은 '피고인이 피해자를 추행한 사실의 존부'에 대한 증거로 사용되는 경우에는 전문증거에 해당하나 피해자가 공소외인에게 위와 같은 진술을 하였다는 것 자체에 대한 증거로 사용되는 경우에는 공소외인이 경험한 사실에 관한 진술에 해당하여 전문법칙이 적용되지 않고, 나아가 위 공소외인의 진술도 피해자의 진술에 부합한다고 판단하였다. 다른 사람의 진술을 내용으로 하는 진술이 전문증거인지는 요증사실이 무엇인지에 따라 정해진다. 다른 사람의 진술, 즉 원진술의 내용인 사실이 요증사실인 경우에는 전문증거이지만, 원진술의 존재 자체가 요증사실인 경우에는 본래증거이지 전문증거가 아니다. 어떤 진술 내용의 진실성이 범죄사실에 대한 직접증거로 사용될 때는 전문증거가 되지만, 그와 같은 진술을 하였다는 것 자체 또는 진술의 진실성과 관계없는 간접사실에 대한 정황증거로 사용될 때는 반드시 전문증거가 되는 것이 아니다. 그러나 어떠한 내용의 진술을 하였다는 사실 자체에 대한 정황증거로 사용될 것이라는 이유로 진술의 증거능력을 인정한 다음 그 사실을 다시 진술 내용이나 그 진실성을 증명하는 간접사실로 사용하는 경우에 그 진술은 전문증거에 해당한다. 그 진술에 포함된 원진술의 내용인 사실을 증명하는 데 사용되어 원진술의 내용인 사실이 요증사실이 되기 때문이다. 이러한 경우 형사소송법 제311조부터 제316조까지 정한 요건을 충족하지 못한다면 증거능력이 없다(대법원 2019. 8. 29. 선고 2018도13792 전원합의체 판결 등 참조). 원심의 이 부분 판단은, 피해자가 공소외인에게 '피고인이 추행했다'는 진술을 하였다는 것 자체에 대한 증거로 사용된다는 이유로 증거능력을 인정한 것이나, 원심은 위와 같이 판단한 다음 공소외인의 위 진술이 피해자의 진술에 부합한다고 보아 공소외인의 위 진술을 피해자의 진술 내용의 진실성을 증명하는 간접사실로 사용하였다. 따라서 위 공소외인의 진술은 전문증거에 해당하고, 형사소송법 제310조의2, 제316조 제2항의 요건을 갖추지 못하므로 증거능력이 없다.

3. 전문법칙 예외의 일반이론

가. 예외인정의 필요성 및 예외인정의 기준

〈전문법칙 예외인정의 필요성 및 예외인정의 기준〉

헌법재판소 1994. 4. 28. 선고 93헌바26 결정

공개법정의 법관의 면전에서 진술되지 아니하고, 피고인에게 반대신문의 기회를 부여하지 않은 전문증거의 증거능력을 배척함은 피고인의 반대신문기회를 보장하고, 직접심리주의에서 공판중심주의를 철저히 함으로써, 피고인의 공개법정에서의 적법절차에 의한 공정한 재판을 받을 권리를 보장하기 위한 것이다. 그러나 직접주의와 전문법칙을 모든 경우에 예외 없이 너무 철저하게 관철한다면, 도리어 법관이 면전에서 진술할 수 없는 자의 진술을 기다리다가 공연히 재판의 지연을 초래하여 신속한 재판을 저해하고, 증명력 있는 증거들을 이용하지 못하여 실체적 진실발견을 저해하여 재판의 최대과제인 공정한 재판과 사법정의실현에 지장을 초래할 수 있다. 즉 헌법상의 또 다른 면의 원리인 신속한 재판의 내실화와 실체적 진실을 통한 공정한 재판의 실현이라는 헌법상의 요청과 긴장관계 내지 괴리관계가 생긴다. 이런 점에서 소송경제와 실체적 진실발견을 위하여, 전문증거도 일정한 제한하에 증거능력을 예외적으로 부여할 필요가 있다. 그러므로 위에서 본 기본권들을 최대한도로 보장하려는 각국에서도 피고인의 직접심리주의 및 반대신문권을 통한 공개법정에서의 공정한 재판을 받을 권리와 신속한 재판을 받을 권리의 실현 및 실체적 진실을 통한 공정한 재판의 실현이라는 헌법상의 각 요청의 조화·조정에서, "필요성"과 "신용성의 정황적 보장"을 조건으로, 직접주의와 전문법칙의 예외를 인정하고 있다. 여기서 그 예외의 "필요성"은 요증사실에 대하여 원진술자의 진술이 법관의 면전에서 직접 진술될 수 없고 피고인에게 반대신문의 기회를 줄 수도 없으나 달리 대체성 있는 증거를 구할 수 없어 이를 이용하여야 할 필요가 있는 사유를 말하고, "신용성의 정황적 보장"은 원진술이 공개한 법정에서의 법관의 면전에서 행하여지지 아니하였어도 그 원진술의 진실성이 제반 사정에 의하여 담보되는 것을 말한다. 이 양자는 상호보완관계에 있으나, 때로는 반비례의 관계에 있다. 우리 형사소송법도 1961.9.1. 법률 제705호로 개정될 때에 위에서 본바 전문증거의 증거능력의 제한규정인 제310조의2를 신설함과 동시에 직접주의와 전문법칙에 대한 원칙적 예외규정으로 그 제314조에 "증거능력에 대한 예외"라는 전제하여 "전 2조의 경우에 공판준비 또는 공판기일에 진술을 요할 자가 사망·질병 기타 사유로 인하여 진술을 할 수 없는 때에는 그 조서 기타 서류를 증거로 할 수 있다. 단 그 조서 또는 서류는 그 진술 또는 작성이 특히 신빙할 수 있는 상태하에서 행하여진 때에 한한다."라고 이 사건 법률조문을 신설 개정하였다. 즉 전문증거에 대하여 원진술자와 작성자가 사망·질병 기타 사유로 진술할 수 없다는 필요성과 진술 또는 작성이 특히 신빙할 수 있는 상태하에서 행하여졌다는 것, 즉 신용성의 정황적 보장이 있는 것을 조건으로 하여 증거능력을 예외로 인정하도록 규정한 것이다. 위 조문 중 전2조의 경우라 함은 형사소송법 제312조 및 제313조에 정한바, 검사나 사법경찰관이 작성한 조서와 검증조서 그리고 피고인 또는 피고인 아닌 자가 작성한 진술서 및 감정서에 대하여 원진술자 또는 작성자가 공판준비 또는 공판기일에서 성립을 인정하여야 증거능력이 인정되는 경우를 말한다.

대법원 1983. 3. 8. 선고 82도3248 판결 「이른바 신용성의 정황적 보장이란 사실의 승인 즉 자기에게 불이익한 사실의 승인이나 자백은 재현을 기대하기 어렵고 진실성이 강하다는데 근거를 둔 것으로서 때때로 특신상태라는 표현으로 잘못 이해되는 경우가 많은 것은 우리 형사소송법 체계상으로는 아직 생소한 개념이며 어떠한 것이 이에 해당하는 것인가를 정형화하기 어려움에 기인하는 것이라고 생각되나 일반적으로 자기에게 유리한 진술은 그 신빙성이 약하나 반대로 자기에게 불이익한 사실의 승인은 진실성이나 신빙성이 강하다는 관점에서 "부지 불각중에 한말" "사람이 죽음에 임해서 하는 말" "어떠한 자극에 의해서 반사적으로 한 말" "경험상 앞뒤가 맞고 이론정연한 말" 또는 "범행에 접착하여 범증은폐를 할 시간적 여유가 없을 때 한 말" "범행직후 자기의 소행에 충격을 받고 깊이 뉘우치는 상태에서 한 말"등이 특히 신용성의 정황적 보장이 강하다고 설명되는 경우이다. 따라서 반드시 공소제기 후 법관 면전에서 한 진술이 가장 믿을 수 있고 그 앞의 수사기관에서의 진술은 상대적으로 신빙성, 진실성이 약한 것이라고 일률적으로 단정할 수 없을 뿐만 아니라 오히려 수사기관에 검거된 후 제일 먼저 작성한 청취서의 진술기재가 범행사실을 숨김없이 승인한 것이었는데 그후의 수사과정과 공판과 정에서 외부와의 접촉, 시간의 경과에 따른 자신의 장래와 가족에 대한 걱정 등이 늘어감에 따라 점차 그 진술이 진실로부터 멀어져가는 사례는 흔히 있는 것이어서 이러한 신용성의 정황적 보장의 존재 및 그 강약에 관하여서는 구체적 사안에 따라 이를 가릴 수 밖에 없는 것이므로, 원심거시의 피고인 등의 자백이나 참고인등의 진술 및 자술서의 기재는 그 진술이 특히 신빙할 수 있는 상태하에서 행하여진 것이 아니라는 점에서 즉 신용성의 정황적 보장이 없는 진술이라는 점에서도 증거능력이 없다는 소론 논지는 신용성의 정황적 보장을 오해함에 기인하는 것으로 그 이유없음이 명백하다.」

대법원 1987. 3. 24. 선고 87도81 판결 「형사소송법 제314조 단서에 규정된 진술 또는 작성이 특히 신빙 할 수 있는 상태하에서 행하여진 때라 함은 그 진술내용이나 조서 또는 서류의 작성에 허위개입의 여 지가 거의 없고 그 진술내용의 신용성이나 임의성을 담보할 구체적이고 외부적인 정황이 있는 경우를 가리킨다고 할 것이다.」

나. 진술의 임의성

〈제317조의 의의 및 적용대상〉

대법원 2006. 1. 26. 선고 2004도517 판결 〈표준〉

(1) 먼저, 검사가 작성한 공소외 1, 공소외 4에 대한 각 진술조서의 증거능력에 관하여 본다.

(가) 임의성 없는 진술의 증거능력을 부정하는 취지는, 허위진술을 유발 또는 강요할 위험성 이 있는 상태하에서 행하여진 진술은 그 자체가 실체적 진실에 부합하지 아니하여 오판을 일으킬 소지가 있을 뿐만 아니라 그 진위 여부를 떠나서 진술자의 기본적 인권을 침해하는 위법 부당한 압박이 가하여지는 것을 사전에 막기 위한 것이므로, 그 임의성에 다툼이 있을 때에는 그 임의성을 의심할 만한 합리적이고 구체적인 사실을 피고인이 입증할 것이 아니고 검사가 그 임의성의 의문점을 해소하는 입증을 하여야 한다(대법원 1998. 4. 10. 선고 97도3234 판결, 1999. 1. 29. 선고 98도3584 판결 등 참조).

(나) 기록에 의하면, 공소외 1, 공소외 4에 대한 검사의 조사과정에 관하여 다음과 같은 사 실을 알 수 있다.

① 공소외 1은 공소외 5 주식회사가 위법한 방법으로 공소외 6주식회사로부터 약 959억 원 의 금융지원을 받은 사건과 관련하여 특정경제범죄 가중처벌 등에 관한 법률 위반(사기)죄

등으로 1998. 6. 10. 구속되어 같은 달 6. 26. 기소되었다.

② 검찰은 그 직후인 1998. 6. 27.부터 1999. 10. 5.까지 거의 매일 조사한다는 명목으로 수
감 중인 공소외 1을 무려 270회나 검찰청에 소환하여 밤늦은 시각 또는 그 다음날 새벽에
구치소에 돌아가게 하였고, 그 사이에 작성된 공소외 1에 대한 진술조서 등을 증거로 하여
공소외 7을 특정범죄 가중처벌 등에 관한 법률 위반(알선수재)죄로 기소하였다.

③ 이러한 검찰권의 행사에 대하여 공소외 7이 위헌확인을 청구하자 헌법재판소는 2001. 8.
30. 선고한 99헌마496 결정에서 위와 같은 검찰의 공소외 1에 대한 소환 중 공소외 1이 공
소외 7에 대한 위 알선수재 피고사건의 증인으로 채택된 다음날인 1998. 11. 12.부터 공소외
7이 청구한 1999. 7. 20.까지의 145회에 걸친 소환은 공소외 7의 공정한 재판을 받을 권리를
침해한 것으로서 위헌임을 확인하기까지 하였다.

④ 이 사건에서 증거로 제출된 검사 작성의 공소외 1에 대한 각 진술조서는 1998. 9. 1.부터
1998. 11. 18.까지 사이에 3회에 걸쳐 작성된 것인데, 그 전후 및 그 기간 동안에도 공소외
1은 검찰청에 빈번하게 소환되어 밤늦게 또는 다음날 새벽에 구치소로 돌아가곤 하였다.

⑤ 한편 공소외 4는 1998. 9. 9. 최초로 검찰에서 조사를 받으면서 제1회 진술조서를 작성하
였고, 다음날인 1998. 9. 10. 연이어 제2회 진술조서를 작성한 다음, 1998. 9. 26. 마지막으
로 제3회 진술조서를 작성하였다.

⑥ 공소외 4는 환송 후 원심법정에서, "1998. 9. 9. 09:00 집에서 잠을 자다 서울지검 특수
부 소속이라는 수사관 3명에 의하여 영문도 모르고 서울지검 특수부로 끌려가 밤 12시경까
지 조사실에서 외부와 단절된 채 혼자 갇혀 있었는데 공포감과 불안감으로 견딜 수 없을 만
큼 고통스러웠다. 자정이 넘어 수사관 2명이 들어와 연행이유를 설명하면서 진술서를 작성
하라고 하여 기억나는 대로 진술서를 작성하였으나, 수사관들은 공소외 1의 진술내용과 다
르다며 이를 찢어버리고 거짓말한다며 욕설을 하고 새로 진술서를 작성할 것을 강요하였다.
옆방에서는 누군가가 연신 얻어맞는 소리가 들렸고, 수사관들은 알선수재 혐의로 구속시킨
다고 협박하면서 본인이 기억하지 못하는 날짜 등을 알려주기도 하였다. 1998. 9. 10. 04:00
경 공소외 1과 대질신문이 이루어졌는데, 공소외 1은 며칠 동안 잠을 자지 못했는지 눈은
초점을 잃고 있었고 멍한 상태로 이미 자포자기한 듯이 보였다. 같은 날 06:00경 공소외 8이
라는 경찰관이 들어와 '이 사건은 정치적으로 해결될 것이고 흐지부지될 것이니 부담가질
필요 없다.'며 공소외 1의 진술내용에 맞춰 진술할 것을 회유하였고, 알선수재죄로 구속하겠
다고 협박하기도 하였다. 당시 본인은 미국 영주권을 신청해 놓은 상태였고 가족들도 미국

에 체류 중이어서 구속될 경우 영주권 취득은 물론 가족들 생계조차 걱정할 수밖에 없는 절박한 상황이었다. 결국 본인은 검사 앞에서 진술조서를 작성하면서 검찰이 원하는 내용대로 허위진술을 할 수밖에 없었다. 본인은 1998. 9. 10. 19:00~20:00 서울지검 특수부에서 풀려났는데, 그 이후 9. 30. 미국으로 출국할 때까지 공소외 8과 함께 여관이나 설악산 등지를 전전하며 함께 지냈고, 공소외 8은 본인이 공항 출국심사대를 통과하는 것까지 직접 확인하였다. 본인이 풀려난 지 3~4일이 지난 후 서울지검에 출국금지해제신청서를 제출하였는데, 당시 검찰 수사관이 만약 피고인 측과 연락하면 다시 출국금지를 시키겠다고 협박하였다."는 요지로 진술하였다.

⑦ 공소외 4는 1998. 9. 30. 미국으로 출국하여 1998. 11. 15. 귀국하였고, 한편 공소외 1은 공소외 4가 검찰에서 제1회 진술조서를 작성하던 날인 1998. 9. 9. 09:00경 구치소를 출발하여 검찰청에 나갔다가 그 다음날 06:45경 구치소로 다시 돌아왔는데, 같은 시각에 공소외 4가 검찰청에서 조사를 받고 있었으므로, 1998. 9. 10. 04:00경 공소외 1과 대질신문이 이루어졌다는 공소외 4의 진술은 사실로 보인다.

⑧ 공소외 4는 위와 같이 수사과정에서 인권유린을 당했다며 2003. 8. 11. 국가인권위원회에 당시 수사검사와 수사관을 상대로 진정을 제기하였다(다만, 제소기간 도과로 각하된 것으로 보인다).

(다) 위에서 본 바와 같이 공소외 1은 이 사건에 증거로 제출된 검찰 진술조서의 작성 당시 별건으로 구속되어 있는 상태였던 데다가 위 인정과 같은 소환의 횟수와 빈도, 조사시간 등으로 보아 과도한 육체적 피로, 수면부족, 심리적 압박감 속에서 진술을 한 것으로 보이고, 공소외 4가 환송 후 원심법정에서 자신이 목격한 공소외 1의 육체적 피로 상태를 구체적으로 진술하고 있는 사정 등에 비추어 보면, 검사가 작성한 공소외 1에 대한 각 진술조서는 모두 그 임의성을 의심할 만한 사정이 있다고 할 것인데, 검사가 그 임의성의 의문점을 해소하는 입증을 하지 못하였으므로 증거능력이 없다고 할 것이다[공소외 7의 특정범죄 가중처벌 등에 관한 법률 위반(알선수재) 피의사건과 관련하여 같은 시기에 작성된 공소외 1에 대한 검찰 진술조서에 대해서는 당원이 2002. 10. 8. 선고한 2001도3931 판결에서 이미 증거능력을 부정한 바 있다].

한편 공소외 4는 검찰에서의 제1, 2회 진술조서 작성 당시 비록 이 사건에 관하여 처음으로 신문을 받기는 하였으나 30시간 넘게 철야로 조사를 받으면서 육체적으로나 정신적으로 피로한 데다 수면이 부족한 상태에서 진술을 하였던 것으로 보이며, 나아가 공소외 4는 공소외 1이 민방사업자로 선정될 경우 공소외 3 회사로부터 인테리어 공사를 도급받기로 하고 공소외 1을 피고인에게 소개시켜 준 약점이 있었던 데다(이는 공소외 4도 인정하고 있는 바이다.) 당시 미국으로 출국하여야 하는 상황임에도 출국금지조치가 내려진 상태여서, 수사관들이 구속 또는 출국금지조치의 지속 등을 수단으로 삼아 공소외 4를 회유하거나 압박하였을 가능성이 충분하므로, 검사가 작성한 공소외 4에 대한 제1, 2회 진술조서도 그 임의성을 의심할 만한 사정이 있다고 할 것인데, 검사가 그 임의성의 의문점을 해소하는 입증을 하지 못하였으므로, 모두 증거능력이 없다고 보아야 할 것이다. 다만, 1998. 9. 26. 작성된 공소외 4에 대한 제3회 진술조서의 경우 육체적인 피로나 수면부족 등이 있었다고 할 수 없으나, 당시 공소외 4로서는 출국을 목전에 두고 있었던 상황이었으므로 제1, 2회 진술조서를 작성할 당시의 심리적 압박감이나 정신적 강압상태가 계속된 상태에서 작성된 것으로 의심되고, 달리 그 임의성에 대한 의문점이 해소되었다고 볼 만한 자료가 없으므로, 역시 증거능력이 없다고 보아야 할 것이다.

〈임의성의 조사 및 증명〉

대법원 2006. 11. 23. 선고 2004도7900 판결 〈표준〉

임의성 없는 진술의 증거능력을 부정하는 취지는, 허위진술을 유발 또는 강요할 위험성이 있는 상태하에서 행하여진 진술은 그 자체가 실체적 진실에 부합하지 아니하여 오판을 일으킬 소지가 있을 뿐만 아니라 그 진위를 떠나서 진술자의 기본적 인권을 침해하는 위법 부당한 압박이 가하여지는 것을 사전에 막기 위한 것이므로, 그 임의성에 다툼이 있을 때에는 그 임의성을 의심할 만한 합리적이고 구체적인 사실을 피고인이 증명할 것이 아니고 검사가 그 임의성의 의문점을 없애는 증명을 하여야 할 것이고, 검사가 그 임의성의 의문점을 없애는 증명을 하지 못한 경우에는 그 진술증거는 증거능력이 부정된다 할 것이다(대법원 1998. 4. 10. 선고 97도3234 판결, 2006. 1. 26. 선고 2004도517 판결 등 참조). 또한, 기록상 진술증거의 임의성에 관하여 의심할 만한 사정이 나타나 있는 경우에는 법원은 직권으로 그 임의성 여부에 관하여 조사를 하여야 하고, 임의성이 인정되지 아니하여 증거능력이 없는 진술증거는 피고인이 증거로 함에 동의하더라도 증거로 삼을 수 없다 할 것이다.

원심은 제1심판결의 채용증거들을 인용하여, 피고인 1이 피고인 2 주식회사(이하 '피고인 회사'라고 한다)의 설립 전후에 걸쳐 공소외 1을 통하여 주식회사 ○○방송(영문 생략)의 연예담당 프로듀서 등인 공소외 2, 3, 4에게 피고인 회사 소속 연예인들을 연예 프로그램 등에 출연시켜 달라거나, 피고인 회사에서 투자한 영화 '조폭 마누라'를 홍보해 달라는 등의 부정한 청탁을 하면서 금품을 교부하였다는 이 부분 공소사실을 모두 인정하였는바, 원심이 인용한 제1심판결의 채용증거에는 공소외 1에 대한 각 검찰 진술조서가 포함되어 있다.

그러나 기록에 의하면, 공소외 1은 2002. 8. 4. 긴급체포된 후 검찰에서 2002. 8. 4.부터 다음날까지 2회에 걸쳐 조사를 받고 2002. 8. 5. 석방된 사실, 공소외 1은 석방되자마자 그날부터 2002. 8. 10.까지 병원에서 입원치료를 받았는데, 당시의 진료기록부에는 공소외 1이 검찰에서 구타당했다고 진술한 것으로 기재되어 있고, 진료 결과 허리와 양측 대퇴부에 통증이 있으며, 좌측 후두부에는 통증과 혹이 있는 것으로 밝혀졌으며, 실제 공소외 1에게 당시 예상 치료기간 10일의 다발성 좌상을 입었다는 내용의 상해진단서가 발급된 사실, 공소외 1이 치료를 받고 나온 며칠 후인 2002. 8. 19.자 공소외 1에 대한 제3회 검찰 진술조서에는 그전 수사에서의 강압수사를 은폐하기 위하여 강압수사가 없었다는 진술을 유도하기 위한 것으로 의심되는 이례적인 신문내용이 기재되어 있는 사실, 나아가 공소외 1은 원심에서 검찰 수사 당시 상당한 정도로 강압수사를 받았다고 구체적으로 진술한 사실을 알 수 있고, 반면에 검찰에서의 공소외 1의 진술이 임의로 이루어졌음을 인정할 만한 자료는 보이지 아니한다.

그렇다면 공소외 1에 대한 검찰 각 진술조서는 강압상태에서 이루어졌거나, 강압수사로 인한 정신적 강압상태가 계속된 상태에서 이루어진 것으로 의심되어, 그 임의성을 의심할 만한 사정이 있다고 할 것인데, 검사가 그 임의성의 의문점을 없애는 증명을 하지 못하였으므로, 증거능력이 없다고 할 것임에도 원심은 이를 유죄의 증거로 채용한 제1심판결의 증거를 그대로 인용함으로써 진술의 임의성과 증거능력에 관한 법리를 오해하여 채증법칙을 위배하였다 할 것이다.

대법원 2013. 9. 12. 선고 2011도12918 판결 「범죄의 피해자인 검사가 그 사건의 수사에 관여하거나, 압수·수색영장의 집행에 참여한 검사가 다시 수사에 관여하였다는 이유만으로 바로 그 수사가 위법하다거나 그에 따른 참고인이나 피의자의 진술에 임의성이 없다고 볼 수는 없다. 원심이 유지한 제1심은, 이 사건 압수·수색영장의 집행과정에서 폭행 등의 피해를 당한 검사 등이 수사에 관여하였다는 이유만으로 그 검사 등이 작성한 참고인 진술조서 등의 증거능력이 부정될 수 없다고 판단하였다. 위 법리에 비추어 원심의 판단은 정당하(다).」

4. 전문서류에 대한 예외

가. 법원 또는 법관의 조서

(1) 공판준비 또는 공판기일의 진술조서 (제311조 제1문)

〈당해사건 공판조서의 증거능력 인정요건〉

대법원 2003. 10. 10. 선고 2003도3282 판결

공판에 참여한 서기관 또는 서기는 공판기일에서의 피고인의 진술과 증인의 진술을 공판조서에 기재하여야 하고(형사소송법 제51조 제1항, 제2항 제8호, 제48조 제2항, 이하 형사소송법은 '법'이라 한다), 피고인이나 피고인 아닌 자의 진술을 기재한 당해사건의 공판조서는 법 제311조 전문의 규정에 의하여 당연히 증거능력이 있다. 한편, 법이 피고인에게 공판조서의 열람 또는 등사청구권(법 제55조 제1항)을 부여한 이유는 공판조서의 열람 또는 등사를 통하여 피고인으로 하여금 진술자의 진술내용과 그 기재된 조서의 기재내용의 일치 여부를 확인할 수 있도록 기회를 줌으로써 그 조서의 정확성을 담보함과 아울러 피고인의 방어권을 충실하게 보장하려는 데 있다 할 것이므로, 피고인의 공판조서에 대한 열람 또는 등사청구에 법원이 불응하여 피고인의 열람 또는 등사청구권이 침해된 경우에는 그 공판조서를 유죄의 증거로 할 수 없을 뿐만 아니라(법 제55조 제3항), 공판조서에 기재된 당해 피고인이나 증인의 진술도 증거로 할 수 없다고 보아야 한다.

기록에 의하면, 피고인은 제1심에서 2002. 11. 17.자 제1회 공판기일의 공판조서와 2002. 12. 11.자 제2회 공판기일의 공판조서에 대한 등사청구를 하였으나(공판기록 376면), 제1심이 이에 대하여 아무런 조치를 취하지 아니함으로써 피고인의 등사청구에 불응한 사실을 알 수 있는 바, 앞서 본 법리에 비추어 제1심 제2회 공판기일의 공판조서는 증거능력이 없고, 따라서 그 공판조서에 기재된 증인 공소외 1·공소외 2의 각 진술은 증거로 사용할 수 없다고 할 것이다.

〈피고인의 공판조서에 대한 열람 또는 등사청구권이 침해된 경우 공판조서 또는 공판조서에 기재된 피고인이나 증인의 진술을 증거로 할 수 있는지 여부〉

대법원 2012. 12. 27. 선고 2011도15869 판결 〈표준〉

가. 형사소송법 제55조 제1항은 공판조서의 정확성을 담보함과 아울러 피고인의 방어권을

충실하게 보장하려는 취지에서 피고인에게 공판조서의 열람 또는 등사청구권을 인정하고, 그 제3항은 피고인의 위와 같은 청구에 응하지 아니하는 때에는 그 공판조서를 유죄의 증거로 할 수 없다고 규정하고 있다. 따라서 피고인이 공판조서의 열람 또는 등사를 청구하였음에도 법원이 불응하여 피고인의 열람 또는 등사청구권이 침해된 경우에는 그 공판조서를 유죄의 증거로 할 수 없을 뿐만 아니라 공판조서에 기재된 당해 피고인이나 증인의 진술도 증거로 할 수 없다고 보아야 한다(대법원 2003. 10. 10. 선고 2003도3282 판결 참조). 다만 그러한 증거들 이외에 적법하게 채택하여 조사한 다른 증거들만에 의하더라도 범죄사실을 인정하기에 충분하고, 또한 당해 공판조서의 내용 등에 비추어 보아 그 공판조서의 열람 또는 등사에 응하지 아니한 것이 피고인의 방어권이나 변호인의 변호권을 본질적으로 침해한 정도에 이르지는 않은 경우에는, 판결에서 그 공판조서 등을 증거로 사용하였다고 하더라도 그러한 잘못이 판결에 영향을 미친 위법이라고 할 수는 없다.

나. 기록에 의하면, 이 사건 제1심법원은 피고인 및 증인들의 법정진술과 피고인이 증거로 하는 데 동의한 서증들을 유죄의 증거로 삼아 이 사건 공소사실을 모두 유죄로 인정하였고, 원심은 피고인의 전과범죄로 형법 제37조 후단의 경합범 사유가 있음을 이유로 제1심판결을 직권으로 파기하고 원심에서 채택한 증인 공소외인의 법정진술 등을 근거로 사실오인 등에 관한 피고인의 항소이유를 배척하고 그 판시 범죄사실이 모두 유죄로 인정된다고 판단하였다. 그리고 그 판결의 범죄사실에 대한 증거의 요지 부분에서 제1심판결의 해당 부분을 인용하는 외에 판시 전과의 점에 대한 증거로 '피고인이 원심법정에서 한 진술과 각 판결문'을 추가하였다. 한편 피고인은 원심 제1회 공판기일 후 판결선고 전까지 사이에 두 차례에 걸쳐서 기록 열람 및 등사 신청을 하였으나 원심은 이에 응하지 아니한 채로 판결을 선고하였다.

위와 같은 원심의 절차 진행 등 경과를 앞서 본 법리에 비추어 보면, 원심이 그 공판기일에서 있었던 피고인 및 공소외인의 진술을 증거로 채용한 것은 형사소송법 제55조 제3항을 위반한 것으로서 잘못이라 할 것이다.

다. 그러나 제1심법원이 적법한 절차를 거쳐 채택하여 조사한 증거는 항소법원에서도 이를 증거로 할 수 있는 것인데(형사소송법 제364조 제3항), 기록에 의하면, 앞서 본 이유에서 증거로 할 수 없는 피고인 및 공소외인의 위 원심법정 진술을 제외하더라도, 제1심법원이 채택·조사한 증거들과 원심법원에서 채택한 판결문 등만으로도 원심이 인정한 범죄사실을 충분히 인정할 수 있다고 판단된다. 또한 기록에 의하여 알 수 있는 피고인 및 공소외인이 원심

법정에서 한 진술의 내용은 제1심법원이 채용한 증거의 내용과 크게 다르지 아니한 점 등에 비추어, 원심이 피고인의 기록 열람·복사 신청에 응하지 아니한 채 판결을 선고한 것으로 인하여 피고인의 방어권을 중대하게 침해한 것이라고도 인정되지 않는다.

대법원 1966. 5. 17 선고 66도316 판결 「공판정에 있어서의 공동피고인의 진술을 기재한 조서는 피고인의 동의를 필요로 할 것 없이 증거능력이 있다 할 것이므로, 공동 피고인이었던 손☆수의 진술조서를 피고인의 동의 없이 증거로 하였다고 하여 거기에 어떤 위법이 있을 수 없다.」

대법원 2005. 4. 28. 선고 2004도4428 판결 「다른 피고인에 대한 형사사건의 공판조서는 형사소송법 제315조 제3호에 정한 서류로서 당연히 증거능력이 있는바(대법원 1964. 4. 28. 선고 64도135 판결, 1966. 7. 12. 선고 66도617 판결 등 참조), 공판조서 중 일부인 증인신문조서 역시 형사소송법 제315조 제3호에 정한 서류로서 당연히 증거능력이 있다고 보아야 할 것이다.」

(2) 증거보전절차나 증인신문절차에서 작성한 조서(제311조 제2문)

대법원 1966. 5. 17. 선고 66도276 판결 「원심은 피고인 2에 대하여 증거보전으로서 한, 증인 신문조서는 이 피고인이 피고인 1과 뇌물을 주고 받은 사이로 필요적 공범관계에 있어, 피고인 1에 대하여 증인이 될 수 없으니, 증거 능력이 없는 조서라고 판시 하였으나 비록 위와 같은 공범관계가 있는 공동 피고인이라 하더라도, 공동 심리 중에 한 진술이 아니고, 이 사건에서와 같이 수사단계에서 다른 공동 피고인에 대한 증거보전을 위하여, 증인으로서 신문당한 경우의 진술까지, 그 다른 공동 피고인에 대하여 증거 능력이 없다고는 할 수 없(다).」

대법원 1984. 5. 15. 선고 84도508 판결 <표준> 「대구지방법원 경주지원 83초42 증거보전사건기록에 의하면, 논지가 형사소송법 제311조에 의하여 증거능력이 인정되어야 할 서류라고 주장하는 증인신문조서는 증거보전절차에서 피고인 3이 증인으로서 증언한 내용을 기재한 것이 아니라 공소외 1이 증인으로서 증언한 내용을 기재한 것이며, 다만 거기에 피의자이던 피고인 3이 당사자로 참여하여 자기의 범행사실을 시인하는 전제하에서 공소외 1에게 반대신문을 한 내용이 기재되어 있을 뿐이다. 그렇다면 위 증거보전절차에서 작성된 증인신문조서는 공판준비 또는 공판기일에 피고인이나 피고인 아닌 자의 진술을 기재한 조서도 아니고, 피의자 피고인 3이 반대신문의 과정에서 한 진술기재에 관한 한 형사소송법 제184조에 의하여 작성된 증인신문조서도 아니므로, 위 증인신문조서중 피고인 3의 진술기재부분에 형사소송법 제311조에 의한 증거능력을 인정할 여지가 없다.」

나. 당연히 증거능력이 있는 서류

(1) 공권적 증명문서

〈영사증명서의 증거능력〉

대법원 2007. 12. 13. 선고 2007도7257 판결

가. 영사증명서의 증거능력에 대하여

기록에 의하면, 대한민국 주중국 대사관 영사 공소외 1 작성의 사실확인서 중 공인 부분을 제외한 나머지 부분은 북한 (상호 1 생략)무역공사 북경대표처 지사장 공소외 2가 사용 중인 승용차의 소유주가 공소외 3이라는 것과 공소외 3의 신원 및 공소외 3이 대표로 있는 (상호 2 생략)무역공사의 실체에 관한 내용, 위 공소외 2가 거주 중인 북경시 조양구 소재 주택이 북한 대남공작조직의 공작아지트로 활용되고 있다는 내용, 피고인 3이 2006. 6. 24.경 북경에서 만난 공소외 4가 북한공작원이라는 취지의 내용으로, 비록 영사 공소외 1이 공무를 수행하는 과정에서 작성된 것이지만 그 목적이 공적인 증명에 있다기보다는 상급자 등에 대한 보고에 있는 것으로서 엄격한 증빙서류를 바탕으로 하여 작성된 것이라고 할 수 없으므로, 위와 같은 내용의 각 사실 확인 부분은 형사소송법 제315조 제1호에서 규정한 호적의 등본 또는 초본, 공정증서등본 기타 공무원 또는 외국공무원의 직무상 증명할 수 있는 사항에 관하여 작성한 문서라고 볼 수 없고, 또한 같은 조 제3호에서 규정한 기타 특히 신용할 만한 정황에 의하여 작성된 문서에 해당하여 당연히 증거능력이 있는 서류라고 할 수 없다.

한편, 형사소송법 제314조에 의하여 형사소송법 제313조의 진술서 등을 증거로 하기 위해서는 진술을 요할 자가 사망, 질병, 외국 거주 기타 사유로 인하여 공판정에 출석하여 진술을 할 수 없는 경우이어야 하고, 그 진술 또는 서류의 작성이 특히 신빙할 수 있는 상태 하에서 행해진 것이라야 한다는 두 가지 요건이 갖추어져야 하는바, 첫째 요건과 관련하여 '외국 거주'란 진술을 요할 자가 외국에 있다는 것만으로는 부족하고, 가능하고 상당한 수단을 다하더라도 그 진술을 요할 자를 법정에 출석하게 할 수 없는 사정이 있어야 예외적으로 그 적용이 있을 것인데(대법원 2002. 3. 26. 선고 2001도5666 판결 참조), 이 사건에서 가능하고 상당한 수단을 다하더라도 공소외 1을 법정에 출석하게 할 수 없는 사정이 있다고 볼 자료가 없고, 위 사실확인서의 작성이 특히 신빙할 수 있는 상태 하에서 행하여진 것이라고 볼 자료도 없다.

원심이 같은 취지에서 위 사실확인서의 증거능력을 배척한 것은 옳고, 그 판단에 영사증명서의 증거능력에 관한 법리를 오해하는 등의 위법이 없다.

대법원 2013. 5. 9. 선고 2011도13603 판결
이 사건 영사증명서는 당시 중앙정보부 수사국 소속으로 주일 대사관에 영사로 파견되어 있던 M이 작성한 것인데, 그 목적이 공적인 증명에 있다기보다는 상급자 등에 대한 보고에 있는 것이어서 엄격한 증빙서류를 바탕으로 하여 작성된 것이라고 할 수 없으므로, <u>그 중 검사가 반국가단체 구성원이라고 주장하는 I의 인적사항과 반국가단체에서의 활동상황에 관한 사실확인 부분은 형사소송법 제315조 제1호나 제3호에서 규정한 당연히 증거능력이 있는 서류라고 할 수 없으며</u>, 이 사건에서 가능하고 상당한 수단을 다하더라도 외국에 거주하는 M을 법정에 출석하게 할 수 없는 사정이 있다고 볼 자료가 없고, 위 영사증명서의 작성이 특히 신빙할 수 있는 상태하에서 행하여진 것이라고 볼 자료도 없음을 이유로 위 영사증명서의 증거능력을 부정하였다.

대법원 1967. 6. 13 선고 67도544 판결 「본건 메▲돈의 가액을 피고인에 대한 검사의 피의자 신문조서 보건사회부장관의 싯가 조사보고서등을 종합하여 125,000원으로 인정하였음에 소론과 같은 채증법칙 위반이 있다 할 수 없고, <u>위 보고서는 형사소송법 제315조에 의하여 당연히 증거능력 있는 것으로</u> 유죄증거로 채택한 취지이므로 본건 메▲돈 가액인정에 있어 아무 위법이 없(다).」

대법원 1985. 4. 9. 선고 85도225 판결 「제1심이 시행한 공소외 2에 대한 증인 신문조서에 의하면, <u>동인은 특별한 자격이 있지는 아니하나 세관공무원으로서 범칙물자에 대한 시가 감정업무에 4-5년 종사하였으며 본건의 감정서 기재는 세관에 비치된 기준과 수입신고서에 기재된 가격을 참작하여 감정한 것이라고 말하고 있는바 원심이 채택한 본건 감정서는 공무원이 그 직무상 작성된 공문서라 할 것이므로 이는 피고인의 동의 여부에 불구하고 형사소송법 제315조 제1호에 의하여 당연히 증거능력이 있다</u>고 할 것이며 또 그 증명력에 무슨 하자가 있다고도 할 수 없다.」

대법원 1982. 9. 14. 선고 82도1504 판결 「원심은 국립과학수사연구소장 작성의 감정의뢰 회보서와 사법경찰관 사무취급 작성의 실황조사서를 유죄의 증거로 거시하고 있는바 기록에 의하면 피고인이 위 각 서류를 증거로 함에 동의하지 않았음은 소론과 같으나 <u>위 회보서는 공무원인 위 연구소장이 직무상 증명할 수 있는사항에 관하여 작성한 문서라고 할 것이므로 당연히 증거능력있는 서류라고 할 것이고</u> 또한 위 실황조사서는 원작성자인 공소외 1의 공판기일에서의 진술에 의하여 그 성립의 진정함이 인정되었으므로 위 각 서류를 유죄 인정의 증거로 채택한 것은 적법하(다).」

대법원 1984. 2. 28. 선고 83도3145 판결 「외국공무원의 직무상 증명할 수 있는 사항에 관하여 작성된 문서도 증거로 할 수 있는 것인바(형사소송법 제315조 제1호) 원심이 이 사건 증거의 하나로 거시한 <u>일본하관 세관서 통괄심리관 작성의 범칙물건 감정서등본과 분석의뢰서 및 분석회답서등본 등은 모두 피고인 2의 자백에 대한 보강증거임이 명백하므로</u> 원심이 위 외국공무원 작성의 문서를 증거로 하였음에 위법이 있다고도 할 수 없(다).

대법원 1972. 6. 13. 선고 72도922 판결 「군의관이 작성한 진단서는 공무원이 직무상 증명할 수 있는 사항에 관하여 작성한 문서이므로 그 증거조사를 거친 이상 당연히 증거 능력이 있다.」

(2) 업무상 통상문서

〈피고인이 작성한 상업장부의 증거능력〉

대법원 1996. 10. 17. 선고 94도2865 전원합의체 판결

상업장부나 항해일지, 진료일지 또는 이와 유사한 금전출납부 등과 같이 범죄사실의 인정 여부와는 관계없이 자기에게 맡겨진 사무를 처리한 사무내역을 그때그때 계속적, 기계적으로 기재한 문서 등의 경우는 사무처리 내역을 증명하기 위하여 존재하는 문서로서 그 존재 자체 및 기재가 그러한 내용의 사무가 처리되었음의 여부를 판단할 수 있는 별개의 독립된 증거자료라고 할 것이고, 설사 그 문서가 우연히 피고인이 작성하였고, 그 문서의 내용 중 피고인의 범죄사실의 존재를 추론해 낼 수 있는, 즉 공소사실에 일부 부합되는 사실의 기재가 있다고 하더라도 이를 일컬어 피고인이 범죄사실을 자백하는 문서라고 볼 수는 없다 할 것이다.

기록에 의하면 피고인에 대한 이 사건 나머지 공소사실에 관한 증거로서는 피고인의 검찰에서의 자백 외에도 피고인이 작성한 수첩(증 제8호)의 현존 및 기재가 있음을 알 수 있는바, **위 수첩(증 제8호)은 피고인이 이 사건 나머지 공소사실에 관하여 그 범죄혐의를 받기 전에 이와는 관계없이 1989년경부터 공소외 1로부터 동인이 추진하고 있던 어로확보를 위한 준설 공사에 필요한 각종 인·허가 등의 업무를 위임받아 이를 추진하는 과정에서 그 업무수행에 필요한 자금을 지출하면서 스스로 그 지출한 자금내역을 자료로 남겨두기 위하여 이 사건 뇌물자금과 기타 자금을 구별하지 아니하고, 그 지출 일시, 금액, 상대방 등 내역을 그때그때 계속적, 기계적으로 기입한 것**으로 보이고, 그 기재 내용은 피고인이 자신의 범죄사실을 시인하는 자백이라고 볼 수 없으므로, 증거능력이 있는 한 피고인의 금전출납을 증명할 수 있는 별개의 증거라고 할 것인즉 피고인의 검찰에서의 자백에 대한 보강증거가 될 수 있다고 보아야 할 것이다.

〈업무상 통상문서에 대한 판단기준〉

대법원 2015. 7. 16. 선고 2015도2625 전원합의체 판결 〈표준〉

상업장부나 항해일지, 진료일지 또는 이와 유사한 금전출납부 등과 같이 범죄사실의 인정 여부와는 관계없이 자기에게 맡겨진 사무를 처리한 내역을 그때그때 계속적, 기계적으로 기재한 문서는 사무처리 내역을 증명하기 위하여 존재하는 문서로서 형사소송법 제315조 제2호에 의하여 당연히 증거능력이 인정된다(대법원 1996. 10. 17. 선고 94도2865 전원합의체 판결 등 참조). 그리고 이러한 문서는 업무의 기계적 반복성으로 인하여 허위가 개입될 여지가 적고, 또 문서의 성질에 비추어 고도의 신용성이 인정되어 반대신문의 필요가 없거나 작성자를 소환해도 서면제출 이상의 의미가 없는 것들에 해당하기 때문에 당연히 증거능력이 인정된다는 것이 형사소송법 제315조의 입법 취지인 점과 아울러, 전문법칙과 관련된 형사소송법 규정들의 체계 및 규정 취지에 더하여 '기타'라는 문언에 의하여 형사소송법 제315조 제1호와 제2호의 문서들을 '특히 신용할 만한 정황에 의하여 작성된 문서'의 예시로 삼고 있는 형사소송법 제315조 제3호의 규정형식을 종합하여 보면, 형사소송법 제315조 제3호에서 규정한 '기타 특히 신용할 만한 정황에 의하여 작성된 문서'는 형사소송법 제315조 제1호와 제2호에서 열거된 공권적 증명문서 및 업무상 통상문서에 준하여 '굳이 반대신문의 기회 부여 여부가 문제 되지 않을 정도로 고도의 신용성의 정황적 보장이 있는 문서'를 의미한다고 할 것이다(헌법재판소 2013. 10. 24. 선고 2011헌바79 결정 참조). 나아가 어떠한 문서가 형사소송법 제315조 제2호가 정하는 업무상 통상문서에 해당하는지를 구체적으로 판단함에 있어서는, 위와 같은 형사소송법 제315조 제2호 및 제3호의 입법 취지를 참작하여 당해 문서가 정규적·규칙적으로 이루어지는 업무활동으로부터 나온 것인지 여부, 당해 문서를 작성하는 것이 일상적인 업무 관행 또는 직무상 강제되는 것인지 여부, 당해 문서에 기재된 정보가 그 취득된 즉시 또는 그 직후에 이루어져 정확성이 보장될 수 있는 것인지 여부, 당해 문서의 기록이 비교적 기계적으로 행하여지는 것이어서 그 기록 과정에 기록자의 주관적 개입의 여지가 거의 없다고 볼 수 있는지 여부, 당해 문서가 공시성이 있는 등으로 사후적으로 내용의 정확성을 확인·검증할 기회가 있어 신용성이 담보되어 있는지 여부 등을 종합적으로 고려하여야 한다.

대법원 2007. 7. 26. 선고 2007도3219 판결 「위 메모리카드에 기재된 내용은 공소외 2가 고용한 성매매 여성들이 성매매를 업으로 하면서 영업에 참고하기 위하여 성매매를 전후하여 상대 남성의 아이디와 전화번호 및 성매매방법 등을 메모지에 적어두었다가 직접 또는 공소외 2가 고용한 또 다른 여직원이 입력하여 작성된 것임을 알 수 있는바, 이는 실질적으로 형사소송법 제315조 제2호 소정의 영업상 필요로 작성된 통상문서로서 그 자체가 당연히 증거능력 있는 문서에 해당한다.」

대법원 2013. 6. 13. 선고 2012도16001 판결 「'공소외 1 USB 문건' 중 선거운동원들이 실제로 선거운동을 하였는지 여부를 표시한 부분은, 피고인 1이 선거운동원들을 모집, 관리하는 업무를 수행하기 위하여 선거운동원들이 실제로 선거운동을 하였는지 여부를 그때그때 일상적, 계속적, 기계적으로 확인하여 작성한 출결부를 근거로 작성되었다는 것이므로, 위 출결부는 형사소송법 제315조 제2호의 '기타 업무상 필요로 작성된 통상문서'에 해당하고, '공소외 1 USB 문건' 중 선거운동원들이 실제 선거운동을 하였는지 여부를 표시한 부분도 위 출결부의 내용과 동일성을 유지한 상태에서 컴퓨터파일로 옮겨 적는 형태로 작성된 것임이 인정될 그 경우 역시 '기타 업무상 필요로 작성된 통상문서'에 해당한다고 볼 여지가 있으므로, 원심이 그 판시와 같은 사정만으로 위 표시 부분까지 형사소송법 제315조 제2호의 '기타 업무상 필요로 작성한 통상문서'에 해당하지 아니한다고 섣불리 단정한 것은 수긍할 수 없다.」

(3) 특신문서

〈제315조 제3호의 입법취지 및 의미〉

헌법재판소 2013. 10. 24. 선고 2011헌바79 결정 〈표준〉

가. 전문법칙과 관련된 형사소송법 규정들의 체계와 규정취지, 여기에 더하여 '기타'라는 문언에 의하여 형사소송법 제315조 제1호와 제2호의 문서들을 '특히 신용할 만한 정황에 의하여 작성된 문서'의 예시로 삼고 있는 이 사건 법률조항의 규정형식을 종합해 보면, 이 사건 법률조항에서 규정한 '기타 특히 신용할 만한 정황에 의하여 작성된 문서'란 형사소송법 제315조 제1호와 제2호에서 열거된 공권적 증명문서 및 업무상 통상문서에 준하여 '굳이 반대신문의 기회 부여 여부가 문제되지 않을 정도로 고도의 신용성의 정황적 보장이 있는 문서'를 의미하는 것으로 해석할 수 있으므로, 이 사건 법률조항은 명확성원칙에 위배되지 않는다.

나. 공판조서는 그 서면 자체의 성질과 작성과정에서 법정된 엄격한 절차적 보장에 의하여 고도의 임의성과 기재의 정확성 및 절차적 적법성이 담보되어 있고, 우리 형사소송법이 채택하고 있는 대심적 구조 하에서 피고인의 진술은 공개된 법정에서 반대당사자의 지위에 있는 검사에 의하여 검증되고 탄핵되는 지위에 있어 이를 제3자가 일방적으로 한 진술과 같다고 평가할 수 없으므로, 법정진술에 해당하는 공판조서상의 진술과 다른 전문증거와 사이에는 문서의 신용성과 관련된 외부적 정황에 뚜렷한 차이가 있다. 또한 공판조서의 증거능력

을 일률적으로 부정한다면, 공판조서보다 낮은 신용성의 보장을 가진 수사기관 작성의 조서에 관하여는 일정한 요건 하에 그 증거능력을 인정하면서도 그보다 우위의 임의성과 신용성의 보장을 가진 공판조서에 대하여는 증거능력을 부정하는 법체계상의 모순이 발생하게 되며, 공범의 진술을 기재한 공판조서가 증명력 있는 경우에도 이를 당해 사건의 심리과정에서 고려할 수조차 없게 되어 실체적 진실 발견에 중대한 지장을 초래하게 된다. 나아가 공판조서상의 진술이 피고인의 유무죄를 가르는 중요한 증거이고 피고인이 그 진술을 다투고 있음에도 불구하고 법원이 원진술자인 공범에 대한 증인신청을 거부할 이유가 없으므로, 실제 재판과정에서 이 사건 법률조항에 의하여 피고인의 방어권에 대한 현실적인 침해가 발생할 가능성도 거의 없다. 따라서 다른 사건에서 공범의 피고인으로서의 진술을 기재한 공판조서가 이 사건 법률조항에 포함되는 것으로 해석한다고 하여 피고인의 방어권에 지나친 제약을 가져와 피고인의 공정한 재판을 받을 권리를 침해한다고 볼 수 없다.

[재판관 이정미, 재판관 안창호, 재판관 서기석의 보충의견]
공범의 진술이 기재된 공판조서는 그 진술이 공개된 법정에서 법관의 면전 하에 이루어진 것이어서 고도의 '임의성'과 '절차적 적법성'이 담보되는 것에 해당할지는 몰라도, 그 내용에 관하여는 원진술자인 공범이 당해 사건의 피고인에게 책임을 전가하는 허위의 진술을 할 가능성이 얼마든지 있으므로, 과연 그것이 '굳이 반대신문을 거칠 필요가 없을 만큼' 고도의 신용성이 정황적으로 보장되어 있는 경우에 해당하는지에 관하여 정당한 의문이 제기될 수 있다. 따라서 이 사건 법률조항의 적용범위에 공범의 공판조서를 포함시키는 것은 그 문언과 체계적 해석에 비추어 의문이 없지 않고, **공범이 증인으로 출석하여 다른 진술을 한 때 한하여** 증거능력을 부여하는 등 공정한 재판을 받을 권리의 침해 소지를 없앨 수 있는 명확한 입법을 하는 것이 국민의 기본권 보장과 법치국가원리에 입각한 형사소송제도의 형성을 위해서 바람직하다고 할 것이므로, 그러한 내용으로 입법을 개선할 필요가 있다.

[사안의 개요]
청구인은 '임ㅇ영, 조ㅇ구가 공동하여 위험한 물건인 쇠몽둥이로 피해자에게 상해를 가하도록 교사하였다'는 등의 범죄사실로 2010. 10. 14. 대전지방법원에서 징역 3년 6월 등을 선고받았다[대전지방법원 2010고단1752, 2403(병합)]. 위 사건에서 이미 형이 확정된 임ㅇ영, 조ㅇ구가 형사재판[대전지방법원 2009고단3648, 3672(병합)]에서 피고인으로서 한 진술이 기재된 공판조서가 증거로 채택·조사되었고, **그 공판조서상에는 청구인이 자신들에게 상해를 교사하였다는 취지의 진술이 기재되어 있었다. 그 후 임ㅇ영, 조ㅇ구는 청구인에 대한 위 형사사건의 증인으로 출석하여 청구인의 교사사실을 부인하는 취지의 증언을 하였으나, 1심 법원은 임ㅇ영, 조ㅇ구의 법정 진술보다 위 공판조서상의 진술에 더 신빙성이 있다고 판단하여 공소사실을 유죄로 인정하였다.**

<'기타 특히 신용할 만한 정황에 의하여 작성된 문서'의 의미>

대법원 2017. 12. 5. 선고 2017도12671 판결

상업장부나 항해일지, 진료일지 또는 이와 유사한 금전출납부 등과 같이 범죄사실의 인정 여부와는 관계없이 자기에게 맡겨진 사무를 처리한 내역을 그때그때 계속적, 기계적으로 기재한 문서는 사무처리 내역을 증명하기 위하여 존재하는 문서로서 형사소송법 제315조 제2호에 의하여 당연히 증거능력이 인정된다. 그리고 이러한 문서는 업무의 기계적 반복성으로 인하여 허위가 개입될 여지가 적고, 또 문서의 성질에 비추어 고도의 신용성이 인정되어 반대신문의 필요가 없거나 작성자를 소환해도 서면제출 이상의 의미가 없는 것들에 해당하기 때문에 당연히 증거능력이 인정된다는 것이 형사소송법 제315조의 입법 취지인 점과 아울러, 전문법칙과 관련된 형사소송법 규정들의 체계 및 규정 취지에 더하여 '기타'라는 문언에 의하여 형사소송법 제315조 제1호와 제2호의 문서들을 '특히 신용할 만한 정황에 의하여 작성된 문서'의 예시로 삼고 있는 형사소송법 제315조 제3호의 규정형식을 종합하여 보면, 형사소송법 제315조 제3호에서 규정한 '기타 특히 신용할 만한 정황에 의하여 작성된 문서'는 형사소송법 제315조 제1호와 제2호에서 열거된 공권적 증명문서 및 업무상 통상문서에 준하여 '굳이 반대신문의 기회 부여 여부가 문제 되지 않을 정도로 고도의 신용성의 정황적 보장이 있는 문서'를 의미한다(대법원 2015. 7. 16. 선고 2015도2625 전원합의체 판결 등 참조).

따라서 사무처리 내역을 계속적, 기계적으로 기재한 문서가 아니라 범죄사실의 인정 여부와 관련 있는 어떠한 의견을 제시하는 내용을 담고 있는 문서는 형사소송법 제315조 제3호에서 규정하는 당연히 증거능력이 있는 서류에 해당한다고 볼 수 없으므로, 이른바 보험사기 사건에서 건강보험심사평가원이 수사기관의 의뢰에 따라 그 보내온 자료를 토대로 입원진료의 적정성에 대한 의견을 제시하는 내용의 '건강보험심사평가원의 입원진료 적정성 여부 등 검토의뢰에 대한 회신'은 형사소송법 제315조 제3호의 '기타 특히 신용할 만한 정황에 의하여 작성된 문서'에 해당하지 않는다.

원심판결 이유를 앞서 본 법리와 기록에 비추어 살펴보면, 원심이 **건강보험심사평가원이 작성한 입원진료 적정성 여부 등 검토의뢰에 대한 회신**이 형사소송법 제315조 제3호에서 정한 '기타 특히 신용할 만한 정황에 의하여 작성된 문서'에 해당하지 않는다고 전제하여, 위 회신이 전문증거로서 증거능력 인정을 위한 요건을 구비하지 못하였다고 보아 그 증거능력을 배척한 것은 정당하다.

〈구속적부심문조서의 증거능력〉

대법원 2004. 1. 16. 선고 2003도5693 판결

구속적부심은 구속된 피의자 또는 그 변호인 등의 청구로 수사기관과는 별개 독립의 기관인 법원에 의하여 행하여지는 것으로서 구속된 피의자에 대하여 피의사실과 구속사유 등을 알려 그에 대한 자유로운 변명의 기회를 주어 구속의 적부를 심사함으로써 피의자의 권리보호에 이바지하는 제도인바, 법원 또는 합의부원, 검사, 변호인, 청구인이 구속된 피의자를 심문하고 그에 대한 피의자의 진술 등을 기재한 구속적부심문조서는 형사소송법 제311조가 규정한 문서에는 해당하지 않는다 할 것이나, 특히 신용할 만한 정황에 의하여 작성된 문서라고 할 것이므로 특별한 사정이 없는 한, 피고인이 증거로 함에 부동의하더라도 형사소송법 제315조 제3호에 의하여 당연히 그 증거능력이 인정된다고 할 것이다.

피고인에 대한 구속적부심문조서가 증거능력이 있다고 본 원심의 조치는 정당하고, 거기에 구속적부심문조서의 증거능력에 관한 법리오해의 위법이 있다 할 수 없다.

구속적부심문조서의 증명력은 다른 증거와 마찬가지로 법관의 자유판단에 맡겨져 있으나, 피의자는 구속적부심에서의 자백의 의미나 자백이 수사절차나 공판절차에서 가지는 중요성을 제대로 헤아리지 못한 나머지 허위자백을 하고라도 자유를 얻으려는 유혹을 받을 수가 있으므로, 법관은 구속적부심문조서의 자백의 기재에 관한 증명력을 평가함에 있어 이러한 점에 각별히 유의를 하여야 할 것이다.

대법원 1999. 9. 3. 선고 99도2317 판결

피고인이 진술의 임의성을 다투는 경우 법원은 적당하다고 인정하는 방법에 의하여 조사한 결과 그 임의성에 관하여 심증을 얻게 되면 이를 증거로 할 수 있는 것이고 반드시 검사로 하여금 그 임의성에 관한 입증을 하게 하여야 하는 것은 아니다(대법원 1984. 3. 13. 선고 83도3228 판결 참조).

기록에 의하면 피고인 9는 영장실질심사를 받으면서 '○○○○○'의 존재를 시인하고 자신이 그 조직원임을 시인하는 취지의 공소사실에 부합하는 진술을 한 사실이 인정되는바 위 진술은 임의로 이루어진 것이라고 인정되고, 원심도 위와 같은 판단하에 이를 증거로 사용한 것이라고 보인다.

따라서 위 진술이 임의로 된 것이 아니라는 전제에서 원심의 증거채용을 탓하는 주장은 이유 없다.

〈다른 피고사건에서 작성된 공판조서의 증거능력〉

대법원 2005. 4. 28. 선고 2004도4428 판결

다른 피고인에 대한 형사사건의 공판조서는 형사소송법 제315조 제3호에 정한 서류로서 당연히 증거능력이 있는바(대법원 1964. 4. 28. 선고 64도135 판결, 1966. 7. 12. 선고 66도617 판결 등 참조), 공판조서 중 일부인 증인신문조서 역시 형사소송법 제315조 제3호에 정한 서류로서 당연히 증거능력이 있다고 보아야 할 것이다.

서울고등법원 1985. 5. 15. 선고 84노321 판결 「(홍콩경찰에 의해 작성된) 공소외 1 피의자신문조서는 형사소송법 315조 제3호 소정의 "특히 신용할만한 정황에 의하여 작성된 문서"라 할 것이어서 증거로 끌어쓸 수 있다 할 것이다(대법원 1981. 11. 24. 선고, 81도2591 사건 참조).」

대법원 2012. 10. 25. 선고 2011도5459 판결 「체포·구속인접견부는 유치된 피의자가 죄증을 인멸하거나 도주를 기도하는 등 유치장의 안전과 질서를 위태롭게 하는 것을 방지하기 위한 목적으로 작성되는 서류로 보일 뿐이어서 형사소송법 제315조 제2, 3호에 규정된 당연히 증거능력이 있는 서류로 볼 수는 없다.」

대법원 1992. 8. 14. 선고 92도1211 판결 「사법경찰관 작성의 새세대 16호에 대한 수사보고서는 피고인이 검찰에서 소지 탐독사실을 인정하고 있는 새세대 16호라는 유인물의 내용을 분석하고, 이를 기계적으로 복사하여 그 말미에 그대로 첨부한 문서로써 그신성이 담보되어 있어 형사소송법 제315조 제3호 소정의 "기타 특히 신용할만한 정황에 의하여 작성된 문서"에 해당되는 문서로써 당연히 증거능력이 인정된다.」

대법원 2019. 8. 29. 선고 2018도13792 전원합의체 판결 「피고인 2의 업무수첩은 피고인 2가 사무처리의 편의를 위하여 자신이 경험한 사실 등을 기재해 놓은 것에 지나지 않는다. 이것은 '굳이 반대신문의 기회 부여가 문제 되지 않을 정도로 고도의 신용성에 관한 정황적 보장이 있는 문서'라고 보기는 어려우므로, 형사소송법 제315조 제3호의 '기타 특히 신용할 만한 정황에 의하여 작성된 문서'에 해당하지 않는다. 피고인 2의 업무수첩이 형사소송법 제315조 제3호에서 정한 문서에 해당하므로 증거능력이 있다는 특별검사의 상고이유 주장은 이유 없다.」

다. 피의자신문조서

(1) 사법경찰관 작성 피의자신문조서

〈제312조의 적법한 절차와 방식과 제308조의2의 적법한 절차와의 관계〉

대법원 2013. 3. 28. 선고 2010도3359 판결 〈표준〉

가. 형사소송법에 규정된 피의자의 진술거부권은 헌법 제12조 제2항의 형사상 자기에 불리

한 진술을 강요당하지 않는 자기부죄거부의 권리에 터 잡은 것으로(대법원 1992. 6. 23. 선고 92도682 판결, 대법원 2009. 8. 20. 선고 2008도8213 판결 등 참조), 이를 실질적으로 보장하기 위하여 2007. 6. 1. 법률 제8496호로 개정된 형사소송법 제244조의3은 제1항에서 검사 또는 사법경찰관은 피의자를 신문하기 전에 "일체의 진술을 하지 아니하거나 개개의 질문에 대하여 진술을 하지 아니할 수 있다는 것"(제1호) 등의 사항을 알려주어야 한다고 규정하고, 제2항에서 "검사 또는 사법경찰관은 제1항에 따라 알려 준 때에는 피의자가 진술을 거부할 권리를 행사할 것인지의 여부를 질문하고, 이에 대한 피의자의 답변을 조서에 기재하여야 한다. 이 경우 피의자의 답변은 피의자로 하여금 자필로 기재하게 하거나 검사 또는 사법경찰관이 피의자의 답변을 기재한 부분에 기명날인 또는 서명하게 하여야 한다"고 규정하여 진술거부권 행사 여부에 관한 답변 기재 방식의 절차를 구체적으로 규정하고 있다.

한편 형사소송법 제312조 제3항은 검사 이외의 수사기관이 작성한 피의자신문조서의 증거능력이 인정되려면 "적법한 절차와 방식에 따라 작성된 것"이어야 한다고 규정하고 있다. 여기서 '적법한 절차와 방식'이라 함은 피의자에 대한 조서 작성 과정에서 지켜야 할 진술거부권의 고지 등 형사소송법이 정한 제반 절차를 준수하고 조서의 작성 방식에도 어긋남이 없어야 한다는 것을 의미한다(대법원 2012. 5. 24. 선고 2011도7757 판결 참조).

위와 같은 규정들에 비추어 보면, 비록 사법경찰관이 피의자에게 진술거부권을 행사할 수 있음을 알려 주고 그 행사 여부를 질문하였다 하더라도, 형사소송법 제244조의3 제2항에 규정한 방식에 위반하여 진술거부권 행사 여부에 대한 피의자의 답변이 자필로 기재되어 있지 아니하거나 그 답변 부분에 피의자의 기명날인 또는 서명이 되어 있지 아니한 사법경찰관 작성의 피의자신문조서는 특별한 사정이 없는 한 형사소송법 제312조 제3항에서 정한 '적법한 절차와 방식에 따라 작성'된 조서라 할 수 없으므로 그 증거능력을 인정할 수 없다.

나. 기록에 의하면 제1조서에는 "피의자는 진술거부권을 행사할 것인가요"라는 질문에 "아니요, 진술할 것입니다"라는 답변이 기재되어 있기는 하나 그 답변은 위 피고인들의 자필로 기재된 것이 아니고 답변란에 피고인들의 기명날인 또는 서명이 되어 있지 아니한 사실을 알 수 있다. 위에서 본 형사소송법 규정과 법리에 비추어 보면 제1조서는 형사소송법 제312조 제3항에서 정하는 '적법한 절차와 방식'에 따라 작성된 조서로 볼 수 없으므로 이를 증거로 쓸 수 없다고 할 것이다. 따라서 제1조서가 '적법한 절차와 방식'에 위반된 조서라는 전제에서 그 증거능력을 부인한 이 부분 원심의 판단은 정당하고, 상고이유 주장과 같이 피의자신문조서의 증거능력에 관한 법리를 오해하는 등의 위법이 없다. … 헌법, 형사소송법의

규정 및 그 입법 목적 등에 비추어 보면, 피의자가 변호인의 참여를 원한다는 의사를 명백하게 표시하였음에도 수사기관이 정당한 사유 없이 변호인을 참여하게 하지 아니한 채 피의자를 신문하여 작성한 피의자신문조서는 형사소송법 제312조에 정한 '적법한 절차와 방식'에 위반된 증거일 뿐만 아니라, 형사소송법 제308조의2에서 정한 "적법한 절차에 따르지 아니하고 수집한 증거"에 해당하므로 이를 증거로 할 수 없다고 할 것이다.

〈내용인정의 의미〉

대법원 2010. 6. 24. 선고 2010도5040 판결

형사소송법 제312조 제3항에 의하면, 검사 이외의 수사기관 작성의 피의자신문조서는 공판준비 또는 공판기일에 그 피의자였던 피고인이나 변호인이 그 내용을 인정할 때에 한하여 증거로 할 수 있다고 규정하고 있는바, 위 규정에서 '그 내용을 인정할 때'라 함은 피의자신문조서의 기재 내용이 진술 내용대로 기재되어 있다는 의미가 아니고 그와 같이 진술한 내용이 실제 사실과 부합한다는 것을 의미하는 것이다. 그런데 이 사건 기록에 의하면, 피고인은 이 부분 공소사실이 최초로 심리된 제1심 제4회 공판기일 이래 원심법정에 이르기까지 일관하여 공소외 1의 허락하에 철근을 가져간 것이라는 취지로 주장하면서 위 각 절도의 점에 관한 공소사실을 일관하여 부인하고 있으므로, 결국 피고인은 이 부분 공소사실에 대한 자백의 취지가 담겨 있는 위 각 경찰 피의자신문조서의 진술 내용을 인정하지 않는 것이라고 보아야 한다. 따라서 기록상 제1심 제4회 공판기일에 피고인이 위 각 서증의 내용을 인정한 것으로 기재된 것은 피고인의 진술경위로 보아 착오 기재였거나 아니면 피고인이 그와 같이 진술한 사실이 있었다는 것을 "내용인정"으로 조서를 잘못 정리한 것으로 보인다.

〈수사기관 앞에서의 피고인의 진술을 내용으로 하는 전문자의 진술의 증거능력〉

대법원 2001. 3. 27. 선고 2000도4383 판결

형사소송법 제312조 제2항은 검사 이외의 수사기관의 피의자신문은 이른바 신용성의 정황적 보장이 박약하다고 보아 피의자신문에 있어서 진정성립 및 임의성이 인정되더라도 공판 또는 그 준비절차에 있어 원진술자인 피고인이나 변호인이 그 내용을 인정하지 않는 한 그 증거능력을 부정하는 취지로 입법된 것으로(대법원 1995. 3. 24. 선고 94도2287 판결 참조), 그 입법 취지와 법조의 문언에 비추어 볼 때 피의자였던 피고인에 대한 검사 이외의 수사기관 작성의 피의자신문조서에만 적용되는 것이 아니고, 피의자였던 피고인의 검사 이외의 수사기관 앞에서의 진술 자체를 그 적용대상으로 하고 있는 것이라고 보아야 할 것이어서 전문자의 진술이 검사 이외의 수사기관 앞에서의 피고인의 진술을 내용으로 하고 있는 경우에 피고인이 그 진술의 내용을 부인하고 있는 이상 그 진술의 내용이 피의자신문조서에 기재된 것인지 또는 전문자가 수사경찰관이 아닌 피해자 등 제3자에 해당하는지 여부 등에 관계없이 증거능력이 없다고 보아야 할 것이다(대법원 1994. 9. 27. 선고 94도1905 판결 참조).

기록에 의하면, 피고인이 자신의 범행을 자백하는 진술을 피해자 공소외인에게 하였다고 하더라도, 이와 같은 피고인의 진술은 **수사경찰관이 피고인을 긴급체포한 후 그 다음 날인 1999. 3. 26. 피해자와의 대질신문을 위하여 피고인을 데리고 위 피해자가 입원한 병원에 찾아가서 피고인에 대한 제2회 피의자신문조서를 작성할 당시에 이루어진 것**이므로 검사 이외의 수사기관 앞에서의 진술이라 할 것이니, 피고인으로부터 자신의 범행을 자백하는 진술을 들었다는 취지의 전문자들의 진술은 피고인이 법정에서 그 진술의 내용을 부인하고 있는 이상 형사소송법 제312조 제2항의 규정과 그 취지에 비추어 볼 때 그 증거능력을 인정할 수 없다.

대법원 2019. 11. 14. 선고 2019도11552 판결

형사소송법 제316조 제2항은 피고인 아닌 자가 공판준비 또는 공판기일에서 한 진술이 피고인 아닌 타인의 진술을 그 내용으로 하는 것인 때에는 원진술자가 사망, 질병, 외국거주, 소재불명 그 밖에 이에 준하는 사유로 인하여 진술할 수 없고 그 진술이 특히 신빙할 수 있는 상태하에서 행하여졌음이 증명된 때에 한하여 이를 증거로 할 수 있다고 규정하고 있는데, 여기서 말하는 '피고인 아닌 자'에는 공동피고인이나 공범자도 포함된다(대법원 2000. 12. 27. 선고 99도5679 판결 등 참조).

원심판결 이유 및 기록에 의하면, 공소외인은 제1심 제4회 공판기일에 출석하여 '원심공동피고인 2로부터 피고인에게서 50만 원을 받았다는 취지의 말을 들었다'고 증언한 사실, 한편 제1심 및 원심공동피고인 2는 원심에 이르기까지 일관되게 피고인으로부터 50만 원을 받았다는 취지의 공소사실을 부인한 사실 등을 알 수 있다.

이러한 사실관계를 앞서 본 법리에 비추어 살펴보면, 원심공동피고인 2가 원심에 이르기까지 금품을 제공받은 사실을 부인하는 이 사건에서는 원진술자인 원심공동피고인 2가 사망, 질병, 외국거주, 소재불명 그 밖에 이에 준하는 사유로 인하여 진술할 수 없는 때에 해당하지 아니하여 원심공동피고인 2의 진술을 그 내용으로 하는 공소외인의 이 부분 법정증언은 전문증거로서 증거능력이 없다.

〈공범관계에 있는 자에 대한 사법경찰관 작성 피의자신문조서의 증거능력〉

대법원 1986. 11. 1. 선고 86도1783 판결

형사소송법 제312조 제2항은 검사 이외의 수사기관에서 작성한 피의자신문조서는 공판준비 또는 공판기일에서 피의자였던 피고인의 진술에 의하여 그 성립의 진정함이 인정되고 아울러 피고인이나 변호인이 그 내용을 인정한 때에 한하여 증거로 할 수 있다고 규정하여 검사 이외의 수사기관이 작성한 피의자신문조서의 증거능력을 엄격히 제한하고 있는 바, 이 규정은 당해 피고인에 대한 검사 이외의 수사기관이 작성한 피의자신문조서를 유죄의 증거로 하는 경우 뿐만 아니라 당해 피고인과 공범관계에 있는 다른 피고인 또는 피의자에 대한 검사 이외의 수사기관이 작성한 피의자신문조서를 피고인에 대한 유죄의 증거로 채택할 경우에 있어서도 다같이 적용된다고 보아야 할 것이다(당원 1979. 4. 10 선고 79도287 판결; 1984. 10. 23 선고 84도505 판결 참조).

그리고 이와 같이 당해 피고인과 공범관계에 있는 다른 공동피고인 또는 피의자에 대한 검사 이외의 수사기관이 작성한 피의자신문조서의 증거능력을 형사소송법 제312조 제2항의 규정에 의하여 피고인에 대한 그것과 마찬가지로 엄격히 제한하여야 할 이유는 그 내용이 당해 피고인에 대한 피의자신문조서의 내용과 다름없기 때문이므로, 그 증거능력은 진정성립이 인정되는 외에 당해 피고인 또는 변호인이 그 내용을 인정하여야만 부여할 수 있는 것이며, 원진술자인 피의자 또는 그의 변호인이 내용을 인정하였다 하여 증거능력을 부여할 수는 없는 것이라고 봄이 상당하다.

이와 같이 보지 아니하고 원진술자인 피의자가 피고인에 대한 형사 피고사건의 법정에 나와 그 내용을 인정하게 되면 증거능력이 부여된다고 보게 되면 형사재판이 각각 별도로 이루어진 경우 자기에 대한 형사 피고사건에서는 법정에서 그 내용을 부인하여 유죄의 증거가 되지 아니한 피의자신문조서도 공범관계에 있는 다른 피고인에 대한 관계에 있어서는 유죄의 증거가 될 수 있는 불합리하고 불공평한 결과가 생길 수 있고, 또 그 피의자에 대한 형사 피고사건에서 피고인이 되었던 그 피의자 또는 변호인이 내용을 인정한 바 있다 하여 이를 다른 피고인에 대한 형사 피고사건의 증거로 할 수 있다고 본다면 당해 피고인의 반대신문 기회도 없었던 진술만으로 증거능력을 인정하는 것이 될 것이 아니라, 만일 그 피의자에 대한 형사사건에서 유죄의 증거로 되었던 이유가 그의 변호인이 피의자신문조서의 내용을 인정하였기 때문인 경우라면 당해 피고인으로서는 자기의 변호인도 아닌 사람의 소송행위로 불이익을 받는 결과가 되어 부당하기 때문이다.

기록에 의하여 살펴보면 원심이 이 사건 피고인에 대한 범죄사실을 인정함에 인용한 증거중 사법경찰관작성의 피의자 1, 2에 대한 각 피의자신문조서는 피고인이나 그 변호인이 증거로 함에 동의하지 아니한 서류인 것이 분명한 바, 이는 그 내용을 인정하지 않는다는 취지와 같은 것이고, 그 피의자신문조서는 피고인과 공범관계에 있는 자들에 대한 것이므로 원심이 이를 유죄의 증거로 채택한 것은 상고논지가 지적하고 있는 바와 같이 위법하다 할 것이다.

〈형사소송법 제312조 제3항의 적용에 있어서 공범관계의 의미 및 적용범위〉

대법원 2020. 6. 11. 선고 2016도9367 판결 〈표준〉

형사소송법 제312조 제3항은 검사 이외의 수사기관이 작성한 해당 피고인에 대한 피의자신문조서를 유죄의 증거로 하는 경우뿐만 아니라 검사 이외의 수사기관이 작성한 해당 피고인과 공범관계에 있는 다른 피고인이나 피의자에 대한 피의자신문조서를 해당 피고인에 대한 유죄의 증거로 채택할 경우에도 적용된다. 따라서 해당 피고인과 공범관계가 있는 다른 피의자에 대하여 검사 이외의 수사기관이 작성한 피의자신문조서는 그 피의자의 법정진술에 의하여 그 성립의 진정이 인정되는 등 형사소송법 제312조 제4항의 요건을 갖춘 경우라고 하더라도 해당 피고인이 공판기일에서 그 조서의 내용을 부인한 이상 이를 유죄 인정의 증거로 사용할 수 없고, 그 당연한 결과로 위 피의자신문조서에 대하여는 사망 등 사유로 인하여 법정에서 진술할 수 없는 때에 예외적으로 증거능력을 인정하는 규정인 형사소송법 제314조가 적용되지 아니한다(대법원 2004. 7. 15. 선고 2003도7185 전원합의체 판결 등 참조). 그리고 이러한 법리는 공동정범이나 교사범, 방조범 등 공범관계에 있는 자들 사이에서뿐만 아니라, 법인의 대표자나 법인 또는 개인의 대리인, 사용인, 그 밖의 종업원 등 행위자의 위반행위에 대하여 행위자가 아닌 법인 또는 개인이 양벌규정에 따라 기소된 경우, 이러한 법인 또는 개인과 행위자 사이의 관계에서도 마찬가지로 적용된다고 보아야 한다. 그 구체적 이유는 다음과 같다.

대법원은 앞서 본 바와 같이 형사소송법 제312조 제3항의 규정이 검사 이외의 수사기관이 작성한 해당 피고인과 공범관계에 있는 다른 피고인이나 피의자에 대한 피의자신문조서에 대해서까지 적용된다는 입장을 확고하게 취하고 있다. 이는 하나의 범죄사실에 대하여 여러 명이 관여한 경우 서로 자신의 책임을 다른 사람에게 미루려는 것이 일반적인 인간심리이므로, 만일 위와 같은 경우에 형사소송법 제312조 제3항을 해당 피고인 외의 자들에 대해서까지 적용하지 않는다면 인권보장을 위해 마련된 위 규정의 취지를 제대로 살리지 못하여 부당하고 불합리한 결과에 이를 수 있기 때문이다(대법원 1986. 11. 1. 선고 86도1783 판결 참조). 나아가 대법원은 형사소송법 제312조 제3항이 형법 총칙의 공범 이외에도, 서로 대향된 행위의 존재를 필요로 할 뿐 각자의 구성요건을 실현하고 별도의 형벌 규정에 따라 처벌되는 강학상 필요적 공범 내지 대향범 관계에 있는 자들 사이에서도 적용된다는 판시를 하기도 하였다(대법원 1996. 7. 12. 선고 96도667 판결, 대법원 2007. 10. 25. 선고 2007도6129 판결 등 참조). 이는 필요적 공범 내지 대향범의 경우 형법 총칙의 공범관계와 마찬가지로 어느 한 피고인이 자기의 범죄에 대하여 한 진술이 나머지 대향적 관계에 있는 자가 저지른 범죄에도 내용상 불가분적으로 관련되어 있어 목격자, 피해자 등 제3자의 진술과는 본질적으로 다른 속성을 지니고 있음을 중시한 것으로 볼 수 있다.

무릇 양벌규정은 법인의 대표자나 법인 또는 개인의 대리인, 사용인, 그 밖의 종업원 등 행위자가 법규위반행위를 저지른 경우, 일정 요건하에 이를 행위자가 아닌 법인 또는 개인이 직접 법규위반행위를 저지른 것으로 평가하여 행위자와 같이 처벌하도록 규정한 것으로서, 이때의 법인 또는 개인의 처벌은 행위자의 처벌에 종속되는 것이 아니라 법인 또는 개인의 직접책임 내지 자기책임에 기초하는 것이기는 하다(대법원 2006. 2. 24. 선고 2005도7673 판결, 내법원 2010. 9. 9. 선고 2008도7834 판결, 대법원 2010. 9. 30. 선고 2009도3876 판결 등 참조). 그러나 양벌규정에 따라 처벌되는 행위자와 행위자가 아닌 법인 또는 개인 간의 관계는, 행위자가 저지른 법규위반행위가 사업주의 법규위반행위와 사실관계가 동일하거나 적어도 중요 부분을 공유한다는 점에서 내용상 불가분적 관련성을 지닌다고 보아야 하고, 따라서 앞서 본 형법 총칙의 공범관계 등과 마찬가지로 인권보장적인 요청에 따라 형사소송법 제312조 제3항이 이들 사이에서도 적용된다고 보는 것이 타당하다.

2. 원심판결 이유와 기록에 의하면, **피고인이 경영하는 병원의 사무국장으로 근무하던 공소외인이 2011. 8. 23.부터 2012. 2. 21.까지 총 43회에 걸쳐 합계 23,490,000원을 환자 소개의 대가 등 명목으로 교부함으로써 영리를 목적으로 환자를 소개·알선·유인하는 행위를 저지른 것에 대하여, 피고인은 양벌규정인 의료법 제91조를 적용법조로 기소된 사실, 피고인은 제1심 제3회 공판기일에서 검사가 증거로 제출한 사법경찰관 작성의 공소외인에 대한 피의자신문조서를 증거로 함에 동의하지 않고 그 내용을 부인한 사실**, 그럼에도 제1심은 위 피의자신문조서는 형사소송법 제312조 제3항이 적용되는 '검사 이외의 수사기관이 작성한 피

의자신문조서'가 아니라 같은 조 제4항의 '사법경찰관이 피고인이 아닌 자의 진술을 기재한 조서'에 해당한다고 보아, 공소외인이 이미 사망하였으므로 공판기일에 출석하여 진술을 할 수 없는 경우에 해당하고 그의 경찰에서의 진술은 특히 신빙할 수 있는 상태하에서 행하여졌음이 인정되므로 형사소송법 제314조에 의하여 증거능력을 인정할 수 있다고 판단한 사실, 이에 따라 제1심은 피고인에 대한 공소사실을 유죄로 인정하였고 원심도 제1심판결의 결론을 그대로 유지한 사실을 알 수 있다.

그러나 이러한 사실관계를 앞서 본 법리에 비추어 살펴보면, 피고인이 법정에서 사법경찰관 작성의 공소외인에 대한 피의자신문조서를 증거로 함에 동의하지 않았고 오히려 그 내용을 부인하고 있는 이상, 검사 이외의 수사기관이 양벌규정의 행위자인 공소외인에 대하여 작성한 피의자신문조서에 관해서는 형사소송법 제312조 제3항이 적용되어 그 증거능력이 없고, 따라서 이 경우에는 형사소송법 제314조를 적용하여 위 피의자신문조서의 증거능력을 인정할 수도 없다고 보아야 한다.

〈공범관계에 있는 자에 대한 사법경찰관 작성 피의자신문조서의 증거능력〉

대법원 2022. 7. 28. 선고 2020도15669 판결

가. 형사소송법 제312조 제3항은 "검사 이외의 수사기관이 작성한 피의자신문조서는 적법한 절차와 방식에 따라 작성된 것으로서 공판준비 또는 공판기일에 그 피의자였던 피고인 또는 변호인이 그 내용을 인정할 때에 한하여 증거로 할 수 있다."고 규정하고 있다. 위 규정은 검사 이외의 수사기관이 작성한 당해 피고인에 대한 피의자신문조서를 유죄의 증거로 하는 경우뿐만 아니라, 검사 이외의 수사기관이 작성한 당해 피고인과 공범관계에 있는 다른 피고인이나 피의자에 대한 피의자신문조서를 당해 피고인에 대한 유죄의 증거로 채택할 경우에도 적용되는바(대법원 2009. 10. 15. 선고 2009도1889 판결 등 참조), 여기서 말하는 '공범'에는 형법 총칙의 공범 이외에도, 서로 대향된 행위의 존재를 필요로 할 뿐 각자의 구성요건을 실현하고 별도의 형벌 규정에 따라 처벌되는 강학상 필요적 공범 내지 대향범도 포함된다(대법원 2007. 10. 25. 선고 2007도6129 판결, 대법원 2020. 6. 11. 선고 2016도9367 판결 등 참조). 그리고 위 규정에서 '그 내용을 인정할 때'라 함은 피의자신문조서의 기재 내용이 진술 내용대로 기재되어 있다는 의미가 아니고 그와 같이 진술한 내용이 실제 사실과 부합한다는 것을 의미한다(대법원 2010. 6. 24. 선고 2010도5040 판결 등 참조).

나. 1) 기록에 의하면, 중부지방국세청장이 피고인과 공소외 2의 수사기관 진술 내용 등을 토대로 '공소외 2가 명의대여자, 피고인이 명의대여를 받은 자로서, 조세의 회피 등을 목적으로 피고인이 공소외 2의 성명을 사용하여 ○○이라는 업체의 사업자등록을 하고, 공소외 2가 자신의 성명을 사용하여 피고인에게 위 업체의 사업자등록을 할 것을 허락하였다.'는 이유로 피고인과 공소외 2를 각 조세범 처벌법 제11조 제1항, 제2항 위반으로 고발한 사실을 알 수 있고, 이 사건 공소사실 중 타인 명의 사업자등록 부분은 위 고발 사실을 기초로 하는 바, 공소외 2에 대한 경찰 피의자신문조서는 피고인과 필요적 공범 내지 대향범 관계에 있는 다른 피의자에 대한 피의자신문조서로서, 형사소송법 제312조 제3항에 따라 피고인이 그 내용을 인정할 때에 한하여 증거능력이 인정된다고 봄이 타당하다.

2) 한편 기록에 의하면, 피고인은 원심에서 일관하여 타인 명의 사업자등록 및 허위세금계산서 발급에 대해 알지 못한다는 취지로 주장하면서 이 사건 공소사실을 부인하였으므로, 공소외 1, 공소외 2에 대한 각 경찰 피의자신문조서 중 피고인이 타인 명의 사업자등록 및 허위세금계산서 발급에 관여하였다는 취지의 진술 내용을 인정하지 않는 것으로 보아야 한다. 따라서 기록상 증거목록에 피고인이 원심 제2회 공판기일에서 공소외 1, 공소외 2에 대한 각 경찰 피의자신문조서에 동의한 것으로 기재되어 있는 것은 착오 기재이거나 아니면 공소외 1, 공소외 2가 그 조서 내용과 같이 진술한 사실이 있었다는 것을 인정한다는 것을 '동의'로 조서를 잘못 정리한 것으로 이해될 뿐 이로써 위 각 경찰 피의자신문조서가 증거능력을 가지게 되는 것은 아니다(대법원 2001. 9. 28. 선고 2001도3997 판결, 대법원 2017. 5. 17. 선고 2017도1132 판결 등 참조).

대법원 2015. 10. 29. 선고 2014도5939 판결

형사소송법 제312조 제4항은 "검사 또는 사법경찰관이 피고인이 아닌 자의 진술을 기재한 조서는 적법한 절차와 방식에 따라 작성된 것으로서 그 조서가 검사 또는 사법경찰관 앞에서 진술한 내용과 동일하게 기재되어 있음이 원진술자의 공판준비 또는 공판기일에서의 진술이나 영상녹화물 또는 그 밖의 객관적인 방법에 의하여 증명되고, 피고인 또는 변호인이 공판준비 또는 공판기일에 그 기재 내용에 관하여 원진술자를 신문할 수 있었던 때에는 증거로 할 수 있다. 다만 그 조서에 기재된 진술이 특히 신빙할 수 있는 상태하에서 행하여졌음이 증명된 때에 한한다."고 규정하고 있는바, 여기서의 '특히 신빙할 수 있는 상태'라 함은 진술 내용이나 조서의 작성에 허위개입의 여지가 거의 없고, 진술 내용의 신빙성이나 임의성을 담보할 구체적이고 외부적인 정황이 있는 것을 말한다. 그리고 이러한 '특히 신빙할 수 있는 상태'는 증거능력의 요건에 해당하므로 검사가 그 존재에 대하여 구체적으로 주장·

입증하여야 하는 것이다(대법원 2012. 7. 26. 선고 2012도2937 판결 등 참조).

원심은, 그 판시와 같은 이유를 들어, <u>공소외 1에 대하여 특별사법경찰관이 작성한 각 진술조서 중 피고인과 공범관계에 있는 공소사실에 관한 부분을 제외한 나머지 부분과 검사가 작성한 각 진술조서는, 공소외 1이 부당하게 장기간 계속된 사실상의 구금 상태에 있었음에도 변호인의 조력을 받을 권리도 보장받지 못한 채 심리적 불안감과 위축 속에서 수사관의 회유에 넘어가 진술한 것으로서 그 진술이 특히 신빙할 수 있는 상태하에서 행하여졌다고 보기 어려워 증거능력이 없다고 판단하였다.</u>

원심판결 이유를 위 법리와 기록에 비추어 살펴보면, 원심의 위와 같은 판단은 정당한 것으로 수긍이 (간다).

〈공범관계에 있는 자에 대한 사법경찰관 작성 피신조서와 형사소송법 제314조〉

대법원 2004. 7. 15. 선고 2003도7185 전원합의체 판결 〈표준〉

형사소송법 제312조 제2항은 검사 이외의 수사기관이 작성한 당해 피고인에 대한 피의자신문조서를 유죄의 증거로 하는 경우뿐만 아니라 검사 이외의 수사기관이 작성한 당해 피고인과 공범관계에 있는 다른 피고인이나 피의자에 대한 피의자신문조서를 당해 피고인에 대한 유죄의 증거로 채택할 경우에도 적용된다 고 함이 당원의 확립된 판례이다(대법원 1979. 4. 10. 선고 79도287 판결, 1986. 11. 1. 선고 86도1783 판결, 1994. 3. 22. 선고 93도3612 판결, 2000. 5. 12. 선고 2000도661 판결, 2001. 11. 27. 선고 2001도4787 판결 등 참조). 따라서 <u>당해 피고인과 공범관계가 있는 다른 피의자에 대한 검사 이외의 수사기관 작성의 피의자신문조서는 그 피의자의 법정진술에 의하여 그 성립의 진정이 인정되더라도 당해 피고인이 공판기일에서 그 조서의 내용을 부인하면 증거능력이 부정되므로 그 당연한 결과로 그 피의자신문조서에 대하여는 사망 등 사유로 인하여 법정에서 진술할 수 없는 때에 예외적으로 증거능력을 인정하는 규정인 형사소송법 제314조가 적용되지 아니한다</u>(대법원 2002. 2. 5. 선고 2001도4286 판결 참조). 이와 달리 피고인과 공범관계에 있는 다른 피의자에 대한 검사 이외의 수사기관 작성의 피의자신문조서에 대하여 형사소송법 제314조를 적용하여 그 증거능력을 인정한 대법원 1987. 9. 8. 선고 87도1446 판결은 이 판결의 견해에 배치되는 범위 내에서 이를 변경하기로 한다.

한편, <u>피의자가 경찰수사 단계에서 작성한 진술서에 대하여는 검사 이외의 수사기관 작성의 피의자신문조서와 동일하게 제312조 제2항을 적용하여야 한다</u>(대법원 1982. 9. 14. 선고 82도1479 전원합의체 판결 참조).

기록에 의하면, 피고인과 공범관계에 있는 공소외 2, 공소외 3에 대한 사법경찰관리 작성의 각 피의자신문조서와 공소외 2 작성의 자술서(경찰 수사단계에서 작성된 것이다.)는 피고인이나 그 변호인이 증거로 함에 동의하지 아니하였는바, 이는 그 내용을 인정하지 않는다는 취지로 보아야 하므로(대법원 1996. 7. 12. 선고 96도667 판결 참조), 결국 앞서 본 법리에 비추어, 사법경찰관리 작성의 공소외 2, 공소외 3에 대한 각 피의자신문조서와 공소외 2 작성의 자술서는 그 증거능력이 부정되고 형사소송법 제314조도 적용되지 아니한다고 할 것임에도 불구하고, 원심은 제1심법원이 위 공소외 2, 공소외 3을 증인으로 채택하여 소환하였으나 소환장이 수취인불명 등으로 송달불능되었고 소재탐지조차 불능으로 되었다는 이유로 형사소송법 제314조에 의하여 그 증거능력을 인정하여 유죄의 증거로 채용하고 말았으니, 원심판결에는 검사 이외의 수사기관이 작성한 피의자신문조서의 증거능력에 관한 법리를 오해한 위법이 있다고 할 것이고, 이는 판결 결과에 영향을 미쳤음이 분명하다.

(2) 검사 작성 피의자신문조서

〈검사 작성 피의자신문조서의 증거능력 인정 요건〉

대법원 2023. 4. 27. 선고 2023도2102 판결

나. 2020. 2. 4. 법률 제16924호로 개정되어 2022. 1. 1.부터 시행된 형사소송법 제312조 제1항은 검사가 작성한 피의자신문조서는 공판준비, 공판기일에 그 피의자였던 피고인 또는 변호인이 그 내용을 인정할 때에 한정하여 증거로 할 수 있다고 규정하고 있다. 여기서 '그 내용을 인정할 때'라 함은 피의자신문조서의 기재 내용이 진술 내용대로 기재되어 있다는 의미가 아니고 그와 같이 진술한 내용이 실제 사실과 부합한다는 것을 의미한다(대법원 2010. 6. 24. 선고 2010도5040 판결, 대법원 2022. 7. 28. 선고 2020도15669 판결 등 참조). 따라서 피고인이 공소사실을 부인하는 경우 검사가 작성한 피의자신문조서 중 공소사실을 인정하는 취지의 진술 부분은 그 내용을 인정하지 않았다고 보아야 한다.

다. 기록에 의하면, 피고인은 제1심에서 선행판결의 범죄사실 외에는 공소사실의 일시에 메트암페타민을 투약한 사실이 없다고 주장하면서 공소사실을 부인하였으므로 위 검찰 피의자신문조서 중 공소사실을 인정하는 취지의 진술 내용을 인정하지 않았다고 보아야 한다. 따라서 제1심 공판조서의 일부인 증거목록에 피고인이 제1심 제2회 공판기일에서 위 검찰 피의자신문조서에 동의한 것으로 기재되어 있는 것은 착오 기재이거나 피고인이 그 조서 내용과 같이 진술한 사실이 있었다는 것을 인정한다는 것을 '동의'로 조서를 잘못 정리한 것으로 이해될 뿐 이로써 위 검찰 피의자신문조서가 증거능력을 가지게 되는 것은 아니다(나.항 각 대법원판결 참조).

대법원 2001. 9. 28. 선고 2001도4091 판결 「형사소송법 제57조 제1항은 공무원이 작성하는 서류에는 법률에 다른 규정이 없는 때에는 작성년월일과 소속공무소를 기재하고 서명날인하여야 한다고 규정하고 있는바, 그 서명날인은 공무원이 작성하는 서류에 관하여 그 기재 내용의 정확성과 완전성을 담보하는 것이므로 검사 작성의 피의자신문조서에 작성자인 검사의 서명날인이 되어 있지 아니한 경우 그 피의자신문조서는 공무원이 작성하는 서류로서의 요건을 갖추지 못한 것으로서 위 법규정에 위반되어 무효이고 따라서 이에 대하여 증거능력을 인정할 수 없다고 보아야 할 것이며, 그 피의자신문조서에 진술자인 피고인의 서명날인이 되어 있다거나, 피고인이 법정에서 그 피의자신문조서에 대하여 진정성립과 임의성을 인정하였다고 하여 달리 볼 것은 아니라고 할 것이다.」

대법원 1994. 8. 9. 선고 94도1228 판결 「검찰 송치전 구속피의자로부터 받은 검사 작성의 피의자신문조서는 극히 이례에 속하는 일들이고, 만약 그와 같은 것이 성행한다면 그와 같은 상태에서 작성된 피의자신문조서는 내용만 부인하면 증거능력을 상실하게 되는 사법경찰관사무취급작성의 피의자신문조서상의 자백 등을 부당하게 유지하려는 수단으로 악용될 가능성이 있어 위와 같은 상태하에서의 조서는 그렇게 했어야 할 특별한 사정이 보이지 않는 한 송치후 피의자신문조서와 마찬가지로 취급하기는 어렵다고 생각됨으로 이를 지적하는 논지의 취지는 수긍할 수 있으나, 이 사건의 경우는 검찰 송치후 피의자신문조서에서도 피고인이 범죄사실을 자백하고 있고, 그 신문과정에 대해서 법정에서 진술한 피고인의 진술에 의하더라도 그 임의성을 부인할 자료가 없는바, 그렇다면 이 사건은 검찰 송치전 검사 작성의 피의자신문조서를 제외하더라도 원심의 범죄사실을 인정하는데 방해가 되지 않아 판결결과에 영향이 없고 따라서 논지도 이유 없다.」

〈검사 작성의 피의자신문조서의 일부를 발췌한 초본의 증거능력 유무〉

대법원 2002. 10. 22. 선고 2000도5461 판결

피고인에 대한 검사 작성의 피의자신문조서가 그 내용 중 일부를 가린 채 복사를 한 다음 원본과 상위없다는 인증을 하여 초본의 형식으로 제출된 경우에, 위와 같은 피의자신문조서 초본은 피의자신문조서원본 중 가려진 부분의 내용이 가려지지 않은 부분과 분리 가능하고 당해 공소사실과 관련성이 없는 경우에만, 그 피의자신문조서의 원본이 존재하거나 존재하였을 것, 피의자신문조서의 원본 제출이 불능 또는 곤란한 사정이 있을 것, 원본을 정확하게 전사하였을 것 등 3가지 요건을 전제로 피고인에 대한 검사 작성의 피의자신문조서원본과 동일하게 취급할 수 있다 할 것이다.

기록에 의하면, 이 사건 제1심 제2회 변론기일에 피고인에 대한 검사 작성의 피의자신문조서 중 제1, 2회, 제4 내지 11회, 제14회가 원본의 내용 일부가 가려진 채 복사되어 초본의 형태로 제출되었고, 피고인이 이에 대한 성립을 부인하였는데, 제1심 제5회 변론기일에 검사가 위 피의자신문조서의 원본을 제시하자, 변호인은 위 초본에 대한 원본의 존재 및 원본의 정확한 전사 여부에 관하여는 이의가 없다는 진술을 하였고, 위 피의자신문조서초본 중 제14회만이 증거조사된 사실과 **검사는 피고인 등에 대한 이 사건 공소사실과는 다른 국가보안법위반 혐의사실의 조사를 위하여 피고인에 대한 피의자신문조서의 원본을 제출하기 곤란하다는 사정을 표명하였음**을 알 수 있는바, 위 제14회 피의자신문조서초본 중 원본에서 가려진 부분이 이 사건 공소사실과는 전혀 다른 내용이어서 피고인의 방어권을 침해할 여지가 없다는 점에 관한 아무런 자료가 없는 상황에서 피고인에 대한 여죄의 수사를 위한다는 사정은 그 피의자신문조서원본의 제출이 곤란한 사정이라고 보기 어려우므로 위 제14회 피의자신문조서초본은 그 원본과 동일한 것으로 취급할 수 없다.

대법원 1986. 5. 27. 선고 86도593 판결

피고인이 증거로 함에 동의한 경우에는 비록 그것이 서류의 사본이라 할지라도 진정한 것으로 인정된 때에는 증거로 할 수 있다 할 것인바 기록에 비추어 볼때 소론 조서의 각 사본은 피고인이 증거로 함에 동의하였을 뿐 아니라 강서경찰서에서 육군본부 헌병대장에게 사건을 인계함에 있어서 군법 피적용자인 피고인과 공범관계에 있는 민간인 공범자들에 대한 수사기록에 편철된 각 조서를 복사한 다음 사본작성자인 경장 정춘기가 원본대조를 마치고 서명 날인한 후 각 장마다 간인을 한 것으로서 진정한 것으로 인정된다 할 것이므로 이를 증거로 할 수 있다 할 것인즉 논지는 이유없다.

대법원 1999. 4. 13. 선고 99도237 판결 「조서말미에 피고인의 서명만이 있고, 그 날인(무인 포함)이나 간인이 없는 검사 작성의 피고인에 대한 피의자신문조서는 증거능력이 없다고 할 것이고, 그 날인이나 간인이 없는 것이 피고인이 그 날인이나 간인을 거부하였기 때문이어서 그러한 취지가 조서말미에 기재되었다거나, 피고인이 법정에서 그 피의자신문조서의 임의성을 인정하였다고 하여 달리 볼 것은 아니다.」

대법원 1988. 5. 10. 선고 87도2716 판결 「수사기관이 피의자신문조서를 작성함에 있어서는 그것을 열람하게 하거나 읽어 들려야 하는 것은 형사소송법 제244조의 규정에 비추어 명백하나 그 절차가 비록 행해지지 안했다 하더라도 그것만으로 그 피의자신문조서가 증거능력이 없게 된다고는 할 수 없고 같은 법 제312조 소정의 요건을 갖추게 되면 그것을 증거로 할 수 있는 것이므로 반대의 견해로 원심판결을 비난하는 소론은 받아들일 수 없다.」

〈당해 피고인과 공범관계에 있는 다른 피고인이나 피의자에 대하여 검사가 작성한 피의자신문조서의 증거능력〉

대법원 2023. 6. 1. 선고 2023도3741 판결 〈표준〉

나. 형사소송법 제312조 제1항에서 정한 '검사가 작성한 피의자신문조서'란 당해 피고인에 대한 피의자신문조서만이 아니라 당해 피고인과 공범관계에 있는 다른 피고인이나 피의자에 대하여 검사가 작성한 피의자신문조서도 포함되고, 여기서 말하는 '공범'에는 형법 총칙의 공범 이외에도 서로 대향된 행위의 존재를 필요로 할 뿐 각자의 구성요건을 실현하고 별도의 형벌 규정에 따라 처벌되는 강학상 필요적 공범 또는 대향범까지 포함한다. 따라서 피고인이 자신과 공범관계에 있는 다른 피고인이나 피의자에 대하여 검사가 작성한 피의자신문조서의 내용을 부인하는 경우에는 형사소송법 제312조 제1항에 따라 유죄의 증거로 쓸 수 없다.

2. 판단

가. 원심은 판시와 같은 이유로, **이 사건 공소사실 중 공소외인에 대한 필로폰 매도 부분에 대하여 '공소외인에 대한 검찰 피의자신문조서 사본' 등을 증거로 하여 유죄로 판단한 제1심 판결을 유지**하였다.

나. 원심판결 이유를 관련 법리와 적법하게 채택된 증거에 비추어 살펴보면, 피고인과 변호인이 '공소외인에 대한 검찰 피의자신문조서 사본'에 관하여 내용 부인 취지에서 '증거로 사용함에 동의하지 않는다.'는 의견을 밝혔음에도 이를 유죄인정의 증거로 사용한 것은 형사소송법 제312조 제1항에 관한 법리를 오해한 것이지만, 적법하게 채택한 나머지 증거능력 있는 증거만으로도 이 부분 공소사실을 유죄로 인정하기에 충분하므로, 위와 같은 원심의 일부 부적절한 판단이 판결에 영향을 미친 잘못에 해당한다고 볼 수는 없다.

라. 진술조서

(1) 의의

〈참고인진술조서의 소송법적 의의〉

헌법재판소 2022. 11. 24. 선고 2019헌바477 결정

다. 형사소송법 제312조 제4항에 대한 판단

(1) 목적의 정당성 및 수단의 적합성

헌법 제12조 제1항이 규정한 적법절차의 원칙과 헌법 제27조 제1항 및 제3항에 의하여 보장된 공정한 재판을 받을 권리를 구현하기 위하여, 형사소송법은 공판중심주의와 구두변론주의 및 직접심리주의를 기본원칙으로 하고 있다. 그 일환으로 형사소송법 제310조의2는 공개된 법정의 법관의 면전에서 진술되지 아니하고 피고인에게 반대신문의 기회를 부여하지 않은 전문증거의 증거능력을 원칙적으로 부인하고 있다(헌재 2013. 10. 24. 2011헌바79; 헌재 2021. 12. 23. 2018헌바524 참조).

그러나 직접주의와 전문법칙을 모든 경우에 예외 없이 관철하게 되면, 재판의 지연을 초래함으로써 신속한 재판을 저해하거나, 증명력 있는 증거들을 이용하지 못하게 됨으로써 실체적 진실발견을 저해할 수 있다(헌재 2013. 10. 24. 2011헌바79 참조). 따라서 <u>참고인진술조서에 대하여 그것이 전문증거임에도 불구하고 일정한 요건을 갖추면 증거능력을 인정할 수 있도록 규정한 형사소송법 제312조 제4항은, 헌법적 요청이자 형사소송법이 목적으로 하고 있는 '신속한 재판'과 '실체적 진실발견'을 위한 것으로서, 그 목적의 정당성과 수단의 적합성이 인정된다.</u>

(2) 침해의 최소성

(가) 피해자, 목격자 등 피고인 아닌 사람들의 진술은 형사소송에서 중요한 증거가 된다. 그런데 <u>수사절차에서 이들의 진술이 기재된 참고인진술조서의 증거능력을 어떠한 경우라도 부정하여 전혀 증거로 사용할 수 없게 된다면,</u> 공판절차에서 이들 모두를 증인으로 소환하여 사건과 관련된 진술 일체를 하도록 하고 이를 증거로 삼을 수밖에 없다. <u>이러한 방법은 재판에 상당한 지연을 초래하여 '신속한 재판'이라는 입법목적을 달성할 수 없게 만든다.</u>

또한 법정진술은 참고인진술조서에 기재된 진술보다 더 늦은 시점에 이루어지게 되므로 인간이 가진 기억의 한계상 그 진술의 양과 정확도가 상대적으로 떨어질 가능성을 배제하기 어렵다. 따라서 <u>참고인진술조서에 기재되어 있는 진술이 법정진술보다 실체적 진실에 가까운 경우에도 그 증거능력을 일절 부인하게 된다면 '실체적 진실발견'이라는 입법목적 역시 충분히 달성할 수 없게 된다.</u>

(나) 다른 한편, 형사소송법 제312조 제4항에 의하면 참고인진술조서의 증거능력은 당연히 인정되는 것이 아니라, ① 적법한 절차와 방식에 따라 작성된 것으로서 그 조서가 검사 또는 사법경찰관 앞에서 진술한 내용과 동일하게 기재되어 있음이 원진술자의 공판준비 또는 공판기일에서의 진술이나 영상녹화물 또는 그 밖의 객관적인 방법에 의하여 증명되어야 하

고(이하 '진정성립 요건'이라 한다), ② 피고인 또는 변호인이 공판준비 또는 공판기일에 그 기재 내용에 관하여 원진술자를 신문할 수 있었어야 하며(이하 '반대신문의 기회 요건'이라 한다), ③ 그 진술이 특히 신빙할 수 있는 상태하에서 행하여졌음이 증명된 때에 해당하여야 한다(이하 '특신상태 요건'이라 한다)는 요건을 모두 갖춘 경우에만 인정된다.

나아가 법원은 형사소송법 제312조 제4항은 어디까지나 전문법칙의 예외이므로, 위 조항에 규정된 증거능력 인정요건을 엄격하게 해석·적용하여야 한다고 보고 있다(대법원 2022. 6. 16. 선고 2022도364 판결 참조). 예컨대, 원진술자가 수사기관에서 사실대로 진술하고 진술한 대로 기재되어 있는지 확인하였다는 취지의 진술만 한 경우(대법원 2013. 8. 14. 선고 2012도13665 판결 참조) 또는 형사소송법 및 형사소송규칙에 규정된 방식과 절차를 모두 준수한 영상녹화물이나 그와 같은 영상녹화물에 준할 정도로 진술을 과학적·기계적·객관적으로 재현해 낼 수 있는 방법에 의하지 않은 경우(대법원 2022. 6. 16. 선고 2022도364 판결; 대법원 2016. 2. 18. 선고 2015도16586 판결 참조) 등에는 '진정성립 요건'이 부정된다. 또한 '특신상태 요건'은 진술 내용이나 조서의 작성에 허위개입의 여지가 거의 없고 그 신빙성이나 임의성을 담보할 구체적이고 외부적인 정황이 있는 경우에만 충족되므로(대법원 2012. 7. 26. 선고 2012도2937 판결 참조), 부당하게 장기간 계속된 사실상의 구금 상태 중에 심리적 불안감과 위축 속에서 진술이 행해진 경우 등에는 위 요건이 부정된다(대법원 2015. 10. 29. 선고 2014도5939 판결 참조).

이상과 같이, 일정한 요건하에 참고인진술조서의 증거능력을 인정함으로써 공정한 재판을 받을 권리의 제한을 최소화하는 방안을 상정할 경우, 형사소송법 제312조 제4항만큼 입법목적을 달성하면서도 기본권 제한을 최소화할 수 있는 방안은 달리 찾기 어렵다.

(다) 그렇다면 형사소송법 제312조 제4항은 침해의 최소성도 인정된다.

(3) 법익의 균형성

형사소송법 제312조 제4항에 의하더라도, 피고인은 '진정성립 요건'이나 '특신상태 요건'의 증명 여부를 다툼으로써 참고인진술조서의 증거능력 인정을 차단할 수 있을 뿐만 아니라(헌재 1995. 6. 29. 93헌바45 참조), 설령 증거능력이 인정된다고 하더라도 '반대신문의 기회 요건'에 따라 제도적으로 보장된 반대신문의 과정에서 증명력을 얼마든지 탄핵할 수도 있다. 증거능력이란 증거가 엄격한 증명의 자료로 사용될 수 있는 자격을 의미할 뿐이고 증거가 가지는 실질적 가치인 증명력과는 엄격히 구별되는 개념이므로, 증거능력이 인정되는 증거라고 하더라도 그것이 과연 믿을 만한 것인가의 문제, 즉 증명력 유무는 오로지 법관의 자유심증에 맡겨져 있기 때문이다(형사소송법 제308조, 헌재 2005. 5. 26. 2003헌가7 참조).

이와 같이 참고인진술조서의 증거능력은 엄격한 요건을 충족하는 경우에만 인정되고 그러한 경우에도 법관이 제반사정을 고려하여 증명력의 정도를 판단할 여지가 남아있는바, 형사소송법 제312조 제4항 그 자체만으로 형사소송절차에 있어서 피고인의 공격·방어권 행사가 부당하게 제한된다거나 피고인이 상대당사자인 검사에 비하여 불리한 입장에 처하게 된다고 볼 수 없다(헌재 1995. 6. 29. 93헌바45; 헌재 2013. 10. 24. 2011헌바79 참조). 따라서 형사소송법 제312조 제4항으로 인하여 제한되는 사익의 정도가, 헌법적 요청에 따른 신속한 재판과 실체적 진실발견이라는 공익의 정도보다 크다고 할 수 없으므로, 법익의 균형성 역시 인정된다.

(2) 적용대상

대법원 2015. 10. 29. 선고 2014도5939 판결 「피의자의 진술을 기재한 서류 또는 문서가 수사기관에서의 조사 과정에서 작성된 것이라면, 그것이 '진술조서, 진술서, 자술서'라는 형식을 취하였다고 하더라도 피의자신문조서와 달리 볼 수 없고, 수사기관에 의한 진술거부권 고지의 대상이 되는 피의자의 지위는 수사기관이 범죄인지서를 작성하는 등의 형식적인 사건수리 절차를 거치기 전이라도 조사대상자에 대하여 범죄의 혐의가 있다고 보아 실질적으로 수사를 개시하는 행위를 한 때에 인정되는 것으로 봄이 상당하다. 특히 조사대상자의 진술내용이 단순히 제3자의 범죄에 관한 경우가 아니라 자신과 제3자에게 공동으로 관련된 범죄에 관한 것이거나 제3자의 피의사실뿐만 아니라 자신의 피의사실에 관한 것이기도 하여 그 실질이 피의자신문조서의 성격을 가지는 경우에 수사기관은 그 진술을 듣기 전에 미리 진술거부권을 고지하여야 한다.」

대법원 2009. 6. 23. 선고 2009도1322 판결 〈표준〉 「형사소송법 제244조의5는, 검사 또는 사법경찰관은 피의자를 신문하는 경우 피의자가 신체적 또는 정신적 장애로 사물을 변별하거나 의사를 결정·전달할 능력이 미약한 때나 피의자의 연령·성별·국적 등의 사정을 고려하여 그 심리적 안정의 도모와 원활한 의사소통을 위하여 필요한 경우에는 직권 또는 피의자·법정대리인의 신청에 따라 피의자와 신뢰관계에 있는 자를 동석하게 할 수 있도록 하고 있다. 구체적인 사안에서 위와 같은 동석을 허락할 것인지는 원칙적으로 검사 또는 사법경찰관이 피의자의 건강 상태 등 여러 사정을 고려하여 재량에 따라 판단하여야 할 것이나, 이를 허락하는 경우에도 동석한 사람으로 하여금 피의자를 대신하여 진술하도록 하여서는 아니되는 것이고 만약 동석한 사람이 피의자를 대신하여 진술한 부분이 조서에 기재되어 있다면 그 부분은 피의자의 진술을 기재한 것이 아니라 동석한 사람의 진술을 기재한 조서에 해당하므로 그 사람에 대한 진술조서로서의 증거능력을 취득하기 위한 요건을 충족하지 못하는 한 이를 유죄 인정의 증거로 사용할 수 없는 것이다.」

헌법재판소 2021. 12. 23. 선고 2018헌바524 전원재판부 결정 「성폭력범죄의 처벌 등에 관한 특례법(2012.

12. 18. 법률 제11556호로 전부개정된 것) 제30조 제6항 중 '제1항에 따라 촬영한 영상물에 수록된 피해자의 진술은 공판준비기일 또는 공판기일에 조사 과정에 동석하였던 신뢰관계에 있는 사람 또는 진술조력인의 진술에 의하여 그 성립의 진정함이 인정된 경우에 증거로 할 수 있다' 부분 가운데 19세 미만 성폭력범죄 피해자에 관한 부분은 헌법에 위반된다.」(청구인이 1심 공판에서 각 영상녹화CD에 수록된 19세 미만인 위 성폭력범죄 피해자의 진술에 관하여 증거부동의 하였으나, 1심 법원이 원진술자인 피해자에 대한 증인신문을 행하지 않고 조사 과정에 동석하였던 신뢰관계에 있는 사람들의 법정 진술에 의하여 성립의 진정함이 인정된 각 영상녹화CD에 수록된 위 피해자의 진술을 공소사실에 관한 증거로 채택·조사한 후, 이를 청구인에 대한 유죄 판결의 증거로 사용한 사안)

대법원 2000. 6. 15. 선고 99도1108 전원합의체 판결 〈표준〉 「공판준비 또는 공판기일에서 이미 증언을 마친 증인을 검사가 소환한 후 피고인에게 유리한 그 증언 내용을 추궁하여 이를 일방적으로 번복시키는 방식으로 작성한 진술조서를 유죄의 증거로 삼는 것은 당사자주의·공판중심주의·직접주의를 지향하는 현행 형사소송법의 소송구조에 어긋나는 것일 뿐만 아니라, 헌법 제27조가 보장하는 기본권, 즉 법관의 면전에서 모든 증거자료가 조사·진술되고 이에 대하여 피고인이 공격·방어할 수 있는 기회가 실질적으로 부여되는 재판을 받을 권리를 침해하는 것이므로, 이러한 진술조서는 피고인이 증거로 할 수 있음에 동의하지 아니하는 한 그 증거능력이 없다고 하여야 할 것이고, 그 후 원진술자인 종전 증인이 다시 법정에 출석하여 증언을 하면서 그 진술조서의 성립의 진정함을 인정하고 피고인측에 반대신문의 기회가 부여되었다고 하더라도 그 증언 자체를 유죄의 증거로 할 수 있음은 별론으로 하고 위와 같은 진술조서의 증거능력이 없다는 결론은 달리할 것이 아니다.」

(3) 증거능력 인정요건

〈적법한 절차와 방식에 따른 작성〉

대법원 2015. 4. 23. 선고 2013도3790 판결

(1) 형사소송법 제312조 제4항은 검사 또는 사법경찰관이 피고인이 아닌 자의 진술을 기재한 조서의 증거능력이 인정되려면 '적법한 절차와 방식에 따라 작성된 것'이어야 한다고 규정하고 있다. 여기서 적법한 절차와 방식에 따라 작성한다는 것은 피고인이 아닌 자의 진술에 대한 조서 작성 과정에서 지켜야 할 형사소송법이 정한 여러 절차를 준수하고 조서의 작성 방식에도 어긋남이 없어야 한다는 것을 의미한다(대법원 2012. 5. 24. 선고 2011도7757 판결, 대법원 2013. 3. 28. 선고 2010도3359 판결 등 참조). 그리고 형사소송법 제312조 제5항은 피고인 또는 피고인이 아닌 자가 수사과정에서 작성한 진술서의 증거능력에 관하여는 형사소송법 제312조 제1항부터 제4항까지 준용하도록 규정하고 있으므로, 위와 같은 법리는 피고인이 아닌 자가 수사과정에서 작성한 진술서의 증거능력에 관하여도 그대로 적용된다고 할 것

이다.

한편 형사소송법 제221조 제1항에서 검사 또는 사법경찰관은 수사에 필요한 때에는 피의자가 아닌 자의 출석을 요구하여 진술을 들을 수 있다고 규정하고, 제244조의4 제3항, 제1항에서 검사 또는 사법경찰관이 피의자가 아닌 자를 조사하는 경우에는 피의자를 조사하는 경우와 마찬가지로 조사장소에 도착한 시각, 조사를 시작하고 마친 시각, 그 밖에 조사과정의 진행경과를 확인하기 위하여 필요한 사항을 조서에 기록하거나 별도의 서면에 기록한 후 수사기록에 편철하여야 한다고 규정하고 있다. 이와 같이 수사기관으로 하여금 피의자가 아닌 자를 조사할 수 있도록 하면서도 그 조사과정을 기록하도록 한 취지는 수사기관이 조사과정에서 피조사자로부터 진술증거를 취득하는 과정을 투명하게 함으로써 그 과정에서의 절차적 적법성을 제도적으로 보장하려는 데 있다. 따라서 수사기관이 수사에 필요하여 피의자가 아닌 자를 조사하는 과정에서 그 진술을 청취하여 증거로 남기는 방법으로 진술조서가 아닌 진술서를 작성·제출받는 경우에도 그 절차는 준수되어야 할 것이다.

이러한 형사소송법의 규정 및 그 입법 목적 등을 종합하여 보면, 피고인이 아닌 자가 수사과정에서 진술서를 작성하였지만 수사기관이 그에 대한 조사과정을 기록하지 아니하여 형사소송법 제244조의4 제3항, 제1항에서 정한 절차를 위반한 경우에는, 특별한 사정이 없는 한 '적법한 절차와 방식'에 따라 수사과정에서 진술서가 작성되었다 할 수 없으므로 그 증거능력을 인정할 수 없다.

(2) 기록에 의하면, ① 공소외 1은 다른 사건으로 구속 중인 2011. 12. 12. 그 다음 날 예정된 정식의 참고인 조사를 앞두고 검사에 의하여 검찰청에 소환된 상태에서 이 사건 진술서를 작성하게 된 사실, ② 공소외 1이 이 사건 진술서를 작성하면서 피고인에게 금품을 교부한 정확한 일시를 기억하지 못하자, 검사는 피고인에게 자금을 마련해 주었던 자로서 역시 다른 사건으로 구속 중이던 공소외 2를 소환하여 공소외 1로 하여금 공소외 2와 대화를 나눈 뒤 이 사건 진술서를 작성하도록 한 사실, ③ 한편 이 사건 진술서에는 그날 공소외 1에 대하여 진행된 조사과정에 관한 내용이 기재되어 있지 않고 또한 그 조사과정을 별도로 기록한 자료가 제출되어 있지 아니한 사실, ④ 피고인은 이 사건 진술서를 증거로 할 수 있음에 대하여 동의하지 아니한 사실을 알 수 있다.

이러한 사실관계에 나타난 이 사건 진술서의 작성 시기, 장소, 방법 및 그 경위 등에 비추어 보면, 이 사건 진술서는 공소외 1이 검찰청에 소환된 상태에서 검사의 요구에 의하여 작성된 것으로서 비록 검사가 이 사건 진술서의 구체적인 내용에 관여하지 아니하였다고 하더라도 그 작성 과정에서 공소외 2와의 대화 기회를 제공하는 등 공소외 1의 피고인에 대한 금품 교부 관련 사실에 대한 수사과정의 일부로서 이 사건 진술서가 작성되었다고 보이므로, 형사소송법 제312조 제5항에서 정한 '피고인이 아닌 자가 수사과정에서 작성한 진술서'에 해당한다고 할 것이다. 따라서 이 사건 진술서 작성을 비롯하여 그날 이루어진 공소외 1에 대한 조사에 관하여는 형사소송법 제244조의4 제3항, 제1항에 따라 공소외 1이 조사장소에 도착한 시각, 조사를 시작하고 마친 시각, 그 밖에 조사과정의 진행경과를 확인하기 위하여 필요한 사항을 진술서에 기록하거나 별도의 서면에 기록한 후 수사기록에 편철하였어야 하는데, 이러한 조사과정을 기록한 자료가 없는 이상, 이 사건 진술서는 적법한 절차와 방식에 따라 작성되었다 할 수 없으므로 앞서 본 법리에 따라 그 증거능력이 인정될 수 없다.

대법원 2022. 10. 27. 선고 2022도9510 판결
형사소송법 제312조 제5항의 적용대상인 '수사과정에서 작성한 진술서'란 수사가 시작된 이후에 수사기관의 관여 아래 작성된 것이거나, 개시된 수사와 관련하여 수사과정에 제출할 목적으로 작성한 것으로, 작성 시기와 경위 등 여러 사정에 비추어 그 실질이 이에 해당하는 이상 명칭이나 작성된 장소 여부를 불문한다. … 경찰관이 입당원서 작성자의 주거지·근무지를 방문하여 입당원서 작성 경위 등을 질문한 후 진술서 작성을 요구하여 이를 제출받은 이상 형사소송법 제312조 제5항이 적용되어야 한다. … 형사소송법 제244조의4에서 정한 절차를 준수하지 않은 위 각 증거의 증거능력이 인정되지 않는다.

대법원 1997. 4. 11. 선고 96도2865 판결 「피해자가 화상으로 인하여 서명할 수 없다는 이유로 입회하고 있던 동생에게 대신 읽어 주고 그 동생으로 하여금 서명날인하게 한 서류임을 인정할 수 있는바, 이는 형사소송법 제313조 제1항(편자 주: 2007년 제312조 제4항 신설 이전 진술조서 적용 규정) 소정의 형식적 요건을 결여한 서류로서 증거로 사용할 수 없(다).」

대법원 2012. 5. 24. 선고 2011도7757 판결 「형사소송법은 조서에 진술자의 실명 등 인적 사항을 확인하여 이를 그대로 밝혀 기재할 것을 요구하는 규정을 따로 두고 있지는 아니하다. 따라서 「특정범죄신고자 등 보호법」 등에서처럼 명시적으로 진술자의 인적 사항의 전부 또는 일부의 기재를 생략할 수 있도록 한 경우가 아니라 하더라도, 진술자와 피고인의 관계, 범죄의 종류, 진술자 보호의 필요성 등 여러 사정으로 볼 때 상당한 이유가 있는 경우에는 수사기관이 진술자의 성명을 가명으로 기재하여 조서를 작성하였다고 해서 그 이유만으로 그 조서가 '적법한 절차와 방식'에 따라 작성되지 않았다고 할 것은 아니다. 그러한 조서라도 공판기일 등에 원진술자가 출석하여 자신의 진술을 기재한 조서임을 확인함과 아울러 그 조서의 실질적 진정성립을 인정하고 나아가 그에 대한 반대신문이 이루어지는 등 형사소송법 제312조 제4항에서 규정한 조서의 증거능력 인정에 관한 다른 요건이 모두 갖추어진 이상 그 증거능력을 부정할 것은 아니라고 할 것이다.」 (공갈죄 피해자인 참고인에 대한 진술조서를 작성하

면서 진술자의 인적 사항의 전부 또는 일부를 기재하지 아니하고 참고인의 성명을 '가명'으로 기재한 사안)

〈실질적 진정성립의 증명〉

대법원 2022. 6. 16. 선고 2022도364 판결

1) 헌법 제12조 제1항이 규정한 적법절차의 원칙과 헌법 제27조에 의하여 보장된 공정한 재판을 받을 권리를 구현하기 위하여 형사소송법은 공판중심주의와 구두변론주의 및 직접심리주의를 기본원칙으로 하고 있다. 따라서 형사소송법이 수사기관에서 작성된 조서 등 서면증거에 대하여 일정한 요건을 충족하는 경우에 증거능력을 인정하는 것은 실체적 진실발견의 이념과 소송경제의 요청을 고려하여 예외적으로 허용하는 것일 뿐이므로 증거능력 인정 요건에 관한 규정은 엄격하게 해석·적용하여야 한다(대법원 2013. 3. 14. 선고 2011도8325 판결 등 참조). …

형사소송법 제312조 제4항이 실질적 진정성립을 증명할 수 있는 방법으로 규정하는 영상녹화물에 대하여는 형사소송법 및 형사소송규칙에서 영상녹화의 과정, 방식 및 절차 등을 엄격하게 규정하고 있으므로(형사소송법 제221조 제1항 후문, 형사소송규칙 제134조의2, 제134조의3) 수사기관이 작성한 피고인 아닌 자의 진술을 기재한 조서에 대한 실질적 진정성립을 증명할 수 있는 수단으로서 형사소송법 제312조 제4항에 규정된 '영상녹화물'이라 함은 형사소송법 및 형사소송규칙에 규정된 방식과 절차에 따라 제작되어 조사 신청된 영상녹화물을 의미한다고 봄이 타당하다(대법원 2016. 2. 18. 선고 2015도16586 판결 참조).

형사소송법은 제221조 제1항 후문에서 "검사 또는 사법경찰관은 피의자가 아닌 자의 출석을 요구하여 진술을 들을 경우 그의 동의를 받아 영상녹화할 수 있다."라고 규정하고 있고, 형사소송규칙은 제134조의3에서 검사는 피의자가 아닌 자가 공판준비 또는 공판기일에서 조서가 자신이 검사 또는 사법경찰관 앞에서 진술한 내용과 동일하게 기재되어 있음을 인정하지 아니하는 경우 그 부분의 성립의 진정을 증명하기 위하여 영상녹화물의 조사를 신청할 수 있고(제1항), 검사가 이에 따라 영상녹화물의 조사를 신청하는 때에는 피의자가 아닌 자가 영상녹화에 동의하였다는 취지로 기재하고 기명날인 또는 서명한 서면을 첨부하여야 하며(제2항), 조사 신청한 영상녹화물은 조사가 개시된 시점부터 조사가 종료되어 피의자 아닌 자가 조서에 기명날인 또는 서명을 마치는 시점까지 전 과정이 영상녹화된 것으로서 피의자 아닌 자의 진술이 영상녹화되고 있다는 취지의 고지, 영상녹화를 시작하고 마친 시각 및 장소의 고지, 신문하는 검사 또는 사법경찰관과 참여한 자의 성명과 직급의 고지, 조사를 중단·재개하는 경우 중단 이유와 중단 시각, 중단 후 재개하는 시각, 조사를 종료하는 시각의 내용을 포함하는 것이어야 한다고 규정하고 있다(제3항에 의하여 제134조의2 제3항 제1호부터 제3호, 제5호, 제6호를 준용한다). 형사소송규칙에서 피의자 아닌 자가 기명날인 또는 서명한 영상녹화 동의서를 첨부하도록 한 취지는 피의자 아닌 자의 영상녹화에 대한 진정한 동의를 받아 영상녹화를 시작했는지를 확인하기 위한 것이고, 조사가 개시된 시점부터 조사가 종료되어 조서에 기명날인 또는 서명을 마치는 시점까지 조사 전 과정이 영상녹화된 것을 요구하는 취지는 진술 과정에서 연출이나 조작을 방지하여야 할 필요성이 인정되기 때문이다.

이러한 형사소송법과 형사소송규칙의 규정 내용과 취지에 비추어 보면, <u>수사기관이 작성한 피고인이 아닌 자의 진술을 기재한 조서에 대하여 실질적 진정성립을 증명하기 위해 영상녹화물의 조사를 신청하려면 영상녹화를 시작하기 전에 피고인 아닌 자의 동의를 받고 그에 관해서 피고인 아닌 자가 기명날인 또는 서명한 영상녹화 동의서를 첨부하여야 하고, 조사가 개시된 시점부터 조사가 종료되어 참고인이 조서에 기명날인 또는 서명을 마치는 시점까지 조사 전 과정이 영상녹화되어야 하므로 이를 위반한 영상녹화물에 의하여는 특별한 사정이 없는 한 피고인 아닌 자의 진술을 기재한 조서의 실질적 진정성립을 증명할 수 없다.</u>

2) 이 사건 기록과 원심판결 이유에 따르면 아래의 사실 내지 사정을 알 수 있다.

가) **피해자 공소외 1, 공소외 2, 공소외 4는 제1심 공판기일에서 2020. 6. 13. 자 경찰 진술조서 중 각 진술 부분**(이하 '이 사건 진술조서 중 피해자들의 진술 부분'이라 한다) **에 대하여 명시적인 진술에 의하여 실질적 진정성립을 인정하지 않았다.**

나) **사법경찰관은 피해자들의 진술을 영상녹화하기 전에 그들로부터 기명날인 또는 서명한 영상녹화 동의서를 받지 않았다.**

다) **피해자들의 진술에 대한 영상녹화물**(이하 '이 사건 영상녹화물'이라 한다)**은 위 피해자들이 조서를 열람하는 도중 중단되어 피해자들의 조서 열람과정 중 일부와 조서에 기명날인 또는 서명을 마치는 과정이 영상녹화되지 않았다.**

3) 이러한 사실과 다음 사정을 앞서 본 법리에 비추어 살펴보면, <u>이 사건 영상녹화물에 의해서는 이 사건 진술조서 중 피해자들의 진술 부분의 실질적 진정성립을 증명할 수 없다.</u>

검사는 이 사건 영상녹화물에 대하여 조사를 신청할 때 영상녹화를 시작하기 전에 피해자들의 동의를 받고 그에 관해서 피해자들이 기명날인 또는 서명한 영상녹화 동의서를 첨부하지 않았다. 피해자들이 조사가 진행된 이후에 조사과정을 영상녹화하겠다는 사법경찰관의 설명에 이의를 하지 않았다는 사정만으로 달리 보기도 어렵다.

이 사건 영상녹화물은 조사가 종료되어 피해자들이 조서에 기명날인 또는 서명을 마치는 시점까지의 조사 전 과정이 영상녹화되지 않았다. 조서 열람과정이나 기명날인 또는 서명 과정은 조서의 진정성과 형식적 진정성립을 포함하여 적법한 절차와 방식에 따라 조서가 작성되었는지 판단할 수 있는 중요한 부분이므로 녹화되지 않은 부분이 조사시간에 비추어 짧다거나 조서 열람 및 기명날인 또는 서명 과정에서 진술번복 등이 없었다는 사정만으로 달리 보기 어렵다.

그런데도 원심은 판시와 같은 이유로(편자 주 : 제1심은 수사기관 작성의 피해자들에 대한 진술조서에 대한 실질적 진정성립을 증명하기 위한 수단으로서 형사소송법 제312조 제4항에 규정된 영상녹화물에 의한 조서의 실질적 진정성립 인정 방법과 절차에도 위법수집증거 배제법칙의 예외 법리가 적용될 수 있다는 전제에서, 사법경찰관이 피해자들에 대한 경찰조사 과정을 영상녹화하면서 이에 관한 서면 동의서를 제출받지 않은 것은 위법하지 않다고 보았고, 조사 전(全) 과정을 영상녹화하지 않은 것은 형사소송규칙을 위반한 것이나 이에 의하여 조서의 실질적 진정성립을 인정하더라도 적법절차의 실질적 내용을 침해한다고 볼 수 없으므로 예외적으로 조사 전 과정이 영상녹화되지 않는 이 사건 영상녹화물에 의하여 이 사건 진술조서의 실질적 진정성립의 증명을 위한 수단으로 사용할 수 있다고 보았다. 원심은 이러한 제1심판단을 그대로 수긍하였다) 이 사건 영상녹화물에 의하여 이 사건 진술조서 중 피해자들의 진술 부분의 실질적 진정성립이 인정된다고 판단하였다. 이러한 원심판단에는 형사소송법 제312조 제4항이 정한 영상녹화물에 의한 실질적 진정성립 증명에 관한 법리를 오해한 잘못이 있다.

대법원 2022. 7. 14. 선고 2020도13957 판결

형사소송법은 제244조의2 제2항에서 "영상녹화가 완료된 때에는 피의자 또는 변호인 앞에서 지체 없이 그 원본을 봉인하고 피의자로 하여금 기명날인 또는 서명하게 하여야 한다."라고 규정한다. 형사소송규칙은 제134조의4에서 "법원은 검사가 영상녹화물의 조사를 신청한 경우 이에 관한 결정을 함에 있어 피고인 또는 변호인으로 하여금 그 영상녹화물이 적법한 절차와 방식에 따라 작성되어 봉인된 것인지에 관한 의견을 진술하게 하여야 하고(제1항)", "공판준비 또는 공판기일에서 봉인을 해체하고 영상녹화물의 전부 또는 일부를 재생하는 방법으로 조사하여야 하며(제3항 전문)", "재판장은 조사를 마친 후 지체 없이 법원사무관 등으로 하여금 다시 원본을 봉인하도록 하고, 원진술자와 함께 피고인 또는 변호인에게 기명날인 또는 서명하도록 하여 검사에게 반환한다(제4항 본문)."라고 규정한다. 형사소송법 및 형사소송규칙에서 영상녹화물에 대한 봉인절차를 둔 취지는 영상녹화물의 조작가능성을 원천적으로 봉쇄하여 영상녹화물 원본과의 동일성과 무결성을 담보하기 위한 것이다. 이러한 형사소송법 등의 규정 내용과 취지에 비추어 보면, 검사가 작성한 피고인이 된 피의자의 진술을 기재한 조서의 실질적 진정성립을 증명하려면 원칙적으로 봉인되어 피의자가 기명날인 또는 서명한 영상녹화물을 조사하는 방법으로 하여야 하고 특별한 사정이 없는 한 봉인절차를 위반한 영상녹화물로는 이를 증명할 수 없다.

다만 형사소송법 등이 정한 봉인절차를 제대로 지키지 못했더라도 영상녹화물 자체에 원본으로서 동일성과 무결성을 담보할 수 있는 수단이나 장치가 있어 조작가능성에 대한 합리적 의심을 배제할 수 있는 경우에는 그 영상녹화물을 법정 등에서 재생·시청하는 방법으로 조사하여 영상녹화물의 조작 여부를 확인함과 동시에 위 조서에 대한 실질적 진정성립의 인정 여부를 판단할 수 있다고 보아야 한다. 그와 같은 예외적인 경우라면 형사소송법 등이 봉인절차를 마련하여 둔 취지와 구 형사소송법 제312조 제2항에서 '영상녹화물이나 그 밖의 객관적인 방법'에 의하여 실질적 진정성립을 증명할 수 있도록 한 취지에 부합하기 때문이다.

대법원 1979. 11. 27. 선고 76도3962 판결 「위 공소외 1은 제1심 제1차 증언시 검사의 신문에 대하여 이 건으로 검찰 경찰에서 진술한 내용은 그대로 틀림없다는 취지의 증언을 하고 있을 뿐이어서 위 진술이 과연 위 조서의 진정성립을 인정한 것인지 불분명하여 동 진술만으로서 곧 위 조서의 진정성립을 인정하기에 부족하다.」

대법원 1996. 10. 15. 선고 96도1301 판결 「위 공소외 3은 제1심의 제5회 공판기일에 증인으로 출석하여 검사의 신문에 대하여 수사기관에서 사실대로 진술하고 그 내용을 확인한 후 서명날인하였다는 취지로 증언하고 있을 뿐이어서, 과연 위 진술이 위 각 조서의 진정성립을 인정하는 취지인지 분명하지 아니하므로 위 진술만으로는 위 각 조서의 진정성립을 인정하기에 부족하다.」

대법원 2005. 6. 10. 선고 2005도1849 판결 「조서의 내용이 원진술자가 진술한 대로 기재된 것이라 함은 조서 작성 당시 원진술자의 진술대로 기재되었는지의 여부만을 의미하는 것으로, 그와 같이 진술하게 된 연유나 그 진술의 신빙성 여부는 고려할 것이 아니며, 한편 검사가 피의자나 피의자 아닌 자의 진술을 기재한 조서 중 일부에 관하여만 원진술자가 공판준비 또는 공판기일에서 실질적 진정성립을 인정하는 경우에는 법원은 당해 조서 중 어느 부분이 원진술자가 진술한 대로 기재되어 있고 어느 부분이 달리 기재되어 있는지 여부를 구체적으로 심리한 다음 진술한 대로 기재되어 있다고 하는 부분에 한하여 증거능력을 인정하여야 하고, 그 밖에 실질적 진정성립이 부정되는 부분에 대해서는 증거능력을 부정하여야 할 것이다.」

대법원 2016. 2. 18. 선고 2015도16586 판결 「실질적 진정성립을 증명할 수 있는 방법으로서 형사소송법 제312조 제2항에 예시되어 있는 영상녹화물의 경우 형사소송법 및 형사소송규칙에 의하여 영상녹화의 과정, 방식 및 절차 등이 엄격하게 규정되어 있는데다(형사소송법 제244조의2, 형사소송규칙 제

134조의2 제3항, 제4항, 제5항 등) 피의자의 진술을 비롯하여 검사의 신문 방식 및 피의자의 답변 태도 등 조사의 전 과정이 모두 담겨 있어 피고인이 된 피의자의 진술 내용 및 그 취지를 과학적·기계적으로 재현해 낼 수 있으므로 조서의 내용과 검사 앞에서의 진술 내용을 대조할 수 있는 수단으로서의 객관성이 보장되어 있다고 볼 수 있으나, 피고인을 피의자로 조사하였거나 그 조사에 참여하였던 자들의 증언은 오로지 해당 증언자의 주관적 기억 능력에 의존할 수밖에 없어 객관성이 보장되어 있다고 보기 어렵다. 결국 검사 작성의 피의자신문조서에 대한 실질적 진정성립을 증명할 수 있는 수단으로서 형사소송법 제312조 제2항에 규정된 '영상녹화물이나 그 밖의 객관적인 방법'이라 함은 형사소송법 및 형사소송규칙에 규정된 방식과 절차에 따라 제작된 영상녹화물 또는 그러한 영상녹화물에 준할 정도로 피고인의 진술을 과학적·기계적·객관적으로 재현해 낼 수 있는 방법만을 의미한다고 봄이 타당하고, 그 외에 조사관 또는 조사 과정에 참여한 통역인 등의 증언은 이에 해당한다고 볼 수 없다.」

〈반대신문권의 보장〉

대법원 2022. 3. 17. 선고 2016도17054 판결

1. 이 사건의 개요 및 쟁점

가. 이 사건 공소사실의 요지는, '피고인이 공소외인과 공동하여 위험한 물건을 휴대하고 피해자를 폭행하여 치료일수 미상의 상해를 가하였다.'는 것이다.

나. 피해자는 검찰 및 경찰에서 참고인으로 출석하여 그 피해 사실을 진술하였고, 제1심 제2회 공판기일에 증인으로 출석하여 검사의 주신문 및 변호인의 일부 반대신문에 대하여 진술하였다. 그러나 피해자는 변호인의 나머지 반대신문을 위하여 속행된 제1심 제4회 공판기일부터 출석하지 아니하였고, 제1심은 제6회 공판기일까지는 나머지 반대신문을 위하여 증인신문절차를 속행하면서 피해자에 대하여 증인소환절차를 진행하였으나, 그 이후부터 피해자에 대한 증인소환절차를 더 이상 진행하지 아니한 채 제9회 공판기일에 변론을 종결하였다.

다. 제1심은 제2회 공판조서 중 증인신문조서에 기재된 피해자의 진술(이하 '이 사건 증인신문조서'라 한다) 등을 기초로 이 사건 공소사실을 유죄로 판단하였으나, 원심은 이 사건 증인신문조서에 대하여는 피고인 또는 변호인의 실질적 반대신문권이 보장되지 아니한 하자가 있다는 등의 이유로 증거능력을 인정하지 아니하고, 피해자에 대한 검찰 및 경찰 각 진술조서(이하 '이 사건 진술조서'라 한다)에 대하여는 형사소송법 제312조 제4항, 제314조에서 규정한 전문법칙의 예외 요건을 충족하지 못하였다는 이유로 그 증거능력을 부정한 후, 나머지 증거들만으로 이 사건 공소사실을 유죄로 인정하기에 부족하다고 보아 피고인에 대하여 무죄를 선고하였다.

라. 이 사건의 쟁점은 이 사건 증인신문조서 및 이 사건 진술조서의 증거능력에 대한 원심의 판단에 법리오해의 잘못이 있는지 여부이다.

2. 이 사건 증인신문조서의 증거능력에 관하여

가. 형사소송법은 제161조의2에서 피고인의 반대신문권을 포함한 교호신문제도를 규정하는 한편, 제310조의2에서 법관의 면전에서 진술되지 아니하고 피고인에 의한 반대신문의 기회가 부여되지 아니한 진술에 대하여는 원칙적으로 그 증거능력을 부여하지 아니함으로써, 형사재판에서 증거는 법관의 면전에서 진술·심리되어야 한다는 직접주의와 피고인에게 불리한 증거에 대하여 반대신문할 수 있는 권리를 원칙적으로 보장하고 있는데, 이러한 반대신문권의 보장은 피고인에게 불리한 주된 증거의 증명력을 탄핵할 수 있는 기회가 보장되어야 한다는 점에서 형식적·절차적인 것이 아니라 실질적·효과적인 것이어야 한다(대법원 2001. 9. 14. 선고 2001도1550 판결 참조). 따라서 피고인에게 불리한 증거인 증인이 주신문의 경우와 달리 반대신문에 대하여는 답변을 하지 아니하는 등 진술 내용의 모순이나 불합리를 그 증인신문 과정에서 드러내어 이를 탄핵하는 것이 사실상 곤란하였고, 그것이 피고인 또는 변호인에게 책임 있는 사유에 기인한 것이 아닌 경우라면, 관계 법령의 규정 혹은 증인의 특성 기타 공판절차의 특수성에 비추어 이를 정당화할 수 있는 특별한 사정이 존재하지 아니하는 이상, 이와 같이 실질적 반대신문권의 기회가 부여되지 아니한 채 이루어진 증인의 법정진술은 위법한 증거로서 증거능력을 인정하기 어렵다. 이 경우 피고인의 책문권 포기로 그 하자가 치유될 수 있으나, 책문권 포기의 의사는 명시적인 것이어야 한다(대법원 2010. 1. 14. 선고 2009도9344 판결 참조).

나. 원심은, 변호인의 피해자에 대한 나머지 반대신문을 위하여 증인신문절차를 속행하던 중 제1심 제6회 공판기일까지 피해자가 출석하지 아니하자 그 이후부터 피해자에 대한 증인소환절차를 진행하지 아니한 채 제9회 공판기일에 변론을 종결하였으므로 피고인 또는 변호인의 반대신문권이 실질적으로 보장된 것으로 볼 수 없다고 하면서, 그 구체적인 사유로, 피고인이 수사기관에서부터 공판에 이르기까지 일관하여 피해자의 진술과 정면으로 배치되는 취지로 주장하며 이 사건 공소사실을 극렬히 다투어 온 점, 변호인이 미리 준비하여 재판부에 제출하였으나 증인신문절차 속행으로 증인의 답변을 듣지 못한 사항은 전체 반대신문사항의 1/2 정도에 달하는 것으로 폭행의 수단, 방법, 상해의 부위, 정도 등 이 사건 공소사실의 주된 부분에 관한 것이었던 점, 제1심에서 이루어진 다른 증인들의 전체적인 증언 취지가 위

폭행 및 상해 등 이 사건 공소사실과 달랐던 점 등의 사정을 들었다. 원심은 나아가, **피고인 및 변호인이 제1심 제3회 공판기일 및 제5회 공판기일에 각 '이의가 없다.'는 취지로 진술하기는 하였으나 실질적 반대신문권을 보장하지 아니한 하자는 그 이후인 제1심 제6회 공판기일 이후에 발생한 것이므로 피고인 또는 변호인이 책문권 포기의 의사를 명시한 것으로 볼 수도 없다**는 취지로 판단하였다.

다. 위와 같은 원심판결의 이유와 아래의 이 사건 진술조서의 증거능력과 관련하여 원심이 그 이유로 들고 있는 사정(피해자의 수사기관에서의 진술 중 폭행당하였다는 점에 관하여는 다소 변경되었으므로, 피고인으로서는 반대신문을 통하여 피해자의 위 진술을 탄핵할 필요성이 있었던 점, 그러나 피해자는 제1심 제2회 공판기일 이후부터 증인신문을 의도적으로 회피한 것으로 보이는 점 등)을 관련 법리와 적법하게 채택한 증거에 비추어 살펴보면, 원심이 증인신문절차에서의 실질적 반대신문권 보장, 책문권 포기 등에 관한 법리를 오해하여 판결에 영향을 미친 잘못이 없다.

3. 이 사건 진술조서의 증거능력에 관하여

가. 형사소송법 제312조 제4항과 관련하여

원심은 그 판시와 같이 피해자에 대한 증인신문절차에서 피고인 또는 변호인에게 이 사건 진술조서의 기재 내용에 대하여 피해자를 신문할 기회가 실질적으로 주어졌다고 볼 수 없으므로, 이 사건 진술조서는 형사소송법 제312조 제4항에서 규정한 '피고인 또는 변호인이 공판기일에 그 기재 내용에 관하여 피해자를 신문할 수 있었던 때'의 요건을 갖추지 못하여 이를 근거로 전문법칙의 예외를 인정할 수 없다는 취지로 판단하였다.

원심판결의 이유를 관련 법리와 적법하게 채택한 증거에 비추어 살펴보면, 원심이 형사소송법 제312조 제4항에서 규정한 반대신문권 보장에 관한 법리를 오해하여 판결에 영향을 미친 잘못이 없다.

나. 형사소송법 제314조와 관련하여

1) 형사소송법 제314조에서 '그 진술이 특히 신빙할 수 있는 상태하에서 행하여졌음'이라 함은 그 진술 내용이나 조서의 작성에 허위개입의 여지가 거의 없고, 그 진술 내용의 신빙성이나 임의성을 담보할 구체적이고 외부적인 정황이 있는 경우를 가리키고(대법원 1987. 3. 24. 선고 87도81 판결, 대법원 2006. 4. 14. 선고 2005도9561 판결 등 참조), 이에 대한 증명은 단지 그러할 개연성이 있다는 정도로는 부족하며, 합리적 의심의 여지를 배제할 정도에 이르러야 한다(대법원 2014. 2. 21. 선고 2013도12652 판결 등 참조).

형사소송법은 수사기관에서 작성된 조서 등 서면증거에 대하여 일정한 요건 아래 증거능력을 인정하는데, 이는 실체적 진실발견의 이념과 소송경제의 요청을 고려하여 예외적으로 허용하는 것이므로, 그 증거능력 인정 요건에 관한 규정은 엄격하게 해석·적용하여야 한다(대법원 2013. 3. 14. 선고 2011도8325 판결 참조). 형사소송법 제312조, 제313조는 진술조서 등에 대하여 피고인 또는 변호인의 반대신문권이 보장되는 등 엄격한 요건이 충족될 경우에 한하여 증거능력을 인정할 수 있도록 함으로써 직접심리주의 등 기본원칙에 대한 예외를 정하고 있는데, 형사소송법 제314조는 원진술자 또는 작성자가 사망·질병·외국거주·소재불명 등의 사유로 공판준비 또는 공판기일에 출석하여 진술할 수 없는 경우에 그 진술이 특히 신빙할 수 있는 상태하에서 행하여졌다는 점이 증명되면 원진술자 등에 대한 반대신문의 기회조차도 없이 증거능력을 부여할 수 있도록 함으로써 보다 중대한 예외를 인정한 것이므로, 그 요건을 더욱 엄격하게 해석·적용하여야 한다(대법원 2014. 2. 21. 선고 2013도12652 판결, 대법원 2017. 12. 22. 선고 2016도15868 판결 등 참조).

2) 원심은 피고인이 수사기관에서부터 원심에 이르기까지 일관하여 피해자의 진술과 정면으로 배치되는 취지로 주장하며 이 사건 공소사실을 극렬히 다투어 온 점, 피해자의 수사기관에서의 진술 중 피해자가 피고인으로부터 폭행당하였다는 점에 관하여는 진술이 대체로 일관되나, 폭행의 일시, 수단 및 방법, 상해 부위 및 정도 등에 관하여는 다소 변경되었으므로, 피고인으로서는 반대신문을 통하여 피해자의 진술을 탄핵할 필요성이 있는 점, 그러나 피해자는 제1심 제2회 공판기일 이후부터 증인신문을 의도적으로 회피한 것으로 보이는 점 등을 들어 피해자의 수사기관에서의 각 진술이 법정에서의 반대신문 등을 통한 검증을 거치지 않더라도 진술의 신빙성과 임의성을 충분히 담보할 수 있는 구체적이고 외부적인 정황이 있다는 점을 검사가 증명한 것으로 볼 수 없다고 판단하였다.

3) 원심판결의 이유를 관련 법리와 적법하게 채택한 증거에 비추어 살펴보면, 원심이 구 형사소송법 제314조(2016. 5. 29. 법률 제14179호로 개정되기 전의 것)에서 규정한 '특히 신빙할 수 있는 상태'에 관한 법리 등을 오해하여 판결에 영향을 미친 잘못이 없다.

〈특신상태〉

대법원 2012. 7. 26. 선고 2012도2937 판결 〈표준〉

여기서의 '특히 신빙할 수 있는 상태'라 함은 진술 내용이나 조서의 작성에 허위개입의 여지가 거의 없고, 진술 내용의 신빙성이나 임의성을 담보할 구체적이고 외부적인 정황이 있는 것을 말한다(대법원 2006. 9. 28. 선고 2006도3922 판결 등 참조). 그리고 이러한 '특히 신빙할 수 있는 상태'는 증거능력의 요건에 해당하므로 검사가 그 존재에 대하여 구체적으로 주장·입증하여야 하는 것이지만, 이는 소송상의 사실에 관한 것이므로 엄격한 증명을 요하지 아니하고 자유로운 증명으로 족하다(대법원 2001. 9. 4. 선고 2000도1743 판결 참조).

대법원 2015. 10. 29. 선고 2014도5939 판결 「공소외 1에 대하여 특별사법경찰관이 작성한 각 진술조서 중 피고인과 공범관계에 있는 공소사실에 관한 부분을 제외한 나머지 부분과 검사가 작성한 각 진술조서는, 공소외 1이 부당하게 장기간 계속된 사실상의 구금 상태에 있었음에도 변호인의 조력을 받을 권리도 보장받지 못한 채 심리적 불안감과 위축 속에서 수사관의 회유에 넘어가 진술한 것으로서 그 진술이 특히 신빙할 수 있는 상태하에서 행하여졌다고 보기 어려워 증거능력이 없다.」

대법원 2011. 7. 14. 선고 2011도3809 판결 「전문증거인 위 진술조서가 군사법원법 제367조에 따라 증거능력이 인정되기 위해서는 그 진술이 특별히 신빙할 수 있는 상태에서 이루어졌어야 하고, 이는 진술의 내용이나 조서 또는 서류의 작성에 허위개입의 여지가 거의 없고 그 진술 내용의 신빙성이나 임의성을 담보할 구체적이고 외부적인 정황이 있는 경우를 가리키는데, 원심이 들고 있는 사정, 즉 공소외 1이 자유스러운 분위기에서 임의수사의 형태로 조사에 응하였고 진술조서에 직접 서명·무인하였다는 사정만으로 위와 같은 정황을 인정하기에 부족할 뿐만 아니라, 오히려 ① 공소외 1에 대한 참고인 조사가 강제력을 수반하지 아니하여 과테말라공화국에 대한 주권침해의 문제는 낳지 않는다고 하더라도, 검찰관이 이 사건 공소제기 후에 군사법원의 증거조사절차 외에서, 그것도 형사사법공조절차나 과테말라공화국 주재 우리나라 영사를 통한 조사 등의 방법을 택하지 않고 직접 현지 호텔에 가서 조사를 실시한 것은 아무래도 수사의 정형적 형태를 벗어난 것이라고 보지 않을 수 없는 점, ② 공소외 1은 뇌물공여자로서 스스로 처벌대상이 됨에도 국외 도피를 통해 그에 대한 책임을 회피하고 조사 과정의 허위진술에 따른 불이익도 염려할 필요 없는 상태에서 일방적으로 진술한 점, ③ 공소외 1이 이러한 고발에 이르게 된 데는 자신의 도피자금 제공 요구를 피고인이 거절한 것에 대한 나쁜 감정이 배경이 되어 있는 점, ④ 공소외 1은 귀국 후 법정 증언 등을 통해 자신의 진술에 대한 진실성을 담보할 뜻이 없음을 분명히 하고 있는 점, ⑤ 공소외 1은 위 진술조서를 작성한 이후 피고인의 부탁에 의한 것이라고는 하나 위 진술조서의 내용이 사실과 다르다는 취지의 서류를 보내온 바 있고, 원심증인 공소외 2와의 전화통화 과정에서도 공소사실과 달리 피고인의 주장에 일부 부합하는 진술을 하기도 하는 점 등에 비추어 보면, 위 진술이 특별히 신빙할 수 있는 상태에서 이루어졌다는 점에 관한 증명이 있다고 보기 어렵다.」

(4) 제314조의 적용

〈필요성 및 신용성의 정황적 보장〉

대법원 2006. 5. 25. 선고 2004도3619 판결

1. 형사소송법 제314조에 의하면, 같은 법 제312조 소정의 조서나 같은 법 제313조 소정의 서류 등을 증거로 하기 위해서는, 첫째로 진술을 요할 자가 사망, 질병, 외국거주 기타 사유로 인하여 공판준비 또는 공판기일에 진술할 수 없는 경우이어야 하고('필요성의 요건'), 둘째로 그 진술 또는 서류의 작성이 특히 신빙할 수 있는 상태하에서 행하여진 것이어야 한다('신용성 정황적 보장의 요건').

위 필요성의 요건 중 '질병'은 진술을 요할 자가 공판이 계속되는 동안 임상신문이나 출장신문도 불가능할 정도의 중병임을 요한다고 할 것이고, '기타 사유'는 사망 또는 질병에 준하여 증인으로 소환될 당시부터 기억력이나 분별력의 상실 상태에 있다거나, 법정에 출석하여 증언거부권을 행사한다거나(편자 주: 판례변경), 증인소환장을 송달받고 출석하지 아니하여 구인을 명하였으나 끝내 구인의 집행이 되지 아니하는 등으로 진술을 요할 자가 공판준비 또는 공판기일에 진술할 수 없는 예외적인 사유가 있어야 한다(대법원 1992. 3. 13. 선고 91도2281 판결, 1992. 8. 18. 선고 92도1244 판결, 1999. 4. 23. 선고 99도915 판결, 1999. 4. 27. 선고 99도800 판결 등 참조).

한편, 위 신용성 정황적 보장의 요건인 '특히 신빙할 수 있는 상태하에서 행하여진 때'라고 함은 그 진술내용이나 조서 또는 서류의 작성에 허위개입의 여지가 거의 없고, 그 진술내용의 신빙성이나 임의성을 담보할 구체적이고 외부적인 정황이 있는 경우를 가리킨다(대법원 1995. 6. 13. 선고 95도523 판결 참조).

2. 공소외 1에 대한 경찰 및 검찰 진술조서에 대하여, 먼저 위 필요성의 요건이 갖추어졌는지에 관하여 보건대, 기록에 의하면, 위 각 진술조서에 대하여 피고인이 증거로 함에 동의하지 아니하여 검사가 원진술자인 공소외 1을 증인으로 신청하여 채택이 되었으나, **공소외 1은 5회에 걸친 소환을 받고도 그의 모인 공소외 2가 불출석사유서를 제출한 채 공판기일에 출석하지 아니하였고**, 이에 대해 검사는 따로 구인장의 발부를 신청하지 아니한 채 '공소외 1이 만 5세 무렵 성추행을 당했고, 그로부터 5년 정도 경과하여 사건 당시 정황에 대한 기억을 소실하였으며, 피고인의 성추행으로 인하여 공소외 1이 외상 후 스트레스 증후군을 앓고 있는데 증인신문을 하여 피해기억을 되살리는 것은 위 질환이 악화될 수 있으므로 형사

소송법 제314조 소정의 기타 사유가 있어 증거능력이 인정된다.'는 취지의 의견서를 제출한 후 공소외 1의 현재 상태에 대한 정신감정을 해보자는 1심 재판부의 제의에 대해서 위 공소외 2가 반대한다는 이유로 불응하고 공소외 1에 대한 증인신청을 철회하였는데, 위 1심 증인신문기일 당시, 공소외 1은 약 10세 남짓으로, 통상의 긴장, 어색함을 지나서 조금 더 회피하는 양상, 불안증상을 보여 정신과적 관찰을 요하는 상태에 있기는 하였으나 국내에서 정상적으로 생활하고 있었던 사실이 인정될 뿐이다. 앞서 본 법리에 비추어 보면 이 정도의 인정 사실만으로는 공소외 1에게 특정의 정신적 결함이나 병력이 있고 공소외 1이 증언을 하게 되면 스스로 감당할 수 없는 심각한 정신적 충격이나 장애를 초래할 개연성이 있다는 등 공판준비 또는 공판기일에 진술할 수 없는 예외적인 사유가 입증되었다고 보기 어려우므로, 위 각 진술조서는 위 필요성의 요건을 갖추었다고 볼 수 없다.

나아가, 위 신용성 정황적 보장의 요건이 갖추어졌는지에 관하여 보건대, 기록에 의하면, 위 공소외 2와 공소외 1을 치료한 정신과 의사인 공소외 3은 피고인이 공소외 1을 성추행하였다고 확신하고 있는데, 위 경찰 진술조서의 작성이 있기 며칠 전에 위 공소외 2, 공소외 3이 유도 질문과 반복 질문을 통해 공소외 1로 하여금 피고인의 성추행사실에 관하여 진술하도록 하여 그 대화내용을 녹음, 녹화하였고, 위 경찰 진술조서 작성 당시는 공소외 2가, 위 검찰 진술조서 작성 당시는 공소외 2 및 공소외 3이 각 동석한 상태에서 공소외 1의 진술이 행해졌으며, 경찰 및 검찰 진술조서가 작성될 무렵 공소외 1은 피고인의 형사처벌에 몰두하고 있던 공소외 2와 함께 생활하고 있었던 사실이 인정된다. 이와 같은 공소외 1의 진술 경위 및 진술 전후의 정황 등에 비추어 보면, 위 각 진술조서의 진술내용에 허위개입의 여지가 거의 없다고 보기는 어렵고, 그 진술내용의 신용성이나 임의성을 담보할 구체적이고 외부적인 정황이 있었다고 보기도 어려워 위 신용성 정황적 보장의 요건이 갖추어졌다고 볼 수도 없다.

따라서 공소외 1에 대한 위 각 진술조서는 형사소송법 제314조 소정의 두 가지 요건을 모두 갖추지 못하여 어느 모로 보나 증거능력이 없다고 할 것이다.

대법원 2016. 2. 18. 선고 2015도17115 판결 <표준> 「외국거주」라고 함은 진술을 요하는 자가 외국에 있다는 것만으로는 부족하고, 수사 과정에서 수사기관이 그 진술을 청취하면서 그 진술자의 외국거주 여부와 장래 출국 가능성을 확인하고, 만일 그 진술자의 거주지가 외국이거나 그가 가까운 장래에 출국하여 장기간 외국에 체류하는 등의 사정으로 향후 공판정에 출석하여 진술을 할 수 없는 경우가 발생할 개연성이 있다면 그 진술자의 외국 연락처를, 일시 귀국할 예정이 있다면 그 귀국 시기와 귀국 시

체류 장소와 연락 방법 등을 사전에 미리 확인하고, 그 진술자에게 공판정 진술을 하기 전에는 출국을 미루거나, 출국한 후라도 공판 진행 상황에 따라 일시 귀국하여 공판정에 출석하여 진술하게끔 하는 방안을 확보하여 그 진술자로 하여금 공판정에 출석하여 진술할 기회를 충분히 제공하며, <u>그 밖에 그를 공판정에 출석시켜 진술하게 할 모든 수단을 강구하는 등 가능하고 상당한 수단을 다하더라도 그 진술을 요할 자를 법정에 출석하게 할 수 없는 사정이 있어야 예외적으로 그 적용이 있다. 나아가 진술을 요하는 자가 외국에 거주하고 있어 공판정 출석을 거부하면서 공판정에 출석할 수 없는 사정을 밝히고 있다고 하더라도 증언 자체를 거부하는 의사가 분명한 경우가 아닌 한 거주하는 외국의 주소나 연락처 등이 파악되고, 해당 국가와 대한민국 간에 국제형사사법공조조약이 체결된 상태라면 우선 사법공조의 절차에 의하여 증인을 소환할 수 있는지 여부를 검토해 보아야 하고, 소환을 할 수 없는 경우라고 하더라도 외국의 법원에 사법공조로 증인신문을 실시하도록 요청하는 등의 절차를 거쳐야 한다고 할 것이고, 이러한 절차를 전혀 시도해 보지도 아니한 것은 가능하고 상당한 수단을 다하더라도 그 진술을 요하는 자를 법정에 출석하게 할 수 없는 사정이 있는 때에 해당한다고 보기 어렵다.</u>」

대법원 2013. 4. 11. 선고 2013도1435 판결 〈표준〉 「검사가 제출한 증인신청서에는 공소외 2에 대한 경찰 진술조서에 기재된 휴대전화번호가 기재되어 있고, 수사기록 중 공소외 2에 대한 경찰 진술조서에는 집 전화번호도 기재되어 있으며, 그 이후 작성된 검찰 진술조서에는 위 휴대전화번호와 다른 휴대전화번호가 기재되어 있음에도, 검사가 직접 또는 경찰을 통하여 위 각 전화번호로 공소외 2에게 연락하여 법정 출석의사가 있는지 확인하는 등의 방법으로 공소외 2의 법정 출석을 위하여 상당한 노력을 기울였다는 자료는 전혀 보이지 아니한다. … <u>위와 같은 상황이라면 공소외 2의 법정 출석을 위한 가능하고도 충분한 노력을 다하였음에도 불구하고 부득이 공소외 2의 법정 출석이 불가능하게 되었다는 사정이 입증된 경우라고 볼 수 없으므로, 형사소송법 제314조의 '소재불명 그 밖에 이에 준하는 사유로 인하여 진술할 수 없는 때'에 해당한다고 인정할 수 없다.</u>」

대법원 2007. 1. 11. 선고 2006도7228 판결 〈표준〉 「직접주의와 전문법칙의 예외를 정한 형사소송법 제314조의 요건 충족 여부는 엄격히 심사하여야 하고 전문증거의 증거능력을 갖추기 위한 요건에 관한 입증책임은 검사에게 있는 것이므로, 법원이 증인에 대한 <u>구인장 집행불능 상황을 형사소송법 제314조의 '기타 사유로 인하여 진술할 수 없는 때'에 해당한다고 인정할 수 있으려면, 형식적으로 구인장 집행이 불가능하다는 취지의 서면이 제출되었다는 것만으로는 부족하고, 증인에 대한 구인장의 강제력에 기하여 증인의 법정 출석을 위한 가능하고도 충분한 노력을 다하였음에도 불구하고, 부득이 증인의 법정 출석이 불가능하게 되었다는 사정을 검사가 입증한 경우여야 한다.</u>」

대법원 1992. 3. 13. 선고 91도2281 판결 「위 공소외 1은 제1심에서 증인으로 소환당할 당시부터 <u>노인성 치매로 인한 기억력 장애, 분별력 상실 등으로 인하여 진술할 수 없는 상태하에 있었고</u>(공판기록 37면, 진단서), 나아가 <u>위 각 진술이 그 내용에 있어서 시종 일관되며 특히 검사 및 사법경찰리 작성의 각 피의자신문조서상의 각 진술부분은 피고인과의 대질하에서 이루어진 것인 점 등에 비추어 그 각 진술내용의 신용성이나 임의성을 담보할 만한 구체적인 정황이 있는 경우에 해당되어 특히 신빙할 수 있</u>

는 상태하에서 행하여진 것이라고 보여지므로, 각 형사소송법 제314조에 의하여 증거 능력있는 증거라 할 것(이다).」

대법원 1999. 11. 26. 선고 99도3786 판결 「검사와 사법경찰관사무취급이 작성한 마스오 가스노리에 대한 각 진술조서 중 피해자 1의 진술기재 부분에 관하여 원진술자인 피해자 1이 법정에서 그 진정성립을 인정한 바는 없으나, <u>이 사건과 같이 피해자 1이 공판정에서 진술을 한 경우라도 증인신문 당시 일정한 사항에 관하여 기억이 나지 않는다는 취지로 진술하여 그 진술의 일부가 재현 불가능하게 된 경우도 위 조항이 규정하는 '원진술자가 진술을 할 수 없는 때'에 해당(한다).」</u>

대법원 2006. 4. 14. 선고 2005도9561 판결 「원진술자인 위 피해자가 제1심법정에서 증인으로 출석하여 대부분의 증인신문사항에 관하여 기억이 나지 않는다는 취지로 진술하는 등 그 진정성립을 명백하게 인정한 바가 없음을 알 수 있는바, 앞서 본 법리에 비추어 보면 이와 같이 위 <u>피해자가 공판정에서 진술을 하였더라도 증인신문 당시 일정한 사항에 관하여 기억이 나지 않는다는 취지로 진술하여 그 진술의 일부가 재현 불가능하게 된 경우는 '원진술자가 진술을 할 수 없는 때'에 해당한다.」</u>

〈그 밖에 이에 준하는 사유와 증언거부권의 행사〉

대법원 2012. 5. 17. 선고 2009도6788 전원합의체 판결 〈표준〉

<u>위 증거능력에 대한 예외사유로 1995. 12. 29. 법률 제5054호로 개정되기 전의 구 형사소송법 제314조가 '사망, 질병 기타 사유로 인하여 진술할 수 없는 때', 2007. 6. 1. 법률 제8496호로 개정되기 전의 구 형사소송법 제314조가 '사망, 질병, 외국거주 기타 사유로 인하여 진술할 수 없는 때'라고 각 규정한 것에 비하여 현행 형사소송법은 그 예외사유의 범위를 더욱 엄격하게 제한하고 있는데, 이는 직접심리주의와 공판중심주의의 요소를 강화하려는 취지가 반영된 것이다.</u>

한편 형사소송법은 누구든지 자기 또는 친족 등이 형사소추 또는 공소제기를 당하거나 유죄판결을 받을 사실이 발로될 염려가 있는 증언을 거부할 수 있도록 하고(제148조), 또한 변호사, 변리사, 공증인, 공인회계사, 세무사, 대서업자, 의사, 한의사, 치과의사, 약사, 약종상, 조산사, 간호사, 종교의 직에 있는 자 또는 이러한 직에 있던 사람은 그 업무상 위탁을 받은 관계로 알게 된 사실로서 타인의 비밀에 관한 것은 증언을 거부할 수 있도록 규정하여(제149조 본문), 증인에게 일정한 사유가 있는 경우 증언을 거부할 수 있는 권리를 보장하고 있다. 위와 같은 <u>현행 형사소송법 제314조의 문언과 개정 취지, 증언거부권 관련 규정의 내용 등에 비추어 보면, 법정에 출석한 증인이 형사소송법 제148조, 제149조 등에서 정한 바에 따</u>

라 정당하게 증언거부권을 행사하여 증언을 거부한 경우는 형사소송법 제314조의 '그 밖에 이에 준하는 사유로 인하여 진술할 수 없는 때'에 해당하지 아니한다고 할 것이다.

(2) 원심은, **피고인 5 주식회사(이하 '피고인 5 회사'라고 한다)가 판시 법무법인 소속 변호사로부터 법률자문을 받은 내용이 기재된 이 사건 법률의견서의 증거능력**을 부정한 제1심의 판단을 그대로 유지하면서, 비록 현행법상 명문의 규정은 없으나 헌법 제12조 제4항에 의하여 인정되는 변호인의 조력을 받을 권리 중 하나로서 변호인과 의뢰인 사이에서 법률자문을 목적으로 비밀리에 이루어진 의사교환에 대하여 의뢰인은 그 공개를 거부할 수 있는 특권을 가진다고 전제하였다. 이에 따라 원심은, 이 사건 법률의견서는 법정에서 작성자인 변호사에 의하여 그 성립의 진정이 인정되지 아니한 이상 증거능력이 없을 뿐만 아니라, 그 성립의 진정이 인정된다고 하더라도 위 법리에 따라 압수절차의 위법 여부와 관계없이 변호인—의뢰인 특권에 의하여 의뢰인인 피고인 5 회사 및 피고인 1, 2에 대한 범죄사실을 인정할 증거로 사용할 수 없다고 판단하였다.

(3) 헌법 제12조 제4항 본문은 "누구든지 체포 또는 구속을 당한 때에는 즉시 변호인의 조력을 받을 권리를 가진다"라고 규정하고 있고, 이와 관련하여 형사소송법 제34조는 변호인 또는 변호인이 되려는 사람에 대하여 신체구속을 당한 피고인 또는 피의자와 제한 없이 접견하고 서류 또는 물건을 수수할 수 있도록 허용하고 있다. 한편 형사소송법은 변호사 등이 그 업무상 위탁을 받아 소지 또는 보관하는 물건으로 타인의 비밀에 관한 것은 압수를 거부할 수 있고(제112조 본문, 제219조), 그 업무상 위탁을 받은 관계로 알게 된 사실로서 타인의 비밀에 관한 것은 증언을 거부할 수 있도록 규정하여(제149조 본문), 변호사와 의뢰인 사이의 법률자문 또는 법률상담의 비밀을 일정한 범위에서 보호하고 있다.

위와 같은 변호인의 조력을 받을 권리, 변호사와 의뢰인 사이의 비밀보호 범위 등에 관한 헌법과 형사소송법 규정의 내용과 취지 등에 비추어 볼 때, 아직 수사나 공판 등 형사절차가 개시되지 아니하여 피의자 또는 피고인에 해당한다고 볼 수 없는 사람이 일상적 생활관계에서 변호사와 상담한 법률자문에 대하여도 변호인의 조력을 받을 권리의 내용으로서 그 비밀의 공개를 거부할 수 있는 의뢰인의 특권을 도출할 수 있다거나, 위 특권에 의하여 의뢰인의 동의가 없는 관련 압수물은 압수절차의 위법 여부와 관계없이 형사재판의 증거로 사용할 수 없다는 견해는 받아들일 수 없다고 하겠다. 원심이 이 사건 법률의견서의 증거능력을 부정하는 이유를 설시함에 있어 위와 같은 이른바 변호인—의뢰인 특권을 근거로 내세운 것은 적절하다고 할 수 없다.

(4) 그러나 원심이 이 사건 법률의견서의 증거능력을 부정하고 이를 증거로 채택하지 아니한 결론은 다음과 같은 이유에서 정당하다고 할 것이다.

압수된 디지털 저장매체로부터 출력한 문건을 진술증거로 사용하는 경우 그 기재 내용의 진실성에 관하여는 전문법칙이 적용되므로 형사소송법에 따라 그 작성자 또는 진술자의 진술에 의하여 그 성립의 진정함이 증명된 때에 한하여 이를 증거로 사용할 수 있다(대법원 1999. 9. 3. 선고 99도2317 판결, 대법원 2007. 12. 13. 선고 2007도7257 판결 등 참조).

원심판결 이유 및 기록에 의하면, **이 사건 법률의견서는 판시 법무법인 소속 변호사가 작성한 후 전자우편으로 피고인 5 회사 측에 전송한 전자문서를 검사가 컴퓨터 등 디지털 저장매체의 압수를 통하여 취득한 다음 이를 출력하여 증거로 신청한 서류로서,** 피고인 1, 2, 피고인 5 회사가 이를 증거로 함에 동의하지 아니한 사실, **위 변호사는 원심 제6회 공판기일에 증인으로 출석하였으나 증언하여야 할 내용이 피고인 5 회사로부터 업무상 위탁을 받은 관계로 알게 된 타인의 비밀에 관한 것임을 소명한 후 재판장으로부터 증언을 거부할 수 있다는 설명을 듣고 증언을 거부한 사실**을 알 수 있다.

위 사실관계를 앞서 본 법리에 비추어 살펴보면, 이 사건 법률의견서는 압수된 디지털 저장매체로부터 출력한 문건으로서 그 실질에 있어서 형사소송법 제313조 제1항에 규정된 '피고인 아닌 자가 작성한 진술이나 그 진술을 기재한 서류'에 해당한다고 할 것인데, 공판준비 또는 공판기일에서 그 작성자 또는 진술자인 위 변호사의 진술에 의하여 그 성립의 진정함이 증명되지 아니하였으므로 위 규정에 의하여 이 사건 법률의견서의 증거능력을 인정할 수는 없다. 나아가 원심 공판기일에 출석한 위 변호사가 이 사건 법률의견서의 진정성립 등에 관하여 진술하지 아니한 것은 형사소송법 제149조에서 정한 바에 따라 정당하게 증언거부권을 행사한 경우에 해당하므로, 앞서 본 법리에 따라 형사소송법 제314조에 의하여 이 사건 법률의견서의 증거능력을 인정할 수도 없다.

> **대법원 2013. 6. 13. 선고 2012도16001 판결 〈표준〉**
> 현행 형사소송법 제314조의 문언과 개정 취지, 진술거부권 관련 규정의 내용 등에 비추어 보면, 피고인이 증거서류의 진정성립을 묻는 검사의 질문에 대하여 진술거부권을 행사하여 진술을 거부한 경우는 형사소송법 제314조의 '그 밖에 이에 준하는 사유로 인하여 진술할 수 없는 때'에 해당하지 아니한다고 할 것이다.
> 원심은, 피고인 1, 피고인 2가 '공소외 1 USB 문건', '피고인 3 컴퓨터 발견 문건', '피고인 2 이메일 첨부서류', '공소외 2 제출 서류'의 진정성립을 묻는 검사의 질문에 대하여 진술거부권을 행사한 경우를 형사소송법 제314조의 '공판준비 또는 공판기일에 진술을 요하는 자

가 사망·질병·외국거주·소재불명 기타 그 밖에 이에 준하는 사유로 인하여 진술할 수 없는 때'에 해당한다고 해석하는 것은 진술거부권의 행사를 이유로 위 피고인들에게 불이익을 과하는 것으로서 허용되지 아니한다고 하여, 위 각 문서들이 형사소송법 제314조에 의하여 증거능력이 인정된다는 주장을 배척하였다. 원심의 위와 같은 판단은 앞서 본 법리에 따른 것으로서 정당하고, 거기에 상고이유 주장과 같은 증거능력에 관한 법리오해 등의 위법이 있다 할 수 없다.

〈증인이 정당한 이유 없이 증언을 거부한 경우 제314조의 '그 밖에 이에 준하는 사유'에 해당하는지 여부 : 원칙적 소극〉

대법원 2019. 11. 21. 선고 2018도13945 전원합의체 판결 〈표준〉

1) 수사기관에서 진술한 참고인이 법정에서 증언을 거부하여 피고인이 반대신문을 하지 못한 경우에는 정당하게 증언거부권을 행사한 것이 아니라도, 피고인이 증인의 증언거부 상황을 초래하였다는 등의 특별한 사정이 없는 한 형사소송법 제314조의 '그 밖에 이에 준하는 사유로 인하여 진술할 수 없는 때'에 해당하지 않는다고 보아야 한다. 따라서 증인이 정당하게 증언거부권을 행사하여 증언을 거부한 경우와 마찬가지로 수사기관에서 그 증인의 진술을 기재한 서류는 증거능력이 없다. 그 이유는 다음과 같다.

가) 형사소송법은 헌법이 요구하는 적법 절차를 구현하기 위하여 사건의 실체에 대한 심증 형성은 법관의 면전에서 본래증거에 대한 반대신문이 보장된 증거조사를 통하여 이루어져야 한다는 실질적 직접심리주의와 전문법칙을 채택하고 있다. 공판중심주의의 한 요소인 실질적 직접심리주의는 법관의 면전에서 직접 조사한 증거만을 재판의 기초로 삼을 수 있고, 증명 대상이 되는 사실과 가장 가까운 원본 증거를 재판의 기초로 삼아야 하며, 원본 증거의 대체물 사용은 특별한 사정이 없는 한 허용되어서는 안 된다는 원칙이다. 법관은 법정에서 직접 원본 증거를 조사하는 방법을 통하여 사건에 대한 신선하고 정확한 심증을 형성할 수 있고, 피고인에게 원본 증거에 관한 직접적인 의견진술의 기회를 부여함으로써 실체적 진실을 발견하고 공정한 재판을 실현할 수 있다(대법원 2019. 3. 21. 선고 2017도16593−1 전원합의체 판결 등 참조).

따라서 법원은 이러한 실질적 직접심리주의와 전문법칙이 형사소송절차 진행 및 심리 과정에서 원칙적이고 실질적인 지배원리로서 충실히 기능할 수 있도록 하여야 하고, 그 예외는 직접심리주의와 공판중심주의에 의한 공정한 공개재판을 받을 권리와 무죄추정을 받을 권리를 본질적으로 침해하거나 형해화하는 결과가 초래되지 않도록 형사소송법이 정한 필요한 최소한도에 그쳐야 한다(대법원 2011. 11. 10. 선고 2010도12 판결 등 참조).

형사소송법은 제310조의2에서 "제311조 내지 제316조에 규정한 것 이외에는 공판준비 또는 공판기일에서의 진술에 대신하여 진술을 기재한 서류나 공판준비 또는 공판기일 외에서의 타인의 진술을 내용으로 하는 진술은 이를 증거로 할 수 없다."라고 정하고 있다. 이로써 사실을 직접 경험한 사람의 진술이 법정에 직접 제출되어야 하고 이에 갈음하는 대체물인 진술 또는 서류가 제출되어서는 안 된다는 이른바 전문법칙을 선언하고, 전문법칙의 예외로 증거능력이 인정되는 경우를 제311조 내지 제316조로 제한하고 있다.

또한 제312조와 제313조는 참고인 진술조서 등 서면증거에 대하여 반대신문권이 보장되는 등 엄격한 요건이 충족될 경우에 한하여 증거능력을 인정하는 예외를 규정하고 있고, 제314조는 제312조 또는 제313조의 경우에 진술을 요하는 자가 진술할 수 없는 때 다시 예외적으로 그 진술 없이 증거능력을 인정할 수 있는 요건을 규정하고 있다.

앞에서 살펴본 바와 같이 전문법칙의 예외는 필요한 최소한도에 그쳐야 한다. 형사소송법 제314조는 예외적으로 전문증거의 증거능력이 인정되기 위해 갖추어야 할 요건에 대하여 다시 그 요건마저 갖추지 않아도 되는 예외를 규정한 것이므로, 그 적용 범위를 더욱 제한적으로 해석해야 한다.

나) … 현행 형사소송법 제312조 제4항은 구 형사소송법이 정한 원진술자의 진정성립 인정 요건 외에 '피고인 또는 변호인이 공판준비 또는 공판기일에 그 기재 내용에 관하여 원진술자를 신문할 수 있었던 때', 즉 피고인의 반대신문권이 보장될 것을 증거능력 인정의 요건으로 추가함으로써 피고인의 반대신문권이 보장되지 않은 참고인에 대한 진술조서는 원칙적으로 증거능력이 인정되지 않음을 선언하였다. 반대신문권의 보장은 형식적·절차적인 것이 아니라 실질적·효과적인 것이어야 한다.

또한 원진술자의 진술 없이 전문증거에 대하여 증거능력이 인정될 수 있는 예외사유에 관하여 형사소송법 제314조는 그동안 '사망, 질병 기타 사유로 인하여 진술할 수 없는 때'에서, '사망, 질병, 외국거주 기타 사유로 인하여 진술할 수 없는 때'로, 다시 '사망·질병·외국거주·소재불명, 그 밖에 이에 준하는 사유로 인하여 진술할 수 없는 때'로 거듭 바뀌며 그 예외사유의 범위를 더욱 엄격하게 제한하는 방향으로 개정되어 왔음은 앞에서 살펴본 바와 같다(위 2009도6788 전원합의체 판결 참조).

이와 같이 형사소송법이 피고인의 반대신문권 보장을 강화하고 전문법칙의 예외사유를 더욱 엄격하게 제한하는 방향으로 개정되어 온 취지는 증언거부권의 정당한 행사로 인정되지 않는 증언거부에 대하여 형사소송법 제314조의 적용 여부를 판단할 때에도 중요한 고려 요소로 삼아야 한다.

다) 대법원은 이와 같은 형사소송법의 규정 내용과 그 개정 취지에 따라 직접심리주의와 전문법칙의 예외를 정한 형사소송법 제314조의 요건 충족 여부는 엄격히 심사하여야 한다는 점을 여러 판례를 통해 확인해 왔다.

먼저 제314조가 규정하는 '질병'에 대해서는 공판이 계속되는 기간 동안 임상신문이나 출장신문도 불가능할 정도의 중병임을 요한다고 하였고(대법원 2006. 5. 25. 선고 2004도3619 판결 참조), '외국거주'에 대해서는 원진술자가 외국에 있다는 사정만으로는 부족하고, 공판정에 출석시켜 진술하게 할 모든 수단을 강구하는 등 가능하고 상당한 수단을 다하더라도 진술을 요할 자를 법정에 출석하게 할 수 없는 사정이 있어야 하며, 해당 국가와 국제형사사법공조 조약이 체결된 상태라면 우선 사법공조의 절차에 의하여 증인을 소환할 수 있는지를 검토해야 하고, 소환을 할 수 없는 경우라도 외국의 법원에 사법공조로 증인신문을 실시하도록 요청하는 등의 절차까지 거쳐야 한다고 보았다(대법원 2016. 2. 18. 선고 2015도17115 판결 등 참조). 그리고 '소재불명'에 해당하려면 소환장이 송달불능되었다는 것만으로는 부족하고, 소재탐지촉탁까지 하여 소재수사를 하였는데도 그 소재를 확인할 수 없어야 한다고 보았다(대법원 2010. 9. 9. 선고 2010도2602 판결 등 참조).

이와 같이 제314조가 규정하는 '사망·질병·외국거주·소재불명'은 개인의 신체적 사유나 법정 출석에 따른 장소적, 거리적 제한 내지 출석을 고지할 수 없는 사정 등이 있어 물리적으로 증인이 법정에 나오는 것이 불가능하거나 나오더라도 진술을 할 수 없음이 객관적으로 분명한 경우라고 인정되어야 한다. 그런데 증언거부권의 정당한 행사에 해당하지 않는 증언거부는 위와 같은 '사망·질병·외국거주·소재불명'의 경우에 준한다고 볼 수 있을 정도로 법정에서 진술할 수 없는 경우에 해당한다고 인정하기 어렵다.

결국 검사의 주장과 같이 증언거부권의 정당한 행사에 해당하지 않는 증언거부가 있었다는 이유만으로 형사소송법 제314조가 적용된다고 본다면, 피고인으로부터 반대신문의 기회를 박탈하고 전문법칙 예외사유의 범위를 넓혀 실질적으로 피고인에게 불리한 결과를 용인하는 것이 된다. 이와 같이 형사소송법을 해석하는 것은 앞에서 본 바와 같이 실질적 직접심리주의와 전문법칙을 채택하고 이를 강화하여 공판중심주의를 확립하는 방향으로 발전되어 온 형사소송법의 취지 및 이에 따른 대법원 판례의 태도에 반한다.

라) 대법원은 이미 2012. 5. 17. 선고한 2009도6788 전원합의체 판결에서 법정에 출석한 증인이 정당하게 증언거부권을 행사하여 증언을 거부한 경우 형사소송법 제314조의 '그 밖에 이에 준하는 사유로 인하여 진술할 수 없는 때'에 해당하지 않는다고 밝혔다.

증인이 정당하게 증언거부권을 행사한 경우와 증언거부권의 정당한 행사가 아닌 경우를 비교하면, 피고인의 반대신문권이 보장되지 않는다는 점에서 아무런 차이가 없다. 증인의 증언거부가 정당하게 증언거부권을 행사한 것인지 여부는 피고인과는 상관없는 증인의 영역에서 일어나는 문제이고, 피고인으로서는 증언거부권이 인정되는 증인이건 증언거부권이 인정되지 않는 증인이건 상관없이 형사소송법이 정한 반대신문권이 보장되어야 한다.

증인의 증언거부권의 존부라는 우연한 사정에 따라 전문법칙의 예외규정인 형사소송법 제314조의 '그 밖에 이에 준하는 사유로 인하여 진술할 수 없는 때'의 해당 여부가 달라지는 것은 피고인의 형사소송절차상 지위에 심각한 불안정을 초래한다.

더구나 사안에 따라서는 증인의 증언거부에 정당한 이유가 있는지를 명확히 판별하기 쉽지 않은 경우도 있으므로, 증인이 정당하게 증언거부권을 행사했는지 여부에 따라 증인의 수사기관 조서의 증거능력에 관한 판단을 달리하는 것은 형사소송절차의 안정마저 저해할 우려가 있다.

마) 다만 피고인이 증인의 증언거부 상황을 초래하였다는 등의 특별한 사정이 있는 경우에는 형사소송법 제314조의 적용을 배제할 이유가 없다. 이러한 경우까지 형사소송법 제314조의 '그 밖에 이에 준하는 사유로 인하여 진술할 수 없는 때'에 해당하지 않는다고 보면 사건의 실체에 대한 심증 형성은 법관의 면전에서 본래증거에 대한 반대신문이 보장된 증거조사를 통하여 이루어져야 한다는 실질적 직접심리주의와 전문법칙에 대하여 예외를 정한 형사소송법 제314조의 취지에 반하고 정의의 관념에도 맞지 않기 때문이다.

바) 증인이 정당하게 증언거부권을 행사한 것으로 볼 수 없는 경우를 형사소송법 제314조의 '그 밖에 이에 준하는 사유로 인하여 진술할 수 없는 때'에 해당한다고 보면, 참고인이 수사과정에서 피고인에게 불리한 진술을 해놓고 나중에 법정에서 증언을 거부하는 경우에는 오히려 죄가 없는 피고인이 억울하게 형사처벌을 받게 되는 결과가 발생할 수도 있다.

증인이 증언거부권이 없음에도 사실상 증언을 회피함으로써 자신이 수사기관에서 한 진술을 피고인의 면전에서 재현하지 못하는 것은 그의 수사기관에서의 진술이 허위일 수 있다는 의심을 불러일으킨다. 따라서 증인이 정당한 이유 없이 증언을 거부하는 경우에는 반대신문을 통하여 증인이 수사기관에서 한 진술의 진위 여부를 음미하여야 할 필요성이 크다.

형사소송법 제161조 제1항은 "증인이 정당한 이유 없이 선서나 증언을 거부한 때에는 결정으로 50만 원 이하의 과태료에 처할 수 있다."라고 정하여 증인이 정당한 이유 없이 선서나 증언을 거부하는 행위에 대하여 제재규정을 두고 있고, 특정강력범죄의 처벌에 관한 특례법, 성폭력범죄의 처벌 등에 관한 특례법, 특정범죄신고자 등 보호법 등에서는 증인의 신변안전조치에 관한 규정을 두고 있다. 정당한 이유 없는 증언거부에 대하여는 실효적인 제재수단을 도입하거나 증인보호제도를 정비하는 등 관련 법령의 제·개정을 통하여 증언을 유도하는 방안을 강구하여야 할 것이지, 전문법칙 예외규정의 적용 범위를 넓히는 해석을 통하여 해결할 문제가 아니다.

2) 이 사건에서 **관련사건 판결이 원심 증인신문기일 이전에 확정되었고 공소외 1이 원심에서 형사소송법 제150조에 따라 증언거부사유를 소명하지 않은 채 증언을 거부하였으므로, 공소외 1이 원심에서 증언을 거부한 것은 정당하게 증언거부권을 행사한 것으로 볼 수 없다. 또한 피고인이 공소외 1의 증언거부 상황을 초래하였다는 등의 특별한 사정이 있다고 보이지 않는다.** 따라서 공소외 1의 원심에서의 증언거부는 형사소송법 제314조에서 정한 전문법칙의 예외사유인 '그 밖에 이에 준하는 사유로 인하여 진술할 수 없는 때'에 해당하지 않으므로, 공소외 1에 대한 검찰 조서는 증거능력이 인정되지 않는다.

> [대법관 박상옥의 별개의견] 증인이 정당하게 증언거부권을 행사한 것으로 볼 수 없는 경우에는 형사소송법 제314조의 '그 밖에 이에 준하는 사유로 인하여 진술할 수 없는 때'에 해당한다고 보아야 한다.
> 증인이 정당하게 증언거부권을 행사하여 증언을 거부하는 경우에는 형사소송법 제314조의 '그 밖에 이에 준하는 사유로 인하여 진술할 수 없는 때'에 해당하지 않아 그에 대한 수사기관 작성 참고인 진술조서는 증거능력이 없고, 그 후 증언거부의 사유가 소멸된 시점에 증인이 재차 법정에 출석하여 또다시 증언을 거부하더라도 더 이상 형사소송법 제314조에 의하여 그의 참고인 진술조서의 증거능력이 인정될 수는 없다고 보아야 한다.

〈특신상태의 의미〉

대법원 2014. 8. 26. 선고 2011도6035 판결 〈표준〉

형사소송에서 헌법이 요구하는 적법절차의 원칙을 구현하기 위하여 사건의 실체에 대한 심증 형성은 법관의 면전에서 본래 증거에 대한 반대신문이 보장된 증거조사를 통하여 이루어져야 한다는 실질적 직접심리주의와 전문법칙을 기본원리로서 채택하면서도, 원진술자의 사망 등으로 위 원칙을 관철할 수 없는 특별한 사정이 있는 경우에는 '그 진술 또는 작성이 특히 신빙할 수 있는 상태하에서 행하여졌음이 증명된 때', 즉 그 진술의 내용이나 조서 또는 서류의 작성에 허위 개입의 여지가 거의 없고 그 진술 내용의 신빙성이나 임의성을 담보할 구체적이고 외부적인 정황이 증명된 때에 한하여 예외적으로 증거능력을 인정하고자 하는 취지라고 할 것이다. 그러므로 법원이 법 제314조에 따라 증거능력을 인정하기 위하여는 단순히 그 진술이나 조서의 작성과정에 뚜렷한 절차적 위법이 보이지 않는다거나 진술의 임의성을 의심할 만한 구체적 사정이 없다는 것만으로는 부족하고, 이를 넘어 법정에서의 반대신문 등을 통한 검증을 굳이 거치지 않더라도 진술의 신빙성과 임의성을 충분히 담보할 수 있는 구체적이고 외부적인 정황이 있어 그에 기초하여 법원이 유죄의 심증을 형성하더라도 증거재판주의의 원칙에 어긋나지 않는다고 평가할 수 있는 정도에 이르러야 할 것이다(대법원 2007. 6. 14. 선고 2004도5561 판결, 대법원 2011. 11. 10. 선고 2010도12 판결 등 참조).

이 사건에서 **피고인에 대한 뇌물 제공의 약속을 하고 실제로 피고인에게 일부 뇌물을 공여하였으며 피고인의 지시나 요구에 따라 제3자에게 뇌물을 공여하였다고 하는 공소외 2는 검찰에서 수사가 진행되던 2009. 11. 13. 피고인과의 대질신문 도중 쓰러져 결국 사망하였다.** 검찰은 전체 피의자신문 중 공소외 2가 피고인에 대한 뇌물 제공 등을 시인하기 시작한 제3회 피의자신문 당시에만 영상녹화를 실시하였다면서 그 영상녹화물을 제출하였는데, 피고인과 변호인은 제3회 피의자신문조서의 내용과 해당 영상녹화물의 내용이 일치하지 않음을 지적하면서 위 피의자신문조서가 사후에 공소사실에 맞추어 고쳐졌을 가능성 등을 제기하고 위 피의자신문조서와 거기에서 진술내용에 기초하여 받은 후속 피의자신문조서의 증거능력이 부인되어야 한다고 주장하였다.

이에 원심은 그 영상녹화물에 대한 검증 결과와 제3회 피의자신문조서에 편철된 수사과정확인서를 통하여, 검사가 공소외 2에 대하여 2009. 10. 15. 16:48경부터 제3회 피의자신문을 시작하면서 그 조사 과정을 영상녹화한 사실, 검사는 같은 날 18:26경 조사 및 영상녹화를 종료하면서 참여 수사관에게 조서를 정리하여 출력하라고 지시한 사실, 저녁식사 후인 같은 날 20:30경부터 21:25경까지 조서 열람이 이루어진 사실, **위와 같은 조사 및 열람 과정을 통해 작성된 피의자신문조서에는 영상녹화가 이루어질 당시 공소외 2가 진술하였던 내용 중 그 조서에 기재된 내용과 다른 취지의 일부 진술이 누락되어 있거나 반대로 영상녹화물에는 나타나지 않는 내용이 위 피의자신문조서 해당 부분 문답에 공소외 2의 진술로서 기재되어 있는 사실** 등을 확인하였다. 그럼에도 원심은 공소외 2가 제3회 피의자신문조서를 열람한 후 자필로 서명하고 무인하였으며, 그 이후 이루어진 조사 과정에서 제3회 피의자신문조서에 기재된 진술을 대체로 유지한 점 등을 들어, 공소외 2가 저녁식사를 마치고 조서를 열람하는 과정에서 일부 진술을 번복하거나 추가하였고 이를 반영하여 최종적으로 제3회 피의자신문조서를 정리·작성한 후 공소외 2의 서명·무인을 받았다는 검사의 주장을 수긍할 수 있고, 진술자가 조서를 열람하는 과정에서 자신의 진술을 일부 번복하거나 추가하는 경우 조사자가 이를 조서에 반영하거나 그 반영 과정에서 추가적인 수사를 하는 것이 법상 허용되지 않는 조사방식이라고 보기는 어려우며, 조서는 진술자의 진술내용을 빠짐없이 모두 기재하는 것이 아니라 그 요지를 기재하는 것으로 진술자가 자신의 종전 진술을 번복하는 경우 그와 같은 진술의 번복 과정을 조서에 기재하지 않았다고 하여 그 이유만으로 수사 자체가 위법하다고 단정할 수 없다는 등의 이유로 그 증거능력을 부정할 수는 없다고 판단하였다. 그러나 원심이 전제하는 바와 같이 조서라는 것이 진술자의 진술내용을 빠짐없이 모두 기재하는 것은 아니라고 하더라도 적어도 그 진술의 내용이 조사자의 의도에 맞추어 임의로 삭제·가감됨으로써 진술의 취지가 변경·왜곡되어서는 아니 될 것이다. 그런데 원심판결의 이유와 기록에 의하면 위 제3회 피의자신문조서에서는 '2006. 10.경 전국체전 당시 숙소에서 혼자 10억, 20억 고민하다 20억 주기로 결심하고, 다음 날 공소외 5에게 20억 제안하고, 그후 공소외 5에게 보고 여부 확인 했다', '공소외 3이 20억 당좌수표로 달라. 그러면 분양승인 도와주겠다고 했다', '피고인이 843만 원에 승인하겠다고 했다'는 등 공소외 2가 피고인에 대한 뇌물액수를 20억 원으로 정한 시기, 뇌물약속을 제안한 상대방, 뇌물약속의 이행방법, 뇌물약속으로 받을 특혜의 내용으로서 피고인에 대한 공소사실을 유죄로 인정하기 위한 구성요건적 사실이나 핵심적 정황에 관한 사실들이 기재되어 있으나, 그 영상녹화물에는 위와 같은 진술이 없거나 그 내용이 다른 사실을 알 수 있는바, <u>이처럼 영상녹화물에 나타난 공소외 2의 진술내용과 그에 대응하는 피의자신문조서의 기재 사이에 위와 같은 정도의 차이가 있다면 다른 특별한 사정이 없는 한 그 진술의 내용이나 조서의 작성이 법 제314조에서 말하는 '특히 신빙할 수 있는 상태하에서 행하여졌음이 증명된 때'에 해당한다고 볼 수는 없다.</u>

뿐만 아니라 피의자신문조서의 작성에 관한 법 제244조 제2항은 "제1항의 조서는 피의자에게 열람하게 하거나 읽어 들려주어야 하며, 진술한 대로 기재되지 아니하였거나 사실과 다른 부분의 유무를 물어 피의자가 증감 또는 변경의 청구 등 이의를 제기하거나 의견을 진술한 때에는 이를 조서에 추가로 기재하여야 한다. 이 경우 피의자가 이의를 제기하였던 부분은 읽을 수 있도록 남겨두어야 한다."고 규정하고 있는데, <u>피의자신문조서와 영상녹화물 사이에 이 부분 구성요건적 사실이나 핵심적 정황에 관하여 위와 같은 정도의 차이가 있음에도 불구하고, 그 피의자신문조서는 마치 공소외 2가 처음부터 이 부분 공소사실에 완전히 부합하는 진술을 한 것처럼 작성되어 있으므로</u>, 이러한 사정에 비추어 보더라도 그 진술의 내용이나 조서의 작성이 '특히 신빙할 수 있는 상태하에서' 이루어졌다고 보기는 어렵다. 그리고 공소외 2는 제3회 피의자신문에서 이루어진 진술을 토대로 진행된 이후의 피의자신문 과정에서 그 진술 내용을 대체로 유지하였는데, 위에서 본 바와 같이 유일하게 영상녹화물이 존재하는 제3회 피의자신문조서에 기재된 진술 및 그 조서의 작성조차 '특히 신빙할 수 있는 상태하에서' 행하여졌다는 점에 관한 증명이 있다고 보기 어려운 상황에서, 공소외 2의 진술 중 이 사건 공소사실의 기초를 이루는 범행계획에 관한 부분인 2006년 9월경부터 같은 해 12월경까지 사이에 피고인과 공소외 2 사이에 뇌물 20억 원을 공소사실과 같은 방법으로 수수하기로 의사의 합치가 이루어졌다는 점은 원심의 판단에 의하더라도 그 판시에서 지적하는 바와 같이 객관적 정황과 맞지 아니하여 신빙성이 없다는 것이며, <u>여기에 공소외 2가 방광암 말기의 질환을 가진 환자로서 구속된 상태에서 그 자신에 대한 업무상횡령 등과 피고인에 대한 뇌물공여 등의 혐의와 관련하여 2009. 10. 13.부터 2009. 11. 12.까지 약 1개월 동안 19차례 소환되어 11차례의 야간조사를 포함한 총 15차례에 걸친 피의자신문을 받고 결국 그 수사과정에서 사망에 이른 점 등 기록에 나타난 여러 사정까지 보태어 보면, 공소외 2에 대한 제3회 피의자신문 후에 이루어진 같은 취지의 제4회 이후의 피의자신문조서들에 대하여 법정에서의 반대신문 등을 통한 검증을 거치지 않더라도 진술의 신빙성과 임의성을 충분히 담보할 수 있는 구체적이고 외부적인 정황이 존재하여 그에 기초하여 법원이 유죄의 심증을 형성하더라도 증거재판주의의 원칙에 어긋나지 않는다고 평가하기는 어렵다.</u>

〈특신상태에 대한 증명〉

대법원 2014. 2. 21. 선고 2013도12652 판결 <표준>

<u>결국 참고인의 소재불명 등의 경우에 그 참고인이 진술하거나 작성한 진술조서나 진술서에 대하여 증거능력을 인정하는 것은, 형사소송법이 제312조 또는 제313조에서 참고인 진술조서 등 서면증거에 대하여 피고인 또는 변호인의 반대신문권이 보장되는 등 엄격한 요건이</u>

충족될 경우에 한하여 증거능력을 인정할 수 있도록 함으로써 직접심리주의 등 기본원칙에 대한 예외를 인정한 데 대하여 다시 중대한 예외를 인정하여 원진술자 등에 대한 반대신문의 기회조차 없이 증거능력을 부여할 수 있도록 한 것이므로, 그 경우 참고인의 진술 또는 작성이 '특히 신빙할 수 있는 상태하에서 행하여졌음에 대한 증명'은 단지 그러할 개연성이 있다는 정도로는 부족하고 합리적인 의심의 여지를 배제할 정도에 이르러야 한다고 할 것이다. … 검사의 상고이유 주장처럼 공소외인에 대한 검찰 피의자신문 과정에서 피고인과 대질이 이루어진 바 있기는 하나, 함께 들어간 모텔방에서 서로 다툼이 있어 피고인이 먼저 직접 112 신고를 하고 곧바로 공소외인과 함께 경찰에 가서 최초 조사를 받았고, 각 진술 내용을 보더라도 피고인의 진술은 인터넷 채팅으로 만난 공소외인이 합의하에 모텔방에 온 후에야 대가를 요구하길래 이를 신고하였다는 취지인 반면 공소외인의 진술은 인터넷 채팅으로 미리 행위의 내용과 대가를 정하였는데 피고인이 다른 행위를 요구하여 서로 다투었다는 취지로서, **대질을 포함한 각 진술 과정에서 공소사실과 같이 사전에 유사성교행위의 대가를 지급하기로 한 바가 있는지 등 공소사실의 핵심적인 사항에 관하여 두 사람의 진술이 시종 일관 일치하지 않았던 사정**을 알 수 있다. 더구나 원심에 이르러 **피고인이 제출한 CD(을 제1호)에 수록된 동영상에서는 공소외인이 수사기관에서 한 자신의 진술이 허위라는 취지로 진술하고 있는 점**도 기록상 드러나 있다. 이와 같은 여러 정황을 종합하여 보면 공소외인의 진술이 형사소송법 제314조가 의미하는 '특히 신빙할 수 있는 상태하에서' 이루어진 것이라는 점, 즉 진술 내용에 허위개입의 여지가 거의 없고 진술 내용의 신빙성을 담보할 구체적이고 외부적인 정황이 있다는 점이 합리적 의심을 배제할 수 있을 만큼 확실히 증명되어 법정에서 반대신문을 통한 확인과 검증을 거치지 않아도 될 정도에 이르렀다고 보기는 어렵다.

대법원 2017. 12. 22. 선고 2016도15868 판결

이 경우 특히 신빙할 수 있는 상태에 대한 증명은 단지 그러할 개연성이 있다는 정도로는 부족하고 합리적인 의심의 여지를 배제할 정도에 이르러야 한다. …

(1) 공소외 1은 인터뷰 당시 자신에 대한 수사의 배후가 피고인이라고 생각하여 피고인에 대한 강한 배신과 분노의 감정을 가지고 있었다. 인터뷰 내용에서도 위와 같은 감정이 표출되고 있다.

(2) 공소외 1은 인터뷰를 하면서 피고인을 비난하면서도 자신과 관련된 의혹들을 은폐하거나 축소하였다.

(3) 공소외 1은 이미 자살을 결심한 상태에서 기자와 인터뷰를 하고 메모를 작성하였다.

(4) 위 인터뷰 내용 중 피고인에 대한 금품 공여에 관한 진술은 반대신문을 통하지 않더라

도 그 구체적 내용을 알 수 있을 정도로 세부적인 내용을 담고 있지 않다. 더욱이 공소외 1이 작성한 메모의 사본을 보면, 메모에 기재된 8명 중 피고인과 공소외 2를 제외한 나머지 6명에 관한 부분에는 이름 또는 직책과 함께 금액이 기재되어 있고 그중 일부는 날짜 등 부가 정보도 기재되어 있는 반면, 피고인에 관한 부분에는 피고인의 이름만이 기재되어 있을 뿐 금액이나 그 밖의 부가 정보가 기재되어 있지 않다. … 소외 1의 진술 등이 특히 신빙할 수 있는 상태하에서 이루어졌다는 증명이 부족하다고 보아 증거능력을 인정하지 않은 원심의 결론을 수긍할 수 있다

마. 진술서와 진술기재서

(1) 의의

대법원 1992. 4. 10. 선고 91도2560 판결 「피고인 작성의 위 자술서(편자 주: 충청남도 용달화물자동차운송조합 직원의 요구에 의하여 작성됨)에 대하여 피고인은 제1심 4차 공판기일에서 이를 단속원의 요구로 자필로 작성하였다고 진술하고 있어 그 진정성립이 인정되며, 따라서 형사소송법 제313조 제1항의 규정에 의하여 일응 증거능력을 인정하여야 할 것이므로, 피고인이 위 자술서의 내용을 부인한다는 이유로 원심(제1심)이 그 증거능력을 부인한 것은 위법이라 할 것이다.」

대법원 2012. 7. 26. 선고 2012도2937 판결 「형사소송법 제313조 제1항은 "전 2조의 규정 이외에 피고인 또는 피고인이 아닌 자가 작성한 진술서나 그 진술을 기재한 서류로서 그 작성자 또는 진술자의 자필이거나 그 서명 또는 날인이 있는 것은 공판준비나 공판기일에서의 그 작성자 또는 진술자의 진술에 의하여 그 성립의 진정함이 증명된 때에는 증거로 할 수 있다."고 규정하고 있는바, 공소외 2, 3, 4가 작성한 고소장은 위 조항 소정의 서류에 해당하는 서류로서 이들이 제1심 법정에서 각 그 진정성립을 인정한 바 있으므로 모두 그 증거능력이 있다.」

대법원 1967. 4. 18. 선고 67도231 판결 「피의자 아닌 자의 진술을 기재한 조서는 공판정에서 원진술자의 진술에 의하여 그 성립의 진정함이 인정된 것이 아니면 공판정에서 피고인이 그 성립을 인정한다 하여도 그를 증거로 할 수 있음을 동의한 것이 아닌 이상, 증거로 할 수 없다 할 것인바, 일건기록에 비추어 보건대, 공소외 1, 공소외 2에게 대한 진술조서는 공판정에서 그들에 의하여 그 성립의 진정함이 인정된 것이 아니며, 피고인이 그 성립을 인정한바 있어도 증거로 할 수 있음을 동의한바 없으므로 그 진술조서들은 모두 증거능력이 있다할 수 없고, 위의 각 진단서 또한 공판정에서 그 작성자의 진술에 의하여 그 성립의 진정함이 증명되지 아니하였고, 피고인이 그를 증거로 할 것에 동의한 사실도 없을 뿐더러, 전혀 공판정에 현출한 사실도 없어 증거능력 있음을 인정할수 없(다).」

대법원 2014. 1. 16. 선고 2013도5441 판결 <표준> 「원심이, 공소외 1에 대한 선거관리위원회 문답서가 형사소송법 제312조 제3항에 규정된 서류에 해당한다는 전제에서 공소외 1과 공범관계에 있는 피고인이 그 내용을 부인한 이상 증거능력이 부정되어야 한다는 피고인의 주장을 배척하고, 형사소송법 제

313조 제1항 본문에 따라 위 문답서의 증거능력을 인정할 수 있다고 판단한 것은 정당(하다).」

(2) 증거능력 인정요건

〈피고인 아닌 자가 작성한 진술서의 증거능력 인정요건〉

대법원 2007. 12. 13. 선고 2007도7257 판결

압수된 디지털 저장매체로부터 출력된 문건이 진술증거로 사용되는 경우에는 그 기재 내용의 진실성에 관하여 전문법칙이 적용되므로, 형사소송법 제313조 제1항에 의하여 그 작성자 또는 진술자의 진술에 의하여 그 성립의 진정함이 증명된 때에 한하여 이를 증거로 사용할 수 있다(대법원 1999. 9. 3. 선고 99도2317 판결 참조). …

검사가 디지털 저장매체에서 출력하여 증거로 제출한 문건 중에서 판시 53개의 문건은 그 작성자가 제1심에서 그 성립의 진정함을 인정하였으므로 이를 증거로 할 수 있으나, 그 밖의 문건은 그 작성자에 의하여 성립의 진정함이 증명되지 않았거나 작성자가 불분명하다는 이유로 그 문건의 내용을 증거로 사용할 수 없다고 판단하였는바, 위 법리와 기록에 비추어 보면 원심의 이러한 판단은 정당하고

> #### 대법원 1999. 9. 3. 선고 99도2317 판결
> 컴퓨터 디스켓에 들어 있는 문건이 증거로 사용되는 경우 위 컴퓨터 디스켓은 그 기재의 매체가 다를 뿐 실질에 있어서는 피고인 또는 피고인 아닌 자의 진술을 기재한 서류와 크게 다를 바 없고, 압수 후의 보관 및 출력과정에 조작의 가능성이 있으며, 기본적으로 반대신문의 기회가 보장되지 않는 점 등에 비추어 그 기재내용의 진실성에 관하여는 전문법칙이 적용된다고 할 것이고, 따라서 형사소송법 제313조 제1항에 의하여 그 작성자 또는 진술자의 진술에 의하여 그 성립의 진정함이 증명된 때에 한하여 이를 증거로 사용할 수 있다.

대법원 2010. 11. 25. 선고 2010도8735 판결 「이 사건 문자메시지는 피해자가 피고인으로부터 풀려난 당일에 남동생에게 도움을 요청하면서 피고인이 협박한 말을 포함하여 공갈 등 피고인으로부터 피해를 입은 내용을 문자메시지로 보낸 것이므로, 이 사건 문자메시지의 내용을 촬영한 사진은 증거서류 중 피해자의 진술서에 준하는 것으로 취급함이 상당할 것인바, 진술서에 관한 형사소송법 제313조에 따라 이 사건 문자메시지의 작성자인 피해자 공소외 1이 제1심 법정에 출석하여 자신이 이 사건 문자메시지를 작성하여 동생에게 보낸 것과 같음을 확인하고, 동생인 공소외 3도 제1심 법정에 출석하여 피해자 공소외 1이 보낸 이 사건 문자메시지를 촬영한 사진이 맞다고 확인한 이상, 이 사건 문자메시지를 촬영한 사진은 그 성립의 진정함이 증명되었다고 볼 수 있으므로 이를 증거로 할 수 있다.」

〈피고인 아닌 자의 진술을 기재한 서류의 증거능력 인정요건〉

대법원 1997. 3. 28. 선고 96도2417 판결

이 사건 녹음테이프는 위 학교의 교사인 공소외 7이 학생인 공소외 2, 공소외 4, 공소외 3, 공소외 12를 집으로 불러 사적인 대화를 나누면서 그 대화를 상대방인 학생들 모르게 녹음한 것으로서, 여기에 녹음된 대화 내용 중에는 **피고인이 수업시간에 공소사실과 같은 취지의 발언을 하는 것을 들었다는 학생들의 진술이** 포함되어 있고, 제1심법원이 이 사건 녹음테이프에 대하여 실시한 검증의 결과를 기재한 것이 위 검증조서이다.

그런데 위 검증의 내용은 이 사건 녹음테이프에 녹음된 대화의 내용이 위 검증조서에 첨부된 녹취서에 기재된 내용과 같다는 것에 불과하여 증거자료가 되는 것은 여전히 이 사건 녹음테이프에 녹음된 대화의 내용이라고 할 것인바, 그 중 위와 같은 내용의 학생들의 대화의 내용은 실질적으로 형사소송법 제311조, 제312조 규정 이외의 피고인 아닌 자의 진술을 기재한 서류와 다를 바 없으므로, 피고인이 이 사건 녹음테이프를 증거로 할 수 있음에 동의하지 않은 이상 녹음테이프의 녹음내용 중 위와 같은 내용의 학생들의 진술 및 이에 관한 검증조서의 기재 중 학생들의 진술내용을 공소사실을 인정하기 위한 증거자료로 사용하기 위하여서는 형사소송법 제313조 제1항에 따라 공판준비나 공판기일에서 원진술자인 학생들의 진술에 의하여 이 사건 녹음테이프에 녹음된 각자의 진술내용이 자신이 진술한 대로 녹음된 것이라는 점이 인정되어야 할 것 인바, 기록을 살펴보아도 이 점을 인정할 만한 아무런 자료가 없으므로, 이 사건 녹음테이프의 녹음내용 중 학생들의 위 진술내용 및 이에 관한 검증조서의 기재 중 학생들의 진술내용을 기재한 부분은 이 사건 공소사실에 대한 증거로 할 수 없다고 할 것이다.

〈사인이 피고인 아닌 사람과의 대화내용을 녹음한 녹음테이프의 증거능력을 인정하기 위한 요건〉

대법원 2011. 9. 8. 선고 2010도7497 판결

수사기관이 아닌 사인이 피고인 아닌 사람과의 대화내용을 녹음한 녹음테이프는 형사소송법 제311조, 제312조 규정 이외의 피고인 아닌 자의 진술을 기재한 서류와 다를 바 없으므로, 피고인이 그 녹음테이프를 증거로 할 수 있음에 동의하지 아니하는 이상 그 증거능력을 부여하기 위해서는 첫째, 녹음테이프가 원본이거나 원본으로부터 복사한 사본일 경우에는 복사과정에서 편집되는 등의 인위적 개작 없이 원본의 내용 그대로 복사된 사본일 것, 둘째 형사소송법 제313조 제1항에 따라 공판준비나 공판기일에서 원진술자의 진술에 의하여 그 녹음테이프에 녹음된 각자의 진술내용이 자신이 진술한 대로 녹음된 것이라는 점이 인정되어야 할 것이다(대법원 2005. 2. 18. 선고 2004도6323 판결 등 참조).

원심이 유죄의 증거로 채용한 위 녹취록은 사인인 공소외 1이 피고인이 아닌 공소외 2와의 대화내용을 녹음한 녹음테이프 등을 기초로 작성된 것으로서, 형사소송법 제313조의 진술서에 준하여 피고인의 동의가 있거나 원진술자의 공판준비나 공판기일에서의 진술에 의하여 그 성립의 진정함이 증명되어야 증거능력을 인정할 수 있을 것인데, **피고인이 위 녹취록을 증거로 함에 동의하지 않았고, 공소외 1이 원심 법정에서 "공소외 2가 사건 당시 피고인의 말을 다 들었다. 그래서 지금 녹취도 해왔다."고 진술하였을 뿐, 검사는 위 녹취록 작성의 토대가 된 대화내용을 녹음한 원본 녹음테이프 등을 증거로 제출하지 아니하고, 원진술자인 공소외 1과 공소외 2의 공판준비나 공판기일에서의 진술에 의하여 자신들이 진술한 대로 기재된 것이라는 점이 인정되지 아니하는 등 형사소송법 제313조 제1항에 따라 위 녹취록의 진정성립을 인정할 수 있는 요건이 전혀 갖추어지지 않았으므로 위 녹취록의 기재는 증거능력이 없어 이를 유죄의 증거로 사용할 수 없다.**

대법원 2004. 9. 13. 선고 2004도3161 판결

수사기관이 아닌 사인이 피고인 아닌 사람과의 대화 내용을 촬영한 비디오테이프는 형사소송법 제311조, 제312조의 규정 이외에 피고인 아닌 자의 진술을 기재한 서류와 다를 바 없으므로, 피고인이 그 비디오테이프를 증거로 함에 동의하지 아니하는 이상 그 진술 부분에 대하여 증거능력을 부여하기 위하여는, 첫째 비디오테이프가 원본이거나 원본으로부터 복사한 사본일 경우에는 복사과정에서 편집되는 등 인위적 개작 없이 원본의 내용 그대로 복사된 사본일 것, 둘째 형사소송법 제313조 제1항에 따라 공판준비나 공판기일에서 원진술자의 진술에 의하여 그 비디오테이프에 녹음된 각자의 진술내용이 자신이 진술한 대로 녹음된 것이라는 점이 인정되어야 할 것인바 (대법원 1999. 3. 9. 선고 98도3169 판결 참조), 비디오테이프는 촬영대상의 상황과 피촬영자의 동태 및 대화가 녹화된 것으로서, 녹음테이프와는 달리 피촬영자의 동태를 그대로 재현할 수 있기 때문에 비디오테이프의 내용에 인위적인 조작이 가해지지 않은 것이 전제된다면, 비디오테이프에 촬영, 녹음된 내용을 재생기에 의해 시청을 마친 원진술자가 비디오테이프의 피촬영자의 모습과 음성을 확인하고 자신과 동일인이라고 진술한 것은 비디오테이프에 녹음된 진술내용이 자신이 진술한 대로 녹음된 것이라는 취지의 진술을 한 것으로 보아야 할 것이다.

〈객관적 방법에 의한 성립의 진정함 증명이라는 제313조 제2항 신설의 계기가 된 판례〉

대법원 2015. 7. 16. 선고 2015도2625 전원합의체 판결

압수된 디지털 저장매체로부터 출력한 문서를 진술증거로 사용하는 경우, 그 기재 내용의 진실성에 관하여는 전문법칙이 적용되므로 형사소송법 제313조 제1항에 따라 그 작성자 또는 진술자의 공판준비나 공판기일에서의 진술에 의하여 그 성립의 진정함이 증명된 때에 한하여 이를 증거로 사용할 수 있다는 것이 대법원의 확립된 판례이다(대법원 2007. 12. 13. 선고 2007도7257 판결, 대법원 2013. 6. 13. 선고 2012도16001 판결 등 참조). 이에 관하여는 1954. 9. 23. 제정되고 1961. 9. 1. 개정된 형사소송법 제313조 제1항의 규정은 21세기 정보화시대를 맞이하여 그에 걸맞게 해석하여야 하므로, 디지털 저장매체로부터 출력된 문서에 관하여는 저장매체의 사용자 및 소유자, 로그기록 등 저장매체에 남은 흔적, 초안 문서의 존재, 작성자만의 암호 사용 여부, 전자서명의 유무 등 여러 사정에 의하여 동일인이 작성하였다고 볼 수 있고 그 진정성을 탄핵할 다른 증거가 없는 한 그 작성자의 공판준비나 공판기일에서의 진술과 상관없이 성립의 진정을 인정하여야 한다는 견해가 유력하게 주장되고 있는바, 그 나름 경청할 만한 가치가 있는 것은 사실이나, 입법을 통하여 해결하는 것은 몰라도 해석을 통하여 위와 같은 실정법의 명문조항을 달리 확장 적용할 수는 없다. 이는 '의심스러울 때는 피고인의 이익으로'라는 형사법의 대원칙에 비추어 보아도 그러하다.

〈피고인이 작성한 진술서의 증거능력 인정요건〉

대법원 2001. 9. 4. 선고 2000도1743 판결

피고인의 자필로 작성된 진술서의 경우에는 서류의 작성자가 동시에 진술자이므로 진정하게 성립된 것으로 인정되어 형사소송법 제313조 단서에 의하여 그 진술이 특히 신빙할 수 있는 상태하에서 행하여진 때에는 증거능력이 있고, 이러한 특신상태는 증거능력의 요건에 해당하므로 검사가 그 존재에 대하여 구체적으로 주장·입증하여야 하는 것이지만, 이는 소송상의 사실에 관한 것이므로, 엄격한 증명을 요하지 아니하고 자유로운 증명으로 족하다.
기록에 의하면, 피고인은 피해자 경영의 유치원에서 근무하기 전에도 고등학교를 졸업한 후 5년정도 경리업무에 종사한 적이 있다는 것이고, 이 사건 각서는 1998. 2. 4. 위 유치원 원장실에서 피해자와 피고인 뿐만 아니라 유치원의 교사 4명과 공소외 송춘선 등이 함께 한 자리에서 피고인이 작성한 장부들과 학부모들의 교육비 등 납입내용을 일일이 피고인에게 확인시킨 다음에 피고인이 자필로 작성한 것이며, 그 각서의 내용도 피고인에게 불이익한 내용의 진술이 자연스럽게 기재되어 있다.

이러한 사정과 아울러 기록에 나타난 피고인의 연령과 그 동안의 사회경험, 각서를 작성한 후에 피고인 측에서 피해자와 횡령금액에 관하여 합의를 시도하려고 하였던 사정에 비추어 볼 때 피고인이 자필로 위 각서를 작성할 당시에 현장에 함께 있었던 목격자 등을 불러 그 작성경위를 알아보기 전에는 위 각서가 피고인의 주장처럼 김희정 등의 강압에 의하여 작성된 것이라고 단정하기는 어려운 것으로 보인다.

그럼에도 불구하고 원심이 위 각서의 작성경위에 관하여 심리하지도 아니한 채 위 각서가 김희정 등의 강압에 의하여 작성된 것이라는 이유로 증거능력이 없다고 판단한 것은 각서의 증거능력에 관하여 심리를 다하지 아니한 위법을 저지른 것이다.

⟨피고인의 진술을 내용으로 하는 녹음테이프의 증거능력 인정요건: 완화요건설⟩

대법원 2012. 9. 13. 선고 2012도7461 판결 ⟨표준⟩

피고인과 상대방 사이의 대화 내용에 관한 녹취서가 공소사실의 증거로 제출되어 그 녹취서의 기재 내용과 녹음테이프의 녹음 내용이 동일한지 여부에 대하여 법원이 검증을 실시한 경우에, 증거자료가 되는 것은 녹음테이프에 녹음된 대화 내용 그 자체이고, 그 중 피고인의 진술 내용은 실질적으로 형사소송법 제311조, 제312조의 규정 이외에 피고인의 진술을 기재한 서류와 다름없어, 피고인이 그 녹음테이프를 증거로 할 수 있음에 동의하지 않은 이상 그 녹음테이프에 녹음된 피고인의 진술 내용을 증거로 사용하기 위해서는 형사소송법 제313조 제1항 단서에 따라 공판준비 또는 공판기일에서 그 작성자인 상대방의 진술에 의하여 녹음테이프에 녹음된 피고인의 진술 내용이 피고인이 진술한 대로 녹음된 것임이 증명되고 나아가 그 진술이 특히 신빙할 수 있는 상태하에서 행하여진 것임이 인정되어야 한다(대법원 2001. 10. 9. 선고 2001도3106 판결, 대법원 2004. 5. 27. 선고 2004도1449 판결, 대법원 2008. 12. 24. 선고 2008도9414 판결 등 참조). 또한 대화 내용을 녹음한 파일 등의 전자매체는 그 성질상 작성자나 진술자의 서명 또는 날인이 없을 뿐만 아니라, 녹음자의 의도나 특정한 기술에 의하여 그 내용이 편집, 조작될 위험성이 있음을 고려하여, 그 대화 내용을 녹음한 원본이거나 원본으로부터 복사한 사본일 경우에는 복사과정에서 편집되는 등의 인위적 개작 없이 원본의 내용 그대로 복사된 사본임이 입증되어야 한다(대법원 2005. 12. 23. 선고 2005도2945 판결, 대법원 2007. 3. 15. 선고 2006도8869 판결 등 참조).

적법하게 채택·조사한 증거들에 의하면, ① 피해자의 대표자 공소외인이 디지털 녹음기로 피고인과의 대화를 녹음한 후 자신의 사무실로 돌아와 디지털 녹음기에 저장된 녹음파일 원본을 컴퓨터에 복사하고 디지털 녹음기의 파일 원본을 삭제한 뒤 피고인과의 다음 대화를 다시 녹음하는 과정을 반복한 사실, ② 공소외인은 검찰과 제1심 법정에서 이 사건 녹음파일 사본은 피고인과 대화를 자신이 직접 녹음한 파일 원본을 컴퓨터에 그대로 복사한 것으로서 위 녹음파일 사본과 해당 녹취록 사이에 동일성이 있다고 진술한 사실, ③ 피고인도 검찰과 제1심 법정에서 이 사건 녹음파일 사본을 모두 들어본 뒤 일부 파일에 인사말 등이 녹음되지 않은 것 같다는 등의 지적을 한 외에는 녹음된 음성이 자신의 것이 맞을 뿐만 아니라 그 내용도 자신이 진술한 대로 녹음되어 있으며 이 사건 녹음파일 사본의 내용대로 해당 녹취록에 기재되어 있다는 취지로 진술한 사실, ④ 대검찰청 과학수사담당관실에서 이 사건 녹음파일 사본과 그 녹음에 사용된 디지털 녹음기에 대하여 국제적으로 널리 사용되는 다양한 분석방법을 통해 정밀감정한 결과 이 사건 녹음파일 사본에 편집의 흔적을 발견할 수 없고, 이 사건 녹음파일 사본의 파일정보와 녹음 주파수 대역이 위 디지털 녹음기로 생성한 파일의 그것들과 같다고 판정한 사실 등을 알 수 있다.

이러한 사실관계를 앞서 본 법리에 비추어 살펴보면, 피해자의 대표자인 공소외인이 피고인과 대화하면서 녹음한 이 사건 녹음파일 사본은 타인 간의 대화를 녹음한 것이 아니므로 타인의 대화비밀 침해금지를 규정한 통신비밀보호법 제14조의 적용 대상이 아니고(대법원 2001. 10. 9. 선고 2001도3106 판결 참조), 위 녹음파일 사본은 그 복사 과정에서 편집되는 등의 인위적 개작 없이 원본의 내용 그대로 복사된 것으로 대화자들이 진술한 대로 녹음된 것으로 인정된다. 나아가 녹음 경위, 대화 장소, 내용 및 대화자 사이의 관계 등에 비추어 그 진술이 특히 신빙할 수 있는 상태하에서 행하여진 것으로 인정되므로 위 녹음파일 사본과 해당 녹취록을 증거로 사용할 수 있다.

대법원 2001. 10. 9. 선고 2001도3106 판결

녹음테이프에 대하여 실시한 검증의 내용은 녹음테이프에 녹음된 대화의 내용이 검증조서에 첨부된 녹취서에 기재된 내용과 같다는 것에 불과하여 증거자료가 되는 것은 여전히 녹음테이프에 녹음된 대화의 내용이라 할 것인바, 그 중 위 피고인의 진술내용은 실질적으로 형사소송법 제311조, 제312조 규정 이외에 위 피고인의 진술을 기재한 서류와 다를 바 없으므로, 위 피고인이 그 녹음테이프를 증거로 할 수 있음에 동의하지 않은 이상 그 녹음테이프 검증조서의 기재 중 위 피고인의 진술내용을 증거로 사용하기 위해서는 형사소송법 제313조 제1항 단서에 따라 공판준비 또는 공판기일에서 그 작성자인 고소인의 진술에 의하여 녹음테이프에 녹음된 위 피고인의 진술내용이 위 피고인이 진술한 대로 녹음된 것이라는 점이 증명되고 그 진술이 특히 신빙할 수 있는 상태하에서 행하여진 것으로 인정되어야 할 것임에도 위 녹음테이프의 녹음된 위 피고인의 진술내용이 위 피고인이 진술한 대로 녹음된 것이라는 점에 관한 고소인의 공판준비 또는 공판기일에서의 아무런 진술이 없으므로, 이 또한 그 증거능력이 없다.

대법원 2008. 3. 13. 선고 2007도10804 판결 「제1심이 검증을 실시한 보이스펜은 공소외 1이 자신과 공소외 3 및 피고인 사이의 대화내용을 녹음한 원본이고, 녹음테이프는 보이스펜에 녹음해 두었던 그 녹음내용을 카세트테이프에 재녹음한 복제본이며, 시디(CD)는 녹음테이프의 음질을 개선한 후 재녹음한 재복제본인 사실, 피고인의 변호인은 제1심 제5회 공판기일에서 보이스펜 자체의 청취 결과 피고인의 음성임을 인정하고 보이스펜에 대하여 증거로 함에 동의하였고, 보이스펜의 녹음내용을 재녹음한 녹음테이프, 시디 및 녹음테이프의 녹음내용을 풀어쓴 녹취록 등에 대하여는 증거로 함에 부동의한 사실, 제1심 제6회 공판기일에서 보이스펜, 녹음테이프, CD 등에 녹음된 대화내용과 녹취록의 기재가 일치하는지 확인하는 검증을 실시하였는바, 극히 일부의 청취가 불가능한 부분을 제외하고는 보이스펜, 녹음테이프 등에 녹음된 대화내용과 녹취록의 기재가 일치하는 것으로 확인된 사실을 알 수 있는바, 그렇다면 원본인 보이스펜이나 복제본인 녹음테이프 등에 대한 제1심의 검증조서(녹취록)에 기재된 진술은 그 성립의 진정을 인정하는 작성자의 법정진술은 없었으나, 피고인의 변호인이 원본인 보이스펜 자체의 청취 결과 피고인의 음성임을 인정하고 이를 증거로 함에 동의하였고, 위 검증기일에서 증거동의를 한 보이스펜에 대하여 보이스펜에 녹음된 대화내용과 녹취록의 기재가 일치하는지 확인하고, 또 녹음테이프에 수록된 대화내용도 녹취록의 기재와 일치함을 확인하였으므로, 결국 그 진정성립이 인정된다고 할 것이고, 나아가 녹음의 경위 및 대화내용에 비추어 그 진술이 특히 신빙할 수 있는 상태하에서 행하여진 것으로 인정되므로 이를 증거로 사용할 수 있다.」

〈피고인의 진술을 내용으로 하는 진술기재서류의 증거능력 인정요건: 완화요건설〉

대법원 2022. 4. 28. 선고 2018도3914 판결

구 형사소송법(2016. 5. 29. 법률 제14179호로 개정되기 전의 것) 제313조 제1항은 '형사소송법 제311조, 제312조의 규정 이외에 피고인 또는 피고인이 아닌 자가 작성한 진술서나 그 진술을 기재한 서류로서 그 작성자 또는 진술자의 자필이거나 그 서명 또는 날인이 있는 것은 공판준비나 공판기일에서의 그 작성자 또는 진술자의 진술에 의하여 그 성립의 진정함이 증명된 때에는 증거로 할 수 있다. 단 피고인의 진술을 기재한 서류는 공판준비 또는 공판기일에서의 그 작성자의 진술에 의하여 그 성립의 진정함이 증명되고 그 진술이 특히 신빙할 수 있는 상태하에서 행하여진 때에 한하여 피고인의 공판준비 또는 공판기일에서의 진술에 불구하고 증거로 할 수 있다.'라고 규정하고 있다.

피고인이 피고인의 진술을 기재한 서류를 증거로 할 수 있음에 동의하지 않은 이상 그 서류에 기재된 피고인의 진술 내용을 증거로 사용하려면 형사소송법 제313조 제1항 단서에 따라 공판준비 또는 공판기일에서 작성자의 진술에 의하여 그 서류에 기재된 피고인의 진술 내용이 피고인이 진술한 대로 기재된 것임이 증명되고 나아가 진술이 특히 신빙할 수 있는 상태하에서 행하여진 것임이 인정되어야 한다(대법원 2012. 9. 13. 선고 2012도7461 판결 등 참조). 여기서 '특히 신빙할 수 있는 상태'라 함은 진술 내용이나 서류의 작성에 허위개입의 여지가 거의 없고, 진술 내용의 신빙성이나 임의성을 담보할 구체적이고 외부적인 정황이 있는 것을 말한다(대법원 2006. 9. 28. 선고 2006도3922 판결 등 참조).

원심은 판시와 같은 이유로 **이 사건 각 확인서(금품수수 일람표 포함)가 국무조정실 산하 정부합동공직복무점검단 소속 점검단원 공소외인이 작성한 피고인의 진술을 기재한 서류에 해당한다**는 전제에서 원심 제3회 공판기일에 작성자인 공소외인의 진술에 의하여 성립의 진정함이 증명되고 나아가 진술이 특히 신빙할 수 있는 상태하에서 행하여졌다고 보아 형사소송법 제313조 제1항 단서에 따라 위 각 확인서의 증거능력을 인정하였다. 원심판결 이유를 위 법리와 적법하게 채택된 증거에 비추어 살펴보면, 원심의 판단에 논리와 경험의 법칙을 위반하여 자유심증주의의 한계를 벗어나거나 전문법칙, 진술의 임의성에 관한 법리를 오해한 잘못이 없다.

(3) 수사과정에서 작성한 진술서 (제312조 제5항)

〈'수사과정에서 작성한 진술서'의 의미〉

대법원 2022. 10. 27. 선고 2022도9510 판결 <표준>

형사소송법 제312조 제5항은 피고인 또는 피고인이 아닌 자가 수사과정에서 작성한 진술서의 증거능력에 관하여 형사소송법 제312조 제1항부터 제4항까지 준용하도록 규정하고 있으므로, 검사 또는 사법경찰관이 피고인이 아닌 자의 진술을 기재한 조서의 증거능력이 인정되려면 '적법한 절차와 방식에 따라 작성된 것'이어야 한다는 법리가 피고인이 아닌 자가 수사과정에서 작성한 진술서의 증거능력에 관하여도 적용된다. 한편 검사 또는 사법경찰관이 피의자가 아닌 자의 출석을 요구하여 조사하는 경우에는 피의자를 조사하는 경우와 마찬가지로 조사장소에 도착한 시각, 조사를 시작하고 마친 시각, 그 밖에 조사과정의 진행경과를 확인하기 위하여 필요한 사항을 조서에 기록하거나 별도의 서면에 기록한 후 수사기록에 편철하도록 하는 등 조사과정을 기록하게 한 형사소송법 제221조 제1항, 제244조의4 제1항, 제3항의 취지는 수사기관이 조사과정에서 피조사자로부터 진술증거를 취득하는 과정을 투명하게 함으로써 그 과정에서의 절차적 적법성을 제도적으로 보장하려는 것이다. 따라서 수사기관이 수사에 필요하여 피의자가 아닌 자로부터 진술서를 작성·제출받는 경우에도 그 절차는 준수되어야 하므로, 피고인이 아닌 자가 수사과정에서 진술서를 작성하였지만 수사기관이 조사과정의 진행경과를 확인하기 위하여 필요한 사항을 그 진술서에 기록하거나 별도의 서면에 기록한 후 수사기록에 편철하는 등 적절한 조치를 취하지 아니하여 형사소송법 제244조의4 제1항, 제3항에서 정한 절차를 위반한 경우에는, 그 진술증거 취득과정의 절차적 적법성의 제도적 보장이 침해되지 않았다고 볼 만한 특별한 사정이 없는 한 '적법한 절차와 방식'에 따라 수사과정에서 진술서가 작성되었다고 할 수 없어 증거능력을 인정할 수 없다(대법원 2015. 4. 23. 선고 2013도3790 판결 등 참조).

이러한 형사소송법 규정 및 문언과 그 입법 목적 등에 비추어 보면, 형사소송법 제312조 제5항의 적용대상인 '수사과정에서 작성한 진술서'란 수사가 시작된 이후에 수사기관의 관여 아래 작성된 것이거나, 개시된 수사와 관련하여 수사과정에 제출할 목적으로 작성한 것으로, 작성 시기와 경위 등 여러 사정에 비추어 그 실질이 이에 해당하는 이상 명칭이나 작성된 장소 여부를 불문한다. …

경찰관이 입당원서 작성자의 주거지·근무지를 방문하여 입당원서 작성 경위 등을 질문한 후 진술서 작성을 요구하여 이를 제출받은 이상 형사소송법 제312조 제5항이 적용되어야 한다는 이유로 형사소송법 제244조의4에서 정한 절차를 준수하지 않은 위 각 증거의 증거능력이 인정되지 않는다.

대법원 2019. 11. 14. 선고 2019도13290 판결 〈표준〉「피고인이 위와 같이 증거로 함에 동의한 서류들 중 이 사건 휴대전화기에 대한 압수조서의 '압수경위'란에는, 이 부분 공소사실과 관련하여 "2018. 3. 26. 08:15경 지하철 ○호선 △△역 승강장 및 '가' 게이트 앞에서 경찰관이 소매치기 및 성폭력 등 지하철범죄 예방·검거를 위한 비노출 잠복근무 중 검정 재킷, 검정 바지, 흰색 운동화를 착용한 20대가량 남성이 짧은 치마를 입고 에스컬레이터를 올라가는 여성을 쫓아가 뒤에 밀착하여 치마 속으로 휴대폰을 집어넣는 등 해당 여성의 신체를 몰래 촬영하는 행동을 하였다"는 내용이 포함되어 있고, 그 하단에는 이 부분 공소사실에 관한 피고인의 범행을 직접 목격하면서 위 압수조서를 작성한 사법경찰관 및 사법경찰리의 각 기명날인이 들어가 있다. … 이 사건 휴대전화기에 대한 압수조서 중 '압수경위'란에 기재된 상기의 내용은, 피고인이 이 부분 공소사실과 같은 범행을 저지르는 현장을 직접 목격한 사람의 진술이 담긴 것으로서 형사소송법 제312조 제5항에서 정한 '피고인이 아닌 자가 수사과정에서 작성한 진술서'에 준하는 것으로 볼 수 있고, 이에 따라 이 사건 휴대전화기에 대한 임의제출절차가 적법하였는지 여부에 영향을 받지 않는 별개의 독립적인 증거에 해당하므로, 피고인이 증거로 함에 동의한 이상 유죄를 인정하기 위한 증거로 사용할 수 있을 뿐 아니라 이 부분 공소사실에 대한 피고인의 자백을 보강하는 증거가 된다고 볼 여지가 많다.」

(4) 제314조의 적용

⟨제314조의 적용요건⟩

대법원 2016. 10. 13. 선고 2016도8137 판결

피고인 아닌 자가 작성한 진술서 등이 공판준비나 공판기일에서 그 작성자의 진술에 의하여 진정성립이 증명되지 않았음에도 형사소송법 제314조에 의하여 증거능력이 인정되려면, 그 작성자가 사망·질병·외국거주·소재불명, 그 밖에 이에 준하는 사유로 인하여 진술할 수 없는 때에 해당하고, 또 그 작성이 특히 신빙할 수 있는 상태에서 행하여졌음이 증명된 때에 해당하여야 한다. 여기서 '외국거주'는 진술을 하여야 할 사람이 단순히 외국에 있다는 것만으로는 부족하고, 가능하고 상당한 수단을 다하더라도 그 사람을 법정에 출석하게 할 수 없는 사정이 있어야 예외적으로 그 요건이 충족될 수 있다고 할 것인데, 통상적으로 그 요건이 충족되었는지는 소재의 확인, 소환장의 발송과 같은 절차를 거쳐 확정되는 것이기는 하지만 항상 그러한 절차를 거쳐야만 되는 것은 아니다. 경우에 따라서는 비록 그러한 절차를 거치지 않았더라도 법원이 그 사람을 법정에서 신문하는 것을 기대하기 어려운 사정이 있다고 인정할 수 있다면, 그 요건은 충족된다고 보아야 한다(대법원 2002. 3. 26. 선고 2001도5666 판결, 대법원 2008. 2. 28. 선고 2007도10004 판결 등 참조). 그리고 '그 작성이 특히 신빙할 수 있는 상태에서 행하여졌음이 증명된 때'는 그 서류의 작성에 허위 개입의 여지가 거의 없고 신빙성이나 임의성을 담보할 구체적이고 외부적인 정황이 증명된 때를 의미한다(대법원 2014. 8. 26. 선고 2011도6035 판결 등 참조).

원심판결 이유와 기록에 의하면, 원심이 그 판시와 같은 이유로 검사 제출 증거목록 순번 150, 151, 167, 274, 414 내지 420, 422 내지 429, 1474, 1489, 1501, 1524, 1532, 2406, 2497, 2499, 2501 기재 이메일(이하 '이 사건 이메일'이라고 한다)의 작성자가 공소외 1이라고 인정한 것은 충분히 수긍할 수 있다. 그리고 공소외 1은 프랑스에 거주하고 있고 '자주통일과 민주주의를 위한 ○○○연대'(이하 '○○○연대'라고 한다)의 총책으로 피고인들에 대한 공소사실 중 ○○○연대 구성에 의한 국가보안법 위반(이적단체의 구성 등) 부분의 공동정범에 해당하기 때문에 법원으로부터 소환장을 송달받는다고 하더라도 법정에 증인으로 출석할 것을 기대하기 어렵다고 봄이 상당하므로, 법원이 그의 소재 확인, 소환장 발송 등의 조치를 다하지 않았다고 하더라도 형사소송법 제314조의 '외국거주' 요건이 충족되었다고 할 수 있다. 또한 이 사건 이메일은 공소외 1이 피고인들을 비롯한 ○○○연대의 핵심조직원들에게 구체적인 활동내용 또는 활동방향을 지시하는 조직 내부의 의사소통 수단인 점, 공소외 1이 수신자를 특정한 점 등에 비추어 보면 형사소송법 제314조의 '그 작성이 특히 신빙할 수 있는 상태에서 행하여졌음이 증명된 때'에도 해당된다.

바. 검증조서

(1) 법관의 검증조서

대법원 1992. 6. 23. 선고 92도682 판결 「원심이 인용한 1심판결 채용증거 중 부산지방법원 90고합1410호 사건의 비디오검증조서(공판기록 1284정 이하)는 이 사건 범죄단체조직죄에 관한 공범으로서 별도로 공소제기된 위 사건의 위 사건(90고합1410호) 피고인에 대한 수사과정에서 담당검사가 위 사건(90고합1410호) 피고인와 위 사건에 관하여 대화하는 내용과 장면을 녹화한 것으로 보이는 비디오테프에 대한 검증조서인바, 이러한 비디오테프의 녹화내용은 피의자의 진술을 기재한 피의자신문조서와 실질적으로 같다고 볼 것이므로 피의자신문조서에 준하여 그 증거능력을 가려야 할 것이다. 그런데 기록을 살펴보아도 검사가 위 사건(90고합1410호) 피고인의 진술을 들음에 있어 동인에게 미리 진술거부권이 있음을 고지한 사실을 인정할 자료가 없으므로 위 녹화내용은 위법하게 수집된 증거로서 증거능력이 없는 것으로 볼 수밖에 없고, 따라서 이러한 녹화내용에 대한 검증조서기재는 유죄증거로 삼을 수 없는데도 원심이 위 검증조서를 유죄증거로 채용한 것은 채증법칙에 위반한 위법한 처사로서 이 점에 관한 논지는 이유 있다.」

(2) 검사 또는 사법경찰관의 검증조서

〈적법한 절차와 방식에 따른 작성 : 수사보고서에 검증의 결과에 해당하는 기재가 있는 경우〉

대법원 2001. 5. 29. 선고 2000도2933 판결

원심이 인용한 제1심판결의 채용증거 중 수사보고서(수사기록 제9장)는 수신을 경찰서장, 참조를 형사과장, 제목을 수사보고로 하여, 그 내용이 "1998. 2. 23. 02:00경 안양시 동안구 관양2동 소재 백운나이트 앞 노상에서 발생한 폭력행위등처벌에관한법률위반 피의사건에 대하여 다음과 같이 수사하였기 보고합니다. 1. 견적서 미첨부에 대하여, 피고인 1이 날이 밝으면 견적서를 제출한다 하고, 2. 진단서 미제출에 대하여, 피고인 1, 2 서로 왼쪽 눈부위에 타박상이 있고, 피고인 1은 무릎에도 찰과상이 있는데 현재 심야인 관계로 날이 밝으면 치료 후 진단서 제출한다 하기에 이상과 같이 수사보고합니다."라고 되어 있고, 그 밑에 작성경찰관인 경장 조계원이 자신의 소속 및 계급과 이름을 타자한 후 날인한 것으로서, 피고인들은 위 수사보고서에 대하여 증거로 함에 동의하지 않았고 제1심 법정에서 증인 조계원이 위 수사보고서를 진정하게 작성하였다고 진술하고 있으나, <u>위 수사보고서는 전문증거이므로 형사소송법 제310조의2에 의하여 같은 법 제311조 내지 제316조의 각 규정에 해당하지 아니하는 한 이를 증거로 할 수 없는 것이다. 나아가 위 수사보고서 중 "피고인 1, 2 서로 왼쪽 눈부위에 타박상이 있고, 피고인 1은 무릎에도 찰과상이 있다."라는 기재 부분은 검찰사건사무규칙 제17조에 의하여 검사가 범죄의 현장 기타 장소에서 실황조사를 한 후 작성하는 실황조서 또는 사법경찰관리집무규칙 제49조 제1항, 제2항에 의하여 사법경찰관이 수사상 필요하다고 인정하여 범죄현장 또는 기타 장소에 임하여 실황을 조사할 때 작성하는 실황조사서에 해당하지 아니하며, 단지 수사의 경위 및 결과를 내부적으로 보고하기 위하여 작성된 서류에 불과하므로 그 안에 검증의 결과에 해당하는 기재가 있다고 하여 이를 형사소송법 제312조 제1항의 '검사 또는 사법경찰관이 검증의 결과를 기재한 조서'라고 할 수 없을 뿐만 아니라 이를 같은 법 제313조 제1항의 '피고인 또는 피고인이 아닌 자가 작성한 진술서나 그 진술을 기재한 서류'라고 할 수도 없고, 같은 법 제311조, 제315조, 제316조의 적용대상이 되지 아니함이 분명하므로 그 기재 부분은 증거로 할 수 없고, 또한 위 수사보고서 중</u> "날이 밝으면 치료 후 진단서 제출한다고 한다."라는 기재 부분은 진술자인 피고인들이 각 상대방에 대한 피해자의 지위에서 진술한 것으로서 진술자들의 자필이 아닐 뿐만 아니라 그 서명 또는 날인도 없으며, 공판준비 또는 공판기일에서 진술자들의 진술에 의하여 그 성립의 진정함이 증명되지도 않았으므로 형사소송법 제313조 제1항의 요건을 갖추지 못하여 그 기재부분 역시 증거로 할 수 없다고 할 것이다.

〈긴급검증을 한 후 사후영장을 발부받지 않은 경우〉

대법원 1984. 3. 13. 선고 83도3006 판결

수사에 관하여는 그 목적을 달성하기 위하여 필요한 조사를 할 수 있는 것이나 강제처분은 형사소송법에 특별한 규정이 없으면 하지 못한다 할 것이고 (형사소송법 제199조 제1항) 사법경찰관이 범죄수사에 필요한 때에는 검사에게 신청하여 검사의 청구로 지방법원 판사가 발부한 영장에 의하여 압수, 수색 또는 검증을 할 수 있으며 (형사소송법 제215조 제2항) 범행중 또는 범행직후의 범행장소에서 긴급을 요하여 법원판사의 영장을 받을 수 없는 때에는 영장없이 압수, 수색 또는 검증을 할 수 있는 것이나 이 경우에는 사후에 지체없이 영장을 받아야 하는 것인바(형사소송법 제216조 제3항) 이 사건 사법경찰관 사무취급 작성의 검증조서에 의하면 동 검증은 이 사건 발생후 범행장소에서 긴급을 요하여 법원판사의 영장을 받을 수 없으므로 영장없이 시행한다고 기재되어 있으므로(동 검증조서중 검증연월일 1983.1.16은 1983.1.6의 오기로 인정된다) 이 검증은 형사소송법 제216조 제3항에 의한 검증이라 할 것임에도 불구하고 기록상 사후 영장을 받은 흔적이 없음은 논지가 지적한 바와 같으니 이러한 검증조서는 피고인에 대한 유죄의 증거로 할 수 없다.

> ### 대법원 1989. 3. 14. 선고 88도1399 판결
> 사법경찰관 사무취급이 작성한 실황조서는 이 사건 사고가 발생한 1985.10.26. 19:30직후인 1985.10.27. 10:00에 사고장소에서 긴급을 요하여 판사의 영장없이 시행된 것이므로 이는 형사소송법 제216조 제3항에 의한 검증에 해당한다 할 것이고 기록상 사후영장을 받은 흔적이 없으므로 이 실황조서는 유죄의 증거로 삼을 수 없다.

〈검증조서에 기재된 진술의 증거능력〉

대법원 1998. 3. 13. 선고 98도159 판결 〈표준〉

기록에 의하면, 피고인은 피해자가 사망한 당일부터 그 폭행사실을 시인하기 시작하여 검찰

단계에까지 동일한 내용의 자백을 계속하였는바, 그 자백의 취지가 평소부터 피해자인 아버지의 술주정에 반감을 품어 오던 중 때마침 실직한 상태에서 계속 술을 마시고 있던 상태에서 피해자로부터 심한 욕설을 듣고 격분한 나머지 극히 우발적으로 주먹으로 피해자의 얼굴을 1회 때렸다는 것으로서, 그 내용에 있어서 객관적으로 합리성이 있다고 할 것이고 달리 자백을 하게 된 동기나 과정에 합리적인 의심을 갖게 할 만한 상황이 있었다고 볼 흔적도 엿보이지 아니하므로, 피고인이 검사 앞에서 자백한 진술이 진실에 부합하는 것으로서 신빙성이 있다고 본 원심의 조치는 정당하고, 거기에 소론과 같은 자백의 증명력에 관한 법리오인의 위법이 있다고 볼 수 없다. 논지도 이유 없다.

다. 사법경찰관 작성의 검증조서의 증거능력 등의 점에 관하여

원심이 적법하게 조사하여 채택한 것으로 본 제1심 채용의 '사법경찰관이 작성한 검증조서'에는 이 사건 범행에 부합되는 피의자이었던 피고인의 진술기재 부분이 포함되어 있고 또한 범행을 재연하는 사진이 첨부되어 있으나, 기록에 의하면 피고인이 위 검증조서에 대하여 증거로 함에 동의만 하였을 뿐 공판정에서 검증조서에 기재된 진술내용 및 범행을 재연한 부분에 대하여 그 성립의 진정 및 내용을 인정한 흔적을 찾아 볼 수 없고 오히려 이를 부인하고 있으므로 그 증거능력을 인정할 수 없는바, 원심으로서는 위 검증조서 중 이 사건 범행에 부합되는 피고인의 진술을 기재한 부분과 범행을 재연한 부분을 제외한 나머지 부분만을 증거로 채용하여야 함에도 이를 구분하지 아니한 채 그 전부를 유죄의 증거로 인용한 조치는 위법하다고 할 것이고(대법원 1990. 7. 24. 선고 90도1303 판결, 1988. 3. 8. 선고 87도2692 판결, 대법원 1982. 9. 14. 선고 82도1479 전원합의체 판결 등 참조), 이 점을 지적한 논지는 이유 있다.

대법원 1981. 4. 14. 선고 81도343 판결

사법경찰관 작성의 검증조서를 검토하면 위 판시 범행에 부합되는 피고인의 진술이라는 기재부분과 범행을 재연하는 사진이 첨부되어있다. 그러나 기록에 의하여도 그 조서 중의 피고인의 진술 및 범행재연에 관하여는 원진술자이며 행위자인 피고인에 의하여 그 진술 내지 재연의 진정함이 인정되지 아니 하였을 뿐 아니라 피고인은 경찰수사 과정에서 엄문을 받았던 사실을 엿볼 수 있다는 원판결 설시 취지에 따라 검증현장에서의 피고인의 진술 및 범행재연은 특히 신빙할 수 있는 상태 하에서 이루어진 것이라 볼 수 없다 할 것이니 위 검증조서 중 피고인의 진술 및 범행재연의 사진 영상에 관한 부분은 증거 능력이 없다고 할 것이다.

〈검증조서에 첨부된 범행재연사진의 증거능력〉

대법원 2006. 1. 13. 선고 2003도6548 판결

사법경찰관이 작성한 검증조서에 피의자이던 피고인이 검사 이외의 수사기관 앞에서 자백한 범행내용을 현장에 따라 진술·재연한 내용이 기재되고 그 재연 과정을 촬영한 사진이 첨부되어 있다면, 그러한 기재나 사진은 피고인이 공판정에서 실황조사서에 기재된 진술내용 및 범행재연의 상황을 모두 부인하는 이상 증거능력이 없다(대법원 1984. 5. 29. 선고 84도378 판결 등 참조).

원심은 **사법경찰관 작성의 검증조서 중 피고인이 범행 과정을 진술 또는 재연한 부분**과 피고인이 미국 수사기관에 범행을 자백한 내용과 경위에 관한 증거들, 즉, 미군 범죄수사대(CID) 수사관인 공소외 1이 작성한 수사보고서, 미국 연방수사국(FBI)의 수사관 공소외 2의 검찰 및 경찰에서의 진술, 제1심 증인 공소외 1과 공소외 2의 각 진술 및 피고인이 공소외 1, 공소외 2 및 또 다른 미국 연방수사국 수사관 공소외 3에 의한 조사를 받는 과정에서 작성하여 위 수사관들에게 제출한 진술서는 피고인이 각 그 내용을 부인하는 이상 모두 증거로 쓸 수 없다고 판단하였는바, 이러한 원심의 조치는 위의 법리들이나 이 사건 기록에 비추어 볼 때 정당하(다).

> ### 대법원 1984. 5. 29. 선고 84도378 판결
>
> 사법경찰관이 작성한 실황조사서를 살펴보면 그 조사서에는 피의자이던 피고인이 사법경찰관의 면전에서 자백한 범행내용을 현장에 따라 진술, 재연하고 사법경찰관이 그 진술, 재연의 상황을 기재하거나 이를 사진으로 촬영한 것 외에 별다른 기재가 없는바, 피고인은 공판정에서 사법경찰관작성의 피의자신문조서에 기재된 진술내용은 물론 위 실황조사서에 기재된 진술내용 및 범행재연의 상황을 모두 부인하고 있으므로 그 실황조사서는 증거능력이 없다고 보아야 할 것이(다).

(3) 실황조사서의 증거능력

대법원 1982. 9. 14. 선고 82도1504 판결 「원심은 국립과학수사연구소장 작성의 감정의뢰 회보서와 사법경찰관 사무취급 작성의 실황조사서를 유죄의 증거로 거시하고 있는바 기록에 의하면 피고인이 위 각 서류를 증거로 함에 동의하지 않았음은 소론과 같으나 위 회보서는 공무원인 위 연구소장이 직무상 증명할 수 있는 사항에 관하여 작성한 문서라고 할 것이므로 당연히 증거능력 있는 서류라고할 것이고 또한 위 실황조사서는 원작성자인 공소외 1의 공판기일에서의 진술에 의하여 그 성립의 진정함이 인정되었으므로 위 각 서류를 유죄 인정의 증거로 채택한 것은 적법하(다).」

대법원 2016. 11. 24. 선고 2016도12407 판결 「교통사고실황조사서에 의하면 이 사건 장소는 경사진 곳이었으므로 피고인의 운전 없이도 승용차가 움직일 수 있는 상황이었던 것으로 보이는 점 … 검사가 제출한 증거만으로는 피고인이 이 사건 당시 '운전'을 하였다는 점이 증명되었다고 보기에 부족하다.」

(4) 수사보고서의 증거능력

〈수사보고서의 증거능력〉

대법원 2023. 1. 12. 선고 2022도14645 판결

<u>수사기관이 작성한 수사보고서는 전문증거로서 형사소송법 제311조·제312조·제315조·제316조의 적용 대상이 아님이 분명하므로, 형사소송법 제313조의 서류에 해당하여야만 증거능력이 인정될 수 있는바, 형사소송법 제313조가 적용되기 위해서는 그 서류에 진술자의 서명 또는 날인이 있어야 한다</u>(대법원 1999. 2. 26. 선고 98도2742 판결, 대법원 2007. 9. 20. 선고 2007도4105 판결 등 참조).

원심은 공소외인이 수사과정에서 이 사건 공소사실과 동일한 혐의사실을 자백하였다는 정황을 공소사실을 뒷받침하는 주된 증거로 보았는데, 이에 부합하는 증거는 의견서 사본(증거목록 순번 25번) 및 수사보고(증거목록 33번)뿐이다. 그러나 후자는 전자의 서류를 다시 추가로 첨부한 것에 불과하므로 결국 '의견서 사본(증거목록 순번 25번)'만이 유일한 증거이다. 그런데 피고인은 일관되게 공소사실을 부인하면서 공소사실에 부합할 여지가 있는 공소외인의 수사기관 진술을 모두 부동의한 점에 비추어, 증거목록상 '의견서 사본(증거목록 순번 25번)'에 대한 증거의견란 부분은 착오로 잘못 기재된 것으로 볼 수 있으므로(대법원 2010. 6. 24. 선고 2010도5040 판결 등 참조) 증거목록상의 위 기재 내용을 근거로 곧바로 증거능력을 인정할 수는 없다.

결국 '의견서 사본(증거목록 순번 25번)' 중 공소사실에 부합하는 내용은 공소외인이 수사과정에서 이 사건 공소사실과 동일한 혐의사실을 자백하였다는 부분인데, 이는 수사의 경위 및 결과를 내부적으로 보고하면서 피고인 아닌 자에 해당하는 공소외인의 진술을 기재한 것에 불과하여 형사소송법 제313조의 서류에 해당하는바, 앞서 본 법리에 비추어 보면 형사소송법 제313조에서 정한 진술자인 공소외인의 서명·날인이 없는 이상 전문증거로서 증거능력을 인정할 수 없다.

〈의견진술형 수사보고서의 증거능력〉

대법원 2001. 5. 29. 선고 2000도2933 판결

원심이 인용한 제1심판결의 채용증거 중 수사보고서(수사기록 제9장)는 수신을 경찰서장, 참조를 형사과장, 제목을 수사보고로 하여, 그 내용이 "1998. 2. 23. 02:00경 안양시 동안구 관양2동 소재 백운나이트 앞 노상에서 발생한 폭력행위등처벌에관한법률위반 피의사건에 대하여 다음과 같이 수사하였기 보고합니다. 1. 견적서 미첨부에 대하여, 피고인 1이 날이 밝으면 견적서를 제출한다 하고, 2. 진단서 미제출에 대하여, 피고인 1, 2 서로 왼쪽 눈부위에 타박상이 있고, 피고인 1은 무릎에도 찰과상이 있는데 현재 심야인 관계로 날이 밝으면 치료후 진단서 제출한다 하기에 이상과 같이 수사보고합니다."라고 되어 있고, 그 밑에 작성경찰관인 경장 조계원이 자신의 소속 및 계급과 이름을 타자한 후 날인한 것으로서, 피고인들은 위 수사보고서에 대하여 증거로 함에 동의하지 않았고 제1심 법정에서 증인 조계원이 위 수사보고서를 진정하게 작성하였다고 진술하고 있으나, 위 수사보고서는 전문증거이므로 형사소송법 제310조의2에 의하여 같은 법 제311조 내지 제316조의 각 규정에 해당하지 아니하는 한 이를 증거로 할 수 없는 것이다. 나아가 위 수사보고서 중 "피고인 1, 2 서로 왼쪽 눈부위에 타박상이 있고, 피고인 1은 무릎에도 찰과상이 있다."라는 기재 부분은 검찰사건사무규칙 제17조에 의하여 검사가 범죄의 현장 기타 장소에서 실황조사를 한 후 작성하는 실황조서 또는 사법경찰관리집무규칙 제49조 제1항, 제2항에 의하여 사법경찰관이 수사상 필요하다고 인정하여 범죄현장 또는 기타 장소에 임하여 실황을 조사할 때 작성하는 실황조사서에 해당하지 아니하며, 단지 수사의 경위 및 결과를 내부적으로 보고하기 위하여 작성된 서류에 불과하므로 그 안에 검증의 결과에 해당하는 기재가 있다고 하여 이를 형사소송법 제312조 제1항의 '검사 또는 사법경찰관이 검증의 결과를 기재한 조서'라고 할 수 없을 뿐만 아니라 이를 같은 법 제313조 제1항의 '피고인 또는 피고인이 아닌 자가 작성한 진술서나 그 진술을 기재한 서류'라고 할 수도 없고, 같은 법 제311조, 제315조, 제316조의 적용대상이 되지 아니함이 분명하므로 그 기재 부분은 증거로 할 수 없고, 또한 위 수사보고서 중 "날이 밝으면 치료 후 진단서 제출한다고 한다."라는 기재 부분은 진술자인 피고인들이 각 상대방에 대한 피해자의 지위에서 진술한 것으로서 진술자들의 자필이 아닐 뿐만 아니라 그 서명 또는 날인도 없으며, 공판준비 또는 공판기일에서 진술자들의 진술에 의하여 그 성립의 진정함이 증명되지도 않았으므로 형사소송법 제313조 제1항의 요건을 갖추지 못하여 그 기재부분 역시 증거로 할 수 없다고 할 것이다. 그러함에도 원심이 위 수사보고서를 증거로 인용한 조치는 위법하다.

> **대법원 2007. 10. 25. 선고 2007도6129 판결**
>
> 형사소송법 제312조 제2항은 검사 이외의 수사기관이 작성한 피의자신문조서는 그 피의자였던 피고인이나 변호인이 그 내용을 인정할 때에 한하여 증거로 할 수 있다고 규정하고 있는바, 피고인이 검사 이외의 수사기관에서 범죄 혐의로 조사받는 과정에서 작성하여 제출한 진술서는 그 형식 여하를 불문하고 당해 수사기관이 작성한 피의자신문조서와 달리 볼 수 없고(대법원 1987. 2. 24. 선고 86도1152 판결 등 참조), 피고인이 수사 과정에서 범행을 자백하였다는 검사 아닌 수사기관의 진술이나 같은 내용의 수사보고서 역시 피고인이 공판 과정에서 앞서의 자백의 내용을 부인하는 이상 마찬가지로 보아야 하며(대법원 1979. 5. 8. 선고 79도493 판결 등 참조), 여기서 말하는 검사 이외의 수사기관에는 달리 특별한 사정이 없는 한 외국의 권한 있는 수사기관도 포함된다고 봄이 상당하다.

〈진술청취형 수사보고서의 증거능력〉

대법원 1999. 2. 26. 선고 98도2742 판결

검찰주사보가 작성한 공소외 1, 공소외 2와의 전화통화내용을 기재한 수사보고서는 다음과 같은 이유로 그 증거능력을 인정할 수 없다고 할 것이다.

기록에 의하면, **검찰주사보가 작성한 위 각 수사보고서는 수사기관인 검찰주사보가 중국에 거주하고 있는 공소외 1과 공소외 2에 대한 고소보충 기타 참고사항에 관하여 조사함에 있어서 그들에게 국제전화를 걸어 그 대화내용을 문답형식으로 기재한 후 공소외 1이나 공소외 2의 서명 또는 기명날인이 없이 위 검찰주사보만 기명날인을 한 것이다.**

따라서 이와 같은 검찰주사보 작성의 각 수사보고서는 전문증거로서 형사소송법 제310조의2에 의하여 제311조 내지 제316조에 규정된 것 이외에는 이를 증거로 삼을 수 없는 것인데, 위 각 수사보고서는 제311조, 제312조, 제315조, 제316조의 적용대상이 되지 아니함이 분명하므로, 결국 제313조의 진술을 기재한 서류에 해당하여야만 제314조의 적용 여부가 문제될 것인바, 제313조가 적용되기 위하여는 그 진술을 기재한 서류에 그 진술자의 서명 또는 날인이 있어야 할 것이다.

이 사건의 경우, **위 각 수사보고서에는 검찰주사보의 기명날인만 되어 있을 뿐 원진술자인 공소외 1이나 공소외 2의 서명 또는 기명날인이 없음**은 앞서 본 바와 같으므로, 위 각 수사보고서는 제313조에 정한 진술을 기재한 서류가 아니어서 제314조에 의한 증거능력의 유무를 따질 필요가 없다고 할 것이고, 이는 검찰주사보가 법정에서 그 수사보고서의 내용이 전화통화내용을 사실대로 기재하였다는 취지의 진술을 하더라도 마찬가지라고 할 것이다.

> **대법원 2011. 9. 8. 선고 2009도7419 판결**
> 이 사건 수사보고서 중 피고인의 진술을 기재한 부분은 전문증거에 해당하는데 이 사건 수사보고서가 진술자인 피고인의 자필이거나 서명 또는 날인이 없어 전문증거의 증거능력에 대한 예외를 규정하고 있는 형사소송법 제313조 소정의 진술을 기재한 서류에 해당하지 아니하므로 증거능력이 없다.

〈진술청취형 수사보고서의 증거능력〉

대법원 2023. 1. 12. 선고 2022도14645 판결

수사기관이 작성한 수사보고서는 전문증거로서 형사소송법 제311조·제312조·제315조·제316조의 적용 대상이 아님이 분명하므로, 형사소송법 제313조의 서류에 해당하여야만 증거능력이 인정될 수 있는바, 형사소송법 제313조가 적용되기 위해서는 그 서류에 진술자의 서명 또는 날인이 있어야 한다(대법원 1999. 2. 26. 선고 98도2742 판결, 대법원 2007. 9. 20. 선고 2007도4105 판결 등 참조).

원심은 공소외인이 수사과정에서 이 사건 공소사실과 동일한 혐의사실을 자백하였다는 정황을 공소사실을 뒷받침하는 주된 증거로 보았는데, 이에 부합하는 증거는 의견서 사본(증거목록 순번 25번) 및 수사보고(증거목록 33번)뿐이다. 그러나 후자는 전자의 서류를 다시 추가로 첨부한 것에 불과하므로 결국 '의견서 사본(증거목록 순번 25번)'만이 유일한 증거이다. 그런데 피고인은 일관되게 공소사실을 부인하면서 공소사실에 부합할 여지가 있는 공소외인의 수사기관 진술을 모두 부동의한 점에 비추어, 증거목록상 '의견서 사본(증거목록 순번 25번)'에 대한 증거의견란 부분은 착오로 잘못 기재된 것으로 볼 수 있으므로(대법원 2010. 6. 24. 선고 2010도5040 판결 등 참조) 증거목록상의 위 기재 내용을 근거로 곧바로 증거능력을 인정할 수는 없다.

결국 '의견서 사본(증거목록 순번 25번)' 중 공소사실에 부합하는 내용은 **공소외인이 수사과정에서 이 사건 공소사실과 동일한 혐의사실을 자백하였다**는 부분인데, 이는 수사의 경위 및 결과를 내부적으로 보고하면서 피고인 아닌 자에 해당하는 공소외인의 진술을 기재한 것에 불과하여 형사소송법 제313조의 서류에 해당하는바, 앞서 본 법리에 비추어 보면 형사소송법 제313조에서 정한 진술자인 공소외인의 서명·날인이 없는 이상 전문증거로서 증거능력을 인정할 수 없다.

대법원 2010. 10. 14. 선고 2010도5610, 2010전도31 판결 <표준> 「이 사건 각 수사보고서는 검사가 참고인인 피해자 공소외 1, 2와의 전화통화 내용을 기재한 서류로서 형사소송법 제313조 제1항 본문에 정한 '피고인 아닌 자의 진술을 기재한 서류'인 전문증거에 해당하나, 그 진술자의 서명 또는 날인이 없을 뿐만 아니라 공판준비기일이나 공판기일에서 진술자의 진술에 의해 성립의 진정함이 증명되지도 않았으므로 증거능력이 없다. 그러나 반의사불벌죄에서 피고인 또는 피의자의 처벌을 희망하지 않는다는 의사표시 또는 처벌희망 의사표시 철회의 유무나 그 효력 여부에 관한 사실은 엄격한 증명의 대상이 아니라 증거능력이 없는 증거나 법률이 규정한 증거조사방법을 거치지 아니한 증거에 의한 증명, 이른바 자유로운 증명의 대상이다. 원심이 증거능력이 없는 이 사건 각 수사보고서를 피해자들의 처벌희망 의사표시 철회의 효력 여부를 판단하는 증거로 사용한 것 자체는 위와 같은 법리에 따른 것으로서 정당하(다).」

대법원 1992. 8. 14. 선고 92도1211 판결 「사법경찰관 작성의 새세대 16호에 대한 수사보고서는 피고인이 검찰에서 소지 탐독사실을 인정하고 있는 새세대 16호라는 유인물의 내용을 분석하고, 이를 기계적으로 복사하여 그 말미에 그대로 첨부한 문서로써 그 신용성이 담보되어 있어 형사소송법 제315조 제3호 소정의 "기타 특히 신용할만한 정황에 의하여 작성된 문서"에 해당되는 문서로써 당연히 증거능력이 인정된다.」

사. 감정서

<적법한 절차에 따라 수집된 증거에 대한 감정서의 증거능력>

대법원 2011. 5. 26. 선고 2011도1902 판결 <표준>

이 사건 강판조각은 형사소송법 제218조에 규정된 유류물에, 이 사건 차량에서 탈거 또는 채취된 이 사건 보강용 강판과 페인트는 위 차량의 보관자가 감정을 위하여 임의로 제출한 물건에 각 해당함을 알 수 있다. 따라서 이 사건 강판조각과 보강용 강판 및 차량에서 채취된 페인트는 형사소송법 제218조에 의하여 영장 없이 압수할 수 있으므로 위 각 증거의 수집 과정에 영장주의를 위반한 잘못이 있다 할 수 없고, 나아가 이 사건 공소사실과 위 각 증거와의 관련성 및 그 내용 기타 이 사건 수사의 개시 및 진행 과정 등에 비추어, 비록 상고이유의 주장처럼 위 각 증거의 압수 후 압수조서의 작성 및 압수목록의 작성·교부 절차가 제대로 이행되지 아니한 잘못이 있다 하더라도, 그것이 적법절차의 실질적인 내용을 침해하는 경우에 해당한다거나 앞서 본 위법수집증거의 배제법칙에 비추어 그 증거능력의 배제가 요구되는 경우에 해당한다고 볼 수는 없다.

그리고 원심 및 제1심의 각 판결이유와 그 채택 증거들 및 법령의 규정에 의하면, 감정인 공소외 1이 이 사건 강판조각이 이 사건 보강용 강판에서 분리된 것인지 여부를 감정하는 과정에서 이를 두드려 펴 그 형상에 변형을 가한 행위는 형사소송법 제173조 제1항에 따라 법원의 허가를 얻어야 하는 물건의 파괴로는 볼 수 없고 임의수사인 감정에 수반되는 행위이며, 위 페인트의 성분을 비교분석한 행위 역시 법원의 허가를 얻어야 하는 물건의 파괴로는 볼 수 없고 임의수사인 감정에 해당함을 알 수 있다.

그렇다면 이 부분 원심의 판단은 그 이유 설시에 다소 미흡한 점이 있으나 결론에 있어서는 정당하고, 이에 관한 상고이유 주장은 받아들일 수 없다.

다. 이와 같이 위 각 증거가 증거능력 없는 위법수집증거에 해당하지 않는 이상 위 각 증거를 비교 분석한 감정인 공소외 1 작성의 2009. 2. 9.자 감정서 역시 위법절차에 의하여 수집된 증거에 기하여 얻어진 2차 증거에 해당한다고 할 수 없다.

그리고 형사소송법 제313조 제2항, 제1항에 의하면 감정서는 감정인의 자필이거나 그 서명 또는 날인이 있고 공판준비나 공판기일에서 감정인의 진술에 의하여 그 성립의 진정함이 증명된 때에 증거능력이 부여되는데, 기록에 의하면 위 감정서에는 감정인 공소외 1의 기명날인이 있고, 감정인 공소외 1이 제1심 제5회 공판기일에서 작성명의가 진정하고 감정인의 관찰대로 기술되었다고 진술함으로써 그 성립의 진정함이 증명되었다 할 것이므로, 위 감정서는 그 증거능력이 인정된다.

> **[사안의 개요]** 甲은 V와 오랜 불화 끝에 이혼소송을 제기당하여 별거상태로 지내면서 양가와 관련된 민사분쟁중에 있었는데, 어느 날 甲은 V를 차에 태우고 진행다하가 대전차 방호벽을 들이받는 교통사고를 내어 V가 사명하였다. 검사는 甲을 이혼과정의 불화 등으로 교통사고를 가장하여 V를 살해하기로 마음먹고 2번의 교통사고를 일으켜 V를 살해한 혐의로 기소하였다. 공판정에서 甲은 단순 과실에 의한 1회의 교통사고에 의해 V가 사망한 것이라고 다투었다. 검사는 임의제출된 사고 후 방호벽 안쪽 벽면에 부착된 철제구조물에 끼어 있다가 발견되었다는 강판조각과 사고후 공업사에 보관 중이던 사고차량 우측 앞 펜더에서 탈거한 강판을 비교하고 또한 철제구조물에서 채취한 페인트가루를 비교하여 이 강판조각이 甲이 운전한 자동차의 강판의 일부이고 페인트도 동일한 취지의 것이라는 감정서를 증거로 제출하였다.

대법원 2012. 11. 15. 선고 2011도15258 판결 <표준> 「헌법과 형사소송법이 정한 절차에 따르지 아니하고 수집된 증거는 기본적 인권 보장을 위해 마련된 적법한 절차에 따르지 않은 것으로서 원칙적으로 유죄 인정의 증거로 삼을 수 없고, 위와 같은 법리는 이를 기초로 하여 획득한 2차적 증거에도 마찬가지로 적용된다고 할 것이다. 그렇다면 수사기관이 법원으로부터 영장 또는 감정처분허가장을 발부받지 아니한 채 피의자의 동의 없이 피의자의 신체로부터 혈액을 채취하고 사후에도 지체 없이 영장을 발부받지 아니한 채 그 혈액 중 알코올농도에 관한 감정을 의뢰하였다면, 이러한 과정을 거쳐 얻은 감정의뢰회보 등은 형사소송법상 영장주의 원칙을 위반하여 수집하거나 그에 기초하여 획득한 증거로서, 원칙적으로 그 절차위반행위가 적법절차의 실질적인 내용을 침해하여 피고인이나 변호인의 동의가 있더라도 유죄의 증거로 사용할 수 없다.」

5. 전문진술에 대한 예외

가. 피고인의 진술을 내용으로 하는 경우

〈조사자 증언의 증거능력 인정요건〉

대법원 2012. 10. 25. 선고 2011도5459 판결

피고인을 조사하였던 경찰관 공소외인의 원심 법정진술은 '피고인이 이 사건 공소사실 기재와 같은 범행을 저질렀다'는 피고인의 진술을 그 내용으로 하고 있는바, 이를 증거로 사용할 수 있기 위해서는 피고인의 위와 같은 진술이 특히 신빙할 수 있는 상태하에서 행하여졌음이 증명되어야 하는데, 피고인이 그 진술 경위나 과정에 관하여 치열하게 다투고 있는 점, 위와 같은 진술이 체포된 상태에서 변호인의 동석없이 이루어진 점 등을 고려해 보면, 피고인의 위와 같은 진술이 특히 신빙할 수 있는 상태하에서 행하여졌다는 점이 증명되었다고 보기 어려우므로, 피고인의 위와 같은 진술을 내용으로 한 공소외인의 당심 법정에서의 진술은 증거능력이 없다.

> **대구고등법원 2008. 11. 27. 선고 2008노293 판결**
> 피고인들은 또 **피고인들을 조사했던 경찰관들이 원심법정에서 피고인들이 수사과정에서 선거운동과 관련하여 금품을 수수한 사실을 자백하였다고 증언**하였으나 피고인들이 경찰에서 금품을 수수하였다고 인정한 것은 나이 어린 경찰관들이 모욕적인 언사로 추궁을 하며 윽박지르는 바람에 검찰에서 진술하게 대답하기 위하여 허위로 진술한 것이므로 위 경찰관들의 증언은 형사소송법 제312조 제2항의 입법취지에 따라 아무런 증거능력이 없다고 주장한다.
> 종래 대법원 판례는 피고인이 경찰에서의 진술을 부인하는 경우 조사경찰관이 경찰 조사시

피고인이 범행을 자백하였고 그에 따라 범행사실을 확인하였다고 법정에서 증언하였다고 하더라도 피고인이 경찰에서의 진술을 부인하는 이상 구 형사소송법 제312조 제2항(현행 형사소송법 제312조 제3항)의 취지에 비추어 증거능력이 없다고 판시하여 왔다. 그러나 2007. 6. 1. 법률 제8496호로 개정되어 2008. 1. 1.부터 시행된 현행 형사소송법은 조사자의 증언을 인정하지 아니한 종래의 대법원 판례의 태도와는 달리, 조사경찰관 등이 증인으로 나와 위증죄의 부담을 안고 피고인 측의 반대신문을 받으면서 한 증언에 증거능력을 부여함으로써 실체적 진실발견과 피고인의 방어권 보장 사이에 조화를 도모할 목적으로, 제316 조 제1항에서 피고인이 아닌 자에 "공소제기 전에 피고인을 피의자로 조사하였거나 그 조사에 참여하였던 자를 포함한다."는 규정을 신설하였다. 따라서 피고인의 진술을 내용으로 하는 조사경찰관의 증언은 그 진술이 특히 신빙할 수 있는 상태하에서 행하여졌다면 증거능력이 있다고 할 것이다.

〈조사자 증언의 적용범위〉

대법원 1983. 7. 26. 선고 82도385 판결

소론 증인 이재민, 김영숙의 각 증언은 피고인이 경찰수사때의 진술을 그 내용으로 하고 있는바, 피고인이 공판정에서 경찰의 진술내용을 부인하고 있는 이상 위 증언들은 증거능력이 없다고 할 것이다(당원 1979. 5. 8. 선고 79도493 판결 참조). 만일에 소론과 같이 이런 증언에 증거능력이 있다고 한다면 피고인의 경찰 진술은 증거능력이 없는데 반하여 그 진술을 들었다는 전문증거는 증거능력이 있다는 불합리하고도 기이한 결과가 될 뿐 아니라 위 형사소송법 제312조 제2항의 규정은 결국 사문화 되고 말 것이니 소론은 취할바 못된다. 소론의 취지가 이들 증거를 피고인이 경찰에서 작성한 위 진술서의 임의성에 관한 입증이라고 한다면 이는 무용의 짓이라고 아니 할 수 없다. 왜냐하면 위 제312조 제2항은 진술의 임의성이 있는 여부에 불구하고 원진술자인 피고인이 공판정에서 그 내용을 부인하면 증거능력이 없다고 함이 앞에서 설명한 바이니 피고인이 그 진술서 내용을 부인하고 있는 본 건에 있어서는 그 임의성을 문제삼을 이유와 필요가 없기 때문이다.

〈특신상태의 의미〉

대법원 2007. 7. 27. 선고 2007도3798 판결

형사소송법 제316조 제1항에서 말하는 '그 진술이 특히 신빙할 수 있는 상태하에서 행하여진 때'라 함은 그 진술을 하였다는 것에 허위 개입의 여지가 거의 없고, 그 진술 내용의 신빙성이나 임의성을 담보할 구체적이고 외부적인 정황이 있는 경우를 가리킨다(대법원 2000. 9. 8. 선고 99도4814 판결, 대법원 2004. 4. 27. 선고 2004도482 판결 등 참조). … 원심은, 그 판시와 같은 이유를 들어 **피고인 1의 진술을 그 내용으로 하는 전문진술인 공소외 2의 공판기일에서의 진술** 및 검사 작성의 공소외 2에 대한 진술조서의 증거능력을 인정하고, 공소외 2의 진술과 제1심 및 원심의 공동 피고인 3, 피고인 2의 각 진술을 비롯하여 제1심과 원심이 적법하게 채택한 증거들을 종합하여 그 판시와 같은 사실들 및 사정들을 인정한 다음, 이에 근거하여 피고인 1은 자신이 담당하는 부천시 소유의 체비지 매각업무와 관련하여 직무상 부정한 행위를 하고 그 대가로서 공동 피고인 3으로부터, 2005. 2. 3. 피고인 2를 통하여 현금 2,000만 원을, 2005. 6. 13. 직접 현금 1,000만 원을 각 수수한 사실이 인정된다고 판단하였다. 앞서 본 바와 같은 법리 및 기록에 비추어 살펴보면, 위와 같은 원심의 증거의 취사선택과 사실인정 및 판단은 정당하여 수긍할 수 있(다).

나. 피고인의 아닌 자의 진술을 내용으로 하는 경우

〈피고인 아닌 자의 의미〉

대법원 2019. 11. 14. 선고 2019도11552 판결

형사소송법 제316조 제2항은 피고인 아닌 자가 공판준비 또는 공판기일에서 한 진술이 피고인 아닌 타인의 진술을 그 내용으로 하는 것인 때에는 원진술자가 사망, 질병, 외국거주, 소재불명 그 밖에 이에 준하는 사유로 인하여 진술할 수 없고 그 진술이 특히 신빙할 수 있는 상태하에서 행하여졌음이 증명된 때에 한하여 이를 증거로 할 수 있다고 규정하고 있는데, 여기서 말하는 '피고인 아닌 자'에는 공동피고인이나 공범자도 포함된다(대법원 2000. 12. 27. 선고 99도5679 판결 등 참조).

원심판결 이유 및 기록에 의하면, 공소외인은 제1심 제4회 공판기일에 출석하여 '원심공동피고인 2로부터 피고인에게서 50만 원을 받았다는 취지의 말을 들었다'고 증언한 사실, 한편 제1심 및 원심공동피고인 2는 원심에 이르기까지 일관되게 피고인으로부터 50만 원을 받았다는 취지의 공소사실을 부인한 사실 등을 알 수 있다.

이러한 사실관계를 앞서 본 법리에 비추어 살펴보면, 원심공동피고인 2가 원심에 이르기까지 금품을 제공받은 사실을 부인하는 이 사건에서는 원진술자인 원심공동피고인 2가 사망,

질병, 외국거주, 소재불명 그 밖에 이에 준하는 사유로 인하여 진술할 수 없는 때에 해당하지 아니하여 원심공동피고인 2의 진술을 그 내용으로 하는 공소외인의 이 부분 법정증언은 전문증거로서 증거능력이 없다.

〈조사자 증언의 증거능력〉

대법원 2008. 9. 25. 선고 2008도6985 판결 〈표준〉

형사소송법(이하 '법'이라고 한다) 제316조 제2항은 "피고인 아닌 자의 공판준비 또는 공판기일에서의 진술이 피고인 아닌 타인의 진술을 그 내용으로 하는 것인 때에는 원진술자가 사망, 질병, 외국거주, 소재불명, 그 밖에 이에 준하는 사유로 인하여 진술할 수 없고, 그 진술이 특히 신빙할 수 있는 상태하에서 행하여졌음이 증명된 때에 한하여 이를 증거로 할 수 있다"고 규정하고 있고, 같은 조 제1항에 따르면 위 '피고인 아닌 자'에는 공소제기 전에 피고인 아닌 타인을 조사하였거나 그 조사에 참여하였던 자(이하 '조사자'라고 한다)도 포함되는데, 위 조항에 따라 조사자의 증언에 증거능력이 인정되기 위해서는 원진술자가 사망, 질병, 외국거주, 소재불명, 그 밖에 이에 준하는 사유로 인하여 진술할 수 없어야만 하는 것이라서 원진술자가 법정에 출석하여 수사기관에서의 진술을 부인하는 취지로 증언을 한 이상 원진술자의 진술을 내용으로 하는 조사자의 증언은 증거능력이 없다고 봄이 상당하다.

같은 취지에서 원심이, 공소외 1이 제1심법정에서 진술한 이상 수사기관에서 이루어진 공소외 1의 진술을 내용으로 하는 조사자 공소외 2의 증언 부분은 증거능력이 없다고 판단한 것은 정당하고, 거기에 조사자 증언의 증거능력에 관한 법리오해 등의 위법이 없다.

〈제316조 제2항의 '그 밖의 이에 준하는 사유' : 피해자가 일정한 사항에 대하여 기억이 나지 않는 경우〉

대법원 2006. 4. 14. 선고 2005도9561 판결

전문의 진술을 증거로 함에 있어서는 전문진술자가 원진술자로부터 진술을 들을 당시 원진술자가 증언능력에 준하는 능력을 갖춘 상태에 있어야 할 것이다. 그런데 증인의 증언능력은 증인 자신이 과거에 경험한 사실을 그 기억에 따라 공술할 수 있는 정신적인 능력이라 할 것이므로, 유아의 증언능력에 관해서도 그 유무는 단지 공술자의 연령만에 의할 것이 아니라 그의 지적수준에 따라 개별적이고 구체적으로 결정되어야 함은 물론 공술의 태도 및 내용 등을 구체적으로 검토하고, 경험한 과거의 사실이 공술자의 이해력, 판단력 등에 의하여 변식될 수 있는 범위 내에 속하는가의 여부도 충분히 고려하여 판단하여야 한다(대법원 1999. 11. 26. 선고 99도3786 판결, 2004. 9. 13. 선고 2004도3161 판결 등 참조).

위 법리에 비추어 기록을 살펴보건대, 피해자 공소외 1[(생년월일 생략)으로서 이 사건 사고 당시 만 3세 3개월 내지 만 3세 7개월 가량]이 (명칭 2 생략) 아동센터에서 정신과 전문의 공소외 2로부터 진료를 받을 당시(2004. 7. 7.)와 ○○의료원에서 임상심리전문가 공소외 3으로부터 심리평가를 받을 당시(2004. 7. 15.) 및 △△시립병원에서 (명칭 1 생략)집의 사회복지사 공소외 4와 대화시(2004. 8. 5.경)에는 각 만 5세 가량, 경찰에서 진술 당시(2005. 4. 20.)에는 만 5세 9개월 남짓 된 여아이나, 위 피해자가 경험한 사실이 "피고인이 피해자의 발가락을 빨고 가슴을 만졌으며, 또한 음부에 피고인의 손가락을 넣거나 성기를 집어넣었다."는 비교적 단순한 것으로서 피해자 연령 정도의 유아라고 하더라도 별다른 사정이 없는 한 이를 알고 그 내용을 표현할 수 있는 범위 내의 것일 뿐만 아니라, 그 진술이 그 연령의 유아 수준의 표현이라고 보여지며, 위 공소외 3의 심리평가 결과 위 피해자가 그 심리평가 무렵 평균수준의 지능, 어휘력 및 지각적 조직화 능력(비언어적 의사소통능력)을 가지고 있어 자신이 경험하는 일들에 대하여 적절히 보고하는 능력이 있는 것으로 나타나는 등, 기록에 나타난 위 피해자의 진술내용과 진술태도, 표현방식 등을 종합해 보면, 위 피해자는 위 각 대화 내지 진술 당시 증언능력에 준하는 능력을 갖추었던 것으로 인정되고, 나아가 그 각 진술의 신빙성도 인정된다고 할 것이다.

[사안의 개요] 피해자가 공판정에서 진술을 하였더라도 증인신문 당시 일정한 사항에 관하여 기억이 나지 않는다는 취지로 진술하여 그 진술의 일부가 재현 불가능하게 된 경우는 '원진술자가 진술을 할 수 없는 때'에 해당한다고 한 사안

대법원 1981. 7. 7. 선고 81도1282 판결 「원심이 이 사건 범죄사실 인정의 증거로 삼은 1심 증인 공소외 1의 법정에서의 진술과 검사 및 사법경찰관사무취급 작성의 동인에 대한 진술조서의 기재내용 가운데 동인이 강도 강간 당한 경위사실을 진술한 후 "공소외 2도 본인과 똑같은 방법으로 금품을 강취 당하고 윤간을 당하였다고 하더라"는 취지의 진술부분은 전문증거로서 형사소송법 제316조 제2항에 의하여 원진술자가 사망, 질병 기타 사유로 인하여 진술할 수 없고 그 진술이 특히 신빙할 수 있는 상태하에서 행하여진 때에 한하여 이를 증거로 할 수 있는 것인바, 기록에 의하면 원진술자인 위 공소외 2는 소재불명으로 인하여 진술할 수 없고 그 진술내용은 동인이 이 사건 범행 당한 직후 같이 범행을 당한 위 공소외 1에게 한 그 범행 당한 경위와 내용에 관한 진술로서 특히 신빙할 수 있는 상태하에서 행하

여진 것으로 인정되므로 위 법조에 의하여 위 공소외 1의 진술은 증거능력이 있다.」

대법원 1984. 11. 27. 선고 84도2279 판결 「증인 공소외 1, 동 공소외 2는 제1심 법정과 검사조사에 있어 위 판시에 부합하는 증언 및 진술을 하고 있으나 그 내용은 모두 제1심 상피고인으로부터 들었다는 것이다. … 여기서 말하는 <u>피고인 아닌 자</u> 라고 함은 제3자는 말할 것도 없고 공동피고인이나 공범자를 모두 포함한다고 해석된다. 이 사건을 두고 말하면 <u>피고인 아닌 제1심 상피고인도 피고인 아닌 자에 해당한다</u>고 할 것이니 제1심 상피고인이 제1심 법정에서 간통사실을 부인하는 이 사건에 있어서는 <u>원진술자인 제1심 상피고인이 사망, 질병 기타 사유로 인하여 진술할 수 없는 때에 해당되지 아니하므로 제1심 상피고인의 진술을 그 내용으로 하는 공소외 1 및 공소외 2의 증언 및 진술은 전문증거로서 증거능력이 없다.」</u>

6. 재전문증거

〈재전문증거의 종류 및 증거능력 인정요건〉

대법원 2000. 3. 10. 선고 2000도159 판결 〈표준〉

1. 원심판결 이유에 의하면, 원심은 그 판결에서 채용하고 있는 증거들을 종합하여, 피고인이 1997년 8월 일자불상경 피고인의 집에서 피해자(당시 생후 30개월 가량)의 하의를 벗기고 피고인의 성기를 피해자의 음부 등에 비벼대는 등 강제로 추행하였다는 이 사건 공소사실을 유죄로 인정하고 있다.

2. 기록에 의하면, **이 사건은 피해자의 법정대리인 모 공소외 1이 1998. 4. 24. 피고인에 대한 고소를 제기하여 수사가 개시된 사건으로서 피고인은 경찰, 검찰, 제1심 및 원심에 이르기까지 일관하여 이 사건 공소사실을 부인하고 있는데,** 원심이 유죄의 증거로 채용한 증거들은 원심 증인 피해자, 공소외 1, 2의 각 진술, 제1심 제3회 공판조서 중 증인 공소외 1의 진술기재, 압수된 녹음테이프(증 제1호)에 대한 제1심의 검증결과 중 피해자의 진술 부분, 수사기관 작성의 공소외 1, ○○○에 대한 각 진술조서의 진술기재가 있을 뿐이다.

가. 먼저 원심이 들고 있는 유죄의 증거들 중 <u>공소외 1의 수사기관에서부터 원심법정에 이르기까지의 진술은 모두 1998. 4. 12. 피해자로부터, 피해자가 피고인으로부터 공소사실 기재와 같은 내용의 추행을 당하였다는 이야기를 들었다는 것인바, 이러한 공소외 1의 공판기일에서의 진술은 형사소송법 제310조의2 소정의 공판준비 또는 공판기일 외에서의 타인의 진술을 내용으로 하는 이른바 전문진술이라고 할 것이고, 공소외 1의 수사기관에서의 진술을</u>

기재한 조서는 그와 같은 전문진술이 기재된 조서로서 이른바 재전문증거라고 할 것이다.

이와 같은 전문진술이나 재전문진술을 기재한 조서는 형사소송법 제310조의2의 규정에 의하여 원칙적으로 증거능력이 없는 것인데, 다만 전문진술은 형사소송법 제316조 제2항의 규정에 따라 원진술자가 사망, 질병, 외국거주 기타 사유로 인하여 진술할 수 없고 그 진술이 특히 신빙할 수 있는 상태하에서 행하여진 때에 한하여 예외적으로 증거능력이 있다고 할 것이고, 전문진술이 기재된 조서는 형사소송법 제312조 또는 제314조의 규정에 의하여 각 그 증거능력이 인정될 수 있는 경우에 해당하여야 함은 물론 나아가 형사소송법 제316조 제2항의 규정에 따른 위와 같은 요건을 갖추어야 예외적으로 증거능력이 있다고 할 것인바, 여기서 그 진술이 특히 신빙할 수 있는 상태하에서 행하여진 때라 함은 그 진술을 하였다는 것에 허위개입의 여지가 거의 없고, 그 진술내용의 신빙성이나 임의성을 담보할 구체적이고 외부적인 정황이 있는 경우를 가리킨다 할 것이다(대법원 1995. 6. 13. 선고 95도523 판결, 1997. 4. 11. 선고 96도2865 판결, 1999. 2. 26. 선고 98도2742 판결, 1999. 11. 26. 선고 99도3786 판결 등 참조).

그런데 기록에 의하면, **피해자는 원심법정에 증인으로 출석하여 이름과 나이 등을 묻는 재판장의 질문에만 대답하였을 뿐, 피고인이나 피고인의 가족을 알고 있느냐는 질문에 대하여는 모른다고 하거나 대답하기 싫다고 하였음**을 알 수 있다. 이와 같은 경우 원진술자인 피해자는 원심법정에서의 진술 당시 자신이 과거에 경험한 사실을 그 기억에 따라 진술할 수 있는 증언능력을 결여하였다고 볼 수 있거나 적어도 원진술자가 요증사실에 관하여 실질적으로 증언을 거부한 것과 마찬가지로 볼 수 있으므로, 원진술자가 진술할 수 없는 사유가 있는 경우에 해당한다고 볼 수 있다고 할 것이다.

그러나 기록에 의하면, 공소외 1은 피해자가 이 사건이 발생한 후 7개월 가량이 지난 후에 성행위를 연상케 하는 이상한 행동을 하다가 공소외 1로부터 질문을 받고서야 피고인으로부터 추행을 당한 사실을 이야기하였다고 진술하고 있고, 공소외 1 이외에 피해자로부터 그와 같은 내용의 이야기를 들었다는 사람은 아무도 없으며, 더욱이 **공소외 1은 피해자로부터 그와 같은 이야기를 들었다는 1998. 4. 12. 남편인 공소외 2와 상의하거나 피고인에게 추궁이나 항의도 하지 아니한 채 바로 피고인의 처인 공소외 3에게 연락하여 피해자의 피해사실을 알리고 각자 남편에게는 알리지 말고 해결하자고 하면서 액수를 말하지는 아니하였으나 교외에서 살 수 있도록 도와달라고 하여 금전적인 보상을 요구하였으며, 그 다음날에도 다시 공소외 3에게 전화하여 금 200만 원 내지 300만 원의 보상을 요구하다가 공소외 3이 이에**

응하지 아니하자, 같은 달 14일 인천 여성의 전화 부설 성폭력상담소를 찾아가 상담을 하고 형사고소에 관한 안내를 받은 다음, 같은 달 24일에 이르러서야 형사고소를 제기하였음을 알 수 있다. 이와 같은 사정에 비추어 보면 피해자가 공소외 1에게 그와 같은 내용의 이야기를 하였다는 데에 허위개입의 여지가 전혀 없다고 할 수 없을 뿐만 아니라, 그 밖에 기록상 그 진술내용의 신빙성이나 임의성을 담보할 구체적이고 외부적인 정황이 있다고 볼 자료도 없어, 그 진술이 특히 신빙할 수 있는 상태하에서 행하여졌다고 단정할 수도 없다고 할 것이다. 그러므로 공소외 1의 제1심 및 원심법정에서의 진술과 수사기관에서의 진술을 기재한 조서는 모두 형사소송법 제316조 제2항의 요건을 갖추지 못하여 형사소송법 제310조의2의 규정에 의하여 증거로 할 수 없다고 할 것이다.

나. 다음으로 피해자의 아버지인 공소외 2의 원심법정에서의 진술과 △△ 성폭력상담소 상담원인 ○○○의 검찰에서의 진술을 기재한 조서는, 공소외 2나 ○○○이, 공소외 1이 피해자로부터 들었다는 피해자의 피해사실을, 공소외 1로부터 다시 전해 들어서 알게 되었다는 것을 그 내용으로 하고 있는바, 이러한 공소외 2의 원심법정에서의 진술은 요증사실을 체험한 자의 진술을 들은 자의 공판준비 또는 공판기일 외에서의 진술을 그 내용으로 하는 이른바 재전문진술이라고 할 것이고, ○○○의 검찰에서의 진술조서는 그와 같은 재전문진술을 기재한 조서라고 할 것이다.

그런데 형사소송법은 전문진술에 대하여 제316조에서 실질상 단순한 전문의 형태를 취하는 경우에 한하여 예외적으로 그 증거능력을 인정하는 규정을 두고 있을 뿐, 재전문진술이나 재전문진술을 기재한 조서에 대하여는 달리 그 증거능력을 인정하는 규정을 두고 있지 아니하고 있으므로, 피고인이 증거로 하는 데 동의하지 아니하는 한 형사소송법 제310조의2의 규정에 의하여 이를 증거로 할 수 없다 할 것인바, 공소외 2의 원심법정에서의 진술과 ○○○의 검찰에서의 진술을 기재한 조서는 재전문진술이거나 재전문진술을 기재한 조서이므로 이를 증거로 할 수 없음이 명백하다고 할 것이다.

다. 한편 피해자의 원심법정에서의 진술에는 이 사건 공소사실에 관한 내용이 전혀 포함되어 있지 아니하므로, 이 사건 공소사실을 인정할 증거로서의 가치가 없다.

라. 다만 압수된 녹음테이프에 대한 제1심의 검증결과에 의하면, 그 녹취 당시 공소외 1이 피해자에게 "성룡이 아저씨가 쉬 닦아준다고 고추로 잠지에다가 대고 흔들었다"는 내용으로 이야기할 것을 구체적으로 유도하였는데, 피해자는 이에 대하여 처음에는 얘기하기 싫다거나 엄마는 몰라도 된다는 식으로 대답을 회피하다가, 공소외 1이 대답을 잘해야 색연필을

사러 가고 다음에 학교 가자는 등으로 회유하면서 같은 내용의 질문을 반복하자 결국 공소외 1이 유도하는 바에 따라 공소사실과 같은 취지의 대답을 하였음을 알 수 있다.

그러나 피해자는 1995. 3. 8.생으로 위 녹취 당시 만 3세 1개월 남짓한 유아이었고, 그 후 원심법정에서 진술함에 있어서도 그의 의사를 언어로써 제대로 표현하지 못한 점에 비추어, 과거 자신이 경험한 사실을 기억하여 그 기억에 따라 진술할 수 있는 능력이 성인이나 보다 나이가 든 아동에 비하여 미약하다고 보여지는데, 공소외 1이 위와 같이 피해자와의 대화를 녹취한 것은 이 사건이 발생하였다는 때로부터 7개월 가량이 지난 1998. 4. 20.일뿐만 아니라, 공소외 1이 피고인의 처 공소외 3에게 피고인의 피해자에 대한 추행사실을 들어 금전보상을 요구한 후에 그 증거자료를 확보하기 위한 것이었으며, 더욱이 그 녹취 과정에서 공소외 1이 피해자에게 편향되고 유도적인 질문을 반복하여 피해자로부터 그 유도에 따라 대답을 하게 하였음을 알 수 있고, 기록상 그 녹취 당시를 제외하고는 피해자가 같은 내용의 이야기를 하였음을 알 수 있는 자료가 없는 점 등에 비추어 보면, 피해자로서는 그 녹취에 이르기까지 공소외 1의 영향을 받아 진술이 왜곡되었을 가능성을 배제할 수 없다.

그렇다면 피해자의 증언능력 유무와는 상관없이 사건이 있은 때로부터 7개월 가량이 경과된 후에 공소외 1의 편향되고 유도적인 반복 질문에 따라 비로소 이루어진 단 1회의 피해자의 진술만으로 피고인에 대한 이 사건 공소사실을 인정하는 데 합리적인 의심을 배제한 정도의 증명에 이르렀다고 볼 수는 없다고 할 것이다.

3. 그럼에도 불구하고 원심이 증거능력이 없거나 공소사실에 대한 합리적인 의심을 배제할 정도의 증명이 없는 증거들을 종합하여 피고인에 대한 이 사건 공소사실을 유죄로 인정하여 처단한 것은, 전문진술 또는 재전문진술의 증거능력에 관한 법리를 오해하고, 형사재판에 있어서의 증명의 정도에 관한 법리를 오해한 위법을 저지른 것이라고 하지 않을 수 없다.

〈재전문증거의 증거능력 인정범위〉

대법원 2000. 9. 8. 선고 99도4814 판결

3. 전문진술이나 전문진술을 기재한 조서는 형사소송법 제310조의2의 규정에 의하여 원칙적으로 증거능력이 없으나, 다만 피고인 아닌 자의 공판준비 또는 공판기일에서의 진술이 피고인의 진술을 그 내용으로 하는 것인 때에는 형사소송법 제316조 제1항의 규정에 따라 그 진술이 특히 신빙할 수 있는 상태하에서 행하여진 때에 한하여 이를 증거로 할 수 있고, 그

전문진술이 기재된 조서는 형사소송법 제312조 내지 314조의 규정에 의하여 그 증거능력이 인정될 수 있는 경우에 해당하여야 함은 물론 나아가 형사소송법 제316조 제1항의 규정에 따른 위와 같은 조건을 갖춘 때에 예외적으로 증거능력을 인정하여야 할 것이다(대법원 2000. 3. 10. 선고 2000도159 판결 참조).

4. 그런데 기록에 의하면, **사법경찰관 사무취급 작성의 공소외 2에 대한 진술조서 중 피고인의 진술을 내용으로 하는 부분은** "피고인이 휴대폰을 훔쳐간 것으로 의심하는 말을 피해자로부터 들은 후에 피고인과 전화통화를 하였는데, '공소외 1과 함께 공장에 들어갔다가 사용할 목적으로 자신이 휴대폰을 훔쳐 가지고 나왔다'고 피고인이 애기하였다"는 내용으로서, 위 진술조서에는 진술자인 공소외 2의 서명무인이 있고 공판기일에서의 공소외 2의 진술에 의하여 그 성립의 진정함이 증명되었으므로 형사소송법 제313조 제1항(편자 주: 2007년 형사소송법 개정 이전 참고인진술조서의 증거능력 규정)의 규정에 따른 요건을 갖추었다 할 것이고, 또한 피고인이 위와 같은 진술을 하게 된 경위에 비추어 볼 때, 피고인의 진술은 특히 신빙할 수 있는 상태에서 행하여진 것으로 판단되므로 형사소송법 제316조 제1항의 규정에 따른 요건을 갖추었다 할 것이어서 결국 위 진술조서 중 피고인의 진술을 내용으로 하는 부분은 증거능력이 있다고 할 것이다.

〈피고인의 진술을 내용으로 하는 참고인진술조서 기재 부분의 특신상태가 긍정된 경우〉

대법원 2012. 5. 24. 선고 2010도5948 판결

전문진술이나 전문진술을 기재한 조서는 형사소송법 제310조의2의 규정에 의하여 원칙적으로 증거능력이 없으나, 다만 피고인 아닌 자의 공판준비 또는 공판기일에서의 진술이 피고인의 진술을 그 내용으로 하는 것인 때에는 형사소송법 제316조 제1항의 규정에 따라 그 진술이 특히 신빙할 수 있는 상태하에서 행하여진 때에 한하여 이를 증거로 할 수 있고, 그 전문진술이 기재된 조서는 형사소송법 제312조 내지 314조의 규정에 의하여 그 증거능력이 인정될 수 있는 경우에 해당하여야 함은 물론, 나아가 형사소송법 제316조 제1항의 규정에 따른 위와 같은 조건을 갖춘 때에 예외적으로 증거능력을 인정하여야 할 것이며, 형사소송법 제316조 제1항에서 말하는 '그 진술이 특히 신빙할 수 있는 상태하에서 행하여진 때'라 함은 그 진술을 하였다는 것에 허위 개입의 여지가 거의 없고, 그 진술 내용의 신빙성이나 임의성을 담보할 구체적이고 외부적인 정황이 있는 경우를 가리킨다(대법원 2007. 7. 27. 선고 2007도 3798 판결, 대법원 2012. 4. 12. 선고 2011도10926 판결 등 참조). 한편 형사소송법은 전문진술에 대하여 제316조에서 실질상 단순한 전문의 형태를 취하는 경우에 한하여 예외적으로 그 증거능력을 인정하는 규정을 두고 있을 뿐, 재전문진술이나 재전문진술을 기재한 조서에 대하여는 달리 그 증거능력을 인정하는 규정을 두고 있지 아니하고 있으므로, 피고인이 증거로 하는 데 동의하지 아니하는 한 형사소송법 제310조의2의 규정에 의하여 이를 증거로 할 수 없다(대법원 2004. 3. 11. 선고 2003도171 판결 참조).

원심판결 이유에 의하면, 원심은 이 사건 공소사실 중 '피고인이 2009. 7. 20. 05:00경 대전 동구 대동 (지번 생략)에 있는 피고인과 피해자의 주거지 빌라 2층 계단에서 피해자를 계단 아래쪽으로 밀쳐 피해자로 하여금 2층에서 1층으로 내려가는 중간의 계단 바닥으로 떨어져 머리 부위가 계단 바닥에 부딪히게 함으로써 피해자로 하여금 2009. 7. 22. 01:37경 사망하게 하였다'는 폭행치사의 점에 대하여, **피고인으로부터 "하도 때려서 내가 밀었어."라는 말을 들었다는 공소외 1의 법정진술이나 수사기관 진술을 기재한 조서**는 그 판시와 같은 사정에 비추어 볼 때 피고인의 위 진술이 특히 신빙할 수 있는 상태하에서 이루어졌다고 인정하기 어려우므로 증거로 사용할 수 없고, 공소외 1의 진술을 유죄의 증거로 사용할 수 없는 만큼 공소외 1의 진술을 전해 들은 재전문진술인 공소외 2, 3, 4의 제1심 법정진술과 수사기관에서의 진술을 기재한 조서 역시 모두 증거로 사용할 수 없다고 판단하였다.

먼저 **공소외 2, 3, 4의 제1심 법정진술과 수사기관에서의 진술을 기재한 조서 중 '피고인이 피해자를 계단에서 밀었다'는 부분은 공소외 1이 피고인으로부터 들은 말을 순차로 전해 들었다는 것**으로서, 이른바 재전문진술이나 재전문진술을 기재한 조서에 해당하므로, 이에 대하여 피고인이 증거로 하는 데 동의하지 아니하는 한 증거로 사용할 수 없다고 할 것이다. 원심이 위 각 증거의 증거능력을 배척함에 있어 설시한 이유는 적절하지 아니하나, 그 증거능력이 없다고 판단한 조치는 결과적으로 정당하다. … 원심 및 제1심이 적법하게 채택한 증거들에 의하면, 피고인은 2009. 7. 20. 00:30경 피고인이 운영하는 ○○노래방 내에서 피해자와 다투기 이전까지는 상당량의 술을 마셨으나 그 이후로는 더 이상 술을 마시지 않은 사실, 피고인은 위 노래방 내에서 잠을 자다가 같은 날 05:00경 피해자에게 이끌려 피해자와 동거하던 대전 동구 대동 (지번 생략) 소재 2층 202호 원룸으로 돌아왔으며 그 이후 그곳에서 잠을 자다가 09:30경 위 원룸으로 찾아온 공소외 1에게 제1진술과 같은 말을 한 사실, 공소외 1은 피해자의 누나와 전화통화를 함으로써 피해자가 병원에 입원해 있음을 알게 되자 위 원룸으로 피고인을 찾아가 피해자가 병원에 입원한 이유를 물어보았는데, 피고인은 공소외 1의 위와 같은 질문에 대하여 제1진술과 같은 답변을 한 사실, 공소외 1은 수시로 ○○노래방의 가게 문을 열거나 청소를 하는 등 피고인을 대신하여 ○○노래방을 관리하기도 하였는데, 피고인은 피해자가 사망한 직후 공소외 1에게 '자신이 잘못되면 ○○노래방을 대신 운영하여 자신의 노모와 아이들을 돌봐 달라'는 취지로 부탁한 사실, 공소외 1은 피해자가 사망한 직후부터 매일 청심환을 복용하는 등 매우 초조한 모습을 보이기도 한 사실을 알 수 있다. 이러한 사실관계에 의하면, **피고인이 2009. 7. 20. 09:30경 공소외 1을 만나 이야기를 나눌 당시에는 진술의 의미내용을 판별하지 못할 정도로 술에 취한 상태에 있었다고 볼 수는 없고**(피고인도 제1심법정에서 " 공소외 1과 이야기를 나눌 당시에는 어느 정도 잤기 때문에 술이 깬 상태였다."고 진술한 바 있다), **공소외 1과 피고인의 신뢰관계에 비추어 볼 때 공소외 1이 피고인으로부터 듣지도 아니한 말을 허위로 진술하거나 왜곡하여 전달하였을 것이라고 볼 수도 없으며, 공소외 1이 피해자가 병원에 입원한 이유를 물어본 데에 대하여 피고인이 제1진술과 같은 답변을 하였다는 진술의 경위와 피해자가 사망한 이후에 공소외 1이 보인 태도에 비추어 보더라도 피고인이 공소외 1에게 자발적으로 진술한 속내를 이야기한 것으로 볼 수 있고, 공소외 1 역시 이를 진실되게 받아들였던 것으로 보인다. 사정이 이와 같다면, 피고인으로부터 제1진술을 들었다는 공소외 1의 제1심 및 원심 법정진술과 수사기관에서의 진술을 기재한 조서는 피고인이 그와 같은 진술을 하였다는 것에 허위 개입의 여지가 거의 없고, 그 진술 내용의 신빙성이나 임의성을 담보할 구체적이고 외부적인 정황에서 한 진술을 내용으로 하는 경우에 해당한다고 할 것임에도 불구하고,** 원심이 그 판시와 같은 사정을 들어 위 각 증거의 증거능력을 배척한 것은 전문증거의 증거능력에 관한 법리를 오해한 위법이 있다고 할 것이다.

7. 명문의 규정이 없는 전문증거

가. 녹음테이프

〈진정성 요건〉

대법원 2014. 8. 26. 선고 2011도6035 판결

녹음테이프는 그 성질상 작성자나 진술자의 서명이나 날인이 없을 뿐만 아니라 녹음자의 의

도나 특정한 기술에 의하여 그 내용이 편집·조작될 위험이 있으므로, 그 대화내용을 녹음한 원본이거나 혹은 원본으로부터 복사한 사본일 경우에는 복사과정에서 편집되는 등의 인위적 개작 없이 원본의 내용 그대로 복사된 사본임이 증명되어야만 하고, 그러한 증명이 없는 경우에는 쉽게 그 증거능력을 인정할 수 없으며, 녹음테이프에 수록된 대화내용이 이를 풀어 쓴 녹취록의 기재와 일치한다거나 녹음테이프의 대화내용이 중단되었다고 볼 만한 사정이 없다는 점만으로는 위와 같은 증명이 있다고 할 수 없다(대법원 2008. 12. 24. 선고 2008도9414 판결 등 참조).

검사가 제출한 공소외 2와 공소외 5, 3, 10 등 사이의 대화내용이 녹음된 음성파일(이하 '이 사건 녹음파일'이라 한다)은 **공소외 2가 휴대용 녹음장치로 녹음한 음성파일을 범용직렬버스(USB) 저장장치에 복사한 사본**이라는 것인데, 기록을 살펴보아도 이 사건 녹음파일이 원본의 복사과정에서 편집되는 등 인위적 개작 없이 원본의 내용 그대로 복사된 사본임을 인정할 수 있는 근거가 없다.

따라서 앞서 본 법리에 비추어 이 사건 녹음파일은 그 증거능력을 인정하기 어렵다.

대법원 2012. 9. 13. 선고 2012도7461 판결

① 피해자의 대표자 공소외인이 디지털 녹음기로 피고인과의 대화를 녹음한 후 자신의 사무실로 돌아와 디지털 녹음기에 저장된 녹음파일 원본을 컴퓨터에 복사하고 디지털 녹음기의 파일 원본을 삭제한 뒤 피고인과의 다음 대화를 다시 녹음하는 과정을 반복한 사실, ② 공소외인은 검찰과 제1심 법정에서 이 사건 녹음파일 사본은 피고인과 대화를 자신이 직접 녹음한 파일 원본을 컴퓨터에 그대로 복사한 것으로서 위 녹음파일 사본과 해당 녹취록 사이에 동일성이 있다고 진술한 사실, ③ 피고인도 검찰과 제1심 법정에서 이 사건 녹음파일 사본을 모두 들어본 뒤 일부 파일에 인사말 등이 녹음되지 않은 것 같다는 등의 지적을 한 외에는 녹음된 음성이 자신의 것이 맞을 뿐만 아니라 그 내용도 자신이 진술한 대로 녹음되어 있으며 이 사건 녹음파일 사본의 내용대로 해당 녹취록에 기재되어 있다는 취지로 진술한 사실, ④ 대검찰청 과학수사담당관실에서 이 사건 녹음파일 사본과 그 녹음에 사용된 디지털 녹음기에 대하여 국제적으로 널리 사용되는 다양한 분석방법을 통해 정밀감정한 결과 이 사건 녹음파일 사본에 편집의 흔적을 발견할 수 없고, 이 사건 녹음파일 사본의 파일정보와 녹음 주파수 대역이 위 디지털 녹음기로 생성한 파일의 그것들과 같다고 판정한 사실 등을 알 수 있다.

이러한 사실관계를 앞서 본 법리에 비추어 살펴보면, 피해자의 대표자인 공소외인이 피고인과 대화하면서 녹음한 이 사건 녹음파일 사본은 타인 간의 대화를 녹음한 것이 아니므로 타인의 대화비밀 침해금지를 규정한 통신비밀보호법 제14조의 적용 대상이 아니고(대법원

2001. 10. 9. 선고 2001도3106 판결 참조), 위 녹음파일 사본은 그 복사 과정에서 편집되는 등의 인위적 개작 없이 원본의 내용 그대로 복사된 것으로 대화자들이 진술한 대로 녹음된 것으로 인정된다. 나아가 녹음 경위, 대화 장소, 내용 및 대화자 사이의 관계 등에 비추어 그 진술이 특히 신빙할 수 있는 상태하에서 행하여진 것으로 인정되므로 위 녹음파일 사본과 해당 녹취록을 증거로 사용할 수 있다.

대법원 2008. 12. 24. 선고 2008도9414 판결 〈표준〉 「원심은 한국합동속기사무소 소속 속기사 공소외인이 작성한 확인서의 기재와 제1심 법원의 검증결과 위 녹음테이프에 녹음된 피고인의 진술내용은 피고인이 진술한 대로 녹음된 것임이 밝혀지고, 달리 녹음이 중단되거나 조작되었다 볼 만한 사정은 나타나지 않았다는 점을 근거로 위 녹음테이프가 원본 그대로 복사한 사본이라고 인정한 듯하나, 위 확인서는 녹취록의 작성자가 그 녹취록을 작성하는 과정에서 원본인 음성파일이 저장된 디지털 녹음기의 재생기능과 일반 카세트의 녹음기능을 연결해 그대로 더빙하였다는 내용일 뿐이므로, 그 정도의 확인만으로 위 녹음테이프가 인위적 개작 없이 원본 내용 그대로 복사되었음이 증명되었다고 보기 어렵다.」

〈진술녹음 : 진술내용의 진설성이 증명의 대상이 된 경우 전문법칙의 적용〉

대법원 2001. 10. 9. 선고 2001도3106 판결

통신비밀보호법은 누구든지 이 법과 형사소송법 또는 군사법원법의 규정에 의하지 아니하고는 우편물의 검열 또는 전기통신의 감청을 하거나 공개되지 아니한 타인간의 대화를 녹음 또는 청취하지 못하고(제3조 본문), 이에 위반하여 불법검열에 의하여 취득한 우편물이나 그 내용 및 불법감청에 의하여 지득 또는 채록된 전기통신의 내용은 재판 또는 징계절차에서 증거로 사용할 수 없고(제4조), 누구든지 공개되지 아니한 타인간의 대화를 녹음하거나 전자장치 또는 기계적 수단을 이용하여 청취할 수 없고(제14조 제1항), 이에 의한 녹음 또는 청취에 관하여 위 제4조의 규정을 적용한다(제14조 제2항)고 각 규정하고 있는바, 원심의 녹음테이프 검증조서의 기재에 의하면 그 중 1996. 11. 8. 피고인 1과 무속인 간의 대화를 녹음한 부분은 공개되지 아니한 타인간의 대화를 녹음한 것이므로 위 법 제14조 제2항 및 제4조의 규정에 의하여 그 증거능력이 없고, 1996. 11. 11.부터 같은 달 12일까지 사이의 피고인들간의 전화통화를 녹음한 부분은 피고인 2의 동의없이 불법감청한 것이므로 위 법 제4조에 의하여 그 증거능력이 없다 할 것이다.

또한, 원심의 위 녹음테이프 검증조서의 기재에 의하면 그 중 1996. 11. 11.부터 같은 달 12일까지 사이에 고소인이 피고인 1과의 대화를 녹음한 부분은 타인간의 대화를 녹음한 것이 아니므로 위 법 제14조의 적용을 받지는 않지만, 그 녹음테이프에 대하여 실시한 검증의 내용은 녹음테이프에 녹음된 대화의 내용이 검증조서에 첨부된 녹취서에 기재된 내용과 같다는 것에 불과하여 증거자료가 되는 것은 여전히 녹음테이프에 녹음된 대화의 내용이라 할 것인바, 그 중 위 피고인의 진술내용은 실질적으로 형사소송법 제311조, 제312조 규정 이외에 위 피고인의 진술을 기재한 서류와 다를 바 없으므로, 위 피고인이 그 녹음테이프를 증거로 할 수 있음에 동의하지 않은 이상 그 녹음테이프 검증조서의 기재 중 위 피고인의 진술내용을 증거로 사용하기 위해서는 형사소송법 제313조 제1항 단서에 따라 공판준비 또는 공판기일에서 그 작성자인 고소인의 진술에 의하여 녹음테이프에 녹음된 위 피고인의 진술내용이 위 피고인이 진술한 대로 녹음된 것이라는 점이 증명되고 그 진술이 특히, 신빙할 수 있는 상태하에서 행하여진 것으로 인정되어야 할 것 임에도 위 녹음테이프의 녹음된 위 피고인의 진술내용이 위 피고인이 진술한 대로 녹음된 것이라는 점에 관한 고소인의 공판준비 또는 공판기일에서의 아무런 진술이 없으므로, 이 또한 그 증거능력이 없다 할 것이다.

〈현장녹음 : 전문법칙 비적용〉

대법원 2015. 1. 22. 선고 2014도10978 전원합의체 판결 〈표준〉

피고인 또는 피고인 아닌 사람의 진술을 녹음한 녹음파일은 실질에 있어서 피고인 또는 피고인 아닌 사람이 작성한 진술서나 그 진술을 기재한 서류와 크게 다를 바 없어 그 녹음파일에 담긴 진술 내용의 진실성이 증명의 대상이 되는 때에는 전문법칙이 적용된다고 할 것이나, 녹음파일에 담긴 진술 내용의 진실성이 아닌 그와 같은 진술이 존재하는 것 자체가 증명의 대상이 되는 경우에는 전문법칙이 적용되지 아니한다(대법원 2013. 2. 15. 선고 2010도3504 판결, 대법원 2013. 7. 26. 선고 2013도2511 판결 등 참조). 나아가 어떤 진술을 범죄사실에 대한 직접증거로 사용할 때에는 그 진술이 전문증거가 된다고 하더라도 그와 같은 진술을 하였다는 것 자체 또는 그 진술의 진실성과 관계없는 간접사실에 대한 정황증거로 사용할 때에는 반드시 전문증거가 되는 것은 아니다(대법원 2000. 2. 25. 선고 99도1252 판결 등 참조). **위 녹음파일들(증거순번 I-839, 844~874)은 거기에 녹음된 진술 내용의 진실성을 증명하기 위해 제출된 것이 아니라 그러한 진술이 있었다는 사실 그 자체를 증명하기 위해 제출된 것으로, 위 녹음파일들에 대해서는 전문법칙이 적용되지 아니한다.**

나. 사진

〈사본인 사진 : 원본증거가 비진술증거인 경우 전문법칙 비적용〉

대법원 2008. 11. 13. 선고 2006도2556 판결

구 정보통신망 이용촉진 및 정보보호 등에 관한 법률(2005. 12. 30. 법률 제7812호로 개정되기 전의 것) 제65조 제1항 제3호는 정보통신망을 통하여 공포심이나 불안감을 유발하는 글을 반복적으로 상대방에게 도달하게 하는 행위를 처벌하고 있는바, 검사가 위 죄에 대한 유죄의 증거로 문자정보가 저장되어 있는 휴대전화기를 법정에 제출하는 경우 휴대전화기에 저장된 문자정보는 그 자체가 범행의 직접적인 수단으로서 이를 증거로 사용할 수 있다고 할 것이다. 또한, 검사는 휴대전화기 이용자가 그 문자정보를 읽을 수 있도록 한 휴대전화기의 화면을 촬영한 사진을 증거로 제출할 수도 있을 것인바, 이를 증거로 사용하기 위해서는 문자정보가 저장된 휴대전화기를 법정에 제출할 수 없거나 그 제출이 곤란한 사정이 있고, 그 사진의 영상이 휴대전화기의 화면에 표시된 문자정보와 정확하게 같다는 사실이 증명되어야 할 것이다(대법원 2002. 10. 22. 선고 2000도5461 판결 참조).

한편, 형사소송법 제310조의2는 "제311조 내지 제316조에 규정한 것 이외에는 공판준비 또는 공판기일에서의 진술에 대신하여 진술을 기재한 서류나 공판준비 또는 공판기일 외에서의 타인의 진술을 내용으로 하는 진술은 이를 증거로 할 수 없다."고 규정하고 있는바, 이는 사실을 직접 경험한 사람의 진술이 법정에 직접 제출되어야 하고 이에 갈음하는 대체물인 진술 또는 서류가 제출되어서는 안 된다는 이른바 전문법칙을 선언한 것이다. 따라서 정보통신망을 통하여 공포심이나 불안감을 유발하는 글을 반복적으로 상대방에게 도달하게 하는 행위를 하였다는 공소사실에 대하여 휴대전화기에 저장된 문자정보가 그 증거가 되는 경우와 같이, 그 문자정보가 범행의 직접적인 수단이 될 뿐 경험자의 진술에 갈음하는 대체물에 해당하지 않는 경우에는 형사소송법 제310조의2에서 정한 전문법칙이 적용될 여지가 없다.

대법원 2015. 4. 23. 선고 2015도2275 판결

피고인이 수표를 발행하였으나 예금부족 또는 거래정지처분으로 지급되지 아니하게 하였다는 부정수표단속법위반의 공소사실을 증명하기 위하여 제출되는 수표는 그 서류의 존재 또는 상태 자체가 증거가 되는 것이어서 증거물인 서면에 해당하고 어떠한 사실을 직접 경험한 사람의 진술에 갈음하는 대체물이 아니므로, 그 증거능력은 증거물의 예에 의하여 판단하여야 하고, 이에 대하여는 형사소송법 제310조의2에서 정한 전문법칙이 적용될 여지가 없다. 이때 수표 원본이 아니라 전자복사기를 사용하여 복사한 사본이 증거로 제출되었고 피고인이 이를 증거로 하는 데 부동의한 경우 위 수표 사본을 증거로 사용하기 위해서는 수표 원본을 법정에 제출할 수 없거나 그 제출이 곤란한 사정이 있고 수표 원본이 존재하거나 존재하였으며 증거로 제출된 수표 사본이 이를 정확하게 전사한 것이라는 사실이 증명되어야 할 것이다(대법원 2008. 11. 13. 선고 2006도2556 판결 참조).

〈사본인 사진 : 원본증거가 진술증거인 경우 전문법칙 적용〉

대법원 2002. 10. 22. 선고 2000도5461 판결

피고인에 대한 검사 작성의 피의자신문조서가 그 내용 중 일부를 가린 채 복사를 한 다음 원본과 상위없다는 인증을 하여 초본의 형식으로 제출된 경우에, 위와 같은 피의자신문조서 초본은 피의자신문조서원본 중 가려진 부분의 내용이 가려지지 않은 부분과 분리 가능하고 당해 공소사실과 관련성이 없는 경우에만, 그 피의자신문조서의 원본이 존재하거나 존재하였을 것, 피의자신문조서의 원본 제출이 불능 또는 곤란한 사정이 있을 것, 원본을 정확하게 전사하였을 것 등 3가지 요건을 전제로 피고인에 대한 검사 작성의 피의자신문조서원본과 동일하게 취급할 수 있다 할 것이다.

대법원 2010. 11. 25. 선고 2010도8735 판결

이 사건 문자메시지는 피해자가 피고인으로부터 풀려난 당일에 남동생에게 도움을 요청하면서 피고인이 협박한 말을 포함하여 공갈 등 피고인으로부터 피해를 입은 내용을 문자메시지로 보낸 것이므로, 이 사건 문자메시지의 내용을 촬영한 사진은 증거서류 중 피해자의 진술서에 준하는 것으로 취급함이 상당할 것인바, 진술서에 관한 형사소송법 제313조에 따라 이 사건 문자메시지의 작성자인 피해자 공소외 1이 제1심 법정에 출석하여 자신이 이 사건 문자메시지를 작성하여 동생에게 보낸 것과 같음을 확인하고, 동생인 공소외 3도 제1심 법정에 출석하여 피해자 공소외 1이 보낸 이 사건 문자메시지를 촬영한 사진이 맞다고 확인한 이상, 이 사건 문자메시지를 촬영한 사진은 그 성립의 진정함이 증명되었다고 볼 수 있으므로 이를 증거로 할 수 있다.

〈진술의 일부인 사진과 범행재연사진의 구분〉

대법원 1998. 3. 13. 선고 98도159 판결

'사법경찰관이 작성한 검증조서'에는 이 사건 범행에 부합되는 피의자이었던 피고인의 진술

기재 부분이 포함되어 있고 또한 **범행을 재연하는 사진이 첨부**되어 있으나, 기록에 의하면 피고인이 위 검증조서에 대하여 증거로 함에 동의만 하였을 뿐 공판정에서 검증조서에 기재된 진술내용 및 범행을 재연한 부분에 대하여 그 성립의 진정 및 내용을 인정한 흔적을 찾아 볼 수 없고 오히려 이를 부인하고 있으므로 그 증거능력을 인정할 수 없는바, 원심으로서는 <u>위 검증조서 중 이 사건 범행에 부합되는 피고인의 진술을 기재한 부분과 범행을 재연한 부분을 제외한 나머지 부분만을 증거로 채용하여야 함에도 이를 구분하지 아니한 채 그 전부를 유죄의 증거로 인용한 조치는 위법하다.</u>

〈현장사진〉

서울중앙지방법원 2017. 1. 19. 선고 2016노4093 판결 대법원 2017. 4. 13. 선고 2017도1691 판결에 의해 확정>

가. 디지털 저장매체로부터 출력된 문건이 증거로 사용되기 위해서는 디지털 저장매체 원본에 저장된 내용과 출력된 문건의 '동일성'이 인정되어야 하고, 이를 위해서는 원본이 문건 출력시까지 변경되지 않았다는 사정, 즉 '무결성'이 담보되어야 하고 특히 디지털 저장매체 원본에 변화가 일어나는 것을 방지하기 위해 디지털 저장매체 원본을 대신하여 디지털 저장매체에 저장된 자료를 '하드카피', '이미징'한 매체로부터 문건이 출력되는 경우에는 디지털 저장매체 원본과 '하드카피', '이미징'한 매체 사이에 자료의 동일성도 인정되어야 하므로(대법원 2007. 12. 13. 선고 2007도7257 판결 등), 디지털 저장매체에 담긴 원본증거가 복사된 경우에도 마찬가지로 위와 같은 요건들이 충족되지 않는 경우 그 디지털 증거는 증거능력이 없다고 보아야 한다.

나. 원심 및 당심에서 적법하게 채택하여 조사한 각 증거에 의하여 인정할 수 있는 다음과 같은 사정들, 즉 ① 이 사건 사진을 출력한 경찰관 G는 서울지방경찰청 수사과의 '불법행위 채증판독자 내사지시'를 받고 이 사건을 수사하였는데, 위와 같이 내사지시를 받으면서 이 사건 채증사진의 원본 파일이 아닌 원본 파일이 복사되어 있는 CD를 송부받았고, 위 CD에 저장되어 있는 사진파일을 다시 컴퓨터로 복사하여 사진에 시간을 입력하는 작업을 한 후 사진을 출력하였던 점, ② 위와 같이 원본 파일을 CD로 복사하는 과정이나, 사진파일을 CD에서 컴퓨터로 복사하는 과정에서 파일의 편집이나 훼손을 방지하기 위한 아무런 조치도 취해지지 않은 것으로 보이는 점, 현재 이 사건 채증사진의 원본파일은 모두 삭제되었고, 원본

파일의 해쉬(Hash)값이 확보되어 있지 않아 사본과의 해쉬값 대조에 의한 동일성 확인은 불가능한 점, ④ 위 G는 원심 법정에서 'CD로 받은 사진파일에 피고인이 동그라미로 표시되어 있었다'는 취지로 증언하였는데, 그렇다면 위 G가 CD로 받은 사진 파일은 이미 원본 파일에 일부 편집작업을 거친 이후의 것으로 보이는 점, ⑤ 국립과학수사연구원은 이 사건 사진파일에 관하여 '위·변조하였을 때 일반적으로 나타날 수 있는 특징이 관찰되지 않는다'고 하면서도 동시에 '모든 디지털 파일은 편집 프로그램 등에 의하여 흔적 없이 편집이 가능하다'는 의견을 제시한 점 등을 종합하면, 검사가 제출한 각 증거만으로는 이 사건 채증사진 파일 및 이 사건 채증사진 파일을 출력한 사진이 원본 파일에 저장된 내용과 동일성을 유지하며 존재한다는 점이 증명되었다고 볼 수 없다. 따라서 검사가 제출한 각 집회시 위자 사진 자료는 증거능력이 없고, 나머지 증거들만으로는 피고인이 공소사실 기재 일시·장소에서 도로를 점거하여 차량의 통행을 방해하였다고 인정하기에 부족하다.

대법원 2013. 9. 26. 선고 2013도6003 판결
경찰이 이 사건 집회에 관한 사진을 찍어 영상판독 시스템에 입력하여 관리하는 과정에서 채증된 수사기록 26면의 '수사보고(A 채증사진 첨부)'에 첨부된 사진은 적법한 수사에 의하여 채증된 증거로서 증거능력이 인정된다.

다. 영상녹화물

〈진술증거인 영상녹화물의 증거능력〉

대법원 2014. 7. 10. 선고 2012도5041 판결 <표준>

2007. 6. 1. 법률 제8496호로 개정된 형사소송법은 제221조 제1항에서 수사기관은 피의자 아닌 자(이하 '참고인'이라 한다)의 동의를 얻어 그의 진술을 영상녹화할 수 있는 절차를 신설하면서도, 제312조 제4항에서 위 영상녹화물과 별도로 검사 또는 사법경찰관이 참고인의 진술을 기재한 조서가 작성됨을 전제로 하여 영상녹화물로 그 진술조서의 실질적 진정성립을 증명할 수 있도록 규정하는 한편, 증거로 할 수 없는 서류나 진술이라도 공판준비 또는 공판기일에서 피고인 또는 참고인 진술의 증명력을 다투기 위한 증거로 사용될 수 있도록 정한 제318조의2 제1항과 별도로 제318조의2 제2항을 두어 참고인의 진술을 내용으로 하는 영상녹화물은 공판준비 또는 공판기일에 참고인이 진술함에 있어서 기억이 명백하지 아니한 사항에 관하여 기억을 환기시켜야 할 필요가 있다고 인정되는 때에 한하여 참고인에게 재생하

여 시청하게 할 수 있다고 규정함으로써, 참고인의 진술에 대한 영상녹화물이 증거로 사용될 수 있는 경우를 제한하고 있다.

그리고 이러한 형사소송법의 규정은, 성폭력범죄의 처벌 등에 관한 특례법(이하 '성폭법'이라 한다) 제30조 제1항 및 아동·청소년의 성보호에 관한 법률(이하 '아청법'이라 한다) 제26조 제1항이 성폭력범죄의 피해자가 19세 미만이거나 신체적인 또는 정신적인 장애로 사물을 변별하거나 의사를 결정할 능력이 미약한 경우 및 아동·청소년대상 성범죄 피해자의 경우에 피해자의 진술 내용과 조사 과정을 비디오녹화기 등 영상물 녹화장치로 촬영·보존하여야 한다고 규정하고, 나아가 성폭법 제30조 제6항 및 아청법 제26조 제6항에서 위 절차에 따라 촬영한 영상물에 수록된 피해자의 진술은 공판준비기일 또는 공판기일에 피해자나 조사 과정에 동석하였던 신뢰관계에 있는 사람 또는 진술조력인의 진술에 의하여 그 성립의 진정함이 인정된 경우에 증거로 할 수 있도록 규정함으로써, 일정한 성범죄의 피해자를 조사할 경우에 피해자 또는 법정대리인이 영상물 녹화를 원하지 아니하는 의사를 표시하는 등의 사정이 없는 한 피해자의 진술을 영상물로 녹화할 의무를 수사기관에 부여하고 일정한 요건 아래에서 그 영상물에 수록된 피해자 진술에 대하여 독립적인 증거능력을 명시적으로 인정한 것과 다르다.

이와 같이 2007. 6. 1. 법률 제8496호로 개정되기 전의 형사소송법에는 없던 수사기관에 의한 참고인 진술의 영상녹화를 새로 정하면서 그 용도를 참고인에 대한 진술조서의 실질적 진정성립을 증명하거나 참고인의 기억을 환기시키기 위한 것으로 한정하고 있는 현행 형사소송법의 규정 내용을 영상물에 수록된 성범죄 피해자의 진술에 대하여 독립적인 증거능력을 인정하고 있는 성폭법 제30조 제6항 또는 아청법 제26조 제6항의 규정과 대비하여 보면, 수사기관이 참고인을 조사하는 과정에서 형사소송법 제221조 제1항에 따라 작성한 영상녹화물은, 다른 법률에서 달리 규정하고 있는 등의 특별한 사정이 없는 한, 공소사실을 직접 증명할 수 있는 독립적인 증거로 사용될 수는 없다고 해석함이 타당하다.

서울남부지방법원 2007. 6. 20. 선고 2006고단3255 판결

위 각 영상녹화물 중 피고인에 대한 영상녹화 부분은, 이와 같이 검사 작성의 피고인에 대한 피의자신문조서의 제출 없이 유죄의 증거로 제출된다면 이는 형사소송법 제244조에서 규정한 바와 같이 피의자의 진술은 반드시 조서에 기재하도록 하고 오기 여부를 확인한 다음 피의자로 하여금 그 조서에 간인하게 하며 서명 또는 기명날인하도록 하여 피고인이 될 피의자에 대한 수사절차를 엄격히 규제하고 이 같은 절차를 거쳐 작성된 증거만 유죄의 증

거로 법정에 제출하도록 하고 있는 형사소송법의 취지를 잠탈하는 부적법한 증거로서 증거
능력이 없다고 할 것이다(개정 형사소송법도 제244조 제1항에서 피의자의 진술을 반드시
조서에 기재하도록 하는 현행 규정을 그대로 유지하되 그 아래에서 그 작성방법이 좀더 구
체적으로 개정된 것을 감안하면, 제244조의2에서 그 작성절차와 방법이 신설된 피의자의
진술에 대한 영상녹화물은 제312조 제2항에서 규정한 바와 같이 피고인이 공판기일에 검사
작성의 피의자신문조서의 성립의 진정을 부인하는 경우에 그 조서에 기재된 진술이 피고인이
진술한 내용과 동일하게 기재되어 있음을 증명하기 위한 증거로서만 쓸 수 있을 뿐 피의자신
문조서를 갈음하는 독자적인 유죄의 증거로 쓸 수 없다는 점을 명문화한 것으로 보인다).

대법원 2004. 9. 13. 선고 2004도3161 판결 「수사기관이 아닌 사인이 피고인 아닌 사람과의 대화 내용
을 촬영한 비디오테이프는 형사소송법 제311조, 제312조의 규정 이외에 피고인 아닌 자의 진술을 기
재한 서류와 다를 바 없으므로, 피고인이 그 비디오테이프를 증거로 함에 동의하지 아니하는 이상 그
진술 부분에 대하여 증거능력을 부여하기 위하여는, 첫째 비디오테이프가 원본이거나 원본으로부터 복
사한 사본일 경우에는 복사과정에서 편집되는 등 인위적 개작 없이 원본의 내용 그대로 복사된 사본일
것, 둘째 형사소송법 제313조 제1항에 따라 공판준비나 공판기일에서 원진술자의 진술에 의하여 그 비
디오테이프에 녹음된 각자의 진술내용이 자신이 진술한 대로 녹음된 것이라는 점이 인정되어야 할 것
인바, 비디오테이프는 촬영대상의 상황과 피촬영자의 동태 및 대화가 녹화된 것으로서, 녹음테이프와
는 달리 피촬영자의 동태를 그대로 재현할 수 있기 때문에 비디오테이프의 내용에 인위적인 조작이 가
해지지 않은 것이 전제된다면, 비디오테이프에 촬영, 녹음된 내용을 재생기에 의해 시청을 마친 **원진
술자가 비디오테이프의 피촬영자의 모습과 음성을 확인하고 자신과 동일인이라고 진술한 것**은 비디
오테이프에 녹음된 진술내용이 자신이 진술한 대로 녹음된 것이라는 취지의 진술을 한 것으로 보아야
할 것이다.」

〈범행현장에 대한 영상녹화물〉

대법원 2013. 7. 26. 선고 2013도2511 판결

누구든지 자기의 얼굴이나 모습을 함부로 촬영당하지 않을 자유를 가지나, 이러한 자유도
무제한으로 보장되는 것은 아니고 국가의 안전보장·질서유지·공공복리를 위하여 필요한 경
우에는 그 범위 내에서 상당한 제한이 있을 수 있으며, 수사기관이 범죄를 수사함에 있어 현
재 범행이 행하여지고 있거나 행하여진 직후이고, 증거보전의 필요성 및 긴급성이 있으며,
일반적으로 허용되는 상당한 방법으로 촬영한 경우라면 위 촬영이 영장 없이 이루어졌다 하
여 이를 위법하다고 단정할 수 없다(대법원 1999. 9. 3. 선고 99도2317 판결 참조).

원심판결 이유와 원심이 적법하게 채택한 증거들에 의하면, 피고인 1, 피고인 2, 피고인 5가

일본 또는 중국에서 북한 공작원들과 회합하는 모습을 동영상으로 촬영한 것은 위 피고인들이 회합한 증거를 보전할 필요가 있어서 이루어진 것이고, 피고인들이 반국가단체의 구성원과 회합 중이거나 회합하기 직전 또는 직후의 모습을 촬영한 것으로 그 촬영 장소도 차량이 통행하는 도로 또는 식당 앞길, 호텔 프런트 등 공개적인 장소인 점 등을 알 수 있으므로, 이러한 촬영이 일반적으로 허용되는 상당성을 벗어난 방법으로 이루어졌다거나, 영장 없는 강제처분에 해당하여 위법하다고 볼 수 없다. 따라서 위와 같은 사정 아래서 원심이 위 촬영행위가 위법하지 않다고 판단하고 그 판시와 같은 6mm 테이프 동영상을 캡처한 사진들의 증거능력을 인정한 조치는 정당한 것으로 수긍할 수 있다.

대법원 2023. 4. 27. 선고 2018도8161 판결 「수사기관이 범죄를 수사하면서 현재 범행이 행하여지고 있거나 행하여진 직후이고, 증거보전의 필요성 및 긴급성이 있으며, 일반적으로 허용되는 상당한 방법으로 촬영한 경우라면 위 촬영이 영장 없이 이루어졌다 하여 이를 위법하다고 할 수 없다. 다만 촬영으로 인하여 초상권, 사생활의 비밀과 자유, 주거의 자유 등이 침해될 수 있으므로 수사기관이 일반적으로 허용되는 상당한 방법으로 촬영하였는지 여부는 수사기관이 촬영장소에 통상적인 방법으로 출입하였는지 또 촬영장소와 대상이 사생활의 비밀과 자유 등에 대한 보호가 합리적으로 기대되는 영역에 속하는지 등을 종합적으로 고려하여 신중하게 판단하여야 한다.」

라. 거짓말탐지기 검사결과

〈거짓말탐기지 검사결과의 증거능력 인정요건〉

대법원 2005. 5. 26. 선고 2005도130 판결 <표준>

거짓말탐지기의 검사 결과에 대하여 사실적 관련성을 가진 증거로서 증거능력을 인정할 수 있으려면, 첫째로 거짓말을 하면 반드시 일정한 심리상태의 변동이 일어나고, 둘째로 그 심리상태의 변동은 반드시 일정한 생리적 반응을 일으키며, 셋째로 그 생리적 반응에 의하여 피검사자의 말이 거짓인지 아닌지가 정확히 판정될 수 있다는 세 가지 전제요건이 충족되어야 할 것이며, 특히 마지막 생리적 반응에 대한 거짓 여부 판정은 거짓말탐지기가 검사에 동의한 피검사자의 생리적 반응을 정확히 측정할 수 있는 장치이어야 하고, 질문사항의 작성과 검사의 기술 및 방법이 합리적이어야 하며, 검사자가 탐지기의 측정내용을 객관성 있고 정확하게 판독할 능력을 갖춘 경우라야만 그 정확성을 확보할 수 있는 것이므로, 이상과 같은 여러 가지 요건이 충족되지 않는 한 거짓말탐지기 검사 결과에 대하여 형사소송법상 증거능력을 부여할 수는 없다(대법원 1986. 11. 25. 선고 85도2208 판결 등 참조).

기록에 의하면, 피고인에 대한 거짓말탐지기 검사는 미국 유타대학 심리학 교수 라쉬킨과 키셔 등이 연구개발한 유타구역비교검사법을 사용하였다는 것인바, 기록을 모두 살펴 보아도 위 검사법이나 피고인에 대한 이 사건 거짓말탐지기 검사가 위와 같은 세 가지 전제요건을 모두 갖추었음을 인정할 만한 아무런 자료가 없으므로, 피고인에 대한 거짓말탐지기 결과회시는 증거능력이 없다고 할 것이다.

〈예외적인 정황증거로의 사용〉

대법원 1987. 7. 21. 선고 87도968 판결

원심은 피고인에 대한 이 사건 사기 공소사실에 부합하는 듯한 제1심증인 공소외 1, 공소외 2, 공소외 3, 공소외 4 등의 각 증언과 동인들에 대한 검사 및 사법경찰관 작성의 각 진술조서의 기재내용은 모두 그 설시와 같은 이유로 신빙성이 없어 믿을 수 없고, 나아가 대구지방검찰청 거짓말탐지기 검사관 공소외 5 작성의 거짓말탐지기결과 보고서의 기재내용에 의하면 거짓말탐지기에 의한 검사결과 이 사건 범행을 부인하는 피고인의 진술이 허위반응으로 나타났음을 인정할 수 있으나 거짓말탐지기의 검사는 그 기구의 성능, 조작기술 등에 있어 신뢰도가 극히 높다고 인정되고 그 검사자가 적격자이며, 검사를 받는 사람이 검사를 받음에 동의하였으며, 검사서가 검사자 자신이 실시한 검사의 방법, 경과 및 그 결과를 충실하게 기재하였다는 등의 전제조건이 증거에 의하여 확인되었을 경우에만 형사소송법 제313조 제2항(편자 주: 현행 제313조 제3항)에 의하여 이를 증거로 할 수 있는 것이고, 위와 같은 조건이 모두 충족되어 증거능력이 있는 경우에도 그 검사결과는 검사를 받는 사람의 진술의 신빙성을 가늠하는 정황증거로서의 기능을 하는데 그치는 것인 바, 이 사건에 있어서 위의 거짓말탐지기 검사결과는 그 정확성을 보장할 수 있는 전제조건들을 구비하였다고 단정하기도 어려울 뿐만 아니라 설사 그러한 조건을 구비하였다 하더라도 수사기관이래 원심법정에 이르기 까지의 피고인의 일관된 변소내용에 비추어 볼 때 위 거짓말탐지기 검사결과에 나타난 반응을 그대로 받아들일 수는 없으며 그밖에 공소사실을 인정할 만한 다른 증거가 없다고 판시하여 피고인에게 무죄를 선고한 제1심판결을 유지하였다.

기록에 의하여 살펴보건대, 원심의 위와 같은 판단은 정당한 것으로 수긍되고 그 판단과정에 채증법칙을 위배하여 사실을 오인한 위법이 있다고 할 수 없으므로 논지는 이유없다.

〈탄핵증거로의 사용 여부 : 적극〉

대법원 2003. 2. 26. 선고 2001도1314 판결

공소사실을 인정할 수 있는 직접증거가 없고, 공소사실을 뒷받침할 수 있는 가장 중요한 간접증거인 망 공소외 1과 망 공소외 3의 사망시각에 관한 여러 증거의 증명력이 환송 뒤 원심에서 새로 조사된 스위스 법의학자의 증언이나 화재재현실험결과 등에 의하여 크게 줄어들었으며, 그 밖에 사건 직후 피고인의 팔에 남아 있던 손톱자국이나 피고인의 집에서 발견된 망 공소외 3을 위한 우유병과 1회용 분유통의 상태 또는 식기세척기 등 식탁 주변의 상황, 피고인과 망 공소외 1의 갈등관계 등 나머지 간접증거를 모두 종합하여 보더라도 공소사실을 뒷받침할 수 있는 증명력이 있다고 볼 수 없으므로, 여기에 피고인에 대한 거짓말탐지기 검사결과 등 피고인의 진술에 신빙성이 부족하다는 점을 더하여 보아도 이 사건에 제출된 증거만으로는 합리적인 의심의 여지없이 공소사실을 유죄로 판단할 수 없다.

> **광주고등법원 2009. 10. 1. 선고 2009노153 판결**
>
> 대검찰청이 실시한 피고인들 및 000에 대한 심리분석결과에 따르면, 폴리그래프검사(거짓말탐지기 검사)에서 피고인 000, 피고인 000 및 000(000도 범행을 부인하였음)는 '진실반응', 피고인 000은 '판단불능'이라는 결과가 나왔고, 행동분석에서 피고인들 및 000 모두가 본인들이 가지고 있는 기본행동 경향성에서 크게 벗어난 일탈행동이 발생하고 있지 않으므로 피고인들 및 000의 진술이 진실일 가능성이 크다는 결과가 나왔다.
>
> 이러한 심리검사결과는 이를 유죄판단의 증거로 쓸 수는 없으나, 그 검사결과가 상당한 정도의 신빙성이 있다고 할 것이어서 이를 유죄증거를 탄핵하는 증거로는 쓸 수 있다고 할 것인데, 범행을 부인하는 피고인들 및 000의 진술이 모두 진실일 가능성이 크다는 결과가 나온 이상, 피고인들이 위 공소사실과 같은 범죄를 저질렀다는 000의 진술은 상대적으로 진실일 가능성이 낮다고 봄이 합리적이다.

대법원 1986. 11. 25. 선고 85도2208 판결「이 사건 거짓말탐지기 검사당시 피고인이 거짓말탐지기의 원리에 부합하는 심리적, 생리적 반응상태에 있었고 또 피고인에게 사용한 거짓말탐지기의 기계적 성능과 검사방법 및 검사를 담당한 검사자의 자질 및 능력이 검사결과의 정확성을 보장할 정도의 것이었는지에 관하여, 증인 공소외 1의 진술 내용만으로는 알아보기에 부족하고 달리 이를 수긍할만한 자료가 없을 뿐만 아니라 오히려 원심이 확정한 사실에 의하면, 이 사건 거짓말탐지기 검사당시 피고인은 4회의 강요에 의한 검사를 받는 등 검사의 신빙성을 보장하기에 충분한 심신상태에 있지 아니하였고, 검사자 겸 판정자인 위 공소외 1도 사전에 편견을 가지고 검사를 하였다는 것이므로 원심이 피고인에 대한 이 사건 거짓말탐지기 검사결과를 그 신빙성이 없다고 보아 배척한 조처는 정당하(다).」

대법원 1985. 4. 9. 선고 84도2277 판결 「피고인이 이 사건 장물을 매수하였다는 점에 부합하는 공소외 1의 수사기관에서의 진술내용을 그 판시와 같은 이유로 믿을 수 없다 하여 배척하고 달리 이 점을 인정할 증거가 없다는 이유에서 피고인에게 무죄를 선고한 원심의 조치는 정당하게 수긍이 되고 또한 기록에 편철된 부산지방검찰청 거짓말탐지기검사관 공소외 2의 보고서에 의하면 그 부속을 피고인에게 팔았다는 공소외 1의 대답은 진실한 것으로 판정된다는 것이나 거짓말탐지기 검사결과의 정확성을 믿어 유죄의 자료로 사용하기 위하여는 거짓말을 하면 반드시 일정한 심리상태의 변동이 일어나고, 그 심리상태의 변동은 반드시 일정한 생리적 반응을 일으키며, 그 생리적 반응에 의하여 피검사자의 말이 거짓말인지 여부가 정확히 판정될 수 있는 인적, 물적 장치가 구비되었다는 전제조건이 충족되어야 하는 바 이와 같은 제반요건이 충족되었다고 인정할 아무런 자료가 없으므로(검사가 위 보고서를 제증거로 제출하여 조사되지도 아니하였다) <u>위 보고서로써 공소외 1의 진술의 신빙성을 인정하지 아니하였다 하여 채증법칙을 위배한 위법이 있다고도 할 수 없(다).」</u>

대법원 1996. 7. 12. 선고 96도667 판결 「피고인들이 거짓말탐지기 검사에서 무혐의 판정을 받았다고 하여 위 공소외 1의 진술이 신빙성이 없는 것이라고 할 수도 없다.」

대법원 1999. 12. 28. 선고 98도4181 판결 「피해자가 둔기에 맞았다는 자료도 없는 이 사건에서는 이것 또한 공소사실을 증명하는 증거로 보기는 어렵다 할 것이고, 피해자의 일행인 ◇◇◇, ☆☆☆에 대하여 검사가 작성한 각 진술조서의 진술기재에 의하면, 피해자는 사고 당시 일행과 함께 많은 술을 마신 상태였으므로 피고인이 진술한 바와 같이 피해자가 피고인에게 가방을 휘두르고 양 팔을 휘두르다가 술에 취한 나머지 중심을 잃고 넘어지면서 도로에 머리를 강하게 부딪쳤다는 피고인의 변소를 확정적으로 배제하기는 어렵고, <u>피고인에 대한 거짓말탐지기 검사결과도 피해자를 폭행한 사실이 없다는 피고인의 진술이 진실로 진단된다는 것이어서(공판기록 318~320면, 428~445면) 결국 원심은 충분한 증거 없이 피고인의 판시와 같은 폭행사실을 인정한 위법도 있다.」</u>

대법원 2017. 1. 25. 선고 2016도15526 판결 「거짓말탐지기 검사 결과, 피고인의 진술에 대하여는 거짓으로 진단할 수 있는 특이한 반응이 나타나지 않은 반면, 공소외 1의 진술에 대하여는 거짓으로 진단할 수 있는 현저한 반응이 나타났다. 그러나 <u>거짓말탐지기 검사 결과가 항상 진실에 부합한다고 단정할 수 없을 뿐 아니라, 검사를 받는 사람의 진술의 신빙성을 가늠하는 정황증거로서 기능을 하는 데 그치므로, 그와 같은 검사결과만으로 범행 당시의 상황이나 범행 이후 정황에 부합하는 공소외 1 진술의 신빙성을 부정할 수 없다.」</u>

Ⅳ. 당사자의 동의

1. 의의 및 성격

대법원 1983. 3. 8. 선고 82도2873 판결 「형사소송법 제318조 제1항은 전문증거금지의 원칙에 대한 예외로서 반대신문권을 포기하겠다는 피고인의 의사표시에 의하여 서류 또는 물건의 증거능력을 부여하려는 규정이므로 피고인의 의사표시가 위와 같은 내용을 적극적으로 표시하는 것이라고 인정되면 증거동의로서의 효력이 있다 할 것인 바, 소론증거들에 대하여 피고인들이 증거로 함에 동의한다고 한 제1심 공판조서기재의 의사표시는 그 동기야 상고인들 주장과 같은 점에 있었을런지 모르나 반대신문권을 포기하겠다는 내용을 적극적으로 표시한 것이라고 볼 수밖에 없(다).」

2. 동의의 주체와 대상

가. 동의의 주체

〈소송주체인 검사와 피고인, 변호인의 독립대리권〉

대법원 2013. 3. 28. 선고 2013도3 판결

형사소송법 제318조에 규정된 증거동의의 주체는 소송 주체인 검사와 피고인이고, 변호인은 피고인을 대리하여 증거동의에 관한 의견을 낼 수 있을 뿐이므로 피고인의 명시한 의사에 반하여 증거로 함에 동의할 수는 없다. 따라서 피고인이 출석한 공판기일에서 증거로 함에 부동의한다는 의견이 진술된 경우에는 그 후 피고인이 출석하지 아니한 공판기일에 변호인만이 출석하여 종전 의견을 번복하여 증거로 함에 동의하였다 하더라도 이는 특별한 사정이 없는 한 효력이 없다고 보아야 한다.

기록에 의하면 다음 사실을 알 수 있다. 즉, 2009. 9. 9. 제1심 제1회 공판기일에는 피고인과 변호인이 함께 출석하였는데, 그 공판조서에는 검사가 제출한 증거들 중 고소장, 공소외 1과 공소외 2에 대한 각 경찰 진술조서, 공소외 3과 공소외 4 작성의 각 확인서(이하 '이 사건 각 증거들'이라 한다) 등에 대하여 증거로 함에 부동의한다는 의견이 진술된 것으로 기재되어 있다. 그 후 피고인이 공판기일에 출석하지 아니함에 따라 제1심법원은 소재탐지촉탁 등의 절차를 거쳐 2012. 2. 22. 피고인에 대한 송달을 공시송달로 하도록 명하는 결정을 하였고, 2012. 4. 5. **피고인이 불출석한 상태에서 진행된 제13회 공판기일에 사선변호인만이 출석하**

여 위 부동의하였던 증거들 대부분에 대하여 증거동의를 하였다. 이에 제1심법원은 위와 같이 변호인이 종전 의견을 번복하여 증거로 함에 동의한 이 사건 각 증거들에 대한 증거조사를 거쳐 다른 증거들과 종합하여 피고인에 대한 이 사건 공소사실을 유죄로 인정하였다. 그리고 원심은 제1심판결의 양형이 과중하다고 하여 이를 파기하고 새로 판결을 하면서 제1심법원 판결의 증거의 요지를 그대로 인용하여 이 사건 공소사실을 유죄로 판단하였다.

위와 같은 소송진행 경과 등을 앞서 본 법리에 비추어 보면, 제1심 제1회 공판기일에 한 증거부동의의 의견은 피고인 본인이 진술하였거나 변호인이 피고인을 '대리하여' 하였다 할 것이므로 어느 경우든 피고인 본인이 부동의의 의견을 밝힌 효과가 있다 할 것인데, 제1심 제13회 공판기일에서 변호인이 이를 번복하여 증거동의를 한 것은 달리 특별한 사정이 없는 한 피고인의 명시한 의사에 반하는 것이므로 효력이 없다 할 것이다. 그리고 이 사건 각 증거들은 전문증거이므로 원진술자의 공판기일에서의 진술 등에 의하여 그 성립의 진정함 등이 인정되지 않는 한 증거능력이 없는 것이다. 따라서 이 사건 각 증거들은 증거로 할 수 없는 것임에도 제1심법원은 이를 이 사건 공소사실을 인정하는 증거로 삼아 유죄의 판단을 하였고, 원심 역시 제1심법원이 실시한 증거조사 결과를 원용하여 이 사건 공소사실을 유죄로 인정하였으니 이는 위법하다. 결국 원심판결에는 증거동의의 주체와 효력 등에 관한 법리를 오해하여 판결에 영향을 미친 위법이 있다.

대법원 2016. 3. 10. 선고 2015도19139 판결 「형사소송법 제318조에 규정된 증거 동의는 소송 주체인 검사와 피고인이 하는 것이고, 변호인은 피고인을 대리하여 증거 동의에 관한 의견을 낼 수 있을 뿐이므로, 피고인이 변호인과 함께 출석한 공판기일의 공판조서에 검사가 제출한 증거에 대하여 동의한다는 기재가 되어 있다면 이는 피고인이 증거 동의를 한 것으로 보아야 하고, 그 기재는 절대적인 증명력을 가진다.」

나. 동의의 대상

대법원 1999. 10. 22. 선고 99도3273 판결 「사법경찰리가 작성한 피고인 아닌 자에 대한 진술조서, 압수조서, 검증조서 및 감정서 등도 피고인이 공소사실의 증거로 하는 데 동의하였다면 이들은 모두 증거능력이 있다.」

대법원 1983. 9. 27. 선고 83도516 판결 「원심이 증거로 삼은 제1심 증인 고소인의 증언은 피고인 아닌 타인의 진술을 그 내용으로 하는 전문진술임은 소론과 같으나 피고인은 그가 신청한 증인의 증언에 대하여 별 의견이 없다고 진술하였으니 위 증인의 증언을 증거로 함에 동의한 것으로 볼 수 있는 터인즉, 이를 증거능력없는 증거라 할 수 없(다).」

대법원 1994. 11. 11. 선고 94도1159 판결 「검사가 지적하는 증거들은 유죄의 자료로 제출한 증거들로서 그 진정성립이 인정되지 아니하고 이를 증거로 함에 상대방의 동의가 없었기는 하나, 그러한 증거라고 하더라도 유죄사실을 인정하는 증거로 사용하는 것이 아닌 이상 공소사실과 양립할 수 없는 사실을 인정하는 자료로 쓸 수 있다고 보아야 할 것(이다).」

3. 동의의 시기와 방식

〈증거동의의 원칙적 방식〉

대법원 2007. 7. 13. 선고 2004도3995 판결

원심은 검사 작성의 피고인 2에 대한 피의자신문조서(제5회) 중 공소외 2 내지 6의 각 진술 기재 부분과 수사보고(예비심사위원 전화진술 청취 보고, 검찰주사보가 공소외 2, 3, 4, 6, 7 등에게 전화하여 공소사실에 관한 질문을 하고 그들의 답변을 청취한 내용이 기재되어 있다)를 유죄 증거로 거시한 제1심판결을 인용하고 있는바, 증거목록의 기재에 의하면 위 피의자신문조서 중 위 각 진술기재 부분과 위 수사보고 중 위 청취한 내용에 관한 부분이 피고인 2의 진술 기재 부분 및 검찰주사보의 나머지 보고 내용과 전혀 구분되어 있지 아니하고, 피고인 2의 변호 인이 제2회 공판기일에서 위 피의자신문조서에 대하여 전부 진정성립, 임의성, 내용을 인정 하고, 위 수사보고에 대하여는 피고인들의 변호인들이 모두 동의한 것으로 증거목록에 기재 되어 있음을 알 수 있다.

증거에 대한 동의는 증거능력을 부여하는 중요한 소송행위이므로 원칙적으로 명시적으로 이루어져야 할 것이고, 피고인 또는 변호인이 수사서류에 관한 의견을 진술하는 경우 1개의 문서 내에 성질을 달리하는 것, 예컨대 참고인의 대질진술이나 전문진술 등이 함께 들어 있을 경우에는 구분하여 인부 등 증거에 대한 의견을 진술하는 것이 원칙인 점 등에 비추어 보면, 피고인들이 이 부분 공소사실을 부인하고 위 진술자들의 진술조서에 모두 부동의하고 있는 이상, 위 각 진술 기재 부분과 청취 내용에 관한 부분까지 동의한 것으로 보기는 어렵다. 따라서 위 제5회 피의자신문조서 중 공소외 2 내지 6의 각 진술기재 부분은 원진술자의 법정진술에 의하여 그 진정성립이 인정된 바 없고, 위 수사보고서의 청취 내용은 재전문 증거에 해당하나 앞서 본 바와 같이 피고인들의 동의가 있다고 보기도 어려워, 모두 그 증거능력을 인정키 어려우므로, 원심이 위와 같이 증거능력이 없는 증거들을 유죄의 증거로 채택한 것은 위법하다 할 것이다.

대법원 1983. 6. 28. 선고 83도1019 판결 「피고인이 증거로 함에 동의하였으나 그 동의가 법률적으로 어떠한 효과가 있는지도 모르고 한 것이라 하나 그렇게 볼 자료도 없거니와 위 동일의 공판조서에 의하면 피고인의 변호인이 재정하고 있으며 동 변호인은 피고인이 하는 동의에 대하여 아무런 이의나 취소를 한바 없었음이 뚜렷하므로 그 동의에 무슨 하자가 있다고 할 수 없다.」

대법원 1983. 3. 8. 선고 82도2873 판결 「그 의사표시의 절차와 방법에 관하여 형사소송법상 어떠한 제한이 있는 것은 아니므로 피고인들의 의사표시가 하나 하나의 증거에 대하여 형사소송법상의 증거조사방식을 거쳐 이루어진 것이 아니라 검사가 제시한 모든 증거에 대하여 증거로 함에 동의한다는 방식으로 이루어진 것이라 하여 그 효력을 부정할 이유가 되지 못한다.」

대법원 1984. 10. 10. 선고 84도1552 판결 〈표준〉 「검사작성의 공소외 1, 공소외 2 및 공소외 3에 대한 각 진술조서에 관하여 "공판정진술과 배치부분 부동의"라고 피고인의 의견진술이 있는 것으로 증거목록에 기재되어 있다. 이런 경우는 조서내용의 특정부분에 대하여 증거로 함에 동의한다는 특별한 사정이 있는 때와 달리 그 조서를 증거로 함에 동의아니한다는 취지로 해석할 것이다. 그러므로 원심판결이 위 진술조서들은 원진술자들이 공판기일에서 그 성립이 진정한 것임을 인정한 바 없다하여 증거능력이 없다고 한 조치는 정당하(다).」

4. 동의의 의제

〈피고인의 출정 없이 증거조사를 할 수 있는 경우〉

대법원 2010. 7. 15. 선고 2007도5776 판결

형사소송법은 "피고인의 출정 없이 증거조사를 할 수 있는 경우에 피고인이 출정하지 아니한 때에는 피고인의 동의가 있는 것으로 간주한다. 단, 대리인 또는 변호인이 출정한 때에는 예외로 한다"고 규정하고 있고(제318조 제2항), 한편 '약식명령에 불복하여 정식재판을 청구한 피고인이 그 정식재판절차의 공판기일에 출정하지 아니한 때에는 다시 기일을 정하여야 하고 피고인이 정당한 사유 없이 다시 정한 기일에 출정하지 아니한 때에는 피고인의 진술 없이 판결을 할 수 있다'라고 규정하고 있다(제458조 제2항, 제365조).

법 제458조 제2항, 제365조는 피고인이 출정을 하지 않음으로써 본안에 대한 변론권을 포기한 것으로 보는 일종의 제재적 규정으로(대법원 2009. 6. 11. 선고 2009도1803 판결 참조), 이와 같은 경우 피고인의 출정 없이도 심리판결할 수 있고 공판심리의 일환으로 증거조사가 행해지게 마련이어서 피고인이 출석하지 아니한 상태에서 증거조사를 할 수밖에 없는 경우에는 법 제318조 제2항의 규정상 피고인의 진의와는 관계없이 법 제318조 제1항의 동의가 있는 것으로 간주하게 되어 있는 점(대법원 1991. 6. 28. 선고 91도865 판결 참조), 법 제318조 제2항의 입법 취지가 재판의 필요성 및 신속성 즉, 피고인의 불출정으로 인한 소송행위의 지연 방지 내지 피고인 불출정의 경우 전문증거의 증거능력을 결정하지 못함에 따른 소송지연 방지에 있는 점 등에 비추어, 약식명령에 불복하여 정식재판을 청구한 피고인이 정식재판절차에서 2회 불출정하여 법원이 피고인의 출정 없이 증거조사를 하는 경우에 법 제318조 제2항에 따른 피고인의 증거동의가 간주된다고 할 것이다.

그리고 약식명령에 불복하여 정식재판을 청구한 피고인이 정식재판절차의 제1심에서 2회 불출정하여 법 제318조 제2항에 따른 증거동의가 간주된 후 증거조사를 완료한 이상, 간주의 대상인 증거동의는 증거조사가 완료되기 전까지 철회 또는 취소할 수 있으나 일단 증거조사를 완료한 뒤에는 취소 또는 철회가 인정되지 아니하는 점, 증거동의 간주가 피고인의 진의와는 관계없이 이루어지는 점 등에 비추어, 비록 피고인이 항소심에 출석하여 공소사실을 부인하면서 간주된 증거동의를 철회 또는 취소한다는 의사표시를 하더라도 그로 인하여 적법하게 부여된 증거능력이 상실되는 것이 아니라고 할 것이다.

같은 취지에서 원심이 이 사건 약식명령에 불복하여 정식재판을 청구한 피고인이 정식재판절차에서 2회 불출정함에 따라 피고인이 불출석한 가운데 검사 제출의 유죄증거에 관하여 법 제318조 제2항에 따른 증거동의 간주를 하여 증거능력을 부여한 제1심의 조치를 항소심에서도 그대로 유지하여 이를 채용한 조치는, 기록을 위 법리에 비추어 살펴보면 정당한 것으로 수긍이 가고 거기에 증거동의 간주 및 그 철회 내지 취소에 관한 법리오해의 위법이 있다고 할 수 없다.

대법원 1991. 6. 28. 선고 91도865 판결 <표준> 「필요적 변론사건이라 하여도 피고인(관련 공동피고인들 포함)이 재판거부의 의사를 표시하고 재판장의 허가 없이 퇴정하고 변호인 마저 이에 동조하여 퇴정해 버린 것은 모두 피고인측의 방어권의 남용 내지 변호권의 포기로 볼 수 밖에 없는 것이어서 수소법원으로서는 형사소송법 제330조에 의하여 피고인이나 변호인의 재정 없이도 심리판결 할 수 있는 것이고 또 공판심리는 사실심리와 증거조사가 행해지게 마련인데 위와 같이 피고인과 변호인들이 출석하지 않은 상태에서 증거조사를 할 수밖에 없는 경우에는 형사소송법 제318조 제2항의 규정상 피고인의 진의와는 관계없이 형사소송법 제318조 제1항의 동의가 있는 것으로 간주하게 되어 있는 것이(다).」

5. 진정성 조사와 증거동의의 효과

〈진정성의 조사방법〉

대법원 2015. 8. 27. 선고 2015도3467 판결

형사소송법 제318조 제1항은 "검사와 피고인이 증거로 할 수 있음을 동의한 서류 또는 물건은 진정한 것으로 인정한 때에는 증거로 할 수 있다."고 규정하고 있을 뿐 진정한 것으로 인정하는 방법을 제한하고 있지 아니하므로, 증거동의가 있는 서류 또는 물건은 법원이 제반 사정을 참작하여 진정한 것으로 인정하면 증거로 할 수 있다. 그리고 증거동의의 의사표시는 증거조사가 완료되기 전까지 취소 또는 철회할 수 있으나, 일단 증거조사가 완료된 뒤에는 취소 또는 철회가 인정되지 아니하므로 취소 또는 철회 전에 이미 취득한 증거능력은 상실되지 아니한다(대법원 2008. 9. 11. 선고 2008도6136 판결 등 참조).

한편 공판조서의 기재가 명백한 오기인 경우를 제외하고는 공판기일의 소송절차로서 공판조서에 기재된 것은 조서만으로써 증명하여야 하고 그 증명력은 공판조서 이외의 자료에 의한 반증이 허용되지 아니하는 절대적인 것이므로, 검사가 제출한 증거에 관하여 동의 또는 진정성립 여부 등에 관한 피고인의 의견이 증거목록에 기재된 경우에는 그 증거목록의 기재는 공판조서의 일부로서 명백한 오기가 아닌 이상 절대적인 증명력을 가지게 된다(대법원 2012. 6. 14. 선고 2011도12571 판결 등 참조).

이와 같은 법리에 비추어 기록을 살펴보면, 검사가 증거로 신청한 서류들 중 수사보고(피고인 19 접속 추정 파일 조회)에 첨부된 서류(증거목록 순번 9)에 대하여는 피고인이 제1심 제2회 공판기일에서 증거로 하는 데 부동의하였다가 제5회 공판기일에서 이를 번복하여 증거로 할 수 있음을 동의하였고, '임의제출파일CD'(증거목록 순번 57)에 저장된 각 엑셀파일 복사본, 그중 하나의 엑셀파일 내용을 출력한 서류인 '다운로드 내역'(증거목록 순번 59)에 대하여는 피고인이 제1심 제8회 공판기일에서 증거로 할 수 있음을 동의하였으며, 해당 공판기일에 이들 각 증거에 대한 증거조사가 이루어진 사실을 알 수 있다. 나아가 **이들 각 증거는 주식회사 KEC의 웹 메일 서버에 대한 보안점검 업무를 수행한 KCC씨큐리티 주식회사의 직원 공소외인이 웹 메일 서버 로그기록 중 타인의 계정을 도용한 것으로 의심되는 접속자의 IP 주소에 관한 로그기록만을 엑셀문서 형태로 요약·정리하는 방식으로 작성한 파일들이거나 이를 기초로 작성된 자료들이어서 그 진정성을 인정할 수 있으므로,** 형사소송법 제318조 제1항에 따라 그 증거능력이 인정된다고 할 것이다. 그리고 제1심 제5회 및 제8회 공판기일에서 이들 각 증거에 대하여 증거조사를 완료한 이상 그 후 증거동의의 의사표시가 취소 또는 철회되었더라도 이미 취득한 증거능력이 상실된다고 볼 수도 없다.

대법원 2006. 11. 23. 선고 2004도7900 판결 「진술증거의 임의성에 관하여 의심할 만한 사정이 나타나 있는 경우에는 법원은 직권으로 그 임의성 여부에 관하여 조사를 하여야 하고, <u>임의성이 인정되지 아니하여 증거능력이 없는 진술증거는 피고인이 증거로 함에 동의하더라도 증거로 삼을 수 없다.</u>」

대법원 2019. 3. 14. 선고 2015도1900 판결 「전기통신에 해당하는 전화통화 당사자의 일방이 상대방 모르게 통화 내용을 녹음하는 것은 여기의 감청에 해당하지 않는다. 그러나 제3자의 경우는 설령 전화통화 당사자 일방의 동의를 받고 그 통화 내용을 녹음하였다 하더라도 그 상대방의 동의가 없었던 이상, 이는 여기의 감청에 해당하여 통신비밀보호법 제3조 제1항 위반이 되고, 이와 같이 제3조 제1항을 위반한 불법감청에 의하여 녹음된 전화통화의 내용은 제4조에 의하여 증거능력이 없다. 그리고 <u>사생활 및 통신의 불가침을 국민의 기본권의 하나로 선언하고 있는 헌법규정과 통신비밀의 보호와 통신의 자유 신장을 목적으로 제정된 통신비밀보호법의 취지에 비추어 볼 때 피고인이나 변호인이 이를 증거로 함에 동의하였다고 하더라도 달리 볼 것은 아니다.</u>」

대법원 1990. 7. 24. 선고 90도1303 판결 「피고인들은 제1심에서 경찰의 검증조서 가운데 범행부분만 부동의하고 현장상황부분에 대해서는 모두 증거로 함에 동의하였고 제1심 또한 위 검증조서 중 범행상황 부분만 채용하였음이 그 판시자체에 의하여 명백하므로 이를 증거로 채용한 데에 잘못이 없다.」

6. 동의의 취소와 철회

〈동의의 취소 및 철회의 시한: 증거조사 완료시점〉

대법원 1988. 11. 8. 선고 88도1628 판결 〈표준〉

형사소송법 제318조에 규정된 증거동의의 의사표시는 증거조사가 완료되기 전까지 취소 또는 철회할 수 있으나 일단 증거조사가 완료된 뒤에는 취소 또는 철회가 인정되지 아니하므로 취소 또는 철회 이전에 이미 취득한 증거능력이 상실되지 않는다 할 것이다(당원 1983. 4. 26. 선고 83도267 판결). 또한 증거로 함에 대한 동의의 주체는 소송주체인 당사자라 할 것이지만 변호인은 피고인의 명시한 의사에 반하지 아니하는 한 피고인을 대리하여 이를 할 수 있음은 물론이므로 피고인이 증거로 함에 동의하지 아니한다고 명시적인 의사표시를 한 경우 이외에는 변호인은 서류나 물건에 대하여 증거로 함에 동의할 수 있고 이 경우 변호인의 동의에 대하여 피고인이 즉시 이의하지 아니하는 경우에는 변호인의 동의로 증거능력이 인정되고 증거조사 완료전까지 앞서의 동의가 취소 또는 철회하지 아니한 이상 일단 부여된 증거능력은 그대로 존속한다 할 것이다. …

먼저 위에서 본 제1심 공판조서상의 기재만으로는 제1심판결에서 증거로 거시한 위 진술조서들에 대하여 이를 증거로 함에 동의한 것이 변호인의 일방적인 의사표시의 결과라고 단정하기 어렵고 달리 이를 인정할 아무런 자료도 엿보이지 않을 뿐 아니라 피고인이 그러한 증거에 대한 의사표시가 변호인의 일방적 의사표시에 불과하다는 이유로 이를 취소 또는 철회한 바도 없으며, 또 검사가 제출한 증거들 가운데 범행현장을 목격하였다는 취지의 진술기재가 있는 공소외 2에 대한 검사 및 사법경찰리 작성의 각 진술조서와 피고인이 경찰신문 후 구치감에 돌아와 서 범행을 자백하였다고 말하는 사실을 들었다는 취지의 진술기재가 있는 공소외 17에 대한 검사 및 사법경찰리 작성의 각 진술조서(이는 원심 및 제1심이 유죄의 증거로 삼지 않고 있다)에 대하여는 부동의하는 등 검사가 제출한 증거들에 대하여 선별하여 동의여부를 결정하였고, 증거로 함에 동의한 진술조서들의 각 기재내용에는 제1심 법정에서의 피고인의 진술과 일부씩 부합되는 부분도 없지 아니한 점에 비추어 볼 때 피고인이 제1심법정에서 공소사실의 중요부분을 포함한 대부분에 대해 이를 부인하고 있다는 한가지 사실만 가지고 위와 같이 동의한 것이 피고인의 의사와는 관계없이 변호인의 일방적인 의사에 의하여 이루어졌다거나 그와 같은 동의가 피고인에게 효력을 미칠 수 없는 것이라고 인정할 수는 없다 할 것이다.

V. 탄핵증거

1. 의의 및 성격

〈탄핵증거의 의의 및 탄핵증거로서의 증거조사〉

대법원 1998. 2. 27. 선고 97도1770 판결 〈표준〉

피고인이 지적하는 사법경찰리 작성의 피고인에 대한 제3, 4, 5회 각 피의자신문조서와 피고인이 작성한 자술서(3회)들은 모두 검사가 유죄의 자료로 제출한 증거들로서 피고인이 각 그 내용을 부인하는 이상 증거능력이 없으나 그러한 증거라 하더라도 그것이 임의로 작성된 것이 아니라고 의심할 만한 사정이 없는 한 피고인의 법정에서의 진술을 탄핵하기 위한 반대증거로 사용할 수 있는 것이라 할 것인바, 기록을 살펴보면, 피고인은 사법경찰리로부터 이 사건 범죄사실에 관하여 조사를 받으면서 이 사건 범행을 완강히 부인하여 그대로 조사되었고, 기록상 피고인의 그 진술이 임의로 된 것이 아니라고 의심할 만한 자료가 없으므로 이와 다른 견지에서 원심판결을 비난하는 상고이유의 주장은 받아들일 수 없다.

다만 탄핵증거는 범죄사실을 인정하는 증거가 아니므로 엄격한 증거조사를 거쳐야 할 필요가 없음은 형사소송법 제318조의2의 규정에 따라 명백하다고 할 것이나(대법원 1978. 10. 31. 선고 78도2292 판결, 1996. 1. 26. 선고 95도1333 판결 등 참조), 법정에서 이에 대한 탄핵증거로서의 증거조사는 필요하다고 할 것이다. 기록에 의하면, 원심은 법정에서 증거로 제출된 바가 없어 전혀 증거조사가 이루어지지 아니한 채 수사기록에만 편철되어 있는 1995. 9월분 소득세징수액집계표(수사기록 678면)를 피고인 및 그 사무실 직원 공소외 1 등의 진술을 탄핵하는 증거로 사용하였는바, 이러한 원심의 조치에는 탄핵증거의 조사방법에 관한 법리오해의 위법이 있다 할 것이다. 그러나, 원심이 내세운 위 증거를 제외한 나머지 탄핵증거만으로도 공소외 2의 진술을 부인하는 피고인 및 위 공소외 1 등의 진술의 증명력이 감쇄되었다고 보여지고, 따라서 위와 같은 잘못은 판결 결과에 영향이 없어 판결의 파기사유가 되는 위법이라고 볼 수 없다.

대법원 1996. 1. 26. 선고 95도1333 판결 「논지는 원심이 공소외인 총영사에 대하여 한 사실조회의 회신은 그 내용이 공무소의 직무범위를 벗어난 것으로서 증거능력이 없다는 것이나, 형사소송법 제318조의2에 규정된 이른바 탄핵증거는 범죄사실을 인정하는 증거가 아니어서 엄격한 증거능력을 요하지 아니하는 것이므로, 원심이 이를 유죄 증거의 증명력을 다투기 위한 반대증거로 채택함에는 아무런 잘못이 없다.」

2. 허용범위

가. 탄핵증거의 범위

〈자기모순의 진술에 한정되는지 여부〉

대법원 2006. 5. 26. 선고 2005도6271 판결

원심이 공소사실에 부합하는 증거인 피해자의 진술을 탄핵하는 증거로 삼은 변호인 제출의 신용카드 사용내역승인서 사본 및 현금서비스 취급내역서 사본에 관하여 살펴보면, 변호인

은 항소이유서에 현금서비스 취급내역서 사본을 첨부하여 제출하면서 2004. 4. 2.자 공소사실을 탄핵하였고, 원심 제1회 공판기일에는 피고인반대신문을 하면서 신용카드 사용내역승인서 사본과 함께 다시 이를 제시하여 2004. 3. 15.자 공소사실까지 아울러 탄핵하였는바, 비록 증거목록에 기재되지 않았고 증거결정이 있지 아니하였다 하더라도 공판과정에서 그 입증취지가 구체적으로 명시되고 제시까지 된 이상 위 각 서증들에 대하여 탄핵증거로서의 증거조사는 이루어졌다고 보아야 할 것이다(대법원 1998. 2. 27. 선고 97도1770 판결, 2005. 8. 19. 선고 2005도2617 판결 등 참조).

[사안의 개요] 남편이 부인을 폭행하여 폭처법위반으로 기소된 사안에서 피해자인 부인의 진술이 신빙성이 없다는 사실을 증명하기 위해 피고인이 집에서 부인을 폭행하였다고 주장한 시점에 피고인이 모텔에 투숙해 있었거나 다른 지방에 놀러가 있었다는 사실을 증명하기 위해 남편의 신용카드 사용내역 승인서 사본 및 현금서비스취급내역서 사본을 제출한 사안

나. 탄핵증거의 자격

대법원 1998. 2. 27. 선고 97도1770 판결 「피고인이 지적하는 사법경찰리 작성의 피고인에 대한 제3, 4, 5회 각 피의자신문조서와 피고인이 작성한 자술서(3회)들은 모두 검사가 유죄의 자료로 제출한 증거들로서 피고인이 각 그 내용을 부인하는 이상 증거능력이 없으나 그러한 증거라 하더라도 그것이 임의로 작성된 것이 아니라고 의심할 만한 사정이 없는 한 피고인의 법정에서의 진술을 탄핵하기 위한 반대증거로 사용할 수 있(다).」

대법원 1994. 11. 11. 선고 94도1159 판결 「검사가 지적하는 증거들은 유죄의 자료로 제출한 증거들로서 그 진정성립이 인정되지 아니하고 이를 증거로 함에 상대방의 동의가 없었기는 하나, 그러한 증거라고 하더라도 유죄사실을 인정하는 증거로 사용하는 것이 아닌 이상 공소사실과 양립할 수 없는 사실을 인정하는 자료로 쓸 수 있다고 보아야 할 것(이다).」

광주고등법원 2013. 7. 11 선고 2012노571 판결 「검사가 원심에서 탄핵증거로 신청한 사법경찰관 작성의 피의자신문조서와 이에 대한 영상녹화물은 피고인의 부인 진술을 탄핵한다는 것이므로 결국 검사에게 입증책임이 있는 공소사실 자체를 입증하기 위한 것에 불과하므로 형사소송법 제318조의2 제1항 소정의 피고인의 진술의 증명력을 다투기 위한 탄핵증거로 볼 수는 없다.」

3. 탄핵의 대상과 범위 및 탄핵증거의 제출

〈탄핵의 대상(피고인의 진술이 포함되는지 여부 : 적극) 및 탄핵증거로서의 증거조사〉

대법원 2005. 8. 19. 선고 2005도2617 판결 〈표준〉

검사가 유죄의 자료로 제출한 사법경찰리 작성의 피고인에 대한 피의자신문조서는 피고인이 그 내용을 부인하는 이상 증거능력이 없으나, 그것이 임의로 작성된 것이 아니라고 의심할 만한 사정이 없는 한 피고인의 법정에서의 진술을 탄핵하기 위한 반대증거로 사용할 수 있으며, 또한 탄핵증거는 범죄사실을 인정하는 증거가 아니므로 엄격한 증거조사를 거쳐야 할 필요가 없음은 형사소송법 제318조의2의 규정에 따라 명백하나 법정에서 이에 대한 탄핵증거로서의 증거조사는 필요한 것이고(대법원 1996. 1. 26. 선고 95도1333 판결, 1998. 2. 27. 선고 97도1770 판결 등 참조), 한편 증거신청의 방식에 관하여 규정한 형사소송규칙 제132조 제1항의 취지에 비추어 보면 탄핵증거의 제출에 있어서도 상대방에게 이에 대한 공격방어의 수단을 강구할 기회를 사전에 부여하여야 한다는 점에서 그 증거와 증명하고자 하는 사실과의 관계 및 입증취지 등을 미리 구체적으로 명시하여야 할 것이므로, 증명력을 다투고자 하는 증거의 어느 부분에 의하여 진술의 어느 부분을 다투려고 한다는 것을 사전에 상대방에게 알려야 한다.

기록에 의하면, 검사는 유죄의 증거로 사법경찰리 작성의 피고인에 대한 피의자신문조서를 제출하였고 이에 대하여 피고인이 성립 및 임의성은 인정하였으나 그 내용을 부인하여 증거능력이 없게 되었는데, 검사는 증거제출 당시 또는 그 이후 제1심법정에서 위 피의자신문조서가 탄핵증거라는 입증취지를 밝히지 않았으나 원심법정에서 진술한 항소이유서에서 그와 같은 취지를 밝혔으며, 다만 법정에서 탄핵증거로서 증거조사가 이루어진 바는 없으나 탄핵증거는 범죄사실을 인정하는 증거가 아니므로 엄격한 증거조사를 거쳐야 할 필요가 없는 점, 위 피의자신문조서에 대하여 탄핵증거로서의 증거조사가 이루어진 바는 없지만 어쨌든 법정에 제출되어 증거조사가 이루어진 점, 위 피의자신문조서에 대한 탄핵증거로서의 증거조사절차는 결국 검사가 입증취지 등을 진술하고 피고인측에 열람의 기회를 준 후 그 의견을 듣는 방법에 의할 것인데, 원심에 이르기까지 이와 같은 절차가 대부분 이루어졌다고 볼 수 있는 점 등의 사정에 비추어 보면, 위 피의자신문조서는 피고인의 법정 진술에 대한 탄핵증거로 사용할 수 있다고 보아야 한다.

대법원 1996. 9. 6. 선고 95도2945 판결 「탄핵증거는 진술의 증명력을 감쇄하기 위하여 인정되는 것이고 범죄사실 또는 그 간접사실의 인정의 증거로서는 허용되지 않는다고 할 것임에도 불구하고, 원심이 피고인의 항소이유에 대하여 판단하면서 피고인이 탄핵증거로 제출한 검사 작성의 공소외 4에 대한 진술조서 사본의 진술 기재에 의하여 위 피해자 공소외 1의 상해 부위를 인정하는 듯한 설시를 하여 부적절하다고 할 것이나, 원심은 위 검사 작성의 공소외 4에 대한 진술조서 사본을 유죄의 증거로는 채택하고 있지 아니하고, 또한 기록에 의하면 원심이 채용한 증거들은 적법한 증거조사절차를 거친 것으로 증거능력과 증명력을 갖추었다고 할 것인데, 그 증거들에 의하면 판시 상해의 가해행위 및 그 상해 부위를 인정할 수 있으므로, 원심이 그 증거들에 의하여 피고인에 대한 위 공소사실을 유죄로 인정한 조치는 결과적으로 정당하다.」

대법원 2012. 10. 25. 선고 2011도5459 판결 「탄핵증거는 진술의 증명력을 감쇄하기 위하여 인정되는 것이고 범죄사실 또는 그 간접사실의 인정의 증거로서는 허용되지 않는다. 검사가 탄핵증거로 신청한 체포·구속인접견부 사본은 피고인의 부인진술을 탄핵한다는 것이므로 결국 검사에게 입증책임이 있는 공소사실 자체를 입증하기 위한 것에 불과하므로 형사소송법 제318조의2 제1항 소정의 피고인의 진술의 증명력을 다투기 위한 탄핵증거로 볼 수 없다.」

제 3 절 증명력

Ⅰ. 자유심증주의

〈자유심증주의의 의의 및 내용〉

대법원 2004. 6. 25. 선고 2004도2221 판결

자유심증주의를 규정한 형사소송법 제308조가 증거의 증명력을 법관의 자유판단에 의하도록 한 것은 그것이 실체적 진실발견에 적합하기 때문이라 할 것이므로, 증거판단에 관한 전권을 가지고 있는 사실심 법관은 사실인정에 있어 공판절차에서 획득된 인식과 조사된 증거를 남김없이 고려하여야 한다.

형사재판에 있어 심증형성은 반드시 직접증거에 의하여 형성되어야만 하는 것은 아니고 간접증거에 의할 수도 있는 것이며, 간접증거는 이를 개별적·고립적으로 평가하여서는 아니 되고 모든 관점에서 빠짐 없이 상호 관련시켜 종합적으로 평가하고, 치밀하고 모순 없는 논증을 거쳐야 한다.

증거의 증명력은 법관의 자유판단에 맡겨져 있으나 그 판단은 논리와 경험칙에 합치하여야 하고, 형사재판에 있어서 유죄로 인정하기 위한 심증형성의 정도는 합리적인 의심을 할 여지가 없을 정도여야 하나, 이는 모든 가능한 의심을 배제할 정도에 이를 것까지 요구하는 것은 아니며, 증명력이 있는 것으로 인정되는 증거를 합리적인 근거가 없는 의심을 일으켜 이를 배척하는 것은 자유심증주의의 한계를 벗어나는 것으로 허용될 수 없다 할 것인바(대법원 1994. 9. 13. 선고 94도1335 판결 등 참조), 여기에서 말하는 합리적 의심이라 함은 모든 의문, 불신을 포함하는 것이 아니라 논리와 경험칙에 기하여 요증사실과 양립할 수 없는 사실의 개연성에 대한 합리성 있는 의문을 의미하는 것으로서(대법원 1997. 7. 25. 선고 97도974 판결 참조), 피고인에게 유리한 정황을 사실인정과 관련하여 파악한 이성적 추론에 그 근거를 두어야 하는 것이므로 단순히 관념적인 의심이나 추상적인 가능성에 기초한 의심은 합리적 의심에 포함된다고 할 수 없다.

대법원 2019. 9. 9. 선고 2019도2562 판결 「피해자 등의 진술은 그 진술 내용의 주요한 부분이 일관되며, 경험칙에 비추어 비합리적이거나 진술 자체로 모순되는 부분이 없고, 또한 허위로 피고인에게 불리한 진술을 할 만한 동기나 이유가 분명하게 드러나지 않는 이상, 그 진술의 신빙성을 특별한 이유 없이 함부로 배척해서는 아니 된다. 그리고 법원이 성폭행이나 성희롱 사건의 심리를 할 때에는 그 사건이 발생한 맥락에서 성차별 문제를 이해하고 양성평등을 실현할 수 있도록 '성인지 감수성'을 잃지 않도록 유의하여야 한다(양성평등기본법 제5조 제1항 참조). 우리 사회의 가해자 중심의 문화와 인식, 구조 등으로 인하여 성폭행이나 성희롱 피해자가 피해사실을 알리고 문제를 삼는 과정에서 오히려 피해자가 부정적인 여론이나 불이익한 처우 및 신분 노출의 피해 등을 입기도 하여 온 점 등에 비추어 보면, 성폭행 피해자의 대처 양상은 피해자의 성정이나 가해자와의 관계 및 구체적인 상황에 따라 다르게 나타날 수밖에 없다. 따라서 개별적, 구체적인 사건에서 성폭행 등의 피해자가 처하여 있는 특별한 사정을 충분히 고려하지 않은 채 피해자 진술의 증명력을 가볍게 배척하는 것은 정의와 형평의 이념에 입각하여 논리와 경험의 법칙에 따른 증거판단이라고 볼 수 없다.」

대법원 2002. 6. 11. 선고 2000도5701 판결 「뇌물죄에 있어서 수뢰자로 지목된 피고인이 수뢰사실을 시종일관 부인하고 있고 이를 뒷받침할 금융자료 등 물증이 없는 경우에 증뢰자의 진술만으로 유죄를 인정하기 위하여는 증뢰자의 진술이 증거능력이 있어야 함은 물론 합리적인 의심을 배제할 만한 신빙성이 있어야 하고, 신빙성이 있는지 여부를 판단함에 있어서는 그 진술내용 자체의 합리성, 객관적 상당성, 전후의 일관성 등 뿐만 아니라 그의 인간됨, 그 진술로 얻게 되는 이해관계 유무, 특히 그에게 어떤 범죄의 혐의가 있고 그 혐의에 대하여 수사가 개시될 가능성이 있거나 수사가 진행중인 경우에는 이를 이용한 협박이나 회유 등의 의심이 있어 그 진술의 증거능력이 부정되는 정도에까지 이르지 않는 경우에도 그로 인한 궁박한 처지에서 벗어나려는 노력이 진술에 영향을 미칠 수 있는지 여부 등도 아울러 살펴보아야 한다.」

대법원 2014. 4. 10. 선고 2014도1779 판결 「마약류 매매 여부가 쟁점이 된 사건에서 매도인으로 지목된 피고인이 수수사실을 부인하고 있고 이를 뒷받침할 금융자료 등 객관적 물증이 없는 경우, 마약류를 매수하였다는 사람의 진술만으로 유죄를 인정하기 위해서는 그 사람의 진술이 증거능력이 있어야 함은 물론 합리적인 의심을 배제할 만한 신빙성이 있어야 한다. 신빙성 유무를 판단할 때에는 그 진술 내용 자체의 합리성, 객관적 상당성, 전후의 일관성뿐만 아니라 그의 인간됨, 그 진술로 얻게 되는 이해관계 유무 등을 아울러 살펴보아야 한다. 특히, 그에게 어떤 범죄의 혐의가 있고 그 혐의에 대하여 수사가 개시될 가능성이 있거나 수사가 진행 중인 경우에는, 이를 이용한 협박이나 회유 등의 의심이 있어 그 진술의 증거능력이 부정되는 정도에까지 이르지 않는 경우에도, 그로 인한 궁박한 처지에서 벗어나려는 노력이 진술에 영향을 미칠 수 있는지 여부 등을 살펴보아야 한다.」

대법원 2001. 9. 28. 선고 2001도4091 판결 「피고인의 제1심법정에서의 자백이 원심에서의 법정진술과 다르다는 사유만으로는 그 자백의 증명력 내지 신빙성이 의심스럽다고 할 수는 없는 것이고, 자백의 신빙성 유무를 판단함에 있어서는 자백의 진술 내용 자체가 객관적으로 합리성을 띠고 있는지, 자백의 동기나 이유가 무엇이며, 자백에 이르게 된 경위는 어떠한지 그리고 자백 이외의 정황증거 중 자백과 저촉되거나 모순되는 것이 없는지 하는 점 등을 고려하여 피고인의 자백에 형사소송법 제309조 소정의 사유 또는 자백의 동기나 과정에 합리적인 의심을 갖게 할 상황이 있었는지를 판단하여야 할 것이다.」

대법원 2004. 2. 27. 선고 2003도7033 판결 〈표준〉 「용의자의 인상착의 등에 의한 범인식별 절차에 있어 용의자 한 사람을 단독으로 목격자와 대질시키거나 용의자의 사진 한 장만을 목격자에게 제시하여 범인 여부를 확인하게 하는 것은 사람의 기억력의 한계 및 부정확성과 구체적인 상황하에서 용의자나 그 사진상의 인물이 범인으로 의심받고 있다는 무의식적 암시를 목격자에게 줄 수 있는 가능성으로 인하여, 그러한 방식에 의한 범인식별 절차에서의 목격자의 진술은, 그 용의자가 종전에 피해자와 안면이 있는 사람이라든가 피해자의 진술 외에도 그 용의자를 범인으로 의심할 만한 다른 정황이 존재한다든가 하는 등의 부가적인 사정이 없는 한 그 신빙성이 낮다고 보아야 할 것이다.」

대법원 2007. 5. 10. 선고 2007도1950 판결 「DNA분석을 통한 유전자검사 결과는 충분한 전문적인 지식과 경험을 지닌 감정인이 적절하게 관리·보존된 감정자료에 대하여 일반적으로 확립된 표준적인 검사기법을 활용하여 감정을 실행하고, 그 결과의 분석이 적정한 절차를 통하여 수행되었음이 인정되는 이상 높은 신뢰성을 지닌다 할 것이고, 특히 유전자형이 다르면 동일인이 아니라고 확신할 수 있다는 유전자감정 분야에서 일반적으로 승인된 전문지식에 비추어 볼 때, 위와 같은 감정 결과는 피고인의 무죄를 입증할 수 있는 유력한 증거에 해당한다.」

대법원 2011. 1. 27. 선고 2010도12728 판결 〈표준〉 「상해죄의 피해자가 제출하는 상해진단서는 일반적으로 의사가 당해 피해자의 진술을 토대로 상해의 원인을 파악한 후 의학적 전문지식을 동원하여 관찰·

판단한 상해의 부위와 정도 등을 기재한 것으로서 거기에 기재된 상해가 곧 피고인의 범죄행위로 인하여 발생한 것이라는 사실을 직접 증명하는 증거가 되기에 부족한 것이지만, 그 상해에 대한 진단일자 및 상해진단서 작성일자가 상해 발생시점과 시간상으로 근접하고 상해진단서 발급 경위에 특별히 신빙성을 의심할 만한 사정이 없으며 거기에 기재된 상해의 부위와 정도가 피해자가 주장하는 상해의 원인 내지 경위와 일치하는 경우에는, 그 무렵 피해자가 제3자로부터 폭행을 당하는 등으로 달리 상해를 입을 만한 정황이 발견되거나 의사가 허위로 진단서를 작성한 사실이 밝혀지는 등의 특별한 사정이 없는 한, 그 상해진단서는 피해자의 진술과 더불어 피고인의 상해 사실에 대한 유력한 증거가 되고, 합리적인 근거 없이 그 증명력을 함부로 배척할 수 없다.」

대법원 2016. 11. 25. 선고 2016도15018 판결 <표준> 「형사사건에서 상해진단서는 피해자의 진술과 함께 피고인의 범죄사실을 증명하는 유력한 증거가 될 수 있다(그러나 상해 사실의 존재 및 인과관계 역시 합리적인 의심이 없는 정도의 증명에 이르러야 인정할 수 있으므로, 상해진단서의 객관성과 신빙성을 의심할 만한 사정이 있는 때에는 그 증명력을 판단하는 데 매우 신중하여야 한다. 특히 상해진단서가 주로 통증이 있다는 피해자의 주관적인 호소 등에 의존하여 의학적인 가능성만으로 발급된 때에는 그 진단 일자 및 진단서 작성일자가 상해 발생 시점과 시간상으로 근접하고 상해진단서 발급 경위에 특별히 신빙성을 의심할 만한 사정은 없는지, 상해진단서에 기재된 상해 부위 및 정도가 피해자가 주장하는 상해의 원인 내지 경위와 일치하는지, 피해자가 호소하는 불편이 기왕에 존재하던 신체 이상과 무관한 새로운 원인으로 생겼다고 단정할 수 있는지, 의사가 그 상해진단서를 발급한 근거 등을 두루 살피는 외에도 피해자가 상해 사건 이후 진료를 받은 시점, 진료를 받게 된 동기와 경위, 그 이후의 진료 경과 등을 면밀히 살펴 논리와 경험법칙에 따라 그 증명력을 판단하여야 한다.」

Ⅱ. 자백보강법칙

1. 의의 및 적용범위

〈자백보강법칙의 취지 및 적용범위〉

대법원 1966. 7. 26. 선고 66도634 전원합의체 판결

국민의 기본적 인권을 보장하기 위하여, 헌법 제10조 제6항 후단(편자 주 : 현행헌법 제12조 제7항 후단)은 피고인의 자백이 그에게 불리한 유일한 증거인때에는 이를 유죄의 증거로 삼거나 이를 이유로 처벌할 수 없다고 규정하므로서, 사법절차에 있어서 자백의 증거능력을 제한하였으며, 이 자백은 그것이 공판정에서의 자백뿐만 아니라 공판정의의 자백까지도 말하는 것임은 인권을 보장하려는 헌법의 기본정신이나 헌법 제10조 제6항 전단규정(편자 주 : 현행헌법 제12조 제7항 전단)의 문언에 비추어 명백하며, 형사소송법 제310조 또한 피고인의 자백이 그 피고인에게 불이익한 유일의 증거인때에는 이를 유죄의 증거로 하지 못한다고 규정하여 그 자백이 공판정에서의 자백뿐만 아니라 수사관에게 대한 자백까지도 포함하는 것임은 위 헌법의 규정이나 형사소송법 제309조의 규정에 비추어 명백한 바로서 피고인의 자백이 공판정에서의 자백이던 피의자로서의 수사관에게 대한 진술이던 그 자백이 증거능력이 제한되어 있고, 피고인의 공판정에서의 자백이나, 피의자로서의 수사관에게 대한 진술 기타 공판정에서의 진술은 그 어느 것이나 독립하여 유죄의 증거가 될 수 없음을 위 헌법의 규정이나 형사소송법이 명백히 규정하고 있어 독립하여 유죄의 증거로 할 수 없는 자백들을 암만 합쳐보았댔자, 그 합친 자백을 유죄의 증거로 할수 있는 독립된 증거능력이 생긴 것이라 할 수 없는바 이므로 공판정에서의 자백과 수사관에게 대한 자백이 있다고 하여, 그것만으로 유죄의 판결을 할 수 없는 법리(이러한 견해는 본원이 이미 1965. 6. 29. 선고 65도405 판결에서 판시한바있다)라 할 것이(다).

〈공범자의 자백과 보강법칙 : 소극〉

대법원 1963. 7. 25. 선고 63도185 판결

형사소송법 제310조에 의하면 피고인의 자백이 그 피고인에게 불이익한 유일의 증거인 때에는 이를 유죄의 증거로 하지 못한다고 되어 있는바 여기서 말하는 피고인의 자백이라 함은 문리 해석상으로도 다른 공동피고인(공범인 경우이건 아니건 가리지 않는다)의 자백을 포함한다는 취지로 되어있지 않을 뿐 아니라 실지 문제로서도 이 공동피고인의 자백에 대하여는 반대 신문권도 충분히 보장되어 있는 것이므로 마치 이 공동피고인을 증인으로 심문한 경우나 다를 바가 없는 것이다. 만일 공동피고인의 자백이기 때문에 보강 증거가 필요한 것이라면 이 사람을 공동피고인의 자격으로서 신문하였는지 또는 증인의 자격으로서 신문하였는지의 우연성에 의하여 그 결과가 달라지는 기이한 결과가 된 것이다. 이러한 의미에서 공동 피고인의 자백도 증거능력은 있는 것으로 보아야 될 것이며 다만 증거로 삼는데 거기에 다른 보강 증거가 것들여야 되겠는지의 여부는 오로지 법관의 자유심증에 달려있다 할 것이다.

대법원 1992. 7. 28. 선고 92도917 판결

형사소송법 제310조의 피고인의 자백에는 공범인 공동피고인의 진술은 포함되지 않으며, 이러한 공동피고인의 진술에 대하여는 피고인의 반대신문권이 보장되어 있어 독립한 증거능력이 있다는 것이 당원의 일관된 견해이므로(당원 1985. 3. 9. 선고 85도951 판결; 1985. 6. 25. 선고 85도691 판결; 1987. 7. 7. 선고 87도973 판결 각 참조), 원심이 피고인 A의 범죄사실을 인정함에 있어서 공범인 다른 피고인들의 진술을 증거로 삼았다고 하여 이를 위법이라고 탓할 수 없다.

대법원 1982. 10. 15.자 82모36 결정 「소론과 같이 비행사실의 일부에 자백 이외의 다른 증거가 없다 하여 형사소송절차가 아닌 이 사건 보호사건절차에 있어서 법령의 적용의 착오나 소송절차의 법령위반이 있다고 할 수 없(다).」

2. 보강증거의 자격

〈증거능력 있는 독립증거 : 피고인의 자백을 내용으로 하는 피고인 아닌 자의 진술〉

대법원 2008. 2. 14. 선고 2007도10937 판결

원심이 유지한 제1심판결 이유에 의하면, "피고인이 2007. 6. 중순 일자불상 22:00경 대구 신천 4동 소재 동대구 고속버스터미널 부근 상호불상 모텔 5층 방실에서 1회용 주사기에 담긴 필로폰 약 0.03그램을 생수로 희석하여 자신의 팔에 주사하는 방법으로 필로폰을 투약하였다."는 이 사건 공소사실을 유죄로 인정하는 증거로서 ① 피고인의 제1심법정에서의 진술 및 피고인에 대한 검찰 피의자신문조서의 진술기재와 ② 공소외 1에 대한 검찰 진술조서의 진술기재, ③ 필로폰 시가보고를 들고 있다.

기록에 비추어 살펴 보면, ① 피고인의 법정에서의 진술과 피고인에 대한 검찰 피의자신문조서의 진술기재들은 피고인의 법정 및 검찰에서의 자백으로서 형사소송법 제310조에서 규정하는 자백의 개념에 포함되어 그 자백만으로는 유죄의 증거로 삼을 수 없고, ② 공소외 1에 대한 검찰 진술조서의 진술기재는 피고인이 이 사건 범행을 자인하는 것을 들었다는 진술로서 전문증거이기는 하나 간이공판절차에 의하여 심판할 것을 결정한 이 사건에 있어서는 같은 법 제318조의3의 규정에 의하여 피고인의 동의가 있는 것으로 간주되어 증거능력이 인정되고, 또한 이러한 진술조서는 자백자 본인의 진술 자체를 기재한 것은 아니므로 같은 법 제310조의 자백에는 포함되지 않는다 할 것이지만, 피고인의 자백을 내용으로 하고 있는 이와 같은 진술기재 내용을 피고인의 자백의 보강증거로 삼는다면 결국 피고인의 자백을 피고인의 자백으로서 보강하는 결과가 되어 아무런 보강도 하는 바 없는 것이니 보강증거가 되지 못하고, 오히려 보강증거를 필요로 하는 피고인의 자백과 동일하게 보아야 할 성질의 것이라고 할 것이므로 피고인의 자백의 보강증거로 될 수 없으며(대법원 1981. 7. 7. 선고 81도1314 판결 참조), ③ 필로폰 시가보고는 몰수 및 추징 구형시 참고자료로 삼기 위해 필로폰의 도·소매가격을 파악한 것에 불과하여 피고인의 자백에 대한 보강증거로 삼을 수 없다.

한편, 실체적 경합범은 실질적으로 수죄이므로 각 범죄사실에 관하여 자백에 대한 보강증거가 있어야 하는바(대법원 1959. 6. 30. 선고 4292형상122 판결 참조), 제1심이 유죄의 증거로 삼지 않은 증거 중 '피고인이 공소외 2로부터 필로폰을 매수하면서 그 대금을 공소외 2가 지정하는 은행계좌로 송금한 사실'에 대한 압수수색검증영장 집행보고(수사기록 103면)는 필로폰 매수행위에 대한 보강증거는 될 수 있어도 그와 실체적 경합범 관계에 있는 필로폰 투약행위에 대한 보강증거는 될 수 없다.

대법원 1996. 10. 17. 선고 94도2865 전원합의체 판결 〈표준〉

자기의 범죄사실의 전부 또는 일부를 인정하는 내용의 진술인 이상 그 진술이 어떠한 법적 지위에서 행하여졌는지와는 관계없이 자기의 범죄사실을 시인하는 경우에는 이를 자백으로 보아야 한다는 점에서 제1심이 들고 있는 검사 작성의 피고인에 대한 각 진술조서 및 피의자신문조서의 각 기재가 피고인의 검찰에서의 자백에 해당함에는 의문의 여지가 없다고 할 것이다.

그러나 상업장부나 항해일지, 진료일지 또는 이와 유사한 금전출납부 등과 같이 범죄사실의 인정 여부와는 관계없이 자기에게 맡겨진 사무를 처리한 사무내역을 그때그때 계속적, 기계적으로 기재한 문서 등의 경우는 사무처리 내역을 증명하기 위하여 존재하는 문서로서 그 존재 자체 및 기재가 그러한 내용의 사무가 처리되었음의 여부를 판단할 수 있는 별개의 독립된 증거자료라고 할 것이고, 설사 그 문서가 우연히 피고인이 작성하였고, 그 문서의 내용 중 피고인의 범죄사실의 존재를 추론해 낼 수 있는, 즉 공소사실에 일부 부합되는 사실의 기재가 있다고 하더라도 이를 일컬어 피고인이 범죄사실을 자백하는 문서라고 볼 수는 없다 할 것이다.

기록에 의하면 피고인에 대한 이 사건 나머지 공소사실에 관한 증거로서는 피고인의 검찰에서의 자백 외에도 피고인이 작성한 수첩(증 제8호)의 현존 및 기재가 있음을 알 수 있는바, 위 수첩(증 제8호)은 피고인이 이 사건 나머지 공소사실에 관하여 그 범죄혐의를 받기 전에 이와는 관계없이 1989년경부터 공소외 1로부터 동인이 추진하고 있던 어로확보를 위한 준설공사에 필요한 각종 인·허가 등의 업무를 위임받아 이를 추진하는 과정에서 그 업무수행에 필요한 자금을 지출하면서 스스로 그 지출한 자금내역을 자료로 남겨두기 위하여 이 사건 뇌물자금과 기타 자금을 구별하지 아니하고, 그 지출 일시, 금액, 상대방 등 내역을 그때그때 계속적, 기계적으로 기입한 것으로 보이고, 그 기재 내용은 피고인이 자신의 범죄사실을 시인하는 자백이라고 볼 수 없으므로, 증거능력이 있는 한 피고인의 금전출납을 증명할 수 있는 별개의 증거라고 할 것인즉 피고인의 검찰에서의 자백에 대한 보강증거가 될 수 있다고 보아야 할 것이다.

〈정황증거〉

대법원 2018. 3. 15. 선고 2017도20247 판결

가. 자백에 대한 보강증거는 범죄사실의 전부 또는 중요 부분을 인정할 수 있는 정도가 되지 않더라도, 피고인의 자백이 가공적인 것이 아닌 진실한 것임을 인정할 수 있는 정도만 되면 충분하다. 또한 직접증거가 아닌 간접증거나 정황증거도 보강증거가 될 수 있고, 자백과 보강증거가 서로 어울려서 전체로서 범죄사실을 인정할 수 있으면 유죄의 증거로 충분하다(대법원 2007. 7. 12. 선고 2007도3041 판결, 대법원 2008. 11. 27. 선고 2008도7883 판결 등 참조). …

1) 피고인은 2015. 6. 3. 춘천지방법원에서 마약류 관리에 관한 법률 위반(향정)죄 등으로 징역 1년 2월을 선고받아 2015. 11. 23. 그 형의 집행을 종료한 외에 동종 범죄전력이 3회 더 있었기 때문에, 이 부분 공소사실을 자백하면 더 불리한 처벌을 받으리라는 사정을 알고 있었다.

2) 그런데도 피고인은 수사기관에서, 공소외 1로부터 향정신성의약품인 러미라 약 1,000정을 건네받아 그중 일부는 공소외 2에게 제공하고, 남은 것은 자신이 투약하였다고 자백하면서, 그 투약방법과 동기 등에 관하여 구체적으로 진술한 이래 원심에 이르기까지 일관하여 그 진술을 유지하여, 그 자백의 임의성을 의심할 만한 사정을 찾을 수 없다.

3) 원심이 증거로 채택한 공소외 1에 대한 검찰 진술조서 및 수사보고(피의자 휴대전화에서 복원된 메시지 관련)의 기재 내용에 의하면, 공소외 1은 피고인의 최초 러미라 투약행위가 있었던 2016. 9. 중순 17:00경 피고인에게 50만 원 상당의 채무변제에 갈음하여 러미라 약 1,000정이 들어있는 플라스틱통 1개를 건네주었다고 하고 있고, 공소외 2는 공소외 1에게 피고인으로부터 러미라를 건네받았다는 취지의 카카오톡 메시지를 보낸 사실을 알 수 있다. 이러한 공소외 1에 대한 검찰 진술조서 및 수사보고는 피고인이 공소외 1로부터 수수한 러미라를 투약하고, 공소외 2에게 제공하였다는 자백의 진실성을 담보하기에 충분하다.

대법원 2017. 12. 28. 선고 2017도17628 판결

자백에 대한 보강증거는 범죄사실의 전부 또는 중요 부분을 인정할 수 있는 정도가 되지 않더라도 피고인의 자백이 가공적인 것이 아닌 진실한 것임을 인정할 수 있는 정도만 되면 충분하다. 직접증거가 아닌 간접증거나 정황증거도 보강증거가 될 수 있고, 또한 자백과 보강 증거가 서로 어울려서 전체로서 범죄사실을 인정할 수 있으면 유죄의 증거로 충분하다(대 법원 1998. 12. 22. 선고 98도2890 판결, 대법원 2001. 9. 28. 선고 2001도4091 판결, 대법 원 2007. 5. 31. 선고 2007도1419 판결 등 참조). …

피고인은 수사기관에서 이 사건 공소사실을 자백하면서 제1심판결의 범죄일람표 기재 일자 별 횡령행위와 횡령 금액, 피고인이 공소외인 명의로 이 사건 부동산을 매수하면서 부족한 매수자금을 마련하기 위해 이 사건 횡령 범행을 저질렀다는 횡령의 경위와 동기, 횡령 금액 의 사용처 등에 관하여 매우 구체적으로 진술하였다. 피고인이 제1심 법정과 원심 법정에서 도 일관되게 이 사건 공소사실을 자백한 사정에 비추어 그 자백의 임의성을 의심할 만한 사 정이 없다. 나아가 <u>원심이 적법하게 증거로 채택한 '부동산등기부등본', '수사보고(압수수색 검증영장 집행 결과 보고), 횡령 및 반환 일시 거래내역', '수사보고(공소외인 계좌 영장집 행 결과 보고), 계좌거래내역', '사실확인서'(증거목록 9번)는 피고인의 자백이 진실함을 뒷 받침하기에 충분하다고 판단된다.</u>

〈공범의 자백〉

대법원 1997. 1. 21. 선고 96도2715 판결

피고인에 대한 이 사건 공소사실 중 논지가 지적하는 1995. 8. 27. 22:00경 가포유원지 부근 노상에서의 공소외 1과 합동한 특수강도 범행과 같은 해 9. 1. 창원시 외동 소재 아파트 주 차장에서의 공소외 1, 2와 합동한 특수강도 범행에 관하여 공범인 공소외 1과 공소외 2에 수사기관에서 자백하였고, **피고인은 공소외 1과 2의 자백이 기재된 각 피의자신문조서의 기 재를 증거로 함에 동의하였음**을 알 수 있다. <u>공범의 자백도 보강증거가 될 수 있는 것이므로</u> (당원 1985. 7. 9. 선고 85도951 판결, 1990. 10. 30. 선고 90도1939 판결 등 참조) <u>원심이 이를 보 강증거로 하여 위 각 공소사실을 유죄로 인정한 것은 적법하</u>(다).

대법원 1990. 10. 30. 선고 90도1939 판결 〈표준〉
<u>형사소송법 제310조 소정의 "피고인의 자백"에 공범인 공동피고인의 진술은 포함되지 아니 하므로</u> 공범인 공동피고인의 진술은 다른 공동피고인에 대한 범죄사실을 인정하는 증거로 할 수 있는 것일 뿐만 아니라, <u>공범인 공동피고인들의 각 진술은 상호간에 서로 보강증거가 될 수 있는 것이</u>(다).

대법원 1983. 7. 26. 선고 83도1448, 83감도266 판결 「위 사실을 뒷받침하는 자료로서는 피고인의 자백 과 검사의 피의자 공소외 1에 대한 피의자신문조서사본의 기재내용이 이에 해당된다. 기록에 의하면

위 신문조서는 타사건에 관하여 작성된 것으로 검찰주사보가 사본하여 1983.1.12 추송서류로서 제1심 법원에 접수되었으나 검사가 이를 증거로 제출하였거나 공판정에서 이에 대한 적법한 증거조사를 한 흔적을 찾아 볼 수 없다. 형사소송법 제292조에 의하면 증거물이 서류인 때에는 이를 피고인에게 제시하고 그 요지를 고지하도록 규정하여 공판정에서 증거조사를 할 것을 명시하고 있으므로 증거조사를 거치지 아니하고 따라서 증거능력이 없는 위 조서사본을 사실인정의 자료로 삼을 수 없다고 할 것이다. 그렇다면 결국 위 사실에 대한 증거로서는 피고인의 자백이 유일한 것이라고 할 것인데 보강증거 없이 피고인의 자백만에 의하여는 유죄로 단정할 수 없음은 또한 형사소송법 제310조에 명정된 바이니 위 사실에 대한 유죄의 단정은 법령에 위배된 처사라 아니할 수 없(다).」

3. 보강증거의 증명대상

〈진실성담보설〉

대법원 1999. 3. 23. 선고 99도338 판결

자백에 대한 보강증거는 범죄사실의 전부 또는 중요 부분을 인정할 수 있는 정도가 되지 아니하더라도 피고인의 자백이 가공적인 것이 아닌 진실한 것임을 인정할 수 있는 정도만 되면 족할 뿐만 아니라 직접증거가 아닌 간접증거나 정황증거도 보강증거가 될 수 있으며, 또한 자백과 보강증거가 서로 어울려서 전체로서 범죄사실을 인정할 수 있으면 유죄의 증거로 충분하다고 함이 대법원의 확립된 판례이다(대법원 1998. 12. 22. 선고 98도2890 판결, 1998. 3. 13. 선고 98도159 판결, 1997. 11. 25. 선고 97도2084 판결, 1997. 4. 11. 선고 97도470 판결 등 참조). 이 사건에서 위 공소사실에 대하여 피고인이 검찰에서 한 자백에 대한 보강증거로 검사가 제출한 자료들로서는 원심이 설시한 바와 같이, 당시 피고인을 검문하였던 경찰관 황규길의 제1심에서의 증언과 사법경찰리 작성의 황규길에 대한 진술조서, 피고인의 친구로서 공소사실기재 일시에 함께 있었던 공소외 김영권의 제1심에서의 증언과 사법경찰리 작성의 김영권에 대한 진술조서, 피고인이 소지하고 있다가 버린 1회용 주사기 4개에서 메스암페타민염이 검출되었다는 내용의 국립과학수사연구소장(감정인 진원택)이 작성한 감정의뢰회보서 등이 있고, 피고인이 이 사건으로 체포된 후 채취된 소변에서는 메스암페타민염이 검출되지 않았고, 피고인의 모발에 대한 감정도 이루어지지 않은 사실은 원심이 인정한 바와 같다.
그러나 피고인은 위 공소사실 기재의 범죄혐의를 받고 도주하였다가 그로부터 1년 2개월이 경과된 후 체포되었으므로, 체포 후 피고인의 소변검사에서 메스암페타민염이 검출되지 않았다는 사정은 피고인이 과연 위 공소사실 기재 일시에 메스암페타민을 투약하였는지 여부에 별다른 영향을 미칠 수 없음이 분명하고, 위 감정의뢰회보서의 기재에 의하면, 피고인의 소변에서 대마성분이 검출됨으로써 소변시험보다 시약 및 재료비가 수십 배 이상 소요되고 많은 시간을 필요로 하는 모발시험이 이루어지지 않았을 뿐인 사실이 인정되므로 모발에 대한 감정이 이루어지지 않았다는 사정 또한 피고인의 위 자백의 진실성을 인정하는데 방해가 된다고 할 수 없으며, 오히려 위에서 든 증거들과 기록에 나타난 모든 자료들을 종합하면, 피고인은 메스암페타민을 투약한 범죄사실로 1993년과 1994년에 2회에 걸쳐서 유죄판결을 받고 실형을 복역하기까지 하였으므로 자신에 대한 이 사건 혐의사실을 자백함으로써 어떠한 불이익을 받으리라는 점을 충분히 알고 있었음에도 불구하고 검찰에서 메스암페타민 투약 사실을 그 방법과 투약 후의 상태, 동기 등에 관하여 매우 구체적으로 자백하였던 점, **황규길이 피고인을 검문할 당시 위와 같이 메스암페타민을 투약한 전력이 있는 피고인이 매우 짧은 시간 전에 메스암페타민 투약에 사용되었음이 분명한 주사기들을 소지하고 있었던 사실이 인정되는데, 단순히 친구인 공소외 성불상 영민의 부탁을 받고 버려주기 위하여 이들을 소지하고 있었다는 피고인의 변명은 경험칙상 쉽사리 납득이 가지 아니하는 점, 피고인은 검문 직전 위 성불상 영민으로부터 받은 약품을 주사기로 주사한 사실은 인정하면서 그 약품은 메스암페타민이 아니라 진통제인 누바인이었다고 변명하고 있으나, 당시 정황들에 의하면 그 주사기는 바로 피고인이 검문 당시 버렸던 것들 중 하나로 추단되는데 거기에서는 위와 같이 메스암페타민염이 검출된 점, 검문 당시 피고인과 함께 있었던 김영권이 피고인에게 "메스암페타민을 맞았느냐."고 물었을 때 피고인은 웃으면서 아니라고 대답하고 주사기를 싼 휴지를 숨겨서 "아직도 하느냐."고 말하였으며, 피고인의 얼굴이 말라 있고 어두워서 마약을 투약하는 것으로 생각하였다고 진술하고 있는 점** 등이 인정되는바, 그와 같은 사정들에 비추어 볼 때 <u>피고인이 위 공소사실 기재와 같이 메스암페타민을 투약하였다는 위 자백은 그 진실성이 넉넉히 인정되므로 결국 위 증거들은 피고인의 위 자백을 보강하기에 충분하다</u>고 할 것이다.

〈죄수와 보강증거〉

대법원 1996. 2. 13. 선고 95도1794 판결

이 사건 공소사실은 피고인이 1994. 6.중순, 같은 해 7.중순, 같은 해 10.중순, 같은 해 11.

20., 1995. 1. 17.에 각 메스암페타민 0.03g을 각 투약하고, 1995. 1. 18. 메스암페타민 9.04g을 매수하였다는 것인바, 원심은 위 각 공소사실 중 1994. 6.중순, 같은 해 7.중순, 같은 해 10.중순, 같은 해 11. 20.의 각 메스암페타민 투약행위에 대하여는 피고인의 자백 이외에는 위 자백을 보강할만한 증거가 없다 하여 무죄를 선고하였다.

논지는 피고인이 검거된 1995. 1. 18.에 채취한 피고인의 소변에서 메스암페타민 양성반응이 나왔다는 내용의 감정회보의뢰서의 기재와 피고인으로부터 검거 당시 압수된 메스암페타민 7.94g(압수당시는 9.04g이었으나 성분감정에 1.1g을 사용하여 7.94g이 남은 것임)의 현존사실은 1995. 1. 17.의 투약행위 및 1995. 1. 18.의 매매행위에 대한 직접증거인 동시에 이전의 4회에 걸친 투약행위에 대하여도 간접증거 또는 정황증거로서 자백의 보강증거가 된다는 것이다.

그러므로 살피건대 위 소변검사 결과는 1995. 1. 17.자 투약행위로 인한 것일 뿐 그 이전의 4회에 걸친 투약행위와는 무관하고, 압수된 약물도 이전의 투약행위에 사용되고 남은 것이 아니므로, 위 소변검사결과와 압수된 약물은 결국 피고인이 투약습성이 있다는 점에 관한 정황증거에 불과하다 할 것인바, 피고인의 습벽을 범죄구성요건으로 하며 포괄1죄인 상습범에 있어서도 이를 구성하는 각 행위에 관하여 개별적으로 보강증거를 요구하고 있는 점(당원 1983. 7. 26. 선고 83도1448, 83감도266 판결 참조)에 비추어 보면 경합범인 이 사건 각 범죄행위를 인정함에 있어서 투약습성에 관한 정황증거만으로 범죄의 객관적 구성요건인 각 투약행위가 있었다는 점에 관한 보강증거로 삼을 수는 없다고 할 것이다.

대법원 2011. 9. 29. 선고 2011도8015 판결 「자백에 대한 보강증거는 범죄사실의 전부 또는 중요 부분을 인정할 수 있는 정도가 되지 아니하더라도 피고인의 자백이 가공적인 것이 아닌 진실한 것임을 인정할 수 있는 정도만 되면 족한 것으로서, 자백과 서로 어울러서 전체로서 범죄사실을 인정할 수 있으면 유죄의 증거로 충분하다. 피해자 공소외 2는 2010. 11. 3. 1:00경 집에서 잠을 자고 있던 중 집 앞에 있는 컨테이너 박스 쪽에서 쿵쿵하는 소리가 들려 그쪽에 가서 노루발못뽑이로 컨테이너 박스 출입문의 시정장치를 부수는 피고인을 현행범으로 체포하였다고 수사기관에서 진술한 사실, 수사보고서에 첨부된 현장사진에는 범행에 사용된 노루발못뽑이와 손괴된 쇠창살의 모습이 촬영되어 있는 사실, 피고인은 수사기관 이래 원심 법정에 이르기까지 성을 알 수 없는 공소외 1이 시켜 노루발못뽑이로 컨테이너 박스 출입문의 시정장치를 부수고 들어가 재물을 절취하려고 하였고, 성을 알 수 없는 공소외 1은 망을 보았다는 취지로 이 부분 공소사실을 인정하는 진술을 유지한 사실 등을 알 수 있다. 앞서 본 법리에 비추어 볼 때 피고인을 현행범으로 체포한 피해자 공소외 2의 수사기관에서의 진술과 앞서 본 현장사진이 첨부된 수사보고서는 피고인의 자백의 진실성을 담보하기에 충분한 보강증거가 된다.」

대법원 1967. 12. 18. 선고 67도1084 판결 「본건에 있어 피고인은 입건이래 원심공정에 이르기까지 시종 본건 쉐타 3점이 장물이라는 점을 알면서 운반한 사실을 자백하고 있으며, 그 운반하였다는 쉐타 3점 (증제1호 내지 3호)이 본건에 압수되어 현존하고 있으므로 동 쉐타 3점의 현존사실은 피고인의 자백의 진실성을 담보하는 이상, 피고인의 자백에 대한 보강증거로서 충분하(다).」

대법원 2004. 5. 14. 선고 2004도1066 판결 「피고인 1이 히로뽕을 투약한 경위에 대하여 상세하게 밝히고 있고, 그 자백이 수사기관의 강요 등에 의한 것이라고 의심할 만한 사정도 엿보이지 않은 데다가 피고인 1이 체포될 때 압수된 히로뽕 87g의 현존과 피고인 1에게 히로뽕 87.03g을 교부하였다는 공동피고인 2의 제1심 법정에서의 자백은 피고인 1의 자백이 진실한 것임을 인정하기에 충분한 보강증거가 된다.」

대법원 1990. 12. 7. 선고 90도2010 판결 「검사가 보강증거로서 제출한 증거의 내용이 피고인과 공소외인이 현대자동차 ○○영업소를 점거했다가 공소외인이 처벌받았다는 것이고, 피고인의 이건 자백내용은 현대자동차 점거로 공소외인이 처벌받은 것은 학교측의 제보 때문이라 하여 피고인이 그 보복으로 위 학교총장실을 침입 점거했다는 것인바, 검사가 보강증거로서 제출한 위 각 증거는 공소사실의 객관적 부분인 주거침입, 점거 사실과는 관련이 없는 범행의 침입동기에 관한 정황증거에 지나지 않으므로 그 각 증거와 피고인의 자백을 합쳐보아도 총장실침입이란 자백사실이 가공적인 것이 아니고 진실한 것이라 인정하기에 족하다고 볼 수 없으므로 검사 제출의 위 각 증거는 자백에 대한 보강증거가 될 수 없다.」

Ⅲ. 공판조서의 증명력

〈공판조서의 배타적 증명력〉

대법원 2017. 6. 8. 선고 2017도5122 판결

공판조서의 기재가 명백한 오기인 경우를 제외하고는 공판기일의 소송절차로서 공판조서에 기재된 것은 조서만으로 증명하여야 하고, 그 증명력은 공판조서 이외의 자료에 의한 반증이 허용되지 않는 절대적인 것이다(대법원 1996. 4. 9. 선고 96도173 판결, 대법원 2002. 7. 12. 선고 2002도2134 판결 등 참조).

기록에 의하면, 원심 제4회 공판기일에 피고인과 변호인에게 변경된 공소장에 대한 진술의 기회와 증거 제출의 기회가 부여되었고, 피고인의 변호인의 최종변론과 피고인의 최후진술이 있은 후 변론이 종결된 것으로 공판조서에 기재되어 있음을 알 수 있다. 그 기재가 명백한 오기라고 볼 만한 자료가 없으므로, 공판조서의 기재 내용을 다투는 상고이유는 받아들

<u>이지 않는다.</u>

대법원 1987. 4. 8.자 87모19 결정

<u>형사소송법 제56조에 공판기일의 소송절차로서 공판조서에 기재된 것은 그 조서만으로써 증명한다고 규정하고 있으므로 소송절차에 관한 사실은 공판조서에 기재된대로 공판절차가 진행된 것으로 증명되고 다른 자료에 의한 반증은 허용되지 않는다</u>(대법원 1983. 10. 25 선고 82도571 판결 참조).

기록에 비추어 보면, **재항고인에 대한 본건 1심판결 선고조서에 피고인인 재항고인이 출석하였고 판사는 판결서에 의하여 판결을 선고하고 상소기간 및 상소법원을 고지한 기재가 있고 판사가 서명날인한 사실이 인정되므로 동 판결선고절차는 적법하게 진행되었다 할 것**이고 선고기일에 피고인이 입원하여 있었고 피고인의 형이 대신 출석하였다는 변소는 받아들일 수 없다.

〈공판조서의 기재가 소송기록상 명백한 오기인 경우〉

대법원 1995. 4. 14. 선고 95도110 판결 <표준>

형사소송법 제56조는 "공판기일의 소송절차로서 공판조서에 기재된 것은 그 조서만으로써 증명한다"고 규정하고 있으므로 소송절차에 관한 사실은 공판조서에 기재된 대로 공판절차가 진행된 것으로 증명되고 다른 자료에 의한 반증은 허용되지 않는다고 할 것이나(당원 1993. 11. 26. 선고 93도2505 판결 참조), <u>공판조서의 기재가 소송기록상 명백한 오기인 경우에는 공판조서는 그 올바른 내용에 따라 증명력을 가진다고 할 것이다.</u>

우선 이 사건 제1심 제3회 공판기일의 공판조서 기재를 보면, "판사, 공소장 별지 기재 8 내지 12 부도수표{공소장 별지 기재 10 수표(수표번호 1 생략)는 제1심 판시 범죄일람표 순위 제9번 수표와 같고, 공소장 별지 기재 11 수표(수표번호 2 생략)는 제1심 판시 범죄일람표 순위 제10번 수표와 같다. 이하, 위 수표들을 '이 사건 수표들'이라고 한다}가 회수되었음을 고지", 이어서 "검사, 위 수표에 대한 공소를 취소한다 진술"이라고 기재되고, 다시 "판사, 위 수표에 대한 공소를 기각한다 결정 고지"라고 순차 기재되어 있으므로, 위 공판기일에 이 사건 수표들에 대한 부정수표단속법위반의 점에 대한 공소기각 결정 고지 절차가 일응 적법하게 이루어진 것처럼 보인다.

그러나, 기록에 의하면 **공소장 별지 기재 8 내지 12 수표들 중 위 공판기일까지 회수된 것은 공소장 별지 기재 8, 9, 12 수표들일 뿐 공소장 별지 기재 10, 11 수표인 이 사건 수표들**

은 회수된 바가 없는 데다가, 제1심 판사가 제4회 공판기일에 피고인에 대하여 이 사건 수표들에 대한 부정수표단속법위반의 공소사실에 관하여 유죄를 선고한 점에 비추어 보면, 위 공판조서상의 "판사, 공소장 별지 기재 8 내지 12 부도수표가 회수되었음을 고지"는 "판사, 공소장 별지 기재 8, 9, 12 부도수표가 회수되었음을 고지"의 명백한 오기라고 할 것이고, 따라서 그 올바른 내용에 따라 검사의 공소취소 및 제1심 판사의 공소기각결정 대상으로 순차 기재된 "위 수표"는 모두 '공소장 별지 기재 8, 9, 12 부도수표'를 가리키는 것이어서 위 공판기일에 이 사건 수표들에 대한 부정수표단속법위반의 점에 대한 공소기각 결정 고지 절차가 이루어진 것은 아니라고 보아야 할 것이다.

그런데도 원심은 제1심 제3회 공판기일에 이 사건 수표들에 대한 부정수표단속법위반의 점에 대한 공소기각 결정 고지 절차가 이루어졌다고 단정한 나머지 이에 대하여 유죄를 선고한 제1심의 조치가 위법하다고 판단하고 말았으니, 원심판결에는 공판조서의 증명력에 관한 법리를 오해하여 판결 결과에 영향을 미친 위법이 있다.

대법원 1998. 12. 22. 선고 98도2890 판결 「검사 제출의 증거에 관하여 동의 또는 진정성립 여부 등에 관한 피고인의 의견이 증거목록에 기재된 경우에는 그 증거목록의 기재는 공판조서의 일부로서 명백한 오기가 아닌 이상 절대적인 증명력을 가지게 된다. 기록에 의하면, 검사 작성의 피고인 1에 대한 제2회 피의자신문조서에 관하여 제1심 작성의 증거목록에 공동 피고인 2이 진정성립을 인정한 것으로 기재되어 있음이 명백한 반면 그 기재가 명백한 오기로 볼 만한 아무런 자료가 없으므로 제1심에서 증거조사를 할 당시 공동 피고인 2이 위 피의자신문조서에 관하여 그 진정성립을 부인하였다는 소론은 받아 들일 수 없다.」

대법원 2018. 8. 1. 선고 2018도8651 판결 「원심 제1회 공판조서에는 재판장이 '증거조사를 하겠다고 고지한 후 제1심 증거관계와 증거조사 결과의 요지를 고지하고 증거조사 결과에 대한 의견을 물은 다음 권리를 보호함에 필요한 증거조사를 신청할 수 있음을 고지'한 것으로 기재되어 있고, 검사의 의견 진술을 듣고 나서 '피고인에게 최종의견 진술기회를 부여'한 것으로 기재되어 있다. 위와 같은 공판조서의 기재에 따르면, 원심 재판장은 원심 제1회 공판기일에서 증거조사 절차에 앞서 제1심의 증거관계와 증거조사 결과의 요지를 고지하였고, 피고인에게 최후진술의 기회를 부여한 후 변론을 종결하였음을 알 수 있다. 위와 같은 공판조서의 기재가 명백한 오기라고 볼 만한 자료가 없는 이상, 원심판결에 상고이유 주장과 같은 소송절차의 법령위반이 있다고 할 수 없다.」

대법원 2017. 5. 17. 선고 2017도3780 판결 「원심 제4회 공판기일(2017. 1. 20.)에 재판장이 병합된 대구지방법원 2017노102 사건과 이 사건에 대한 변론분리 결정을 하고 이를 고지한 것이 공판조서에 기재되어 있음을 알 수 있고, 그 기재가 명백한 오기라고 볼 만한 자료가 없다. 따라서 공판조서의 기재 내용을 다투며 변론분리 절차의 위법을 주장하는 상고이유 주장은 받아들이지 않는다.」

CHAPTER

04

재판

제 1 절 재판 일반

I. 의의와 종류

대법원 1994. 10. 21. 선고 94도2078 판결 「판결은 항소심에서 항소이유가 없음이 명백하여 항소기각의 판결을 하는 때와 상고심의 판결 등 예외적으로 법률에 의하여 서면심리에 의한 판결이 가능하도록 규정되어 있는 경우를 제외하고는 구두변론을 거쳐야 함이 원칙이다. 그런데 기록에 의하면, 제1심판결의 유죄부분에 대하여 검사만이 양형부당을 이유로 항소하였는데 원심은 공판절차를 진행함에 있어, 그 모두절차에서는 피고인이 항소이유서에 의하여 항소이유를 진술하고 검사는 항소기각의 의견을 진술하였으며, 그 최종변론단계에서도 검사가 피고인의 항소를 기각함이 상당하다는 의견만을 진술하여 **검사가 항소이유를 진술하거나 피고인이 이에 대하여 의견을 진술한 흔적이 전혀 없음에도 불구하고 변론을 종결한 다음 검사의 항소를 받아들여 양형부당을 이유로 제1심판결을 파기하였음**이 명백하다. 그렇다면 원심은 검사의 항소이유에 대하여 구두변론을 거쳐 심리하지 아니함으로써 법률의 규정에 따라 공판절차를 진행하지 아니한 위법을 범하였고, 그 결과 판결에 영향을 미친 위법을 범하였다.」

대법원 1974. 12. 24. 선고 74도3335 판결 「본건 1심판결 선고일(1974.6.5) 전일인 동년 6.4에 피해자 공소외 1(당15세)의 모 공소외 2와 피고인의 부 공소외 3 간에 합의서라는 제목의 서류를 본건 1심법원에 제출하였는데 그 내용은 피해가 변상되었으니 관대한 판결을 하여 달라는 취지의 것이었음을 엿볼 수 있고 위 공소외 2는 원심 법정에서 피해자 공소외 1은 물론 그 모인 자기도 피고인의 처벌을 원치 않는다고 위 합의서의 기재내용을 부연 확인하는 명백한 증언을 하였다. 그러므로 이와 같은 경우에 원심으로서는 형사소송법 232조 3항이 정한 피해자가 피고인의 처벌을 희망하는 의사표시를 철회한 경우에 해당한다고 인정하여 동법 327조 6호에 의하여 피고인에게 이 점에 관한 공소를 기각하거나 최소한 피해자 공소외 1을 환문하여 동녀가 피고인의 처벌을 희망한 의사표시가 철회된 여부를 가려 보았어야 할 것이다.」

Ⅱ. 재판의 성립

대법원 1963. 5. 15. 선고 63도5 판결「공판개정 후 재판관의 경질이 있는 때에는 공판절차를 갱신하도록 규정한 법의는 공판심리에 관여하지 않은 재판관은 판결에 관여할 수 없도록 하여 재판의 공정을 도모하여 형사 피고인의 권익을 보호함에 있다 할 것이므로 <u>심리에 관여하지 않은 재판관이 재판에 관여함은 공판절차에 있어 형사소송에 있어서의 기본원칙인 직접심리주의에 위배되는 위법이라 할 수 있을 뿐 아니라 판결법원의 구성이 법률에 위반한 것이라 할 것이므로 이와 같은 판결은 파기될 수밖에 없다.」</u>

〈판결의 외부적 성립시기 : 선고 시점〉

대법원 1981. 5. 14.자 81모8 결정 <표준>

<u>판결은 그 선고에 의하여 효력을 발생하는 것이고, 판결원본의 기재에 의하여 효력을 발생하는 것이 아니므로 검사는 그 선고된 형을 집행하여야 할 것인바,</u> 입건기록에 의하면 신청인은 대구지방법원에서 폭력행위등처벌에 관한 법률위반죄로 징역 단기 1년 6월 장기 2년(미통 115일)의 형을 선고받고 신청인만이 항소한 데 대하여 그 항소심인 대구고등법원에서는 1980.9.25 양형부당을 이유로 제1심 판결을 파기하고 신청인에게 **징역 단기 1년, 장기 1년 6월의 형을 선고하였으면서도**(기록 3정의 대구고등법원 80노749 판결과 위 형사소송기록 80정(상고장) 및 151정(상고이유서)) **그 판결서 작성과정에 있어서는 주문에 신청인을 징역 단기 1년 6월 장기 2년의 형에 처한다고 잘못 기재한 사실을** 인정하기에 충분하므로(위 사건은 대법원에서 1980.12.9자로 신청인의 상고를 기각함으로써 확정되었다) <u>신청인에 대한 형은 그 선고된 바에 의하여 효력을 발생하는 것이고 따라서 검사는 그 선고된 형 즉 징역 단기 1년 장기 1년 6월의 형을 집행하여야 할 것임에도</u> 불구하고 오기된 판결원본의 기재에 따른 형을 집행지휘한 검사의 처분은 부당하다 아니할 수 없다.

⟨판결 선고의 종료 시점 및 변경 선고가 허용되는 경우⟩

대법원 2022. 5. 13. 선고 2017도3884 판결 ⟨표준⟩

형사소송법은 재판장이 판결을 선고함에는 주문을 낭독하고 이유의 요지를 설명하여야 하고 (제43조 후문), 형을 선고하는 경우에는 피고인에게 상소할 기간과 상소할 법원을 고지하여야 한다고 정한다(제324조). 형사소송규칙은 재판장은 판결을 선고할 때 피고인에게 이유의 요지를 말이나 판결서 등본 또는 판결서 초본의 교부 등 적절한 방법으로 설명하고, 판결을 선고하면서 피고인에게 적절한 훈계를 할 수 있으며(제147조), 재판장은 판결을 선고하면서 피고인에게 형법 제59조의2, 형법 제62조의2의 규정에 의하여 보호관찰, 사회봉사 또는 수강을 명하는 경우에는 그 취지 및 필요하다고 인정하는 사항이 적힌 서면을 교부하여야 한다고 정한다(제147조의2 제1항).

이러한 규정 내용에 비추어 보면, 판결 선고는 전체적으로 하나의 절차로서 재판장이 판결의 주문을 낭독하고 이유의 요지를 설명한 다음 피고인에게 상소기간 등을 고지하고, 필요한 경우 훈계, 보호관찰 등 관련 서면의 교부까지 마치는 등 선고절차를 마쳤을 때에 비로소 종료된다. 재판장이 주문을 낭독한 이후라도 선고가 종료되기 전까지는 일단 낭독한 주문의 내용을 정정하여 다시 선고할 수 있다.

그러나 판결 선고절차가 종료되기 전이라도 변경 선고가 무제한 허용된다고 할 수는 없다. 재판장이 일단 주문을 낭독하여 선고 내용이 외부적으로 표시된 이상 재판서에 기재된 주문과 이유를 잘못 낭독하거나 설명하는 등 실수가 있거나 판결 내용에 잘못이 있음이 발견된 경우와 같이 특별한 사정이 있는 경우에 변경 선고가 허용된다. … 이 사건 변경 선고는 최초 낭독한 주문 내용에 잘못이 있다거나 재판서에 기재된 주문과 이유를 잘못 낭독하거나 설명하는 등 변경 선고가 정당하다고 볼 만한 특별한 사정이 발견되지 않으므로 위법하다.

> **[사안의 개요]** 제1심 재판장이 선고기일에 법정에서 '피고인을 징역 1년에 처한다.'는 주문을 낭독한 뒤 상소기간 등에 관한 고지를 하던 중 피고인이 '재판이 개판이야, 재판이 뭐이 따위야.' 등의 말과 욕설을 하면서 난동을 부려 교도관이 피고인을 제압하여 구치감으로 끌고 갔는데, 제1심 재판장은 그 과정에서 피고인에게 원래 선고를 듣던 자리로 돌아올 것을 명하였고, 법정경위가 구치감으로 따라 들어가 피고인을 다시 법정으로 데리고 나오자, 제1심 재판장이 피고인에게 '선고가 아직 끝난 것이 아니고 선고가 최종적으로 마무리되기까지 이 법정에서 나타난 사정 등을 종합하여 선고형을 정정한다.'는 취지로 말하며 징역 3년을 선고한 사안

〈재판고지의 효력발생시점〉

대법원 2004. 8. 12.자 2004모208 결정

형사소송법 제42조는 "재판의 선고 또는 고지는 공판정에서는 재판서에 의하여야 하고 기타의 경우에는 재판서 등본의 송달 또는 다른 적당한 방법으로 하여야 한다. 단, 법률에 다른 규정이 있는 때에는 예외로 한다."고 규정하고 있는바, 재판서 등본을 모사전송의 방법으로 송부하는 것도 위 조항 소정의 재판을 고지하는 '다른 적당한 방법'에 해당한다 할 것이며, 한편 재판을 받는 자가 그 재판의 내용을 알 수 있는 상태에 이른 경우라면 현실적으로 재판의 내용을 알았는지 여부에 관계없이 그 재판이 고지되었다고 보아야 할 것이므로, 위 조항 소정의 다른 적당한 방법에 의하여 재판을 고지하는 경우라고 하여 재판서 등본의 송달의 경우와는 달리 재판을 받는 자가 반드시 재판의 내용을 현실적으로 알게 되었을 때 비로소 재판이 고지되었다고 볼 것은 아니다.

나아가, 재판을 받는 자가 구치소에 수용되어 있는 경우 재판서 등본이 모사전송의 방법으로 구치소장에게 송부되었다면 구치소장에게는 이를 수용중인 재판을 받는 자에게 전달할 의무가 있으므로 이로써 재판을 받는 자가 그 재판의 내용을 알 수 있는 상태에 이르렀다고 봄이 상당하고, 따라서 재판서 등본이 모사전송의 방법으로 구치소장에게 송부된 때 그 재판이 고지되었다고 보아야 할 것이다.

같은 취지에서 원심이 이 사건 **재항고기각결정 등본이 모사전송의 방법으로 서울구치소장에게 송부된 2004. 2. 9. 수용자인 재항고인이 그 결정의 내용을 알 수 있는 상태에 이르렀으므로 같은 날 이 사건 재항고기각결정 고지의 효력이 발생**하였고, 따라서 이 사건 집행유예취소결정은 그 집행유예기간이 경과하기 이전에 이미 확정된 것이어서 이 사건 집행유예취소결정에 기한 이 사건 형 집행지휘처분은 적법하다고 판단하여 이 사건 신청을 기각한 제1심결정을 그대로 유지한 조치는 위 법리에 따른 것으로서 정당하다.

Ⅲ. 재판서의 구성과 방식

〈항소심 양형재량의 한계 및 양형조건사유에 대한 판결문에의 명시 여부〉

대법원 2015. 7. 23. 선고 2015도3260 전원합의체 판결 〈표준〉

가. 형사소송법 제361조의5 제15호는 "형의 양정이 부당하다고 인정할 사유가 있는 때"를 항소이유의 하나로 들고 있고, 그 항소이유가 인정되는 경우에 항소심은 제364조 제6항에 따라 제1심판결을 파기하고 다시 판결하여야 하므로, 항소심은 판결 당시까지 제출된 모든 자료를 토대로 적정한 양형을 하여 제1심의 형의 양정이 부당한지 여부를 가려야 한다.

양형부당은 원심판결의 선고형이 구체적인 사안의 내용에 비추어 너무 무겁거나 너무 가벼운 경우를 말한다. 양형은 법정형을 기초로 하여 형법 제51조에서 정한 양형의 조건이 되는 사항을 두루 참작하여 합리적이고 적정한 범위 내에서 이루어지는 재량 판단으로서, 공판중심주의와 직접주의를 취하고 있는 우리 형사소송법에서는 양형판단에 관하여도 제1심의 고유한 영역이 존재한다. 이러한 사정들과 아울러 항소심의 사후심적 성격 등에 비추어 보면, 제1심과 비교하여 양형의 조건에 변화가 없고 제1심의 양형이 재량의 합리적인 범위를 벗어나지 아니하는 경우에는 이를 존중함이 타당하며, 제1심의 형량이 재량의 합리적인 범위 내에 속함에도 항소심의 견해와 다소 다르다는 이유만으로 제1심판결을 파기하여 제1심과 별로 차이 없는 형을 선고하는 것은 자제함이 바람직하다.

그렇지만 제1심의 양형심리 과정에서 나타난 양형의 조건이 되는 사항과 양형기준 등을 종합하여 볼 때에 제1심의 양형판단이 재량의 합리적인 한계를 벗어났다고 평가되거나, 항소심의 양형심리 과정에서 새로이 현출된 자료를 종합하면 제1심의 양형판단을 그대로 유지하는 것이 부당하다고 인정되는 등의 사정이 있는 경우에는, 항소심은 형의 양정이 부당한 제1심판결을 파기하여야 한다.

그런데 항소심은 제1심에 대한 사후심적 성격이 가미된 속심으로서 제1심과 구분되는 고유의 양형재량을 가지고 있다고 보아야 하므로, 항소심이 그 자신의 양형판단과 일치하지 아니한다고 하여 양형부당을 이유로 제1심판결을 파기하는 것이 앞서 본 바와 같은 이유로 바람직하지 아니한 점이 있다고 하더라도 이를 두고 양형심리 및 양형판단 방법이 위법하다고까지 할 수는 없다. 그리고 위와 같은 원심의 판단에 그 근거가 된 양형자료와 그에 관한 판단 내용이 모순 없이 설시되어 있는 경우에는 양형의 조건이 되는 사유에 관하여 일일이 명시하지 아니하여도 위법하다고 할 수 없다(대법원 1994. 12. 13. 선고 94도2584 판결 등 참조).

나. 한편 형사소송법 제383조 제4호에 의하면, 사형, 무기 또는 10년 이상의 징역이나 금고가 선고된 사건에서만 양형부당을 사유로 한 상고가 허용되며, 사실심법원이 양형의 기초 사실에 관하여 사실을 오인하였다거나 양형의 조건이 되는 정상에 관하여 심리를 제대로 하지 아니하였다는 사유를 들어 원심판결을 다투는 것은 양형부당 취지의 주장에 해당한다(대법원 1988. 1. 19. 선고 87도1410 판결, 대법원 2013. 9. 26. 선고 2013도7876 판결 등 참조).

다. 피고인들은 양형의 기초 사실에 관한 사실오인이나 법리오해, 심리미진 등으로 인하여 원심판결에 죄형균형 원칙 내지 책임주의 원칙을 위반한 위법이 있다고 주장하고 있으나, 그 사유를 앞서 본 법리들과 원심판결 이유에 비추어 살펴보면 위 주장은 실질적으로 원심의 양형이 부당하다는 취지에 불과하다.

따라서 피고인들에 대하여 형사소송법 제383조 제4호에서 정한 형보다 가벼운 형이 선고된 이 사건에서 위 주장을 비롯하여 원심이 정한 형이 너무 무거워서 부당하다는 취지의 주장은 적법한 상고이유가 되지 못한다.

[대법관 박보영, 대법관 김신, 대법관 권순일의 반대의견] 상고심은 항소심이 제1심판결에 대한 항소이유가 있는지를 제대로 판단하였는지 여부, 항소심에서 항소이유가 있다고 판단하여 제1심판결을 파기하였을 경우 그에 대한 적절한 심리와 판단이 이루어졌는지 및 파기이유 기재가 충분한지 여부 등을 법률심으로서 심사할 권한이 있다. 따라서 항소심이 제1심판결을 파기할 수 없는 경우임에도 제1심판결을 파기하였다면 이는 항소이유가 없음에도 항소이유가 있다고 잘못 판단한 것이므로, 당연히 상고심의 심사대상이 된다. 이는 항소심이 선고한 형량이 부당한지 여부를 심사하는 것이 아니라 항소이유에 대한 판단이 제대로 이루어졌는지를 심사하는 것이므로 양형부당의 문제가 아니라 법령 위반의 문제로 보아야 한다.

나아가 항소심이 제1심의 양형판단을 뒤집을 만한 특별한 사정이 인정되는 객관적이고 합리적인 근거를 파기이유로 설시하지 않았다면 이 또한 법령 위반으로 평가할 수 있다. 요컨대, 제1심의 양형판단이 항소심에서 그대로 유지되는 경우와 제1심의 양형판단이 항소심에서 파기되는 경우에 항소심 이유 기재의 정도는 달라질 수밖에 없다. 이는 사실오인의 항소이유를 배척할 때에는 간단히 '사실오인의 항소이유는 이유 없다'고만 하여도 무방하지만, 항소이유를 받아들일 경우에는 구체적으로 어떤 점에서 제1심의 사실인정이 잘못되었는지를 밝혀야 하는 것과 마찬가지이다.

[사안의 개요] 피고인들이 불법 인터넷 도박사이트를 운영하여 도박개장죄, 게임산업진흥에 관한 법률 위반죄 등으로 기소되었고, 피고인 甲에 대하여는 제1심에서 징역 10월, 항소심

에서 징역 4년이 선고되어 피고인 甲이 상고하였고, 피고인 乙에 대하여는 제1심에서 징역 8월, 항소심에서 징역 1년 6월이 선고되어 피고인 乙이 상고한 사안

대법원 1996. 11. 14.자 96모94 결정「형사소송법 제39조는 "재판에는 이유를 명시하여야 한다. 단, 상소를 불허하는 결정 또는 명령은 예외로 한다."고 규정하고 있으나, 그 이유 기재의 정도에 관하여는 형사소송법 제323조가 유죄판결에 명시될 이유에 관하여 규정하고 있을 뿐 다른 규정은 없으므로, 어느 재판에 어느 정도의 이유 기재를 요하느냐는 그 재판의 성격에 따라 결정할 수밖에 없다고 할 것인바, 증거조사신청의 기각결정 등 판결 전의 소송절차에 관한 재판에는 재판의 간결성의 원칙에 따라 그 사유의 존부에 관하여 자세하고 구체적인 설명을 생략하고 그 신청의 당부에 대한 이유를 다만 신청의 이유가 있다 또는 그 이유가 없다고 간단히 밝히면 된다고 할 것이고 또 그와 같이 처리하는 것이 우리 법원의 오랜 관행이기도 하다. 따라서 이 사건 신청도 형사소송법상 증거조사신청의 일종으로 규정하고 있음이 분명하므로 이 사건 신청을 기각함에 있어 "이 사건 증인신청은 그 이유가 없다고 인정되므로 이를 기각한다."고 이유를 기재한 원심결정에 적법한 이유의 기재가 있다고 보지 않을 수 없다.」

대법원 1990. 2. 27. 선고 90도145 판결「형사소송법 제38조의 규정에 의하면, 재판은 법관이 작성한 재판서에 의하여야 하고, 같은법 제41조의 규정에 의하면 재판서에는 재판한 법관이 서명날인을 하여야 하며 재판장이 서명날인 할 수 없는 때에는 다른 법관이 그 사유를 부기하고 서명날인하도록 되어 있으므로, 이러한 법관의 서명날인이 없는 재판서에 의한 판결은 같은법 제383조 제1호 소정의 판결에 영향을 미친 법률위반으로서 파기사유가 된다. 원심은 원심 제5회 공판기일에 판결서에 의하여 원심판결을 선고한 것으로 되어 있는데, 원심판결서를 보면 재판장의 서명날인이 누락되어 있고 재판장이 서명날인을 할 수 없는 사유의 부기도 없으므로 결국 원심은 재판장을 제외한 법관 2인만이 작성한 판결서에 의하여 판결을 선고한 것으로서 원심판결은 위법하여 도저히 유지될 수 없다.」

〈재판서 경정의 허용범위와 방식〉

대법원 2021. 1. 28. 선고 2017도18536 판결 <표준>

1. 법원은 '재판서에 잘못된 계산이나 기재, 그 밖에 이와 비슷한 잘못이 있음이 분명한 때'에는 경정결정을 통하여 위와 같은 재판서의 잘못을 바로잡을 수 있다(형사소송규칙 제25조 제1항). 그러나 이미 선고된 판결의 내용을 실질적으로 변경하는 것은 위 규정에서 예정하고 있는 경정의 범위를 벗어나는 것으로서 허용되지 않는다(대법원 2017. 4. 26. 선고 2016도21439 판결 참조). 그리고 경정결정은 이를 주문에 기재하여야 하고, 판결 이유에만 기재한 경우 경정결정이 이루어졌다고 할 수 없다(대법원 2015. 6. 11. 선고 2015도2435 판결 참조).

2. 기록에 의하면 다음과 같은 사실을 알 수 있다.

가. 이 사건 공소사실의 요지는, '피고인은 공소외인에 대한 특정범죄 가중처벌 등에 관한 법률 위반(운전자 폭행 등) 사건의 증인으로 출석하여 선서를 한 다음 증언을 함에 있어, 변호사 및 검사의 각 질문에 대하여 공소외인이 피해자인 택시기사를 폭행하는 장면을 목격하였음에도 공소외인과 피해자의 신체적 접촉이 없었다거나, 공소외인의 폭행 장면을 목격하지 못하였다는 취지로 기억에 반하는 허위의 진술(이하 피고인의 변호사 질문에 대한 답변을 '제1 증언'이라 하고, 검사 질문에 대한 답변을 '제2 증언'이라 한다)을 하여 위증을 하였다.'는 것이고, 제1심은 이 사건 공소사실을 모두 유죄로 판단하였다.

나. 피고인은 제1 증언 및 제2 증언 모두에 대하여 사실오인, 법리오해 등의 잘못이 있다고 주장하며 제1심판결에 관하여 항소하였고, **원심은 적법하게 채택된 증거에 의하면 제2 증언은 피고인의 기억에 반하는 허위의 진술로 인정할 수 있으나, 제1 증언 부분은 합리적 의심 없이 증명되었다고 보기 어렵다고 판단하였다. 다만 원심은 판결 이유 말미에 '제1심판결문의 범죄사실란에서 제1 증언 부분을 삭제하되, 제1 증언 부분에 대한 이유무죄 판단을 추가하는 것으로 직권 경정한다.'는 취지로 기재하면서, 주문란에는 '피고인의 항소를 기각한다.' 고만 기재하였다.**

3. 이러한 사실관계를 앞서 본 법리에 비추어 살펴본다.

제1심판결의 이유 중 제1 증언 관련 범죄사실을 삭제하고 이에 대한 이유무죄 판단을 추가하는 것으로 경정하는 것은 이미 선고된 제1심판결의 내용을 실질적으로 변경하는 것으로서 경정의 범위를 벗어나기 때문에 허용되지 않는다.

또한 원심이 판결 이유에서 직권으로 경정결정을 하였다고 하더라도 주문에 이를 기재하지 아니한 이상 경정결정으로서 효력도 생기지 않는다. 그 결과 원심판결에는 판결 이유에서 '피고인의 제1 증언 부분에 대한 항소이유를 받아들인다.'는 취지로 판단하면서도, 주문란에 '피고인의 항소를 기각한다.'고 기재한 것으로 되어, 판결의 이유와 주문이 서로 저촉·모순되게 된다.

제 2 절   종국재판

Ⅰ. 유죄판결

1. 주문

대법원 1993. 10. 12. 선고 93도1512 판결「수개의 업무상 횡령행위라 하더라도 그 피해법익이 단일하고, 또 범죄의 태양이 동일하며 단일범의의 발현에 기인하는 일련의 행위라고 인정될 때에는 포괄하여 1개의 범죄라고 봄이 타당하다고 할 것이고, 포괄일죄의 관계에 있는 공소사실에 대하여는 그 일부가 무죄로 판단되는 경우에도 이를 판결 주문에 따로 표시할 필요가 없으나 이를 판결 주문에 표시하였다 하더라도 판결에 영향을 미친 위법사유가 되는 것은 아니라 할 것이다.」

대법원 1985. 9. 24. 선고 85도842 판결「포괄일죄에 있어서는 그 죄중의 일부가 유죄로 인정되는 이상 나머지 다른 부분이 유죄로 인정되지 아니한다 하더라도, 그 인정되지 아니한 부분에 관하여 주문에서 반드시 명시하여야 하는 것은 아니고 다만 이와 같은 경우 이유중에서 무죄를 선고하지 아니하는 이유를 설시하는 것이 타당하다 하겠으나 그러한 설시가 없다 하더라도 그것이 원심판결에 영향을 미치는 위법사유에 해당한다고는 말할 수 없다.」

대법원 1975. 4. 8. 선고 74도618 판결「형법 제59조에 의한 형의 선고를 유예하는 판결을 할 경우엔 선고가 유예된 형에 대한 판단을 하여야 하는 바 이 뜻은 선고할 형의 종류와 양을 정한다. 다시 말하면 선고형을 정하여 놓아야 한다는 것인데 원심판결은 그 주문에서 피고인들에 대한 형의 선고를 각 유예한다 하였으나 그 이유에선 벌금형을 각 선택하였을 뿐 그 액에 대한 아무런 판단이 없으므로 이는 형의 선고를 유예하는 판결절차에 위법이 있다.」

2. 유죄판결에 명시할 이유

대법원 2014. 6. 26. 선고 2013도13673 판결「형사소송법 제323조 제1항에 따르면, 유죄판결의 판결이유에는 범죄사실, 증거의 요지와 법령의 적용을 명시하여야 하는 것인바, 유죄판결을 선고하면서 판결이유에 그 중 어느 하나를 전부 누락한 경우에는 형사소송법 제383조 제1호에 정한 판결에 영향을 미친 법률위반으로서 파기사유가 된다.」

가. 범죄될 사실

〈범죄될 사실의 명시〉

대법원 1999. 12. 28. 선고 98도4181 판결

원심은, 피고인이 발로 피해자의 우측 허벅지 부위를 수회 차고 오른쪽 주먹으로 왼쪽 얼굴 부위를 1회 때려 그 충격으로 위 피해자가 뒤로 넘어지면서 우측 후두부가 도로 바닥에 부딪쳐 뇌출혈로 사망에 이르게 하였다는 이 사건 폭행치사의 공소사실에 대하여 피고인이 발로 피해자의 우측 허벅지 부위를 수회 차고 오른쪽 주먹으로 왼쪽 얼굴 부위를 1회 때린 사실은 인정하기 어렵다고 하면서도 위 피해자가 피고인의 방법 미상의 폭행에 의하여 뒤로 넘어져 땅바닥에 머리를 부딪쳐 사망한 사실이 인정된다면서 피고인의 범죄사실을 **"피고인은 1992. 3. 25. 00:30경 피고인 일행과 피해자 일행이 싸우던 중 위 피해자가 피고인에게 우산을 던지고 도망가다가 가방을 휘둘러 피고인을 때렸다는 이유로 피해자를 뒤쫓아가 앞을 가로막은 후 불상의 방법으로 위 피해자를 가격하여 그 충격으로 위 피해자가 뒤로 넘어지면서 우측 후두부가 도로 바닥에 부딪쳐 같은 달 28. 04:55경 외상성 뇌출혈로 사망에 이르게 하였다."**고 판시하였다.

유죄판결에는 그 판결 이유에 범죄사실과 증거의 요지, 법령의 적용을 명시하여야 할 것인바, 여기서 범죄사실은 특정한 구성요건에 해당하는 위법하고 유책한 구체적 사실을 말하고, 폭행치사죄는 폭행죄를 범하여 사람을 사망에 이르게 한 죄이므로 이를 유죄로 인정한 판결 이유에는 피고인이 폭행의 구체적 사실이 명시되어야 할 것인데, 원심판결 이유는 피고인이 '불상의 방법으로 피해자를 가격하여 그 충격으로 피해자가 뒤로 넘어지면서 우측 후두부가 도로 바닥에 부딪쳐 사망에 이르렀다'고 판시하고 있는바, 이러한 기재만으로는 피고인이 범한 폭행 사실의 구체적 사실을 기재하였다고 할 수 없으므로, 원심판결에는 이유불비의 위법이 있다 할 것이다.

대법원 1971. 3. 9. 선고 70도2536 판결 「범죄의 일시는 형벌법규 개정에 있어서의 그 적용법령을 결정하고, 행위자의 책임능력을 명확히 하며, 또 공소의 시효 완성 여부를 명확히 할 수 있는 정도로 판시하면 족(하다).」

대법원 1981. 4. 28. 선고 81도809 판결 「원심이 인용한 제1심 판결이유 기재 범죄사실은 피고인이 상습으로 1975.9경부터 1980.7.29까지의 기간 중 피고인이 교도소에서 복역한 기간을 공제한 나머지 기간 동안에 매달 2, 3회가량 자기 모와 여동생에게 폭행을 가하였다는 것으로서 <u>피고인이 교도소에서 복역</u>

한 기간이 얼마인지(몇 개월인지, 몇 년인지) 또 입소날짜와 출소날짜가 언제인지 도시 알 수 없으니 위 범죄사실의 기재는 유죄판결 이유에 범죄될 사실을 명시하였다고 볼 수 없음이 명백하다(이 사건 범죄사실을 상습범으로 판시한다 하여 결론을 달리 할 수 없다).」

대법원 1986. 8. 19. 선고 86도1073 판결 「범죄의 일시·장소와 방법은 범죄의 구성요건이 아닐 뿐만 아니라 이를 구체적으로 명확히 인정할 수 없는 경우에는 개괄적으로 설시하여도 무방하다.」 (살인범죄 사실을 "피고인은 1984.9.10.00:00경이 지난 이후 피해자 공소외 1을 부산시내 장소불상 노상에서 만나 함께 있던 중 그 시간부터 같은날 06:00경까지 동안의 시간불상경 부산 또는 경남 김해 일원의 장소불상지에서 불상의 경위로 위 피해자의 목을 손으로 눌러 질식으로 사망에 이르게 하여 살해하였다"고 설시한 사안)

대법원 1988. 9. 13. 선고 88도1114 판결 「공모나 모의는 공모공동정범에 있어서의 "범죄될 사실"이라 할 것이므로 이를 인정하기 위하여서는 엄격한 증명에 의하지 않으면 안된다 할 것이고 그 증거는 판결에 표시되어야 하는 것이다. 이와 같이 공모나 모의가 공모공동정범에 있어서의 "범죄될 사실"인 이상 모의가 이루어진 일시, 장소 또는 실행방법, 각자 행위의 분담역할 따위의 구체적 내용을 상세하게 판시할 필요는 없다 하겠으나 공모의 판시는 위에서 본 취지대로 성립된 것이 밝혀져야만 하는 것이다.」

대법원 1981. 11. 24. 선고 81도2422 판결 「정범의 성립은 교사범, 방조범의 구성요건의 일부를 형성하고 교사범, 방조범이 성립함에는 먼저 정범의 범죄행위가 인정되는 것이 그 전제요건이 되는 것은 공범의 종속성에 연유하는 당연한 귀결이며, 따라서 교사범, 방조범의 사실 적시에 있어서도 정범의 범죄 구성요건이 되는 사실 전부를 적시하여야 하고, 이 기재가 없는 교사범, 방조범의 사실 적시는 죄가 되는 사실의 적시라고 할 수 없다.」

대법원 2013. 11. 28. 선고 2013도9003 판결 「피고인이 항소이유로 자수감경을 주장함에 대하여 원심이 자수감경을 하지 않고 자수감경 주장에 대하여도 별도의 판단을 하지 아니한 사실을 알 수 있으나, 피고인이 자수하였다고 하더라도 자수한 사람에 대하여는 법원이 임의로 형을 감경할 수 있을 뿐이어서 원심이 자수감경을 하지 아니하였다거나 자수감경 주장에 대하여 판단을 하지 아니하였다고 하여 이를 위법하다고 할 수 없다.」

대법원 1993. 5. 25. 선고 93도558 판결 「우리 형사소송법은 공소장에 기재할 공소사실과 적용법조에 관하여는 수개의 범죄사실과 적용법조를 예비적 또는 택일적으로 기재할 수 있도록 허용하고 있지만(제254조 제5항), 유죄판결의 이유에 명시하여야 할 범죄될 사실과 법령의 적용에 관하여는 택일적으로 기재하는 것을 허용하고 있지 아니하므로(제323조 제1항), 특별한 사정이 없는 한 유죄판결의 이유에 명시하여야 할 범죄될 사실을 택일적으로 기재할 수 없을 것임에도 불구하고, 원심은 유죄판결을 선고하면서 이유에 범죄될 사실을 택일적으로 기재하였으니, 원심판결에는 유죄판결의 이유에 명시하여야 할 범죄될 사실에 관한 법리를 오해한 위법도 있다고 하지 않을 수 없다.」(원심이 피고인들이 공소사실에 임야의 소유자로 택일적으로 기재되어 있는 두 종중 가운데 어느 종중으로부터 임야의 소유자명의를 신탁받은 것이지를 심리확정하지 아니한 채 두 종중 가운데 어느 한 종중으로부터 임야의 소유자 명의를 신탁받아 보관하다가 횡령하였다고 범죄될 사실을 택일적으로 인정하여 피고인들에게 형을 선고한 사안)

나. 증거의 요지

대법원 1973. 3. 13. 선고 73도181 판결 「형사피고 사건에 있어서 형의 선고를 하는 때에는 판결이유에 범죄될 사실증거의 요지와 법령의 적용을 명시하여야 되는 것인바 그 증거는 범죄 될 사실을 증명할 적극적 증거를 거시하면 되는 것이고 범죄 될 사실과 배치되는 소극적 증거까지도 이를 거시판단 할 필요가 없는것인 즉 피고인이 무죄를 주장하고 이에 부합하는 자료를 제출하였다 할지라도 원심에서 자유판단에 의하여 이를 취신하지 아니한 이상 이를 판결이유에 그 취신하지 아니한 이유를 설시할 필요가 없다.」

대법원 1982. 9. 28. 선고 82도1798 판결 「형의 선고를 하는 유죄판결에는 그 판결이유에 죄가 되는 사실 증거의 요지와 법령의 적용을 기재하고 아울러 죄의 성립을 저각하는 이유 형의 가중감면의 이유가 되는 사실의 진술이 있는 때에는 이에 대한 판단을 명시하면 되고 사실인정에 배치되는 증거에 대한 판단을 반드시 판결이유에 기재하여야 하는 것은 아니므로 원심판결이 피고인이 알리바이를 내세우는 증인 공소외 1, 공소외 2, 공소외 3, 공소외 4, 공소외 5 등의 증언에 관하여 판단을 하지 아니하였다고 하여 위법이라고 할 수 없(다).」

대법원 2000. 3. 10. 선고 99도5312 판결 「'증거의 요지'는 어느 증거의 어느 부분에 의하여 범죄사실을 인정하였냐 하는 이유 설명까지 할 필요는 없지만 적어도 어떤 증거에 의하여 어떤 범죄사실을 인정하였는가를 알아볼 정도로 증거의 중요부분을 표시하여야 하는 것이고, 피고인의 자백이 그 피고인에게 불이익한 유일의 증거인 때에는 이를 유죄의 증거로 하지 못하는 것이므로, 위와 같이 원심이 제1심판결을 파기·자판하여 형을 선고하면서 단지 "피고인의 법정 진술과 적법하게 채택되어 조사된 증거들"로만 기재된 제1심판결의 증거의 요지를 그대로 인용하였다면, 이는 결국 원심이 증거 없이 그 범죄사실을 인정하였거나 형사소송법 제323조 제1항을 위반한 위법을 저지른 것이라고 아니할 수 없다.」

다. 법령의 적용

대법원 1971. 4. 30. 선고 71도510 판결 「구체적인 범죄 사실에 적용하여야 할 실체 법규 이외의 법규에 관해서는 판문상 그 규정을 적용한 취지가 인정되면 되고 특히 그 법규를 판결문의 법률 적용 개소에서 표시하지 않았다 하여, 위법이라고는 할 수 없(다).

대법원 1971. 8. 31. 선고 71도1334 판결 「사기죄의 법률적용에 있어서 형법 제347조만을 판시하고, 그것이 동조 제1항에 해당하는 범죄인지, 또는 제2항에 해당하는 범죄인지를 밝히지 아니하였다 하여도 이것이 형사소송법 제323조 제1항의 규정에 위배된 것이라고는 말할 수 없다. 또 경합범에 관한 형법 제38조를 적기하지 아니하였다 하더라도 이것이 원심판결에 영향을 미칠 법률(형사소송법 제323조 제

1항) 위반이라고도 말할 수 없다. 왜냐하면 원심이 유지하고 있는 이사건 제1심판결서의 설명을 보면 이사건 범죄가 형법 제37조 후단의 경합범임을 밝히고 그 선고형은 형법 제38조 제1항 제2호에 의하여 경합가중하고 있기 때문이다.

대법원 1983. 10. 11. 선고 83도1942 판결 「원심판결은 피고인의 위 각 판시 소위를 공동정범으로 단정하고 있으면서도, 형법 제30조의 적용에 관한 적시를 명시하지 아니한 잘못이 있음은 소론과 같다. 그러나 원심은 피고인의 위 법행에 관하여 형법 제30조를 적용하여 공동정범으로 단정하고 있음은 앞서 본 바와 같으므로 형법 제30조의 적용을 명시하지 아니하였다 하더라도 실제로 이를 적용한 이상, 그 적용한 취지를 조문을 적시하여 명시하지 아니하였다고 하여 위법하다고는 할 수 없다.」

라. 소송관계인의 주장에 대한 판단

〈'법률상 범죄의 성립을 조각하는 이유'의 의미〉

대법원 1994. 12. 22. 선고 94도2528 판결

피고인들의 행위는 뇌물수수죄가 아니라 공갈죄를 구성하는 것이라거나 뇌물공여죄는 성립되지 않고 공갈죄의 피해자에 불과하다는 주장은, 형사소송법 제323조 제2항에 의하여 유죄판결의 이유에 판단을 명시하여야 하는 법률상 범죄의 성립을 조각하는 이유나 형의 감면이유에 해당하는 사실의 주장이 아닐 뿐만 아니라 원심은 피고인들의 행위가 뇌물죄에 해당한다고 인정하여 논지와 다른 판단을 하고 있으므로 이러한 원심의 인정 판단에는 피고인들의 주장을 심리하고 이를 배척하는 판단이 포함되어 있다고 보아야 할 것이므로 원심판결에 소론과 같은 심리미진이나 판단유탈의 위법이 있다고 할 수 없다.

> **대법원 1987. 12. 8. 선고 87도2068 판결**
> 범죄사실의 부인은 형사소송법 제323조 제2항에서 말하는 범죄의 성립을 저각하는 사실의 주장에 해당되지 아니한 바 , 피고인의 항소이유서를 보면 피고인은 범죄사실을 부인하는 주장을 한 것에 지나지 아니한 것으로 그 주장이 범죄성립을 조각하는 사유라는 전제하에 원심이 이에 대하여 판단하지 아니한 판단유탈이 있다는 논지는 이유가 없다.

대법원 1983. 10. 11. 선고 83도594 판결 「결국 피고인이 위 원심 공동피고인 등의 이 사건 범정을 알지 못하고 돈을 인출해 준 것이라는 취지에 불과하여 이 사건 범행의 범의를 부인하는 것에 귀착하고 법률상 범죄의 성립을 조각하는 이유되는 사실에 해당한다고 볼 수 없으므로 원심판결이 증거에 의하여 그 범의를 인정한 이상 이에 대하여 별도의 판단을 하지 아니하였다고 하더라도 아무런 위법이 없다.」

대법원 1997. 7. 11. 선고 97도1180 판결 「공증증서원본불실기재죄 및 그 행사죄로 공소가 제기된 경우 피고인이 당해 등기가 실체적 권리관계에 부합하는 유효한 등기라고 주장하는 것은 공소사실에 대한 적극부인에 해당할 뿐, 범죄의 성립을 조각하는 사유에 관한 주장이라고는 볼 수 없으므로 그 주장이 받아들여지지 아니한다면 그대로 유죄의 선고를 함으로써 족하고 반드시 그에 대한 판단을 판결이유에 명시하여야만 하는 것은 아니라 할 것이므로 원심이 이 사건 임야에 대하여 위 종중 명의로 마쳐진 소유권보존등기가 실체권리관계에 부합하여 유효한 등기인지 여부에 대하여 명시적인 판단을 하지 아니한 채 유죄의 선고를 하였다고 하더라도 이를 들어 판단유탈의 위법이 있다고 볼 수 없다.」

대법원 2001. 4. 24. 선고 2001도872 판결 「피고인이 자수하였다 하더라도 자수한 자에 대하여는 법원이 임의로 형을 감경할 수 있음에 불과한 것으로서 원심이 자수감경을 하지 아니하였다거나 자수감경 주장에 대하여 판단을 하지 아니하였다 하여 위법하다고 할 수 없(다).」

대법원 1988. 9. 13. 선고 88도1284 판결 「피고인은 1심 공판기일에서 피해자와 같이 포장마차에 술마시러 간 것은 기억하지만 칼을 집어던진 일은 술에 취해 기억이 없다고 진술하고 있으나, 그 직후에 포장마차를 나와 근처 다방후문 앞 노상에서 피해자의 얼굴 등을 때려 상처를 입힌 사실은 이를 소상히 기억하여 그대로 시인하고 있음이 인정되므로, 결국 피고인이 칼을 던진 행동을 술에 취하여 기억이 없다고 진술하고 있는 것은 그 진술의 전후 맥락에 비추어 볼 때 칼을 던진 행위에 대하여 심신장애로 인한 형의 감면을 주장하는 취지가 아니라 단순히 범행을 부인하는 취지에 지나지 않는다.」

대법원 1987. 2. 10. 선고 86도2530 판결 「형사소송법 제323조 제2항은 법률상 범죄의 성립을 조각하는 이유 또는 형의 가중, 감면의 이유가 되는 사실의 진술이 있는 때에 판결이유에 이에 대한 판단을 명시하여야 한다고 규정하고 있으므로 그와 같은 사실의 유무는 피고인의 진술이 있어야만 법원이 심리판단하게 되는 것이며, 피고인의 진술이 없는 경우까지 법원이 직권으로 심리판단할 사항은 아니라 할 것이다. 피고인 겸 피감호청구인의 이 사건 범행이 술을 과음한 나머지 병적인 정신상태에서 저지른 것이라는 주장은 피고인의 행위가 형법 제10조에 해당한다는 취지의 주장으로서 원심에 이르기까지 전혀 주장된 바 없음이 기록상 명백할 뿐더러 이는 피고인 스스로도 인정하고 있으므로 원심이나 제1심이 그와 같은사실의 유무를 심리판단하지 아니한 것을 위법이라고 탓할 수 없다.」

대법원 1992. 12. 22. 선고 92도2047 판결 「피고인은 공소외 C로부터 이 사건 나이트클럽을 양도받을 권리를 가지고 있었는데 위 C가 위 나이트클럽을 제3자에게 처분하려고 하기 때문에 위 권리를 보전하기 위하여 위 C 명의의 폐업신고서를 작성하여 행사한 것이므로 피고인이 위 폐업신고서를 작성, 행사한 행위는 사회상규에 위배되지 않은 정당한 행위라고 주장하였음이 명백한바, 이러한 주장은 법률상 범죄의 성립을 조각하는 사유에 관한 진술에 해당하므로 원심으로서는 이에 관한 판단을 하였어야 함에도 불구하고 아무런 판단을 하지 않았음은 소론이 지적하는 바와 같으나, 위 피고인 주장과 같은 사유가 있었다고 하더라도 위 폐업신고서를 작성, 행사한 행위를 사회상규에 위배되지 않는 정당한 행위라고 볼 수 없으므로 위와 같은 판단유탈의 위법은 판결결과에 영향을 미친 것이 아니어(다).」

Ⅱ. 무죄판결

1. 무죄판결의 사유

〈헌법불합치결정에 의하여 정해진 개정시한까지 법률개정이 이루어지지 않은 경우〉

대법원 2011. 6. 23. 선고 2008도7562 전원합의체 판결 〈표준〉

헌법재판소의 헌법불합치결정은 헌법과 헌법재판소법이 규정하고 있지 않은 변형된 형태이지만 법률조항에 대한 위헌결정에 해당하고[대법원 2009. 1. 15. 선고 2004도7111 판결, 헌법재판소 2004. 5. 27. 선고 2003헌가1, 2004헌가4(병합) 전원재판부 결정 등 참조], 집시법 제23조 제1호는 집회 주최자가 집시법 제10조 본문을 위반할 것을 구성요건으로 삼고 있어 집시법 제10조 본문은 집시법 제23조 제1호와 결합하여 형벌에 관한 법률조항을 이루게 되므로, 집시법의 위 조항들(이하 '이 사건 법률조항'이라 한다)에 대하여 선고된 이 사건 헌법불합치결정은 형벌에 관한 법률조항에 대한 위헌결정이라 할 것이다. 그리고 헌법재판소법 제47조 제2항 단서는 형벌에 관한 법률조항에 대하여 위헌결정이 선고된 경우 그 조항이 소급하여 효력을 상실한다고 규정하고 있으므로, 형벌에 관한 법률조항이 소급하여 효력을 상실한 경우에 당해 조항을 적용하여 공소가 제기된 피고사건은 범죄로 되지 아니한 때에 해당한다 할 것이고, 법원은 그 피고사건에 대하여 형사소송법 제325조 전단에 따라 무죄를 선고하여야 한다(대법원 1992. 5. 8. 선고 91도2825 판결, 대법원 2010. 12. 16. 선고 2010도5986 전원합의체 판결 등 참조).

또한 헌법 제111조 제1항과 헌법재판소법 제45조 본문에 의하면 헌법재판소는 법률 또는 법률조항의 위헌 여부만을 심판·결정할 수 있으므로, 형벌에 관한 법률조항이 위헌으로 결정된 이상 그 조항은 헌법재판소법 제47조 제2항 단서에 정해진 대로 효력이 상실된다 할 것이다. 그러므로 헌법재판소가 이 사건 헌법불합치결정의 주문에서 이 사건 법률조항이 개정될 때까지 계속 적용되고, 이유 중 결론에서 개정시한까지 개선입법이 이루어지지 않는 경우 그 다음날부터 이 사건 법률조항이 효력을 상실하도록 하였더라도, 이 사건 헌법불합치결정을 위헌결정으로 보는 이상 이와 달리 해석할 여지가 없다.

따라서 이 사건 헌법불합치결정에 의하여 헌법에 합치되지 아니한다고 선언되고 그 결정에서 정한 개정시한까지 법률 개정이 이루어지지 않은 이 사건 법률조항은 소급하여 그 효력을 상실한다 할 것이므로 이 사건 법률조항을 적용하여 공소가 제기된 야간옥외집회 주최의 피고사건에 대하여 형사소송법 제325조 전단에 따라 무죄가 선고되어야 할 것이다.

[대법관 안대희, 대법관 신영철, 대법관 이인복의 별개의견] (가) 헌법재판소가 어떠한 형벌법규에 위헌성이 있다고 인정하면서도 그 가운데 합헌적 부분 또한 혼재되어 있어 국회 입법에 의한 구분 필요성이 있거나 단순위헌결정이 가져올 법적 안정성에 대한 침해가능성이 중대하다고 보아, 헌법재판소법 제47조 제2항 단서에 따른 소급효의 적용을 배제하는 것이 불가피하다고 판단하여 단순위헌결정이 아닌 헌법불합치결정을 하면서 아울러 일정한 개선입법이 마련되어 시행되기까지 해당 법규의 잠정적용을 명한 경우, 법원으로서도 이러한 헌법적 가치와 이익형량에 관한 헌법재판소의 판단을 존중할 필요가 있고, 다수의견과 같이 예외적 소급효 제한의 헌법적 당부를 따지지 않은 채 단지 헌법불합치결정이 위헌결정의 일종이고 헌법불합치결정의 대상이 형벌법규이므로 당연히 헌법재판소법 제47조 제2항 단서의 적용에 따라 소급효가 인정될 뿐 여기에 어떠한 예외도 허용될 수 없다고 기계적으로 해석할 것은 아니다.

(나) 이 사건 헌법불합치결정은 개선입법이 이루어지지 않은 경우 처음부터 단순위헌결정이 있었던 것과 동일한 상태로 돌아가는 것이 아니라 개선입법의 시한이 만료된 다음날부터 이 사건 법률조항의 효력이 상실되도록 한 취지이다.

(다) 위 사안에서, 피고인에 대한 야간옥외집회 주최의 공소사실은 형벌의 근거가 되는 위 법률조항이 개정시한 만료 다음날부터 효력이 상실됨에 따라 '범죄 후 법령 개폐로 형이 폐지되었을 때'에 해당한다고 볼 수 있으므로, 형사소송법 제326조 제4호에 따라 면소를 선고하여야 한다.

대법원 2013. 5. 16. 선고 2011도2631 전원합의체 판결 「형벌에 관한 법령이 헌법재판소의 위헌결정으로 인하여 소급하여 그 효력을 상실하였거나 법원에서 위헌·무효로 선언된 경우, 당해 법령을 적용하여 공소가 제기된 피고사건에 대하여는 형사소송법 제325조에 따라 무죄를 선고하여야 한다. 나아가 재심이 개시된 사건에서 형벌에 관한 법령이 재심판결 당시 폐지되었다 하더라도 그 폐지가 당초부터 헌법에 위반되어 효력이 없는 법령에 대한 것이었다면 형사소송법 제325조 전단이 규정하는 '범죄로 되지 아니한 때'의 무죄사유에 해당하는 것이지, 형사소송법 제326조 제4호 소정의 면소사유에 해당한다고 할 수 없다.」

대법원 2021. 5. 27. 선고 2018도13458 판결 「이 사건 헌법불합치결정에 따라 개정된 형사소송법은 제216조 제1항 제1호 중 '피의자 수사'를 '피의자 수색'으로 개정하면서 단서에 "제200조의2 또는 제201조에 따라 피의자를 체포 또는 구속하는 경우의 피의자 수색은 미리 수색영장을 발부받기 어려운 긴급한 사정이 있는 때에 한정한다."라는 부분을 추가하였으나, 부칙은 소급적용에 관하여 아무런 규정을 두고 있지 않다. 어떤 법률조항에 대하여 헌법재판소가 헌법불합치결정을 하여 입법자에게 그 법률조항을 합헌적으로 개정 또는 폐지하는 임무를 입법자의 형성 재량에 맡긴 이상, 개선입법의 소급적용 여부와 소급적용 범위는 원칙적으로 입법자의 재량에 달린 것이다. 그러나 구법 조항에 대한 이 사건 헌법불합치결정의 취지나 위헌심판의 구체적 규범통제 실효성 보장이라는 측면을 고려할 때, 적어도 이 사건 헌법불합치결정을 하게 된 당해 사건 및 이 사건 헌법불합치결정 당시에 구법 조항의 위헌 여부가 쟁점이 되어 법원에 계속 중인 사건에 대하여는 이 사건 헌법불합치결정의 소급효가 미친다고 해야 하므로, 비록 현행 형사소송법 부칙에 소급적용에 관한 경과조치를 두고 있지 않더라도 이들 사건에 대하여는 구법 조항을 그대로 적용할 수는 없고, 위헌성이 제거된 현행 형사소송법의 규정을 적용하여야 한다.」 (체포영장을 집행하기 위하여 건조물을 수색하기에 앞서 수색영장을 발부받기 어려운 긴급한 사정이 있었다고 볼 수 없으므로, 경찰관들이 수색영장 없이 건조물을 수색한 행위는 적법한 공무집행에 해당하지 않는다고 판단한 사안)

2. 무죄판결의 주문

가. 일부만 무죄인 경우

대법원 1985. 9. 24. 선고 85도842 판결 「포괄일죄에 있어서는 그 죄중의 일부가 유죄로 인정되는 이상 나머지 다른 부분이 유죄로 인정되지 아니한다 하더라도, 그 인정되지 아니한 부분에 관하여 주문에서 반드시 명시하여야 하는 것은 아니고 다만 이와 같은 경우 이유중에서 무죄를 선고하지 아니하는 이유를 설시하는 것이 타당하다 하겠으나 그러한 설시가 없다 하더라도 그것이 원심판결에 영향을 미치는 위법사유에 해당한다고는 말할 수 없다.」 (일부 유죄, 일부 무죄인 경우는 무죄부분은 판결이유에서 그 취지를 판단하며 족함, 대판 1961. 8. 9. 4239형상459)

대법원 1982. 9. 28. 선고 82도1656 판결 「상상적경합관계에 있는 공소사실에 대하여는 그 일부가 무죄로 판단되는 경우에도 이를 판결주문에 따로 표시할 필요가 없는 것임은 소론과 같으나, 그것은 판결주문에 표시하였다 하더라도 판결에 영향을 미친 위법사유가 되는 것은 아니(다).」

대법원 1988. 10. 11. 선고 88도4 판결 「죄의 일부에 대하여 공소를 기각하여야 할 사유가 있고 나머지 부분에 대하여 유죄의 증거가 없는 경우에는 피고인에게 유리한 무죄를 주문에 표시하고 공소를 기각할 부분에 대하여는 이유에서 설시하는 것으로 족하다고 할 것이므로 원심이 따로이 공소기각을 주문에 표시하지 아니한 것을 위법하다 할 수 없다.」

대법원 1996. 4. 12. 선고 95도2312 판결 「원심판결 중 특정범죄가중처벌등에관한법률위반(도주차량)의 점에 관한 검사의 상고는 이유 없으므로 이를 기각하고, 원심판결 및 제1심판결 중 나머지 죄와 실체적 경합범의 관계에 있는 업무상과실재물손괴 부분(도로교통법 제108조 위반)을 파기하여 이 부분에 대하여는 형사소송법 제326조 제2호에 의하여 피고인에게 면소의 판결을 선고하며, 손괴 후 미조치 부분(도로교통법 제106조, 제50조 제1항 위반)은 위의 일반사면으로 면소판결의 대상이 되나 이와 상상적 경합범의 관계에 있는 판시 특정범죄가중처벌등에관한법률위반(도주차량)의 공소사실에 대하여 원심이 무죄를 선고하였으므로 이에 관하여는 따로 주문에서 면소의 선고를 하지 아니하기로 하여 관여 법관의 일치된 의견으로 주문과 같이 판결한다.」

나. 경합범인 경우

대법원 1968. 5. 28. 선고 68도487 판결 「원심은 제1심에서 공소사실 전부에 대하여 유죄로 인정한 것을 제1심판결을 파기하고, 판결을 선고함에 있어서 판결이유에 의하면, 피고인들에게 대하여 증뢰죄의 성립만을 인정하고, 업무상 군용물 횡령죄에 대하여서는 범죄의 증명이 없다는 이유로 무죄라는 판단을 하면서, 주문에는 피고인 2, 피고인 4는 각 형의 선고를 유예한다고만 표시하고 있을 뿐, 위 무죄부분에 대한 아무런 표시도하고 있지 아니함으로, 이는 본원 1955. 8. 12. 선고 1955형항186 판결과 상반되는 판단을 하여 판결에 영향을 미침이 명백한 군법회의법 370조의 위반이 있다.」

대법원 1980. 6. 24. 선고 80도726 판결 「강간치상의 범행을 저지른 자가 그 범행으로 인하여 실신형태에 있는 피해자를 구호하지 아니하고 방치하였다 하더라도 그 행위는 포괄적으로 단일의 강간치상죄만을 구성한다고 봄이 상당하다 할 것인 바, 그렇다면 원심이 같은 취지 아래 피고인의 원심판시 강간미수행위로 인하여 동 판시 상해를 입고 의식불명이 된 피해자 공소외인을 그곳에 그대로 방치한 피고인의 소위에 대하여 강간치상죄만이 성립하고 별도로 유기죄는 성립하지 아니한다고 판단한 조치는 정당하며, 다만 원심이 주문에 별도로 유기죄에 대하여 무죄를 선고한 조처는 잘못이라 할 것이지만 위 잘못은 이 사건 판결결과에 어떠한 영향을 미친다고는 할 수 없(다).」

대법원 1978. 9. 26. 선고 78도1787 판결 「검사는 피고인이 타인의 인장을 위조하고 그를 사용하여 그 타인명의의 사문서를 위조한 것이라고 사실관계를 적시하고 이는 경합범관계에 있다고 법조를 기재하여 공소를 제기하고 있으므로 법원이 심리한 결과는 이와 달라서 위 각 사문서위조죄에 흡수되는 관계에 있는 인장위조사실은 인정되지 않고 그와 같은 인장위조사실 자체가 없는 것으로 밝혀진 경우에는 인장위조죄가 사문서위조죄에 흡수되어 범죄를 구성하지 아니한다는 판단이 나올 여지가 없고 소인을 달리하여 경합범으로 공소를 제기한 인장위조의 공소사실에 대한 판단으로서 별도로 무죄선고를 하여야 할 것이다.」

대법원 2006. 12. 22. 선고 2004도7232 판결 「검사가 수 개의 가분적인 증여대상물에 대하여 증여자를 택일적으로 기재하여 증여세 포탈죄로 공소제기한 경우 법원으로서는 각 증여대상물별로 증여자를 가려 심판하여야 하므로, 특정 증여대상물에 대하여 택일적으로 기재된 증여자 중 한 쪽을 증여자로 인정하여 유죄로 판단하는 경우에는 나머지 한 쪽이 증여자에 해당하는지에 대하여 따로 심판할 필요가 없는 것이지만, 특정 증여대상물에 대하여 택일적으로 기재된 증여자 중 어느 쪽도 증여자로 인정되지 않는다고 보아 무죄로 판단하는 경우에는 택일적으로 기재된 증여자 모두에 대하여 증여자로 인정할 수 없는 이유를 밝혀야 한다. 한편, 검사로서는 특정 증여대상물에 대하여 택일적으로 기재된 증여자 중 한 쪽을 증여자로 인정하여 유죄로 판단한 부분에 대하여 나머지 한 쪽을 증여자로 인정하지 않았다는 이유로 불복할 수는 없는 것이지만, 특정 증여대상물에 대하여 택일적으로 기재된 증여자 중 어느 쪽도 증여자로 인정되지 않는다는 이유로 무죄로 판단한 부분에 대하여는 택일적으로 기재된 증여자 중 적어도 어느 한 쪽은 증여자에 해당한다는 취지로 불복할 수 있는 것이다.」

3. 무죄판결의 이유

〈무죄판결 이유의 명시 기준〉

대법원 2023. 8. 31. 선고 2023도2715 판결

유죄판결에 명시할 이유를 명확히 규정하고 있는 형사소송법 제323조와 달리 형사소송법 제325조는 "피고사건이 범죄로 되지 아니하거나 범죄사실의 증명이 없는 때에는 판결로써 무죄를 선고하여야 한다."라고 규정하고 있을 뿐, 무죄판결에 명시하여야 할 이유를 구체적으로 규정하고 있지 않다.

그러나 형사소송법 제39조 전단은 "재판에는 이유를 명시하여야 한다."라고 규정하고 있으므로, 피고인에 대하여 무죄판결을 선고하는 때에도 공소사실에 부합하는 증거를 배척하는 이유까지 일일이 설시할 필요는 없다고 하더라도(대법원 1979. 1. 23. 선고 75도3546 판결 등 참조), 그 증거들을 배척한 취지를 합리적인 범위 내에서 기재하여야 한다(대법원 1987. 4. 28. 선고 86도2779 판결 등 참조). 만일 주문에서 무죄를 선고하고도 그 판결 이유에는 이에 관한 아무런 판단을 기재하지 아니하였다면, 형사소송법 제361조의5 제11호 전단의 항소이유 또는 제383조 제1호의 상고이유로 할 수 있고, 주문으로부터는 판단의 유무가 명확히 판명되지 아니하는 경우라도 이유 중에 판단을 하지 않은 경우에는 재판의 누락이 있다고 보아야 한다(대법원 2014. 11. 13. 선고 2014도6341 판결 참조).

원심판결 이유에 의하면, 원심은 이 사건 공소사실을 유죄로 인정한 제1심판결을 전부 파기한 뒤, '공소외 1, 공소외 2가 선거권자가 아니어서 그들에게 금품을 제공하였다고 하더라도 위탁선거법 제59조, 제35조 제1항이 정한 기부행위제한 위반죄가 성립하지 아니한다.'는 이유만을 들어 피고인들에 대해 각 무죄를 선고하였다. 그러나 **원심판결은 선거운동기간이 아닌 기간의 선거운동을 금지하는 위탁선거법 제66조 제1호, 제24조 제2항, 매수 및 이해유도를 금지하는 위탁선거법 제58조 제1호 위반 부분에 대하여는 아무런 이유를 명시하지 아니하였다.**

사정이 이와 같다면 원심판결에는 각 선거운동기간이 아닌 기간의 선거운동, 매수 및 이해유도로 인한 위탁선거법 위반 부분에 대하여 이유를 갖추지 아니하여 판결에 영향을 미친 위법이 있다.

Ⅲ. 면소판결

1. 의의 및 본질

〈면소판결의 본질〉

대법원 1963. 3. 21. 선고 63도22 판결

육군고등군법회의 검찰관 이영기의 상고 이유에 대하여 살피건대 그 요지는 병역법 개정법률 부칙 제30조의 규정에 공소권이 소멸한다 라고 하였으므로 본건에 있어서 원심이 위의 규정에 의하여 공소권이 소멸되었다는 이유로서 판결을 하려면 군법회의법 제372조의 규정에 의하여 공소 기각의 판결을 하여야 함에도 불구하고 같은 법 제371조에 의하여 면소의 판결을 하였음은 부당하고 따라서 헌법위반이라는데 있는바 공소기각의 판결을 하도록 규정한 군법회의법 제372조 소정의 각 사유는 그 사건의 실체적 관계에 대한 판단을 하는데 있어서의 장해가 되는 사유가 개별적이며 그 장해는 제거할 수 있는 사유이며 또 제거된 때에는 또 다시 공소를 제기할 수 있는 사유임에 반하여 군법회의법 제371조 소정의 면소사유는 그 성질상 동일사건에 관한 한 모든 소송관계에 있어서 실체적 판단을 할 수 없는 일반적 장해사유이고 그 장해는 제거할 수 없는 사유이며 또 다시 기소할 수 없는 성질의 사유라는 데 차이가 있다고 해석된바 본건에 있어서의 공소권 소멸은 군법회의법 제372조 소정의 사유와 같이 개별적이고 그 장해를 제거하여 또 다시 기소할 수 있는 사유가 아니고 공소권의 소멸로써 그 사건에 관한 한 일반적으로 그 사건의 실체적 관계에 대한 판단을 할 수 없고 그 장해는 제거할 수 없으며 또 다시 기소도 할 수 없는 것이므로 원심이 본건에 대하여 공소권이 소멸되었다는 이유로 면소판결을 하였음은 정당하(다).

대법원 1964. 3. 31 선고 64도64 판결 〈표준〉「사면법 제5조 제1항 제1호의 규정에 의하면 일반사면은 형의 선고를 받지 않는자에 대하여 공소권이 상실되는 것이므로 형사소송법 제326조 제2호에 의하여 면소의 판결을 하여야 하며 무죄의 판결은 실제적 공소권이 없다는 이유로써 하는 실체적 재판임에 반하여 면소의 판결은 공소권의 소멸을 이유로하여 소송을 종국시키는 형식적 재판으로서 공소사실의 유무에 관하여 실체적 심리를하여 그 사실을 인정되는 경우에 한하여 면소판결을 하는 것이 아니고 공소장에 기재되어 있는 범죄사실에 관하여 같은법 제326조 각호의 사유가 있으면 실체적 심리를 할 필요가 없이 면소판결을 하여야한다고 해석된다.」

대법원 1964. 4. 7. 선고 64도57 판결 「피고인에게는 실체판결 청구권이 없는 것이므로 원심의 면소판결에 대하여 실체판결을 구하여 상소할 수 없다.」

대법원 1964. 4. 28. 선고 64도134 판결 「위 사실은 1963.12.14 공포 같은달 16일부터 시행된 일반사면령 제1조에 열거된 죄가 아니므로 사면되었음이 명백하고 그렇다면 원심에서는 마땅히 형사소송법 제370조 제326조 2호를 적용하여 면소판결을 하여야 함에도 불구하고 실체에 관하여 심리하여 무죄의 판결을 하였음은 법령적용을 그릇친 위법이 있어 파기를 면치 못(한다).」

2. 면소판결의 사유

가. 확정판결이 있은 때(제1호)

대법원 1994. 8. 9. 선고 94도1318 판결 「포괄일죄의 관계에 있는 범행 일부에 관하여 약식명령이 확정되었다면 그 약식명령의 발령시를 기준으로 하여 그 이전의 범행에 대하여는 면소의 판결을 하여야 한다. … 약식명령이 확정된 위 경범죄처벌법위반 범죄사실과 그 발령 전에 이루어진 이 사건 공소사실의 업무방해의 점 중 제1심 판시 범죄일람표 9번 기재 "피고인이 2010. 6. 3. 이 사건 탱크로리 차량에 올라가 2시간 30분간 E 회장 면담을 요구하면서 도마를 사용하여 자해를 하는 등의 방법으로 업무를 방해한 부분"은 그 기초가 되는 사회적 사실관계가 동일하므로, 이 부분 공소사실은 확정판결이 있는 때에 해당하여 형사소송법 제326조 제1호에 의하여 면소를 선고하여야 하고, 이 부분 공소사실과 나머지 업무방해의 점은 동일 죄명에 해당하는 수 개의 행위를 단일하고 계속된 범의하에 일정 기간 계속하여 행하고 그 피해법익도 동일한 경우에 해당하여 포괄일죄를 구성하므로, 이 사건 공소사실 중 업무방해의 점 모두에 대하여 면소를 선고하여야 한다.

대법원 1985. 5. 28. 선고 85도21 판결 〈표준〉 「소년법 제47조는 제30조의 보호처분을 받은 소년에 대하여는 그 심리결정된 사건은 다시 공소제기할 수 없고 소년부에 송치하지 못한다라고 규정하고 있으므로 제30조의 보호처분을 받은 사건과 동일(상습죄등 포괄일죄 포함)한 사건에 대하여 다시 공소제기가 되었다면 소년법 제30조의 보호처분은 확정판결이 아니고 따라서 기판력도 없으므로 이에 대하여 면소판결을 할 것이 아니라 공소제기의 절차가 법률의 규정에 위배하여 무효인 때에 해당한 경우이므로 형사소송법 제327조 제1호의 규정에 의하여 공소기각의 판결을 하여야 (한다).」

대법원 2017. 8. 23. 선고 2016도5423 판결 「가정폭력처벌법에 따른 보호처분의 결정이 확정된 경우에는 원칙적으로 그 가정폭력행위자에 대하여 같은 범죄사실로 다시 공소를 제기할 수 없으나(가정폭력처벌법 제16조), 그 보호처분은 확정판결이 아니고 따라서 기판력도 없으므로, 보호처분을 받은 사건과 동일한 사건에 대하여 다시 공소제기가 되었다면 이에 대해서는 면소판결을 할 것이 아니라 공소제기의 절차가 법률의 규정에 위배하여 무효인 때에 해당한 경우이므로 형사소송법 제327조 제2호의 규정에 의하여 공소기각의 판결을 하여야 한다.」

대법원 2017. 8. 24. 선고 2017도5977 전원합의체 판결「형법 제7조는 "죄를 지어 외국에서 형의 전부 또는 일부가 집행된 사람에 대해서는 그 집행된 형의 전부 또는 일부를 선고하는 형에 산입한다."라고 규정하고 있다. 이 규정의 취지는, 형사판결은 국가주권의 일부분인 형벌권 행사에 기초한 것이어서 피고인이 외국에서 형사처벌을 과하는 확정판결을 받았더라도 그 외국 판결은 우리나라 법원을 기속할 수 없고 우리나라에서는 기판력도 없어 일사부재리의 원칙이 적용되지 않으므로, 피고인이 동일한 행위에 관하여 우리나라 형벌법규에 따라 다시 처벌받는 경우에 생길 수 있는 실질적인 불이익을 완화하려는 것이다.」

나. 사면이 있은 때(제2호)

대법원 2015. 5. 21. 선고 2011도1932 전원합의체판결「면소판결 사유인 형사소송법 제326조 제2호의 '사면이 있는 때'에서 말하는 '사면'이란 일반사면을 의미할 뿐(대법원 2000. 2. 11. 선고 99도2983 판결 참조), 형을 선고받아 확정된 자를 상대로 이루어지는 특별사면은 여기에 해당하지 않으므로, 재심대상판결 확정 후에 형 선고의 효력을 상실케 하는 특별사면이 있었다고 하더라도, 재심개시결정이 확정되어 재심심판절차를 진행하는 법원은 그 심급에 따라 다시 심판하여 실체에 관한 유·무죄 등의 판단을 해야지, 위 특별사면이 있음을 들어 면소판결을 하여서는 아니 된다.」

다. 공소시효가 완성되었을 때(제3호)

대법원 2005. 9. 29. 선고 2005도4738 판결「이 부분 공소사실에 대해서 모두 공소시효가 완성되었다는 이유로 면소의 판결을 한 것이 명백하므로 이에 대하여는 실체판결을 구하여 상소를 할 수 없다.」

라. 범죄 후의 법령개폐로 형이 폐지되었을 때(제4호)

〈형사소송법 제326조 제4호의 적용범위〉

대법원 2022. 12. 22. 선고 2020도16420 전원합의체 판결

범죄 후 법률이 변경되어 그 행위가 범죄를 구성하지 아니하게 되거나 형이 구법보다 가벼워진 경우에는 신법에 따라야 하고(형법 제1조 제2항), 범죄 후의 법령 개폐로 형이 폐지되었을 때는 판결로써 면소의 선고를 하여야 한다(형사소송법 제326조 제4호). 이러한 형법 제1조 제2항과 형사소송법 제326조 제4호의 규정은 입법자가 법령의 변경 이후에도 종전 법령 위반행위에 대한 형사처벌을 유지한다는 내용의 경과규정을 따로 두지 않는 한 그대로 적용되어야 한다.

따라서 범죄의 성립과 처벌에 관하여 규정한 형벌법규 자체 또는 그로부터 수권 내지 위임을 받은 법령의 변경에 따라 범죄를 구성하지 아니하게 되거나 형이 가벼워진 경우에는, 종전 법령이 범죄로 정하여 처벌한 것이 부당하였다거나 과형이 과중하였다는 반성적 고려에 따라 변경된 것인지 여부를 따지지 '않고 원칙적으로 형법 제1조 제2항과 형사소송법 제326조 제4호가 적용된다. 형벌법규가 대통령령, 총리령, 부령과 같은 법규명령이 아닌 고시 등 행정규칙·행정명령, 조례 등(이하 '고시 등 규정'이라고 한다)에 구성요건의 일부를 수권 내지 위임한 경우에도 이러한 고시 등 규정이 위임입법의 한계를 벗어나지 않는 한 형벌법규와 결합하여 법령을 보충하는 기능을 하는 것이므로, 그 변경에 따라 범죄를 구성하지 아니하게 되거나 형이 가벼워졌다면 마찬가지로 형법 제1조 제2항과 형사소송법 제326조 제4호가 적용된다.

그러나 해당 형벌법규 자체 또는 그로부터 수권 내지 위임을 받은 법령이 아닌 다른 법령이 변경된 경우 형법 제1조 제2항과 형사소송법 제326조 제4호를 적용하려면, 해당 형벌법규에 따른 범죄의 성립 및 처벌과 직접적으로 관련된 형사법적 관점의 변화를 주된 근거로 하는 법령의 변경에 해당하여야 하므로, 이와 관련이 없는 법령의 변경으로 인하여 해당 형벌법규의 가벌성에 영향을 미치게 되는 경우에는 형법 제1조 제2항과 형사소송법 제326조 제4호가 적용되지 않는다.

한편 법령이 개정 내지 폐지된 경우가 아니라, 스스로 유효기간을 구체적인 일자나 기간으로 특정하여 효력의 상실을 예정하고 있던 법령이 그 유효기간을 경과함으로써 더 이상 효력을 갖지 않게 된 경우도 형법 제1조 제2항과 형사소송법 제326조 제4호에서 말하는 법령의 변경에 해당한다고 볼 수 없다.

Ⅳ. 공소기각의 재판

1. 의의

대법원 1986. 9. 23. 선고 86도1547 판결 「공소기각의 재판은 절차상의 하자를 이유로 공소를 부적법하다고 할때 하는 형식적 재판이며 형식적 소송조건이 흠결한 경우로서 형사소송법 제327조, 제328조에 그 사유들을 규정하고 있고 이 사유들은 한정적으로 열거한 것이라 해석된다.」

대법원 2020. 1. 30. 선고 2019도15987 판결 「형사소송법 제366조는 "공소기각 또는 관할위반의 재판이 법률에 위반됨을 이유로 원심판결을 파기하는 때에는 판결로써 사건을 원심법원에 환송하여야 한다." 라고 규정하고 있으므로, 원심으로서는 위와 같이 제1심의 공소기각 판결이 법률에 위반된다고 판단한 이상 본안에 들어가 심리할 것이 아니라 제1심판결을 파기하고 사건을 제1심법원에 환송하여야 한다. 따라서 원심이 제1심의 공소기각 판결이 잘못이라고 하여 파기하면서도 사건을 제1심법원에 환송하지 아니하고 본안에 들어가 심리한 후 피고인에게 유죄를 선고한 것은 형사소송법 제366조를 위반한 것이다.」

2. 공소기각 판결의 사유

가. 재판권의 결여(제1호)

대법원 2011. 8. 25. 선고 2011도6507 판결 「형법 제234조의 위조사문서행사죄는 형법 제5조 제1호 내지 제7호에 열거된 죄에 해당하지 않고, 위조사문서행사 행위를 형법 제6조의 대한민국 또는 대한민국 국민의 법익을 직접적으로 침해하는 행위라고 볼 수도 없으므로, 이 사건 공소사실 중 캐나다 시민권자인 피고인이 캐나다에서 위조사문서를 행사한 행위에 대하여는 우리나라에 재판권이 없다고 할 것이다. 그럼에도 불구하고 원심은 피고인의 위조사문서행사 행위가 외국인의 국외범으로서 우리나라에 재판권이 있다고 판단하여 이 부분 공소사실을 유죄로 인정하였으니, 원심판결에는 재판권 인정에 관한 법리를 오해한 위법이 있고 이는 판결 결과에 영향을 미쳤음이 분명하다.」

나. 공소제기절차의 위법(제2호)

대법원 1996. 5. 14. 선고 96도561 판결 「공소기각의 판결을 할 경우 중 형사소송법 제327조 제2호에 규정된 공소제기의 절차가 법률의 규정에 의하여 무효인 때라 함은 무권한자에 의하여 공소가 제기되거나 공소제기의 소송조건이 결여되거나 또는 공소장의 현저한 방식위반이 있는 경우를 가리키는 것인바, 소론이 주장하는 불법구금, 구금장소의 임의적 변경 등의 위법사유가 있다고 하더라도 그 위법한 절차에 의하여 수집된 증거를 배제할 이유는 될지언정 공소제기의 절차 자체가 위법하여 무효인 경우에 해당한다고 볼 수 없(다).」

대법원 2005. 10. 28. 선고 2005도1247 판결 〈표준〉 「범의를 가진 자에 대하여 단순히 범행의 기회를 제공하거나 범행을 용이하게 하는 것에 불과한 수사방법이 경우에 따라 허용될 수 있음은 별론으로 하고, 본래 범의를 가지지 아니한 자에 대하여 수사기관이 사술이나 계략 등을 써서 범의를 유발케 하여 범죄인을 검거하는 함정수사는 위법함을 면할 수 없고, 이러한 함정수사에 기한 공소제기는 그 절차가 법률의 규정에 위반하여 무효인 때에 해당한다고 볼 것이다.」

다. 이중기소(제3호)

대법원 2004. 8. 20. 선고 2004도3331 판결 「이중기소의 경우 공소기각판결을 하도록 규정한 형사소송법 제327조 제3호의 취지는 동일 사건에 대하여 피고인으로 하여금 이중위험을 받지 아니하게 하고 법원이 2개의 실체판결을 하지 아니하도록 함에 있(다).」

대법원 1969. 6. 24. 선고 68도858 판결 「형사소송법 제327조 3호에 「공소가 제기된 사건에 대하여 다시 공소가 제기되었을 때」라 함은 공소제기된 사건과 동일사건이 동일법원에 공소 제기된 경우에 뒤에 공소된 사건에 대하여 판결선고가 있었다고 하더라도 확정되기 전에는 먼저 공소제기된 사건에 대하여 심판하여야 하고, 뒤에 공소제기된 사건은 공소기각 판결을 한다고 해석하여야 하므로 원심이 뒤에 공소제기된 본건에 대하여 공소기각을 선고한 조처는 정당하(다).」

라. 공소취소 후의 재기소(제4호)

대법원 2010. 5. 13. 선고 2010도336 판결 「형사소송법 제329조는 공소취소에 의한 공소기각의 결정이 확정된 때에는 공소취소 후 그 범죄사실에 대한 다른 중요한 증거를 발견한 경우에 한하여 다시 공소를 제기할 수 있다고 규정하고 있는바, 이는 단순일죄인 범죄사실에 대하여 공소가 제기되었다가 공소취소에 의한 공소기각결정이 확정된 후 다시 종전 범죄사실 그대로 재기소하는 경우뿐만 아니라 범죄의 태양, 수단, 피해의 정도, 범죄로 얻은 이익 등 범죄사실의 내용을 추가 변경하여 재기소하는 경우에도 마찬가지로 적용된다고 할 것이다. 따라서 단순일죄인 범죄사실에 대하여 공소취소로 인한 공소기각결정이 확정된 후에 종전의 범죄사실을 변경하여 재기소하기 위하여는 변경된 범죄사실에 대한 다른 중요한 증거가 발견되어야 할 것이다.」

마. 고소의 취소(제5호)

대법원 2011. 8. 25. 선고 2009도9112 판결 「상소심에서 형사소송법 제366조 또는 제393조 등에 의하여 제1심의 공소기각판결이 법률에 위배됨을 이유로 이를 파기하고 사건을 제1심법원에 환송함에 따라 다시 제1심 절차가 진행된 경우, 종전의 제1심판결은 이미 파기되어 그 효력을 상실하였으므로, 환송 후의 제1심판결 선고 전에는 고소취소의 제한사유가 되는 제1심판결 선고가 없는 경우에 해당한다.」

바. 처벌희망의사의 철회(제6호)

대법원 2007. 9. 6. 선고 2007도3405 판결 〈표준〉 「반의사불벌죄에 있어서 피해자가 처벌을 희망하지 아니하는 의사표시나 처벌을 희망하는 의사표시의 철회를 하였다고 인정하기 위해서는 피해자의 진실한 의사가 명백하고 믿을 수 있는 방법으로 표현되어야 하고, 이러한 의사표시는 공소제기 이후에도 제1심판결이 선고되기 전이라면 수사기관에도 할 수 있는 것이지만, 한번 명시적으로 표시된 이후에는 다시 처벌을 희망하지 아니하는 의사표시를 철회하거나 처벌을 희망하는 의사를 표시할 수 없다고 할 것이다.」

3. 공소기각 결정의 사유

가. 공소의 취소(제1호)

대법원 1988. 3. 22. 선고 88도67 판결「공소장변경의 방식에 의한 공소사실의 철회는 공소사실의 동일성이 인정되는 범위내의 일부 공소사실에 한하여 가능한 것이므로 공소장에 기재된 수개의 공소사실이 서로 동일성이 없고 실체적 경합관계에 있는 경우에 그 일부를 소추대상에서 철회하려면 공소장변경의 방식에 의할 것이 아니라 공소의 일부취소절차에 의하여야 할 것이다. <u>실체적 경합관계에 있는 수개의 공소사실 중 어느 한 공소사실을 전부 철회하거나 그 공소사실의 소추대상에서 피고인을 완전히 제외하는 검사의 공소장변경신청이 있는 경우에 이것이 그 부분의 공소를 취소하는 취지가 명백하다면 공소취소신청이라는 형식을 갖추지 아니하였다 하더라도 이를 공소취소로 보아 공소기각을 하여야 할 것이다.</u>」

나. 당사자능력의 상실(제2호)

대법원 1982. 3. 23. 선고 81도1450 판결「피고인 회사가 1977.11.2자 주주총회의 결의로 해산되어 같은 해 12.8자로 해산등기를 하고 청산절차에 들어가 1978.4.20자로 청산이 종결되어 같은 해 4.28자로 청산등기가 경료되었다면 특단의 사정이 없는 한 그 법인격이 상실되어 법인의 당사자능력 및 권리능력이 상실되었다고 보아야 할 것이므로 형사소송법 제329조 제 1 항 제 2 호의 피고인인 법인이 존속하지 아니하게 되었을때에 해당한다 함은 소론과 같으나 <u>회사가 이 사건에 있어서와 같이 회사해산 및 청산등기 전에 업무 또는 재산에 관한 위반행위로 인하여 재산형에 해당하는 사건으로 소추를 받는 것과 같은 것은 청산인의 현존사무(상법 제254조 제1항 제1호) 중에 포함되는 것이라 할 것이므로 비록 피고인 회사의 청산종료의 등기가 경료되었다 하더라도 그 피고사건이 종결되기까지는 피고인회사의 청산사무는 종료되지 아니하고, 형사소송법상 당사자능력도 그대로 존속한다고 해석함이 상당하(다).</u>」

대법원 2015. 12. 24. 선고 2015도13946 판결「회사합병이 있는 경우 피합병회사의 권리·의무는 사법상의 관계나 공법상의 관계를 불문하고 모두 합병으로 인하여 존속하는 회사에 승계되는 것이 원칙이지만, 그 성질상 이전을 허용하지 않는 것은 승계의 대상에서 제외되어야 한다. <u>양벌규정에 의한 법인의 처벌은 어디까지나 형벌의 일종으로서 행정적 제재처분이나 민사상 불법행위책임과는 성격을 달리하는 점, 형사소송법 제328조가 '피고인인 법인이 존속하지 아니하게 되었을 때'를 공소기각결정의 사유로 규정하고 있는 것은 형사책임이 승계되지 않음을 전제로 한 것이라고 볼 수 있는 점 등에 비추어 보면, 법인이 형사처벌을 면탈하기 위한 방편으로 합병제도 등을 남용하는 경우 이를 처벌하거나 형사책임을 승계시킬 수 있는 근거규정을 특별히 두고 있지 않은 현행법하에서는 합병으로 인하여 소멸한 법인이 그 종업원 등의 위법행위에 대해 양벌규정에 따라 부담하던 형사책임은 그 성질상 이전을 허용하지 않는 것으로서 합병으로 인하여 존속하는 법인에 승계되지 않는다.</u>」

다. 범죄사실의 결여(제4호)

대법원 1973. 12. 11. 선고 73도2173 판결 「원심이 이 사건 공소사실중 수표번호 C, D, E, F의 수표에 대하여는 이것들이 각기 그 제시기일에 제시되지 아니한 사실이 공소사실 자체에 의하여 명백하므로 이 공소사실에는 범죄가 될만한 사실이 포함되지 아니하는 때에 해당한다고 보고 형사소송법 제328조 제1항 제4호에 의하여 공소기각을 한 것은 정당하다.」

대법원 1990. 4. 10. 선고 90도174 판결 「형사소송법 제328조 제1항 제4호에 규정된 공소장에 기재된 사실이 진실하다 하더라도 범죄가 될만한 사실이 포함되지 아니한 때라 함은 공소장 기재사실 자체에 대한 판단으로 그 사실자체가 죄가 되지 아니함이 명백한 경우를 가리키는 것인 바, 공중위생법위반의 이 사건 주위적 공소사실에 기재된 유기기구인 에이트라인 및 고스톱기가 공중위생법 소정의 유기기구에 해당하는지의 여부는 위 공소사실 기재 자체에 의하여 명백하다고 할 수 없음에도 불구하고 원심이 위 주위적 공소사실에 대하여 형사소송법 제328조 제1항 제4호에 의하여 공소기각의 결정을 할 경우에 해당한다고 판시한 것은 적절하지 못하(다).」

V. 종국재판의 부수적 효과와 부수처분

헌법재판소 1997. 12. 24. 선고 95헌마247 결정 「형사소송법 제331조에 의하면 무죄 등 판결 선고와 동시에 바로 구속영장의 효력이 상실되는 것이므로, 무죄 등 판결을 받은 피고인은 법정에서 즉시 석방되어야 하는 것이다. 바꾸어 말하면 교도관이 석방절차를 밟는다는 이유로 법정에 있는 석방대상 피고인을 그의 의사에 반하여 교도소로 다시 연행하는 것은 어떠한 이유를 내세운다고 할지라도 헌법상의 정당성을 갖는다고 볼 수 없는 것이다. ··· 무죄 등 판결 선고 후 석방대상 피고인이 교도소에서 지급한 각종 지급품의 회수, 수용시의 휴대금품 또는 수용 중 영치된 금품의 반환 내지 환급문제 때문에 임의로 교도관과 교도소에 동행하는 것은 무방하나 피고인의 동의를 얻지 않고 의사에 반하여 교도소로 연행하는 것은 헌법 제12조의 규정에 비추어 도저히 허용될 수 없는 것이다.」 (청구인의 변호인이 청구인이 무죄판결을 선고 받은 날 12:07경 피청구인 제주교도소장에게 청구인을 지체없이 석방할 것을 요구하였으나, 피청구인이 검사의 석방지휘 없이는 미결수용자를 석방할 수 없다는 이유로 거부하였고, 피청구인 제주검찰청 검사의 석방지휘서가 같은 날 15:06경 도착하자, 비로소 청구인을 석방한 사안)

대법원 2000. 1. 21. 선고 97다58507 판결 「형사 본안사건에서 무죄가 선고되어 확정되었다면 형사소송법 제332조에 의하여 검사가 압수물을 제출자나 소유자 기타 권리자에게 환부하여야 할 의무는 당연히 발생하는 것이고, 검사가 몰수할 수 있는 물건으로 보고 압수한 물건이 멸실, 손괴 또는 부패의 염려가 있거나 보관하기 불편하여 이를 매각하는 환가처분을 한 경우 그 매각대금은 압수물과 동일시 할 수 있는 것이므로, 원심이 이러한 취지에서 원고 조합으로부터 압수된 이 사건 낙화생의 환가처분에 의한 매각대금 전액을 피고는 원고 조합에게 반환할 의무가 있다고 판단하는 한편 이 사건 낙화생이 압수될 당시 원고 조합이 이 사건 낙화생을 농수산물유통공사에게 인도하기로 하는 매매계약이 성립된 상태이었다고 하여 이 사건 낙화생이 농수산물유통공사의 소유가 되는 것도 아니므로, 위 환가처분에 의한 매각대금이 원고 조합이 농수산물유통공사와 사이에 체결된 매매계약에 의한 매도가격을 초과한다 하여 피고에게 그 초과 부분의 매각대금의 반환을 거부할 어떠한 권한이 있다고 볼 수 없다고 판단하였음은 정당하다.」

대법원 1977. 9. 28. 선고 77도2288 판결 「가납판결이란 법원이 벌금, 과료 또는 추징의 선고를 하는 경우에 판결의 확정후에는 이를 집행할 수 없거나 집행하기 곤란할 염려가 있다고 인정한 때에 직권 또는 검사의 청구에 의하여 그 벌금, 과료 또는 추징에 상당한 금액의 가납을 명하는 것으로서 그 재판이 확정된 때에는 가납한 금액의 한도에서 형의 집행이 된 것으로 간주되는 것이고 또한 가납판결은 벌금, 과료 또는 추징 그 자체의 확정전의 집행을 명하는 것이 아니고 벌금, 과료 또는 추징에 상당한 금액의 납부를 명하는 것이므로 헌법상 재산권에 관한 규정 또는 죄형법정주의에 관한 규정등에 위배한다고는 볼 수 없다.」

제 3 절   재판의 확정과 효력

Ⅰ. 재판의 확정과 재판확정의 효력

〈내용적 확정에 따른 구속력 인정 여부〉

대법원 2010. 2. 25. 선고 2009도14263 판결 <표준>

형사재판이 실체적으로 확정되면 동일한 범죄에 대하여 거듭 처벌할 수 없고(헌법 제13조 제1항), 확정판결이 있는 사건과 동일사건에 대하여 공소의 제기가 있는 경우에는 판결로써 면소의 선고를 하여야 하는 것인바(형사소송법 제326조 제1호), 피고인에 대한 각 교통사고처리특례법 위반죄의 확정판결의 기판력이 이 사건 사기 및 사기미수죄에 미치는 것인지의 여부는 그 기본적 사실관계가 동일한 것인가의 여부에 따라 판단하여야 할 것이다. 또한 기본적 사실관계가 동일한가의 여부는 규범적 요소를 전적으로 배제한 채 순수하게 사회적, 전법률적인 관점에서만 파악할 수는 없고, 그 자연적, 사회적 사실관계나 피고인의 행위가 동일한 것인가 외에 그 규범적 요소도 기본적 사실관계 동일성의 실질적 내용의 일부를 이루는 것이라고 보는 것이 상당하다(대법원 1994. 3. 22. 선고 93도2080 전원합의체 판결 참조).

살피건대, 위 각 교통사고처리 특례법 위반죄의 행위 태양은 과실로 교통사고를 발생시켰다는 점인데 반하여, 이 사건 사기 및 사기미수죄는 고의로 교통사고를 낸 뒤 보험금을 청구하여 수령하거나 미수에 그쳤다는 것으로서 서로 행위 태양이 전혀 다르고, 각 교통사고처리 특례법 위반죄의 피해자는 교통사고로 사망한 사람들이나, 이 사건 사기 및 사기미수죄의 피해자는 피고인과 운전자보험계약을 체결한 보험회사들로서 역시 서로 다르다. 따라서 <u>위 각 교통사고처리 특례법 위반죄와 이 사건 사기 및 사기미수죄는 그 기본적 사실관계가 동일하다고 볼 수 없으므로, 위 전자에 관한 확정판결의 기판력이 후자에 미친다고 할 수 없다.</u>

> **대법원 1986. 9. 23. 선고 86감도152 판결**
> 감호요건인 범죄사실 즉 이 사건 상습절도행위에 대하여 이미 유죄판결이 확정되었다면 보호감호사건에서 그 절도범행이나 상습성은 다툴 수 없다.

대법원 1967. 6. 2.자 67초22 결정 「<u>대법원 판결은 그 선고로서 확정되는 것이고, 형사소송법 400조 이 판결정정 신청기간을 기다릴 필요는 없다 할 것이므로 대검찰청 검사 오학근이가 1967.3.28. 대법원이 선고한 67도183 무고사건의 형집행지휘를 1967.3.29.에 한 것은 정당하(다).」

Ⅱ. 일사부재리의 효력

1. 일사부재리의 효력이 인정되는 재판

대법원 1996. 4. 12. 선고 96도158 판결 「형사소송법 제326조 제1호에 의하면 확정판결이 있은 때에는 판결로써 면소의 선고를 하도록 규정되어 있는바, 이는 확정판결의 일사부재리의 효력에 기하여 동일성이 인정되는 범죄사실에 대한 재소를 금지하는 데에 그 취지가 있는 것이므로, <u>여기에서 말하는 확정판결에는 정식재판에서 선고된 유죄판결과 무죄의 판결 및 면소의 판결뿐만 아니라 확정판결과 동일한 효력이 있는 약식명령이나 즉결심판 등이 모두 포함되는 것이지만, 행정벌에 지나지 않는 과태료의 부과처분은 위 "확정판결"의 범주에 속하지 않는다고 할 것이다.</u> 피고인이 소론과 같이 이 사건 건물 중 주거용으로 사용할 수 없는 지하층과 옥내주차장을 주거용으로 사용하다가 관할관청으로부터 일정한 기간 내에 이를 시정하라는 명령을 받았음에도 불구하고 그 기간내에 시정하지 아니하였다는 이유로 과태료의 부과처분을 받고 그 과태료를 납부함으로써 그 처분이 이미 확정된 사실이 있다고 하더라도, 이와 같은 과태료부과처분을 피고인이 관할관청의 허가를 받지 아니한 채 이 사건 건축물의 용도를 변경한 것이라는 요지의 이 사건 공소사실에 대한 확정판결과 동일한 효력이 있는 것이라고 볼 수는 없다.」

대법원 1983. 10. 25. 선고 83도2366 판결 「피고인이 동일한 행위에 관하여 일본국에서 형사처벌을 과하는 확정판결을 받았다 하여도 이런 <u>외국판결은 우리나라에서는 기판력이 없다</u>고 할 것이므로 여기에 일사부재리의 원칙이 적용될리 없다.」

〈범칙금 납부에 확정판결에 준하는 효력이 인정되는 범위〉

대법원 2002. 11. 22. 선고 2001도849 판결

1. 공소사실의 요지

피고인은 (차량번호 1 생략) 누비라 승용차를 운전하여 1999. 9. 4. 17:00.경 서울 서초구 방배동 824 앞 도로를 진행함에 있어 중앙선을 침범하여 운전한 과실로 피해자 공소외인이 운전하는 (차량번호 2 생략) 라노스 승용차를 충격하여 그 피해자로 하여금 2주간의 치료를 요하는 경추 및 요추부 염좌상 등을 입게 하였다.

2. 원심의 판단

원심은 공판기록에 편철된 범칙금 영수증의 기재 등에 의하여 **피고인이 공소사실 기재의 일시, 장소에서 (차량번호 1 생략) 승용차를 운전함에 있어 안전운전의무를 불이행한 범칙행위를 하였음을 이유로 그 날 관할 경찰서장으로부터 도로교통법 제118조, 제44조에 따라 범칙금 40,000원의 납부 통고를 받고, 그 달 17일 그 범칙금을 납부한 사실**을 인정한 다음 그 범칙행위는 위의 공소사실과 그 기초되는 사회적 사실관계가 그 기본적인 점에서 동일하다고 보았다.

원심은 나아가, 도로교통법 제119조 제3항은 같은 법 제118조에 의하여 범칙금 납부통고서를 받은 사람이 그 범칙금을 납부한 경우 그 범칙행위에 대하여 다시 벌받지 아니한다고 규정하고 있는바, 이는 범칙금의 납부에 확정재판의 효력에 준하는 효력을 인정하는 취지로 해석할 것이므로 이 사건 공소는 이에 위반하여 제기되었다 할 것이어서 피고인에 대하여 면소의 판결을 선고하여야 한다고 판단하여 제1심판결을 파기한 후 피고인에 대하여 면소를 선고하였다.

3. 이 법원의 판단

도로교통법 제119조 제3항은 그 법 제118조에 의하여 범칙금 납부통고서를 받은 사람이 그 범칙금을 납부한 경우 그 범칙행위에 대하여 다시 벌받지 아니한다고 규정하고 있는바, 이는 범칙금의 납부에 확정재판의 효력에 준하는 효력을 인정하는 취지로 해석할 것이다(대법원 1986. 2. 25. 선고 85도2664 판결 참조).

그런데 도로교통법 제117조는 도로교통법위반죄 중 특정된 일부의 죄를 범칙행위로 규정함과 아울러 범칙행위를 한 사람 중 일정한 사람을 범칙자로 규정하고 있고, 그 법 제118조는 경찰서장은 범칙자로 인정되는 사람에 대하여는 그 이유를 명시한 범칙금납부통고서로 범칙금을 납부할 것을 통고할 수 있다고 규정하고 있으며, 그 법 제119조 제1항은 위의 규정에 의하여 범칙금납부통고서를 받은 사람은 10일 이내에 범칙금을 경찰청장이 지정하는 국고은행, 그 지점이나 대리점 또는 우체국에 납부하여야 한다고 규정하고 있고, 그 법 제119조 제3항은 위의 규정 등에 의하여 범칙금을 납부한 사람은 그 범칙행위에 대하여 다시 벌받지 아니한다고 규정하고 있으며, 그 법 제120조 제1항은 납부기간 내에 범칙금을 납부하지 아니한 사람에 대하여 경찰서장은 즉결심판을 청구하도록 규정하고 있다.

범칙금의 통고 및 납부 등에 관한 그 규정들의 내용과 취지에 비추어 볼 때, 교통범칙금제도는 도로교통법에 위반된 행위에 대하여 범칙을 정하면서 특정된 비교적 경미한 위반행위에 대하여는 형사절차에 앞서 행정적 처분에 의하여 일정액의 범칙금을 납부하는 기회를 부여하여 그 범칙금을 납부한 자에 대하여는 기소를 하지 아니하고 사건을 신속, 간이하게 처리하는 절차로서 법원이 공판절차를 통하여 기소된 범죄사실의 유무를 심리, 판단하는 재판절차와는 제도적 취지 및 법적 성질면에서 크나큰 차이가 있다고 할 것이다.

또한, 원래 확정판결의 기판력이 확정판결에서 인정된 범죄사실과 공소사실의 동일성이 인정되는 범죄사실에까지 미치게 된다고 보는 것은 공소가 제기된 범죄사실과 공소사실의 동일성이 인정되는 범죄사실은 언제든지 공소장 변경을 통하여 법원의 심판의 대상이 되어 유죄판결을 받을 위험성이 있다는 점을 근거로 한 것인데, 범칙자가 범칙행위로 인하여 범칙금의 통고를 받아 이를 납부하는 경우에는 법원의 공판절차가 개시되는 바가 없으므로 범칙금의 납부로 인하여 다시 벌받지 아니하게 되는 범죄의 범위를 확정판결에서 기판력이 미치는 범위와 동일하게 보아야 할 근거가 없게 된다.

위와 같은 사정에다 도로교통법 제119조 제3항이 범칙행위로 인하여 범칙금의 통고를 받고 범칙금을 납부한 경우에는 그 범칙행위에 대하여 다시 벌받지 아니한다고 명시적으로 규정하여 이중의 처벌이 금지되는 대상을 당해 범칙행위로 한정하고 있는 점을 감안하여 볼 때,

범칙자가 경찰서장으로부터 범칙행위를 하였음을 이유로 범칙금의 통고를 받고 납부기간 내에 그 범칙금을 납부한 경우 범칙금의 납부에 확정판결에 준하는 효력이 인정됨에 따라 다시 벌받지 아니하게 되는 행위사실은 범칙금 통고의 이유에 기재된 당해 범칙행위자체 및 그 범칙행위와 동일성이 인정되는 범칙행위에 한정된다고 해석함이 상당하다고 할 것이므로 범칙행위와 같은 때, 곳에서 이루어진 행위라 하더라도 범칙행위의 동일성을 벗어난 형사범죄행위에 대하여는 범칙금의 납부에 따라 확정판결의 효력에 준하는 효력이 미치지 아니한다고 할 것이다.

그런데 피고인이 범칙금의 통고처분을 받게 된 범칙행위는 피고인이 공소사실 기재의 일시, 장소에서 승용차를 운전하여 진행함에 있어 단지 안전운전의 의무를 불이행하였다는 것임에 반하여, 피고인에 대한 이 사건 교통사고처리특례법위반죄의 범죄행위사실은 피고인이 공소사실 기재의 일시, 장소에서 승용차를 운전하다 중앙선을 침범한 과실로 사고를 일으켜 피해자에게 부상을 입게 하였다는 것인바, <u>위의 범칙행위와 공소가 제기된 이 사건 범죄행위사실은 시간, 장소에 있어서는 근접하여 있는 것으로 볼 수 있으나 범죄의 내용이나 행위의 태양, 피해법익 및 죄질에 있어 현격한 차이가 있어 동일성이 인정되지 아니하고 별개의 행위라고 할 것이어서 피고인이 안전운전의 의무를 불이행하였음을 이유로 통고처분에 따른 범칙금을 납부하였다고 하더라도 피고인을 교통사고처리특례법 제3조 위반죄로 처벌한다고 하여 도로교통법 제119조 제3항에서 말하는 이중처벌에 해당한다고 볼 수 없다</u>(대법원 1983. 7. 12. 선고 83도1296 판결 참조).

2. 일사부재리의 효력의 적용범위

가. 인적(주관적) 범위

〈당해 피고인에 대한 효력 발생〉

대법원 2012. 6. 14. 선고 2011도15653 판결

<u>형사재판에 있어서 이와 관련된 다른 형사사건의 확정판결에서 인정된 사실은 특별한 사정이 없는 한 유력한 증거자료가 되는 것이나, 당해 형사재판에서 제출된 다른 증거 내용에 비추어 관련 형사사건의 확정판결에서의 사실판단을 그대로 채택하기 어렵다고 인정될 경우에는 이를 배척할 수 있다</u>(대법원 2002. 10. 25. 선고 2002도3328 판결 등 참조). … 원심은 **피고인**

이 공소외 1, 2 등과 공동하여 ○○고등학교에서 공소외 3을 때려 사망에 이르게 하였음에도 공소외 2 등에 대한 상해치사 등 피고사건에서 증인으로 출석하여 '피고인은 ○○고등학교에서 공소외 3을 때린 사실이 없고, 피고인과 공소외 1은 공소외 3의 사망과 아무런 관련이 없다'는 취지로 허위의 진술을 하여 위증하였다는 이 부분 공소사실에 대하여, '피고인과 공소외 1이 성명불상자 2인과 공동하여 공소외 3을 수원역에서 ○○고등학교로 끌고 가 폭행하고, 피고인은 공소외 3을 마구 때려 외상성 경막하출혈로 사망에 이르게 하였다'는 내용의 유죄판결이 확정되기는 하였으나, 위 유죄의 확정판결이 내려지게 된 결정적인 증거는 피고인과 공소외 1의 수사기관 및 제1심 법정에서의 자백 진술과 공소외 1의 항소심 증언이 유일한데, 위와 같은 피고인과 공소외 1의 자백 진술은 범행에 이르게 된 동기, 수원역에서 ○○고등학교까지 가게 된 경위 내지 과정, ○○고등학교에 도착한 이후부터 사건 현장에 이르기까지의 이동 방식 및 그 경로, 폭행 당시의 구체적인 행동 양태와 범행 이후의 제반 정황, 폭행 시각과 사망추정 시각의 불일치, 피고인과 공소외 1이 자백을 번복하게 된 경위 등 그 판시와 같은 여러 사정에 비추어 그 신빙성을 쉽사리 인정하기 어렵고, 달리 피고인의 이 부분 증언이 합리적인 의심의 여지가 없을 정도로 허위의 진술이라고 인정할 만한 충분한 증거가 없다고 보아 이 부분 공소사실을 무죄로 판단하였다. … 원심의 위와 같은 판단은 정당한 것으로 수긍이 가고, 거기에 상고이유 주장과 같이 확정판결의 증명력에 관한 법리를 오해하거나 논리와 경험칙에 반하여 자유심증주의의 한계를 벗어나는 등의 위법이 없다.

나. 물적(객관적) 범위

대법원 1994. 3. 22. 선고 93도2080 전원합의체 판결 <표준> 「공소사실이나 범죄사실의 동일성은 형사소송법상의 개념이므로 이것이 형사소송절차에서 가지는 의의나 소송법적 기능을 고려하여야 할 것이고, 따라서 두 죄의 기본적 사실관계가 동일한가의 여부는 그 규범적 요소를 전적으로 배제한 채 순수하게 사회적, 전법률적인 관점에서만 파악할 수는 없고, 그 자연적, 사회적 사실관계나 피고인의 행위가 동일한 것인가 외에 그 규범적 요소도 기본적 사실관계 동일성의 실질적 내용의 일부를 이루는 것이라고 보는 것이 상당하다.」

대법원 2019. 4. 25. 선고 2018도20928 판결 「피고인 1, 피고인 3은 2017. 5. 10. 의정부지방법원 고양지원에서 표시·광고의 공정화에 관한 법률 위반죄로 벌금 각 100만 원의 약식명령을 받아 확정되었는데, 그 범죄사실은 '위 피고인들이 2013. 9.경부터 2016. 7. 21.까지 병원 시술상품을 판매하는 배너광고를 게시하면서 배너의 구매 개수와 시술후기를 허위로 게시하였다.'는 것이다. 한편 위 피고인들에 대한 이 사건 공소사실의 요지는 '위 피고인들이 영리를 목적으로 2013. 12.경부터 2016. 7.경까지 병원 시술상품을 판매하는 배너광고를 게시하는 방법으로 총 43개 병원에 환자 50,173명을 소개·유인·

알선하고, 그 대가로 환자들이 지급한 진료비 3,401,799,000원 중 15~20%인 608,058,850원을 수수료로 의사들로부터 지급받았다.'는 것이다. 이 사건 공소사실에 따른 의료법 위반죄는 병원 시술상품 광고를 이용하였다는 점에서 위와 같이 유죄로 확정된 위 표시광고법 위반죄의 범죄사실과 일부 중복될 뿐이고, 거짓·과장의 표시·광고, 기만적인 표시·광고를 행위태양으로 하고, 부당한 표시·광고를 방지하고 소비자에게 바르고 유용한 정보를 제공토록 함으로써 공정한 거래질서를 확립하고 소비자를 보호하려는 입법 목적을 갖고 있는 위 표시광고법 위반죄와 달리 영리를 목적으로 환자를 소개·알선·유인하는 것을 행위태양으로 하고, 영리 목적의 환자유인행위를 금지함으로써 의료기관 주위에서 환자유치를 둘러싸고 금품 수수 등의 비리가 발생하는 것을 방지하고 나아가 의료기관 사이의 불합리한 과당경쟁을 방지하려는 입법 목적을 갖고 있는 등 행위의 태양이나 피해법익 등에 있어 전혀 다르고, 죄질에도 현저한 차이가 있어 위 표시광고법 위반죄의 범죄사실과 동일성이 있다고 보기 어렵고, 1죄 내지 상상적 경합관계에 있다고 볼 수도 없다. 따라서 피고인 1, 피고인 3이 위 표시광고법 위반죄의 약식명령이 확정되었다고 하여 그 기판력이 이 사건 공소사실에까지 미치는 것은 아니므로, 원심이 위 피고인들에 대한 이 사건 공소사실을 유죄로 판단한 데에 일사부재리의 원칙을 위반한 위법이 없다.」

〈포괄일죄의 관계에 있는 범행 일부에 대하여 판결이 확정된 경우〉

대법원 2020. 5. 14. 선고 2020도1355 판결

포괄일죄의 관계에 있는 범행 일부에 대하여 판결이 확정된 경우에는 사실심 판결선고 시를 기준으로 그 이전에 이루어진 범행에 대하여는 확정판결의 기판력이 미쳐 면소의 판결을 선고하여야 할 것인데, 동일 죄명에 해당하는 여러 개의 행위 혹은 연속된 행위를 단일하고 계속된 범의하에 일정 기간 계속하여 행하고 그 피해법익도 동일한 경우에는 이들 각 행위를 통틀어 포괄일죄로 처단하여야 할 것이나, 범의의 단일성과 계속성이 인정되지 아니하거나 범행방법 및 장소가 동일하지 않은 경우에는 각 범행은 실체적 경합범에 해당한다(대법원 2013. 5. 24. 선고 2011도9549 판결 등 참조). …

1) 확정된 위 각 약식명령은 영업이 아닌 단순 성매매장소 제공행위 범행으로 처벌된 것이고, 이 사건 역시 영업이 아닌 단순 성매매장소 제공행위 범행으로 기소된 것이어서 그 구성요건의 성질상 동종 행위의 반복이 예상되는 경우라고 볼 수 없다. 또한 성매매장소 제공행위와 성매매알선행위의 경우 성매매알선행위가 장소제공행위의 필연적 결과라거나 반대로 장소제공행위가 성매매알선행위에 수반되는 필연적 수단이라고 볼 수도 없다.

2) 확정된 위 각 약식명령의 장소제공행위는 2017. 8. 31. 하루 동안 1심 공동피고인 3에게 임료를 월 70만 원으로 정하여 임대하였다는 것과 2018. 6. 18. 하루 동안 공소외인에게 임

료를 월 100만 원으로 정하여 임대하였다는 것이고, 이 사건 공소사실의 장소제공행위는 그와 다른 시기에 원심공동피고인 1에게 임료를 월 300만 원으로 정하여 임대하였다는 것으로, 별개의 법률관계인 각각의 임대차계약이 그 시기를 달리하여 존재하고, 임대차계약의 중요한 내용인 임차인과 임료 등이 모두 다르다.

3) 확정된 위 각 약식명령과 이 사건 범행의 장소제공행위는, 장소를 제공받은 성매매업소 운영주가 성매매알선 등 행위로 단속되어 기소·처벌을 받는 과정에서 함께 처벌을 받게 된 것으로, 피고인은 그때마다 새로운 성매매업소 운영주와 사이에 다시 임대차계약을 체결하여 온 것으로 보인다.

4) 한편 위와 같이 피고인이 수사기관의 단속 등으로 인해 새로운 임대차계약을 체결하여 온 것으로 보이는 이상, 그와 같이 성매매장소를 제공한 수 개의 행위가 동일한 범죄사실이라고 쉽게 단정하여 포괄일죄로 인정을 하면, 자칫 범행 중 일부만 발각되어 그 부분만 공소가 제기되어 확정판결을 받게 된 후에는 나중에 발각된 부분을 처벌하지 못하여 그 행위에 합당한 기소와 양형이 불가능하게 될 수 있는 불합리가 나타나 이 사건 처벌규정을 둔 입법취지가 훼손될 여지도 있다.

다. 이러한 사정을 앞서 본 법리에 비추어 살펴보면, 원심으로서는 위와 같은 사정을 염두에 두고 이 사건 공소사실과 확정된 위 각 약식명령의 범죄사실에 있어 범의의 단일성과 계속성이 인정되는지 등을 살펴본 다음 확정된 위 각 약식명령의 범죄사실과 이 사건 공소사실이 동일사건에 해당하여 포괄일죄 관계에 있는지를 가려 그 확정판결의 기판력이 이 부분 공소사실에 미치는지를 판단하였어야 할 것이다.

대법원 1991. 10. 8. 선고 91도1874 판결

피고인이 위와 같이 유죄의 확정판결들을 받은 사실과 각 그 범행의 일시. 수단. 방법 등에 비추어 볼 때, 피고인이 저지른 이 사건 특수절도죄 및 절도죄와 위 '확정판결을 받은 특수절도죄'는 모두 피고인의 절도의 습벽이 발현된 것이라고 봄이 상당하므로, 이 사건 특수절도죄 및 절도죄와 위 '확정판결을 받은 특수절도죄'는 포괄하여 실체법상 1개의 죄인 상습특수절도만을 구성하는 것이라고 보아야 할 것이고, 따라서 위 확정판결의 효력은 피고인이 그 확정판결을 받기 전에 범한 이 사건 특수절도죄 및 절도죄에 대하여도 미치게 되는 것이므로, 이 점 각 공소사실에 대하여는 면소의 판결을 선고하였어야 할 것이다.

<상습범으로서 포괄적 일죄의 관계에 있는 범죄사실 중 일부에 대하여 유죄판결이 확정된 경우 나머지 범죄에 대하여 면소판결을 선고하기 위한 요건>

대법원 2004. 9. 16. 선고 2001도3206 전원합의체 판결 <표준>

1. 원심은, 이 사건 공소사실 중, 전에 사기죄로 유죄판결(인천지방법원 부천지원 1998. 3. 6. 선고 97고단1587 판결)이 확정된 사건의 사실심 선고 전에 저질러진 부분, 즉 피고인이 1996. 12. 30.부터 1998. 1. 17.까지 사이에 피해자 공소외 1, 공소외 2, 공소외 3, 공소외 4, 공소외 5, 공소외 6 등으로부터 그 판시와 같이 신공항구조물공사 동업자금, 공사현장 식당경비와 운영권 명목, 또는 토지분양대금 명목 등으로 합계 1억 원 남짓의 금원을 편취하였다는 각 사기범행 부분에 대하여, 판결이 확정된 범죄사실과 위 공소사실 부분은 그 범행의 동기, 수단 및 방법이 유사하고 2년여 기간 동안에 반복하여 행하여진 점 등에 비추어 각 사기 범행은 모두 피고인의 사기 습벽의 발현에 의하여 저질러진 범행이라고 할 것이어서 다 같이 포괄일죄인 상습사기죄에 해당하므로 위 확정판결의 기판력이 그와 포괄일죄의 관계에 있는 위 공소사실 부분에 대하여도 미친다고 판단하여 위 공소사실 부분에 대한 제1심의 면소판결을 유지하고 검사의 항소를 기각하였다.

2. 그러나 원심의 판단은 다음과 같은 이유로 수긍할 수 없다.

가. 상습범이라 함은 어느 기본적 구성요건에 해당하는 행위를 한 자가 그 범죄행위를 반복하여 저지르는 습벽 즉 상습성이라는 행위자적 속성을 갖추었다고 인정되는 경우에 이를 가중처벌 사유로 삼고 있는 범죄유형을 가리킨다. 그리고 이러한 상습성을 갖춘 자가 여러 개의 죄를 반복하여 저지른 경우에는 각 죄를 별죄로 보아 경합범으로 처단할 것이 아니라 그 모두를 포괄하여 상습범이라고 하는 하나의 죄로 처단하는 것이 상습범의 본질 또는 상습범 가중처벌규정의 입법취지에 부합한다는 점은 일찍부터 대법원이 견지하여 온 견해이다(대법원 1978. 2. 14. 선고 77도3564 전원합의체 판결 등 다수).

나. 상습범으로서 포괄적 일죄의 관계에 있는 여러 개의 범죄사실 중 일부에 대하여 유죄판결이 확정된 경우에, 그 확정판결의 사실심판결 선고 전에 저질러진 나머지 범죄에 대하여 새로이 공소가 제기되었다면 그 새로운 공소는 확정판결이 있었던 사건과 동일한 사건에 대하여 다시 제기된 데 해당하므로 이에 대하여는 판결로써 면소의 선고를 하여야 하는 것인바(형사소송법 제326조 제1호), 다만 이러한 법리가 적용되기 위해서는 전의 확정판결에서 당해 피고인이 상습범으로 기소되어 처단되었을 것을 필요로 하는 것이고, 상습범 아닌 기본

구성요건의 범죄로 처단되는 데 그친 경우에는, 가사 뒤에 기소된 사건에서 비로소 드러났거나 새로 저질러진 범죄사실과 전의 판결에서 이미 유죄로 확정된 범죄사실 등을 종합하여 비로소 그 모두가 상습범으로서의 포괄적 일죄에 해당하는 것으로 판단된다 하더라도 뒤늦게 앞서의 확정판결을 상습범의 일부에 대한 확정판결이라고 보아 그 기판력이 그 사실심판결 선고 전의 나머지 범죄에 미친다고 보아서는 아니된다.

확정판결의 기판력이 미치는 범위를 정함에 있어서는 그 확정된 사건 자체의 범죄사실과 죄명을 기준으로 하는 것이 원칙이고 비상습범으로 기소되어 판결이 확정된 이상, 그 사건의 범죄사실이 상습범 아닌 기본 구성요건의 범죄라는 점에 관하여 이미 기판력이 발생하였다고 보아야 할 것이며, 뒤에 드러난 다른 범죄사실이나 그 밖의 사정을 부가하여 전의 확정판결의 효력을 검사의 기소내용보다 무거운 범죄유형인 상습범에 대한 판결로 바꾸어 적용하는 것은 형사소송의 기본원칙에 비추어 적절하지 않기 때문이다.

다. 그러므로 과거에 이와 다르게, 상습범으로서 포괄일죄 관계에 있는 죄 중 일부에 대하여 유죄의 확정판결이 있고, 그 나머지 부분 즉 확정판결의 사실심 선고 전에 저질러진 범행이 나중에 기소된 경우에, 그 확정판결의 죄명이 상습범이었는지 여부를 고려하지 아니하고, 단지 확정판결이 있었던 죄와 새로 기소된 죄 사이에 상습범인 관계가 인정된다는 이유만으로 확정판결의 기판력이 새로 기소된 죄에 미친다고 판시하였던 대법원의 판결들(대법원 1978. 2. 14. 선고 77도3564 전원합의체 판결, 2002. 10. 25. 선고 2002도1736 판결 등 다수)은 이 판결의 견해와 어긋나는 범위 내에서 이를 모두 변경하기로 한다.

> [별개의견] 원래 '상습성'이란 '행위자의 속성'이라는 점에는 학설·판례상 이론이 없고 다수의견도 이를 받아들이고 있는바, 이는 곧 단 한번 저질러진 범행이라도 그것이 상습성의 발현에 의한 것이라면 상습범이 된다는 것이어서 상습범이 성립하기 위하여는 반드시 수개의 범행이 반복될 것을 그 구성요건요소로 하거나 예정하고 있는 것은 아니므로 상습성이 발현된 수개의 범행이 있는 경우에 각개의 범행 상호간에 보호법익이나 행위의 태양과 방법, 의사의 단일 또는 갱신 여부, 시간적·장소적 근접성 등 일반의 포괄일죄 인정의 기준이 되는 요소들을 전혀 고려함이 없이 오로지 '상습성'이라는 하나의 표지만으로 곧 모든 범행을 하나로 묶어 포괄하여 일죄라고 할 수는 없으므로 수개의 상습사기 범행은 원칙으로 수개의 죄로 보아야 한다.
>
> [반대의견] 포괄일죄인 상습사기죄의 일부에 관하여 유죄의 확정판결이 있더라도 단순사기죄로 처벌된 것인가, 상습사기죄로 처벌된 것인가에 따라 기판력이 미치는 범위가 달라진다고 하는 다수의견에는 다음과 같은 이유로 찬성할 수 없는바, 첫째 다수의견은 공소불가분

의 원칙을 규정하고 있는 형사소송법 제247조 제2항과 일사부재리의 원칙을 규정하고 있는 헌법 제13조 제1항 후단 및 형사소송법 제326조 제1호에 반하는 것으로 다수의견이 기존에 확립된 판례를 변경하는 것은 법령의 해석·적용에 관하여 선택할 수 있는 여러 견해 중 하나를 선택하는 차원의 범위를 넘어선 것이고, 둘째 후에 공소제기된 사건에 관하여 확정판결이 있었는지 여부는 그 사건의 공소사실의 전부 또는 일부에 대하여 이미 판결이 있었는지 여부의 문제이고, 이는 전의 확정판결의 죄명이나 판단내용에 의하여 좌우되는 것이 아니므로 이론상으로도 전의 확정판결에서 단순사기죄로 판단한 것의 구속력을 인정할 여지는 없고, 단순사기죄의 확정판결에 그와 같은 내용적 확정력을 인정할 법령상의 근거 역시 찾아볼 수 없으며, 셋째 다수의견이 기판력이 미치는 범위를 기본적으로 공소장 기재 사실을 한도로 하는 것은 소인개념을 채택하고 있지 아니하는 현행법상으로는 무리한 해석이다.

대법원 2015. 6. 23. 선고 2015도2207 판결 「확정판결의 기판력이 미치는 범위는 그 확정된 사건 자체의 범죄사실과 죄명을 기준으로 정하는 것이 원칙이므로, 그 전의 확정판결에서 조세범 처벌법 제10조 제3항 각 호의 위반죄로 처단되는 데 그친 경우에는, 설령 확정된 사건 자체의 범죄사실이 뒤에 공소가 제기된 사건과 종합하여 이 사건 법률조항 위반의 포괄일죄에 해당하는 것으로 판단된다 하더라도, 뒤늦게 앞서의 확정판결을 위 포괄일죄의 일부에 대한 확정판결이라고 보아 기판력이 그 사실심판결 선고 전의 이 사건 법률조항 위반 범죄사실에 미친다고 볼 수 없다. 이에 비추어 보면, 위 피고인이 주장하는 종전 확정판결은 조세범 처벌법 위반죄로 처벌된 것으로서, 설령 위 확정판결의 범죄사실이 뒤에 공소 제기된 이 사건 법률조항 위반 범죄사실 부분과 포괄일죄에 해당하는 것으로 볼 수 있다 할지라도, 위 확정판결의 기판력은 이 사건 법률조항(특정범죄 가중처벌 등에 관한 법률 제18조의2 제1항)을 적용하여 공소 제기된 이 사건 법률조항 위반 범죄사실 부분에는 미치지 아니한다.」

대법원 2017. 9. 21. 선고 2017도11687 판결 「피고인 1에 대하여 유죄판결이 확정된 울산지방법원 2015. 11. 20. 선고 2015고정1165 판결(이하 '확정판결'이라고 한다)의 범죄사실 중에는 "피고인 1이 2015. 4. 16. 13:30경부터 15:00경 사이에 울산 울주군 (주소 생략)에 있는 ○○○○ 사무실에 찾아와 피해자 공소외 2, 공소외 3과 일반직원들이 근무를 하고 있음에도 피해자들에게 '배웠다는 놈들이 좆같은데 와서, 니네 부모가 불쌍하다, 마음 같아서는 부모 욕이라도 하고 싶다'라고 욕설을 하는 등 큰소리를 지르고 돌아다니는 등 위력으로 피해자들의 회사 업무를 방해하였다."라는 업무방해죄의 범죄사실이 포함되어 있다. 이 사건 업무방해의 점과 확정판결 중 업무방해죄의 범죄사실은 그 범행일시와 장소가 동일하다. 범행시간에 근소한 차이가 있으나 같은 시간대에 있었던 일이라고 보아도 무리가 없다. 각 범행내용 역시 이 사건 업무방해의 점은 '직원들을 상대로 행패를 부렸다'는 것이고, 확정판결의 범죄사실은 '직원들이 근무를 하고 있는데도 욕설을 하는 등 큰소리를 지르고 돌아다녔다'는 것으로 본질적으로 다르지 않다. 결국 이 사건 업무방해의 점과 확정판결의 범죄사실은 동일한 기회에, 동일한 장소에서 다수의 피해자를 상대로 한 위력에 의한 업무방해행위로서 사회관념상 1개의 행위로 평가할 여지가 충분하다. 그렇다면 양자는 상상적 경합 관계에 있고, 확정판결의 기판력은 이 사건 업무방해의 점에도 미친다고 보아야 한다.」

〈보충소송의 허용 여부 : 소극〉

대법원 1990. 3. 9. 선고 89도1046 판결

이 사건 공소사실의 요지는, 피고인의 1988.5.20. 17:00경에 인천시 송림동 소재 공소외 1 경영의 포장주점에서 술주정을 하던 중 그곳의 손님인 피해자 공소외 2(남 29세)와 시비를 벌여 주먹으로 피해자의 얼굴을 1회 때리고 멱살잡이를 하다가 위 포장주점 밖으로 끌고 나와 주먹과 발로 피해자의 복부 등을 수회 때리고 차 피해자로 하여금 그 이튿날 19:30경 외경상 장간막 파열로 인한 출혈로 사망케 한 것이라는 것인바, 원심은 피고인이 1988.5.21. 인천지방법원에서 피고인은 1988.5.20. 17:00경부터 23:00경 까지 사이에 술에 취해 인천시 송림동 소재 포장주점에 찾아와 하등 이유 없이 동 주점손님들에게 이 새끼들, 나를 몰라보느냐 누구든지 싸움을 해보자고 시비를 걸고 주먹과 드라이버로 술탁상을 마구치는 등 약 6시간동안 악의적으로 영업을 방해하였다는 사실로 경범죄처벌법 제1조 제12호, 제24호, 제25호, 위반으로 구류 5일의 처분을 받아 확정된 사실이 있다고 인정하고 이건 공소사실과 위 즉결심판의 범죄사실은 동일한 피고인이 동일한 일시 장소에서 술에 취하여 그 주점의 손님들에게 시비를 걸고 행패를 부린 사실에 관한 것으로 양사실의 기초가 되는 사회적 사실관계가 기본적인 점에서 동일하기 때문에 이건 공소사실에 대하여는 이미 확정판결이 있었다고 보아야 한다.

다. 시간적 범위

〈포괄일죄 : 사실심리의 가능성이 있는 최후의 시점인 판결선고시〉

대법원 1973. 8. 31. 선고 73도1366 판결

여러 절도행위가 포괄적일죄인 상습특수절도의 단순일죄를 구성하는 경우에 있어서는 상습특수절도사건의 공소의 효력과 판결의 확정력은 사실심리의 가능성이 있는 최후의 시점인 판결선고시를 기준으로 하여 가리게 되고 그때까지에 행하여진 행위에 관하여는 공소의 효력과 판결의 기판력이 미치게 되는 것이므로 논지가 말하는 바와 같이 본건 범행이 별건인 전주지방법원 72고합 67사건의 판결선고전의 행위이고 또 그 별건의 범행사실과 포괄적일죄의 관계에 있기 때문에 그 별건의 판결의 기판력이 본건 범행사실에 미치게 된다면 본건 범행사실에 대하여는 면소의 판결을 하여야 할 것인바, 일건기록에 의하면 원심이 위 별건기록을 취기하여 그 판결의 범죄사실을 피고인에게 읽어준 사실만을 엿볼 수 있을 뿐이고 위 별건의 범행사실과 본건 범행사실과를 대조검토하여 위 별건의 판결의 기판력이 본건 범행사실에 미치는 여부를 규명한 흔적을 찾아볼 수 없으므로 원심은 이 점에 관한 심리를 다하지 아니한 위법을 범하였을 뿐만 아니라 이 점에 관한 판단을 유탈한 위법을 범하였으므로 원판결은 파기를 면하지 못할 것이다.

〈포괄일죄에서 범죄사실의 일죄성의 분리〉

대법원 2000. 3. 10. 선고 99도2744 판결 〈표준〉

상습범에 있어서 공소제기의 효력은 공소가 제기된 범죄사실과 동일성이 인정되는 범죄사실의 전체에 미치는 것이므로 상습범의 범죄사실에 대한 공판심리중에 그 범죄사실과 동일한 습벽의 발현에 의한 것으로 인정되는 범죄사실이 추가로 발견된 경우에는 검사는 공소장변경절차에 의하여 그 범죄사실을 공소사실로 추가할 수 있다고 할 것이나(대법원 1996. 10. 11. 선고 96도1698 판결, 1999. 11. 26. 선고 99도3929, 99감도97 판결 등 참조), 공소제기된 범죄사실과 추가로 발견된 범죄사실 사이에 그것들과 동일한 습벽에 의하여 저질러진 또다른 범죄사실에 대한 유죄의 확정판결이 있는 경우에는 전후 범죄사실의 일죄성은 그에 의하여 분단되어 공소제기된 범죄사실과 판결이 확정된 범죄사실만이 포괄하여 하나의 상습범을 구성하고, 추가로 발견된 확정판결 후의 범죄사실은 그것과 경합범 관계에 있는 별개의 상습범이 되므로(대법원 1982. 12. 28. 선고 82도2500 판결, 1994. 8. 9. 선고 94도1318 판결 참조), 검사는 공소장변경절차에 의하여 이를 공소사실로 추가할 수는 없고 어디까지나 별개의 독립된 범죄로 공소를 제기하여야 할 것이다.

기록에 의하면, 검사는 원심에서 피고인이 1999. 3. 5. 안양시 만안구 안양 5동에 있는 식당에서 피해자 1을 밀어 넘어뜨려 폭행을 가하였다는 범죄사실과 피고인이 상습으로 1997. 6. 14. 안양시 만안구 안양 4동에 있는 포장마차에서 피해자 2에게 의자를 집어던져 그에게 3주간의 치료를 요하는 상해를 가하였다는 이 사건 공소사실이 다 같이 피고인의 폭행습벽의 발현에 의한 것이라는 이유로 전자의 범죄사실을 이 사건 공소사실에 추가하는 공소장변경 허가신청을 하고 있음이 분명하다(기록 113~114면).

그런데 원심판결 이유에 의하면, 피고인은 공소장변경에 의하여 추가하고자 하는 전자의 범행 이전인 1998. 8. 11. 인천지방법원에서 폭력행위등처벌에관한법률위반죄로 징역 8월을 선고받았다가 그 판결이 같은 해 11월 11일 확정된 바 있는데, 판결이 확정된 위 범죄사실은 그 판결 선고 전에 저질러진 이 사건 공소사실과 동일한 폭행습벽의 발현에 의하여 저질러진 것이라는 것이므로, 검사가 공소장변경에 의하여 추가하고자 하는 전자의 범죄사실과 이 사건 공소사실의 일죄성은 위 확정판결에 의하여 분단되어 이 사건 공소사실과 판결이 확정된 위 범죄사실만이 포괄하여 하나의 상습범을 구성하고, 그 판결 확정 후에 저질러진 전자의 범죄사실은 어디까지나 그것과 별개의 상습범이 될 뿐이라고 할 것이다.

그렇다면 검사는 전자의 범죄사실을 별개의 독립된 범죄로 공소제기하는 것은 몰라도 공소장변경절차에 의하여 이를 공소사실로 추가할 수는 없다고 할 것이니, 원심이 검사의 공소장변경을 허가하지 아니한 채 원래의 공소사실에 대하여서만 심리·판단하여 면소를 선고한 조치는 수긍이 가고, 거기에 공소장변경에 관한 법리를 오해하여 필요한 심리를 다하지 아니한 위법이 있다고 할 수 없다.

대법원 2017. 4. 28. 선고 2016도21342 판결 〈표준〉

처음 공소제기된 범죄사실과 위 약식명령이 확정된 범죄사실은 모두 범행일자만 다를 뿐 같은 장소에서 영업신고를 하지 아니하고 동일한 음식점 영업행위를 하였다는 것이어서 이른바 영업범으로서 포괄일죄의 관계에 있는 한편, 원심에서 공소장변경절차에 의하여 변경된 범죄사실은 위 약식명령 확정 후인 '2016. 1. 28.부터 2016. 8. 18.까지' 이루어진 음식점 영업행위에 관한 것이어서 처음 공소제기된 범죄사실과 동일성이 없는 별개의 범죄이다. 따라서 검사는 위 기간의 음식점 영업행위에 관하여 별도로 공소를 제기하여야 하고, 공소장변경절차에 의하여 범죄사실의 법행일자를 위 기간으로 변경하거나 위 기간의 범죄사실을 추가할 수는 없다.

대법원 1986. 2. 25. 선고 85도2767 판결 「상습범과 같은 이른바 포괄적 일죄는 그 중간에 별종의 범죄에 대한 확정판결이 끼어 있어도 그 때문에 포괄적 법죄가 둘로 나뉘는 것은 아니라고 할 것이고, 또 이 경우에는 그 확정판결후의 범죄로서 다루어야 할 것이다.」

〈약식명령의 기판력의 시적 범위 : 발령시〉

대법원 1984. 7. 24. 선고 84도1129 판결

상습범등 포괄 1죄의 관계에 있는 범행일부에 유죄의 확정판결이 있었다면 그 확정판결의 효력은 포괄 1죄의 관계에 있는 나머지 범행전부에 미치는 것이나 그 판결의 기판력의 시적 범위즉 어느 때 까지의 범죄사실에 관하여 기판력이 미치느냐의 기준시점은 사실심리의 가능성이 있는 최후의 시점인 판결선고시를 기준으로 하여 가리게 되고 판결절차가 아닌 약식 명령은 그 고지를 검사와 피고인에 대한 재판서의 송달에 의하여 하고 따로 선고를 하지 않으므로 약식명령에 있어서는 그 기판력의 시적범위를 약식명령의 송달시를 기준으로할 것인가 또는 그 발령시를 기준으로 할 것인가에 관하여 이론의 여지가 있을 수 있다고 할 것이나 그 기판력의 시적범위를 판결절차와 달리하여야 할 이유가 없으므로 약식명령에 있어서도 그 발령시를 기준으로 한다고 풀이함이 당원의 견해이다(대법원 1979. 2. 27. 선고 79도82 판결; 1981. 6. 23. 선고 81도1437 판결 참조 원심이 드는 대법원 1983. 6. 14. 선고 83도939 판결의 판문은 고지라는 표현을 하고 있기는 하나 판문전체의 취지로 보아 이 고지는 발령의 뜻이라고 보여져 위 판결들의 취지와 같다고 할 것이다).

그렇다면 **이 사건 공소범죄 사실은 위 약식명령이 발령된 1983.8.18 이후의 범행으로서 위 약식명령의 기판력이 미치지 아니하는 것임**이 명백함에도 불구하고 당원판례에 반하여 위 약식명령의 기판력의 시적범위를 그 고지시인 1983.9.9로 하여 그 이전인 1983.9.7의 이 사건 공소범죄사실은 위 약식명령에 따라 이미 확정판결이 있는 때에 해당한다고 판시한 원심 조치에는 필경 약식명령의 기판력의 시적범위에 관한 법리를 오해한 위법이 있어 파기를 면하지 못할 것이므로 상고는 그 이유가 있다고 하겠다.

대법원 2023. 6. 29. 선고 2020도3705 판결

포괄일죄 관계인 범행의 일부에 대하여 판결이 확정된 경우에는 사실심 판결선고 시를 기준으로, 약식명령이 확정된 경우에는 약식명령 발령 시를 기준으로, 그 이전에 이루어진 범행에 대하여는 확정판결의 기판력이 미친다(대법원 1994. 8. 9. 선고 94도1318 판결, 대법원 2009. 2. 26. 선고 2009도39 판결 등 참조). 또한 상상적 경합범 중 1죄에 대한 확정판결의 기판력은 다른 죄에 대하여도 미친다(대법원 2007. 2. 23. 선고 2005도10233 판결 등 참조). 따라서 포괄일죄 관계인 범행의 일부에 대하여 판결이 확정되거나 약식명령이 확정되었는데 그 사실심 판결선고 시 또는 약식명령 발령 시를 기준으로 그 이전에 이루어진 범행이 포괄일죄의 일부에 해당할 뿐만 아니라 그와 상상적 경합관계에 있는 다른 죄에도 해당하는 경우에는 확정된 판결 내지 약식명령의 기판력은 위와 같이 상상적 경합관계에 있는 다른 죄에 대하여도 미친다(대법원 2006. 11. 23. 선고 2006도6273 판결 참조).

<항소심판결의 기판력의 시적 범위 : 항소심판결선고시>

대법원 1983. 4. 26. 선고 82도2829, 82감도612 판결 <표준>

1. 기록에 의하면, 피고인은 단순절도죄로 기소된 별건으로서 부산지방법원 마산지원에서 1981.12.15 벌금 200,000원을 선고받고 항소하여 항소심 계속중인 1982.2.9 2차례에 걸쳐 이 사건 범행에 이르렀던 바, 위 항소된 별건은 1982.4.22 부산지방법원에서 항소가 기각되어 그 판결이 동년 4.30 확정된 사실이 인정된다. 원심은 위 벌금형선고를 받아 확정된 별건의 단순절도죄와 이 사건 상습절도죄는 다같이 절도의 습벽에서 이루어진 것으로서 실체법상 포괄일죄의 관계에 있는 상습절도죄의 일부가 별개로 기소된 것이기 때문에 위 벌금형을 선고받아 확정된 별건 단순절도의 판결의 기판력은 포괄일죄의 관계에 있는 이 사건 공소사실에 대하여도 미치는 것이라고 하여 이 사건 피고인의 형사피고사건에 대하여 면소의 판결을 선고함과 동시에 피고인에 대한 보호감호청구를 기각하고 있다.

2. 먼저 형사판결의 기판력의 시적 범위에 관하여

제1심 판결선고시를 기준으로 하여야 한다는 논지의 주장에 대하여 살피건대, 무릇 공소의 효력과 판결의 확정력은 사실심리의 가능성이 있는 최후의 시점인 판결선고시를 기준으로 하여 가리게 되고 그때까지 행하여진 행위에 대해서만 공소의 효력과 판결의 확정력이 미친다고 함이 당원의 판례로 하는 입장이지만 (당원 1973. 8. 31. 선고 73도1366; 1979. 2. 27. 선고 79도82; 1980. 5. 27. 선고 80도893; 1982. 12. 28. 선고 82도2500 각 판결 참조), 제1심 판결에 대하여 항소가 제기된 경우 사실심리의 가능성이 있는 최후의 싯점이 제1심 판결선고시인가 항소심 판결선고시인가를 결정하기 위해서는 현행 형사항소심의 구조와 관련하여 형사소송의 이념은 물론 형사소송법의 규정, 종전 당원의 판례 및 소송실무상의 요청 등 여러사정을 고려하지 않을 수 없다. …

당원도 이미 현행 형사항소심은 단순한 사후심이 아님을 누차 천명한 바 있고(당원 1963. 10. 22. 선고 64도247; 1966. 3. 3. 선고 65도1229; 1966. 5. 17. 선고 66도125 각 판결 등 참조), 현재의 형사소송실무의 현장에서 보더라도 사무량의 폭주와 구속기간의 제약 때문에 제1심의 공판중심주의나 직접주의에 의한 심리가 충분히 이루어지지 못하여 실체적 진실발견에 부족함이 있고, 양형에 영향을 줄 사유(예컨대 피해배상이나 합의 등)가 제1심 판결 이후에 발생하는 경우가 허다하여 피고인의 이익을 위한다는 점에서도 항소심의 속심으로서의 역할은 등한시될 수 없다고 할 것인바, 앞서 본 사후심적 요소를 도입한 형사소송법의 관계조문들은 다만 남

상소의 폐단을 억제하고 항소법원의 업무부담을 줄여 준다는 소송경제적인 필요에서 항소심의 속심적 성격에 제한을 가하고 있음에 불과하다고 할 것이다(당원 1968. 9. 5. 선고 68도1010 판결 참조), 이상과 같은 여러 가지 점을 종합하여 본다면 형사판결의 기판력의 시적 범위를 정하는 사실심리의 가능성이 있는 최후의 싯점이란 항소심판결선고시라고 봄이 타당하고, 이 기준싯점은 항소심이 항소를 받아들여 파기자판한 경우든 항소를 기각한 경우든 달라질 수 없다고 할 것이므로 그렇다면 위 기준싯점내에 행하여진 모든 범죄행위는 그 단일성과 동일성이 인정되는 한 설사 그 일부만이 기소되었다 하더라도 그 모두에 공소의 효력과 판결의 확정력이 미친다고 보아야 타당할 것인바, 이 사건에서 피고인이 비록 앞서 본바와 같이 단순절도로 기소되었다 하더라도 그 공소의 효력은 상습절도로 기소된 이 사건 범죄사실에 대해서도 미침이 포괄일죄의 법리상 당연하다고 할 것이며, 그런 이유에서 원심이 위 단순절도로 벌금을 선고받아 확정된 피고인에 대한 별건판결의 기판력이 이 사건 공소사실에도 미친다고 하여 피고인에게 면소의 판결을 선고함과 동시에 검사의 보호감호청구를 기각한 조처는 정당하(다).

대법원 1993. 5. 25. 선고 93도836 판결

판결의 확정력은 사실심리의 가능성이 있는 최후의 시점인 판결선고시를 기준으로 하여 그때까지 행하여진 행위에 대하여만 미치는 것으로서, 제1심 판결에 대하여 항소가 된 경우에 판결의 확정력이 미치는 시간적 한계는 현행 형사항소심의 구조와 운용실태에 비추어 볼 때 항소심판결선고시라고 보는 것이 상당하다고 할 터인데(대법원 1983. 4. 26. 선고 82도2829, 82감도612 판결 참조), 이 사건의 경우와 같이 피고인이 항소하였으나 항소이유서를 제출하지 아니하여 결정으로 항소가 기각된 경우에도, 형사소송법 제361조의4 제1항에 의하면 피고인이 항소한 때에는 법정의 기간 내에 항소이유서를 제출하지 아니하였다고 하더라도 판결에 영향을 미친 사실의 오인이 있는 등 직권조사사유가 있으면 항소법원이 직권으로 심판하여 제1심 판결을 파기하고 다시 판결할 수도 있는 것이므로, 이 경우 사실심리의 가능성이 있는 최후의 시점은 항소기각 결정시라고 보는 것이 옳다.

상소 · 비상구제절차 · 특별형사절차

05

PART

CHAPTER

01

상소

제1절 상소 일반

Ⅰ. 상소권

1. 상소권자

〈상소제도의 의의 및 상소권자〉

헌법재판소 1998. 10. 29. 선고 97헌마17 결정

상소제도는 오판(誤判)을 시정하고 법령의 해석·적용의 통일을 목적으로 마련한 제도이다. 따라서 상소권은 제도의 성질상 원칙적으로 소송당사자에게만 허용된다. 형사소송의 당사자는 형사소추권을 행사하는 자(검사)와 형사소추를 당한 자(피고인)이다. 이 법률조항이 상소권자를 검사 또한 피고인에게만 한정하고 있는 것은 형사피해자는 소송의 당사자가 아니므로 당사자인 검사와 피고인만 상소권이 있다고 규정한 것이다.

형사재판에서 상소권자의 범위를 규정하는 문제에 대한 해답 또한 헌법에 명문이 없는 한 입법정책에 맡겨져 있는 것이다. 다만, 형사소송법 제340조, 제341조는 당사자 이외의 상소권자로서 피고인의 법정대리인, 배우자, 직계친족, 형제자매, 호주 또는 원심의 대리인이나 변호인 등을 열거하고 있으나, 이들의 상소권은 피고인이 상소권을 행사하지 못하거나 아니하는 경우를 예상한 보완규정에 불과하다. 요컨대, 형사피해자에게 따로 상소권을 인정하지 아니한 것은 공익의 대표자인 검사로 하여금 객관적으로 공정하게 판결에 대한 상소 여부를 판단하게 하는 것이 앞서 본 상소제도를 마련한 목적을 달성할 수 있는 정당성·합리성을 갖춘 수단이기 때문이다.

따라서 <u>전문지식이 없고 개인감정에 치우칠 수 있는 형사피해자에게 상소권을 인정하지 아니한 이 법률조항은 입법재량의 한계를 벗어난 것이 아니므로 헌법에 위반된다고 볼 수 없다.</u>

대법원 2023. 4. 21.자 2022도16568 결정 「검사가 상고한 경우에는 상고법원에 대응하는 검찰청 소속 검사가 소송기록접수통지를 받은 날로부터 20일 이내에 그 이름으로 상고이유서를 제출하여야 한다. 다만 상고를 제기한 검찰청 소속 검사가 그 이름으로 상고이유서를 제출하여도 유효한 것으로 취급되지만, 이 경우 상고를 제기한 검찰청이 있는 곳을 기준으로 법정기간인 상고이유서 제출기간이 형사소송법 제67조에 따라 연장될 수 없다. 이러한 법리는 군검사가 상고한 경우에도 마찬가지로 적용된다.」 (원심법원에 대응하는 해군검찰단 고등검찰부 소속 군검사가 상고를 제기하였고, 이 법원이 대검찰청 소속 검사에게 소송기록접수통지를 하여 2022. 12. 27. 송달되었는데, 상고를 제기한 해군검찰단 고등검찰부 소속 군검사는 상고이유서 제출기간이 지난 2023. 1. 17. 상고이유서를 제출하였으며, 상고장에도 구체적인 불복이유를 기재하지 않은 사안)

대법원 1998. 3. 27. 선고 98도253 판결 「형사소송법 제341조 제1항에 원심의 변호인은 피고인을 위하여 상소할 수 있다 함은 변호인에게 고유의 상소권을 인정한 것이 아니고 피고인의 상소권을 대리하여 행사하게 한 것에 불과하므로, 변호인은 피고인의 상소권이 소멸된 후에는 상소를 제기할 수 없는 것이고, 상소를 포기한 자는 형사소송법 제354조에 의하여 그 사건에 대하여 다시 상소를 할 수 없는 것이다.」

2. 상소권의 회복

가. 의의

〈상고를 포기한 후 상고제기기간 내에 그 포기가 무효라고 주장하면서 상소권회복 청구를 할 수 있는지 여부 : 소극〉

대법원 1999. 5. 18.자 99모40 결정

<u>상소권회복은 자기 또는 대리인이 책임질 수 없는 사유로 인하여 상소제기기간 내에 상소를 하지 못한 사람이 이를 청구하는 것이고,</u> 기록에 의하면, 피고인은 1999. 2. 10. 원심법원으로부터 징역 3년 6월의 형을 선고받고 같은 날 상고를 포기한 후 상고제기기간 내인 같은 달 13. 원심법원에 상고의 포기가 무효임을 주장하여 상고를 제기하면서 이 사건 상소권회

복청구를 하였음을 알 수 있는바, 이와 같이 상고제기기간이 경과하기 전에는 상고포기의 효력을 다투면서 상고를 제기하여 그 상고의 적법 여부에 대한 판단을 받으면 되고, 별도로 상소권회복청구를 할 여지는 없다 할 것이므로, 피고인의 이 사건 상소권회복청구는 부적법하다고 할 것이다.

3. 한편 형사소송규칙 제154조의 규정에 의한 상소절차속행신청은 상소가 제기된 후 피고인 등이 상소를 포기하거나 취하하는 내용의 서면을 제출하거나 또는 공판정에서 같은 내용의 진술을 하였다는 이유로 재판 없이 상소절차가 종결처리된 경우에 상소포기 또는 취하의 부존재 또는 무효를 주장하여 구제받을 수 있도록 한 제도라고 할 것인바(대법원 1999. 4. 26.자 99모10 결정 참조), 원심이 판시한 바와 같이 피고인의 이 사건 상소권회복청구를 형사소송규칙 제154조에서 정한 상소절차속행신청으로 본다 하더라도, 이 사건에 있어서와 같이 피고인이 상고를 포기한 후 상고를 제기한 경우에는 피고인으로서는 그 상고에 의하여 계속된 상고절차나 원심법원의 상고기각결정에 대한 즉시항고절차 등에서 피고인의 상고포기가 부존재하거나 무효임을 주장하여 구제받을 수 있으므로, 위 규정에 의한 상소절차속행신청을 할 수는 없다고 할 것이다.

다만, 상소를 포기한 자는 형사소송법 제354조에 의하여 그 사건에 대하여 다시 상소를 할 수 없는 것이므로, 원심으로서는 피고인의 상고포기에 부존재 또는 무효 사유가 있는 등 특별한 사정이 없다고 판단하는 경우에는, 위와 같이 부적법한 상소권회복청구에 대한 이 사건 판단과는 별도로, 이와 함께 제기된 피고인의 상고에 대하여 상고포기로 인한 상소권 소멸 후에 제기된 것으로서 부적법하다는 이유로 결정으로 이를 기각하여야 할 것이다(대법원 1980. 4. 4.자 80모11 결정 참조).

〈상소권을 포기한 자가 상소제기기간이 도과한 후에 상소포기의 효력을 다투는 경우 상소제기와 함께 상소권회복청구를 할 수 있는지 여부 : 적극〉

대법원 2004. 1. 13.자 2003모451 결정

1. 상소권회복은 자기 또는 대리인이 책임질 수 없는 사유로 인하여 상소제기기간 내에 상소를 하지 못한 사람이 이를 청구하는 것이므로, 상소권을 포기한 후 상소제기기간이 도과하기 전에 상소포기의 효력을 다투면서 상소를 제기한 자는 원심 또는 상소심에서 그 상소의 적법 여부에 대한 판단을 받으면 되고, 별도로 상소권회복청구를 할 여지는 없다고 할 것

이나(대법원 1999. 5. 18. 자 99모40 결정 참조), 상소권을 포기한 후 상소제기기간이 도과한 다음에 상소포기의 효력을 다투는 한편, 자기 또는 대리인이 책임질 수 없는 사유로 인하여 상소제기기간 내에 상소를 하지 못하였다고 주장하는 사람은 상소를 제기함과 동시에 상소권회복청구를 할 수 있고(대법원 1984. 7. 11. 자 84모40 결정, 2002. 7. 23. 자 2002모180 결정 등 참조), 그 경우 상소포기가 부존재 또는 무효라고 인정되지 아니하거나 자기 또는 대리인이 책임질 수 없는 사유로 인하여 상소제기기간을 준수하지 못하였다고 인정되지 아니한다면 상소권회복청구를 받은 원심으로서는 상소권회복청구를 기각함과 동시에 상소기각결정을 하여야 한다. … 기록에 의하면, **재항고인은 2003. 8. 18. 수원지방법원 성남지원 2003고단1850 폭력행위등처벌에관한법률위반 사건에서 징역 6월을 선고받고 항소하였다가, 2003. 11. 12. 수원지방법원 2003노3217호 사건의 선고기일에 출석하여 항소기각의 판결을 선고받고, 같은 날 수원지방법원에 상고포기서를 제출한 사실 및 재항고인이 상고제기기간이 도과한 후인 2003. 11. 22. 수원구치소장에게 상고장과 함께 이 사건 상소권회복신청서를 제출한 사실을 알 수 있을 뿐, 재항고인이 상고포기를 할 당시 정신적 장애가 있었다거나 다른 사람의 강박에 의하여 상고포기를 하였거나 그로 인하여 상고제기기간을 준수할 수 없었다고 인정할 만한 아무런 자료가 없다.**

사정이 그러하다면, 재항고인의 상소권 포기가 부존재하거나 무효라고 볼 수 없고, 또 재항고인이 자기 또는 대리인이 책임질 수 없는 사유로 인하여 상소제기기간을 준수하지 못하였다고 볼 수도 없다고 할 것이므로 재항고인의 상소권회복청구는 이유 없다고 할 것이다.

한편, 형사소송규칙 제154조의 규정에 의한 상소절차속행신청은 상소가 제기된 후 피고인 등이 상소를 포기하거나 취하하는 내용의 서면을 제출하거나 또는 공판정에서 같은 내용의 진술을 하였다는 이유로 재판 없이 상소절차가 종결처리된 경우에 상소포기 또는 취하의 부존재 또는 무효를 주장하여 구제받을 수 있도록 한 제도라고 할 것이므로, 이 사건 상소회복청구에 상소절차속행신청의 취지가 포함된 것이라고 볼 수는 없다. …

덧붙여, 상소를 포기한 자는 형사소송법 제354조에 의하여 그 사건에 대하여 다시 상소를 할 수 없는 것이므로, 원심으로서는 재항고인의 상고포기에 부존재 또는 무효 사유가 있는 등 특별한 사정이 없다고 판단하는 경우에는, 상소권회복청구에 대한 이 사건 판단과는 별도로, 이와 함께 제기된 재항고인의 상고에 대하여 상고포기로 인한 상소권 소멸 후에 제기된 것으로서 부적법하다는 이유로 결정으로 이를 기각하는 조치를 취하였어야 한다는 점을 지적하여 둔다.

대법원 2002. 7. 23.자 2002모180 결정 「피고인이 2002. 3. 5. 제1심법원에서 도로교통법위반(음주운전) 죄로 징역 6월의 형을 선고받고 같은 날 상소를 포기하였다가, 항소제기기간 도과 후인 2002. 3. 14. 제1심법원에 항소장을 제출한 사실, 이에 제1심법원은 2002. 3. 20. 피고인에 대하여 상소권회복결정을 한 사실 …, <u>형사소송법 제345조에 의한 상소권회복은 피고인 등이 책임질 수 없는 사유로 상소제기기간을 준수하지 못하여 소멸한 상소권을 회복하기 위한 것일 뿐, 상소의 포기로 인하여 소멸한 상소권까지 회복하는 것이라고 볼 수는 없는 것이고, 피고인의 상소포기에 부존재 또는 무효사유가 있다고 볼 사정이 없으므로, 피고인의 이 사건 항소는 상소권 소멸 후에 제기된 것임이 명백하다고 판단하여 형사소송법 제362조 제1항에 의하여 결정으로 피고인의 항소를 기각</u>(한다).」

나. 청구사유

〈제345조가 규정한 '대리인'의 의미〉

대법원 1991. 5. 6.자 91모32 결정

원심은 피고인을 수감하고 있던 대전교도소장이 피고인에 대한 형집행유예취소결정을 1991.1.11.에 송달받고서도 피고인에게는 같은 해 1.18.에 그 결정등본을 교부하였기 때문에 **그 결정에 대한 즉시항고기간을 준수할 수 없었다는 항고권회복신청이유에 대하여** 교도소 또는 구치소에 구속된 자에 대한 송달은 그 소장에서 송달하여야 하고 교도소 등의 소장은 재감자에 대한 송달에 있어서는 일종의 법정대리인으로서 소송서류가 그 소장에게 송달되었다면 구속된 자에게 전달된 여부에 관계없이 송달의 효력이 생긴다 할 것이므로 가사 피고인이 그 주장과 같이 위 결정등본을 교도소장으로부터 뒤늦게 교부받아 즉시항고기간을 도과시켰다 하더라도 그것이 피고인 또는 대리인이 책임질 수 없는 사유에 기인한 것이라 볼 수 없다는 이유로 이 사건 상소권회복신청은 기각하여야 한다고 판시하고 재항고인의 항고를 기각하였다.

살피건대 <u>교도소장에게 결정정본이 송달되면 피고인에 대하여 송달의 효력이 있다고 한 원심판단은 정당하다.</u>

그러나 <u>상소권회복신청의 요건을 규정한 형사소송법 제345조의 대리인이란 피고인을 대신하여 상소에 필요한 행위를 할 수 있는 지위에 있는 자를 말하는 것이고 교도소장은 피고인을 대리하여 결정정본을 수령할 수 있을 뿐이고 상소권행사를 돕거나 대신할 수 있는 자가 아니므로 이에 포함되지 않는다</u> 할 것이다.

따라서 <u>만일 교도소장이 재항고인 주장과 같이 결정정본을 송달받고 일주일이 지난 뒤에 그</u>

사실을 피고인에게 알렸기 때문에 피고인이나 그 배우자가 소정기간 내에 항고장을 제출할 수 없게 된 것이라면 이건 상소권회복신청은 인용할 여지가 있었을 것이다.

그러므로 원심으로서는 신청인 주장사실의 진부를 조사한 후에 그 신청의 인용여부를 결정하여야 할 것이었는데 그렇게 하지 아니하고 위와 같은 이유설시만으로 항고를 기각한 것은 형사소송법 제345조가 규정한 대리인의 해석을 그르쳐 사건의 심리를 다하지 아니한 위법이 있다.

대법원 1986. 9. 17.자 86모46 결정

형사소송법 제345조에서 말하는 대리인 중에는 본인의 보조인으로서 본인의 부탁을 받아 상소에 관한 서면을 작성하여 이를 제출하는등 본인의 상소에 필요한 사실행위를 대행하는 사람을 포함하며 책임질 수 없는 사유란 상소를 하지 못한 사유가 상소권자 본인 또는 대리인의 고의 또는 과실에 기하지 아니함을 말한다 할 것이므로 상소권자 또는 대리인이 단순히 질병으로 입원하였다거나 기거불능 하였었기 때문에 상소를 하지 못하였다는 것은 상소권회복의 사유에 해당하지 아니한다.

〈본인의 귀책사유가 있더라도 다른 독립한 원인이 개입된 경우〉

대법원 2006. 2. 8.자 2005모507 결정

재항고인에게도 소송이 계속된 사실을 알면서 법원에 거주지 변경 신고를 하지 않은 잘못이 있는 것은 사실이나, ① 상소제기기간이란 상소의 대상이 되는 판결의 선고일자를 기준으로 정해지는 것인데, 공판의 진행과 판결의 선고에 절차상 위법이 없었다면 그 판결이 그 날짜에 선고될 수는 없는 이치로서, 그러한 법원의 직무상 위법과 피고인이 상소제기기간을 지키지 못한 것 사이에 관련이 없다고는 보기 어렵고, ② 공판과 판결의 절차에 명백한 위법이 있음에도 거주지 변경신고의무의 해태라는 본인의 잘못을 이유로 불복의 기회를 박탈한다면, 이는 비단 피고인의 권익 보호 차원에서 부당할 뿐만이 아니라, 소송절차상 위법의 통제라는 형사 상소제도의 목적에도 반하며, ③ 형사소송법 제345조의 '자기 또는 대리인이 책임질 수 없는 사유'라 함은 본인 또는 대리인에게 귀책사유가 전혀 없는 경우는 물론, 본인 또는 대리인의 귀책사유가 있더라도 그와 상소제기기간의 도과라는 결과 사이에 다른 독립한 원인이 개입된 경우를 배제한다고 하기 어려우므로, 위법한 공시송달에 터잡아 피고인의 진술 없이 공판이 진행되고, 피고인이 출석하지 않은 기일에 제1심판결이 선고된 이상,

재항고인은 자기 또는 대리인이 책임질 수 없는 사유로 인하여 항소제기기간 내에 항소를 하지 못한 것으로 봄이 상당하다.

대법원 2022. 5. 26.자 2022모439 결정

가. 형사소송법 제345조의 상소권회복청구는 자기 또는 대리인이 책임질 수 없는 사유로 상소 제기기간 내에 상소를 하지 못한 경우에만 청구할 수 있다. 형사피고사건으로 법원에 재판이 계속 중인 사람은 공소제기 당시의 주소지나 그 후 신고한 주소지를 옮길 때 새로운 주소지를 법원에 신고하거나 기타 소송 진행 상태를 알 수 있는 방법을 강구하여야 하고, 만일 이러한 조치를 하지 않았다면 특별한 사정이 없는 한 소송서류가 송달되지 않아서 공판기일에 출석하지 못하거나 판결 선고사실을 알지 못하여 상소 제기기간을 도과하는 등 불이익을 면할 수 없다(대법원 2008. 3. 10. 자 2007모795 결정 등 참조).

나. 그러나 위와 같이 피고인이 재판이 계속 중인 사실을 알면서도 새로운 주소지 등을 법원에 신고하는 등 조치를 하지 않아 소환장이 송달불능되었더라도, 법원은 기록에 주민등록지 이외의 주소가 나타나 있고 피고인의 집 전화번호 또는 휴대전화번호 등이 나타나 있는 경우에는 위 주소지 및 전화번호로 연락하여 송달받을 장소를 확인하여 보는 등의 시도를 해 보아야 하고, 그러한 조치 없이 곧바로 공시송달 방법으로 송달하는 것은 형사소송법 제63조 제1항, 소송촉진 등에 관한 특례법 제23조에 위배되어 허용되지 아니하는데(대법원 2011. 7. 28. 선고 2011도6762 판결, 대법원 2014. 5. 29. 선고 2014도3141 판결 등 참조), 이처럼 허용되지 아니하는 잘못된 공시송달에 터 잡아 피고인의 진술 없이 공판이 진행되고 피고인이 출석하지 않은 기일에 판결이 선고된 경우에는, 피고인은 자기 또는 대리인이 책임질 수 없는 사유로 상소 제기기간 내에 상소를 하지 못한 것으로 봄이 타당하다(대법원 2014. 10. 16. 자 2014모1557 결정 등 참조).

민사소송과 달리 형사소송에서는, 피고인이 공판기일에 출석하지 아니한 때에는 특별한 규정이 없으면 개정하지 못하는 것이 원칙이고(형사소송법 제276조), 소송촉진 등에 관한 특례법 제23조, 소송촉진 등에 관한 특례규칙 제19조에 의하여 예외적으로 제1심 공판절차에서 피고인 불출석 상태에서의 재판이 허용되지만, 이는 피고인에게 공판기일 소환장이 적법하게 송달되었음을 전제로 하기 때문에 공시송달에 의한 소환을 함에 있어서도 공시송달 요건의 엄격한 준수가 요구된다.

대법원 1984. 7. 11.자 84모40 결정 「재항고인이 재항고인에 대한 서울형사지방법 원84고단1362 간통피고사건의 유죄판결에 대하여 항소권을 포기한 것은 그 사건의 공동피고인의 기망에 의한 것으로서 무효이거나 취소 할 수있는 것임이 명백하다 할 것이며 재항고인은 이와 같은 사실을 항소제기 기간이 도과한 뒤에 알게 되었으므로 재항고인은 재항고인이 책임질 수 없는 사유에 인하여 항소제기 기간내에 항소를 제기하지 못하게 된 것인 즉 상소권회복청구는 허가되어야 할 것임에도 불구하고 이를 허가하지 아니한 제1심 결정을 유지한 원심결정은 상소권 회복에 관한 법리를 오해한 것이라고 함에 있다.

그러나 상소권포기에 의하여 그 판결은 이미 확정의 효력이 발생한 것이며 상소권 포기가 논지와 같이 비록 기망에 의한 것이라고 하더라도 형사소송법 제354조에 의하여 다시 상소를 할 수 없으며 상소권회복은 자기가 책임질 수없는 사유로 인하여 상소제기기간내에 상소를 하지 못한 사람이 이를 청구하는 것이므로 논지와 같은 사정은 재항고인이 책임질 수 없는 사유에 해당하는 것이 아니(다).」

대법원 1986. 9. 27.자 86모47 결정 「형사소송규칙 제177조를 들어 교도소 담당직원이 재항고인에게 이 사건 상소회복청구도 할 수 없다고 하면서 위 규칙에 따른 편의를 제공하여 주지 아니하였다는 것이나 상소권회복청구는 오로지 상소할 수 있는 자가 자기의사에 따라 그것을 할 것인지의 여부를 결정할 일이고 위 규정은 상소권회복청구를 하려는 피고인에게 편의를 제공하도록 한 것에 불과하므로 위 사유들은 어느 것이나 상소권회복청구를 이유있게 할 수 없을뿐더러 또 그에 관한 아무런 소명도 없다.」

대법원 2000. 6. 15.자 2000모85 결정 「징역형의 실형이 선고되었으나 피고인이 형의 집행유예를 선고받은 것으로 잘못 전해 듣고 또한 판결주문을 제대로 알아들을 수가 없어서 항소제기기간 내에 항소하지 못한 것이라면 그 사유만으로는 형사소송법 제345조가 규정한 '자기 또는 대리인이 책임질 수 없는 사유로 상소제기기간 내에 상소하지 못한 경우'에 해당된다고 볼 수 없다.」

대법원 1996. 7. 16.자 96모44 결정 「설사 피고인이 위 판결 이전에 이미 확정되어 있던 징역형의 집행유예 판결의 선고일을 잘못 안 나머지 위 상고포기서를 제출한 것이라 하더라도, 그와 같은 사정은 상고포기로 이미 확정된 상소권회복 대상판결에 대하여 적법한 상소권회복청구의 사유가 될 수 없는 것이다.」

다. 청구절차

대법원 1983. 12. 29.자 83모48 결정 「약식명령에 대하여 징식재판을 청구할 수 있는 자가 자기 또는 대리인이 책임질 수 없는 사유로 인하여 약식명령이 고지된 사실을 모르고 소정기간내에 정식재판을 청구하지 못하였다 하여 정식재판청구권 회복의 청구를 할 경우에는 형사소송법 제458조, 제345조, 제346조 제1항, 제3항의 규정에 따라 위 사유가 종지한 날 즉 약식명령이 고지된 사실을 안 날로부터 정식재판청구기간에 상당한 기간인 7일 이내에 서면으로 정식재판청구권의 회복청구를 함과 동시에 정식재판청구를 하여야 하므로 위 7일이내에 정식재판청구권 회복청구만을 하였을 뿐 정식재판청구를 하지 아니하였다면 그 정식재판청구권 회복청구는 소정방식을 결한 것으로서 허가될 수 없다 할 것이다. 이와 같은 견해에서 원심은 재항고인이 1983.2.25 이건 정식재판청구권 회복신청서를 제출함과 동시에 정식재판청구서를 제출한 바 없고(재항고인은 1983.5.17자로 정식재판청구서를 제출하였다) 같은 정식재판청구권 회복신청서에 정식재판청구의 취지가 포함되어 있다고 볼 수 없다고 보아 이건 정식재판청구권 회복청구를 이유없다고 판단하였음은 정당하(다).」

대법원 2020. 2. 27.자 2019모3586 결정 「상소권회복의 청구는 사유가 종지한 날(현행 : 해소된 날)부터 상소의 제기기간에 상당한 기간 내(현행 : 해당하는 기간 내)에 서면으로 원심법원에 제출하여야 한다(형사소송법 제346조 제1항). …피고인은 2019. 6. 18. 위 벌금형에 대한 노역장유치 집행 지휘를 통보

받으면서 상소권회복청구의 대상판결이 선고된 사실을 알았고, 이로써 상소권회복청구의 사유가 종지하였다고 볼 수 있다. 피고인은 상소권회복청구의 사유가 종지한 날부터 상소의 제기기간에 상당한 기간이 지난 후에 이 사건 상소권회복청구를 하였다고 볼 여지가 있다.」(검사가 위 벌금형에 대한 노역장유치 집행을 지휘하였고, 피고인은 2019. 6. 18. 이를 통보받았으나, 피고인이 2019. 9. 23. 위 항소심판결에 대한 상고권을 회복해 달라는 내용의 이 사건 상소권회복청구를 한 사안)

대법원 2017. 9. 22.자 2017모2521 결정 「피고인에 대하여 공시송달의 방법에 의하여 공소장 등이 송달되고 피고인이 불출석한 가운데 판결이 선고되어 확정된 후 검거되어 수용된 경우에는, 특별한 사정이 없는 한 그 판결에 의한 형의 집행으로 수용된 날 상소권회복청구의 대상판결이 선고된 사실을 알았다 할 것이고, 그로써 상소를 하지 못한 책임질 수 없는 사유가 종지하였다고 보아야 한다.」

대법원 2015. 11. 26. 선고 2015도8243 판결 「(소송촉진법의) 특례 규정에 따라 피고인의 진술 없이 유죄를 선고하여 확정된 제1심판결에 대하여, 피고인이 이 사건 재심 규정에 의하여 재심을 청구하지 아니하고 피고인 또는 대리인이 책임질 수 없는 사유로 인하여 항소 제기기간 내에 항소를 제기할 수 없었음을 이유로 항소권회복을 청구하여 인용된 경우에, 그 사유 중에 피고인이 책임을 질 수 없는 사유로 인하여 공판절차에 출석할 수 없었던 사정을 포함하고 있다면, 이는 이 사건 재심 규정에 의하여 재심청구의 사유가 있음을 주장한 것으로서 형사소송법 제361조의5 제13호에서 정한 '재심청구의 사유가 있는 때'에 해당하는 항소이유를 주장한 것으로 봄이 타당하다. 따라서 위의 경우에 항소심으로서는 이 사건 재심 규정에 의한 재심청구의 사유가 있는지를 살펴야 하고 그 사유가 있다고 인정된다면 다시 공소장 부본 등을 송달하는 등 새로 소송절차를 진행한 다음 제1심판결을 파기하고 새로운 심리 결과에 따라 다시 판결하여야 할 것이다.」

대법원 2022. 10. 27.자 2022모1004 결정 「형사소송법은 "교도소 또는 구치소에 있는 피고인이 상소의 제기기간 내에 상소장을 교도소장 또는 구치소장 또는 그 직무를 대리하는 자에게 제출한 때에는 상소의 제기기간 내에 상소한 것으로 간주한다."라는 이른바 재소자에 대한 특칙(제344조 제1항)을 두고 이를 상소권회복의 청구에 준용하도록 하고 있다(제355조). 즉시항고도 상소의 일종이므로 위와 같은 특칙은 집행유예취소 결정에 대한 즉시항고권회복청구서의 제출에도 마찬가지로 적용된다.」

라. 법원의 결정

〈부적법한 상소권회복청구에 대한 기각결정〉

대법원 2023. 4. 27.자 2023모350 결정

1. 가. 상소권회복은 상소권자가 자기 또는 대리인이 책임질 수 없는 사유로 인하여 상소의 제기기간 내에 상소를 하지 못한 경우에 한하여 청구할 수 있으므로(형사소송법 제345조), 재판에 대하여 적법하게 상소를 제기한 자는 다시 상소권회복을 청구할 수 없다(대법원 2001. 3. 16. 자 2000모233 결정

참조).

나. 제1심판결에 대하여 피고인 또는 검사가 항소하여 항소심판결이 선고되면 상고법원으로 부터 사건이 환송되는 경우 등을 제외하고는 항소법원이 다시 항소심 소송절차를 진행하여 판결을 선고할 수 없으므로, 항소심판결이 선고되면 제1심판결에 대하여 당초 항소하지 않았던 자의 항소권회복청구도 적법하다고 볼 수 없다. 따라서 항소심판결이 선고된 사건에 대하여 제기된 항소권회복청구는 항소권회복청구의 원인에 대한 판단에 나아갈 필요 없이 형사소송법 제347조 제1항에 따라 결정으로 이를 기각하여야 한다(대법원 2017. 3. 30. 자 2016모2874 결정, 대법원 2017. 7. 17. 자 2017모1771 결정 참조).
상소권회복청구 사건을 심리하는 법원은 상소권회복청구 대상이 되는 재판에 대하여 이미 적법한 상소가 제기되었는지 또는 상소심재판이 있었는지 등을 본안기록 등을 통하여 확인해야 한다.

2. 기록에 의하면, 부산지방법원 서부지원은 2020고단1590 사건에서 2021. 1.경 재항고인에 대한 공소사실을 유죄로 인정하며 **재항고인에게 벌금형을 선고한 사실, 위 판결에 대하여 재항고인과 검사 모두 항소하였고**, 항소심(부산지방법원 2021노379)은 2021. 6.경 **항소를 모두 기각하였으며, 항소심판결에 대하여 재항고인이 상고를 제기하였으나 상고심**(대법원 2021도8236)은 2021. 8.경 **재항고인이 법정기간 내에 상고이유서를 제출하지 않았다는 이유로 형사소송법 제380조에 의하여 상고기각 결정을 하여 재항고인에게 벌금형을 선고한 위 제1심판결이 그대로 확정된 사실, 재항고인은 2022. 11.경 위 본안사건 제1심판결에 대한 항소권회복청구와 함께 항소장을 위 본안사건 제1심법원에 제출하였고, 제1심은 항소권회복청구를** 기각하였으며, 원심은 재항고인이 항소기간 내에 항소를 제기하지 못한 것이 재항고인의 책임질 수 없는 사유에 기한 것임을 인정할 만한 사정을 찾아보기 어렵다는 이유로 재항고인의 즉시항고를 기각한 사실을 알 수 있다.

3. 위와 같은 사실관계를 앞서 본 법리에 비추어 살펴보면, 재항고인이 본안사건 제1심판결에 대하여 이미 적법한 항소를 제기하여 항소심판결도 선고되었으므로 재항고인의 항소권회복청구는 부적법하다. 따라서 원심으로서는 항소권회복청구의 원인에 대한 판단에 나아갈 필요 없이 재항고인의 즉시항고를 기각했어야 할 것이다.
원심이 이와 달리 항소권회복청구의 대상이 되는 본안사건 제1심판결에 대하여 재항고인이 이미 항소를 제기하였는지 등을 확인하지 아니한 채 재항고인의 항소권회복청구가 적법함을 전제로 그 청구에 관한 사유를 판단한 것은 상소권회복청구에 관한 법리를 오해하고 필요한 심리를 다하지 아니한 잘못이 있으나, 재항고인의 항소권회복청구를 기각한 제1심결정을 그대로 유지한 결론은 정당하다.

따라서 원심의 결정에 재판에 영향을 미친 헌법·법률·명령 또는 규칙의 위반이 없다.

II. 상소의 이익

1. 의의 및 근거

대법원 1987. 8. 31.자 87도1702 결정 「피고인을 위한 상소는 하급심법원의 재판에 대한 불복으로서 피고인에게 불이익한 재판을 시정하여 이익된 재판을 청구함을 그 본질로 하는 것이므로 하급심법원의 재판이 피고인에게 불이익하지 아니하면 이에 대하여 피고인은 상소권을 가질 수 없는 것이다. 피고인에 대하여 징역 2년을 선고한 제1심판결에 대하여 피고인은 항소권을 포기하였고 검사가 양형이 과경하다는 이유로 항소하였으나 원심판결은 검사의 항소를 기각하였으니 이는 피고인에게 불이익한 판결이라고 할 수 없다. 그렇다면 이 판결에 대하여 피고인은 상고권이 없다 할 것이므로 이 사건 상고는 방식에 위배한 부적법한 상고에 귀착된다.」

대법원 1993. 3. 4.자 92모21 결정 「검사는 공익의 대표자로서 법령의 정당한 적용을 청구할 임무를 가지므로 이 사건에 있어서처럼 이의신청을 기각하는 등의 반대당사자에게 불이익한 재판에 대하여도 그것이 위법일 때에는 그 위법을 시정하기 위하여 상소로써 불복할 수는 있다고 하겠지만 그러한 불복은 재판의 주문에 관한 것이어야 하고 단순히 재판의 이유만을 다투기 위하여 상소하는 것은 허용되지 않는다.」

2. 유형별 고찰

가. 유죄판결의 경우

대법원 1968. 9. 17 선고 68도1038 판결 「피고인은 원심까지 조금이라도 죄를 벗어 보려고 여러 가지로 변명을 하였으나, 사실에 있어서는 본건 범행을 계획적으로 잔인하게 저지른 것이고, 또 원판결에서 피해자 지◎희에 대한 범행을 과실치사로 인정하였으나 사실은 살해할 의사로 죽인 것이니 다시 올바른 재판을 받도록 하여 달라는 것인 바, 피고인은 자기의 이익을 위한 경우에 한하여 상소를 할 수 있고, 불이익을 위한 상소는 허용될 수 없는 것이므로 논지는 결국 적법한 상고이유가 될 수 없다.」

대법원 1994. 8. 12. 선고 94도1591 판결 <표준>「원심이 피고인에게 누범에 해당하는 전과가 있음에도 불구하고 형법 제35조 제2항에 의한 누범가중을 하지 아니한 것은 위법하다고 할 것이나, 피고인으로서 위와 같은 위법을 주장하는 것은 자기에게 불이익을 주장하는 것이 되므로 이는 적법한 상고이유가 될 수 없다.」

나. 무죄판결의 경우

대법원 1994. 7. 29. 선고 93도1091 판결「피고인의 상소는 불이익한 원재판을 시정하여 이익된 재판을 청구함을 그 본질로 하는 것이므로 피고인은 재판이 자기에게 불이익하지 아니하면 이에 대한 상소권을 가질 수 없다고 할 것인바, 무죄판결은 피고인에게 가장 유리한 판결로서 피고인에게 불리한 재판이라고 할 수 없어 이 부분에 대하여는 피고인에게 상고권이 없으므로 이 부분의 상고는 부적법하다.」

대법원 2017. 2. 21. 선고 2016도20488 판결「검사는 공익의 대표자로서 법령의 정당한 적용을 청구할 임무를 가지므로 반대당사자에게 불이익한 재판에 대하여도 그것이 위법일 때에는 위법을 시정하기 위하여 상소로써 불복할 수 있지만 불복은 재판의 주문에 관한 것이어야 하고 재판의 이유만을 다투기 위하여 상소하는 것은 허용되지 않는다. 검사의 상고이유는 일부 증거의 증거능력을 부정한 원심의 판단에 잘못이 있다는 취지이다. 이는 이 사건 공소사실 전부에 대하여 유죄를 선고한 원심판결의 주문에 관한 것이 아니고 이유만을 다투기 위한 것임이 명백하여 허용될 수 없다.」

다. 형식재판의 경우

대법원 1986. 12. 9. 선고 86도1976 판결「피고인은 이 사건 범죄사실을 저지른 일이 없으므로 무죄를 선고히어야 할 것임에도 불구하고 원심이 면소의 판결을 한 것은 잘못이라는데 있는바 면소판결에 대하여는 실체판결을 구하여 상소를 할 수 없다.」

대법원 2010. 12. 16. 선고 2010도5986 전원합의체 판결 <표준>「재심이 개시된 사건에서 범죄사실에 대하여 적용하여야 할 법령은 재심판결 당시의 법령이다. 따라서 법원은 재심대상판결 당시의 법령이 변경된 경우에는 그 범죄사실에 대하여 재심판결 당시의 법령을 적용하여야 하고, 폐지된 경우에는 형사소송법 제326조 제4호를 적용하여 그 범죄사실에 대하여 면소를 선고하는 것이 원칙이다. 그러나 법원은, 형벌에 관한 법령이 헌법재판소의 위헌결정으로 인하여 소급하여 그 효력을 상실하였거나 법원에서 위헌·무효로 선언된 경우, 당해 법령을 적용하여 공소가 제기된 피고사건에 대하여 형사소송법 제325조에 따라 무죄를 선고하여야 한다. 나아가 형벌에 관한 법령이 재심판결 당시 폐지되었다 하더라도 그 '폐지'가 당초부터 헌법에 위배되어 효력이 없는 법령에 대한 것이었다면 형사소송법 제325조 전단이 규정하는 '범죄로 되지 아니한 때'의 무죄사유에 해당하는 것이지, 형사소송법 제326조 제4호 소정의 면소사유에 해당한다고 할 수 없다. 따라서 면소판결에 대하여 무죄판결인 실체판결이 선고되어야 한다고 주장하면서 상고할 수 없는 것이 원칙이지만, 위와 같은 경우에는 이와 달리 면소를 할 수 없고 피고인에게 무죄의 선고를 하여야 하므로 면소를 선고한 판결에 대하여 상고가 가능하다.」

〈공소기각판결에 대한 상소이익과 상소이익 결여의 효과〉

대법원 2008. 5. 15. 선고 2007도6793 판결 <표준>

피고인을 위한 상소는 피고인에게 불이익한 재판을 시정하여 이익된 재판을 청구함을 그 본질로 하는 것이므로 피고인은 재판이 자기에게 불이익하지 아니하면 이에 대한 상소권이 없다고 할 것인바, 공소기각의 재판이 있으면 피고인은 유죄판결의 위험으로부터 벗어나는 것이므로 그 재판은 피고인에게 불이익한 재판이라고 할 수 없어서 이에 대하여 피고인은 상소권이 없다(대법원 1983. 5. 10. 선고 83도632 판결, 대법원 1997. 8. 22. 선고 97도1211 판결 등 참조).

기록에 의하면, **피고인에 대한 공소를 기각한 제1심판결에 대해 피고인이 무죄판결을 구하면서 항소한 사실**을 알 수 있는바, 이러한 공소기각 판결에 대해서는 피고인에게 상소권이 없으므로, 피고인의 항소는 법률상의 방식에 위반한 것이 명백하여 원심으로서는 피고인의 항소를 기각하여야 함에도 이와 달리 제1심판결을 파기하여 사건을 제1심법원으로 환송하고 말았으니, 이러한 원심판결은 위법하여 파기를 면치 못한다고 할 것이다. 다만, 이 사건은 소송기록에 의하여 당원이 직접 판결하기에 충분하다고 인정되므로 형사소송법 제396조 제1항에 의하여 이 법원이 직접 판결하기로 한다.

2. 피고인은 공소를 기각한 제1심판결에 대해 무죄판결을 구하면서 항소하였는바, 공소기각의 재판이 있으면 피고인은 유죄판결의 위험으로부터 벗어나는 것이므로 그 재판은 피고인에게 불이익한 재판이라고 할 수 없어서, 이에 대하여 피고인은 상소권이 없다고 할 것이다. 따라서 피고인의 이 사건 항소는 항소의 제기가 법률상의 방식에 위반한 것이 명백한 때에 해당하므로 형사소송법 제362조 제1항, 제360조 제1항에 의하여 피고인의 항소를 기각한다.

Ⅲ. 상소제기의 방식과 효과

1. 상소제기의 방식

대법원 2002. 9. 27.자 2002모6 결정 「형사소송법 제343조 제2항에서는, "상소의 제기기간은 재판을 선고 또는 고지한 날로부터 진행한다."고 규정하고 있으므로, 형사소송에 있어서는 판결등본이 당사자에게 송달되는 여부에 관계없이 공판정에서 판결이 선고된 날로부터 상소기간이 기산되며, 이는 피고인이 불출석한 상태에서 재판을 하는 경우에도 마찬가지라고 할 것이고, 형사소송법 제374조는 상고기간은 7일로 한다고 규정하고 있는바, 재항고인은 이 사건 본안판결 선고일인 2001. 9. 14.로부터 상고기간 7일을 도과한 2001. 9. 28.에야 상고장을 제출하였음이 기록상 분명하므로, 재항고인의 위 상고를 상고권소멸 후의 상고로 보아 상고를 기각한 위 지방법원의 합의부의 결정은 정당하다.」

대법원 2002. 9. 27.자 2002초기113 결정 「형사 본안사건에 있어서 일단 판결의 선고가 있은 이상, 선고 절차가 위법하다 할지라도 그 위법은 상고로써 다툴 수 있는 것에 불과하고, 판결선고절차가 위법하다고 하여 선고로서의 효력이 없다거나, 그 선고일부터 상고기간이 진행하지 아니한다고 볼 수는 없(다).」

2. 상소제기의 효과

〈이심의 효력의 발생 시기〉

대법원 1985. 7. 23.자 85모12 결정 <표준>

형사사건에 있어 항소법원의 소송계속은 제1심판결에 대한 항소에 의하여 사건이 이심된 때로부터 그 법원의 판결에 대하여 상고가 제기되거나 그 판결이 확정되는 때까지 유지된다 할 것이니, 항소법원은 항소피고사건의 심리중 또는 판결선고후 상고제기 또는 판결확정에 이르기까지 수소법원으로서 형사소송법 제70조 제1항 각호의 사유있는 불구속피고인을 구속할 수 있다 할 것이고 이것은 이미 구속되어 있던 피고인에 대하여 상소기간중 또는 상소중의 사건에 관한 소송기록이 있는 원심법원이 상소법원의 권한을 대행하여 구속기간의 갱신 등을 하도록 한 형사소송법 제105조, 형사소송규칙 제57조의 각 규정과 아무런 관계가 없으며, 또 수소법원 아닌 검사가 형의 확정후 형을 집행하기 위하여 발부하는 집행영장과도 전혀 다른 것이고, 위 수소법원의 구속에 관하여는 검사 또는 사법경찰관이 피의자를 구속함을 규율하는 형사소송법 제208조의 규정은 적용되지 아니하므로 구속기간의 만료로 피고인에 대한 구속의 효력이 상실된 후 원심법원이 피고인에 대한 판결을 선고하면서 피고인을 구속하였다 하여 위 법조에 위배되는 재구속 또는 이중구속이라 할 수는 없다 .

3. 상소의 포기·취하

대법원 1992. 3. 13.자 92모1 결정 「재항고인의 상고취하는 보호감호사건이 항소심에서 청구기각된 것으로 잘못 생각하여 한 것으로 인정된다. 이와 같이 절차형성적 소송행위가 착오로 인하여 행하여진 경우, 절차의 형식적 확실성을 강조하면서도 피고인의 이익과 정의의 희생이 커서는 안된다는 측면에서 그 소송행위의 효력을 고려할 필요가 있으므로 착오에 의한 소송행위가 무효로 되기 위하여서는 첫째 통상인의 판단을 기준으로 하여 만일 착오가 없었다면 그러한 소송행위를 하지 않았으리라고 인정되는 중요한 점(동기를 포함)에 관하여 착오가 있고, 둘째 착오가 행위자 또는 대리인이 책임질 수 없는 사유로 인하여 발생하였으며, 셋째 그 행위를 유효로 하는 것이 현저히 정의에 반한다고 인정될 것 등 세 가지 요건을 필요로 한다고 해석된다. 이 사건의 경우 일응 첫째의 요건은 갖추었다고 인정되나 두번째의 요건 즉 재항고인의 책임질 수 없는 사유로 상고취하를 하였는가 하는 것이 문제된다. 재항고인이 착오를 일으키게 된 과정에 교도관의 과실이 개입되어 있었다 하더라도 착오에 의한 상고취하의 무효를 인정하려면 우선 재항고인 자신의 과실이 없어야 하는 것인데, 보호감호가 선고된 것으로 알고 일단 상고를 제기한 재항고인으로서 교도관의 말과 판결선고 결과보고서의 기재를 믿은 나머지 판결등본송달(형사소송규칙 제148조)을 기다리지 않고 상고취하를 하였다는 점에 있어서는 재항고인에게 과실이 없었다고 단정하기 어렵다.」

대법원 1983. 9. 13. 선고 83도1774 판결 「미성년자인 피고인이 상고제기후 바로 상고취하를 하였다 하여도 친권자의 동의가 없었으므로 그 효력이 없다.」

대법원 2015. 9. 10. 선고 2015도7821 판결 「변호인은 피고인의 동의를 얻어 상소를 취하할 수 있으므로(형사소송법 제351조, 제341조), 변호인의 상소취하에 피고인의 동의가 없다면 그 상소취하의 효력은 발생하지 아니한다. 한편 변호인이 상소취하를 할 때 원칙적으로 피고인은 이에 동의하는 취지의 서면을 제출하여야 하나(형사소송규칙 제153조 제2항), 피고인은 공판정에서 구술로써 상소취하를 할 수 있으므로(형사소송법 제352조 제1항 단서), 변호인의 상소취하에 대한 피고인의 동의도 공판정에서 구술로써 할 수 있다. 다만 상소를 취하하거나 상소의 취하에 동의한 자는 다시 상소를 하지 못하는 제한을 받게 되므로(형사소송법 제354조), 상소취하에 대한 피고인의 구술 동의는 명시적으로 이루어져야만 한다.」 (원심 제1회 공판기일에 피고인 2의 변호인이 구술로써 항소를 취하한다고 진술하였으나 피고인 2는 이에 대하여 아무런 의견도 진술하지 아니하여 피고인 2가 변호인의 항소취하에 동의하였다고 인정하기 어려움에도 피고인 2에게 변호인의 항소취하에 대하여 동의하는지 여부에 관한 명시적인 의사를 확인하지 아니한 채 피고인 2의 항소이유에 관하여는 판단하지 아니하고 검사의 항소이유에 관하여만 판단한 것을 위법이라고 한 사안)

대법원 1984. 2. 28. 선고 83도3087 판결 「형사소송법 제352조 제 1 항 본문소정의 상소의 포기 또는 취하에 관한 서면의 형식에 아무런 제한이 없다 하더라도 상소의 포기 또는 취하는 상소권자가 법원에 대하여 하는 소송행위이므로 그 서면을 상소권자가 법원에 대하여 상소를 포기 또는 취하한다는 의사표시가 명시된 것이어야 할 것인바, 앞서본 검사의 의견서는 명실공히 보석의 허가여부에 관하여 그 의견을 밝힌 의견서이고, 다만 거기에 보석청구가 이유없다는 의견을 기재하면서 검찰이 내부적으로 상고를 포기하기로 하였다는 사실을 첨가한 것에 불과하므로 법원에 대하여 상고를 포기한다는 의사표시를 명시한 서면이라고 볼 수는 없다.」

대법원 1983. 8. 31.자 83모41 결정 「형사소송법 제341조 제1항에 원심의 변호인은 피고인을 위하여 상소할 수 있다 함은 변호인에게 고유의 상소권을 인정한 것이 아니고 피고인의 상소권을 대리하여 행사케 한 것에 불과하다고 해석함이 소송절차의 혼란을 방지하는데 필요하다고 사료되는 바이므로, 변호인은 피고인의 상소권이 소멸된 후에는 상소를 제기할 수 없다.」

대법원 1974. 4. 23. 선고 74도762 판결 「피고인이 상고를 일단 취하한 후에는 그 원심변호인은 적법한 상고를 할 수 없다고 봄이 본원의 판례이고(1959. 10. 30. 선고 4292형상627 판결 참조) 또 일단 상고를 취하한 피고인은 형사소송법상 다시 이를 취하 혹은 철회할 수 없다고 볼 것이므로 위 상고이유에 대한 판단을 생략하고 피고인의 상고를 기각하기로 한다.」

〈상소절차속행의 신청〉

대법원 2004. 1. 13.자 2003모451 결정

상소권회복은 자기 또는 대리인이 책임질 수 없는 사유로 인하여 상소제기기간 내에 상소를 하지 못한 사람이 이를 청구하는 것이므로, 상소권을 포기한 후 상소제기기간이 도과하기 전에 상소포기의 효력을 다투면서 상소를 제기한 자는 원심 또는 상소심에서 그 상소의 적법 여부에 대한 판단을 받으면 되고, 별도로 상소권회복청구를 할 여지는 없다고 할 것이나 (대법원 1999. 5. 18. 자 99모40 결정 참조), 상소권을 포기한 후 상소제기기간이 도과한 다음에 상소포기의 효력을 다투는 한편, 자기 또는 대리인이 책임질 수 없는 사유로 인하여 상소제기기간 내에 상소를 하지 못하였다고 주장하는 사람은 상소를 제기함과 동시에 상소권회복청구를 할 수 있고(대법원 1984. 7. 11. 자 84모40 결정, 2002. 7. 23. 자 2002모180 결정 등 참조), 그 경우 상소포기가 부존재 또는 무효라고 인정되지 아니하거나 자기 또는 대리인이 책임질 수 없는 사유로 인하여 상소제기기간을 준수하지 못하였다고 인정되지 아니한다면 상소권회복청구를 받은 원심으로서는 상소권회복청구를 기각함과 동시에 상소기각결정을 하여야 한다.

대법원 1999. 5. 18.자 99모40 결정
상소권회복은 자기 또는 대리인이 책임질 수 없는 사유로 인하여 상소제기기간 내에 상소를 하지 못한 사람이 이를 청구하는 것이고, 기록에 의하면, 피고인은 1999. 2. 10. 원심법원으로부터 징역 3년 6월의 형을 선고받고 같은 날 상고를 포기한 후 상고제기기간 내인 같은 달 13. 원심법원에 상고의 포기가 무효임을 주장하여 상고를 제기하면서 이 사건 상소권회복청구를 하였음을 알 수 있는바, 이와 같이 상고제기기간이 경과하기 전에는 상고포기의 효력을 다투면서 상고를 제기하여 그 상고의 적법 여부에 대한 판단을 받으면 되고, 별도로 상소권회복청구를 할 여지는 없다 할 것이므로, 피고인의 이 사건 상소권회복청구는 부적법하다고 할 것이다.

3. 한편 형사소송규칙 제154조의 규정에 의한 상소절차속행신청은 상소가 제기된 후 피고인 등이 상소를 포기하거나 취하하는 내용의 서면을 제출하거나 또는 공판정에서 같은 내용의 진술을 하였다는 이유로 재판 없이 상소절차가 종결처리된 경우에 상소포기 또는 취하의 부존재 또는 무효를 주장하여 구제받을 수 있도록 한 제도라고 할 것인바(대법원 1999. 4. 26.자 99모10 결정 참조), 원심이 판시한 바와 같이 피고인의 이 사건 상소권회복청구를 형사소송규칙 제154조에서 정한 상소절차속행신청으로 본다 하더라도, 이 사건에 있어서와 같이 피고인이 상고를 포기한 후 상고를 제기한 경우에는 피고인으로서는 그 상고에 의하여 계속된 상고절차나 원심법원의 상고기각결정에 대한 즉시항고절차 등에서 피고인의 상고포기가 부존재하거나 무효임을 주장하여 구제받을 수 있으므로, 위 규정에 의한 상소절차속행신청을 할 수는 없다고 할 것이다.

다만, 상소를 포기한 자는 형사소송법 제354조에 의하여 그 사건에 대하여 다시 상소를 할 수 없는 것이므로, 원심으로서는 피고인의 상고포기에 부존재 또는 무효 사유가 있는 등 특별한 사정이 없다고 판단하는 경우에는, 위와 같이 부적법한 상소권회복청구에 대한 이 사건 판단과는 별도로, 이와 함께 제기된 피고인의 상고에 대하여 상고포기로 인한 상소권 소멸 후에 제기된 것으로서 부적법하다는 이유로 결정으로 이를 기각하여야 할 것이다(대법원 1980. 4. 4.자 80모11 결정 참조).

4. 일부상소

가. 의의 및 원칙

〈일부상소와 상소불가분의 원칙〉

대법원 2022. 1. 13. 선고 2021도13108 판결

상소는 재판의 일부에 대하여도 할 수 있고, 일부에 대한 상소는 그 일부와 불가분의 관계에 있는 부분에 대하여도 효력이 미친다(형사소송법 제342조). 형법 제37조 전단의 경합범으로 동시에 기소된 수 개의 공소사실에 대하여 각기 따로 유무죄, 공소기각 및 면소를 선고하거나 형을 정하는 등으로 판결주문이 수 개일 때에는 그 1개의 주문에 포함된 부분을 다른 부분과 분리하여 일부상소를 할 수 있고 당사자 쌍방이 상소하지 않은 부분은 분리 확정된다. 따라서 경합범 관계에 있는 공소사실 중 판결주문이 수 개일 때 피고인과 검사가 일부에 대하여만 상소한 경우, 피고인과 검사가 상소하지 않은 부분은 상소기간이 지남으로써 확정되어 상소심에 계속된 사건은 상소된 부분에 대한 공소뿐이고, 그에 따라 상소심에서 이를 파기할 때에는 그 부분만을 파기하여야 한다(대법원 2010. 11. 25. 선고 2010도10985 판결, 대법원 2020. 3. 12. 선고 2019도18935 판결 등 참조).

2) 반면 경합범 관계에 있는 공소사실 중 일부 유죄, 일부 무죄를 선고하여 판결주문이 수개일 때 검사가 판결 전부에 대하여 상소하였는데 상소심에서 이를 파기할 때에는 유죄 부분과 파기되는 무죄 부분이 형법 제37조 전단의 경합범 관계에 있어 하나의 형이 선고되어야 하므로, 유죄 부분과 파기되는 무죄 부분을 함께 파기하여야 한다. 그러나 위와 같이 하나의 형을 선고하기 위해서 파기하는 경우를 제외하고는 경합범의 관계에 있는 공소사실이라고 하더라도 개별적으로 파기되는 부분과 불가분의 관계에 있는 부분만을 파기하여야 한다. … 제1심은 경합범 관계에 있는 공소사실 중 피해자 대한민국에 대한 사기 부분을 주문 무죄로, 피해자 학부모들에 대한 사기 부분을 주문 공소기각으로 각 판단하였으므로, 검사가 제1심판결 전부에 대하여 항소하였다고 하더라도 그 판결 전체가 불가분의 관계에 있다고 볼 수 없고, 원심으로서는 각 부분에 관한 항소이유를 개별적으로 판단하였어야 한다.

그런데도 원심은 이 사건 공소사실 전체가 경합범 관계에 있어 불가분의 관계에 있다는 이유로 제1심판결 중 공소기각 부분을 파기하는 이상 제1심판결 중 무죄 부분도 함께 파기하여야 한다고 판단하였다. 이러한 원심의 판단에는 상소심의 심판대상과 파기의 범위에 관한 법리를 오해함으로써 제1심판결 중 무죄 부분에 대한 판단을 누락한 잘못이 있다.

나. 일부상소의 허용범위

(1) 일부상소가 허용되는 경우

대법원 1992. 1. 21. 선고 91도1402 전원합의체 판결 「형법 제37조 전단의 경합범으로 동법 제38조 1항 2호에 해당하는 경우 하나의 형으로 처벌하여야 함은 물론이지만 위 규정은 위 37조 전단의 경합범을 동시에 심판하게 되는 경우에 관한 규정인 것이고 경합범으로 동시에 기소된 사건이라 하더라도 일부 유죄 일부무죄의 선고를 하거나 일부의 죄에 대하여 징역형을 다른죄에 대하여 벌금형을 선고하는 등 판결주문이 수개일 때에는 그 1개의 주문에 포함된 부분을 다른 부분과 분리하여 일부상소를 할 수 있는 것이고 그러한 경우 당사자 쌍방이 상소하지 아니한 부분은 분리 확정된다고 볼 수 밖에 없(다).」

대법원 2004. 9. 23. 선고 2004도4727 판결 「상소는 재판의 일부에 대하여도 할 수 있으므로(형사소송법 제342조 제1항 참조) 경합범 중 일부의 죄에 대하여 징역형이, 나머지 죄에 대하여 벌금형이 선택되어

병과형이 선고된 경우 징역형이나 벌금형 중 어느 하나의 형에 관한 판결 부분만을 상소의 대상으로 할 수 있는 것이지만, 법원이 1개의 죄에 정한 형이 징역형, 벌금형 등 수종임에도 형의 종류를 선택하지 아니한 채 수죄에 대하여 징역형과 벌금형을 병과하는 경우에는 어느 죄에 대하여 징역형이, 어느 죄에 대하여 벌금형이 선고된 것인지 알 수 없게 되어 재판의 내용이 불가분적인 것이 되므로, 징역형이나 벌금형 중 어느 하나의 형에 관한 판결 부분만을 상소의 대상으로 할 수는 없다고 할 것이어서, 징역형이나 벌금형 중 어느 하나의 형에 관한 판결 부분에 대하여만 상소를 하였다고 하더라도 그 일부와 불가분의 관계에 있는 다른 형에 관한 판결 부분에 대하여도 상소의 효력이 미친다고 할 것이다(형사소송법 제342조 제2항 참조).」

대법원 2018. 3. 29. 선고 2016도18553 판결 「형법 제37조 전단의 경합범으로 동시에 기소된 수 개의 공소사실에 대하여 일부 유죄, 일부 무죄를 선고하거나 수 개의 공소사실이 금고 이상의 형에 처한 확정판결 전후의 것이어서 형법 제37조 후단, 제39조 제1항에 의하여 각기 따로 유·무죄를 선고하거나 형을 정하는 등으로 판결주문이 수 개일 때에는 그 1개의 주문에 포함된 부분을 다른 부분과 분리하여 일부상소를 할 수 있고, 이때 당사자 쌍방이 상소하지 아니한 부분은 분리 확정된다. 그러므로 확정판결 전의 공소사실과 확정판결 후의 공소사실에 대하여 따로 유죄를 선고하여 두 개의 형을 정한 제1심 판결에 대하여 피고인만이 확정판결 전의 유죄판결 부분에 대하여 항소한 경우, 피고인과 검사가 항소하지 아니한 확정판결 후의 유죄판결 부분은 항소기간이 지남으로써 확정되어 항소심에 계속된 사건은 확정판결 전의 유죄판결 부분뿐이고, 그에 따라 항소심이 심리·판단하여야 할 범위는 확정판결 전의 유죄판결 부분에 한정된다.」

(2) 일부상소가 허용되지 않는 경우 (상소불가분의 원칙 적용)

〈상소불가분의 원칙이 적용되는 경우〉

대법원 2008. 11. 20. 선고 2008도5596 전원합의체 판결

1. 형사소송법 제342조는 제1항에서 "상소는 재판의 일부에 대하여 할 수 있다."고 규정하여 일부 상소를 원칙적으로 허용하면서, 제2항에서 "일부에 대한 상소는 그 일부와 불가분의 관계에 있는 부분에 대하여도 효력이 미친다."고 규정하여 이른바 상소불가분의 원칙을 선언하고 있다. 따라서 불가분의 관계에 있는 재판의 일부만을 불복대상으로 삼은 경우 그 상소의 효력은 상소불가분의 원칙상 피고사건 전부에 미쳐 그 전부가 상소심에 이심되는 것이고, 이러한 경우로는 일부 상소가 피고사건의 주위적 주문과 불가분적 관계에 있는 주문에 대한 것, 일죄의 일부에 대한 것, 경합범에 대하여 1개의 형이 선고된 경우 경합범의 일부 죄에 대한 것 등에 해당하는 경우를 들 수 있다.

2. 이 사건 피고인은 마약류취급자가 아니면서 다른 사람들 사이의 향정신성의약품 매매를

중간에서 알선하였다는 공소사실로 마약류 관리에 관한 법률 위반으로 공소제기되었는데, 원심은 이를 유죄로 인정하여 징역형을 선고하면서도 매매 알선의 대상이 된 향정신성의약품을 몰수하거나 그 가액을 추징하는 조치는 전혀 취하지 아니하였다. 이에 **검사는, 원심판결 중 몰수나 추징을 하지 아니한 부분만을 불복대상으로 삼아 상고를 제기하고, 상고이유로 원심판결에는 필수적 몰수 또는 추징에 관한 법리를 오해한 위법이 있다고 주장**하고 있다.

그런데 이 사건에 적용되는 마약류관리에 관한 법률 제67조는 "이 법에 규정된 죄에 제공한 마약류 및 시설·장비·자금 또는 운반수단과 그로 인한 수익금은 몰수한다. 다만, 이를 몰수할 수 없는 때에는 그 가액을 추징한다."고 정하고 있는바, 이는 이른바 필수적 몰수 또는 추징 조항으로서 그 요건에 해당하는 한 법원은 반드시 몰수를 선고하거나 추징을 명하여야 하고, 위와 같은 몰수 또는 추징은 범죄행위로 인한 이득의 박탈을 목적으로 하는 것이 아니라 징벌적인 성질을 가지는 처분으로 부가형으로서의 성격을 띠고 있어, 이는 피고사건 본안에 관한 판단에 따른 주형 등에 부가하여 한 번에 선고되고 이와 일체를 이루어 동시에 확정되어야 하고 본안에 관한 주형 등과 분리되어 이심되어서는 아니 되는 것이 원칙이므로, 피고사건의 주위적 주문과 몰수 또는 추징에 관한 주문은 상호 불가분적 관계에 있어 상소불가분의 원칙이 적용되는 경우에 해당한다.

따라서 피고사건의 재판 가운데 몰수 또는 추징에 관한 부분만을 불복대상으로 삼아 상소가 제기되었다 하더라도, 상소심으로서는 이를 적법한 상소제기로 다루어야 하는 것이지 몰수 또는 추징에 관한 부분만을 불복대상으로 삼았다는 이유로 그 상소의 제기가 부적법하다고 보아서는 아니 되고, 그 부분에 대한 상소의 효력은 그 부분과 불가분의 관계에 있는 본안에 관한 판단 부분에까지 미쳐 그 전부가 상소심으로 이심되는 것이다.

대법원 1961. 10. 5. 선고 4293형상403 판결 「경합죄에 있어서 주문이 2개 이상인 때에는 이를 분리하여 그중 일부분에 대하여서만도 상소가 가능하나 주문이 단일한 것인 때에는 경합죄중의 일부죄에 대하여 만의 상소 불가분의 원칙이 적용되어 경합죄 전부에 대한 상소가 있는 것으로 보아야 할 것이다. 그러므로 본건 피고인의 공소신립이 1심 유죄 인정의 사문서 위조 동 행사 사기의 전부에 대한 공소 의사여부는 논외로 하더라도 1심이 유죄로 인정한 경합죄 전부에 대하여 공소의 효력을 발생시키는 것이기 때문에 원심이 사문서 위조 동 행사의 점까지 판단한 것은 정당한 법 해석이라고 보아야 할 것이다.」

대법원 2001. 2. 9. 선고 2000도5000 판결 「제1심이 단순일죄의 관계에 있는 공소사실의 일부에 대하여만 유죄로 인정한 경우에 피고인만이 항소하여도 그 항소는 그 일죄의 전부에 미쳐서 항소심은 무죄부분에 대하여도 심판할 수 있다 할 것이고, 그 경우 항소심이 위 무죄부분을 유죄로 판단하였다 하여 그로써 항소심판결에 불이익변경금지원칙에 위반하거나 심판범위에 대한 법리를 오해한 위법이 있다고 할 수 없다. 기록 중의 증거에 따르니, 피고인 및 변호인이 원심이 항소심의 심판범위를 그르쳤다고 주장하면서 지적하고 있는 각 대출은 그 각 채무자 사이에 대출한도 및 대출기간의 한도를 정하여 놓고 그 범위 내에서 채무자가 별도의 자금대출신청 및 심사절차를 거침이 없이 자유로이 자금을 차입하거나 상환할 수 있는 내용의 것으로서, 당초 부실한 담보를 제공받고 위와 같은 내용의 대출한도거래약정을 체결한 자체가 불량대출로서 그 한도금액 전체를 손해 및 이득액으로 하는 한 개의 배임죄가 성립할 뿐 그 약정 아래 이루어진 여러 번에 걸친 대출금인출행위를 포괄하여 1죄라고 할 수는 없다. 제1심이 무죄로 판단한 부분까지를 원심이 심판의 대상으로 삼아 그 중 일부를 유죄로 판단한 것은 결과적으로 정당하(다).」

대법원 1985. 11. 12. 선고 85도1998 판결「원심은 피고인 2에 대하여 포괄적 1죄의 관계에 있는 이 사건 공소사실의 일부에 대하여서만 유죄로 인정하고 그 나머지 공소사실에 대하여서는 범죄사실의 증명이 없다하여 무죄로 판단하였고, 이에 대하여 검사는 위 무죄부분에 대하여 불복상고를 하고 피고인 2는 상고를 하지 아니하였으나 <u>공소불가분의 원칙상 경합범의 경우와는 달리 포괄적 1죄의 일부만에 대하여 상고할 수는 없는 법리이므로 검사만이 원심판결중 무죄부분만을 불복상고하였고 피고인 2는 상고를 하지 아니하였다 하더라도 같은 피고인에 대하여 원심에서 유죄로 인정된 부분도 상고심에 이심되어 심판의 대상이 된다</u>.」

대법원 1980. 12. 9. 선고 80도384 전원합의체 판결「판매의 목적으로 휘발유에 솔벤트, 벤젠 등을 혼합하여 그 품질을 저하시켜 판매한 행위와 형법 제347조 제1항의 사기죄와는 1개의 행위가 수개의 죄에 해당하는 동법 제40조 소정의 이른바 상상적 경합관계가 있다 할 것이고, 본건에 있어서와 같이 원심이 위 두죄를 경합범으로 보고, 일부는 유죄, 일부는 무죄를 각 선고하였고 또 검사만이 원심판결중 무죄된 부분만을 불복 상고하였다 하더라도 <u>위 두죄가 상상적 경합관계에 있는 것인 이상 공소불가분의 원칙이 적용되어, 원심에서 유죄된 사기방조죄의 점도 상고심에 이심되고 따라서 심판의 대상이 된다</u>.」

대법원 2006. 5. 25. 선고 2006도1146 판결「원래 주위적·예비적 공소사실의 일부에 대한 상소제기의 효력은 나머지 공소사실 부분에 대하여도 미치는 것이고, <u>동일한 사실관계에 대하여 서로 양립할 수 없는 적용법조의 적용을 주위적·예비적으로 구하는 경우에는 예비적 공소사실만 유죄로 인정되고 그 부분에 대하여 피고인만 상소하였다고 하더라도 주위적 공소사실까지 함께 상소심의 심판대상에 포함된다</u>고 볼 것이다.」

대법원 2008. 7. 24. 선고 2008도4759 판결「피고인은 상고이유로 원심의 소송비용 재판에 위법이 있다는 내용을 주장하고 있으나(피고인은 다른 상고이유를 추가할 예정이라고 기재하고 있으나 법정기간 내에 다른 상고이유가 추가로 제출된 바 없다), <u>본안의 재판과 분리하여 소송비용의 재판에 관하여만 독립하여 다투는 것은 허용되지 아니하고</u>(형사소송법 제191조 제2항 참조), <u>소송비용의 재판에 대한 불복은 본안의 재판에 대한 상소의 전부 또는 일부가 이유 있는 경우에 한하여 허용되는 것이</u>(다).」

다. 일부상소의 방식

대법원 1991. 11. 26. 선고 91도1937 판결「현행법규상 항소장에 불복의 범위를 명시하라는 규정이 없고 상소는 재판의 전부에 대하여 하는 것을 원칙으로 삼고 다만 재판의 1부에 대하여서도 상소할 수 있다고 규정한 형사소송법 제342조의 규정에 비추어 볼 때에 항소장의 불복의 범위란에 재판의 일부에 대하여서만 상소한다는 기재가 없는 한 검사의 청구대로 되지 아니한 판결전부에 대하여 상소한 것이라고 보아야 할 것이고 검사가 항소장에 판결주문을 기재함에 있어 재판의 일부를 기재하지 아니하였다 하여 무죄부분에 대하여는 항소하지 아니한 것이라고 단정한 것은 성급한 조치였다 할 것이다. 이 사건에서 검사는 항소이유서를 제출함에 있어서는 무죄부분에 대한 항소이유를 개진한바 있으므로 원심으로서는 그 부분에 대한 판단을 하여야 할 것이었다.」

대법원 2004. 12. 10. 선고 2004도3515 판결 <표준>「현행 법규상 항소장에 불복의 범위를 명시하라는 규정이 없고 또 상소는 재판의 전부에 대하여 하는 것을 원칙으로 삼고 다만 재판의 일부에 대하여도 상소할 수 있다고 규정한 형사소송법 제342조의 규정에 비추어 볼 때, 비록 항소장에 이 사건 각 사기죄에 대한 형만을 기재하고 의료법위반죄에 대한 형을 기재하지 아니하였다 하더라도 항소이유서에서 의료법위반죄에 대하여도 항소이유를 개진한 경우에는 판결 전부에 대한 항소로 봄이 상당하다.」

대법원 1960. 10. 28 선고 4293형상659 판결「원심은 제1심이 무죄선고한 공소사실부분에 관하여 다시 무죄 이유를 설시하였으나 본건에 관하여는 검사의 상고가 없고 또 무죄판결에 대하여는 피고인의 상소대상이 될 수 없는 것이므로 무죄부분에 관한 판결은 이미 제1심에서 확정되었음에도 불구하고 원심이 동 부분에 관하여 사건 격 속된 것으로 착각하고 필요없는 무죄판단의 설시를 하였음은 위법이라 할 것이다.」

라. 일부상소와 상소심의 심판범위

(1) 경합범의 일부상소

〈일부파기설〉

대법원 1992. 1. 21. 선고 91도1402 전원합의체 판결 <표준>

이 사건은 부녀매매죄 공소사실과 윤락행위방지법위반공소사실모두를 유죄로 인정하고 형법 제38조 제1항 2호에 의하여 징역 1년을 선고한 제1심판결에 대하여 피고인만 항소한 사건에서 원심이 제1심판결을 파기하고 윤락 행위방지법위반 공소사실은 유죄로 인정하여 징역 1년에 집행유예 3년을 선고하고 부녀매매죄 공소사실에 대하여는 앞에 설시한 것과 같은 이유로 무죄를 선고하였는데 피고인은 상고하지 아니하고 검사가 무죄판결부분에 대하여 일부 상고를 한 사건이고 그와 같은 경우에 피고인과 검사가 모두 상고하지 아니한 윤락행위방지법위반죄에 대한 유죄판결은 상소기간이 지남으로서 확정된다고 해석할 것이고(형사소송법 제342조 참조) 당원에 계속된 사건은 부녀매매죄에 대한 공소 뿐이라 할 것이므로 그 부분만을 파기할 수 밖에 없다.

이 사건과 같이 제2심이 형법 제37조 전단의 경합범 중 일부공소사실에 대하여는 유죄의 선고를 하고 일부공소사실에 대하여 무죄 선고를 한 경우로서 검사만 무죄 부분에 대하여 상고한 사건에서 원심이 유죄로 인정한 범죄와 상고된 무죄 부분 공소사실이 경합범으로서 과형상 하나의 형으로 처단하여야 하는 관계에 있기 때문에 2심판결 전부를 파기하여야 한다고 한 당원판례(1989. 9. 12. 선고 87도506호, 1991. 5. 28. 선고 91도739호 판결 등)가 있으나 형법 제37조 전단의 경합범으로 동법 제38조 1항 2호에 해당하는 경우 하나의 형으로 처벌하여야 함은 물론이지만 위 규정은 위 37조 전단의 경합범을 동시에 심판하게 되는 경우에 관한 규정인 것이고 경합범으로 동시에 기소된 사건이라 하더라도 일부유죄 일부무죄의 선고를 하거나 일부의 죄에 대하여 징역형을 다른죄에 대하여 벌금형을 선고하는 등 판결주문이 수개일 때에는 그 1개의 주문에 포함된 부분을 다른 부분과 분리하여 일부상소를 할 수 있는 것이고 그러한 경우 당사자 쌍방이 상소하지 아니한 부분은 분리 확정된다고 볼 수 밖에 없는 것이어서 이미 확정된 유죄 부분에 대하여 상고심이 파기환송판결을 하는 것은 상소이론에 들어 맞지 않으므로 그 판례들을 폐기할 수 밖에 없다.

이렇게 될 경우 형사소송법 제368조가 규정한 불이익변경의 금지원칙과 관련하여 환송을 받은 법원이 파기이유가 된 사실상과 법률상의 판단에 기속되어 유죄를 인정하고서도 조금이라도 형을 선고하면 불이익변경금지에 위반되어 형을 선고할 수 없는 부당한 결과가 된다는 이론이 있으나 원래 불이익변경의 금지라고 하는 것은 피고인이 상소권행사를 주저하는 일이 없도록 상소권행사를 보장하기 위한 것으로 그 원칙을 지키기 위하여 필요한 경우에는 법률이 규정한 형기에 구애받지 아니하는 것이므로 이미 선고된 형 이외에 다시 형을 선고하는 것이 피고인에게 불리한 결과가 된다면 그러한 이유로 형을 선고하지 아니한다는 주문을 선고할 수 있다고 해석하여야 할 것이고 환송받은 법원이 실형을 선고하는 경우 앞서 선고한 집행유예가 취소되어 피고인에게 불리하게 된다는 이론도 있으나 환송받은 법원이 다시 집행유예를 선고할 수도 있고 실형을 선고하여야 하기 때문에 앞서 선고한 집행유예가 취소될 수 밖에 없게 된다면 불이익변경금지에 저촉되는 여부를 정함에 있어서는 그 형과 집행유예가 취소되어 복형하게 될 형을 합산하여 결정하여야 할 것이고 그러한 사정을 고려하고서도 실형을 선고하는 것이 불이익변경금지에 위배되지 아니한다면 수용할 수 밖에 없을 것이다.

[반대의견] 형법 제37조 전단의 경합범으로 동시에 판결하여 일개의 형을 선고할 수 있었던 수개의 죄는 서로 과형상 불가분의 관계에 있었다고 볼 수 있으므로, 실제로 일개의 형이 선고되었는지의 여부와 관계없이 상소불가분의 원칙이 적용된다고 해석하는 것이 이론상 일관된 태도라 할 것인바 경합범 중 일부에 대하여는 유죄, 다른 일부에 대하여는 무죄를 선고하였다고 하더라도, 무죄 부분에 대하여 상소가 제기됨으로써 그 부분이 유죄로 변경될 가능성이 있게 되는 경우에는, 유죄 부분에 대하여 따로 상소가 되지 않았더라도 상소불가분의 원칙이 적용되어 유죄 부분도 무죄 부분과 함께 상소심에 이심되는 것이고, 따라서 상소심 법원이 무죄 부분을 파기하여야 할 경우에는 직권으로 유죄 부분까지도 함께 파기하여 다시 일개의 형을 선고할 수 있도록 하여야 한다.(전부파기설)

[반대의견에 대한 보충의견] 형사소송법의 해석 적용에 있어서 특별한 사정이 없는 한 실체법인 형법의 규정의 취지에 충실히 따라야 할 것인바 형법 제37조 전단의 경합범으로 기소된 수개의 죄가 다같이 유죄로 판단되는 경우 형법은 제38조 제1항 제2호에서 단일한 형으로 처벌한다는 원칙을 규정하고 있는 취지에 비추어 형사소송법 제342조 제2항을 해석함에 있어 일부 무죄판결의 무죄 부분에 대하여만 상소가 제기된 경우에 그와 경합범관계에 있는 유죄 부분도 과형상 불가분관계에 있는 것으로서 당연히 상소의 효력이 미친다고 새겨 무죄 부분이 파기되는 때에는 유죄 부분과 합하여 단일한 형으로 처단하게 함이 타당하다.

대법원 2011. 3. 10. 선고 2010도17779 판결 「제1심은 형법 제37조 전단의 경합범 관계에 있는 이 사건 공소사실 중 의료법 위반의 점에 대하여는 유죄, 강제추행의 점에 대하여는 무죄를 선고하였고, 이에 검사만이 제1심판결에 대하여 항소하였는데, **검사는 항소장의 항소이유란에 무죄 부분에 대해서만 기재하고 유죄 부분에 대한 불복이유를 기재하지 아니하였으나 항소의 범위를 '전부'로 표시하여 제1심판결 전부에 대하여 항소하였음**을 알 수 있다. 이러한 경우 제1심에서 유죄 선고된 부분을 포함한 제1심판결 전부가 이심되어 원심의 심판 대상이 되므로, 원심으로서는 강제추행죄를 유죄로 인정하는 이상 제1심판결 전부를 파기하고 형법 제37조 전단의 경합범 관계에 있는 의료법 위반죄와 강제추행죄에 대하여 하나의 형을 선고하여야 한다.」

대법원 2007. 6. 28. 선고 2005도7473 판결 「원심이 경합범으로 공소제기된 수 개의 범죄사실 중 그 일부에 대하여 유죄, 일부에 대하여 무죄를 각 선고하였고, 그 중 유죄 부분에 대하여는 피고인이 상고하고 무죄 부분에 대하여는 검사가 상고한 경우에 있어서는, 원심판결 전부의 확정이 차단되어 상고심에 이심되는 것이고 유죄 부분에 대한 피고인의 상고가 이유 없더라도 무죄 부분에 대한 검사의 상고가 이유 있는 때에는 피고인에게 하나의 형이 선고되어야 하는 관계로 무죄 부분뿐 아니라 유죄 부분도 함께 파기되어야 하는 것이다. 또한 불이익변경금지의 원칙은, 피고인의 상소권을 보장하기 위하여 피고인이 상소한 사건과 피고인을 위하여 상소한 사건에 있어서는 원심판결의 형보다 중한 형을 선고하지 못한다는 것이므로, 피고인과 검사 쌍방이 상소한 결과 검사의 상소가 받아들여져 원심판결 전부가 파기됨으로써 피고인에 대한 형량 전체를 다시 정해야 하는 경우에는 적용되지 아니하는 것이며, 사건이 경합범에 해당한다고 하여 개개 범죄별로 불이익변경의 여부를 판단할 것은 아니다.」

(2) 일죄의 일부상소

〈공방대상론〉

대법원 1991. 3. 12. 선고 90도2820 판결 〈표준〉

검사가 피고인의 공소장 1. 2. 3. 기재 각 절도범행에 대하여 특정범죄가중처벌등에관한법률위반(절도)의 포괄일죄로 기소하였고, 환송전 원심판결은 이 중 3.의 범행만에 대한 유죄판결을 선고하면서 1.2.의 범행에 대하여는 판결이유에서 무죄라고 판단하였으며, 이에 대하여 피고인만이 상고를 한 결과 상고심에서 위 유죄부분을 인정할 만한 증거가 없다는 이유로 환송전 원심판결이 파기환송된 사실, 그러자 이를 환송받은 원심에서는 위 2.3.의 범행에 대하여는 무죄라고 판단하면서 당초 환송전 원심판결이 무죄로 판단하였던 1.의 범행을 다시 유죄로 인정하여 유죄판결을 선고한 사실을 알 수 있다.

그러나 이와 같이 환송전 원심에서 포괄일죄의 일부만이 유죄로 인정된 경우 그 유죄부분에 대하여 피고인만이 상고하였을 뿐 무죄부분에 대하여 검사가 상고를 하지 않았다면 상소불가분의 원칙에 의하여 무죄부분도 상고심에 이심되기는 하나 그 부분은 이미 당사자 간의 공격방어의 대상으로부터 벗어나 사실상 심판대상에서부터도 벗어나게 되어 상고심으로서도 그 무죄부분에까지 나아가 판단할 수 없는 것이고, 따라서 상고심으로부터 위 유죄부분에 대한 원심판결이 잘못되었다는 이유로 사건을 파기환송받은 원심은 그 무죄부분에 대하여 다시 심리판단하여 유죄를 선고할 수 없다고 보아야 할 것이다.

대법원 2004. 10. 28. 선고 2004도5014 판결 「포괄일죄의 일부만이 유죄로 인정된 경우 그 유죄 부분에 대하여 피고인만이 상고하였을 뿐 무죄나 공소기각으로 판단된 부분에 대하여 검사가 상고를 하지 않았다면, 상소불가분의 원칙에 의하여 유죄 이외의 부분도 상고심에 이심되기는 하나 그 부분은 이미 당사자 간의 공격·방어의 대상으로부터 벗어나 사실상 심판대상에서부터도 이탈하게 되므로, 상고심으로서도 그 부분에까지 나아가 판단할 수 없는 것이다.」

대법원 2008. 12. 11. 선고 2008도8922 판결 「환송 전 원심에서 상상적 경합 관계에 있는 수죄에 대하여 모두 무죄가 선고되었고, 이에 검사가 무죄 부분 전부에 대하여 상고하였으나 그 중 일부 무죄 부분에 대하여는 이를 상고이유로 삼지 아니하였다면, 비록 상고이유로 삼지 아니한 무죄 부분도 상고심에 이심된다고는 하나 그 부분은 이미 당사자 간의 공격방어의 대상으로부터 벗어나 사실상 심판대상에서부터도 이탈하게 되는 것이므로, 상고심으로서도 그 무죄 부분에까지 나아가 판단할 수 없는 것이고, 따라서 상고심으로부터 다른 무죄 부분에 대한 원심판결이 잘못되었다는 이유로 사건을 파기환송받은 원심은 그 무죄 부분에 대하여 다시 심리·판단하여 유죄를 선고할 수 없다고 보아야 할 것이다.」

〈공방대상론의 유추적용〉

대법원 2008. 9. 25. 선고 2008도4740 판결

제1심법원이 공소사실의 동일성이 인정되는 범위 내에서 공소가 제기된 범죄사실에 포함된 보다 가벼운 범죄사실을 유죄로 인정하면서 법정형이 보다 가벼운 다른 법조를 적용하여 피고인을 처벌하고, 유죄로 인정된 부분을 제외한 나머지 부분에 대하여는 범죄의 증명이 없다는 이유로 판결 이유에서 무죄로 판단한 경우, 그에 대하여 피고인만이 유죄 부분에 대하여 항소하고 검사는 무죄로 판단된 부분에 대하여 항소하지 아니하였다면, 비록 그 죄 전부가 피고인의 항소와 상소불가분의 원칙으로 인하여 항소심에 이심되었다고 하더라도 무죄 부분은 심판대상이 되지 아니하여, 그 부분에 관한 제1심판결의 위법은 형사소송법 제361조의4 제1항 단서의 '직권조사사유' 또는 같은 법 제364조 제2항에 정한 '항소법원은 판결에 영향을 미친 사유에 관하여는 항소이유서에 포함되지 아니한 경우에도 직권으로 심판할 수 있다'는 경우에 해당되지 않는다고 볼 것이므로, 항소심법원이 직권으로 심판대상이 아닌 무죄 부분까지 심리한 후 이를 유죄로 인정하여 법정형이 보다 무기운 법조를 적용하여 처벌하는 것은 피고인의 방어권 행사에 불이익을 초래하는 것으로서 허용되지 않는 것이고(대법원 2006. 6. 15. 선고 2004도7260 판결 참조), 이는 제1심판결에 무죄로 판단된 부분에 대한 이유를 누락한 잘못이 있다고 하여 달라지는 것이 아니다.

기록에 의하면, 피고인은 정보통신망을 통하여 공연히 허위의 사실을 적시하여 타인의 명예를 훼손하였다는 요지의 공소사실에 의해 법 제61조 제2항 위반죄로 공소제기되었는데, 제1심은 피고인이 정보통신망을 통하여 공연히 사실을 적시하여 타인의 명예를 훼손한 것으로 보아 법 제61조 제1항 위반의 점만을 유죄로 인정하여 벌금형을 선고하면서, 나머지 허위사실 적시에 의한 명예훼손의 점, 즉 법 제61조 제2항 위반죄 부분에 대하여는 판결에 아무 이유를 기재하지 아니하였고, 이는 필경 제1심이 허위사실 적시에 의한 명예훼손 부분을 무죄로 판단하면서도 판결 이유에서 그 부분의 설시를 누락한 것으로 보이는바, 이에 대해 피고인만이 유죄 부분에 대하여 항소하고 검사는 위 무죄 부분에 대하여 항소하지 아니하였으므로 결국, 무죄로 판단된 법 제61조 제2항 위반죄 부분은 항소심의 심판대상에서 벗어났다고 할 것임에도, 원심은 제1심이 위 무죄 부분에 대하여 판결 이유에서 무죄 사유를 기재하지 아니한 잘못이 있다는 이유만으로 위 무죄 부분을 포함한 제1심판결 전체를 직권 파기한 다음, 위 무죄 부분에 대하여도 유죄로 인정하면서 법 제61조 제2항을 적용하여 피고인을 처벌하고 있음을 알 수 있는바, 앞서 본 법리에 비추어 보면, 원심의 위와 같은 판단은 직권조사사항 또는 직권심판대상에 관한 법리를 오해하여 판결 결과에 영향을 미친 위법이 있다고 할 것이다.

(3) 죄수판단의 변경으로 일죄가 된 경우

대법원 1980. 12. 9. 선고 80도384 전원합의체 판결 〈표준〉 「우선 석유사업법 제22조 제1호에 의하면 판매를 목적으로 석유의 품질을 저하시켜 석유를 판매하는 행위를 하여서는 아니된다고 규정하고 있는 바, 원심이 확정한 바와 같이 판매의 목적으로 휘발유에 솔벤트, 벤젠 등을 혼합하여 그 품질을 저하시켜 판매한 행위와 형법 제347조 제1항의 사기죄와는 1개의 행위가 수개의 죄에 해당하는 동법 제40조 소정의 이른바 상상적 경합관계가 있다 할 것이고(본원 1980. 4. 22. 선고 79도1847 판결 참조, 이 점에 있어 견해를 달리하는 본원 1980. 5. 13. 선고 80도716 판결의 견해는 이를 폐기한다), 본건에 있어서와 같이 원심이 위 두죄를 경합범으로 보고, 일부는 유죄, 일부는 무죄를 각 선고하였고 또 검사만이 원심판결중 무죄된 부분만을 불복 상고하였다 하더라도 위 두죄가 상상적 경합관계에 있는 것인 이상 공소불가분의 원칙이 적용되어, 원심에서 유죄된 사기방조죄의 점도 상고심에 이심되고 따라서 심판의 대상이 된다고 볼 것이다.」

Ⅳ. 상소심의 심판

1. 불이익변경금지의 원칙

가. 의의 및 근거

〈불이익변경금지 원칙의 의의, 근거 및 내용〉

대법원 2021. 5. 6. 선고 2021도1282 판결

1. '불이익변경의 금지'에 관한 형사소송법 제368조에서 피고인이 항소한 사건과 피고인을 위하여 항소한 사건에 대하여는 원심판결의 형보다 중한 형을 선고하지 못한다고 규정하고

있고, 위 법률조항은 형사소송법 제399조에 의하여 상고심에도 준용된다. 이러한 불이익변경금지 원칙은, 상소심에서 원심판결의 형보다 중한 형을 선고받을 수 있다는 우려로 말미암아 피고인의 상소권 행사가 위축되는 것을 막기 위한 정책적 고려의 결과로 입법자가 채택하였다. 위 법률조항의 문언이 '원심판결의 형보다 중한 형'으로의 변경만을 금지하고 있을 뿐이고, 상소심은 원심법원이 형을 정함에 있어서 전제로 삼았던 사정이나 견해에 반드시 구속되는 것은 아닌 점 등에 비추어 보면, 피고인만이 상소한 사건에서 상소심이 원심법원이 인정한 범죄사실의 일부를 무죄로 인정하면서도 피고인에 대하여 원심법원과 동일한 형을 선고하였다고 하여 그것이 불이익변경금지 원칙을 위반하였다고 볼 수 없다(대법원 2003. 2. 11. 선고 2002도5679 판결 등 참조).

한편 피고인만의 상고에 의한 상고심에서 원심판결을 파기하고 사건을 항소심에 환송한 경우 불이익변경금지 원칙은 환송 전 원심판결과의 관계에서도 적용되어 환송 후 원심법원은 파기된 환송 전 원심판결보다 중한 형을 선고할 수 없다(대법원 1992. 12. 8. 선고 92도2020 판결 등 참조).

2. 앞서 본 법리를 기록에 비추어 살펴본다. 기록에 의하면, 환송 전 원심판결이 배임 부분(원심 판시 2017고단2343)과 사기 부분(원심 판시 2017고단682, 2017고단800)에 대하여 징역 4년을 선고하였고, 이에 대하여 피고인만 상고한 결과 상고심에서 원심판결 중 위 각 부분을 파기하고 그 부분 사건을 항소심에 환송한다는 판결이 선고되었으며, **환송 후 원심은 파기환송의 취지에 따라 배임 부분을 무죄로 판단하고 나머지 사기 부분만 유죄로 판단하면서 이에 대하여 환송 전 원심판결과 동일한 징역 4년을 선고하였다.** 환송 전 원심판결보다 중한 형을 선고하지 않은 이상, 위와 같은 환송 후 원심의 판단에 불이익변경금지 원칙을 위반하거나 환송판결의 기속력에 관한 법리를 오해한 잘못이 없다.

나. 적용범위

(1) 피고인이 상소하거나 피고인을 위하여 상소한 사건

대법원 1998. 9. 25. 선고 98도2111 판결 「피고인과 검사 쌍방이 항소하였으나 검사가 항소 부분에 대한 항소이유서를 제출하지 아니하여 결정으로 항소를 기각하여야 하는 경우에는 실질적으로 피고인만이 항소한 경우와 같게 되므로 항소심은 불이익변경금지의 원칙에 따라 제1심판결의 형보다 중한 형을 선고하지 못한다고 할 것이다. 원심이 피고인 1에 대한 제1심의 유죄 부분에 대하여 법정기간 내에 항소이유서를 제출하지 아니한 경우에 해당한다고 하면서도 법령적용의 잘못을 들어 제1심판결을 직권으로 파기하고, 징역 1년 6월 및 압수된 참깨 몰수형에 처한 제1심판결의 형보다 중한 징역 5년 및 벌금 18억 원과 압수된 참깨의 몰수형에 처하였음은 불이익변경금지의 원칙에 대한 법리를 오해한 위법이 있다.」

대법원 1957. 10. 4 선고 4290형비상1 판결 「상고심은 피고인의 이익을 위하여 검사의 불복없는 제1심 판결의 형보다 중한 형을 과할 수 없다고 해석함이 타당하다할 것이다. 왜냐하면 (1) 만일 상고심이 자판하지 않고 제2심 판결을 파기 환송한 경우라면 제2심은 당초에 검사공소가 없는 사건이므로 당연히 형사소송법 제368조를 적용하여 제1심 판결의 형보다 중한 형을 과하지 못 할 것임은 다언을 요치 아니한다 할 것인 바 상고심이 자판하는 경우라하여 피고인을 불리하게 처우함은 대법원의 태도 즉 환송여부에 따라 피고인의 이해가 좌우되는 결과를 초래하게될 뿐아니라 절차법상의 획일 안정성과 공평의 관념에 적합치 않다 할 것이요 (2) 또 구 형사소송법 제399조 및 제424조의 시행당시에 있어서는 검사가 상소를 하지 아니하였을 경우에 상급심 검사는 부상 상소제도를 활용하므로써 피고인에 대한 불이익 변경금지 원칙의 적용을 배제하여 왔던 것이나 현행 신법에 있어서는 우 부상 상소제도를 전폐하였음에 비추어 이는 오로지 피고인의 이익을 확보코저하는 입법정신에 입각한 것이라고 볼 수 있기 때문이다.」 (제1심 법원이 피고인에게 벌금 1만환에 처하고, 피고인만이 항소하여 항소심이 무죄판결을 선고하였는데, 검사의 상고가 있자 대법원이 징역 6월에 처하는 판결을 선고하여 비상상고가 이루어진 사안)

대법원 2015. 12. 10. 선고 2015도11696 판결 「검사가 일부 유죄, 일부 무죄가 선고된 제1심판결 전부에 대하여 항소하면서 유죄 부분에 대하여는 아무런 항소이유도 주장하지 않은 경우에는, 유죄 부분에 대하여 법정기간 내에 항소이유서를 제출하지 않은 것이 되고, 그 경우 설령 제1심의 양형이 가벼워 부당하다 하더라도 그와 같은 사유는 형사소송법 제361조의4 제1항 단서의 직권조사사유나 같은 법 제364조 제2항의 직권심판사항에 해당하지 않으므로, 항소심이 제1심판결의 형보다 중한 형을 선고하는 것은 허용되지 않는데, 이러한 법리는 검사가 유죄 부분에 대하여 아무런 항소이유를 주장하지 않은 경우뿐만 아니라 검사가 항소장이나 법정기간 내에 제출된 항소이유서에서 유죄 부분에 대하여 양형부당 주장을 하였으나, 그러한 항소이유 주장이 실질적으로 구두변론을 거쳐 심리되지 아니한 경우에도 마찬가지로 적용된다.」

(2) 상소심에서 형을 선고하는 경우

대법원 2016. 3. 24. 선고 2016도1131 판결 「제1심에서 징역형의 집행유예를 선고한 데 대하여 제2심이 그 징역형의 형기를 단축하여 실형을 선고하는 것도 불이익변경금지원칙에 위배된다. 마찬가지로 재심 대상사건에서 징역형의 집행유예를 선고하였음에도 재심사건에서 원판결보다 주형을 경하게 하고, 집행유예를 없앤 경우는 형사소송법 제439조에 의한 불이익변경금지원칙에 위배된다.」

대법원 1964. 9. 17. 선고 64도298 전원합의체 판결 「상고심에서 원판결을 파기하고 사건을 항소심에 환송한 경우에 그 항소심은 그 파기된 원판결과의 관계에 있어서 불이익변경금지의 제한을 받는 여부에 대하여 직접적인 명문의 규정이 없으나 원래 이 불이익변경금지의 원칙은 피고인측의 상소결과 오히려 피고인에 불이익한 결과를 받게 되어서는 피고인측의 상고권행사에 지장이 있을 것이라는데 그 이유가 있는 것이다. 만일 파기환송 후의 항소심이 그 파기된 판결과의 관계에 있어서 불이익변경금지의 원칙이 적용되지 않는다고 하여 파기된 환송전 판결의 형보다 중한 형을 선고할 수 있다고 하면 피고인측은 원판결보다 유리한 판결을 바라 상고를 하고 상고심 또한 피고인의 이익을 위하여 원판결을 파기하고 원심에 환송하였음에도 불구하고 오히려 항소심에서 재차 심의를 하기 때문에 불이익한 결과를 받지 아니하면 아니되게 되어 이는 형사소송법이 피고인칙의 상소권 행사에 있어 주저하는 일이 없도록 하기 위하여 불이익변경금지의 원칙을 채택한 근본정신에 배치될 뿐만 아니라 상고심이 원판결을 파기하고 자판하는 경우에는 반드시 불이익 변경금지의 원칙이 적용되어야 하는 것과의 균형도 맞지 아니하는 불합리한 결과라 할 것이다. 그러므로 환송후의 항소심 판결 또한 위의 형사소송법의 각 규정의 정신에 비추어 그 파기된 원판결과의 관계에 있어서 불이익변경금지 원칙의 적용을 받아야 하는 것으로 해석하여야 할 것이다.」

대법원 2020. 12. 10. 선고 2020도13700 판결 「피고인뿐만 아니라 검사가 피고인에 대한 약식명령에 불복하여 정식재판을 청구한 사건에 있어서는 형사소송법 제457조의2에서 정한 '약식명령의 형보다 중한 종류의 형을 선고하지 못한다.'는 형종 상향의 금지 원칙이 적용되지 않는다. 따라서 원심이 검사가 정식재판을 청구한 이 사건에서 형종 상향의 금지 원칙을 적용하지 않고 징역형을 선택한 제1심판결을 그대로 유지한 데에 어떠한 잘못이 있다고 할 수 없다.」

대법원 2001. 9. 18. 선고 2001도3448 판결 「원심이, 제1심에서 별개의 사건으로 징역 1년에 집행유예 2년과 추징금 1천만 원 및 징역 1년 6월과 추징금 1백만 원의 형을 선고받고 항소한 피고인 1에 대하여 사건을 병합 심리한 후 경합범으로 처단하면서 제1심의 각 형량보다 중한 형인 징역 2년과 추징금 1,100만 원을 선고한 것이 불이익변경금지의 원칙에 어긋나지 아니(한다).」

대법원 2016. 5. 12. 선고 2016도2136 판결 「피고인은 원심판시 각 죄 중 공전자기록등불실기재 및 불실기재공전자기록등행사죄에 대하여 벌금 300만 원의 약식명령을 고지받고 부산지방법원 동부지원 2012고정1729호로 정식재판청구를 하였는데, 제1심에서 이를 부산지방법원 동부지원 2012고단2484호로 공소가 제기된 사문서위조 및 위조사문서행사죄 사건과 병합하여 심리한 후 위 각 죄가 형법 제37조 전단의 경합범 관계에 있다는 이유로 하나의 형인 벌금 400만 원을 선고하였고, 이에 대해 피고인이 항소하여 원심은 제1심에서 징역 4년이 선고된 부산지방법원 동부지원 2014고합139 등 사건(원심판시 '제1 원심판결' 사건)을 제1심에서 벌금 400만 원이 선고된 위 사건과 병합하여 징역 3년을 선고하였다. 제1심이 위와 같이 정식재판청구 사건과 공소 제기된 사건을 병합 심리한 후 경합범으로 처단하면서 벌금 400만 원을 선고한 것이나 원심이 제1심에서 징역 4년과 벌금 400만 원이 선고되었던 부분의 각 죄에 대하여 징역 3년을 선고한 것을 두고 상고이유 주장과 같이 약식명령의 벌금형을 징역형으로 변경하여 선고한 것으로서 불이익변경금지 원칙에 위반된다고 할 것은 아니다.」

다. 불이익변경금지의 내용

(1) 중형변경의 금지

대법원 1984. 4. 24. 선고 83도3211 판결 「불이익변경금지의 원칙은 피고인 또는 피고인을 위한 상소사건에 있어서 원심의 형 즉 판결주문의 형보다 중한 형을 선고할 수 없다는 것에 불과하므로 그 내용에 있어서 1심보다 불이익하게 변경되었다 하더라도 결과적으로 선고한 형에 변경이 없는 이상 이를 가지고 불이익변경금지의 원칙에 위배되었다고 할 수 없다. 이 건에 있어서 제1심판결이 피고인에 대하여 형법 제156조만을 의율하여 징역 8월에 2년간 그 형의 집행을 유예한데 대하여 피고인만이 항소를 제기하였는데 원심판결은 제1심 판결을 파기하고, 피고인에 대하여 징역 8월에 2년간 집행유예를 선고한바 원심판결이 검사의 공소장변경신청에 의하여 제1심판결의 적용법조와는 달리 형법 제37조, 동법 제38조 제1항 제2호를 의율하여 경합죄로 처단하기 위하여 제1심판결을 파기하였을 뿐 선고형에 있어서는 제1심 선고형과 동일하므로 불이익변경금지의 원칙에 위배하였다 할 수 없(다).」

대법원 1980. 3. 25. 선고 79도2105 판결 「징역 1년 6월에 2년간 집행유예가 선고된 당초의 원심판결에 대하여 피고인만이 상고를 하고 상고심은 법리오해로 인한 심리미진 또는 법률적용의 착오있음을 이유로 위 원심판결을 파기하고, 이를 원심에 환송하는 판결을 하였는바, 환송후의 원심은 검사가 피고인에 대한 관세등 포탈방조의 당초의 공소장을 동 공동정범(미수)로 변경하는 공소장변경신청을 하자 그 새로운 공소사실을 유죄로 인정하여 피고인에 대하여 징역 2년6월에 3년간 집행유예의 판결을 선고하였으니, 이는 분명 위에서 판단한 불이익변경금지의 원칙에 위배(된다).」

대법원 2007. 7. 13. 선고 2007도3448 판결 <표준> 「불이익변경금지원칙은 피고인이 안심하고 상소권을 행사하도록 하려는 정책적 고려에서 나온 제도로서 피고인만이 상소한 사건의 상소심에서 원심보다 피고인에게 불리하게 미결구금일수의 산입을 감축하는 등의 경우에는 불이익변경금지원칙의 적용 여부를 살펴보아야 할 것이나, 위와 같이 판결을 선고한 법원에서 당해 판결서의 명백한 오류에 대하여 판결서의 경정을 통하여 그 오류를 시정하는 것은 피고인에게 유리 또는 불리한 결과를 발생시키거나 피고인의 상소권 행사에 영향을 미치는 것이 아니므로, 여기에 불이익변경금지원칙이 적용될 여지는 없다.」 (별건인 상습사기죄 확정판결의 집행에 의하여 수감중이었음에도 불구하고 판결선고전 구금일수를 산입하는 원심판결을 선고한 후 판결서 경정으로 시정한 사안)

대법원 2018. 4. 10. 선고 2018도1736 판결 「형사소송법 제186조 제1항은 "형의 선고를 하는 때에는 피고인에게 소송비용의 전부 또는 일부를 부담하게 하여야 한다."라고 정하고 있고, 같은 법 제191조 제1항은 "재판으로 소송절차가 종료되는 경우에 피고인에게 소송비용을 부담하게 하는 때에는 직권으로 재판하여야 한다."라고 정하고 있다. 소송비용의 부담은 형이 아니고 실질적인 의미에서 형에 준하여 평가되어야 할 것도 아니므로 불이익변경금지 원칙이 적용되지 않는다. 제1심이 소송비용의 부담을 명하는 재판을 하지 않아 원심이 위 규정에 따라 피고인에게 제1심 및 원심 소송비용의 부담을 명한 조치는 정당한 것으로 수긍할 수 있(다).」

(2) 불이익변경의 판단기준

〈부정기형을 정기형으로 변경하는 경우 형의 경중을 판단하는 법정형 : 장기와 단기의 정중앙에 해당하는 중간형〉

대법원 2020. 10. 22. 선고 2020도4140 전원합의체 판결 〈표준〉

부정기형과 실질적으로 동등하다고 평가될 수 있는 정기형을 정할 때에는 형의 장기와 단기가 존재하는 특수성으로 인해 발생하는 요소들, 즉 부정기형이 정기형으로 변경되는 과정에서 피고인의 상소권 행사가 위축될 우려가 있는지 여부, 소년법이 부정기형 제도를 채택한 목적과 책임주의 원칙이 종합적으로 고려되어야 한다.

이러한 법리를 종합적으로 고려하면, 부정기형과 실질적으로 동등하다고 평가될 수 있는 정기형은 부정기형의 장기와 단기의 정중앙에 해당하는 형(예를 들어 징역 장기 4년, 단기 2년의 부정기형의 경우 징역 3년의 형이다. 이하 '중간형'이라 한다)이라고 봄이 적절하므로, 피고인이 항소심 선고 이전에 19세에 도달하여 제1심에서 선고한 부정기형을 파기하고 정기형을 선고함에 있어 불이익변경금지 원칙 위반 여부를 판단하는 기준은 부정기형의 장기와 단기의 중간형이 되어야 한다. 그 상세한 이유는 다음과 같다.

가) 부정기형은 장기와 단기를 정하여 선고한다(소년법 제60조 제1항 본문). 부정기형은 형기에 단기부터 장기까지의 '폭'이 있는 것을 의미하고, 부정기형의 선고만으로는 향후 집행형으로 확정될 가능성이 있는 형이 단기 이상 장기 이하라는 점만이 결정될 뿐이다.

한편 소년법 제60조 제4항은 "소년에 대한 부정기형을 집행하는 기관의 장은 형의 단기가 지난 소년범의 행형 성적이 양호하고 교정의 목적을 달성하였다고 인정되는 경우에는 관할 검찰청 검사의 지휘에 따라 그 형의 집행을 종료시킬 수 있다."라고 정하고 있다. 부정기형을 선고받은 피고인은 부정기형의 단기가 경과하면 그 이후부터 부정기형의 장기가 도래하기 이전까지 그 형의 집행이 종료될 가능성이 있는 지위에 있게 된다. 따라서 부정기형의 장기와 동일한 정기형은 부정기형의 장기보다 낮은 형이 집행될 가능성이 있음을 고려하면 부정기형보다 무거운 형임이 명백하고, 부정기형의 단기와 동일한 정기형은 부정기형의 단기보다 높은 형이 집행될 가능성이 있음을 고려하면 부정기형보다 가벼운 형임이 명백하다. 그렇다면 부정기형의 장기와 단기 사이에 부정기형과 실질적으로 동등하다고 평가될 수 있는 지점이 존재한다고 보아야 한다. …

형벌은 책임에 기초하고 그 책임에 비례하여야 한다는 책임주의 원칙과 상소심에서 실질적으로 불이익한 형을 선고받을 수 있다는 우려로 인하여 상소권의 행사가 위축되는 것을 방지하기 위해 채택된 불이익변경금지 원칙은 형사법의 대원칙이다. 이 사건 쟁점은 부정기형의 단기부터 장기에 이르는 수많은 형 중 어느 정도의 형이 책임주의 원칙과 불이익변경금지 원칙 사이에서 조화를 이룰 수 있는 적절한 기준이 될 수 있는지, 즉 <u>항소심법원이 더 이상 소년법을 적용받을 수 없게 된 피고인에 대하여 책임주의 원칙에 따라 적절한 양형재량권을 행사하는 것을 과도하게 제한함으로써 피고인에게 부당한 이익을 부여하게 되는 결과를 방지하면서도, 피고인만이 항소한 사건에서 제1심법원이 선고한 부정기형보다 무거운 형이 선고될 위험으로 인해 상소권의 행사가 위축되는 것을 방지할 수 있는 기준이 될 수 있는지를 정하는 '정도'의 문제이지, 부정기형의 장기와 단기 중 어느 하나를 택일적으로 선택하여 이를 정기형의 상한으로 정하는 문제가 아니다.</u> …

나) 불이익변경금지 원칙은 상소심에서 불이익한 결과를 받게 될 위험으로 인해 상소권의 행사가 위축되는 것을 방지하기 위해 채택된 제도로 상소심법원이 이미 선고받은 형보다 실질적으로 불이익한 형을 선고하지 못한다는 원칙일 뿐, 상소 제기 후의 상황 변화에도 불구하고 피고인에게 최대한 유리한 결과를 부여한다는 원칙은 아니다(대법원 2005. 10. 28. 선고 2005도5822 판결, 대법원 2007. 7. 13. 선고 2007도3448 판결 등 참조).

소년법이 정하고 있는 형사처분에 관한 특별조치는 소년이라는 상태를 중시하여 소년이 건전하게 성장하도록 돕기 위해 규정된 것이지, 연령을 책임요소로 파악한 것이라거나 소년의 특성을 책임의 문제로 파악하여 규정된 것은 아니다(대법원 1991. 12. 10. 선고 91도2393 판결, 대법원 2016. 7. 27. 선고 2016도7112 판결 등 참조). 이처럼 책임의 문제와 별개로 소년법이 소년이라는 상태를 중시하여 형사처분에 관한 특별조치로서 부정기형과 그 장기·단기의 상한(제60조 제1항), 형의 감경(제60조 제2항) 등을 규정하고 있는 목적에 비추어 보면, 소년법이 규정한 부정기형 등 형사처분에 관한 특별조치는 책임주의 원칙에 소년이라는 상태가 피고인에게 이익이 되는 방향으로 반영될 수 있도록 하기 위해 마련된 것이라고 봄이 타당하다. 19세가 되기 전에 제1심에서 부정기형을 선고받은 피고인은 항소심 선고 이전에 19세에 도달함으로써 더 이상 소년이라는 상태를 고려하여 형사처분에 관한 특별조치를 정하고 있는 소년법을 적용받을 수 없을 것이라는 사정을 충분히 인식할 수 있다. 따라서 <u>19세의 도달을 앞두고 있는 피고인은 상소권을 행사함으로써 피고인에게 가장 유리한 부정기형의 단기보다는 무거운 형을 선고받을 수 있음을 충분히 예측할 수 있다.</u> 또한 <u>부정기형의 단기보다 무거</u>

운 형을 선고받을 수 있다는 사정만으로 피고인의 상소권 행사가 위축된다고 볼 수 없다. 왜 나하면 제1심에서 선고받은 부정기형이 그대로 확정되는 경우에도 피고인은 소년법 제60조 제4항에 따라 형의 집행이 종료되지 않는 이상 부정기형의 장기까지 그 형이 집행될 가능성 이 있기 때문이다.

결국 항소심에서 선고될 수 있는 정기형이 부정기형의 단기보다는 무거운 형이라 하더라도, 그 정기형이 부정기형의 확정으로 인해 피고인이 합리적으로 예상할 수 있는 형 집행기간의 범위 내에 있다면, 피고인은 실질적인 불이익에 대한 우려 없이 합리적인 판단에 따라 상소 권을 행사할 수 있다고 봄이 타당하다. 이와 관련하여 부정기형을 선고받은 피고인은 부정 기형의 단기가 경과한 때부터 형의 장기가 도래할 때까지 동일한 가능성으로 소년법 제60조 제4항에 따른 검사의 지휘에 의해 그 형의 집행이 종료될 것을 기대할 수 있으므로, 부정기 형의 장기와 단기의 중간형은 부정기형을 선고받은 피고인이 합리적으로 예상할 수 있는 형 집행의 기간에 부합한다고 할 수 있다.

항소심이 부정기형의 확정으로 인해 피고인이 합리적으로 예상할 수 있는 형 집행의 기간, 즉 부정기형의 장기와 단기의 중간형의 범위 내에서만 정기형을 선고할 수 있다면, 피고인 은 실질적인 불이익에 대한 우려 없이 합리적인 판단에 따라 상소권을 행사할 수 있다. 또한 항소심은 피고인의 상소권 행사를 위축시키지 않는 범위 내에서 더 이상 소년이라는 상태를 고려하여 형사처분에 관한 특별조치를 정하고 있는 소년법이 적용되지 않는다는 사정을 참 작하여 적절한 양형재량권을 행사할 수 있다. 그렇다면 소년법이 부정기형 제도를 채택한 목적, 책임주의 원칙과 불이익변경금지 원칙을 종합적으로 고려할 때, 부정기형의 장기와 단 기의 중간형이 부정기형과 실질적으로 동등하다고 평가될 수 있는 정기형에 해당한다고 봄 이 적절하다. …

원심이 제1심에서 선고한 징역 장기 15년, 단기 7년의 부정기형 대신 정기형을 선고함에 있 어 불이익변경금지 원칙 위반 여부를 판단하는 기준은 부정기형의 장기인 15년과 단기인 7 년의 중간형, 즉 징역 11년[= (15 + 7)/2]이 되어야 한다.

〈전체적 · 실질적 고찰〉

대법원 1998. 3. 26. 선고 97도1716 전원합의체 판결

불이익변경금지의 원칙을 적용함에 있어서는 주문을 개별적·형식적으로 고찰할 것이 아니라 전체적·실질적으로 고찰하여 그 형의 경중을 판단하여야 할 것이다(당원 1977. 3. 22. 선고 77도67 판결, 1990. 4. 10. 선고 90도16 판결, 1994. 1. 11. 선고 93도2894 판결 등 참조).

위 견해와 달리 주문을 개별적·형식적으로 고찰하여 그 형의 경중을 판단하여야 하므로 새로운 형이나 부가적 처분이 추가된 경우에는 피고인에게 불이익하게 변경되었다고 보아야 한다는 취지의 견해를 표명한 바가 있는 당원 1967. 11. 21. 선고 67도1185 판결과 당원 1993. 12. 10. 선고 93도2711 판결 등은 이를 폐기하기로 한다.

그런데 기록에 의하면, 피고인에 대하여 제1심이 징역 1년 6월에 집행유예 3년의 형을 선고하고, 이에 대하여 피고인만이 항소하였는데, 환송 전 원심은 제1심판결을 파기하고 징역 1년 형의 선고를 유예하였으며, 이에 대하여 피고인만이 상고하여 당원이 원심판결을 파기하고 사건을 원심에 환송하자, 환송 후 원심은 제1심판결을 파기하고, 벌금 40,000,000원 형과 금 16,485,250원 추징의 선고를 모두 유예하였음을 알 수 있는바, <u>환송 후 원심이 제1심이나 환송 전 원심보다 가볍게 그 주형을 징역 1년 6월 형의 집행유예 또는 징역 1년 형의 선고유예에서 벌금 40,000,000원 형의 선고유예로 감경한 점에 비추어, 그 선고를 유예한 금 16,485,250원의 추징을 새로이 추가하였다고 하더라도, 전체적·실질적으로 볼 때 피고인에 대한 형이 제1심판결이나 환송 전 원심판결보다 불이익하게 변경되었다고 볼 수는 없(다).</u>

〈형법상 형의 경중을 기준으로 병과형 등의 고려〉

대법원 2005. 10. 28. 선고 2005도5822 판결

<u>선고된 형이 피고인에게 불이익하게 변경되었는지에 관한 판단은 형법상 형의 경중을 일응의 기준으로 하되, 병과형이나 부가형, 집행유예, 미결구금일수의 통산, 노역장 유치기간 등 주문 전체를 고려하여 피고인에게 실질적으로 불이익한가의 여부에 의하여 판단하여야 할 것인바</u>(대법원 2004. 11. 11. 선고 2004도6784 판결 등 참조), 제1심판결에서 선고된 추징을 항소심판결로 몰수로 변경하는 것은 형식적으로 보면 제1심이 선고하지 아니한 전혀 새로운 형을 선고하는 것으로 보일지 모르나, 추징은 몰수할 물건의 전부 또는 일부를 몰수하지 못할 때 몰수에 갈음하여 그 가액의 납부를 명하는 처분으로서, 실질적으로 볼 때 몰수와 표리관계에 있어 차이가 없는 것이고(대법원 1982. 4. 13. 선고 82도256 판결 등 참조), 형법 제134조나 '공무원범죄에 관한 몰수특례법' 소정의 필요적 몰수와 추징은 어느 것이나 공무원이 뇌물수수 등 직무관련범죄로 취득한 부정한 이익을 계속 보유하지 못하게 하는 데 그 목적이 있으

므로, 항소심이 몰수의 가능성에 관하여 제1심과 견해를 달리하여 추징을 몰수로 변경하더라도, 그것만으로 피고인의 이해관계에 실질적 변동이 생겼다고 볼 수는 없으며, 따라서 이를 두고 형이 불이익하게 변경되는 것이라고 보아서는 안 된다(이 사건처럼 제1심의 추징을 항소심이 몰수로 변경하여야 하는 경우, 그 사이에 몰수할 물건의 가격이 하락하면 피고인으로서는 오히려 이익을 보는 셈이고, 불이익변경금지의 원칙은 피고인의 상소권 행사를 실질적으로 보장하자는 데 그 제도적 취지가 있는 것이지 상소 제기 후의 상황 변화까지 고려하여 피고인에게 최대한 유리한 결과를 부여하는 데 목적이 있는 것이 아니므로, 가격이 크게 올랐다 하더라도 불이익변경 여부는 역시 문제될 수 없다).

대법원 2013. 12. 12. 선고 2013도6608 판결 「제1심은 이를 전부 유죄로 인정하여 피고인에게 금고 5월의 실형을 선고하였고, 이에 대하여 피고인만이 항소하였는데, 원심은 제1심과 마찬가지로 위 나머지 공소사실을 모두 유죄로 인정하여 판시 교통사고처리 특례법 위반죄에 대하여는 금고형을, 판시 자동차손해배상 보장법 위반죄와 도로교통법 위반(무면허운전)죄에 대하여는 각 징역형을 각 선택한 후 위 각 죄를 형법 제37조 전단의 경합범으로 처벌하면서 형법 제38조 제1항 제2호, 제50조를 적용하여 피고인에게 금고 5월, 집행유예 2년, 보호관찰 및 40시간의 수강명령을 선고하였음을 알 수 있다. … 우선 금고형과 징역형을 선택하여 경합범 가중을 하는 경우에는 형법 제38조 제2항에 따라 금고형과 징역형을 동종의 형으로 간주하여 징역형으로 처벌하여야 할 것임에도 제1심은 이를 간과한 채 피고인에 대하여 금고 5월의 실형을 선고한 위법이 있고, 이에 대해 피고인만이 항소한 이 사건에서 원심이 피고인에 대하여 형기의 변경 없이 위 금고형을 징역형으로 바꾸어 집행유예를 선고하는 것은 불이익변경금지의 원칙에 위반되지 아니(한다).」

(3) 개별적 검토

대법원 1981. 10. 24. 선고 80도2325 판결 <표준> 「1심에서의 벌금형인 1억8백만원에 대한 노역장 유치기간을 산정함에 있어서 3백60만원을 1일로 환산토록 하였으므로 그 기간은 30일에 불과하니 2심에서의 벌금형은 8천5백만원으로 감경되었으나 동액에 대한 노역장 유치기간의 산정은 30만원을 1일로 환산토록 하였으므로 그 기간은 283일이 되어 피고인만이 항소한 이 건에 있어서 피고인에 대한 형이 불이익하게 변경된 것이라는 논지는 피고인에 대한 벌금형이 감경되었다면 그 벌금형에 대한 환형 유치기간이 더 길어졌다 하더라도 전체적으로 비교하여 보면 형이 불이익하게 변경되었다고 할 수는 없(다).」

대법원 1965. 12. 10. 선고 65도826 전원합의체 판결 <표준> 「징역 1년에 3년간 집행유예가 선고된 제1심 판결에 대하여 피고인은 무죄를 주장하여 검사는 형의 양정이 부당하게 경하다고 주장하여 각 항소를 하였던바 원판결은 피고인의 무죄 주장은 이유없다고 하여 기각하고 검사의 형이 경하다는 주장은 오히려 형이 부당하게 중하다는 이유로 기각하고 나서 직권으로 제1심 판결의 형이 부당하게 중하다는 이유로 파기하고 피고인에게 대하여 **징역 10월의 실형을 선고**하였다. 그러나 판결에 있어서 집행유예의 선고는 중요한 요소로서 집행유예의 경우는 현실로 형의 집행을 받을 필요는 없고 선고가 취소되지 않고 유예기간을 경과한 때에는 형의 선고 그 자체가 효력을 상실하게 되는 것이므로 실질적으로 보면 집행유예라는 법률적 사회적 가치판단은 높게 평가되지 않을 수 없다고 할 것이다. 따라서 제1심의 형과 원심의 형을 총체적으로 고찰하여 보면 원심의 형은 제1심의 형보다 중하다고 하지 않을 수 없는바 원판결이 제1심의 형이 부당하게 경하다는 검사의 항소는 이유없다고 하여 기각하면서 직권으로 제1심 판결은 형이 부당하게 중하다는 이유로 파기하고 오히려 피고인에게 대하여 중한 형을 선고하였음은 그 이유에 전후 모순이 있고 불이익 변경의 금지 규정에 위배한 위법이 있어 판결에 영향을 미쳤다.」

대법원 1983. 10. 11. 선고 83도2034 판결 「원심은 피고인만이 항소한 본건에 관하여 형은 **제1심과 같은 징역 6월**이나 제1심의 **집행유예기간 1년보다 장기간인 2년간의 집행유예를 선고**한 것이 분명한 바 형의 집행유예기간을 연장함은 형벌권소멸기간을 연장하여 그 만큼 피고인의 법적 지위가 저하되는 것이므로 불이익변경에 해당된다.」

〈징역형을 늘리면서 집행유예를 붙인 경우 : 불이익변경〉

대법원 1966. 12. 8. 선고 66도1319 전원합의체 판결

피고인은 제1심에서 본건으로 말미암아 **징역 6월의 선고를 받고 피고인만이 항소**하였던바, 원심은 제1심의 선고형이 중하다 하여 제1심 판결을 파기하고 피고인에게 대하여 **징역8월에 집행유예 2년을 선고**하고 있음이 분명하다. 집행유예라는 제도는 그 선고를 받은 후 그 선고가 실효되거나 취소되지 아니하고, 그 유예기간을 경과한 때에는 그 형의 선고는 효력을 잃은 것이지만 그 선고가 실효되거나 취소된 경우에는 그 형의 선고는 효력을 지니게 되므로 피고인으로서는 그 형의 집행을 받아야 된다. 이러한 경우를 고려에 넣는다면 비록 원심이 집행유예의 선고는 붙였다할지라도 피고인만이 항소하였는데 제1심의 형보다 중하게 징역8월을 선고한 것은 형사소송법 제368조의 이른바 불이익 변경의 금지원칙에 위반되었다고 보지 않을 수 없다.

> **[대법원판사 홍순엽의 반대의견]** 집행유예가 실효되거나 취소됨이 없이 그 유예기간을 경과한때 형의 선고자체의 효력이 상실된다는 집행유예의 실질적 이익을 아울러 고려에 넣을때 어떠한 경우에나 형기가 처음보다 길어지면 집행유예가 붙어 있어도 반드시 불이익한 것이라 단정하기 곤란하고 특히 본건의 경우에 있어 원판결이 1심판결보다 불이익한 것이 된다 할 수 없을 것이다. 이익 불이익은 구체적인 두개의 판결을 총체적으로 비교하여 실질적인 면에서 고찰할 것이지 어떠한 경우에나 형식적인 면에서 형이 길어지면 집행유예가 있어서

도 불이익하고 이와반대로 어떠한 경우이건 집행유예에만 있으면 이익되는 것이라 단정할 수 없는 것이다. 다시말하면 징역 3월의 실형보다 징역 3년 집행유예 5년의 선고가 이익되는 것이라 단정할 수 없음과 아울러 집행유예가 가지는 법률적 사회적 의의를 고려하여 실질적인 면에서 볼때 본건의 경우와 같이 1심의 징역6월을 원심에서는 징역8월로 형을 변경하였다 하여도, 원심에서는 형의 집행유예가 있어 총체적으로 그것이 법익 박탈의 증대를 초래한 것이라고는 볼 수 없을 것이다.

대법원 1966. 9. 27. 선고 66도1026 판결「원심은 피고인만이 항소한 본건에 있어서 피고인에게 징역 6월에 1년간 집행유예를 선고한 제1심판결을 파기하고 벌금 5,000원을 선고하였는바, 이는 형사소송법 제368조에 위반하는 것이라 함에 있다. 그러나, 형법 제50조, 제41조에 비추어 원심이 선고한 벌금형이 제1심의 선고형보다 가볍다고 할 것이고, 당원 1966. 4. 6. 선고 65도1261호 판결은 제1심이 징역형의 선고를 유예하여, 현실적으로 형을 선고하지 아니한 경우의 판결이므로 본건의 경우에 적합하지 아니하다.」

대법원 1961. 11. 9. 선고 4294형상572 판결「형법 제41조에 의하여 추징이 형이 아님은 명백하나 실질적으로 볼때 몰수와 차이가 없으며 특히 보안처분적 의미를 가지지 아니하는 점에 있어서는 몰수보다도 오히려 순수한 형벌적 성격을 보유하는 것이라 할 것이다. 따라서 형이라는 것을 실질적인 의미에서 논할 때에는 추징을 반드시 형에 준하여 고려하고 평가하여야 할 것이다. 본건에 있어서 원판결은 주형인 징역 6월과 60일의 미결 구류통산은 1심 판결과 동일하게 하였으나 피고인이 공소한 원심에서 원판결은 피고인이 사용한 마약 몰수가 불능하므로 마약법 제70조에 의하여 피고인으로부터 금9,000환을 추징하기로 부가 선고하였는 바 추징을 형에 준하여 평가하는 이상 원판결의 추징 선고는 불이익 변경 금지의 법칙에 위배되는 것이다.」

대법원 1977. 3. 22. 선고 77도67 판결「제1심이 위 피고인에게 **징역 3년과 압수물중 증 제1 내지 19호를 몰수한다는 선고**를 하였는데 피고인만이 항소한 이 사건에서 원심은 제1심판결을 파기하고 위 피고인에게 **징역 2년과 제1심판결에서 몰수한 물건외에 증 제23 내지 26호(미화 5,966불)을 새로히 추가하여 몰수한다는 판결을 선고**하였음은 소론과 같다. 그러나 원래 불이익 변경금지원칙의 적용에 있어서는 이를 개별적, 형식적으로 고찰한 것이 아니라, 전체적, 실질적으로 고찰하여 결정하여야 한다고 할 것인바, 이러한 관점에서 본건 제1심판결과 원심판결을 비교하여 볼때 원심판결이 피고인에 대한 주형에서 징역 1년을 감축하고 있는 점에 비추어 몰수형에 새로운 일부를 추가하였다는 사실만으로서 제1심판결보다 피고인에게 불이익하게 변경되었다고 할 수는 없다. 논지에서 지적되고 있는 본원 1969. 9. 23. 선고 69도1058판결은 제2심이 제1심에서의 주형과 부가형 그대로 유지하면서 여기에 새로운 몰수와 추징을 과하였던 사건에 관한 판결로서 형식적인 면에서나 실질적인 면에서 다같이 피고인에게 불이익하게 변경되었던 경우에 해당하므로 본건에서 적절한 예가 되지 못한다 할 것이다.」

2. 파기판결의 구속력

〈파기환송판결의 구속력의 내용〉

대법원 2009. 4. 9. 선고 2008도10572 판결

법원조직법 제8조는 "상급법원의 재판에 있어서의 판단은 당해 사건에 관하여 하급심을 기속한다."고 규정하고, 민사소송법 제436조 제2항 후문도 상고법원이 파기의 이유로 삼은 사실상 및 법률상의 판단은 하급심을 기속한다는 취지를 규정하고 있으며, 형사소송법에서는 이에 상응하는 명문의 규정은 없지만, 법률심을 원칙으로 하는 상고심은 형사소송법 제383조 또는 제384조에 의하여 사실인정에 관한 원심판결의 당부에 관하여 제한적으로 개입할수 있는 것이므로 조리상 상고심판결의 파기이유가 된 사실상의 판단도 기속력을 가지는 것이며, 따라서 상고심으로부터 사건을 환송받은 법원은 그 사건을 재판함에 있어서 상고법원의 파기이유로 한 사실상 및 법률상의 판단에 대하여 환송 후의 심리과정에서 새로운 증거가 제시되어 기속적 판단의 기초가 된 증거관계에 변동이 생기지 않는 한 이에 기속된다 할것이다(대법원 1996. 12. 10. 선고 95도830 판결, 대법원 2004. 4. 9. 선고 2004도340 판결 참조).

기록에 의하면, 이 사건 **공소사실의 요지는 피고인이 동업자인 공소외 1의 처인 피해자 공소외 2가 술에 취한 상태를 이용하여 그 의사에 반하여 추행한 후 남편 등에게 이를 알리겠다며 위협하여 10여 회 성관계를 갖고, 이를 가족들에게 알리겠다고 협박하여 2002. 7. 5.부터 2002. 12. 31.까지 사이에 5회에 걸쳐 1억 600만 원을 갈취하였다는 것인데, 피고인은 위돈을 투자금 명목으로 교부받았을 뿐 갈취한 사실이 없다고 공소사실을 부인**하였고, **제1심법원은 증인 공소외 1, 공소외 2, 공소외 3, 공소외 4, 공소외 5, 공소외 6의 진술은 신빙성이 부족하다고 보고, 증인 공소외 7의 진술만으로는 범죄를 인정하기 어렵다고 본 다음, 그밖의 여러 사정을 고려하여 피고인에게 무죄를 선고**하였다. 환송 전 원심은 아무런 추가 증거조사 없이 변론을 종결한 다음, 제1심 재판 과정에서 신빙성이 부족하다고 배척한 위 증인들의 진술을 토대로 제1심을 파기하여, 피고인에게 유죄를 선고하였다.

환송판결은 환송 전 원심이 아무런 추가 증거조사 없이 제1심 재판 과정에서 이미 현출되었던 증거와 사정들만으로 제1심 판단을 뒤집은 조치는 수긍하기 어렵고, 이러한 환송 전 원심의 조치에는 공판중심주의와 직접심리주의의 원칙에 어긋남으로써 채증법칙을 위반한 위법이 있으며, 또한 환송 전 원심이 유죄 판단의 근거로 내세운 정황들에 대하여도 그 판시와같은 합리적인 의심이 존재함에도 피고인이 피해자를 협박하여 돈을 갈취하였다고 인정한 것은 형사재판에 있어 합리적인 의심이 없는 정도의 증명에 이르지 아니하였음에도 불구하고, 범죄 사실을 인정한 위법이 있다는 이유로 환송 전 원심판결을 파기하고 사건을 환송하였다. 이에 대하여 환송 후 원심은 공소외 2와 공소외 4에 대하여 다시 증인신문을 한 다음 역시 제1심을 파기하여 피고인에게 유죄를 선고하였다.

기록에 의하여 <u>환송 후 원심에서의 공소외 2와 공소외 4의 각 증언 내용을 살펴보면, 환송 전까지의 진술내용과 같은 취지로서 그들의 종전 진술을 다시 한 번 확인하는 정도에 그쳤음을 알 수 있고, 환송 후 원심에서 그 외 추가적으로 증거조사를 한 바는 없다. 이러한 경우는 앞서 본 법리의 '환송 후의 심리과정에서 새로운 증거가 제시되어 기속적 판단의 기초가 된 증거관계에 변동이 생긴 경우'에 해당된다고 할 수 없다.</u> 따라서 환송 후 원심의 위와 같은 조치는 파기환송 판결의 기속력에 관한 법리를 위반한 위법이 있다.

대법원 2001. 3. 15. 선고 98두15597 전원합의체 판결 〈표준〉 「행정소송법 제8조 제2항에 의하여 행정소송에 준용되는 민사소송법 <u>제406조 제2항이, 사건을 환송받은 법원은 상고법원이 파기이유로 한 법률상의 판단 등에 기속을 받는다고 규정하고 있는 취지는, 사건을 환송받은 법원이 자신의 견해가 상고법원의 그것과 다르다는 이유로 이에 따르지 아니하고 다른 견해를 취하는 것을 허용한다면 법령의 해석적용의 통일이라는 상고법원의 임무가 유명무실하게 되고, 사건이 하급심법원과 상고법원 사이를 여러 차례 왕복할 수밖에 없게 되어 분쟁의 종국적 해결이 지연되거나 불가능하게 되며, 나아가 심급제도 자체가 무의미하게 되는 결과를 초래하게 될 것이므로, 이를 방지함으로써 법령의 해석적용의 통일을 기하고 심급제도를 유지하며 당사자의 법률관계의 안정과 소송경제를 도모하고자 하는 데 있다고 할 수 있다. 따라서 위와 같은 환송판결의 하급심법원에 대한 기속력을 절차적으로 담보하고 그 취지를 관철하기 위하여서는 원칙적으로 하급심법원뿐만 아니라 상고법원 자신도 동일 사건의 재상고심에서 환송판결의 법률상 판단에 기속된다고 할 것이다. 그러나 한편, 대법원은 법령의 정당한 해석적용과 그 통일을 주된 임무로 하는 최고법원이고, 대법원의 전원합의체는 종전에 대법원에서 판시한 법령의 해석적용에 관한 의견을 스스로 변경할 수 있는 것인바(법원조직법 제7조 제1항 제3호), 환송판결이 파기이유로 한 법률상 판단도 여기에서 말하는 '대법원에서 판시한 법령의 해석적용에 관한 의견'에 포함되는 것이므로 대법원의 전원합의체가 종전의 환송판결의 법률상 판단을 변경할 필요가 있다고 인정하는 경우에는, 그에 기속되지 아니하고 통상적인 법령의 해석적용에 관한 의견의 변경절차에 따라 이를 변경할 수 있다고 보아야 할 것이다.</u>」

대법원 1984. 9. 11. 선고 84도1379 판결 「<u>환송판결의 하급심에 대한 구속력은 파기의 이유가 된 원심판결의 사실상 및 법률상의 판단이 정당하지 않다는 소극적인 면에서만 발생하는 것이므로 환송 후의 심리과정에서 새로운 증거가 제시되어 기속적 판단의 기초가 된 증거관계에 변동이 있었다면 그 구속력은 이에 미치지 아니하고 따라서 파기이유가 된 잘못된 판단을 피하면 새로운 증거에 따라 다른 가능</u>

한 견해에 의하여 환송전의 판결과 동일한 결론을 낸다고 하여도 환송판결의 하급심 기속에 관한 법원조직법 제7조의 2에 위반한 위법이 있다고 할 수 없다.」

대법원 2009. 8. 20. 선고 2007도7042 판결 「종전 상고심이 피고인들의 상고이유를 받아들여 환송 전 원심판결을 전부 파기·환송하면서 피고인들이 상고이유로 삼지 아니한 부분에 대한 상고가 이유 없다는 판단을 따로 한 바 없다면 그 환송판결의 선고로써 그 부분에 대한 유죄판단이 실체적으로 확정되는 것은 아니므로, 이를 환송받은 원심이 그 부분에 대하여 다시 심리·판단하여 그 중 일부를 무죄로 선고하였다고 하여 환송판결과 배치되는 판단을 하였다고 볼 수 없다.」

대법원 2004. 4. 9. 선고 2004도340 판결 「파기판결의 기속력은 파기의 직접 이유가 된 원심판결에 대한 소극적인 부정 판단에 한하여 생긴다. … 이 사건에서 파기환송판결은, 피고인이 공소외 1 주식회사와의 분쟁을 단지 야당 국회의원을 통하여 정치적으로 해결하려고 하였던 것으로 보이고, 달리 피고인이 공소외 4에게 이를 알리면서 신문에 기사화 되도록 특별히 부탁하였다거나 공소외 4가 이를 언론에 공개하여 기사화할 것이 고도로 예상되는 특별한 사정이 있다고 보기 어려우므로, 그 후 국회의원 공소외 4가 여당 대표연설에 대한 비판으로 이를 공개하고, 그것이 신문에 보도되었다고 할지라도 피고인에게 출판물에 의한 명예훼손죄의 책임이 있다고 보기는 어렵다는 이유로 공소사실이 변경되기 전의 출판물에 의한 명예훼손의 공소사실을 유죄로 인정한 환송 전 원심판결에는 출판물에 의한 명예훼손죄의 법리를 오해하였거나 채증법칙에 위배하여 사실을 오인한 위법이 있다는 것이므로, 파기환송판결의 사실판단의 기속력은 파기의 직접 이유가 된 환송 전 원심에 이르기까지 조사한 증거들만에 의하여서는 출판물에 의한 명예훼손의 공소사실이 인정되지 아니한다는 소극적인 부정 판단에만 미치는 것이므로, 환송 후 원심에서 이 부분 공소사실이 형법 제307조 제2항의 명예훼손죄의 공소사실로 변경된 이상 환송 후 원심은 이에 대하여 새롭게 사실인정을 할 재량권을 가지게 되는 것이고 더 이상 파기환송판결이 한 사실판단에 기속될 필요는 없게 되었다.」

제 2 절   항소

I. 항소심의 의의 및 구조

〈소송경제를 위해 사후심적 요소가 가미된 속심〉

대법원 1983. 4. 26. 선고 82도2829, 82감도612 판결

현행 형사소송법은 종전의 복심적 항소심 구조를 대폭 개편하여 항소이유를 법정하고(형사소

송법, 이하 같다. 제361조의 5), 항소이유서의 제출을 의무화하고 있으며(제361조의 3), 항소법 원의 심판대상은 우선 항소이유서에 포함된 사항으로서(제364조 제1항)항소이유 없다고 인정 한 때에는 판결로서 항소를 기각하고(제364조 제4항), 항소이유가 있다고 인정한 때에는 원심 판결을 파기하고 다시 판결을 하여야 한다고 규정하여(제364조 제6항) <u>이른바 사후심적인 요 소를 대폭 도입하고 있음은 부인할 수 없다.</u>

그러나 한편 동법은 항소이유로서 사실오인과 양형부당의 사유를 포함시켜(제361조의 5 제14 호 및 제15호) 항소심에 사실심으로서의 기능을 부여하고 있고, 제1심 판결 후에 발생한 사유 라고 할지라도 판결 후에 형의 폐지나 변경 또는 사면이 있는 때(제361조의 5 제2호)와 재심 청구의 사유가 있는 때(동조 제13호)에는 이를 항소심판결선고시를 기준으로 하여 판단자료 로 삼아야 하고(당원 1966. 3. 3. 선고 65도1229 판결 참조) 항소이유가 있는 경우에는 물론(제 364조 제6항) 항소이유서가 제출되지 아니한 경우에도 판결에 영향을 미친 위법이 있는 경우 에는 제1심 판결을 파기하고 스스로 피고 사건에 관하여 다시 판결하여야 하며(제364조 제2 항, 당원 1968. 9. 2. 선고 68도1028 판결 및 1973. 11. 6.자 73도70 결정 참조), 항소법원은 판결에 영향을 미친 사유에 관하여는 항소이유에 포함되지 아니한 경우에도 직권으로 심판할 수 있 고(제364조 제2항), 제1심 법원에서 증거로 할 수 있던 증거는 항소법원에서도 증거로 할 수 있을 뿐 아니라(제364조 제3항) 항소심이 기초로 할 증거는 그에 국한되지 아니하고 항소심의 사실심리나 증거조사 등에 법조문상 하등 제한이 없이 제1심의 공판절차가 준용되는 점(세 370조)등을 종합하여 보면 <u>실체적 진실을 추구하는 면에 있어서는 사실심의 종심으로서 항소 법원의 속심적 기능이 강조되고 있음을 알 수 있다.</u>

<u>당원도 이미 현행 형사항소심은 단순한 사후심이 아님을 누차 천명한 바 있고(당원 1963. 10. 22. 선고 64도247; 1966. 3. 3. 선고 65도1229; 1966. 5. 17. 선고 66도125 각 판결 등 참조), 현재의 형사소송실무의 현장에서 보더라도 사무량의 폭주와 구속기간의 제약 때문에 제1심의 공판 중심주의나 직접주의에 의한 심리가 충분히 이루어지지 못하여 실체적 진실발견에 부족함이 있고, 양형에 영향을 줄 사유(예컨대 피해배상이나 합의 등)가 제1심 판결 이후에 발생하는 경 우가 허다하여 피고인의 이익을 위한다는 점에서도 항소심의 속심으로서의 역할은 등한시될 수 없다고 할 것인바, 앞서 본 사후심적 요소를 도입한 형사소송법의 관계조문들은 다만 남 상소의 폐단을 억제하고 항소법원의 업무부담을 줄여 준다는 소송경제적인 필요에서 항소심 의 속심적 성격에 제한을 가하고 있음에 불과하다고 할 것이다(당원 1968. 9. 5. 선고 68도1010 판결 참조).</u>

대법원 2017. 3. 22. 선고 2016도18031 판결 〈표준〉「현행 형사소송법상 항소심은 속심을 기반으로 하되 사후심적 요소도 상당 부분 들어 있는 이른바 사후심적 속심의 성격을 가지므로 항소심에서 제1심판결의 당부를 판단할 때에는 그러한 심급구조의 특성을 고려하여야 한다. 그러므로 항소심이 그 심리과정에서 심증의 형성에 영향을 미칠 만한 객관적 사유가 새로 드러난 것이 없음에도 불구하고 제1심의 판단을 재평가하여 사후심적으로 판단하여 뒤집고자 할 때에는, 제1심의 증거가치 판단이 명백히 잘못되었다거나 사실인정에 이르는 논증이 논리와 경험법칙에 어긋나는 등으로 그 판단을 그대로 유지하는 것이 현저히 부당하다고 볼 만한 합리적인 사정이 있어야 하고, 그러한 예외적 사정도 없이 제1심의 사실인정에 관한 판단을 함부로 뒤집어서는 안 된다. 그것이 형사사건의 실체에 관한 유죄·무죄의 심증은 법정 심리에 의하여 형성하여야 한다는 공판중심주의, 그리고 법관의 면전에서 직접 조사한 증거만을 재판의 기초로 삼는 것을 원칙으로 하는 실질적 직접심리주의의 정신에 부합한다.」

대법원 2015. 7. 23. 선고 2015도3260 전원합의체 판결 〈표준〉「항소심은 제1심에 대한 사후심적 성격이 가미된 속심으로서 제1심과 구분되는 고유의 양형재량을 가지고 있다고 보아야 하므로, 항소심이 그 자신의 양형판단과 일치하지 아니한다고 하여 양형부당을 이유로 제1심판결을 파기하는 것이 앞서 본 바와 같은 이유로 바람직하지 아니한 점이 있다고 하더라도 이를 두고 양형심리 및 양형판단 방법이 위법하다고까지 할 수는 없다. 그리고 위와 같은 원심의 판단에 그 근거가 된 양형자료와 그에 관한 판단 내용이 모순 없이 설시되어 있는 경우에는 양형의 조건이 되는 사유에 관하여 일일이 명시하지 아니하여도 위법하다고 할 수 없다.」

대법원 2023. 1. 12. 선고 2022도14645 판결「현행 형사소송법상 항소심은 속심을 기반으로 하되 사후심적 요소도 상당 부분 들어 있는 사후심적 속심의 성격을 가지므로, 항소심이 제1심판결의 당부를 판단할 때에는 이러한 심급구조의 특성을 고려하여야 한다. 그러므로 항소심 심리과정에서 심증 형성에 영향을 미칠 만한 객관적 사유가 새로 드러난 것이 없음에도 불구하고 제1심판단을 재평가하여 사후심적으로 판단하여 뒤집고자 할 때에는, 제1심의 증거가치 판단이 명백히 잘못되었다거나 사실인정에 이르는 논증이 논리와 경험법칙에 어긋나는 등으로 그 판단을 그대로 유지하는 것이 현저히 부당하다고 볼 만한 합리적인 사정이 있어야 하고, 그러한 예외적 사정도 없이 제1심의 사실인정에 관한 판단을 함부로 뒤집어서는 아니 된다. 특히 공소사실을 뒷받침하는 증거의 경우에는, 증인신문 절차를 진행하면서 진술에 임하는 증인의 모습과 태도를 직접 관찰한 제1심이 증인 진술의 신빙성을 인정할 수 없다고 판단하였음에도 불구하고, 항소심이 이를 뒤집어 그 진술의 신빙성을 인정할 수 있다고 판단하려면, 진술의 신빙성을 배척한 제1심의 판단을 수긍할 수 없는 충분하고도 납득할 만한 현저한 사정이 나타나는 경우이어야 한다. 그것이 형사사건의 실체에 관한 유무죄의 심증은 법정 심리에 의하여 형성하여야 한다는 공판중심주의, 그리고 법관의 면전에서 직접 조사한 증거만을 재판의 기초로 삼는 것을 원칙으로 하는 실질적 직접심리주의의 정신에 부합한다.」

Ⅱ. 항소이유

1. 법령위반

〈소송절차의 법령위반〉

대법원 2005. 5. 26. 선고 2004도1925 판결

<u>판결내용 자체가 아니고, 피고인의 신병확보를 위한 구속 등 조치와 공판기일의 통지, 재판의 공개 등 소송절차가 법령에 위반되었음에 지나지 아니한 경우에는, 그로 인하여 피고인의 방어권, 변호인의 변호권이 본질적으로 침해되고 판결의 정당성마저 인정하기 어렵다고 보여지는 정도에 이르지 아니하는 한, 그것 자체만으로는 판결에 영향을 미친 위법이라고 할 수 없다</u>(대법원 1985. 7. 23. 선고 85도1003 판결, 1994. 11. 4. 선고 94도129 판결 참조).
상고이유의 주장은, 원심이 변호인에게 변론재개결정 및 재개된 공판기일의 통지를 하지 않은 채 당초 선고기일로 지정된 기일에 피고인 1만 출석한 상태에서 변론을 재개하여 공판을 진행함으로써 피고인 1의 방어권, 변호인의 변호권을 침해하고 그로 인하여 판결에 영향을 미쳤다는 것인바, 기록에 의하면, 원심은 2004. 2. 6. 제4회 공판기일에 변론을 종결한 후 선고기일을 지정하였는데, 지정된 선고기일에 변호인 출석 없이 피고인 1만 출석한 상태에서 재판부 구성의 변경을 이유로 변론을 재개할 것을 결정·고지한 다음, 공판절차를 갱신하고 다시 변론을 종결하여 판결을 선고하였으나, 그 이전의 공판기일까지 적법한 증거조사와 변호인의 변론, 피고인의 최후진술까지 모두 이루어졌음이 명백하므로 공판절차에 다소의 흠이 있다고 하더라도 그로 인하여 피고인의 방어권, 변호인의 변호권이 본질적으로 침해되어 판결에 영향을 미친 위법이 있다고 볼 수는 없다.

대법원 1990. 3. 27. 선고 89도1083 판결「배임죄와 횡령죄는 동일 법조에 규정된 죄로서 그 죄질과 처벌이 동일하므로 횡령죄에 해당한 사실에 대하여 원심이 배임죄로 의율한 잘못이 있다고 하여도 판결에 영향이 없어 상고이유가 될 수 없다.」

대법원 2007. 11. 29. 선고 2007도7835 판결「피고인의 자백이 그 피고인에게 불이익한 유일의 증거인 때에는 이를 유죄의 증거로 하지 못하는 것이므로(형사소송법 제310조), <u>보강증거가 없이 피고인의 자백만을 근거로 공소사실을 유죄로 판단한 경우에는 그 자체로 판결 결과에 영향을 미친 위법이 있는 것으로 보아야 한다.</u>」

대법원 1990. 6. 8. 선고 90도646 판결「검사 또는 사법경찰관의 구금에 관한 처분에 대하여 불복이 있는 경우 형사소송법 제417조에 따라 법원에 그 처분의 취소 또는 변경을 청구하는 것은 별론으로 하고 수사기관에서의 구금의 장소, 변호인의 접견 등 구금에 관한 처분이 위법한 것이라는 사실만으로는 그와 같은 위법이 판결에 영향을 미친 것이 아닌 한 독립한 상소이유가 될 수 없는 것이다.」

2. 사실오인

대법원 1996. 9. 20. 선고 96도1665 판결 「형사소송법 제361조의5 제14호에서 항소이유의 하나로 규정한 '사실의 오인이 있어 판결에 영향을 미친 때'라는 것은 사실오인에 의하여 판결의 주문에 영향을 미쳤을 경우와 범죄에 대한 구성요건적 평가에 직접 또는 간접으로 영향을 미쳤을 경우를 의미한다 할 것인데, 피고인에 대한 위 범죄사실에 대하여 제1심과 원심의 적용법조(부정수표단속법 제5조, 형법 제217조, 제214조 제1항)가 동일하고, 그 사실오인의 내용도 위 수표에 오억 이천만 원이라고 보충할 권한이 피고인에게 없었던 경위에 관한 것{제1심과 원심에서의 피고인의 위 공소외인에 대한 채권의 차이가 금 28,000,000원(1심에서는 피고인이 위 공소외인에게 금 16,000,000원의 채무를 부담하고 있다고 사실인정을 한 반면, 원심에서는 오히려 피고인이 위 공소외인에 대하여 금 12,000,000원의 채권이 있다고 사실인정을 하고 있다.)에 불과하여 피고인이 이 사건 수표에 기재한 오억 이천만 원에 비하면 5%를 약간 상회하는 정도이다.}이어서, 이러한 사실오인의 점만 가지고는 징역 10월에 집행유예 2년, 벌금 2,000,000원을 선고한 제1심 판결 주문에 영향을 미친다고 볼 수 없다.」

대법원 1994. 12. 22. 선고 94도2511 판결 「피고인이 위 범행에 사용한 도구가 스카프가 아니라 피고인이 신고있던 양말(늘였을 때의 길이 약 70cm)임에도 원심이 이를 스카프로 잘못 인정한 위법이 있다 하더라도, 이는 공소사실의 동일성의 범위내에 속하는 것으로서 피고인의 방어권행사에 아무런 지장이 없고 범죄의 성립이나 양형조건에도 영향이 없는 것이므로 원심의 이러한 잘못은 원심판결을 파기하여야 할 위법에 속하지 아니한다.」

3. 양형부당

〈항소심의 양형재량의 한계〉

대법원 2015. 7. 23. 선고 2015도3260 전원합의체 판결 〈표준〉

형사소송법 제361조의5 제15호는 "형의 양정이 부당하다고 인정할 사유가 있는 때"를 항소이유의 하나로 들고 있고, 그 항소이유가 인정되는 경우에 항소심은 제364조 제6항에 따라 제1심판결을 파기하고 다시 판결하여야 하므로, 항소심은 판결 당시까지 제출된 모든 자료를 토대로 적정한 양형을 하여 제1심의 형의 양정이 부당한지 여부를 가려야 한다.

양형부당은 원심판결의 선고형이 구체적인 사안의 내용에 비추어 너무 무겁거나 너무 가벼운 경우를 말한다. 양형은 법정형을 기초로 하여 형법 제51조에서 정한 양형의 조건이 되는 사항을 두루 참작하여 합리적이고 적정한 범위 내에서 이루어지는 재량 판단으로서, 공판중심주의와 직접주의를 취하고 있는 우리 형사소송법에서는 양형판단에 관하여도 제1심의 고유한 영역이 존재한다. 이러한 사정들과 아울러 항소심의 사후심적 성격 등에 비추어 보면, 제1심과 비교하여 양형의 조건에 변화가 없고 제1심의 양형이 재량의 합리적인 범위를 벗어나지 아니하는 경우에는 이를 존중함이 타당하며, 제1심의 형량이 재량의 합리적인 범위 내에 속함에도 항소심의 견해와 다소 다르다는 이유만으로 제1심판결을 파기하여 제1심과 별로 차이 없는 형을 선고하는 것은 자제함이 바람직하다.

그렇지만 제1심의 양형심리 과정에서 나타난 양형의 조건이 되는 사항과 양형기준 등을 종합하여 볼 때에 제1심의 양형판단이 재량의 합리적인 한계를 벗어났다고 평가되거나, 항소심의 양형심리 과정에서 새로이 현출된 자료를 종합하면 제1심의 양형판단을 그대로 유지하는 것이 부당하다고 인정되는 등의 사정이 있는 경우에는, 항소심은 형의 양정이 부당한 제1심판결을 파기하여야 한다.

그런데 항소심은 제1심에 대한 사후심적 성격이 가미된 속심으로서 제1심과 구분되는 고유의 양형재량을 가지고 있다고 보아야 하므로, 항소심이 그 자신의 양형판단과 일치하지 아니한다고 하여 양형부당을 이유로 제1심판결을 파기하는 것이 앞서 본 바와 같은 이유로 바람직하지 아니한 점이 있다고 하더라도 이를 두고 양형심리 및 양형판단 방법이 위법하다고까지 할 수는 없다. 그리고 위와 같은 원심의 판단에 그 근거가 된 양형자료와 그에 관한 판단 내용이 모순 없이 설시되어 있는 경우에는 양형의 조건이 되는 사유에 관하여 일일이 명시하지 아니하여도 위법하다고 할 수 없다(대법원 1994. 12. 13. 선고 94도2584 판결 등 참조).

Ⅲ. 항소심의 절차

1. 항소법원의 조치

대법원 2018. 3. 29.자 2018모642 결정 <표준> 「형사소송법 제361조의4, 제361조의3, 제361조의2에 따르면, 항소인이나 변호인이 항소법원으로부터 소송기록접수통지를 받은 날로부터 20일 이내에 항소이유서를 제출하지 않고 항소장에도 항소이유의 기재가 없는 경우에는 결정으로 항소를 기각할 수 있도록 정하고 있다. 그러나 항소이유서 부제출을 이유로 항소기각의 결정을 하기 위해서는 항소인이 적법한 소송기록접수통지서를 받고서도 정당한 이유 없이 20일 이내에 항소이유서를 제출하지 않았어야 한다(대법원 2017. 11. 7.자 2017모2162 결정 등 참조). 피고인의 항소대리권자인 배우자가 피고인을 위하여 항소한 경우(형사소송법 제341조)에도 소송기록접수통지는 항소인인 피고인에게 하여야 하는데(형사소송법 제361조의2), 피고인이 적법하게 소송기록접수통지서를 받지 못하였다면 항소이유서 제출기간이 지났다는 이유로 항소기각결정을 하는 것은 위법하다. … 재항고인의 배우자인 공소외인이 거주지에서 항소사건 소송기록접수통지서를 송달받았지만 당시 재항고인은 이미 호주로 출국하여 2년 이상 외국에서 계속 머물면서 공소외인과 함께 생활하지 않고 있었던 이상 공소외인의 거주지를 재항고인의 실제 생활근거지인 주소, 거소 등 적법한 송달장소로 볼 수 없고, 공소외인을 형사소송법 제65조, 민사소송법 제186조 제1항에서 정한 재항고인의 동거인이라고 볼 수도 없다. 따라서 항소인인 재항고인은 소송기록접수통지서를 송달받았다고 볼 수 없다. 원심이 소송기록접수통지가 적법하게 재항고인에게 도달한 것을 전제로 소송기록접수통지서 송달일로부터 20일 이내에 항소이유서를 제출하지 아니하였다는 이유로 항소기각결정을 한 것은 형사소송법 제361조의2, 제361조의4에 관한 위 법리에 반하는 것으로서 소송절차가 법령에 위배되어 결정에 영향을 미친 때에 해당한다.」

〈국선변호인의 선정과 소송기록접수통지〉

대법원 2015. 4. 23. 선고 2015도2046 판결

형사소송법 제33조 제1항은 피고인이 구속된 때 등 각 호의 사유가 있으면 피고인의 청구가 없더라도 필요적으로 변호인을 선정하도록 규정하고, 형사소송규칙 제156조의2 제1항은 위와 같은 필요적 변호사건에 있어 피고인에게 변호인이 없는 경우 항소법원은 지체 없이 국선변호인을 선정한 후 그 변호인에게 소송기록 접수통지를 하여야 한다고 규정하고 있다. 피고인이 항소한 경우 형사 항소심은 기본적으로 피고인 또는 변호인이 항소이유서 제출기간 내에 제출한 항소이유서에 포함된 항소이유에 관하여 심판하는 구조이고(형사소송법 제364조 제1항), 항소이유서 제출기간은 항소법원으로부터 소송기록 접수통지를 받은 날부터 기산하게 되므로(형사소송법 제361조의3 제1항, 제361조의2 제1항), 위 형사소송규칙 제156조의2 제1항이 피고인과 별도로 국선변호인에게 소송기록 접수통지를 하도록 한 취지는 변호인의 조력을 받을 피고인의 권리를 보호하기 위하여 국선변호인에게 피고인을 위한 항소이유서를 작성하여 제출할 수 있는 기회를 주기 위한 것이다. 따라서 형사 항소심에서 항소이유서의 작성과 제출이 지니는 위와 같은 의미와 중요성에 비추어 볼 때, 항소법원이 국선변호인을 선정하고도 그에게 소송기록 접수통지를 하지 아니함으로써 항소이유서 제출기회를 주지 아니한 채 판결을 선고하는 것은 위법하다(대법원 1973. 9. 12. 선고 73도1919 판결, 대법원 1973. 10. 10. 선고 73도2142 판결 참조).

한편, 국선변호인 선정의 효력은 선정 이후 병합된 다른 사건에도 미치는 것이므로, 항소심에서 국선변호인이 선정된 이후 변호인이 없는 다른 사건이 병합된 경우에는 형사소송법 제361조의2, 형사소송규칙 제156조의2의 규정에 따라 항소법원은 지체 없이 국선변호인에게 병합된 사건에 관한 소송기록 접수통지를 함으로써 병합된 다른 사건에도 마찬가지로 국선변호인으로 하여금 피고인을 위하여 항소이유서를 작성·제출할 수 있도록 하여야 한다(대법원 2010. 5. 27. 선고 2010도3377 판결 참조).

대법원 1996. 11. 28.자 96모100 결정 「사건이 사형, 무기 또는 단기 3년 이상의 징역이나 금고에 해당하는 소위 필요적 변호 사건의 경우, 항소심은 항소심에 준용되는 형사소송법 제282조, 제283조, 형사소송규칙 제16조 제1항, 제17조 제1항에 의하여 피고인에게 변호인이 없는 때에는 국선변호인을 선정하여 그 국선변호인으로 하여금 항소이유서를 작성, 제출하도록 하여야 하는 것이고, 피고인이 항소이유서 제출기간 이내에 항소이유서를 제출하지 않고, 항소장에도 항소이유를 기재하지 않았다고 하더라도, 피고인에게 변호인이 없는 때에는 국선변호인을 선정하지 않은 채 형사소송법 제361조의4 제1항에 의하여 결정으로 피고인의 항소를 기각할 수는 없는 것이다.」

대법원 2011. 2. 10. 선고 2008도4558 판결 「법원은 피고인이 빈곤 그 밖의 사유로 변호인을 선임할 수 없는 경우에 피고인의 청구가 있는 때에는 변호인을 선정하여야 하고(형사소송법 제33조 제2항), 기록을 송부받은 항소법원은 항소이유서 제출기간이 도과하기 전에 이루어진 형사소송법 제33조 제2항의 국선변호인 선정청구에 따라 변호인을 선정한 경우 그 변호인에게 소송기록 접수통지를 하여야 하며(형사소송규칙 제156조의2 제2항), 항소법원이 그와 같이 선정된 국선변호인에게 소송기록 접수통지를 하지 아니한 채 판결을 선고하는 것은 위법하다.」

대법원 2013. 5. 9. 선고 2013도1886 판결 「형사소송법 제33조는 제1항 및 제3항에서 법원이 직권으로 변호인을 선정하여야 하는 경우를 규정하면서, 제1항 각 호에 해당하는 경우에 변호인이 없는 때에는 의무적으로 변호인을 선정하도록 규정한 반면, 제3항에서는 피고인의 연령·지능 및 교육 정도 등을 참작하여 권리보호를 위하여 필요하다고 인정하는 때에 한하여 재량으로 피고인의 명시적 의사에 반하지 아니하는 범위 안에서 변호인을 선정하도록 정하고 있으므로, 형사소송법 제33조 제1항 각 호에 해당하는 경우가 아닌 한 법원으로서는 권리보호를 위하여 필요하다고 인정하지 않으면 국선변호인을 선정하지 않을 수 있을 뿐만 아니라, 국선변호인의 선정 없이 공판심리를 하더라도 피고인의 방어권이 침해되어 판결에 영향을 미쳤다고 인정되지 않는 경우에는 형사소송법 제33조 제3항을 위반한 위법이 있다고 볼 수 없다.」

<항소법원이 종전 국선변호인의 선정을 취소하고 새로운 국선변호인을 선정하여 소송기록접수통지를 하기 이전에 피고인 스스로 선임한 사선변호인에 대한 소송기록접수통지>

대법원 2019. 7. 10. 선고 2019도4221 판결

피고인을 위하여 선정된 국선변호인이 항소이유서 제출기간 내에 항소이유서를 제출하지 아니하면 이는 피고인을 위하여 요구되는 충분한 조력을 제공하지 아니한 것으로 보아야 하고, 이런 경우에 피고인에게 책임을 돌릴 만한 아무런 사유가 없음에도 불구하고 항소법원이 형사소송법 제361조의4 제1항 본문에 따라 피고인의 항소를 기각한다면, 이는 피고인에게 국선변호인으로부터 충분한 조력을 받을 권리를 보장하고 이를 위한 국가의 의무를 규정하고 있는 헌법의 취지에 반하는 조치이다. 따라서 피고인과 국선변호인이 모두 법정기간 내에 항소이유서를 제출하지 아니하였다고 하더라도, 국선변호인이 항소이유서를 제출하지 아니한 데 대하여 피고인에게 귀책사유가 있음이 특별히 밝혀지지 않는 한, 항소법원은 종전 국선변호인의 선정을 취소하고 새로운 국선변호인을 선정하여 다시 소송기록접수통지를 함으로써 새로운 변호인으로 하여금 그 통지를 받은 때로부터 형사소송법 제361조의3 제1항의 기간 내에 피고인을 위하여 항소이유서를 제출하도록 하여야 한다(대법원 2012. 2. 16.자 2009모1044 전원합의체 결정 참조). 그리고 이러한 법리는 항소법원이 종전 국선변호인의 선정을 취소하고 새로운 국선변호인을 선정하여 소송기록접수통지를 하기 이전에 피고인 스스로 변호인을 선임한 경우 그 사선변호인에 대하여도 마찬가지로 적용되어야 한다.

기록에 의하면, ① 미성년자인 피고인과 검사는 제1심판결에 불복하여 항소한 사실, ② 피고인은 2018. 12. 27. 소송기록접수통지를 받고 2019. 1. 2. 항소취하서를 제출하였으며 항소이유서 제출기간 만료일까지 항소이유서를 제출하지 아니한 사실, ③ 피고인의 법정대리인 중 어머니가 2019. 1. 7. 피고인의 항소취하에 동의하는 취지의 서면을 제출하였으나, 아버지는 항소취하 동의서를 제출하지 아니한 사실, ④ 원심은 국선변호인을 선정하고 2019. 1. 18. 국선변호인에게 소송기록접수통지를 하였으나, 국선변호인은 항소이유서 제출기간 만료일인 2019. 2. 7.까지 항소이유서를 제출하지 아니한 사실, ⑤ 피고인의 어머니는 2019. 2. 8. 피고인을 위하여 사선변호인을 선임하였는데, 원심은 종전 국선변호인의 선정을 취소

하면서도 사선변호인에게 소송기록접수통지를 하지 아니한 사실, ⑥ 사선변호인은 2019. 2. 25. 피고인을 위하여 항소이유서를 제출한 사실을 알 수 있다.

원심은, 위와 같은 진행경과에 비추어 보면 국선변호인이 항소이유서를 제출하지 않은 것은 항소취하서와 동의서를 제출한 피고인과 어머니에게 일부 책임이 있으므로 사선변호인에게 다시 소송기록접수통지를 할 필요가 없고, 결국 사선변호인이 제출한 항소이유서는 법정기간을 준수하지 못한 것이라는 이유로 피고인의 항소를 기각하였다.

원심의 판단을 살펴본다. 형사소송법 제350조 및 형사소송규칙 제153조 제1항에 의하면 법정대리인이 있는 피고인이 상소를 취하할 때는 법정대리인의 동의를 얻어야 하고 법정대리인은 그와 같이 동의하는 취지의 서면을 제출하여야 한다. 미성년자인 피고인이 항소취하서를 제출하였으나 법정대리인인 피고인 아버지의 동의가 없었으므로 피고인의 항소취하는 효력이 없다. 따라서 국선변호인은 항소이유서 제출기간 내에 항소이유서를 제출하여야 함에도 법정기간 내에 항소이유서를 제출하지 아니하였다. 미성년자로서 필요적으로 변호인의 조력을 받아야 하는 피고인이 위와 같이 법정대리인의 동의 없이 항소취하서를 제출하였다는 사정만으로 국선변호인이 항소이유서 제출기간 내에 항소이유서를 제출하지 않은 것에 대하여 피고인에게 귀책사유가 있다고 볼 수는 없다. 그렇다면 원심으로서는 앞서 본 법리에 따라 국선변호인의 선정을 취소하고 사선변호인에게 다시 소송기록접수통지를 하여 사선변호인으로 하여금 그 통지를 받은 때로부터 형사소송법 제361조의3 제1항의 기간 내에 피고인을 위하여 항소이유서를 제출할 수 있도록 기회를 주었어야 한다.

그럼에도 원심은 국선변호인이 항소이유서를 제출하지 아니한 데 대하여 피고인에게 일부 귀책사유가 있다는 이유로 위와 같은 조치를 취하지 아니한 채 곧바로 피고인의 항소를 기각하였다. 이러한 원심판결은 국선변호인의 조력을 받을 권리에 관한 헌법 및 형사소송법의 법리를 오해한 잘못이 있다. 이를 지적하는 피고인의 상고이유는 이유 있다.

〈피고인이 사선변호인을 선임하여 국선변호인 선정 결정이 취소된 경우 새로 선임된 사선변호인게 별도의 소송기록접수통지를 하여야 하는지 여부 : 소극〉

대법원 2018. 11. 22. 자 2015도10651 전원합의체 결정

가. 형사소송법은 항소법원이 항소인인 피고인에게 소송기록접수통지를 하기 전에 변호인의 선임이 있는 때에는 변호인에게도 소송기록접수통지를 하도록 정하고 있으므로(제361조의2

제2항), 피고인에게 소송기록접수통지를 한 다음에 변호인이 선임된 경우에는 변호인에게 다시 같은 통지를 할 필요가 없다. 이는 필요적 변호사건에서 항소법원이 국선변호인을 선정하고 피고인과 그 변호인에게 소송기록접수통지를 한 다음 피고인이 사선변호인을 선임함에 따라 항소법원이 국선변호인의 선정을 취소한 경우에도 마찬가지이다. 이러한 경우 항소이유서 제출기간은 국선변호인 또는 피고인이 소송기록접수통지를 받은 날부터 계산하여야 한다(대법원 2006. 12. 7.자 2006모623 결정 등 참조).

한편 형사소송규칙 제156조의2 제3항은 항소이유서 제출기간 내에 피고인이 책임질 수 없는 사유로 국선변호인이 변경되면 그 국선변호인에게도 소송기록접수통지를 하여야 한다고 정하고 있는데, 이 규정을 새로 선임된 사선변호인의 경우까지 확대해서 적용하거나 유추적용할 수는 없다.

아래에서 그 이유에 관하여 자세히 살펴본다.

나. 항소인 또는 변호인에게 일정한 기간 내에 항소이유서 제출의무를 부과할 것인지 여부나 그 기간 내에 이를 제출하지 않을 경우 결정으로 항소를 기각할 것인지 여부 등은 기본적으로 입법자가 형사 항소심의 구조와 성격, 형사사법절차의 특성 등을 고려하여 결정할 입법재량의 문제이다. … 만일 당사자가 법률에 정해진 항소이유서 제출기간을 지키지 못하였는데도 아무런 불이익이 없다면, 항소이유서 제출을 통한 항소심 심판대상의 확정과 신속·원활한 항소심 재판의 구현이라는 항소이유서 제출제도의 목적은 유명무실하게 된다. …

다. 사선변호인의 선임은 피고인 등 변호인 선임권자(형사소송법 제30조)와 변호인의 사법상 계약으로 이루어지는 반면 국선변호인의 선정은 법원의 재판행위이므로, 양자는 그 성질이 다르다. … 반면 사선변호인은 피고인 등 선임권자가 변호인과 위임계약을 체결하고 직접 변호인으로 선임함으로써 그 지위를 취득하게 되고, 사선변호인의 행위와 활동범위는 위임계약의 내용에 따라 이루어진다. 이러한 사선변호인의 선임과 활동, 선임권자와의 관계에 국가는 전혀 개입하지 않는다. 이는 필요적 변호사건이라고 하더라도 다르지 않다.

라. 소송기록접수통지는 항소이유서 제출기간의 기산점이 되므로 소송기록접수통지를 해야 하는 경우와 그 대상이 명확해야 한다. 형사소송법과 형사소송규칙은 항소법원이 소송기록접수통지를 해야 하는 경우를 명시하고 있는데, 사선변호인에게는 피고인에 대한 소송기록접수통지를 하기 전에 선임된 경우에만 소송기록접수통지를 하도록 정하고 있을 뿐(형사소송법 제361조의2 제2항) 형사소송법과 형사소송규칙 어디에도 피고인에 대한 소송기록접수통지 후에 선임된 사선변호인에게 다시 같은 통지를 해야 한다고 정하고 있지 않다. 반면 국선변

호인에게는 형사소송법 제361조의2 제2항 외에도 형사소송규칙 제156조의2가 피고인에 대한 소송기록접수통지를 한 후에 선정되더라도 소송기록접수통지를 해야 하는 경우를 추가로 정하고 있다. … 형사소송법과 형사소송규칙은 소송기록접수통지에 관하여 사선변호인과 국선변호인을 명확하게 구분하여 정하고 있다. 항소법원이 피고인과 국선변호인에게 소송기록접수통지를 한 다음 피고인이 새로 사선변호인을 선임하였더라도, 그 사선변호인에게 새로운 소송기록접수통지를 해야 할 근거가 없다. 따라서 사선변호인이 피고인 또는 국선변호인의 소송기록접수통지 수령일부터 항소이유서 제출기간이 지나도록 항소이유서를 제출하지 않았다면 항소이유서 부제출의 효과가 발생한다고 보아야 한다. 항소법원이 사선변호인 선임을 이유로 국선변호인 선정을 취소한 경우에도 마찬가지이다.

마. 한편 항소이유서 제출기간 내에 피고인이 책임질 수 없는 사유로 국선변호인이 변경되면 그 국선변호인에게도 소송기록접수통지를 하도록 정하고 있는 형사소송규칙 제156조의2 제3항은, 아래에서 보는 바와 같이, 새로 선임된 사선변호인의 경우까지 확대적용하거나 유추적용할 수 없다. …

종래 대법원은 필요적 변호사건에서 국선변호인에 관한 형사소송규칙 제156조의2를 사선변호인에게도 유추적용하여 소송기록접수통지를 하여야 한다고 판단한 적이 있었다(대법원 2000. 12. 22. 선고 2000도4694 판결, 대법원 2009. 2. 12. 선고 2008도11486 판결 등). 그러나 그 사인들은 법원이 정당한 이유 없이 국선변호인 선정을 지체한 잘못을 인정할 수 있었던 경우로서 법원이 피고인을 위해 국선변호인 선정의무를 다한 이 사건과는 사안을 달리한다. 형사소송규칙 제156조의2 제3항은 '피고인이 책임질 수 없는 사유'로 국선변호인이 변경된 경우를 전제하고 있는데, 이 사건은 피고인이 선정된 국선변호인의 조력을 받는 것을 포기하고 자신의 책임으로 사선변호인을 선임함으로써 변호인이 사선변호인으로 변경된 경우로서 피고인이 책임질 수 없는 사유로 국선변호인이 변경된 때에 해당하지 않는다.

이 사건은 형사소송규칙 제156조의2 제3항에서 정한 내용과 사안이 다르고, 이러한 경우까지 위 규정을 확대적용할 이유가 없다. 이 사건에 형사소송규칙 제156조의2 제3항을 유추적용할 수 있는지에 관해서 보더라도 유추의 전제가 되는 '법령의 공백'이 존재하는 경우라고 보기도 어렵다.

(2) 필요적 변호사건에서 변호인의 조력을 받을 피고인의 권리를 충분히 보장해야 한다는 점은 이론의 여지가 없다. 그러나 이 사건과 같은 경우까지 변호인의 조력을 받을 권리를 충분히 보장한다는 이유로 예외를 인정한다면 필요적 변호사건에서 처음부터 사선변호인이 선

임된 경우라고 해서 달리 취급할 이유도 없다. 그 결과 필요적 변호사건에서 피고인이 처음부터 사선변호인을 선임하였으나 그 사선변호인이 항소이유서를 제출하지 않고 있던 중 다른 사선변호인으로 교체된 경우 또는 국선변호인과 사선변호인의 변경이 반복된 경우 등 그 범위를 한정하기 어려운 경우까지 법령에 명시적인 규정이 없는데도 변경된 변호인에게 새로 소송기록접수통지를 하여야 한다는 결론에 이를 수 있다. 이러한 논리는 형사소송절차의 명확성과 안정성을 해치고, 신속하고 원활한 항소심 재판을 구현하려는 항소이유서 제출제도의 취지에도 반한다.

(3) 항소법원이 이미 피고인과 국선변호인에게 소송기록접수통지를 한 다음 피고인이 사선변호인을 선임할 때에는 법률전문가인 사선변호인은 선임과정에서 피고인 등으로부터 피고인이나 국선변호인에게 소송기록접수통지가 이루어진 시점을 확인할 수 있고, 이는 사선변호인의 기본적인 임무에 해당한다. 이러한 경우 사선변호인은 소송기록이 항소심에 있다는 것을 알 수 있었다고 보아야 한다. …

(4) 더구나 위와 같은 확대적용 또는 유추적용으로 필요적 변호사건에서 경제적 능력이 있는 피고인은 이미 선정된 국선변호인에 대한 소송기록접수통지 후 다시 사선변호인을 선임하여 사실상 항소이유서 제출기간을 연장할 수 있게 된다. 이러한 피고인이 형사소송절차를 의도적으로 지연시키기 위하여 소송기록접수통지 제도를 악용할 가능성이 있고, 그러한 경제적 능력이 없는 피고인과 비교하여 형평에도 반하는 결과를 초래한다.

(5) 형사소송규칙 제164조는 제156조의2 규정을 상고심 절차에도 준용하고 있으므로, 위에서 본 문제점은 상고심 절차에서도 그대로 발생할 수 있다. 제156조의2 규정을 사선변호인에게도 확대적용하거나 유추적용한다면 항소심이나 상고심의 운영에 예기치 못한 혼란을 가져올 수 있다.

[대법관 조희대, 대법관 조재연, 대법관 박정화, 대법관 김선수, 대법관 이동원의 반대의견]
헌법상 변호인의 조력을 받을 권리의 의의, 형사소송법상 국선변호인 제도의 취지, 필요적 변호사건의 성격, 형사 항소심 소송절차에서 항소이유서의 제출이 지니는 중요성 등을 고려할 때, 형사소송법 제33조 제1항의 필요적 변호사건에서 항소법원이 피고인과 국선변호인에게 소송기록접수통지를 하였으나 피고인과 국선변호인이 항소이유서를 제출하지 않고 있는 사이에 항소이유서 제출기간 내에 피고인이 사선변호인을 선임함에 따라 항소법원이 직권으로 기존 국선변호인 선정결정을 취소하였다면, 항소법원은 피고인이 소송지연 등을 위하여 새로 변호인을 선임하였다는 등의 특별한 사정이 없는 한 새로 선임된 사선변호인에게 소송기록접수통지를 하여 그 변호인에게 항소이유서 작성·제출을 위한 기간을 보장해

주어야 한다고 봄이 타당하다.

다수의견에 따르면 새로 선임된 사선변호인은 국선변호인이 소송기록접수통지를 받은 때부터 기산되는 항소이유서 제출기간에서 국선변호인이 항소이유서를 제출하지 않고 지나버린 기간을 제외한 나머지 기간 동안에 항소이유서를 작성·제출해야만 한다. 이는 <u>법원이 피고인을 위하여 선정한 국선변호인이 소송기록접수통지를 받고도 항소이유서를 제출하지 않은 기간에 대하여 피고인 또는 사선변호인에게 책임을 지우는 것과 다르지 않다. 다수의견은 피고인의 방어능력을 보충할 필요가 불가결한 필요적 변호사건에서 변호인의 항소이유서 제출기간을 사실상 단축시켜 변호인의 조력을 받을 피고인의 헌법상 권리를 침해한다는 점을 간과한 것으로서 동의할 수 없다.</u>

<u>필요적 변호사건에서 피고인이 책임질 수 없는 사유로 국선변호인이 변경된 경우와 이 사건의 유사성이 인정되므로, 그에 관한 형사소송규칙 제156조의2 제3항을 유추적용할 수 있다. 이는 헌법과 형사소송법이 필요적 변호사건에서 피고인을 위한 변호인의 조력권을 충분히 보장하는 취지에 부합한다.</u>

2. 항소이유서 및 답변서 제출

〈항소이유서의 기재 정도〉

대법원 2002. 12. 3.자 2002모265 결정

원심은 **피고인들이 항소이유서 제출기간 내에 '위 사건에 대한 원심판결은 도저히 납득할 수 없는 억울한 판결이므로 항소를 한 것입니다'라고 기재한 항소이유서를 각 제출**하기는 하였으나, 항소이유서에는 항소이유를 특정하여 구체적이고 명시적인 이유의 설시가 있어야 할 것이므로 피고인들이 항소이유서에 위와 같이 각 기재한 것만으로는 적법한 항소이유가 제출된 것이라고 할 수 없고, 제1심판결을 살펴보아도 판결에 영향을 미칠 만한 직권조사사유가 있음을 발견할 수 없다는 이유로 형사소송법 제361조의4 제1항, 제361조의3 제1항을 적용하여 결정으로 피고인들의 항소를 모두 기각하였다.

그러나 형사소송법 제361조의4 제1항은 항소인 또는 변호인이 그 법 제361조의3 제1항의 기간 내에 항소이유서를 제출하지 아니한 때에는 직권조사사유가 있거나 항소장에 항소이유의 기재가 있는 경우를 제외하고 결정으로 항소를 기각하여야 한다고 규정하고 있으므로 항소인 또는 변호인이 항소이유서에 추상적으로 제1심판결이 부당하다고만 기재함으로써 <u>항소이유를 특정하여 구체적으로 명시하지 아니하였다고 하더라도 항소이유서가 법정의 기간 내</u>

에 적법하게 제출된 경우에는 이를 항소이유서가 법정의 기간 내에 제출되지 아니한 것과 같이 보아 형사소송법 제361조의4 제1항에 의하여 결정으로 항소를 기각할 수는 없다고 할 것이다.

또한, 형사소송법은 상고이유를 엄격히 제한함과 동시에 상고이유서에는 소송기록과 원심법원의 증거조사에 표현된 사실을 인용하여 그 이유를 명시하도록 규정하고 있음에 반하여 항소이유서에 대하여는 그와 같은 규정을 두고 있지 아니할 뿐 아니라, 상고심은 원칙적으로 법률심으로서 사후심인 데 반하여, 항소심은 사후심적 성격이 가미된 속심인 점에 비추어 피고인들이 항소이유서에 '위 사건에 대한 원심판결은 도저히 납득할 수 없는 억울한 판결이므로 항소를 한 것입니다'라고 기재하였다고 하더라도 원심으로서는 이를 제1심판결에 사실의 오인이 있거나 양형부당의 위법이 있다는 항소이유를 기재한 것으로 선해하여 그 항소이유에 대하여 심리를 하였어야 옳았다.

> **대법원 2008. 1. 31. 선고 2007도8117 판결 〈표준〉**
>
> 검사는 제1심판결에 대하여 항소하면서, 항소장의 '항소의 범위'란에 '전부(양형부당 및 무죄 부분, 사실오인, 법리오해)'라고 기재하였으나 적법한 기간 내에 제출된 항소이유서에는 제1심판결 중 무죄 부분에 대한 항소이유만 기재한 사실을 알 수 있는바, 형사소송법 제361조의5 제15호가 '형의 양정이 부당하다고 인정할 사유가 있는 때'를 항소이유로 규정하고 있고, 형사소송규칙 제155조가 "항소이유서 또는 답변서에는 항소이유 또는 답변내용을 구체적으로 간결하게 명시하여야 한다"고 규정하고 있는 점 등에 비추어, 다른 구체적인 이유의 기재 없이 단순히 항소장의 '항소의 범위'란에 '양형부당'이라는 문구가 기재되어 있다고 하여 이를 적법한 항소이유의 기재라고 볼 수는 없다(대법원 2003. 12. 12. 선고 2003도2219 판결, 2006. 3. 30.자 2005모564 결정 등 참조).

〈항소이유서를 제출·수정·추가할 권리의 보장〉

대법원 2009. 4. 9. 선고 2008도11213 판결

기록을 송부받은 항소법원은 형사소송법 제33조 제1항 제1호 내지 제6호의 필요적 변호사건에 있어서 피고인에게 변호인이 없는 경우에는 지체없이 변호인을 선정한 후 그 변호인에게 소송기록접수통지를 하고, 항소이유서 제출기간이 도과하기 전에 한 형사소송법 제33조 제2항의 국선변호인 선정청구에 따라 변호인을 선정한 경우 및 형사소송법 제33조 제3항에 의하여 국선변호인을 선정한 경우에도 그 변호인에게 소송기록접수통지를 함으로써, 그 변호인이 통지를 받은 날로부터 기산한 소정의 기간 내에 피고인을 위하여 항소이유서를 작성·제출할 수 있도록 하여 변호인의 조력을 받을 피고인의 권리를 보호하여야 한다고 할 것인바(형사소송규칙 제156조의2), 형사소송법 제361조의3, 제364조 등의 규정에 의하면 항소심의 구조는 피고인 또는 변호인이 법정기간 내에 제출한 항소이유서에 의하여 심판되는 것이므로 항소이유서가 제출되었더라도 항소이유서 제출기간의 경과를 기다리지 않고는 항소사건을 심판할 수 없고(대법원 1964. 5. 19. 선고 64도71 판결, 대법원 1968. 5. 21. 선고 68도457 판결, 대법원 2004. 6. 25. 선고 2004도2611 판결 등 참조), 형사소송법 제33조 제2항이나 제3항의 규정에 의하여 선정된 국선변호인의 경우에도 국선변호인의 항소이유서 제출기간 만료시까지 항소이유서를 제출하거나 수정·추가 등을 할 수 있는 권리는 마찬가지로 보호되어야 한다. 기록에 의하면, 피고인이 2008. 10. 22. 사유에 대한 소명 없이 국선변호인 선정청구를 하자, 원심법원은 2008. 11. 3. 국선변호인 선정결정을 하고 같은 날 국선변호인에게 소송기록접수통지를 한 사실, 피고인의 국선변호인은 2008. 11. 19. '항소이유보충서'라는 제목으로 항소이유서를 제출하였으며, 원심법원은 2008. 11. 20. 공판기일을 진행하여 피고인과 그 변호인의 구두변론을 들은 후 변론을 종결한 다음, 같은 날 판결을 선고하였음을 알 수 있다. 앞서 본 법리를 위 사실에 비추어 보면, 국선변호인의 항소이유서 제출기간은 2008. 11. 24.(월요일)까지임에도, 원심이 그 제출기간이 경과되기 이전인 2008. 11. 20. 피고인의 항소를 기각하는 판결을 신고함으로써 항소심의 재판을 마친 조치는 국선변호인의 항소이유서 제출기간 만료시까지 항소이유서를 제출하거나 수정·추가 등을 할 수 있는 기회를 박탈한 것으로, 결국 항소이유서 제출기간에 관한 법리를 오해함으로써 판결 결과에 영향을 미친 위법이 있고, 이 점을 지적하는 취지의 상고이유 주장은 이유 있다.

〈항소이유서 제출기간 내에 변론종결된 후 항소이유서가 제출된 경우〉

대법원 2018. 4. 12. 선고 2017도13748 판결 〈표준〉

형사소송법 제361조의3, 제364조의 각 규정에 의하면 항소심의 구조는 피고인 또는 변호인이 법정기간 내에 제출한 항소이유서에 의하여 심판하는 것이고, 이미 항소이유서를 제출하였더라도 항소이유를 추가·변경·철회할 수 있으므로, 항소이유서 제출기간의 경과를 기다리지 않고는 항소사건을 심판할 수 없다(대법원 2004. 6. 25. 선고 2004도2611 판결, 대법원 2007. 1. 25. 선고 2006도8591 판결 참조). 따라서 항소이유서 제출기간 내에 변론이 종결되었는데 그 후 위 제출기간 내에 항소이유서가 제출되었다면, 특별한 사정이 없는 한 항소심법원으로서는 변론을 재개하여 항소이유의 주장에 대해서도 심리를 해 보아야 한다(대법원 2015. 4. 9. 선고 2015도1466 판결).

기록에 의하면, ① 피고인이 제1심판결에 대하여 항소를 제기하자 원심은 소송기록 접수통지서의 송달을 실시하였고, 그 통지서가 2017. 7. 4. 피고인에게, 2017. 7. 6. 피고인의 사선변호인에게 각 송달된 사실, ② 피고인 및 사선변호인은 2017. 7. 19. 열린 제1회 공판기일에서 항소이유를 사실오인 및 양형부당이라고 주장하며 추후 항소이유서를 제출할 예정이라고 진술하였는데, 원심은 변론을 종결하고 선고기일을 2017. 8. 9.로 지정한 사실, ③ 피고인의 사선변호인은 2017. 7. 21. 제1심판결에 대한 사실오인 및 양형부당의 사유를 구체적으로 기재한 항소이유서를 제출하면서 선고기일 연기를 요청하였고, 2017. 8. 8. 감정결과의 증거능력 등을 다투는 법리오해 주장을 추가한 항소이유보충서를 제출하였음에도 원심은 변론을 재개하지 아니한 채 2017. 8. 9. 판결을 선고한 사실 등을 알 수 있다.

앞서 본 법리에 비추어 원심판결에 판결에 영향을 미친 위법이 있는지 본다.

이 사건에서 사선변호인의 항소이유서 제출기간은 소송기록 접수통지서가 송달된 2017. 7. 6.로부터 20일 이내인 2017. 7. 26.까지이다. 피고인과 사선변호인이 2017. 7. 19. 제1회 공판기일에서 구두로 항소이유는 사실오인 및 양형부당이라고 진술을 하였으나, 당시는 형사소송법 제361조의5에 규정된 항소이유를 구체적으로 기재한 항소이유서가 제출되지 않은 상태였으므로, 형사소송법 제361조의3, 제364조의 각 규정에서 예정하고 있는 것처럼 항소이유서에 의하여 심판대상이 특정되었다거나 그에 대한 심리가 이루어졌다고 보기 어렵다. 더욱이 이러한 상태에서 변론이 종결된 후 항소이유서 제출기간 내인 2017. 7. 21. 적법한 항소이유서가 제출된 이상 원심으로서는 특별한 사정이 없는 한 변론을 재개하여 항소이유서에 기재된 내용에 대하여 심리를 해 보았어야 한다.

3. 항소이유서 부제출의 효과

대법원 2017. 11. 7.자 2017모2162 결정 「형사소송법 제361조의4, 제361조의3, 제361조의2에 의하면, 항소인이나 변호인이 항소법원으로부터 소송기록접수통지를 받은 날로부터 20일 이내에 항소이유서를 제출하지 아니하고 항소장에도 항소이유의 기재가 없는 경우에는 결정으로 항소를 기각할 수 있도록 규정되어 있으나, 이처럼 항소이유서 부제출을 이유로 항소기각의 결정을 하기 위해서는 항소인이 적법한 소송기록접수통지서를 받고서도 정당한 이유 없이 20일 이내에 항소이유서를 제출하지 아니하였어야 한다. 한편 형사소송법 제65조, 민사소송법 제182조에 의하면 교도소·구치소 또는 국가경찰관서의 유치장에 수감된 사람에게 할 송달을 교도소·구치소 또는 국가경찰관서의 장에게 하지 아니하고 수감되기 전의 종전 주·거소에 하였다면 부적법하여 무효이고, 법원이 피고인의 수감 사실을 모른 채 종전 주·거소에 송달하였다고 하여도 마찬가지로 송달의 효력은 발생하지 않는다. 그리고 송달명의인이 체포 또는 구속된 날 소송기록접수통지서 등의 송달서류가 송달명의인의 종전 주·거소에 송달되었다면 그 송달의 효력 발생 여부는 체포 또는 구속된 시각과 송달된 시각의 선후에 의하여 결정하되, 그 선후관계가 명백하지 않다면 송달의 효력은 발생하지 않는 것으로 보아야 할 것이다.」

대법원 2003. 5. 16.자 2002모338 결정 「항소인이 항소이유서를 그 제출기간 내에 제출하지 아니한 경우에도 직권조사사유가 있는 때에는 항소법원은 항소기각의 결정을 하여서는 아니되고 직권으로 심리하여 법정의 항소이유가 있다고 인정하는 때에는 원심판결을 파기하여야 하는바(형사소송법 제361조의4 제1항 단서), 여기서 직권조사사유라 함은 법령적용이나 법령해석의 착오 여부 등 당사자가 주장하지 아니한 경우에도 법원이 직권으로 조사하여야 할 사유를 말한다.」

대법원 2002. 9. 4.자 2002모239 결정 「제1심의 공판절차는 변호인 없이 이루어졌음이 명백한바, 이러한 경우에 원심으로서는 변호인 있는 상태에서 소송행위를 새로이 한 후 위법한 공판절차에 따른 제1심판결을 파기하고, 원심에서의 진술 및 증거조사 등 심리결과에 기하여 다시 판결하여야 할 것이다. 그럼에도 불구하고, 원심은 제1심의 위와 같은 위법을 간과한 채, 피고인이 적법한 항소이유서 제출기간 내에 항소이유서를 제출하지 아니하였고 항소장에도 항소이유의 기재가 없을 뿐만 아니라 직권조사사유도 없다는 이유로 형사소송법 제361조의4 제1항에 의하여 결정으로 피고인의 항소를 기각하였으니, 원심결정에는 필요적 변호사건에 있어서 변호인 없이 이루어진 공판절차에 관한 법리를 오해하여 결정에 영향을 미친 위법이 있다.」

Ⅳ. 항소심의 심리

대법원 2003. 5. 16.자 2002모338 결정 「형사소송법 제370조, 제276조에 의하면, 항소심에서도 피고인의 출석 없이는 개정하지 못하고, 다만 같은 법 제365조에 의하면, 피고인이 항소심 공판기일에 출정하지 아니한 때에는 다시 기일을 정하고 피고인이 정당한 사유 없이 다시 정한 기일에도 출정하지 아니한 때에는 피고인의 진술 없이 판결할 수 있도록 되어 있으나, 이는 피고인의 해태에 의하여 본안에 대한 변론권을 포기한 것으로 보는 일종의 제재적 규정이므로 그 2회 불출석의 책임을 피고인에게 귀속시키려면 그가 2회에 걸쳐 적법한 공판기일소환장을 받고서 정당한 사유 없이 출정하지 아니함을 필요로 한다.」

대법원 1994. 10. 21. 선고 94도2078 판결 <표준> 「판결은 항소심에서 항소이유가 없음이 명백하여 항소기각의 판결을 하는 때와 상고심의 판결 등 예외적으로 법률에 의하여 서면심리에 의한 판결이 가능하도록 규정되어 있는 경우를 제외하고는 구두변론을 거쳐야 함이 원칙이다. 그런데 기록에 의하면, 제1심판결의 유죄부분에 대하여 검사만이 양형부당을 이유로 항소하였는데 원심은 공판절차를 진행함에 있어, 그 모두절차에서는 피고인이 항소이유서에 의하여 항소이유를 진술하고 검사는 항소기각의 의견을 진술하였으며, 그 최종변론단계에서도 검사가 피고인의 항소를 기각함이 상당하다는 의견만을 진술하여 검사가 항소이유를 진술하거나 피고인이 이에 대하여 의견을 진술한 흔적이 전혀 없음에도 불구하고 변론을 종결한 다음 검사의 항소를 받아들여 양형부당을 이유로 제1심판결을 파기하였음이 명백하다. 그렇다면 원심은 검사의 항소이유에 대하여 구두변론을 거쳐 심리하지 아니함으로써 법률의 규정에 따라 공판절차를 진행하지 아니한 위법을 범하였고, 그 결과 판결에 영향을 미친 위법을 범하였다.」

대법원 2003. 2. 26. 선고 2002도6834 판결 「항소이유서를 제출한 자는 항소심의 공판기일에 항소이유서에 기재된 항소이유의 일부를 철회할 수 있고, 이 경우 항소심 법원으로서는 판결이유에서 그 철회된 항소이유에 대하여 판단을 설시할 필요가 없는 것이지만, 이와 같이 항소이유를 철회하면 이를 다시 상고이유로 삼을 수 없게 되는 제한을 받을 수도 있으므로, 항소이유의 철회는 명백히 이루어져야만 그 효력이 있는 것이다.」

〈항소심의 직권심판과 직권조사사유와의 구별〉

대법원 1976. 3. 23. 선고 76도437 판결 <표준>

검사의 상고이유의 요지는 요컨대 원심이 피고인 2의 항소이유서에 포함되어 있지 않는 양형에 관해서 직권으로 조사하고 동 피고인에 대한 제1심판결을 파기한 것은 형사소송법 361조의 4 및 364조의 2항의 법리를 오해하였다는 것인바 형사소송법 361조 4의 1항에는 항소인이나 변호인이 같은 법 361조의 3의 기간내에 항소이유서를 제출하지 아니한 때에는 결정으로 항소를 기각하여야 하나 단 직권조사 사유가 있거나 항소장에 항소이유의 기재가 있는 때에는 예외로 한다고 규정하고 있는데 같은 법 364조 1항 및 2항에는 항소법원은 항소이유서에 포함된 사유에 관해서 심판하여야 하나 판결에 영향을 미친 사유에 관하여는 항소이유서에 포함되지 아니한 경우에도 직권으로 심판할 수 있다고 규정되어 있는 바 위 양 규정을 대조 고찰하면 직권조사사유에 관해서는 항소제기가 적법한 이상 항소이유서의 제출 여부를 가릴 필요없이 반드시 심판하여야 할 것이지만 직권조사사유가 아닌 것은 그것이 항소장에 기재되었거나 그렇지 않으면 소정기간내에 제출된 항소이유서에 포함되었을 경우에 한해서만 심판의 대상이 될 수 있을 뿐이고 단지 판결에 영향을 미친 사유에 한해서는 예외적으로 항소이유서에 포함되지 아니하였다 하더라도 직권으로 심판할 수 있음이 명백한데 364조 2

항의 그 취지는 형사소송법이 항소이유를 제한하고 소정기간내에 항소이유서의 제출을 하도록 하고 있는 등 항소절차를 제한하고 있기 때문에 당사자가 미처 생각지 못하고 또는 적절하게 항소이유서에서 지적하지 못한 사유도 있을 것이 예상되므로 실체적 진실의 발견과 형벌법규의 공정한 실현을 위하여 그것을 직책으로 하고 있는 법원에게 판결에 영향을 미친 사유에 대하여는 그것이 항소이유서에 포함되어 있지 않는 경우에도 직권으로 심판을 하여 판결의 적정을 기하고 당사자의 이익을 보호하려는데 있다고 할 것이므로 동 조항의 판결에 영향을 미친 사유라는 것은 널리 항소이유가 될 수 있는 사유중에서 직권조사사유를 제외한 것으로서 판결에 영향을 미친 경우를 포함하는 것이라고 해석함이 타당하고 그를 소론과 같이 좁게 풀이할 필요는 없다고 할 것이므로 논지는 이유 없(다).

> **대법원 2009. 2. 12. 선고 2008도7848 판결**
> 제1심이 실체적 경합범 관계에 있는 공소사실 중 일부에 대하여 재판을 누락한 경우, 원심으로서는 당사자의 주장이 없더라도 직권으로 제1심의 누락 부분을 파기하고 그 부분에 대하여 재판하여야 하고, 다만 피고인만이 항소한 경우라면 불이익변경금지의 원칙에 따라 제1심의 형보다 중한 형을 선고하지 못한다고 할 것이다.

V. 항소심의 재판

〈공통파기의 원칙〉

대법원 2003. 2. 26. 선고 2002도6834 판결

원심은 공동피고인 1의 항소이유 중 사실오인 주장을 판단함에 있어서 제1심판결 별지 범죄일람표 III 순번 31, 33, 34번 기재 각 공소사실(공동피고인 1이 피고인 및 공소외 4 등과 공모하여 금품을 수수하였다는 내용)에 관하여 범죄의 증명이 없다는 이유로 일부 무죄를 선고하여 그 부분의 판결이 확정되었는데, **위 각 공소사실은 피고인에 대한 제1심판결 별지 범죄일람표 I 순번 34, 60, 67번 기재 각 공소사실과 동일한 내용(금품수수의 일시, 장소, 제공자, 수령자 등이 동일하다)으로서, 피고인이 직접 범행한 것이 아니라 원심 공동피고인 1과의 공모 아래 공동피고인 1을 통하여 범행한 것으로 기소되었음에도 불구하고, 원심은 피고인에 대하여만은 이를 유죄로 인정**하였다.
그런데 형사소송법 제364조의2는, 항소법원이 피고인을 위하여 원심판결을 파기하는 경우에 파기의 이유가 항소한 공동피고인에게 공통되는 때에는 그 공동피고인에 대하여도 원심판결을 파기하여야 하도록 규정하고 있고, 이는 공동피고인 상호간의 재판의 공평을 도모하려는 취지이므로, 이 사건에 있어서 원심으로서는 위와 같은 이유로 공동피고인 1에 대한 제1심판결을 파기함에 있어서 파기의 이유가 공통되는 위 각 공소사실에 관하여 직권으로 공범인 피고인에 대하여도 같은 이유로 제1심판결을 파기하여 무죄를 선고하였어야 한다.

그럼에도 불구하고, 원심은 피고인에 대한 위 각 공소사실을 그대로 유죄로 인정하고 말았으니, 거기에는 공통파기에 관한 형사소송법 제364조의2의 법리를 오해하여 판결에 영향을 미친 위법이 있(다).

대법원 2022. 7. 28. 선고 2021도10579 판결 「형사소송법 제364조의2는 항소법원이 피고인을 위하여 원심판결을 파기하는 경우에 파기의 이유가 항소한 공동피고인에게 공통되는 때에는 그 공동피고인에 대하여도 원심판결을 파기하여야 함을 규정하였는데, 이는 공동피고인 상호 간의 재판의 공평을 도모하려는 취지이다. 이와 같은 형사소송법 제364조의2의 규정 내용과 입법 목적·취지를 고려하면, 위 조항에서 정한 '항소한 공동피고인'은 제1심의 공동피고인으로서 자신이 항소한 경우는 물론 그에 대하여 검사만 항소한 경우까지도 포함한다.」 (원심이 피고인 3에 대하여도 피고인 1·피고인 2에 대한 파기 이유가 공통되고, 비록 피고인 3에 대하여 검사만 항소하였으나 형사소송법 제364조의2의 '항소한 공동피고인'에 해당한다고 보아, 위 조항에 따라 직권으로 제1심판결 중 피고인 3에 대한 부분을 파기한 후 그 판시와 같이 무죄로 판단한 것이 정당하다고 한 사안)

대법원 2014. 2. 13. 선고 2013도9605 판결 <표준> 「상고이유서 제출기간이 경과한 후에 비로소 피고인 2가 법무법인 동인과 연명날인한 변호인 선임서를 제출한 사실을 알 수 있으므로, 이를 앞서 본 법리에 비추어 살펴보면 피고인 2의 상고이유서는 권한이 있는 자에 의하여 제출된 서면이 아니어서 적법한 상고이유서가 되지 못한다고 할 것이다. 다만, 피고인 2의 상고 자체가 법률상의 방식에 위반하거나 상고권 소멸 후인 것이 명백한 때에 해당하는 부적법한 상고는 아니므로, 피고인 2는 피고인 1과 파기의 이유가 공통되는 공동피고인으로서 "피고인의 이익을 위하여 원심판결을 파기하는 경우에 파기의 이유가 상고한 공동피고인에 공통되는 때에는 그 공동피고인에 대하여도 원심판결을 파기하여야 한다."는 형사소송법 제392조의 적용대상이 된다고 할 것이다.」

대법원 2016. 6. 23. 선고 2016도3540 판결 「원심판결 중 피고인 1, 피고인 2의 ○○○ 그룹 관련 특정범죄가중처벌등에관한법률위반(뇌물)의 점에 관한 부분은 앞에서 본 이유로 파기하여야 하는데, 원심이 유죄로 인정한 피고인 3의 특정범죄가중처벌등에관한법률위반(뇌물)방조의 점에 관하여도 그 파기의 이유가 공통되므로, 형사소송법 제392조에 따라 원심판결 중 공동피고인인 피고인 3에 대한 공소사실 부분도 함께 파기하여야 한다.」

대법원 2020. 1. 30. 선고 2019도15987 판결 「원심판결 이유를 앞서 본 법리와 적법하게 채택된 증거에 비추어 살펴보면, 원심이 판시와 같은 이유를 들어 피고인이 필로폰을 소지한 행위는 수사기관의 사술이나 계략 등에 의해 범의가 유발된 위법한 함정수사라고 볼 수 없고 제1심이 이 부분에 대하여 공소기각 판결을 선고한 것은 잘못이라고 판단한 조치는 정당하다. 그런데 형사소송법 제366조는 "공소기각 또는 관할위반의 재판이 법률에 위반됨을 이유로 원심판결을 파기하는 때에는 판결로써 사건을 원심법원에 환송하여야 한다."라고 규정하고 있으므로, 원심으로서는 위와 같이 제1심의 공소기각 판결이 법률에 위반된다고 판단한 이상 본안에 들어가 심리할 것이 아니라 제1심판결을 파기하고 사건을 제1심법원에 환송하여야 한다. 따라서 원심이 제1심의 공소기각 판결이 잘못이라고 하여 파기하면서도 사건을 제1심법원에 환송하지 아니하고 본안에 들어가 심리한 후 피고인에게 유죄를 선고한 것은 형사소송법 제366조를 위반한 것이다.」

대법원 1989. 6. 13. 선고 88도1983 판결 「항소심이 항소이유에 포함되지 아니한 사유로 제1심판결을 파기하고 자판한 때에는 항소이유의 당부에 관하여 따로 설시하지 아니하였다 하더라도 그 당부에 대한 판단이 있는 것으로 해석할 수 있으므로 심리미진이나 판단유탈의 위법이 있다 할 수 없다.」

제 3 절 상고

I. 상고심의 의의 및 구조

대법원 2022. 4. 28. 선고 2021도167194 판결 「상고심의 본래 기능은 하급심의 법령위반을 사후에 심사하여 잘못을 바로잡음으로써 법령 해석·적용의 통일을 도모하는 것이고, 형사소송법은 상고심을 원칙적으로 법률심이자 사후심으로 정하고 있다. 그런데도 형사소송법이 양형부당을 상고이유로 삼을 수 있도록 한 이유는 무거운 형이라고 할 수 있는 사형, 무기 또는 10년 이상의 징역이나 금고를 선고받은 피고인의 이익을 한층 두텁게 보호하고 양형문제에 관한 권리구제를 최종적으로 보장하려는 데 있다.」

대법원 2010. 10. 14. 선고 2009도4894 판결 「상고심은 사후심으로서, 원심까지의 소송자료만을 기초로 삼아 원심판결의 당부를 판단하여야 하므로, 직권조사 기타 법령에 특정한 경우를 제외하고는 새로운 증거조사를 할 수 없을뿐더러, 원심판결 후에 나타난 사실이나 증거의 경우 비록 그것이 상고이유서 등에 첨부되어 있다 하더라도 사용할 수 없음이 원칙이다. 피고인은 상고이유로, 98고제190호 사건기록이 폐기처분된 것으로 알고 있었는데, 원심판결 선고 후 청주지방법원 99고단2272, 2000고단2639(병합) 소송기록에 위 98고제190호 사건기록의 사본이 편철된 것을 뒤늦게 알게 되어, 2009년 6월경 청주지방검찰청 담당검사에게 99고단2272, 2000고단2639(병합) 소송기록의 등사를 신청하였으나,

2009. 6. 25.경 기록등사 일부 불허처분을 받았으므로, 상고심 법원으로서는 문서송부촉탁 등의 적절한 방법을 통해, 피고인으로 하여금 99고단2272, 2000고단2639(병합) 소송기록 중 불허처분된 부분을 열람·등사한 후 이를 증거자료로 제출할 수 있도록 하여야 한다고 주장한다. 그러나 앞서 본 법리에 비추어 볼 때, 피고인이 들고 있는 사유만으로 상고심에서 증거조사를 할 수는 없으므로, 피고인의 이 부분 상고이유 주장은 받아들일 수 없다.」

대법원 2018. 1. 25. 선고 2017도13628 판결 「상고심은 항소법원 판결에 대한 사후심이므로 항소심에서 심판대상이 되지 아니한 사항은 상고심의 심판범위에 속하지 아니하고, 피고인이 항소심에서 항소이유로 주장하지 아니하거나 항소심이 직권으로 심판대상으로 삼은 사항 이외의 사유에 대하여는 이를 상고이유로 삼을 수 없다. 피고인 7의 객관적 귀속 관련 상고이유 주장은 항소심에서 심판대상이 되지 않은 것을 상고심에서 비로소 주장하는 것임이 명백하여 적법한 상고이유가 되지 못한다.」

Ⅱ. 상고이유

1. 상고이유의 제한

〈상고심의 본질과 상고이유 제한 법리〉

대법원 2019. 3. 21. 선고 2017도16593-1 전원합의체 판결 <표준>

1. 사건의 개요 및 쟁점

가. 피고인들은 한약사로서 공소외인과 공모하여 한약사 자격이 없는 공소외인이 한약국을 개설하여 다이어트 한약을 판매할 수 있게 하였고, 피고인 1은 자신이 개설한 한약국에서 보건복지부장관이 정한 조제 방법을 따르지 않았음에도 불구하고 한의사의 처방전 없이 한약을 조제하고, 전화 상담만을 받고 고객들에게 이를 택배로 판매하였다는 사실에 대해 각 약사법 위반죄로 기소되었다.

나. 제1심은 피고인들에게 유죄를 인정하면서 각 벌금 1,000만 원의 형을 선고하였다. 이에 대해 피고인 2는 양형부당만을 이유로 항소하였으나 피고인 1은 항소하지 않았고 검사는 피고인들에 대해 양형부당을 이유로 항소하였다.

다. 원심은 검사의 항소이유를 받아들여 제1심판결을 파기하고 피고인 1에 대해 징역 6월 및 집행유예 1년, 피고인 2에 대해 벌금 2,000만 원의 형을 각 선고하였다. 피고인들은 원심판결에 대하여 논리와 경험칙에 반하여 사실을 잘못 인정하고 필요한 심리를 다하지 아니하였거나 법리를 오해하였다는 점을, 피고인 2는 이에 덧붙여 양형이 부당하다는 점을 상고이유로 삼아 상고하였다.

라. 이 사건의 쟁점은, 피고인들은 항소하지 않거나 양형부당만을 이유로 항소하고 검사는 양형부당을 이유로 항소하였는데 항소심이 검사의 항소이유만을 받아들여 제1심판결을 파기 자판하면서 형이 높아진 경우라도 피고인이 항소심에서 항소이유로 주장하지 아니함으로써 심판대상이 되지 않았던 법령위반 등 새로운 사유는 이를 상고이유로 삼아 상고할 수 없다고 하는 이른바 '상고이유 제한에 관한 법리'(이하 '상고이유 제한 법리'라고 한다)를 선언하고 있는 대법원의 확립된 판례의 변경 여부이다.

2. 상고이유 제한 법리

가. 형사소송법의 관련 규정(생략)

나. 대법원 판례

1) 대법원은 일찍이, 피고인은 원심이 인정한 것과 동일한 범죄사실을 인정한 제1심판결에 대해 항소를 하지 않은 이상 제1심판결에 대한 심리미진 또는 채증법칙위반으로 인한 사실오인의 사유를 상고이유로 삼을 수 없다고 하였다(대법원 1966. 2. 22. 선고 66도16 판결 참조). 그 후 검사만이 제1심판결에 대하여 양형부당만을 이유로 항소하였고 항소심이 검사의 항소가 이유 있다고 하여 제1심판결을 파기하고 그보다 높은 형을 선고한 경우(대법원 1991. 12. 24. 선고 91도1796 판결, 대법원 2009. 5. 28. 선고 2009도579 판결 등 참조) 및 피고인과 검사 쌍방이 제1심판결에 대하여 양형부당만을 항소이유로 하여 항소하였는데 항소심이 피고인의 항소를 기각하고 검사의 항소를 받아들여 제1심판결을 파기하고 피고인에 대하여 그보다 높은 형을 선고한 경우(대법원 2010. 1. 14. 선고 2009도12387 판결 등 참조)에 피고인은 상고심에서 사실오인이나 법령위반 등 새로운 사유를 상고이유로 내세울 수 없다고 하였다.

또한 피고인만이 제1심판결에 대하여 양형부당만을 항소이유로 내세워 항소한 사안에서 항소심이 그 주장이 이유 없다 하여 피고인의 항소가 기각된 경우(대법원 1987. 12. 8. 선고 87도1561 판결 등 참조)는 물론, 항소심이 이를 인용하여 제1심판결을 파기하고 그보다 가벼운 형을 선고한 경우(대법원 1990. 11. 27. 선고 90도2376 판결 등 참조)와 항소심이 제1심이 간과한 다른 사유를 들어 제1심판결을 직권으로 파기하면서 제1심판결과 같은 형을 선고한 경우(대법원 2009. 1. 30. 선고 2008도10924 판결 등 참조)에도 피고인으로서는 원심판결에 대하여 채증법칙위반으로 인한 사실오인 또는 법리오해 등 잘못이 있다는 등 새로운 주장을 상고이유로 삼을 수 없다고 하였다.

그리하여 대법원은, 상고심은 항소법원 판결에 대한 사후심이므로 항소심에서 심판대상이 되지 아니한 사항은 상고심의 심판범위에 들지 아니하는 것이어서 피고인이 항소심에서 항소이유로 주장하지 아니하거나 항소심이 직권으로 심판대상으로 삼은 사항 이외의 사유에 대하여는 이를 적법한 상고이유로 삼을 수 없다고 보았다(대법원 2011. 11. 10. 선고 2011도9919 판결 등 참조).

2) 상고이유를 제한하는 법리는 아래에서 보는 상고심의 사후심 구조에서 유래한 것으로서 심급제도하에서 상고심의 기능 유지를 위한 필수적인 요소로 인식되어 형사소송법의 상고이유에 관한 규정이 현재와 같은 내용으로 정립될 당시 대법원에 의해 법리로 선언된 이래로 현재까지 오랜 기간 동안 실무는 물론, 학계에서도 별다른 비판 없이 받아들여져 온 대표적인 법리 중 하나이다.

그 과정에서 검사 또는 피고인 중 누가 항소한 사안인지, 항소이유로는 사실오인·법령위반·양형부당 중 어떠한 사유가 주장되었는지, 항소심의 진행 결과 항소가 기각되거나 인용된 것인지, 직권에 의하거나 항소가 인용됨으로써 제1심판결이 파기된 후 그보다 형이 높아진 것인지 등 구체적인 사안에 따라 다소간의 변용이 있기는 하였지만 항소이유로 주장하지 아니하거나 항소심이 직권으로 심판대상으로 삼은 사항 이외의 사유는 적법한 상고이유가 될 수 없다는 본래의 취지는 일관되게 유지되었다.

3. 상고이유 제한 법리의 논거

가. 상고심의 사후심 구조

1) ⋯ 위 규정 및 법리를 종합해 보면, 상고심은 항소심판결에 대한 사후심으로서 항소심에서 심판대상으로 되었던 사항에 한하여 상고이유의 범위 내에서 그 당부만을 심사하여야 한다. 그 결과 항소인이 항소이유로 주장하거나 항소심이 직권으로 심판대상으로 삼아 판단한 사항 이외의 사유는 상고이유로 삼을 수 없고 이를 다시 상고심의 심판범위에 포함시키는 것은 상고심의 사후심 구조에 반한다고 할 것이다. 이러한 점에서 상고이유 제한 법리는 형사소송법이 상고심을 사후심으로 규정한 데에 따른 귀결이라고 할 수 있다.

2) 한편 상고심은 사후심인 동시에 원칙적으로 법률심이다(대법원 2002. 12. 3.자 2002모265 결정 등 참조). 즉 재판에 있어 사실인정이나 형의 양정은 사실심에서 행하고 상고심은 법령 해석·적용의 통일을 기하는 것이 본래의 기능이라고 할 수 있다. 그런데 상고심이 사후심이라는 이유로 사실심의 판결에 잘못이 있다고 하여 무조건 상고할 수 있도록 허용한다면 상고가 남발됨으로써 상고심의 사건처리 부담이 과중하게 되어 사후심 및 법률심으로서의 기능

수행은 물론, 이를 통한 피고인의 권리구제에도 충실하지 못하게 될 위험이 있다. 특히 법률심으로서 상고심의 판결이 선례로서 하급심에 법령 해석·적용의 기준을 제시하고 형벌의 기준을 확립함으로써 우리 사회의 법질서를 유지하는 임무를 수행하게 하기 위해서는 상고심에서 적정한 판단이 가능하도록 그 기능을 보장해 줄 필요가 있다. …… 하급심과 상고심의 본질과 기능에 따라 적절하게 사법자원을 분배하고 불필요한 상고 제기를 방지하며 소송경제를 도모하기 위하여 상고이유를 제한하는 방법으로 실질적으로 상고심의 심판대상이 될 수 있는 사항의 범위를 일정하게 한정시키는 것은 헌법적인 차원에서도 그 합리성이 인정된다(헌법재판소 2012. 5. 31. 선고 2010헌바90 등 전원재판부 결정 참조). 이러한 의미에서 심급제도는 사법에 의한 권리보호에 관하여 법원의 한정된 재판 역량을 합리적으로 분배하는 문제인 동시에 재판의 적정과 신속이라는 상반되는 요청을 어떻게 조화시키느냐의 문제로서 원칙적으로 입법자의 형성의 자유에 속하는 사항이다(헌법재판소 1997. 10. 30. 선고 97헌바37 등 전원재판부 결정 참조).

상고이유 제한 법리는 피고인이 항소하지 않거나 양형부당만을 이유로 항소함으로써 항소심의 심판대상이 되지 않았던 법령위반 등 새로운 사항에 대해서는 피고인이 이를 상고이유로 삼아 상고하더라도 부적법한 것으로 취급함으로써 상고심의 심판대상을 제한하고 있다. 이는 앞서 살펴본 것처럼 심급제도의 운영에 관한 여러 가지 선택 가능한 형태 중에서 현행 제도가 사후심세 및 법률심의 방식을 선택한 입법적 결단에 따른 결과라고 할 것이다. 특히 모든 사건의 제1심 형사재판절차에서 법관에 의한 사실적·법률적 심리검토의 기회가 주어지고 피고인이 제1심판결에 대해 항소할 기회가 부여되어 있음에도 항소심에서 적극적으로 이를 다투지 아니한 사정 등을 감안하여 개개 사건에서 재판의 적정, 피고인의 구제 또는 방어권 보장과 조화되는 범위 내에서 재판의 신속 및 소송경제를 도모하고 심급제도의 효율적인 운영을 실현하기 위하여 마련된 실정법상의 제약으로서 그 합리성도 인정된다.

나. 법령 해석·적용의 통일 및 직권심판

1) … 상고심과 항소심의 직권심판권은 하급심판결에 대한 법령위반 등 잘못을 최대한 바로잡기 위한 취지이다. 그리하여 먼저 항소심의 직권심판권을 통하여 제1심판결에 대하여 피고인이 항소이유를 주장하여 적절히 다투지 아니하더라도 사실을 오인하거나 법령을 위반하는 등의 사유로 판결에 영향을 미친 잘못이 있다면 항소심에서 이를 바로잡을 수 있고, 상고심은 항소심판결 자체에 여전히 위법이 있는 경우, 예를 들어 항소심이 제1심판결의 위법을 간과하고 항소기각 판결을 선고하거나 제1심판결을 파기 후 자판하는 항소심판결에 고유한

법령적용의 위법이 있는 경우에 직권심판권을 폭넓게 활용함으로써 최종적으로 이를 바로잡을 수 있다.

2) 위와 같이 형사소송법상 상고심과 항소심의 두 심급에 걸쳐 마련되어 있는 직권심판권의 발동에 의해 직권심판사항에 해당한다고 판단되는 위법사유에 대해서는 피고인이 항소하지 않거나 항소이유로 주장하지 아니함에 따라 항소심의 심판대상에 속하지 않았던 사항이라도 피고인에게 이익이 되는 방향으로 그 잘못을 최대한 바로잡을 수 있는 장치가 갖추어져 있다. 이를 통해 상고심의 사후심 및 법률심으로서의 기능과 피고인의 구제는 더욱 강화된다.

다. 피고인의 절차적 권리 보장과의 관계

… 위와 같은 제1심 및 항소심과 상고심에 있어 심리절차상의 차이를 앞서 살펴본 공판중심주의 및 실질적 직접심리주의의 정신에 비추어 살펴보면, 제1심법원이 법관의 면전에서 사실을 검토하고 법령을 적용하여 판결한 사유에 대해 피고인이 항소하지 않거나 양형부당만을 항소이유로 주장하여 항소함으로써 죄의 성부에 관한 판단 내용을 인정하는 태도를 보였다면 그에 관한 판단 내용이 잘못되었다고 주장하면서 상고하는 것은 허용될 수 없다고 보아야 한다.

2) … 이와 같이 양형이 원칙적으로 재량 판단이라는 점을 감안한다면, 항소심이 검사의 양형부당에 관한 항소를 받아들임으로써 제1심판결을 파기하고 보다 높은 형을 선고한 것은 심급제도하에서 양형 요소라는 동일한 심판대상에 관해 서로 다른 법원에서 고유의 권한으로 반복하여 심사가 이루어짐에 따라 부득이하게 발생된 결과라고 봄이 상당하다. 따라서 제1심과 항소심 사이의 양형 판단이 피고인에게 불리한 내용으로 달라졌다는 사정변경이 사후심 구조에 따른 상고이유 제한 법리의 타당성 등에 영향을 미칠 만한 것이라고 보기는 어렵다.

[대법관 권순일, 대법관 이기택, 대법관 김재형, 대법관 김선수의 별개의견] ① 피고인이 유죄가 인정된 제1심판결에 대하여 항소하지 않거나 양형부당만을 이유로 소극적으로 항소하고 검사는 양형부당만을 이유로 항소하였는데, 항소심이 검사의 항소를 받아들임으로써 제1심판결을 파기하고 그보다 높은 형을 선고하였다면 이는 피고인이 항소 여부 등을 판단할 때 기초가 된 사정에 중대한 변경이 생긴 것으로 볼 수 있다. 이러한 사정변경은 제1심법원이 양형에 관한 판단을 잘못하였다는 이유로 상급심인 항소법원이 이를 바로잡는 과정에서 발생한 것이어서 피고인이 항소 여부 등을 판단할 당시에는 예견하기 어려웠던 것일 뿐만 아니라 그 발생 원인에 대해 피고인에게 책임이 있다고 볼 수도 없다.

이러한 사정을 종합해 볼 때 피고인이 제1심판결의 결론에 승복함으로써 항소 당시에는 그 주장을 보류해 두었던 사실오인, 법령위반 등 사유를 항소심에서 형이 높아진 다음에 상고 이유로 삼아 상고하였을 때 이를 허용해 주는 것이 타당하다. 설령 이러한 상황에서 피고인 이 상고이유로 삼고 있는 사유가 항소심의 심판대상이 되지 않았던 새로운 것이라고 하더 라도 이를 주장하여 상고하는 피고인의 태도를 항소 당시와는 모순되는 거동으로서 부당하 다고 볼 수는 없다. 또한 이를 남상고로 단정하기도 어렵다. 오히려 이와 같은 경우에 대해 서도 상고이유를 항소 여부를 결정할 당시를 기준으로 제한하는 것은 피고인의 상고권을 과도하게 제한하는 것이어서 부당하다.

② 상소제도와 관련하여 판결 주문은 피고인의 상소 가능성과 그 의사는 물론, 구체적인 상 소이유의 내용과 범위를 전반적으로 결정짓는 핵심이 된다는 점에서 판결 이유와는 질적으 로 다르다. 상소의 적법 여부, 상소이유의 허용 범위를 판단할 때에도 양자는 달리 취급되 어야 하고 1차적으로 판결 주문이 기준이 되어야 한다. 따라서 판결 주문이 앞선 심급에 비 하여 피고인에게 불이익하게 변경되었고 그에 대해 피고인이 승복하지 않고 상소할 경우에 는, 이를 뒷받침하기 위해 주장할 상소이유의 허용 범위도 주문의 정당성을 다툴 만한 것인 이상 가급적 널리 인정하여야 한다. 이것이 불이익한 재판 결과에 대한 소송절차상의 방어 권으로서 피고인에 대해 상소권을 인정한 취지에 부합하는 태도이다.

제1심판결에 대하여 검사만이 양형부당을 이유로 항소하고 피고인은 항소하지 않은 상황에 서 항소심이 검사의 항소를 받아들여 제1심보다 무거운 형을 선고한 사안이나 제1심판결에 대하여 피고인과 검사 쌍방이 양형부당만을 이유로 항소하였으나 항소심이 피고인의 항소 는 기각하고 검사의 항소만을 받아들임으로써 제1심판결을 파기하고 그보다 무거운 형을 선고한 사안(이하 통틀어 '이 사건 사안'이라 한다)은 피고인이 제1심판결의 주문에 대해 승복함으로써 그 결론이 유지되는 이상 적극적으로 항소할 의사가 없었고 설령 판결 이유 중의 사실인정, 법령적용 등에 불만이 있었더라도 항소하는 것이 허용되지도 않았는데, 항 소심에서 판결 주문이 불리하게 변경됨으로써 상고할 이익이나 필요성이 새로 발생된 경우 라고 할 수 있다. 따라서 피고인이 상고함에 있어 판결 이유 중의 법령위반 등 새로운 사유 라도 이를 주장하여 항소심판결의 잘못을 충분히 다툴 수 있도록 하여야 한다.

③ 사후심이란 원판결 자체를 심판대상으로 삼아 원판결의 당부를 제출된 상소이유에 따라 사후에 심사하는 것을 말한다. 이때 사후심이 복심이나 속심 등 다른 심판구조와 대비되는 본질적인 특징은 심판대상이 원판결 자체인지 아니면 피고사건 자체인지 및 심판방법이 원 판결 당시를 표준으로 기존의 소송자료에만 기초하여 심사하는 것인지 여부의 차이에 따른 것이다. 그러므로 상고심이 사후심이라는 사실 자체는 피고인이 상고이유로 삼을 수 있는 사유가 다수의견이 주장하는 것처럼 항소심판결 중 피고인이 항소이유로 주장하여 다투었 거나 직권 발동에 의해 심판대상이 됨으로써 판단된 사항에 한정된다고 볼 근거가 될 수 없 다. 항소심판결의 판단 내용에 포함된 사실인정, 법령적용에 관한 사항도 항소심의 심판대 상이 된 사항에 속할 수 있는 것이며 그와 같은 해석이 상고심의 사후심 구조에 배치되는

것은 아니다.

④ 심급에 기초한 상소제도의 구성과 운영은 입법정책의 문제이기는 하지만, 헌법상 법치주의의 원리, 헌법 제12조 제1항의 적법절차 규정과 헌법 제27조 제1항의 공정한 재판청구권 규정은 형사재판에서 피고인의 방어권을 보장하려는 취지이므로, 항소심에서도 이러한 취지는 유지되어야 하고, 현행 형사항소심의 구조를 기본적으로 속심제로 보는 이상 항소심에서 피고인의 방어권 보장의 내용은 본질적인 면에서는 제1심에서의 그것과 같이 보아야 한다. 특히 이 사건 사안과 같은 경우는 항소심이 파기 후 자판함으로써 제1심판결의 효력이 사실상 소멸되고 제1심판결 선고 직전 상태에서 항소심의 심리가 계속 이어져 항소법원이 항소심판결 선고 시를 표준으로 피고사건 실체에 대해 새로운 판단을 내린 것이라는 점에서 속심적 성격이 더욱 분명하다.

따라서 피고인이 자신에게 불리하게 선고된 제1심판결에 대해 항소할 때와 마찬가지로, 자신에게 불리하게 변경된 항소심판결에 대해서도 그 직전의 항소심 진행 과정에서 적극적으로 다투었는지 여부에 구애됨이 없이 다음 심급인 상고심에서 항소심판결에 영향을 미친 법령위반 등 사유를 상고이유로 삼아 자유롭게 다툼으로써 스스로를 적극적으로 방어할 수 있도록 그 기회를 보장해야 한다.

⑤ 이 사건 사안에서 상고이유 제한 법리를 엄격하게 관철할 경우 피고인의 전략적 행동을 유발함으로써 권리의 구제와 오판의 시정이라는 심급제도 및 상소제도 본래의 취지나 목적과는 무관하게 절차가 운영될 뿐만 아니라, 피고인과 항소법원 모두에게 소송절차와 관련된 불필요한 비용이나 부담이 발생하는 부작용이 초래된다. 결국 이 법리는 남상소를 방지하기 위한 적합한 수단이 될 수 없다.

⑥ 요컨대, 유죄판결을 받은 피고인이 항소하지 않거나 양형부당만을 이유로 항소한 후 항소심이 검사의 양형부당 항소를 받아들여 제1심판결을 파기하고 자판하면서 형을 높인 때에는 항소심의 심판대상이 되지 않았던 사유라 할지라도 적법한 상고이유로 인정되어야 한다. 이 사건 사안에 대해서까지 상고이유 제한 법리를 적용하는 것은 피고인이 항소 여부 등을 결정할 당시에는 예견하기 어려운 중대한 사정변경이 있었다는 점, 형사소송법상 상소의 가능성과 그 의사는 판결 주문에 따라 결정되는데 항소심에서 주문이 불리하게 변경된 점, 항소심의 파기 후 자판에 의한 판결 내용은 항소심의 고유한 판단이라는 점, 제1심과 항소심에서의 판결 결과에 따라 상소권 보장의 불균형이 생기는 것을 방지할 필요가 있는 점, 불필요한 항소를 유발하게 되어 심리부담 경감의 수단으로는 부적합한 점 등의 특수한 사정을 간과한 것이다. 그리하여 피고인이 상고하여 방어권을 행사할 실질적인 근거가 있음에도 그 기회를 사실상 박탈함으로써 피고인에게 예상치 못한 불이익을 주는 결과가 된다. 이는 재판을 받을 권리를 기본권으로 규정하고 적법절차를 보장하고 있는 헌법의 정신에도 반한다.

상고이유 제한 법리는 심급제도 및 각 심급의 구조와 역할, 그리고 이에 대응한 피고인의 소송상 지위 등에 기초한 것으로서, 위 법리 자체의 타당성은 인정된다. 그러나 이는 형사소송법 제383조와는 달리 명문의 규정이 없이 관련 규정의 체계적 해석을 통해 인정되는 것이고 이로 인하여 피고인이 형사소송법에 규정된 상고권을 행사할 기회는 크게 제한된다. 이러한 점에 비추어 본다면, 이 사건 사안과 같이 위 법리를 구체적 사안에 적용하였을 때 본래의 취지에 맞지 않는 불합리한 결과가 초래된다거나 심급에 따른 상소권 보장의 본질에 반하는 등 특수한 사정이 존재하여 이를 그대로 적용하는 것이 타당하지 않다고 인정되는 경우에는 그 적용을 배제하는 것이 균형 있는 해석이 된다.

[대법관 조희대의 별개의견] ① 형사소송법 제383조는 상고권자가 적법하게 상고를 제기할 수 있는 요건으로 원심판결에 대한 것일 것과 제1호 내지 제4호의 각호에서 정한 사유 중 어느 하나에 해당할 것이라는 두 가지만을 요구하고 있다. 위의 두 가지 요건 외에 다수의견이 말하는 것처럼 '항소심에서 상고인이 항소이유로 주장하거나 항소심이 직권으로 심판대상으로 삼음으로써 항소심의 심판대상이 된 사항일 것'이 요구된다고 볼 수는 없다. 이러한 요건이 포함되어 있다고 보는 것은 위 규정의 문언에 따른 가능한 해석의 범위를 넘는다. 그 밖에 형사소송법과 다른 법률을 살펴보아도 다수의견의 위와 같은 상고이유 제한 법리를 뒷받침하고 있다고 볼 만한 근거 규정을 전혀 찾을 수 없다.

② 상고심은 법률심으로서 재판을 통하여 원심판결에 관한 법령위반의 잘못을 최종적으로 바로잡음으로써 법률문제에 관하여 여러 개의 하급심의 판단이 서로 달라질 경우 발생하게 될 위법 상태 또는 법적 혼란 상태를 극복하는 것을 본질적인 기능으로 하고 있다. 이는 유일의 최상급법원으로 하여금 법률의 해석·적용에 관한 최종적인 심판권을 갖도록 함으로써 국가 전체적으로 법률의 해석·적용에 관한 통일성을 유지하고, 하급심의 잘못된 법률의 해석·적용으로 인하여 침해되는 피고인의 권리가 구제될 수 있도록 하기 위한 것이다. 상고심이 법률문제에 대해 최종적인 심판기관으로서 이러한 기능과 역할을 수행하는 것은 심급제도와 상소제도에 관한 입법적 결단으로서 결코 포기될 수 없는 상고심의 고유한 권한인 동시에 책무이다.

따라서 형사소송법 제383조에서 규정하는 법령위반 등에 관한 상고이유 주장은 언제나 적법한 상고이유가 된다고 보아야 한다. 다수의견의 상고이유 제한 법리는 이러한 법률문제에 관한 상고이유에 대해서도 항소심에서 구체적인 심판대상이 된 사항인지 아닌지에 따라 적법성 여부가 좌우된다고 보고 있는데, 이는 법률심인 상고심의 기능과 역할에 배치되므로 받아들이기 어렵다.

③ 형사소송법 제384조에 규정된 직권심판은 상고심의 의무가 아니라 권한으로서 그 발동 여부가 상고심의 재량에 달려 있다. 그리하여 직권심판사항에 대해서는 그 위법사유가 긍정되어야 할 뿐만 아니라 상고심 스스로 이를 바로잡기 위해 원심판결을 파기할 필요가 있다고 인정하는 예외적인 경우에 한하여 그에 관한 명시적인 판단이 이루어지기 때문에 대부분의 경우에는 그에 관하여 상고심이 제대로 직권심판권을 발동하였는지 알 길이 없다. 이

러한 점에서 상고심의 직권심판은 의무적 심판대상인 상고이유에 관한 판단과 비교해 볼 때 법률심을 강화하기 위한 수단으로 미흡하여 다수의견의 상고이유 제한 법리를 합리화할 근거가 되기에 부족하다.

④ 요컨대, 형사소송법 제383조는 상고이유의 범위에 관하여 명문의 규정을 두고 있는데, 다수의견이 주장하는 상고이유 제한 법리는 형사소송법, 그 밖의 관련 법령상 아무런 근거가 없을 뿐만 아니라, 상고심의 사후심 구조나 상고심의 적정한 기능 확보를 위한 정책적 필요성을 이유로 그 타당성을 인정하기도 어렵다. 이는 헌법과 형사소송법의 취지 및 법률심으로서 상고심의 기능이나 역할과도 배치되므로 도저히 받아들일 수 없다. 그러므로 형사소송법 제383조에 따라 판결에 영향을 미친 법령위반 등 사유를 상고이유로 삼아 상고한 경우에는 항소심에서 심판대상이 된 사항인지 여부와 관계없이 언제나 적법한 상고이유가 된다고 보아야 한다. 상고심의 기능은 위 규정을 보다 엄격히 해석하여 순수한 법령위반에 관한 사유만으로 상고이유의 범위를 한정하는 방법으로 해결되어야 한다.

2. 개별 상고이유

가. 판결에 영향을 미친 법령위반

〈형사소송법 제383조 제1호의 의미〉

대법원 1985. 7. 23. 선고 85도1003 판결

형사소송법 제383조 제1호는 "판결에 영향을 미친 헌법, 법률, 명령 또는 규칙의 위반이 있는 때" 원심판결에 대한 상고이유로 할 수 있다고 규정함으로써 단지 원심판결에 헌법, 법률, 명령 또는 규칙의 위반이 있다하여 바로 상고이유가 되는 것이 아니고, 위와 같은 법령위반으로 인하여 판결결과에 영향이 있을 때, 환언하면 법령의 위반과 판결내용인 범죄의 사실인정 및 형의 양정과 사이에 인과관계가 있다고 인정되는 때에 비로소 상고이유로 되는 것임을 명백히 하고 있으므로, 판결내용 자체가 아니고, 피고인의 신병확보를 위한 구속등 조치와, 공판기일의 통지, 재판의 공개등, 소송절차가 법령에 위반되었음에 지나지 아니하는 경우에는, 그로 인하여 피고인의 방어권, 변호권이 본질적으로 침해되고, 판결의 정당성 마저 인정하기 어렵다고 보여지는 정도에 이르지 아니하는 한, 그것 자체만으로 판결에 영향이 있어 상고이유가 되는 경우는 없다 할 것이다. 소론 논지는 피고인 1에 대한 감정유치가 구속기간연장의 수단으로 변칙 운영되었고 원심의 1985.4.12과 같은달 19의 각 공판기일에 피고인에 대한 적법한 기일통지없이 공개법정이 아닌 ○○대학교 의과대학 부속 △△병원에서 공판절차를 진행하고, 판결을 선고함으로써 피고인의 방어권, 변호권을 침해하고 그로 인하여 판결에 영향을 미쳤다는 것이나, 기록에 의하면 원심의 위 두차례 공판기일은 1985.3.18 종결하였던 변론을 재개하여 지정한 기일이고, 그 각 기일에 피고인과 변호인들이 출석하여 진술과 변론을 하였음이 명백하므로 설사 위 감정유치와 공판절차에 다소의 흠이 있다고 하더라도 그로 인하여 피고인측의 방어권, 변호권의 본질이 침해되어 판결에 영향을 미쳤다고는 볼 수 없으니 이는 적법한 상고이유가 되지 못한다 할 것이다.

대법원 2007. 7. 12. 선고 2007도2191 판결 「원심이 피고인 1에 대한 각 호별방문 행위를 경합범으로 보아 경합범 가중을 한 것은 잘못이라 할 것이고, 그 경합범 가중으로 인하여 처단형의 범위가 더 높아지게 되었으므로, 원심의 죄수에 관한 법리오해는 결국 판결에 영향을 미쳤다.」

대법원 2017. 6. 29. 선고 2016도18194 판결 「관할권이 없음을 간과한 채 이 사건에 관한 실체 심리를 거쳐 심판한 제1심판결과 원심판결에는 소송절차에 관한 법령을 위반하여 판결에 영향을 미친 잘못이 있다.」

대법원 1973. 11. 6.자 73모70 결정 「기록에 의하면 피고인은 1973.6.9 자 구속영장에 의하여 같은날 22시45분에 조치원경찰서 유치장에 구속집행된 사실이 분명하다(기록 제4장 참조).그런데 이사건 제1심 판결은 피고인이 위의 구속일시 이후의 날자인 1973.6.13. 13:55경에 이사건 교통사고를 일으킨 것으로 범죄 사실을 인정하고 있다. 그렇다면 원심으로서는 비록 피고인이 항소이유서를 제출하지 아니하였다 할지라도 제1심판결이 사실을 오인하였거나 그렇지 아니하면 판결이유에 모순이 있는 경우로 보아서 직권으로 심리를 하는 것이 마땅하다.」

나. 판결 후 형의 폐지나 변경 또는 사면이 있는 때

〈형의 감면사유가 되는 사실이 발생한 경우〉

대법원 2007. 1. 12. 선고 2006도5696 판결 <표준>

사후심인 상고심은 원심판결에 형사소송법 제383조 제1호의 상고이유인 '판결에 영향을 미친 헌법·법률·명령 또는 규칙의 위반이 있을 때' 여부를 원심판결 당시를 기준으로 판단하는 것이 원칙이므로 (대법원 1969. 12. 9. 선고 69도1736 판결, 1986. 1. 21. 선고 85도2514 판결 등 참조), 원심판결 선고 이후에 비로소 별개의 범죄에 대하여 금고 이상의 형을 선고한 판결이 확정되었다면 원심판결이 형법 제39조 제1항을 적용하지 않은 것을 위법하다고 볼 수 없는 것이고, 형사소송법 제383조 제2호의 상고이유인 '판결 후 형의 폐지나 변경이 있는 때'는 원심판결 후 법령의 개폐로 인하여 형이 폐지되거나 변경된 경우를 뜻하는 것이고 법령의 개폐 없이 단지 형을 감경하거나 면제할 수 있는 사유가 되는 사실이 발생한 것에 불과한 경우는 이에 포함되지 않는 것이다.

따라서 경합범 중 판결을 받지 아니한 죄가 있는 때에는 그 죄와 판결이 확정된 죄를 동시에 판결할 경우와 형평을 고려하여 그 죄에 대하여 형을 선고하되 그 형을 감경 또는 면제할 수 있도록 형법 제39조 제1항이 2005. 7. 29. 법률 제7623호로 개정·시행된 이후인 2006. 7. 27. 원심판결이 선고되고, 피고인의 별개의 범죄에 대하여 징역형을 선고한 판결이 그 이후인 2006. 8. 25.에 이르러 비로소 확정된 이 사건의 경우에는, 원심판결에 형사소송법 제383조 제1호나 제2호에서 정한 상고이유 중 어느 것도 존재하지 않는 것이다.

다. 재심청구의 사유가 있는 때

대법원 1990. 10. 26. 선고 90도1753 판결 「피고인이 제1심과 원심에서 유죄판결을 선고받은 후 1990.7.13.경 자신의 무고함을 들어 이 사건을 재수사하여 줄 것을 육군범죄수사단에 탄원하여 군사법경찰관이 마침 육군에 입대하여 복무중인 위 C를 비롯한 사건 관계자들을 상대로 다시 수사를 하게 되었던바, … 군검찰관이 C를 이 사건 교통사고를 일으킨 진범인으로 지목하여 1990.8.9. 육군보병 제5사단 보통군사법원에 C를 교통사고처리특례법위반죄 등으로 공소를 제기한 사실이 인정된다. 사실관계가 이와 같다면 원심판결에는 형사소송법 제420조 제5호 소정의 "유죄의 선고를 받은 자에 대하여 무죄를 인정할 명백한 증거가 새로 발견된 때"에 해당하는 재심사유가 있는 경우로서, 같은 법 제338조 제3호 소정의 "재심청구의 사유가 있는 때"에 해당하는 상고이유가 있다고 할 것이다.」

대법원 2005. 4. 15. 선고 2003도2960 판결 <표준>

직권으로 살피건대, 원심판결 이유에 의하면, 원심은, 이 사건 공소사실 중 " 피고인 2가 2002. 5. 11. 10:10경부터 10:50경까지 서울 종로구 세종로 77 소재 파나마 대사관 옆 정부중앙청사 후문 앞에서 개최된 전공노 주최의 집회에 참석하여 구호를 외치는 방법으로 옥외집회 및 시위가 금지된 장소에서 열린 집회 및 시위에 참가하였다."는 부분에 대하여 구 집회및시위에관한법률(2004. 1. 29. 법률 제7123호로 개정되기 이전의 것) 제20조 제3호, 제11조 제1호를 적용하여 피고인 2에게 유죄를 선고하였다.

그런데 원심이 이 부분 범죄사실에 대하여 적용한 구 집회및시위에관한법률 제11조 제1호는 원심판결 선고 후인 2003. 10. 30. 헌법재판소로부터 헌법에 위반된다는 위헌결정(2000헌바 67, 83)을 받음으로써 소급하여 효력을 상실하였는바, 위헌결정으로 인하여 형벌에 관한 법률 또는 법률조항이 소급하여 그 효력을 상실한 경우에는 당해 법조를 적용하여 기소한 피고 사건은 범죄로 되지 아니한 때에 해당하므로(대법원 1992. 5. 8. 선고 91도2825 판결 참조), 원심판결 중 피고인 2에 대한 위 유죄부분은 그대로 유지될 수 없다.

> (원심인 항소심이 내린 유죄판결의 근거가 된 형벌법령이 항소심 판결 이후 위헌결정에 따라 소급무효로 되었음을 이유로 그 유죄판결을 파기하고, '재심청구의 사유가 있는 때' 가운데 '유죄의 선고를 받은 자에 대하여 무죄를 인정할 구체적 명백한 증거가 새로 발견한 때'에 해당한다고 본 사안)

라. 판결에 영향을 미친 중대한 사실오인 또는 형의 양정이 심히 부당하다고 인정 되는 현저한 사유가 있는 때

〈논리법칙·경험법칙 위반을 구체적으로 다투지 않고 증거취사와 사실인정만을 다투는 경우 : 사실오인 주장〉

대법원 2008. 5. 29. 선고 2007도1755 판결 〈표준〉

1. 원심은 아래와 같은 이유로 피고인에 대한 이 부분 공소사실(필로폰 투약)에 대하여 무죄를 선고하였다.

즉, 피고인의 소변검사에서 필로폰 양성반응이 나오기는 하였으나, 피고인은 누군가가 술자리에서 몰래 피고인의 술잔에 필로폰을 넣은 것 같다고 주장하고 있으며, 피고인이 필로폰 투약으로 적발되어 기소유예처분을 받은 뒤 정기적으로 검찰청에 출두하여 필로폰 투약 여부를 검사받아 오던 중, 이 사건 공소사실로 적발될 당일에도 종전과 마찬가지로 스스로 검찰청에 출두하여 필로폰 투약 여부를 검사하기 위하여 소변검사를 하는 과정에서 양성반응이 나온 점 등의 사정을 종합하여 볼 때에 피고인의 소변에서 필로폰이 검출된 사실만으로는 피고인이 고의적으로 필로폰을 투약하였다고 인정하기에 부족하고 달리 이를 인정할 증거가 부족하다는 것이다.

2. 검사는 상고이유로, 이 사건 심리과정에서 나타난 여러 가지 다른 사정들을 종합하여 보면 피고인의 위 변명은 믿기 어렵고 그 밖에 공소사실을 인정할 증거가 충분하므로 피고인에 대하여 무죄를 선고한 원심판결에는 채증법칙을 위반한 사실오인의 잘못이 있다고 주장한다.

검사의 상고이유 주장을 자세히 살펴보면, 그 주장은 결국 원심의 전권사항인 증거취사와 사실인정을 나무라는 취지임을 알 수 있는바, 형사소송법 제308조는 증거의 증명력은 법관의 자유판단에 의하도록 자유심증주의를 규정하고 있으므로, 가사 원심의 증거의 증명력에 대한 판단과 증거취사 판단에 그와 달리 볼 여지가 상당한 정도 있는 경우라고 하더라도, 원심의 판단이 논리법칙이나 경험법칙에 따른 자유심증주의의 한계를 벗어나지 아니하는 한 그것만으로 바로 형사소송법 제383조 제1호가 상고이유로 규정하고 있는 법령 위반에 해당한다고 단정할 수 없고, 또한 원심의 구체적인 논리법칙 위반이나 경험법칙 위반의 점 등을 지적하지 아니한 채 단지 원심의 증거취사와 사실인정만을 다투는 것은, 특별한 사정이 없는 한 사실오인의 주장에 불과하다.

그런데 형사소송법 제383조는 사형, 무기 또는 10년 이상의 징역이나 금고가 선고된 사건에 한하여 '중대한 사실의 오인'을 상고이유로 허용하고 있고, 그 나머지 사건에서는 오로지 '판결에 영향을 미친 법령 위반', '형의 폐지나 변경, 사면', '재심청구의 사유가 있을 때'만을 상고이유로 허용하고 있으므로, 징역 8월이 선고된 이 사건에서는 위와 같은 사실오인의 주장은 형사소송법이 허용하고 있는 적법한 상고이유에 해당하지 아니한다(대법원 2006. 10. 19. 선고 2005도3909 전원합의체 판결, 대법원 2007. 4. 26. 선고 2005도3815 판결 등 참조).

검사의 이 사건 상고이유 중에는 원심의 증거판단 중 어떠한 점이 어떠한 이유로 어떠한 논리법칙이나 경험법칙에 위반하였는지에 관하여 구체적으로 지적하고 있지 않을 뿐 아니라, 원심판결 이유와 상고이유를 살펴보아도 원심판결에 자유심증주의의 한계를 벗어난 법령 위반에 해당한다고 볼 만한 사정은 엿보이지 아니하여, 결국 검사의 이 사건 상고이유 주장은 적법한 상고이유가 되지 못하므로, 그 구체적인 상고이유의 주장에 들어가 살펴볼 필요 없이 상고는 이유 없음이 명백하다.

〈심히 부당한 형의 양정으로 인정된 경우〉

대법원 2002. 10. 25. 선고 2002도4298 판결

형사소송은 피고인의 권익보호를 통한 실체적 진실 발견으로 정의를 실현하는 절차이어서 적정한 형의 양정도 그 정의실현의 한가지 귀결이라 할 것이다.

형의 양정은 사실심 법관의 전권사항이므로 통상의 경우 양형의 이유를 명시하는 일이 요구되지 아니하며 그 양형에 대하여 상고할 수 없는 것이지만, 형사소송법 제383조 제4호가 사형, 무기 또는 10년 이상의 징역이나 금고형이 선고된 사건에 있어서 형의 양정이 심히 부

당하다고 인정할 현저한 사유가 있는 경우를 피고인만의 상고사유로 규정함으로써 그러한 사건에서의 양형참작사유는 사실심의 필요적 심판대상이 되는 것이다.

그리고 양형에서의 필요적 참작사유를 열거한 형법 제51조에는 범죄행위에 관련된 사유들과 더불어 범죄행위자인 피고인에 관련된 사유들이 더 많이 열거되어 있다는 점은 양형의 심리·판단 단계에서 주목되어야 할 부면이라 하겠다.

나아가, 수형자를 사회로부터 영구히 격리시켜 그의 자유를 박탈하는 종신자유형인 무기징역형은 유기징역형과는 현저한 차이가 있으므로 양형의 조건을 심리한 결과 무기징역형에 처하는 것이 과중하다고 인정되고 작량감경의 사유가 드러날 경우에는 작량감경한 형기범위 내에서 형을 선고하여야 하며 그런 상황에서 무기징역형을 선고한다면 그 형의 양정은 심히 부당한 경우에 해당하여 위법하게 되는 것이다. … 범행 당시 성년을 겨우 넘기었고, 실형이 선고된 범죄전력이 없으며 중증우울증인 심신미약상태에서 우발적, 충동적으로 4시간 동안에 두사람을 살해한 후 자신도 그 범행의 결과에 놀랐다고 하면서 범행을 자백하여 온 피고인이 자진하여 치료감호 받기를 희망하고 있는 이 사건에서, 위의 양형참작사유들을 앞서 본 법리와 각 규정들의 내용, 제1차 환송판결의 환송취지 등에 비추어 볼 때, 원심이 위의 강간살인죄와 살인죄에 대한 법정형 중 사형을 선택하였으며, 그 형의 법률상 감경에서도 무기형을 선택하였고 작량감경을 하지 아니한 끝에 선고형을 무기징역형으로 정한 데에는 그 형이 심히 부당하다고 볼 현저한 사유가 있다고 하겠다.

대법원 2022. 4. 28. 선고 2021도16719 판결 「형사소송법 제383조 제4호 후단은 '사형, 무기 또는 10년 이상의 징역이나 금고가 선고된 사건에서 형의 양정이 심히 부당하다고 인정할 현저한 사유가 있는 때'를 원심판결에 대한 상고이유로 할 수 있다고 정한다. 상고심의 본래 기능은 하급심의 법령위반을 사후에 심사하여 잘못을 바로잡음으로써 법령 해석·적용의 통일을 도모하는 것이고, 형사소송법은 상고심을 원칙적으로 법률심이자 사후심으로 정하고 있다. 그런데도 형사소송법이 양형부당을 상고이유로 삼을 수 있도록 한 이유는 무거운 형이라고 할 수 있는 사형, 무기 또는 10년 이상의 징역이나 금고를 선고받은 피고인의 이익을 한층 두텁게 보호하고 양형문제에 관한 권리구제를 최종적으로 보장하려는 데 있다. 원심의 양형이 가볍다는 이유로 상고를 허용할 필요성은 10년 이상의 징역이나 금고 등의 형이 선고된 사건보다 10년 미만의 징역이나 금고 등의 형이 선고된 사건이 더 클 수 있다. 형사소송법 제383조 제4호 후단에 따르더라도 10년 미만의 징역이나 금고 등의 형이 선고된 사건에서 검사는 원심의 양형이 가볍다는 이유로 상고할 수 없다. 그런데도 그보다 중한 형인 10년 이상의 징역이나 금고 등이 선고된 사건에서는 검사가 위와 같은 이유로 상고할 수 있다고 보는 것은 균형이 맞지 않는다. 이러한 사정에 비추어 형사소송법 제383조 제4호 후단이 정한 양형부당의 상고이유는 10년 이상의 징역이나 금고 등의 형을 선고받은 피고인의 이익을 위한 것으로 볼 수 있다. 따라서 검사는 피고인에게 불리하게 원심의 양형이 가볍다거나 원심이 양형의 전제사실을 인정하는 데 자유심증주의의 한계를 벗어난 잘못이 있다는 사유를 상고이유로 주장할 수 없다.」

대법원 2010. 1. 28. 선고 2009도13411 판결 「형사소송법 제383조 제4호는 양형이 부당한 것을 이유로 상고할 수 있는 것을 원심이 사형, 무기 또는 10년 이상의 징역이나 금고의 형을 선고한 경우에 한정하고 있다. 이러한 제한은 형의 양정이 피고인 및 당해 범행에 관련한 다양한 사정(형법 제51조 참조)을 종합적으로 참작한 판단으로 행하여지는 만큼 일반적으로 법률심인 상고심에서 양형에 관한 구체적 사정들을 심리하도록 하는 것은 적절하지 아니하나, 다른 한편 피고인이 중형을 선고받은 경우에는 예외적으로 피고인의 이익을 위하여 그 양형의 적정 여부를 심리하도록 하려는 취지라고 할 것이다. 또한 피고인의 여러 범행이 형법 제37조 후단의 경합범관계에 있었다는 우연한 사정으로 형이 여럿 선고된 경우를 형법 제37조 전단의 경합범에 해당하여 하나의 형이 선고된 경우와 달리 취급할 이유는 없다(바로 그러한 이유에서 형법 제39조 제1항은 판결이 확정된 죄와 위 형법 제37조 후단의 경합범의 죄를 동시에 판결할 경우와의 형평을 고려하여 그 후자의 죄에 대하여 선고형을 정하도록 규정하고 있는 것이다). 이상과 같은 점 등에 비추어 보면, 하나의 사건에서 징역형이나 금고형이 여럿 선고된 경우에는 이를 모두 합산한 형기가 10년 이상이면 위 규정에서 정하는 "10년 이상의 징역이나 금고의 형을 선고한 경우"에 해당한다고 할 것이다.」

Ⅲ. 상고심의 절차

대법원 2009. 4. 9. 선고 2008도5634 판결 〈표준〉 「상고법원은 상고이유에 의하여 불복신청한 한도 내에서만 조사·판단할 수 있으므로, 상고이유서에는 상고이유를 특정하여 원심판결의 어떤 점이 법령에 어떻게 위반되었는지에 관하여 구체적이고도 명시적인 이유의 설시가 있어야 할 것이고, 상고인이 제출한 상고이유서에 위와 같은 구체적이고도 명시적인 이유의 설시 없이 상고이유로 단순히 원심판결에 사실오인 내지 법리오해의 위배가 있다고만 기재함에 그치고만 경우는 어느 증거에 관한 취사조치가 채증법칙에 위배되었다는 것인지, 또 어떠한 법령적용의 잘못이 있고 어떠한 점이 부당하다는 것인지 전혀 구체적 사유를 주장하지 아니한 것이어서 적법한 상고이유가 제출된 것이라고 볼 수 없다.」

대법원 2010. 4. 20.자 2010도759 전원합의체 결정 〈표준〉 「법 제380조에서 말하는 상고이유서라 함은 법 제383조 각 호에 규정한 상고이유를 포함하고 있는 서면을 의미하는 것으로 보아야 할 것이다. 따라서 상고인이나 변호인이 상고이유서라는 제목의 서면을 제출하였다고 하더라도 위 법조에서 상고이유로 들고 있는 어느 하나에라도 해당하는 사유를 포함하고 있지 않은 때에는 적법한 상고이유서를 제출한 것이라고 할 수 없고, 이 경우 상고법원은 법 제380조에 의하여 결정으로 상고를 기각할 수 있다고 할 것이다. 다만, 상고법원은 법 제383조 제1호 내지 제3호의 사유에 관하여는 상고이유서에 포함되지 아니한 때에도 직권으로 이를 심판할 수 있으므로(법 제384조 단서), 원심판결에 이에 해당하는 사유가 있는 때에는 상고법원은 판결로 그 사유에 관하여 심판할 수 있다고 할 것이다.」

대법원 1983. 2. 22. 선고 82도2949 판결 「피고인은 제1심 및 원심 변호인이 제출한 1982.6.29자 변론요지서와 같은해 8.23자 항소이유서를 이 사건 상고이유로 원용하고 있으나 상고이유서에는 소송기록과 원심법원의 증거조사에 표현된 사실을 인용하여 그 이유를 명시하여야 하는 것이므로 피고인이 위 변론요지서와 항소이유서를 상고이유로 원용한다 함은 적법한 상고이유가 될 수 없다.」

Ⅳ. 상고심의 심리 및 재판

대법원 2004. 7. 22. 선고 2003도6412 판결 「형사소송법 제392조는 "피고인의 이익을 위하여 원심판결을 파기하는 경우에 파기의 이유가 상고한 공동피고인에 공통되는 때에는 그 공동피고인에 대하여도 원심판결을 파기하여야 한다."고 규정하고 있는바, 이 규정은 상고가 법률상 방식에 위반하거나 상고권 소멸 후인 것이 명백한 공동피고인에게는 이를 적용할 수 없다. 기록에 의하면, 원심은 피고인 1이 적법한 항소이유서제출기간이 경과한 다음에 항소이유서를 제출하였다는 이유로 항소기각결정을 하고 그 결정은 그 무렵 확정되었으나, 피고인 1은 피고인 2의 항소와 검사의 피고인들에 대한 항소를 모두 기각한 원심판결에 대하여 사실오인 내지 법리오해를 이유로 상고를 제기한 사실을 인정할 수 있는바, 피고인 1이 상고이유서에서 주장하는 상고이유는 적법한 상고이유가 될 수는 없다고 할 것이나, 피고인 1의 상고 자체가 법률상 방식에 위반하거나 상고권 소멸 후인 것이 명백한 때에 해당하는 부적법한 상고는 아니므로, 피고인 1은 피고인 2와 파기의 이유가 공통되는 공동피고인으로서 형사소송법 제392조의 적용을 받는다고 할 것이다.」

Ⅴ. 비약상고

1. 의의 및 대상

대법원 1984. 4. 16.자 84모18 결정 「비약적 상고는 제1심판결에 대하여만 할 수 있는 것이고 판결이 아닌 제1심법원의 결정에 대하여는 할 수 없는 것이므로(형사소송법 제372조 참조) 제1심법원의 결정에 대하여 제기하는 비약적 상고는 상고의 제기가 법률상의 방식에 위반한 것이 명백한 때에 해당하여 제1심법원은 결정으로 이를 기각하여야 할 것이다(같은법 제376조 제1항 참조).」

2. 비약상고의 이유

대법원 2007. 3. 15. 선고 2006도9338 판결 「피고인의 주장은 원심판결이 상습성에 관한 판단을 잘못하여 이 사건 범죄에 대하여 특정범죄가중처벌 등에 관한 법률 제5조의4 제1항을 적용한 것은 위법하다는 것이나, 이는 결국 원심의 상습성에 관한 사실인정의 잘못과 법리오해로 말미암아 결과적으로 법령적용을 잘못하였다는 데에 귀착되므로, 이러한 사유는 위 법조 소정의 비약적 상고이유가 되지 못한다.」

대법원 2001. 6. 29. 선고 2000도2530 판결 「원심은 이 사건 건축법위반의 판시 행위 전부를 위 개정전 건축법의 규정을 적용하여 피고인들을 유죄로 처단하고 있는바, 이는 형사소송법 제372조 제1항 소정의 법령적용의 착오가 있는 때에 해당한다 할 것이니 비약적 상고이유의 주장은 이유 있다.」

3. 비약상고의 절차

〈피고인의 비약적 상고와 검사의 항소가 경합한 경우 피고인의 비약적 상고에 항소로서의 효력이 인정되는지 여부 : 한정 적극〉

대법원 2022. 5. 19. 선고 2021도17131, 2021전도170 전원합의체 판결 <표준>

가. 형사소송법 제372조, 제373조 및 관련 규정의 내용과 취지, 비약적 상고와 항소가 제1심판결에 대한 상소권 행사로서 갖는 공통성, 이와 관련된 피고인의 불복의사, 피고인의 상소권 보장의 취지 및 그에 대한 제한의 범위와 정도, 피고인의 재판청구권을 보장하는 헌법합치적 해석의 필요성 등을 종합하여 보면, 제1심판결에 대하여 피고인은 비약적 상고를, 검사는 항소를 각각 제기하여 이들이 경합한 경우 피고인의 비약적 상고에 상고의 효력이 인정되지는 않더라도, 피고인의 비약적 상고가 항소기간 준수 등 항소로서의 적법요건을 모두 갖추었고, 피고인이 자신의 비약적 상고에 상고의 효력이 인정되지 않는 때에도 항소심에서는 제1심판결을 다툴 의사가 없었다고 볼 만한 특별한 사정이 없다면, 피고인의 비약적 상고에 항소로서의 효력이 인정된다고 보아야 한다. 구체적인 이유는 다음과 같다.

1) 비약적 상고는 제1심판결이 인정한 사실에 대하여 법령을 적용하지 않았거나 법령의 적용에 착오가 있는 때 또는 제1심판결이 있은 후 형의 폐지나 변경 또는 사면이 있는 때에 제기할 수 있다(형사소송법 제372조). 제1심판결에 대한 비약적 상고는 그 사건에 대한 항소가 제기된 때에는 효력을 잃고, 다만 항소의 취하 또는 항소기각의 결정이 있는 때에는 예외로 한다(형사소송법 제373조).

형사소송법은 피고인의 비약적 상고와 검사의 항소가 경합한 경우 피고인의 비약적 상고는 상고의 효력이 없다는 취지로 규정하고 있을 뿐, 피고인의 비약적 상고에 항소로서의 효력을 인정할 수 있는지에 관해서는 명문의 규정을 두고 있지 않다. 또한 형사소송법 제373조의 취지는 당사자 일방의 비약적 상고로 상대방이 심급의 이익을 잃지 않도록 하고 아울러 동일 사건이 항소심과 상고심에 동시에 계속되는 것을 막기 위하여 당사자 일방의 비약적 상고가 있더라도 항소심을 진행한다는 것이다.

형사소송법상 항소와 상고가 원칙적으로 구별되는 것은, 항소는 '제1심판결'에 대한 상소이고 상고는 '항소심판결'에 대한 상소여서 통상적인 경우 양자가 절차적으로 중첩될 수 없기 때문이기도 하다. 이와 달리 비약적 상고는 제1심판결에 대하여 곧바로 대법원에 하는 상소절차여서 항소와 함께 '제1심판결'에 대한 상소라는 공통점을 갖게 되는바, 피고인의 비약적 상고가 검사의 항소와 경합할 때 비약적 상고에 '상소'로서 어떠한 효력이 남아있는지에 대하여 형사소송법은 명시적인 규정을 두고 있지 않으므로, 이러한 영역에서 피고인의 헌법상 기본권인 재판청구권을 보장할 수 있는 헌법합치적 법률해석을 할 필요가 있다. 이와 같은 헌법합치적 법률해석은 법원이 통상적으로 사용하는 정당한 해석방법이다(대법원 2006. 6. 22. 자 2004스42 전원합의체 결정, 대법원 2009. 2. 12. 선고 2004두10289 판결, 대법원 2018. 5. 2. 자 2015모3243 결정, 대법원 2018. 11. 1. 선고 2016도10912 전원합의체 판결 등 참조).

2) 피고인은 비약적 상고를 제기함으로써 제1심판결에 불복하는 상소를 제기할 의사를 명확하게 표시한 것으로 볼 수 있다. 비약적 상고를 제기한 피고인에게 가장 중요하고 본질적인 의사는 제1심판결에 대한 '불복의사' 또는 '상소의사'이고, 이러한 의사는 절차적으로 존중되어야 한다. 항소와 비약적 상고 사이에 불복사유와 심급의 차이는 있지만 이러한 차이점을 들어 가장 중요하고 본질적인 부분인 피고인의 '불복의사' 자체에 아무런 효력을 인정하지 않는 것은 타당하지 않다.

특히 피고인이 제기한 비약적 상고의 효력이 상실되고 항소심에서 재판이 진행되는 것은 피고인의 의사나 책임과는 무관한 검사의 일방적 조치에 따른 결과이다. 피고인의 항소심급 포기의사는 비약적 상고절차가 진행되는 것을 당연한 전제로 하므로, 이를 검사의 항소로 항소심이 진행되는 상황에서까지 항소심급에서의 불복을 포기한다는 의사로 해석할 수 없다.

이러한 사정을 전체적으로 고려하면, 피고인의 의사에는 비약적 상고가 검사의 항소 제기로 상고의 효력을 잃게 되는 경우 '항소' 등 가능한 다른 형태로 제1심판결의 효력을 다투는 의사도 포함되어 있다고 보는 것이 합리적이다. 따라서 피고인의 비약적 상고에 항소로서의 효력을 인정하는 것은 당사자의 진정한 의사를 고려한 합리적이고 객관적인 범위 내의 해석이다.

3) 피고인의 비약적 상고에 상고의 효력이 상실되는 것을 넘어 항소로서의 효력까지도 부정되다면 피고인의 헌법상 기본권인 재판청구권이 지나치게 침해된다. 비약적 상고를 제기한 피고인이 제1심판결에 대하여 '상소'를 제기한 '상소인'임은 분명하다. 그런데 종전 판례에 따르면 피고인이 그 자체로는 적법한 상소를 제기하였음에도, 검사의 일방적 조치에 따라 피고인의 상소는 아무런 효력이 없게 되고 형사절차상 완전히 무의미한 행위가 된다.

더욱이 피고인은 자신이 불복하려고 했던 제1심판결에 대한 항소심판결에 대해서도 대부분의 경우 적법한 상고를 제기할 수 없다. 검사의 항소를 기각한 항소심판결은 피고인에게 불이익한 판결이 아니어서 상고의 이익이 없으므로 상고권이 인정되지 않고(대법원 2005. 9. 15. 선고 2005도4866 판결 등 참조), 검사의 양형부당 항소를 인용한 항소심판결에 대해서는 항소심의 심판대상이 되지 않은 사실오인이나 법령위반 등을 상고이유로 주장할 수 없다(대법원 2019. 3. 21. 선고 2017도16593-1 전원합의체 판결 등 참조).

요컨대, 종전 판례에 따를 경우 법원은 상소를 제기한 피고인을 제1심판결에 승복한 당사자와 마찬가지로 취급하여 상소심의 판단을 받을 수 있는 기회를 대부분 박탈하는 것이다. 이와 같은 결과는 피고인의 재판청구권의 본질적 부분을 침해하는 것으로서 용인하기 어렵다. 상소심재판을 받을 기회를 법률로써 제한하는 것도 가능하지만, 단지 형식적인 권리나 이론적인 가능성만을 허용하는 것이어서는 안 되며 상당한 정도로 권리구제의 실효성이 보장되어야 한다(헌법재판소 2001. 2. 22. 선고 2000헌가1 전원재판부 결정, 헌법재판소 2005. 3. 31. 선고 2003헌바34 전원재판부 결정 등 참조).

더욱이 피고인은 검사와는 달리 형사절차의 소극적·방어적 당사자에 불과하고 법률전문가가 아니며, 실무상 피고인이 상소기간 내 상소장을 제출하는 단계에서 변호인의 조력을 충분히 받지 못하는 경우가 흔히 발생한다. 이러한 상황에서 검사의 항소가 제기되었다는 사정만으로 피고인의 비약적 상고가 상소로서의 효력을 전혀 갖지 못한다고 해석하는 것은, 피고인의 상소권이 형식적인 권리에 머물러 실효적인 권리구제 기능을 하지 못하게 되는 결과를 초래한다.

4) 피고인의 비약적 상고와 검사의 항소가 경합한 경우 피고인의 비약적 상고에 항소로서의 효력을 인정하더라도 형사소송절차의 명확성과 안정성을 해치지 않는다.

이는 검사의 항소로 형사소송법 제373조에 따라 항소심이 진행되어야 하는 상황에서 피고인의 비약적 상고에 항소로서의 효력을 인정하여 피고인을 항소인으로 취급하는 것에 불과하고, 그 밖에 형사소송법이 예정한 심급의 변경 등 절차 진행에 별다른 변동이 발생하지 않는다. …

다. 위 법리에 비추어 앞서 본 사실관계를 살펴본다.

이 사건 **피고인은 제1심판결에 대하여 비약적 상고를 제기하였으나, 검사가 항소를 제기함으로써 비약적 상고에서 상고의 효력은 상실되었다.** 그러나 <u>피고인의 비약적 상고가 항소기간 내에 적법하게 제기되는 등 항소로서의 적법요건을 모두 갖추었고,</u> <u>피고인이 비약적 상고에 상고의 효력이 인정되지 않는 경우에도 항소심에서는 제1심판결을 다툴 의사가 없었다고 볼 만한 특별한 사정도 보이지 아니한다.</u> 그렇다면 <u>원심으로서는 앞서 본 법리에 따라 피고인의 비약적 상고에 항소로서의 효력을 인정하여 피고인이 법정기간 내에 적법하게 제출한 항소이유에 관하여 심리·판단하였어야 했다.</u> 그럼에도 원심은 피고인의 비약적 상고에 항소로서의 효력을 인정할 수 없다는 이유로 위와 같은 조치를 취하지 아니한 채 검사의 항소에 대해서만 판단하였다. 원심판결에는 피고인의 비약적 상고의 효력에 관한 법리를 오해함으로써 판결에 영향을 미친 잘못이 있고, 이를 지적하는 피고인의 상고이유는 이유 있다.

> **[대법관 안철상, 대법관 노태악의 반대의견]** 다수의견의 요지는, 형사소송법 제373조에서 비약적 상고는 항소가 제기된 때에 그 효력을 잃는다고 규정할 뿐 항소로서의 효력 여부에 관하여는 아무런 규정이 없음에도, 피고인이 비약적 상고를 제기하고 검사가 항소한 때에는 피고인의 비약적 상고는 항소로서의 효력이 인정되어야 한다는 것이다. 이러한 다수의견은 다음과 같은 이유로 받아들일 수 없다.
>
> 첫째, 다수의견은 비약적 상고를 제기한 피고인의 상소권을 보장하는 해석을 시도하는 것으로서 경청할 점이 있다. 그러나 <u>법률적 근거 없이 비약적 상고를 항소로 인정하는 해석은 항소와 상고를 준별하는 현행 형사절차의 기본구조를 일탈하는 것이어서 받아들이기 어렵다.</u>
>
> 둘째, 다수의견은 법해석의 첫 단계로서 성문법규 해석의 기본인 문언해석을 벗어난 것으로서 법형성에 해당하고 그 정당한 사유를 찾기도 어렵다. 특히 명확성과 안정성이 엄격하게 요구되는 형사절차 규정에 대하여 문언의 통상적인 의미를 넘어서는 해석은 허용되기 어렵다.
>
> 셋째, 다수의견은 대법원의 확립된 선례를 변경함으로써 이에 근거하여 안정적으로 운영되어 온 현재 재판실무에 혼란과 지장을 가져다 줄 뿐만 아니라, 그러한 이유를 들어 명문의 법률 규정을 얼마든지 문언과 다르게 해석할 수 있다는 잘못된 신호를 줄 수 있다는 점에서 우려가 크다.
>
> 넷째, 문언대로 해석하더라도 반드시 피고인에게 불이익한 결과를 초래한다고 볼 수 없다. <u>비약적 상고의 효력이 상실되더라도 피고인은 직권조사 내지 직권심판을 촉구하는 의미로 원심의 위법사유에 대해 주장할 수 있고,</u> 이에 대한 상소심의 심리가 이루어진다. 나아가 현재 해석상 인정되는 상고권 제한 법리를 사안에 맞게 적용함으로써 비약적 상고를 제기

한 피고인의 상고권을 보장하는 해석도 가능하다.

[대법관 민유숙의 반대의견] (가) 형사소송법 제372조, 제373조의 해석상 원칙적으로 피고인이 비약적 상고를 제기한 후 검사가 항소를 제기하면 피고인의 비약적 상고는 효력을 잃는데, 그와 같이 효력이 없어진 비약적 상고에 항소로서의 효력을 부여할 수 없다. 다만 검사의 항소로 인하여 피고인은 항소심에서 재판을 받게 되고, 피고인이 항소심에서 형사소송법 제372조의 비약적 상고이유를 주장하였다면 피고인의 비약적 상고이유에 해당하는 법률적 주장을 배척한 항소심판결에 대하여 피고인은 그 사유를 들어 상고를 제기하고 상고이유로 주장할 수 있다.

(나) 비약적 상고와 항소가 경합되는 경우의 규율은 입법형성 범위 내의 문제로서 현행 형사소송법 규정이 헌법상 재판청구권을 침해한다고 보기 어렵다. 헌법 제27조 제1항에 의하여 보장되는 국민의 재판청구권은 제한 없이 상소심의 재판을 받을 권리까지 보장하는 취지는 아니다.

(다) 다수의견이 피고인의 조건부 또는 추정적 의사를 기초로 항소의 효력을 인정하는 것은 동의하기 어렵다. '항소장'을 제출한 피고인의 의사와 '비약적 상고장'을 제출한 피고인의 의사는 성격과 범위가 크게 달라 서로 구분되어야 한다. 비약적 상고장을 제출한 피고인의 진정한 의사가 '어떤 사정으로 곧바로 상고심재판을 받지 않고 항소심재판을 받는다면 항소인으로서 재판을 받겠다는 의사'라고 할 근거를 찾을 수 없다.

(라) 상고권 제한 법리의 예외를 인정하여 피고인이 상고심에서 판단받을 기회는 보장될 수 있다. 일반적으로 피고인이 항소하지 않은 모든 경우까지 상고권 제한 법리의 예외를 인정할 것은 아니지만, 피고인이 비약적 상고장을 제출하였으나 검사의 항소로 계속된 항소심에서 피고인이 직권조사 내지 직권심판 사항에 관하여 비약적 상고이유에 해당하는 내용을 주장하였으나 항소심법원이 받아들이지 않은 경우에는 이를 다시 주장하기 위해 상고를 하는 것은 허용되어야 한다. 나아가 항소심에서 적법한 항소로 취급되지 못하는 등의 이유로 비약적 상고이유에 해당하는 사항을 주장하지 않았으나, 상고심에 이르러 주장을 한 경우에 그 상고도 허용되어야 한다. 반면 피고인이 항소심 및 상고심에서 모두 비약적 상고이유에 해당하는 법률적 주장을 하지 않았다면, 피고인의 상고는 부적법하다고 볼 수밖에 없다.

Ⅵ. 상고심판결의 경정

대법원 1979. 9. 11. 선고 79초54 판결 「형사소송법 제400조에 규정된 판결정정제도는 상고법원의 판결은 최종적 재판으로 선고와 동시에 확정되고 법률이 특별히 허용하는 재심, 비상상고의 방법에 의하지 아니하고는 일반적으로 불복을 할 수 없기 때문에 상고법원의 판결내용에 오류가 있는 것을 발견한 때에 직권 또는 신청에 의하여 정정할 수 있도록 한 취지임이 분명하다. 그렇다면 본건 신청이 상고법원의 판결이 아닌 항소심인 원심판결의 정정을 구함은 부적법하다 아니할 수 없어 각하를 면할 수 없다.」

대법원 1981. 10. 5.자 81초60 결정 「형사소송법 제400조에서 말하는 "오류"라 함은 판결의 내용에 위산, 오기 기타 이에 유사한 것이 있는 경우를 의미한다 고 할 것인 바, 이 사건 신청의 취지는 신청인에 대하여 유죄를 선고한 제1심 판결을 유지한 제2심 판결을 또 유지하는 뜻에서 내린 상고기각 판결에 오류가 있으니 이를 무죄판결로 정정해 달라는 취지이나, 이는 형사소송법 제400조 소정의 오류가 될 수 없다.」

제 4 절 항고

Ⅰ. 항고

1. 의의 및 종류

대법원 1987. 3. 28.자 87모17 결정 〈표준〉 「소론은 검사의 공소장변경을 허가하지 아니한 원심의 결정은 공소장변경의 허가범위에 관한 법리를 오해한 위법이 있으므로 취소되어야 한다는 것이나, 판결전의 소송절차에 관한 결정에 대하여는 특히 즉시항고를 할 수 있는 경우외에는 항고를 하지 못하는 것인 바, 공소사실 또는 적용법조의 추가, 철회 또는 변경의 허가에 관한 결정은 판결전의 소송절차에 관한 결정이라 할 것이므로, 그 결정을 함에 있어서 저지른 위법이 판결에 영향을 미친 경우에 한하여 그 판결에 대하여 상소를 하여 다툼으로써 불복하는 외에는 당사자가 이에 대하여 독립하여 상소할 수 없다.」

대법원 2013. 1. 24.자 2012모1393 결정 〈표준〉 「형사소송법 제402조는 "법원의 결정에 대하여 불복이 있으면 항고를 할 수 있다. 단, 이 법률에 특별한 규정이 있는 경우에는 예외로 한다."고 규정하고, 제403조 제1항은 "법원의 관할 또는 판결 전의 소송절차에 관한 결정에 대하여는 특히 즉시항고를 할 수 있는 경우 외에는 항고하지 못한다."고 규정하고 있다. 그런데 형사소송법 제266조의4에 따라 법원이 검사에게 수사서류 등의 열람·등사 또는 서면의 교부를 허용할 것을 명한 결정은 피고사건 소송절차에서의 증거개시와 관련된 것으로서 제403조에서 말하는 '판결 전의 소송절차에 관한 결정'에 해당한다 할 것인데, 위 결정에 대하여는 형사소송법에서 별도로 즉시항고에 관한 규정을 두고 있지 않으므로 제402조에 의한 항고의 방법으로 불복할 수 없다고 보아야 한다.」

대법원 2008. 4. 14.자 2007모726 결정 〈표준〉 「형사소송법 제415조에서는 "항고법원 또는 고등법원의 결정에 대하여는 재판에 영향을 미친 헌법·법률·명령 또는 규칙의 위반이 있음을 이유로 하는 때에 한하여 대법원에 즉시항고를 할 수 있다"고 규정하고 있는바, 항소법원의 결정에 대하여도 대법원에 재항고하는 방법으로 다투어야만 할 것이다.」

대법원 1985. 7. 23.자 85모12 결정 「형사소송법 제415조에 의하여 대법원에 재항고를 함에 있어서는, 원결정에 재판에 영향을 미친 헌법, 법률, 명령 또는 규칙의 위반이 있음을 이유로 함을 요하는바 위 재항고이유 제4점은 원결정에 위와 같은 법령위반이 있다는 취지가 아니고 피고인에게 다시 구속될 사유가 없음에도 원심이 피고인을 계속 구속함이 옳다고 보아 이 사건 구속취소 청구를 기각하는 결정 을 하였음은 부당하다고 주장하는 것으로서 이는 원심의 재량범위에 속하는 사실의 판단을 공격하는 데 지나지 아니하여 적법한 재항고이유가 되지 아니한다.」

2. 항고심의 절차

〈형사소송법 제411조의 취지〉

대법원 2018. 6. 22.자 2018모1698 결정

형사소송법 제411조에 의하면, 항고법원은 제1심법원으로부터 소송기록과 증거물을 받은 날 부터 5일 이내에 당사자에게 그 사유를 통지하여야 한다. 그 취지는 당사자에게 항고에 관 하여 이유서를 제출하거나 의견을 진술하고 유리한 증거를 제출할 기회를 부여하려는 데 있 다(대법원 1993. 12. 15.자 93모73 결정, 대법원 2008. 1. 2.자 2007모601 결정 등 참조).

기록에 의하면, **재항고인은 이 사건 집행유예의 취소 청구를 인용한 제1심결정에 즉시항고 를 하였는데 즉시항고장에 항고이유를 적지 않은 사실, 원심은 제1심법원으로부터 소송기록 을 송부받은 당일인 2018. 6. 1. 항고를 기각하는 결정을 하였고, 항고를 제기한 재항고인에 게 소송기록과 증거물을 송부받았다는 통지를 하지 않은 사실**을 알 수 있다.

앞서 본 법리에 비추어 살펴보면, 원심은 재항고인에게 항고에 관하여 이유서를 제출하거나 의견을 진술하고 유리한 증거를 제출할 기회를 부여하였다고 할 수 없다. 이러한 원심결정 에는 형사소송법 제411조에 관한 법리를 오해하여 재판에 영향을 미친 잘못이 있다.

대법원 2019. 1. 4.자 2018모3621 결정

원심법원은 재항고인에게 항고기록접수통지서를 발송하여 2018. 12. 4. 재항고인이 유치되 어 있던 의정부교도소에서 이를 수령한 사실, 원심은 재항고인에게 항고기록접수통지서가 송달된 후 3일째인 2018. 12. 7. 재항고인의 항고를 기각한 사실, 한편 제1심 국선변호인이 제출한 즉시항고장에는 항고이유가 기재되어 있지 않지만 재항고인이 제출한 즉시항고장에 는 항고이유가 기재되어 있으며, 그 내용은 연로한 모친과 단둘이 살고 있으니 한 번만 기회를 달라는 것으로서 제1심법원에서 제출한 의견서, 반성문, 최후진술서 및 심문기일의 진술과 같은 내용인 사실을 알 수 있다. … <u>재항고인은 원심에서 항고에 관한 의견을 진술하고 유리한 증거를 제출할 기회를 부여받았으며 실제로 항고에 관한 의견을 진술하였으므로, 원심결정에 형사소송법 제411조를 위반한 잘못이 있다거나 사선변호인을 선임할 시간적 여유가 없었다는 주장은 받아들일 수 없다.</u>

대법원 2022. 10. 27.자 2022모1004 결정「형사소송법은 "교도소 또는 구치소에 있는 피고인이 상소의 제기기간 내에 상소장을 교도소장 또는 구치소장 또는 그 직무를 대리하는 자에게 제출한 때에는 상소의 제기기간 내에 상소한 것으로 간주한다."라는 이른바 재소자에 대한 특칙(제344조 제1항)을 두고 이를 상소권회복의 청구에 준용하도록 하고 있다(제355조). <u>즉시항고도 상소의 일종이므로 위와 같은 특칙은 집행유예취소 결정에 대한 즉시항고권회복청구서의 제출에도 마찬가지로 적용된다.</u>」

대법원 1982. 8. 16.자 82모24 결정「<u>형사소송법 제415조에 규정된 재항고의 절차에 관하여는 형사소송법에 아무런 규정을 두고 있지 아니하므로 그 성질에 따라 같은 법 제3편 제3장 상고에 관한 규정을 준용하여야 할 것이다.</u> 따라서 원심이 재항고인의 재항고가 항고권소멸 후에 제기된 것이라는 이유로 기각하는 결정을함에 있어 형사소송법 제407조를 적용하였음은 위법하다 하겠으나, 여기에 준용될 같은 법 제376조에 의하더라도 재항고의 제기가 법률상의 방식에 위반하거나 재항고권 소멸 후인 것이 명백한 때에는 원심법원은 결정으로 재항고를 기각하도록 규정되어 있으므로 위와 같은 원심의 위법은 재판에 영향을 미친 바 없는 것이(다).」

대법원 2005. 3. 25 자 2005모55 결정「당사자의 증거신청에 대한 법원의 채택 여부의 결정에 대하여는 이의신청을 하는 외에는 달리 불복할 수 있는 방법이 없고, 다만 그로 말미암아 사실을 오인하여 판결에 영향을 미친 경우에만 이를 상소의 이유로 삼을 수 있을 뿐이며, 위와 같은 이의신청에 대한 법원의 결정은 판결 전의 소송절차에 관한 결정으로서 즉시항고를 허용하는 규정이 없으므로 <u>이의신청에 대한 법원의 결정에 대하여는 항고가 허용되지 아니한다고 할 것이어서</u>(형사소송법 제403조), <u>이의신청에 대한 법원의 결정에 대한 항고는 항고의 제기가 법률상의 방식에 위반한 때에 해당하여 이의신청에 대한 결정을 한 법원이 항고를 기각하여야 한다</u>(형사소송법 제407조 제1항).」

Ⅱ. 준항고

1. 재판장 또는 수명법관에 대한 준항고

대법원 1984. 6. 20.자 84모24 결정「<u>형사소송법 제416조에서 규정하고 있는 준항고는 법원이 아니고 법원의 기관인 재판장 또는 수명법관이 이 조문에서 규정하고 있는 일정한 재판을 한 경우에 이에 불</u>

복하여 그 법관소속의 법원에 그 재판의 취소 또는 변경을 구하는 것이고 법원이 한 재판에 대하여는 준항고를 할 수 없는 것이며 법이 허용하는 경우에 항고를 할 수 있는 것이다. 재항고인이 서울지방법원 동부지원에 같은 법원 형사과 접수계장에 대한 이 사건 기피신청을 하자 같은 법원 판사 이태운이 형사소송법 제25조에 의거 그 이유 없다고 하여 기피신청을 기각하는 결정을 하고 재항고인이 이에 불복 준항고하였으나 이 준항고를 기피신청기각결정에 대한 즉시항고로 보아 항고법원인 원심에 항고장과 소송기록 등을 송부하고 원심이 그 항고를 이유없다고 기각하였음이 분명한바 서울지방법원 동부지원 판사 이태운이 법원의 기관인 재판장 또는 수명법관이 아니라 법원으로서 한 법원직원에 대한 기피신청기각결정에 대한 불복방법은 준항고가 아니라 즉시항고라고 할 것이니 항고법원인 원심이 그 기피신청기각결정에 대한 불복사건에 관하여 재판하였음은 정당하(다).」

2. 수사기관의 처분에 대한 준항고

〈수사기관의 처분에 대한 준항고 절차의 취지 및 법적 성격〉

대법원 2023. 1. 12.자 2022모1566 결정 <표준>

1. 관련 법리

가. 형사소송법은 수사기관의 압수·수색영장 집행에 대한 사후적 통제수단 및 피압수자의 신속한 구제절차로 준항고 절차를 마련하여 검사 또는 사법경찰관의 압수 등에 관한 처분에 대하여 불복이 있으면 처분의 취소 또는 변경을 구할 수 있도록 규정하고 있다(제417조). 피압수자는 준항고인의 지위에서 불복의 대상이 되는 압수 등에 관한 처분을 특정하고 준항고 취지를 명확히 하여 청구의 내용을 서면으로 기재한 다음 관할법원에 제출하여야 한다(형사소송법 제418조). 다만 준항고인이 불복의 대상이 되는 압수 등에 관한 처분을 구체적으로 특정하기 어려운 사정이 있는 경우에는 법원은 석명권 행사 등을 통해 준항고인에게 불복하는 압수 등에 관한 처분을 특정할 수 있는 기회를 부여하여야 한다.

나. 형사소송법 제417조에 따른 준항고 절차는 항고소송의 일종으로 당사자주의에 의한 소송절차와는 달리 대립되는 양 당사자의 관여를 필요로 하지 않는다(대법원 1991. 3. 28. 자 91모24 결정, 대법원 2022. 11. 8. 자 2021모3291 결정 등 참조). 따라서 준항고인이 불복의 대상이 되는 압수 등에 관한 처분을 한 수사기관을 제대로 특정하지 못하거나 준항고인이 특정한 수사기관이 해당 처분을 한 사실을 인정하기 어렵다는 이유만으로 준항고를 쉽사리 배척할 것은 아니다.

2. 원심 판시 '이 사건 각 자료 중 PC 저장장치 제외' 부분, '그 외 나머지 처분' 부분 주장에 관한 판단

… 원심이 수사처 검사에 대하여 2021. 12. 13.에 이어 2022. 1. 19. 거듭 준항고인을 피의자로 하여 집행된 압수·수색 처분의 내역을 제출하도록 석명하였지만, 수사처 검사는 이에 응하지 않았고 그러던 중 원심결정 전 2022. 5. 4. 본안 사건(서울중앙지방법원 2022고합326호)에 관하여 공소가 제기되었다. 실제로 이 사건의 본안 사건 수사기록 목록을 보면, 준항고인이 주장한 바와 같이 수사처 및 서울중앙지방검찰청이 준항고인을 피의자로 하여 집행한 압수·수색영장 내역이 여럿 포함되어 있음을 알 수 있다. 이러한 경위나 전후 사정을 보면, 원심으로서는 당사자에 대한 석명과 동시에 본안 사건의 진행경과를 지켜보면서 준항고인으로 하여금 수사기록 목록 등과 같은 압수·수색영장의 집행 관련 자료들을 확보하여 제출할 수 있는 기회를 부여할 필요가 있었다.

다. 그럼에도 원심은 그와 같은 조치를 취하지 아니한 채 **준항고인이 압수·수색 처분의 주체로 지정한 수사처 검사가 압수·수색 처분을 한 사실이 없다거나 준항고인을 압수·수색영장 대상자로 하여 어떠한 물건에 대한 압수·수색 처분을 하였다고 인정할 자료가 없거나 부족하다는 이유만으로 준항고인의 이 부분 청구를 기각하였다.** 이러한 원심의 판단에는 준항고 대상 특정에 관한 법리를 오해하고 필요한 심리를 다하지 않아 재판에 영향을 미친 잘못이 있다.

대법원 2020. 3. 17.자 2015모2357 결정 〈표준〉 「형사소송법 제417조는 검사 또는 사법경찰관의 '구금에 관한 처분'에 불복이 있으면 법원에 그 처분의 취소 또는 변경을 청구할 수 있다고 규정하고 있다. 검사 또는 사법경찰관이 보호장비 사용을 정당화할 위와 같은 예외적 사정이 존재하지 않음에도 구금된 피의자에 대한 교도관의 보호장비 사용을 용인한 채 그 해제를 요청하지 않는 경우에, 검사 및 사법경찰관의 이러한 조치를 형사소송법 제417조에서 정한 '구금에 관한 처분'으로 보지 않는다면 구금된 피의자로서는 이에 대하여 불복하여 침해된 권리를 구제받을 방법이 없게 된다. 따라서 검사 또는 사법경찰관이 구금된 피의자를 신문할 때 피의자 또는 변호인으로부터 보호장비를 해제해 달라는 요구를 받고도 거부한 조치는 형사소송법 제417조에서 정한 '구금에 관한 처분'에 해당한다고 보아야 한다.

대법원 2007. 5. 25.자 2007모82 결정 〈표준〉 「고소인 또는 고발인, 그 밖의 일반국민이 검사에 대하여 영장청구 등의 강제처분을 위한 조치를 취하도록 요구하거나 신청할 수 있는 권리를 가진다고 할 수 없고, 검사가 수사과정에서 영장의 청구 등 강제처분을 위한 조치를 취하지 아니함으로 말미암아 고소인 또는 고발인, 그 밖의 일반국민의 법률상의 지위가 직접적으로 어떤 영향을 받는다고도 할 수 없다. 따라서 검사가 수사과정에서 증거수집을 위한 압수·수색영장의 청구 등 강제처분을 위한 조치를 취하지 아니하고 그로 인하여 증거를 확보하지 못하고 불기소처분에 이르렀다면, 그 불기소처분에 대하여

형사소송법상의 재정신청이나 검찰청법상의 항고·재항고 등으로써 불복하는 것은 별론으로 하고, 검사가 압수·수색영장의 청구 등 강제처분을 위한 조치를 취하지 아니한 것 그 자체를 형사소송법 제417조 소정의 '압수에 관한 처분'으로 보아 이에 대해 준항고로써 불복할 수는 없다.」

비상구제절차

제1절 재심

I. 의의 및 근거

헌법재판소 2011. 6. 30. 선고 2009헌바430 결정 「형사소송에 있어서 재심은 유죄의 확정판결에 대하여 중대한 사실오인이나 그 오인의 의심이 있는 경우에 판결을 받은 자의 이익을 위하여 판결의 부당함을 시정하는 비상구제절차로서, 법적 안정성과 정의의 이념이 충돌하는 경우에 정의를 위하여 판결의 확정력을 제거하는 가장 중요한 경우라고 할 수 있다. … 형사소송에 있어서 일단 재판이 확정되면 피고인을 보호하고 공적 판단의 지속성을 유지함으로써 법 생활의 안정을 도모하기 위하여 인정되는 효력으로서 확정력이 주어진다. 법적 안정성은 형사사법질서의 전제로서 법적 판결이 지속될 것에 대한 피고인과 일반인의 신뢰를 보호한다는 의미로서 그 전제는 판결의 정당성이다. 그러나 확정력 있는 판결이 항상 정당성을 지닌다고 할 수는 없고 판결의 오류가능성을 완전히 배제할 수 없으므로 입법자는 확정력을 배제하고 그 오류를 시정해야 하는 경우가 무엇인지를 구체적으로 가려내어야 하는바, 이는 민사소송에 있어서와 마찬가지로 법치주의에 내재된 두 가지의 대립적 이념, 즉 법적 안정성과 정의의 실현이라는 상반된 요청을 어떻게 조화시키느냐의 문제로 돌아가므로, 결국 이는 불가피하게 입법자의 형성적 자유가 넓게 인정되는 영역이라 할 것이다.」

Ⅱ. 재심청구의 대상

〈재심의 대상〉

대법원 2013. 4. 11. 선고 2011도10626 판결 〈표준〉

1. 형사소송법 제420조 본문은 재심은 유죄의 확정판결에 대하여 그 선고를 받은 자의 이익을 위하여 청구할 수 있도록 하고, 같은 법 제456조는 약식명령은 정식재판의 청구에 의한 판결이 있는 때에는 그 효력을 잃도록 규정하고 있다. 위 각 규정에 의하면, 약식명령에 대하여 정식재판 청구가 이루어지고 그 후 진행된 정식재판 절차에서 유죄판결이 선고되어 확정된 경우, 재심사유가 존재한다고 주장하는 피고인 등은 효력을 잃은 약식명령이 아니라 유죄의 확정판결을 대상으로 재심을 청구하여야 한다.

그런데도 피고인 등이 약식명령에 대하여 재심의 청구를 한 경우, 법원으로서는 재심의 청구에 기재된 재심을 개시할 대상의 표시 이외에도 재심청구의 이유에 기재된 주장 내용을 살펴보고 재심을 청구한 피고인 등의 의사를 참작하여 재심청구의 대상을 무엇으로 보아야 하는지 심리·판단할 필요가 있다. 그러나 법원이 심리한 결과 재심청구의 대상이 약식명령이라고 판단하여 그 약식명령을 대상으로 재심개시결정을 한 후 이에 대하여 검사나 피고인 등이 모두 불복하지 아니함으로써 그 결정이 확정된 때에는, 그 재심개시결정에 의하여 재심이 개시된 대상은 약식명령으로 확정되고, 그 재심개시결정에 따라 재심절차를 진행하는 법원이 재심이 개시된 대상을 유죄의 확정판결로 변경할 수는 없다. 이 경우 그 재심개시결정은 이미 효력을 상실하여 재심을 개시할 수 없는 약식명령을 대상으로 한 것이므로, 그 재심개시결정에 따라 재심절차를 진행하는 법원으로서는 심판의 대상이 없어 아무런 재판을 할 수 없다(대법원 1997. 7. 22. 선고 96도2153 판결 등 참조).

대법원 2015. 5. 21. 선고 2011도1932 전원합의체판결 「유죄판결 확정 후에 형 선고의 효력을 상실케 하는 특별사면이 있었다고 하더라도, 형 선고의 법률적 효과만 장래를 향하여 소멸될 뿐이고 확정된 유죄판결에서 이루어진 사실인정과 그에 따른 유죄 판단까지 없어지는 것은 아니므로, 위 유죄판결은 형 선고의 효력만 상실된 채로 여전히 존재하는 것으로 보아야 하고, 한편 형사소송법 제420조 각 호의 재심사유가 있는 피고인으로서는 재심을 통하여 특별사면에도 불구하고 여전히 남아 있는 불이익, 즉 유죄의 선고는 물론 형 선고가 있었다는 기왕의 경력 자체 등을 제거할 필요가 있다. 그리고 형사소송법 제420조가 유죄의 확정판결에 대하여 그 선고를 받은 자의 이익을 위하여 재심을 청구할 수 있다고 규정하고 있는 것은 유죄의 확정판결에 중대한 사실인정의 오류가 있는 경우 이를 바로잡아 무고하고

죄 없는 피고인의 인권침해를 구제하기 위한 것인데, 만일 특별사면으로 형 선고의 효력이 상실된 유죄판결이 재심청구의 대상이 될 수 없다고 한다면, 이는 특별사면이 있었다는 사정만으로 재심청구권을 박탈하여 명예를 회복하고 형사보상을 받을 기회 등을 원천적으로 봉쇄하는 것과 다를 바 없어서 재심제도의 취지에 반하게 된다. 따라서 특별사면으로 형 선고의 효력이 상실된 유죄의 확정판결도 형사소송법 제420조의 '유죄의 확정판결'에 해당하여 재심청구의 대상이 될 수 있다고 해석함이 타당하다.」 (1973년 육군 고등군법회의에서 업무상횡령 등으로 징역 12년이 확정되었으나 형집행정지로 석방된 피고인이 1980년 형 선고의 효력을 상실케 하는 특별사면을 받았으나, 수사관들이 불법체포와 고문 등 직무상 범죄를 저질렀음이 증명되어 재심을 청구한 사안)

Ⅲ. 재심이유

1. 유죄의 확정판결에 대한 재심이유

가. 새로운 증거에 의한 재심이유

〈증거의 신규성과 명백성의 판단기준〉

대법원 2009. 7. 16.자 2005모472 전원합의체 결정 〈표준〉

이 사건 조항에서 무죄 등을 인정할 '증거가 새로 발견된 때'라 함은 재심대상이 되는 확정판결의 소송절차에서 발견되지 못하였거나 또는 발견되었다 하더라도 제출할 수 없었던 증거로서 이를 새로 발견하였거나 비로소 제출할 수 있게 된 때를 말한다. 증거의 신규성을 누구를 기준으로 판단할 것인지에 대하여 이 사건 조항이 그 범위를 제한하고 있지 않으므로 그 대상을 법원으로 한정할 것은 아니다. 그러나 재심은 당해 심급에서 또는 상소를 통한 신중한 사실심리를 거쳐 확정된 사실관계를 재심사하는 예외적인 비상구제절차이므로, 피고인이 판결확정 전 소송절차에서 제출할 수 있었던 증거까지 거기에 포함된다고 보게 되면, 판결의 확정력이 피고인이 선택한 증거제출시기에 따라 손쉽게 부인될 수 있게 되어 형사재판의 법적 안정성을 해치고, 헌법이 대법원을 최종심으로 규정한 취지에 반하여 제4심으로서의 재심을 허용하는 결과를 초래할 수 있다. 따라서 피고인이 재심을 청구한 경우 재심대상이 되는 확정판결의 소송절차 중에 그러한 증거를 제출하지 못한 데에 과실이 있는 경우에는 그 증거는 이 사건 조항에서의 '증거가 새로 발견된 때'에서 제외된다고 해석함이 상당하다(대법원 1963. 10. 31.자 63로6 결정, 대법원 1966. 6. 11.자 66모24 결정, 대법원 1987. 2. 11.자 86

모22 결정, 대법원 1995. 11. 8.자 95모67 결정, 대법원 1997. 1. 16.자 95모38 결정, 대법원 1999. 8. 11.자 99모93 결정 등 참조).

또한, '무죄 등을 인정할 명백한 증거'에 해당하는지 여부를 판단할 때에는 법원으로서는 새로 발견된 증거만을 독립적·고립적으로 고찰하여 그 증거가치만으로 재심의 개시 여부를 판단할 것이 아니라, 재심대상이 되는 확정판결을 선고한 법원이 사실인정의 기초로 삼은 증거들 가운데 새로 발견된 증거와 유기적으로 밀접하게 관련되고 모순되는 것들은 함께 고려하여 평가하여야 하고, 그 결과 단순히 재심대상이 되는 유죄의 확정판결에 대하여 그 정당성이 의심되는 수준을 넘어 그 판결을 그대로 유지할 수 없을 정도로 고도의 개연성이 인정되는 경우라면 그 새로운 증거는 이 사건 조항에서의 '명백한 증거'에 해당한다고 할 것이다. 만일 법원이 새로 발견된 증거만을 독립적·고립적으로 고찰하여 명백성 여부를 평가·판단하여야 한다면, 그 자체만으로 무죄 등을 인정할 수 있는 명백한 증거가치를 가지는 경우에만 재심 개시가 허용되어 재심사유가 지나치게 제한될 것인바, 이는 새로운 증거에 의하여 이전과 달라진 증거관계하에서 다시 살펴 실체적 진실을 모색하도록 하기 위해 '무죄 등을 인정할 명백한 증거가 새로 발견된 때'를 재심사유의 하나로 정한 재심제도의 취지에 반하기 때문이다.

이와 달리 새로 발견된 증거의 증거가치만을 기준으로 하여 '무죄를 인정할 명백한 증거'인지 여부를 판단한 대법원 1990. 11. 5.자 90모50 결정, 대법원 1991. 9. 10.자 91모45 결정, 대법원 1999. 8. 11.자 99모93 결정 등은 위 법리와 저촉되는 범위 내에서 이를 변경하기로 한다.

[대법관 김영란, 대법관 박시환, 대법관 김지형, 대법관 박일환, 대법관 김능환, 대법관 전수안의 별개의견] 형사소송법 제420조 제5호는 그 문언상 '누구에 의하여' 새로 발견된 것이어야 하는지 그 범위를 제한하지 않고 있는데, 다수의견과 같이 그 증거가 법원이 새로 발견하여 알게 된 것임과 동시에 재심을 청구한 피고인에 의하여도 새로 발견된 것이어야 한다고 보는 것은 피고인에게 명백히 불리한 해석에 해당하며, 법적 안정성의 측면만을 강조하여 위 조항에 정한 새로운 증거의 의미를 제한 해석하는 것은 위 조항의 규정 취지를 제대로 반영한 것은 아니다. 또한, 다수의견이 예정하는 피고인의 귀책사유 때문에 신규성이 부정된다는 이유로 재심사유로 인정받지 못하게 되면 정의의 관념에 현저히 반하는 결과를 초래할 수 있으며, 법원이 종전 소송절차에서 인식하였는지 여부만을 기준으로 하여 새로운 증거인지 여부를 판단하고 그에 의하여 판결확정 후에도 사실인정의 문제에 한하여 이를 재론할 수 있다는 것 자체가 대법원을 최종심으로 규정한 헌법의 취지에 반한다고 할

수는 없다. 따라서 형사소송법 제420조 제5호에서 무죄 등을 인정할 증거가 '새로 발견된 때'에 해당하는지는, 재심을 청구하는 피고인이 아니라 어디까지나 재심 개시 여부를 심사하는 법원이 새로이 발견하여 알게 된 것인지 여부에 따라 결정되어야 한다.

[대법관 김영란, 대법관 박시환, 대법관 김지형, 대법관 박일환, 대법관 김능환의 별개의견] 형사소송법 제420조 제5호에 정한 '무죄 등을 인정할 명백한 증거'에 해당하는지 여부를 판단할 때 고려하여야 할 구 증거의 평가 범위를 다수의견과 같이 제한할 것이 아니라 새로 발견된 증거와 재심대상인 확정판결이 그 사실인정에 채용한 모든 구 증거를 함께 고려하여 종합적으로 평가·판단하여야 한다. 다수의견과 같이 새로운 증거가 무죄 등을 인정할 '명백한 증거'에 해당하는지 여부를 판단할 때 새로운 증거만을 독립적·고립적으로 고찰할 것은 아니라고 해석한다면, 재심대상인 확정판결이 사실인정에 채용한 구 증거들 중에서 새로운 증거와 유기적으로 밀접하게 관련·모순되는 것들로 그 범위를 제한할 것은 아니다. 새로 발견된 증거와 확정판결이 채용한 구증거들 사이의 밀접한 관련성이나 모순성은 실제 각 사안에서 구체적·개별적으로 판단될 수밖에 없을 것으로 보이는바, 무죄 등을 인정할 명백한 증거에 해당하는지 여부는 법원이 각 사안에 따라 새로운 증거와 확정판결이 채용한 증거들을 함께 고려하여 종합적으로 판단하도록 하는 것이 현실적으로 타당하다.

[사안의 개요] 원판결이 확정된 후에 이루어진 재항고인에 대한 정액검사 결과 재항고인은 무정자증이 아니라는 사실이 밝혀졌으므로 범인이 무정자증임을 전제로 한 원판결에는 형사소송법 제420조 제5호의 재심사유가 있다는 주장에 대하여, 정액검사 결과가 원판결의 소송절차에서 제출될 수 없었다거나 무죄를 인정할 명백한 증거라고 볼 수 없다고 판단한 원심결정에는, 정액검사 결과가 새로 발견된 것인지 여부 등을 제대로 심리하지 않았고 정액검사 결과만의 증거가치를 기준으로 무죄를 인정할 명백한 증거인지 여부를 판단한 잘못이 있으나, 원판결의 사실인정에 기초가 된 증거들 가운데 정액검사 결과와 유기적으로 밀접하게 관련된 증거들을 함께 살펴보더라도 범인이 반드시 무정자증이라고 단정할 수 없어, 정액검사 결과가 무죄를 인정할 명백한 증거에 해당하지 않는다고 하여 원심결정을 수긍한 사안

〈증거의 명백성의 의미〉

대법원 1995. 11. 8.자 95모67 결정

형사소송법 제420조 제5호에서 말하는 "무죄를 인정할 명백한 증거가 새로 발견된 때"라고 함은 확정판결의 소송절차에서 발견되지 못하였거나 발견되었어도 제출 또는 신문할 수 없었던 증거로서 그 증거가치에 있어 다른 증거들에 비하여 객관적인 우위성이 인정되는 것을 발견하거나 이를 제출할 수 있게 된 때를 말하고, 따라서 법관의 자유심증에 의하여 그 증거

가치가 좌우되는 증거는 이에 해당하지 않는다고 함이 당원의 확립된 견해이다(대법원 1987. 2. 11.자 86모22 결정, 1990. 2. 19.자 88모38 결정, 1991. 9. 10.자 91모45 결정 각 참조).

기록에 의하면 이 사건에서 확정판결이 인정한 피고인들에 대한 범죄사실의 요지는, 피고인들이 일본국에 거주하는 조총련 간부인 공소외 1의 지령에 따라 잠입, 간첩, 국가기밀 공여, 군사상 기밀누설, 회합, 금품수수 등의 범죄행위를 하였다는 것이고, **재심청구인들이 형사소송법 제420조 제5호에 해당하는 증거라고 제출한 공소외 1 작성의 진술서는 피고인들에게 간첩행위 등의 지령을 한 것으로 되어 있는 공소외 1 자신이 조총련 간부가 아닐 뿐더러 피고인 1에게 간첩행위 등을 지령한 사실이 없고 피고인 3이나 피고인 2를 만난 사실조차 없다는 것으로서 확정판결이 유죄의 증거로 채택한 증거들을 탄핵하는 내용의 것임을** 알 수 있는바, 이와 같은 진술서는 그것이 특히 신빙할 수 있는 상태하에서 작성되었다고 볼 만한 객관적인 자료의 뒷받침이 없는 한 법관의 자유심증에 의하여 그 내용의 진정 여부가 판단될 성질의 것에 불과하여 그 진술서 자체의 증거가치가 다른 증거들의 그것에 비하여 객관적인 우위성이 인정된다고 볼 수 없는 것이다.

원심이 유지한 제1심결정 이유에 의하면, 위 공소외 1의 진술서만으로는 무죄의 심증을 얻을 수 없다고 하면서도 확정판결에서 피고인들의 간첩행위 등을 유죄로 인정하는 증거로 적시한 증거들은 그 설시와 같은 이유로 모두 임의성이 없거나 신빙성이 박약한 증거일 개연성이 크다고 그 증거가치를 전부 다시 평가한 다음, 여기에다가 위 공소외 1 작성의 진술서의 기재를 더하여 보면 확정판결은 범죄사실에 대한 충분한 증명이 없는 상태에서 피고인들의 간첩행위 등을 유죄로 인정한 것으로 볼 수 있으므로, 위 공소외 1 작성의 진술서는 형사소송법 제420조 제5호 소정의 무죄를 인정할 명백한 증거에 해당한다고 판단하고 있으나, 이는 무죄를 인정할 명백한 증거인지 여부가 문제로 된 증거를 따로 제쳐 두고 그 증거가치와는 무관하게 확정판결이 채용한 증거들의 증거가치와 그에 의한 사실인정의 당부를 전면적으로 재심사하여 재심의 개시 여부를 결정한 것과 다름이 없어 무죄를 인정할 명백한 증거가 새로 발견된 경우에만 예외적으로 재심을 허용하는 형사소송법 제420조 제5호의 규정 내용이나 취지에 반하는 판단 방법이므로 옳다고 할 수 없다.

〈공범에 대한 모순된 무죄판결〉

대법원 1984. 4. 13.자 84모14 결정 <표준>

형사소송법 제420조 제5호에서 명백한 증거가 새로 발견되었을 때라 함은 신증거의 존재가 본안판결의 전후를 불문하고 판결법원에 현출되지 아니한 당해 사건의 증거자료로서 증거가치가 다른 증거에 비하여 객관적으로 우위성이 인정될 근거가 있는 것을 말하며 당해 사건의 증거가 아니고 공범자중 1인에 대하여 무죄, 다른 1인에 대하여 유죄의 확정판결이 있는 경우에 무죄확정판결 자체만으로는 무죄확정판결의 증거자료를 자기의 증거로 하지 못하였고 또 새로 발견된 것이 아닌 한 유죄확정판결에 대한 새로운 증거로서의 재심사유에 해당한다고 할 수 없는바 이건 재심사유에 의하면, 재항고인이 상소를 하지 아니한 탓으로 이 사건에서 유죄의 확정판결을 받았고 공범자들은 상소함으로써 재항고인을 유죄로 한 같은 자료로 인정된 같은 사실이 국가보위에 관한 특별조치법 제9조 제1항의 단체행동권을 행사한 경우에 해당하지 아니한다는 이유로 무죄의 선고를 받은 확정판결이 재심사유에 해당한다는 것이니, 그 확정판결의 증거가 아닌 확정판결 자체로서는 그 유죄의 확정판결에 대한 재심사유에 해당하는 새로운 증거라고 할 수 없(다).

나. 허위증거에 의한 재심이유

〈'원판결의 증거된 증언'의 의미〉

대법원 2012. 4. 13. 선고 2011도8529 판결

형사소송법 제420조 제2호 소정의 재심사유에 해당하기 위해서는 원판결의 증거된 증언이 확정판결에 의하여 허위인 것이 증명되어야 하는데, 여기에서 말하는 '원판결의 증거된 증언'이라 함은 원판결의 이유 중에서 증거로 채택되어 죄로 되는 사실(범죄사실)을 인정하는 데 인용된 증언을 뜻하므로(대법원 1987. 4. 23.자 87모11 결정 참조), 원판결의 이유에서 증거로 인용된 증언이 '죄로 되는 사실'과 직접 혹은 간접적으로 관련된 내용이라면 위 법조 소정의 '원판결의 증거된 증언'에 해당하고, 그 증언이 나중에 확정판결에 의하여 허위인 것이 증명된 이상 그 허위증언 부분을 제외하고서도 다른 증거에 의하여 그 '죄로 되는 사실'이 유죄로 인정될 것인지 여부에 관계없이 형사소송법 제420조 제2호 소정의 재심사유가 있다고 보아야 한다(대법원 2010. 9. 30. 선고 2008도11481 판결 참조).

대법원 1985. 6. 1.자 85모10 결정 「형사소송법 제420조 제2호에 규정된 원판결의 증거된 증언이라 함은 법률에 의하여 선서한 증인의 증언을 말하고 공동피고인의 공판정에서의 진술은 여기에 해당하지 않는다고 할 것이므로, 원심이 같은 취지에서 재항고인과 공동피고인이던 공동피고인의 1심법정에서의 진술이 허위라 하여 형사소송법 제420조 제2호 소정의 재심사유에 해당한다는 재항고인의 주장을 배척한 조치는 정당하다.」

〈형사소송법 제420조 제7호의 재심이유〉

대법원 2008. 4. 24.자 2008모77 결정

형사소송법 제420조 제7호의 재심사유 해당 여부를 판단함에 있어 사법경찰관 등이 범한 직무에 관한 죄가 사건의 실체관계에 관계된 것인지 여부나 당해 사법경찰관이 직접 피의자에 대한 조사를 담당하였는지 여부는 고려할 사정이 아니다(대법원 2006. 5. 11. 자 2004모16 결정 참조). 또한, 형사소송법상 재심절차는 재심개시절차와 재심심판절차로 구별되는 것이므로, 재심개시절차에서는 형사소송법에서 규정하고 있는 재심사유가 있는지 여부만을 판단하여야 하고, 나아가 재심사유가 재심대상판결에 영향을 미칠 가능성이 있는가의 실체적 사유는 고려하여서는 아니 된다고 할 것이다. … 공소외 1이 2003. 6. 19. ○○경찰서에 첩보보고를 함으로써 재항고인에 대한 수사가 정식으로 개시된 이상 공소외 1이 직접 조사를 담당하지 아니하였다고 하더라도 공소외 1은 '수사에 관여'하였다고 보는 것이 상당하고, 공소외 1의 이 사건 범죄행위에 관하여 유죄판결이 확정되어 형사소송법 제420조 제7호의 재심사유에 해당된다면, 나아가 그 범죄행위가 재심대상판결에 영향을 미칠 가능성이 있는가 여부는 재심개시 여부를 심리하는 절차에서는 고려하여서는 아니 된다고 할 것이므로, 원심의 위와 같은 조치에는 형사소송법 제420조 제7호의 재심사유에 관한 법리를 오해하여 재판의 결과에 영향을 미친 위법이 있다고 할 것이다.

2. 상소기각의 확정판결에 대한 재심이유

대법원 1984. 7. 27.자 84모48 결정 「원심은 이 사건 재심대상인 광주지방법원 83노677 무고등 사건에 관하여 제1심이 징역 2년을 선고한 판결이 항소심(피고인 항소)에서 항소기각판결이 선고되고 이에 대한 상고사건에 관하여 상고기각판결이 확정되었음을 전제로 이 사건 재심청구사유는 형사소송법 제

421조 제1항 소정의 어느 사유에도 해당하지 않는다는 이유로 이건 재심청구를 기각하였다. 그러나 위법 제421조 제1항에서 항소 또는 상고기각의 판결이라 함은 위 상소기각판결에 의하여 확정된 1심 또는 항소심판결을 의미하는 것이 아니고, 항소기각 또는 상고기각판결 자체를 의미하는 것인바, 이 사건 기록에 의하면 이 사건 재심대상인 광주지방법원 83노677의 무고사건은 징역 2년을 선고한 제1심 판결을 파기하고 징역 1년의 형을 선고하였음이 명백하고 위 판결이 항소기각 되었음을 찾아볼 자료가 없다. 그렇다면 재항고인의 재심청구는 위 유죄의 확정판결에 대한 위 법 제420조 제5호의 사유를 주장하는 것임에도 위법 제421조 제1항의 항소기각의 확정판결에 대한 것으로 보아 같은법 제420조 제1, 2, 7호에 해당하는 사유가 없다는 이유로 그 청구가 법률상 방식에 위반한 때에 해당한다하여 기각한 원심의 조치는 재심청구의 사유를 잘못가려 법률적용을 어겨 위 법 제420조 제5호의 재심사유의 유무의 판단을 유탈한 위법을 범하였다 할 것이니 이는 파기를 면치 못한다.

대법원 1976. 3. 24.자 75소4 결정 「본건 재심청구는 청구인에 대하여 유죄를 선고한 제1심판결을 유지한 제2심판결에 대한 상고를 기각한 상고심 확정판결에 대한 재심청구이며 그 청구이유는 원판결에는 사실오인이 있었거나 아니면 유죄의 선고를 받은 자에 대하여 무죄를 선고할 증거가 새로 발견되었다는 취지의 것임을 알 수 있는바 상고를 기각한 확정판결에 대한 재심청구는 그 확정판결 자체에 형사소송법 제421조 제1항 소정의 사유(즉 동법 제420조 제1, 2, 7각호 사유)가 있는 경우에 한하여 허용된다 할 것이므로 본안 피고사건의 범죄사실에 관하여 증거에 의하여 사실인정을 하지 않았던 원상고심판결에 대하여는 소론과 같은 사유를 내세워 재심청구를 할 수 없다.」

3. 확정판결에 대신하는 증명

대법원 2010. 10. 29.자 2008재도11 전원합의체 결정 「위 각 죄에 대한 공소시효가 완성되었음은 역수상 명백하다. 따라서 위 각 죄에 대하여는 유죄판결을 얻을 수 없는 사실상, 법률상의 장애가 있는 경우로서 형사소송법 제422조 소정의 '확정판결을 얻을 수 없는 때'에 해당한다.」

대법원 2006. 5. 11.자 2004모16 결정 「원심은 그 판시의 이유로 공소외 2가 기소유예처분 및 재정신청 결정을 받은 것이 형사소송법 제420조 제7호의 재심사유에 해당하지 않는다고 판단함으로써 형사소송법 제422조의 확정판결에 대신하는 증명 및 형사소송법 제420조 제7호의 재심사유에 관한 법리를 오해하여 재판의 결과에 영향을 미쳤다.」

4. 특별법에 의한 재심사유

〈헌법재판소법에 따른 위헌결정에 기한 재심〉

대법원 2022. 6. 16.자 2022모509 결정 <표준>

형벌에 관한 법률조항에 대하여 헌법재판소의 위헌결정이 선고되어 헌법재판소법 제47조에 따라 재심을 청구하는 경우 그 재심사유는 형사소송법 제420조 제1호, 제2호, 제7호 어느 것에도 해당하지 않는다(대법원 2015. 10. 2. 자 2015재도75 결정, 대법원 2022. 3. 11. 자 2022재도1 결정 등 참조). 즉 형벌조항에 대하여 헌법재판소의 위헌결정이 있는 경우 헌법재판소법 제47조에 의한 재심은 원칙적인 재심대상판결인 제1심 유죄판결 또는 파기자판한 상급심판결에 대하여 청구하여야 한다. 제1심이 유죄판결을 선고하고, 그에 대하여 불복하였으나, 항소 또는 상고기각판결이 있었던 경우에 헌법재판소법 제47조를 이유로 재심을 청구하려면 재심대상판결은 제1심판결이 되어야 하고, 항소 또는 상고기각판결을 재심대상으로 삼은 재심청구는 법률상의 방식을 위반한 것으로 부적법하다.

민사항소심은 속심제를 취하고 있고, 민사소송법은 "항소심에서 사건에 관하여 본안판결을 하였을 때에는 제1심판결에 대하여 재심의 소를 제기하지 못한다."라고 규정하고 있다(제451조 제3항). 그러나 형사항소심은 속심이면서도 사후심으로서 성격을 가지고 있고, 헌법재판소법 제47조에 따라 '유죄 확정판결'에 대하여 재심을 청구하는 경우 준용되는 형사소송법은 원칙적인 재심대상판결을 '유죄 확정판결'로 규정하고 있는데(제420조), 항소 또는 상고기각판결은 그 확정으로 그 원심의 유죄판결이 확정되는 것이지 그 자체가 유죄판결은 아니기 때문에, 민사재심에서와 달리 보아야 한다. 한편 민사소송법은 원칙적으로 재심의 소 제기에 시간적 제한을 두고 있으나(제456조), 형사소송법은 재심청구 제기기간에 제한을 두고 있지 않으므로(형사소송법 제427조 참조), 법률상의 방식을 위반한 재심청구라는 이유로 기각결정이 있더라도, 청구인이 이를 보정한다면 다시 동일한 이유로 재심청구를 할 수 있다.

[사안의 개요] 원심이 피고인이 제1심에서 도로교통법 위반(음주운전)죄 등으로 유죄를 선고받고, 항소하여 항소기각판결을 선고받아 판결이 확정된 사실, 청구인이 재심을 청구한 재심대상판결이 위 항소기각판결인 사실을 인정한 다음, 재심대상판결 중 도로교통법 위반(음주운전)죄 부분에 관하여 피고인에게 적용된 형벌 조항이 헌법재판소에서 위헌으로 결정되었다는 재심청구이유(헌법재판소법 제47조 제4항에서 정한 재심사유)는 형사소송법 제420조 제1호, 제2호, 제7호에 정한 재심사유 중 어느 것에도 해당하지 아니한다는 이유로

〈확정판결에 적용된 형벌 규정에 대한 위헌결정 취지에 따른 재심판결에서 다시 징역형의 집행유예가 선고·확정된 후 유예기간이 경과되지 않은 경우 그 재심판결이 위 조항에서 정한 '징역형'에 포함되는지 여부 : 소극〉

대법원 2022. 7. 28. 선고 2020도13705 판결

가. … 징역형의 집행유예를 선고한 판결이 확정된 후 선고의 실효 또는 취소 없이 유예기간을 경과함에 따라 형 선고의 효력이 소멸되어 그 확정판결이 특정범죄가중법 제5조의4 제5항에서 정한 "징역형"에 해당하지 않음에도(대법원 2010. 9. 9. 선고 2010도8021 판결 참조), 위 확정판결에 적용된 형벌 규정에 대한 위헌결정 취지에 따른 재심판결에서 다시 징역형의 집행유예가 선고·확정된 후 유예기간이 경과되지 않은 경우라면, 특정범죄가중법 제5조의4 제5항의 입법 취지에 비추어 위 재심판결은 위 조항에서 정한 "징역형"에 포함되지 아니한다. 그 이유는 다음과 같다.

특정범죄가중법 제5조의4 제5항 제1호는 동종 범행으로 세 번 이상 징역형을 받은 사람이 다시 누범기간 내에 범한 절도 범행의 불법성과 비난가능성을 무겁게 평가하여 징벌의 강도를 높여 범죄를 예방하여야 한다는 형사정책적 판단에 따른 것으로(헌법재판소 2019. 7. 25. 선고 2018헌바209, 401(병합) 전원재판부 결정), 반복적으로 범행을 저지르는 절도범에 관한 법정형을 강화하기 위하여 새로운 구성요건을 창설한 것이다(대법원 2020. 5. 14. 선고 2019도18947 판결 참조).

그런데 형의 집행을 유예하는 판결을 선고받아 선고의 실효 또는 취소 없이 유예기간을 도과함에 따라 특정범죄가중법 제5조의4 제5항의 구성요건인 "징역형"에 해당하지 않게 되었음에도, 그 확정판결에 적용된 형벌 규정에 대한 위헌결정에 따른 재심절차에서 다시 징역형의 집행유예가 선고되었다는 우연한 사정변경만으로 위 조항의 구성요건에 해당한다거나 그 입법 취지에 저촉되는 불법성·비난가능성이 새로 발생하였다고 볼 수는 없다.

만일 특정범죄가중법 제5조의4 제5항의 구성요건에 포함되지 않던 징역형의 집행유예 전과가 재심절차를 거쳤다는 이유만으로 특정범죄가중법 제5조의4 제5항의 "징역형"을 받은 경우에 포함된다면, 헌법에 위반된 형벌 규정으로 처벌받은 피고인으로 하여금 재심청구권의 행사를 위축시키게 되거나 검사의 청구로 인하여 재심절차가 개시된 피고인에게 예상치 못한 부당한 결과를 초래하게 될 것이고, 이로 인해 위헌 법령이 적용된 부당한 상태를 사실상 존속시키거나 이를 강제하게 될 여지도 있다.

나. 이러한 법리에 비추어 이 사건을 살펴보면 다음과 같이 판단된다.

이 사건 재심대상판결에서 징역 2년에 집행유예 3년을 선고받은 후 선고의 실효 또는 취소됨이 없이 유예기간이 경과하였으므로, 이 사건 재심대상판결에 적용된 구 특정범죄가중법 제5조의4 제1항 중 형법 제329조에 관한 위헌결정의 취지를 반영하여 이 사건 재심판결에서 다시 징역 2년에 집행유예 3년을 선고받고 유예기간이 경과하지 않았더라도, 이는 특정범죄가중법 제5조의4 제5항의 "징역형을 받은 경우"에 해당하지 않는다.

Ⅳ. 재심개시절차

대법원 2020. 6. 26.자 2019모3197 결정 「군사법원의 판결이 확정된 후 피고인에 대한 재판권이 더 이상 군사법원에 없게 된 경우에 군사법원의 판결에 대한 재심사건의 관할은 원판결을 한 군사법원과 같은 심급의 일반법원에 있고, 여기에서 '군사법원과 같은 심급의 일반법원'은 법원조직법과 형사소송법에 규정된 추상적 기준에 따라 획일적으로 결정하여야 한다. … 이 사건은 계엄사령관의 조치에 응하지 아니한 자를 3년 이하의 징역형에 처하도록 한 구 계엄법 제15조 위반으로 공소가 제기되었고, 그후 법원조직법이 제1심 관할을 지방법원 합의부로 정하고 있는 사건으로 공소사실이 변경되거나 그러한 공소사실이 추가된 바 없으므로, 이 사건 항소심판결인 위 고등군법회의 판결에 대한 재심사건의 관할은, 사형, 무기 또는 단기 1년 이상의 징역 또는 금고에 해당하는 사건을 지방법원 합의부가 제1심으로 심판할 사건으로, 지방법원 단독판사의 판결에 대한 항소 사건을 지방법원 합의부가 제2심으로 심판할 사건으로 각각 정하고 있는 법원조직법 제32조 제1항, 제2항의 규정에 따라 지방법원 합의부에 있다.」

대법원 2021. 3. 12.자 2019모3554 결정 <표준> 「재심의 청구를 받은 법원은 필요하다고 인정한 때에는 형사소송법 제431조에 의하여 직권으로 재심청구의 이유에 대한 사실조사를 할 수 있으나, 소송당사자에게 사실조사신청권이 있는 것이 아니다. 그러므로 당사자가 재심청구의 이유에 관한 사실조사신청을 한 경우에도 이는 단지 법원의 직권발동을 촉구하는 의미밖에 없는 것이므로, 법원은 이 신청에 대하여는 재판을 할 필요가 없고, 설령 법원이 이 신청을 배척하였다고 하여도 당사자에게 이를 고지할 필요가 없다. 위와 같은 법리에 의하면, 원심이 재심청구인들이 재심청구의 이유에 관한 사실조사의 일환으로서 한 문서송부촉탁신청을 배척한 후 그 결과를 고지하지 아니하였다고 하더라도, 거기에 재항고이유 주장과 같은 잘못이 없다.」

〈1개의 형이 확정된 경합범 중 일부 사실에 관하여만 재심사유가 있는 경우의 심판 범위〉

대법원 1996. 6. 14. 선고 96도477 판결

이 사건 재심대상판결인 대전지방법원 1994. 10. 28. 선고 94노719 판결은 그 판시 5개의 공소사실 모두를 유죄로 인정하고 이를 경합범으로 하여 한 개의 형인 징역 2년 및 금 18,200,000원의 추징을 선고하였는데, 원심은 이 사건 **재심대상판결 확정 후 재심대상판결의 증거로 채택된 증인 공소외 1의 증언이 확정판결에 의하여 허위인 것이 증명되었다는 이유로 이 사건에 관하여 재심개시결정을 한 후, 위 공소외 1의 증언이 그 유죄인정의 증거로 채택되었으므로 재심사유가 있음이 인정된 부분 즉 피고인이 1993. 9. 중순 일자불상 19:00경 공소외 1로부터 면허증 발급 알선 수고비 명목으로 금 5,000,000원을 받았다는 특정범죄 가중처벌등에관한법률위반(알선수재)의 범죄사실(위 "가"항의 무죄 선고 부분) 부분 이외의 재심사유가 없는 다른 범죄사실들에 대하여도 새삼스레 사실인정 여부에 관한 심리를 다시 하여** 피고인이 자백하고 있는 공무상비밀누설죄 및 피고인이 1993. 9. 8. 18:00경 공소외 2로부터 자동차 운전면허 발급과 관련한 알선 수고비 명목으로 금 3,200,000원을 교부받았다는 특정 범죄가중처벌등에관한법률위반(알선수재)의 범죄사실에 대하여만 유죄로 인정하여 그 판시 형을 선고하고 나머지 범죄사실인 3회에 걸쳐 공소외 2, 공소외 1, 공소외 3으로부터 각 면허증 발급 알선 수고비 명목으로 합계 금 15,000,000원을 받았다는 3개의 특정범죄가중처벌 등에관한법률위반(알선수재)의 범죄사실(원심판시 별지 범죄일람표 기재 각 사실)에 대하여는 모두 그 증거가 없다는 이유로 무죄를 선고하였다.

(2) 그러나, 경합범 관계에 있는 수개의 범죄사실을 유죄로 인정하여 한 개의 형을 선고한 불가분의 확정판결에서 그 중 일부의 범죄사실에 대하여만 재심청구의 이유가 있는 것으로 인정된 경우에는 형식적으로는 1개의 형이 선고된 판결에 대한 것이어서 그 판결 전부에 대하여 재심개시의 결정을 할 수밖에 없지만, 비상구제수단인 재심제도의 본질상 재심사유가 없는 범죄사실에 대하여는 재심개시결정의 효력이 그 부분을 형식적으로 심판의 대상에 포함시키는데 그치므로 재심법원은 그 부분에 대하여는 이를 다시 심리하여 유죄인정을 파기할 수 없고 다만 그 부분에 관하여 새로이 양형을 하여야 하므로 양형을 위하여 필요한 범위에 한하여만 심리를 할 수 있을 뿐이라고 할 것이다. 그리고 그 부분 범죄사실에 관한 법령이 재심대상판결 후 개정·폐지된 경우에는 그 범죄사실에 관하여도 재심판결 당시의 법

률을 적용하여야 하고 양형조건에 관하여도 재심대상판결 후 재심판결시까지의 새로운 정상도 참작하여야 하며, 재심사유 있는 사실에 관하여 심리 결과 만일 다시 유죄로 인정되는 경우에는 재심사유 없는 범죄사실과 경합범으로 처리하여 한 개의 형을 선고하여야 한다고 할 것이다.

> **서울고등법원 2009. 5. 21. 선고 2000재노6 판결 : 확정**
> 재심개시결정 당시 경합범 관계에 있는 수개의 범죄사실 중 일부의 범죄사실에 대하여만 재심청구의 이유가 있는 것으로 인정된 경우라도, 그 후 재심청구의 이유가 없다고 본 나머지 범죄사실에 대한 재심법원의 심리 과정에서 명백하고 새로운 재심사유가 추가로 발견되었다면, 재심청구인으로 하여금 위 나머지 범죄사실에 대하여 새로운 재심청구를 하게 하는 것보다 진행 중인 재심사건에서 이를 한꺼번에 심리·판단받을 수 있도록 하는 것이 소송경제상 타당할 뿐만 아니라 인권보장을 위한 비상구제수단이라는 앞서 본 재심제도의 취지와 목적에도 부합하고, 한편 앞서 본 판례는 경합범 관계에 있는 수개의 범죄사실 중 재심청구의 이유가 없다고 본 나머지 범죄사실에 대하여 재심법원의 심리과정에서도 명백하고 새로운 재심사유가 발견되지 않은 경우에 부합하는 것으로서 이 사건과 같이 재심법원의 심리과정에서 명백하고 새로운 재심사유가 추가로 발견된 예외적인 경우에는 위 판례의 법리를 그대로 적용할 수 없다.

V. 재심공판절차

1. 심급에 따른 새로운 심판

대법원 2015. 5. 14. 선고 2014도2946 판결 「형사소송법 제438조 제1항은 "재심개시의 결정이 확정한 사건에 대하여는 제436조의 경우 외에는 법원은 그 심급에 따라 다시 심판을 하여야 한다."고 규정하고 있다. 여기서 '다시' 심판한다는 것은 재심대상판결의 당부를 심사하는 것이 아니라 피고 사건 자체를 처음부터 새로 심판하는 것을 의미하므로, 재심대상판결이 상소심을 거쳐 확정되었더라도 재심사건에서는 재심대상판결의 기초가 된 증거와 재심사건의 심리과정에서 제출된 증거를 모두 종합하여 공소사실이 인정되는지를 새로이 판단하여야 한다. 그리고 재심사건의 공소사실에 관한 증거취사와 이에 근거한 사실인정도 다른 사건과 마찬가지로 그것이 논리와 경험의 법칙을 위반하거나 자유심증주의의 한계를 벗어나지 아니하는 한 사실심으로서 재심사건을 심리하는 법원의 전권에 속한다. 한편 형사재판에서 공소제기된 범죄사실에 대한 증명책임은 검사에게 있고, 유죄의 인정은 법관으로 하여금 합리적인 의심을 할 여지가 없을 정도로 공소사실이 진실한 것이라는 확신을 가지게 하는 증명력을 가진 증거에 의하여야 하므로, 그와 같은 증거가 없다면 설령 피고인에게 유죄의 의심이 가더라도 피고인의 이익으로 판단하여야 한다.」

대법원 2011. 1. 20. 선고 2008재도11 전원합의체 판결 「재심이 개시된 사건에서 범죄사실에 대하여 적용하여야 할 법령은 재심판결 당시의 법령이고, 재심대상판결 당시의 법령이 변경된 경우 법원은 그 범죄사실에 대하여 재심판결 당시의 법령을 적용하여야 한다.」

2. 재심심판절차의 특칙

〈재심심판절차의 본질과 기판력 및 형법 제37조 후단의 경합범〉

대법원 2019. 6. 20. 선고 2018도20698 전원합의체 판결 〈표준〉

1. 사건의 경위

가. 이 사건 공소사실의 요지는 다음과 같다.

1) 피고인은 상습으로 2016. 10. 3.경부터 2017. 10. 28.경까지 20회에 걸쳐 피해자들의 신용카드 또는 체크카드 합계 21장을 절취하고, 같은 기간 동안 위와 같이 절취한 카드를 이용하여 현금인출기에서 46회에 걸쳐 피해자들 소유의 현금 합계 111,360,900원을 절취하였다. 이로써 피고인은 두 번 이상 실형을 선고받고 그 집행이 끝나거나 면제된 후 3년 이내에 다시 상습적으로 절도죄를 범하였다.

2) 피고인은 위 1)항과 같은 기간 동안 26회에 걸쳐 절취한 타인의 신용카드를 사용하였다.

나. 피고인에 대하여는 이 사건 공소사실 이전에 저지른 범행과 관련하여 다음과 같이 각 재심판결이 확정된 바 있다.

1) 피고인은 상습으로 2003. 2. 9.부터 2003. 8. 16.까지 신용카드를 절취하고 절취한 신용카드를 이용하여 현금을 인출하여 절취하였다는 범죄사실로 2003. 10. 13. 부산지방법원에서 특정범죄 가중처벌 등에 관한 법률(이하 '특정범죄가중법'이라 한다) 위반(절도)죄 등으로 징역 2년을 선고받고 2003. 12. 13. 그 판결이 확정되었다. 헌법재판소는 위 판결에 적용되었던 법률조항인 구 특정범죄가중법(2010. 3. 31. 법률 제10210호로 개정된 것, 이하 같다) 제5조의4 제1항 중 형법 제329조에 관한 부분 등이 헌법에 위반된다고 판단하였다(헌법재판소 2015. 2. 26. 선고 2014헌가16 등 전원재판부 결정). 피고인은 위 판결에 대한 재심을 청구하여 같은 법원에서 상습절도로 공소장이 변경된 다음 징역 2년을 선고받고 항소하였다가 2016. 12. 22. 항소기각판결을 선고받고, 2016. 12. 30. 위 재심판결이 확정되었다(이하 '이 사건

제1재심판결'이라 한다).

2) 피고인은 2001. 8. 31. 부산지방법원에서 특정범죄가중법 위반(절도)죄 등으로 징역 1년 6개월을 선고받았고 2001. 12. 5. 그 판결이 확정되었다. 피고인은 재심절차를 거쳐 2018. 4. 27. 같은 법원에서 변경된 공소사실인 상습절도에 대해 면소를, 나머지 공소사실인 여신전문금융업법 위반죄에 대해 징역 1년 6개월을 선고받았고 2018. 8. 10. 위 재심판결이 확정되었다(이하 '이 사건 제2재심판결'이라 한다).

다. 원심은 위 각 재심판결 확정 후인 2018. 12. 6. 이 사건 공소사실 전부에 대해 유죄판결을 선고하였고, 확정된 이 사건 제2재심판결 범죄와 이 사건 공소사실 범죄가 형법 제37조 후단에서 정한 경합범 관계(이하 '후단 경합범'이라 한다)가 아니라는 전제에서 형법 제39조 제1항에 따른 감경 또는 면제를 하지 않았다. …

2. 기판력과 후단 경합범 관련 주장에 대하여

이 부분의 쟁점은 재심판결의 기판력이 미치는 시적 범위가 어떠한지 및 금고 이상의 형에 처한 재심판결이 확정된 죄와 그 재심판결 확정 전에 범한 죄 사이에 후단 경합범이 성립하는지 여부이다. 이 부분 쟁점은 재심개시결정이 확정된 후 재심대상판결의 효력이나 재심심판절차에서 공소사실을 추가하는 내용의 공소장변경이 허용되는지 여부 등과 밀접한 관련이 있으므로 이에 관하여 먼저 살펴보고, 기판력과 후단 경합범에 관하여 차례로 판단한다.

가. 재심절차의 특수성에 관하여 살펴본다. …

2) 형사소송법상 재심절차는 재심 개시 여부를 심리하는 절차와 재심개시결정이 확정된 후 재심대상사건에 대한 심판절차로 구별된다. 재심개시절차에서는 형사소송법 등에서 규정하고 있는 재심사유가 있는지 여부만을 판단하고, 나아가 재심사유가 재심대상판결에 영향을 미칠 가능성이 있는가의 실체적 사유는 이를 고려하여서는 아니 된다(대법원 2008. 4. 24.자 2008모77 결정 참조). 한편 재심의 청구는 형의 집행을 정지하는 효력이 없고(형사소송법 제428조), 재심의 청구가 이유 있다고 인정하여 재심개시의 결정을 할 때에도 결정으로 형의 집행을 정지할 수 있을 뿐(형사소송법 제435조 제2항) 그로 인하여 형의 집행이 당연히 정지되는 것이 아니다. 위와 같은 재심 개시 여부를 심리하는 절차의 성질과 그 판단 범위, 재심개시결정의 효력 등에 비추어 보면, 유죄의 확정판결 등에 대해 재심개시결정이 확정된 후 재심심판절차가 진행 중이라는 것만으로는 확정판결의 존재 내지 효력을 부정할 수 없고, 재심개시결정이 확정되어 법원이 그 사건에 대해 다시 심리를 한 후 재심의 판결을 선고하고 그

재심판결이 확정된 때에 종전의 확정판결이 효력을 상실한다(대법원 2005. 9. 28.자 2004모453 결정, 대법원 2017. 9. 21. 선고 2017도4019 판결 등 참조).

3) 재심개시결정이 확정되면 법원은 형사소송법 제436조의 경우 외에는 그 심급에 따라 다시 심판을 하여야 한다(형사소송법 제438조 제1항). 재심심판절차는 원판결의 당부를 심사하는 종전 소송절차의 후속절차가 아니라 사건 자체를 처음부터 다시 심판하는 완전히 새로운 소송절차이다(위 2015도15782 판결 등 참조). 그러나 이는 재심심판법원으로 하여금 이익재심 원칙의 제한하에 재심대상판결의 내용에 구속되지 않고 재심대상사건의 유·무죄를 판단하고 형을 정하여야 한다는 취지이지, 일반 절차에 적용되는 법령이 비상구제절차인 재심심판절차에 모두 그대로 적용된다는 의미는 아니다. 일반 절차에 관한 법령은 비상구제절차인 재심의 취지와 특성에 반하지 않는 범위 내에서 재심심판절차에 적용될 수 있다. 재심의 취지와 특성, 형사소송법의 이익재심 원칙과 재심심판절차에 관한 특칙 등에 비추어 보면, 재심심판절차에서는 특별한 사정이 없는 한 검사가 재심대상사건과 별개의 공소사실을 추가하는 내용으로 공소장을 변경하는 것은 허용되지 않고, 재심대상사건에 일반 절차로 진행 중인 별개의 형사사건을 병합하여 심리하는 것도 허용되지 않는다.

나. 재심심판절차와 기판력에 관하여 살펴본다.

상습범으로 유죄의 확정판결(이하 앞서 저질러 재심의 대상이 된 범죄를 '선행범죄'라 한다)**을 받은 사람이 그 후 동일한 습벽에 의해 범행을 저질렀는데**(이하 뒤에 저지른 범죄를 '후행범죄'라 한다) **유죄의 확정판결에 대하여 재심이 개시된 경우, 동일한 습벽에 의한 후행범죄가 재심대상판결에 대한 재심판결 선고 전에 저지른 범죄라 하더라도 재심판결의 기판력이 후행범죄에 미치지 않는다.** 그 이유는 다음과 같다. …

2) 재심심판절차에서 선행범죄, 즉 재심대상판결의 공소사실에 후행범죄를 추가하는 내용으로 공소장을 변경하거나 추가로 공소를 제기한 후 이를 재심대상사건에 병합하여 심리하는 것이 허용되지 않으므로 재심심판절차에서는 후행범죄에 대하여 사실심리를 할 가능성이 없다. 또한 재심심판절차에서 재심개시결정의 확정만으로는 재심대상판결의 효력이 상실되지 않으므로 재심대상판결은 확정판결로서 유효하게 존재하고 있고, 따라서 재심대상판결을 전후하여 범한 선행범죄와 후행범죄의 일죄성은 재심대상판결에 의하여 분단되어 동일성이 없는 별개의 상습범이 된다. 그러므로 선행범죄에 대한 공소제기의 효력은 후행범죄에 미치지 않고 선행범죄에 대한 재심판결의 기판력은 후행범죄에 미치지 않는다.

3) 형사소송법은 재심청구의 시기에 관하여 제한을 두지 않고 있다(제427조 등 참조). 만약

재심판결의 기판력이 재심판결의 선고 전에 선행범죄와 동일한 습벽에 의해 저질러진 모든 범죄에 미친다고 하면, 선행범죄에 대한 재심대상판결의 선고 이후 재심판결 선고 시까지 저지른 범죄는 동시에 심리할 가능성이 없었음에도 모두 처벌할 수 없다는 결론에 이르게 되는데, 이는 처벌의 공백을 초래하고 형평에 반한다.

선행범죄에 대한 재심판결을 선고하기 전에 후행범죄에 대한 판결이 먼저 선고되어 확정된 경우 후행범죄에 대한 공소제기의 효력은 선행범죄에 미치지 아니한다. 후행범죄에 대해 공소를 제기하거나 심판할 때에 재심대상판결이 유효하게 존재하고, 후행범죄 심판절차에서는 유죄의 확정된 재심대상판결에 의해 선행범죄와 후행범죄의 일죄성이 분단되어 별개의 상습범이라고 보아야 하기 때문이다. 그런데 재심판결이 후행범죄에 대한 판결보다 먼저 선고되어 확정되는 경우 그와 달리 선행범죄에 대한 재심판결의 기판력이 후행범죄에 미친다고 본다면, 선행범죄에 대한 재심판결과 후행범죄에 대한 판결 중 어떤 판결이 먼저 선고되어 확정되느냐는 우연한 사정에 따라 기판력이 미치는지 여부가 달라져 형평에 반하는 결과가 발생한다.

다. 재심심판절차와 후단 경합범에 관하여 살펴본다.

1) **유죄의 확정판결을 받은 사람이 그 후 별개의 후행범죄를 저질렀는데 유죄의 확정판결에 대하여 재심이 개시된 경우, 후행범죄가 그 재심대상판결에 대한 재심판결 확정 전에 범하여졌다 하더라도 아직 판결을 받지 아니한 후행범죄와 재심판결이 확정된 선행범죄 사이에는 후단 경합범이 성립하지 않는다**. 그 이유는 다음과 같다. …

나) 재심판결이 후행범죄 사건에 대한 판결보다 먼저 확정된 경우에 후행범죄에 대해 재심판결을 근거로 후단 경합범이 성립한다고 하려면 재심심판법원이 후행범죄를 동시에 판결할 수 있었어야 한다. 그러나 아직 판결을 받지 아니한 후행범죄는 재심심판절차에서 재심대상이 된 선행범죄와 함께 심리하여 동시에 판결할 수 없었으므로 후행범죄와 재심판결이 확정된 선행범죄 사이에는 후단 경합범이 성립하지 않고, 동시에 판결할 경우와 형평을 고려하여 그 형을 감경 또는 면제할 수 없다.

다) 후행범죄에 대한 판결이 먼저 확정되고 재심심판법원이 선행범죄에 대한 재심판결을 하는 경우에는 후행범죄에 대한 확정판결을 근거로 선행범죄를 판결확정 전에 범한 범죄로 보아 후단 경합범이 성립한다고 볼 수 없다. 후행범죄에 대하여 판결을 선고할 당시에는 선행범죄에 대한 재심대상판결이 확정되어 존재하고 있으므로 재심대상판결이 확정된 선행범죄와 후행범죄를 동시에 판결할 수 없기 때문이다. 그럼에도 재심판결이 후행범죄에 대한 판결보다 먼저 확정되는 경우에는 재심판결을 근거로 형식적으로 후행범죄를 판결확정 전에

범한 범죄로 보아 후단 경합범이 성립한다고 하면, 선행범죄에 대한 재심판결과 후행범죄에 대한 판결 중 어떤 판결이 먼저 확정되느냐는 우연한 사정에 따라 후단 경합범 성립이 좌우되는 형평에 반하는 결과가 발생한다.

2) 이와 달리 재심대상판결을 받은 사람이 그 후 별개의 후행범죄를 저질렀는데 재심대상판결에 대한 재심판결이 후행범죄 판결보다 먼저 확정되는 경우에, 후행범죄와 재심판결이 확정된 재심사건 범죄 사이에 후단 경합범이 성립한다는 취지로 판시한 대법원 2013. 9. 12. 선고 2012도12190 판결과 대법원 2016. 2. 18. 선고 2015도17440 판결 등은 이 판결과 배치되는 범위에서 이를 변경한다.

라. 이러한 법리에 비추어 이 사건을 살펴보면 다음과 같이 판단된다.

1) 이 사건 제1재심판결이 확정되었으나 이 사건 제1재심판결의 선고 당시에는 재심대상판결이 확정판결로서 유효하게 존재하고 있어 이 사건 제1재심판결 범죄와 이 사건 공소사실 중 2016. 10. 3.자 각 절도 범죄는 분단되어 동일성이 없는 별개의 상습범이 되며, 이 사건 제1재심판결 심판법원으로서는 이 사건 공소사실 중 2016. 10. 3.자 각 절도 범죄에 대하여 동시에 심리할 가능성도 없었다. 따라서 이 사건 제1재심판결의 기판력이 이 사건 공소사실 중 2016. 10. 3.자 각 절도 범죄에 미치지 않는다. 원심의 이유 설시에 일부 적절하지 아니한 부분이 있으나, 확정된 이 사건 제1재심판결의 기판력이 이 사건 공소사실 중 2016. 10. 3.자 각 절도 범죄에 미치지 않는다는 원심의 판단에 상고이유 주장과 같이 확정판결의 기판력에 관한 법리를 오해한 잘못이 없다.

2) 피고인의 이 사건 공소사실 범죄는 확정된 이 사건 제2재심판결 범죄와 동시에 판결할 수 없는 경우에 해당하므로 양 범죄 사이에는 후단 경합범이 성립할 수 없다. 따라서 이 사건 공소사실 범죄에 대해 형법 제39조 제1항을 적용하지 않은 원심의 판단에 상고이유 주장과 같이 후단 경합범의 성립에 관한 법리를 오해한 잘못이 없다.

[대법관 김재형, 대법관 이동원의 반대의견] ① 재심절차는 특별소송절차이기는 하지만, 특별소송으로서의 성격은 재심개시결정이 확정되기 전까지 뚜렷하게 드러나는 반면 재심개시결정이 확정되어 다시 심판하는 단계와 재심판결의 효력에서는 일반 절차와 다르지 않다. 재심개시결정이 확정된 후 재심심판절차에서도 일반 절차의 해당 심급에서 허용되는 소송행위를 할 수 있다고 보는 이상, 재심사건에 다른 사건의 공소사실을 추가하는 공소장변경이나 다른 일반 사건을 병합하여 함께 심판하는 것도 허용된다. 형사소송법은 재심의 청구는 원판결의 법원이 관할한다고 규정하고 있을 뿐(제423조) 공소장변경이나 병합심리를 금지하는 명문의 규정을 두고 있지 않기 때문이다.

② 선행하는 상습범죄에 대하여 재심대상판결을 받은 사람이 그 후 동일한 상습성에 기하여 후행범죄를 저질렀는데, 재심대상판결에 대하여 재심개시결정이 확정되고 양 사건이 병합심리되지 아니한 채 재심판결이 먼저 선고되어 확정되었다면 그 기판력은 후행범죄 사건에 미친다고 보아야 한다.

③ 재심대상판결을 받은 사람이 그 후 별개의 후행범죄를 저질렀는데 재심대상판결에 대하여 재심개시결정이 확정되고 재심판결이 먼저 선고되어 확정된 경우 재심심판절차에서 후행범죄 사건을 함께 심리하여 판결할 수 있었다면, 아직 판결을 받지 아니한 후행범죄와 이미 확정된 재심판결의 선행범죄 사이에는 후단 경합범이 성립한다.

대법원 1976. 12. 28. 선고 76도3203 판결 「형사소송법 제255조 제1항에 의하면 공소는 제1심 판결의 선고전까지 취소할 수 있다고 규정되어 있는바 이건 공소사실에 대하여는 이미 오래전에 제1심 판결이 선고되고 동 판결이 확정되어 이에 대한 재심소송절차가 진행중에 있으므로 이 재심절차중에 있어서의 공소취소는 이를 할 수 없는 것이라고 볼 것인즉 같은 취지에서 이건 공소취소는 허용될 수 없어 그 효력이 없는 것이다.」

대법원 2018. 2. 28. 선고 2015도15782 판결 <표준> 「경합범 관계에 있는 수 개의 범죄사실을 유죄로 인정하여 한 개의 형을 선고한 불가분의 확정판결에서 그중 일부의 범죄사실에 대하여만 재심청구의 이유가 있는 것으로 인정되었으나 형식적으로는 1개의 형이 선고된 판결에 대한 것이어서 그 판결 전부에 대하여 재심개시의 결정을 한 경우, 재심법원은 재심사유가 없는 범죄에 대하여는 새로이 양형을 하여야 하는 것이므로 이를 헌법상 이중처벌금지의 원칙을 위반한 것이라고 할 수 없고, 다만 불이익변경의 금지 원칙이 적용되어 원판결의 형보다 중한 형을 선고하지 못할 뿐이다.」

제 2 절   비상상고

Ⅰ. 의의 및 대상

〈비상상고의 기능 및 대상〉

대법원 2021. 3. 11. 선고 2019오1 판결 <표준>

가. 형사소송법 제441조는 "검찰총장은 판결이 확정한 후 그 사건의 심판이 법령에 위반한 것을 발견한 때에는 대법원에 비상상고를 할 수 있다."라고 규정하고 있다. 상급심의 파기판

결에 의해 효력을 상실한 재판의 법령위반 여부를 다시 심사하는 것은 무익할 뿐만 아니라, 법령의 해석·적용의 통일을 도모하려는 비상상고 제도의 주된 목적과도 부합하지 않는다. 따라서 상급심의 파기판결에 의해 효력을 상실한 재판은 위 조항에 따른 비상상고의 대상이 될 수 없다. … 형사소송법 제342조 제2항에서 정하고 있는 이른바 상소불가분의 원칙에 의하면, 원판결 중 유죄 부분에 대한 피고인의 상고는 위 유죄 부분 중 야간감금행위 부분과 포괄일죄로서 불가분의 관계에 있는 이유무죄 부분에 대하여도 그 효력이 미치므로, 원판결 중 피고인에 대한 이유무죄 부분은 유죄 부분과 함께 상고심에 이심되었다가 대법원의 파기 판결에 의해 그 효력을 상실하였음이 분명하다. … 원판결 중 피고인에 대한 이유무죄 부분을 대상으로 한 이 사건 비상상고는 비상상고의 대상이 될 수 없는 재판에 대해 제기된 것이어서 받아들일 수 없다.」

대법원 2010. 1. 28. 선고 2009오1 판결 「공소사실에 대하여는 형사소송법 제327조 제6호에 의하여 공소기각의 판결을 선고하였어야 할 것이다. 그런데도 원판결은 이와 달리 위 공소사실을 유죄로 판단한 다음 이를 나머지 상해의 점과 형법 제37조 전단의 경합범으로 의율하여 하나의 형을 선고하였으니, 원판결에는 형사소송법 제441조에서 정한 법령위반의 사유가 있다.」

Ⅱ. 비상상고의 이유

1. 법령위반

가. 판결의 법령위반

(1) 실체법규에 위반한 경우

〈집행유예를 할 수 없는 사안에 대해 집행유예를 선고한 경우〉

대법원 2021. 10. 28. 선고 2020오6 판결

원판결 법원은 2019. 10. 18. 피고인에 대한 사기의 공소사실을 유죄로 인정하고 **벌금 600만 원을 선고하면서 2년간 위 형의 집행을 유예한 사실**, 검사가 원판결에 대하여 양형부당을 이유로 항소하였으나 항소심 법원이 2020. 8. 25. 검사의 항소를 기각한 사실, 검사가 항소심판결에 대하여 상고하지 않아 원판결이 그대로 확정된 사실을 알 수 있다.

형법 제62조 제1항 본문은 "3년 이하의 징역이나 금고 또는 500만 원 이하의 벌금의 형을 선고할 경우에 제51조의 사항을 참작하여 그 정상에 참작할 만한 사유가 있는 때에는 1년 이상 5년 이하의 기간 형의 집행을 유예할 수 있다."라고 규정하고 있다. 따라서 원판결 법원으로서는 피고인에 대하여 벌금 600만 원을 선고하면서 위 형의 집행을 유예할 수 없었다. 그런데도 원판결 법원이 피고인에 대하여 벌금 600만 원을 선고하면서 2년간 위 형의 집행을 유예한 것은 심판이 법령에 위반한 경우에 해당한다. 이를 지적하는 비상상고이유의 주장은 이유 있다.(편자 주: <주문> 원판결 중 피고인에 대하여 벌금형의 집행을 유예한 부분을 파기한다.)

대법원 2000. 10. 13. 선고 99오1 판결 <표준> 「원판결 법원으로서는 이 사건 공소사실 중 피해자 6을 제외한 나머지 피해자들에 대한 특경법위반(사기) 및 사기미수의 각 점에 대하여는 형법 제354조, 제328조 제1항의 규정을 적용하여 형을 면제하여야 하고, 피해자 6에 대하여는 같은 조 제2항의 규정에 따라 피해자 6의 고소가 있어야 할 것인데, 그 고소가 있음을 기록상 인정할 자료가 없으니만큼 형사소송법 제327조 제2호에 의하여 공소를 기각하여야 함에도 불구하고, 이들의 점과 사문서위조 및 위조사문서행사의 각 점에 대하여 모두 유죄로 인정한 다음 형법 제37조 전단의 경합범으로 처리하여 하나의 형을 선고하였으므로, 원판결에는 형사소송법 제441조에 정한 법령위반의 사유가 있고, 이 점을 지적하는 비상상고는 이유 있다.」

나. 소송조건의 오인

대법원 2006. 10. 13. 선고 2006오2 판결 <표준> 「공소시효가 완성된 사실을 간과한 채 피고인에 대하여 약식명령을 발령한 원판결은 법령을 위반한 잘못이 있고, 또한 피고인에게 불이익하다고 할 것인바, 이 점을 지적하는 이 사건 비상상고는 이유가 있다.」

다. 소송절차의 법령위반

대법원 1964. 6. 16. 선고 64오2 판결 「원판결과 제1심 판결을 기록에 대조하여 검토하여 보면 본건 비상상고이유에서 지적하고 있는 바와 같이 적법한 증거조사의 절차를 거치지 않고 증거능력이 없다고 볼 수 있는 소론 각 증거를 판결이유에 거시한바 있음을 알아낼 수 있다. 이는 원판결이 법령에 위반한 것이라 아니할 수 없고 이점을 지적하는 비상상고는 이유 있는 것이며 원판결 거시의 다른 증거자료를 종합함으로서도 피고인에 대한 범죄사실을 인정할 수 있으므로 위 적법한 증거조사 절차를 거치지않는 각 증거를 원판결이유에 거시한 부분만을 파기하기로 하여 관여법관 전원의 일치된 의견으로 주문과 같이 판결한다.」

2. 사실오인으로 인한 법령위반의 경우

〈단순히 법령 적용의 전제사실을 오인함에 따라 법령위반의 결과를 초래한 경우〉

대법원 2005. 3. 11. 선고 2004오2 판결 〈표준〉

형사소송법 제441조는 "검찰총장은 판결이 확정한 후 그 사건의 심판이 법령에 위반한 것을 발견한 때에는 대법원에 비상상고를 할 수 있다."고 규정하고 있는바, 이러한 비상상고 제도는 법령 적용의 오류를 시정함으로써 법령의 해석·적용의 통일을 도모하려는 데에 주된 목적이 있는 것이므로, '그 사건의 심판이 법령에 위반한 것'이라고 함은 확정판결에서 인정한 사실을 변경하지 아니하고 이를 전제로 한 실체법의 적용에 관한 위법 또는 그 사건에 있어서의 절차법상의 위배가 있음을 뜻하는 것이라고 할 것이다(대법원 1962. 9. 27. 선고 62오1 판결 참조). 따라서 단순히 그 법령 적용의 전제사실을 오인함에 따라 법령위반의 결과를 초래한 것과 같은 경우는 법령의 해석적용을 통일한다는 목적에 유용하지 않으므로 '그 사건의 심판이 법령에 위반한 것'에 해당하지 않는다고 해석함이 상당하다.

이 사건 원판결의 기록에 의하면, 피고인이 2003. 7. 21. 서울지방법원 동부지원에 사기죄로 불구속 기소된 후, 위 법원은 피고인에 대한 소재조사촉탁과 구인장의 발부 등의 조치에도 불구하고 피고인의 소재를 확인할 수 없다고 하여 소송촉진등에관한특례법 제23조에 의하여 공시송달로 공판을 진행하여 피고인이 불출석한 상태에서 2004. 10. 5. 피고인을 징역 10월에 처하는 원판결을 선고하였고, 원판결은 같은 달 13. 항소기간 도과로 확정되었음을 알 수 있다.

그런데 이 사건 비상상고는 원판결의 선고 전인 2004. 8. 4. 피고인이 이미 사망하였다고 주장하면서 그 사실을 전제로 하여 위 법원이 공소기각의 결정을 하지 않은 것은 법령위반에 해당한다는 취지이다. 그러나 피고인이 위와 같이 이미 사망하였다는 사실에 관하여 원판결의 선고 전에 아무런 신고가 없었고 또 이를 인정할 만한 어떠한 자료도 찾아 볼 수 없으며, 위 법원은 피고인이 여전히 생존해 있음을 전제로 하여 원판결을 선고한 것임이 기록상 분명하므로, 위 법원이 원판결의 선고 전에 피고인이 이미 사망한 사실을 알지 못하여 공소기각의 결정을 하지 않고 실체판결에 나아감으로써 법령위반의 결과를 초래하였다고 하더라도, 이는 형사소송법 제441조에 정한 '그 심판이 법령에 위반한 것'에 해당한다고 볼 수 없다.

〈'그 사건의 심판이 법령에 위반한 때'의 의미〉

대법원 2021. 3. 11. 선고 2018오2 판결

비상상고 제도는 이미 확정된 판결에 대하여 법령 적용의 오류를 시정함으로써 법령의 해석·적용의 통일을 도모하려는 데에 그 목적이 있다. 형사소송법이 확정판결을 시정하는 또 다른 절차인 재심과는 달리, 비상상고의 이유를 심판의 법령위반에, 신청권자를 검찰총장에, 관할법원을 대법원에 각각 한정하여 인정하고(제441조), 비상상고 판결의 효력이 일정한 경우를 제외하고는 피고인에게 미치지 않도록 규정한 것도(제447조) 이러한 제도 본래의 의의와 기능을 고려하였기 때문이다.

이와 같은 비상상고 제도의 의의와 기능은 적법한 비상상고이유의 의미가 무엇인지, 그 범위가 어디까지인지를 해석·판단하는 때에도 중요한 지침이 된다. 형사소송법이 정한 비상상고이유인 '그 사건의 심판이 법령에 위반한 때'란 확정판결에서 인정한 사실을 변경하지 아니하고 이를 전제로 한 실체법의 적용에 관한 위법 또는 그 사건에서의 절차법상의 위배가 있는 경우를 뜻한다. 단순히 그 법령을 적용하는 과정에서 전제가 되는 사실을 오인함에 따라 법령위반의 결과를 초래한 것과 같은 경우에는 이를 이유로 비상상고를 허용하는 것이 법령의 해석·적용의 통일을 도모한다는 비상상고 제도의 목적에 유용하지 않으므로 '그 사건의 심판이 법령에 위반한 때'에 해당하지 않는다고 해석하여야 한다(대법원 1962. 9. 27. 선고 62오1 판결, 대법원 2005. 3. 11. 선고 2004오2 판결 등 참조). … 이러한 관점에서 볼 때, 원판결에 대한 비상상고의 허용 여부는 이 사건의 본질에 대한 인식이나 피해자들에 대한 피해회복 조치의 필요성과는 별개로 판단되어야 할 문제이다. 사법의 영역을 담당하는 법원으로서는 비상상고이유의 당부 판단에 앞서 비상상고이유로 주장하는 사정이 형사소송법에서 비상상고이유로 정한 법령위반에 해당하는지를 판단하여야 하고, 이때 적법한 비상상고이유인 법령위반의 의미와 범위에 관하여는 종래 대법원이 다른 비상상고 사건에서 적용하여 온 것과 동일한 기준으로 판단할 수밖에 없다.

만일 법원이 적법한 비상상고이유에 관하여 그동안 견지해 온 원칙을 벗어나 비상상고를 쉽게 허용한다면, 확정판결의 확정력과 기판력에 토대를 둔 법적 안정성에 커다란 혼란을 초래할 수 있다. 또 비상상고인이 주장하는 사정을 헤아려 비상상고이유의 범위를 확대하는 것은 법령의 해석·적용에 통일을 도모하려는 비상상고 제도 본래의 의의와 기능에도 부합하지 않는다.

[사안의 개요] 비상상고인이, 이른바 'ㅇㅇ복지원 사건'은 과거 권위주의 체제 아래에서 국가가 국민의 기본권 보호 의무를 소홀히 함으로써 발생한 대표적인 인권유린 사건에 해당하므로, 피해자들에 대한 도의적인 책임을 다하고 우리 사회의 정의를 바로 세우기 위해서라도 가해자인 피고인에 대한 특수감금의 공소사실을 무죄로 판단한 원판결이 파기되어야 한다고 주장하며 비상상고를 한 사안

Ⅲ. 비상상고의 절차 및 판결

대법원 2010. 1. 28. 선고 2009오1 판결 「공소사실의 요지는 '피고인이 2007. 3. 19.부터 같은 달 20. 사이에 10회에 걸쳐 불안감을 유발하는 글을 반복적으로 피해자에게 도달하게 하였다'는 것이고, 이는 구 정보통신망 이용촉진 및 정보보호에 관한 법률(2007. 12. 21. 법률 제8778호로 개정되기 전의 것. 이하 '구 정보통신망법'이라고 한다) 제65조 제1항 제3호, 제44조의7 제1항 제3호에 해당한다는 것인바, 같은 법 제65조 제2항에 의하면, 위 죄는 피해자의 명시한 의사에 반하여 공소를 제기할 수 없다. 기록에 의하면 피고인은 원판결 선고 전인 2008. 3. 14. 원판결법원에 피해자가 작성한 고소취소장을 제출하였는데, 거기에 찍힌 피해자 인영이 고소장의 그것과 동일함을 알 수 있으므로, 위 공소사실에 대하여는 원판결 선고 전에 피고인에 대한 처벌을 희망하지 아니하는 피해자의 의사표시가 있었다고 할 것이다. 그렇다면 위 공소사실에 대하여는 형사소송법 제327조 제6호에 의하여 공소기각의 판결을 선고하였어야 할 것이다. 그런데도 원판결은 이와 달리 위 공소사실을 유죄로 판단한 다음 이를 나머지 상해의 점과 형법 제37조 전단의 경합범으로 의율하여 하나의 형을 선고하였으니, 원판결에는 형사소송법 제441조에서 정한 법령위반의 사유가 있다. 이를 지적하는 비상상고의 주장은 이유 있다. 나아가 이러한 원판결은 피고인에게 불이익한 때에 해당하므로 형사소송법 제446조 제1호 단서에 의하여 원판결을 파기하고, 피고사건에 관하여 아래와 같이 다시 판결을 한다.」

특별형사절차

제 1 절 약식절차

Ⅰ. 의의 및 성격

헌법재판소 2005. 3. 31. 선고 2004헌가27, 2005헌바8 결정 「약식절차에서는 피고인에게 자신에게 유리한 각종 자료를 제출하고 주장할 기회가 전혀 주어지지 않는 반면, 정식재판절차는 약식절차와 동일심급의 소송절차로서 당사자인 피고인에게 제1심절차에서 인정되는 모든 공격·방어기회가 주어지며 자신에게 유리한 양형자료를 제출할 충분한 기회가 보장된다. 따라서 이 사건 법률조항(2017년 개정 이전 제457조의2)은 오히려 피고인의 공정한 재판을 받을 권리를 실질적으로 보장하는 기능을 하며 그 입법목적이나 효과의 면에서 피고인의 권리를 제한하는 것으로 볼 수 없다. 나아가 법원은 약식명령으로 하는 것이 적당하지 아니하다고 판단하는 경우 통상의 공판절차에 회부하여 심판할 수 있고 피고인의 청구에 의하여 정식재판절차가 진행되는 경우에도 여전히 최종형을 결정하는 것은 법관이므로 이 사건 법률조항에 의하여 피고인의 법관에 의한 재판을 받을 권리가 침해된다고 볼 수도 없다. 이 사건 법률조항에 의한 불이익변경금지원칙 역시 정식재판청구권의 실질적 보장을 위한 정책적 고려에 의하여 명문화한 것이므로 불이익변경금지원칙이 인정되는 양자의 논리적·이론적 근거가 크게 다르지 않다. 따라서 불이익변경금지원칙을 약식절차에 확대하는 것이 불합리한 것으로 볼 수 없다.」

Ⅱ. 약식명령의 청구

대법원 1955. 9. 22. 선고 4288형상212 판결 「형사소송법 제449조에 의하면 약식명령의 청구는 공소의 제기와 동시에 서면으로 하여야 하고 동법 제254조에 의하면 공소의 제기는 공소장에 동조 소정사항을 필요적으로 기재하여야 하므로 약식명령청구서에도 당연히 동조 소정사항을 기재하여야 할 것인바 일건 기록을 검토하건대 본건 약식명령청구서에는 동조 제3항 제3호의 공소사실을 기재함에 있어 타 문서인 고발서기재 범죄사실을 인용하였으니 이는 구 형사소송법 제291조의 소위 「범죄사실의 적시」라는 요건은 충족한다 할 수 있으나 현행 형사소송법 제254조의 소위 「공소사실의 기재」라고는 할 수 없으므로 결국 본건 공소제기는 그 절차가 법률에 위반하여 무효한 경우에 해당한 것으로 봄이 타당(하다).」

대법원 2020. 11. 26. 선고 2020오5 판결 「원심법원은 2019. 9. 3. 약식명령으로 '피고인들이 합동하여 타인의 재물을 절취하였다'는 피고인들에 대한 특수절도의 공소사실, 피고인 A에 대한 업무방해와 절도의 공소사실을 모두 유죄로 인정한 다음, 특수절도죄를 규정한 형법 제331조 제2항, 제1항 등을 적용하여 피고인 A에 대하여 벌금 150만 원으로, 피고인 B에 대하여 벌금 100만 원으로 처벌하였고, 정식재판 청구 기간이 지나 위 약식명령이 그대로 확정되었다. 2인 이상이 합동하여 타인의 재물을 절취한 때에 성립하는 특수절도죄의 법정형은 '1년 이상 10년 이하의 징역'이고(형법 제331조 제2항, 제1항), 위와 같은 징역형은 약식명령을 통해 처벌할 수 있는 형에 해당하지 않는다(군사법원법 제501조의2 제1항). 피고사건은 약식명령으로 할 수 없으므로, 원심은 군사법원법 제501조의4에 따라 피고사건을 공판절차에 따라 심판하였어야 한다. 그런데도 원심이 피고인들의 특수절도죄에 대하여 법정형으로 규정되지 않은 벌금형을 선택하여 약식명령을 통해 피고인들을 벌금형으로 처벌한 것은 심판이 법령에 위반한 경우에 해당한다. 이를 지적하는 비상상고이유 주장은 정당하다.」

Ⅲ. 약식사건의 심판

대법원 2003. 11. 14. 선고 2003도2735 판결 「법원은 약식명령의 청구가 있는 경우에 그 사건이 약식명령을 할 수 없거나 약식명령으로 하는 것이 부적당하다고 인정한 때에는 공판절차에 의하여 심판하여야 하고(형사소송법 제450조), 법원이 약식명령 청구사건을 공판절차에 의하여 심판하기로 함에 있어서는 사실상 공판절차를 진행하면 되고, 특별한 형식상의 결정을 할 필요는 없으며, 제1심법원이 앞서 본 바와 같이 피고인에 대하여 다시 인정신문을 하고 위 공소장에 기하여 피고인 신문을 하는 등 제2회 공판기일을 진행한 것은 위 약식명령 청구에 대하여 공판절차회부를 하여 그 공판절차를 진행한 것으로 볼 수 있다 할 것이다{형사소송규칙에 의하면, 공판절차회부를 한 때에는 법원사무관 등은 즉시 검사에게 그 취지를 통지하여야 하고(형사소송규칙 제172조 제1항), 그 통지서를 받은 검사는 5일 이내에 피고인 수에 상응하는 공소장부본을 법원에 제출하여야 하며(위 규칙 제172조 제2항), 법원은 공소장부본이 제출되면 제1회 공판기일 전 5일까지 이를 피고인에게 송달하여야 하도록 규정하고 있고(위 규칙 제172조 제3항), 이 사건의 경우 기록상 공소장 부본을 피고인에게 송달하였음을 인정할 자료가 없으나, 검사와 피고인이 공판기일에 출석하여 피고인을 신문하고 피고인도 이에 대하여 이의를 제기하지 아니하고 신문에 응하고 변론을 한 이상 이러한 하자는 모두 치유되었다고 할 것이다}.」

Ⅳ. 약식명령

대법원 2017. 7. 27.자 2017모1557 결정 「형사소송법 제452조에서 약식명령의 고지는 검사와 피고인에 대한 재판서의 송달에 의하도록 규정하고 있으므로, 약식명령은 그 재판서를 피고인에게 송달함으로써 효력이 발생하고, 변호인이 있는 경우라도 반드시 변호인에게 약식명령 등본을 송달해야 하는 것은 아니다. 따라서 정식재판 청구기간은 피고인에 대한 약식명령 고지일을 기준으로 하여 기산하여야 한다. 변호인이 정식재판청구서를 제출할 것으로 믿고 피고인이 스스로 적법한 정식재판의 청구기간 내에 정식재판청구서를 제출하지 못하였더라도 그것이 피고인 또는 대리인이 책임질 수 없는 사유로 인하여 정식재판의 청구기간 내에 정식재판을 청구하지 못한 때에 해당하지 않는다.」

대법원 2023. 6. 29. 선고 2020도3705 판결 「포괄일죄 관계인 범행의 일부에 대하여 판결이 확정된 경우에는 사실심 판결선고 시를 기준으로, 약식명령이 확정된 경우에는 약식명령 발령 시를 기준으로, 그 이전에 이루어진 범행에 대하여는 확정판결의 기판력이 미친다. 또한 상상적 경합범 중 1죄에 대한 확정판결의 기판력은 다른 죄에 대하여도 미친다. 따라서 포괄일죄 관계인 범행의 일부에 대하여 판결이 확정되거나 약식명령이 확정되었는데 그 사실심 판결선고 시 또는 약식명령 발령 시를 기준으로 그 이전에 이루어진 범행이 포괄일죄의 일부에 해당할 뿐만 아니라 그와 상상적 경합관계에 있는 다른 죄에도 해당하는 경우에는 확정된 판결 내지 약식명령의 기판력은 위와 같이 상상적 경합관계에 있는 다른 죄에 대하여도 미친다.」

Ⅴ. 정식재판의 청구

〈부적법한 정식재판청구와 정식재판청구권의 회복〉

대법원 2023. 2. 13.자 2022모1872 결정

1. 약식명령에 대한 정식재판의 청구는 서면으로 제출하여야 하고(형사소송법 제453조 제2항), 공무원 아닌 사람이 작성하는 서류에는 연월일을 기재하고 기명날인 또는 서명하여야 하고, 인장이 없으면 지장으로 한다(형사소송법 제59조). 따라서 정식재판청구서에 청구인의 기명날인 또는 서명이 없다면 법령상의 방식을 위반한 것으로서 그 청구를 결정으로 기각하여야 한다. 이는 정식재판의 청구를 접수하는 법원공무원이 청구인의 기명날인이나 서명이 없음에도 불구하고 이에 대한 보정을 구하지 아니하고 적법한 청구가 있는 것으로 오인하여 청구서를 접수한 경우에도 마찬가지이다. 그러나 법원공무원의 위와 같은 잘못으로 인하여 적법한 정식재판청구가 제기된 것으로 신뢰한 피고인이 그 정식재판청구기간을 넘기게 되었다

면, 이때 피고인은 자기가 '책임질 수 없는 사유'로 청구기간 내에 정식재판을 청구하지 못한 때에 해당하여 정식재판청구권의 회복을 구할 수 있다(대법원 2008. 7. 11. 자 2008모605 결정 참조).

2. 기록에 따르면 다음 사실을 알 수 있다.

가. 피고인은 2021. 12. 31. 제주지방법원 2021. 12. 29. 자 2021고약6228 약식명령(이하 '이 사건 약식명령'이라 한다) 등본을 송달받았고, 피고인의 어머니 공소외인은 피고인을 위하여 2022. 1. 3. 위 법원에 정식재판청구서(이하 '이 사건 정식재판청구서'라 한다)를 제출하였다. 그런데 이 사건 **정식재판청구서에는 피고인과 공소외인의 성명만 기재되어 있을 뿐 그 인장 또는 지장의 날인이나 서명이 없었음에도 법원공무원은 아무런 보정을 구하지 않은 채 이를 접수하여 제주지방법원 2022고정2호로 사건번호가 부여되었다.**

나. 제주지방법원 2022고정2 사건의 담당판사는 2022. 5. 19. 제1회 공판기일에서 피고인 불출석으로 변론을 연기하면서 법정에 출석한 변호인과 공소외인에게 이 사건 정식재판청구서에 청구인의 인장 또는 지장의 날인이나 서명이 없어 법령상의 방식에 위배되었음을 설명하고, 그다음 날인 2022. 5. 20. 같은 이유로 정식재판청구를 기각하는 결정을 하였다.

다. 그런데 공소외인은 2022. 5. 19. '법원공무원이 이 사건 정식재판청구서에 청구인의 날인 또는 서명이 없는데도 보정을 구하지 않고 그대로 접수하여 피고인과 공소외인은 적법한 정식재판청구가 제기된 것으로 알고 정식재판청구기간을 넘겼으므로, 피고인 또는 그 대리인이 책임질 수 없는 사유로 정식재판청구기간 내에 정식재판청구를 하지 못한 때에 해당한다.'는 취지로 주장하며 피고인을 위하여 이 사건 정식재판청구권회복청구를 하였다.

라. 제1심은 2022. 6. 15. '이 사건 약식명령에 대한 정식재판청구가 받아들여져 2022고정2 사건이 계속 중이므로 이 사건 정식재판청구권회복청구는 이유 없다.'고 보아 이를 기각하는 결정을 하였고, 공소외인이 피고인을 위하여 즉시항고를 제기하자 원심은 2022. 8. 22. '피고인이 2022. 5. 20. 자 정식재판청구 기각결정에 대하여 즉시항고로 불복하는 것은 별론으로 하고, 이 사건 약식명령에 대한 정식재판청구가 받아들여져 제주지방법원 2022고정2 사건이 진행된 이상 정식재판청구권회복청구를 하는 것은 허용되지 않는다.'는 이유로 제1심의 결론을 그대로 유지하여 즉시항고를 기각하였다.

3. 이러한 사실관계를 앞서 본 법리에 비추어 살펴본다.

피고인과 공소외인은 이 사건 정식재판청구서에 청구인의 날인 또는 서명이 없음에도 적법한 청구가 있는 것으로 오인하여 아무런 보정을 구하지 않고 이를 접수한 법원공무원의 잘못으로 인하여 적법한 정식재판청구가 제기된 것으로 신뢰한 채 정식재판청구기간을 넘긴 것으로 보인다. 이는 '피고인 또는 대리인이 책임질 수 없는 사유로 정식재판청구기간 내에 정식재판청구를 하지 못한 경우'에 해당할 뿐만 아니라, 공소외인은 2022. 5. 19. 제주지방법원 2022고정2 사건 담당판사의 설명으로 위와 같은 사정을 알게 되자 같은 날 피고인을 위하여 이 사건 정식재판청구권회복청구를 하였으므로, '책임질 수 없는 사유가 해소된 날로부터 정식재판청구기간에 해당하는 기간 내'에 적법하게 정식재판청구권회복청구를 하였다고 보아야 한다.

그럼에도 원심은 이 사건 정식재판청구서가 접수되어 제주지방법원 2022고정2 사건이 진행된 바 있다는 이유만으로 이 사건 정식재판청구권회복청구를 기각한 제1심의 결론을 그대로 유지하였다. 이러한 원심의 판단에는 정식재판청구권회복청구에 관한 법리를 오해하여 재판에 영향을 미친 잘못이 있다.

대법원 1995. 6. 14.자 95모14 결정 「재감자에 대한 약식명령의 송달을 교도소 등의 소장에게 하지 아니하고 수감되기 전의 종전 주·거소에다 하였다면 부적법하여 무효라고 하지 않을 수 없고, 수소법원이 송달을 실시함에 있어 당사자 또는 소송관계인의 수감사실을 모르고 종전의 주·거소에 하였다고 하여도 마찬가지로서 송달의 효력은 발생하지 않는다고 할 것이며, 송달 자체가 부적법한 이상 당사자가 약식명령이 고지된 사실을 다른 방법으로 알았다고 하더라도 송달의 효력은 여전히 발생하지 아니한다고 할 것이므로, 항고인이 그 주장과 같이 다른 형사사건으로 구속되어 있는 동안에 이 사건 약식명령등본이 항고인의 주소지에서 항고인의 모에게 송달되었다면 그 송달은 부적법하여 무효라고 할 것이고, 그 후에 항고인이 약식명령이 고지된 사실을 다른 방법으로 알았다고 하더라도 송달의 효력은 발생하지 아니하여 정식재판청구기간이 진행하지 아니하므로 항고인으로서는 언제라도 정식재판청구를 할 수 있으며, 이 경우에는 정식재판청구권회복청구기간의 도과 여부를 따질 필요조차 없다고 할 것이다. … 항고인 주장과 같이 약식명령이 항고인의 모에게 송달될 당시에 항고인이 구속 중이었다면 그 약식명령의 송달은 무효이기 때문에 정식재판청구기간 자체가 진행하지 않는 것이고, 이 사건 정식재판청구권 회복청구와 함께 제기된 정식재판청구는 그 청구기간 내의 적법한 청구로서 독립하여 그 효력을 발생하는 것이므로, 항고인으로서는 그 주장과 같은 사유로 약식명령을 송달받지 못했다는 점을 소명하여 정식재판청구절차에 따른 재판을 받으면 되지 따로 정식재판청구권회복청구를 할 필요가 없다.」

대법원 2013. 3. 28. 선고 2012도12843 판결 「약식명령에 대한 정식재판청구사건에 관하여는 형사소송법 제458조 제2항이 항소심에서의 피고인 불출석 재판에 관한 같은 법 제365조를 준용하고 있는데, 위 제365조는 피고인이 적법한 소환을 받고도 정당한 사유 없이 2회 이상 불출석하면 피고인의 진술 없이 판결을 할 수 있다고 정한다. 한편 소촉법 제23조 및 그 시행규칙 제19조는 피고인에 대한 송달불능보고서가 접수된 때부터 6개월이 지나도록 피고인의 소재를 확인할 수 없는 경우에 비로소 공시송달의 방법에 의하여 피고인의 진술 없이 재판할 수 있다고 정하고 있다. 이는 제1심 공판절차에서의 피고인 불출석 재판에 관한 특례규정으로서, 위와 같이 형사소송법 제458조, 제365조가 적용되는 약식명령에 대한 정식재판청구사건에서 제1심은 소촉법 제23조 및 그 시행규칙 제19조가 정하는 "피고인에 대한 송달불능보고서가 접수된 때로부터 6개월이 지나도록 피고인의 소재를 확인할 수 없는 경우"에까지 이르지 아니하더라도 공시송달의 방법에 의하여 피고인의 진술 없이 재판을 할 수 있다고 할 것이다.」

대법원 2006. 10. 13.자 2005모552 결정 <표준> 「원래 형사소송법이 재소자에 대한 특칙을 두어 상소장 법원 도달주의의 예외를 인정한 취지가 재소자로서 교도소나 구치소에 구금되어 행동의 자유가 박탈되어 있는 자가 상소심 재판을 받기 위한 상소장 제출을 위하여 할 수 있는 행위는 구금당하고 있는 교도소 등의 책임자나 그 직무대리자에게 상소장을 제출하여 그들로 하여금 직무상 해당 법원에 전달케 하는 것이 통상적인 방법이라는 점을 고려하여 재소자에게 상소 제기에 관한 편의를 제공하자는 데 있는 점, 약식명령을 고지받은 피고인으로서는 공개된 법정에서 정식재판절차에 따라 재판을 받기 위해서는 반드시 적법한 정식재판청구서를 제출하여야 하므로 정식재판청구서 제출의 방법에 있어서는 상소장과 그 사정이 전혀 다를 바 없는 점, 한편 제출기간 내에 교도소장 등에게 정식재판청구서를 제출하였음에도 불구하고 기간 도과 후에 법원에 전달되었다는 이유만으로 정식재판청구가 기각된다면 이는 자기가 할 수 있는 최선을 다한 자에게조차 공개된 법정에서 정식재판을 받을 기회를 박탈하는 것으로서 헌법이 보장한 공개재판을 받을 권리를 침해할 뿐만 아니라 결과적으로 실체적 진실발견을 통하여 형벌권을 행사한다는 형사소송의 이념을 훼손하며 인권유린의 결과를 초래할 수도 있는 점 등에 비추어 보면, 위에서 본 바와 같은 형사소송법 제344조 제1항의 재소자에 대한 특칙 규정의 취지와 상소권회복청구에 관하여 그 준용을 규정한 같은 법 제355조의 법리에 비추어 정식재판청구서의 제출에 관하여도 위 재소자에 대한 특칙 규정이 준용되는 것으로 해석함이 상당하다.」

〈형종상향금지의 원칙〉

대법원 2020. 3. 26. 선고 2020도355 판결 <표준>

1. 형사소송법 제457조의2 제1항은 "피고인이 정식재판을 청구한 사건에 대하여는 약식명령의 형보다 중한 종류의 형을 선고하지 못한다."라고 규정하여, 정식재판청구 사건에서의 형종 상향 금지의 원칙을 정하고 있다. 위 형종 상향 금지의 원칙은 피고인이 정식재판을 청구한 사건과 다른 사건이 병합·심리된 후 경합범으로 처단되는 경우에도 정식재판을 청구한 사건에 대하여 그대로 적용된다(대법원 2020. 1. 9. 선고 2019도15700 판결 참조).
2. 기록에 의하면 다음과 같은 사실을 알 수 있다.

가. 서울중앙지방법원은 2019. 9. 5. 피고인에 관한 위 법원 2019고단1760 사건(이하 '제1사건'이라고 한다)에서 각 사기죄, 상해죄, 업무방해죄에 대하여 유죄로 인정하고 징역 1년 2월을 선고하였다.

나. 서울중앙지방법원은 2018. 11. 26. 피고인에 대하여 폭행죄, 모욕죄로 **벌금 300만 원의 약식명령을 하였고 이후 피고인의 정식재판회복청구가 받아들여진 위 법원 2019고정1468 사건(이하 '제2사건'이라고 한다)에서 2019. 9. 26. 위 각 죄에 대하여 유죄로 인정되어 벌금 300만 원이 선고되었다.**

다. **원심은 2019. 12. 12. 제1사건의 항소사건과 제2사건의 항소사건이 병합되었음을 이유로 위 제1심판결들을 모두 파기한 다음, 위 각 죄에 대하여 유죄로 인정하고 징역형을 각 선택한 후 누범가중과 경합범가중을 하여 그 처단형의 범위 안에서 피고인에게 징역 1년 2월을 선고하였다.**

3. 위 사실관계를 앞서 본 법리에 비추어 살펴보면, <u>제2사건은 피고인만이 정식재판을 청구한 사건이므로 형종 상향 금지의 원칙에 따라 그 각 죄에 대하여는 약식명령의 벌금형보다 중한 종류의 형인 징역형을 선택하지 못하고, 나아가 제2사건이 항소심에서 제1사건과 병합·심리되어 경합범으로 처단되더라도 제2사건에 대하여는 징역형을 선고하여서는 아니 된다.</u>

대법원 2020. 1. 9. 선고 2019도15700 판결

가. 수원지방법원 안산지원은 2018. 6. 11. 피고인에게 절도죄, 각 사기죄 및 여신전문금융업법 위반죄에 대하여 벌금 300만 원의 약식명령을 하였고, 피고인만 정식재판을 청구하였다.

나. 제1심법원은 위 사건(2018고정850)을 2018고단2752 점유이탈물횡령 등 사건에 병합하였고, 이후 7건의 사건을 추가로 병합하였다.

다. 제1심은 2019. 7. 12. 판시 각 죄에 대하여 모두 징역형을 선택한 다음 이를 경합범으로 처단하여 피고인에게 징역 1년 2월을 선고하였고, 이에 피고인과 검사는 각 양형부당을 이유로 항소를 제기하였다.

라. 원심은 2019. 10. 11. 피고인과 검사의 각 양형부당 항소를 모두 기각하였다.

3. 위 사실관계를 앞서 본 법리에 비추어 살펴보면, <u>제1심판결 중 2018고정850 사건 부분은 피고인만이 정식재판을 청구한 사건인데도 약식명령의 벌금형보다 중한 종류의 형인 징역형을 선택하여 형을 선고하였으므로, 여기에 형사소송법 제457조의2 제1항에서 정한 형종 상향 금지의 원칙을 위반한 잘못이 있다.</u>

제 2 절 즉결심판절차

〈경범죄처벌법상 범칙금제도와 즉결심판의 관계〉

대법원 2021. 4. 1. 선고 2020도15194 판결

1. 「경범죄 처벌법」은 제3장에서 '경범죄 처벌의 특례'로서 범칙행위에 대한 통고처분(제7조), 범칙금의 납부(제8조, 제8조의2)와 통고처분 불이행자 등의 처리(제9조)를 정하고 있다. 경찰서장으로부터 범칙금 통고처분을 받은 사람은 통고처분서를 받은 날부터 10일 이내에 범칙금을 납부하여야 하고, 위 기간에 범칙금을 납부하지 않은 사람은 위 기간의 마지막 날의 다음 날부터 20일 이내에 통고받은 범칙금에 20/100을 더한 금액을 납부하여야 한다(제8조 제1항, 제2항). 「경범죄 처벌법」 제8조 제2항에 따른 납부기간에 범칙금을 납부하지 않은 사람에 대하여 경찰서장은 지체없이 즉결심판을 청구하여야 하고(제9조 제1항 제2호), 즉결심판이 청구되더라도 그 선고 전까지 피고인이 통고받은 범칙금에 50/100을 더한 금액을 납부하고 그 증명서류를 제출하였을 경우에는 경찰서장은 즉결심판 청구를 취소하여야 한다(제9조 제2항). 이와 같이 통고받은 범칙금을 납부한 사람은 그 범칙행위에 대하여 다시 처벌받지 않는다(제8조 제3항, 제9조 제3항).

위와 같은 규정 내용과 통고처분제도의 입법 취지를 고려하면, 「경범죄 처벌법」상 범칙금제도는 범칙행위에 대하여 형사절차에 앞서 경찰서장의 통고처분에 따라 범칙금을 납부할 경우 이를 납부하는 사람에 대하여는 기소를 하지 않는 처벌의 특례를 마련해 둔 것으로 법원의 재판절차와는 제도적 취지와 법적 성질에서 차이가 있다(대법원 2012. 9. 13. 선고 2012도6612 판결 등 참조). 또한 범칙자가 통고처분을 불이행하였더라도 기소독점주의의 예외를 인정하여 경찰서장의 즉결심판청구를 통하여 공판절차를 거치지 않고 사건을 간이하고 신속·적정하게 처리함으로써 소송경제를 도모하되, 즉결심판 선고 전까지 범칙금을 납부하면 형사처벌을 면할 수 있도록 함으로써 범칙자에 대하여 형사소추와 형사처벌을 면제받을 기회를 부여하고 있다.

따라서 경찰서장이 범칙행위에 대하여 통고처분을 한 이상, 범칙자의 위와 같은 절차적 지위를 보장하기 위하여 통고처분에서 정한 범칙금 납부기간까지는 원칙적으로 경찰서장은 즉결심판을 청구할 수 없고, 검사도 동일한 범칙행위에 대하여 공소를 제기할 수 없다. 또한 범칙자가 범칙금 납부기간이 지나도록 범칙금을 납부하지 아니하였다면 경찰서장이 즉결심판을 청구하여야 하고, 검사는 동일한 범칙행위에 대하여 공소를 제기할 수 없다(대법원 2020. 4. 29. 선고 2017도13409 판결, 대법원 2020. 7. 29. 선고 2020도4738 판결 참조).

나아가 특별한 사정이 없는 이상 경찰서장은 범칙행위에 대한 형사소추를 위하여 이미 한 통고처분을 임의로 취소할 수 없다.

2. 기록에 의하면 다음의 사실이 인정된다.

경찰서장은 2020. 2. 23. 피고인에 대해서 같은 날 05:30 무렵 저지른 제1심 판시 범죄사실 제1항 기재 범행과 관련해서「경범죄 처벌법」제3조 제1항 제39호 무전취식으로 통고처분을 하였다. 그런데 피고인은 같은 날 11:00 무렵 제1심 판시 범죄사실 제2항 기재 범행을 저질렀고 경찰은 피고인을 현행범으로 체포하여 조사하였다. 담당 경찰관은 피고인에 대한 조사 과정에서 위 통고처분 내역을 비롯한 피고인의 동종전력 등을 알게 되었고, 2020. 2. 24. 경찰서장을 수신자로 하여 "통고처분을 취소하고 상습사기죄로 형사입건코자 한다."라는 내용의 수사보고서를 작성하고, 위 제1항 기재 범행에 대해서도 상습사기죄로 의율하여 수사한 뒤 사건을 검찰에 송치하였다. 검사는 2020. 3. 3. 이 사건 범죄사실 전부에 대해 상습사기죄로 공소를 제기하였다. 제1심 및 원심은 이 사건 상습사기죄를 모두 유죄로 판단하였다.

3. 이러한 사실관계를 위 법리에 비추어 살펴본다.

제1심 판시 범죄사실 제1항 기재 부분은 이미 통고처분이 이루어진 범칙행위에 대한 것으로서 이에 대한 공소제기는 부적법하다.

담당 경찰관이 위 제1항 기재 범행을 형사입건 하기 위해 통고처분을 취소한다는 취지의 수사보고서를 작성하였으나, 이와 같은 사정만으로 통고처분에 대한 유효한 취소처분이 이루어졌다고 보기에 부족하고, 설령 취소처분이 이루어졌다고 하더라도 앞서 본 법리에 비추어 (이 사건과 같이 납부기간 내에) 통고처분을 임의로 취소하고 동일한 범칙행위에 대하여 공소를 제기할 수는 없다.

〈즉결심판에 대한 정식재판청구 절차와 효력〉

대법원 2019. 11. 29.자 2017모3458 결정

가. 즉결심판에 관한 절차법(이하 '즉결심판법'이라 한다) 제14조 제1항에 따르면, 즉결심판에 대하여 정식재판을 청구하고자 하는 피고인은 정식재판청구서를 경찰서장에게 제출하여야 한다.

즉결심판절차에서 즉결심판법에 특별한 규정이 없는 한 그 성질에 반하지 않는 것은 형사소송법의 규정을 준용한다(즉결심판법 제19조). 구 형사소송법 제59조는 "공무원 아닌 자가 작성하는 서류에는 연월일을 기재하고 기명날인하여야 한다. 인장이 없으면 지장으로 한다."라고 정하였다. 여기에서 '기명날인'은 공무원 아닌 사람이 작성하는 서류에 관하여 그 서류가 작성자 본인의 진정한 의사에 따라 작성되었다는 것을 확인하는 표식으로서 형사소송절차의 명확성과 안정성을 도모하기 위한 것이다.

형사소송법 제57조는 "공무원이 작성하는 서류에는 법률에 다른 규정이 없는 때에는 작성연월일과 소속공무소를 기재하고 기명날인 또는 서명하여야 한다."라고 정하여 공무원이 작성하는 서류에 대한 본인확인 방법으로 기명날인 외에 서명을 허용하고 있다. 형사소송 서류에 대한 본인확인 방법과 관련하여 공무원이 아닌 사람이 작성하는 서류를 공무원이 작성하는 서류와 달리 적용할 이유가 없고, 생활 저변에 서명이 보편화되는 추세에 따라 행정기관에 제출되는 서류의 본인확인 표식으로 인장이나 지장뿐만 아니라 서명도 인정될 필요성이 높아지고 있다. 이를 고려하여 2017. 12. 12. 법률 제15164호로 형사소송법을 개정할 당시 제59조에서도 본인확인 방법으로 기명날인 외에 서명을 허용하였다.

구 형사소송법 제59조에서 정한 기명날인의 의미, 이 규정이 개정되어 기명날인 외에 서명도 허용한 경위와 취지 등을 종합하면, <u>이 사건 정식재판청구서에는 피고인의 자필로 보이는 이름이 기재되어 있고 그 옆에 서명이 되어 있어 위 서류가 작성자 본인인 피고인의 진정한 의사에 따라 작성되었다는 것을 명백하게 확인할 수 있으며 형사소송절차의 명확성과 안정성을 저해할 우려가 없으므로,</u> 이 사건 정식재판청구는 적법하다고 보아야 한다. 피고인의 인장이나 지장이 찍혀 있지 않다고 해서 이와 달리 볼 것이 아니다.

나. 즉결심판법 제14조 제1항, 제3항, 제4항, 형사소송법 제455조 제3항에 따르면, 정식재판을 청구하고자 하는 피고인은 즉결심판의 선고·고지를 받은 날부터 7일 이내에 정식재판청구서를 경찰서장에게 제출하여야 한다. 정식재판청구서를 받은 경찰서장은 지체 없이 판사에게 이를 송부하여야 한다. 판사는 정식재판청구서를 받은 날부터 7일 이내에 경찰서장에게 정식재판청구서를 첨부한 사건기록과 증거물을 송부하고, 경찰서장은 지체 없이 관할 지방검찰청 또는 지청의 장에게 이를 송부하여야 하며, 그 검찰청 또는 지청의 장은 지체 없이 관할 법원에 이를 송부하여야 한다. 피고인이 경찰서장의 청구에 따라 즉결심판을 받고 적법한 정식재판청구를 한 경우 경찰서장의 즉결심판청구는 공소제기와 동일한 소송행위이므로, 관할 법원은 공판절차에 따라 심판하여야 한다.

피고인이 즉결심판에 대하여 정식재판청구를 한 경우 검사가 법원에 사건기록과 증거물을 그대로 송부하지 않고 즉결심판이 청구된 위반 내용과 동일성 있는 범죄사실에 대하여 약식명령을 청구하면, 법원은 공소가 제기된 사건에 대하여 다시 공소가 제기되었을 때에 해당한다는 이유로 공소기각판결을 선고하여야 한다(대법원 2012. 3. 29. 선고 2011도8503 판결, 대법원 2017. 10. 12. 선고 2017도10368 판결 등 참조).

위에서 본 법리에 비추어 보면, 피고인이 이 사건 즉결심판에 대하여 적법한 정식재판청구를 하였는데도, 검사가 즉결심판이 청구된 위반 내용과 동일성 있는 범죄사실에 대하여 약식명령을 청구하였으므로, 원심은 제1심판결을 파기하고 공소가 제기된 사건에 대하여 다시 공소가 제기되었을 때에 해당한다는 이유로 공소기각판결을 선고했어야 한다(관할 법원은 위에서 본 절차에 따라 이 사건 정식재판청구서를 첨부한 사건기록과 증거물을 송부받아 피고인의 정식재판청구에 대하여 공판절차에 따라 심판하여야 한다).

[대법원]

신양균

연세대학교 정법대학 졸업
연세대학교 대학원 법학과 석사, 박사
전북대학교 전임강사, 조교수, 부교수, 교수
전북대학교 법학전문대학원 교수
독일 막스 플랑크 외국형법 및 국제형법연구소 방문교수
독일 트리어대학 독일·유럽형사소송법 및 경찰법연구소 방문교수
전북대학교 법과대학 학장, 법학전문대학원 원장
한국형사법학회 회장·비교형사법학회·형사정책학회 부회장
국가생명윤리심의위원회 위원
법학교육위원회 위원장·변호사시험관리위원회 위원
(현) 전북대학교 법학전문대학원 명예교수

저역서 및 논문

- 형형법총론(공저)
- 신판 형사소송법
- 쟁점 및 사례에 대한 질문과 답변 형사소송법(공저)
- 형사정책(공저)
- 형사특별법(공저)
- 형집행법
- 독일행형법(공역)
- 형법총론의 이론구조(역)
- 판례교재 형법총론(공저)
- 판례교재 형법각론(공저)
- 판례교재 형사소송법(공저)

- 헌법상 적법절차의 형사소송법에서의 구현
- 형사소송법의 개정방향
- 외교공관에 대한 범죄행위에 대한 재판권
- 내사의 개념과 허용범위(공저)
- 함정수사의 적법성
- 판례에 나타난 함정수사
- 임의동행과 긴급체포
- 수사구조개혁에 부합하는 경찰수사조직의 발전방향
- 검사의 수사지휘권에 대한 검토

- 수사절차에서 변호인의 기록열람·등사권
- 체포적부심사제도
- 포괄일죄와 이중기소
- 형사소송법상 소송능력에 대한 재검토
- 축소사실과 공소장변경의 요부, 항소심에서의 고소의 취소
- 공판중심주의의 의의와 실현방안
- 바람직한 형사재판의 방향-공판중심주의의 재정립을 위하여-
- 공판절차의 개선입법
- 필요적 변호사건과 변호인의 퇴정
- 증거결정
- 형사소송법상 감정제도에 관한 몇 가지 고찰
- 우리나라 형사소송법상 위법수집증거배제법칙
- 재전문증거의 증거능력
- 공판조서의 증거능력과 증명력
- 자유심증주의를 논함
- 재심개시절차의 구조와 재심이유
- 우리나라 형사화해제도에 대한 검토
- 로스쿨에서 형사소송법 교육
- 카롤리나형사법전 입문(상)(하) 등 다수

조기영

전북대학교 법과대학 졸업
서울대학교 대학원 법학과 석사, 박사
전북대학교 사회교육학부 전임강사, 조교수
전북대학교 법학전문대학원 조교수, 부교수, 교수
University of California, Irvine, School of Law 방문교수 (LG연암문화재단)
Humboldt-Universität zu Berlin, Juristische Fakultität 방문교수
한국형사법학회 정암형사법학술상 수상
한국비교형사법학회 해전학술상 수상
법무부 형사법 개정 자문위원
대검찰청 과거사진상조사단 외부단원
변호사시험 · 변호사모의시험 출제위원
행정고시 · 경찰 · 검찰공무원시험 출제위원
(현) 전북대학교 법학전문대학원 교수

저역서 및 논문

- 형사소송법(공저)
- 쟁점 및 사례에 대한 질문과 답변 형사소송법 (공저)
- 판례교재 형법총론(공저)
- 판례교재 형법각론(공저)
- 독일행형법(공역)
- 법학입문(공저)

- 한국적 수사구조론의 새로운 모색
- 수사권조정과 수사절차개선
- 문재인 정부의 검찰개혁입법의 주요 내용 및 평가
- 독일 형사소송법 수사절차 개정시안(역)
- 내사의 개념과 허용범위(공저)
- 함정수사의 법적 효과
- 보통법상 자기부죄거부 특권의 역사적 기원(역)
- 피의자의 열람등사권
- 변호인의 피의자신문참여권
- 변호인의 효과적인 조력을 받을 권리
- 구속피의자의 수사기관 조사실 출석의무?
- 범인식별절차에 있어 목격자의 식별 오류 위험성에 대한 소송법의 대응

- 압수 · 수색 사전심문제도의 도입 필요성
- 청와대 압수수색의 요건과 집행상의 문제
- 압수 · 수색과 행정조사의 구별
- 사전영장 없는 휴대전화 압수수색의 허용 여부
- 디지털 세계에서의 압수수색(역)
- 신체침해에 있어서 강제처분법정주의와 영장주의
- 피의자의 동의 없는 혈액 압수의 적법성
- 강제채뇨의 허용성에 관한 고찰
- 최근 주요 쟁점과 관련한 통신비밀보호법 개정 방향-휴대전화 감청, 패킷감청, 기지국수사, GPS위치정보 추적을 중심으로-
- 재정신청절차의 해석론적 쟁점
- 재정결정에 대한 불복여부 및 재정결정상 하자의 법적 효과
- 재정신청제도의 전망과 과제
- 검사에 의한 증거개시거부의 소송법적 효과-절차상 하자의 소송법적 효과에 관한 일반이론 연구-
- 미국법상 형사증거개시제도에 관한 고찰
- 형사소송법 제33조 제1항의 '피고인이 구속된 때'가 당해 사건으로 구속된 피고인에 한하는지

제4판
판례교재 형사소송법

초판발행   2011년 2월 25일
제4판발행   2024년 2월 29일

지은이   신양균·조기영
펴낸이   안종만·안상준

편 집   윤혜경
기획/마케팅   최동인
표지디자인   유지수
제 작   고철민·조영환

펴낸곳   ㈜ **박영사**
             서울특별시 금천구 가산디지털2로 53, 210호(가산동, 한라시그마밸리)
             등록 1959. 3. 11. 제300-1959-1호(倫)
전 화   02)733-6771
f a x   02)736-4818
e-mail   pys@pybook.co.kr
homepage   www.pybook.co.kr
I S B N   979-11-303-4699-1   93360

copyright©신양균·조기영, 2024, Printed in Korea

* 파본은 구입하신 곳에서 교환해 드립니다. 본서의 무단복제행위를 금합니다.

정 가   59,000원